D1245110

Sociología

Paul B. Horton
Chester L. Hunt
Western Michigan University

Sexta edición
(Tercera edición en español)

Traducción: **Rafael Moya García**
Licenciado en Letras Clásicas

Revisión técnica: **María Luisa Tarrés Barraza**
Doctora en Sociología
Universidad de París

Jorge Luis Cruz, Ph. D.
Facultad de Pedagogía
Universidad de Puerto Rico

McGRAW-HILL

MÉXICO • BUENOS AIRES • CARACAS • GUATEMALA • LISBOA • MADRID • NUEVA YORK
SAN JUAN • SANTAFÉ DE BOGOTÁ • SANTIAGO • SÃO PAULO • AUCKLAND
LONDRES • MILÁN • MONTREAL • NUEVA DELHI • SAN FRANCISCO • SINGAPUR
ST. LOUIS • SIDNEY • TORONTO

SOCIOLOGÍA

Prohibida la reproducción total o parcial de esta obra,
por cualquier medio, sin autorización escrita del editor.

DERECHOS RESERVADOS ©1990 respecto a la tercera edición en español por
McGRAW-HILL/INTERAMERICANA EDITORES, S.A. de C.V.
Una División de The McGraw-Hill Companies, Inc., U.S.A.
  Cedro No. 512, Col. Atlampa,
  Delegación Cuauhtémoc,
  C.P. 06450, México, D.F.
  Miembro de la Cámara Nacional de la Industria Editorial Mexicana, Reg. Núm. 736

ISBN 13: 978-968-451-748-6
ISBN 10: 968-451-748-3
   (ISBN 968-451-243-0 segunda edición)

        Traducido de la sexta edición en inglés de
        SOCIOLOGY

   Copyright © MCMLXXXIV, by McGraw-Hill, Inc., U. S. A.

   ISBN 0-07-030443-2

. 3012456789   09876532104

      Impreso en México en enero de 2008   Printed in Mexico in January of 2008
      Impreso por Programas Educativos S.A. de C.V.   Printed by Programas Educativos S.A. de C.V.

A
Tlalcott Parsons,
C. Wright Mills
y
Erving Goffman

Contenido

viii

Contenido

TERCERA PARTE *Organización social*

CUARTA PARTE *Estratificación social*

QUINTA PARTE *Cambio social y política social*

xiv

Contenido

Prefacio

¿Cuáles deben ser los objetivos de un libro de texto de introducción a la sociología? Pensamos que el primero y más importante tiene que ser captar el interés del estudiante y mostrar, en forma atrayente y amena, el proceso y el reto de la observación científica y del análisis del comportamiento social.

El segundo objetivo de un libro de texto de introducción a la sociología debe ser procurar que el estudiante cultive el hábito del análisis científico de los datos sociales. Si los estudiantes no logran obtener un conocimiento más profundo de su propio etnocentrismo y cierta capacidad para dar objetividad a

sus observaciones, el curso de sociología habrá fracasado en uno de sus principales propósitos.

El tercer objetivo de un libro de texto de introducción a la sociología debe ser presentar clara e inteligiblemente los conceptos básicos y los elementos descriptivos de la sociología. Éstos deben ilustrarse con tal claridad que "cobren vida" y formen parte del vocabulario racional del estudiante. Los conceptos deben aprenderse no sólo como definiciones que es preciso memorizar, sino como nombres exactos y descriptivos de las maneras en que las personas actúan y de las cosas que construyen. Los conceptos son mucho más que un vocabulario profesional que hay que utilizar en estudios avanzados: son instrumentos muy importantes para identificar y comprender un proceso o una idea. Muchos estudiantes de Sociología se encontrarárn con que el curso introductorio es también un curso final, y los conceptos básicos deben ser instrumentos para continuar la observación y el análisis sociales.

En este libro de texto hemos intentado alcanzar estos objetivos. Corresponde al lector juzgar si hemos tenido éxito. En general, hemos evitado acudir a fuentes muy especializadas, dando preferencia a las que están más fácilmente disponibles para la mayoría de los estudiantes. A fin de ilustrar el texto, con frecuencia hemos utilizado fuentes literarias y populares. Hemos hecho esto para subrayar que la sociología es la observación y el análisis disciplinados de la vida cotidiana, y que los conceptos e ideas de la

sociología son aplicables a todo lo que sucede en torno del estudiante.

Advertimos que algunos libros de texto recientes contienen muy pocas notas o citas al calce. Es cierto que tales notas y citas hacen confuso el libro. Pero creemos que a los estudiantes deben recordárseles constantemente las bases probatorias de las conclusiones de la sociología. Por consiguiente, hemos documentado profusamente este libro, con el fin de presentarlo como una disciplina académica y científica y no como un ejercicio de periodismo popular.

En esta nueva edición hemos buscado incorporar investigaciones recientes, pero no hemos suprimido servilmente importantes teorías e investigaciones anteriores sólo para dar mayor actualidad a esta obra. Tratamos de describir analítica y objetivamente los nuevos y controvertidos avances en sociología, porque creemos que no es propio de un libro de texto introductorio defender o adherirse a una u otra teoría.

Hemos intentado reducir al mínimo la coincidencia con otros cursos de sociología. Este libro de texto no es una enciclopedia en cápsulas de todo el programa de estudios de la sociología. Intencionalmente, no hemos subrayado el elemento "problemas socia-

les", considerando que el curso introductorio debe concentrarse en principios y conceptos básicos y dejar los temas especializados y los materiales orientados a la solución de problemas para cursos posteriores.

En esta sexta edición hemos omitido unos cuantos temas, pero muchas secciones se han vuelto a redactar en forma condensada para dar cabida a nuevos temas y materiales. Hemos reordenado en cierta manera la secuencia de los capítulos y prestado mayor atención a las perspectivas interaccionista y del conflicto.

Tenemos una deuda de gratitud con muchas personas. Con varios de nuestros colegas, por sus útiles sugerencias. Por sus sinceras críticas del manuscrito con los sociólogos revisores George H. Benzinger, Erie Community College; David Brinkerhoff, University of Nebraska; Brindaban Chaubey, Shippensburg State College; Richard Della Fave, North Caroline State University; Thomas E. Drabek, University of Denver; William Egelman, Iona College; Larry Horn, Los Angeles Pierce College; Dennis McGrath, Community College of Philadelphia; James Orcutt, Florida State University; James C. Peterson, Western Michigan University; Marcella Rainey,

Black Hawk College; Laurel Richardson, The Ohio State University; C. Edward Roy, Brevard College; Bobbie Wright, Thomas Nelson Community College; Lloyd R. Young, Southwest Missouri State University. Tenemos también una deuda con los editores de McGraw-Hill y los miembros de su mesa directiva por su dedicada aptitud, y con Frederik J. Ashby por sus ingeniosos dibujos.

Paul B. Horton
Chester L. Hunt

xix

Prefacio

PRIMERA PARTE

Sociología y sociedad

No estamos seguros de si nuestros antepasados prehistóricos sabían que vivían en una *sociedad,* pero sospechamos que sí. Por las excavaciones realizadas en las cavernas y por las pinturas rupestres sabemos que vivían en grupos familiares, que preparaban a sus muertos para el entierro y que evidentemente creían en una vida posterior a ésta. Del resto de su vida social prácticamente ignoramos todo lo demás.

Por lo menos desde que disponemos de un lenguaje escrito, hemos especulado acerca

de la naturaleza del animal humano y las sociedades que construye. Pero sólo durante las últimas y más recientes generaciones ha habido un estudio sistemático de las sociedades humanas, antiguas y modernas. Los científicos sociales han desarrollado numerosos procedimientos mediante los cuales tratan de encontrar un conocimiento verificable del comportamiento social del animal humano. Las personas tratan de obtener conocimientos de muchas fuentes, algunas de ellas confiables y algunas no. La ciencia

como un método de obtener conocimientos confiables acerca de la sociedad se aborda en el capítulo 1: "Los sociólogos estudian la sociedad". Todos los fenómenos pueden estudiarse científicamente, pero las técnicas de estudio deben ajustarse a los materiales estudiados. La forma en que los sociólogos utilizan los métodos científicos en la investigación sociológica se analiza en el capítulo 2: "Campos y métodos de la sociología".

1 Los sociólogos estudian la sociedad

Sociología: La disciplina intelectual que se refiere al desarrollo de un conocimiento confiable y sistemático acerca de las relaciones sociales en general y de los resultados de tales relaciones...

(Thomas Ford Hoult,
*Dictionary of Modern
Sociology*
Littlefield Adams & Co.
Totowa, New Jersey, 1969
p. 307.)

Los sociólogos estudian la sociedad humana y el comportamiento social mediante el examen de los grupos que forman las personas. Estos grupos incluyen familias, tribus, comunidades y gobiernos, lo mismo que gran variedad de organizaciones sociales, religiosas, políticas, de negocios y de otro tipo. Los sociólogos estudian el comportamiento e interacción de grupos: localizan su origen

y siguen su desarrollo, y analizan la influencia de las actividades de grupo en los miembros individuales.

(*Occupational Outlook
Handbook, 1980-1981, U.S.*
Department of Labor,
1980:431)

Sociología es tomar lo que todos saben y ponerlo en palabras que nadie pueda entender.

(Anónimo)

Durante miles de años el sentido común de las personas les dijo que la Tierra era plana, que los objetos grandes caían más aprisa que los pequeños y que el carácter se revelaba en los rasgos faciales; sin embargo, hoy sabemos que nada de esto es cierto. Actualmente la ciencia está tomando el lugar del sentido común como fuente de conocimientos confiables.

CIENCIA SOCIAL Y SENTIDO COMÚN

Cuando no sabemos cuál es el origen de nuestras ideas o sobre qué se basan, algunas veces las llamamos "de sentido común". Si las llamamos de sentido común, no tenemos que probar que son verdaderas, porque luego otros se nos unirán en el engaño colectivo de suponer que ya han sido demostradas. Si alguien exige una prueba, se le dice que la idea ha sido demostrada por la experiencia. El término "sentido común" proporciona una fachada respetable a ideas de todo tipo para las que no existe una serie sistemática de pruebas que puedan aducirse.

Lo que con frecuencia se toma como sentido común consiste en una acumulación de suposiciones y presentimientos colectivos y de conocimientos fortuitos obtenidos por el método de prueba y error de un grupo. Muchas proposiciones de

sentido común son fragmentos útiles, toscos y acertados de conocimiento. "Dime con quién andas y te diré quien eres" y "Dios los cría y ellos se juntan" son observaciones prácticas sobre la vida social. Pero muchas conclusiones de sentido común se basan en ignorancia, prejuicios e interpretaciones equivocadas. Cuando los europeos medievales notaron que los pacientes con fiebre estaban libres de piojos, mientras que las personas sanas estaban plagadas de ellos, sacaron la conclusión de sentido común de que los piojos curaban la fiebre y, por consiguiente, diseminaban piojos sobre los enfermos calenturientos. En esta forma, el sentido común preserva tanto la sabiduría como las tonterías populares, y a la ciencia le corresponde separar una de otras.

Sólo en los últimos doscientos o trescientos años el método científico se ha convertido en una forma común de buscar respuestas acerca del mundo natural. La ciencia como fuente de conocimientos acerca de nuestro mundo *social* es de fecha más reciente; sin embargo, en el breve periodo que va desde que empezamos a utilizar el método científico, hemos aprendido más sobre nuestro mundo que en los diez mil años precedentes. La espectacular explosión del conocimiento en el mundo moderno ha sido paralela al uso que hemos hecho del método científico. ¿Cómo funciona este método científico?

El sentido común nos dice:	La investigación científica ha descubierto que:
Los hombres soportan las dificultades y las inclemencias mejor que las mujeres.	Las mujeres soportan las dificultades igual o mejor que los hombres.
Los resfriados son causados por las corrientes de aire y los pies mojados.	Los resfriados son causados por virus, aunque la exposición a las inclemencias puede reducir la resistencia.
El carácter de una persona se refleja en su rostro.	No existe ninguna relación confiable entre los rasgos faciales y las características de la personalidad.
Una persona que hace trampas en la baraja, las hace en los negocios.	La honradez ante una situación revela poco del comportamiento de una persona en una situación diferente.
Quien bien te quiere te hará llorar.	Los mayores delincuentes han sido castigados por lo general con más severidad que la mayoría de los no delincuentes.
Los genios o los casi genios son generalmente personas delicadas, poco prácticas, inestables y sin éxito.	El grupo integrado por personas muy inteligentes destaca en cuanto a salud, equilibrio emocional e ingreso.
Los negros están especialmente dotados para la música, pero son inferiores en inteligencia.	No hay pruebas convincentes de que haya diferencias raciales en las capacidades innatas.

LA OBSERVACIÓN CIENTÍFICA: BASE TÉCNICA DEL MÉTODO CIENTÍFICO

La ciencia se basa en *evidencias verificables*. Por "evidencia" entendemos observaciones objetivas que otros observadores pueden ver, pesar, contar y verificar con exactitud. La observación científica no es lo mismo que simplemente "mirar las cosas". Todos hemos pasado la vida mirando las cosas, pero esto no nos convierte en observadores científicos, de la misma manera que muchos años de matar moscas no nos dan el título de entomólogos. ¿Qué diferencia existe entre la observación científica y la simple contemplación de las cosas?

La observación científica es exacta. El observador científico trata de asegurarse de que las cosas sean exactamente como se las describe y evita saltar a conclusiones. Los novelistas pueden dejar volar la fantasía y los políticos exagerar, pero los científicos deben intentar ser exactos.

La observación científica es precisa. Si la exactitud se refiere a la verdad o corrección de una afirmación, la precisión se refiere al grado o medida. Ningún científico social que se respete diría: "Entrevisté a gran cantidad de personas y la mayoría piensa que las cosas son terribles", y alegaría a continuación que ésta fue una investigación científica. (¿Cuántas personas? ¿Con qué instrumentos de medición? ¿Cuán "terribles"?)

Puesto que los científicos son precisos, quienes los redactan deben evitar extravagancias literarias pintorescas. Las líneas de Tennyson: "a cada momento muere un hombre; a cada momento nace uno de ellos" es literatura, no ciencia. Si lo anterior se hubiera escrito con precisión científica, debería decir: "Cada 0.596 segundos, como promedio en 1980, murió una

La evidencia se basa en hechos verificables.

persona; cada 0.2448 segundos nació un infante". Los textos literarios pueden ser intencionalmente vagos para estimular al lector a que se pregunte qué significa aquello (p. ej., Hamlet ¿estaba loco?), pero el movimiento dramático del novelista y las imágenes provocativas del poeta no tienen cabida en un escrito científico.

¿Cuánta precisión se necesita? Una millonésima de pulgada es un margen de error demasiado grande para un físico nuclear; para un científico social que estudia el nacimiento de la vivienda, una aproximación de un pie cuadrado es satisfactoria. Los científicos buscan *tanta precisión como la situación requiere*. Si las condiciones de observación no permiten semejante precisión, el científico debe restringir su juicio hasta que puedan recogerse observaciones más precisas.

La observación científica es sistemática. Las conclusiones basadas en recuerdos casuales no son confiables. Los juicios que comienzan con palabras como "He conversado con mucha gente y..." deben clasificarse como una conversación, no como una investigación. A menos que las observaciones se hayan recogido en un programa sistemático y organizado, lo más probable es que sean irregulares e incompletas.

La observación científica se registra. La memoria humana es notoriamente falible. Supongamos que un profesor dice: "A las mujeres no les va tan bien como a los hombres en este curso". A menos que este profesor haya calculado los promedios de calificaciones de los estudiantes varones y mujeres, lo que quiere decir es: "He recordado los cursos de cientos de estudiantes; he calculado mentalmente sus promedios y he encontrado que la calificación promedio de

los varones es más alta". Lo completamente absurdo de tal afirmación pone de manifiesto la falta de confiabilidad de que gozan todas las conclusiones basadas sobre datos recordados, pero no registrados.

La observación científica es objetiva. Esto significa que, en la medida en que humanamente es posible, la observación no se ve afectada por los valores, deseos, preferencias y creencias del observador. En otras palabras, la *objetividad* significa la *capacidad de ver y aceptar los hechos como son y no como uno desearía que fueran.* Es sumamente fácil ser objetivo cuando se observa algo acerca de lo cual no tenemos preferencias o valores. Es sumamente fácil estudiar objetivamente el apareamiento de la mosca mediterránea, pero no es tan fácil observar las prácticas de apareamiento de los seres humanos con indiferencia objetiva. En cualquier materia donde nuestros valores, hábitos, creencias y emociones se encuentran implicados, somos propensos a ver lo que concuerda con nuestras necesidades emocionales y valores.

La objetividad es quizá la más imperativa de todas las obligaciones científicas. No es suficiente querer ver los hechos como son. Necesitamos saber cuáles son nuestros prejuicios para estar en guardia contra ellos. Un *prejuicio* es simplemente una *tendencia generalmente inconsciente a ver los hechos en forma determinada a causa de los valores, intereses, deseos y costumbres personales.* Así, una "manifestación por la

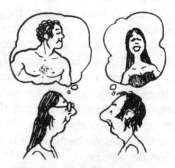

Objetividad es la capacidad para ver y aceptar los hechos como son, no como uno quisiera que fueran.

paz'' es vista por algunos como un valeroso esfuerzo por salvar al mundo de un suicidio colectivo, en tanto que otros la consideran como un esfuerzo tortuoso para reemplazar el realismo práctico por una sensiblería idealista.

Con frecuencia ''los hechos'' son tan indiscutibles que los prejuicios no los distorsionan. La *percepción selectiva es una tendencia a ver u oír sólo aquellos hechos que van en apoyo de nuestras creencias y a no hacer caso de los demás hechos.* Muchos experimentos han demostrado que la mayoría de las personas en una situación social determinada verán y oirán solamente lo que esperan ver y oír. Si lo que esperamos ver no se encuentra allí, ¡lo vemos de todos modos! Esto se muestra dramáticamente en un famoso experimento (Allport y Postman, 1947) en el que a los observadores se les enseñó una fotografía en la que aparece un hombre blanco pobremente vestido, con una navaja abierta en la mano y discutiendo violentamente con un hombre negro, bien vestido, que se veía en actitud conciliatoria y como la de quien pide una disculpa; luego se les pidió a los observadores que describieran la escena. Algunos de ellos ''vieron'' la navaja en la mano del negro, donde esperaban que estuviera. Otros describieron la escena correctamente, pero al pasar a la descripción de la escena (A se la describe a B, quien a su vez se la describe a C, y así en adelante) pronto colocaron la navaja en la mano del hombre negro, donde ''le correspondía estar''. Aunque no se encontraban implicados emocionalmente en la situación, tuvieron tiempo suficiente para estudiarla y estaban haciendo un esfuerzo consciente por ser exactos en describir lo que veían u oían, los prejuicios inconscientes de los observadores llevaron a muchos de ellos a ''ver'' u ''oír'' un hecho que no estaba allí.

Las amenazas comunes a la objetividad son, pues, los intereses personales, los hábitos y los prejuicios. La objetividad no surge fácilmente en un observador, pero puede aprenderse. Uno puede hacerse más objetivo conforme se va haciendo consciente de los prejuicios personales y los toma en cuenta. Mediante un riguroso adiestramiento en la metodología científica, gracias al estudio de muchos experimentos y la observación de muchos ejemplos de utilización objetivas y no objetiva de los datos, un observador puede desarrollar finalmente cierta capacidad para atravesar muchas capas de autoengaño y captar los hechos con un grado mayor de objetividad científica. Los científicos poseen también otro poderoso aliado: la crítica de los colegas. El científico publica su investigación con el fin de que pueda ser verificada por otros científicos que es posible que no compartan los mismos prejuicios y que enfoquen el problema desde otro punto de vista. Este proceso de publicación y de crítica significa que los trabajos de mala calidad se descubren pronto, y que los científicos que permiten que sus prejuicios les dicten el empleo de los datos están expuestos a una crítica severa.

Las observaciones científicas son hechas por observadores adiestrados. Mil millones de personas perciben que el Sol y la Luna se mueven de un lado al otro del firmamento, pero observadores más expertos saben que no es eso exactamente lo que sucede. Los observadores no capacitados no saben qué hay que mirar ni cómo interpretarlo. No conocen las dificultades que los conducen a una observación inexacta ni están conscientes plenamente de los engaños en que sus propias limitaciones y prejuicios pueden hacerles caer. Los informes alarmantes de fenómenos misteriosos provienen casi siempre de personas inexpertas y poco instruidas, y son descalificados por los expertos. Cuando se informa sobre algunas observaciones notables, los científicos querrán saber: 1) ¿Cuál es el nivel general de instrucción y de preparación del observador? ¿Esta persona es miembro de un grupo de gente supersticiosa o pertenece a la población bien informada y escéptica en cierto grado? 2) ¿Cuál es su conocimiento o preparación especial en este campo particular? ¿Tiene este observador el conocimiento suficiente para decir si un hecho determinado tiene una explicación perfectamente natural? Así, el biólogo que se encuentra entre los pasajeros de un barco está menos propenso a ver un monstruo marino que los miembros de la tripulación, y el metereólogo ve menos OVNIS que las personas que carecen de conocimientos especiales de los fenómenos atmosféricos.

Ya hemos informado antes sobre monstruos con pies enormes y con enormes cabezas; ahora es un nuevo monstruo el que se une a la compañía. Un monstruo de dos metros y medio de altura, descrito por *The Globe,* que tiene un "increíble mal olor", ha estado aterrorizando a los residentes de Chesapeake, Virginia, cerca del pantano Great Dismal, donde presumiblemente reside. Un hombre afirma haberlo visto unas doce veces. "Para darle una idea de lo mal que huele, imagínese que usted cae hasta los hombros en un depósito de excremento". Para empeorar las cosas, el sensacionalista *Weekly World News* añade que la criatura es "amorosa", lo que ha provocado que las mujeres de la localidad "vivan llenas de terror".

Una testigo, Sherry Davis, dice que piensa que la criatura se siente atraída por las mujeres. "Quizá emerge del pantano por la noche y merodea por los bosques buscando una mujer", opinó otro aterrorizado residente. Casi todos los testigos han sido mujeres, señaló la señora Davis, y añadió que ahora teme andar sola, porque podría ser llevada al bosque por esa cosa"

The Skeptical Inquirer, Vol. VI, No. 3, Spring 1982, p. 13).

¿Cómo evaluaría un estudiante crítico un relato popular sensacionalista como éste? ¿Por qué es tan fácilmente creíble por tanta gente?

En los últimos años se ha desarrollado extraordinariamente el interés público por los fenómenos psíquicos y ocultos. Un libro que afirma que las plantas son conscientes y responden a los sentimientos humanos se ha convertido en un éxito de librería (Tompkins y Bird, 1973), aunque los científicos en general no se han impresionado (First, 1973) y no hay informes confirmados de que alguien haya "odiado" a la yerba maligna que crece fuera del prado. El una vez mago de los escenarios, Uri Geller, llamó mucho la atención como medium e impresionó a un equipo de físicos en el Stanford Research Institute (*Science News,* 20 de julio de 1974, p. 46). Pero los físicos y otros científicos, pese a sus credenciales como científicos, *no* son observadores adiestrados sobre juegos de prestidigitación. Los magos que se presentan en los escenarios consideran que es tan fácil engañar a los científicos como a cualquier otro espectador, y por lo general descartan a Geller y a otros mediums como exhibicionistas que carecen de poderes psíquicos (Weil, 1974; Randi, 1975, 1982; Gardner, 1981). Obviamente un "observador adiestrado" debe serlo en el tipo especial de observación que está llevando a cabo.

Muchos hechos ocurren sin que algún observador científico pueda observarlos. Si cada monstruo marino emergiera del agua frente a un grupo de ictiólogos y cada revolución fuera escenificada ante un equipo de sociólogos visitantes, nuestro conocimiento sería mucho más completo. Pero en relación con muchos fenómenos los únicos informes que tenemos son las impresiones casuales de observadores no adiestrados que simplemente estaban allí; esta información puede ser interesante y tal vez útil, pero en su mayor parte debe ser interpretada por los científicos con la mayor cautela posible.

Las observaciones científicas se hacen en condiciones controladas. Los laboratorios son populares entre los científicos porque son lugares aptos para controlar variables como el calor, la luz, la presión atmosférica, los intervalos de tiempo y todo lo que sea importante. Una *variable* es algo que varía de caso en caso. Por ejemplo, las personas varían en peso, altura, edad, sexo, raza, religión, educación, ocupación, ingresos, salud, riqueza, características de comportamiento y otros muchos aspectos.

Realizamos un experimento científico cuando *controlamos todas la variables importantes, menos una,* y vemos lo que sucede cuando ésta varía. A menos que todas las variables menos una hayan sido controladas, no podemos estar seguros de qué variable ha producido los resultados. Si queremos estudiar, por decir algo, los efectos de los fosfatos en el crecimiento de las plantas, todos los demás factores —semilla, suelo, agua, luz solar, temperatura, humedad— deben ser los mismos para todas las muestras; en esta forma las cantidades variables de fosfatos en los diferentes terrenos de prueba pueden considerarse como las responsables de los diferentes índices de crecimiento. Ésta es la técnica básica en toda experimentación científica: permitir la modificación de una variable, mientras se mantienen constantes todas las demás.

Existen complicados procedimientos estadísticos para efectuar un *análisis multivariado,* que posibilita al observador para trabajar con dos o más variables a un mismo tiempo. Pero éste es sólo un refinamiento del procedimiento básico de mantener constantes todas las otras variables con el fin de medir el efecto de una (o más) en el estudio.

La falla en el control de todas las variables es el error más común en el método científico y la responsable de la mayor parte de las conclusiones falsas. Por ejemplo, muchos estudios efectuados hace varios decenios concluyeron que el hecho de que las madres trabajaran incrementaba la delincuencia de los hijos. Pero estos estudios fallaron en el control de las variables relativas a la clase social y a la composición familiar. Una muestra de madres que trabajaban, sumamente pobres en su mayoría, poco instruidas, con frecuencia viudas o divorciadas y que vivían en vecindarios miserables, se comparó con una muestra de madres que no trabajaban, de condición económica más próspera, mejor educadas y que vivían con sus maridos en buenos vecindarios. No es de extrañar que hayan encontrado una fuerte relación entre el empleo materno y la delincuencia infantil que investigaciones más recientes no confirman plenamente (Véase Cap. 10). El fracaso en

Los espiritistas pueden llevar a cabo sesiones sumamente convincentes en su propio escenario.

el control de algunas variables —clase social, educación, edad y ocupación— ha invalidado muchas investigaciones.

Puesto que los laboratorios son los lugares convenientes para controlar las condiciones de observación, los científicos los utilizan siempre que es posible. Pero muchas cosas que son importantes no pueden llevarse a un laboratorio. Los volcanes y los terremotos no pueden prepararse en un tubo de ensayo ni podemos estudiar con mucho realismo el proceso del noviazgo apiñando parejas en un laboratorio. Tanto los científicos físicos como los sociales deben observar con frecuencia los fenómenos en su ambiente natural. Las técnicas pueden ir desde bajar una batisfera al fondo del océano hasta entregar un cuestionario a un grupo de reclutas del ejército. Si recordamos que el procedimiento científico básico es llevar a cabo observaciones exactas, en tanto que laboratorios, aparatos y computadoras son meros *instrumentos* de observación, la diferencia en la técnica no nos confundirá.

La crítica científica sólo confiará en la observación de que se informa en la medida en que las condiciones en que se efectuó hayan sido controladas. Sobre esta base los científicos se muestran escépticos por lo que respecta al espiritismo y a la adivinación. Los espiritistas pueden efectuar una sesión muy convincente en su propio escenario, pero se muestran reacios a intentarla donde la habitación, los muebles y la iluminación estén controlados por el científico. Los adivinos profesionales son muy convincentes en el escenario teatral, pero se niegan a intentar una adivinación en condiciones científicamente controladas. Hasta que los espiritistas y los adivinos hagan demostraciones en condiciones que descarten la posibilidad de engaño, los científicos deberían calificarlos como simples entretenedores o como charlatanes.

¿No es extraño que la mayoría de quienes afirman que prevén el futuro estén trabajando en ferias y centros nocturnos en vez de amasar millones en Wall Street? ¿Por qué un adivino profesional no ha ganado nunca un campeonato de ajedrez o de bridge? Aunque hay informes periodísticos ocasionales con relación a algún medium que ha "resuelto" un crimen, no deja de ser significativo que los departamentos de policía y las agencias de inteligencia no empleen rutinariamente detectives psíquicos. A pesar de que muchas veces se han puesto al descubierto los trucos de los psíquicos, los mentalistas, los adivinos, los astrólogos y los espiritistas (Barber y Meeker, 1974; Abell y Singer, 1981), su popularidad parece hoy mayor que en cualquier época, en la historia reciente.[1]

En estos varios aspectos, pues, la observación científica difiere de la simple contemplación de las cosas. Pasamos la vida mirando las cosas, y esta

[1] Un periódico académico, *The Skeptical Inquirer,* fundado por el Committee for the Scientific Investigation of Claims of the Paranormal (Box 29, Kensington Station, Buffalo N.Y. 14215), acepta artículos que atacan o defienden la astrología, los fenómenos psíquicos y otros sistemas de creencias. Puesto que sólo acepta artículos que llenen normas científicas aceptables de pruebas y lógica, la mayor parte de los artículos son más bien de crítica que de apoyo.

actividad nos proporciona mucha información, muchas impresiones y gran número de conclusiones. Pero estas conclusiones están empañadas por una coincidencia accidental, una memoria selectiva y los prejuicios personales. Por tanto, antes de aceptar cualquier generalización como verdadera, el observador crítico quiere saber sobre qué se basa. ¿Está fundada esta conclusión en un cuerpo de pruebas científicas sistemáticamente recolectadas o es una reacción improvisada a una observación fortuita?

EL MÉTODO CIENTÍFICO DE INVESTIGACIÓN

El método científico (algunos prefieren decir "los métodos científicos") incluye muchas cosas. El científico debe acumular considerable información previa sobre el problema. A continuación formula una *hipótesis.* Ésta es una

Los sociólogos pueden observar los acontecimientos sociales cuando están ocurriendo (*United Press International*).

afirmación teórica cuidadosamente considerada, que trata de relacionar todos los hechos *conocidos* con otro hecho, de manera lógica. Después, la hipótesis se pone a prueba mediante una investigación científica. Por ejemplo, la hipótesis de que el cáncer es una enfermedad viral se basa en gran cantidad de observaciones; en forma lógica relaciona hechos conocidos, y está siendo probada ahora mediante muchos proyectos de investigación. Finalmente una hipótesis se confirma, se rechaza o se revisa y, de esta manera se desarrolla una ciencia.

En la investigación científica hay varios pasos. Es fácil listarlos, pero no siempre es fácil seguirlos:

1 *Definición del problema.* Necesitamos un problema que sea digno de investigarse y que pueda estudiarse con los métodos de la ciencia.

2 *Revisión de la literatura.* Sería una pérdida de tiempo repetir los errores de otros investigadores. Es pertinente un examen de cualquier investigación que se haya hecho sobre este problema.

3 *Fórmulación de la hipótesis.* Establézcase una o más proposiciones que puedan ser puestas a prueba.

4 *Planeación del diseño de la investigación.* Subrayando lo que debe estudiarse, qué datos deben buscarse y dónde y cómo deberán recogerse, procesarse y analizarse.

5 *Resolución de los datos.* De acuerdo con el esquema de investigación. Con frecuencia será necesario cambiar el esquema para hacer frente a dificultades imprevistas.

6 *Análisis de los datos.* Clasifíquense, tabúlense y compárense los datos, haciendo todas las pruebas que sean necesarias para ayudar a encontrar los resultados.

7 *Obtención de conclusiones.* ¿Se confirmó o se rechazó la hipótesis original? ¿Los resultados no fueron concluyentes? ¿Qué ha añadido a nuestro conocimiento esta investigación? ¿Qué implicaciones tiene para la teoría sociológica? ¿Qué nuevas preguntas y sugerencias han surgido de esta investigación para otra posterior?

8 *Repítase el estudio.* Los siete pasos anteriores completan un solo estudio, pero los resultados de la investigación se confirman con la repetición.

EJEMPLO DE UN ESTUDIO DE REPETICIÓN

Una investigación reciente de Phillips sugirió que la divulgación de las noticias sobre suicidios ha provocado una ola de ellos, algunos de los cuales se han disfrazado como accidentes automovilísticos designados por sus iniciales, AA. El resultado de esta investigación que ha causado mayor sorpresa es un aumento del 31% en AA en California, tres días después de que se dieron a conocer los casos de suicidio. Sin embargo, hasta que no sean repetidos, no sabemos si estos resultados se limitan a 1) California, 2) al periodo estudiado (1966-73) o 3) al método de estudio utilizado. Sobre este punto de la investigación, repetimos el análisis de Phillips sobre California con datos sobre el área metropolitana de Detroit relativos al periodo 1973-1976. Utilizamos dos técnicas estadísticas diferentes para cerciorarnos de que las conclusiones de Phillips no son producto de su método de análisis. Encontramos un incremento de entre 35% y 40% en el número de AA en Detroit al tercer día de la publicación de un caso de suicidio. Nuestra repetición sugiere que el resultado más impresionante de Phillips —el tercer día como día pico en AA— no se limita a una región geográfica particular, a un periodo o a una técnica de análisis.

Ésta es una investigación *resumida*, un sumario muy condensado de un estudio de investigación que antecede inmediatamente al artículo completo en varios periódicos de investigación. Precedió al de Kenneth A. Bollen y David P. Phillips: "Suicidal Motor Vehicles Fatalities in Detroit: A Replication", *American Journal of Sociology*, 87:404-412, September 1981. Copyright (c) by the University of Chicago. Reimpreso con autorización del *American Journal of Sociology* y del autor.

Cuando otro alumno repite el estudio, utilizando otra muestra diferente, los resultados originales pueden ser confirmados o no. Sólo después de varias confirmaciones y de que ninguna prueba las contradiga, puede aceptarse generalmente como verdadera la conclusión de una investigación.

Un ejercicio de investigación

Veamos cómo puede esbozarse y completarse un estudio de investigación. Ante todo necesitamos un problema digno de investigarse. Consideremos éste: "¿Se atrasan mucho, académicamente hablando, los estudiantes que deben cubrir grandes distancias, por el hecho de no estar en las aulas?"

Como está formulada, esta pregunta cubre demasiados temas. Necesitamos algo más limitado y específico. ¿Qué tal; "Los estudiantes que cubren grandes distacias, ¿sufren académicamente por no vivir en el *campus* o cerca de él?"

La revisión de la literatura, el segundo paso, puede revelarnos muy poco, pero hay que revisar los ficheros y los índices pertinentes. Para este tema serían adecuado consultar el *Education Index,* el *Social Science Index* el índice *Chronicle of Higher Education* y posiblemente el *New York Times Index,* y también los *Sociological Abstracts.* Todo apartado posible debe verificarse, como educación superior, colegios y universidades, estudiantes, alojamiento, progreso académico y cualesquiera otros que aparezcan como probables subtítulos. Esta investigación de la literatura es extremadamente importante.

El tercer paso consiste en formular una o más hipótesis. Una podría ser: "Los estudiantes que no viven en el *campus* reciben notas más bajas que los estudiantes que viven en el *campus*" o "que viven dentro del radio de una milla de distancia del *campus*". Otra hipótesis puede ser la de que los estudiantes que no viven en el *campus* "tienen menos horas de clase por año", "toman parte en menos actividades colegiales" o "tienen menos amigos entre los otros estudiantes".

Las entrevistas personales son una clase de datos sociológicos *(Teri Leigh Strafford/Photo Researchess, Inc.)*

Planear el diseño de la investigación es el cuarto paso. Todos los términos y categorías deben esbozarse. Debe decidirse cuáles son las variables que hay que controlar. Debemos estar seguros de que los dos grupos que vamos a comparar son similares en todos los aspectos importantes, menos en el de residencia. Debemos seleccionar las fuentes de datos, las clases de datos que buscamos y los procedimientos para obtenerlos y procesarlos. Si se va a solicitar una beca para esta investigación, toda esta información deberá incluirse en la solicitud para obtenerla.

El quinto paso, la recolección y el procesamiento de datos de acuerdo con el esquema de investigación, es con frecuencia la parte más excitante del proyecto. En este caso los datos sobre cada persona se harán "sensibles a la computación" (es decir, se prepararán para el procesamiento correspondiente) y se alimentará con ellos la computadora, que se programa para efectuar los cálculos y comparaciones deseadas.

El sexto paso consiste en analizar los datos. ¿Qué contrastes entre los dos grupos aparecen en el registro? Con frecuencia, durante esta etapa, algunas sorpresas inesperadas sugerirán hipótesis adicionales, y los datos se proporcionarán a la computadora para los cálculos complementarios.

El séptimo paso es extraer las conclusiones. ¿Se confirmaron las hipótesis o, al contrario, los resultados fueron adversos? ¿Qué estudio posterior ha sido sugerido por esta investigación? ¿Qué más proporciona? Finalmente, otros científicos emprenderán estudios de repetición.

Este procedimiento básico es el mismo para toda investigación científica. Las técnicas utilizadas variarán de acuerdo con el problema estudiado, pero el mismo método básico es central para todas las ciencias.

No toda investigación implica este modelo formal de encuadramiento y comprobación de hipótesis. Algunas investigaciones suponen el análisis de los datos ya recogidos, y algunas exigen que se investigue en las bibliotecas las fuentes ya publicadas. Pero cualquier procedimiento que requiera la recolección cuidadosa y objetiva de evidencias verificables en la búsqueda del conocimiento, es una investigación científica.

MÉTODOS NORMATIVOS DE INVESTIGACIÓN

El término *normativo* significa "conforme con alguna norma o pauta o en apoyo de ella". El método científico de investigación consiste en plantear una pregunta, recoger evidencias y sacar de ellas conclusiones, por sorpresivas o desagradables que puedan ser. El método normativo, por el contrario, plantea la pregunta de tal manera que la conclusión está implícita, y luego busca pruebas que apoyen esta conclusión. Éste es el método de "investigación" que la mayoría de las personas utilizan casi siempre y en el que incluso los científicos caen en ocasiones. Por ejemplo, la pregunta: "¿Cómo frustra la familia tradicional el desarrollo emocional?" (o, en otra forma, "¿Cómo promueve la familia tra-

dicional el desarrollo emocional?") en realidad formula una conclusión y busca pruebas para apoyarla. La mayor parte del pensamiento popular y buena cantidad de la investigación científica es normativa, porque busca evidencias para apoyar una conclusión ya admitida. Mucho del saber marxista es normativo, porque comienza con la conclusión de que la opresión de clase es causa de la mayor parte de los males sociales. Gran parte del saber conservador es igualmente normativo, porque comienza con la conclusión de que la mayor parte de los males sociales se derivan de defectos personales y fracasos de los individuos implicados y de que la "investigación" verdadera consiste en identificar esas fallas. Los resultados de la investigación normativa no son necesariamente "equivocados", pero siempre son incompletos, porque el investigador busca sólo la clase de evidencias que apoyen su conclusión preconcebida.

LA SOCIOLOGÍA COMO CIENCIA

Una ciencia puede definirse por lo menos en dos formas: 1) una ciencia es un cuerpo de conocimientos verificados y organizados que ha sido confirmado por la investigación científica; 2) una ciencia es un método de estudio mediante el cual se han descubierto conocimientos verificados y organizados. Éstas son, por supuesto, dos maneras de decir la misma cosa.

Ningún maniaco quiere o aceptará una crítica honesta de algo. Él ha resuelto "el problema", cualquiera que fuere, y lo único que busca es una aprobación... Al margen de los otros intereses que muevan a estas personas, después de tratar con varios de ellas, resulta evidente que no están interesadas en hacer ciencia. No están preparadas para aceptar el rigor de la crítica científica; cualquier crítica se considera una provocación y una amenaza.

(Jeremy Bernstein, "Scientific Cranks: How To Recognize One and What to Do Until the Doctor Arrives", *American Scholar,* 47:13, Winter 1977-1978).

Los estudios sobre mellizos son una forma de separar lo que es heredado de lo que es aprendido (RitaFreed/Nancy Palmer Photo Agency).

Si se acepta la primera definición, la sociología es por ende una ciencia *en la medida en que desarrolla un cuerpo de conocimientos verificables y organizados,* que se basan en la investigación científica. En la medida en que la sociología renuncia al mito, al folklore y a las ilusiones, y basa sus conclusiones en pruebas científicas, es una ciencia. Si la ciencia se define como método de estudio, la sociología es una ciencia *en la medida en que utiliza métodos científicos de estudio.* Todos los fenómenos naturales pueden estudiarse científicamente, si se desea utilizar métodos científicos. Cualquier tipo de comportamiento —sea el de los átomos, el de los animales o el de los adolescentes— es un terreno apropiado para el estudio científico.

Durante la historia humana, pocas de nuestras acciones se han basado en conocimientos verificados, porque los seres humanos, a través de los tiempos, se han guiado principalmente por el folklore, las costumbres y las conjeturas. Hasta hace unos cuantos siglos, muy pocas personas aceptaban la idea de que debíamos descubrir lo relativo al mundo natural mediante observaciones sistemáticas sobre el mismo mundo natural, en vez de consultar oráculos, ancestros, o guiarnos por meras intuiciones. Esta nueva idea creó el mundo moderno. Hace unos cuantos decenios empezamos a actuar en el supuesto de que este mismo enfoque podía proporcionar un conocimiento útil acerca de la vida social humana. Hasta qué punto hemos reemplazado el folklore por el conocimiento en esta área, es un tema que se investigará en los capítulos siguientes.

EL DESARROLLO DE LA SOCIOLOGÍA

La sociología es la más joven de la ciencias sociales reconocidas. Augusto Comte acuñó en Francia las palabras "sociología" en su *Positive Philosophy*, publicada en 1838. Pensaba que una ciencia de la sociología debía basarse en la observación sistemática y la clasificación, no en la autoridad o la especulación. Ésta era una idea relativamente nueva en aquel tiempo. Herbert Spencer publicó en Inglaterra sus *Principles of Sociology*, en 1876. Aplicó la teoría de la evolución orgánica a la sociedad humana y desarrolló una gran teoría de la "evolución social", que fue ampliamente aceptada durante varios decenios. El estadounidense Lester F. Ward, publicó su *Dynamic Sociology* en 1883, en la que pedía un progreso social mediante una acción social inteligente que los sociólogos · debían guiar. Todos estos fundadores de la sociología eran básicamente filósofos sociales. Proclamaban que los sociólogos debían recoger, organizar y clasificar datos objetivos, y derivar de ellos teorías sociales válidas, pero con mucha frecuencia su propio método consistía en elaborar un gran sistema teórico, y luego buscar hechos que lo apoyaran. Así, mientras pedían una investigación científica, ellos mismos la ponían muy poco en práctica. Sin embargo, dieron los primeros pasos necesarios, porque la *idea* de una ciencia de la sociología tenía que preceder a su elaboración.

Un Francés, Emile Durkheim, dio la primera y más notable demostración de la metodología científica en sociología. En su *Rules of Sociological Method*, publicada en 1895, esbozó la metodología que iba a seguir en su estudio *Suicide*, publicado en 1897. En vez de *especular* sobre las causas del suicidio, planteó primero su esquema de investigación y luego recogió gran cantidad de datos sobre las características de las personas que se quitan la vida. Después dedujo de estos datos una teoría sobre el suicidio.

En la década 1890 a 1900 empezaron a aparecer en muchas universidades cursos de sociología. El *American Journal of Sociology* inició su publicación en 1895, y la American Sociological Society (ahora American Sociological Association) se organizó en 1905. En tanto que los primeros sociólogos europeos provenían de los campos de la historia, de la economía política o de la filosofía, muchos de los primeros sociólogos estadounidenses habían sido trabajadores sociales, ministros de cultos religiosos o hijos de ellos; casi todos provenían de ambientes rurales. La urbanización y la industrialización estaban creando graves problemas sociales, y estos primeros sociólogos buscaban a tientas soluciones "científicas". Consideraban la sociología como una guía científica para el progreso social. Los primeros volúmenes del *American Journal of Sociology* contenían relativamente pocos artículos consagrados a la descripción o investigación científicas, pero ofrecían muchos sermones llenos de exhortaciones y advertencias. Por ejemplo, un artículo bastante típico en 1903, "The Social Effects of the Eight Hour Day" (Efectos sociales de la jornada de ocho horas) no contiene datos experimentales u objetivos, sino que está dedicado totalmente a enumerar todos los beneficios sociales que el escritor asegura que se derivarán del día de trabajo más corto (McVay, 1903). Ya alrededor de 1930 varios diarios sociológicos se encontraban llenos de artículos de investigación y descripciones científicas. La sociología se estaba convirtiendo en un cuerpo de conocimientos científicos, con teorías basadas en observaciones científicas más que en especulaciones de escritorio y observaciones impresionistas.

PERSPECTIVAS EN SOCIOLOGÍA

Para estudiar algo, debe empezarse por hacer algunas suposiciones acerca de la naturaleza de lo que se estudia. Por ejemplo, los antiguos griegos creían que el universo estaba regido por los caprichos de los dioses. Todos los científicos, por el contrario, suponen que el universo está ordenado y funciona de acuerdo con ciertas leyes que podemos descubrir. Así, Newton desarrolló las leyes de la gravedad, luego de observar que las manzanas caían siempre hacia abajo y nunca hacia arriba. Una serie de suposiciones válidas recibe el nombre de una "perspectiva", un "enfoque" o algunas veces un "paradigma". ¿Cuáles son algunas de las perspectivas utilizadas en sociología?

La perspectiva evolucionista

La perspectiva evolucionista es la primera perspectiva teórica en sociología. Basada en las obras de Augusto Comte (1798-1857) y Herbert Spencer (1820-1903), pareció ofrecer una explicación satisfactoria acerca del origen y desarrollo de las sociedades humanas. Después de pocos decenios fue abandonada y ahora se está volviendo a poner de moda.

Los sociólogos que utilizan la perspectiva evolucionista buscan las pautas de cambio y desarrollo que aparecen en diferentes sociedades para ver si pueden encontrarse algunas secuencias generales. Pueden preguntarse, por ejemplo, si el comunismo chino evolucionará en la misma forma que el comunismo ruso, que ganó fuerza tres decenios antes, o si la industrialización tendrá los mismos efectos sobre la familia en los países en desarrollo que el que parece haber tenido en las naciones occidentales. Aunque no es la más importante en sociología, la perspectiva evolutiva está vigente.

La perspectiva interaccionista

La perspectiva interaccionista no sugiere grandes teorías acerca de la sociedad, puesto que la "sociedad", "el Estado" y las "instituciones sociales", son abstracciones conceptuales, y sólo las personas y su interacción pueden estudiarse directamente.

Interaccionistas simbólicos como G. H. Mead (1863-1931) y C. H. Cooley (1846-1929) se centran en esta interacción entre individuos y grupos. Advierten que las personas actúan recíprocamente casi siempre por medio de *símbolos,* que incluyen signos, gestos, y lo que es más importante, por medio de palabras escritas o habladas. Una palabra no tiene significado inherente. Es sólo un ruido, pero se convierte en *palabra* cuando las personas se ponen de acuerdo en que este ruido tiene un significado especial. Así "sí", "no", "ve", "ven" y miles de otros sonidos se convierten en símbolos cuando a cada uno se le asigna un significado. Aunque algunos significados pueden intercambiarse sin palabras, como saben todos los que aman, la mayor parte de los significados se intercambian mediante las palabras habladas o escritas.

Las personas no responden directamente, sino a los significados que atribuyen a las cosas y a los sucesos que los rodean: una señal de tránsito, una fila frente a una ventanilla expendedora de boletos, un silbato y una señal con la mano de un agente de policía. Uno de los primeros sociólogos, W. I. Thomas (1863-1947) acuñó la frase *definición de la situación,* haciendo notar que podemos actuar coherentemente solo después que decidimos sobre la clase de situación de que se trata (Thomas, 1937, p. 9). Si un hombre se acerca con el brazo y la mano derecha extendidos, definimos esto como un saludo amistoso; si se aproxima con los puños crispados, interpretamos la situación en forma muy diferente. La persona que define erróneamente la situación y trata de correr cuando debe hacer el amor, o viceversa, es una figura cómica clásica. Pero en la vida real la falla en definir correctamente las situaciones de comportamiento y en dar las respuestas adecuadas puede tener consecuencias desafortunadas.

Como Barger y Luckmann declararon en su *Social Construction of Reality* (1966), la sociedad es una *realidad objetiva* en la que las personas, los grupos y las instituciones son *reales,* independientemente de nuestras percepciones de ellos. Pero la sociedad también es una *realidad subjetiva* en la que, para cada persona, las otras personas, los grupos y las instituciones son lo que aquella persona percibe de ellas como seres.

Que la mayor parte de las personas sean agradables o repugnantes, que los miembros de la policía sean protectores u opresores, que las corporaciones sirvan a los intereses comunes o a intereses egoístas, son percepciones que las personas forman a partir de sus propias experiencias y que se convierten para ellas en "así son las cosas".

Interaccionistas modernos como Erving Goffman (1959) y Herbert Blumer (1962) hacen hincapié en el hecho de que las personas no responden directamente a las otras personas, sino que responden a lo que *imaginan* que son las otras personas. En el comportamiento humano, la "realidad" no es algo que simplemente está "allí afuera", como los postes y las aceras a lo largo de la calle; la "realidad" se construye en al mente de las personas cuando se evalúan mutuamente y tratan de adivinar los sentimientos e impulsos respectivos. Que una persona sea un amigo, un enemigo o un extraño no es una característica de la persona; aquella persona es para mí lo que yo percibo de ella como ser, por lo menos hasta que cambie mi percepción. El que sea buena o mala depende de la percepción que yo tenga de ella. Así, yo creo la realidad acerca de esa persona en mi propia mente, y luego reacciono a esta realidad que yo he construido. Esta "construcción social de la realidad" avanza continuamente conforme las personas definen los sentimientos e intenciones de los demás. En esta forma, las "personas" con las cuales actuamos recíprocamente son en cierta medida creaturas de nuestra propia imaginación. Siempre que dos grupos, como pueden ser los trabajadores y los patrones, llegan a formarse un conjunto de opiniones firmes uno respecto del otro, ha tenido lugar una "construcción social de la realidad". De manera semejante, las situaciones son definidas por nosotros y llegan a formar parte de la "realidad" a que respondemos. Que una nueva regla sea considerada como protección u opresión depende de nuestra definición de ella.

Esto no significa que *toda* realidad sea subjetiva, es decir, que sólo exista dentro de la mente. En el universo hay hechos que *son* objetivos. El Sol, la Luna y las estrellas son reales y seguirían "allí, afuera" aunque no hubiera hombres que los contemplaran. Los seres humanos son reales; nacen y mueren; llevan a cabo acciones que tienen consecuencias. Pero un hecho no tiene significado en sí mismo. Los seres humanos son los que dan *significados* a los hechos y las acciones humanas. La perspectiva interaccionista simbólica se centra en qué significados encuentran las personas en las acciones de las otras personas, en cómo se deducen estos significados y en cómo responden los demás a ellos. La perspectiva interaccionista ha permitido profundizar mucho en el desarrollo de la personalidad y en el comportamiento humano. Su utilidad ha sido menor en el estudio de los grandes grupos y de las instituciones sociales.

La perspectiva funcionalista

En esta perspectiva la sociedad se considera como una red de grupos que cooperan y operan en forma sumamente ordenada, de acuerdo con una serie de reglas y valores compartidos por la mayoría de los miembros. La sociedad se concilia como un sistema estable con tendencia hacia el equilibrio; esto es, una tendencia a mantener un sistema operativo armonioso y equilibrado.

En la perspectiva funcionalista, con Talcott Parsons (1937), Kingsley Davis (1937) y Robert Merton (1957) como sus voceros más prominentes, cada grupo o institución desempeña ciertas funciones y persiste porque es *funcional*. Así, la escuela educa a los niños, prepara trabajadores, quita a los hijos de las manos de sus padres una parte del día y proporciona espectáculos deportivos a la comunidad, entre otras cosas.

Las pautas de comportamiento surgen porque son funcionalmente útiles. En la frontera estadounidense, donde había pocos hoteles y menos personas que pudieran pagarlos, se desarrolló una pauta de hospitalidad. Las familias viajeras eran huéspedes bienvenidos de los colonos más cercanos al lugar donde los soprendiera la noche. Los viajeros traían noticias y rompían la monotonía; el anfitrión proporcionaba alimento y techo. Cuando se colonizó la frontera, la pauta de hospitalidad se hizo innecesaria y declinó. En esta forma, las pautas de comportamiento surgen para satistafacer necesidades y pasan cuando las necesidades cambian.

El cambio social rompe el equilibrio estable de la sociedad, pero al poco tiempo se obtiene un nuevo equilibrio. Por ejemplo, las familias numerosas fueron deseables durante la mayor parte de la historia. Las tasas de mortalidad eran altas, y las familias grandes ayudaban a asegurar algunos sobrevivientes. Especialmente en lo que hoy es Estados Unidos, donde había que llenar un continente y nunca había manos suficientes para realizar el trabajo, las familias numerosas eran funcionalmente útiles. Proporcionaban trabajadores, compañía y seguridad para los ancianos, y eran buenas tanto para los individuos como para la sociedad. Actualmente, en un mundo superpoblado y con una tasa de mortalidad más baja, las familias numerosas ya no son una bendición. En otras palabras, las familias grandes han dejado de ser funcionales y amenazan el bienestar de la sociedad. De modo que se avecina un nuevo equilibrio en el que, en vez de altas tasas de mortalidad y altas tasas de natalidad, tendremos (esperamos) bajas tasas de mortalidad y natalidad. Así, un valor o una práctica que es funcional en un tiempo o lugar puede llegar a no serlo —interfiriendo con la operación tranquila de la sociedad— en otro tiempo o lugar.

Si un cambio social particular promueve un equilibrio armonioso, se considera funcional; si rompe el equilibrio, es disfuncional; y si no tiene efectos, es no funcional. En una democracia los partidos políticos son funcionales, mientras que los bombardeos, los asesinatos y el terrorismo político son disfuncionales, y los cambios en el vocabulario político o en las insignias partidistas son no funcionales.

Los funcionalistas formulan preguntas como: "¿En qué forma este valor, esta práctica o esta institución colaboran a satisfacer las necesidades de la sociedad?" "¿Cómo se ajusta con las otras prácticas e instituciones de la sociedad?" "¿Un cambio lo haría más o menos útil para la sociedad?"

La perspectiva del conflicto

Aunque es el resultado del trabajo de varios estudiosos, la perspectiva del conflicto se basa más directamente sobre la obra de Karl Marx (1818-1883), quien consideró el conflicto de clases y la explotación de clase como las fuerzas fundamentales del movimiento en la historia. No tomada en cuenta durante varios años por los sociólogos, la perspectiva del conflicto ha sido revivida recientemente por C. Wright Mills (1956-1959), Lewis Coser (1956) y otros (Aron, 1957; Dahrendorf, 1959, 1964; Chambliss, 1973: Collins, 1975). Donde los funcionalistas consideran que el estado normal de la sociedad es el de un equilibrio estable, los teóricos del conflicto consideran que la sociedad se encuentra en continuo estado de conflicto entre grupos y clases. Aunque Marx centraba su atención en el conflicto entre clases por la propiedad de los medios de producción, los modernos teóricos del conflicto consideran el problema desde un punto de vista menos estrecho. Ven la lucha por el poder y el ingreso como un proceso continuo en el que muchas categorías de personas aparecen como oponentes: clases, razas, nacionalidades y aun sexos.

Los teóricos del conflicto consideran que la sociedad se mantiene unida por la fuerza de las clases o grupos dominantes. Afirman que los "valores compartidos" que los funcionalistas ven como el aglutinante que mantiene unida a la sociedad, no forman en realidad un verdadero consenso; por el contrario, éste es un consenso artificial en el que los grupos o clases dominantes imponen sus valores y reglas sobre el resto de las personas. De acuerdo con los teóricos del conflicto, los funcionalistas fallan al preguntar "¿Útil funcionalmente *para quién?*". Los teóricos del conflicto acusan a los funcionalistas de un prejuicio conservador en el hecho de que estos últimos suponen que este "equilibrio armonioso" es benéfico para todos, siendo que beneficia a unos y castiga a otros. Los teóricos del conflicto ven el equilibrio armonioso de la sociedad como una ilusión sostenida por aquellos que no ven que los grupos dominantes han silenciado a los grupos que explotan.

Los teóricos del conflicto preguntan por ejemplo: "¿Cómo han surgido las actuales pautas de compor-

CUADRO 1-1
LAS DOS PERSPECTIVAS MÁS IMPORTANTES EN SOCIOLOGÍA

Percepción de	Teoría funcionalista	Teoría del conflicto
Sociedad	Un sistema estable de grupos cooperantes.	Un sistema inestable de grupos y clases opuestos.
Clase social	Un nivel de status de las personas que tienen ingresos y estilos de vida similares. Se desarrolla a partir de los diferentes roles que juegan las personas y los grupos.	Un grupo de personas que comparten necesidades de poder e intereses económicos similares. Surge del éxito de algunos en explotar a los otros.
Desigualdad social	Inevitable en las sociedades complejas. Se debe principalmente a las diferentes contribuciones de los diferentes grupos.	Innecesaria e injusta. Se debe principalmente a las diferencias de poder. Puede evitarse mediante la reordenación socialista de la sociedad.
Cambio social	Surge del cambio de las necesidades funcionales de la sociedad.	Impuesto por una clase sobre otra, en su propio beneficio.
Orden social	Un producto inconsciente de los esfuerzos de las personas por organizar productivamente sus actividades.	Se produce y mantiene por la coerción organizada de las clases dominantes.
Valores	El consenso sobre valores une a la sociedad.	El conflicto de intereses divide a la sociedad. La ilusión del consenso de valores es mantenida por la clase dominante.
Instituciones sociales: Iglesias, escuelas, medios masivos	Cultivan los valores y lealtades comunes que unen a la sociedad.	Cultivan los valores y lealtades que protegen a los privilegiados.
Ley y gobierno	Refuerzan las normas que reflejan el consenso de valores de la sociedad.	Refuerzan las normas impuestas por las clases dominantes para proteger sus intereses.

tamiento de la lucha entre los grupos conflictivos que buscan cada uno de su propia ventaja?'' ''¿Cómo han alcanzado y mantenido su posición de privilegio las clases o grupos dominantes?'' ''¿En qué forma manipulan las instituciones de la sociedad (escuelas, iglesias, medios de comunicación de masas)?'' ''¿Quién se beneficia del orden social actual y quién resulta dañado por él?'' ''¿Cómo puede ser más justa y humana la sociedad?''

Comparación de las perspectivas

¿Cuál es la mejor perspectiva? Esto no puede contestarse, porque ninguna respuesta es ''correc-ta'' o ''errónea'', sino que cada una es una forma diferente de ver la sociedad. Así como las relaciones internacionales pueden considerarse como un estado de guerra interrumpido por intervalos de paz o una paz interrumpida por intervalos de guerra, así la sociedad puede considerarse como una condición de cooperación que contiene elementos de conflicto o como una condición de conflicto que contiene elementos de cooperación. En esta forma, cada perspectiva considera a la sociedad desde una posición ventajosa diferente, formula preguntas diferentes y llega a conclusiones diferentes. Los evolucionistas enfocan su atención sobre las similitudes en las

DESÓRDENES EN LA UNIVERSIDAD

La semana pasada un comité administrativo de la facultad, sin consultarlo con los estudiantes, publicó una nueva serie de procedimientos para calificar. Después de varios días de quejarse, una disgustada masa de estudiantes se introdujo en el edificio de la administración, expulsó al presidente, a los decanos y a otros funcionarios, le dijo al personal secretarial que se tomará un día de vacación y puso barricadas en las puertas. Se llamó a la policía y...

Cómo estudiar este acontecimietno social desde

La perspectiva evolucionista:

¿Cuál es la historia de las confrontaciones estudiantes-administración?

¿Qué pautas establecidas —en caso de haberlas—, persisten?

¿En qué forma es este hecho una consecuencia de las situaciones anteriores?

La perspectiva interaccionista:

¿Cómo se formularon las normas y cómo se cambiaron?

¿Quién posee autoridad para cambiar las normas y cómo la obtuvo?

En esta confrontación ¿con qué criterio se calificá a unos como "buenos" y a otros como "malos"?

¿Cómo surgió la tensión y qué roles se desempeñaron conforme se iba desarrollando el espíritu de la confrontación?

La perspectiva funcionalista

¿Cuáles son las razones para este cambio de política?

¿Qué fines puede perseguir este cambio para la Universidad? ¿Para los estudiantes?

¿A qué intereses de los estudiantes activistas responde esta confrontación?

¿Cuáles serán las consecuencias de esta confrontación?

La perspectiva del conflicto

¿Por qué no fue invitado el sector estudiantil antes de este cambio de política?

¿Quién se beneficia y quién resulta dañado por este cambio de política?

¿Por qué quieren este cambio la facultad y la administración y por qué se oponen a él los estudiantes?

---

sociedades cambiantes; los interaccionistas se fijan más en la conducta social real de las personas y los grupos; los funcionalistas prestan mayor atención al consenso de valores, al orden y a la estabilidad; los teóricos del conflicto consideran principalmente la desigualdad, la tensión y el cambio. Por ejemplo, en el estudio de la desigualdad de clases los evolucionistas analizan el desarrollo histórico de las desigualdades de clase en las diferentes sociedades; los interaccionistas estudian cómo se han definido las clases y en qué forma las personas perciben y tratan a los miembros de su propia clase y de las otras clases; los funcionalistas se fijan en cómo funciona la desigualdad de clases en todas las sociedades por lo que toca a la distribución de tareas y recompensas y al mantenimiento del sistema; los teóricos del conflicto estudian las forma en que la desigualdad de clases se impone y se mantiene por parte de las clases dominantes en provecho propio y a expensas de las menos privilegiadas.

Para la mayor parte de los temas de estudio existen aspectos en los que cada una de las perspectivas puede ser de gran utilidad. Por ejemplo, consideremos el desarrollo de la universidad moderna. La perspectiva evolucionistas podría enfocar su atención sobre la serie de necesidades y planes de los estudiosos a lo largo de miles de años que finalmente llevaron al desarrollo de la universidad moderna. La perspectiva interaccionista se fijaría en la forma en que las necesidades de los estudiosos se han definido en las diferentes épocas y en la manera en que las personas y los grupos han tratado unos con otros en la creación de la universidad. La perspectiva funcionalista centraría su atención en qué cambios hicieron que las universidades se consideraran necesarias, en qué propósitos de la sociedad satisfacen y en qué efectos tienen sobre los estudiantes y sobre las sociedades. La perspectiva del conflicto se interesaría en estudiar qué grupos y clases se benefician de la universidad y cómo el acceso a la educación superior sirve para mantener la posición de los grupos privilegiados. Para algunos problemas una perspectiva puede ser más útil que otra. El desarrollo de la pauta de hospitalidad, mencionada anteriormente, se describe con toda claridad en términos de la perspectiva funcionalista como una costumbre que surgió para hacer frente a una necesidad en un tiempo y lugar particulares. La perspectiva del conflicto no es muy útil para comprender el surgimiento y declinación de la pauta de hospitalidad, pero la formación de los sindicatos laborales (para defender los intereses de los trabajadores contra los de los patrones) se analiza muy bien dentro de la perspectiva del conflicto.

Hay otras perspectivas en sociología —la teoría de los recursos, la teoría de sistemas, la teoría del aprendizaje social, la teoría del intercambio, la fenomenología, la etnometodología y otras—, pero imponerlas todas a los estudiantes de un curso introductorio de sociología podría convencerlos de haber iniciado un curso equivocado. En algunos temas las diferentes perspectivas son tan opuestas entre sí que es imposible reconciliarlas. Por ejemplo, a propósito de las clases sociales y de la desigualdad la perspectiva funcionalista y la del conflicto se contradicen rotundamente acerca de las fuentes de la desigualdad y de la posibilidad de lograr la igualdad social. Los teóricos del conflicto niegan enfáticamente mucho de lo que los funcionalistas dicen respecto de la desigualdad, y viceversa (como se verá en el Cap. 14).

No obstante, con mayor frecuencia, las diferentes perspectivas son complementarias, al destacar una de ellas lo que otra menosprecia o pasa por alto. Las diferentes perspectivas se sobreponen, y todas son utilizadas por la mayor parte de los sociólogos, aunque en proporciones diferentes. Así, ningún funcionalista niega la realidad de la explotación de clases, y ningún teórico del conflicto argumenta que *todos* los intereses de los ricos y los pobres sean opuestos (p. ej., el agua pura y el aire incontaminado son cosas buenas para ambos). Éstas son diferencias de acento, y la mayoría de los sociólogos se niegan a ser clasificados bajo cualquiera de estas denominaciones. Pero muchos sociólogos tienen sus perspectivas favoritas, en las que se apoyan con más frecuencia. Todas las perspectivas son útiles y necesarias para una comprensión completa de la sociedad.

ALGUNAS SUGERENCIAS PARA EL ESTUDIO

Una queja común de los estudiantes de sociología es: "Leí el libro y conozco el material, pero no puedo resolver las pruebas". Como es natural, los estudiantes que han estudiado se encuentran desconcertados y frustrados cuando sus calificaciones no reflejan lo que piensan que han aprendido. ¿Por qué ocurre esto?

El material de un libro de texto de un curso de introduccion a la sociología no es totalmente desconocido y se lee con mucha facilidad. El estudiante puede leer todo un capítulo sin encontrar algo que le parezca difícil de entender. Al final, no habiendo encontrado ninguna dificultad, el estudiante deja a un lado el libro, con la creencia de que esta asignatura ha terminado.

Debido a que el material *es* con frecuencia familiar y no difícil de leer, un estudiante puede hacerse la ilusión de que ha comprendido completamente la asignatura, pero sólo tiene una vaga idea del significado de los conceptos presentados. Cada párrafo tiene una o más ideas principales, junto con un material ilustrativo que trata de explicarlas y clarificarlas. Por ejemplo, volvamos a la sección sobre "Ciencia social y sentido común'', que vimos al principio de este capítulo. Dicha sección contiene sólo una idea principal: el sentido común incluye tanto la sabiduría popular como las tonterías populares, y los científicos tratan de decirnos cuál es cuál. Todo el resto es ilustración y explicación.

El estudiante debe subrayar y recordar las ideas y conceptos principales, no el material explicativo. Después de leer un párrafo, es una costumbre muy útil levantar los ojos y preguntarse: ''¿Qué debo recordar de este párrafo?''. Si nada claro se puede responder, el párrafo necesita ser estudiado de nuevo. Luego de leer una sección, veamos el encabezado de nuevo y tratemos de hacer un resumen de toda la sección. Nuevamente, si no podemos hacer con nuestras propias palabras un decoroso sumario de la sección, resulta claro que no ha sido estudiada suficientemente.

Muchos estudiantes tienen dificultades con los cuadros, gráficas e ilustraciones. El secreto para entenderlas es leer todo lo que se halla en los márgenes que las rodea antes de estudiar el cuerpo de la ilustración. Por ejemplo, veamos la ilustración 13-1 en la página 336. En primer lugar leamos el título: ''Gasto gubernamental total, federal, estatal y local como porcentaje del PNB (producto nacional bruto). Leamos la ''fuente'' que proporciona esos datos en la parte inferior, que con frecuencia va seguida de notas explicativas. Verifiquemos el eje vertical que muestra los porcentajes y el eje horizontal que muestra la fechas. Después de leer esto, estudiemos el cuerpo principal de la ilustración. ¿Qué conclusiones podemos sacar ahora? La mayor parte de las ilustraciones no son difíciles si se dedica el tiempo necesario para estudiar primero todos los márgenes de ellas.

SUMARIO

La sociología es el estudio científico de la vida social humana. Actualmente la ciencia está tomando el lugar del sentido común como fuente de conocimientos confiables acerca del comportamiento humano. Toda ciencia se basa en *evidencias veri-*

ficables. La técnica básica de la investigación científica es la *observación*. La observación científica difiere de la simple contemplación de las cosas en que es: 1) *exacta,* tratado de describir lo que realmente existe; 2) tan *precisa* y exacta como es necesario; 3) *sistemática,* en un esfuerzo por descubrir todos los datos importantes; 4) *registrada* con todo detalle, tan pronto como es posible; 5) *objetiva,* es decir, tan libre de distorsión debida a intereses personales, prejuicios o ilustraciones como sea humanamente posible; 6) *llevada a cabo por observadores adiestrados,* que sepan qué buscar y cómo reconocerlo; 7) *efectuada en condiciones controladas* que reducen el peligro de fraude, autoengaño o interpretación equivocada. Los pasos en un proyecto de investigación científica son: 1) definir el problema, 2) revisar la literatura, 3) formular las hipótesis 4) planear el diseño de la investigación, 5) recolectar los datos, 6) sacar conclusiones, y repetir el estudio. Hay que recordar que antes que las conclusiones puedan aceptarse como demostradas, se necesitan *repeticiones* en las que se confirmen estas conclusiones mediante una investigación repetida. Mientras que el método científico procede de las pruebas a la conclusión, los métodos *normativos,* de uso tan popular, parten de una conclusión y buscan pruebas para apoyarla.

Con frecuencia se discute si el estudio de nuestras relaciones sociales es una ciencia. La sociología es una disciplina muy nueva, surgida recientemente de las especulaciones de los filósofos sociales y de los reformadores sociales del siglo XIX. En la medida en que la vida social humana se estudia por métodos científicos de modo que se vaya desarrollando un cuerpo de conocimientos verificados, estos estudios se convierten en ciencias sociales.

En sociología se utilizan varias perspectivas. Cada una ve a la sociedad desde un ángulo diferente. La *perspectiva evolucionista* se fija en las secuencias por las que pasan las sociedades cambiantes; la *perspectiva interaccionista* centra su atención en las comunicaciones cotidianas reales y en el comportamiento de las personas y grupos; la *perspectiva funcionalista* considera a la sociedad como un sistema interralacionado en el que cada grupo juega una parte y cada práctica ayuda a operar el sistema; la *perspectiva del conflicto* ve la tensión continua y la lucha de grupos como la condición normal de la sociedad, y la estabilidad y el consenso en los valores como ilusiones artificiales que protegen a los grupos privilegiados. Cada perspectiva es utilizada, en cierta medida, por la mayoría de los sociólogos, y es necesaria para obtener una comprensión plena de la sociedad.

GLOSARIO

ciencia: cuerpo de conocimientos verificados y organizados; serie de métodos mediante los cuales se obtiene un cuerpo de conocimientos verificados.

evidencia verificable: observación basada en hechos que otros observadores adiestrados pueden ver, pesar, contar y comprobar en su exactitud.

hipótesis: afirmación provisional no verificada de la posible relación entre hechos conocidos; una proposición razonable digna de una comprobación científica.

investigación normativa: estudio que busca confirmar una conclusión ya obtenida.

objetividad: cualidad de observar y aceptar los hechos como son y no como se quisiera que fueran.

perspectiva del conflicto: visión de que la sociedad se halla en contínuo estado de conflicto entre grupos y clases, y tiende a la disidencia, la tensión y al cambio.

perspectiva evolucionista: visión de que las diferentes sociedades muestran muchas similitudes en su desarrollo.

perspectiva funcionalista: visión de que la sociedad es una red organizada de grupos que cooperan y tienden al conceso y la estabilidad.

perspectiva interaccionista: visión de la sociedad que se concentra en la interacción entre personas y grupos.

repetición: reiteración de estudios por otros investigadores para confirmar resultados.

sociología: estudios científicos de la vida social humana.

variable: algo que varía de caso en caso, como edad, sexo, y educación entre los seres humanos.

PREGUNTAS Y PROYECTOS

1 ¿Qué diferencia existe entre la sociología y el simple y anticuado sentido común?

2 ¿Pueden los científicos probar que los fantasmas y espíritus no existen y que la adivinación del futuro y la lectura del pensamiento no surten efecto? ¿Por qué son los científicos tan escépticos?

3 Suponga que un supervisor dice: "He contratado toda clase de trabajadores, y los estudiantes que no se graduaron no trabajan tan bien como los que terminaron. ¿Qué se necesitaría para que esta afirmación fuera una conclusión científicamente justificada?

4 Suponga que usted es reportero de un periódico universitario y está escribiendo la crónica de una confrontación violenta entre los estudiantes y la policía. ¿Debería usted intentar escribirla con estricta objetividad o debería enforcarla parcialmente, utilizando un lenguaje polémico y omitiendo ciertos hechos y subrayando otros, con el fin de apoyar la parte que usted piensa que está moralmente en lo correcto?

5 ¿Qué proporción de las afirmaciones generales que se hacen durante una conversación de sobremesa se basan en recuerdos informales y qué proporción de ellas se refieren a algunas observaciones sistemáticas y registradas? Compruebe su cálculo llevando la cuenta de cada una en un grupo de conversación.

6 Lea la novela de Sinclair Lewis *Arrowsmith*. ¿Cuáles son algunas de las dificultades que encontró Martin para ser rigurosamente científico?

7 ¿Por qué, piensa usted, una seudociencia como la astrología, que no tiene valor predictivo, como repetidamente se ha demostrado, tiene tantos seguidores, aun entre gente muy instruida?

8 Libros de sensacionalismo sin ninguna base científica, como *The Bermuda Triangle* de Charles Berlitz, con frecuencia se convierten en éxitos de librería, en tanto que libros escritos con rigor como *The Bermuda Triangle Mystery-Solved* (New York, Warner Books, 1975) se venden muy poco. ¿Por qué?

9 Escriba tres afirmaciones sobre el mismo

acontecimiento o tema, uno como observador neutral, otro como defensor y otro como oponente.

10 Formule algunas hipótesis comprobables como: "Los estudiantes varones reciben más infracciones que sus compañeras de estudio", o "Las calificaciones del examen de admisión no permiten predecir que se llegue a la graduación". Esboce el esquema de investigación, señalando qué datos deben buscarse y qué variables hay que controlar.

LECTURAS QUE SE SUGIEREN

Bell, Colin, and Howard Newby: *Doing Sociological Research,* The Free Press, New York, 1977. Dos sociólogos británicos hablan de lo que realmente ocurre en la investigación social, incluyendo conflictos de valores, interferencia gubernamental y problemas de muestreo en una época de inquietud racial.

Blume, Stuart S.: *Toward a Political Sociology of Science,* The Free Press, New York, 1974. Estudio acerca de cómo es influida la ciencia por la política y cómo puede utilizarse la ciencia para tomar decisiones políticas.

* Chase Stuart, with Edmund de S. Brunner: *The Proper Study of Mankind; An Inquiry Into the Science of Human Relations,* 2a. ed., Harper & Row,

Publishers, Inc., New York, 1962. Libro sumamente ameno sobre la contribución de la ciencia social a la solución de los problemas humanos.

* Cuff, E. C., y G. C. F. Payne (eds.) *Perspectives in Sociology,* George Allen & Unwin, Ltd., London, 1979. Presentación de las principales perspectivas utilizadas en sociología. Para estudiantes avanzados.

* Gardner, Martin: *Science: Good, Bad and Bogus.* Prometheus Books, Buffalo, N.Y., 1981. Libro fácil y ameno que muestra las diferencias entre la ciencia y la pseudociencia.

Homans, George E.: *The Nature of Social Science,* Hancourt, Brace & World Inc., New York, 1967. Breve discusión filosófica acerca de todo lo que trata la ciencia social.

* Inkeles, Alex: *What is Sociology? An Introduction to the Discipline and the Profession,* Prentice-Hall, Inc., Englewood Cliffs, N.J., 1964. Breve descripción de lo que es la sociología y de lo que hacen los sociólogos.

Reiser, Martin et al.: "An Evaluation of the Use of Psychics in the Investigation of Major Crime", *Journal of Police Science and Administration,* 7:18-25, March 1979. Investigación que descubre que la metapsíquica es inútil en la detección de crímenes.

Wilson, Everett K, and Hanan Selvin: *Why Study Sociology? A note to Undergraduates,* Wadsworth Publishing Company, Inc., Belmont, Cal., 1980. Folleto que explica qué es la sociología y su utilidad.

La siguiente es una serie de libros anexos, algunos de los cuales son relatos de fraudes y trucos, y otros son apreciaciones críticas de ideas y teorías de carácter mágico:

Milbourne Christopher, *Mediums, Mystics and the Occult;* *L. Sprague DeCamp, and Catherine C. DeCamp, *The Ancient Engineers;* *Barrows Dunham, *Man Against Myth;* *Bergen Evans, *The Natural History of Nonsense;* Chistopher Evans, *Cutls of Unreason;* *Martin Gardner, *Fads and Fallacies in the Name of Science;* *C. E. Hansel, *ESP: A Scientific Evaluation;* Harry Houdini, *Miracle Mongers and Their Methods:* Joseph Jastrow, Error and Eccentricity in Human Belief; *Philip J. Klass, *UFOs Explained;* *Lawrence D. Kusche, *The Bermuda Triangle-Solved;* *Curtis D. MacDougall, *Hoaxes;* Norman Moss, *The Pleasures of Deception;* *The Amazing Randi (James A. Randi), *The Magic of Uri Geller;* D. Scott Rogo, *In Search of the Unknown: The Odyssey of a Psychic Invesigator;* Robert Silverberg, *Scientists and Scoundrels: A Book of Hoaxes;* *Barry Thiering and Edgar Castel (eds.), *Some Trust in Chariots: Sixteen Views on Erich von Däniken's Chariots of the Gods;* cualquier edición de *The Skeptical Inquirer,* periódico trimestral publicado por el Committee for the Scientific Investigation of Claims of the Paranormal.

* Un asterisco antes de la cita indica que el título se halla disponible en edición a la rústica.

2 Campos y métodos de la sociología

Como lo ha puesto de manifiesto el diluvio reciente de películas cinematográficas como *Earthquake* y *The Towering Inferno,* los desastres nos fascinan; a los científicos sociales, al igual que a los legos. Y siempre nos han fascinado las preguntas relacionadas con la forma en que funcionamos durante los desastres, y después de ellos. ¿Nos llenamos de pánico? ¿Corremos de un lado para otro? ¿Ayudamos a los demás? ¿Disponemos de recursos internos para hacer frente a los desastres? Los recursos externos (organismos especializados) ¿funcionan adecuadamente en nuestro favor? El suceso cataclísmico ¿puede dejarnos marcados emocionalmente?

Desde 1917, cuando Samual H. Prince, de la Universidad de Colombia, aplicó por primera vez la metodología de la ciencia social al estudio de las calamidades colectivas —el estallido de un barco cargado de explosivos en la bahía de Halifax, Nueva Escocia— se ha acumulado una cantidad importante de investigaciones que ayuda a resolver estas preguntas. Sin embargo, debido a los problemas inherentes a la investigación de los desastres —aportación de fondos económicos, necesidad de llegar con rapidez a la zona devastada, aceptación por la comunidad y otros— el cuadro de cómo nos comportamos durante el desastre y después de él todavía no puede presentarse satisfactoriamente con todo detalle.

(Myron Brenton, "Studies in the Aftermath", Human Behavior, May, 1975, p. 56).

Pocos científicos estudian más cosas en formas más diferentes que los sociólogos. El sociólogo puede estar hurgando en oscuros informes censales para ver en qué aspecto están cambiando los habitantes de las grandes ciudades, o estudiando un nuevo movimiento social como observador participante, o llevando a cabo una evaluación sobre el funcionamiento de un programa de acción. Casi todo tipo de fenómeno social es un tema apropiado para una investigación sociológica, siempre y cuando se sigan los procedimientos científicos adecuados. El tema de este capítulo se refiere a cómo se lleva a efecto esto.

EL CAMPO DE LA SOCIOLOGÍA

Ante todo, *olvíde cuanto haya leído acerca de la sociología en las revistas populares y en los periódicos,* porque en su mayor parte es inexacto. Un articulista que trata de que una conjetura improvisada parezca más impresionante, puede anteponerle la frase: "Los sociólogos temen que...", "Los sociólogos están alarmados por...", o "Los sociólogos se están retorciendo las manos acerca de..." Este artificio periodístico ayuda al escritor a hablar con autoridad, sin saber mucho acerca del tema. Algunos diarios, como el *New York Times* o el *Wall Street Journal,* citan fielmente a los sociólogos casi siempre. Pero como regla general, las afirmaciones indocumentadas de los diarios o revistas acerca de lo que los "sociólogos piensan" deben rechazarse como poco confiables.

El uso descuidado del término "sociólogo" es muy común. Los periodistas, los trabajadores sociales, los líderes obreros, los funcionarios del gobierno o cualquier otra persona interesada en las relaciones sociales pueden ser descritos como sociólogos. Esto es incorrecto. Un sociólogo es alguien que ha obtenido grados avanzados o ha proseguido estudios superiores en sociología (no en psicología, teología, trabajo social o algún otro campo) y está comprometido en la enseñanza, la investigación o en otro trabajo profesional en el campo de la sociología.

Ninguna definición formal de la sociología es muy satisfactoria. Las definiciones breves no definen en realidad; las largas son molestas y pesadas. Sin embargo, se necesita alguna clase de definición, y con frecuencia se define la sociología como *el estudio científico de la vida social humana.* Los seres humanos se comportan en forma diferente a los animales. Tienen formas únicas de vida de grupo; siguen costumbres, desarrollan instituciones y crean valores. La sociología aplica los métodos científicos al estudio de estos fenómenos, en busca de un conocimiento científico.

Los sociólogos estudian la vida de grupo. *(Barbara Pfeffer/Black Star)*

La sociología centra su estudio en la vida de grupo de los seres humanos y en el producto de su vida como grupo. El sociólogo está especialmente interesado en las costumbres, tradiciones y valores que emergen de la vida de grupo, y en la forma en que esta vida de grupo se ve afectada, a su vez, por estas costumbres, tradiciones y valores. La sociología se interesa en la forma en que los grupos interactúan y en los procesos e instituciones que desarrollan. La sociología se subdivide en muchos campos especializados. Una lista parcial de ellos incluye:

Sociología aplicada
Comportamiento colectivo
Comunidad
Sociología comparativa
Crimen y delincuencia
Sociología cultural
Demografía
Comportamiento desviado
Organizaciones complejas y formales

Ecología humana
Sociología industrial
Ley y sociedad
Tiempo libre, deportes, recreación y artes
Matrimonio y familia
Sociología matemática

La sociología está interesada en la forma en que los grupos interaccionan uno con otro.

Sociología médica
Metodología y estadística
Sociología militar
Sociología política
Raza y relaciones étnicas
Sociología rural
Cambio social
Control social
Organización social
Psicología social
Teoría sociológica
Sociología de la educación
Sociología del conocimiento y de la ciencia
Sociología de las ocupaciones y profesiones
Sociología de la religión
Sociología de los pequeños grupos
Estratificación y movilidad
Sociología urbana

Estos temas no son propiedad exclusiva de la sociología, porque ninguna disciplina puede cercar un campo y colocar en torno a él señales que digan "No hay paso". La sociología sólo es una de las ciencias sociales. Otras disciplinas comparten su interés en varios temas. Por ejemplo, la psicología y la ciencia política comparten su interés en la comunicación y opinión pública; su interés en la criminología lo comparten la psicología, la ciencia política, el derecho, la ciencia policial, etc. La sociología está especialmente vinculada con la psicología y la antropología, y con tal frecuencia coincide con ellas que cualquier límite definido sería arbitrario y poco realista. Cuanto más aprendemos acerca del comportamiento humano, más nos damos cuenta de que ningún campo del conocimiento puede explicarlo por completo.

MÉTODOS Y TÉNICAS DE LA INVESTIGACIÓN SOCIOLÓGICA

Los métodos de la investigación sociológica son básicamente los que se delinearon en el capítulo precedente y utilizan todos los científicos. Como ha hecho notar Karl Pearson: "La unidad de toda ciencia consiste solamente en su método, no en su material. El hombre que clasi-

fica hechos de cualquier clase, que ve su mutua relación y describe sus secuencias está aplicando el método científico y es un hombre de ciencia" (1900, p. 12).

En tanto que los métodos científicos son básicamente semejantes para todas las ciencias, la *técnicas* científicas varían, porque son las formas particulares en que los métodos científicos se aplican a un problema particular. Cada ciencia debe, por tanto, desarrollar una serie de técnicas que se ajusten al material que estudia. ¿Cuáles son algunas de las técnicas de la investigación sociológica?

Estudios transversales de muestra representativa y estudios longitudinales

Todo estudio tiene cierto marco de tiempo. Un estudio que cubre una amplia área de observación en un lapso determinado se llama estudio transversal de *muestra representativa*. Por ejemplo, el estudio de Campbell, Converse y Rodger, *The Quality of American Life* (1976), presenta entrevistas con una muestra nacional de 2 700 familias a las que se les preguntó sobre cuáles eran las cosas que les satisfacían y las que no les agradaban. Estos investigadores encontraron que las personas casadas son más felices que las solteras, que las prósperas eran más felices que las pobres, e hicieron otras observaciones interesantes.

Si el estudio se extiende a un periodo y describe una tendencia o hace una serie de observaciones previas y posteriores, se denomina estudio *longitudinal*. Así, Levine y Mayer (1977) estudiaron los cambios en la inscripción de blancos y negros en las escuelas públicas de Kansas City, entre 1960 y 1974. Hallaron que las escuelas con inscripción de negros relativamente baja (por abajo del 29%) estaban dispuestas a "seguir suprimiendo la segregación racial, en tanto que las escuelas con alto porcentaje de estudiantes negros se habían vuelto casi totalmente segregacionistas", como resultado de lo que se había conocido como "fuga blanca".

Las encuestas nacionales de opinión pública (Gallup, Harris y otros) son estudios transversales de muestra representativa, pero si la mis-

Los sociólogos estudian las normas de comportamiento de las diferentes sociedades ¿Cuántas normas se sugieren en esta fotografía? *(Ken Heyman).*

ma serie de preguntas se repite a intervalos durante varios años, pueden efectuarse observaciones longitudinales.

Los estudios longitudinales pueder ser *prospectivos* y *retrospectivos*. Un estudio retrospectivo (llamado con frecuencia *ex post facto*) se refiere al pasado y utiliza datos que ya han sido registrados. Por ejemplo, Wynder y Evarts (1950) utilizaron los expedientes hospitalarios de 605 víctimas de cáncer pulmonar y encontraron que todos, excepto ocho, eran fumadores de cigarrillos. Cuando un estudio retrospectivo muestra una evidencia firme de relación entre dos hechos, el siguiente paso consiste con frecuencia en ver si un estudio prospectivo confir-

mará tal relación. Un estudio prospectivo empieza en el presente y lleva a cabo observaciones durante cierto periodo. Así Dorn (1959) y Kahn (1966) siguieron la historia clínica de 200 000 veteranos durante once años y encontraron que los que fumaban una cajetilla o más por día estaban dieciseis veces más propensos a morir de cáncer pulmonar que los no fumadores. Los estudios prospectivos requieren largo tiempo y con frecuencia son muy costosos, lo que hace que sean uno de los tipos de investigación menos comunes.

Algunas veces las conclusiones longitudinales se obtienen de estudios transversales de muestra representativa. Un estudio transversal de muestra representativa puede mostrar las diferencias entre grupos de distinta edad, y esto se interpreta con frecuencia como prueba de actitudes o comportamientos cambiantes. Por ejemplo, muchos estudios han puesto de manifiesto que los jóvenes son más tolerantes que los viejos respecto al comportamiento sexual y el uso de las drogas. ¿Significa esto que los valores están cambiando y que los valores de la juventud actual serán mañana los valores de todos? ¿O se trata de un cambio de ciclo de vida en el que los jóvenes se vuelven más conservadores conforme van envejeciendo? Un estudio transversal de muestra representativa no dará ninguna respuesta a esto.

Las conclusiones longitudinales obtenidas de estudios de muestra representativa son con frecuencia completamente erróneas. Por ejemplo, desde que comenzaron las pruebas de "inteligencia" las comparaciones de prueba representativa han mostrado que el IQ promedio parece llegar a su máximo en la primera edad adulta y que va declinando después en forma constante. Pero estos estudios se llevaron a cabo durante un periodo de constante elevación de los niveles de educación pública. En esta forma, cada estudio comparó a jóvenes preparados con personas mayores menos instruidas. Estudios longitudinales más recientes enfocados a medir el IQ de las *mismas personas* durante varios años, no muestran una constante declinación en el IQ hasta la vejez, sino que con el correr de los años algunos aspectos de la "inteligencia" mejoran y otros declinan. (Baltes, 1968; Baltes y Schaie,

1974). Las conclusiones longitudinales sólo pueden establecerse mediante estudios longitudinales, aunque los transversales de muestra representativa pueden sugerir hipótesis prometedoras.

Experimentos de laboratorio y de campo

Todas las ciencias utilizan experimentos. En el experimento de laboratorio los materiales o las personas son llevadas al laboratorio para el estudio. En los experimentos de laboratorio que se llevan a cabo con personas, éstas son reclutadas, reunidas y quizá pagadas por prestarse al experimento. Los famosos estudios de Dollard sobre la frustación-agresión (1939) se efectuaron reuniendo a numerosos estudiantes como sujetos experimentales, supuestamente para estudiar los efectos de la fatiga sobre la ejecución de las tareas. Estos estudiantes fueron sometidos a una intensa frustación mediante un prolongado tedio, demora del alimento y los juegos prometidos y otras incomodidades intencionales, mientras que se catalogaban sus respuestas de agresión.

El experimento de campo lleva la investigación al sujeto en vez de traerlo al laboratorio de investigaciones. Un experimento masivo de campo que implicaba la vacunación de varios millones de niños fue el que demostró el valor de la vacuna Salk contra la polio. Una serie continua de experimentos de campo están procurando encontrar formas eficaces para promover el control natal en los países subdesarrollados y entre los grupos menos favorecidos de Estados Unidos (Berelson, 1966; Ridker, 1976; Singh, 1979).

El concepto de cualquier experimento es bastante simple: mantenga usted constantes todas las variables, menos una; hágala variar, y vea qué sucede.

Una de las mejores formas de controlar todas las variables consiste en utilizar *grupos de control*. Un grupo de control es un grupo de sujetos que son semejantes al grupo experimental en todos los aspectos excepto en la(s) variable(s) que estamos estudiando. Por ejemplo, supóngase que queremos saber si la abolición de las calificaciones incrementaría el aprendizaje o haría aumentar la holgazanería. Para probar esto mediante un experimento, necesitaríamos un *grupo de control* de clases que sigan la enseñanza y los procedimientos de calificación usuales, y un *grupo experimental* de clases que utilice cualquier procedimiento experimental que trate de probarse. Para "mantener constantes todas las demás variables", tanto los grupos de control como el grupo experimental necesitarían ser similares en cuanto a la capacidad de los estudiantes, materia estudiada, calidad de enseñanza, cantidad de tarea de los estudiantes, recursos de los estudiantes y cualquier otra cosa que pudiera afectar sú rendimiento. Necesitaríamos también un instrumento confiable para medir los resultados del aprendizaje (luego de llegar a un acuerdo sobre *qué* resultados del aprendizaje fueran importante). Los resultados del experimento podrían determinarse con objetividad posteriormente. Si el grupo experimental muestra una acumulación de conocimientos mayor que la del grupo de control y esta diferencia se confirma mediante una repetición (réplicas del experimento llevadas a cabo por otros investigadores), entonces pueden obtenerse conclusiones significativas.

Una falla en la utilización de grupos de control adecuados puede destruir la utilidad del estudio. Por ejemplo, dos psicólogos (Miale y Selzer, 1976) examinaron las pruebas de Rorschach que fueron hechas a dieciseis jefes nazis durante los juicios de Nurenberg por crímenes de guerra e informaron que quince de ellos eran "psicópatas" en diversos grados. Pero Miale y Selzer no compararon las pruebas hechas a los jefes nazis con las pruebas de Rorschach de un grupo de control formado por jefes de otros países. Así, aunque supongamos que los análisis son correctos, no sabemos si estos investigadores han descubierto las características de la personalidad de los jefes *nazis* o las características de los *jefes*. Así, este estudio tiene un valor limitado.

Hay dos maneras comunes de establecer grupos de control y grupos experimentales. Una de ellas es la técnica de los *pares igualados*. Por cada persona en el grupo experimental, se busca otra persona semejante en todas las variables importantes (como edad, religión, educación, ocupación o cualquier aspecto valioso para esta investigación) y se la coloca en el grupo de control. La otra técnica es la de *selección al azar,* en la cual la selección de las personas de los grupos experimental y de control se hacen al azar, por ejemplo, asignando la primera al grupo experimental, la segunda al grupo de control, y así sucesivamente. Supongamos que deseamos medir la eficacia de un programa experimental de tratamiento para delincuentes en un reformatorio. Utilizando una técnica, deberíamos igualar a cada delincuente que recibió el tratamiento experimental (grupo experimental) con otro delincuente que sea semejante a él en cuanto a otras variables que se consideran importantes, y sólamente recibió el tratamiento penitencial ordinario (grupo de control). Utilizando la técnica de la selección al azar, cada segundo (tercero o décimo) delincuente debería asignarse al grupo experimental luego de su llegada al reformatorio y considerarse a los demás como grupo de control. Donde al investigador se le permite hacer las asignaciones en esta forma, la técnica de selección al azar es mucho más fácil e igualmente exacta; pero con frecuencia, cuando la situación de la investigación no permite utilizar esta técnica, la de los pares igualados puede utilizarse.

Los experimentos en sociología suelen tener algunas dificultades. Un experimento que implique miles de personas puede ser prohibitivamente caro. Completar un estudio prospectivo puede requerir años. Nuestros valores nos prohíben utilizar a las personas en cualquier tipo de experimento que puede causarles daño. El mundo científico reacciona enérgicamente en estos raros casos en que los seres humanos han sido utilizados en forma peligrosa o dañina, (J. Katz, 1972; Jones, 1981). Cuando las personas no desean cooperar en un experimento, no podemos obligarlos a hacerlo (aunque podamos a veces conseguir fraudulentamente su cooperación inconsciente). Además, cuando las personas advierten que son sujetos experimentales, empiezan a actuar en forma diferente, y el experimento puede fracasar. Casi todo tipo de estudio experimental o de observación sobre personas *que saben que están siendo estudiadas* proporcionará algunos resultados interesantes que puedan desvanecerse poco después de que concluye el estudio.

Los experimentos que se planea hacer con sujetos humanos son más confiables cuando éstos no saben el verdadero objetivo del experimento. Se les sueda dar una explicación razonable de lo que el experimentador está haciendo, más esta exposición razonada puede ser una mentira inocente pero necesaria, que oculta el verdadero propósito del experimento. Por ejemplo, McClelland (1971) quería estudiar los efectos del alcohol sobre personas normales en un ambiente de fiesta, pero dijo a los sujetos que estaba estudiando los efectos de un ambiente de fiesta sobre la fantasía, y les hizo escribir historias llenas de imaginación acerca de las fotografías que les enseñaba a intervalos. Pero como Kelman hace notar (1966), el empleo del engaño en la investigación social plantea el problema ético de distinguir entre una mentira inocua y la falta de honradez intelectual, y puede producir errores en el resultado (los sujetos pueden detectar el engaño y ser más listos que el investigador).

Debido a todas estas limitaciones, las ciencias sociales (excepto la psicología) hacen un uso limitado de los experimentos planeados. Nosotros los utilizamos siempre que son prácticos, pero utilizamos principalmente otras técnicas.

Estudios de observación

Los estudios de observación se parecen a los experimentos en todo, menos en un aspecto: en un experimento el científico se las arregla para que algo ocurra, a fin de observar lo que sigue, mientras que en un estudio de observación el científico observa algo que ocurre o que ya ha ocurrido por sí mismo. Ambos estudios dependen de la observación sistemática bajo condiciones controladas, en busca de secuencias y relaciones verificables. Ambos son utilizados en todas las ciencias, pero los procedimientos para su empleo varían de acuerdo con el material que se va a estudiar. Los tipos de estudios que siguen no son mutuamente excluyentes, porque un estudio puede caber en más de una de estas varias categorías.

ESTUDIOS IMPRESIONITAS. Son relatos informales descriptivos y analíticos basados en observaciones mucho menos controladas que en estudios más formales. Pero de *ninguna* manera son una mera serie de anécdotas, sino una presentación organizada de observaciones deliberadas. Supongamos, por ejemplo, que un sociólogo interesado especialmente en la familia visita la Unión Soviética. Para efectuar un estudio impresionista, este sociólogo delinería antes la clase de información que debe buscarse, los tipos de personas que debe buscar y a las que tiene que interrogar, los lugares que hay que visitar, el material escrito que debe recoger y otras posibles fuentes de información. Luego, durante el viaje, el estudioso debería aprovechar las oportunidades para hacer preguntas acerca de la vida familiar, para visitar familias "típicas", para examinar periódicos y revistas y recoger cualquier otra información. El estudioso regresa a casa con algunas impresiones muy definidas sobre la vida familiar rusa, pero no basadas en una investigación sistemática, científicamente controlada, ni en un estudio ordenado de la literatura publicada, ni en una muestra de informadores establecida científicamente. Los estudiosos responsables llamarán impresiones a los juicios de este sociólogo y no los considerarán como conclusiones científicamente establecidas.

Si los datos registrados consisten en las impresiones del observador, por elaborado, cuidadosamente planeado y sistemáticamente realizado que sea el estudio, se clasifica como impresionista. Así, los Lynd (1929, 1937) pasaron varios meses en "Middletown" (Muncie, Indiana); revisaron sistemáticamente los archivos de los diarios, entrevistaron virtualmente a cuantos tenían alguna autoridad o se consideraban importantes en la localidad y tomaron parte en la vida comunitaria. Terminaron con una enorme cantidad de impresiones que eran sumamente perspicaces y probablemente exactas, pero no fácilmente verificables. Una nueva serie de estudios "Middletown" que repiten y desarrollan los métodos de los Lynd, está publicándose ahora (Caplow et al., 1982). Estos estudios revelan muchos cambios en Middletown a lo largo de la media centuria que ha transcurrido.

El prejuicio es el principal peligro que existe en la investigación impresionista. Studs Terkel (*Working,* 1972) y LeMasters (*Blue-Collar Aristocrats*, 1976) pasaron cientos de horas escuchando a los obreros que compartían sus ideas y sentimientos; luego, de su enorme colección de cintas magnetofónicas grabadas, notas y recuerdos, seleccionaron una parte pequeña para publicarla. Este método tiene ciertamente el peligro de que los sentimientos del observador desvirtúen los resultados.

Pese a este peligro, los estudios impresionistas son de gran utilidad en la ciencia social. Proporcionan muchas hipótesis y pistas de investigación, y sugieren muchas ideas que pueden pasar inadvertidas por otros métodos. Lo mejor de los estudios impresionistas tiene un lugar de honor en la literatura sociológica.

ESTUDIOS ESTADÍSTICOS COMPARATIVOS. Si la información que se necesita se encuentra anotada ya en algún lugar, es sensato buscarla. (El estudio de Levine y Meyer, citado en la p. 28, es un ejemplo, pues todos los datos requeridos estaban en los registros escolares.) Gran parte de la investigación sociológica consiste en buscar hechos estadísticos registrados y compararlos e interpretarlos. Por ejemplo, consideremos esta cuestión: "Ahora que las mujeres tienen mayor libertad para llevar una vida independiente e interesante sin casarse, ¿hay mayor número de mujeres que permanecen solteras? "Aunque las *razones* para permanecer soltera pueden ser un problema complicado, la *proporción* de mujeres que permanecen sin casarse puede obtenerse fácilmente de los datos censales, que muestran que la proporción de mujeres solteras bajó del 24.3% en 1890 al 11.9% en 1960 y luego subió al 17.0% en 1980. (Estas cifras dan el porcentaje de todas las mujeres estadounidenses, de 14 o más años de edad, que nunca se han casado, tomando en cuenta los cambios en la distribución por edades de la población.) Muchas cuestiones semejantes pueden responderse rápidamente verificando datos en el *Statistical Abstract of the United States* anual, que resume las estadísticas recogidas por varias oficinas gubernamentales y de otro tipo y debe encontrarse en cualquier biblioteca. Otros aspectos pueden exigir el estudio de fuentes estadísticas más especializadas, como los varios *Special Reports* publicados por la Oficina del Censo.

Muchos campos de investigación implican una comparación de varios tipos de datos estadísticos, provenientes de varias fuentes. Por ejemplo, utilizando los datos del censo de Estados Unidos, Jacobs (1978) calculó un "índice de igualdad económica" para cada estado de la Unión Americana. Luego, utilizando las estadísticas criminales de los *Uniform Crime Reports* (publicados por el Departamento de Justicia de Estados Unidos) calculó un " índice de probabilidad de encarcelamiento", una proporción entre el número de crímenes de que se informó a la policía y el número de criminales encarcelados por ese tipo de delitos. Y formuló la hipótesis de que la proporción de encarcelamiento por delitos contra la propiedad (pero no por delitos de violencia) debería ser mayor en aquellos lugares donde la desigualdad económica era mayor, y encontró que los datos que tenía respaldaban esta hipótesis.

Algunas veces el investigador debe salir y recoger datos originales. Por ejemplo, Budd (1976) se preguntó si los matrimonios se veían afectados por haber vivido juntos antes de casarse. Puesto que sobre este punto se ha publicado muy poco, Budd estudió a 151 parejas voluntarias (54 que convivían, 48 parejas casadas que habían convivido y 49 parejas casadas que no habían convivido). Ella encontró muy pocas diferencias entre los matrimonios de aquellos que habían convivido antes de casarse y los de aquellos que no habían convivido. (Conclusión *provisional:* la convivencia premarital tiene poco efecto sobre el matrimonio. ¡Se invita a efectuar estudios de repetición!)

Muchas personas "no utilizan las estadísticas". Con frecuencia no les gustan porque no las entienden. Las estadísticas, como las armas de fuego, son peligrosas cuando las maneja un ignorante, como se demuestra en el divertido librito: *"How to Lie with Statistics* ("Cómo mentir con las estadísticas", 1954). Quienes conocen el uso y el abuso de las estadísticas se dan cuenta de que no son ni más ni menos que *datos medidos organizados*. Son tan confiables o no confiables como lo sea el método científico de la persona

que los compila. Rechazar las estadísticas es una forma de rechazar los hechos.

Los sociólogos llevan a cabo muchos estudios estadísticos comparativos. Como es probable que casi cualquier tipo de investigación implique una organización estadística y una comparación de los hechos en algún punto o en otro, el sociólogo debe conocer sobre estadísticas; así también los ciudadanos que esperan estar inteligentemente conscientes del mundo en que viven deben saber interpretar las estadísticas, para no ser embaucados por cualquier propagandista astuto.

ESTUDIOS MEDIANTE CUESTIONARIO Y ENTREVISTA. Algunas veces los hechos que necesitamos no se encuentran registrados en ninguna parte, y sólo podemos hallarlos preguntando a la gente. Así, Ferree (1976) entrevistó a 135 mujeres casadas, con niños en la escuela elemental, e informó que las señoras que se dedicaban exclusivamente a los quehaceres hogareños estaban considerablemente más "insatisfechas de la vida" que las que trabajaban fuera de casa. Pero seis amplios estudios nacionales mediante entrevista, llevados a cabo sobre el mismo asunto, no encontraron una relación firme entre la satisfacción de la vida de las señoras y el hecho de que trabajaran fuera de casa (Wright, 1978). De nueva cuenta, se nos recuerda que un solo estudio rara vez prueba mucho hasta no ser confirmado mediante la repetición.

Los estudios mediante cuestionario y entrevista son formas sistemáticas de hacer preguntas bajo controles científicos. Un cuestionario se contesta personalmente por el informante; un programa de entrevista se llena por un entrevistador capacitado que hace preguntas al informante. Ambos métodos tienen sus escollos, que el sociólogo capacitado debe poder evitar. Los informantes pueden no entender la pregunta; pueden dar una respuesta, aunque no tengan una opinión firme sobre el asunto; pueden dar una respuesta "aceptable" en vez de la verdadera; o pueden ser influenciados por la forma en que se plantea la pregunta.

Aun cuando los estudios mediante cuestionario y entrevista tienen un margen de error, pueden todavía ser útiles, porque son más confiables que el trabajo de escritorio. Los funcionarios rara vez toman una posición sin revisar primero las encuestas de opinión pública, en tanto que los legisladores con frecuencia demoran la emisión de su voto hasta recibir la última encuesta de opinión de sus distritos respectivos. Pocos ejecutivos de empresa fijan un programa de producción o un plan de ventas sin efectuar primero alguna "investigación de mercado".

ESTUDIOS DE OBSERVACIÓN PARTICIPANTE. Algunas cosas sólo pueden comprenderse completamente mediante la experiencia que se tenga de ellas. El *observador-participante* busca hacerse una idea tomando parte en lo que se va a estudiar. Por ejemplo, un observador-participante que desea estudiar los sindicatos laborales puede afiliarse a uno de ellos, desempeñar un trabajo, asistir a las reuniones sindicales y posiblemente llegar a ser un funcionario sindical secundario. Para estudiar una secta religiosa, uno puede unirse a ella y participar en su culto y en otras de sus actividades. Mediante la participación personal y la observación íntima, el observador participante puede obtener puntos de vista que ninguna observación *externa* podría proporcionar.

Hace algunos años, un novelista blanco fue comisionado por la revista *Ebony* para hacer un estudio de observación-participante de la vida negra. Con el cabello muy recortado y la piel oscurecida mediante un tinte, recorrió los estados del sur de Estados Unidos, donde todos lo identificaron como negro. Aunque era nativo de un estado sureño, descubrió que la experiencia de ser tratado como negro le proporcionó

El observador-participante busca comprender mejor tomando parte personalmente.

muchas revelaciones sorprendentes sobre la vida de los negros en Estados Unidos en aquel tiempo (Griffin, 1961). En otro estudio de observación-participante, Zabloki visitó y vivió en 120 municipios rurales durante un periodo de diez años (Zabloki, 1980).

En esta técnica también hay escollos. El observador-participante puede involucrarse tanto emocionalmente que pierde objetividad y se convierte en un defensor decidido, en vez de mantenerse como un observador neutral. O bien, el observador-participante puede generalizar demasiado, es decir, suponer que lo que ha descubierto en el grupo estudiado también es verdad para todos los grupos. Puesto que los datos son en gran parte impresionistas, no es fácil verificarlos. Sin embargo, el observador-participante no sólo está "contemplando las cosas", sino que está aplicando una complicada metodología científica (Bruyn, 1966; Friedrichs y Ludke, 1975) que nos ha dado muchas ideas y sugerido muchas hipótesis para estudios posteriores.

¿Es ético pretender ser un miembro leal de un grupo con el fin de estudiarlo? ¿Es justificable tal engaño? No es fácil decir cuándo un engaño deja de ser inocuo. Quizá la mejor respuesta es que un científico acreditado tendrá cuidado de no herir a las personas que está estudiando.

El *relato de un testigo presencial* es un estudio de observación-participante en pequeña escala y hecho por un aficionado. ¿Cómo actúa la gente después de un desastre, digamos un tornado o una explosión? ¿Qué sucede en un resurgimiento religioso, en un disturbio, en una manifestación de huelguistas? Rara vez hay allí un sociólogo visitante, lápiz en mano, listo para registrar el acontecimiento. Los científicos sociales buscan con frecuencia relatos de testigos oculares entre algunas de las personas que se hallaban en el lugar. El relato detallado de un testigo ocular, recogido lo más pronto posible después del suceso, es una fuente de información muy útil. Tales relatos deben utilizarse con cuidado, porque el testigo ocular suele ser un observador no adiestrado, que puede no ser confiable. Muchos estudios han manifestado la inseguridad de identificación del testigo ocular y

Un hombre blanco (a la derecha), John Griffin, oscureció artificialmente su piel de modo que puediera pasar por un hombre negro y hacer un estudio de observación-participante de la vida de los negros. (*New American Library*)

con qué facilidad los informes del testigo ocular pueden ser "deformados" por la forma en que las preguntas se presentan al testigo (Loftus, 1974, 1979; Buckhout, 1975). Esto no obstante, los relatos de los testigos oculares son una fuente inapreciable de datos para el científico social.

ESTUDIO DE CASOS.   El estudio de casos es un relato detallado y completo de un hecho, situación o desarrollo. Puede ser la historia de la vida de una persona, el relato completo de un hecho o el estudio detallado de una organización. Erikson (1976) realizó un estudio de las consecuencias de un desastre, la rotura de un dique y la inundación de 1972, en Buffalo Creek, West Virginia, entrevistando a los sobrevivientes y leyendo todos los testimonios registrados disponibles. La historia clínica de un grupo —una familia, una pandilla, un sindicato, un movimiento religioso— puede sugerir algunas ideas acerca del comportamiento grupal. El relato detallado y exacto de un motín, de una escena de pánico, de una orgía, de un desastre o de cualquier acontecimiento social puede tener valor científico. Una familia infeliz, una familia feliz, una comunidad, una organización —casi cualquier fenómeno— puede estudiarse con la técnica del estudio de casos.

Quizá el mayor valor del estudio de casos está en la sugerencia de hipótesis, que pueden probarse luego mediante otros métodos. Por ejemplo, gran parte de nuestros conocimientos confiables acerca de la delincuencia juvenil se ha desarrollado mediante la prueba de hipótesis que fueron sugeridas por antiguos estudios de casos entre delincuentes (Thomas, 1923; Shaw, 1931). Muchos de nuestros conocimientos actuales de la desorganización de la personalidad surgen de hipótesis sugeridas por una colección clásica de estudios de casos en la obra de Thomas Znaniecki *The Polish Peasant in Europe and America* (1923). Estas hipótesis no se ponen a prueba mediante el método del estudio de casos, sino mediante otros métodos.

Una generalización no se puede basar en un solo caso, porque puede encontrarse un caso para "probar" casi cualquier cosa. Las generalizaciones deben basarse en gran cantidad de datos cuidadosamente analizados, y la recolección de muchos estudios de casos es muy cara. También es difícil "sumar" un número de estudios de caso, calcular promedios o hacer otros cálculos estadísticos. Por lo tanto, rara vez utilizamos estudios de caso cuando tratamos de poner a prueba una hipótesis. Pero una vez que la hipótesis ha sido comprobada y hemos llegado a algunas generalizaciones válidas, un buen estudio de caso puede proporcionar una bella ilustración de estas generalizaciones. Por ejemplo, existe una prueba concluyente de que la delincuencia juvenil está íntimamente relacionada con una vida familiar insatisfactoria (Glueck y Glueck, 1959). Un estudio de caso que ponga de manifiesto en qué forma una vida familiar insatisfactoria ha alentado evidentemente la delincuencia en una familia particular ilustra con viveza esta generalización.

Estas varias clases de estudios se sobreponen con frecuencia, y un estudio puede caer dentro de más de una clasificación. Por ejemplo, Roebuck y Frese (1976) realizaron un estudio sobre un club nocturno que funcionaba más allá del horario permitido (y vendía licores después de la hora de cierre legal). Se hicieron pasar como clientes habituales del negocio mientras escuchaban a los "clientes nocturnos" y conversaban con ellos. El suyo fue un estudio de observación participante (se hacían pasar como clientes mientras observaban a los clientes), un estudio impresionita (recogieron impresiones, no obtuvieron estadísticas) y un estudio de un caso (estudiaron *un solo* club). El estudio Zablocki de los municipios, mencionado antes, fue un estudio de observación-participante (vivió en los municipios), un estudio de muestra representativa (120 de ellos), un estudio longitudinal (durante el periodo de diez años), un estudio mediante cuestionario (en cada uno de ellos hizo preguntas) y un estudio estadístico comparativo (recogió datos objetivos sobre los habitantes del municipio y los comparó con otros grupos de personas).

INVESTIGACIÓN EVALUATIVA.   Casi la mitad de los gastos del gobierno federal son por "recursos humanos", incluyendo programas de acción social como Head Start, prevención de la delincuencia, rehabilitación de drogadictos, capacitación laboral y otros. ¿Funcionan? ¿Es un dinero tirado a la calle? ¿Pueden incluso ser más dañinos que benéficos?

La utilización de procedimientos de investigación científica para medir la eficacia de un programa de acción se llama *investigación eva-*

luativa (Suchman, 1967; Abt, 1977. Cook, 1978). La investigación evaluativa puede utilizar cualquiera de los estudios descritos en las páginas precedentes. Su objeto es reemplazar las conjeturas por conocimientos para decidir qué programas hay que continuar y cómo mejorarlos. (Por lo menos en teoría, éste es el propósito; en la práctica el propósito de una investigación evaluativa puede ser demostrar el "éxito" del programa, de modo que prosiga la asignación de fondos.)

La investigación evaluativa no es fácil, porque hay que controlar muchas variables. Con frecuencia los resultados de varios estudios evaluativos son tan contradictorios, que no pueden sacarse conclusiones firmes. Por ejemplo, Nancy St. John (1975) revisó docenas de estudios sobre los efectos de la supresión de la segregación racial en el aprendizaje de los alumnos y encontró que los efectos informados variaban tanto que no se podía tomar una decisión clara. Aun cuando muchos estudios estén de acuerdo, se puede o no creer en ellos o pasarlos por alto. Los estudios críticos de una oficina pueden ser sepultados tranquilamente, y aquellos cuyas conclusiones contradicen las creencias populares son descartados. Por ejemplo, gran número de estudios han puesto de manifiesto que los cursos de manejo en las escuelas secundarias han tenido muy poco efecto o ninguno en las tasas de accidentes automovilísticos (Moynihan, 1968; Harmon, 1969; Conley y Smiley, 1976), parece que la gente se ha formado el juicio de sentido común de que los cursos de manejo "deben dar buen resultado" y simplemente pasan por alto la evidencia de que no ha sido así.

Pese a las dificultades y escollos, la investigación evaluativa es una de las áreas más importantes y de más acelerado crecimiento de la investigación sociológica, y cada año se publican nuevos libros (Guba y Lincoln, 1981; Meyers, 1981; Crane, 1982) junto con una revista: *Evaluation Studies Review Annual* y un periódico trimestral, *Evaluation Review*. Aunque la investigación evaluativa es imperfecta, la otra alternativa es depender de corazonadas y conjeturas al establecer los programas de acción social.

El problema del muestreo

En la mayor parte de las investigaciones ahorramos tiempo examinando sólo una muestra de un *universo* completo, sin importar que lo que estemos estudiando sean plantas de tomate, animales de laboratorio, estudiantes de primer año de preparatoria o madres que trabajan. Si la muestra se elige adecuadamente, nos dará una imagen exacta del universo completo que se estudia. Así, una muestra *representativa* del medio estudiantil debe contener la misma proporción de estudiantes de primer año, de varones de negros, de estudiantes que viven lejos, de estudiantes de administración y de estudiantes casados, tal y como se encuentran en el medio estudiantil. La forma más común de hacer esto es elegir una *muestra al azar.*

El término "al azar" sugiere una selección sin ningún sistema o plan, algo así como elegir a cualquiera que se encuentre a mano: la gente que pasa por la esquina de una calle o sube por la escalera de la biblioteca. Pero ésta sería una *muestra incontrolada,* porque no hay controles que aseguren que será representativa.

Una *muestra al azar* se elige de tal manera que cada persona en el universo que se está estudiando tenga una oportunidad igual de ser seleccionada en la muestra. Del directorio estudiantil podemos tomar todos los nombres que se encuentran en décimo, quincuagésimo o centésimo lugar. O podemos introducir todos los nombres de los estudiantes en una computadora y programarla para que haga una muestra al azar. Cada dirección que ocupe el décimo lugar en la ruta postal de la comunidad, cada enfermo admitido en vigésimo lugar en un hospital, cada licencia de manejo emitida en centésimo lugar nos darían una muestra al azar de residetes locales, pacientes de hospital o conductores de automóviles.

Así como una muestra al azar es bastante representativa, una *muestra estratificada al azar* es todavía más representantiva. En una muestra de este tipo determinamos primero qué porcentaje de cada categoría del universo que se estudia estaría en la muestra y luego programamos la computadora para que elija una muestra al azar dentro de cada categoría. Por ejemplo, supongamos que nuestro medio estudiantil universitario está formado por un 32% de estudiantes de primer año, un 49% de varones, un 12% de negros, y un 45% de estudiantes que viven fuera del *campus.* La computadora se programa entonces para que haga una muestra al azar de 32 estudiantes de primer año de todos los estudiantes de primer año, de 49 varones, entre todos los estudiantes de este sexo y así sucesivamente.

Una muestra *autoelegida* está formada por voluntarios, como las personas que escriben cartas al editor o a su senador o que responden a los cuestionarios que aparecen en las revistas. Se desconoce cómo puedan compararse estos voluntarios con los que no se ofrecen como tales. ¿Son los "innovadores" o los "más adaptados" los que principalmente responden por correo a los cuestionarios? Así, *The Hite Report* (Hite, 1976), un libro sobre el sexo que pretende ser una investigación de la vida sexual de las mujeres, se basó en un *3%* de cuestionarios a los que se respondió por correo. La continuidad del libro de la señora Hite, *The Hite Report on Male Sexuality* (Hite, 1981) fue un poco mejor, pues se basó en un 6% de cuestionarios con respuestas. En vista de contestaciones tan reducidas, estos libros deben considerarse como entretenimiento popular y no como investigaciones.

DESACUERDOS EN LA CIENCIA

Ya que se supone que los científicos siguen ciertos procedimientos normales en la recolección de datos y en la deducción de conclusiones basadas en pruebas científicas, sin influencia de prejuicios, vanidad o intereses personales ¿por qué con frecuencia no están de acuerdo? Algunas veces dos científicos diferentes, trabajando con los mismos datos, llegan a conclusiones opuestas. Por ejemplo, el estudio Jacobs ya mencionado antes (Jacobs, 1978) concluyó que los delitos contra la propiedad se cometen donde la desigualdad económica es mayor. Pero otro sociólogo, basándose en los mismos datos, no en-

La ciencia se separa de la seudociencia en muchos aspectos. Uno de éstos es la accesibilidad de los datos. Los datos científicos son consensualmente validos por la inspección abierta de las observaciones registradas o mediante la repetición de los fenómenos importantes. Seguir la publicación de las principales observaciones, una práctica en la ciencia, es aceptada por los investigadores para permitir que sus colegas, que lleven a cabo un trabajo serio en el mismo campo, tengan acceso a sus datos originales. Cuando los investigadores rehúsan sistemáticamente a sus colegas tal acceso, se está indicando algo importante. Por supuesto que los datos pueden perderse o ser destruidos, o puede ser difícil o costoso recuperarlos en la forma requerida; también pueden ser información clasificada o tener valor comercial que un científico puede querer explotar antes de su comunicación general. Sin embargo, cuando ninguna de estas consideraciones es aplicable, una negativa a proporcionar la copia de una serie de datos conduce a la desagradable deduccción de que algo va mal, de que los datos no apoyan lo que se dice que apoyan, de que los datos son un estorbo para una afirmación extravagante que no puede fundarse.

(Davis, F. Marks, "Remote Visiting Revisited", *The Skeptical Inquirer* Vol. VI, No. 4 Summer 1982, p. 19)

---

contró la relación alegada por Jacobs (Bailey, 1981). Cada uno de dichos estudiosos declara que el otro está utilizando una metodología defectuosa. (Bailey, 1981; Jacobs, 1981).

Tales controversias son comunes en todas las ciencias. Diferentes conjuntos de datos, distintos métodos de manejo, diferentes perspectivas y posibles errores contribuyen a que haya muchos desacuerdos. La mayor parte de ellos se resuelven con el tiempo, pero entonces ya habrán surgido otros datos nuevos. Para los estudiantes sería mucho más fácil si todo estuviera claramente clasificado como "definitivamente verdadero" o "definitivamente falso", pero el mundo del conocimiento científico no es así. Distinguir la verdad científica del error es una tarea difícil, pero excitante.

SOCIOLOGÍA PURA Y SOCIOLOGÍA APLICADA

En todo campo científico se hace una distinción entre la ciencia pura y la ciencia aplicada. La *ciencia pura* es una búsqueda del conocimiento sin una preocupación primaria por su empleo práctico. La *ciencia aplicada* es la búsqueda de formas de utilizar los conocimientos científicos para resolver problemas prácticos. Un bioquímico que trata de saber cómo una célula absorbe su alimento o cómo envejece, está trabajando como un científico puro. Si este bioquímico trata luego de encontrar alguna forma de controlar el proceso de envejecimiento, está llevando a cabo algo que se llama ciencia aplicada. Un sociólogo que efectúa un estudio de "la estructura social de una población marginal" está trabajando como un científico puro; si este estudio es seguido por otro sobre "cómo prevenir la delincuencia en una población marginal", este último se considera como ciencia aplicada. Muchas personas consideran la sociología como una ciencia totalmente aplicada, que trata de resolver problemas sociales. Considerada propiamente, es tanto una ciencia pura como una ciencia aplicada, porque puede buscar aplicaciones prácticas, pero siempre continuará en pos de conocimientos teóricos.

Las aplicaciones prácticas de los conocimientos sociológicos se han hecho bastantes comunes. Algunos sociólogos son empleados por corporaciones, oficinas gubernamentales y sociales algunas veces para llevar a cabo investigaciones evaluativas, pero otras veces como administradores. Los sociólogos son consultados con frecuencia por los comités legislativos en la preparación de nuevas leyes. Si bien la influencia política de los grupos de intereses opuestos pueden ser el principal determinante de las decisiones políticas; las recomendaciones políticas de los científicos sociales son un factor significativo en el proceso legislativo.

Sobre muchas cuestiones sociales, como las causas y tratamiento del crimen y la delincuencia, la drogadicción y el alcoholismo, los delitos sexuales, las causas y consecuencias de la discriminación racial o la adaptación de la familia a una sociedad que cambia, *existen* considerables conocimientos científicos dentro de las ciencias sociales. Con frecuencia estos conocimientos son rechazados por las personas que prefieren seguir sus prejuicios, pero como nación, estamos empezando a aplicar los métodos científicos a lo que pensamos acerca de los temas sociales.

Sociología popular

Una gran cantidad de material sociológico llega a la letra impresa por medio de personas que no son sociólogos. Las revistas populares están llenas de artículos sobre el crimen, la vida familiar, el sexo, la educación, los suburbios, la clase social: prácticamente todo tema sociológico imaginable. Ésta es sociología popular: el tratamiento de temas sociológicos hecho generalmente por escritores sin mucha capacitación sociológica formal y dirigida al gran público. La sociología popular, en su peor aspecto, se encuentra en artículos como las revelaciones sobre ''el sexo y el pecado'' que algunas revistas sólo para hombres acogen con tanto cariño. Semejantes artículos son, por lo general, descriptivamente inexactos y carecen totalmente del análisis interpretativo que situaría los hechos en un contexto social relevante. En el polo opuesto se encuentran muchos escritores que hacen un trabajo digno de crédito al popularizar los resultados sociológicos. Por ejemplo, el libro *All God's Children* (1977) de Stoner y Parke, donde se estudian los nuevos cultos religiosos, y *Hometown* (19817 de Davis, está escrito por no sociólogos, pero sus autores son reporteros cuidadosos, observadores y sensitivos.

La ''sociología pop'' contiene con frecuencia inexactitudes y casos de hincapié desubicado, intepretación, dudosa, simplificación excesiva y

generalizaciones radicales. Sin embargo, es probable que la comprensión popular de los temas sociológicos se haya incrementado mucho gracias a dichos escritores.

¿Por qué la sociología popular no está escrita por sociólogos profesionales? Por la misma razón que la ciencia popular está escrita casi siempre por periodistas, más bien que por científicos. Escribir para el público en general es una habilidad que pocos científicos o profesores han logrado dominar. Más aún, la pasión de los científicos por la exactitud, por una cuidadosa calificación de todas las afirmaciones, es un verdadero obstáculo para los escritores de divulgación. El deseo de no simplificar demasiado, de no dramatizar con exceso o de no hacer generalizaciones radicales hace los escritos de los profesionales más exactos, pero no menos excitantes. Los sociólogos escriben para un público erudito, mientras que los periodistas popularizan la sociología, más o menos exactamente, para el público en general.

LOS ROLES DEL SOCIÓLOGO

¿Cuál es la tarea propia del sociólogo? ¿Es meramente la de observar la acción humana con la tranquila e indiferente curiosidad del ecologista que cuenta los lemmings conforme se hunden en el océano? ¿Debería el sociólogo lanzarse a la acción social? ¿Debería el profesor de sociología animar a los estudiantes a desarrollar una comprensión indiferente de los fenómenos sociales o inspirarlos para dominar los obstáculos que se oponen a la reforma social? ¿Cuál es el rol propio del sociólogo en una sociedad que cambia?

El sociólogo como científico de la investigación

Como todos los científicos, los sociólogos están interesados tanto en recoger como en utilizar los conocimientos. Participan en estas tareas de varios modos.

LA DIRECCIÓN DE UNA INVESTIGACIÓN CIEN-
TÍFICA. Como científico, la principal tarea del
sociólogo es descubrir y organizar los conocimientos acerca de la vida social. Gran número de
sociólogos investigadores de tiempo completo son
empleados por universidades, organismos gubernamentales, fundaciones o corporaciones, y
muchos sociólogos dividen su tiempo entre la
enseñanza y la investigación. Muchos sociólogos de las universidades están comprometidos
en investigaciones "financiadas", con todo su
salario o parte de él y sus gastos de investigación
pagados con donaciones para la investigación
otorgadas por instituciones gubernamentales,
fundaciones o corporaciones. Estas donaciones
se conceden a sociólogos que presentan una
propuesta aceptable de investigación sobre algún tema particular. Puesto que hay muy pocas
investigaciones que puedan realizarse sin subsidios, esto proporciona a los patrocinadores una
gran influencia en la orientación de la investigación sociológica.

Los críticos radicales de la sociología (incluyendo a algunos sociólogos) alegan que, detrás
de una fachada de neutralidad ética y de objetividad, los sociólogos han prostituido sus aptitudes de investigación en aras de los intereses de
los organismos patrocinadores, y en esta forma
han dado su apoyo al militarismo, al racismo y
a otras formas de operación (Gouldner, 1962,
1970; Frederichs, 1970, pp. 82-85; cualquier
ejemplar de *The Insurgent Sociologist*).

Si la investigación sociológica se ha corrom-
pido ampliamente en esta forma, es cuestión
discutible (Horton y Bouma, 1971). Lo que es
indiscutible es que los problemas que surgen de
los prejuicios y del partidismo están presentes
en toda investigación, y que los resultados de
las investigaciones son útiles con frecuencia a
los intereses de algunas personas y perjudiciales
a los intereses de otras (Becker, 1967). Aun la
definición de un problema de investigación
puede llevar un prejuicio implícito. Por ejemplo,
si establecemos el problema que debe investigarse
como: "¿Qué características de las personas
pobres contribuyen a su pobreza?", estamos sugi-
riendo que la responsabilidad corresponde principalmente a los mismos pobres; pero si planteamos

el problema como: "¿Qué disposiciones sociales
producen la pobreza?", entonces la responsabilidad se atribuye a la "sociedad".

A lo largo de la mayor parte de la historia de
la sociología, los sociólogos han sido acusados
con frecuencia de ser subversivos radicales cuyas investigaciones y enseñanzas constituían
una amenaza para las instituciones establecidas
y los intereses creados. Muchos de los socióló-
gos de mayor edad actualmente, todavía con las
cicatrices de la cacería de brujas anticomunistas
de la década 1950-1960, se asombran y se sienten lastimados cuando los estudiantes y los sociólogos más jóvenes los acusan de haber sido
lacayos de la opresión capitalista ¡toda su vida!
Pero la cuestión de la responsabilidad del sociólogo ante la sociedad es tan antigua como la
misma ciencia, y no se resolverá pronto.

CORRECCIÓN DE LOS ERRORES POPULA-
RES. Otra tarea del sociólogo como científico
es la corrección de la falta de información y la
superstición que en tan gran medida afecta
nuestro pensamiento. Los sociólogos han ayudado a la desaparición de gran número de
teorías equivocadas acerca de la herencia, la
raza, la clase, las diferencias sexuales, la desviación y prácticamente todos los demás aspectos del comportamiento. En parte, se debe a los
descubrimientos de la sociología el hecho que hoy
rara vez oigamos decir a una persona instruida
que la raza blanca es innatamente superior, que
las mujeres sean intelectualmente inferiores a
los hombres, que los rasgos de la conducta son
hereditarios o que la población rural sea menos
"inmoral" que la urbana; ideas todas que casi
cualquier persona instruida aceptaba hace medio siglo. Al ayudar a reemplazar la superstición y la mala información por conocimientos
exactos acerca del comportamiento humano, los
sociólogos han llevado a cabo, quizá, su función más importante.

LA REALIZACIÓN DE PREDICCIONES SOCIO-
LÓGICAS. Aunque la huella de los sociólogos
en la elaboración de predicciones sociales no es
muy impresionante, *alguien* debe hacerlas.
Toda decisión política se basa en ciertas suposi-

ciones acerca del estado presente y futuro de la sociedad. Un legislador que dice "Necesitamos castigos más severos para frenar el auge de las drogas", está prediciendo que castigos más severos frenarán verdaderamente el tráfico de narcóticos, sin crear problemas aún mayores. Otro legislador que dice: "Hay que legalizar la mariguana", está haciendo una serie de predicciones acerca de las consecuencias de esta acción. Así, toda recomendación política implica inevitablemente una serie de suposiciones y predicciones. ¿Qué clase de predicciones ofrece el sociólogo? He aquí unos cuantos ejemplos, ofrecidos sin explicación o documentación en este momento, como ejemplo de la clase de predicciones que los sociólogos pueden hacer:

La tendencia hacia el empleo de mujeres continuará hasta que la mayor parte de ellas esté trabajando durante la mayor parte de su vida matrimonial.

La tasa de natalidad bajará para aproximarse a la tasa de mortalidad, o ésta se elevará para aproximarse a la de natalidad.

Pese a algunos experimentos con alternativas, la familia nuclear monógama seguirá siendo el tipo básico familiar en Estados Unidos.

La actual popularidad de los pantalones vaqueros y la vestimenta informal entre los jóvenes será seguida por un retorno a la ropa elegante.

La tendencia reciente hacia la jubilación temprana pronto será reemplazada por los esfuerzos para alargar la carrera laboral.

La mayor parte de las predicciones de la ciencia social no consiste en predecir un acontecimiento específico, como el astrónomo predice un eclipse, sino en pronosticar la pauta general de tendencias y cambios que parecen más probables. (p. ej., Bell, *The Coming of Post-Industrial Society: A Venture in Social Forecasting,* 1973.) Todas estas predicciones o pronósticos deberían ofrecerse con cierta humildad, porque no se tiene certeza de ellos. En cambio, los científicos sociales los ofrecen como las mejores y más informadas

opiniones disponibles sobre las cuales se pueden basar nuestras decisiones políticas y expectativas para el futuro.

El sociólogo como asesor de la acción social

La predicción sociológica puede ayudar también a calcular los efectos probables de una política social. Toda política de acción social *es* una predicción. Una política (p. ej., los subsidios federales para el *Head Start*) se inicia con la esperanza de que producirá el efecto deseado (p. ej., reducir la brecha educativa entre los niños más pobres y los más ricos). Las políticas han fallado con frecuencia debido a que incorporaban suposiciones y predicciones no objetivas. Los sociólogos pueden ayudar a predecir los efectos de una política, y contribuir así a la selección de acciones que alcancen los propósitos que se pretenden. Por ejemplo:

¿Qué efectos tiene dejar inconclusa la educación secundaria, en los ingresos futuros de los jóvenes? (Pocos o ningunos, cuando se mantienen constantes otros factores.)

¿Cuál sería el efecto de urgir el cumplimiento de la ley sobre el uso de la mariguana en los recintos universitarios? (Poca o ninguna reducción, con la agravante de otros problemas policiaco-estudiantiles.)

¿Incrementaría la felicidad marital un índice de natalidad bajo y una familia pequeña como norma? (Sí, hay investigaciones que prueban que las familias más pequeñas son mejores en todos aspectos.)

¿La publicación de los nombres de los delincuentes juveniles ayudaría a reducir la delincuencia? (No; probablemente la incrementaría.)

¿La supresión de la literatura obscena contribuiría a reducir los delitos sexuales y la inmoralidad sexual? (La pocas pruebas que tenemos sugieren que no.)

¿Las barreras legales contra el aborto fortalecerían la vida familiar? (No; la mayoría de los sociólogos afirman que esto incrementaría el número de nacimientos ilegales, niños no deseados, maltrato infantil y discordias familiares.)

Éstas son unas cuantas de las muchas preguntas de política de acción social que los sociólogos pueden ayudar a responder. Uno de los mayores servicios que cualquier grupo de expertos puede ofrecer es mostrar a la sociedad que políticas tienen más probabilidad de alcanzar sus objetivos. Éste es un servicio que los sociólogos están calificados para proporcionar.

El sociólogo como técnico

Algunos sociólogos están comprometidos en la planeación y dirección de programas de acción comunitaria: asesoramiento en relaciones públicas, relaciones laborales, problemas de moral o de "relaciones intergrupales" dentro de la organización; en problemas de relaciones humanas de todo tipo. Con frecuencia estos sociólogos se han especializado en psicología social, sociología industrial, sociología urbana o rural o sociología de las organizaciones complejas.

Recientemente se ha puesto de moda el término *sociólogo clínico* para describir el trabajo del sociólogo como técnico (Gardner, 1978). En alguna medida éste es un nombre nuevo para lo que los sociólogos han estado haciendo desde hace mucho tiempo, pero también incluye una ampliación considerable de la gama de los esfuerzos de los sociólogos por ser útiles a la sociedad.

En tales puestos el sociólogo está trabajando como un científico aplicado. Él o ella se han comprometido para utilizar los conocimientos científicos para obtener ciertos valores: una eficiencia y armoniosa fuerza de trabajo, una atractiva imagen pública de la industria o un programa eficaz de acción comunitaria. Este papel suscita una cuestión de ética. Cuando un sociólogo acepta un empleo como técnico que persigue valores escogidos por su empleador ¿ha comprometido su integridad científica?

Para poner un ejemplo extremo, hay pruebas (Monroe, 1962) de que los empresarios de casas de juego han contratado científicos sociales para que investiguen por qué juega o no juega la gente, de modo que los empresarios puedan saber cómo atraer a más clientes. (No sabemos si algunos sociólogos estaban incluidos.) ¿Podría ser ésta una forma de prostitución científica?

Los críticos radicales de la "sociología del sistema" acusan a los sociólogos de haberse vendido siempre que prestan sus servicios como técnicos o investigadores becados en cualquier tipo de esfuerzo por mantener o mejorar la eficiencia de los sistemas gubernamentales, militares, capitalistas o de salud. Así, no sólo se condena a los sociólogos que están trabajando (si es que hay alguno) en actividades relacionadas con la guerra, sino aun a los que trabajan en programas para mejorar la salud de los niños pobres en Mississipi, para incrementar la producción agrícola en el Perú o para enseñar los métodos de control natal en los pueblos de la India, se les acusa algunas veces de apoyar la "opresión". Esta es la visión clásica del revolucionario: cualquier intento por hacer que funcione mejor el actual sistema o por ayudar a la gente a que viva mejor dentro del sistema es "opresivo", porque ayuda a perpetuar el sistema.

No hay una respuesta simple a la pregunta de cuáles son los empleos que debe aceptar un sociólogo. Parte de la respuesta de cada sociólogo se encontrará en los puntos de vista que prevalezcan en el mundo académico en ese momento y parte en su propia conciencia.

El sociólogo como maestro

La enseñanza es la principal carrera de muchos sociólogos. Además de las preocupaciones y problemas de la enseñanza en cualquier campo, el problema de la neutralidad versus el compromiso con ciertos valores es una cuestión particularmente aguda. Por ejemplo, en un curso sobre "pobreza" ¿debería el sociólogo supervisar un estudio objetivo de hechos, teorías y políticas, con simpatía posiblemente, pero con toda la objetividad posible? O ¿debería diseñar el curso para producir defensores de un programa particular de acción? ¿Debería el sociólogo intentar convertir a los estudiantes al conservadurismo, al reformismo liberal o al activismo revolucionario? Durante algunos decenios la ética de la enseñanza universitaria ha exigido que el maestro se abstenga de toda "adoctrinación" consciente, pero esta cuestión se encuentra ahora bajo animado debate.

El sociólogo y la acción social

Los científicos tratan de encontrar conocimientos ¿Tendrían también que decirle a la sociedad cómo *deberían* utilizarlos? Por ejemplo, los genetistas ya saben algo acerca de la herencia humana, y dentro de no mucho tiempo será posible controlar la estructura genética de los bebés y "ordenar" niños de acuerdo con una lista de especificaciones. ¿Quién debería decidir qué clase de bebé debería darse a quién? ¿Los científicos? ¿Los padres? ¿El gobierno?

El problema fundamental es si la ciencia —específicamente la sociología— debería carecer de valores. Por ejemplo, los sociólogos saben algunas cosas acerca del crecimiento de la población, de las relaciones raciales, del desarrollo urbano y de muchas otras materias que implican problemas de política. ¿Deberían los sociólogos convertirse en defensores de los programas de control natal, de la legalización del aborto, de la liberación femenina, de la legalización de la mariguana, de la integración racial y de muchos otros programas que pueden considerarse deseables socialmente?

Los antiguos sociólogos dieron un enfático "sí" a esta pregunta. Sin un adecuado fundamento de conocimientos científicos, se apresuraron a dar su apoyo a todo tipo de políticas públicas que concideraban prudentes. Entre 1920 y 1940 muchos sociólogos se adhirieron a la opinión de que la sociología debería ser cada vez más una ciencia casi "pura": obtener conocimientos, pero no pronunciarse sobre la forma en que se deberían utilizar. Pensaban construir la sociología según el modelo de la física o la química, es decir, como una ciencia sin valores.

Como tal, no debería comprometerse con los valores, excepto aquellos de la libertad en la investigación científica. Los sociólogos evitaban generalmente involucrarse en temas controvertidos y buscaban la posición de científicos sociales "puros".

Más recientemente, este punto de vista fue puesto en tela de juicio tanto en la física como en la ciencia social. El *Bulletin of Atomic Scientists* incluye muchos artículos firmados por científicos que exigen a sus colegas reclamar una participación más amplia para decidir el empleo de los descubrimientos de la ciencia nuclear. Actualmente muchos sociólogos consideran que ellos deberían jugar un papel más importante en las decisiones relativas a la política pública y que deberían involucrarse en los asuntos más importantes de nuestra sociedad (Lindesmith, 1960; Horowitz, 1964; Stein y Vidich, 1964; A. Lee, 1966, 1973; 1978; Becker, 1967). Acusan a los sociólogos de haberse enfrascado en temas "seguros" de investigación y dejado a los no sociólogos las cuestiones verdaderamente importantes, por ejemplo: "¿Cómo puede reducirse la pobreza?". "¿Cómo pueden integrarse las escuelas?". "¿Cómo pueden organizarse las comunidades para una vida social más civilizada?". "¿Deberían alterarse las metas y valores de la sociedad estadounidense para promover el bienestar social? "Piensan que los sociólogos no sólo tienen la obligación de decir lo que la sociedad *podría* hacer en relación con problemas como el conflicto racial, el crecimiento demográfico, el control natal, la drogadicción, el divorcio, las desviaciones sexuales, el cuidado médico, etc., sino también la obligación de decir lo que nuestra sociedad *debería* hacer en relación son tales problemas. Libros como *Putting Sociology to Work* (1974) de Shostak, proporcionan ejemplos concretos de la forma en que los sociólogos se están involucrando en temas sociales y acciones sociales constructivas y exponen lo que han aprendido de estas experiencias.

La sociología de hoy, lo mismo que las otras ciencias sociales, tiene algunos miembros que insisten en que, tanto individualmente, como miembros de una disciplina académica, los sociólogos deberían apoyar pública y abiertamente la "reconstrucción radical de la sociedad" (Szymanski, 1970; Colfax y Roach, 1971; D. Horowitz, 1971; Sternberg, 1977). En la literatura sociológica se está prestando mucha atención a estos problemsa (Douglas, 1970; Lee, 1978; Harris, 1980). La cuestión de si la sociología no debiera tener valores todavía no está resuelta, pero los sociólogos están de acuerdo en las siguientes proposiciones:

1) Los sociólogos deberían mostrar las relaciones que existen entre los valores. En resumen, los sociólogos pueden decir: "Si *esto* es lo que ustedes quieren, *aquí* está lo que deben hacer para obtenerlo". Si los matrimonios estables y duraderos son más importantes que la felicidad matrimonial, entonces el divorcio debería hacerse más difícil; si los matrimonios *felices* representan el valor más importante, entonces a los matrimonios infelices deberían facilitárseles el divorcio para que se separen y hagan un nuevo intento. Si queremos detener la plaga urbana, la urbanización irregular suburbana, algunos derechos sobre la propiedad privada deben sacrificarse. Si deseamos purificar los ríos contaminados, debemos estar preparados para invertir en ellos una cantidad mayor de impuestos. Los sociólogos pueden aclarar qué valores hay que sacrificar, si deseamos obtener otros.

2) Un sociólogo puede, como *individuo,* formular adecuadamente juicios de valor, apoyar causas y unirse a movimientos reformistas, al igual que cualquier otro ciudadano. Como científico, el sociólogo puede no saber si la violencia por televisión es dañina para los ni-

ños, pero como padre tomará una determinación de acuerdo con sus valores o creencias personales. Como científico, el sociólogo puede no estar capacitado para decir si deben prohibirse el juego y la mariguana, pero como ciudadano, él o ella es libre para expresar sus opiniones y defender sus juicios de valor personales.

Fuera de esto, no existe acuerdo unánime entre los sociólogos en lo que concierne al papel que deberían asumir. La mayor parte de los sociólogos tienen opiniones firmes sobre las políticas que la sociedad debería seguir y están acordes sobre muchas de estas políticas. Posiblemente llegará un tiempo en que las políticas sociales que les parecen mejores a la mayoría de los sociólogos, también lo parezcan al resto de la sociedad. Como personas que no pueden ni deben divorciarse de la sociedad en la que viven, así lo espera la mayor parte de los sociólogos.

EL ESTUDIO DE LA SOCIOLOGÍA

Los estudiantes disfrutan algunas veces al encontrar en la sociología (o en otra ciencia social) pruebas de que algunas de las creencias más arraigadas de sus padres son supersticiones pasadas de moda. Pero cuando comprueban que *sus propias* creencias son infundadas científicamente, su reacción a esto no difiere mucho de la de sus padres. Separar lo que tiene sentido de lo que no lo tiene es uno de los objetivos de la sociología. Sólo aquellos que desean y son capaces de someter sus creencias, suposiciones y prácticas a un escrutinio científico objetivo, obtendrán provecho del estudio de cualquiera de las ciencias sociales.

El empleo de conceptos en sociología

Todo campo de estudio hace que el estudiante memorice muchas palabras a las que tal campo da un significado especial. Éste no es un ritual ocioso; se hace porque se necesitan conceptos precisos. Ante todo, *necesitamos conceptos expresados cuidadosamente para mantener un diálogo científico.* ¿Cómo podríamos explicar

Como cuidadano, el sociólogo puede con toda justicia apoyar causas.

lo que es una maquinaria a una persona que no tiene la noción de "rueda"? ¿De qué le serviría a un especialista la historia clínica de una paciente, si el médico de ella la hubiera anotado en el lenguaje de un lego en medicina? Las varias docenas de conceptos sociológicos que atormentarán al alumno en este libro son necesarios para un análisis claro de los fenómenos sociales.

En segundo lugar, *la formulación de conceptos conduce a mayor conocimiento.* Algunos conocimientos descriptivos exactos deben organizarse antes de que pueda formularse un concepto. Luego el análisis y la crítica de este nuevo concepto indican las lagunas y errores que existen en el actual conocimiento. El empleo del concepto atrae con frecuencia la atención hacia hechos y relaciones que pueden haber pasado inadvertidos. Hace algunos años, mientras estudiaba la migración, Park (1928) elaboró el concepto de *hombre maginal:* aquel que se encuentra en los límites de dos grupos o dos formas de vida, sin pertenecer a ninguno de ellos. El empleo de este concepto condujo rápidamente al reconocimiento de que existen muchas clases de personas marginales: la persona de ascendencia racial mixta, que no pertenece claramente a ninguna de las dos; el supervisor, que no se ve con claridad si pertenece a la "administración" o a "los trabajadores"; el arribista ambicioso, que ya no está en la clase baja y todavía no pertenece con seguridad a la clase media; y muchos otros. Conceptos válidos como el de la marginalidad llevan a incrementar los conocimientos.

Finalmente, los conceptos son una taquigrafía verbal muy útil. En una ferretería es más rápido preguntar por una "tuerca de orejas" que por "una de esas tuercas chistosas con una especie de orejitas para poder ser apretadas a mano". El término "grupo de control", reemplaza a toda una oración completa de el informe de una investigación o en una discusión. Toda disciplina desarrolla conceptos como ahorradores de tiempo.

La mayor parte de los conceptos de la sociología se expresan con palabras que poseen también un significado popular, como el término "orden" tiene un significado en zoología, otro en la mesa

de un restaurante y otro más en un mítin político de las fuerzas del orden. Toda ciencia se apropia algunas palabras comunes y las transforma en conceptos científicos otorgándoles una definición específica. La sociología no es una excepción.

Carreras en sociología

Un estudiante que se interesa en una materia puede preguntarse qué posibilidades ofrece ésta para una carrera. Una combinación de cursos que constituyen especialidad o un curso introductorio en sociología no es, en sí mismo, una preparación para una carrera profesional como sociólogo. Las especialidades y cursos introductorios son útiles principalmente como una preparación previa para otras carreras: 1) En *trabajo social*, los mejores trabajos exigen un grado en trabajo social y casi siempre se recomienda una especialidad en sociología. 2) En *las profesiones* —medicina, derecho, ingeniería— se ha encontrado que los cursos

CUADRO 2-1
EMPLEO DE ESTUDIANTES DE LA ESPECIALIDAD DE SOCIOLOGÍA 1920-1980*

Ocupación	AÑO DE GRADUACIÓN		
	1920– 1960s	1970s	1980s
Enseñanza	21.0	9.8	8.3
Planeación	12.3	4.1	6.6
Trabajo social	11.4	5.7	0.0
Constructores de casas	7.0	2.8	3.3
Asesoría	6.1	8.2	3.3
Administración	5.3	10.6	15.0
Escuela de graduados	4.4	9.8	8.3
Secretarial	3.4	3.7	16.6
Venta al menudeo	2.6	13.1	11.6
Trabajo de oficina	0.9	9.4	20.0
Otra	11.5	9.0	2.2
Jubilado, sin empleo	14.0	3.7	0.0

* Respuestas de 419 estudiantes de sociología no graduados de la Florida State University. Los porcentajes suman más de 100 porque los listados incluyen "ocupaciones", "primera", "actual" y "cualquier otra". *Fuente:* Grahan C. Kinloch, "Undergraduates Sociology Majors and the Job Market, *The Southern Sociologist.* 14:20-21, Winter 1983.

sobre ciencias sociales son útiles. 3) *Las escuelas secundarias* presentan alguna demanda de profesores de sociología. 4) *Los puestos de servicio social* incluyen con frecuencia estudios en sociología entre los requisitos educativos aceptables para una amplia variedad de puestos en categorías bajas y medianas. 5) *Los sociólogos son empleados* en pequeño número por la industria, las asociaciones comerciales, los sindicatos, las fundaciones y en gran número por organizaciones de investigadores, en una amplia variedad de puestos, con frecuencia en la administración y dirección de investigaciones. 6) *Las carreras recientemente surgidas* en muchos tipos de programas de acción han desarrollado en los últimos años consejos de relaciones humanas a nivel local, comisiones para las prácticas de reclutamiento de trabajadores, programas de acción afirmativa, programas de oportunidad económica, programas de readiestramiento laboral, programas de ayuda al extranjero y muchos otros. Los cambios introducidos por la administración Reagan han reducido, al menos por el momento, las oportunidades de empleo en estos puestos, y su futuro en el largo plazo es incierto.

Una licenciatura en letras es generalmente suficiente para obtener un puesto docente en un colegio universitario para los dos primeros años o un colegio universitario sostenido en parte por la comunidad, pero las promociones y las plazas universitarias requieren casi siempre un doctorado en filosofía, que es un grado más necesario para una carrera en sociología que en otras ciencias. Entre aquellos científicos con suficiente "prestigio profesional en la comunidad científica" como para figurar en el National Register of Scientific and Technical Personnel, en 1970 (que es la edición más reciente de la que se dispone) un 76% de sociólogos obtuvieron un doctorado, en tanto que el mismo grado fue obtenido por el 66% de los psicólogos, el 42% de los economistas, el 41% de los físicos, y los sociólogos sólo fueron superados por los antropólogos, de los cuales un 90% ostenta un doctorado. De todos los sociólogos, alrededor del 84% trabaja en instituciones educativas, y el resto se distribuye entre varias organizaciones,

principalmente oficinas gubernamentales y fundaciones privadas. La enseñanza es la principal actividad del 58% de los sociólogos; el 22% se dedica primordialmente a la investigación y el 16% a la dirección y a la administración, especialmente la dirección y administración de investigaciones (el restante 4% se dedica a "otros" trabajos).

Durante los veinticinco años siguientes a la II Guerra Mundial, la perspectiva de empleo para los sociólogos fue excelente. Pero desde 1977, las inscripciones universitarias han estado bajando. La administración Reagan suprimió fondos para préstamos y ayudas a estudiantes y eliminó los subsidios del gobierno federal para la investigación en las ciencias sociales. En el momento de escribir esto, la perspectiva de empleo para nuevos doctorados en sociología no es favorable. Sugerir otra cosa no sería honrado. La demanda de sociólogos es sumamente sensible a las políticas del gobierno federal, y éstas pueden cambiar rápidamente. Cualquier estudiante interesado en la sociología como carrera debería consultar a los miembros de la facultad de sociología sobre las perspectivas actuales de empleo y obtener un ejemplar del folleto *Careers in Sociology,* solicitándolo a la American Sociological Association, 1722 N Street, NW, Washington, DC, 20036.

Para la mayoría de los estudiantes, la sociología no será una carrera sino solamente una parte de su educación humanística general. En cualquier carrera que elijan, serán miembros de la sociedad, residentes en una comunidad, participantes en diversos grupos y trasmisores de la cultura a la siguiente generación. El estudio de la sociología puede ayudarlos a desempeñar con mayor perspicacia estos variados roles a los que están destinados.

SUMARIO

La sociología trata de estudiar científicamente la sociedad. Cada ciencia social tiene su propio enfoque, y el de la sociología versa sobre la vida de grupo de la raza humana y los productos sociales de esa vida.

Los métodos de la investigación social incluyen los estudios *experimental* y *de observación*, y muchos estudios pueden ser del tipo *transversal de muestra representativa* o de tipo *longitudinal* (el cual puede ser *prospectivo* o *retrospectivo*).

Los estudios de observación son de varias clases: *impresionistas*, de *observación-participante*, de *casos, mediante cuestionario y entrevista* y de *evaluación*. Un solo estudio puede clasificarse en más de una de estas categorías (p. ej., un estudio longitudinal de observación participante).

La sociología, como todas las ciencias, puede ser *pura* o *aplicada*. *La sociología pura* busca nuevos conocimientos, en tanto que *la sociología aplicada* trata de aplicar los conocimientos sociológicos a los problemas prácticos. Una buena cantidad de sociología más o menos exacta es popularizada por periodistas profesionaes, que son a veces llamados incorrectamente sociólogos.

El sociólogo en el papel profesional de científico social tiende a ser un científico puro, consagrado a descubrir y enseñar la verdad y a hacer, ocasionalmente, predicciones sociológicas. El sociólogo puede funcionar como un científico aplicado cuando se lo emplea como técnico o consultor o cuando desempeña su papel como ciudadano privado. No es una cuestión resuelta todavía si los sociólogos como científicos y maestros deberían elegir, recomendar y promover activamente las políticas que piensan que la sociedad *debería* seguir.

El estudio de la sociología sólo tendrá éxito si el estudiante está deseoso de aprender acerca de materias que ya parecen serle familiares. El estudiante debe aprender algunos conceptos que se necesitan para un diálogo científico preciso. Supuesta la voluntad de comprometerse en una preparación seria, el estudiante puede encontrar en la sociología una carrera con perspectiva.

GLOSARIO

estudio de caso: relato detallado y completo de un hecho, situación o desarrollo.

estudio impresionista: las impresiones de un observador sistemáticamente recogidas.

estudio longitudinal: el que examina el mismo conjunto de fenómenos durante un periodo de tiempo.

estudio de observación: en el cual el investigador se convierte en participante activo de lo que está estudiando.

estudio prospectivo: el que sigue el mismo conjunto de fenómenos durante un periodo de tiempo, empezando con el presente.

estudio retrospectivo: el que estudia un conjunto de fenómenos, retrocediendo desde el presente, durante algún periodo de tiempo.

estudio de transversal de muestra representativa: el que cubre una amplia gama de fenómenos en un solo punto del tiempo.

grupo de control: grupo de sujetos que se asemejan a los del grupo experimental en todo, menos en la(s) variable(s) que va(n) a estudiarse.

grupo experimental: sujetos cuyas respuestas a variados estímulos experimentales son observadas.

investigación evaluativa: estudio que mide la eficiencia de un programa de acción.

muestra autoelegida: aquélla en la que los miembros de la muestra son incluidos por una acción voluntaria, como responder a un cuestionario o a una carta.

muestra al azar: en la que cada persona tiene la misma oportunidad de aparecer, como cuando se elige cada nombre que aparece en quinto, décimo o centésimo lugar.

muestra al azar estratificada: aquélla en que se toma una muestra al azar de cada una de las varias categorías de personas que hay en el universo estudiado.

muestra representativa: en la que las personas aparecen en las mismas proporciones en que se encuentran en la población total estudiada.

prejuicio: tendencia, ordinariamente inconsciente, a ver los hechos en cierta forma, a causa de los deseos, intereses y valores personales.

sociología popular: popularización de los descubrimientos sociológicos hecha por no sociólogos en los medios populares de comunicación.

técnica de los pares igualados: la que equipara a cada miembro del grupo experimental con una persona de grupo de control, la cual es similar en todos los aspectos, menos en el de la(s) variable(s) que va(n) a estudiarse.

técnica de selección al azar: la que constituye los grupos experimental y de control eligiendo al azar las personas que forman cada grupo.

PREGUNTAS
Y PROYECTOS

1 ¿Cómo explicaría usted la sociología a una persona ignorante que no entiende los campos académicos del conocimiento? ¿Cómo se la explicaría a una persona instruida, cuya educación no hubiera incluido cursos sobre sociología?

2 ¿Qué es un sociólogo? ¿Cómo se abusa con frecuencia de este término?

3 ¿Qué diferencia existe entre un estudio prospectivo y uno retrospectivo? Esboce un diseño de investigación de cada tipo para estudiar la relación entre las calificaciones y los salarios iniciales después de la graduación.

4 ¿Cómo controla usted una variable? Al estudiar la posible relación entre las calificaciones y los salarios iniciales, ¿qué variables deberían controlarse? ¿Cómo podrían controlarse?

5 ¿Por qué los estudios experimentales son más bien escasos en sociología?

6 ¿Qué precauciones hay que tomar al utilizar los relatos de testigos oculares como fuentes de datos científicos?

7 ¿En qué difiere la técnica de la observación-participante de la simple contemplación de las cosas? ¿No todos son observadores-participantes?

8 En un estudio se enviaron 1 00 cuestionarios, y 800 cuestionarios se recibieron completos; en otro estudio se enviaron 50 000 y se recibieron 5 000 ¿Qué estudio llegará a conclusiones más confiables?

9 ¿Cuáles son las ventajas y las desventajas de definir el papel del sociólogo como maestro, incluyendo la promoción activa, entre los estudiantes, de valores, metas y políticas sociales que el maestro considera correctos?

10 Cuando usted se encuentre en una reunión informal de estudio, escuche cada afirmación con estas preguntas en mente: ¿Qué objetividad científica tiene esta afirmación? ¿Está basada en hechos científicos o en simples conjeturas, tradiciones o ilusiones? ¿Podría documentarse con adecuado apoyo científico? Al final, trate de calcular qué proporción de afirmaciones podría fundamentarse científicamente.

11 Analice las implicaciones de estas dos formulaciones de un posible cuestionario:

a. ¿Está usted en favor de la supresión de la vida de un niño no nacido todavía?

b. ¿Está usted en favor de la obligación de continuar el embarazo hasta que el feto sea viable?

12 Escriba un breve relato impresionista sobre algún grupo o alguna comunidad que usted haya observado. Haga después una lista de las generalizaciones que haya hecho usted acerca del grupo y esboce un proyecto de investigación para recoger los datos empíricos que lo capacitarían para probar la exactitud de estas afirmaciones.

13 Muchas comunidades efectuaron estudios transversales de muestra representativa en la mitad de la década 1970-1980 y encontraron que los niños negros igualaban a los blancos en el nivel de estudios en los grados escolares más bajos, pero que iban quedando por abajo de ellos, progresivamente, conforme avanzaban los grados ¿Cómo podrían interpre-

tarse estos datos: *a)* ¿como una prueba del fracaso escolar?; *b)* ¿Como una prueba del mejoramiento escolar?

14 Hace algunos años el ejército de Estados Unidos comisionó a un equipo investigador para que hiciera una prueba con el fin de predecir si un hombre sería más apto en el trópico o en el ártico. A un costo considerable, el equipo de investigación presentó una prueba de una sola pregunta: "¿Prefiere usted un clima caliente o uno frío?" ¿Fue un dinero desperdiciado?

LECTURAS
QUE SE SUGIEREN

Adams, Samuel Hopkins: "The Juke Myth", *Saturday Review,* April 2, 1955, pp. 13ff.; reprinted in Edgard A. Schuler et al. (eds): *Readings in Sociology*, 5th ed., Thomas Y. Crowell Company, New York, 1974, pp. 41-45. Un entretenido relato del método mediante el cual el autor de un estudio famoso llegó a algunas conclusiones sumamente dudosas acerca de la herencia y el crimen.

*Bates, Allan P.: *The Sociological Enterprise,* Houghton Mifflin Company, Boston, 1967. Un breve libro de bolsillo que dice lo que los sociólogos hacen y cómo llegan a ser sociólogos. Se recomienda especialmente el Cap. 5, "Training for Careers in Sociology" y el Cap. 6, "Careers in Sociology".

Brenton, Myron: "Studies in the Aftermath", *Human Behavior,* May, 1975, pp. 56-61. Un corto y entretenido artículo que resume varios estudios sobre los efectos de los desastres naturales en los sobrevivientes.

Caplow, Theodore, Howard M. Bahr, Bruce A. Chadwick, Reuben Hill y Margaret Holmes Williamson: *Midletown Families: Fifty Years of Change and Continuity,* The University of Minnesota Press, Minneapolis, 1982. Un estudio impresionista que pone al día y elabora los estudios de Lynd sobre las familias de las partes antiguas de la ciudad hace un siglo.

Dynes, Russel R.: *Organized Behavior in Disaster,* D. C. Heath and Company, Lexington Mass., 1970. Un resumen de la investigación sobre el comportamiento en las situaciones de desastre, que muestra qué procedimientos diferentes de ivestigación se utilizaron.

*Freeman, Howard E., and Clarence C. Sherwood: *Social Research and Social Policy,* Prentice-Hall, Inc., Englewood Cliffs, N.J., 1970. Una breve explicación de cómo puede diseñarse una investigación social para que contribuya a una política social humana.

Lantz, Herman R.: *People Coal Town,* Southern Illinois University Press, Carbondale, 1971. Un estudio sumamente impresionista de un caso sobre una comunidad. Proporciona pocas estadísticas y no hace generalizaciones radicales pero presenta algunas hipótesis y una descripción sociológica interesante.

Levitan, Sar A.: "Evaluating Social Programs", *Society,* May/June 1977, pp. 66-68. Una breve explicación de la investigación evaluativa.

Lin, Nan: *Foundations of Social Research,* McGraw-Hill Book Company, New York, 1976. Un libro de texto clásico sobre los métodos de investigación.

Loftus, Elizabeth: "The Incredible Eyewitness", *Psychology Today,* December 1974, pp. 116-119; or + *Eyewitness Testimony,* Harvard University Press, Cambridge, Mass., 1979. Comentarios sobre la poca seguridad de las identificaciones hechas por testigos oculares.

Roebuck, Julian B. y Wolfgang Frese: *The Rendevous: A Case Study of an After-hours Club,* The Free Press, New York, 1976. Un estudio de observador-participante sumamente interesante sobre la "gente nocturna" en acción.

*Saunders, William B.: *The Sociologist as Detective: An Introduction to Research Methods,* Praeger Publishers, New York, 1976. Una explicación e ilustración simple escrita de los diversos tipos de estudios de investigación social.

*Shostak, Arthur B. (ed.): *Putting Sociology to Work: Case Studies in the Application of Sociology to Moderns Social Problems,* Davis McKay Company, Inc., New York, 1974. Muestra la forma en que los sociólogos participan en programas válidos de acción.

Statistical Abstract of the United States, publicado anualmente por el Bureau of the Census y *The World Almanac and Book of Facts,* publicado anualmente por la Newspaper Enterprise Association. Dos fuentes útiles de información estadística y objetiva, disponibles en cualquier biblioteca. Todo estudiante debería familiarizarse con ellos.

* Un asterisco antes de la cita indicada que el título está disponible en edición en rústica.

SEGUNDA PARTE

La sociedad y el individuo

Muchas especies llegan al mundo totalmente capaces de cuidar de sí mismas. Todo el comportamiento que necesitan para encontrar alimento, crecer y reproducirse ya está programado dentro de sus genes. La mayoría de ellas se convierten en alimento de otra criatura, pero los pocos sobrevivientes se ocupan de sus asuntos, sabiendo ya lo que deben hacer y cómo hacerlo.

El animal humano no tiene tal programación. Sin tiernos y prolongados cuidados, el niño muere, porque los humanos tienen pocas pautas de comportamiento innatas. Sin una sociedad que los proteja, todos los niños morirían. Sin una cultura que proporcionará pautas de comportamiento que aprender y seguir, la mayoría de los humanos moriría antes de descubrir cómo sobrevivir.

La segunda parte explora cómo los seres humanos construyen sociedades y desarrollan culturas, y cómo cada persona adquiere una cultura y se convierte en parte de una sociedad. El capítulo 3, "El contexto cultural", estudia la naturaleza y el desarrollo de la cultura. El capítulo 4, "Personalidad y socialización", muestra cómo la personalidad se va formando mediante la interacción de la herencia, del medio ambiente, de la cultura, de la experiencia de grupo y de la experiencia única. El capítulo 5, "Rol y status" muestra cómo se organiza el comportamiento en una serie de roles que la gente puede desempeñar fácilmente, sólo si se prepara en forma adecuada. El capítulo 6, "Sexualidad y los Roles sexuales", explora la naturaleza del comportamiento sexual y los cambios en los roles sexuales. El capítulo 7, "Orden social y control social", muestra cómo la mayoría de las personas son llevadas a actuar como se espera que actúen socialmente gran parte del tiempo, aunque no todo.

3 El contexto cultural

Un indígena totonaca de las tierras bajas productoras de vainilla de la costa oriental de México encontraba difícil comprender por qué los turistas estadounidenses vestían camisas deportivas tan llamativas y llevaban estuches fotográficos tan grandes, compraban tantas baratijas inútiles y siempre hablaban a gritos. "¿Por qué son tan raros los extranjeros?" exclamó al tiempo que señalaba a un grupo de turistas que se apiñaban en un autobús que se dirigiría a las pirámides que están al norte de la ciudad de México.

(Eugene A. Nida, "¿Why Are Foreigners So Queer?" A Socioanthropological Approach to Cultural Pluralism", *International Bulletin of Missionary Research,* 5: 102, July 1981).

Lo que parece normal a las personas de una sociedad puede parecerles extravangante a las de otra. Un acto puede tener distintos significados en distintas sociedades. Al igual que una ballena puede estar inconsciente de que flota en agua de mar, los miembros de una sociedad están por lo general inconscientes de que están siguiendo *creencias* y *costumbres* en su comportamiento. Con frecuencia se preguntan *por qué* creen y actúan como lo hacen. Sólo saliendo con imaginación de su propio cuerpo de creencias y costumbres, puede uno tomar conciencia de su naturaleza real. Por las experiencias de su vida, las personas desarrollan un conjunto de reglas y procedimientos para hacer frente a sus necesidades. El conjunto de reglas y procedimientos, junto con una serie de ideas y valores que los apoyan, es lo que se llama una *cultura.*

Una persona a la que comunmente se considera "culta" puede identificar arias operáticas, leer una minuta en francés y elegir el tenedor adecuado. Pero las personas a las que aburren los clásicos, eructan en público y hablan con palabrotas también tienen cultura. Como la mayor parte de los conceptos sociológicos, *cultura* es una palabra que tiene tanto un significado popular como uno sociológico.

CULTURA Y SOCIEDAD

La definición clásica de cultura, formulada por Sir Edward Tylor (1871, vol. 1, p. 1) dice así: "Cultura... es ese todo complejo que incluye conocimientos, creencias, arte, moral, leyes, costumbres y cualesquiera otras capacidades y hábitos adquiridos por el hombre como miembro de una sociedad". Dicho de una manera más simple, *cultura es todo lo que es socialmente aprendido y compartido por los miembros de una sociedad*. El individuo recibe cultura como parte de una herencia social y, a su vez, puede reformar la cultura e introducir cambios que luego forman parte de la herencia de las siguientes generaciones.

La cultura puede dividirse en *cultura material* y cultura *no material*. La cultura no material consiste en las palabras que la gente emplea, las ideas, costumbres y creencias que tienen, y los hábitos que siguen. La cultura material consiste en objetos manufacturados, como instrumentos, muebles, automóviles, edificios, canales de riego, granjas, caminos, puentes y, de hecho, cualquier sustancia física que haya sido modificada y utilizada por la gente. Tales objetos manufacturados se llaman *artefactos*. En el juego de beisbol, por ejemplo, los guantes, los bates, los uniformes y los grandes estadios son unos cuantos elementos de la cultura material. La cultura no material incluiría las reglas de juego, las habilidades de los jugadores, los conceptos de estrategia y el comportamiento tradicional de los jugadores y del público. La cultura material siempre es el resultado de la cultura no material y sin ella no tiene sentido. Si se olvidara el *juego* de beisbol, un bate se convertiría en una estaca de madera. Puesto que la parte más importante de la cultura es el *patrimonio de ideas,* esta cultura no material recibirá un interés mayor en este libro.

La cultura se confunde frecuentemente con sociedad, pero las dos palabras tienen significados diferentes. Mientras que una cultura es un sistema de normas y valores, *una sociedad es un grupo humano, relativamente independiente,* que se perpetúa, que ocupa un territorio, comparte una cultura y tiene la mayor parte de sus asociaciones dentro de ese grupo.

Una *sociedad* es una organización de personas cuyas asociaciones son de unos con otros. Una *cultura* es un sistema organizado de normas y valores que las personas tienen. Así, los indios plains incluían un número de sociedades (que llamaremos "tribus") que todavía compartían en gran medida una cultura similar. Sociedades adyacentes pueden tener culturas muy distintas, como sucede con Estados Unidos y México, o pueden tener culturas muy similares, como sucede con Estados Unidos y Canadá.

Por lo que toca a ambos conceptos —sociedad y cultura—, los límites son confusos. La mayor parte de las sociedades tienen contacto con las sociedades vecinas. Muchas veces en la historia dos sociedades se han entretejido tanto, que se convierten en una. Así muchas sociedades fueron absorbidas por la sociedad romana. También, una sola sociedad puede incluir grupos de personas que difieren en cultura, como los sectores de habla francesa, germana o italiana de la población suiza, y los sectores francófonos o anglófonos de la población canadiense.

DESARROLLO SOCIAL Y CULTURAL

Factores biológicos

El reciente crecimiento de una disciplina conocida como sociobiología ha atraído una renovada atención hacia los factores biológicos del comportamiento humano. La sociobiología es definida así por su más prominente defensor (E. Wilson, 1975, p. 4): "el estudio sistemático de la base biológica del comportamiento humano". Examinaremos algunas de las formas en que la interacción de la biología y la cultura influyen en el comportamiento humano, empezando por el desarrollo de la sociedad humana.

La acumulación cultural fue al principio muy lenta. La gente vivía a la intemperie o en cavernas; utilizaba instrumentos sencillos de piedra para quitarles la piel a los animales y cortar trozos de su carne; para sacar raíces comestibles

CUADRO 3-1
SI UN MILLÓN* DE AÑOS DE HISTORIA HUMANA SE COMPRIMIERAN DENTRO DEL TÉRMINO DE LA VIDA DE UNA PERSONA DE 75 AÑOS DE EDAD

1 000 000 de años de historia	Condensado en un periodo de vida de 70 años
Hace un millón de años	Nació el *Pitecantropus erectus*.
Hace 500 000 años	Empleó la mitad de la vida en aprender a hacer y utilizar hachas y cuchillos de piedra.
Hace 10 000 años	Hace nueve meses terminó la última época glaciar y salió de las cuevas.
Hace 5 000 años	Hace aproximadamente tres meses empezó a fundir y utilizar metales y a construir pirámides.
Hace 2 000 años	Hace siete semanas nació Cristo.
Hace 200 años	Hace cinco días cruzó el Delaware junto con Washington.
Hace 80 años	Ayer se inventó el aeroplano.
Hace 11-15 años	Esta tarde aterrizó en la Luna y al anocher rompió el código (genético) DNA.
En el año 2 000 d. de C.	Anoche celebró la llegada del siglo XXI.

* O varios millones de años, de acuerdo con algunos antropólogos.

utilizaban probablemente varas aguzadas, pero no se sabe si los humanos podían encender fuego por sí mismos o simplemente conservaban los fuegos iniciados por los rayos. Durante este periodo, los seres humanos se convirtieron en cazadores expertos, pero se discute si estos homínidos primitivos eran completamente humanos. Su capacidad craneal era del orden de 425 a 725 centímetros cúbicos, lo que les daría una medida craneal similar a la del mono y muy inferior a la capacidad craneal actual de 1 000 a 2 000 centímetros cúbicos.

Una aceleración en el desarrollo cultural no tuvo lugar sino hasta la aparición del hombre de Neanderthal hace alrededor de 150 000 años, que ya tenía una capacidad craneal similar a la del hombre moderno: un promedio de 1 500 centímetros cúbicos. Los humanos tenían ya suficiente cerebro para crear una cultura, pero los inventos básicos, como la rueda, el arado, la escritura y muchos otros se necesitaron antes de que fuera posible una cultura compleja.

EVOLUCIÓN SOCIAL. La evolución biológica fue una de las excitantes ideas del siglo XIX. Aunque muchos estudiosos contribuyeron a la teoría de la evolución, su patrocinador más influyente fue el naturalista Charles Darwin. Luego de viajar por todo el mundo y de clasificar decenas de millares de formas de vida actuales y rastros fósiles de formas de vida primitiva, desarrolló en su *Origin of Species* (1859) la teoría de que la raza humana había evolucionado gradualmente desde los estadios inferiores de vida. Esto se produjo mediante la supervivencia de aquellas formas biológicas más aptas para sobrevivir. Los antiguos sociólogos se preguntaron si podía haber una pauta evolutiva en el desarrollo de la cultura humana y la vida social.

Auguste Comte en su *Positive Philosophy* (1851-1854) escribió acerca de tres estadios a través de los cuales él pensaba que se había movido inevitablemente el pensamiento humano: el teológico, el metafísico (o filosófico) y, finalmente, el positivo (o científico). Herbert Spencer, un sociólogo ''gigante'' del siglo XIX, se enamoró del ''darwinismo social''. Vio la evolución social como una serie de etapas por las que pasaron todas las sociedades, desde la simple hasta la compleja y desde la homogénea hasta la heterogénea. Implícito en el pensamiento de Comte y Spencer estaba el optimismo que veía en el progreso de la humanidad la forma en que gradualmente se terminaría con la pobreza e incrementaría la felicidad humana.

Las guerras, las depresiones y los gobiernos totalitarios amortiguaron este optimismo e hicieron que la idea de la evolución social pareciera ingenua. Los relativistas culturales (se definen en la página 69) negaban que se pudiera hablar de un tipo de cultura ''superior'' o ''inferior'' y declararon que toda cultura era simplemente una de las maneras posibles de hacer frente al medio ambiente. Los antropólogos negaron que la dirección del cambio sea siempre

---

CAMBIOS EVOLUTIVOS CONFORME SE INDUSTRIALIZA LA SOCIEDAD

La división del trabajo se hace más compleja.
Las burocracias crecen en tamaño y poder.
Caen las tasas de natalidad y de mortalidad.
Decrece la desigualdad de ingresos.
Aumenta la educación formal.
La vida familiar declina en importancia.
Desarrollo de leyes que vinculan a todos los miembros de la sociedad.

Fuente: Basado en Smelser, 1966, p. 111; Parsons, 1971, p. 5; Lenski y Lenski, 1982, p. 364.

---

de lo simple a lo complejo y señalaron que muchas tribus primitivas tenían un sistema monárquico y una vida más ritualista y ceremonial que las sociedades modernas. Los historiadores de la cultura como Splenger y Toynbee niegan la existencia de cualquier progreso lineal hacia arriba. Dicen que las sociedades se han movido en ciclos en que la democracia y la dictadura se siguen una a otra y en los que cada gran civilización es destruida al fin por bárbaros.

Sin embargo, las ideas son difíciles de matar. La noción de evolución[1] social, que a mediados del siglo XX parecía ciertamente muerta, está mucho más viva actualmente. Uno de los factores de su reaparición es el ejemplo de los países en desarrollo. Conforme se van industrializando, copian la tecnología, las estructuras económicas y otros muchos rasgos de las sociedades occidentales como una parte de su ''modernación'' (Moore, 1963; Levy, 1967; Inkeles y Smith, 1974).

¿Hay algunas características comunes que compartan todas las sociedades industriales? ¿Hay pautas comunes que los países en desarrollo deban seguir para modernizarse? Todas las fábricas de acero, por ejemplo, deben operar de la

---

[1] En nuestro estudio de la evolución social estamos en gran deuda con el libro de Richard P. Appelbaum *Theories of Social Change,* Markham Publising Co., Chicago, 1970.

misma manera y sus obreros no pueden acostar-se a dormir una siesta después de la comida. La tecnología moderna proporciona muchas características culturales comunes a cualquier pueblo que la haga suya.

Factores geográficos

El clima y la geografía son indudablemente factores en el desarrollo cultural. Climas o topografías extremos son obstáculos serios para muchas clases de desarrollo cultural. Las grandes civilizaciones no florecen en el helado ártico, en el tórrido desierto, en las elevadas cadenas montañosas o en las marañas de la selva. La gente puede vivir en estas zonas y puede desarrollar ingeniosos medios de hacer frente a las fuerzas naturales, pero tales regiones no han producido grandes ciudades o civilizaciones muy desarrolladas. Por otra parte, las grandes civilizaciones antiguas conocidas se desarrollaron en las tierras bajas de las grandes cuencas fluviales. Cuando se habla del antiguo Egipto, de Mesopotamia o de la India, se está hablando ante todo de los valles fluviales del Nilo, del Éufrates, del Tigris y del Indo. Sólo tales regiones llenaban los requisitos para una civilización primitiva: 1) tierra fértil que podía sostener a una densa población, una parte de la cual fuera libre para poder desempeñar un trabajo no agrícola, y 2) comunicaciones y transportes fáciles para vincular una gran zona.

No obstante, dentro de los extremos geográficos es difícil hallar cualquier relación definida. Podemos encontrar demasiados ejemplos de culturas similares en climas diferentes, y de culturas diversas en climas semejantes. Por ejemplo, los indígenas hopi y los navajo han vivido durante siglos en la misma zona del suroeste de Estados Unidos. Los hospi son agricultores que viven en conjuntos de casas hechos con bloques de adobe. Los navajo son pastores nómadas que viven en casas pequeñas, redondas y abovedadas construidas con barro y varas. Sus sistemas religiosos y familiares son muy diferentes. Docenas de ejemplos semejantes muestran que el medio ambiente geográfico fija cier-

tos límites, pero no dicta un tipo particular de vida social.

Organizaciones sociales no humanas

Muchas especies no humanas tienen un sistema ordenado de vida social. Gran número de especies de pájaros se juntan durante toda la vida y (en contraste con los humanos) son absolutamente fieles a sus parejas. Varias especies de insectos, como las hormigas y las abejas, poseen una elaborada pauta de vida social, complementada con ocupaciones especializadas, líneas de autoridad y detallada distribución de deberes y privilegios.

La organización de la vida social en los animales superiores a los insectos también manifiesta muchas similitudes con la sociedad humana. Esta vida social no humana puede no estar plenamente determinada por el instinto. Uno de los casos mejor conocidos es la ley del más fuerte entre las gallinas (Guhl, 1953). El establecimiento del predomino es una preocupación tanto entre las gallinas como entre los seres humanos. El gallinero es una zona sumamente estratificada en la que algunas gallinas picotean a otras sin ser picoteadas a su vez. El predominio no se otorga automáticamente, sino que se gana mediante la lucha, o gracias a una demostración convincente de fuerza. Una vez que se establece el predominio, tiende a durar por algún tiempo, y una gallina que ha sido dominante en un grupo tiene una ventaja cuando es trasladada a otro corral vecino. Todo esto suena un poco parecido a la forma en que se determina el liderazgo en las pandillas juveniles.

Las pautas de predominio y las de defensa territorial aparecen entre muchas especies (Ardrey, 1966). Las sociedades no humanas manifiestan otras muchas semejanzas con las sociedades humanas, aunque las diferencias sean mucho más impresionantes. En cada especie no humana la vida social tiende a ser uniforme e inmutable. Cada grupo de leones actúa en forma muy parecida a la de los otros grupos de leones y, evidentemente, en la misma forma en que han actuado los grupos de leones durante siglos. Entre los humanos la vida social es infinitamente variable y continuamente cambiante.

La diferencia más importante entre los humanos y los otros animales es el grado en que la vida de los otros animales se basa en el instinto más que en el aprendizaje. Los seres humanos tienen una notable carencia de esas pautas innatas de comportamiento que podemos llamar *instintos* en las especies no humanas. En cambio, heredan una serie de necesidades orgánicas, impulsos y hambres que llamamos *tendencias,* que deben ser satisfechas en una u otra forma. En sus esfuerzos por satisfacer sus impulsos y mediante el método de ensayo y error, los humanos crean cultura, con sus tremendas variantes entre una sociedad y otra. Incapaces de depender del instinto, los seres humanos deben construir la cultura para sobrevivir. La cultura es un tipo de sustituto del instinto, puesto que da orientación a los humanos y los libra de un perpetuo tanteo.

LENGUAJE Y COMUNICACIONES SIMBÓLICAS. Muchos animales pueden intercambiar sentimientos por medio de gruñidos, ronroneos, llamadas para el apareamiento y otros sonidos. Algunos animales despiden olores o efectúan movimientos corporales que conllevan significados para otro. Estos sonidos y movimientos no son un *lenguaje,* porque cada uno de ellos es una respuesta instintiva en gran parte o totalmente innata, más que una respuesta simbólica adquirida. No sabemos si un perro gruñe o ladra porque quiere decirle algo a otro perro; quizá ladra porque se siente bien ladrando. Por lo que sabemos, ningún perro ha desarrollado un código basado en ladridos (p. ej., un ladrido corto para "vamos a comer", dos para "después de ti", etc.). Un lenguaje es precisamente un código: *una serie de sonidos con un significado ligado a cada sonido.* Una serie de ladridos y aullidos en gran parte emocionales o instintivos, aunque estos sonidos sirvan para comunicar significados exactos a otros de la especie, no son un lenguaje. Una madre aprende pronto por el llanto de su hijo si éste tiené hambre, está enfermo o enojado; pero el bebé está expresando sus emociones, no utilizando un lenguaje. Sólo cuando un significado *artificial* se vincula a cada sonido, de modo que éste se convierta en un símbolo, y sólo entonces tenemos un lenguaje. La idea de "silla" puede representarse mediante un millar de sonidos vocales; cuando los miembros de una sociedad se ponen de acuerdo en reconocer formalmente un sonido vocal particular para significar "silla", entonces una *palabra* se ha añadido al lenguaje. Limitamos el término *lenguaje* a la comunicación simbólica y excluimos el intercambio de significados mediante gritos y sonidos instintivos como un lenguaje no verdadero.

Algunos libros y artículos de revistas muy populares han acuñado el término de "lenguaje corporal" para el intercambio de significados mediante gestos y posturas corporales (Fast, 1970; Scheflen, 1973). Algunos significados se intercambien probablemente por este medio. La cuestión ha sido estudiada científicamente (Ekman y Friesen, 1974; Henley, 1977; Druckman y otros, 1982), pero la divulgación actual se basa sobre todo en la intuición y en conjeturas y no en investigaciones científicas. Además, aunque el "lenguaje corporal" puede ser una forma de comunicación, no es un verdadero lenguaje, puesto que éste se limita a la comunicación mediante símbolos.

Sólo los seres humanos utilizan símbolos; por lo tanto, sólo la comunicación humana sobrepasa el nivel de intercambiar simples sentimientos e intenciones. Con la comunicación simbólica, las personas pueden intercambiar instrucciones detalladas, compartir descubrimientos, organizar actividades elaboradas. Sin tal tipo de comunicación volverían rápidamente a las cavernas y a las selvas.

"CULTURA" ANIMAL. Los animales pueden aprender; pueden formar grupos que interactúan y tienen una vidad social; pueden comunicarse unos con otros en un nivel muy simple. Algunos animales pueden, incluso utilizar objetos como instrumentos. Por ejemplo, el pinzón de las islas Galápagos elije una rama apropiada, la introduce en una grieta de la corteza de un árbol y engulle los insectos y arañas que saca. Luego guarda la ramita para la siguiente operación (Smullen, 1978).

Algunos animales forman grupos sociales. (© *YLLA; Rapho-Photo Researches, Inc.*)

A los chimpancés se les ha enseñado a reconocer unas cuantas palabras, tanto en lenguaje mediante signos (Gardner y Gardner, 1971) como en símbolos plásticos (Premack, 1971). Dos chimpancés que se hicieron famosos por el rol que desempeñaron en estos experimentos, Washoe y Sara, pueden incluso producir sus propios mensajes. Como Goodall y otros han demostrado, los chimpancés tienen una capacidad para establecer relaciones firmes, sentir emociones y dar respuestas parecidas a las humanas, en mayor medida que lo que las personas jamás habían imaginado. (Scarf, 1973; Goodall, 1978). Tales datos llevan a los científicos a la conclusión de que los animales pueden tener una cultura (D. Hanson, 1973).

Sólo la raza humana utiliza símbolos.

Sin embargo, no hay pruebas de que los chimpancés utilicen algún lenguaje semejante en estado salvaje (Lancaster, 1975; p. 71). Es dudoso que algún no humano pueda entender la sintaxis, elaborar oraciones y mucho menos enseñar estas habilidades a otro (Terrace, 1979).

Un perro puede ser entrenado para que no coma hasta que reciba la señal de su amo. Pero no podemos imaginarnos a un perro hambriento que rechace un jugoso bocado, debido a que los perros han llegado a una opinión colectiva de que un alimento particular, aunque nutritivo, es impropio de un "gentilperro". La conclusión de la mayor parte de los científicos sociales es que sólo los seres humanos tienen una cultura.

LA CULTURA COMO UN SISTEMA DE NORMAS

Puesto que la cultura incluye las formas en que las cosas deben hacerse, decimos que la cultura es *normativa,* lo que es otra forma de decir que define las reglas de conducta. Para saludarnos, extendemos la mano y el brazo derechos; esto es propio de nuestra cultura. Para rascarnos la cabeza, utilizamos una u otra mano; nuestra cultura no tiene normas con respecto a esto.

El término "norma" tiene dos significados posibles. Una *norma estadística* es una medida de lo que realmente existe; una *norma cultural* es un concepto de lo que se espera que exista. Algunas veces la norma estadística se califica

Los animales se asemejan en su comportamiento a los seres humanos y difieren de ellos en este mismo aspecto. *(Susan Kuklin/Photo Researchers, Inc.)*

como cultura "real", y la norma cultural como cultura "ideal". Con frecuencia la gente no distingue entre las dos normas. Los famosos estudios Kinsey buscaban encontrar algunas normas estadísticas de la conducta sexual en Estados Unidos. El esfuerzo enfureció a muchas personas que confundían las normas estadísticas y culturales. Una norma estadística es una medida de la conducta real, sin que sugiera su aprobación o desaprobación. Una norma cultural es un conjunto de *expectativas* acerca del comportamiento, una imagen cultural de cómo se supone que la gente actúe. Una cultura es un sistema elaborado de tales normas —de formas esperadas y ordinarias de sentir y de actuar— que los miembros de una sociedad generalmente conocen y generalmente siguen. Estas normas son de varias clases y tienen varios grados de compulsión, como se ve en la siguiente clasificación. La mayor parte de estos conceptos fueron desarrollados por el sociólogo William Graham Sumner en su libro *Folkways,* publicado en 1906.

Costumbres

La vida social está llena de problemas dondequiera: cómo obtener el sustento de la naturaleza, cómo dividir los frutos del trabajo o de la buena suerte, cómo relacionarnos agradablemente unos con otros, y muchos más. Los seres humanos parecen haber intentado todas las formas posibles de hacerles frente. Diferentes sociedades han encontrado una amplia variedad de pautas viables. Un grupo puede comer una, dos o más veces al día; pueden comer estando en pie, sentados en sillas o en cuclillas sobre el suelo; pueden comer juntos o cada uno puede hacerlo en privado; pueden comer con los dedos o utilizar alguna clase de instrumentos; pueden empezar con vino y terminar con pescado, comenzar con pescado y terminar con vino o rechazar tanto el vino como el pescado. Y lo mismo ocurre en miles de cosas relativas al comportamiento. Cada peculiaridad se elige entre muchas posibilidades, todas ellas más o menos viables. Mediante el ensayo y error, verdaderos accidentes o algún influjo desconoci-

do, un grupo llega a una de estas posibilidades, la repite y la acepta como un modo habitual de satisfacer una necesidad particular. Luego se pasa a las generaciones sucesivas y se convierte en una costumbre. *Las costumbres son simplemente las formas habituales, comunes y usuales en que un grupo hace las cosas.* Saludar, comer con tenedores y cuchillos, llevar corbatas en algunas ocasiones y camisas deportivas en otras, conducir por el lado derecho de la calle y comer pan tostado en el desayuno son unas cuantas de nuestras muchas costumbres.

Las nuevas generaciones absorben las costumbres, en parte por la enseñanza deliberada, pero principalmente por medio de la observación y por la participación en la vida que las rodea. Los niños están rodeados por costumbres. Puesto que constantemente ven esta forma de hacer las cosas, llegan a creer que son las únicas formas verdaderas. Las costumbres de otros grupos les parecen extravagantes y sus maneras poco útiles de hacer las cosas.

Aun en la sociedad más primitiva habrá cientos de costumbres; las sociedades industrializadas modernas tienen miles. Clasificar las propias costumbres llega a ser algo tan difícil, que Emily Post pudo obtener una fortuna como intérprete de nuestras costumbres, aun cuando su abultado libro no cataloga las que siguen todos los estadounidenses, sino que sólo enumera algunas de las costumbres no ocupacionales de las clases altas urbanas. Los que visitan un país extraño pueden necesitar un libro de ceremonias si no quieren ofender.

Tradiciones

Algunas costumbres son más importantes que otras. Si uno utiliza el tenedor equivocado para una ensalada, no tiene la menor importancia, pero si, en nuestra sociedad, alguna mujer elige, a cualquiera que no sea su marido para que sea el progenitor de su hijo, se enredan muchos asuntos relativos a las obligaciones financieras, a las relaciones familiares, a los derechos de herencia de la propiedad y se rompen vínculos sentimentales. Por lo tanto, reconocemos dos

LOS TURISTAS NECESITAN UN CONOCIMIENTO CULTURAL

Incluso una sonrisa amistosa puede tomarse a mal. Los estadounidenses sonríen casi siempre cuando se estrechan las manos, pero algunas personas de habla alemana piensan que las sonrisas son demasiado afectuosas para una visita de negocios. Así, mientras que usted está pensando que un alemán es una persona pesada, él o ella lo está catalogando a usted como un tipo demasiado familiar.

Intente romper el hielo en Alemania con un "¿Wie geht's?" (¿Qué tal?), como aprendió en las películas de guerra, y cometerá un doble error. La expresión es demasiado informal y la pregunta demasiado personal para quienes se encuentran por primera vez.

Sin embargo, en las regiones donde se habla chino preguntar por la salud de una persona es adecuado para un primer saludo, sobre todo si se trata de una persona anciana.

Pero los saludos son muy engañosos en Oriente. Usted los intercambia con mayor facilidad que en Estados Unidos, pero hágale un cumplido a una persona de habla china y él o ella seguramente lo declinará. Discrepar es sólo una forma de aceptar una alabanza. Así, si un oriental le hace a usted un cumplido, mejor sea modesto acerca de él.

Usted puede meterse en problemas alabando demasiado los objetos en una casa china o japonesa; su huesped puede sentirse obligado a regalarle el objeto.

Los franceses también son evasivos acerca de los cumplidos. Nunca dicen "mercí" en respuesta a una alabanza, y si usted responde a un cumplido con un "gracias", una persona fracófona lo podría interpretar incluso como ridículo.

La formalidad es una obligación en Francia. Los franceses que han trabajado codo con codo en una oficina durante decenios se atienen a los pronombres formales cuando se dirigen uno a otro, a menos que también hayan estado en la misma escuela o hayan estado juntos en el ejército.

Y aunque utilizar los nombres propios en los encuentros de negocios se considera en muchos países como un vicio estadounidense, en ninguna parte se considera más ofensivo que en Francia.

Los ademanes con la mano están lejos de ser internacionales. Los italianos dicen adiós con la palma y los dedos moviéndose hacia atrás y hacia adelante, lo que es una señal de llamamiento para los estadounidenses. Pero cuando la gente mueve los dedos con la palma hacia abajo en China, Japón y otras zonas orientales, lo que quieren decir no es "adiós", sino "ven acá".

La gente que habla una lengua romance utiliza los ademanes más que los estadounidenses, pero puede usted equivocarse al imitarlos. Por ejemplo, si usted forma un círculo con el dedo pulgar y el índice, la mayor parte de los europeos sabrá que usted quiere decir "es lo mejor" o "Todo va bien". Pero en algunos países latinoamericanos el mismo ademán tiene un sentido vulgar.

El lugar más fácil para hacer un gesto que pueda ser mal interpretado en el extranjero es la casa de alguna persona. En Japón se espera que se lleve algún regalo, pero puede ser un soborno en la Unión Soviética. A los portugueses y a los brasileños les gusta invitar a los extraños a comer en su casa pero cuando usted ya tiene que irse, la cortesía puede obligarlos a insistirle a usted en que se quede. En algunos países se espera puntualidad; en otros la costumbre es llegar tarde. Sin importar en qué país extranjero se encuentre usted, nunca suponga que sus modales más educados en la mesa triunfarán. Usted necesita un informe completo de la etiqueta local antes de su visita.

(Tomado del númer de diciembre de *Business Week* con permiso especial.©1977, por McGraw-Hill, New York, 10020).

Dentro de cada país moderno la etiqueta varía entre los grupos étnicos, las regiones y las clases sociales. ¿Ha cometido usted alguna torpeza social debido a tales diferencias?

clases de costumbres: 1) las que deben seguirse como parte de las buenas maneras y del comportamiento educado, y 2) las que tenemos que seguir porque se piensa que son esenciales para el bienestar del grupo. Estas ideas de lo bueno y lo malo que ligamos a ciertas costumbres se llaman *tradiciones*. Por *tradiciones* entendemos esas ideas vigorosas *de lo bueno y lo malo que exigen unos actos y prohiben otros*. El singular de la palabra *tradiciones* sólo en raras ocasiones aparece en la literatura sociológica.

Los miembros de una sociedad comparten casi siempre la creencia suprema de que la violación de sus tradiciones atraerán la desgracia sobre ellos. Sin embargo, los forasteros consideran con frecuencia que por lo menos algunas de las tradiciones del grupo son irracionales. Éstas pueden incluir tabúes relativos a los alimentos, que excluyen de la minuta a las vacas, a los cerdos o a los caballos; tabúes relativos a la modestia, que prohiben mostrar el rostro, la rodilla, la muñeca, el busto o cualquier parte que se considere "inmodesta"; tabúes del lenguaje, que prohiben el uso de ciertas palabras sagradas u obscenas; y muchas otras. Dichos tabúes parecen muy importantes para quienes creen en ellos, pero pueden ser totalmente desconocidos en otras culturas y pueden no tener ninguna conexión con el bienestar del grupo. No es necesario que el acto prohibido por las tradiciones deba ser realmente injurioso. Si la gente cree que el acto es injurioso, es condenado por las tradiciones. Las tradiciones son *creencias* en la bondad o maldad de los actos.

La irracionalidad de las tradiciones no debería exagerarse. Algunas de ellas se basan en genuinas relaciones de causa a efecto. Por ejemplo, los asesinatos fortuitos amenazarían la sobrevivencia del grupo y la tranquilidad individual; por lo tanto, todas las sociedades conocidas han condenado el asesinato de los miembros de esa sociedad (excepto en ciertas circunstancias específicas). Todas las sociedades conocidas han desarrollado un tabú en torno al incesto, desaprobando las relaciones sexuales entre parientes carnales cercanos, probablemente porque descubrieron que la competencia sexual dentro de la familia era demasiado

disolvente. Todas las tradiciones son ideas que aprueban la realización de ciertos actos y prohiben la de otros, en la *creencia* de que se está protegiendo el bienestar del grupo. Algunas veces estas creencias no tienen fundamento, pero otras están plenamente justificadas.

Las tradiciones no son inventadas o elaboradas deliberadamente, ni funcionan porque alguien decide que serían una buena idea. Emergen gradualmente de las prácticas consuetudinarias de la gente, en gran parte sin intención o elección consciente. Las tradiciones brotan de la creencia de un grupo de que un acto particular parece ser peligroso y debe ser prohibido (o, a la inversa, que un acto particular es tan necesario que debe ser requerido). Originalmente, pues, las tradiciones eran una creencia práctica del grupo acerca del bienestar del mismo. Por ejemplo, supongamos que, por alguna coincidencia, varios miembros de la tribu han tenido espantosos accidentes después de nadar en un estanque determinado. La tribu empieza a creer que hay algo peligroso en ese estanque. Cuando todos los miembros de la tribu creen que la gente debería mantenerse alejada del estanque, las tradiciones han definido este acto como malo. Las personas que nadan en ese lugar están, de allí en adelante, dispuestas a esperar alguna desgracia, y otros, que tienen noticia de tal acto, esperarán ver cómo son castigados. Así, cualquier desgracia será interpretada como un castigo y reforzará estas tradiciones.

No mucho tiempo después, el origen de estas tradiciones se olvidará y la gente considerará que un baño en este estanque es malo *en sí y por sí* y no porque parece haber sido seguido por la desgracia. En esta forma, las tradiciones, que se originaron como creencias prácticas del grupo acerca de los efectos de las acciones, se transforman en absolutas, es decir, en cosas que son rectas porque son rectas, o son equivocadas porque son equivocadas. En otras palabras, *las tradiciones se autovalidan y se autoperpetúan*. Se convierten en algo sagrado. Cuestionarlas es indecente, y violarlas es intolerable. Toda sociedad castiga a quien viola sus tradiciones. Las tradiciones se enseñan a los jóvenes no como una serie de expedientes prácticos, sino como una serie de absolutos sagrados. Deben asimilarse. *Asimilar* significa *aprender o aceptar algo tan completamente que se convierta en parte inconsciente y automática de nuestras respuestas.* Cuando se han asimilado plenamente, las tradiciones controlan el comportamiento y hacen psicológicamente muy difícil cometer el acto prohibido. Por ejemplo, nos abstenemos de comernos a nuestros hijos o a nuestros enemigos, no por una decisión intelectual de que el canibalismo es impráctico o antieconómico, sino porque la idea del canibalismo nos es tan repugnante que el sólo pensamiento de comer carne humana nos enferma. La mayor parte de nosotros es incapaz de comer carne humana, aunque tratáramos de hacerlo. Las tradiciones funcionan emocionalmente haciendo imposible su violación. En una sociedad que tiene claramente definido y firmemente implantado un conjunto de tradiciones, hay poco espacio para la inmortalidad personal.

Algunas personas sostienen que las tradiciones sólo son opiniones de grupo y que no se identifican con lo correcto o lo erróneo "objetivos". Defienden las normas absolutas de moralidad argumentando que la naturaleza del universo hace que ciertas acciones sean definitivamente malas y otras sean definitivamente buenas, sin importar el tiempo, el lugar o las circunstancias. Éste es un importante tema ético, pero que generalmente sólo tiene sentido para los filósofos y los teólogos. Por lo que se refiere al comportamiento de la mayoría de las personas, "tradiciones" es sólo otra palabra para lo bueno y lo malo "objetivos". Porque, como Sumner (1906) observó, las tradiciones pueden hacer que todo sea bueno y evitar la condenación de cualquier cosa. Son muchos los ejemplos de definiciones contrastantes de lo que ha sido considerado como bueno o como malo por las tradiciones. Algunos de estos puntos de vista morales le parecen ciertamente extraños a un observador occidental: los kurtachi defecan en público y comen en privado; las balinesas exponen los senos y ocultan las piernas; los hombres de la tribu buganda deben estar completamente vestidos y las mujeres deben ir desnudas (Stephens, 1970). Algunas tradiciones occidentales les parecen igualmente raras a los miembros de las sociedades no occidentales.

Las tradiciones medievales hicieron que fuera correcto para la Iglesia tolerar la prostitución y aun participar en sus ganancias. La mayor parte de los eclesiásticos de la Reforma, tanto católicos como protestantes, que ordenaron la tortura y la quema de herejes, no eran crueles o malvados, sino hombres decentes y con frecuencia bondadosos que llevaban a cabo lo que las tradiciones de aquella época exigían de ellos. Las tradiciones de nuestro reciente pasado han aprobado el trabajo de los niños, la esclavitud y la persecución de las minorías y han condenado el pacifismo, el sufragio femenino y la educación sexual. En todas las épocas y en todos los lugares la gente buena se siente pura y virtuosa cuando sigue sus tradiciones, cualesquiera que éstas puedan ser.

Instituciones

Algunos conjuntos de costumbres y tradiciones son más importantes que otros: por ejemplo, las que se refieren a la formación de la familia y a la educación de los niños son más importantes que las que se refieren a jugar futbol. Grupos organizados de costumbres y tradiciones relativas a actividades sumamente importantes están incorporados en las *instituciones sociales* de la sociedad. Las instituciones incluyen normas de comportamiento, valores e ideales y sistemas de relaciones sociales. Para una definición formal, sugerimos la siguiente: *Institución es un sistema organizado de relaciones sociales que expresan ciertos valores y procedimientos comunes y satisfacen ciertas necesidades básicas de la sociedad.* En las sociedades más complejas existen cinco instituciones "básicas": familia, religión, gobierno, educación y organización de actividades económicas. En las sociedades modernas la ciencia está institucionalizada. Además de éstas, el concepto se estrecha en grupos menos importantes de pautas de comportamiento como los que rodean el beisbol, la cacería o la apicultura, que algunas veces son llamadas vagamente instituciones, pero que probablemente no deberían incluirse entre ellas porque tienen mucha menos importancia.

Algunas veces las leyes no armonizan con las tradiciones.

Las instituciones se encuentran entre las normas más formales y apremiantes de una sociedad. Cuando las costumbres y las tradiciones que rodean una actividad importante se organizan en un sistema obligatorio de creencias y comportamiento, se ha desarrollado una institución. Por ejemplo, la banca, la empresa privada, los mercados de inversión, las cuentas de cheques y los contratos colectivos son instituciones económicas que empezaron con un simple trueque hace miles de años y fueron pasando por diversas etapas de desarrollo. De modo que una institución incluye 1) una serie de normas de comportamiento que se han uniformado en sumo grado; 2) una serie de tradiciones, actitudes y valores que las apoyan; 3) un conjunto de tradiciones, rituales y ceremonias, símbolos y vestiduras y otros accesorios. Las instituciones sociales se tratarán con detalle en capítulos posteriores, pero se presentan aquí porque el concepto debe utilizarse durante todo nuestro estudio exposición.

Leyes

Aunque algunas tradiciones funcionan simplemente como tradiciones, existe una gran tendencia a que se las incorpore en las leyes de la sociedad. Muchas personas obedecerán las tradiciones automáticamente o porque quieren hacer lo que es "correcto". Sin embargo, unas cuantas personas pueden ser obligadas a someterse mediante la amenaza de un castigo legal.

Así, la ley sirve para reforzar las tradiciones. Aquellos que todavía no se someten son castigados, encarcelados o aun ejecutados. Algunas veces se aprueban leyes que no armonizan realmente con las tradiciones, y su cumplimiento se hace difícil entonces o aun imposible.

Un ejemplo de esto es la Enmienda Dieciocho, aprobada en 1919, que puso al margen de la ley la producción o la venta de licores embriagantes.

La ley fue impugnada fuertemente por una considerable proporción de la población y fue revocada en 1933, cuando se hizo obvio que su aplicación era imposible. Muchas personas dirían actualmente lo mismo de las leyes que prohiben la venta y posesión de mariguana. Las leyes contra la discriminación racial no reflejaron las opiniones de todos cuando fueron aprobadas, pero se defienden sobre la base de que "educan" y así promueven un cambio en las tradiciones que lleva a un consentimiento final para observarlas.

Las tradiciones cambian, y las acciones que se ordenan en una época pueden prohibirse en otra. El cambio, sin embargo, rara vez es consciente y deliberado, pero es una adaptación gradual a las circunstancias cambiantes. Sumner se refería a este tipo de cambio llamándolo *creciente,* es decir, un tipo de desarrollo natural poco afectado por deciciones humanas conscientes (Summer, 1940, pp. 53-55). Por ejemplo, ninguna legislatura, decretó el fin de los corsés para

Ninguna legislación, por ejemplo, decretó el fin de los corsés para dama.

damas; éstos pasaron simplemente de moda, o los estilos de vida más relajados los hicieron innecesarios. De igual manera, no fueron cambios formales en las leyes sino un cambio en las creencias lo que finalmente acabó con la quema de brujas.

El estudio de la ley como una expresión codificada de las tradiciones es un punto de vista funcionalista de la ley. Los sociólogos partidarios de la perspectiva del conflicto consideran la ley como un instrumento de los poderosos para controlar y explotar a los que no tienen poder. Ven la ley como un medio de legitimar la explotación y piensan que la policía y los tribunales cumplen las órdenes por las que algunos mantienen sus privilegios a expensas de los que no los tienen (Krisberg, 1975; Quinney, 1977). Ambos puntos de vista son correctos. En cualquier sociedad compleja la ley impone las tradiciones y también protege y preserva el sistema social en el que siempre hay algunos que son más privilegiados que otros.

Valores

Las tradiciones son ideas acerca de si los actos son buenos o malos. *Los valores son ideas acerca de si las experiencias son o no importantes.* Por ejemplo, no hay un debate moral acerca de si la música clásica es buena o mala. Pero en tanto que algunas personas consideran que escuchar la novena sinfonía de Beethoven es una de las grandes experiencias de la vida, para otros es un aburrimiento frustante. Las personas que consideran sumamente la condición física harán ejercicios con regularidad y vigilarán su comida y su bebida. En esta forma, los valores guían los juicios y el comportamiento de las personas.

En cada sociedad algunos valores son más estimados que otros. La puntualidad, el progreso material y la competencia son valores importantes en la sociedad estadounidense, en tanto que ninguno de estos es importante para los indígenas hopi. Los miembros de una sociedad sencilla generalmente están muy de acuerdo sobre un conjunto de valores, mientras que las sociedades complejas desarrollan sistemas conflictivos de valores. Por ejemplo ¿Es más

importante promover el desarrollo económico máximo o proteger el ambiente? ¿Deberían las personas desarrollar la personalidad o ser sensibles a la opinión del grupo? ¿Es el cambio mejor que la estabilidad? ¿Un retorno a la "vida sencilla" significaría una ganancia o una pérdida? Los desacuerdos entre valores son interminables en las sociedades complejas, y los valores cambian de tiempo en tiempo. El cambio de valores también afecta a las costumbres y a las tradiciones. Por ejemplo, el cambio de valor con respecto a la permisividad sexual está cambiando las costumbres del noviazgo, las decisiones legales acerca del "matrimonio de amigos", y las pautas de la vida familiar. Entre tanto, la mayoría moral y otros están haciendo un esfuerzo para restaurar los valores tradicionales sexuales y familiares.

El valor está íntimamente relacionado con el precio (Mitchel, 1968, p. 218). Precio es el costo en dinero de un bien o servicio, y el precio que se pagará mide cuanto se estima un bien o servicio en comparación con otros.

Los valores son una parte importante de toda cultura. Un acto se considera "legítimo" —esto es, moralmente aceptable— cuando está en armonía con los valores aceptados. Cuando nuestros valores definieron a la mujer admirable como sumisa, hogareña y dependiente, era "legítimo" desalentar la educación superior para las mujeres; ahora que admiramos cada vez más a las mujeres que son autosuficientes, independientes y triunfadoras, la educación superior para las mujeres se considera legítima y necesaria.

LA ESTRUCTURA DE LA CULTURA

Una cultura no es simplemente una acumulación de costumbres y tradiciones; es un *sistema organizado* de comportamiento. Veamos algunas de las formas en que la cultura se organiza.

Rasgos culturales y complejos

La unidad más pequeña de cultura se llama *rasgo*. La definición de Hoebel (1949, p. 499) es ésta:

"Una unidad dada, irreductible, de pautas de comportamiento aprendido, o un producto material de la misma". Los rasgos de la cultura material incluirían cosas como el clavo, del desatornillador, el lápiz y la plancha. Los rasgos de la cultura no material incluirían acciones como saludar, conducir por el lado derecho del camino, besar para mostrar afecto, o saludar a la bandera. Cada cultura incluye miles de características.

¿Es la danza un rasgo? No; es un conjunto de rasgos que incluyen los pasos de la danza, alguna fórmula para elegir a los danzantes y un acompañamiento musical o rítmico. Lo más importante de todo es que la danza tiene un significado, como lo tiene una ceremonia religiosa, un rito mágico, una actividad del noviazgo, una orgía festiva o algún otro. Todos estos elementos se combinan para formar *un complejo de cultura,* o sea, un conjunto de rasgos relacionados. Otro conjunto de objetos, habilidades y actitudes forma el complejo[2] acompañante. Pueden añadirse docenas más.

El complejo cultural es algo intermedio entre el rasgo y la institución. Una institución es una serie de complejos que se centran en una actividad importante. Así, la familia incluye el complejo de las citas, el complejo del compromiso y de la boda, el complejo de la luna de miel, el complejo del cuidado de los niños, y muchos otros.

Algunos complejos son partes de instituciones; otros, que se mueven alrededor de actividades menos importantes —como coleccionar sellos de correos— son simplemente complejos independientes.

Subculturas y contraculturas

Toda sociedad moderna incluye algunos grupos de personas que comparten algunos complejos que no son compartidos por el resto de esa sociedad. Por ejemplo, los grupos inmigrantes desarrollan una mezcla de la cultura de su nación huésped y de su país natal. El rico tiene un esti-

La cultura material consiste en cualquier sustancia física que ha sido cambiada mediante una intervención humana.

lo de vida muy diferente del estilo del pobre. La "cultura adolescente" tiene estilos especiales de comportamiento, modos de pensar y de vestir, y un vocabulario que los adultos pueden traducir a duras penas. Cada subcultura tiene su vocabulario privado, que le sirve para preservar un mundo privado contra los forasteros. Las instituciones tienden a producir pautas de comportamiento que no se encuentran fuera del escenario institucional, y las expresiones "cultura de la escuela" o "cultura de la fábrica" sugieren conjuntos especiales de pautas de comportamiento. Términos como "vida de cuartel", "hijo de predicador" y "torre de marfil" evocan escenarios culturales especiales.

Grupos de pautas como éstos, que se relacionan con la cultura general de la sociedad y que sin embargo, se distinguen de ella, se llaman subculturas. Las subculturas en nuestra sociedad incluyen subculturas ocupacionales, religiosas, nacionales, regionales, de clase social, de edad, de sexo, y muchas otras. La literatura abunda en descripciones de las subculturas, que van desde estudios serios como el de la vida familiar de la clase baja de Howel, *Hard Living on Clay Street (1973),* o el estudio de Liebow sobre los negros en *Talley's Corner* (1967), a la descripción ligera de la vida en las ferias hecha por Clausen en *I love you Honey but the Season's Over (1961),* o la colección de normas de la juventud estadounidense de las clases media y superior recopilada por Birnbach en *The Official Preppie Handbook* (1980).

---

[2] El término *complejo,* como se utiliza en sociología, no debe confundirse con su empleo en psicología (p. ej., complejo de inferioridad), donde su significado es totalmente distinto.

Las subculturas son importantes porque cada sociedad compleja no tiene una cultura única y uniforme; en cambio, tiene un núcleo común de rasgos y complejos, además de una variedad de subculturas. Las personas viven y funcionan principalmente dentro de algunas de estas subculturas. El inmigrante puede vivir dentro de la subcultura de los inmigrantes, y las esposas de los soldados en un puesto militar pueden tener muy poco contacto con las personas civiles o con sus valores. El niño atraviesa varias subculturas propias de las diversas edades y se comporta de acuerdo con sus valores, afligiendo con frecuencia a sus padres, que aplican los valores de una subcultura correspondiente a una edad diferente. Las subculturas étnicas y de clase se estudian en los capítulos 14 y 16.

Las subculturas que están en oposición activa con la cultura dominante se llaman contraculturas. Por ejemplo, la pandilla delincuente no es un grupo que no tenga normas o valores morales; tiene normas muy definidas y una serie de valores morales muy apremiantes, pero éstos son bastante diferentes a los de los grupos convencionales de la clase media. Los jóvenes educados en esta cultura están influidos *contra* las normas culturales dominantes; de aquí que sean ''contraculturales''. En forma similar, los estadounidenses convertidos a los grupos religiosos asiáticos adoptan con frecuencia el vegeta-rianismo, la meditación prolongada, el celibato y cierto desprecio por el éxito material (Glock y Bellah, 1976, p.1). Todas estas prácticas son bastante opuestas a las normas de la cultura estadounidense dominante.

Debería recordarse que una contracultura rechaza *algunas, pero no todas,* las normas de la cultura dominante. Los seguidores de la contracultura juvenil de las décadas de 1960 y 1970, al mismo tiempo que rechazaban la mayor parte de los artilugios de una sociedad ''materialista'', buscaban generalmente los sistemas de sonido estereofónico más finos que podían encontrar. Los músicos más famosos del rock, al mismo tiempo que cantaban letras que condenaban la sociedad materialista, se mostraban sumamente materialistas al fijar y cobrar sus honorarios. Los traficantes de drogas callejeros, según se informa, viven atormentados entre su deseo de ayudar a los seguidores empobrecidos de la subcultura de la droga y su deseo de obtener buenas ganancias para sí (Langer, 1977). Tales incongruencias evidentes no denotan falta de sinceridad o hipocresía; simplemente ponen de manifiesto que aun en la subcultura más extrema hay sólo un rechazo parcial de las normas de la cultura dominante.

Las contraculturas introducen muchos cambios sociales. Si son *causa* de los cambios o simplemente reflejan y atraen la atención a los cambios que ya se están dando, pueden discutirse (Yinger, 1978, 1982, Cap. 14). En cualquier caso, algunos de los comportamientos ''escandalosos'' de las contraculturas actuales se encontrarán entre las normas culturas de mañana (Leventman, 1981).

Integración cultural

La cultura de los indios plains se centraba en el búfalo. De su cuerpo obtenían la mayor parte de su cultura material al utilizar su carne, sus pieles, sus tendones, sus huesos, sus bolsas, sus membranas y muchas otras partes para uno u otro propósito. Su religión estaba dirigida principalmente a asegurar el éxito de la cacería de búfalos. Su sistema social medía el éxito, en

El individuo vive y opera principalmente dentro de algunas subculturas.

El varón esquimal se mete de cuando en cuando en conflictos, algunos violentos con frecuencia, y bastante sorprendentes, y la causa aparente en su sociedad sexualmente laxa es el adulterio. No se considera adulterio cuando un marido le presta su mujer a un amigo. Tampoco se considera adulterio cuando un marido y su mujer se unen a otras parejas en el juego conocido como "apaga la lámpara", durante cuyo periodo de oscuridad toman al azar a una pareja del sexo opuesto. El adulterio existe sólo cuando una mujer tiene relaciones sexuales sin el consentimiento explícito y el conocimiento previo de su marido. Puesto que tal aprobación puede ser obtenida casi siempre por la solicitante, el adulterio tiene un significado diferente al de una gratificación sexual. Es el reto tácito de un hombre para otro hombre. Y el marido ofendido debe responder al reto o de otro modo vivirá el resto de su vida en la vergüenza.

(Peter Falk, *Man's Rise to Civilization*, E.P. Dutton & Co. Inc. New York, 1968, pp. 43-44).

¿En que forma ilustra esto el relativismo cultural?

teóricos del conflicto añadirían que debajo de la superficie tranquila de una cultura integrada pueden estar escondidos muchos conflictos de intereses no reconocidos y una gran injusticia, y que una cultura integrada no denota necesariamente una sociedad justa.

Relativismo cultural

Posiblemente no podemos entender las acciones de otros grupos si las analizamos en términos de *nuestros* motivos y valores; debemos interpretar su comportamiento a la luz de *sus* motivos, hábitos y valores, si queremos entenderlas. Consideremos, por ejemplo, la administración de justicia en el lejano norte. Los miembros de la Policía Montada canadiense son llamados ocasionalmente para que se internen en la región ártica para aprehender a esquimales que han cometido un crimen. Esta acción, en términos de nuestra cultura, es un delito, y el individuo ha violado las tradiciones. Sin embargo, en la cultura de muchas tribus esquimales matar puede ser algo justificado, puesto que sus tradiciones exigen que un hombre vengue un asalto a un pariente (Ruesch, 1977). Este tipo de venganza no se considera impropia, sino que es la única clase de decisión que un hombre honorable puede tomar. Nosotros condenaríamos al hombre que toma la ley en sus propias manos y busca la venganza, mientras que ellos condena-

gran parte, de acuerdo con la habilidad del hombre para cazar. Su tipo de vida nómada estaba ligado a las migraciones de los búfalos. En otras palabras, las diferentes partes de la cultura se unían todas en un sistema interrelacionado de prácticas y valores. Cuando el hombre blanco exterminó a los búfalos, las tribus de indígenas plains se desmoralizaron debido a que se había destruido el corazón de su cultura.

Del mismo modo que un montón de ladrillos no es una casa, una lista de rasgos no es una cultura. Una cultura es un *sistema integrado* en el que cada rasgo encaja en el resto de la cultura. No es un accidente que los pueblos cazadores rindieran culto a dioses cazadores, que los pueblos pescadores dieran culto a los dioses del mar y que los pueblos agricultores adoraran al Sol y a los dioses de la lluvia. Las diferentes partes de una cultura deben encajar una con otra, para evitar el conflicto y la confusión. Los

La bondad o la maldad de un rasgo cultural depende de su ambiente.

La danza se encuentra en la
mayor parte de las sociedades. (© *Paolo Koch/Photo
Researches, Inc.; Photo Researches, Inc.; Marc and Eve-
lyne Barnhein/Woodfin Camp
& Assoc.; Bill Bernstein/
Black Star.*)

rían al hombre que tiene tan poco valor y lealtad al grupo que permita que su pariente quede sin vengar.

Relativismo cultural significa que *la función y el significado de un rasgo son relativos a su ambiente cultural.* Un rasgo no es ni bueno ni malo en sí mismo. Es bueno o malo sólo con referencia a la cultura en la que tiene que funcionar. La ropa de pieles es buena en el Ártico, pero no en los trópicos. El embarazo premarital es malo en nuestra sociedad, donde las tradiciones no lo aprueban y donde no existen medidas enteramente satisfactorias para el cuidado de los niños ilegítimos. La preñez prematrimonial es buena en una sociedad como la de los bontocs de las Filipinas, quienes consideran a una mujer más casadera cuando su fertilidad ha quedado establecida, y tiene una serie de costumbres y valores que proporcionan un lugar seguro para los niños. A las adolescentes en Estados Unidos se les advierte que mejorarán su poder de negociación marital evitando el embarazo hasta el matrimonio. A las adolescentes en Nueva Guinea se les da el aviso opuesto, y en cada ambiente la advertencia es probablemente correcta.

El riguroso individualismo y el excesivo ahorro de los primeros campesinos estadounidenses produciría un gran desempleo si se practicará ampliamente en nuestra economía actual de producción masiva. En algunas sociedades cazadoras, que ocasionalmente padecen largos periodos de hambre, ser gordo es bueno, tiene un verdadero valor de sobrevivencia, y las personas gordas son admiradas. En nuestra sociedad, ser gordo no sólo es innecesario, sino que se sabe que no es saludable, y los gordos no son admirados.

El concepto de relativismo cultural no significa que todas las costumbres sean igualmente valiosas, ni implica que no haya costumbres peligrosas. Algunas pautas de comportamiento pueden ser nocivas en cualquier parte, pero aun tales pautas sirven para algún propósito en la cultura, y la sociedad sufrirá, a menos que se le proporcione un sustituto.

Algunas veces se acusa a los sociólogos de socavar la moralidad con su concepto de relativismo cultural y su afirmación de que casi "cualquier cosa es buena en alguna parte". Si lo bueno y lo malo son sólo convenciones sociales dicen nuestros críticos, se puede hacer todo lo que se desea. Esto es una total equivocación. Es aproximadamente cierto que "todo es bueno en alguna parte", pero no en todas partes. El punto central del relativismo cultural es que en un ambiente cultural particular, algunas características son buenas porque funcionan bien en ese ambiente, en tanto que otras características son malas porque entrarían penosamente en conflicto con otras partes de esa cultura. Esto no es sino otro modo de decir que una cultura está integrada y que sus múltiples elementos deben armonizar bastante si se quiere que funcionen con eficiencia para ayudar a satisfacer las necesidades humanas.

CULTURA REAL Y CULTURA IDEAL

En la mayor parte de las sociedades se condenan algunas pautas de comportamiento, aunque se practican ampliamente. En algunos lugares estas pautas ilícitas de comportamiento han existido durante siglos al lado de las normas culturales que se supone que las ponen al margen de la ley. Malinowski cita un ejemplo de este tipo de comportamiento entre los habitantes de las islas Trobriand, un grupo humano cuyos tabúes relativos al incesto se extienden hasta los primos en tercer y cuarto grado.

Si usted fuera a investigar sobre el asunto entre los moradores de las islas Trobriand, se encontraría que... los nativos se horrorizan ante la sola idea de violar las reglas de la exogamia y que creen que las personas, las enfermedades y aun la muerte pueden ser el resultado del incesto dentro del clan...

(Pero) desde el punto de vista del nativo libertino, la *suva sova* (la violación de la exogamia) es ciertamente una forma de experiencia erótica especialmente interesante y picante. La mayoría de mis informantes no sólo admitirían sino que realmente se jactarían de haber cometido este delito o el del adulterio (*kaylasi*); y tengo registrados muchos casos concretos y bien atestiguados (Bronislaw Malinowski, *Crime and Custom in Savage Society,* Routledge & Kegan Paul, Ltd., London, 1926, pp. 79, 84. Utilizando con permiso de Routledge & Kegan Paul, Ltd., y de Humanities Press, Inc.)

Como en todas las sociedades, los habitantes de las islas Trobriant tienen algunas formas regularizadas de evadir el castigo. Malinowski (p. 81) observa: "La magia para reparar las consecuencias del incesto de clan es, quizá, el caso más definido de una evasión metódica de la ley".

Este caso ilustra la diferencia entre la cultura real y la cultura ideal. La *cultura ideal* incluye las costumbres y tradiciones aprobadas formalmente que se supone la gente sigue (las normas culturales); la *cultura real* consiste en las que realmente practican (las normas estadísticas). Por ejemplo, Warriner (1958) encontró que en Kansas, un estado legalmente "seco" cuando él hizo su investigación, muchas personas bebían en privado al mismo tiempo que observaban en público la moralidad de la "abstinencia". De ahí concluyó que la moralidad oficial sirve para evitar una controversia pública perjudicial, sin interferir con su comportamiento respecto a la bebida. Existen muchas divergencias semejantes entre la cultura real y la cultura ideal de nuestra sociedad.

Un conflicto entre las pautas de estas dos culturas se evita generalmente por medio de una especie de racionalización que permite a la gente "comerse su pastel y conservarlo al mismo tiempo". Por ejemplo, Lowie (1940, p. 379) describe algunos pueblos de Birmania que eran budistas y a cuyos habitantes les estaba prohibido, por lo tanto, matar a cualquier ser viviente, aunque dependían de la criminal ocupación de la pesca. Evadían esta contradicción no matando literalmente a los peces, que "sólo son puestos sobre la playa a secar después de su prolongado remojón en el río, y si ellos son tan locos como para morir durante este proceso, es su propia culpa". Evasiones y racionalizaciones similares son parte de toda cultura. Por ejemplo, en Estados Unidos muchos asuntos referentes al medio ambiente se han "calmado" mediante la aprobación de severas leyes contra la contaminación para contentar a los ecologistas, y luego, se emplea la "flexibilidad" en la aplicación de tales leyes siempre que presentan algún inconveniente serio para los contaminadores. Una estricta exigencia de los límites de velocidad en las carreteras levantaría tantas discusiones y hostilidad entre los conductores de vehículos que sólo hubieran sobrepasado un poco el límite de velocidad, que haría impracticable todo el sistema, de modo que generalmente se permite un margen de 10 millas en exceso por hora. Así el límite de velocidad establecido de 55 millas por hora (la cultura ideal) se convierte en un límite de 65 millas por hora en la práctica (cultura real).

Los reajustes prácticos son universales. En algunas sociedades primitivas los rituales del noviazgo y del matrimonio son tan incómodos y costosos, que la mayor parte de los casamientos ocurren mediante la fuga, lo que "no es decente". Si las parejas son inusualmente torpes, pueden ser aprehendidas y severamente castigadas, pero casi siempre son capaces de hacer bien su escapatoria. Después de un periodo de penitencia son aceptadas de nuevo en el grupo social. En esta forma, la sociedad puede mantener una moralidad pública sin alterar una práctica útil. Tales "ajustes" entre la cultura ideal y la cultura real se dan en todas las sociedades.

ETNOCENTRISMO

Hay una tribu esquimal que se llama a sí misma los *inuit,* que se traduce como "las personas reales" (Herbert, 1973, p. 2). Sumner llamó a este punto de vista *etnocentrismo* y lo definió formalmente como "esa visión de las cosas en la que el propio grupo es el centro de todo, y todos los otros grupos se miden y clasifican con referencia a él" (Sumner, 1906, p. 13). Dicho de manera menos formal, etnocentrismo es el hábito de cada grupo de suponer la superioridad de su cultura. Suponemos, sin ninguna razón o argumentos, que la monogamia es mejor que la poligamia, que los jóvenes deberían elegir a su pareja y que lo mejor para los matrimonios jóvenes es que se mantengan ellos mismos. Nuestra sociedad es "progresista", mientras que el mundo no occidental es "retrógrado"; nuestro arte es bello, en tanto que el de las otras sociedades puede considerarse como grotesco; nuestra religión es la verdadera; las otras son superticiones paganas.

El etnocentrismo convierte nuestra cultura en un patrón con el cual medimos todas las otras culturas y las calificamos de buenas o malas, de adelantadas o atrasadas, de convenientes o extravagantes, en la medida en que se semejen a la nuestra. El etnocentrismo se expresa en frases como "pueblo elegido", "progresista", "raza superior", "verdaderos creyentes" y mediante epítetos como "demonios extranjeros", "infieles", "paganos", "pueblos atrasados", "bárbaros" y "salvajes". Como el bostoniano que "no necesitaba viajar, porque él ya estaba aquí", nos apresuramos a reconocer el etnocentrismo en los demás y somos lentos para verlo en nosotros mismos.

La mayor parte (si no es que todos) de los grupos que hay dentro de una sociedad son etnocéntricos. Caplow (1964, p. 123) estudió cincuenta y cinco grupos de seis organizaciones cada uno, incluyendo fraternidades, Iglesias, compañías de seguros, colegios y muchos otros. Descubrió que los miembros sobrestimaban el prestigio de sus propias organizaciones con una frecuencia ocho veces mayor que aquella con la que lo subestimaban. Levine y Campbell (1927) enumeraran veintitrés facetas de un "síndrome universal de etnocentrismo", estas son, respuestas etnocentricas que pueden encontrarse en todas las sociedades. El etnocentrismo es una reacción humana universal que se encuentra en todas las sociedades conocidas, en todos los grupos y prácticamente en todos los individuos.

El conocimiento de la historia de los grupos minoritarios está ayudando tanto a las minorías como a la mayoría a tomar consciencia de su etnocentrismo. Consideremos los siguientes comentarios sobre el origen de muchos descubrimientos: "La historia de los negros ha hecho consciente a la gente de que los hombres blancos no fueron los que dieron a Estados Unidos cosas como el semáforo, la horma para zapatos, las operaciones de corazón y la refinación de azucar, sino los negros; que John Smith no desarrolló el maíz y el tabaco, sino que aprendió a cultivarlos de los indios (Brazziel, 1969, p. 349).

Personalidad y etnocentrismo

Todos los grupos estimulan el crecimiento del etnocentrismo, pero no todos los miembros del grupo son igualmente etnocéntricos. Hay algunas pruebas de que la sociedad estadounidense desarrolla una personalidad predispuesta al

---

¿CUÁLES DE ESTAS AFIRMACIONES SON ETNOCÉNTRICAS*?

1 La productividad laboral es menor en Guatemala que en Estados Unidos.
2 Nunca confíes en nadie mayor de treinta años.
3 Apaga esa porquería para que puedas estudiar.
4 No me gusta la música rock.
5 No me gusta la música clásica.
6 Los operarios de la construcción son egoístas y estrechos de mente.
7 Los cristianos son devotos; los paganos son supersticiosos.

8 Yo prefiero mi religión a las otras.
9 Los políticos son ladrones.
10 Los sociólogos tienen la respuesta a los problemas sociales.
11 Los orientales son inescrutables.
12 Los estadounidenses saben cómo manejar los negocios.
13 Estados Unidos tiene una producción industrial más grande que cualquier otra nación.

* Los puntos 1 y 13 son simples afirmaciones de hechos. Los puntos 4, 5 y 8 establecen creencias o preferencias, sin ninguna reflexión sobre las creencias o preferencias de otros. El resto de los puntos son etnocéntricos.

etnocentrismo. ¿Cómo puede explicarse esto? Una respuesta es que algunos de nosotros somos fuertemente etnocéntricos como una defensa contra nuestras propias insuficiencias. En un tiempo se creía que la ciencia social había establecido un vínculo definido entre las pautas de personalidad y el etnocentrismo. En *The Authoritarian Personality,* Adorno (1950) encontró que las personas etnocéntricas eran menos educadas, más introvertidas socialmente y religiosamente más ortodoxas. En este enfoque el etnocentrismo se definió primariamente como lealtad intensa y poco crítica al grupo nacional o étnico o a los grupos nacionales. El problema con esta definición consiste en que excluye algunos tipos de etnocentrismo. Si una lealtad poco crítica a los puntos de vista del grupo al que uno pertenece es la mejor prueba del etnocentrismo, entonces los miembros de los círculos supuestamente educados y liberales puede ser tan etnocéntricos como los de los círculos poco educados y conservadores. Los conservadores pueden ser poco críticos de la ortodoxia religiosa y del patriotismo nacional y estar bastante seguros de la superioridad de su propio grupo étnico. El supuesto liberal puede ser igualmente rígido en la dirección opuesta, seguro de que la política exterior nacional siempre está equivocada, de que la religión ortodoxa es una mera superstición y de que los hombres de negocios, los obreros y los políticos son invariablemente estúpidos o corruptos (Greeley, 1970; Hoffer, 1969; Lerner, 1969; Lipset y Ladd, 1972).

El etnocentrismo puede ser atractivo puesto que reafirma la "pertenencia" del individuo al grupo, al mismo tiempo que ofrece confortantes explicaciones simples de los complejos fenómenos sociales. Los ancianos, los marginados sociales, los menos instruidos y los conservadores, políticamente hablando pueden ser etnocéntricos; los jóvenes, los bien educados, los que han viajado mucho, los políticamente de "izquierda" y los acaudalados también pueden serlo (Ray, 1971; Wilson et al, 1976). Es discutible si existe alguna variación importante, por el tipo de antecedentes sociales o el tipo de personalidad, en el grado en que las personas son etnocéntricas.

Efectos del etnocentrismo

El etnocentrismo ¿es bueno o malo para la gente? Ante todo tendríamos que decidir cómo definir lo "bueno" y lo "malo" y aun entonces encontraríamos la pregunta muy molesta. El etnocentrismo nos mete en muchos de nuestros líos, aunque es dudoso que los grupos puedan sobrevivir sin él.

PROMOCIÓN DE LA UNIDAD, LEALTAD Y MORAL DE GRUPO. Los grupos etnocéntricos parecen sobrevivir mejor que los grupos tolerantes. El etnocentrismo justifica el sacrificio y santifica el martirio. La actitud de "yo prefiero mis costumbres aunque reconozco que, básicamente, pueden no ser mejores que la tuyas", no es el tipo de fe por la que los creyentes consagrados irán cantando hacia su propia muerte.

El etnocentrismo refuerza el nacionalismo y el patriotismo. Sin etnocentrismo, una conciencia nacional vigorosa es probablemente imposible. El nacionalismo no es sino otro nivel de la lealtad de grupo. Periodos de tensión y de conflicto nacionales están siempre acompañados de una intensificada propaganda etnocéntrica. Quizá

ETNOCENTRISMO Y NOMBRES DE LUGARES AFRICANOS

Antes de la independencia africana	Después de la independencia africana
Dahomey	Benin
Congo Belga	Zaire
Costa de Oro	Ghana
Nyasaland	Malawi
Leopoldville	Kinshasa
Lourenzo Marques	Maputo
Bathurst	Banjul
Fort Lamy	Njamea
África del Sudoeste	Nanibia
Tanganica	Tanzania
Rodesia	Zimbabwe

Nota. Éste es un caso de etnocentrismo por ambas partes. Los europeos tendían a elegir nombres que acentuaron la influencia europea, mientras que los africanos reinvirtieron el proceso cuando llegaron al poder.
Fuente: Adaptado de Larry Heinseling, "Spirit of Black Nationalism Still Evident in Africa's New Names" *AP,* April 1, 1976.

El etnocentrismo también actúa para desalentar el cambio.

una campaña semejante es una preparación emocional necesaria para los sacrificios que se esperan.

PROTECCIÓN CONTRA EL CAMBIO.   Si nuestra cultura ya es superior ¿entonces por qué entretenernos con innovaciones ajenas? Desde los hebreos bíblicos hasta los japoneses del siglo XIX, el etnocentrismo se ha utilizado para desalentar la aceptación de elementos ajenos en la cultura. Tales esfuerzos para evitar que la cultura cambie nunca tienen un éxito completo; el cambio sobrevino tanto para los hebreos como para los japoneses. Sin embargo, si la gente comparte una fe serena e incuestionable en la bondad de su cultura — una convicción tan completamente aceptada que no necesite ninguna prueba—, entonces se demora el cambio. El etnocentrismo no descrimina a nadie para desalentar el cambio cultural. Desalienta tanto los cambios que podrían desorganizar la cultura y los cambios que la ayudarían a obtener sus metas.

Puesto que ninguna cultura es completamente estática, toda cultura debe cambiar si debe sobrevivir. El etnocentrismo en la India ayuda actualmente a impedir que se oriente hacia el comunismo, pero la India no puede permanecer no comunista a menos que modernice rápidamente su tecnología y controle el crecimiento de su población, y estos cambios son demorados por el etnocentrismo. En una época de bombas atómicas y guerras que pueden desatarse oprimiendo un botón, cuando las naciones deben probablemente unirse o morir juntas, el etnocentrismo ayuda a mantenerlas apegadas a conceptos de soberanía nacional. Bajo algunas

circunstancias, pues, el etnocentrismo promueve la estabilidad cultural y la sobreviencia del grupo; en otras circunstancias, el etnocentrismo condena la cultura al fracaso y el grupo a la extinción.

Es irónico que aquellos que buscan promover el cambio fracasen con frecuencia debido a su etnocentrismo. Descartan las formas "nativas" como inútiles y suponen que nuestra "moderna" tecnología debe ser superior. Por ejemplo, los programas de desarrollo agrícola de Estados Unidos han fracasado con frecuencia porque tratan de trasplantar el ganado estadounidense, los cultivos estadounidenses y la tecnología de las granjas estadounidenses a los países subdesarrollados (véase p. 562). Más cerca de casa, los pastores estadounidenses siguen pidiendo que se vuelva a sembrar una planta que envenena a los coyotes, pero que es ambientalmente destructiva y ni siquiera muy eficaz (Zumbo, 1981; Steinhart, 1982). No toman en cuenta un método sencillo para controlar los coyotes seguido por los indios navajo de Arizona durante generaciones. Los indios navajo llevan perros con sus ganados y no los convierten en mascotas. Los perros protegen el ganado, cuestan poco, y no dañan el medio ambiente (Black, 1981). La fe etnocéntrica en la alta tecnología y el desprecio por lo pueblos "retrasados" nos suele cegar prácticamente.

XENOCENTRISMO

Esta palabra significa una preferencia por lo extranjero. Es exactamente lo opuesto al etnocentrismo (Shils, 1972; Wilson et al., 1976). Es la creencia en que nuestros propios productos, estilos o ideas son necesariamente inferiores a los originados en cualquier otra parte. Es la convicción de que lo exótico tiene un encanto especial que lo familiar nunca puede alcanzar. Se basa en el atractivo de lo extranjero y lejano y en el prestigio de los centros distantes, supuestamente exentos de las sórdidas limitaciones de la comunidad a la que uno pertenece.

Hay muchas ocasiones en que la gente parece feliz de pagar más por bienes importados, en la suposición de que cualquier cosa extranjera es mejor ¿Son las modas francesas, las cervezas alemanas o los aparatos electrónicos japoneses realmente superiores? ¿Las personas se inclinan a suponer que son superiores por el señuelo de la marca extranjera?

Lo que se aplica a los productos materiales también es cierto para las ideas y estilos de vida. A pesar de que Estados Unidos se consideraron originalmente como un bastión de la libertad que desafiaba los despotismos de Europa, no necesitaran mucho tiempo muchos intelectuales para adoptar un punto de vista xenocéntrico:

> En cuanto se pusieron cómodos luego de cruzar el océano, los expatriados (los estadounidenses que dejaban su país) empezaron su vuelo al otro lado del Atlántico hacia el clima cultural más apropiado del Viejo Mundo... la crítica del materialismo estadounidense... alguna vez asociado con los aristócratas (fue) ahora llamado por los intelectuales "cocalización", esto es, vulgarización penetrante de la vida. Se consideró que Estados Unidos eran la fuente, o por lo menos el prototipo, de una cultura construida sobre la posesión, sobre la difusión de una idolatría de las cosas materiales; y sobre este concepto fue juzgada duramente. (Oscar Handling, "Liberal Democracy and the Image of America", *Freedom at Issue,* 43, November/December, 1977, pp. 14-15. Reproducido con permiso).

Aquellos que dejan su país para vivir en el extranjero no son los únicos que rechazan el etnocentrismo. En toda sociedad unas cuantas personas rechazan a su grupo o alguna parte de su cultura. Hay judíos antisemitas, negros que rechazan la identidad negra, aristócratas que encabezan revoluciones, sacerdores que abandonan su fe y otros casos semejantes. Este rechazo del propio grupo o de su cultura es una forma de conducta desviada que se estudiará en el capítulo 7.

¿Hay alguna base racional para el xenocentrismo o sólo se trata de una forma de esnobismo? Los historiadores revisionistas que acusan a Estados Unidos de causar todos los problemas del mundo, y los críticos radicales que saltan regocijadamente sobre cualquier imperfección en "Amerika" pero están ciegos para la brutalidad y el genocidio en los países comunistas y

---

---

tercermundistas, pueden ser tan irracionales como la mayor parte de los portaestandares del etnocentrismo.

CULTURA Y ADAPTACIÓN HUMANA

¿Es la cultura una ayuda o un obstáculo para los seres humanos? Algo de las dos cosas. Los ayudan a resolver algunos problemas, se atraviesan en su camino cuando tratan de resolver otros y les crea otros más.

Cultura y adaptación biológica

La cultura contiene muchos artilugios que ayudan a las personas en su incesante lucha con la naturaleza. Puesto que la gente sufre en los climas fríos y en los cálidos, se cubren con ropa y construyen casas. La naturaleza les ofrece frutos silvestres, semillas y granos; la gente los cultiva e incrementa su producción. Las manos son palas mediocres, pero las excavadoras remodelan la superficie de la Tierra. Los seres humanos no pueden correr con rapidez, nadar bien o volar; sin embargo, ninguna otra cosa viviente viaja tan rápidamente como ellos. Los humanos son seres frágiles y delicados, víctimas fáciles de la muerte por el calor o el frío, la sed o el hambre. Por medio de la cultura pueden humedecer el desierto y secar los pantanos, pueden sobrevivir en el frío del ártico y en el calor tropical, y aun pueden sobrevivir a un viaje al espacio exterior.

Aunque la cultura ayuda a la gente a adaptarse a su ambiente, también interfiere con su adaptación biológica en muchos aspectos. Toda cultura ofrece muchos ejemplos de pautas peligrosas para el bienestar físico. La creencia hindú de que las personas no deben matar nada ha llenado la India de perros callejeros, de ganado flaco y de toda clase de parásitos, desperdiciando en esta forma alimentos y diseminando enfermedades. Mediante la cultura hemos mejorado nuestras armas hasta el grado de que podemos destruir a toda la raza humana. Seguimos métodos de agricultura y de uso de la tierra que destruyen el suelo y lo inundan. Contaminamos el aire, ensuciamos las corrientes y envenenamos nuestros alimentos. Muchos de nosotros fumamos, y bebemos más de lo que nos conviene. Comemos arroz refinado o harina blanca, que están desprovistos de elementos alimenticios vitales, al mismo tiempo que rechazamos la carne de res, de puerco o de víbora, los caracoles, la leche o cualquier otra fuente valiosa de alimentación que esté bajo tabú en nuestra sociedad particular. Si fuéramos descendientes de gatos en vez de primates, estaríamos mejor equipados para las horas nocturnas que nos gusta utilizar. En toda cultura hay normas que son saludables y normas que son dañinas.

Cultura y adaptación social

Algunas normas culturales parecen interferir con la satisfacción de las necesidades humanas básicas. Durante nuestra Gran Depresión de los años 30, reconocimos que había algo muy malo cuando los adultos estaban enfermos y los niños hambrientos, mientras el trabajo dejaba de hacerse y los alimentos se pudrían en los cam-

Nos felicitamos por nuestra habilidad para controlar nuestro medio ambiente físico.

pos. Las normas de la cultura pueden cultivar sentimientos, como el de culpa, el de la indignidad personal o inhibiciones sexuales en un grado que cualquier psicólogo moderno calificaría de insano, tanto física como mentalmente. Como se verá en el capítulo 4, el hincapié de los dobuanos en las brujerías hace a la gente temerosa, angustiada y desconfiada. Una cultura puede incluir un lugar incómodo para cierta categoría de personas. Así, en cierta parte de la India se espera que las viudas mueran en las piras funerarias de sus maridos, mientras que, hasta hace poco, la mayor parte de las mujeres solteras en Estados Unidos eran miembros más o menos bienvenidos en algunas familias de sus parientes.

Algunas normas culturales pueden ser elaboradas hasta el punto de hacerlas impracticables. Se dice que María Antonieta era incapaz de tomar un vaso de agua fría; el ceremonial de la corte requería que pasara antes por tantas manos, que cuando llegaba a las de la reina ya estaba tibia. Rivers (1922) nos dice que en la isla Torres, en Melanesia, la construcción de una canoa estaba rodeada de tantos y tan elaborados ritos mágicos y tabúes, que sólo un pequeño grupo de herederos de los constructores de canoas se atrevían a intentar construir alguna. Otros estaban familiarizados con las habilidades manuales para la construcción de canoas, pero como carecían del secreto mágico, era impensable que construyeran la nave. Por lo tanto, cuando los herederos de los constructores de canoas murieron, los isleños se quedaron sin canoas pese a su desesperada necesidad de ellas. Así, en casi toda cultura uno puede encontrar normas que resulten inútiles o peligrosas.

Si esta deliberada frustración le parece estúpida al lector, trate de explicarse por qué Estados Unidos y la Unión Soviética continúan construyendo cabezas nucleares, cuando ya existen suficientes para incinerar el mundo varias veces o por qué tenemos desempleo cuando hay tanto trabajo útil que está por hacerse.

SUMARIO

Cultura es todo cuanto se aprende socialmente y es compartido por una sociedad humana. La *cultura material* está compuesta por los artefactos que la gente hace. La *cultura no material* comprende las pautas de comportamiento, las normas, los valores y las relaciones sociales de un grupo humano. Una *sociedad* es un grupo relativamente independiente que se perpetúa por sí mismo, que ocupa un territorio particular y que tiene la mayor parte de sus asociaciones dentro de este grupo.

La cultura se acumuló lentamente en tiempos prehistóricos; rápidamente en los siglos recientes. La *sociobiología* estudia el factor biológico en el comportamiento humano y en el desarrollo social. Las teorías evolucionistas del desarrollo social fueron populares hace algún tiempo y ahora disfrutan de un resurgimiento. Las sociedades animales se basan principalmente en el instinto; las sociedades humanas, principalmente en la cultura.

Las *costumbres* son los usos de una sociedad. Las *tradiciones* son las ideas de lo bueno y lo malo que están ligadas a algún tipo de comportamiento. Las tradiciones pueden ser santificadas por la religión y fortalecidas mediante su transformación en *leyes. Los valores* son ideas acerca de si las experiencias son importantes o no.

Las *instituciones* son conjuntos más amplios de costumbres y tradiciones que se centran en una necesidad humana importante.

Un rasgo es la unidad más simple de la cultura; los rasgos relacionados entre sí se agrupan en *complejos culturales.* Una *subcultura* es el sistema de valores y comportamientos de un grupo que forma parte de la sociedad, pero que tiene algunas pautas culturales únicas. Una *contracultura* es una subcultura que no sólo es diferente, sino claramente opuesta a los valores dominantes de la sociedad.

Una cultura es un sistema *integrado* de comportamiento apoyado en sus valores e ideas. En una cultura sumamente integrada todos los elementos encajan armoniosamente.

El *relativismo cultural* describe el hecho de que la función y el significado de una característica de la cultura depende de la cultura en la que opera. Las características se juzgan ''buenas'' o ''malas'' de acuerdo con la eficiencia con que funcionan dentro de su propia cultura.

Toda sociedad tiene una *cultura ideal,* que incluye las pautas que se supone que van a practicarse, y una *cultura real,* que incluye el comportamiento ilícito que es formalmente condenado, pero ampliamente practicado. Los choques entre las dos se evitan mediante la racionalización. En algunos casos, las pautas ilícitas son formas de que se lleven a cabo las tareas necesarias y así, aunque las tradiciones no aprueben las acciones ilícitas, pueden contribuir ciertamente a la estabilidad cultural.

Todas las sociedades y grupos suponen la superioridad de su propia cultura; esta reacción se llama *etnocentrismo.* Las ideas y costumbres acerca de las cuales las personas son etnocéntricas varían de sociedad a sociedad, pero todas las sociedades conocidas y todos los grupos dentro de la sociedad demuestran cierto etnocentrismo.

La cultura ayuda y estorba a la adaptación humana. Capacita a la gente para sobrevivir en un ambiente físico inhospitalario, aunque en muchos aspectos mantiene hábitos que son físicamente nocivos. No podemos vivir sin cultura; algunas veces no es fácil vivir con ella.

GLOSARIO

contracultura: subcultura no sólo diferente, sino opuesta a la cultura aprobada y convencional de la sociedad: p. ej., la subcultura de las drogas.

costumbres: comportamiento usual, normal y habitual de los miembros de un grupo.

cultura: todo aquello que es socialmente aprendido y compartido por los miembros de una sociedad.

darwinismo social: creencia de que los órdenes sociales se desarrollan gradualmente sobre la base de una lucha competitiva en la que los humanos y las formas sociales mejor adaptadas sobreviven.

etnocentrismo: tendencia de cada grupo a suponer la superioridad de su propia cultura.

evolución: teoría de que las actuales formas de vida se han desarrollado a partir de formas primitivas más simples.

hominoides: cualquiera de las especies de los primeros humanos y/o sus ancestros.

instinto: pauta innata de comportamiento característico de todos los miembros de una especie.

institución: conjunto organizado de costumbres y tradiciones centrado en una actividad humana importante; sistema organizado de relaciones sociales que incorpora algunos valores y procedimientos comunes y satisface algunas necesidades humanas basicas.

interiorizar: aprender algo en forma tan completa, que se convierte en parte automática e impensada de nuestras respuestas.

nearderthal: raza de hombres prehistóricos que vivió hace 60 000 y 300 000 años.

norma: regla de comportamiento. Norma estadística es una medida de conducta real; una norma cultural establece el comportamiento esperado de la cultura.

relativismo cultural: concepto de que la función, el significado y la "deseabilidad" de una característica depende de su ambiente cultural.

símbolo: todo lo que representa algo más allá de sí mismo; como una palabra, un gesto o una bandera.

sociedad: grupo humano relativamente independiente que se perpetúa a sí mismo, que ocupa un territorio particular, que comparte una cultura y que efectúa la mayor parte de sus actividades dentro de ese grupo.

sociobiología: estudio sistemático de la base biológica del comportamiento humano.

subcultura: conjunto de pautas de comportamiento relacionadas con la cultura general de una sociedad y que, sin embargo, se distingue de ella; pautas de comportamiento de un grupo distinto dentro de la sociedad general.

tendencia: impulso hereditario que desaparece temporalmente cuando ha sido satisfecho.

tradiciones: ideas firmes acerca de lo bueno y lo malo que exigen ciertas acciones y prohiben otras.

valores: ideas acerca de si las experiencias son importantes o no lo son.

xenocentrismo: preferencia por las ideas o productos extranjeros.

PREGUNTAS Y PROYECTOS

1 El desarrollo social ¿conduce a la uniformidad? Si no, ¿qué límites pone a la variación?

2 ¿Cuáles son los límites que la herencia genética pone a la política social?

3 ¿Debería la población evitar la reproducción de quienes tienen la capacidad potencial de transmitir defectos hereditarios?

4 Supongamos que se pudiera controlar la estructura genética de los bebés "ordenando" cualquier combinación de características que deseamos. ¿Qué conflictos se suscitarían?

5 ¿Qué nos **daría una mayor** comprensión de la cultura romana: estudiar las ruinas, la escultura y las obras públicas que se han encontrado en las excavaciones o estudiar las huellas de la cultura no material conservadas en la literatura, las cartas y documentos legales? ¿Por qué?

6 ¿Qué diferencia encuentra usted entre sociedad y cultura?

7 ¿Qué significa la afirmación de que, cuando están firmemente establecidas, las tradiciones funcionan automáticamente?

8 ¿En qué aspectos los valores de usted son similares a los de sus padres? ¿En qué aspectos difieren? ¿Cómo explica usted estas diferencias?

9 Aplique su conocimiento de la integración de la cultura para evaluar la propuesta de que nuestra sociedad debería volver a la "vida sencilla"?

10 Elija un grupo ocupacional y describa lo típico del comportamiento especial de esa ocupación.

11 Algunas veces se argumenta que hacer trampas en la escuela es necesario si se quiere llegar a la graduación. ¿Es defendible esta posición

en términos de relativismo cultural? ¿Por qué sí o por qué no?

12 ¿Hay algunos aspectos en los que la subcultura real del *campus* difiere de la subcultura ideal de *campus*?

13 ¿El etnocentrismo es lo opuesto al relativismo cultural? Explique.

14 ¿En qué forma el etnocentrismo ayuda a la sobrevivencia nacional en el mundo moderno? ¿En qué forma compromete la sobrevivencia nacional?

15 ¿Se pueden tener opiniones y preferencias sin ser etnocéntrico? Haga una lista de varias expresiones etnocéntricas de opinión o de juicio. Ahora haga una lista de varias opiniones o juicios no etnocéntricos.

16 Lea el artículo de Frankel mencionado en las lecturas. Los peligros que él enumera en los experimentos tendientes a asegurar un mayor control de la herencia humana ¿son serios? ¿Qué efecto tendría en la evolución social el control del caudal hereditario?

17 Lea las "Lessons From Japan", *Newsweek,* 96:61-62, September 8, 1980, de D. Ramsey y D. Kirk, ¿Sería factible en Estados Unidos el tipo de políticas laborales seguido por los industriales japoneses? ¿Por qué sí o por qué no?

18 Lea "Are Those Apes Really Talkin?", *Time,* 115:50-57, March 10, 1980, o "Explanations of the Language of Chimpanzee", *Science,* 208:86-88, January 2, 1981, de C. N. Thompson y R. N. Church. Informe sobre semejanzas y diferencias en la comunicación entre chimpancés y humanos.

LECTURAS QUE SE SUGIEREN

Arens, W. and Susan P. Montague: *The American Dimension: Cultural Myths and Social Realities,* Alfred Publishing Company, New York, 1976. Temas básicos en la vida estadounidense ejemplificados en la cultura, como las series de televisión como clave de las pautas para la vida familiar en Estados Unidos, el fútbol como ejemplo de coordinación mediante la división del trabajo y el póker como una ilustración del mito de que uno puede enriquecerse por el esfuerzo personal.

* Barash, David P.: *Sociobiology and Behavior,* Elsevier Publishing Company, Inc., New York, 1977. Un breve y entretenido libro que trata principalmente del comportamiento en los animales, pero que también incluye alguna reflexión sobre un posible "biograma" humano.

Clark, Matt, and Maria Gosnell: "The New Gene Doctors", *Newsweek,* 96:120-123, May 18, 1981. Un breve y entretenido artículo sobre las implicaciones sociales de los avances en la investigación genética.

Ellis, Lee: "The Decline and Fall of Sociology", 1975-2000", *The American Sociologist,* 12: 56-65, May 1977. Un artículo cuasi satírico que predice que la sociología pronto será suplantada por la sociobiología, con respuestas de Kunkel, Lenski, Mazur y Van den Berghe.

* Etzioni, Amitai: *Genetic Fix,* The Macmillan Company, New York, 1973. Un análisis sociológico de temas incluidos en el "asesoramiento genético".

Frankel, Charles: "The Specter of Eugenics", *Commentary,* 57:25-33, March 1974. Una mirada filosófica a la promesa y al peligro de producir tipos humanos a solicitud, alterando los genes.

Jenks, Christopher: "Heredity", Enviroment and Public Policy Reconsidered, "*American Sociological Review,* 45: 723-736, October 1980. Desarrolla la idea de que los efectos de la herencia dependen de la interacción de una característica heredada con la situación ambiental.

Langer, John: "Drug Entrepreneurs and Dealing Culture", *Social Problems,* 24: 377-386. February 1977. Describe el conflicto entre el traficante de drogas como empresario y como participante en una contracultura.

Linton, Ralph: *The Study of Man: An Introduction,* Appleton-Century-Crofts, Inc., New York, 1936. Un análisis clásico del papel de la cultura en los asuntos humanos. Los Caps. 5, 6, 20 y 25 se recomiendan especialmente.

McGehee, Charles L.: "Spiritual Values and Sociology: When We Have Debunked Everything, What Then?" *American Sociologist,* 17: 40-46, February 1982. Defiende la importancia de los valores como una parte vital de la cultura.

Miner, Horace: "Body Ritual among the Nacirema",

American Anthropologist, 58:
503-507, June, 1956; The
Bobbs-Merril Company, Inc.,
Indianapolis, reprint S-185. Un
antropólogo describe las
costumbres singulares y los
valores poco corrientes de una
sociedad moderna bien
conocida, que el estudiante
puede reconocer.

Podhoretz, Norman: ''The New
Inquisitors'', *Commentary,*
55:7-8. April 1973. Un breve
análisis del desarrollo y
aplicación de actitudes
etnocéntricas entre

intelectuales liberales en los
campus universitarios.

* Reed, John Shelton: *The En-
during South: Subcultural
Persistencie in Mass Society,*
Health Lexington Books, *Lexington,* Mass, 1972. Un breve
y vivo bosquejo de los factores
que contribuyen a la persistencia de una subcultura
distintiva en América del Sur.

Stine, Gerald James: *Biosocial
Genetics: Human Heredity and
Social Issues,* The Macmillan
Company, New York, 1977.
Un libro elemental para

quienes están interesados en el
impacto social de la ingeniería
genética.

Westhues, Kenneth: *Society's
Shadow: Studies in the
Sociology of Countercultures,*
McGraw Hill Ryerson Ltd.,
Toronto, 1972. Una agradable
descripción de contraculturas,
desde la perspectiva de la
sociología de la religión.

* Un asteristico antes de la cita indica
que el título se encuentra disponible en
edición en rústica.

4 Personalidad y socialización

La niñita se alejó dando saltos, balanceando sus gruesos rizos a la luz del Sol y cantando con voz alta y clara: "Las ramas y las piedras me romperán los huesos, pero los sobrenombres jamás me herirán. Cuando yo muera, llorarás por todos los sobrenombres que me pusiste".

Y Francie lloró. No por todos los apodos puestos, sino porque se quedó sola y nadie quería jugar con ella. A los muchachos más toscos les parecía demasiado tranquila, y los que se portaban mejor parecían rehuirla. Francie sentía vagamente que ella no tenía toda la culpa. Algo tenía que ver la tía Sissy que iba a la casa con frecuencia, la forma en que Sissy miraba y la forma en que los hombres del vecindario la miraban a ella después que pasaba. Algo tenía que ver con la manera en que su papá no podía caminar en línea recta algunas veces y se iba de un lado al otro de la acera cuando regresaba a casa. Algo tenía que ver con el modo con que las vecinas le hacían preguntas acerca de su papá, de su mamá y de Sissy. Sus preguntas súbitas y zalameras no engañaban a Francie. No había tenido una mamá que le advirtiera: "No dejes que los vecinos se metan contigo".

De modo que en los días calurosos de verano la solitaria niña se sentaba en el pórtico y fingía no interesarse en el grupo de muchachos que jugaban en la acera. Francie jugaba con compañeros imaginarios y hacía creer que eran mejores que los muchachos de carne y hueso. Pero todo el tiempo su corazón aceleraba su ritmo por la profunda tristeza de la canción que los muchachos cantaban mientras giraban tomados de las manos...

Betty Smith,

A Tree Grows in Brooklyn, Harper & Row, Publishers, Inc., New York, 1943, pp. 83-84).

El pasaje arriba citado esta tomado de una novela autobiográfica que nos habla de la vida de un niño de los barrios pobres que creció y llegó a ser muy diferente de la mayor parte de sus compañeros de clase. Una lectura cuidadosa de esta perspicaz novela ilustrará mejor que cualquier libro de texto sobre cómo cada persona desarrolla una personalidad única mediante un proceso que llamaremos socialización.

EL SIGNIFICADO DE LA PERSONALIDAD

Cuando oímos que alguien dice "Margarita tiene mucha personalidad" esto quiere decir que es una persona interesante y pintoresca. Pero el término personalidad es utilizado incorrectamente, porque la personalidad de alguien incluye todas sus características personales de comportamiento. Utilizado en forma correcta, una persona no tiene más personalidad que otra; uno tiene una personalidad diferente de otro. Una útil definición nos la ofrece Yinger (1965, p. 141), quien dice: "Personalidad es la totalidad del comportamiento de un individuo con un sistema determinado de tendencias que interactúan con una secuencia de situaciones".

La frase "un sistema de tendencias determinado" indica que cada persona tiene formas características de actuar, y actúa en forma semejante uno y otro día. Cuando hacemos notar que "No sucede lo mismo con Ruth", reconocemos que Ruth tiene un "sistema de tendencias" de comportamiento que es muy característico de ella. La frase "que interactúan con una secuencia de situaciones" señala que el comportamiento es un producto conjunto de las tendencias de comportamiento de una persona y de las situaciones de comportamiento que esa persona confronta. Para entender la personalidad, necesitamos conocer cómo los sistemas de tendencias del comportamiento se desarrollan mediante la interacción del organismo biológico con varias clases de experiencias sociales y culturales.

FACTORES EN EL DESARROLLO DE LA PERSONALIDAD

Los factores en el desarrollo de la personalidad incluyen: 1) herencia biológica, 2) medio ambiente físico, 3) cultura, 4) experiencia de grupo y 5) experiencia única.

Herencia biológica y personalidad

Una casa de ladrillo no puede construirse de piedra o de bambú; pero con un montón de ladrillos pueden construirse gran variedad de casas. La herencia biológica proporciona la materia prima de la personalidad, y esta materia prima puede modelarse de muchas maneras diferentes.

Todos los seres humanos sanos y normales tienen algunas similitudes biológicas, como dos manos, cinco sentidos, glándulas sexuales y un cerebro complejo. Estas similitudes biológicas ayudan a explicar algunas de las similitudes en la personalidad y en el comportamiento de todas las personas.

La herencia biológica de cada persona también es *única,* lo que significa que ninguna otra persona (excepto un gemelo idéntico) tiene exactamente las mismas características físicas heredadas. No hace mucho tiempo la mayoría de las personas creían que la personalidad de cada una no era sino producto de la evolución de la herencia biológica individual. Se pensaba que características de la personalidad como la perseverancia, la ambición, la honradez, la criminalidad, la desviación sexual y la mayor parte de las otras características surgían de predisposiciones hereditarias. En la actualidad pocos creen en esto.

Todo hombre es en algunos aspectos

Como todos los otros hombres
Como algunos otros hombres
Como ningún otro hombre

(Clyde Kluckhohn and Henry A. Murray (eds.) *Personality in Nature, Society and Culture,* Alfred A. Knopf, Inc., New York, 1953. p. 53).

¿Cuál de los "factores en el desarrollo de la personalidad" está relacionado con cada una de las tres afirmaciones anteriores?

Por el contrario, ahora se reconoce que todas las características de la personalidad se forman por la experiencia. De hecho, algunos afirman que las diferencias individuales en capacidad, realización y comportamiento son casi enteramente ambientales, y que las diferencias individuales en la herencia biológica no tienen mucha importancia (p. ej., Whimby, 1975).

Esta es la controversia naturaleza-educación que ha apasionado durante siglos. El interés de la base biológica de las diferencias individuales en inteligencia y comportamiento es actualmente cada día mayor. Los estudios de gemelos idénticos son un tema favorito de investigación. Un estudio de 2 500 gemelos alumnos de secundaria concluye que "aproximadamente la mitad de las variaciones entre personas en un amplio espectro de características psicológicas (dentro de nuestra sociedad) se debe a diferencias en las características genéticas", mientras que la otra mitad se debe al ambiente (Nichols, 1977). El estudio más extenso que se ha hecho sobre gemelos fue llevado a cabo por el Instituto Médico Genético de Moscú, el cual separó mil parejas de gemelos idénticos en la infancia, y los colocó en ambientes controlados para llevar a cabo una observación de dos años. Los resultados apoyaron fuertemente una base hereditaria para muchas características, incluyendo las diferencias de inteligencia. Esta conclusión desagrado a Stalin, quien hizo desaparecer el Instituto y ejecutó a su director (Hardin, 1959, p. 235).

Como muestra el destino de este estudioso, la cuestión de la herencia contra el ambiente no es simplemente una cuestión científica, sino también un asunto político. Así, los marxistas y otros que promueven la meta de la igualdad de recompensas están molestos por las pruebas de que las personas difieren en sus capacidades innatas. Los conservadores no dejan de aprovechar con gran gozo la prueba de las capacidades innatas desiguales y citan esto para justificar recompensas desiguales. Pero las diferencias individuales en la herencia biológica son reales, sin importar a quién haga feliz o infeliz este hecho.

Respecto a algunas características la herencia biológica es más importante que para otras. Muchos estudios han mostrado, por ejemplo,

Estudios hechos sobre niños
adoptados ofrecen una clase
de pruebas en la controversia naturaleza-crianza. *(Erika
Stone/Peter Arnold, Inc.)*

que el IQ de los niños adoptados se parece más
al IQ de sus padres naturales que al de sus
padres adoptivos; dentro de una familia dada
los hijos biológicos siguen el IQ de los padres
mucho más que los niños adoptados (Skodak y
Skeels, 1949; Munsinger 1975; Horn, 1976*a*;
Scarr y Weinberg 1976; Juel-Nielson, 1980).
Pero mientras que las diferencias individuales
en el IQ parecen estar más altamente deter-
minadas por la herencia que por el ambiente.
muchas otras diferencias son casi totalmente
ambientales. Un estudio reciente encontro pruebas de que la sociabilidad, la impulsividad y
la soltura en sociedad dependen en gran medida
de la herencia, pero que ésta no es importante
en lo tocante al liderazgo, control de los impulsos, actitudes e intereses (Horn, 1976*b*). Dos

estudios recientes concluyeron que el temperamento durante la infancia, específicamente la
timidez, tiene su raíz en la herencia biológica
(Herbert, 1982*a*). De modo que podemos
concluir que la herencia biológica es importante
para algunas características de la pesonalidad y
menos importante para otras. En ningún caso
puede medirse con precisión la respectiva influencia de la herencia y del ambiente, pero la
mayor parte de los científicos están de acuerdo en que aunque los potenciales heredados de
alguien estén plenamente desarrollados, esa
persona está muy afectada por su experiencia
social.

MADURACIÓN BIOLÓGICA Y PERSONALIDAD.
Ningún niño de dos años puede aprender a leer,

porque (entre otras razones) los músculos del ojo no están suficientemente desarrollados. Ninguno de diez años de edad puede comprender muy bien los sentimientos de dos adultos enamorados. Algunos tipos de aprendizaje son posibles sólo después de haber alcanzado un nivel determinado de maduración. Por ejemplo, Kagan, después de una prolongada observación sistemática de niños pequeños, concluyó que el niño no puede desarrollar un sentido de "conocimiento de sí mismo" y no utiliza el término "Yo" hasta la edad de 17 a 22 meses (Kagan, 1981, pp. 47-75). Antes de esta edad el sistema nervioso central es demasiado inmaduro para manejar este concepto.

DEFINICIONES SOCIAL Y CULTURAL DE LAS CARACTERÍSTICAS FÍSICAS. Millones de personas creen que los gordos son joviales, que la gente que tiene frente ancha es inteligente, que los pelirrojos son violentos y que las personas con mandíbula grande son enérgicas. Se ha demostrado que muchas creencias populares semejantes son falsas cuando se ponen a prueba empíricamente, pero en ocasiones se encuentra una asociación válida. Por ejemplo, un investigador (Bar, 1977) comparó una muestra de pelirrojos con un grupo de control en el que había individuos con variado color de cabello, e informó que los pelirrojos *son* con frecuencia en realidad más violentos y agresivos. Sugiere un vínculo genético entre esta característica física (pelo rojo) y dichas características de la personalidad (violencia, agresividad). Pero aún en el caso de que estas asociaciones estadísticas fueran confirmadas por estudios de repetición, ¿se ha probado un vínculo *genético*?

Existe otra posible explicación. Cada característica física está *social* y *culturalmente definida* en toda sociedad. Por ejemplo, las muchachas gordas son admiradas en Dahomey. Una característica física puede hacer a alguien una persona bella en una sociedad y un patito feo en otra. Por lo tanto, *una característica física particular se convierte en un factor en el desarrollo de la personalidad, según como se defina y se trate en la sociedad propia y en los grupos de referencia.* Si se espera que los pelirrojos sean violentos y

se les excusa por sus arranques temperamentales, no deberían sorprendernos que desarrollen violencia. Como se indicó antes, la gente responde a las expectativas de comportamiento de los otros, y tiende a ser lo que otras personas esperan que sea.

Por supuesto, siempre es posible que exista realmente un vínculo genético entre una característica física particular y una característica de comportamiento. Pero en la mayor parte de los casos cualquier asociación estadística se debe probablemente a las reacciones sociales y culturales respecto a la característica física. La prueba más útil es la de la *universalidad.* Si, por ejemplo, se encontrara que los carilargos fueran sumamente agresivos en *todas las sociedades,* entonces podríamos sospechar una base genética. Pero si esta asociación se encontrara sólo en unas cuantas sociedades, sospecharíamos entonces que los individuos carilargos desarrollaron la agresividad en respuesta a las expectativas sociales. Para concluir, es raro que sean las características físicas mismas y no la expectativa social la que producen algunas características de comportamiento.

Ambiente físico y personalidad

Algunos de nuestros manuscritos más antiguos constituyen intentos de explicar el comportamiento humano a partir del clima y la geografía. Sorokin (1928, Cap. 3) resume las teorías de cientos de escritores desde Confucio, Aristóteles e Hipócrates hasta el geógrafo moderno Ellsworth Huntington, quienes han declarado que las diferencias en el comportamiento se deben principalmente a las diferencias de clima, topografía y recursos. Tales teorías encajan perfectamente dentro de un marco etnocéntrico, porque la geografía proporciona una explicación aparentemente objetiva y respetable de nuestras virtudes nacionales y de los vicios de otros pueblos.

Como se expuso en el capítulo 3, el ambiente físico es un factor menor en la evolución cultural. Y todavía es menos importante en el desarrollo de la personalidad. Prácticamente todo tipo de personalidad puede encontrarse en cualquier clase de clima.

Ciertamente, el ambiente físico tiene *alguna* influencia en la personalidad. Los atabascanos desarrollaron una serie de características dominantes de la personalidad que los capacitaron para sobrevivir en un clima subártico riguroso (Boyer, 1974). Los campesinos australianos tuvieron que luchar desesperadamente para conservar la vida, mientras que los samoanos sólo necesitan algunos minutos al día para recolectar más alimentos de los que pueden consumir. Aún hoy, algunas regiones sólo pueden sostener a una población bastante escasa, y la densidad de población tiene algunos efectos sobre la personalidad. Los ik de Uganda se están muriendo de hambre lentamente como resultado de la pérdida de sus tradicionales tierras de caza y, de acuerdo con Turnbull (1973), han llegado a ser unos de los pueblos más egoístas y avaros sobre la Tierra, carentes totalmente de solidaridad o compasión y llegan a quitar el alimento de la boca de los niños en su lucha por sobrevivir. Los quolla de Perú han sido descritos por Trotter (1973) como el pueblo más violento del mundo, y atribuye esto a la hipoglicemia provocada por las deficiencias de su dieta. Obviamente, el ambiente físico tiene alguna influencia en la personalidad y en el comportamiento. Pero de los cinco factores estudiados en este capítulo, el ambiente físico es con frecuencia el menos importante, mucho menos que la cultura, la experiencia de grupo o la experiencia personal.

Cultura y personalidad

Alguna experiencia es común a todas las culturas. En todas partes los niños son cuidados o alimentados por personas de más edad, viven en grupos, aprenden a comunicarse mediante el lenguaje, experimentan castigos y recompensas de algún tipo y tienen otras experiencias comunes a toda la especie humana. También es cierto que cada sociedad proporciona a prácticamente todos sus miembros algunas experiencias que no ofrecen las otras sociedades. De la experiencia social, común virtualmente a todos los miembros de una sociedad dada, surge una configuración característica de la personalidad que

es típica de muchos miembros de esa sociedad. DuBois (1944, pp. 3-5) ha llamado a ésta la "personalidad modal" (tomada del término estadístico "modo", referente a aquel valor que aparece con más frecuencia en un universo). En la siguiente comparación se ve cómo la personalidad modal puede variar entre dos culturas diferentes. (La mayor parte de estas observaciones se hicieron hace varios decenios, antes de que estas culturas hubieran sufrido cambios tan grandes en contacto con los forasteros.)

EL DOBUAN O ANGUSTIADO. (Fortune, 1982; Benedic, 1934, Cap. 5.) Si el niño de la tribu dobuana, en Melanesia, hubiera podido tener alguna elección en el asunto antes de venir a este mundo, lo hubiera pensado dos veces. Entra en una familia donde el único miembro que está dispuesto a cuidar de él es su tío, hermano de su madre, del cual es heredero. Su padre, que está interesado en los hijos de su propia hermana, ordinariamente lo toma a mal, porque debe esperar hasta el destete para reanudar las relaciones sexuales con la madre. Con frecuencia tampoco es deseado por su madre, y el aborto es cosa común. En Dobu espera al niño poco calor o afecto.

El niño dobuano aprende pronto que vive en un mundo regido por la magia. Nada ocurre por causas naturales; todos los fenómenos están controlados por hechicerías y sortilegios. Las enfermedades, los accidentes y la muerte son prueba de que se ha utilizado contra ellos la brujería, y exige que algún pariente los vengue. Las pesadillas se interpretan como episodios de hechicería en los que el espíritu del durmiente tiene pocas formas de escapar de los espíritus hostiles. Todos los héroes y villanos legendarios están todavía vivos como seres sobrenaturales activos capaces de ayudar o dañar a la gente. Los cultivos crecen sólo si largas horas de cánticos mágicos tienen éxito en atraer los productos del campo ajeno. Aun el deseo sexual no surge sino como respuesta al encantamiento amoroso de otra persona, el cual guía los pasos de uno hacia ella o hacia él, aunque los encantamientos amorosos de uno cuentan para su propio éxito.

La mala voluntad y la traición son virtudes

en Dobu, y el temor domina la vida de los indígenas dobuanos. Todo dobuano vive en constante temor de ser envenenado. Los alimentos son cuidadosamente vigilados mientras se preparan, y hay pocas personas con las que el dobuano pueda comer. La pareja dobuana vive un año en el pueblo de la esposa y un año en el pueblo del marido, de modo que uno de ellos es siempre un forastero humillado y del que se desconfía, que vive a diario en espera de ser envenenado o de recibir otro daño. En todo momento cada poblado alberga a los cónyuges visitantes de varios poblados diferentes, y ninguno de estos visitantes pude confiar en sus huéspedes o en los otros. De hecho, nadie puede ser de toda confianza; los hombres se encuentran nerviosos por alguna posible hechicería de sus mujeres y temen a sus suegras.

Para los dobuanos todo éxito debe obtenerse a expensas de alguien, del mismo modo que las desgracias son causadas por la magia malévola de otros. La magia eficaz es la clave del éxito, y éste se mide por los logros en los renglones del robo y la seducción. El adulterio es prácticamente universal, y el adúltero con éxito, igual que el ladrón hábil, es admirado.

En la superficie las relaciones sociales en Dobu son cordiales y educadas, aunque austeras y desprovistas de buen humor. Hay muy pocos pleitos, porque ofender a alguien o ganarse un enemigo es peligroso. Pero los amigos también son peligrosos; una muestra de amistad puede ser el preludio de un envenenamiento, o la recolección de materiales (cabello, uñas) útiles para una brujería.

¿Qué tipo de personalidad se desarrolla en un ambiente cultural semejante? Los dobuanos son hostiles, suspicaces, desconfiados, celosos, sigilosos y mentirosos. Éstas son reacciones raciales, porque los dobuanos viven en un mundo lleno de mal, rodeados por enemigos, brujas y hechiceros. Finalmente están seguros de que serán destruidos. Mientras tanto buscan protegerse mediante su propia magia, pero nunca pueden disfrutar de una seguridad confortable. Una mala pesadilla puede mantenerlos en cama durante días. Medidos con los conceptos occidentales de higiene mental, todos los dobuanos

serían paranoides en un grado tal que exigiría psicoterapia. Pero llamarlos simplemente paranoides sería incorrecto, porque sus temores están justificados y no son irracionales; los peligros que afrontan son auténticos, no imaginarios. Una persona verdaderamente paranoide *imagina* que las otras personas están tratanto de causarle daño, pero en Dobu las otras personas están tratando en realidad de dañarlo a uno. La cultura forma así una pauta de personalidad que es normal y *útil* para la cultura.

LOS SERVICIALES ZUÑI. (Cushing, 1882; Stevenson, 1901; Benedict, 1934, Cap. 4; Bunzell, 1938; Kluckhohn y Strodtbeck, 1938; Vogt y Albert. 1966; Crampton, 1977.) Los zuñi de Nuevo México son un pueblo tranquilo en un mundo no perturbado emocionalmente. Los niños son acogidos con cariño, tratados con tierno afecto y reciben mucha atención. La responsabilidad respecto al cuidado del niño es difusa; un niño será ayudado o corregido por cualquier adulto presente. Ante un frente unido de adultos, los niños rara vez se portan mal y pueden ser reprendidos, pero muy raramente son castigados. La vergüenza es el control más importante, y lo más frecuente es que sea provocada por un desconcierto en presencia de otro. La opinión de los otros, más que la conciencia, es lo que controla la conducta entre los zuñi.

El comportamiento violento y agresivo es desaprobado severamente, y a los zuñi se les enseña a controlar sus emociones a una edad temprana. Los pleitos abiertos son casi desconocidos. Por ejemplo, una mujer se cansó de los muchos amoríos de su marido. "De modo que", dijo, "no lavaré su ropa. Entonces él supo que yo sabía lo que todos sabían, y dejó de salir con esa muchacha". (Benedict, 1934, p. 108). Sin una sola palabra el problema se arregló.

Los valores zuñi hacen hincapié en la armonía, la cooperación y la ausencia de competitividad, agresividad o avaricia. Se ridiculiza cualquier tipo de intemperancia y se acostumbra rechazar el alcohol porque alienta un comportamiento inmoderado. (Este control se ha debilitado, y el alcoholismo es ahora un problema.) La propiedad se valora por el uso directo, pero no por prestigio o poder. Aunque los zuñi no carecen de ambición, ganan poder mediante su conocimiento de los rituales, cánticos y fetiches. Un hombre "pobre" no es el que no tiene propiedades, sino el que carece de conexiones y recursos ceremoniales.

El ceremonialismo satura todos los aspectos de la vida zuñi. Aunque estén rodeados por fuerzas sobrenaturales, éstas se consideran generalmente como seres amables que quieren que la gente sea feliz. La hechicería está presente y se considera la causa primaria de la muerte y de otros problemas. Los procesos contra las brujas son brutales y pueden conducir a la ejecución, pero lo más común es que lleven a la humillación y al ostracismo. El más terrible de los rumores es el de ser sospechoso de ser brujo. Cualquier comportamiento peculiar o agresivo puede levantar tales sospechas, en tanto que una conducta conspicua o la riqueza puede atraer la atención y provocar los celos de los brujos. Sin embargo, la vida zuñi no está dominada por la hechicería como ocurre entre los dobuanos. El culto es la actividad dominante. La magia sacerdotal se centra en el control del clima, la fertilidad humana y las ceremonias curativas. El éxito proviene de un exacto cumplimiento de los rituales, que da un sentimiento de seguridad y de control sobre el medio ambiente.

La cooperación, la moderación y la ausencia de individualismo se evidencian en todo el comportamiento de los zuñi. Las posesiones personales no tienen importancia y fácilmente se prestan a los demás. Los miembros de la familia matrilineal trabajan juntos con un grupo, y las cosechas se almacenan en una bodega común. Se trabaja por el bien del grupo, no por la gloria personal.

Las funciones de liderazgo rara vez se buscan y más bien deben imponerse. Normalmente los problemas y desacuerdos no se resuelven mediante una apelación a la autoridad, un despliegue de fuerza o un debate de confrontación, sino mediante un largo y paciente diálogo. Una decisión simplemente mayoritaria no resuelve un problema en forma satisfactoria; se necesita el consenso y se desea un acuerdo unánime.

La personalidad normal, entre los zuñi está en agudo contraste con la de los dobuanos.

Donde éstos son suspicaces y poco dignos de confianza, los zuñi son confiados y confiables; donde el dobuano es aprehensivo e inseguro, el zuñi es seguro y sereno. El zuñi típico tiene una disposición condescendiente y es generoso, educado y servicial. El zuñi es irreflexivo y habitualmente conformista, porque ser notablemente diferente es algo que disgusta mucho al individuo y al grupo. Es evidente que esto sirve para controlar el comportamiento sin el sentido de pecado y los complejos de culpa que se encuentran en muchas sociedades, incluso en la nuestra.

Como los dos esquemas anteriores ilustran, la personalidad difiere notablemente de sociedad a sociedad. *Cada sociedad desarrolla uno o más tipos básicos de personalidad que se ajustan a la cultura.* Los dobuanos no adiestran consciente o intencionalmente a sus hijos para que sean hostiles y suspicaces; sin embargo, la atmósfera de constante traición y temor produce este resultado. Cada cultura, por el mero hecho de ser lo que es, forma la personalidad para que se ajuste a la cultura. Consideremos algunos aspectos de la cultura que afectan el proceso del desarrollo de la personalidad.

NORMAS DE LA CULTURA. Desde el momento del nacimiento el niño es tratado con maneras que modelan la personalidad. Cada cultura proporciona una serie de influencias generales, que varían infinitamente de sociedad a sociedad. Como Linton escribe:

En algunas (sociedades) a los niños se les da el pecho siempre que lloran por él. En otras son alimentados siguiendo un programa regular.

En algunos serán amamantados por cualquier mujer que se encuentre a mano; en otras solamente por sus madres. En algunas el proceso de amamantar es pausado, y va acompañado de muchas caricias y de un máximo de gozo sensible tanto para la madre como para el niño. En otras es apresurado y a la ligera, pues la madre lo considera como una interrupción de sus actividades habituales y exige al niño que termine tan rápidamente como sea posible. Algunos grupos detestan a los niños a edad temprana; otros continúan amamantándolos durante años...

Fijándonos en los efectos más directos de las pautas de cultura sobre el individuo que se desarrolla, tenemos una gama de variaciones casi infinita por el grado en que el adiestrado conscientemente en la disciplina o falta de ella y en las responsabilidades impuestas sobre él. La sociedad puede tomar al niño en sus manos casi desde la infancia y adiestrarlo deliberadamente para su estado adulto, o puede dejarlo crecer sin control hasta la pubertad. Puede recibir castigo corporal aun por la falta más pequeña o no ser castigado nunca. Como niño, puede exigir el tiempo y la atención de todos los adultos con los que se pone en contacto o, por el contrario, todos los adultos pueden exiguirle sus servicios. Puede se puesto a trabajar y tratado como un miembro contribuyente responsable del grupo familiar casi desde el momento en que empieza a caminar y tener constantemente impreso sobre él que la vida es real y seria. Así, en algunas tribus de Madagascar los niños no sólo comienzan a trabajar a edad increiblemente temprana, sino que también disfrutan de plenos derechos de propiedad. Negocié varias veces con un niño de seis años algunos objetos que necesitaba yo para mi colección; aunque sus padres podían aconsejarle, no interfirieron. Por otra parte, los niños en un poblado de las islas Marquesas no trabajan y no aceptan responsabilidad. Forman una unidad social distinta e íntimamente integrada que tiene pocos tratos con los adultos. Los niños y las niñas que no han llegado a la pubertad están constantemente juntos y con frecuencia no van a casa ni siquiera para comer o dormir. Salen a ex-

La forma en que el niño es tratado forma su personalidad. (*Leonard Freed/Magnum.*)

cursiones que duran todo el día, para las cuales no se requiere permiso de los padres; capturan peces y recorren las plantaciones en busca de alimento y pasan la noche en cualquier casa que se encuentre cerca, a la puesta del Sol.

Los ejemplos de semejantes diferencias culturales en el trato a los niños pueden multiplicarse indefinidamente. El punto importante es que toda cultura ejerce una serie de influencias generales sobre los individuos que crecen bajo su amparo. Estas influencias difieren de una cultura a otra, pero proporcionan un común denominador de experiencia para todas las personas que pertenecen a una sociedad determinante. (Ralph Linton, *The Study of Man),* © 1936, renovado en 1964 y reproducido con permiso de Prentice-Hall, Inc., Englewood Cliffs N. J.)

Alguna literatura estadounidense sobre psicoanálisis y el desarrollo infantil, fuertemente apoyada en las teorías de Freud, ha otorgado gran importancia a las prácticas específicas de adiestramiento infantil. El amamantamiento, el destete graduado, los programas de alimentación a solicitud y una tranquila inducción al adiestramiento para evacuar y orinar se han recomendado con frecuencia, al tiempo que se ha culpado a las prácticas opuestas de todo tipo de problemas en la personalidad. Estas recomendaciones no cuentan por lo general con el apoyo de estudios comparativos controlados cuidadosamente, aunque se pueden citar como ilustración casos dramáticos. Un serio esfuerzo (Swell, 1952) para poner a prueba estas recomendaciones consistió en comparar niños estadounidenses que habían recibido prácticas de adiestramiento diferentes. Este estudio encontró que ninguna diferencia mensurable de personalidad adulta estaba asociada con alguna práctica particular de adiestramiento infantil.

Estudios sobre el desarrollo de la personalidad en otras culturas tampoco han podido fundamentar las teorías freudianas sobre los resultados de prácticas específicas de adiestramiento infantil (Eggan, 1943; Dai, 1957). Evidentemente, es la atmósfera total y no la práctica específica la que es importante en el desarrollo de la personalidad. Si un niño es amamantado o alimentado con un biberón, no tiene importan-

cia; lo importante es si esta alimentación constituye un tierno momento de cariño en un mundo cálidamente seguro, o es un accidente casual y apresurado en un ambiente impersonal e insensible.

Subculturas y personalidad El cuadro de una personalidad modal para cada sociedad es muy válido para la sociedad simple con una cultura bien integrada. Pero en una sociedad compleja con muchas subculturas, el cuadro cambia. ¿Hay diferencias de personalidad entre el yanqui y el típico sureño? ¿El aparcero piensa y siente como el profesional urbano? En una sociedad compleja existen tantas personalidades modales como subculturas.

Estados Unidos tiene muchas subculturas: raciales, religiosas, étnicas, regionales, de clase social y quizá aun ocupacionales. Los límites son indistintos, y algunas subculturas son más importantes que otras. Por ejemplo, las subculturas católica y protestante probablemente afectan menos la vida de sus miembros que la subcultura judía, y todavía menos que la subcultura ámish. Sin embargo, las subculturas son reales, y tenemos alguna justificación para hablar de "la personalidad de clase media urbana" o de la del "soltero típico". Por supuesto que no debemos exagerar; es probable que las similitudes de personalidad dentro de nuestra cultura incrementen mucho las diferencias de personalidad entre las subculturas y que hay diferencias de personalidad dentro de una misma subcultura. Pero el médico, el ministro de un culto, el trabajador de una feria y el emigrante recolector de frutos muestran algunas diferencias de personalidad predecibles de uno a otro caso. Por lo tanto, no podemos describir la personalidad estadounidense normal, sin señalar la subcultura que tenemos en mente.

Desviación individual de la personalidad modal Aun en la más conformista de las sociedades hay alguna individualidad en la personalidad. La personalidad modal sólo representa la serie de características de personalidad que son más comunes entre los miembros de un grupo, aun cuando comparativamente pocos de ellos puedan haber desarrollado cada una de las características que hay en la serie. Wallace (1952*a*) utilizó las prubas Rorschach en una muestra de indígenas de Tuscarora y concluyó que sólo 37% de ellos mostraron todas las ventiuna características de la personalidad modal que se había establecido como típicas de los habitantes de Tuscarora. Otros estudios similares (Wallace, 1952*b*; Kaplan, 1954) muestran que aunque existe un tipo característico de personalidad modal de una sociedad , no es un molde uniforme en el que estén perfectamente fundidos todos los miembros. Asimismo, al estudiar la personalidad "típica" de naciones, tribus, clases sociales, de grupos ocupacionales, regionales u otros grupos sociales, debemos recordar que la personalidad típica o modal consiste en una serie de características de personalidad, *gran cantidad* de las cuales son compartidas por la *mayor parte* de los miembros de ese grupo. Cada sociedad y grupo social permite cierto número de desviaciones individuales respecto a la personalidad modal. Cuando esta desviación se extiende más allá de lo que el grupo o la sociedad considera "normal", esa persona es considerada "extravagante". Tal desviación se estudiará más detalladamente en el capítulo 7.

LA SOCIALIZACIÓN Y LA PERSONALIDAD *(The self)*

El ser humano entra en este mundo como un pequeño organismo egoísta preocupado por sus propias necesidades. Pronto se convierte en adulto, con una serie de actitudes y valores, gustos y aversiones, metas y propósitos, pautas de respuesta y un profundo y duradero concepto de la clase de persona que es. Toda persona obtiene todo esto mediante un proceso que llamamos *socialización*: el proceso de aprendizaje que lo transforma en una persona con personalidad humana *(human personality)*. Dicho de modo más formal, socialización es *el proceso mediante el cual se interiorizan las normas del grupo en el que uno vive, de modo que emerge una "personalidad" (self) única.*

Experiencia de grupo y personalidad *(personality)*

Al principio de la vida no hay personalidad. Existe un organismo físico pero no un sentido de persona. Pronto, el infante sondea los límites de su cuerpo y aprende dónde termina su cuerpo y dónde empiezan las cosas. El niño comienza a reconocer a las personas y a distinguirlas. Al principio cualquier hombre es un "papá" y cualquier mujer una "mamá", pero con el tiempo el niño pasa de los nombres, con los que distingue una categoría, a los nombres específicos que identifican a los individuos, incluyéndolo a él mismo. Entre los 18 meses y los 2 años, el niño empieza a usar el "yo", lo que es un claro signo de "conocimiento de sí mismo", un signo de que el niño está tomando conciencia de ser un ser humano distinto (Cooley, 1908; Bain, 1936; Kagan, 1981). Con la maduración física y la acumulación de experiencias sociales, el niño forma una imagen de la clase de persona que es, una imagen de sí mismo. Una forma ingeniosa de tratar de obtener una impresión de la imagen que una persona tiene de sí misma es la "prueba de las veinte preguntas" (Kuhn y McPartland, 1954), en la que se pide al informante que escriba veinte respuestas, exactamente como le vengan a la mente, a la pregunta "¿Quién soy yo?". La formación de la autoimagen es quizá el proceso individual más importante en el desarrollo de la personalidad.

LOS AISLADOS SOCIALES

Hace setecientos años, Federico II, emperador del Sacro Imperio Romano, llevó al cabo un experimento para determinar qué lenguaje desarrollarían los niños para hablar, en el caso de que nunca hubieran oído una sola palabra ¿Hablarían hebreo —entonces se pensaba que era la lengua más antigua—, griego, latín o la lengua de sus padres? Ordenó que madres adoptivas y nodrizas alimentaran y bañaran a los niños pero que, bajo ninguna circunstancia les hablaran. El experimento fracasó, porque todos los niños murieron (Cass Canfiel, carta de promoción, sin fecha, Planned Parenthood Federation.)

No se sabe si esta anécdota es histórica o no, pero llama la atención a la experiencia social como una necesidad para el crecimiento humano. El desarrollo de la personalidad no es sólo un desenvolvimiento automático de potenciales innatos, como demuestran los aislados sociales. Varias veces cada año, los periódicos informan sobre casos de niños abandonados que han sido encadenados o separados del grupo familiar normal. Se ha encontrado siempre que son retardos y, por lo general, antisociales o asociales. Sin la experiencia humana de grupo, la personalidad humana no se desarrolla. Los informes más impresionantes son aquellos acerca de los llamados niños salvajes, separados de sus familias y supuestamente alimentados por animales (Singh y Zingg, 1942; Krout, 1942, pp. 106-114). Los científicos sociales dudan que un niño pueda vivir largo tiempo cuidado por animales. Sospechan que los llamados niños salvajes son simplemente aislados sociales y niños que han sido perdidos o abandonados por sus padres y luego descubiertos por otros, algún tiempo después (Ogburn, 1959).

Es dudoso que los supuestos niños salvajes sean ejemplos de seres humanos criados por animales. Parece evidente, sin embargo, que los niños que sufren rechazo emocional extremo y se ven privados de un cuidado afectuoso normal fracasan en el desarrollo de la personalidad que nosotros consideramos casi siempre humana. Esta conclusión es congruente con los resultados de muchos experimentos realizados con animales que suelen vivir en grupos, y que fueron criados aislados de sus grupos normales. Harlow y Harlow (1961), criaron monos aislados de todo contacto con otros monos, con solo un armazón de alambre cubierto con una felpa caliente como "madre" sustituta, de la que recibían su biberón y de la se colgaban cuando tenían miedo. Al principio, parecían satisfechos con esta "madre" sustituta, pero al llegar a adultos eran prácticamente asociales. Muchos eran apáticos e introvertidos; otros eran hostiles y agresivos. Ninguno mostró el comportamiento social de grupo de los monos adultos nomales. Es evidente que la madre sustituta satisfacía la necesidad de afecto y seguridad del

¿Cuántas de las necesidades de este monito podría satisfacer esta "madre" sustituta? (*Harry Harlow/ Wisconsin Primate Laboratory.*)

monito pero era incapaz de llevar al mono a estadios ulteriores de desarrollo psicosociales. Algunos ni siquiera se aparearon como adultos. Aquellas que con el tiempo se convirtieron en madres eran negligentes y abusivas, y no mostraron ninguno de los comportamientos "maternos" normales (Harlow, 1975; Greenberg, 1977; Prescott, 1979). Resulta claro que los monos necesitan recibir amor materno, al igual que los niños, a fin de expresarlo como adultos.

Otros experimientos con animales muestran fracasos similares de animales aislados para desarrollar el comportamiento normal adulto correspondiente a sus propias especies (Krout, 1942, pp. 102-105). Por supuesto que los monos no son seres humanos, y deberíamos ser cuidadosos para sacar inferencias de situaciones de comportamiento similares. Pero es interesante notar que el relato de Harlow sobre los efectos de privación maternal en los monos corresponden fielmente a los de la privación materna en los humanos (Spitz, 1965). Parece que tanto los monos como los humanos necesitan una experiencia de grupo íntima si han de desarrollarse como adultos normales.

GRUPOS DE REFERENCIA. A lo largo de la vida de una persona algunos grupos son importantes como modelos para sus ideas y normas de conducta. Tales grupos se llaman *grupos de referencia*. Al principio, el grupo familiar es el más importante, puesto que es el único grupo que la mayoría de los niños tiene cuando son más impresionables. Todas las autoridades están de acuerdo en que las características básicas de la personalidad del individuo se forman en estos primeros años dentro de la familia (White, 1965; Shaffer y Dunn, 1982). Un poco más tarde, el *grupo de pares* —las otras personas de la misma edad y status— se vuelven importantes como grupo de referencia. El fracaso del niño en lograr la aceptación social en su grupo de pares va seguido con frecuencia por una pauta de rechazo social y de fracaso social durante toda su vida. A menos que se haya tenido una buena cantidad de aceptación por parte del grupo de pares cuando se es niño o adolescente, es difícil, aunque no imposible, que se desarrolle una autoimagen adulta como persona competente y útil. Por esta razón, los maestros y consejeros sensibles consagran un gran esfuerzo para ayudar a elevar el nivel de aceptación de los retraídos en el grupo de pares (Oden, 1976).

Muchos estudios han mostrado que para los muchachos de quince o dieciséis años el grupo

Los grupos de referencia son modelos importantes.

de pares se ha convertido en un grupo de referencia sumamente importante, y posiblemente en la influencia más importante en actitudes, metas y normas de conducta (p. ej., Otto, 1977; Hoge y Petrillo, 1978; Youniss, 1980). La réplica del adolescente digustado: "¡Oh, mamá!" resume con claridad el choque frecuente entre las normas familiares y las del grupo de pares, en el que las normas familiares son con frecuencia las perdedoras.

Conforme maduramos, una serie de grupos de referencia surge y desaparece. La pandilla de la secundaria se dispersa, y los estudiantes pasan a la preparatoria, donde juzgan su rendimiento académico contra el de sus compañeros de clase (Bassis, 1977). Las imágenes de la capacidad personal de los trabajadores dentro de su propio campo de acción pueden ser más dependientes de sus percepciones de la forma como son vistos por sus colegas que de sus percepciones de cómo son vistos por los supervisores, lo que significa que los compañeros de trabajo son un grupo de referencia más importante que el de los supervisores. De cientos de posibles grupos de referencia unos cuantos se vuelven importantes para cada persona, y de las evaluaciones de estos grupos se forma y se reforma continuamente la autoimagen de una persona.

GRUPOS MÚLTIPLES Y SOCIALIZACIÓN. Todas las sociedades complejas tienen muchos grupos y subculturas con normas diferentes y algunas veces opuestas. Uno se topa con modelos de comportamiento que son recompensados en un tiempo y castigados en otro, o aprobados por algunos grupos y condenados por otros. Así, el muchacho aprende que debe ser "fuerte" y capaz de "defender sus derechos", aunque al mismo tiempo debe ser ordenado, considerado y respetuoso. Algunos advierten a la joven que permanezca casta, mientras que otros la apremian a "emanciparse". En una sociedad en la que cada persona se mueve entre grupos con diferentes normas y valores, cada persona debe encontrar alguna forma de manejar estas presiones opuestas. La gente puede resolver este problema seccionando su vida y desarrollando una "personalidad" diferente para

La aceptación o el rechazo del grupo afectan el desarrollo de la personalidad. (*Ed Lettau /Photo Researches, Inc.*)

cada grupo en el que se mueve. O bien puede elegir un grupo de referencia favorito para ajustarse a él y tener dentro de él su vida real, rechazando otros grupos, como en el caso siguiente:

"Trece arrestos". El juez movió su cabeza sobre mi expediente. "Luchas entre pandillas, disparos, hurtos, robo de un automovil... No sé qué hacer contigo. Tus padres son trabajadores, gente religiosa en situación económica muy buena. Tu IQ es extraordinariamente alto. ¿Por qué haces estas cosas?"
Yo me encogí de hombres ¡Vaya pregunta tonta! Todos los muchachos que conozco hacen lo mismo. Quizá yo he hecho más cosas de ésas y mejor. ("A Gang Leader's Redemption"), *Life* apr. 28, 1958, pp. 69*ff*).

Este muchacho había adoptado las normas de un grupo de pares delincuentes, en vez de las de su familia. Algunas investigaciones (Warner y Lunt, 1941, p. 351; Rosen 1955; Cary, 1974) han hecho hincapié en el poder del grupo de pares para cultivar pautas de comportamiento contrarias a las familiares. Sin embargo, no todos los jóvenes están tan firmemente casados con las normas del grupo de pares, y no todos los grupos de pares están en conflicto abierto con la familia o la sociedad. La mayoría de los jóvenes encuentra su principal grupo extrafamiliar en equipos atléticos, grupos juveniles eclesiasticos, clubes de vecinos, o pandillas juveniles que están en armonía con la mayor parte de las normas de la sociedad adulta convencional.

Se ha escrito mucho en los años recientes acerca de la "rebelión de los jóvenes" y de la "brecha generacional". Sin embargo, estudios cuidadosos ponen de manifiesto que aunque existe una fuerte presión para el cambio entre los jóvenes actuales, están fundamentalmente de acuerdo con sus padres acerca de los valores básicos con más frecuencia de la que están de desacuerdo (Yankelovich, 1972; Erskine, 1976; Wright, 1975; Lubeck y Bengtson, 1977; Martin, 1982).

¿Por qué algunos jóvenes eligen grupos de pares que generalmente apoyan los valores de los adultos, mientras que otros eligen grupos de pares en guerra con la sociedad adulta? La elección parece relacionarse con la autoimagen. Los delincuentes habituales suelen ser aquellos que se consideran a sí mismo como no amados, indignos, incapaces, inaceptados, menos apreciados, y se unen con otros jóvenes semejantes en un grupo de pares delincuentes que refuerza y sanciona su comportamiento agresivo y resentido. Los jóvenes respetuosos de la ley se consideran amados, dignos, capaces, aceptados, apreciados; se unen con otros formando un grupo de pares, que refuerza el comportamiento aprobado socialmente. En realidad, ver es comportarse. Como nos vemos nos comportamos.

Experiencia única y personalidad

¿Por qué razón los niños educados en la misma familia difieren tanto entre sí, aun cuando han tenido las mismas experiencias? La cuestión es que *no* han tenido las mismas experiencias; han tenido experiencias sociales que son semejantes en algunos aspectos y diferentes en otros. Cada niño entra en una unidad familiar distinta. Uno es el primogénito y el hijo único hasta la llegada del segundo, quien tiene entonces un hermano o una hermana mayor con la cual luchar. Los padres cambian y no tratan a todos los hijos exactamente igual. Los niños entran en diferentes grupos de pares, pueden tener profesores distintos y vivir otros incidentes. Los gemelos idénticos tienen idéntico caudal hereditario y (a menos que sean separados) es probable que tengan las mismas experiencias. Entran en una familia

juntos, con frecuencia tienen los mismos grupos de pares y son tratados más o menos igual por las otras personas; sin embargo, aun los gemelos no comparten *todos* los incidentes y experiencias. *Cada experiencia personal es única en el sentido de que nadie más puede repetirla perfectamente.* Un inventario de las experiencias diarias de varios niños en la misma familia revelará muchas diferencias. De modo que cada niño (con excepción de los gemelos idénticos) tiene una herencia biológica única, no repetida exactamente por nadie, y una serie única de experiencias vitales, tampoco duplicada exactamente por nadie.

Además, *las experiencias no sólo se suman; se integran.* La personalidad no se construye amontonando un incidente sobre otro, como si fuera una pared de ladrillos. El significado y el impacto de una experiencia depende de otras experiencias que la hayan precedido. Cuando a una chica muy popular la dejan "plantada" en una cita, su experiencia no es igual a la de la muchacha introvertida a la que le sucede lo mismo. Los psicoanalistas afirman que algunos incidentes en la experiencia de una persona son determinantes, porque colorea la reacción ante la siguiente experiencia. Las películas cinematográficas "psicológicas", lo mismo que las novelas de este tipo, sugieren con frecuencia que el psicoanálisis consiste en sumergirse en el inconsciente de una persona y en sacar a flote las experiencias traumáticas que han causado el problema. Ésta es una burda simplificación. Ningún muchacho desarrolla una neurosis porque su padre destruyó uno de sus juguetes favoritos cuando el niño tenía 3 años de edad. Pero es posible que ese episodio traumático pueda ser el primero de una serie de experiencias de rechazo mutuo y coloree, así, el significado de muchas otras experiencias posteriores. Esto significa que la experiencia de cada persona es una red infinitamente complicada de millones de incidentes, cada uno con un significado y un impacto adquirido de todas las demás que lo han precedido. No es de extrañar que la personalidad sea compleja.

Todavía otro factor aparece en la selección de los roles que se desempeñarán dentro de la fa-

La experiencia de cada persona es única y no repetida exactamente por nadie más. (*Erika Stone/Peter Arnold, Inc.*)

milia. Los niños se imitan mucho unos a otros, pero también luchan por tener identidades separadas. Los niños más pequeños rechazan con frecuencia aquellas actividades que sus hermanos mayores ya hacen bien y buscan reconocimiento mediante otras actividades. Los padres pueden ayudar inconscientemente a este proceso de selección. La madre puede decir "Luli es la pequeña ayudante de mamá, pero pienso que Ana va a ser un marimacho", cuando Luli empieza a levantar la mesa y Ana hace varias cabriolas. Algunas veces un niño en una familia bien educada elige el papel de "niño malo" y frunce el seño impresionantemente cuando sus padres describen el problema que tienen con él a las visitas. En las familias grandes un niño puede ser presionado a encontrar un papel todavía no tomado por el hermano mayor. Así, en éstos y otros muchos aspectos la experiencia de vida de cada persona es única; única en el sentido de que nadie más ha tenido exactamente esta serie de experiencias, y única también en el sentido de que nadie más ha tenido el mismo contexto de experiencias sobre el que cada nuevo incidente chocará y del cual tomará su significado.

TEORÍAS SOBRE EL DESARROLLO DE LA PERSONALIDAD

Varios estudiosos han propuesto algunas teorías interesantes sobre el desarrollo de la personalidad. Ninguna ha sido "demostrada" con la clase de pruebas empíricas o experimentos de investigación que establecen, por ejemplo, que los gérmenes causan enfermedades o que la confianza en sí mismo mejora el rendimiento. Cada una es una teoría estimulante que explica un asunto complicado en forma creíble.

Cooley y la identidad por adscripción

¿En qué forma llega un ser humano a la noción de la clase de persona que es? Este concepto de identidad se desarrolla mediante un largo y complicado proceso que prosigue durante toda la vida. El concepto es una imagen que uno construye solamente con la ayuda de los otros. Supongamos que a una niña sus padres y familiares le dicen que se ve muy bonita. Si esto se

repite con bastante frecuencia, con bastante firmeza y por bastantes personas diferentes, ella llegará con el tiempo a sentirse una persona bella y a actuar en consecuencia. Hay pruebas convincentes de investigación sobre que las personas hermosas realmente son tratadas con mayor indulgencia y son consideradas más inteligentes, altruistas y admirables que otras personas, (Berscheid y Walster, 1974; Wilson y Nias, 1976; Cash y Salzbach, 1978; Murphy, 1981). Las personas hermosas parecen con frecuencia más equilibradas y seguras de sí mismas que los "patitos feos", porque son consideradas y tratadas en forma diferente, (Schwebbe y Schwebbe, 1982). Pero incluso una muchacha bonita nunca llegará a creer realmente que es bonita si, desde que ella es muy pequeña, sus padres se muestran decepcionados

La imagen que uno tiene de sí mismo se basa en las reacciones de los otros. (*Sybil Shackman/Monkmeyer.*)

por ella y la tratan como si no fuera atractiva. *La autoimagen de una persona no está necesariamente relacionada con los hechos objetivos.* Un muchacho común y corriente cuyos esfuerzos son apreciados y recompensados desarrollará un sentimiento de aceptación y confianza en sí mismo, en tanto que un muchacho muy brillante cuyos esfuerzos se califiquen con frecuencia como fracasos puede llegar a obsesionarse con sentimientos de incompetencia, y sus capacidades pueden paralizarse prácticamente. Mediante las respuestas de los otros es como un muchacho determina si es inteligente o tonto, atractivo o feúcho, simpático o antipático, justo o pecador, digno o indigno. Una guía reciente (Samuels, 1977) detalla cómo debería tratarse a un niño para que desarrolle una autoimagen de seguridad en sí mismo.

Esta "identidad" que se descubre por medio de las reacciones de los otros se ha denominado "indentidad por adscripción *(The looking-glass self)* por Cooley (1902, pp. 102-103), quien analizó cuidadosamente este aspecto del descubrimiento de sí mismo. Quizá pudo haber sido inspirado por las palabras de Thackeray en su libro *Vanity Fair:*" El mundo es un espejo y devuelve a cada hombre el reflejo de su propio rostro. "Desapruébelo, y él, a su vez, lo mirará agriamente; ríase de él y con él, y seá un jovial y amable compañero".

Hay tres pasos en el proceso de construir identidad por adscripción: 1) nuestra percepción de cómo nos ven los otros; 2) nuestra percepción de su juicio acerca de cómo nos ven y 3) nuestros sentimientos acerca de esos juicios. Así, estamos revisando constantemente nuestra percepción de cómo somos vistos. Supongamos que siempre que entramos en una habitación y nos acercamos a un pequeño grupo de personas dejan de hablar súbitamente y se dispersan. Esta experiencia, repetida muchas veces, ¿afectaría nuestros sentimientos acerca de nosotros mismos? O si, siempre que aparecemos, se forma alrededor de nosotros inmediatamente un grupo de personas para conversar con nosotros, ¿Cómo afectaría esta atención los sentimientos que tenemos acerca de nosotros mismos? Los introvertidos son personas que creyeron desde que eran muy pequeñas

que no podrían entablar conversación. ¿Cómo ocurrió esto?

Así como el espejo proporciona una imagen del ser físico, así la percepción de las reacciones de otros nos da una imagen de nuestra identidad social. "Sabemos", por ejemplo, que tenemos aptitudes en algunos aspectos y no tantas en otros. El conocimiento nos viene de las reacciones de otras personas. El niño pequeño, cuyos primeros y toscos esfuerzos artísticos son duramente criticados, pronto llega a la conclusión de que carece de talento artístico, en tanto que el niño cuyos esfuerzos son alabados por sus padres llega a creer en sus aptitudes. Conforme va madurando el niño, otros le proporcionarán una reacción que puede ser distinta a la de sus padres, porque el espejo social está constantemente ante nosotros.

Notamos que la *percepción* de los juicios de otros es el factor activo en el proceso de formarse una autoimagen. Podemos malinterpretar las reacciones de los demás. Puede ser que el cumplido que tomamos por su valor real sea una mera lisonja; un regaño puede haber sido provocado por el dolor de cabeza del jefe más que por nuestros propios errores. Así, la identidad por adscripción que percibimos puede diferir fácilmente de la imagen que otros se han formado realmente de nosotros. Varios esfuerzos de investigación han buscado pruebas empíricas de la correlación entre la *percepción* que una persona tiene de los juicios de otros y los juicios *reales* que ellos se han formado de esa persona. Estos estudios encuentran una variación considerable entre la percepción del individuo de cómo otros se lo imaginan a él o a ella y el cuadro que ellos realmente tienen. Clavin y Holzman (1953) encontraron que los individuos varían considerablemente en su capacidad para percibir con exactitud los juicios que otros tienen de ellos, y que las personas menos adaptadas eran menos exactas en estas percepciones. Otro experimento, llevado a cabo por Miyamoto y Dornbush (1953), puso de manifiesto que el concepto de sí mismo del sujeto se acerca más a su percepción de la impresión de grupo sobre él que a la impresión real de él que ellos informan, como se muestra en el cuadro 4-1.

CUADRO 4-1
**LA IDEA DE UNO MISMO EN RELACIÓN CON LA RESPUESTA DE
GRUPO PERCIBIDA Y REAL**

Característica	Número de grupos en los que la idea de sí mismos de los sujetos estaba más cercana a sus percepciones de la respuesta de grupo	Número de grupos en los que la idea de sí mismos de los sujetos estaba más cercana a la respuesta real del grupo
Inteligencia	8	2
Confianza en sí mismo	9	0 (1 Empate)
Atractivo físico	10	0
Simpatía	7	3

Nota: Este experimento muestra que en la mayor parte de los casos la imagen que los sujetos tenían de sí mismos se acercaba más a como ellos creían que los otros los veían (columna izquierda) que a como los otros *realmente* los veían (columna derecha). Esto apoya la idea de que nuestra percepción de los sentimientos de otros hacia nosotros, y no sus sentimientos verdaderos, es la que forma el concepto que nos formamos de nosotros mismos.
Fuente: S. Frank Miyamoto and Sanford M. Dombusch, "A Test of interactionist Hypothesis of Self-Conception", *American Journal o Sociology,* 61:399-403, March 1956.

¿Se ha dado usted cuenta alguna vez de que ha malinterpretado la impresión que tienen los demás de usted?

En este estudio de diez grupos con un total de 195 sujetos del sexo masculino, la "percepción de la respuesta de grupo" es la estimación de cada sujeto acerca de cómo los otros miembros del grupo lo clasifican de acuerdo con cuatro características: inteligencia, confianza en sí mismo, atractivo físico y simpatía. La "respuesta real de grupo" es la clasificación realmente asignada a él por lo otros en el grupo. En la mayor parte de estos grupos (miembros de una fraternidad y compañeros de clase que se conocen muy bien unos a otros) los conceptos acerca de sí mismos de los sujetos fueron más cercanos a su respuesta percibida que a la respuesta real del grupo hacia ellos. Es evidente que nuestra percepción de los juicios de otros y no sus juicios reales es la que forma nuestra autoimagen, y estas percepciones son algunas veces inexactas.

Mead y el "otro generalizado"

El proceso de interiorizar las actitudes de los otros ha sido descrito adecuadamente por George Herbert Mead (1934, parte 3, pp. 140-141), quien desarrolló el concepto del *otro generalizado (The generalized other).* Este otro generalizado es un compuesto de las expectativas que uno cree que los otros tienen con respecto a uno. Cuando alguien dice "todos esperan que yo..." está utilizando el concepto del otro generalizado.

La conciencia del otro generalizado se desarrolla mediante los procesos de aceptación del rol y desempeño del rol. *La aceptación del rol* es un intento de actuar de acuerdo con el comportamiento que se esperaría de una persona que realmente tiene el rol que uno ocupa. En los juegos infantiles hay mucha aceptación de roles, como cuando juegan "a la casita" ("tú eres la mamá, yo el papá y tú el bebito"), a los "policías y ladrones" o cuando juegan con muñecas. El desempeño de roles consiste en representar el comportamiento de un rol que uno realmente tiene (como cuando el muchacho y la muchacha *se convierten* en padre y madre), en tanto que en la aceptación de roles uno sólo pretende desempeñar el rol.

Mead distingue tres etapas en el proceso mediante el cual uno aprende a desempeñar roles de adulto. Primero, hay una etapa preparatoria (de 1 a 3 años), en el que el niño imita el comportamiento del adulto sin ninguna comprensión real (como cuando la niñita abraza a su muñeca y luego la utiliza como un palo para pegarle a su hermano). Luego viene la etapa (de 3 a 4 años) cuando los niños tienen alguna comprensión del comportamiento, pero cambian roles de manera irregular. En cierto momento el muchacho es un constructor que pone ladrillos uno sobre otro, y un momento más tarde los hace caer; o en un momento es un policía y a los minutos siguiente es un astronauta. Finalmente viene la etapa del deporte (de 4 a 5 años y más) donde el rol se hace coherente y tiene un propósito, y el niño tiene la capacidad para percibir el rol de los otros jugadores. Para jugar beisbol, cada jugador debe entender su propio rol, lo mismo que el de los otros jugadores. Así, mediante el juego infantil, uno desarrolla la capacidad para ver su propio comportamiento en su relación con otros y para percibir la reacción de otras personas involucradas. Algunos intentos para probar las teorías de Mead experimentalmente han sido favorables. Por ejemplo, Rubin y Maioni (1975) encontraron una correlación positiva entre la participación de niños pequeños en una pieza dramática y su capacidad para adoptar el punto de vista de los otros.

Mediante esta conciencia de los roles, de los sentimientos y de los valores de otros, es como el otro-generalizado toma forma en nuestra mente. Es, pues, un compuesto de los roles que otras personas desempeñan y de las expectativas que tienen respecto de nosotros. Puede aproximadamente equipararse con las expectativas de la comunidad o, al menos, con aquellos sectores de la comunidad en que nos movemos. Mediante la repetida "aceptación del rol del otro generalizado" uno desarrolla un concepto de identidad, es decir, de la clase de persona que uno es.

Un fracaso en el desarrollo de esta capacidad para adoptar el punto de vista de otro (para aceptar el rol de otro) parece paralizar el desarrollo de la personalidad. Chandler (1970) hizo pruebas con un grupo de muchachos delin-

cuentes y encontró que tenían varios años de retraso en su capacidad para aceptar roles. Después de varias semanas en un "taller de actuación" en el que cada muchacho hizo todos los roles sucesivamente (de agresor, de víctima, de agente aprehensor, de juez), los muchachos ganaron varios años en sus habilidades para desempeñar roles. Esto apoya la teoría de Mead de que representar roles es un proceso esencial de aprendizaje en la socialización.

Otras autoridades han añadido el concepto del *otro-significativo (the significant other)*. El otro-significativo es la persona cuya aprobación deseamos y cuya dirección aceptamos. Como Woelfel y Haller (1971, p. 75) definen el concepto, "los otros-significativos son aquellas personas que ejercen mayor influencia en las actitudes de los individuos". Los otros-significativos pueden ser influyentes por los roles que desempeñan (padres, maestros) o porque se ha elegido a este otro-significativo precisamente como importante (celebridades populares, mejores amigos, pariente favorito, novio o novia). Son importantes para nosotros, y, por lo tanto, sus ideas y valores tienden a ser nuestras ideas y valores.

Freud y el yo antisocial (antisocial self)

Tanto Cooley como Mead eran interaccionistas pues consideraban la personalidad como moldeada mediante nuestra interacción social con otros. Ambos suponían una armonía básica entre individuo y sociedad. Para Cooley, el "individuo separado" era una idea abstracta que no tenía existencia aparte de la sociedad, del mismo modo que la "sociedad" no tenía sentido aparte de los individuos. El "yo socializado" (*the socialized self*) lo forma la sociedad, y la sociedad es una organización de las personas que socializan. Así, el individuo y la sociedad son dos aspectos de la misma cosa.

Freud consideró que entre personalidad y sociedad había un conflicto básico, no una armonía. Consideró el yo (*self*) como un producto de las formas en que los motivos e impulsos humanos básicos son negados y reprimidos por la sociedad. Freud pensaba que la porción racional de la motivación humana era como la parte visible de un iceberg, en tanto que la parte más grande de las motivaciones humanas permanecía en fuerzas inconscientes y ocultas que afectan poderosamente la conducta humana. Dividía el yo (*self*) en tres partes: el id, el superego y el ego. El id es el pozo de los deseos e impulsos instintivos y no socializados, egoístas y antisociales; el superego es el complejo de ideales y valores sociales que uno ha interiorizado y que forma la conciencia; el ego es la parte consciente y racional del yo (*self*) que supervisa la represión del id por el superego. Así, el ego es el centro de control, el superego es el agente de policía y el id es la caldera hirviente de los deseos egoístas y destructivos. Puesto que la sociedad reprime la expresión de la agresión, del deseo sexual y de otros impulsos, el id está en continua guerra con el superego. El id está reprimido casi siempre, pero a veces se abre paso en abierto desafío al superego, creando una carga de culpa que le es difícil soportar al yo (*self*). Otras veces las fuerzas del id encuentran expresión en formas disfrazadas que permiten al ego no ser consciente de las verdaderas razones que motivan sus acciones, como cuando un padre desahoga su hostilidad golpeando al niño, en la creencia de que esto es "por su propio bien". Así, Freud encuentra que el yo (*self*) y la sociedad son con frecuencia opuestos y no sólo diferentes aspectos de la misma cosa.

Las teorías de Freud han inspirado enconadas controversias, "escuelas" rivales y muchas interpretaciones y revisiones. Sus conceptos representan formas de ver la personalidad más que entidades reales que pueden verificarse mediante experimentos específicos. No hay una sola prueba empírica que pueda utilizarse para determinar si el superego, el ego y el id son los mejores conceptos posibles para describir las partes componentes de la personalidad humana. Los intentos de comprobación empírica han fracasado cuando se trata de confirmar muchas de las teorías de Freud, a pesar de que apoyan otras (Fisher y Greenberg, 1977). La mayor parte de los científicos sociales están de acuerdo actualmente en que Freud tenía probablemente razón al afirmar que los motivos humanos son en muy buena parte inconscientes y están más allá del control racional, y en que no siempre armonizan con las necesidades de una sociedad ordenada.

Aunque Cooley y Mead describen el desarrollo del yo (*self*) en términos diferentes, sus teorías, más que oponerse, se complementan. Ambos contradicen a Freud en que ven el yo y la sociedad como dos aspectos de la misma realidad, en tanto que Freud los ve en eterno conflicto. Pero los tres consideran el yo (*self*) como un producto social, formado y moldeado por la sociedad.

Erikson y las ocho etapas de la vida

Erik Erikson es un estudioso alemán que ha vivido en Estados Unidos desde 1933. Nunca obtuvo ninguna licenciatura; sin embargo fue capaz de impartir cátedra en California y Harvard. Capacitado en el psicoanálisis freudiano, fue más allá que Freud y desarrolló una teoría de la socialización a lo largo del ciclo vital mediante ocho etapas marcadas por las crisis de identidad. Éstas son momentos cruciales en el desarrollo cuando uno debe moverse en una de dos direcciones generales.

Estas etapas, como se muestran en el cuadro 4-2, comienzan en la infancia, cuando el niño aprende a confiar o a desconfiar. Si su madre (o la madre sustituta) es firmemente cariñosa y amorosa y atenta a las necesidades físicas del niño, éste crea sentimientos de seguridad y confianza. Si la madre es desatenta, fría, poco acogedora o abusiva o aun inconstante, el niño se vuelve inseguro y desconfiado.

Durante la segunda etapa, "autonomía *versus* duda y vergüenza", los niños aprenden a caminar, a hablar, a emplear sus manos y hacer otras varias cosas. Comienzan a establecer autonomía, esto es, empiezan a hacer sus propias elecciones, a manifestar su voluntad, a formas deseos y a tratar de conseguirlos. Si se les alienta en esto, desarrollan un sentimiento de autonomía. Si se los frustra en esta etapa, Erikson cree que empiezan a dudar de sí mismos y a tener sentimientos de vergüenza en sus relaciones con otros.

CUADRO 4-2
LAS SIETE ETAPAS DE LA VIDA, DE ERIKSON

Edad	Crisis de identidad por resolver	Virtud básica por desarrollar
Infancia	Confianza vs. desconfianza	Esperanza
Primera infancia (2-3)	Autonomía vs. vergüenza y duda	Voluntad
Etapa del juego (4-5)	Iniciativa vs. culpa	Propósito
Etapa escolar (6-11)	Laboriosidad vs. inferioridad	Competencia
Adolescencia (12-18)	Identidad vs. confusión de roles	Fidelidad
Edad adulta joven (19-35)	Intimidad vs. aislamiento	Amor
Edad adulta media (36-50)	Creatividad vs. estancamiento	Cariño
Vejez (51 +)	Integridad vs. desesperación	Prudencia

Fuente: Erik Erikson, *Childhood and Society* W. W. Norton & Company, Inc., New York, 1963, and *Youth and Crisis.* W. W. Norton & Company, Inc., New York 1968.

¿Cómo pueden compararse estas etapas de Erikson con los recuerdos que usted tiene de su propio desarrollo?

En cada una de las siguientes seis etapas existe una crisis similar de identidad en la que se necesitan ciertos conocimietos para una personalidad saludable. En la tercera etapa se resuelve el conflicto de Edipo y se empieza a desarrollar el sentido moral. En la cuarta etapa el mundo del niño se amplía, se aprenden habilidades técnicas y se amplifican los sentimientos de competencia. Estas primeras cuatro etapas corresponden a las cuatro etapas del desarrollo psicosexual de la infancia, según Freud: oral, anal, genital y latente. En la quinta etapa el adolescente desarrolla un sentido de identidad personal mediante la interacción con los otros. En la etapa sexta el adulto joven desarrolla relaciones amorosas durables con el sexo opuesto. En los años medios de la séptima etapa el individuo hace su contribución a la propia familia y a la sociedad. En la última etapa se acepta el fin de la vida con dignidad o con desesperación. Para cada una de las etapas existe asociada una *virtud básica* que se desarrolla mediante el paso exitoso de esa crisis. Si los conocimientos apropiados a una etapa son equivocados, puede ser posible, aunque di-

fícil adquirirlos más tarde en la vida, (Erikson, 1963, 1968; Roazen, 1976).

Las teorías de Erikson han tenido mucha influencia. El fue quien popularizó el término crisis de identidad, que con frecuencia se utiliza mal para referirse a cualquier periodo de duda o confusión. Puede discutirse si cada conocimiento está centrado en su etapa propia. La crisis "identidad versus confusión de roles" ¿ésta centrada en la adolescencia o surge también en otras etapas? La sabiduría ¿es la única virtud de los ancianos? Como todas las teorías del desarrollo, las de Erikson son difíciles de probar o refutar.

Piaget y las etapas del aprendizaje

Jean Piaget, con formación de biólogo, fue reconocido como un psicólogo especializado en la infancia y en el desarrollo de la inteligencia. Pasó miles de horas observando jugar a los niños y preguntándoles acerca de sus acciones y sentimientos. No desarrolló una teoría general de la socialización, pero concentró su atención en la forma como los niños aprenden a hablar, a pensar, a razonar y, con el tiempo, a formar juicios morales.

Piaget cree que los niños piensan en forma diferente a los adultos y que los humanos están biológicamente programados para avanzar hacia el pensamiento lógico y racional mediante una serie predecible de etapas de desarrollo. Por etapas "de desarrollo" queremos decir que los conocimientos de una etapa son necesarios para pasar a la siguiente etapa. Así como el niño pequeño debe aprender a andar antes de que pueda aprender a correr, debe aprender también a obedecer las normas externas antes de que pueda desarrollar un control de sí mismo basado en los valores morales. El niño pequeño puede aprender reglas literales ("¡Lávate las manos antes de comer"! "¡No le jales la cola a los gatos!"), pero no puede captar los propósitos que las animan. "Lo malo" no se mide por la intención sino por el efecto; así, romper el juguete de otro niño intencionalmente no es peor que romperlo por accidente.

Alrededor de los 7 u 8 años el niño empieza a ver que las reglas están basadas en el sentido práctico, el respeto mutuo y la justicia. En esta forma, el niño reemplaza gradualmente una moralidad basada en la obediencia a la autoridad exterior y en el temor al castigo, por un control de sí mismo basado en la cooperación y la mutua consideración. No todos completan estos conocimientos y algunos permanecen en un nivel infantil de comportamiento moral a lo largo de toda su vida. (Piaget, 1932, 1951, 1965; Piaget y Inhelder, 1969). Muchas de las teorías de Piaget, aunque no todas, han sido confirmadas por estudios de investigación (Kohlberg, 1964, p. 339), y actualmente es uno de los psicólogos infantiles más frecuentemente citados. Hay otros sistemas de "etapas vitales" (Sheehty, 1976; Hareven 1978; Levinson, 1979), pero están más enfocados a la transición de roles que a la socialización.

IMPORTANCIA DE LA AUTOIMAGEN

Como ya se ha dado a entender, la autoimagen personal es un factor sumamente activo en el comportamiento. Hay una gran cantidad de investigaciones que demuestran la importancia de la autoimagen. En *The Sense of Well-Being in America,* Campbell encontró que de todos los factores relativos al "estar satisfechos de la vida", el de "estar satisfechos de sí mismos" ocupa el primer lugar; le sigue el del nivel de vida", y en tercer sitio se encuentra el de "satisfacción con la vida familiar" (Campbell, 1981, p. 48) El famoso estudio *Equality of Educational Opportunity* (Coleman, 1966, pp. 319-325) encontró que la característica de la personalidad más importante asociada con el aprendizaje escolar era el concepto que el niño tiene de sí mismo y el sentido de control sobre su medio ambiente; esto es, el sentimiento del niño de que sus esfuerzos pueden cambiar la situación. La enseñanza efectiva de la escuela, en la fábrica o en el ejército se apoya en la construcción de la confianza en sí mismo del alumno. (Leviton, 1975). A la inversa, la falta de una imagen satisfactoria de sí mismo casi siempre dificulta el aprendizaje o la ejecución de un trabajo. Estudios llevados a cabo hace algunos años, mostraron que los escolares negros tienen una autoestima más baja que la de los niños blancos, y se pensó que esto sería un factor que explicaría el rendimiento escolar más bajo de los niños negros. Estudios reciente, sin embargo, ya no encuentran niveles inferiores de autoestima entre los niños negros (Greenberg, 1972; Beglis y Sheikh, 1974; Hilbary, 1975). Ésta puede ser una razón por la que la brecha en el aprendizaje entre niños blancos y negros se haya reducido singnificativamente durante el decenio pasado (Burton y Jones, 1982).

Una autoimagen que no sea satisfactoria conduce con frecuencia a conductas desagradables, antisociales o de delincuencia (Schwartz y Tangri, 1965; Kaplan, 1975, 1977). De hecho, una parte muy significativa de la conducta, desde hábitos moderadamente molestos como el del "sabelotodo" y el de quien se ufana indebidamente hasta las neurosis severas y la delincuencia pueden considerarse como intentos desesperados para reparar una imagen intolerable de sí mismo, que sea de incompetencia, devaluación o falta de importancia. La respuesta extrema a los sentimientos de devaluación es el suicidio (Kaplan y Pokorny, 1976). Indudablemente, la autoimagen influye en el núcleo mismo de la conducta.

SUMARIO

La *personalidad* es el sistema total de tendencias de comportamiento de una persona. Nuestra *herencia* nos proporciona una serie de necesidades y potencialidades que otros factores pueden canalizar y desarrollar. Nuestro *medio ambiente físico* tiene relativamente poca importancia en el desarrollo de la personalidad. Nuestra *cultura* suministra algunas experiencias bastante uniformes a todos los miembros de nuestra sociedad. Nuestra experiencia de grupo desarrolla similitudes de personalidad dentro de los grupos y diferencias de personalidad entre los grupos; la experiencia única de cada persona determina su individualidad.

La personalidad normal difiere dramáticamente de sociedad a sociedad, como se mostró con los inseguros, traicioneros y suspicaces dobuanos y los amigables, seguros y serviciales zuñi. Cada sociedad desarrolla una personalidad normal. producida por la experiencia total de una persona que ha crecido en la sociedad. Tales influencias culturales incluyen normas culturales, tipos ideales de personalidad presentados como modelos y muchas otras clases de experiencias. Todas estas influencias tienden a desarrollar un tipo de *personalidad modal* para esa sociedad.

Las sociedades más complejas pueden tener varias subculturas, cada una de las cuales desarrolla su personalidad característica y reduce la uniformidad total de la personalidad dentro de la cultura. Aun en las sociedades más simples no hay uniformidad completa en la personalidad; sólo una minoría de los miembros comparten todas las características de la personalidad modal. En las sociedades complejas la variación en la personalidad es aún más grande.

La socialización requiere de la experiencia de grupo; por eso los *aislados sociales* no pueden desarrollar una personalidad humana normal. La socialización se centra fuertemente en el desarrollo del concepto de personalidad. Cooley pensaba que la persona forma su imagen de la personalidad —*la identidad por adscripción*— en las reacciones de otras personas hacia ella y en los sentimientos propios acerca de esas reacciones. Los *grupos de referencia* son grupos cuyas normas nos aplicamos a nosotros mismos y cuya aprobación deseamos. Los *grupos de pares* son grupos de personas de nuestra propia edad y status, y son grupos de referencia sumamente importantes, especialmente en la niñez y en la adolescencia. Mead hacía hincapié en *la representación de roles* en el juego de los niños como proceso de aprendizaje mediante el cual se toma conciencia de los sentimientos de los demás. Por medio de la aplicación de las normas del *otro-generalizado* a las acciones propias, uno desarrolla una imagen del yo. Freud consideraba el yo (*self*) como compuesto de impulsos antisociales innatos (el *id*), reprimidos por una conciencia adquirida socialmente (el *superego*) mientras que la parte consciente o racial del yo (el *ego*) busca mantener el equilibrio entre el id y el superego. Cooley y Mead consideraban la personalidad y la sociedad como dos aspectos de la misma entidad, en tanto que Freud considera al yo como básicamente antisocial y a la mayor parte de las dificultades de la personalidad como surgidas del choque entre los impulsos del yo y las represiones de la sociedad.

Erikson consideraba el desarrollo de la personalidad como un proceso de toda la vida. Las personas pasan por ocho *crisis de identidad,* sucesivas, en cada una de las cuales se lleva a cabo una serie de aprendizajes constructivos o inefectivos y en las que se debería adquirir una *virtud básica*. Piaget propuso un modelo de desarrollo de cómo el niño reemplaza la obediencia a las reglas autoritarias por una moralidad madura, basada en la mutua consideración.

En una cultura compleja, con muchos tipos de grupos, uno puede tener dificultad para desarrollar una autoimagen satisfactoria y un sistema integrado de comportamiento. Uno puede resolver este problema seccionando la vida propia y actuando en forma diferente en cada grupo o conformándose con un solo grupo, y si es posible, ignorando a otros cuyas normas están en conflicto con las del propio grupo. El no poder hacer una u otra cosa puede acarrear confusión e inadaptación. Aunque hay elementos comunes en la experiencia de todas las personas y todavía más en la experiencia de las personas dentro de una sociedad particular, cada persona sigue siendo única.

GLOSARIO

aislados sociales: organismos que carecen de contactos sociales normales con otros miembros de sus propias especies.

crisis de identidad: para Erikson, uno de los ocho puntos cruciales principales en la vida, cuando se toman direcciones importantes en el desarrollo de la personalidad. Popularmente se utiliza este concepto para designar cualquier periodo de incertidumbre.

ego, superego e id: conceptos freudianos. El *id* son los deseos e impulsos instintivos, antisociales y egoístas del individuo. El *superego* son los ideales y valores sociales que uno interioriza y que forman la conciencia. El *ego* es la parte consciente y racional de la personalidad que vigila la represión del *id* mediante el *superego*.

experiencia única: experiencia total de una persona que ninguna otra puede repetir.

grupos de pares: grupos de "iguales" a uno, generalmente personas similares con las que uno habitualmente se asocia.

grupo de referencia: cualquier grupo aceptado como modelo o guía para los juicios o acciones propias.

identidad por adscripción: percepción del yo que uno se forma interpretando las reacciones de otras personas hacia uno mismo.

niños salvajes: niños supuestamente criados aislados de la sociedad humana y, por lo tanto, no socializados.

otro-generalizado: totalidad de valores y normas de la propia comunidad o del propio grupo, cuyos juicios uno aplica a su propio comportamiento al formar su propio concepto de personalidad.

personalidad: totalidad del comportamiento de un individuo, con un sistema determinado de tendencia que interactúa con una secuencia de situaciones.

personalidad modal: configuración de la personalidad típica de la mayoría de los miembros de un grupo o sociedad.

socialización: proceso mediante el cual una persona interioriza las normas de sus grupos, de modo que surja una personalidad única.

yo (self): la conciencia que una persona tiene de sí misma y las actitudes que observa hacia sí misma.

PREGUNTAS Y PROYECTOS

1 ¿Cómo sabemos que la personalidad no es simplemente la maduración y el despliegue de tendencias heredadas?

2 ¿Cuáles podrían ser algunas posibles diferencias en la vida social si los seres humanos nacieran (y fueran amamantados) en camada en vez de uno por uno?

3 ¿En qué forma la cuestión de la herencia y el medio ambiente es un problema político?

4 Se ha dicho que una persona educada en una cultura puede aprender a actuar como lo hace la gente en una cultura adoptada, pero que nunca podrá pensar y sentir como una persona de esa cultura. ¿Está usted de acuerdo?

5 Suponga que los dobuanos fueran visitados por un hombre que constantemente actúa en forma sincera, confiada y convencida. Diga por qué cree usted que ellos:

a. Lo admirarían o no lo admirarían

b. Lo imitarían o no lo imitarían

c. Lo temerían o no lo temerían

d. Se compadecerían o no se compadecerían de él

6 Si la cultura desarrolla similitudes en la personalidad dentro de una sociedad ¿cómo explicaríamos las diferencias de personalidad dentro de una sociedad? Tales diferencias de personalidad ¿son mayores en una sociedad simple o en una sociedad compleja? ¿Por qué?

7 ¿Cómo explicaría usted el hecho de que los grupos que tienen una mayor influencia socializadora sobre una persona pueden no afectar a otra persona que tiene el mismo trato con ellos?

8 Comente esta afirmación: "Lo que yo soy realmente es más importante que lo que otras personas piensan de mí?

9 ¿Por qué hay algunas personas bellas y talentosas que son tan inseguras de sí mismas?

10 ¿En qué forma la personalidad es un producto social?

11 ¿Cómo contribuyen los deportes al desarrollo de la personalidad?

12 ¿Considera usted que Freud y

Cooley están básicamente en desacuerdo acerca de la naturaleza del yo? Explique su respuesta.

13 ¿Cómo es posible que los niños de una misma familia desarrollen características de personalidad tan impresionantemente diferentes?

14 Explique en qué forma varios tipos de personas fastidiosas —fanfarrones, valentones, chismosos, donjuanes— pueden estar buscando rehacer una autoimagen insatisfactoria.

15 Para que la esclavitud fuera rentable, era necesario que los esclavos *se sintieran* inferiores y sólo se *sintieran* capacitados para ser esclavos. ¿Cómo se les hizo a los esclavos sentirse inferiores en Estados Unidos? ¿Por qué ha estado cambiando la imagen que los negros tienen de sí mismos en Estados Unidos?

16 Cuando la Shell Oil Company planeó construir un edificio de oficinas en Japón, los japoneses se opusieron a las oficinas privadas que los ejecutivos estadounidenses aman tanto. No les gusta trabajar solos. ¿Qué nos muestra esto acerca de la cultura y la personalidad?

17 ¿Puede usted recordar un incidente específico entre sus experiencias que ilustre la teoría de la identidad por adscripción? Escríbalo y describa sus acciones, las reacciones de otros, la percepción que usted tuvo de esas reacciones y sus sentimientos relativos a esa percepción ¿En qué forma piensa usted que este incidente lo afectó?

18 Escriba el relato de un día típico en su vida y liste todas las influencias culturales tipificadas que haya experimentado a lo largo de él, como casi cualquier otra persona, y diga cómo sospecha usted que cada una le haya ayudado a formar su personalidad.

19 Prepare un análisis del comportamiento de "Yank", el bombero, en *The Hairy Ape* de Eugene O'Neill ¿Es su comportamiento coherente con lo que este capítulo esboza acerca de los otros y el concepto de personalidad?

LECTURAS QUE SE SUGIEREN

* Benedict, Ruth: *Patterns of Culture,* Houghton Mifflin Company, Boston, 1961 (lst ed., 1934). Muestra cómo cada cultura integrada desarrolla un comportamiento y una personalidad que es normal y útil en esa sociedad.

* Elkin, Frederick, and Gerald Handel: *The Child and Society: The Process of Socialization.* Random House, Inc., New York, 1976. Una descripción sencilla del proceso de socialización.

Eysenck, Hans J.: *The Biological Basis of Personality,* Charles C. Thomas Publisher, Springfield, Ill., 1971. Un resumen que incluye las pruebas sobre la base biológica de la personalidad.

Farber, Susan: "The Telltale Behavior of Twins", *Psychology Today,* 15:58 ff. January 1981. Un breve artículo sobre las similitudes entre gemelos educados por separado.

* Goffman, Erving: *Presentation of Self in Everyday Life,* Social Science Research Center, University of Edinbrugh, 1956; Anchors Books paperback, Doubleday & Company, Inc., Garden City, N. Y., 1959. Un cuadro detallado de cómo emerge la personalidad a través de la experiencia cotidiana.

Grinker, Roy R.: "The Poor Rich", *Psychology Today,* 11:74-81, October, 1977. Un relato acerca de cómo los problemas de personalidad del rico se desarrollan desde su extraña socialización como niño.

Kuhn, Manford: "Self-attitudes by Age, Sex, and Professional Training", *Sociological Quarterly,* 1:39-55, January 1960; The Bobbs-Merrill Company, Inc., Indianapolis, reprint S-156. Exploración de las propias actitudes llevada a cabo por miembros de diferentes categorías sociales mediante el uso de la prueba de las veinte preguntas.

* Rose, Peter I. (ed.): *Socialization and the Life Cicle,* St. Martin's Press, Inc., New York, 1979. Una colección de artículos sobre el proceso de socialización en las diferentes edadés y en grupos diferentes.

* Spiro Melford: *Children of the Kibbutz:* Harvard University Press, Cambridge Mass., 1958, 1965, 1975. Un estudio de la socialización en las comunidades agrícolas de Israel.

Wilson, Glenn, and Davis Nias: "Beauty Can't Be Beat" *Psychology Today,* 10:97-99. September, 1976. Un artículo popular que muestra cómo la gente hermosa consigue que otros la inviten.

* Un asterisco antes de la cita indica que el título está disponible en rústica.

5 Rol y status

Todo el mundo es un
  escenario,
Y todos los hombres y
  mujeres solamente actores.
....
Y un hombre en su vida
  representa muchos
  papeles,
Sus actos son siete edades.
  Al principio el niño,

Llorando y vomitanto en los
  brazos de la nodriza
....
La última escena de todas

Es la segunda niñez y el
  simple olvido...
  (William Shakespeare,
  As Your Like it, acto 2,
  escena 7.)

Profundamente enclavados en
la naturaleza del habla están
los fundamentos de la teatrali-
dad.

(Erving Goffman,
Forms of Talks, University of
Pennsylvania Press,
Philadelphia, 1981, p. 2.)

La descripción clásica del mundo como un escenario hecho por Shakespeare hace hincapié sobre los cambios de roles de status que vienen con la edad. Éstos son importantes e ineludibles, pero otros, como los que acompañan varias ocupaciones, son igualmente significativos. Goffman señala que la conversación misma es una forma de teatro.

El *status* se define ordinariamente como *el nivel o posición de una persona en un grupo, o de un grupo en relación con otros grupos.* (De hecho, algunos sociólogos prefieren utilizar el término *posición* en vez de *status*). *Rol* es el *comportamiento esperado de una persona que adquiere un status particular.* Cada persona puede ocupar varios status y puede esperarse que desempeñe los roles apropiados a ellos. En un sentido, *status* y *rol* son dos aspectos del mismo fenómeno. Un status es una serie de privilegios y obligaciones; un rol es el desempeño de esta serie de obligaciones y privilegios.

Las normas de la cultura se aprenden principalmente mediante el aprendizaje de roles. Aunque unas cuantas normas se aplican a todos los miembros de una sociedad, la mayor parte de las normas varían de acuerdo con los status que ocupamos, porque lo que es correcto para un status no lo es para otro. *La socialización, el proceso de aprender lo necesario de las costumbres y tradiciones para formar parte de la sociedad,* es en gran parte un proceso de aprendizaje del comportamiento señalado por el rol.

SOCIALIZACIÓN MEDIANTE EL ROL Y EL STATUS

Cada persona debe aprender a desempeñar roles como niño, estudiante, probablemente mari-

do o mujer, padre, empleado, miembro o funcionario de una organización, miembro de una raza o clase social particular, cuidadano, residente de una comunidad, y muchos otros. El aprendizaje de roles implica por lo menos dos aspectos: 1) debemos aprender a cumplir las obligaciones y a exigir los privilegios del rol, y 2) debemos adquirir las actitudes, sentimientos y expectativas apropiadas al rol. De estos dos aspectos, el segundo es más importante. Casi todos (hombres y mujeres) podemos aprender muy rápidamente cómo alimentar, bañar y cambiar pañales a un niño; lo que no se aprende rápidamente son las actitudes y sentimientos que hacen del cuidado de un niño una actividad satisfactoria y recompensante. No se puede desempeñar un rol feliz y exitosamente sin haber sido socializado para aceptar ese rol como digno, satisfactorio y apropiado.

El entrenamiento en la mayor parte de los roles importantes comienza pronto desde la niñez, cuando uno empieza a formar actitudes hacia esos mismos roles y status. La mayor parte del entrenamiento es fácil e inconsciente. Los niños ''juegan a la casita'', juegan con los juguetes que se le dan, observan y ayudan a la madre y al padre, escuchan y leen cuentos, oyen la conversación familiar y participan en la vida de la familia. De todas estas experiencias los niños se van formando gradualmente una imagen de cómo actúan los hombres y las mujeres y de cómo se tratan mutuamente los esposos.

Roles sociales y personalidad

El niño pequeño que adopta el rol de padre mientras juega ''a la casita'' está consciente de que debe pensar y actuar de manera diferente a cuando simplemente está desempeñando su rol propio. Al principio puede haber poca comprensión de las razones que son el fundamento de los actos del padre, pero esta comprensión crece y sus "fingidos" roles lo ayudarán a prepararse para cuando llegue el tiempo en que tenga que actuar realmente como padre. En un nivel de mayor madurez la representación del rol "fingido" ha sido de gran utilidad para ayudar a la gente a comprender las reacciones de los otros en una técnica de diagnóstico y terapia conocida como *psicodrama,* desarrollada por Moreno (1940) y por otros. Un marido, por ejemplo, puede jugar el rol de su esposa, en tanto que ella juega el de él cuando vuelven a representar alguna discusión o conflicto reciente, en un diálogo improvisado. Cuando cada uno intenta tomar la parte del otro, expresando las quejas y defensas del otro, después de lo cual cada uno puede comprender mejor los sentimientos y reacciones del cónyuge.

El concepto de rol implica un conjunto de expectativas. Nosotros esperamos actuar en cierta forma y esperamos que los otros actúen también en cierta forma. Ya sea que un nuevo rol sea fingido o genuino, uno puede analizar su propio comportamiento y el de los demás. La personalidad no permanece inmutable después de esta clase de experiencia. La mujer casada se encuentra en un status diferente del de la mujer soltera. Su rol es distinto, y en alguna forma ella será otra persona.

Los roles ocupacionales producen también cambios en la personalidad, de modo que hay "efectos recíprocos del hombre sobre el trabajo y del trabajo sobre el hombre" (Kohn y Schooler, 1973). En un famoso experimento de representación de roles, Zimbardo (1973) levanto una prisión falsa y la completo con una unidad de celdas simuladas, guardias uniformados y las rutinas ordinarias de una prisión. Estudiantes voluntarios fueron divididos al azar en "prisioneros" y "guardias" y a éstos se les dijo que inventaran sus propios medios de control. Los "prisioneros" se rebelaron rápidamente y, de pronto los "guardias" se volvieron brutales y abusivos en tal grado, que ello sorprendió y alarmó a quienes supervisaban el experimento. El experimento fue suspendido porque los "prisioneros" sufrieron ataques de furia incontrolables, lloraron a lágrima viva y mostraron

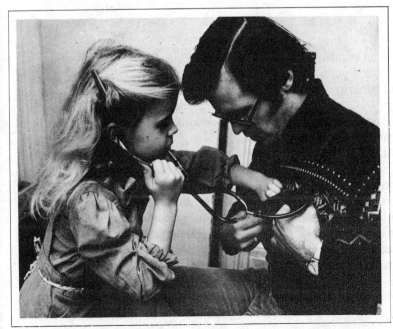

El adiestramiento para el rol empieza pronto (*Suzanne Szasz/ Photo Researchers, Inc.*)

Un conjunto de roles ¿Cuántos roles puden desempeñarse? *(Erika Stone/Peter Arnold, Inc.)*

otros síntomas parecidos a los de la esquizofrenia, y los supervisores temieron que alguno pudiera sufrir un daño físico o mental serio (Craig Haney et al., 1973).

Aunque este experimento es artificial en la medida que lo que los participantes realizaron fue una representación temporal, no carece, sin embargo, de significado. Si los roles que representaron tuvieron un efecto tan grandre en el comportamiento, mucho mayor debe ser el efecto del desempeño de un rol genuino. Es probable que las personas que tienen ciertas características personales se sientan atraídas hacia roles ocupacionales que exijan esas características, mientras que esos roles, a su vez, tiendan a desarrollar y reforzar las características personales que el rol requiere.

Conjunto de roles

El término *conjuto de roles* se utiliza para indicar que un status no tiene un rol único, sino una serie de roles asociados que encajan unos con otros (Merton, 1957*a*, p. 369). Por ejemplo, una esposa también es una hija, un pariente, una vecina, una ciudadana, una compañera sexual; probablemente, una madre, una anfitriona, una cocinera y ama de llaves, una trabajadora, y posiblemente una persona que va a misa, un miembro de organizaciones, una sindicalista, una empresaria o un personaje civil. Así, su conjunto de roles implica una constelación de roles relacionados, algunos de los cuales pueden exigir tipos drásticamente diferentes de adaptación. No es raro que la gente no pueda funcionar igualmente bien en todos los aspectos de su conjunto de roles. La encantadora recepcionista de una oficina puede ser una mala ama de casa; el padre atento puede ser un malísimo amante; el predicador elocuente puede ser un pésimo administrador. El desempeño exitoso del rol requiere con frecuencia competencia en una serie de comportamientos relacionados. Sin embargo, uno puede desempeñar diferentes conjuntos de roles al mismo tiempo. Una persona puede ser un administrador de un negocio, un padre, un sacerdote, un reservista de la Guardia Nacional y un prominente líder cívico. Esta multiplicidad de roles puede provocar un conflicto de roles, pero no necesariamente, y puede también incrementar la realización total y la satisfacción vital de uno (Sieber, 1974).

Comportamiento de acuerdo con el rol

Aunque un *rol* es el comportamiento *esperado* de alguien que ocupa un status particular, el *comportamiento según el rol* es la conducta *real* de quien desempeña un rol. El comportamiento real según el rol puede variar del comportamiento esperado por varias razones. Una puede ser la de no ver el rol en la misma forma en que otros lo ven, las características de la propia personalidad afectan la forma en que considera el rol, y no todas las personas que desempeñan un rol están igualmente comprometidas con él sobre todo si está en conflicto con otros roles. Todos estos factores se combinan de tal manera que no hay dos individuos que desempeñen un rol determinado exactamente del mismo modo. No todos los soldados son valientes, no todos los sacerdotes son santos, no todos los profesores son sabios. Hay suficiente diversidad en el comportamiento según el rol como para darle cabida a la variedad de la vida humana. Sin embargo, hay suficiente uniformidad y predecibilidad en el comportamiento según el rol para poder llevar una vida social ordenada.

Los uniformes, las insignias, los títulos y los rituales son ayudas para el comportamiento según el rol. Llevan a los demás a esperar y percibir el comportamiento exigido por el rol y animan al actor a actuar de acuerdo con las expectativas del rol. Por ejemplo, en un experimento un instructor dio dos conferencias idénticas a dos sectores de la clase, vistiendo en una de ellas un alzacuello clerical, y un traje ordinario en la otra. Cuando llevaba el alzacuello, fue captado por los estudiantes como más "comprometido moralmente" (Coursey, 1973). Otro experimento mostró que las personas son más obedientes a un guardia uniformado que a un hombre en traje de civil (Bickman, 1974). Tanto el paciente como el médico se sienten más cómodos si este último lleva a cabo un examen físico completo, vestido con una bata blanca y en un consultorio, que si lo hace cubierto con un traje de baño en la orilla de una piscina. Los uniformes, insignias, títulos, equipo y escenarios apropiados ayudan al desempeño de un rol.

Aunque gran parte del comportamiento según el rol es el desempeño inconsciente de roles para los que uno ha sido socializado, algún comportamiento de este tipo es un esfuerzo estudiado y sumamente consciente para proyectar la imagen deseada de la personalidad. El concepto de *representación de un rol drámatico* se refiere a un esfuerzo consciente por desempeñar un rol en forma que se cree la impresión deseada entre los otros. La conducta es regulada no sólo por las necesidades del rol, sino también por lo que el auditorio espera. Pocos de nosotros seremos alguna vez astros cinematográficos, pero cada uno es un actor con una gran variedad de públicos. Los niños en la casa; los vecinos; los compañeros de oficina; los otros estudiantes en la escuela; todos éstos y otros muchos forman públicos. Como Goffman (1959, 1967, 1981) ha notado, montamos una representación de nosotros mismos cuando el público está presente, desempeñando nuestros roles de modo que ofrecemos una imagen calculada de la personalidad. La joven que hace su presentación en sociedad, el agente que controla el tránsito, el ejecutivo de ventas que pronuncia un discurso, el padre que regaña al niño, el muchacho fuerte en el campo de juegos, el estudiante que toma una pose estudiada de atención, todos, alguna vez y en algún lugar, somos actores que buscamos impresionar al público. Cuando fracasamos en nuestro intento por dar una impresión agradable, podemos acudir como defensa a un artificio para salvar las apariencias (Berk, 1977). Personas de ambos sexos y de todas las edades hablan algunas veces de aventuras sexuales ficticias para dar una imagen más "rebuscada" de sí mismos. Los trajes de calle salen de los armarios y los peinados se hacen más cortos cuando los contratadores de las empresas visitan el *campus* universitario. Aun entre los grupos donde se alaba la "naturalidad" y la falta de afectación, los pantalones de mezclilla desteñidos y los pies descalzos no son sino una presentación estudiada de la personalidad equivalente a los trajes elegantes en el comedor de los ejecutivos.

STATUS Y ROLES ADSCRITOS Y ADQUIRIDOS

Los status y los roles son de dos clases: los que la sociedad nos adscribe, independientemente de las cualidades o esfuerzos individuales, y los que adquirimos por nuestro propio esfuerzo (Linton, 1936, Cap. 8).

Para ilustrar la diferencia: el de princesa es un status *adscrito*. Una persona no se convierte en princesa por su habilidad, elección o esfuerzo. Se nace princesa y se permanece siendo princesa, sea tonta o brillante, fea o hermosa, revoltosa o graciosa (Young y Mack, 1959, p. 160). Pero el de un primer ministro, un bombero, un estudiante y un marido o una esposa son status *adquiridos*. Uno llega a ser cualquiera de esta posiciones mediante sus propias elecciones y acciones. Los de niño y adulto son status adscritos. El niño es tratado como niño y el adulto es tratado como adulto, sin importar sus propios gustos o deseos. El de "anciano" también es un status adscrito. Si uno sobrevive, se hace viejo, sin tomar en cuenta sus propios deseos. Algunos oponen resistencia a este status en forma que otros consideran "pueriles", sin embargo, envejecen porque no hay forma de escoger o rechazar un status adscrito.

Status y rol adscritos

Si una sociedad ha de funcionar eficientemente, la gente debe llevar a cabo un vasto número de tareas diarias de buena gana y con competencia. El modo más simple de asegurar su cumplimiento es dividir la mayor parte del trabajo rutinario de la sociedad en una serie de roles *adscritos* y socializar a la gente para que los acepte y los desempeñe. Puesto que el adiestramiento en el rol debe empezar desde la infancia, los roles adscritos deben asignarse de acuerdo con algún criterio que pueda conocerse por anticipado. El sexo y la edad son utilizados universalmente como una base para la adscripción de roles; la raza, la nacionalidad, la clase social y la religión también se utilizan para el mismo propósito en varias sociedades.

ADSCRIPCIÓN POR SEXO. Aunque el entrenamiento en el rol puede ser en buena parte inconsciente, no es menos real. Como ha hecho notar un conocido educador estadounidense. "Los adultos preguntan a los niños qué quieren ser de grandes. A los niñas les preguntan dónde consiguieron ese precioso vestido". Es indudable que en la adolescencia los muchachos están interesados en la elección de carreras mientras que las muchachas están preocupada por casarse. Esto no es accidental, puesto que la mayor parte del proceso de socialización consiste en aprender las actividades propias de los hombres y de las mujeres. La niñita jugó con muñecas, ayudó a su madre en los quehaceres de la casa y fue recompensada por ser una "damita", al tiempo que aprendió que las actividades de "marimacho", aunque posiblemente toleradas, no eran realmente "elegantes". El niño descubrió que las muñecas eran para las niñas y que ningún destino peor podía caer sobre él que ser "marica". Muchos años de adiestramiento diferencial, si es firme, harán madurar a los chicos y las chicas con gran diferencia en sus respuestas, sentimientos y preferencias.

Toda sociedad maneja muchas tareas incorporándolas a un rol sexual. Sin embargo, la mayor parte de las tareas ligadas a un sexo pueden ser desempeñadas igualmente bien por hombres

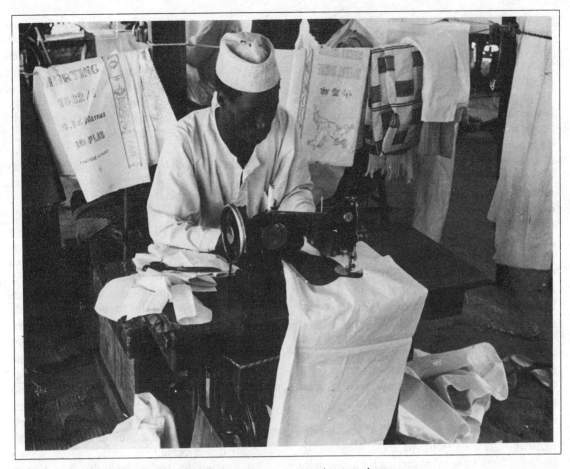

La mayor parte de las tareas asignadas a un sexo pueden ser desempeñadas por ambos sexos. *(Carl Frank/Photo Researchers, Inc.)*

o mujeres, suponiendo que hayan sido socializados para aceptarlas como propias de ellos. Así, en Pakistán los hombres son trabajadores domésticos; en Filipinas, los farmacéuticos suelen ser mujeres, en tanto que los hombres son preferidos como secretarios; en las islas Marquesas el cuidado de los niños, la cocina y la atención de la casa son tareas masculinas, mientras que las mujeres emplean gran parte de su tiempo en acicalarse: en muchas partes del mundo un alto porcentaje del trabajo agrícola pesado lo llevan a cabo las mujeres.

Los roles masculinos y femeninos están sujetos a infinitas variaciones; sin embargo, cada sociedad ha tenido un par de roles sexuales aprobados que se esperaba que las personas desempeñaran. A los individuos puede permitírseles evitar a veces algunas partes de la pauta, pero corren el riesgo de alienarse de la sociedad, a menos que puedan identificarse con el rol que se espera de su sexo. Algunas sociedades tienen un status y un rol reconocidos para aquellos que no absorben las identidades sexuales esperadas. Por ejemplo, el *nadle* entre los navajo y el *berdache* entre los indios plains son status reconocidos relativos al género, que difieren tanto de los status sexuales masculinos como de los femeninos (Hill, 1935; Lurie, 1953; Voorhies, 1973; Forgey, 1975). Pero en la mayor parte de las sociedades hay un status nada cómodo para aquellos cuyos comportamiento sexual según su rol cae fuera de las alternativas aprobadas por esas sociedades. La homosexualidad (que se estudia en el Cap. 6) es un status y un rol que se discute apasionadamente en nuestra sociedad.

Las principales consideraciones que presumiblemente fundan nuestros roles sexuales adscritos están cambiando actualmente. La suposición de considerables diferencias sexuales innatas tanto en el entendimiento como en las aptitudes ha sido puesta en duda. La mayor seguridad y disponibilidad de los anticonceptivos y del aborto ha debilitado el fundamento en favor de una doble norma de comportamiento sexual. El tamaño cada vez menor de la familia significa que la mujer dedica menos tiempo a la maternidad y al cuidado de los niños. El cambio de la fuerza humana a la de la máquina significa que la mayor fortaleza física masculina se vuelve menos importante. La creciente preocupación por la igualdad de derechos en los últimos años ha llevado a muchas mujeres a tomar conciencia de las enormes desigualdades que han soportado. Por todas estas razones, muchas mujeres se hallan actualmente en plena rebelión contra la adscripción sexual.

ADSCRIPCIÓN POR EDAD. En ninguna sociedad se trata de igual manera a los niños, a los adultos y a los ancianos. Los roles según la edad varían mucho en las diversas sociedades. Los niños estadounidenses pasan su niñez entre algondones, mientras que los niños indígenas navajo cuidan las ovejas y tejen desde muy pequeños; los ancianos en la China prerrevolucionaria eran figuras de autoridad honradas dentro de la familia mientras vivían, en tanto que los ancianos estadounidenses se retiran con mayor frecuencia a casas especiales para ellos. Las personas cuyo comportamiento es inapropiado para su edad son objetos de burla o son ofendidos. El adolescente que exige privilegios de adulto es irritante, en tanto que la persona madura que actúa como un adolescente es ridícula. "Actúa conforme a tu edad" es un reproche común.

Aunque la adscripción por edad es universal, está cambiando. En los últimos años la edad de los votantes estadounidenses se ha reducido a 18 años; la edad para poder beber en muchos estados se ha reducido a 18 o 19 años (aunque en algunos estados ha vuelto a elevarse a 21), y en las universidades autónomas se ha abandonado la supervisión *in loco parentis* de los universitarios. También en la sociedad estadounidense está cambiando el status de los ancianos.

Status de los ancianos   La vejez en muchas sociedades primitivas o tradicionales es sumamente respetada, debido quizá a que en ellas los viejos están más cerca de la fuente de la tradición consagrada. Así, en la China precomunista la abuela era la mujer reinante en la casa de la familia extensa, y el abuelo era un patriarca cuyo capricho era casi una ley. En las sociedades agrícolas se acostumbra que las personas ancianas pasaran a trabajos menos fatigosos conforme se iban debilitando sus fuerzas, pero seguían siendo respetados por su sabiduría y se les seguía proporcionando seguridad y compañía dentro de la casa en que vivían tres o cuatro generaciones. La mayor parte de las personas trabajaban todo lo que podían, hasta que materialmente no les era posible hacerlo, y entonces solían morir con bastante rapidez. La "jubilación" era prácticamente desconocida.

La Revolución Industrial quitó a la mayor parte de los ancianos la base de sus ingresos como propietarios agrícolas y ofreció pocas plazas de trabajo a las personas cuya energía iba disminuyendo. La mayor parte de los ancianos dependía de sus hijos o de la caridad. El rápido cambio social hizo inútil la "sabiduría" de los ancianos, que podían ser amados pero rara vez consultados o respetados, y simplemente veían pasar el tiempo hasta que morían (Atchley, 1980; Harris y Cole, 1980).

Como se muestra en el cuadro 5-1, esto está cambiando. La proporción de ancianos ha aumentado, debido en parte al descenso del índice de nacimientos (que reduce la proporción de jóvenes) y en parte también a la reducción de la tasa de mortalidad entre los ancianos desde 1950 aproximadamente. Las jubilaciones privadas y la seguridad social han hecho que cada vez menos ancianos dependan de sus hijos o de

CAMBIOS EN EL STATUS DE LOS ANCIANOS EN LAS SOCIEDADES OCCIDENTALES

Preindustriales	Primeras sociedades industriales	Sociedades industriales recientes
Altas tasas de nacimientos; altas tasas de mortalidad; pocos ancianos	Altas tasas de nacimientos; tasas de mortalidad descendentes entre los jóvenes; pocos ancianos	Tasas de nacimientos descendentes; tasas de mortalidad descendentes entre los ancianos después de 1950; rápido incremento de los ancianos
Ingresos originados en la parcela; seguridad basada en la familia	Ingresos por empleo; separación inmediata en caso de incapacidad para el trabajo	Pensión de jubilación considerable
Retiro gradual; trabajo ajustado a la edad y a las fuerzas	Retiro inmediato por incapacidad	Jubilación con base en la edad; más opciones
Lo normal, una familia en la que conviven de tres a cuatro generaciones	La familia en la que conviven de tres a cuatro generaciones menos común	Escasas familias en la que conviven de tres a cuatro generaciones; aumento de comunidades de retirados
Actividad social en familia	Aislados en la actividad social	Actividades sociales separadas por edades
Status honorífico	Status degradado	Creciente fuerza política
Influyente como depositario de sabiduría	Influencia reducida, sabiduría no tomada en cuenta	Sabiduría no tomada en cuenta; fuerza política reconocida

la caridad. La jubilación con base en la edad ha retirado de la fuerza de trabajo a muchos que todavía estaban sanos y vigorosos. Por primera vez en la historia, el retiro (antes del agotamiento total) se ha convertido en una realidad para la mayor parte de las personas. Cantidades cada vez más elevadas de ellas han aumentado la fuerza política, compensando la moderna tendencia a simplemente no tomar en cuenta a los ancianos. Las nuevas disciplinas de la geriatría y la gerontología estudian el proceso de envejecimiento y los problemas de los ancianos. Aunque muchas de las personas de mayor edad todavía viven en la soledad o en la pobreza, o en ambas, el status de los ancianos se ha vuelto más confortable en los últimos decenios.

ADSCRIPCIÓN POR MÉRITO. Actualmente es posible que hayamos desarrollado una forma de cuasi adscripción debido a nuestra tendencia a la *meritocracia*. La meritocracia es *un sistema social en el que el status se asigna de acuerdo con los méritos,* y hoy el mérito se mide comunmente por puntuaciones en pruebas regularizadas que controlan el acceso a los programas educativos y a los roles ocupacionales.

Si se supone que estas puntuaciones son razonablemente estables para un individuo, entonces el resultado es una especie de sistema de castas en el cual el resultado de las pruebas que depende en gran parte de la herencia y del medio ambiente en el que se ha desarrollado la persona, puede determinar toda su vida. Esto significa que se ha desarrollado un nuevo tipo de status adscrito, que no depende directamente del status de algún antecesor, pero que quizá es tan rígido como aquél.

LA REBELIÓN CONTRA LA ADSCRIPCIÓN. Todos los tipos de adscripción de status se ven atacados en muchas partes del mundo. Se critican las pruebas que se dice miden la inteligencia o las aptitudes y se hacen esfuerzos por limitar su empleo. La "discriminación racial" es otro término que define la adscripción del status de acuerdo con la raza. Los grupos raciales y étnicos se están rebelando contra la adscripción de un status subordinado. No existe un movimiento universal hacia la igualdad racial, pese a que en algunas partes del mundo se han suscitado persecuciones étnicas y raciales. Pero en muchas regiones las minorías étnicas y raciales están exigiendo combativamente el final de la adscripción de status por raza y están encontrando gran apoyo entre el pueblo en general. Las diferencias en el status por clase social son atacadas como antidemocráticas y opresoras. La adscripción por edad y sexo es el tema de un debate igualmente encarnizado.

En conclusión, la adscripción de roles ofrece una forma simple de dividir el trabajo de la sociedad y facilita la temprana y exitosa preparación de esos roles. Pero la adscripción de roles sólo tiene éxito cuando la gente acepta de buena gana sus roles adscritos. Gran número de personas están poniéndolos actualmente en tela de juicio o rechazándolos. Aunque a los sociólogos les parece indudable que cesará la adscripción de status y roles, los cambios en la adscripción continuarán.

...rebelión contra la adscripción
de roles sexuales

Status y roles adquiridos

Una posición social que se obtiene mediante la elección individual y la competencia se conoce como un *status adquirido*. Así como cada persona ocupa una serie de status adscritos, asignados sin tomar en cuenta la capacidad o la preferencia individuales, de la misma manera uno ocupa una serie de status adquiridos que se alcanzan por capacidad propia, rendimiento y posiblemente buena o mala fortuna.

En las sociedades tradicionales la mayor parte de los status son adscritos, y la ocupación y la situación social general están determinados desde el nacimiento. Las sociedades industrializadas tienen una mayor gama de ocupaciones, requieren una mayor movilidad de trabajo y permiten un mayor campo de acción para cambiar de status mediante el esfuerzo individual. La sociedad

que acentúa el status adquirido ganará en flexibilidad y en capacidad para colocar a las personas en ocupaciones más adaptadas a sus talentos. El precio que paga por estas ventajas se ve en la inseguridad de quienes no son capaces de "encontrarse a sí mismos" y en la tensión del ajuste constante a nuevos roles. El status adquirido exige que las personas hagan opciones, no sólo de ocupación, sino también de amigos, organizaciones, escuelas y lugar de residencia. Además, conduce a papeles no previstos o deseados por los padres. En la sociedad tradicional, donde los status y roles se adscriben, las personas son adiestradas desde la infancia y guiadas a lo largo de la vida por normas de conducta que han aprendido cuidadosamente en preparación para los roles que están destinadas a desempeñar. En una sociedad cambiante, donde son libres para experimentar, las personas se enfrentan a situaciones totalmente alejadas del modo de vida de sus padres y pueden llegar a sentir que su camino se sale penosamente de los roles conocidos.

Los status adscritos y adquiridos son básicamente diferentes; sin embargo pueden interactuar entre sí y sobreponerse. Así, es más fácil para quien tiene el status adscrito de varón alcanzar el status adquirido de Presidente de Estados Unidos, que para quien tiene el status adscrito de mujer. La posición social general en la comunidad (status de clase social) en parte es adscrito, como reflejo del status de los padres, y en parte es adquirido mediante los logros de cada uno. En muchos puntos los límites entre el status adscrito y el adquirido son vagos; sin embargo, los conceptos son útiles.

COSTOS PSÍQUICOS DEL STATUS ADQUIRIDO. El ideal de la sociedad que permite que la mayor parte de los status sean adquiridos es ubicar a las personas de acuerdo con sus capacidades. En alguna medida este esfuerzo hace posible que los mejor dotados puedan subir, pero también destruye las justificaciones para los fracasos. En una sociedad donde la mayor parte de los status son adscritos, no se espera que los individuos mejoren su destino. Quienes reciben bajas ganancias y poco prestigio no se sienten ni culpables ni avergonzados. Se les ha enseñado que su rol y su status son correctos y apropiados. Pueden enorgullecerse de sus logros sin necesidad de compararlos con los de las personas que se encuentran en otros status. Se hallan libres del sentido de inseguridad, del acicate de la ambición y del remordimiento del fracaso. La socialización se facilita cuando no se espera que las personas cambien sus status; sólo tienen que aceptar y aprender sus roles sociales adscritos. Los zapateros pueden sentirse satisfechos y realizados siendo buenos zapateros, sin sentir que han fracasado porque no se han convertido en comerciantes ricos. Siendo buenos zapateros, están cumpliendo las esperanzas y expectativas de sus padres, de sus esposas y de sí mismos.

Es más difícil racionalizar el bajo status de uno si se quitan las barreras hereditarias, y los puestos de trabajo están supuestamente abiertos a todos sobre la base de la capacidad. Si los puestos se cubren de acuerdo con exámenes de oposición y si la educación escolar es libre para todos, entonces la explicación de un status bajo debe ser la indolencia y la incompetencia, y esto no es algo que se admita gustosamente. La persona de una casta baja en la India podría culpar a las leyes inexorables del universo de su status: el estudiante universitario estadounidense que no llega a graduarse no tiene esta excusa fácil. Los perdedores alegan que no se les reconocen sus méritos y que los supervisores utilizan la

designación por méritos como una máscara de su favoritismo. Mecanismos como las normas de antigüedad, cuotas de grupo, preferencia por los veteranos y técnicas similares cumplen con una doble función. Limitan el favoritismo, pero también frenan el avance de los que podrían adelantar más rápidamente si se atendiera estrictamente a sus méritos.

Los defensores de la sociedad capitalista afirman que la mayor parte de los status pueden adquirirse mediantes el esfuerzo y la capacidad individuales. Los críticos de la sociedad capitalista (incluyendo la mayoría de los sociólogos del conflicto) dicen que la oportunidad para el éxito está muy lejos de ser igual para todos. Alegan que las escuelas ''libres'', las pruebas de capacidad y de aptitud y el proceso de selección y promoción están amañados en favor de los de adentro y no de los de afuera, de los hijos de los ricos y no de los hijos de los pobres, de los blancos y no de las minorías. Así, dicen ellos, los status ''adquiridos'' están, en grado considerable, realmente adscritos de acuerdo con el sexo, la clase y la raza de uno (Katz, 1971; Greer, 1972; Collins, 1975; pp. 449-450; Bowles y Gintis, 1976).

Un análisis más extenso de estos cargos se encuentra en el capítulo 16, ''Movilidad Social''. El grado en que estas acusaciones son justas es cuestión de debate. En cualquier medida que los status estén igualmente abiertos para el éxito, la asignación de tareas por medio de los status adquiridos atiende a las necesidades de la obtención de roles sobre la base de la capacidad individual. Ofrece un alto grado de elección y flexibilidad al costo de una inseguridad psíquica para el individuo que no puede competir con éxito. En esencia, el status adquirido representa probablente tanto el empleo más eficiente del potencial humano como la mayor amenaza para la tranquilidad mental del individuo.

Inconsistencia de status

Cada persona tiene diferentes status al mismo tiempo, y estos status pueden no tener la misma categoría. El príncipe depuesto que maneja un restaurante, el recién ingresado en la universidad que trabaja como camarero y el hijo del famoso político que es bueno para nada, son unos cuantos ejemplos. El término *inconsistencia de status* se utiliza cuando *uno de los status de la persona es incompatible con sus otros status* (el término *discrepancia de status* y el de *inadecuación de status* también se utilizan algunas veces). La inconsistencia de status significa que los varios status de una persona no se llevan entre sí en la forma esperada.

La edad, el sexo y la clase social son tres tipos de status que pueden combinarse incongruentemente. El joven soldado puede ser lo suficientemente viejo para conducir un tanque, pero no lo sufiente para comprar una cerveza. Los viejos que persiguen a las mujeres son desaprobados; las mujeres que buscan amantes jóvenes son ridiculizadas; los ancianos que anuncian el nacimiento de un hijo tienen que soportar chistes obscenos.

La inconsistencia de status también se presenta cuando a uno no se le reconoce que ha obtenido un status que cree que se merece, como el nuevo rico que es menospreciado por los de sangre azul, o el médico inmigrante que debe trabajar como enfermero en un hospital hasta obtener su certificado.

La inconsistencia de status produce confusión ¿Debería uno hablar de beisbol o del cuidado de los niños con el hombre liberado que atiende la casa mientras su mujer maneja una motoconformadora? Cuando el secretario de

Inconsistencia de status

una ejecutiva responde al teléfono, los que llaman pueden suponer que se han equivocado de número.

Las personas que tienen inconsistencia de status pueden responder indentificándose con el status de mayor categoría y tratando de evitar o de negar el status inferior, como sucede con el nuevo rico que cultiva las buenas maneras de la clase superior o los inmigrantes que "americanizas" sus nombres. O pueden identificarse con el inferior de sus status, como en el caso del negro que ha tenido éxito y el rico que, en vez de buscar la aceptación de los blancos adinerados, se convierte en líder militante de los negros pobres. La conciencia de la inconsistencia de status generalmente produce una respuesta de comportamiento de algún tipo (Lenski, 1954: Mitchell, 1964; Treiman, 1966: Broom y Jones, 1970; House y Harkins, 1975; Hornung, 1977; Wilson y Cooper, 1979).

Personalidad según el rol y verdadera personalidad

Si la preparación para el rol fuera totalmente adecuada, cada persona desarrollaría una personalidad que armonizara perfectamente con las exigencias de su rol. Pero deficiencias en la preparación, además de lo impredecible de las demandas del rol futuro permiten pronosticar con seguridad que muchas personas desarrollarán una personalidad que difiere considerablemente *de la pauta de características de personalidad que el rol exige,* o sea, de *la personalidad según el rol.* Para los status y roles adscritos, la divergencia puede ser bastante pequeña, de modo que el choque entre la personalidad verdadera y la personalidad según el rol será leve. Así, la mayoría de los niños abandonan la pauta de llorar y hacer rabietas conforme van creciendo, y muy pocos hombres desean ponerse vestidos de mujer.

Para los status y roles adquiridos, que con frecuencia no son elegidos sino hasta que la personalidad adulta ya se ha formado, una divergencia considerable entre las dos personalidades es muy común. Por ejemplo, en el rol de vendedor uno necesita ser amigable, extrovertido y sensible a las razones de los demás. Supongamos que la verdadera personalidad de uno es la de tímido, introvertido, contemplativo e insensible a las reacciones de los otros. Tal persona es probable que no sea vendedor o que fracase como tal. Si la persona logra triunfar, será enmascarando su verdadera personalidad con una manifestación externa de amistad y una atención deliberadamente cultivada a las reacciones ajenas. Este desempeño del rol no es fácil de lograr y puede ocasionar una buena cantidad de tensión emocional. No obstante, si el desempeño del rol se logra con éxito y durante largo tiempo, la verdadera personalidad puede modificarse gradualmente para aproximarse a la personalidad que exige el rol. Eleanor Roosevelt era una mujer más bien tímida y una oradora vacilante y renuente. En su rol como esposa de un marido políticamente ambicioso pero físicamente impedido, se obligó a una actividad política vigorosa y llegó a ser una oradora elocuente. Es evidente que encontró gratificante el rol, puesto que mucho tiempo después de la muerte de su esposo, aceptó un cargo diplomatico, siguió siendo una incansable viajera y oradora pública y se convirtió en una de las mujeres notables de su época. Por otra parte, las esposas de muchos hombres prominentes en la vida pública han rechazado el rol de esposa de político y se han divorciado de sus cónyuges.

Es probable que una buena dosis del éxito y del fracaso en los roles adquiridos se explique por el grado en que la verdadera personalidad coincide con la personalidad que exige el rol. La administración de personal utiliza actualmente técnicas como el análisis de puestos, pruebas psicológicas, entrevistas profundas y otros mecanismos, en un esfuerzo por acomodar a los empleados en los puestos donde habrá menos choque entre su verdadera personalidad y la que exige el puesto.

TENSIÓN ENTRE ROLES

Sería ideal que cada persona pudiera cumplir todos los roles de un conjunto de roles con igual facilidad, pero pocas personas pueden hacer esto. *La tensión entre roles* se refiere a *la dificultad que la gente tiene para hacer frente a las obligaciones exigidas por el rol.* La tensión entre roles puede presentarse por una inadecuada preparación para el rol, dificultades para la transición de un rol a otro, conflicto entre roles y fracaso en el desempeño del rol.

Preparación inadecuada para el rol

El niño pequeño que juega a la casita o ayuda a lavar los platos, el adolescente que cuida niños, el estudiante de secundaria que tiene un trabajo de medio tiempo, todos ellos están experimentando una *continuidad en la socialización* mediante el aprendizaje de habilidades y actitudes en un periodo de su vida que pueden utilizar en otro. Por *continuidad en la socialización* queremos decir simplemente que las experiencias de cada etapa de la vida son una preparación eficaz para la siguiente etapa. Un ejemplo de cómo el proceso de continuidad en la socialización proporciona una suave transición al rol de adulto, se ve en las prácticas de adiestramiento de niños de los indios cheyenes, como lo describe Benedict:

El punto esencial de tal adiestramiento consiste en que el niño está continuamente condicionado, desde su infancia, para una participación social responsable, al tiempo que las tareas que se esperan de él están adaptadas a su capacidad... Cuando nace, se le regala un arco de juguete y, desde que puede correr, se le dan arcos más utilizables, apropiados a su estatura y hechos especialmente para él por el hombre de la familia. Los animales y los pájaros le son enseñados en una serie gradual, comenzando por aquellos que pueden capturarse con mayor facilidad, y cuando logra cazar la primera presa de cada especie, la familia, a su debido tiempo, hace una fiesta con ella, aceptando su contribución con la misma seriedad que acepta el bisonte que su padre ha llevado. Cuando finalmente llega a matar un bisonte, esto sólo constituye el último escalón de su preparación infantil, no un nuevo rol de adulto con el cual su experiencia infantil ha estado en discordancia. (Ruth Benedict ''Continuities and Discontinuities in Cultural Condicioning", *Psychiatry,* 1:161-167; May, 1938).

Una transición fácil como ésta de un status al siguiente de ninguna manera es universal. Nuestra cultura se caracteriza por *discontinuidades* incorporadas, que hacen que la experiencia de socialización en cierta edad sea de poca utilidad para la siguiente. En las zonas fronterizas de Estados Unidos, los niños y las niñas aprenden sus papeles de adulto simplemente observando y participando en todo lo que ocurre a su alrededor: desmonte, siembra, cuidado de los niños y cosas semejantes.

Hoy existe menos oportunidad para tal continuidad. La mayor parte del trabajo de los adultos se lleva a cabo lejos de casa, donde los niños no pueden verlo ni participar en él. Muchas familias sólo ofrecen una escasa oportunidad para que el niño aprenda las habilidades, actitudes y recompensas emocionales del manejo de una casa y de la paternidad y la maternidad. Los niños y los adolescentes tienen pocas tareas importantes en la mayor parte de los hogares, y muchos juegos de los niños no tienen mucha relación con las tareas y responsabilidades de los adultos.

Otra deficiencia de nuestro proceso de socialización consiste en que el adiestramiento moral de los niños y las niñas les presenta principalmente las reglas *formales* del comportamiento social, más que las modificaciones informales de estas reglas que funcionan en el mundo de los adultos. En otras palabras, se les enseña la cultura ideal, no la cultura real. El resultado es que los jóvenes se vuelven escépticos cuando se dan cuenta de que las máximas de los libros de texto no funcionan. El político no aparece como un servidor público que negocia un ajuste llevadero entre contrincantes encarnizados, sino como alguien que transige con principios sagrados: el hombre de negocios se parece más al manipulador codicioso que a un individuo que lucha por hallar un lugar en el mercado; el sacerdore no es evidentemente el que media entre Dios y los hombres, sino un agente de publicidad que no vive los ideales que la Iglesia proclama. Así, muchos jóvenes pasan progresi-

vamente de un idealismo ingenuo a un escepticismo ingenuo, sin haber llegado a apreciar los servicios de quienes elaboran compromisos llevaderos con los problemas todavía no resueltos de la sociedad.

Es probable que en todas las sociedades se encuentre alguna brecha entre las expresiones formales de las tradiciones y las adaptaciones reales de la vidad social. Y en todas las sociedades, la "madurez" implica adaptarse a estas incongruencias en una especie de compromiso aceptable.

Tales discontinuidades son favorecidas también por el rápido cambio social, puesto que los padres tal vez no puedan anticipar el tipo de mundo que sus hijos tendrán que enfrentar. Así, los padres en Sri Lanka, durante los años 1930-1940, con frecuencia educaban a sus hijos como cristianos, porque el cristianismo era la religión de las personas cultas y de los poderosos. Actualmente, estos niños encuentran que el cristianismo es un obstáculo ahora que se ha identificado al budismo con un nacionalismo que resurge en un país de nuevo independiente. Del mismo modo, el granjero estadounidense puede adiestrar con todo cuidado a sus hijos en las actitudes y técnicas apropiadas para atender una granja, aunque puede predecirse con alguna certeza que muchos de estos niños están encaminados a una vida y un trabajo urbanos.

Los roles sexuales cambiantes de hoy también crean un problema en la preparación de los roles. Las muñecas ¿deben dárseles a las niñas, a los niños o a ambos? Las niñas pequeñas ¿deben socializarse con vistas a la maternidad y el cuidado de la casa como su realización primaria o para que piensen que tal compromiso es un desperdicio de su potencial? ¿Debe socializarse a los niños para que vean la tarea de "promoveedor" como su principal obligación o para que acepten con igual buena voluntad sacrificar el adelanto en su carrera cuando hay que compartir también las obligaciones inherentes al cuidado de la casa y de los niños?

Estos ejemplos podrían multiplicarse indefinidamente. Ponen de manifiesto cómo es imposible preparar a los jóvenes para los roles que desempeñarán como adultos en una sociedad que está cambiando. Puesto que los roles de adultos no pueden predecirse con seguridad, la socialización y la educación sólo pueden adecuarse si preparan al niño para desempeñar una gran variedad de roles. La memorización y el aprendizaje de boberías se ha reemplazado en las escuelas, en teoría, por esfuerzos tendientes a desarrollar la capacidad de "resolver problemas" y "de adaptación", aunque sus resultados pueden discutirse. Sin embargo, la rapidez del cambio y la incertidumbre de las futuras adscripciones de roles hacen que la flexibilidad y la adaptabilidad sean condiciones necesarias para la sobrevivencia.

Dificultades en la transición del rol

En muchas sociedades hay transiciones de roles —especialmente en los roles adscritos en razón de la edad— estructuradas de tal manera que son inevitablemente dificultosas. Esto se debe a las discontinuidades en la preparación para los roles, porque las experiencias de aprendizaje de un status por razón de edad no proporciona las actitudes y valores necesarios para desempeñar el siguiente rol que se espera que uno asuma.

En las sociedades más primitivas el periodo de la adolescencia no está marcado por ninguna tensión especial. En cualquier edad en la mayor parte de las sociedades primitivas, los individuos tienen un status y un papel claramente definidos; ellos, y cualquier otro, saben exactamente cuáles son sus obligaciones y sus privilegios. Nuestra sociedad no tiene definidos claramente los status por edad, excepto por lo que toca a la relativamente minoría de edad legal hasta los 21 años, lo que todavía añade mayor confusión, porque en algunos casos ahora está fijada sólo hasta los 18. En Estados Unidos nuestros jóvenes y sus padres no tienen un conjunto regularizado de deberes y privilegios que los guíen. Los padres no están seguros de cuánta "madurez" hay que conceder a los adolescentes y discuten interminablemente acerca de la elección de amigos, de los horarios que deben observar, de su manejo del dinero, del uso del automóvil y de cuánta libertad de adultos deberían

tener. Coleman, un distinguido sociólogo de la educación, sugiere que en la sociedad estadounidense la prolongada escolaridad tiende a aislar a los jóvenes de los adultos y a delegar la socialización al grupo de pares; esto, cree él, perpetúa las irresponsabilidades de la niñez y dificulta la preparación de los jóvenes para los roles de adulto (Coleman, 1974).

En la mayor parte de las sociedades primitivas los adolescentes entran en un periodo de adiestramiento que finaliza con una elaborada ceremonia, en la que pueden soportar pruebas muy maduras o someterse a la circuncisión, al tatuaje o la escarificación. Tales ceremonias, llamadas "ritos de iniciación" definen su status y anuncian que ya están listos para asumir sus responsabilidades de adultos y que el desempeño exitoso de su rol casi está garantizado. Los equivalentes más cercanos que nosotros tenemos se encuentran en hechos como la confirmación, la obtención de la licencia de manejo, la consecución de un trabajo de tiempo completo, la graduación en la secundaria o la preparatoria y el matrimonio. Sin embargo, carecemos de cualquier preparación sistemática o de cualquier acuerdo general sobre la edad, logro o tipo de ceremonia que claramente establezca la transición a un status adulto.

Entre los indios plains los guerreros eran adiestrados desde la infancia para ser agresivos, hostiles e intransigentes; luego, después de haber pasado del status de guerrero al de "viejo", se esperaba de ellos que fueran apacibles pacificadores. Esto exige un cambio completo de personalidad, y pocos podían hacer la transición elegantemente. Una transición igualmente penosa se pide en nuestra sociedad. Para tener éxito en un rol activo de adulto, uno debe desarrollar independencia y confianza en sí mismo, debe aprender a encontrar satisfacción en un trabajo útil y en ser consejero y protector de los jóvenes. Como persona de edad avanzada, se espera que uno se vuelva dependiente y sumiso, capaz de respetarse sin ningún trabajo útil que hacer, y debe aprender a guardarse sus consejos para sí mismo, al tiempo que no es tomado en cuenta por los jóvenes y es tratado como inferior por ellos. ¿Hay que admirarse de que

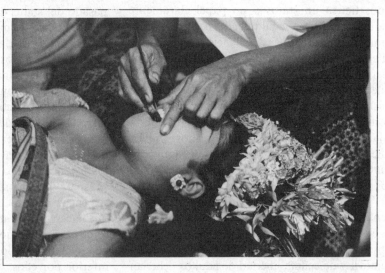

Ritos de transición: entrega de las llaves en Estados Unidos; empaste de dientes en Bali; paliza ritual en Nigeria (*Mimi Forsyth/Monkmeyer; Ken Heyman; Marylin Silverstone/Magnum*)

algunos ancianos se enfermen y mueran poco después de su jubilación, mientras que otros muchos se aburren y se vuelven irritables? El rápido desarrollo del campo de la *geriatría* indica un serio interés por este problema. Pero en la medida en que la juventud sugiere actividad, aventura e idilios, y la vejez simboliza inutilidad e irrelevancia, envejecer continúa siendo una penosa experiencia (George, 1980).

La transición de roles con frecuencia se hace más difícil cuando hay necesidad de abandonar un rol. Al aceptar un nuevo rol, con frecuencia uno tiene que abandonar el anterior, junto con las ventajas que procuraba. El soltero "de vida alegre" que se casa, el alcohólico que debe reasumir responsabilidades cuando él o ella "toma la decisión de no beber" y el dueño de un negocio que debe delegar poder y autoridad a su sucesor, son unos cuantos ejemplos de la dificultad del abandono de rol. Del mismo modo que los indios plains encuentran difícil dejar el rol de guerrero, muchos padres hallan dificultoso abandonar el control sobre sus hijos. Los esfuerzos por "rehabilitar" a las prostitutas fracasan generalmente por que "la vida airada" en más excitante que cualquier trabajo "honesto" que estas mujeres puedan conseguir. Para triunfar en los trabajos "honestos", los jóvenes de una minoría deben olvidar sus habilidades callejeras y renunciar a gran parte de la valía y de la dignidad personales tal como éstas se miden en la vida callejera de las minorías. Así, la falta de voluntad para abandonar las satisfacciones de un rol actual puede obstaculizar la plena aceptación de un nuevo rol.

LA RESOCIALIZACIÓN COMO PREPARACIÓN PARA UN ROL   Algunas veces las personas deben efectuar transiciones entre roles que exigen olvidar tantas cosas y volver a aprender tantas otras, que el proceso se llama *resocialización,* como cuando alguien entra en una prisión, en el servicio militar o en un convento. Aunque un convento puede resocializar a los novicios con mayor suavidad que un campo de entrenamiento básico de la marina, el objetivo y el proceso son los mismos: aislar a los reclutas de la familia, de los amigos, de la vida civil; despojarlos de sus actuales identidades; imbuirlos de un sentido de su falta de méritos, y luego reconstruir una nueva identidad apropiada al rol. *El lavado de cerebro,* como el utilizado por los comunistas chinos, es otro nombre de la resocialización. En los campos de prisioneros de guerra que los chinos manejaban en Corea, los prisioneros estadounidenses eran aislados, humillados, privados de alimentos, agotados, sujetos a interminables interrogatorios y fatiga prolongada y algunas veces torturados. Con el tiempo, algunos prisioneros comenzaban a repetir, evidentemente con sinceridad, las cosas que los chinos querían que dijeran (Somit, 1968). Los secuestradores de Patricia Hearst utilizaron técnicas brutales de lavado cerebral para reformar su orientación (Hearst, 1982). Procesos algo similares (aunque menos brutales) han sido utilizados por muchas organizaciones que intentan la resocialización, como Synanon (un grupo de terapia para la drogadicción), la Iglesia de la Reunificación del Rev. Sun Myong Moon, Alcohólicos Anónimos y otras.

La resocialización es más eficaz cuando se lleva a cabo dentro de una "institución total", como una prisión, un puesto militar o una comunidad religiosa, donde se controla la experiencia global del sujeto. Aunque tal resocialización cambia drásticamente el comportamiento del rol de una persona, es indudable que también cambia mucho la personalidad. A menos que uno permanezca dentro de un escenario donde la resocialización pueda ser reforzada continuamente, el sujeto suele volver a su forma de ser anterior. Así, los prisioneros a quienes se había lavado el cerebro se retractaban de sus "confesiones" poco después de haber sido puestos en libertad; los ex infantes de marina no son notablemente distintos a las otras personas cuando vuelven a la vida civil (Schreiber, 1979), y el convertido que no se une a un grupo religioso pronto "vuelve a caer" en el pecado y los miembros de Alcohólicos Anónimos son animados a continuar asistiendo a las reuniones para reforzar su resolución de permanecer sobrios. La resocialización requiere reforzamiento frecuente si ha de ser duradera (SanGiovanni, 1978).

Conflictos de roles

Hay por lo menos dos clases de conflictos relacionados con el rol: el conflicto entre roles y el conflicto dentro de un solo rol. 1) dos o más roles (ya sean independientes o partes de un conjunto de roles) pueden imponer obligaciones conflictivas a una persona. La mujer que trabaja encuentra que las exigencias de su trabajo pueden estar en conflicto con las obligaciones hogareñas; el estudiante casado debe conciliar las demandas de su rol de estudiante con sus obligaciones como marido o mujer; el agente de policía debe algunas veces elegir entre su deber y la detención de un amigo. O 2) dentro de un solo rol puede haber un conflicto estructurado (incorporado). El capellán militar, que predica un evangelio de amor, debe apoyar a los soldados en su disposición para matar, un conflicto relativo al rol que muchos capellanes encuentran perturbador (Burchard, 1963; Zahn, 1969). En el medio de los clérigos católicos más jóvenes el conflicto entre los votos del celibato y el deseo de casarse es la causa principal de la tensión incorporada al rol (Schoenherr y Greeley, 1974). Sería deseable que el "doctor de la empresa" en cualquier industria con riesgos para la salud no encontrara que muchas enfermedades de los trabajadores se deben a las insalubres condiciones de trabajo, o pronto habrá un nuevo "doctor de la empresa".

En muchos roles ocupacionales, que van desde el mecánico hasta el médico, hay un "conflicto de intereses" incorporado que consiste en que la obligación de ser honrado con el cliente o el paciente puede estar en conflicto con el deseo de enriquecerse, de modo que puede llevar a cabo una serie de reparaciones innecesarias de automóvil o del cuerpo humano. Muy pocos roles están totalmente libres de conflictos incorporados.

Hay varios procesos comunes que reducen la tensión entre roles y protegen al yo del sentimiento de culpa. Estos incluyen *la racionalización, la compartamentalización y la adjudicación.* Los dos primeros son mecanismos de defensa no deliberados e inconscientes; si lo fueran, no funcionarían. Sólo cuando las personas no están conscientes de ellos, estos procesos operan con buenos resultados.

La racionalización es un proceso de defensa mediante el cual se redefine una situación penosa en términos que son social y personalmente aceptables. La clásica ilustración es la del hombre que llega a sentirse afortunado por no haberse casado con la muchacha que lo rechazó y aun llega a creer que en realidad fue *él* quien la rechazó. La racionalización oculta la realidad del conflicto de roles, evitando tomar conciencia de que el conflicto existe. Así, nuestra creencia en la democracia y nuestra negativa de igualdad para las mujeres y los negros causó pocas ansiedades en la medida que creíamos que las mujeres y los negros se encontraban en el nivel intelectual de los niños. "Todos los hombres son creados iguales", pero los esclavos no eran *hombres,* eran *propiedades.* La doctrina católica (que Lutero y Calvino también siguieron) de las guerras "justas" e "injustas" hace posible que los cristianos de ambos bandos cometan asesinatos masivos con tranquilidad de conciencia. Los padres enojados golpean a un niño desobediente "por su propio bien". Mediante la racionalización, la situación se define de manera que no hay conflicto de roles y, por lo tanto, no hay tampoco tensión alguna provocada por ellos.

La compartamentalización reduce la tensión entre los roles de uno aislándolos en partes se-

Desarrolla un guardarropa de personalidades según el rol

paradas de la propia vida, de modo que se pueda responder a un solo conjunto de exigencias del rol a un tiempo. Se ha señalado que muchos de los guardias y verdugos de los crueles campos de concentración nazis eran padres y maridos amables y cariñosos. Sus roles familiares y de trabajo estaban completamente separados. El ejecutivo de negocios que conspira para violar las leyes antimonopólicas por la tarde y habla elocuentemente en una reunión sobre la legalidad y el civismo por la noche, no está consciente necesariamente de su hipocresía, sino que sólo está cambiando roles. Dentro de cada rol se encuentran las presiones y justificaciones que hacen que el comportamiento esperado parezca necesario y bueno. Los uniformes, las togas judiciales, las batas quirúrgicas y los títulos profesionales ayudan a aislar un rol del otro. Mucha gente no puede "relajarse" (esto es, no puede salirse completamente de un rol) hasta que se "quita el uniforme".

Si uno está adecuadamente socializado, desarrolla un guardarropa de personalidad según sus roles y se pone una u otra según lo exija la situación. En la oficina, una mujer puede tratar a los hombres con una eficiencia enérgica y formal; sin embargo, con el marido o el amante puede ser tierna, sensible y "femenina". Este proceso de cambiar personalidades según el rol crea la posibilidad de una tensión emocional, cuando no es completamente claro cuál de los conjuntos de actitudes y normas debería aplicarse a una particular situación de comportamiento. Muchas veces un empresario, frente a la necesidad de tener que despedir empleados, encuentra difícil pasar por alto sus necesidades humanas y tratarlos impersonalmente como "factores de costo en la producción". Los fraudes, los engaños y las explotaciones que son parte de muchos roles ocupacionales son incompatibles con el adiestramiento moral y religioso común. Para las personas que no han conseguido aislar su comportamiento en secciones, estas contradicciones culturales se convierten en conflictos mentales. Algunos psiquiatras sostienen que tales conflictos culturales y los conflictos mentales que producen, son las causas principales de los desórdenes de la personalidad.

Los conflictos culturales y las incompatibilidades se encuentran probablemente en toda cultura. En las culturas bien integradas, estas incompatibilidades se encuentran tan bien racionalizadas, compartamentalizadas, y aisladas una de otroa, que el individuo no las experimenta. Así, muchos primitivos que se trataban mutuamente con gran ternura eran extremadamente crueles con los forasteros; sus tradiciones humanitarias las aplicaban solamente a sus compañeros de tribu, mientras que a los extraños los consideraban y trataban como a otros animales de la selva. Por contraste, nuestra creencia en un Dios universal de toda la humanidad nos hace difícil bombardear a nuestros enemigos con una conciencia tranquila (pero generalmente nos las arreglamos para hacerlo). *Las contradicciones culturales y los roles múltiples son desconcertantes sólo cuando someten al individuo a presiones conflictivas en una situación que exige una sola acción.* Por ejemplo ¿debería una muchacha ser "una niña buena" de acuerdo con la definición de su madre o con la definición de su novio? ¿Debería una madre animar a su hija a permanecer casta o animarla a utilizar la píldora? Supongamos que a un empleado se le ordena hacer algo que no es honrado o que es inmoral. ¿Debería el empleado hacer lo que se le dice y proteger el pan de su

familia o arriesgarse a que lo despidan por seguir lo que le dicta su conciencia? Cuando se encuentra uno entre las exigencias irracionales de un padre anciano y senil y la obligación hacia la esposa y los hijos, ¿qué debería uno hacer? Para muchos de estos conflictos entre roles no hay un arreglo satisfactorio. Cuando la tensión entre roles se hace insoportable, puede producirse un comportamiento psicótico o neurótico.

La adjudicación difiere de los mecanismos de defensa estudiados hasta ahora en que es consciente e intencional. Es un procedimiento normal para descargar en un tercero una decisión sobre un posible conflicto de roles exonerar al individuo de la responsabilidad o de la culpa. Gran parte del trabajo que las asociaciones profesionales y los códigos éticos desarrollan está dedicada a la solución de los conflictos de roles. Los escépticos pueden argüir que tales asociaciones profesionales suelen operar para defender los intereses de la profesión. En muchos códigos de ética las cláusulas que protegen a los miembros que compiten uno con el otro son más que las declaraciones que protegen a los clientes. Sin embargo, algunos profesionales han sido expulsados de la profesión por violar el comportamiento esperado según su rol, y la necesidad de justificar la acción delante de los colegas pone algunas limitaciones al comportamiento. En todo caso, una decisión tomada por una asociación profesional o un sindicato laboral acerca del comportamiento adecuado en el rol, significa que el individuo es liberado de la obligación de tomar sus propias decisiones.

Fracaso en el desempeño del rol

El fracaso en el desempeño del rol es doloroso y tiene como resultado común una enfermedad física o mental. En las sociedades latinoamericanas, se informa que una enfermedad popular llamada "susto" es común entre las personas cuyo desempeño del rol es inadecuado (O'Nell, 1975). En una sociedad estable y bien integrada, con una elevada proporción de roles adscritos, la mayor parte de éstos serán desempeñados con éxito porque las personas habrán sido preparadas para ellos desde su más temprana infancia. La mayor parte de los roles pueden ser desempeñados satisfactoriamente por casi cualquier persona que haya sido preparada en forma adecuada. Pero en una sociedad que cambia rápidamente y que está menos bien integrada que las muestras, donde no se pueden predecir todos los roles adultos y donde las discontinuidades limitan la preparación para los roles, una buena cantidad de fracasos en el desempeño del rol es inevitable. Algunas personas fracasan en sus roles como adultos por no desarrollar nunca las responsabilidades y el autocontrol de los adultos y seguir actuando "infantilmente" en cualquier edad. Toda sociedad prescribe cómo deberían actuar los "hombres" y las "mujeres", pero no todos actuamos como se espera que actuemos. Algunos son fracasos en el rol sexual, como el de la mujer que odia tan ferozmente a los hombres que no puede trabajar a gusto al lado de ellos, o el hombre que teme tanto a las mujeres que no puede abandonar la protección materna.

Más personas todavía fracasan en el desempeño de sus roles adquiridos. Algunos fracasan en lograr el rol que desean: el grado académico anhelado, la largamente codiciada admisión en la Escuela para Graduados, el puesto que se ambiciona, la llamada artística irresistible, la apasionada respuesta de un amante deseado. Varios estudios han mostrado que aproximadamente la mitad de los adolescentes estadounidenses aspiran a una carrera profesional, pero puesto que sólo hay lugar en las profesiones para uno de cada seis trabajadores, la mayor parte de estos adolescentes se decepcionarán. Y muchos que alcanzan el grado que ansiaron tan ardientemente fracasarán en desempeñarlo con éxito. Muchos esposos y esposas o fracasan en la elección de cónyuge apropiado o fracasan en sus roles dentro del matrimonio. El resultado es el divorcio o una vida de frustración. Muchos padres fracasan en socializar a sus hijos con buenos resultados. Sólo unos cuantos en cualquier ocupación o profesión pueden tener un éxito espectacular, porque por cada gerente debe haber muchos subordinados. Quienes buscan los niveles más elevados de excelencia en un rol particular suelen quedar

frustrados. Muchos tipos y grados de fracaso con respecto al rol siguen alimentando las filas de personas frustradas e infelices.

EL STATUS FINAL: LA MUERTE

Toda sociedad atribuye un status a la muerte y un rol a los sobrevivientes. En la mayor parte de las sociedades los muertos en realidad no "se van", porque sus espíritus permanecen. En ocasiones, estos espíritus son considerados como benevolentes, pero con mayor frecuencia son temidos como peligrosos o malos.

Todas las sociedades establecen normas para tratar a los muertos. Los tasmanianos los enterraban rápidamente, evitaban los cementerios, temían a los muertos y jamas mencionaban ni siquiera sus nombres (Murdock, 1949, p. 10), mientras que los tanala los reverenciaban, los trataban como si estuvieran "lejos" y no "muertos" y los invitaban a todas las ceremonias de los vivos (Linton, 1936, p. 454). Los esquimales enterraban rápidamente a sus muertos, pero después del entierro guardaban luto prolongado; los samoanos, luego de un arrebato de lamentaciones en el momento de la muerte, organizaban después del entierro una fiesta prolongada con juegos y cantos (Murdock, 1949, pp. 214, 78).

Dichas ceremonias, por mucho que puedan variar de una a otra sociedad, tienen una función básica en todas ellas: reconfortar a la desconsolada familia, reintegrar a los amigos sobrevivientes y a los parientes a una vida social activa y, en muchas sociedades, a proteger contra la "malevolencia de los espíritus de los muertos. Algunos críticos han calificado las ceremonias funerarias estadounidenses como una estravagancia obscena y un monumento a la astuta codicia de los empresarios de pompas fúnebres (Mitford, 1963). Tales críticos pasan por alto la importante función de las ceremonias funerarias para ayudar a la familia doliente a aceptar la realidad de la muerte, a aliviar los sentimientos de culpa y a reintegrarse a la vida activa (Pincus, 1974; Pine, 1976; Vernon, 1978). Los funerales son el último de "los ritos de paso" (van Gennep, 1960), y se consideran

Ritos funerarios: el blanco es el color de luto en Vietnam; una procesión fúnebre en Nueva Guinea; una ceremonia judía en Estados Unidos. *(Mark Riboud/Magnum: Magnum;©Eugene Gordon, 1982/ Photo Researchers, Inc.)*

como especialmente importantes. El velatorio irlandés, una ocasión en que la gente se reúne para beber y socializar mientras lloran por el muerto, era una forma eficaz de terapia social. Los preparativos para el velatorio mantienen ocupada a la familia; las lamentaciones y el llanto proporcionan un desahogo emocional, lo mismo que la bebida; y las visitas de los amigos y vecinos reafirman el lugar de los deudos en la red social (Kane, 1968). Por contraste, los funerales convencionales de la clase media estadounidense dan a los amigos y familiares poca oportunidad de tener relaciones sociales o de encontrar catarsis emocional mediante la libre expresión de pesar.

Las ceremonias funerarias ofrecen la última oportunidad para hacer una ostentación de riqueza que pondrá de manifiesto la importancia del difunto y de su familia. El entierro en una tumba humilde es la última desgracia, en tanto que un elegante ataúd y un monumento sepulcral revelan el afecto y el status de los sobre-

vivientes. En alguna medida parece cierto que mientras menor prosperidad haya tenido en vida el individuo, es más importante llevar a cabo un final más impresionante. Un estudio encontró, en realidad, que los gastos funerarios eran prácticamente idénticos tanto para los de altos ingresos como para los de bajos ingresos (Salomone, 1958, p. 56).

El que los ritos funerarios sean una ceremonia sin sentido o un útil proceso terapéutico depende probablemente mucho de las actitudes con las que se enfoca la muerte y de la naturaleza de la ceremonia. Algunos consideran a la sociedad estadounidense como orientada hacia la juventud, que rechaza la vejez y que no está preparada para la muerte. Para algunas personas la aceptación de la muerte está basada en una fe religiosa que enseña que la vida prosigue y que la tumba es más un nuevo comienzo que un final. Muchos más, sin embargo, no han encontrado ninguna razón que los prepare para aceptar la muerte propia ni la de los amigos o familiares, de modo que el último acto de la vida se considera como vacío y sin sentido (Strauss, Glasser y Quint, 1968; McCarthy, 1980).

La definición de muerte está cambiando. Ahora que los procedimientos médicos extremos pueden mantener funcionando algunos procesos vitales una vez que la función cerebral ha terminado, se ha suscitado el problema de cuánto tiempo hay que mantener "vivos" los cuerpos humanos. La terminación de la función cerebral es la prueba médica aceptada de la muerte, pero no hay una definición legal de muerte generalmente aceptada. Así, la cuestión de cuándo hay que desconectar las máquinas que mantienen la vida es moralmente perturbadora y legalmente aventurado. El "derecho a morir" del paciente es otro problema todavía no resuelto. Varios estados de la Unión Americana tienen leyes que permiten al paciente que tiene una enfermedad incurable rechazar el tratamiento médico y morir con dignidad. El servicio para quemados en el centro médico del condado de Los Angeles, California, permite a los pacientes que han sufrido quemaduras incurables elegir entre recibir tratamiento médico intensivo o morir tranquila y más rápidamente, atendidos sólo con medicamentos que controlen el dolor. La mayoría de ellos escogen morir lo más pronto posible (Imbus y Zawacki, 1977). Un tema que está siendo discutido seriamente por médicos, teólogos y el público en general es si existe un "derecho al suicidio" (Portwood, 1978).

La tradicional forma de actuar en la que cada uno pretende no saber que el paciente se está muriendo, está siendo sustituida actualmente por el realismo y la franqueza. Los servicios de asesoría y terapia de grupo asisten tanto a los enfermos deshauciados como a sus familias en la aceptación de la muerte (Goleman, 1976; Hotchkiss, 1978; Brim, 1979). Kübler-Ross (1975) afirma que los pacientes deshauciados pasan por cinco etapas características en el proceso de aceptar la muerte: negativa, ira, negociación, depresión y aceptación final. El análisis que ella hace ha sido puesto en duda por investigaciones empíricas (Kastenbaum, 1976, p. 45), pero continúa teniendo influencia.

El nuevo interés en ayudar a los enfermos

deshauciados a enfrentar la muerte ha provocado acusaciones a los hospitales en el sentido de que se preocupan más frecuentemente de curar que de ayudar a aquellos que están moribundos. (Noyes y Clancy, 1977). Esto ha llevado al desarrollo del movimiento que centra la atención en el paciente que no va a ser curado. El esfuerzo consiste en hacer que el paciente se sienta lo más cómodo que sea posible, al tiempo que aumenta sus contactos sociales con amigos y familiares. La mayor parte son programas de cuidados hogareños, aunque algunas veces se proporcionan pabellones especiales. Se hace hincapié en el alivio del dolor, sin esfuerzos costosos por prolongar la vida (*Wall Street Jounal,* May 13, 1982).

Como cualquier innovación social, el movimiento citado encuentra alguna oposición (Rossman, 1977), aunque probablemente la soportará, por cuanto restaura el papel histórico de los amigos y parientes en la última etapa de la vida.

SUMARIO

La socialización se lleva a cabo principalmente mediante el aprendizaje de roles. *Status social* es un lugar en la sociedad, con sus derechos y deberes correspondientes; un *rol* es el comportamiento esperado de alguien que ocupa un status particular. Aun en un único status, las personas tienen que enfrentarse a un grupo de roles relacionados que se conoce como *conjunto de roles.* Uno puede asumir varios conjuntos de roles al mismo tiempo, representando una multiplicidad de roles, lo que puede provocar tanto tensiones como realización personal. *El comportamiento según el rol* es el comportamiento real de quien desempeña un rol, y está afectado por *la representación dramática del rol,* en la cual el individuo actúa con el deliberado esfuerzo de presentar a los espectadores la imagen que desea dar.

Los roles y los status son de dos clases: los que se les adscriben a las personas de acuerdo con la edad, el sexo, la raza o alguna otra característica heredada, y los que se *adquieren* mediante la elección o el esfuerzo personal. Los status adquiridos se obtienen con frecuencia a expensas de un costo psíquico sustancial, puesto que los esfuerzos y frustraciones pueden ser intensos. Una *meritocracia* es una forma de cuasi adscripción, en la que el status está abierto al logro, pero en gran parte las características heredadas les dan a algunas personas grandes ventajas en la competencia.

Una rebelión amplia contra la adscripción busca reducir o acabar con casi todos los tipos de adscripción. Se debate, si puede o no acabarse con la adscripción de roles.

Cuando varios status de una persona son incompatibles entre sí, dan lugar a lo que se llama *inconsistencia de status. La personalidad de según el rol* se refiere al complejo de características de personalidad apropiadas para un rol particular. El rol y la personalidad tienen una mutua interacción, en la que la característica de la personalidad individual afectan la elección del rol y el comportamiento de acuerdo con él, en tanto que la experiencia de desempeñar un rol afecta, a su vez, la personalidad.

La tensión en el rol se refiere a la dificultad de cumplir las obligaciones del rol. *Una preparación inadecuada para el rol* puede dejarlo a uno mal equipado, principalmente en actitudes y valores, para apreciar y disfrutar un rol. Muchas *transiciones de rol* son difíciles debido ordinariamente a las *discontinuidades* en la socialización o porque los necesarios *abandonos del rol* exigen que algunas satisfacciones actuales se sacrifiquen. Algunas transiciones de rol requieren un reaprendizaje del rol tan radical, que se utiliza el término de *resocialización*.

Los conflictos del rol surgen de deberes que chocan entre sí dentro de un solo rol o de las exigencias contradictorias impuestas por diferentes roles. Estos conflictos pueden manejarse mediante la *racionalización,* en la que la situación se redefine en la mente del actor de modo que la persona no esté consciente del conflicto; mediante la *compartamentalización,* que le permite a uno operar dentro de un solo rol a la vez, y mediante la *adjudicación,* en la que un tercero toma la decisión. *El fracaso del rol* es bastante común, sobre todo en una sociedad que cambia.

Morir es el rol final, y la muerte es el status final que todas las sociedades reconocen con ceremonias que ayudan a los dolientes a aceptar la muerte y a reasumir la vida. El status de la muerte en Estados Unidos está cambiando por las actitudes de mayor aceptación y franqueza. Existen movimientos que intentan facilitar el proceso de la muerte.

GLOSARIO

abandono de rol: renuncia a un rol para aceptar otro.

comportamentalización: aislamiento de un rol de otro, de modo que no se tome conciencia del conflicto que haya entre ellos.

comportamiento según el rol: comportamiento real de alguien que desempeña un rol.

conflicto de roles: las exigencias contradictorias dentro de un rol; demandas opuestas de dos roles diferentes.

conjunto de roles: grupo de roles relacionados que juntos forman un status social.

discontinuidad en la socializa-ción: experiencias en una etapa de la vida que no ayudan o aun pueden dificultar el paso a la etapa siguiente.

inconsistencia de status: alguna disparidad entre varios status de una persona.

meritocracia: sistema social en el que el status se asigna de acuedo con el mérito individual.

personalidad según el rol: pauta de características de personalidad que exige un rol particular.

racionalización: redefinición de una situación penosa para que sean social y personalmente aceptables.

representación dramática del rol: esfuerzo consciente por desempeñar un rol de tal manera que cree en los demás la impresión que se desea.

resocialización: olvido de un aprendizaje y el reaprendizaje necesarios para un cambio importante de roles.

rito de transición: todo ritual que marque un movimiento de un status a otro, como las ceremonias que se refieren al nacimiento, la pubertad, el matrimonio o la muerte.

rol: comportamiento esperado de alguien que ocupa un status.

rol o status adquirido: un rol o un status logrado por la elección, el esfuerzo, la acción o realización individual.

rol o status adscrito: un rol o un status asignado de acuerdo con las características hereditarias, sin tomar en cuenta la preferencia, la capacidad o el rendimiento individual.

tensión de rol: dificultad para cumplir las obligaciones del rol.

transición de rol: cambio de un rol a otro.

PREGUNTAS Y PROYECTOS

1 El rol y el status ¿son dos conceptos separados o dos aspectos del mismo fenómeno? Explique.

2 ¿Cuál es la función de los juegos infantiles en la socialización?

3 ¿Por qué es más difícil encontrar un rol y un status satisfactorios para los ancianos en las modernas sociedades industrializadas que en las sociedades preindustrializadas? Analice la situación de los ancianos contemporáneos en términos de continuidades y discontinuidades en la socialización?

4 ¿Por qué las personas mayores de edad tienen actitudes mezcladas cuando se jubilan prematuramente? ¿Cuáles son las ventajas y desventajas de las comunidades separadas por edades?

5 Describa el cambio del status y del rol de un estudiante de secundaria al de estudiante de preparatoria, y el cambio de la situación de civil a la situación de militar, en términos de continuidades y discontinuidades culturales en la socialización?

6 En la preparación para la mayor parte de los roles adultos? ¿qué es más importante: las actitudes y los valores que hacen aceptable el rol o el conocimiento y las habilidades necesarias para desempeñarlo? Ilustre su respuesta refiriéndose a los roles del ama de casa, del maestro de escuela, del oficial del ejército, del investigador científico y del anciano.

7 ¿Hay algún conflicto entre los roles de usted como estudiante universitario y como hijo o hija de familia? Si usted fuera un estudiante casado, se añadiría un tercero y posiblemente un cuarto rol ¿Qué conflictos se añadirían entre los roles?

8 ¿Qué costos sociales tiene el que se haga hincapié en los status adquiridos? ¿Y en los status adscritos?

9 ¿En qué aspectos lo o la está preparando a usted su actual rol como estudiante universitario para sus roles posteriores? ¿En qué aspectos la experiencia en su rol actual es irrelevante o hasta poco funcional?

10 ¿Hay algunos aspectos en los que usted ya esté asumiendo personalidades según el rol que difieran de su propia personalidad? ¿Está usted consciente de alguna presión que le esté produciendo el actuar una parte?

11 ¿Cuáles son las ventajas y las desventajas de una meritocracia, en comparación con los métodos de adscripción o adquisición de status?

12 Describa alguna situación que usted conozca, en la que una persona se sienta bajo presión para desempeñar dos o más roles conflictivos. ¿Cómo resolvería usted el conflicto?

¿Diría usted que la resolución tuvo o no tuvo éxito?

13 ¿Qué transición de rol requiere el mayor grado de resocialización: del estado civil al militar o de éste al civil?

14 ¿Quién tendría mayores dificultades para cambiar de papeles; el soldado que después de veinte años de servicio retorna a la vida civil o el sacerdote que después de veinte años de ministerio deja el sacerdocio para casarse?

15 ¿Por qué estamos cambiando nuestro tradicional punto de vista con respecto a que un paciente debe ser mantenido con vida lo más que sea posible?

LECTURAS QUE SE SUGIEREN

Abbott, Andrew: "Status and Status Strain in the Professions", *American Journal of Sociology,* 86: 819-835, January 1981. Un análisis de la tensión del rol que proviene del conflicto entre las clasificaciones populares y profesionales del rol y del status.

Bell, Marylin J: "Attitudes Toward the Female Role: Life Experiences and Problems Recounted by Older Women", *Sociological Spectrum:* 1:21-38, January/March 1981. Un estudio empírico de los problemas de las mujeres ancianas.

Berk, Bernard: "Face-Saving at the Singles Dance", *Social Problems,* 24:530-544, June 1977. Describe cómo las personas salvan las apariencias cuando no tienen éxito en conseguir parejas de baile.

Bryan, James H.: "Apprenticeships in Prostitution", *Social Problems,* 12: 287-297, Winter 1965: también Barbara Sherman Heyl, "The Madam as Teacher: The Training of House Prostitutes", *Social Problems,* 24:544-555, June 1977. Dos artículos que describen la preparación para el rol y el adiestramiento de prostitutas.

Cockerham, William C.: "Self-Selection and Career Orientation Among Enlisted U.S. Army Paratroopers", *Journal of Political and Military Sociology,* 6: 249-259, Fall 1978. Relación del concepto de carrera para el cumplimiento del rol de los paracaidistas.

*Goffman, Erving: *Forms of Talks,* University of Pennsylvania Press. Philadelphia 1981. Un análisis del habla y del lenguaje corporal como desempeño del rol.

Harris, Diana K. and William E. Cole: *Sociology of Aging.* Houghton Mifflin Company, Boston, 1980. Un libro de texto normal sobre gerontología.

Ostrander, Susan A.: "Upperclass Women: The Feminine Side of Privilege", *Qualitative Sociology",* 3: 23-44, Spring 1980. El status y el rol de mujeres acaudaladas vistas con frecuencia como beneficiarias del antiguo sistema de premios y deberes basados en el sexo de la persona.

Palmer, C. Eddie: "Dog Catchers: A Descriptive Study", *Qualitative Sociology,* 1: 79-107, May 1978. Las obligaciones de trabajo y cumplimiento del rol de una ocupación raramente mencionada.

*Simpson, Ida Harper, et al.: *From Student to Nurse,* Cambridge University Press, New York, 1979. Una descrición de cómo las novatas interiorizan el rol de enfermera.

Snyder, Mark: "The Many Me's of the Self-Monitor", *Psychology Today.* 13: 32-40, March 1980. Cómo las personas se van transformando según el rol que representan, y las consecuencias de esto para la personalidad.

Vernon, Glenn: *"The Sociology of Death: An Analysis of Death Related Behavior,* The Ronald Press Company, New York, 1970, 1978. Un trabajo normal sobre la sociología de la muerte.

Walters, Vivienne: "Company Doctors' Perceptions of and Responses to Conflicting Pressures from Labor and Management", *Social Problems,* 30: 1-12, October 1982. Un estudio de investigación sobre el conflicto de roles.

Zimbardo, Philip, et al.: "A Pirandellian Prison," *The New York Times Magazine,* April 8, 1973, pp. 38ff; también Craig Haney, Curtis Banks and Philip Zimbardo, "Interpersonal Dynamics in a Simulated Prison", *International Journal of Criminology and Penology,* 1: 69-97, February 1973. Informe sobre un famoso experimento en el que los "guardias" y los "prisioneros" en una cárcel fingida desempeñaron sus roles respectivos con demasiado entusiasmo.

6 Sexualidad y roles sexuales

Wanda: ¿Viste aquí que dos sociólogos han demostrado que los hombres interrumpen a las mujeres todo el tiempo? Ellos...
Ralph: ¿Quién dice?
Wanda: Candace West, del Estado de Florida, y Don Zimmerman, de la Universidad de California, en Santa Bárbara. Ellos registraron en cinta magnetofónica gran cantidad de conversaciones privadas y adivina lo que encontraron. Cuando dos hombres o dos mujeres están hablando, las interrupciones son casi iguales. Pero cuando un hombre habla con una mujer, él hace el 96% de las interrupciones. Ellos consideran que se trata de un truco de predominio del que no están conscientes. Pero...
Raplh: Esa gente ¿no tiene nada mejor que hacer que escuchar indiscretamente sobre interrupciones?
Wanda: ...pero las mujeres "retoman el hilo" una tercera parte de las veces. Ya sabes, comienzan donde se habían quedado luego de que el hombre...
Ralph: Seguramente que no a todos los hombres les gusta esto, Wanda.
Wanda: ...interrumpió lo que estaban diciendo. ¿No es esto...
Ralph: Estás hablando como una fiel partidaria del feminismo. Lo lamento, Wanda.
Wanda: (suspira) Lo sé, querido.

(*Time,* Septiembre 25, 1978, p. 82, Reproducido con permiso de *Time, The Weekly Newsmagazine;* derechos reservados a Time Inc. 1978).

Las estadísticas del Departamento de Policía de Chicago correspondiente a 1976 muestran que, por primera vez, más mujeres que hombres mataron a sus cónyuges en Chicago.

(*Chicago Sun-Times,* Septiembre 7, 1977, p. 24).

En un mundo que cambia, una sola cosa permanece constante. Los sexos continúan encontrándose uno a otro inquietos e irresistibles. La mayor parte de los hombres viven con mujeres, y la mayor parte de las mujeres viven con hombres, la mayor parte del tiempo, en casi todas las sociedades conocidas.

El impulso sexual es una predisposición (evidentemente biológica) a buscar la respuesta sexual, y está relacionada con el sexo de uno o varios, generalmente del sexo opuesto. Este impulso se despierta en la pubertad y permanece intenso a lo largo de toda la vida. La intensidad del interés en la sexualidad se sugiere en un estudio de los lectores de *Psychology Today,* a los que se les pidió que catalogaran una serie de chistes según su "comicidad". Los chistes relativos al sexo fueron clasificados como "muy chistosos" con una frecuencia dos veces mayor que la categoría más próxima, y los adultos de mayor edad fueron los más entusiastas consumidores de humor sexual (Hassett y Houlihan, 1979). Pruebas del poder de la sexualidad se encuentran en todas partes. Pocas novelas o películas cinematográficas pueden tener éxito si carecen del elemento "asuntos de amor". La atracción sexual y algunas veces el erotismo son prominentes en el arte, la música y la literatura de las culturas más complejas. Reinos, fortunas, carreras y reputaciones han sido dejadas de lado con la esperanza de consumar un amor; amigos, familia y honor han sido sacrificados; las riñas entre los amantes o a propósito de ellos son un preludio común del asesinato. Quizá una prueba aún más convincente de la fuerza de la tendencia sexual nos la proporciona la multitud de hombres y mujeres que trabajan pacientemente en monótonas tareas para proporcionar una vida feliz a sus seres queridos. Algunos estudiosos han atribuido prácticamente *todo* esfuerzo humano —desde las hazañas en tiempo de guerra hasta ganar un sueldo por lavar la ropa— al deseo de impresionar y poseer a una persona (o más) del sexo opuesto, pero tal especulación no puede probarse. impulsos diferentes no pueden medirse comparativamente; sin embargo, prácticamente nadie duda de la fuerza del impulso sexual.

Hay alguna discusión acerca de si el impulso sexual es innato o adquirido. Algunos estudiosos (p.ej., Simon y Gagnon, 1977) cuestionan el que haya un impulso sexual innato, alegando que nuestra tendencia a tener compañeros sexuales y a utilizar nuestros órganos sexuales es un producto de aprendizaje social. Sin embargo, puesto que el impulso sexual es universal y surge en la mayor parte de los miembros de todas las sociedades humanas, casi todos los estudiosos suponen que es una herencia biológica.

FUNDAMENTOS SEXUALES DE LA VIDA SOCIAL HUMANA

El impulso sexual es una de las piedras angulares de la vida social humana. Aunque ningun impul-

so innato obliga a los humanos a actuar en una forma particular, cada impulso consta de una serie de estados de tensión recurrentes que impelen a las personas a *alguna clase de actividad* para aliviar esa tensión. Un impulso no puede pasarse por alto y no "desaparecerá". Algunas formas de aliviar la tensión se encontrarán, se repetirán por muchas personas y se volverán parte de la cultura. ¿Cuáles son algunas características de la tendencia sexual humana que han afectado nuestras pautas de vida social?

Sexualidad continua

La *sexualidad* incluye todos los sentimientos y comportamientos vinculados con el sexo me-

El impulso sexual es una de las piedras angulares de la vida social (© *Stephen Shames/ Woodfin Camp & Assoc.*).

diante la biología y el aprendizaje social. La hembra de la mayor parte de las especies es sexualmente activa sólo durante un periodo de celo temporal, cuando emite una sustancia química llamada *pheromona* que atrae poderosamente y excita sexualmente a los machos de su especie. En otras épocas la hembra no es receptiva, y sin la pheromona, los machos no son estimulados. En muchas especies la época de apareamiento es la única ocasión en que los machos y las hembras se asocian. La especie humana participa junto con los antropoides del hecho biológico de la sexualidad continua, lo que significa que la hembra puede ser sexualmente activa en cualquier tiempo. La hembra humana no pasa por ciclos biológicos de aceptación y rechazo sexual. No emite pheromona (en cuanto sabemos) ni el macho las necesita.

Hay algunas especies cuyos machos y hembras se asocian continuamente, aunque sólo se aparean temporalmente. La sexualidad continua, por lo tanto, no es necesaria para una continua asociación, pero es una garantía de que los sexos se asociarán continuamente. Esto hace de la sexualidad continua una parte de la base biológica para la vida social humana.

Variedad y continuidad

El doble deseo humano de continuidad y de variedad sexual es otra parte de la base biológica de la vida social humana. Algunas especies se acoplan de por vida y son estrictamente fieles a sus compañeros; otras son promiscuas, y la hembra

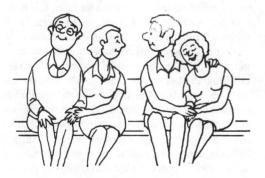

El doble deseo de continuidad y variedad.

se aparea con cualquier macho disponible (o con todos). Los humanos desean evidentemente hacer ambas cosas. En todas las sociedades humanas la mayor parte de las relaciones sexuales de la mayor parte de los adultos se da entre personas que son compañeros de sexo permanentes. Las personas que disfrutan juntas una experiencia sexual desean repetirla el uno con el otro. En la mayor parte de las sociedades casi todas estas asociaciones sexuales permanentes, se institucionalizan en una relación reconocida socialmente, por lo general en el matrimonio o en el concubinato. Pero este deseo de continuidad sexual se complica por el deseo opuesto de variedad sexual.

Muchas sociedades insisten en la finalidad marital y castigan el adulterio lo más severamente (el apedreamiento es un castigo muy común); sin embargo, el adulterio es bien conocido en todas las sociedades. En algunas sociedades el adulterio es prácticamente universal, como entre los todas de la India, cuyo lenguaje carece de cualquier palabra para designarlo.[1] Así, la tolerancia del adulterio es una forma de tratar con el deseo de variedad sexual. La prostitución se conoce en todas las sociedades complejas y en muchas de las más simples, incluyendo virtualmente a todas las que tratan de restringir el intercambio sexual a un solo compañero. La Iglesia en la Europa medieval aprobó la prostitución como una conseción lamentable pero necesaria a la naturaleza sexual del hombre.[2] Otras respuestas a este deseo de variedad sexual incluyen la poligamia, el concubinato, el sistema de amantes y el divorcio. Aun aquellos cuyas aventuras sexuales extramaritales están limitadas a eróticas ensoñaciones y a melancólicos anhelos son ejemplos del deseo de variedad sexual.

[1] Las referencias de este capítulo a las normas sexuales de varias sociedades están tomadas de George P. Murdock, *Our Primitive Contemporaries,* The McMillan Company, New York, 1949, y de Clellan S. Ford and Frank A. Beach, *Patterns of Sexual Behavior,* Harper & Row Publishers, Inc. New York, 1951. Aunque bastante antiguas, estas fuentes, se utilizan porque no hay estudios recientes que comparen las pautas sexuales de muchas sociedades.

[2] Lo que es muy interesante es que estos teólogos medievales no hicieron las mismas suposiciones acerca de la naturaleza sexual de la mujer, sino que le echaron a ella la mayor parte de la culpa, puesto que las mujeres eran las portadoras de la tentación sexual que conducía a los hombres al pecado.

Flexibilidad del impulso sexual

En la mayor parte de las especies el comportamiento sexual de todos los machos adultos saludables es muy semejante, y lo mismo puede decirse de todas las hembras adultas saludables. Ciertamente puede haber incorporado algún aprendizaje. En estado salvaje los animales "sociales" (es decir, los que generalmente viven en grupos, como los leones, los monos y los lobos) pueden aprender los procedimientos de apareamiento por imitación. Cuando se aíslan, como los monos de Harlow que sólo tienen un armazón de alambre cubierto con una tela "madre" sustituta, muchos no se aparearon y muchos que lo hicieron mataron, golpearon o descuidaron a sus hijos (Harlow, 1961, 1975). Los perros domésticos crecen sin ver aparearse a otros perros y con frecuencia debe ser ayudados para su primer apareamiento. Pero en todas las especies solitarias entre las cuales los machos abandonan a las hembras después del periodo de apareamiento (gatos, osos, puercoespines y muchas otras) los jóvenes no pueden aprender a aparearse por imitación. Si el comportamiento sexual dependiera sólo del aprendizaje social, estas especies se hubieran extinguido. Así, en la mayor parte de las especies no humanas el comportamiento sexual es instintivo, no se ve afectado mayormente por el aprendizaje y es muy uniforme dentro de cada especie.

En agudo contraste, la característica impresionante de la sexualidad humana es su variabilidad. Todos los impulsos humanos están sujetos a un condicionamiento cultural, y el impulso sexual en forma espectacular. Aunque suponemos que este impulso innato hace que los hombres y mujeres se sientan atraídos fuertemente unos hacia otras y viceversa, la manera de expresar esta atracción presenta gran variación en cada uno de los detalles. Todos los aspectos del sentimiento y del comportamiento sexual están modelados culturalmente y varían de sociedad a sociedad, de época a época dentro de una sociedad, y de grupo a grupo dentro de las sociedades complejas. En casi todo tipo de asuntos sexuales, como en el relativo a quién aparece sexualmente deseable (el esbelto, si es dobuano; el gordo, si es chiricahua), a quién hace la proposición (las muchachas en Bali; los muchachos entre los mbundu), a cómo se considera el juego sexual entre los preadolescentes (con aprobación entre los chewa; con censura entre los cuna), cómo se ven los juegos sexuales previos (esperados entre los ponape quienes los prolongan por horas, ausentes entre los lepcha), dónde es conveniente tener la relación sexual (en casa entre los pukapukans; o en el bosque como entre los witotos), qué posturas son las acostumbradas (los hombres encima, como entre los trobrianders; uno al lado de otro, como los masai; sentados, como los palau), cómo debe actuar la mujer (pasiva, como entre los chiricahua, o agresiva y vigorosa como entre los hopi); en todos éstos y otros aspectos encontramos una gran variedad. Lo que hacemos sexualmente y cómo nos sentimos con respecto a ello está moldeado culturalmente. Así, la madre trobriand, al saber que su hija duerme con un muchacho todas las noches, se siente muy complacida de que se esté desarrollando bien, pero se horrorizaría al escuchar que su hija y un muchacho estan comiendo juntos; sentimientos que son completamente contrarios a los de una madre tradicional estadounidense. El comportamiento sexual ilustra con claridad la generalización de que casi todo es bueno en alguna parte y casi nada es bueno en todas partes. Como Ford y Beach observan:

> Las mujeres choroti escupen en la cara de su amante durante el coito, y las mujeres apinaye pueden morder pedazos de ceja de su compañero y escupirla ruidosamente a un lado. Los hombres ponopeanos suelen tirar de las cejas de la mujer, arrancando en ocasiones mechones de pelo. Las mujeres trukese acostumbran meter la punta del dedo en la oreja del hombre cuando están muy excitadas. Las mujeres de muchas sociedades muerden la piel del cuello del hombro o del pecho del compañero cuando la excitación sexual está en su apogeo. Las marcas rojas dejadas sobre la piel pueden ser motivo de jactancia; los toda saludan a cualquier persona que esté marcada así con la burla: "Has sido mordido por un tigre" (Clellan S. Ford y Frank A. Beach, *Pat-*

Una preferencia por la respuesta sexual íntima de una persona del mismo sexo (*Cary Wolinsky/Stock, Boston*).

terns of Sexual Behavior, Torchbooks, Harper & Row Publishers Inc., New York, 1951, p. 56).

Esta lista de interesantes prácticas sexuales pudiera extenderse a lo largo de varias páginas, pero aunque pudiera ser entretenida, sería redundante. Los ejemplos dados arriba son suficientes para comprobar que *los sentimientos y el comportamiento sexuales están moldeados culturalmente.* En donde está involucrado el sexo, uno puede imaginarse que casi todo es "bueno" en algún lugar, que todo se practica con buena conciencia y un sentido moral tranquilo por quienes están socializados para considerarlo así. Y que prácticamente todo es "malo" en algún otro sitio. La práctica de la homosexualidad ilustra esta generalización.

HOMOSEXUALIDAD. El término *homosexual* se aplica tanto a las personas que tienen una marcada preferencia por compañeros sexuales del mismo sexo como también a aquellas que, sin importar la preferencia sexual, entablan relaciones sexuales con personas del mismo sexo. Una capacidad para responder sexualmente a ambos sexos está presente entre los humanos y muchas otras especies (Ford, 1980). Los primates no humanos

con frecuencia asumen un comportamiento homosexual (Mitchell, 1981, p. 47). Animales de muchas especies intentarán ocasionalmente montar a otro miembro del mismo sexo. Tales montas rara vez incluyen penetración u orgasmo, aunque no es infrecuente alguna excitación sexual del compañero. Semejante homosexualidad animal va con frecuencia (no siempre) asociada con la inmadurez, la ausencia de un compañero heterosexual, la sobrepoblación o alguna otra circunstancia inusitada. La homosexualidad animal es claramente "natural", en cuanto que aparece con alguna frecuencia en muchas especies. Sin embargo, no existe especie animal en la que la homosexualidad sea la forma predominante o acostumbrada del comportamiento sexual adulto, y no tenemos informes de animales individuales que sean exclusivamente homosexuales.

La homosexualidad aparece, al menos ocasionalmente, en todas o casi todas las sociedades humanas. La homosexualidad está ausente o es rara o secreta en aproximadamente una tercera parte de las sociedades estudiadas por Ford y Beach. En las dos terceras partes restantes alguna forma de comportamiento homosexual se considera aceptable y normal, por lo menos en algunas categorías de personas o etapas de la vida. Numerosas sociedades incluyen papeles homosexuales institucionalizados, como ocurre entre los koniag, quienes socializan a algunos niños varones desde la infancia para que desempeñen papeles femeninos. Entre los siwanos de África se espera que todos los hombres y muchachos entablen relaciones anales y son considerados raros si no lo hacen. La homosexualidad femenina es menos común o menos cuidadosamente advertida, pero también se conoce en muchas sociedades.

Por lo que toca al comportamiento homosexual, como el heterosexual, es aproximadamente exacto que "todo es bueno en alguna parte y nada es malo en todas partes". A diferencia de otros animales, hay algunos humanos que son exclusiva o predominantemente homosexuales. Los estudios de Kinsey (1948, 1953) han establecido claramente que para los varones estadounidenses la homosexualidad-heterosexualidad es un *continuum,* no un par de categorías distintas. En otras palabras, en tanto que algunos son exclusivamente heterosexuales y algunos exclusivamente homosexuales, muchos son una mezcla de sentimientos y comportamiento homosexuales y heterosexuales. Alguien puede ser 10% homosexual y 90% heterosexual en sus inclinaciones; otro puede ser 50: 50, Otro 60:40 y aún otro 90% homosexual y 10% heterosexual. Kinsey informó en 1948 que más de una tercera parte de los varones estadounidenses habían experimentado por lo menos un orgasmo homosexual, en tanto que estimó que alrededor del 4% de los varones y el 2% de las mujeres eran exclusivamente homosexuales.

Sin embargo, los porcentajes de Kinsey informan acerca del comportamiento sexual, no de la preferencia sexual. Algunas personas tienen relaciones sexuales, por lo menos ocasionalmente, con compañeros del mismo sexo debido más a la disponibilidad o conveniencia que a la preferencia. Tales relaciones son más o menos comunes en las cárceles, en los puestos militares aislados, en los campos de construcción remotos y en otros lugares donde no se puede disponer fácilmente de compañeros heterosexuales. Algunos hombres que en realidad prefieren a las mujeres como compañeras sexuales pueden caer en "salones de té" (ciertos lugares públicos para hombres, conocidos como sitios de encuentros homosexuales) donde puede obtenerse un rápido orgasmo sin el costo, tiempo y obligaciones que significa encontrar una compañera femenina (Humphreys, 1970, 1975). Puede discutirse si a tales personas debe calificárselas como "homosexuales", y nosotros limitaremos aquí el empleo del término a quienes son homosexuales en sus preferencias.

Así como el grado de actividad homosexual varía entre los individuos, así también lo hace el grado de participación en la subcultura homosexual. Algunos participan abierta y profundamente en la subcultura homosexual y tienen la mayor parte de sus relaciones sociales con otros homosexuales. Algunos son "homosexuales de armario" y ocultan su actividad homosexual y con frecuencia comparten una casa con una esposa y unos hijos. Otros muestran un nivel intermedio de compromiso en la "comunidad homosexual".

Los homosexuales se parecen en todo a los heterosexuales, excepto en su preferencia sexual. Muchos estudios han descubierto que ninguna otra característica de la personalidad distingue a los homosexuales de los heterosexuales (Hooker, 1969). Aparte las dificultades que surgen del trato social de los homosexuales, los desajustes de la personalidad no son más comunes entre los homosexuales que entre los heterosexuales (Clark, 1975; Oberstone y Sukoneck, 1975).

¿Qué es lo que causa la homosexualidad? La teoría de la enfermedad mental considera que los homosexuales son víctimas de una confusión del rol sexual. De acuerdo con una extendida opinión psiquiátrica, el varón homosexual es más frecuentemente un producto de una madre dominante pero seductora y de un padre frío y remoto (Bieber, 1962, p. 172; Saghir y Robins, 1973*c.* 8; Hart y Richardson, 1981, pp. 28-35). Pero el estudio de investigación más completo que se ha publicado sobre los homosexuales, en el que se comparan grandes muestras de homosexuales y heterosexuales, no encontró importantes diferencias en los antecedentes familiares, tipos de padres o relaciones con los padres (Bell et al., 1981). Este equipo de investigación, no pudieron encontrar algunas explicaciones de los homosexuales en las experiencias sociales, concluyó con una fuerte sospecha de que la homosexualidad puede tener un origen biológico u orgánico. Esta sospecha se reforzó con muchas autobiografías de homosexuales en las que las personas narran cómo descubrieron una preferencia sexual durante la niñez o la adolescencia a la que resistieron pero no pudieron cambiar y con el tiempo llegaron a aceptar (Williams, 1977). Varios estudios han encontrado importantes diferencias entre los niveles de hormonas de los homosexuales y los heterosexuales (Bell et al., 1981, p. 2-3). Pero si la homosexualidad fuera simplemente biológica, esperaríamos que fuera igualmente común en todos los tiempos y lugares, y esto no es cierto.

La teoría del aprendizaje social sostiene que uno aprende el comportamiento homosexual mediante el mismo sistema de recompensa-castigo que modela la mayor parte del aprendizaje social. De acuerdo con esta teoría, si la mayor parte de la interacción durante la niñez y la adolescencia con el sexo opuesto es placentera y remuneradora, uno se vuelve heterosexual; si esta experiencia es incómoda y causante de ansiedades y si los intentos de intercambio heterosexual son insatisfactorios, uno puede convertirse en homosexual. Pero los castigos por la homosexualidad han sido tan severos en nuestra sociedad, que uno se pregunta cómo, si la teoría del aprendizaje social fuera correcta, podría haber todavía *algunos* homosexuales. Notamos también que la aceptación social cada vez mayor de los homosexuales en los últimos años no ha incrementado el número de homosexuales, como podría esperarse si la homosexualidad fuera un papel sexual aprendido (Mitchell, 1981, p. 56). La mayoría de los homosexuales tuvieron padres heterosexuales, y la mayoría de los hijos de padres homosexuales son ellos mismos heterosexuales (Green, 1978). No hay pruebas convincentes de que, teniendo un padre, un tío, un maestro o un vecino homosexual, aumente la probabilidad de que un hijo llegue a ser homosexual.

El castigo y la discriminación contra los homosexuales se defienden con frecuencia como necesarios para evitar que los homosexuales seduzcan a los jóvenes a la homosexualidad. ¿Cuán realista es este temor? Podemos ver aquí, una vez más, que la teoría es importante, porque nuestra respuesta depende de qué teoría de homosexualidad se acepte. Si la sexualidad es una predisposición biológica que los homosexuales no eligen y no tienen fuerza para cambiar, entonces la seducción a la homosexualidad es improbable, lo que hace innecesario, inútil y cruel el castigo de los homosexuales. Si la homosexualidad es un defecto de la personalidad que surge de modelos insatisfactorios de roles paternos o maternos en la niñez, la seducción por parte de homosexuales es nuevamente improbable y el castigo es igualmente innecesario e inútil. Si la homosexualidad es un producto del aprendizaje social basado en la recompensa-castigo, entonces la seducción es posible y los castigos podrían desalentar la homosexualidad, y podría darse una razón para excluir a los homosexuales de los puestos donde alguien es un modelo de roles, como es la enseñanza o el sacerdocio. Y también hay una cuestión de valores: ¿Es la homosexualidad una abominación que debería ser reprimida o es un estilo de vida alterno que la gente debería elegir libremente y seguir sin castigo alguno? Hasta que estas cuestiones relativas a las teorías y valores se resuelvan, es difícil ponerse de acuerdo sobre una serie de políticas sociales concernientes a la homosexualidad.

Para resumir, el impulso sexual es una tendencia poderosa que está incorporada, en alguna forma, en gran parte de nuestra actividad. Este impulso, y la variedad de comportamientos mediante los cuales se expresa, debe en alguna manera incorporarse a la estructura social de cada sociedad. Casi toda combinación sexual posible se encuentra en una sociedad u otra. Cada uno de los muchos tipos de combinaciones sexuales "funcionará" para satisfacción de la gente, suponiendo que armoniza con las otras órdenes sociales de la sociedad. (Recuérdense los conceptos de integración cultural y relativismo cultural.)

DIFERENCIAS SEXUALES

En la mayor parte de las especies superiores, los machos y las hembras se comportan en forma diferente en algunos aspectos. Sin ninguna cultura que las explique, estas diferencias sexuales deben estar arraigadas en la biología. Esto sugiere (pero no lo prueba) que las diferencias de comportamiento entre hombre y mujer en los humanos también puede tener una base biológica. Los sexos humanos son visiblemente diferentes en algunas características físicas. ¿Difieren también en capacidades de comportamiento e inclinaciones naturales? ¿Son tales diferencias lo suficientemente importantes para que la cultura las refleje en alguna forma?

En cierto grado, la respuesta es sí. La adscripción de roles laborales en las sociedades simples se veía muy afectada por las diferencias sexuales físicas. Los hombres superan considerablemente a las mujeres, en promedio, en la fortaleza de la parte superior del cuerpo. Aunque las mujeres llevan a cabo gran cantidad de trabajo físico moderadamente pesado, las tareas que exigen una gran fuerza o velocidad, como la cacería, la lucha, la tala de árboles o el levantamiento de cosas pesadas, son hechas desde muy antiguo por el hombre. El cuidado y la alimentación de

---

CAMBIOS EN LAS CONCEPCIONES DE LA SEXUALIDAD

Ideología romántica tradicional
Los roles según el género deberían ser distintos e interdependientes, y el rol del género masculino el dominante.

Ideología naturalista moderna.
Los roles según el género deberían ser similares para los hombres y las mujeres, y debería promoverse la participación igualitaria en la sociedad.

La sexualidad centrada en el cuerpo debe ser evitada por las mujeres.

La sexualidad centrada en el cuerpo tiene menos valor que la sexualidad centrada en la persona, pero aún tiene un valor positivo para ambos géneros.

La sexualidad es una emoción muy poderosa que debería ser temida, sobre todo por las mujeres.

Las emociones sexuales son fuertes pero manejables, tanto para los hombres como para las mujeres, al igual como lo son las otras emociones básicas.

La meta principal de la sexualidad es el coito heterosexual, y en él debería centrarse la atención del hombre.

Las metas principales de la sexualidad son el placer físico y la intimidad psicológica en una variedad de actos sexuales, y esto vale para ambos géneros.

El amor redime la sexualidad de su culpa, especialmente por lo que toca a las mujeres.

Una amplia zona de la sexualidad debería aceptarse sin sentimiento de culpa por ambos géneros, suponiendo que no implique fuerza o fraude.

Fuente: Ira L. Reiss: "Some observations on Ideology and Sexuality in America", *Journal of Marriage and the Family,* 43: 271-283, May 1981.

¿Cuáles de estos conceptos se ajustan más a sus creencias? En una escala del 1 (tradicional) al 10 (moderno) ¿dónde se ubicaría usted?

los niños casi continuos en la mayor parte de las sociedades ha limitado en general el trabajo de las mujeres a los que pudieran combinarse con el cuidado de los niños, que era repetitivo, interrumpible y no exigía gran fortaleza física. Esto tenía como resultado la asignación de trabajo más excitante y arriesgado a los hombres (posiblemente el más antiguo "beneficio complementario") y la mayor parte del trabajo pesado a las mujeres. Sin embargo hay bastantes excepciones, como la de los varones que cocinan en Samoa y atienden a los niños en las islas Marquesas, para mostrar que el sentido práctico funcional no era el determinante único de los papeles laborales de los sexos.

En las modernas sociedades la fortaleza física y la función reproductiva son factores menos importantes en la adscripción de papeles laborales. Aun las diferencias físicas se están reduciendo. En muchas áreas de la compentencia atlética las mujeres están alcanzando a los hombres. La brecha entre las marcas de los hombres y las de las mujeres en todas las competencias en que ambos participan se ha reducido en una tercera parte, como promedio, entre 1934 y 1973 (Lips, 1978, p. 184), y se espera que las mujeres superen pronto a los hombres en algunas (Douglas y Metler, 1977).

¿Cuáles son los hechos acerca de aquellas diferencias de sexo o de género[3] que afectan el potencial de rendimiento? Maccoby y Jacklin (1974, pp. 349-355) revisaron todas las investigaciones disponibles sobre las diferencias sexuales entre los estadounidenses. Concluyeron que: 1) La investigación establece claramente mayor agresividad de los niños, mayores capacidades matemáticas y visuales-espaciales (véase también Benhow y Stanley, 1980). 2) La investigación establece diferencias sexuales no significativas en sociabilidad, sugestibilidad, autoestima, aprendizajes de memoria o repetitivos, conocimientos cognoscitivos superiores, capacidad analítica, motivación para el rendimiento, capacidad

de respuesta a los estímulos visuales o auditivos y capacidad de respuesta a la herencia? o al medio ambiente. 3) La investigación no concluye o es contradictoria sobre las diferencias sexuales en sensibilidad táctil, temor, timidez, ansiedad, niveles de actividad, competitividad, dominio flexibilidad y comportamiento alimenticio.

Aun para las diferencias reales descritas arriba todavía tenemos la pregunta: ¿son diferencias heredadas o aprendidas? Ninguna sociedad conocida trata igual a los niños y a las niñas. Ninguna sociedad conocida ofrece a los niños idénticos modelos adultos masculinos y femeninos para su imitación. Si existe algún caso en que los niños y las niñas pudieran haber aprendido algunos comportamientos diferentes, preguntamos si tienen una base biológica. Además cualquier característica del comportamiento arraigada en la herencia aparecerá en *todas* las sociedades humanas. La mayor parte de las diferencias sexuales en el comportamiento no pasan esta prueba. De aquí que sospechemos que la mayor parte de las diferencias sexuales en el comportamiento son aprendidas, no heredadas.

Pero ¿qué puede decirse de aquellas diferencias sexuales que puedan ser biológicas? Si los hombres superan a las mujeres en capacidades matemáticas y visuales-espaciales, ¿no es razonable preferir a los hombres para pilotos aviadores e ingenieros? Ante todo no estamos seguros de que estas diferencias de capacidad sean biológicas. Pueden ser, pero esto no ha sido probado, Segundo, todas las diferencias sexuales (excepto en el aparato reproductivo) son diferencias *promedio*. La mayor parte de estas diferencias promedio no son muy grandes y en gran parte coinciden. Así, mientras que las notas en matemáticas de los niños son superiores en promedio a las de las niñas, todas las calificaciones de las niñas que se hallan en la tercera parte superior son más altas que las de todos los niños que se hallan en los tres quintos inferiores. Si las calificaciones en matemáticas van a utilizarse como boletos de admisión, ¿no deberían emplearse las mismas calificaciones en vez del género, que sólo está ligeramente relacionado con las calificaciones en matemáticas?

---

[3] Los términos "sexo" y "género" se utilizan con frecuencia indistintamente, aunque algunos estudiosos definen el sexo como la parte biológica y el género como la parte de la sexualidad aprendida socialmente (Baxter y Lansing, 1980, p. 4; Oakley, 1981, p. 41).

En muchos países casi todas las tareas serviles las llevan a cabo las mujeres (*Luis Villota/Photo Researches, Inc.*)

¿Qué significa esto? Simplemente que (separando la fortaleza física y de la reproducción) la mayor parte de las diferencias sexuales son productos sociales, no piedras angulares biológicas. Con pocas excepciones, los roles sexuales pueden ser lo que la sociedad quiera hacer de ellos. Al presente, no está claro lo que nuestra sociedad desea que sean. Los roles sexuales tradicionales de la sociedad estadounidense se encuentran ferozmente combatidos y están cambiando con una rapidez que es gratificante para unos y molesta para otros.

CAMBIO EN LOS ROLES SEXUALES

Los roles de las mujeres han sufrido un gran cambio a lo largo de la historia. Si definimos el status de las mujeres como "alto" cuando tienen independencia considerable, poder y opción, entonces el status de las mujeres ha variado enormemente a lo largo del tiempo: sumamente alto en el antiguo Egipto; bajo en la primitiva Grecia y en la primera república romana, más alto en el último imperio romano y nuevamente bajo en la era cristiana después de la caída del Roma (Leslie, 1982, Cap. 6) ¿Qué ha hecho cambiar el status de las mujeres?

Factores en el cambio del rol sexual

DECLINACIÓN DE LAS CREENCIAS SEXISTAS. La adscripción tradicional de roles sexuales en la sociedad estadounidense supone una serie de diferencias sexuales innatas en cuanto a capacidades y limitaciones que ya no son creídas por las personas instruidas. Era fácil atribuir las prácticas de uno a la voluntad de Dios o a la naturaleza, pero esto ya no funciona bien. Se reconoce ampliamente que los roles sexuales "normales" son normales sólo durante algún tiempo y lugar específicos (Peak, 1975). Así, se ha demolido el fundamento intelectual que subordina el rol de las mujeres.

CAMBIO EN LOS ROLES LABORALES. La importancia atribuida al trabajo ha estado siempre relacionada íntimamente con el status y la fuerza. En las sociedades antiguas, donde los sacerdotes parecían tener el mayor control sobre lo que le ocurría a las personas, ellos tenían el status más alto; actualmente se puede decir que los médicos han tomado su lugar.

En las sociedades de cazadores, donde los hombres conseguían el alimento y las mujeres generalmente lo preparaban, el éxito del hombre en la cacería determinaba si el grupo comía o padecía

**CUADRO 6-1
UN ESTUDIO TRANSVERSAL DE LOS ESTEREOTIPOS SEXUALES* EN
DIFERENTES CULTURAS**

Características asociadas
con los hombres

Activo (23)	Dominante (25)	Oportunista (20)
Arriesgado (25)	Egoista (21)	Progresista (23)
Agresivo (24)	Energico (22)	Racional (20)
Ambiciosos (22)	Emprendedor (24)	Realista (20)
Arrogante (20)	Fuerte (25)	Imprudente (20)
Afirmativo (20)	Obstinado (21)	Robusto (24)
Autocrático (24)	Duro (21)	Rudo (23)
De mente clara (21)	Humorista (19)	Confiado en si mismo (21)
Grosero (21)	Independiente (25)	Serio (20)
Valiente (23)	Con iniciativa (21)	Severo (23)
Cruel (21)	Con inventiva (22)	Austero (24)
Atrevido (24)	Flojo (21)	Impasible (20)
Decidido (21)	Lógico (22)	No emotivo (23)
Desordenado (21)	Ruidoso (21)	Prudente (23)
	Masculino (25)	

Características asociadas
con mujeres

Amanerada (20)	Emocional (23)	Atractiva sexualmente (22)
Afectiva (24)	Miedosa (23)	Tierna (23)
Atractiva (23)	Femenina (24)	Sumisa (25)
Encantadora (20)	Gentil (21)	Supersticiosa (25)
Curiosa (21)	Dulce (21)	Habladora (20)
Dependiente (23)	Sensible (24)	Débil (23)
Soñadora (24)	Sentimental (25)	

* Características asociadas con hombres o con mujeres en 25 países por lo menos (el número de países se da en el paréntesis)
Fuente: John E. Williams and Deborah L. Best: *Measuring Sex Stereotipes: A thirty-Nation Study,* Sage Publications Beverly Hills, CA. 1982. P. 77).

¿Cuántas de las características señaladas arriba describen propiamente a los hombres y a las mujeres en la sociedad estadounidense?

hambre. En las sociedades recolectoras de alimentos (que recogían huevos, nueces, bayas, granos, frutos, yerbas) y en las sociedades bajo agricultura de azadón, la contribución directa de las mujeres al abastecimiento de alimentos aumentó y en consecuencia, su poder (Whyte, 1978 p. 67). En los tiempos de las colonias americanas la escasez de mujeres y las necesidades de la vida fronteriza otorgaron a las mujeres un status considerablemente más alto que en la Europa de aquellos tiempos.

La industrialización, tanto en la América del siglo XIX como en los actuales países en vías de desarrollo, bajó el status de las mujeres (Inglitzin y Ross, 1976). En las sociedades agrícolas,

las mujeres participaron con los hombres en la producción primaria (cultivando las plantas alimenticias y tejiendo las telas), en tanto que la industrialización hizo a los hombres el sostén primario de la familia y a las mujeres, sus colaboradoras. Pero durante las últimas etapas de la industrialización y en la sociedad postindustrial,[4] el tamaño de la familia se redujo y

[4] El término *postindustrial* se refiere a una sociedad en la que la producción se ha vuelto tan eficiente, que sólo una minoría de trabajadores se emplea en la producción (cultivando el campo y trabajando en las minas y fábricas), mientras que la mayoría de ellos están ocupados en "servicios" (enseñanza, comercio, oficinas, etc.).

son empleadas un mayor número de mujeres casadas fuera de casa. En la sociedad postindustrial, el músculo se va volviendo cada vez menos importante como requisito de trabajo, y los maridos consideran poco práctico mantener a sus mujeres "descalzas y preñadas". Aunque los maridos pueden apreciar los sueldos de sus esposas, su control es menos completo que cuando ellos solos eran los que ganaban todos los ingresos. Blood y Wolfe (1960) desarrollaron una "teoría del poder familiar según los recursos", basada en datos que muestran que el poder de la mujer dentro de la familia tiende a variar conforme su sueldo iguala (o excede) el de su marido. Aunque las mujeres han avanzado muy lentamente en la obtención de un poder igual a su contribución económica, la base económica del dominio masculino se está deteriorando continuamente.

DIFERENCIAS SEXUALES

En todas las sociedades humanas los hombres están más inclinados que las mujeres a:

Competir intensamente con otros de su mismo sexo por su pareja sexual.

Desear más de una esposa (poligamia).

Sentir celos sexuales.

Excitarse sexualmente por estímulos sexuales visuales.

Ser atraídos sexualmente por la juventud y la belleza.

Desear la variedad sexual.

Ver al sexo como un servicio dado a su propio sexo por el sexo opuesto.

¿Cuántas de estas generalizaciones le quedan?

(Según Don Symons: "Eros and Alley Oop" *Psychology Today,* 14:52-61, February 1981).

Algunas pruebas opuestas Los párrafos anteriores siguen la perspectiva funcionalista. Subrayan la importancia del trabajo de la mujer como determinante de su status. Sin embargo, la experiencia de los últimos decenios no apoya completamente este análisis. La proporción de todas la mujeres que se encuentran en la fuerza de trabajo casi se duplicó entre 1940 y 1980 (del 27 al 51%); sin embargo, la brecha entre los hombres y las mujeres empleados aumentó durante la mayor parte de este periodo. Las ganancias anuales de las mujeres que trabajaron tiempo completo durante todo el año cayeron del 64% de los ingresos de los hombres en 1955 al 60% en 1979. Algo de esta declinación puede atribuirse al crecimiento muy rápido de la fuerza de trabajo femenina. En comparación con la fuerza de trabajo masculina, la femenina se vio sobrecargada con trabajadoras principiantes con sueldos de primer ingreso (Lloyd y Niemi, 1979, p. 74). Pero aun cuando la antigüedad se mantenga constante, las mujeres todavía están muy por abajo de los ingresos promedio de los hombres. ¿Por qué?

Hay varias explicaciones. Entre los trabajadores "de tiempo completo" las mujeres trabajan en promedio cerca de una hora y media menos que los hombres (Lloyd y Niemi, 1979, p. 57). En las carreras, mejor pagadas, los años definitivos en los que se obtiene o se pierde el impulso para hacer una carrera es en el decenio de los 25 a los 35 años, precisamente el decenio en el que las mujeres tienen más posibilidades, de interrumpir su trabajo para atender a sus hijos (Thurow, 1981). En Estados Unidos sólo el 10% de las mujeres están sindicalizadas, en comparación con el 26% de los hombres, y las ocupaciones que están sindicalizadas pagan más que las que no lo están.

Sin embargo, la principal razón es que las mujeres que trabajan están fuertemente concentradas, especialmente las de mayor edad, en puestos que tradicionalmente están mal pagados. Todos los trabajos "femeninos" están y han estado muy mal pagados en comparación con los trabajos "masculinos" comparables por la habilidad y el adiestramiento que exigen. La actual brecha salarial es todavía mayor en el caso de las trabajadoras de mayor edad, que son las que están más concentradas en puestos "femeninos" mal pagados (Lloyd y Niemi, 1979, p. 59).

Hoy, en Estados Unidos el principio de "igual paga por igual trabajo" está firmemente establecido en la ley, aunque algunas veces se evade en la práctica. Los trabajos que tienen igual dificultad y exigen igual adiestramiento o capacidad pueden estar pagados de manera distinta, si el trabajo en sí es diferente. Por ejemplo, el ayuntamiento de San José hizo un estudio de 225 puestos municipales y catalogó cada uno por puntos según la destreza requerida, la responsabilidad en la solución de los problemas, la responsabilidad y las condiciones de trabajo (Bunzel, 1982, p. 80). Una comparación típica: un operador de teléfonos, 175 puntos (puesto en el que dominan las mujeres) $15 210; un técnico en abastecimiento de agua, 172 puntos (puesto en el que dominan los hombres) $21 710. Un estudio de la Academia Nacional de Ciencias hecho en 1981 concluyó que menos de la mitad de la diferencia del 40% que existe entre las ganancias promedio de hombres y de mujeres se debían a la mayor capacidad y experiencia de los hombres (Lubin, 1982a).

Estos y otros estudios muestran que aun cuando la ocupación, el adiestramiento, la antigüedad y la productividad sean iguales, la escala de salarios no suele ser igual (Suter y Miller, 1973; Treiman y Terrell, 1975; Featherman y Hauser, 1976; Lloyd y Niemi, 1979, p. 74). Una última prueba: Un cuestionario enviado a 170 personas que habían tenido operaciones para cambiar de sexo (transexuales) encontró que "cada persona que cambió de mujer a hombre ganó más después del cambio" (Fisk, 1982).

Los ejemplos de desigualdad podrían llenar muchas más páginas. Para las mujeres jóvenes que trabajan tantas horas como los hombres jóvenes las ganancias son ahora casi iguales (Scanzoni, 1978, p. 169). Algunos sindicatos están ahora reemplazando el "igual paga por igual trabajo" con "igual paga por mérito comparable" como una meta (Lubin, 1982a). A menos que haya un fuerte retroceso contra los derechos de las mujeres, las ganancias promedio deberán reflejar pronto los cambios actuales en los roles laborales de las mujeres.

Hay pocos lugares donde las mujeres estén favorecidas. Los programas de pensiones privados pagan iguales pensiones mensuales a hombres y mujeres con los mismos antecedentes laborales y contribuciones, pero ya que las mujeres (en promedio) viven más tiempo, cobran más dólares de pensión por dólar de contribución que los hombres. El sistema de seguridad social trata a los trabajadores y a las trabajadoras exactamente igual; sin embargo, las mujeres obtienen más en beneficios por dos razones: viven en promedio cuatro años más, y el sistema otorga a los trabajadores de bajo sueldo más beneficios por dólar de contribución que a los trabajadores con sueldos más altos. Así, las mujeres contribuyen con el 28% de los impuestos, pero reciben 54% de los beneficios. (Stiglin, 1981). Las mujeres también pagan menores cuotas por concepto de seguro de vida. Un actuario de seguros de vida informa que "una trabajadora representativa pagará entre $5 600 y $3 300 menos durante su vida por concepto de cobertura que el trabajador equivalente" (Auger, 1982). Sin embargo, mirándolo bien, las mujeres son muy frecuentemente más víctimas que beneficiarias de la desigualdad sexual. Puede ser cierto que en el largo plazo los roles funcionales determinen los status sexuales. Pero esta fuerza requiere largo tiempo para operar. En el corto plazo, la perspectiva del conflicto puede sugerir técnicas más eficaces para cambiar los roles sexuales. El actual esfuerzo feminista por cambiar los roles sexuales mediante una acción organizada se funda claramente en el modelo del conflicto del cambio social.

ACCIÓN ORGANIZADA: El "antiguo" feminismo del siglo XIX llegó con el tiempo a ganar el derecho de voto, pero no mucho más. El "nuevo" feminismo es una expresión del espíritu general de protesta que se desarrolló en 1960-1970. Los líderes de la Nueva Izquierda (el movimiento radical estudiantil de los años 60) eran abrumadoramente sexistas, pese a su radicalismo en otras materias. Trataban los "problemas de las mujeres" como detalles triviales que serían resueltos por la revolución socialista. Mientras tanto trataban a las mujeres

Susan Rakstang, una madre de 32 años de edad y de profesión arquitecto, reconoce que la vida sería más placentera para su familia si ella no tuviera un trabajo.

"¿A quién no le gusta llegar a casa para una comida casera? A todos. Pero no todos podemos. De modo que todos echamos una mano", dice. "Yo soy un ser humano sano y fuerte. Para mí, no trabajar sería tan frustrante como para cualquier hombre."

Charlene Sisco, una secretaria médica de 36 años de edad, odia trabajar fuera de su casa. Luchando para equilibrar sus obligaciones con su hijito de seis años y su trabajo, sueña con el día en que pueda renunciar. Las mujeres se encontrarían más felices si se quedaran en casa en vez de "competir con los hombres", dice. Ahora "toda mi vida es un reloj registrador".

La mujer difiere del hombre en muchos puntos. La señora Rakstang, que trabaja ante todo porque le gusta, apoya las metas feministas al grado de contribuir con algunas organizaciones de mujeres. La señora Sisco, que trabaja porque tiene obligación de hacerlo, cree que el movimiento feminista ha causado más mal que bien, y está contenta con la cesión de la Enmienda de Igualdad de Derechos por falta de ratificación.

¿Con cuál de estas mujeres se identifica usted más íntimamente?

como objetos sexuales y como sirvientas que hacían el trabajo sucio mientras los hombres planeaban la estrategia y ponderaban las grandes ideas (Gottlieb, 1971; Deckard, 1979, pp. 349-352). Pero los estudiantes que participaron en los movimientos activistas de protesta casi siempre sostenían actitudes igualitarias con respecto al rol sexual (Orcutt, 1975). The National Organization for Women (NOW) se formó en 1966 y tuvo como primera presidente a Betty Friedan, autora del influyente libro *"The Feminine Mystique* (1963). Invitó a una "revolución de los roles sexuales para hombres y mujeres que reestructurará todas nuestras instituciones: la crianza de los niños, la educación, el matrimonio, la familia, la medicina, el trabajo, la política, la economía, la religión, las teorías psicológicas, la sexualidad humana, la moralidad y la verdadera evolución de la raza" (Friedan, 1973). Unos cuantos grupos disidentes más radicales, como la SCUM (*Society for Cutting Up Men)* y la WITCH (*Women's International Conspiracy from Hell*) (Morgan, 1970, pp. 514-519, 538-553) atrajeron una ráfaga de interés en los titulares de los diarios, pero su principal contribución puede haber sido establecer los límites radicales del movimiento y

hacer que otras organizaciones feministas parecieran más conservadoras.

Ha habido muy pocos estudios de calidad de las organizaciones feministas, y ellos informan que los miembros activistas son en su mayor parte jóvenes blancas, educadas, de clase media o alta y que tienden a ser ateas o agnósticas en religión y de liberales a radicales en política y costumbres sexuales (Carden, 1974; Dempewolff, 1974). Aunque esta descripción puede convenir a los miembros activistas del movimiento feminista, es probable que no convenga a los millones de mujeres menos radicales que dan algún tipo de apoyo al movimiento. Como todos los movimientos sociales, el feminista abarca una variedad de personalidad y puntos de vista.

El nuevo feminismo ha seguido tres estrategias principales: 1) un ataque legal a toda clase de discriminación sexual formal, 2) un ataque a la socialización tradicional del rol sexual y 3) un ataque a las prácticas sexistas institucionales.

El ataque legal a la discriminación sexual en Estados Unidos En rápida sucesión gran número de leyes y decretos han puesto al margen de la ley todas las clases de discriminación sexual formal. La ley de Paga Igual de 1963 exige igual salario por un trabajo igual. La ley de Derechos Civiles de 1964 prohibe la discriminación basada tanto en el sexo como en la raza, el color y la religión. Los decretos 12246 y 11375 excluyen la discriminación ejercida por contratistas y proveedores federales y añaden mecanismos para su cumplimiento. Las Enmiendas de Educación de 1972 prohiben a las escuelas y colegios que reciben fondos federales que practiquen la discriminación sexual en admisiones, curricula o personal. La ley de Igual Oportunidad de Crédito de 1974 excluye la discriminación fundada en el sexo o en el status marital en las transacciones crediticias. Éstas y otras leyes, junto con muchas decisiones importantes de los tribunales han establecido claramente la ilegalidad de la discrinación sexual en el reclutamiento, adiestramiento, contratación, promoción y niveles salariales. Muchos empresarios han ordenado los tribunales pagar millones de dólares a mujeres como compensación por la discriminación pasada. Aunque la discriminación sexual no ha terminado por completo, las formas de discriminación sexual fácilmente demostrables (en la contratación y en los salarios) se han vuelto tan difíciles y costosas que la mayor parte de los empresarios las han abandonado.

Después de medio siglo de negativas, el Congreso aprobó finalmente la Enmienda de Derechos Iguales (ERA) en 1972. Ésta establece que la "igualdad ante la ley no será negada ni reducida por Estados Unidos o por cualquier estado por razones de sexo". Aunque treinta estados ratificaron rápidamente tal enmienda, el entusiasmo se enfrió y murió por falta de ratificación en 1982.

¿Por qué la ERA no pudo obtener la ratificación? Las encuestas de opinión pública demostraron firmemente que la ERA contaba con el apoyo de la mayoría (dos a uno en 1981). Fue avalada por los candidatos presidenciales y las plataformas políticas de los partidos políticos principales en 1972 y 1976. Pero el señor Reagan y la plataforma republicana no avalaron la ERA en 1980, signo éste de que el apoyo se iba debilitando.

Los movimientos sociales tienen como característica una vida activa de sólo un decenio o dos. Suscitan interés, generan un impulso, alcanzan un momento cumbre de influencia y luego menguan (veáse Cap. 19). Después de algún tiempo la gente parece cansarse de un movimiento, y el interés público se vuelve hacia otro tema. Pero el esfuerzo para que la ERA se apruebe no está muerto. Las líderes feministas anunciaron en 1982 que se estaban preparando para elegir legisladores que simpatizaran con sus ideas (*MS* Aug. 1982, p. 11), una técnica normal de los grupos políticos de acción.

Programas de acción afirmativa. Los programas de acción afirmativa se les exigen ahora a todos los empresarios en nombre de la Ley de Derechos Civiles de 1964 y a todos los que reciben fondos federales (que virtualmente incluye a todas las escuelas, colegios y universidades). A estos empresarios, contrastistas o sistemas escolares no les basta con demostrar que no practican la discriminación *contra* las mujeres o las minorías. Deben demostrar un programa positivo e instrumentado activamente para ubicar, reclutar, adiestrar, contratar y promover a las mujeres (a los miembros de las minorías) y deben fijar "metas" de contratación. Estas metas —que algunos llaman "cuotas"— conducen a acusaciones de "discriminación inversa". Por ejemplo, en los primeros años de la decada 1970-1980, muchos anuncios para puestos en facultades universitarias especificaban "solamente mujeres". Tales anuncios pronto se acabaron, pero los rumores de favoritismo persistieron. El panorama actual es mixto: existe discriminación en favor de las mujeres en algunas partes y discriminación contra las mujeres en otras.

La presión del gobierno federal en favor de la acción afirmativa ha declinado marcadamente durante la administración Reagan (Lubin, 1982*a*.). Una noticia en el *Wall Strett Journal* en junio de 1982 decía que los ejecutivos de empresas estaban efectuando seminarios para gerentes de nivel medio y gerentes de personal con el fin de recordarles que, a pesar del desinterés de la administración Reagan por su cumplimiento, las leyes antidiscriminatorias todavía estaban en vigencia y que la omisión en cumplirlas podría acarrear juicios multimillonarios contra sus empresas (Greenberger, 1982). Como puede verse, no está claro si la acción afirmativa está muerta o sólo descansando.

El ataque a la socialización en el rol sexual La *masculinidad* y la *feminidad* se refieren a los diferentes sentimientos y comportamiento esperado de hombres y mujeres en una época y lugar particulares, y son en buena parte producto de la socialización en los roles sexuales. Tal socialización se ha llevado a cabo de muchas maneras, muchas de las cuales son involuntarias e inconscientes (Travis y Offir, 1977; Pogrebin, 1980). En la sociedad estadounidense los niños han sido re-

compensados por ser agresivos, competitivos y orientarse hacia una carrera; las niñas han sido recompensadas por ser amables, "elegantes" y hogareñas. Los hombres han sido adiestrados para dirigir y mandar; las mujeres lo han sido para obedecer y servir y para obtener lo que quieren mediante la coquetería y la manipulación. En caso de frustración, se espera que los hombres griten y que las mujeres lloren. A los hombres se les alaba, en tanto que a las mujeres se les regaña cuando muestran una intensa dedicación para triunfar en su carrera, a costa de otros valores. A los hombres se les clasificaba según su avance en su carrera ("Es un prominente abogado en Washington"), mientras que a las mujeres se las evalúa por sus habilidades domésticas "Tiene un marido triunfador, una casa encantadora y unos

---

LA EMMPRESA VOTA EN FAVOR DE LAS MUJERES COMO EJECUTIVAS ...

P. *Aquí hay una serie de afirmaciones acerca de las mujeres en el trabajo. ¿Está usted de acuerdo con ellas o en desacuerdo?*

	PORCENTAJE	
	De acuerdo	En desacuerdo
R. Las contribuciones de las mujeres ejecutivas en la compañía son más positivas o negativas	94%	2%
Las mujeres ejecutivas están desempeñando el trabajo tan bien como se esperaba o mejor de lo que se esperaba	86	5
Bastantes mujeres utilizan el sexo y el engaño para ascender	7	87
Algunos hombres no pueden ahora ascender a algunos puestos porque están siendo reservados para las mujeres	8	89

...PERO TODAVÍA ENCUENTRA DIFÍCIL ACEPTARLAS COMO JEFAS

P. *¿Está usted de acuerdo o no con estas afirmaciones?*

	PORCENTAJE	
	De acuerdo	En desacuerdo
R. Ha sido más difícil de lo que pensábamos promover a las mujeres a los puestos de alto nivel	41%	52%
A los hombres no les gusta recibir órdenes de las mujeres	41	49
A las mujeres no les gusta recibir órdenes de otras mujeres	39	45

Fuente: Business Week, June 28, 1982, p. 10. Datos compilados por Louis Harris & Associates Inc.

¿Hay algunos de estos puntos sobre los que usted votaría con la minoría?

niños perfectamente adorables''). Así, los hombres eran clasificados por sus logros, en tanto que las mujeres por los logros de los hombres a los que se habían unido. En cientos de formas diferentes los sexos han sido socializados para sentir en forma diferente de sí mismos y para actuar también de manera distinta (Chappell, 1978; Stockard y Johnson, 1980).

Hay gran cantidad de pruebas de que los estereotipos de roles sexuales están todavía muy vivos (Gilbert et al., 1978). En casi cualquier actividad laboral se considera que los hombres son más competentes que las mujeres. En muchos experimentos, nombres o fotografías de hombres y mujeres se anexaron alternadamente a algún trabajo que iba a ser evaluado por un equipo de jueces: un ensayo literario, un análisis de

un problema administrativo, un expediente legal. Hasta hace muy poco todos esos experimentos encontraron que la mayoría de los jurados, *hombres y mujeres,* evaluaban con una puntuación más alta un trabajo cuando se atribuía a un autor del sexo masculino (Pheterson et al., 1971). Muchos estudios muestran que cuando una mujer tiene éxito, es probable que éste se atribuya a la buena suerte o a un gran esfuerzo, en tanto que el éxito del hombre se atribuye con mayor frecuencia a su capacidad (Deaux y Enswiller, 1974; Levine, 1982). Se juzga todavía que los hombres son más competentes incluso en muchas ocupaciones ''de mujeres'', porque los más prestigiados diseñadores de modas, los estilistas en peinados, los decoradores de interiores y los cocineros generalmente son hombres.

La mayoría de las diferencias sexuales en la personalidad son producto de la socialización en los roles sexuales (*Laimute E. Druskis Photocolor Archives.*)

Ninguna legislación puede alcanzar una genuina igualdad sexual a menos que haya cambios en la forma en que hombres y mujeres se consideran a sí mismos y unos a otros. Por esta razón, las feministas están atacando la socialización en los roles sexuales, que es la que produce estos estereotipos sexuales (Sprung, 1976). Objetan cualquier cosa que refleje y perpetúe los estereotipos de roles sexuales: dar a los niños camiones y herramientas, y muñecas y juegos de té a las niñas; los espectáculos por televisión que representan a los hombres en roles principales y a las mujeres en otros secundarios, domésticos y cómicos, y los anuncios de revistas que presentan a los sexos sólo en roles laborales tradicionales. Las feministas lanzaron un vigorozo ataque contra los libros de texto "sexistas", en los que las niñitas se encogen y gimotean, mientras que los niños son heroicamente protectores, y donde los hombres y los muchachos aparecen en roles laborales arriesgados, y las mujeres sólo en trabajos domésticos y ocupaciones "femeninas". Objetan el vocabulario sexista y el empleo de los términos "hombre", "hombres" para referirse a los seres humanos en general (Nilson et al., 1977). Las feministas piden que estos términos genéricos masculinos sean reemplazados por términos neutros o equitativamente equilibrados, y que los estereotipos de roles sexuales se borren. En este esfuerzo las feministas tuvieron un éxito rápido y fácil. Los editores de libros de texto pronto enviaron manuales con instrucciones detalladas a los autores, en tanto, que los encargados de la edición quitaron cuidadosamente el lenguaje sexista que los autores habían pasado por alto.

Cambiar los estereotipos de los roles sexuales no es fácil. En un experimento escolar un programa intensivo de seis semanas intentó mostrar a los niños cómo los dos sexos podían aprovecharse de roles no estereotipados. El programa utilizó todos los materiales y ayudas pedagógicas "correctas". Al final, las niñas mostraron los cambios de actitud deseados, pero los niños se volvieron más rígidos en su aceptación de los roles estereotipados (Guttentag y Bray, 1976). Sin embargo, hay pruebas de cambios sustanciales hacia actitudes más igualitarias en los niños

(Duncan y Duncan, 1978; Duncan 1980). Han aparecido muchas guías sobre socialización no sexista (Sprung, 1976; Pogrebin, 1980). Cuando los niños de hoy se conviertan en adultos, probablemente mostrarán roles sexuales más flexibles que sus padres

El ataque a las prácticas sexistas institucionales

Dos libros publicados recientemente ilustran dos diferentes enfoques a la cuestión: "¿por qué tan pocas mujeres llegan a ser ejecutivos de empresas?" Uno de estos enfoques, *The Managerial Woman,* de Henning y Jardim (1977), escrito en un estilo psicológico popular, supone que la promoción ejecutiva está ahora igualmente abierta a las mujeres y concluye que el propio comportamiento de las mujeres es el responsable de su falta de éxito. Aunque esto puede ser cierto en algunos casos, este tratamiento superficial no toma en cuenta las muchas barreras tradicionales y estructurales que se oponen a la carrera ejecutiva de las mujeres. Aunque condenado por serios estudiosos como equivocado y pernicioso (Patterson y Loseke, 1978; Rubin, 1978), este libro se vendió muy bien, como suele suceder con los libros que

Tanto los hombres como las mujeres admiten que todavía existe una red de contactos sociales que sólo a regañadientes admite a las mujeres. "A mi no me invitaron a una comida a la que asistieron todos los hombres que trabajaban en un asunto en el que yo estaba involucrada", dijo una mujer que era socia en una empresa de Washington y que pidió que no se revelara su nombre. "Después me dijeron que se debió a que mi esposo se hubiera sentido molesto al ser relegado a un lugar con las esposas de los demás funcionarios, mientras nosotros hablábamos de negocios."

(*The New York Times Magazine,* November 22, 1981, p. 98).

¿Trataría usted de "ahorrarle" a las personas una posible situación molesta o las dejaría usted que decidieran por sí mismas?

le dicen a la gente lo que le gustaría oír, de una manera que parece autorizado. *Men and Women of the Corporation* (1977) de Rosabeth Moss Kanter, que ofrece un análisis equilibrado de los procesos de la movilidad de la mujer ejecutiva, revela las múltiples y sutiles formas en que la estructura y la operación tradicionales de la empresa ha desalentado la promoción de la mujer ejecutiva. Aunque muy alabado por los críticos como una importante contribución a nuestro conocimiento de la movilidad sexual (Patterson y Loseke, 1978; Rubin, 1978), se vendió poco en el mercado masivo.

Nuestras instituciones están saturadas de sexismo, con frecuencia tan profundamente enterrado y tan fuertemente incrustado en la tradición que pasa inadvertido. Los títulos institucionales (en inglés) también son sexistas, desde *"frehsman"* hasta *"master's degree"* y desde *"workman"* hasta *"chairman"*. La mayor parte de las políticas de personal se han basado en la suposición de que los intereses de la carrera de los hombres son primarios y más durables, en tanto que los intereses de las mujeres son temporales y secundarios a sus otros intereses. La red de viejos conocidos y amigos es más importante para llenar vacantes y obtener recomendaciones en educación, negocios y profesiones. Esta red ha evitado casi siempre a las mujeres (Walun, 1977, p. 160). Sólo recientemente las mujeres han sido contratadas para puestos con trayectoria ejecutiva y han sido enviadas a convenciones y seminarios de adiestramiento. Más de un tercio de los candidatos a la maestría en administración de empresas son ahora mujeres, pero la Business Roundtable, la organización más prominente de ejecutivos de empresas, todavía está por aceptar a un miembro femenino (*Time,* April 19, 1982, p. 65). Y, aunque las mujeres ejecutivas con un salario superior a los 50 000 dólares se están volviendo algo mucho más común que hace algunos años, están desproporcionadamente en "relaciones públicas," donde tienen mayor visibilidad, pero menos poder (*Business Week,* May 8, 1978, p. 122).

En algunas formas todavía más sutiles el prejuicio masculino invade las prácticas institucionales. Las mujeres que se quejan parecen estar más propensas que los hombres a recibir una serie de impertinencias y evasivas conocidas como el "trato congelador". Las sociedades comerciales y profesionales (y hasta hace poco las reuniones académicas) organizaban casi siempre diversiones inocuas para ocupar a las esposas de los miembros mientras los hombres hacían algo importante. Cuando una mujer responde al teléfono en una oficina ejecutiva, se supone que es un secretaria; un hombre que responde, se supone que es un ejecutivo. En los trabajos de obreros los pleitos y resentimientos masculinos son un problema, en tanto que la falta de baños y de vestidores para mujeres es una buena excusa para rechazar mujeres.

La idea de que las mujeres no están adaptadas por naturaleza para la mayor parte de los trabajos tradicionalmente masculinos ya no es defendida por las personas más instruidas. En ninguna de las ocupaciones masculinas en las que las mujeres han entrado —desde la administración de un negocio hasta el manejo de un camión de carga— hay una prueba clara de que las mujeres no la hayan desempeñado bien. Por ejemplo, una encuesta nacional entre estudian-

¿PODEMOS SEGUIR CONFIANDO EN ALGUNO DE NUESTROS PREJUICIOS?

Los mejores administradores pueden ser mujeres, según las pruebas efectuadas a más de 250 000 hombres y mujeres por la Johnson O' Connor Research Foundation, una empresa de Nueva York que hace pruebas de aptitudes profesionales. Las mujeres obtuvieron mayor puntuación que los hombres en seis capacidades. Una aptitud, la de captar lo abstracto, es la clave para una administración exitosa, afirmó la empresa.

(*Wall Street Journal,* July 6, 1982, p. 1).

¿Cree usted en esto? ¿Sobre qué base —prueba o preferencia— lo aceptaría o rechazaría usted?

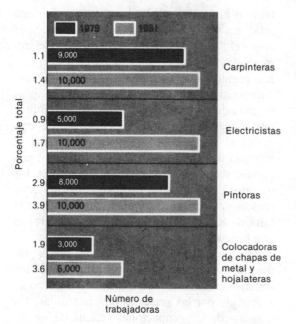

FIGURA 6-1 Trabajadoras de la construcción en Estados Unidos (*Fuente U.S. Department of Labor, Bureau of Labor Statistics, 1982.*)

tes de los últimos años de medicina indica que casi todos aceptaron que las mujeres eran competentes en forma cabal, pero casi la mitad rechazó la idea de que las mujeres ocuparan puestos directivos en medicina (Scanlon et. al., 1982). Aun como trabajadoras en las minas de carbón y leñadoras, las mujeres cumplen adecuadamente, pero enfrentan un trato desigual y severas bromas de trabajadores varones resentidos (Blundell, 1981; Hymowitz, 1981). Las mujeres tienen que recorrer todavía un largo camino para ser aceptadas como iguales.

ANÁLISIS MARXISTA DEL SEXISMO

La ideología marxista considera la desigualdad sexual como un aspecto de la explotación de clases y afirma que no puede acabarse con el sexismo sin una revolución socialista. (Ostrander, 1973; Reiter, 1975; Sizmanski, 1976; Eisenstein, 1977). Pero los antiguos revolucionarios marxistas consideraban los derechos de las muje-

Esta (explotación forestal) es una sociedad masculina. Pocas mujeres solicitan un trabajo que requiere tan gran fuerza torácica, y las que lo hacen tienen que enfrentarse una despiada atmósfera machista. En un campamento los hombres echaban suertes para sentarse junto a una mujer con el fin de hostigarla para que volviera a casa, y ella se fue. Un supervisor de la explotación forestal dice: "La idea de que una mujer pudiera hacer posiblemente lo que ellos hacen, bueno, los mata."

(William E. Blundell, "Natural Enemies: To loggers, the Woods are Dark and Deep—But Far from Lovely", *Wall Street Journal,* Dec. 8, 1981, p. 16).

¿Es esto ultrajante? o ¿se lo tenía bien merecido? La respuesta de usted ¿revela algo de usted mismo?

res como trivialidades que no deberían distraerlos de los serios asuntos de la revolución. Siempre fueron hostiles al movimiento feminista, antes y después de la Revolución Rusa (Clements, 1979; Farnsworth, 1980; Porter, 1980). Más recientemente, la primera revista feminista de la Unión Soviética, *The Women and Russia* terminó su corta y turbulenta vida con el arresto y el exilio de sus editores en 1980 (*Time,* Aug. 4., 1980, p. 41).

De hecho, la revolución rusa aportó a las mujeres determinados aspectos de igualdad legal, en especial derechos a la educación, la propiedad, el matrimonio y el divorcio. Las mujeres se entregaron prácticamente a todas las actividades laborales y en la actualidad constituyen un significativo porcentaje de los profesionales y el aparato burocrático (Deckard, 1979, pp. 223-246). Sin embargo, son demasiados los autores que han aceptado de manera excesivamente crítica las declaraciones oficiales sobre la igualdad de los sexos. En sus viajes por varios paises comunistas de Europa el autor ha advertido la forma en que prácticamente todas las labores serviles que el turista puede advertir son desempeñadas por mujeres. Es prácticamente seguro que el conductor del tractor será un hombre y que una mujer estará a cargo del aseo del aparato.

Para la inmensa mayoría de las mujeres rusas, la aportación de la revolución se tradujo en una duplicada carga de trabajo. Las funciones masculinas permanecieron prácticamente sin cambios, al paso que se agregaba un empleo extenso a las responsabilidades hogareñas femeninas. Las mujeres aún desempeñan las tareas domésticas y llevan a cabo la mayor parte de las compras, actividad muy morosa en la Unión Soviética (Gordon y Klapov, 1975, pp. 73-76). Prácticamente todas las mujeres soviéticas trabajan, y la mayor parte lo hace en labores serviles (Sacks, 1976, 1977). La diferencia entre el ingreso masculino y el femenino, se ha informado, es aproximadamente el mismo que en Estados Unidos (Lapidus, 1978). Un sociólogo polaco (en la actualidad en Estados Unidos) concluye que "los datos estadísticos disponibles no arrojan evidencia sobre que la situación de la mujer sea sustancialmente diferente en los países capitalistas y los socialistas" (Horoszowski, 1971, p. 180). Al margen de sus propósitos, la retórica marxista sobre la igualdad de los sexos tuvo el efecto de "liberar" a las mujeres para desempeñar *dos* trabajos. Es posible que el incremento de la fuerza laboral haya constituido el objetivo primario de la política comunista en la Unión Soviética y sus estados satélites, y no el logro de la igualdad entre los sexos (Sacks, 1976).

Debe destacarse que muchos intelectuales marxistas de la actualidad no consideran a la Unión Soviética y sus satélites como sociedades genuinamente marxistas, sino como traidores al marxismo. Por ello, pueden criticar acerbamente a la Unión Soviética y argumentar que nada de lo que ocurra en ese país o sus satélites constituye un indicador sobre las bondades o debilidades de la doctrina marxista.

¿Qué hay acerca de las otras sociedades marxistas? Sabemos poco del status de las mujeres en la República Popular China. Los tratos brutales como el infanticidio de las niñas, la venta para la prostitución y la atadura de los pies, empezaron a desaparecer luego de que China se convirtió en república en 1912. Las victorias comunistas en 1949 aumentaron los derechos de las mujeres, como respecto al divorcio (no igualmente fácil, sino igualmente difícil de obtener) y derechos iguales en el matrimonio. Ello trajo un mayor aumento de empleo de mujeres, pero ningún cambio sustancial en los roles sexuales o en la división del trabajo (Weitz, 1977, pp. 211-218). Se informa que prácticamente todas las mujeres trabajan y que las abuelas se retiran poco después de los cincuenta años para ayudar con el cuidado de los niños a las madres que trabajan. Se dice que las guarderías diurnas reducen la sobrecarga de las madres trabajadoras (Kessen, 1975, pp. 36-37), pero no se dispone de estudios detallados de tiempo-trabajo. Los hombres acaparan prácticamente todos los puestos elevados. Se supone que las mujeres obtienen igual paga por igual trabajo, pero casi todas ocupan los puestos de bajos salarios (Deckard, 1979, pp. 246-254). Puesto que tenemos poca información que no puede verificarse fácilmente, no podemos estar seguros de cuál sea el status de las mujeres en China.

Es evidente que la revolución socialista no ofrece garantías de igualdad sexual. La experiencia de dos de los ejemplos de igualdad económica que han tenido mayor éxito en el mundo contradicen completamente la teoría marxista de que la igualdad sexual y la igualdad económica deben ir de la mano. Los hutteritas, que comprenden numerosas comunidades agrícolas religiosas, proporcionan quizá el ejemplo más perfecto en el mundo de completa igualdad económica; sin embargo son una de las sociedades más completamente dominadas por los varones en toda la historia (Hostettler, 1974). El kibbutz israelí buscaba establecer la igualdad económica y sexual más completa en sus comunas agrícolas. Aunque obtuvo la igualdad económica con bastante buen éxito, la tendencia en los últimos años esta *muy lejos* de la igualdad sexual, y ha reemplazado un sistema igualitario original por una creciente diferenciación en los roles sexuales (Mednick, 1975; Tiger y Shepher, 1975; Gerson, 1978; Spiro, 1979).

ROLES SEXUALES FUTUROS

La corriente actual en las naciones modernas se dirige con toda claridad hacia una mayor igualdad sexual, pero ¿qué forma de igualdad sexual? Alice Rossi (1970, pp. 173-186) sugiere tres modelos teóricos de igualdad sexual: 1) un modelo pluralista en el que los roles sexuales son diferentes pero iguales, y los hombres y mujeres tienen diferentes roles laborales que son igualmente recompensados y prestigiosos; 2) un modelo asimilacionista, en el que las mujeres son absorbidas igualmente en todos los niveles del sistema ocupacional y político existente; y 3) un modelo andrógino, en el que la adscripción de roles sexuales ya no tiene lugar y los hombres y mujeres desempeñan papeles domésticos y ocupacionales que son prácticamente idénticos. El modelo pluralista es probablemente impráctico, porque no ha habido en la historia ninguna sociedad en la que todos los tipos de trabajo hayan sido igualmente recompensados o hayan tenido el mismo prestigio. Este modelo necesitaría ir más allá de "igual paga por igual trabajo", lo que dejaría a la mayor parte de las mujeres en los trabajos con bajos salarios. Requeriría "igual paga por mérito comparable" y una evaluación del "mérito" de cada clase de trabajo (Bunzel, 1982). Éste es un cálculo complicado y todavía no ha sido aplicado para pagar niveles *dentro* de los sexos. Las opiniones se dividen acerca de los otros dos modelos, y las feministas favorecen evidentemente el modelo andrógino.

Androginia, ¿posible o deseable?

¿ES POSIBLE LA ANDROGINIA?   Las personas andróginas pueden ajustarse confortablemente tanto a comportamientos masculinos como femeninos, dado que ambos sexos tienen una personalidad y un comportamiento bastante semejantes. La agresividad, la independencia, la confianza en sí mismo y la ambición en una carrera serían igualmente compartidas por hombres y mujeres, al mismo tiempo que características tradicionalmente "femeninas" como la dependencia de otros, la sensibilidad, la amabilidad y la sumisión a otros también serían igualmente compartidas por hombres y mujeres. ¿Es ésta una esperanza realista?

Es discutible si alguna vez ha habido una sociedad humana andrógina, y muchos intentos por establecer disposiciones andróginas han fracasado. Algunos estudiosos creen que el dominio masculino tiene su raíz en diferencias hormonales entre los sexos y es, por consiguiente, inevitablemente (Goldberg, 1973; Van den Berge, 1975). Otros sostienen que el dominio masculino puede ser universal por medio de las sociedades humanas, pero no inevitable (Walum, 1977, pp. 143-145). Otros más cuestionan la universalidad del predominio masculino. Hacen notar que el predominio masculino no se encuentra ciertamente en muchas especies no humanas (Katchadourian, 1970, p. 70; George, 1979). En muchas sociedades humanas los hombres dominan algunas decisiones y actividades, en tanto que las mujeres dominan otras, aunque unas cuantas sociedades se acercan bastante al sexo único (Whyte, 1978: Sanday, 1981). El antropólogo Marvin Harris afirma que "la supremacía masculina se está acabando. Sólo fue una fase en la evolución de la cultura" (Harris, 1975). Un estudioso, arguye que las inclinaciones naturales del macho humano son andróginas y que la "masculinidad" es una grotesca distorsión de la verdadera naturaleza del hombre, pero no presenta pruebas sustanciales para apoyar su afirmación (Pleck, 1981). Es evidente que no puede darse una respuesta final, a menos que alguna sociedad tenga éxito en alcanzar roles sexuales andróginos y los mantenga durante varias generaciones.

¿ES DESEABLE LA ANDROGINIA?   Muchas investigaciones llegan a la conclusión de que las personas andróginas son más competentes, flexibles y adaptables, tienen mayor autoestima y generalmente son más felices y mejor adaptadas que los hombres "masculinos" o las mujeres "femeninas" en su personalidad (Bem 1975*a*, 1975*b*, 1976; Spencer y Hemreich, 1978; Orlofsky y Windle, 1978; Heilbrum, 1981, p. 89). Sin embargo, estos estudios no son muy coherentes unos con otros (Lips, 1978, pp. 138. 143) y algunos estudios refutan la conclusión de que las personas andróginas son superiores (Burger y Jacobson, 1979). Crosby y Nyquist (1980) señalan que se utilizan cuatro escalas para medir la androginia e informan que varios estudios muestran que más

UNA NOTA DE DISENSIÓN...

La ortodoxia prevaleciente sigue estas creencias: que las diferencias sexuales son triviales o superficiales tanto en grado como en efecto; que existen sólo debido al condicionamiento social; qu este condicionamiento está diseñado para asegurar la hegemonía masculina; y que la personalidad ideal es la andrógina. Dado que hay muy pocas pruebas para apoyar cualquiera de estas creencias, su defensa se hace no por medio de razones sino de intimidación. Poner en duda estas ideas es arriesgarse a burlas y a abucheos cuando estos temas se discuten en público, y a cartas injuriosas cuando son debatidos por medio de la letra impresa.

(Joseph Adelson, resumiendo a Robert May, *Sex and Fantasy: Patterns of Male and Female Developement,* W. W. Norton & Company, Inc., New York, 1980, in *The New York Times Book Review,* March 9, 1980, p. 3. Reproducido con permiso de New York Times Company).

¿Cree usted que ésta es una afirmación exacta?

---

de una tercera parte de las personas clasificadas como andróginas en una escala no lo serían si fueran medidos con otra escala. Podríamos concluir que las investigaciones disponibles muestran claramente que las tradicionales personalidades "masculina" y "femenina" no están relacionadas con la salud mental, el funcionamiento eficaz o la felicidad personal, sino que la superioridad de la personalidad andrógina tampoco se ha establecido.

En un estudio trigeneracional de más de 200 familias, Troll no encontró ninguna relación entre la felicidad de las mujeres y su nivel de logros o ingreso en roles laborales no tradicionales, sino que halló que "las mujeres felices parecen permanecer felices ya sea que estén compitiendo en lugares de trabajo tradicionalmente masculinos o continuando en el rol más tradicional de ama de casa". (Troll, 1982, p. 43). Otro estudio que revisó cinco encuestas del National Opinion Research Center durante 1970-1980, concluyó que las "mujeres con actitudes tradicionales respecto de los roles sexuales están de hecho más satisfechas con su vida que las mujeres con actitudes no tradicionales" (Alspach, 1982, p. 281). Una investigación sobre los niveles de felicidad de mujeres casadas que trabajan y de mujeres casadas que no trabajan proporciona datos muy diversos, y no contamos aún con pruebas suficientes para decir si los roles laborales no tradicionales y los roles por géneros cambiados, en los que las mujeres están tomando parte hoy en día, incrementarán la suma total de su satisfacción con la vida.

¿Los roles andróginos de los géneros serían benéficiosos para los hombres? Algunas estudiosos afirman que los esposos, las esposas y los hijos, ganarían *todos* con la incorporación igual de los dos padres en las tareas domésticas, el cuidado de los niños, y en ocupaciones y actividades comunitarias (Bruck, 1977). Muchos libros semipopulares (casi todos escritos por hombres) prosiguen con el tema de la "liberación masculina" (Farrel, 1975; David y Brannon, 1976; H. Goldberg, 1976; Amneus, 1979; Kranovitz, 1981) dicen que la igualdad sexual aliviaría a los hombres de muchas presiones (las de proyectar su machismo, afirmar su "hombría", y ganar siempre) y les acarrearía mayores satisfacciones emocionales (un verdadero sentido de participación gozosa, mayor intimidad, una nueva capacidad para sentir y preocuparse, una relación más íntima con los hijos, una más amplia flexibilidad ocupacional). Sin embargo, todavía hay otros hombres que temen que la igualdad de derechos destruiría la civilización (Doyle, 1970; Reyburn, 1972; Gilder, 1973).

Como se dijo antes, los roles de los géneros pueden ser cualquier cosa que acordemos hacer de ellos (sin destruir necesariamente la civilización). No puede predecirse con ninguna certeza si los roles andróginos traerán una mayor realización. Lo que es cierto es que la igualdad sexual y la androginia sólo serán promesas huecas sin una participación igual en el cuidado de la casa y de los niños. Sin esto, la "igualdad" para las mujeres puede ser más explotación que liberación.

Tendencias futuras

¿Cuál es futuro del cambio de roles de géneros en la sociedad estadounidense? Scanzoni (1978, p. 156) espera que continúe la tendencia hacia la igualdad sexual, y muchos otros sociólogos probablemente estarían de acuerdo con él.

Es interesante notar que, hace un siglo, la meta de los reformadores, de los socialistas y de los utopistas era "liberar" a las mujeres casadas del trabajo fuera de casa, de modo que pudieran disponer de tiempo completo para la casa y los niños (Drucker, 1981). Así, la "reforma" de un siglo puede convertirse en la "opresión" del siguiente. De aquí a un siglo ¿se recordará el presente como un mojón en el camino hacia el progreso o como un experimento equivocado? Nadie puede asegurarlo, pero soy de la opinión (repito, *opinión*) de que la tendencia hacia la igualdad sexual sobrevivirá y proseguirá.

SUMARIO

El impulso sexual humano es notable por 1) la *sexualidad continua* que asegura la continua asociación de los sexos; 2) el *deseo de continuidad,* que contribuye a que los compañeros sexuales se soporten; 3) el *deseo de variedad,* que ésta en conflicto con el deseo de continuidad; y 4) una notable *flexibilidad,* en la que el interés sexual se canaliza por medio de cualesquiera pautas que una sociedad haya establecido como "normales". La homosexualidad ilustra tanto la posibilidad de canalizar la tendencia sexual, como la dificultad de hacerlo con éxito completo.

Las diferencias sexuales humanas, excepto en lo que se refiere a las diferencias físicas, se deben principalmente a la socialización diferente. Los roles sexuales están cambiando como resultado del 1) descrédito de las creencias sexistas, 2) de los cambios en los roles laborales traidos por la industrialización y la urbanización y 3) de la acción organizada. La mayor parte de las formas de discriminación sexual en Estados Unidos han sido prohibidas, pero no han desaparecido. Los programas de *acción afirmativa* buscan instrumentar la legislación actual, en tanto que la tendencia hacia la Enmienda de Derechos Iguales busca completar las barreras legales a la discriminación sexual. Las feministas también organizan el combate contra la socialización de los roles sexuales y las prácticas sexistas institucionalizadas.

Los marxistas perciben el sexismo como una forma de la explotación de clases y consideran que la igualdad sexual no puede lograrse sin la igualdad económica. Las pruebas en favor de esta teoría no son convincentes, aunque las sociedades marxistas han reducido sustancialmente la discriminación sexual.

Se debate vigorosamente, pero todavía no se sabe si los roles sexuales andróginos sean posibles o deseables.

GLOSARIO

androginia: inclusión de las características de las personalidades masculinas y femenina en la misma persona, sin que ninguna de ellas sea dominante.

género: utilizada con frecuencia en vez de sexo, aunque algunos estudiosos distinguen entre sexo y género y consideran el sexo como la parte biológica y el género como la parte aprendida socialmente de la sexualidad y de los roles sexuales.

homosexual: término aplicado tanto a las personas que tienen una marcada preferencia por compañeros sexuales del mismo sexo, como a las personas que, independientemente de la preferencia, entablan relaciones sexuales con personas del mismo sexo.

identidad sexual/identidad según el género: conciencia y aceptación de ser hombre o mujer.

impulso sexual: predisposición, probablemente biológica, que hace que los humanos busquen respuestas sexuales y relacionadas con el sexo de otra o de otras personas, casi siempre del sexo opuesto; dirigida y extendida en gran parte por el aprendizaje social hasta incluir muchos sentimientos y comportamientos no genitales.

masculinidad/feminidad: sentir y actuar en la forma que se espera que actúen hombres y mujeres en un lugar y tiempo determinados.

rol-sexual/rol según el género: comportamientos esperado de hombres y mujeres en un tiempo y lugar determinados.

sexismo/sexista: creencias o políticas basadas en la superioridad masculina o en la desigualdad sexual; aceptación no crítica de los estereotipos de los roles sexuales.

sexo: cualidad biológica que distingue al hombre de la mujer (o, rara vez, alguna mezcla de ambos).

sexualidad: todos los sentimientos y comportamientos vinculados con el sexo mediante la biología o el aprendizaje social.

PREGUNTAS Y PROYECTOS

1 ¿Qué es un impulso? ¿En qué se diferencia de un deseo?
2 ¿En qué aspectos el impulso sexual es semejante a los otros impulsos humanos básicos?
3 ¿En qué se diferencia el impulso sexual humano del que tiene la mayor parte de los otros animales?
4 Puesto que prácticamente "todo es bueno en alguna parte", ¿no deberían las personas ser libres para hacer lo que desearan sexualmente?
5 ¿Qué diferencia existe en que consideremos la homosexualidad como una característica biológica o como un rol aprendido socialmente?
6 Las diferencias sexuales ¿son una causa o un efecto de la diferenciación de los roles sexuales?
7 ¿En qué circunstancias piensa usted que las pautas tradicionales del predominio masculino podrían ser restablecidas?
8 ¿Qué pruebas hay de que la socialización de los roles sexuales en Estados Unidos esté cambiando?
9 ¿Qué significa la afirmación de que los roles sexuales "normales" son normales sólo en un tiempo y un lugar específico?
10 ¿Por qué el status de las mujeres declina durante las primeras etapas de la industrialización y luego se levanta?
11 El "antiguo" feminismo del siglo XIX luchó durante decenios y logró muy pocos resultados, mientras que el "nuevo" feminismo ha conseguido logros sustanciales con relativa rapidez y facilidad ¿Por qué?
12 ¿Cuáles son algunas de las formas en que las características de la personalidad ligadas con el sexo se cultivan en los hombres y las mujeres?
13 Cuando ambos cónyuges trabajan ¿qué problemas surgen si una carrera se considera como principal y la otra como subordinada? ¿Qué dificultades se presentan si ambas se consideran igualmente importantes?
14 ¿Qué pruebas hay en favor y en contra de la teoría marxista de que la igualdad sexual y la igualdad económica son inseparables?
15 ¿Cuál de los tres modelos de Rossi sobre la igualdad sexual prefiere usted? ¿Por qué?
16 Organice sus respuestas a las preguntas: "¿Es posible la androginia?" "¿Es deseable la androginia?" ¿En qué medida sus respuestas están basadas en pruebas obtenidas por medio de la investigación y en qué medida se basan en sus prejuicios?
17 ¿Qué razones hay para creer que la tendencia hacia la igualdad sexual continuará o para pensar que está entrando en un largo periodo de fracaso e inactividad?
18 Pídale a cada compañero de clase que opine qué espera de su papel en relación consigo mismo y con su futuro compañero de vida, en lo tocante a una lista preparada de cosas específicas (como primacía de la carrera, tareas domésticas, cuidados de los hijos, etc.). Reúna y compare los promedios del grupo, divididos por hombres y mujeres. Luego reúna al azar lo dicho por un hombre y por una mujer y calcule el grado de acuerdo.

LECTURAS QUE SE SUGIEREN

Campbell, Angus, et al., *The Quality of Life: Perceptions, Evaluations, and Satisfactions*, Russell Sage Foundation, New York, 1976, El capítulo 12, "The Situation of Women", proporciona datos de investigación sobre las satisfacciones e insatisfacciones de las mujeres.

Carden, Maren Lockwood: *The New Feminist Movement,* Russell Sage Foundation, New York, 1974. Historia y análisis del movimiento de liberación femenina.

* Ford, Clellan S. and Frank A. Beach: *Patterns of Sexual Behavior,* Harper & Row, Publishers, Inc., New York, 1951. Descripción y comparación de las prácticas sexuales de muchas sociedades simples.

* Goldberg, Stephen: *The Inevitability of Patriarchy,* William Morrow & Company, Inc., New York, 1973. El argumento de un sociólogo respecto a que el predominio masculino surge de las diferencias biológicas.

Horoszowski, Pawell: "Women's Status in Socialistic and Capitalistic Countries", *International Journal of Marriege and the Family,* 1: 1-18, March 1971, y 1:160-180, April 1971.

* Kanter, Rosabeth Moss: *Men and Women of the Corporation,* Basic Books, Inc.,Publishers, New York, 1977. Un análisis maduro del proceso de movilidad de la mujer ejecutiva.

Maccoby, Fleanor Emmons and Carol Nagy Jacklin: *The psychology of Sex Differences,* Stanford University Press, Stanford, Cal., 1974. Un examen completo del origen y extensión de las diferencias sexuales.

Montagu, Ashley: *The Natural Superiority of Women,* Collier Books, The Macmillan Company, New York, 1974 and Wallace Reyburn: *The Inferior Sex,* Prentice-Hall, Inc., Englewood Cliffs, N.J. 1972. Dos puntos de vista opuestos acerca del sexo superior.

Peal, Ethel: "Normal" Sex Roles: An Historical Analysis", *Family Process* 14:389-409, September 1975. Muestra cómo los roles sexuales son "normales" sólo para un tiempo y un lugar determinados.

* Sprung, Barbara (ed.): *Perspective on Non-Sexist Early Childhood Education,* Teachers College Press, New York, 1976. Un libro de lecturas que muestra cómo los niños pueden ser socializados para roles sexuales que se acerquen más a los andróginos.

* Stockard, Jean and Miriam M. Johnson: *Sex Roles: Sex Inequality and Sex Role Development,* Prentice Hall, Inc., Englewood Cliffs, N.J. 1980.

* Tavris, Carol and Carole Offir: *The Longest War: Sex Differences in Perspective.* Harcourt Brace Jovanovich, New York, 1977. Un análisis de la socialización de los roles sexuales y de la lucha por la igualdad sexual.

Walum, Laurel Richardson: *The Dynamics of Sex and Gender: A Sociological Perspective,* Rand McNally College Publishing Co., Chicago, 1977.

* Un asterisco antes de la cita indica que el título está disponible en edición en rústica.

7 Orden social
y control social

Los hawaianos habían obedecido durante largo tiempo algunas de las *Kanawai* (leyes). Habían honrado siempre a sus padres y a sus madres, y sus días habían sido largos sobre la Tierra. Habían abolido completamente sus ídolos antes de la llegada de los "cuellos largos."

Habían tratado a los ladrones en una forma que les había dado bastante buenos resultados, aunque apenas podía decirse que había sido agradable a Jehová. En los tiempos antiguos, si un hombre tomaba algo de alguien que se encontraba bajo él en la escala social, no era robo, porque lo que se tomaba había en realidad pertenecido, en virtud del rango, al que lo había tomado. Y si un hombre común se iba con la calabaza o el arma de un superior, el hombre ofendido podía ir a la casa del ladrón y recobrar sus pertenencias, junto con cualquier otra cosa que viera y que le gustara.

Pero cuando los *haoles* (blancos) llegaron con sus ollas de frijoles y sus cucharas de plata, sus llaves inglesas y sus toallas de lino, su leña serrada y sus hachas afiladas, este método ya no dio resultado. Las quejas de los forasteros resonaban incesan-temente en los oídos del gobenador. Los hombres blancos no querían ir a registrar las chozas de los nativos para buscar los artículos que se les habían perdido. Querían que Boki detuviera a los ladrones y arreglara la restitución y el castigo.

Gradualmente, los cultos jefes vieron lo que debían hacer. Algunos de ellos encarcelaron a sus hombres por robo comprobado o los dejaron en libertad para que trabajaran y pagaran lo que habían robado. El príncipe Kauikeaouli, cuando su querido *Kahu* fue hallado cómplice de un robo, aceptó inmediatamente la renuncia del hombre. "Mi *kahu* debe irse", declaró, "o más tarde los forasteros pensarán que yo mismo soy culpable".

Los *haoles* aplaudieron tales medidas. Aquí había un mandamiento que les gustaba ver cumplido.

Luego fue el mandamiento quien prohibió el asesinato en unas cuantas y breves palabras. Antes, si un nativo mataba en un arranque de ira era natural que los parientes de la víctima vengaran el crimen, a menos que el asesino se acogiera a un lugar de refugio. Si el hombre culpable era del mismo rango que la víctima, podía apelar al rey, al go-bernador o al jefe del distrito. El agraviado y el acusado se sentaban entonces con las piernas cruzadas en el patio del juez y cada uno defendía elocuentemente su caso hasta que el magistrado diera su decisión.

Pero estas constumbres se acabaron cuando Honololú fue invadida por impulsivos marineros, y los morenos y los blancos bebían ron en la misma forma y quedaban *huhu* (borrachos). Una vez más, como en el caso del robo, los mercaderes querían leyes firmes, que se hicieran cumplir estrictamente, de modo que la gentuza de todos las naciones tuviera que pensarlo dos veces antes de romperles la cabeza a sus compañeros. Les dijeron a los jefes que levantaran una elevada máquina de muerte que colgara a un asesino del cuello y lo dejara columpiándose en el extremo de una cuerda, lo que constituiría un poderoso recordatorio para que los vivos se refrenaran.

(Reproducido con permiso de Dodd, Mead & Company de *Grapes of Canaan,* de Albertine Loomis, pp. 227-229. © 1951 por Albertine Loomis.)

La decadencia del sistema tradicional de orden público cuando los forasteros introdujeron cambios sociales y nuevos problemas en Hawai, se puede reproducir en muchos otros países. Los cambios en una sociedad exigen cambios en sus formas de mantener el orden social. Cuando los jefes hawaianos pasaron de sus costumbres tradicionales a las cárceles y cadalsos sugeridos por los comerciantes, estaban buscando ajustar las técnicas de control social a una situación cambiante; un problema que se presenta en toda sociedad moderna.

El estudio del *control social* —los medios por los cuales se hace que las personas desempeñen sus roles como se espera— empieza con el estudio del orden social dentro del cual la gente in-

Cuando el control social fracasa: saqueo en Nueva York durante el
apagón de 1977. (*United Press International*).

teractúa. Consideremos, por ejemplo, las medidas de orden que se ocultan bajo la bulliciosa confusión de una gran ciudad. Decenas de miles de personas ocupan sus puestos y desempeñan sus tareas aparentemente sin dirección. Miles de vehículos se abren camino en medio de atestadas calles eludiendo los choques por pulgadas y en realidad chocando raras veces. Miles de tipos de mercancías llegan a los lugares en que se esperan, en las cantidades esperadas y en el tiempo calculado. Diez mil personas a las que uno nunca ve trabajarán en este día para que los alimentos estén listos cuando se necesitan, para que las fuentes tengan agua, los drenajes se lleven fuera los desperdicios, los focos parpadeen y brillen, el tránsito se detenga para que uno pueda pasar y sean satisfechas otras necesidades que tenemos. Cien personas pueden servirlo a uno dentro de una hora, quizá sin que les dirijamos una palabra a ninguna de ellas.

Esto es lo que quiere decir *orden social:* un sistema de personas, relaciones y costumbres que operan suavemente para llevar a cabo el trabajo en una sociedad. A menos que la gente sepa lo que cada uno puede esperar del otro, no se logrará hacer mucho. Ninguna sociedad, ni la más simple, funciona a menos que el comportamiento de la mayor parte de la gente pueda predecirse la mayor parte de las veces. A menos que podamos depender de los agentes de policía para protegernos, que los trabajadores vayan a su trabajo a tiempo y que los automovilistas se estacionen en el lado derecho de la calle la mayor parte del tiempo, no puede haber orden social. La disciplina de una sociedad descansa en una red de roles de acuerdo con los cuales cada persona acepta ciertos deberes hacia los demás y exige ciertos derechos de ellos. Una sociedad ordenada sólo puede operar en la medida en que la mayoría de las personas cumplen sus obligaciones hacia los demás y pueda exigir de ellos la mayor parte de sus derechos.

¿Cómo se mantiene en vigor esta red de derechos y obligaciones recíprocos? Los sociólogos utilizan el término *control social* para describir *todos los medios y procesos mediante los cuales un grupo o una sociedad asegura la conformidad de sus miembros con sus expectativas.*

CONTROL SOCIAL

¿Cómo consigue un grupo o sociedad que sus miembros se comporten en la forma esperada?

Control social mediante la socialización

Fromm (1944) hizo notar que si una sociedad ha de funcionar eficientemente, "sus miembros deben adquirir la clase de carácter que los haga *querer* actuar en la forma en que *tienen* que actuar como miembros de la sociedad... Tienen que *desear* hacer lo que objetivamente es necesario que ellos hagan''.

A las personas se las controla principalmente socializándolas de tal manera que cumplan sus roles en la forma esperada mediante el hábito o la preferencia. Sospechamos que muy poca gente *disfruta* realmente pagando impuestos, lavando platos o teniéndose que levantar a medianoche para darle de comer al niño; sin embargo, la mayoría de las personas hacen todas estas cosas cuando se espera que las haga. Como afirmamos en el capítulo anterior, la parte definitiva de la preparación del rol de alguien es el aprendizaje de actitudes y deseos que lo hacen atractivo. La mayor parte de los fracasos en el desempeño de un rol no se debe a que uno sea incapaz de llevar a cabo las tareas del rol, sino a que se encuentra

El control social opera socializando a las personas para que *quieran* hacer lo que *se espera* de ellas. (*Alice Kandell/Photo Researchers, Inc.*)

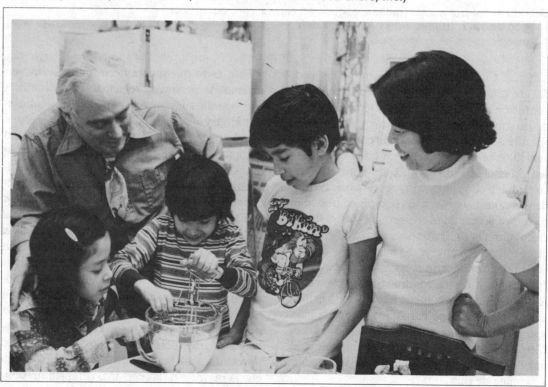

uno atrapado en un rol que en realidad no quiere o disfruta.

La socialización modela nuestras costumbres, nuestros deseos y nuestros hábitos. El hábito y la costumbre son grandes ahorradores de tiempo. Nos liberan de la necesidad de incontables decisiones. Si tuviéramos que decir si llevamos a cabo cada acto y la forma de hacerlo —cuándo levantarse, si nos lavamos, nos afeitamos y nos vestimos, y cómo hacer estas cosas y otras más—, pocos estudiantes llegarían a clases. Los miembros de una sociedad son educados en las mismas costumbres y tienden a desarrollar muchos de los mismos conjuntos de hábitos. Así el hábito y la costumbre son los grandes regularizadores del comportamiento dentro de un grupo. Si todos los miembros de una sociedad comparten una socialización similar, voluntaria e impensadamente actuarán en formas muy semejantes. Se conformarán con las expectativas sociales, sin un conocimiento consiente de que se están "conformando" o cualquier pensamiento serio de hacerlo de otra manera. El deseo de casarse de dos personas surge de motivos menos académicos que un deseo de "conformarse con la pauta nuclear de la familia monógama", sin embargo, el resultado es tal conformidad.

Mediante la socialización se interiorizan las normas, los valores y tabúes de la sociedad a la que se pertenece. Repetimos que interiorizarlos significa hacerlos parte de las respuestas automáticas e impensadas de uno. Las personas que interiorizan completamente las tradiciones, las obedecerán aunque nadie las esté viendo, porque la idea de violarlas no es probable que se les ocurra a quienes las han interiorizado plenamente. Si es seriamente tentada, la conciencia puede levantarse para evitar la violación. Esto es lo que sucede, la mayor parte de las veces en una sociedad con una cultura estable e integrada y un consenso sobre los mismos valores. Como veremos, pocas de las sociedades modernas se ajustan perfectamente a este modelo.

Control social mediante la presión social

En una novela de Sinclair Lewis, George F. Babbitt, un corredor de propiedades de un pe-

queño pueblo, de algún modo se desvía con ideas "radicales" acerca del gobierno y la política. Pronto empieza a decaer su negocio, sus amigos comienzan a abandonarlo, y cada vez se va haciendo con gran disgusto suyo, más consciente de que se está convirtiendo en un forastero. Lewis describe cómo los socios de Babbitt aplican estas sutiles presiones hasta que, con un signo de alivio. Babbitt retorna a la confortable conformidad (Lewis, 1922, Caps. 32 y 33.) En todas las sociedades humanas, y aun en muchas especies no humanas, esta tendencia a conformarse por la presión y el ejemplo del grupo es evidente. El explorador del siglo XIX David Thompson estaba impresionado por la huida peligrosa y precipitada de los caballos salvajes, y cuando su lerdo y tranquilo caballo de carga se escapó para reunirse con ellos le asombró ver con qué rapidez asumió su temperamento salvaje "con las narices distendidas, las crines flotantes y la cola erguida" (Ryden, 1971, p. 106).

Lapiere (1954) considera el control social primariamente como un proceso que se deriva de la necesidad del individuo de ser aceptado por el grupo. Afirma que los grupos son más influyentes cuando son pequeños e íntimos, cuando esperamos permanecer en ellos durante largo tiempo y cuando tenemos frecuente contacto con ellos. Todas las autoridades están de acuerdo en que nuestra necesidad de aceptación dentro de los grupos íntimos es una de las más poderosas palancas que utiliza la presión de grupo con miras al cumplimiento de las normas del grupo.

Uno experimenta esta presión de grupo como un proceso continuo y en gran parte inconsciente. Su operación se ilustra con la vida de uno de los amigos del autor. Esa persona pasó la mayor parte de su vida de trabajo como un pequeño granjero en la zona central de Michigan: como la mayor parte de sus vecinos era de pensamiento conservador, votaba en favor de los republicanos y hablaba mal de los sindicatos laborales. Durante la II Guerra Mundial se mudó de Detroit y trabajó en una fábrica de armas, se afilió a un sindicato, llegó a ser funcionario sindical y votó en favor de los demócratas. Después de la guerra se retiró a una pequeña ciudad del centro de Michigan, donde de nuevo volvió a sostener ideas conservadoras, votó en favor de los republicanos y habló mal de los sindicatos. Explicaba estos cambios de criterio alegando que los partidos y los sindicatos habían cambiado. No se daba cuenta de que *él* era el que había cambiado. Como la mayoría de nosotros, pronto llegó a compartir los puntos de vista de sus vecinos. Esta tendencia a conformarse con las actitudes de grupo es tan apremiante, que la Iglesia católica en Francia se vio en la necesidad de abandonar su programa de sacerdotes obreros. Realizó un esfuerzo para contener la tendencia de los trabajadores franceses hacia el comunismo enviando sacerdotes que realizaron trabajos comunes y laborar codo con codo con los obreros, mientras los conducían de nuevo a la Iglesia. Después de un intento de diez años, cuando quedó patente que los obreros estaban convirtiendo a los sacerdotes al punto de vista marxista de la lucha de clases, el programa se redujo. (Brady, 1954).

Los psicólogos sociales (Sherif, 1935; Bovard, 1951) han hecho varios experimentos clásicos que muestran cómo una persona tiende a alinear sus expresiones personales con las del grupo. El método que se sigue en tales experimentos suele consistir en preguntar a los miembros sus apreciaciones, actitudes u observaciones personales sobre un tema, luego de informarles de la norma del grupo y finalmente pedir a cada miembro una nueva formulación. Muchos de los informantes modifican su segunda apreciación en dirección de la norma de grupo. En una serie de ingeniosos experimentos, Asch (1951), Tuddenham (1961) y otros han demostrado que muchas personas llegan a alterar una observación que *saben* que es correcta antes que oponerse al grupo. Cada sujeto en estos experimentos estaba rodeado por un grupo que, por arreglos secretos anteriores, hacia observaciones objetivas que el sujeto sabía que estaban equivocadas; sin embargo, una tercera parte de estos sujetos aceptaba la observación incorrecta cuando tenía que enfrentarse a la opinión unánime del grupo en sentido contrario. Schachter (1951) también ha demostrado experimentalmente cómo el miembro que claramente se aparta en su opinión de las

normas del grupo es rechazado por éste. Estos y otros muchos experimentos han demostrado la realidad de las presiones de grupo tan convincentemente, que no han parecido necesarias repeticiones recientes.

Con frecuencia nos damos cuenta de que un nuevo miembro de un grupo es más cuidadosamente conformista y más ferozmente leal que los miembros antiguos. Los recién convertidos a una religión muestran con frecuencia un celo que avergüenza a los que han sido miembros de ella durante toda la vida. Un experimento llevado a cabo por Dittes y Kelly (1956) ayuda a explicar esto. Ellos encontraron que entre los miembros que valoran igualmente su pertenencia a un grupo, aquellos que se sienten *menos aceptados* son los más rígidamente conformistas con las normas de grupo. La conformidad meticulosa es un instrumento para ganarse la aceptación y el status dentro de un grupo, en tanto que el rechazo es el precio de la inconformidad.

Es probable que ninguna otra estructura se aproxime siquiera a la tremenda fuerza de control del grupo sobre el individuo. Todo padre que haya intentado de contradecir el argumento de un adolescente de *"todos* los muchachos lo están usando"* está plenamente consciente del poder de control del grupo.

CONTROLES INFORMALES DEL GRUPO PRIMARIO. Los grupos son de dos clases, primarios y secundarios; estos conceptos se analizarán con detalle en un capítulo posterior. Para nuestro presente análisis es suficiente notar que los grupos primarios son pequeños, íntimos e informales, como la familia, la pandilla, el equipo de juego, en tanto que los grupos secundarios son impersonales, formales y utilitarios, como un sindicato laboral, una asociación de comerciantes, una congregaciónm religiosa o un cuerpo estudiantil.

Dentro de los grupos primarios, el control es informal, espontáneo y sin planeación. Los miembros del grupo reaccionan a las acciones de cada miembro. Cuando un miembro irrita o molesta a los otros, éstos pueden mostrar su desaprobación por medio del ridículo, de la risa, de la crítica o aun del ostracismo. Cuando la conducta de un miembro es aceptable, la recompensa ordinaria suele ser sentirse seguro y confortable en su propio ambiente. Muchos novelistas han utilizado el argumento secundario en el que un personaje viola las normas de grupo en alguna forma, es castigado con la desaprobación del grupo y debe ganarse de nueva cuenta la aceptación del grupo mediante la penitencia y una renovada conformidad (como el Babbitt de Sinclair Lewis).

En las sociedades más primitivas, donde virtualmente todos los grupos eran primarios, había muy pocos malos comportamientos de importancia. Cada persona había nacido dentro de grupos unidos por el parentesco; por ejemplo, una familia, un clan, una tribu. Uno no podía cambiarse a otra tribu o clan, porque una persona divorciada de los vínculos consanguíneos no tenía existencia social; esto es, nadie estaba obligado a considerarlo y tratarlo como un ser humano. Quien quería sobrevivir *tenía* que continuar con los grupos en los que estaba como apresado en la red. Puesto que había poca privacía y ningún escape, el castigo de una inconformidad seria era ridiculizada inmisericordemente. Lowie describe el empleo del escarnio y el ridículo entre varios de los pueblos indígenas del territorio La persona que violaba las normas culturales era ridiculizada inmisericordemente. Lowie describe el empleo del escarnio y el ridículo entre varios de los pueblos indígenas del territorio que ahora forma parte de Estados Unidos.

Cuando a un muchacho indio de la tribu de los fox, en Illinois, se le enseñaba a no robar y a no denigrar nunca a su mujer, sus mayores no lo amenazaban con ningún castigo tangible en el presente o en el futuro o con alguna regla abstracta de moralidad. El argumento decisivo era: "La gente dirá muchas cosas de ti, aunque tú no lo sepas".

El chismorreo adquiere algunas veces formas especiales de ridículo. Un joven de Alaska informa así de su experiencia: "Si tú no te casas dentro de tu pueblo, harán bromas acerca de ti, harán tantas bromas que llegara a ser desagradable". Los crow cantan canciones para burlarse de un avaro, de un valentón o de un hombre que vuelve a admitir a una mujer divorciada, el colmo de la desgracia. Algunos parientes tenían el privilegio de criticar públicamente a un hombre por violaciones de buenos modales o de la ética, y no había nada que se temiera más que ser puesto así en la picota. Este sistema fue desarrolado por los pies negros con algunas pequeñas diferencias. "Para una mala conducta no grave pero persistente, algunas veces se practica un método de disciplina formal. Cuando el ofensor no ha hecho caso de los consejos o sugerencias, los hombres principales pueden darse formalmente por enterados y decidir restaurar la disciplina. Algún día, al anochecer, cuando todos están en sus casas, alguno de los principales llamará a un vecino y le preguntará si ha observado la conducta del señor A. Esto inicia una conversación general en muchas cosas, en la que todos los rasgos grotescos y odiosos del señor A son puesto en ridículo general en medio de carcajadas, y el interrogatorio continúa hasta bien entrada la noche. La mortificación de la víctima es extrema y la suele llevar a un exilio temporal o, como en tiempos antiguos, a ponerse en pie de guerra para llevar a cabo proezas desesperadas."

Un hombre primitivo sacrifica la mitad de sus propiedades por medio a que se le llame avaro; entrega a su esposa favorita si los celos están contra el código; arriesga su propia vida, si es la única forma de alcanzar el honor de un elogio público. Esta es la razón por la que los salvajes de la misma tribu no se andan degollando unos a otros o violando las mujeres disponibles, aun cuando carecen de constituciones escritas, cárceles, fuerza policiaca y religión revelada. (Tomado de *Are We Civilized?* de Robert H. Lowie, copyright, 1929, por Harcourt, Brace and World, Inc.; © 1957, por Robert H. Lowie. Reimpreso con permiso del editor.)

En muchos casos autenticados donde los primitivos han violado normas importantes, se han suicidado porque no pueden soportar el castigo de la desaprobación del grupo (Malinowski, 1926, pp. 94-99). En tal ambiente de grupo, el castigo por inconformidades serias es tan insoportable que éstas son raras. Lo mismo pasa en las culturas complejas; dondequiera que las personas están atrapadas en ambientes de grupos primarios de los que no pueden escapar fácilmente, como en la celda de una prisión o en una unidad militar, esta gran fuerza controladora del grupo primario entra en acción.

Dentro de los grupos primarios el control es informal, espontáneo y no planeado. (*J. Berndt/Stock, Boston*).

En muchas sociedades el grupo se hace responsable de los actos de cualquiera de sus miembros. Por ejemplo, si un indígena tlingit del noroeste del territorio estadounidense asesinaba a un miembro de otro clan, su propio clan tenía que proporcionar a una persona del mismo status social al de la asesinada para que la ejecutaran, mientras que el verdadero asesino era condenado a vivir sabiendo que había sido el causante de la ejecución de un miembro de su propio clan. En el ejército, un fusil sucio o un armario desarreglado puede privar a todo el pelotón de su fin de semana libre. Tales formas de castigo colectivo pueden parecer injustas, *¡pero funcionan!* Un soldado cuya indolencia ha provocado que su pelotón pierda su fin de semana libre, no es probable que repita el error ¡o que se le permita que lo olvide!

Buena parte del "liderazgo" y de la "autoridad" depende de la habilidosa manipulación del grupo como mecanismo de control. Los maestros que triunfan, por ejemplo, utilizan con frecuencia la clase para mantener la disciplina; manipulan la situación de modo que el niño que se porta mal quede en ridículo ante sus compañeros. Pero si permiten que la situación evolucione de modo que el niño que se porta mal aparezca a los ojos de sus condiscípulos como un héroe o un mártir, se pierde ese control.

Las personas normales necesitan y buscan la aprobación de los otros, especialmente de los miembros del grupo primario, de los que dependen para una respuesta humana íntima. Los trabajadores ingleses castigan algunas veces a otro trabajador que ha violado las normas del grupo "haciéndole el vacío". Esto significa que los trabajadores no hablarán, respoderán o mirarán a la persona, y actuarán como si el otro trabajador no existiera. La víctima normalmente hace penitencia o abandona el trabajo. Miles de novelas, dramas y óperas han utilizado este tema. La mayoría de la gente dará casi cualquier cosa, hasta sus vidas si es necesario, para retener la aprobación y el confortable sentimiento de pertenecer al grupo más importante para ellos. La agobiante necesidad de aprobación y aceptación del grupo es lo que hace del grupo primario la agencia de control más poderosa del mundo.

CONTROLES DEL GRUPO SECUNDARIO Cuando pasamos de una situación de grupo primario a una de grupo secundario, también pasamos de controles sociales informales a otros más formales. Los grupos secundarios son generalmente más grandes, más impersonales y especializados en sus fines. No los utilizamos para satisfacer nuestra necesidad de respuesta humana íntima, sino para que nos ayuden a efectuar algunos trabajos. Si un grupo secundario no satisface nuestras necesidades, podemos dejarlo sin mayores angustias, porque nuestra vida emocional no está implicada profundamente. Mantener nuestro status en el grupo secundario es deseable, pero no una necesidad emocional desesperada como lo es en el grupo primario. Ciertamente, en nuestra sociedad es posible que las personas cambien sus grupos primarios, dejen sus familias, se divorcien de sus cónyuges y encuentren nuevos amigos, pero esto es doloroso. El grupo secundario es por lo general una agencia de control menos compulsiva que el grupo primario.

El grupo secundario aún es un control eficaz. Algunos de los controles informales operan todavía en el grupo secundario. Ninguna persona normal quiere aparecer ridícula en una reunión sindical, en un servicio de culto religioso, en el banquete de la Cámara de Comercio. Tales controles informales, como el ridículo, la risa, el chisme y el ostracismo operan en los ambientes del grupo secundario, pero generalmente tienen un impacto reducido. En cambio, otros controles más formales son característicos de los grupos secundarios: los protocolos parlamentarios, los reglamentos oficiales y los procedimientos regularizados, la propaganda, las relaciones públicas y la "ingeniería humana", las promociones y los títulos, las recompensas y premios, las penas y castigos formales y otros más.

Estos controles formales del grupo secundario son más eficaces cuando están reforzados por un grupo primario. Un premio o una condecoración es más agradable cuando la ceremonia de premiación puede ser vista por una familia llena de admiración y un grupo de amigos íntimos que aplaude. Dentro del grupo secundario grande e impersonal, puede haber muchos grupos primarios muy integrados, como los pelotones dentro de un ejército o las cuadrillas de trabajadores dentro de una corporación. Estos grupos primarios pueden reforzar o minar los controles formales de los grupos secundarios y afectar mucho el desempeño del grupo secundario. Gran parte del enfoque de la ingeniería humana en la industria es un esfuerzo por utilizar estos grupos primarios para reforzar los controles y objetivos de la corporación.

EL LENGUAJE COMO CONTROL. El lenguaje es una forma de describir la realidad, y los cambios en el lenguaje pueden modificar la forma en que la gente ve la realidad. Esto es lo que los interaccionistas simbólicos quieren decir con "la construcción social de la realidad". Una redefinición que atribuye nuevos significados a palabras familiares puede promover una redefinición de actitudes y relaciones. Por ejemplo, el empleo reciente del término "derechos a la asistencia social" ha tenido algún éxito en cambiar la imagen de la asistencia social, de una caridad (que el probre acepta agradecido en cualquier cantidad que se le ofrezca) a un "derecho" (por el que los receptores pueden legítimamente gestionar, negociar o luchar). Después de todo, un "derecho" es sólo una exigencia que otras personas reconocerán y concederán. Los grupos revolucionarios y terroristas pueden llamarse un "ejército" y asumir títulos militares ("Comandante Supremo", "Jefe del Estado Mayor"). Un comandante supremo de un ejército de diez personas puede ser absurdo, pero si puede persuadirse a los medios de comunicación de que utilicen estos términos, ello da cierto aire de legitimidad al grupo, haciéndolo más aceptable a largo plazo para la sociedad. Algunas veces los grupos utilizan el lenguaje para un efecto opuesto. Un *argot* es *el lenguaje especial de una subcultura.* Incluye palabras acuñadas especialmente, lo mismo que palabras comunes a las que se les da un significado especial. Por ejemplo, Howard (1974, p. 44) informa que en el gheto (en ese momento particular) ser llamado "all bad" significaba que uno tiene garbo, brío y estilo, mientras que "bad motherf" era un cumplido. Un argot presta importantes funciones de control social. Promueve la comunicación dentro del grupo, puesto que cada término está cargado con un significado que sólo los miembros del grupo pueden entender. El argot excluye también a los forasteros; para entrar al grupo, se debe "hablar el lenguaje". Aprender el argot, pues, no sólo fortalece el vínculo entre los individuos y el grupo; también reduce la comunicación con el mundo exterior. Ningún individuo está totalmente desconectado del mundo exterior a la subcultura, pero como Bernstein (1966) observa, el argot sirve para elevar al máximo las barreras entre el grupo y el resto de la sociedad. En esta forma opera para conservar lo que los sociólogos llaman "mantenimiento de las fronteras"

CONTROL SOCIAL COMUNISTA. El control social formal en las democracias occidentales descansa sobre todo en leyes escritas, procesos para determinar culpables y castigos "de acuerdo con la ley". El control social en la República Popular China (RPC) descansa sobre tan pocas leyes escritas, que es discutible aun el que tenga un sistema legal (Pepinsky, 1976, p. 82), pero aunque la RPC utiliza la adoctrinación continua, el control total de los medios de comunicación y castigos muy duros cuando son necesarios, su confianza primaria estriba en la presión de grupo.

Los estadounidenses que desean escapar de la presión de grupo pueden desaparecer para comenzar de nuevo en cualquier otro lugar. Esto es impensable en la RPC, donde nadie puede ser anónimo. Los chinos cambian de trabajo, de residencia y de compañeros con mucha menos frecuencia que los estadounideses, y rara vez pueden hacerlos sin aprobación oficial (Pepinsky, 1976, pp. 92-93). Toda persona es asignada a un *danwei*, un pequeño grupo de estudio, que funciona en la escuela, la oficina, la manzana o la comuna. Ésta es la piedra angular de la sociedad china. La mayor parte de las necesidades (tarjeta de racionamiento, permisos de viaje, cambio de trabajo, asignación de alojamiento, citas en las clínicas de salud, permisos para matrimonios o divorcio) se satisfacen mediante el *danwei*. Éste lleva un expediente detallado sobre cada uno de los miembros, que incluye antecedentes de clase durante tres generaciones.

En la mayor parte de las zonas urbanas cada manzana o área pequeña tiene un comité de calle formado por miembros que no reciben paga alguna y que vigilan estrechamente a quienes están asignados a ese comité. Este comité de calle funciona como una agencia de servicio social que da recomendaciones para la obtención de un trabajo o el aquiler de una casa y adjudicación clínica e informa sobre las necesidades de los miembros. El comité de calle es también una agencia de supervigilancia que informa sobre sospechas e infracciones de los reglamentos de policía. Este comité decide también qué parejas en el vecindario pueden tener otro niño y, en ocasiones, puede ordenar a una mujer que tenga otro aborto (Butterfield, 1982).

Toda persona (excepto los niños pequeños) *deben* participar regularmente en un grupo de estudio de seis a doce personas. Todo miembro debe tomar parte y no se le permite guardar silencio. Se discuten problemas, se desarrollan soluciones prácticas y se presiona gentilmente a los "reacios" para que estén de acuerdo. Las directivas del partido se discuten y se revisa el comportamiento de cada miembro. El hecho de no someterse a una autocrítica, reconociendo los propios errores y prometiendo enmienda, acarrea primero persistentes esfuerzos de persuasión y luego castigos más severos, si es necesario. Sin embargo, la eficacia principal depende de la manipulación que el grupo hace de la culpa y de la vergüenza. Así, los comunistas chinos han organizado e institucionalizado las técnicas de la modificación del comportamiento de la psicología conductista, (Pepinsky, 1976, pp. 96-99, LaMott, 1977).

El control social chino es innegablemente eficaz, posiblemente el más eficaz de cualquier sociedad en la historia. Las que los estadounidenses consideran como libertades humanas básicas están por completo ausentes en la RPC, pero llamarla simplemente sociedad represiva es superficial. El control social en la RPC es, a la vez, muy amable y muy cruel. No se descuida a nadie. Un niño o una mujer a los que se golpea constantemente, una persona que está enferma y mal atendida o quien se encuentra perplejo ante un problema de cualquier tipo que sea, tiene en China mayor seguridad de recibir atención y ayuda que en Estados Unidos. Un niño que persistentemente se porta mal o un padre que descuida o maltrata a un niño, no tarda mucho en tener que soportar un frente unido de desaprobación de todos aquellos a los

que conoce. Pocos pueden resistirlo durante mucho tiempo. Pero el control puede ser muy duro. A nadie se le concede el derecho a tener una idea, un deseo o una meta que no esté en armonía con el bien público, como se le define oficialmente. Quien ofrece resistencia puede esperar castigos que van desde la desaprobación del grupo pasando por la negativa de trabajo y alojamiento, hasta el máximo castigo: el confinamiento en un "centro de reeducación", donde se ablanda o muere.

El control social en otras sociedades comunistas es similar al modelo de la RPC en el empleo de la presión social, pero es menos completo, y suele utilizar más los tribunales y castigos legales. Como en todas las sociedades, cuando las presiones sociales fallan, la fuerza es el control definitivo.

Control social mediante la presión social

Muchas sociedades primitivas han logrado controlar el comportamiento de los individuos me-

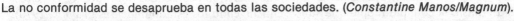

La no conformidad se desaprueba en todas las sociedades. (*Constantine Manos/Magnum*).

diante las tradiciones, reforzadas por los controles informales del grupo primario, de modo que las leyes y los castigos son innecesarios. Pero con poblaciones más numerosas y culturas más complejas se han desarrollado gobiernos, leyes y castigos formales.

Cuando el individuo no desea cumplir las reglas, el grupo trata de obligarlo a ello. Sin embargo, en los grupos más grandes el individuo es demasiado anónimo para que se le puedan imponer presiones sociales informales. Más aún, en las sociedades más numerosas que tienen culturas complejas, es probable que se desarrollen algunas subculturas que entren en conflicto con la cultura de la mayoría. El "consenso moral" —el casi completo acuerdo sobre lo que es bueno y lo que es malo—, que por lo general encontramos en una pequeña sociedad con una cultura estable, es raro encontrarlo en las sociedades más grandes que tienen culturas cambiantes. En tales sociedades la persona que rechaza las normas de la mayoría puede encontrar apoyo emocional en un grupo de otras personas que piensan y actúan como ella. (Unos cuantos de los muchos ejemplos actuales, podría incluir la comunidad Ámish, la comuna hippie o la subcultura homosexual.) Así, la sociedad convencional utiliza algunas veces la fuerza —en forma de leyes y castigos formales— para obligar al mínimo requerido de conformidad. Esta fuerza no siempre tiene éxito, pero se utiliza en toda sociedad compleja.

Determinantes situaciones del comportamiento

Cuando la gente ve algún comportamiento que no le gusta, suele atribuirlo a una naturaleza humana perversa, a un impulso malvado, a un carácter débil o a alguna otra causa *individual*. Lo que separa al sociólogo de otros en este punto es el hábito del sociólogo de buscar los factores *sociales* en la causalidad del comportamiento. Ciertamente, cuando un individuo o unas cuantas personas cambian de carácter o de comportamiento, las explicaciones pueden ser puramente individuales. Pero cuando *gran número* de personas cambia de carácter o de comportamiento en la misma dirección, la causa probable es un cambio en las influencias sociales y culturales sobre la conducta. Una parte importante del control social consiste en los esfuerzos por manipular la situación del comportamiento, porque la mayor parte de las personas responderán con la clase de comportamiento que la situación fomente. Esto es verdad en tal grado que la mayor parte de las personas lo reconocen.

El comportamiento propio en una situación particular es casi siempre el resultado de las necesidades, presiones y tentaciones que ofrece la situación. Hay muchas pruebas de que muchas personas que no estafarían a un vendedor de periódicos ciego, lo harán en un supermercado si tienen la oportunidad de hacerlo; prácticamente todos hemos cometido pequeñas estafas en el pago de los impuestos sobre nuestros ingresos; los soldados que no robaban a sus vecinos cuando estaban en casa, "liberaron" muchos artículos de las poblaciones enemigas; la gente, como parte de una multitud, hace cosas que no haría como simples individuos. Las atrocidades de guerra son cometidas por todos los ejércitos, incluyendo los estadounidenses (Taylor, 1970). Si se mata o se toma prisionero a un enemigo que se rinde, depende más de las circunstancias en el momento de la rendición que del carácter de las tropas que lo capturaron (Draper, 1945). Los datos de Kinsey muestran que la mayor parte de los maridos civiles son fieles a sus esposas, al menos la mayor parte del tiempo; pero parece que la mayor parte del personal militar en el extranjero, durante prolongadas separaciones de sus mujeres, se aporvechan casi de cualquier oportunidad atractiva para la infidelidad.

¿Los dirigentes sindicales creen en los sindicatos?, excepto para sus propios trabajadores. Así, cuando los trabajadores de los grandes sindicatos buscan organizar y negociar colectivamente con sus patrones estos dirigentes parecen reaccionar de igual manera que cualquier empresario, poniendo incluso piquetes de vigilancia cuando sus empleados van a la huelga (*Business Week*, March 21, 1971, p. 31). Y cuando los trabajadores administrativos del sindicato van a la huelga, actúan exactamente igual que otros trabajadores en huelga; así en Michigan, varias ramas locales de la Michigan Education Association no pudieron obtener el apoyo de los negociadores de la MEA para llegar a un arreglo con sus juntas escolares, porque el personal de la MEA estaba en huelga contra la MEA (Cote, 1977). Finalmente, cuando las cuotas del sindicato disminuyeron, los sindicatos despidieron a los miembros administrativos, del mismo modo que lo hacen las empresas (*Wall Street,* Feb. 23, 1982, p. 1). Argyris (1967) informa que ''Como un experimento sociológico, dos sacerdotes fueron a trabajar a una línea de montaje y pronto se encontraron con que estaban engañando con la calidad, mintiendo a sus capataces y maldiciendo a las máquinas''. Su nueva situación de trabajo acarreaba presiones y frustraciones a las que respondieron como cualquier otro trabajador. Ejemplos de cómo la situación total de comportamiento afecta el resultado de éste pudieran multiplicarse sin término. Muchos se hallan en el capítulo 19, ''Comportamiento colectivo y movimientos sociales''.

La gente tiende a obedecer a un representante de la autoridad; por lo tanto, los guardias se visten con uniformes impresionantes (Beckman, 1974). En un experimento que fue muy criticado, Milgram (1974) encontró que en el ambiente de un laboratorio universitario, los que se ofrecieron voluntariamente a una investigación obedecían las órdenes de científicos, aun cuando pensaban que su obediencia les estaba causando un dolor intolerable a otros sujetos implicados en el experimento. Las atrocidades de la guerra, llevadas a cabo con frecuencia obedeciendo órdenes, se vuelven comprensibles cuando estudiamos la forma en que la situación total del comportamiento afecta la conducta.

Ciertamente, las normas interiorizadas y otras características que uno aporta a la situación son un factor en el comportamiento personal; algunas veces son el factor determinante. Unas pocas personas son honradas en *todas* las situaciones; algunos maridos y esposas serán fieles pese a *cualquier* tentación. Pero con mayor frecuencia de la que nuestro folklore lo admite, una situación promueve un tipo de comportamiento característico entre la mayor parte de los participantes. Por ejemplo, las ferias del condado son frecuentadas principalmente por personas de la localidad, con frecuencia en grupos familiares, en lugares arreglados adecuadamente y resguardados por la policía, en los que la gente se divide en muchos pequeños grupos. El comportamiento en esta situación es generalmente ordenado. Los festivales de música rock son frecuentados principalmente por jóvenes que no tienen vínculos locales o responsabilidades familiares, que pueden disponer, con facilidad de drogas y que tienen un interés focal y un compás hipnótico que los unifica en una multitud activa. No es, pues, de extrañar que se desarrolle el comportamiento ruidoso, el vandalismo en pequeña escala y las enojosas confrontaciones frecuentes con los residentes locales.

La violencia en las competencias deportivas se ha convertido en un problema creciente, que lleva a la cancelación real de algunas de esas competencias por temor a la violencia que se espera (Clary, 1977). Sin embargo, esta violencia no está distribuida al azar. Es más probable en los juegos nocturnos (después de que los fanáticos han tenido más tiempo para emborracharse) y es más probable que se produzca después del juego que antes de él; lo que ha llevado a un par de sociólogos a sugerir que el tiempo oportuno para tocar el himno nacional es *después* del juego (Bryan y Horton, 1978).

Existen muchas otras aplicaciones prácticas de esta forma de control social. Por ejemplo, si deseamos desalentar que se tire basura, los sermones sobre el asunto son menos eficaces que la colocación estratégica de botes para los desperdicios; pero si se deja que éstos se llenen y no se vacían regularmente, se destruye el efecto del control (Finnie, 1974). Muchos de los barrios antiguos, con su vida callejera agitada y sus escaleras llenas de gente, tenían menos crímenes que los elevados edificios de apartamentos modernos que los reemplazaron, cuyas aceras y corredores vacíos realmente invitaban el crimen (Jacobs, 1961). El diseño arquitectónico se está ahora reconsiderando en vista del descubrimiento de que el diseño afecta las tasas de criminalidad (Jeffery, 1971, 1977; Wise, 1982).

Bridgestone da trabajo a sus empleados de por vida, lo mismo que todas las prestaciones típicas japonesas. Dos tercios de 3 700 trabajadores... vive en apartamentos de la compañía por los que pagan alrededor de $30 al año. El sueldo promedio es de $12 545 al año.

La compañía proporciona también campos de tenis, de beisbol y fútbol, un gimnasio, un jardín de niños, un hospital e incluso un salón para bodas, lo cual no es despreciable en Japón donde los precios de las ceremonias nupciales pueden ser exorbitantes.

En cambio, la compañía obtiene la lealtad de los empleados en las cosas grandes y en las pequeñas. La cafetería de los empleados funciona con un sistema de honor. No hay ningún cajero. Los empleados simplemente depositan lo que deben en una caja cuando salen del establecimiento y toman de la misma caja el cambio a que tienen derecho. Bridgestone dice que la cafetería nunca ha tenido faltantes.

La última huelga en Bridgestone fue en 1947. Los empleados participaron ansiosamente en la creación de nuevas formas para mejorar la calidad de los productos de Bridgestone reduciendo el costo y el tiempo necesario para fabricarlos. "Cuando no tenemos paros, el sindicato nos ayuda a incrementar la productividad", dice Motozo Mazutani, un gerente en la planta de Kodira.

(Urban C. Lahner, "Bridgestone Looks Abroad for Growth", *Wall Street Journal,* June 17, 1981, p. 27.) Reimpreso con permiso de *The Wall Street Journal,* © Dow Jones & Company, Inc., 1982. Derechos reservados.

¿Funcionarían estas políticas administrativas en Estados Unidos? ¿Puede explicarse el comportamiento de estos empleados en términos de presión de grupo? ¿Y en términos de las determinantes situaciones del comportamiento?

Así, la deliberada manipulación de los determinantes situacionales del comportamiento es uno de los principales medios de control social.

PROFECÍAS AUTOCUMPLIDAS. Una profecía autocumplida es aquella que desata una cadena de acontecimientos que hacen que ella se verifique (Merton, 1957a, Cap. 11). Por ejemplo, si yo señalo a una muchacha en clase y digo: "Te vas a poner colorada. Vean todos cómo se pone colorada", es casi seguro que a ella le subirá el rubor a las mejillas. El ejemplo clásico es el asedio bancario. Si se informa que es probable que cierto banco quiebre, esto puede desatar un asedio bancario que garantice su quiebra.

Las profecías que se cumplen son muy comunes en el comportamiento social. La profecía de que "habrá violencia en las calles si..." con frecuencia ha sido seguida por la violencia. La profecía que se cumple ha sido un arma fácil de los demagogos. Los capacita para alentar un acontecimiento particular, mientras piadosamente lo lamentan.

DESVIACIÓN SOCIAL

Ningún sistema de control social funciona perfectamente. En todas las sociedades conocidas algunas personas dejan de comportarse como se espera de ellas, aunque la inconformidad varía mucho en forma y frecuencia según las sociedades (Edgerton, 1976). Pero existen algunos rasgos comunes de desviación en todas las sociedades.

Características de la desviación

LA DESVIACIÓN ES POR DEFINICIÓN. Ningún acto es desviante por sí mismo; se vuelve desviante cuando *se define* como tal. Como Becker hace notar (1963, p. 9), "la desviación no es una cualidad del acto que la persona comete, sino más bien una consecuencia de la aplicación que otros hacen de reglas y sanciones al infractor. El desviante es alguien al que esta etiqueta le ha sido aplicada con éxito; el comportamiento desviado es el de las personas así calificadas". *La desviación es,*

Manipulación de la situación... (*Ed Lettau/Photo Researches, Inc.*)

pues, *cualquier comportamiento definido como una violación de las normas de un grupo o sociedad.*

DESVIACIÓN APROBADA Y DESVIACIÓN DESAPROBADA. Tanto Florence Nightingale como Jack el Destripador eran desviantes. Algunos desviantes —el genio, el santo, el héroe— pueden ser honrados y reverenciados (casi siempre después de su muerte y cuando ya no son una molestia). Los sociólogos han estudiado poco las formas aprobadas de desviación. Por razones prácticas, el estudio sociológico de la desviación es el de la desviación desaprobada. Gran parte del comportamiento desviante está prohibido por la ley. En un grado mayor, el estudio del comportamiento desviante es el estudio del comportamiento criminal.

DESVIACIÓN RELATIVA Y DESVIACIÓN ABSOLUTA. En las sociedades modernas la mayoría de las personas no son ni completamente conformistas ni completamente desviantes. Una persona que se aparte por entero de las normas la pasaría muy mal permaneciendo viva. Aun los desviantes más espectaculares, como los piromaníacos, los revolucionarios o los ermitaños, son por lo general muy convencionales en algunas de sus actividades. Y casi todas las personas "normales" ocasionalmente son desviantes. Kinsey (1948, pp. 392, 576) ha mostrado cómo más de la mitad de nuestros adultos podrían ser encerrados en prisión por poner en práctica técnicas de galanteo que estaban (y todavía lo están) prohibidas por las leyes de la mayor parte de los estados. Muchos estudios han demostrado que la mayor parte de las personas han cometido algunos delitos importantes por los que podrían ser perseguidas si se hicieran cumplir todas las leyes (Porterfield, 1946; Wallerstein y Wyle, 1947; Gold, 1970). Es evidente que casi todos en nuestra sociedad son personas que se apartan de las normas en algún grado, pero algunos con mayor frecuencia y amplitud que otros, y que algunos ocultan sus acciones mejor que otros. En alguna medida, el desviante es alguien que hace a plena luz lo que otros llevan a cabo en secreto.

¿DESVIACIÓN DE LA CULTURA REAL O DE LA IDEAL? Puesto que las culturas real e ideal se apartan con frecuencia, como se mencionó en el capítulo 3, la conformidad con una puede ser una desviación con respecto de la otra. Por ejemplo, la cultura ideal incluye la norma cultural de obediencia a todas las leyes, aunque prácticamente nadie obedece todas las leyes.

Cuando están comprometidos valores importantes en la divergencia entre lo que la gente dice (cultura ideal) y lo que hace (cultura real), la distinción se vuelve importante. En todo análisis sobre la desviación donde esta distinción es importante, la base normativa —la cultura real o ideal— debería estar incorporada o expresamente establecida. Por ejemplo, en cualquier discusión de las relaciones premaritales o de algunos "delitos" sexuales que practican ampliamente las parejas de casados, se debería especificar la base normativa.

PAUTA DE INOBSERVANCIA. Siempre que las mayorías o las leyes prohiben algo que muchas personas desean ardientemente hacer, es probable que aparezcan las *pautas de inobservancia*. Éstas son *las pautas mediante las cuales las personas ceden a sus deseos sin desafiar abiertamente a las mayorías*. Roebuck y Spray (1967) muestran cómo los salones de coctel funcionan para facilitar encuestas sexuales discretas entre hombres casados que tienen un elevado status y mujeres jóvenes solteras. Las pautas más comunes de inobservancia en nuestra sociedad incluirían conducir a mayor velocidad de la permitida, la violación sistemática de los límites de carga por los choferes y los pequeños fraudes con relación a los impuestos personales.

Los trasvestitas son una clase de desviantes (*David Hurn/Magnum*).

El hecho de que una norma particular se viole con frecuencia no crea una pauta de inobservancia. Sólo cuando existe una *pauta* de violación que es *reconocida y sancionada por el grupo al que uno pertenece* nos encontramos ante una pauta de inobservancia. Proteger a un contrabandista de licores se convierte en una pauta de inobservancia cuando se hace una forma normal, aprobada por el grupo de obtener bebidas alcohólicas prohibidas. La inobservancia pierde su censura moral al llegar a ser sancionada por el grupo. Entre algunos grupos, el éxito en "coleccionar" infracciones de tránsito o en seducir mujeres provocará la admiración de los otros. Las pautas de inobservancia son, pues, una forma semi-institucionalizada de comportamiento desviante.

Algunas veces una pauta de desviación no es lo bastante aceptada como para ser una pauta a inobservancia, lo bastante condenada como para ser rutinariamente suprimida. En tales situaciones, la tolerancia de tal desviación puede operar como una forma de control social. Las prostitutas y los jugadores pueden obtener permiso para operar mientras proporcionen información a la policía. En la mayor parte de las cárceles, a los presos influyentes que pueden asegurar el orden y la tranquilidad en un grupo de celdas se les permite cometer infracciones menores al reglamento (Strange y McCory, 1974). Así, la tolerancia de alguna desviación, con la amenaza implícita del retiro de este privilegio y que realmente hace cumplir las reglas, funciona para mantener el control social.

LA DESVIACIÓN ES ADAPTATIVA. La desviación es al mismo tiempo una amenaza a la estabilidad social y una forma de protección. Por una parte, una sociedad puede operar eficientemente sólo si hay orden y predictibilidad en la vida social. Debemos *saber,* dentro de límites razonables, qué comportamiento esperar de otros, qué esperan ellos de nosotros y en qué clase de sociedad debería socializarse a nuestros hijos para que vivan en ella. El comportamiento desviado amenaza este orden y su predictibilidad. Si demasiadas personas dejan de comportarse como se espera de ellas, se desorganiza la cultura y el orden social se derrumba. La actividad económica puede interrumpirse y aparecer la escasez. Las tradiciones pierde su fuerza compulsiva y el núcleo de valores comunes de la sociedad se reduce. Los individuos se sienten inseguros y confusos en una sociedad cuyas normas se han vuelto no confiables. Sólo cuando la mayor parte de las personas se conforman la mayor parte del tiempo con normas bien establecidas, una sociedad puede funcionar eficientemente. Los revolucionarios, una vez que han destruido el antiguo sistema de control social, buscan inmediatamente crear uno nuevo que con frecuencia es más restrictivo que el que han echado por tierra.

Por otra parte, *el comportamiento desviante es una forma de adaptar una cultura al cambio social* (Coser, 1962; Sagarin, 1977). Ninguna sociedad actual puede quizá permanecer estática por mucho tiempo. Aun la más aislada de las sociedades del mundo enfrentará cambios sociales radicales dentro de la próxima generación. La explosión demográfica, el cambio tecnológico y la desaparición de culturas tribales y populares están exigiendo que muchas personas aprendan normas nuevas, mientras que la tecnología cambiante sigue exigiendo adaptaciones de parte de pueblos más avanzados. Pero las nuevas normas rara vez son producto de asambleas deliberativas de personas que solemnemente declaran que las normas antiguas son obsoletas y exigen nuevas normas. Aunque las deliberaciones serias de los congresos, de los concilios religiosos y de las asociaciones profesionales pueden acelerar o frenar las nuevas normas, sus pronunciamientos suelen servir más para legitimar nuevas normas que prácticamente son de aceptación general. Las nuevas normas emergen del comportamiento cotidiano de individuos que responden en forma similar al impacto de nuevas circunstancias sociales (punto de vista funcionalista) o al éxito de algunos grupos en imponer nuevas reglas sobre otros grupos (punto de vista de la perspectiva del conflicto). El comportamiento desviante de unas cuantas personas puede ser el comienzo de una nueva norma. Conforme más y más personas coinciden en el comportamiento desviante y los grupos organizados empiezan a promoverlo y justificarlo, deja de ser desviante y se establece una nueva norma.

El surgimiento de nuevas normas está claramente ilustrado en la declinación de la familia

La conducta desviante de una generación
puede llegar a ser la norma de la siguiente.

patriarcal. En una sociedad agraria donde toda la familia trabajaba junta bajo el ojo vigilante del padre, era fácil mantener el predominio masculino. Pero la transformación de la tecnología trasladó el trabajo del padre al taller o a la oficina, donde ya no pudo ejercer su vigilancia; el cambio tecnológico también comenzó a llevar a la mujer a trabajos donde laboraba separada de su marido y ganando su propio sueldo. El marido ya no estaba en una posición estratégica para mantener su autoridad masculina y ésta, poco a poco, se debiltó. En el siglo XIX, la mujer relativamente independiente e igualitaria que pensaba por cuenta propia y tenía el hábito de dar a conocer lo que pensaba, era una desviante; actualmente es un lugar común, y el movimiento femenino está exigiendo cambios adicionales de los status masculino y femenino. La teoría funcionalista subraya los cambios en el rol laboral y en la situación estratégica que allanaron el camino para nuevas normas; los teóricos del conflicto hacen hincapié en la acción política organizada necesaria para obtener el reconocimiento legal de las nuevas normas.

El comportamiento desviante representa con frecuencia el origen de las adaptaciones del mañana. Sin un comportamiento desviante será difícil adaptar una cultura a las necesidades y circunstancias que se transforman. Una sociedad en cambio necesita, por lo tanto comportamientos desviantes si ha de operar con eficiencia. La cuestión de *cuánta* desviación y *qué clases* de desviación debería tolerar una sociedad es un perpetuo acertijo. Es fácil ahora para la mayor parte de las personas aceptar que los republicanos del siglo XVIII y las sufragistas del XIX fueron desviantes socialmente útiles, mientras que los utópicos y (según muchos) los anarquistas fueron socialmente destructivos. Pero ¿cuáles de los desviantes actuales demostrarán mañana haber sido los pioneros de hoy: los nudistas, los hippies, los homosexuales, los pacifistas, los adictos a la mariguana, los miembros de las comunas, los partidarios del amor libre, los unimundistas o quiénes? Es difícill decirlo.

No todas las formas de desviación se ajustarán al análisis anterior. El comportamiento del asesino, del que comete abusos sexuales con los niños o del alcohólico rara vez contribuyen a forjar una nueva y útil norma social. En cualquier momento determinado, un comportamiento desviante adquiere varias formas, y sólo unas cuantas de ellas se convertirán mañana en normas. Demasiada desviación es totalmente destructiva en sus consecuencias personales y sociales. Pero *un poco* de desviación es socialmente útil, como se indicó antes. Separar las desviaciones sociales peligrosas de las socialmente útiles requiere capacidad para predecir las normas sociales que la sociedad del mañana requerirá.

Teorías acerca de la desviación

Sin importar lo eficiente que sea el control social, algunas personas se desvían. ¿Por qué?

TEORÍA BIOLÓGICA. Agunas personas son *incapaces* de conformarse debido a un defecto biológico. Aquellos que tienen un serio impedimento físico o mental posiblemente no pueden llenar todas las expectativas usuales del comportamiento. Pero la desviación por incapacidad biológica para conformarse no es muy común y parecer ser un factor menor en las clases de desviación que provocan una fuerte desaprobación social. La idea de que ciertos tipos de cuerpos están predispuestos a algunos tipos de comportamiento es casi tan antigua como la historia humana. Muchos estudiosos, incluyendo a Lombroso, (1912), Kretschmer (1925), Hooton (1939), von Hentig (1947) y Sheldon (1949) han efectuado trabajos en los que afirman haber encontrado que algunos tipos de cuerpos son más propensos a un comportamiento desviante que otros. La teoría más elaborada es la de Sheldon, quien identifica tres tipos básicos de cuerpo; endomorfo (rechoncho, flácido, grasoso); mesomorfo (musculoso, atlético); hectomorfo (delgado, huesudo). Para cada tipo, Sheldon describe una serie elaborada de características de personalidad y tendencias de comportamiento. Por ejemplo, encuentra que los delincuentes y los alcohólicos son generalmente mesomorfos. Atribuye la neurosis principalmente al esfuerzo de los individuos por ser diferente de lo que el tipo de cuerpo le predispone a ser.

Las teorías de tipo físico aparecen ocasionalmente como artículos "científicos" en las revistas populares y en los suplementos dominicales. Han llegado a ser bastante populares, debido posiblemente a que parecen ofrecer una forma científica sencilla de clasificar a las personas y de predecir o explicar su comportamiento. Sin embargo, los científicos sociales son bastante escépticos respecto a las teorías fundadas en la clase de cuerpo que se tenga (Clinard y Meier, 1979, p. 31). Aunque estas teorías están apoyadas en pruebas empíricas impresionantes, los críticos han notado serios errores en el método, lo que siembra serias dudas sobre sus resultados. Por ejemplo, el proceso de clasificar a los sujetos en varios tipos corporales no incluía salvaguardas metodológicas adecuadas contra un prejuicio inconsciente; en consecuencia, un sujeto que se encontrara en el límite de dos clasificaciones puede haber sido ubicado en cualquiera de las dos con el fin de apoyar la teoría. Los grupos utilizados como sujetos en la mayor parte de estos estudios estaban compuestos por delincuentes institucionalizados, que no son propiamente representativos de todos los tipos de delincuentes. Además, los grupos de control formados por personas "normales" se reunieron en forma tan poco sistemática, que es completamente dudoso que fueran una muestra representativa de la gente.

Un ejemplo reciente de teoría biológica es la que se refiere a los cromosomas doble Y. Aproximadamente uno de cada mil individuos masculinos hereda un cromosoma Y extra. Se dice que tales individuos masculinos son anormalmente susceptibles a un comportamiento criminal o antisocial (Montagu, 1968; Fox, 1971). Pero los estudios de repetición no han podido confirmar ninguna asociación entre los cromosomas doble Y y el comportamiento desviante (Pfuhl, 1979, p. 43; Liska, 1981, p. 9). Así, otra teoría biológica es rechazada por carecer de fundamento.

Casi todos los estudiosos del siglo XIX atribuyen la mayor parte de los comportamientos desviantes a causas biológicas, en tanto que los estudiosos más modernos atribuyen relativamente pocas desviaciones a tales causas. Algunos estudiosos dicen que la investigación reciente apoya que el rol causal de los factores biológicos es mayor que el que generalmente se les concedía (Edgerton, 1976, Cap. 6). Algunas sustancias químicas y drogas pueden producir cambios dramáticos de comportamiento. Hirschi afirma que la inteligencia, como se mide mediante el IQ, tiene un factor causal importante en la delincuencia juvenil (aun después de controlar ésta por raza y por clase) [1977]. Otros estudiosos menosprecian los factores biológicos como relativamente poco importantes con respecto a la desviación (Liska, 1981). El problema sigue aún sin resolver.

TEORÍA PSICOLÓGICA. En cualquier medida que los defectos y las enfermedades mentales tengan causas orgánicas, las teorías psicológicas se mezclan con las teorías biológicas.

No hay duda de que las enfermedades mentales y los desajustes de la personalidad están relacionados con algunos tipos de comportamiento desviante. Esto *tiene* que ser cierto, puesto que el comportamiento desviante se toma con frecuencia como un síntoma en el diagnóstico de la enfermedad mental. Uno es diagnosticado como enfermo mental a causa de su comportamiento, y luego este comportamiento se atribuye a la enfermedad mental. Algo así como:

"Él es desviante porque es un enfermo mental." "¿Qué te hace pensar que él está mentalmente enfermo?" "Su comportamiento desviante".

El comportamiento desviante no es el único síntoma utilizado para diagnosticar las enfermedades mentales. Probablemente es cierto que la enfermedad mental causa alguna desviación. También es cierto que la enfermedad mental o el desajuste serio de la personalidad no es mucho más común entre los desviantes que entre otras personas (Pfuhl, 1979, p. 48). Así las teorías psicológicas no son de gran utilidad para explicar el tema.

TEORÍA DE LA SOCIALIZACIÓN. La teoría de la socialización empieza con la suposición funcionalista de que existe un núcleo común de normas y valores compartidos por la mayoría de los miembros de una sociedad. Por supuesto, la imagen de una cultura perfectamente integrada, cuyas normas y valores son compardios por *todos* los miembros de una sociedad, es sólo un *modelo*, un principio para el análisis. Los teóricos de la socialización reconocen que este modelo no se ajusta perfectamente a la sociedad estadounidense, pero lo consideran como un punto de referencia útil para empezar el análisis. La teoría de la socialización sostiene que el comportamiento social, tanto el desviante como el conformista, está controlado principalmente por las normas y valores interiorizados. La desviación se atribuye a cierta interrupción del proceso de interiorización y como una expresión de esos valores en el comportamiento.

Teoría de la transmisión cultural Esta versión de la teoría de la socialización señala que las personas interiorizan por lo general los valores de aquéllos con los que se asocian satisfactoriamente. Sin embargo, cómo se interiorizan los valores que producen el comportamiento desviante.

Subculturas desviantes Si la mayor parte de las personas con las que uno se asocia son desviantes, probablemente uno llegará a ser desviante. El término *área de delincuencia* fue desarrollado por Shaw y McKay (Shaw 1930, 1931: Shaw, McKay y McDonal, 1938; Shaw y McKay, 1942). Ellos afirman que en los barrios deteriorados y desorganizados de las ciudades el comportamiento delincuente era una pauta de comportamiento *normal*. En tal área, los jóvenes aprenden valores y comportamientos desviantes que se *fijan* en su personalidad. (Actualmente diríamos que *se interiorizan*).

Asociación diferencial Sutherland notó que el comportamieto criminal se encuentra en todas las regiones y clases y no sólo en los barrios bajos. Propuso una teoría de *asociación diferencial* según la cual ese comportamiento criminal

se aprende mediante el contacto con pautas criminales que están presentes, son aceptables y reciben alguna recompensa en el ambiente físico y social de una persona. Una persona "se incorpora a un comportamiento criminal si, y solamente si, el peso de las definiciones favorables excede el peso de las definiciones desfavorables" (Sutherland, 1949, p. 234).

Aunque Sutherland se centra en el comportamiento criminal, su teoría se ajusta a todo comportamiento desviante. Una persona se desvía si las pautas desviantes son más comunes o más comunmente recompensadas en el mundo social en que esa persona se mueve (esto es, entre los otros-significativos cuya aprobación se desea). Así, los desviantes aprenden tal comportamiento de la misma manera que los conformistas aprenden el comportamiento conforme.

TEORÍA DE LA ANOMIA. El concepto de *anomia* fue desarrollado por Durkheim (1897). El término se traduce más o menos como "ausencia de normas". Describe una sociedad que tiene conjuntos de normas y valores muy conflictivos. Ningún conjunto es apoyado con bastante fuerza y aceptado con suficiente amplitud para ser muy obligatorio. La sociedad anómica carece de directrices firmes que la gente aprende; la pesona anómica no ha interiorizado directrices que pueda seguir.

Merton (1938) lanzó la teoría de que la anomia también se desarrolla a partir de la falta de armonía entre las metas culturales y los medios institucionalizados para conseguirlas. Señala que, aunque nuestra sociedad alienta a *todos* sus miembros a aspirar a la riqueza y a la posición social, nuestras formas aprobadas de alcanzar estas metas sólo permiten que unos cuantos tengan éxito. Ciertamente, un niño o una niña pobre excepcional alcanza riquezas y fama, y estas excepciones mantienen vivo el mito de la igualdad de oportunidades. Los jóvenes con capacidades normales y sin oportunidades o "conexiones" especiales tienen muy poca oportunidad de llegar a ser ricos o famosos. Muchos de los que ven pocas oportunidades verdaderas de triunfar siguiendo las reglas, pueden decidir violarlas. Como Merton concluye:

Sólo cuando un sistema de valores culturales exalta, prácticamente sobre cualesquiera otras, algunas metas comunes de triunfo para toda la población, mientras que la estructura social restringe rigurosamente o cierra por completo el acceso a los modos aprobados de alcanzar esas metas para una parte considerable de la misma población, el comportamiento desviado se desarrolla en gran escala...

El mandato moral de alcanzar el éxito ejerce así presión para alcanzarlo, por las buenas si es posible o por las malas si es necesario. Robert K. Merton, ''Social Structure and Anomie'', en su *Social Theory and Social Structure*. The Free Press New York, 1957, Cap. 3, pp. 146, 169.

La desviación de extiende, pues, cuando muchas personas se apartan de los medios aprobados para triunfar. Pero hay varias respuestas a las opciones para la elección entre metas y medios, que Merton señala (1957*a*, pp. 140-157), como se muestra en el cuadro 7-1. 1) *Conformidad* es la aceptación tanto de las metas convencionales como de los medios convencionales institucionalizados de obtenerlas. 2) *Innovación* es el intento de alcanzar las metas convencionales mediante medios no convencionales (incluyendo medios ilícitos o criminales). 3) *Ritualismo*. Preserva los medios institucionalizados, que se

CUADRO 7-1
LA TIPOLOGÍA DE LAS ADAPTACIONES INDIVIDUALES DE MERTON

Modos de adaptación	Metas culturales	Medios Institucionalizados
I. Conformidad	+	+
II. Innovación	+	−
III. Ritualismo	−	+
IV. Retraimiento	−	−
V. Rebelión	±	±

Nota: Este cuadro presenta cinco formas en que las personas pueden responder a un sistema de metas de una sociedad y a sus medios regularizados para obtenerlas. En este cuadro + significa "aceptación", − significa rechazo, y ± significa "rechazo de los valores prevalecientes y sustitución de ellos por nuevos valores".

Fuente: Robert K. Merton, *Social Theory and Social Structure*, the Free Press, New York, 1957, p. 140.

¿A cuál de estos "modos de adaptación" se ajusta usted más?

han convertido ellos mismos en fines, cuando las metas son olvidadas o no tomadas muy en cuenta. Los rituales, las ceremonias y las rutinas se siguen, pero los significados o funciones originales se han perdido. 4) *Retraimiento*. Abandona tanto las metas convencionales como los medios intitucionalizados para alcanzarlas, como lo ilustran la mayor parte de los alcohólicos en grado avanzado, de los drogadictos, de los hippies, de quienes viven habitualmente en los barrios bajos, de los eremitas y de los desertores. 5) *Rebelión*. Implica un rechazo de las metas y medios convencionales, con un intento de institucionalizar un nuevo sistema de metas y medios. Los revolucionarios son ejemplo de esto.

La teoría de Merton se ajusta muy bien a muchos tipos de desviantes, especialmente a los pobres y a los de condición social baja. Pero la desviación aparece también entre los ricos y los triunfadores. El activismo radical entre los estudiantes en la década de 1960-1970 difícilmente pudo atribuirse a "falta de oportunidades" para obtener un triunfo convencional. El análisis de Merton tampoco explica los delitos de los empleados de oficina o sus desviaciones sexuales. Es ingeniosa, pero incompleta.

McClosky y Schaar (1965) sugieren que la falta de normas puede ser simplemente un aspecto de una visión negativa y desesperada de la vida y de la sociedad. Presentan pruebas de que la anomia aparece no sólo entre los frustrados de Merton, sino también en los que han obtenido grandes triunfos. Encuentran que las personas que tienen una puntuación alta en las escalas anómicas también muestran alta puntuación en hostilidad, ansiedad, pesimismo, autoritarismo, cinismo político y otros síntomas de alineación.

El concepto de *alienación* es más inclusivo que el de anomia. Aunque las definiciones varían, la mayor parte de los sociólogos siguen la definición de Seeman, que incluye las dimensiones de *impotencia, ausencia de normas, aislamiento* y de *autoseparación* (Seeman, 1969; Johnson, 1973, p. 16; Geyer, 1980, pp. 16-29). La persona alienada no sólo no ha interiorizado plenamente el sistema de normas obligatorias, sino que también se siente víctima indefensa y débil de un sistema social impersonal y despreocupado, en el que él o ella no tienen cabida. La persona alienada tiene pocas afiliaciones del grupo o lealtades institucionales. La alineación es, por lo tanto, una separación casi total de la sociedad a la que uno pertenece.

Los estudios marxistas subrayan el concepto de alienación y sostienen que la sociedad capitalista inevitablemente enajena a sus trabajadores y aun a sus intelectuales, debido a que aísla a los trabajadores del control de las políticas laborales, de las condiciones de trabajo o de las decisiones administrativas. (Blauner, 1964; Kon, 1969; Anderson, 1974). Tal enajenación debilita la fuerza de cohesión de los controles y normas tradicionales y en esta forma alienta el comportamiento desviante. Los analistas marxistas ven la creciente enajenación como un síntoma del inminente fin del capitalismo. Es difícil saber si la enajenación está realmente aumentado, porque no tenemos bases históricas claras para hacer la comparación.

TEORÍA DE LA REACCIÓN DE LA SOCIEDAD. Esta teoría, llamada también *teoría de la estigmatización*, empieza con el hecho de que la desviación se crea por la definición de un acto como desviante. No podemos tener infractores de las leyes si no hay legisladores. La teoría de la reacción de la sociedad subraya la elaboración de desviaciones mediante el *proceso de estigmatización*. Al estigmatizar un acto como desviante, ponemos en movimiento una cadena de actos que tienden a impulsar a una persona a una mayor desviación y, finalmente, a la organización de una vida desviante. En esta forma, el acto de estigmatizar inicia una profecía que se cumple.

Los conceptos de desviación primaria y secundaria, propuestos por Lemert (1951, pp. 75-76; 1967) ayuda a mostrar cómo las personas pueden convertirse en desviantes confirmados. La *desviación primaria* es el comportamiento desviante de alguien que es conformista en el resto de su organización vital. El comportamiento desviante es tan trivial, o tan generalmente tolerado u ocultado con tan buen éxito, que uno no es identificado públicamente como

desviante ni se considera a sí mismo como tal, sino como una "persona decente" que tiene un pequeño secreto o excentricidad. Lemert escribe que "las desviaciones permanecen primarias mientras son racionalizadas o se las maneja como funciones de un rol socialmente aceptable" (1951, p. 75). La *desviación secundaria* es la que sigue a la identificación pública de alguien como una persona desviante. Algunas veces el descubrimiento de un solo acto desviante (de violación, incesto, homosexualidad, robo o consumo de drogas), o aun una falsa acusación, puede ser suficiente para etiquetarlo como desviante (violador, toxicómano, etc.). Este proceso de etiquetaje (Lemert, 1951, p. 77; Becker, 1963, Cap. 1; Schur, 1971; Pfuhl, 1979, Cap. 6) es sumamente importante, porque puede ser el punto sin retorno en el camino hacia la organización de una vida desviante. Quien comete una desviación primaria aún puede mantener un conjunto de roles y status convencionales y aún puede compartir las presiones de grupo y las asociaciones que refuerzan la conformidad. Pero ser etiquetado como "desviante" tiende a aislarlo a uno de estas influencias que refuerzan la conformidad. Las personas así estigmatizadas pueden ser despedidas de sus trabajos u obstaculizadas en sus profesiones, condenadas al ostracismo por gente convencional y posiblemente encarceladas y catalogadas para siempre como "delincuentes". Casi se ven obligadas a asociarse con otras personas desviantes, al ser excluidas de la sociedad convencional. Cuando uno se vuelve dependiente de sus asociaciones de desviantes y empieza a utilizar la desviación como una defensa contra la sociedad convencional que lo ha catalogado, la desviación se convierte en el punto central para la reorganización de su vida.

Para muchos autores, esta teoría que la reacción de la sociedad describe cómo un acto desviante desencadena con frecuencia acontecimietos que lo hacen más profundo y confirman una pauta de desviación. Chambliss ilustra esto con el ejemplo de un pequeño grupo de muchachos que, etiquetados como "chicos malos", realmente se convirtieron en eso cuando fueron acusados de serlo:

La comunidad respondió a los Matones como a muchachos en problemas, y ellos estuvieron de acuerdo con esta percepción. Su pauta de desviación fue reforzada y cada vez se hizo más improbable el separarlos de ella. Una vez que los chicos adquirieron una imagen de sí mismos como desviantes, eligieron nuevos amigos que confirmaron esta autoimagen. Cuando esta idea de sí mismos se afirmó más en ellos, quisieron también intentar nuevas y más extremas desviaciones. Con su enajenación creciente vino una expresión más libre de falta de respeto y hostilidad hacia los representantes de la sociedad legítima. Esta falta de respeto aumentó el negativismo de la comunidad hacia ellos y perpetuó todo el proceso de compromiso con la desviación.

Cuando llega el tiempo de dejar la adolescencia... (es probales que haya sido el caso de los Matones) la notable desviación habrá sido tan reforzada por la policía y la comunidad, que sus vidas se canalizarán efectivamente hacia carreras coherentes con sus antecedentes de adolescentes (William J. Chambliss, "The Saints and the Roughnecks", en James M. Hensling [ed.], *Deviant Life-Style,* Transaction Books, New Brunswick, N.J., 1977, pp. 303-304. Published by permission of Transaction, Inc., from *Society,* vol. II, no. 1 Copyright 1973 © by Transaction, Inc.).

Para los teóricos de la estigmatización gran parte de la responsabilidad en la delincuencia juvenil se debe a los torpes esfuerzos de la policía, de los tribunales y de los trabajadores sociales que involuntariamente enseñan a los jóvenes a considerarse delincuentes y a actuar como tales (Ageton y Elliott, 1974; Kasselbaum, 1974, p. 67). Esto parece lógico, pero ¿es cierto? Como Matza observa, esta progresión no es un proceso inexorable, es decir, el desviante no es arrojado sin esperanza a un tobogán del que no hay escapatoria (1969). En cambio, el desviante *tiene una opción.* En muchos puntos del proceso de convertirse en delincuentes la persona elige continuar.

Los teóricos de la estigmatización afirman que muchas personas "enfermas mentalmente" sólo son ligeramente excéntricas hasta que son clasificadas como "enfermos mentales". Entonces la gente comienza a tratarlas en forma diferente. Normalmente sus ingresos y su status laboral

Algunos conflictos culturales pueden provocar conflictos mentales.

sufren cuando es despedida y no es tomada en cuenta para una promoción (Link, 1982). Los esfuerzos por rechazar la clasificación de "enfermo" son considerados por los demás como "síntomas" adicionales de enfermedad mental. Cualquier esfuerzo del "paciente" por actuar como una persona normal puede encontrar oposición, mientras que es recompensado por hundirse en una impotente y dependiente pasividad. En un famoso experimento, Rosenhan y varios colegas se las arreglaron para ser admitidos en un hospital psiquiátrico como esquizofrénicos. El personal los trató como tales y no tomó en cuenta el hecho de que se comportaban con perfecta normalidad. De esto Rosenhan concluyó que la clasificación como "pacientes" y no su comportamiento fueron los que determinaron la forma en que fueron tratados por el personal (Rosenham, 1973). Así, la "fabricación de locura" crea enfermedades mentales donde puede ser que no haya más que un comportamiento molesto o ligeramente excéntrico (Sheff, 1966: Szasz, 1970). Pero los estudios de repetición no han podido confirmar la tesis de Rosenhan (Lindsay, 1982), y la tesis de la "fabricación de locura" no se encuentra bien fundamentada.

Las investigaciones que tratan de comprobar la teoría de la estigmatización son contradictorias y no permiten sacar una conclusión (Mahoney, 1974; Gove, 1975, 1980). La mayoría de los grupos primarios se resisten a expulsar al miembro desviante y buscan hacerle volver a la conformidad (Orcutt, 1978). Las pruebas empíricas muestran que, bajo algunas condiciones, la estigmatición alienta la desviación adicional, aunque bajo otras condiciones alienta un regreso a la conformidad (Tittle, 1975, 1980; Horowitz y Wasserman, 1979). Por ejemplo, algunos agentes de policía creen que la publicación de los nombres de las personas arrestadas por conducir en estado de embriaguez sirve para reducir y no para incrementar ese fenómeno. (Garino, 1982), pero esto no se ha comprobado.

En resumen, parece que la clasificación aumenta algunas veces y otras disminuye una desviación ulterior, pero la teoría de la estigmatización no explica qué efecto tendrá la clasificación o por qué una personas comete ese primer acto de desviación.

TEORÍA DEL CONFLICTO

Teoría del conflicto cultural Cuando existen varias subculturas (étnica, religiosa, nacional, regional y de clase) en una sociedad, esto reduce el grado de consenso con los valores. Las normas contradictorias de diferentes subculturas crean las condiciones para una ausencia de normas. Las normas de la cultura dominante se convierten en leyes escritas que transforman en criminales a aquellos que participan de una subcultura divergente. La cultura de la clase inferior está en conflicto con las normas dominantes, que son en la mayor parte de los casos las de la clase media. Así, las personas de la clase baja, por el mero hecho de vivir fuera de las normas culturales que han aprendido, entran en conflicto con la moralidad convencional, como señaló Miller en un artículo clásico hace algunos años (1958).

La teoría del conflicto cultural proporciona una explicación razonable para algunos tipos de desviación entre algunos grupos, como aquellos de la segunda generación de inmigrantes o de las maltradas minorías raciales, pero arroja poca luz sobre la desviación entre los ricos y los poderosos.

Teoría del conflicto de clases. Los teóricos del conflicto de clases rechazan el modelo de consenso de una sociedad estable e integrada cuyos miembros están básicamente de acuerdo respecto a los valores. Consideran que el conflicto entre valores y no el concenso sobre ellos es la realidad básica de la moderna sociedad occidental. Consideran el "consenso sobre los valores" como un mito artificialmente cultivado

---

St. Luis—La colisión contra los postes solía ser la preocupación principal de los automovilistas arrestados por conducir en estado de ebriedad.

Con bastante frecuencia cuando son detenidos, su principal preocupación es '¿Va aparecer mi nombre en el periódico"? dice el sargento Richard Swatek, del departamento de seguridad de tránsito.

Esto ya no volverá a suceder porque el periódico St. Louis Globe-Democrat ha estado publicando desde el año pasado una lista diaria de los sospechosos de conducir en estado de ebriedad en su zona, extendiéndola a pequeñas poblaciones como Glencarbon, Ill.

"Todo el mundo la lee" dice el sargento Swatek"; es como una columna de chismes".

"Estoy seguro de que publicar los nombres hace mucho bien", dice el sargento Donald Hasseldick, director de una programa del condado de St. Louis dirigido a los que conducen en estado de ebriedad. Nadie quiere ver su nombre relacionado con una violación delictuosa".

(David P. Garino, "In St. Louis, They Write a Lot More Than a Ticket for Drunken Driving." *Wall Street Journal,* July 12, 1982, p. 1). Reimpreso con permiso de *The Wall Street Journal,*© Dow Jones & Company, Inc., 1982. Derechos reservados.

¿Cómo estructuraría usted un proyecto de investigación para comprobar si este programa funciona o no?

por los poderosos en beneficio propio, en la medida que hace que *sus* valores parezcan ser los valores de todos.

Los teóricos del conflicto de clases atribuyen la desviación no a las normas culturales diferentes de las diversas clases sociales, sino a sus diferentes *intereses*. Marx argumenta que las sociedades capitalistas desarrollan leyes e instituciones que protegen los intereses de las clases propietarias y convierten en criminales a todos los que desafían sus privilegios. Los criminólogos del conflicto siguen a Marx al considerar el crimen como un producto de la explotación de clases. Las leyes se aprueban para proteger el orden capitalista existente. La mayor parte de los delitos son delitos contra la propiedad, y la mayor parte del trabajo de la policía consiste en proteger la propiedad. La desviación continuará existiendo mientras las desigualdades y la explotación de clases persista (Chambliss y Mankoff, 1976; Quinney, 1980).

Algunos puntos de la teoría del conflicto no están probados. ¿En qué forma, por ejemplo, puede probar alguien que nuestro " concenso", sobre los derechos a la propiedad privada es un consenso genuino o una parte de la astuta propaganda de los poderosos? La cuestión de si todos deberían tener iguales ingresos o algunos deberían ganar más que otros, es un problema moral, no un problema científico. Tales problemas nunca pueden ser resueltos mediante pruebas empíricas.

Las teorías del conflicto son pausibles en lo que respecta a su explicación de la desviación. Pero si fueran ciertas, los delitos y otras desviaciones deberían variar con el grado de desigualdad de clases y de explotación. Las pruebas sobre este punto no son concluyentes. Algunos estudios encuentran relaciones entre el delito y la desigualdad económica o el desempleo (Jacobs, 1978), mientras que otros no encuentran tales relaciones (Berger, 1974, pp. 66-70; Spector, 1975; Bailey, 1981). De acuerdo con la teoría del conflicto, Japón debería tener un elevado índice delictivo, por su crecimiento urbano, su rápido cambio social, su economía capitalista y su gran desigualdad. Sin embargo, Japón es uno de los países con tasas delictivas más bajas en todo en el mundo (Bayley, 1976; Japan Society 1977). Suiza es otro país capitalista y materialista con una gran desigualdad, pero con un índice de delitos muy bajo (Clinard, 1978). Los delitos registrados en Inglaterra se redujeron drásticamente durante el siglo XIX, aunque la desigualdad y la explotación mantuvieron el mismo nivel y luego, contrariando la teoría del conflicto, los delitos aumentaron mucho en el siglo XX, aun cuando se empezó a reducir la desigualdad y la explotación (Davies, 1983).

La teoría del conflicto de clases explica los delitos de las clases bajas y de las minorías mejor que los de las clases altas, explica mejor los delitos contra la propiedad que los delitos contra los individuos, y no tiene una explicación clara para algunos tipos de desviación. Es una explicación plausible para algunos tipos de desviación, pero no está bien apoyada en pruebas empíricas.

TEORÍA DEL CONTROL. Los teóricos del control aceptan el modelo de una sociedad cuyos valores consensuales puedan identificarse. Suponen que *existe* un sistema normativo del cual desviarse. Los teóricos del control suponen que la mayor parte de las personas se conforman con los valores dominantes debido tanto a los controles internos como a los externos. Los controles internos son las normas y valores interiorizados que uno aprende (los teóricos del control comparten este punto de vista con los teóricos de la socialización). Los controles externos son las recompensas sociales que se reciben por la conformidad y los castigos que se imponen por la desviación.

La teoría del control acentúa el vínculo que alta al individuo con la sociedad convencional. Hirschi (1969) contempla cuatro componentes en este vínculo: la creencia, la adhesión, el compromiso y la participación. La *creencia* se refiere a los valores interiorizados; cuanto más fuerte es la creencia, menor es la propensión a la desviación. El *compromiso* está relacionado con la importancia de las recompensas que se obtienen por la conformidad. La *adhesión* es la capacidad de respuesta de uno a las opiniones de los otros, la medida en que uno es sensible a la aprobación de las personas conformes. La *participación* se refiere a las actividades de uno en las instituciones de la comunidad, como la iglesia, la escuela y las organizaciones locales. A mayor puntuación en cada una de estas dimensiones, menores probabilidades de desviación. Como Friday y Hage (1976, p. 347) observan, "Cuando los adolescentes tienen relaciones familiares, comunitarias, educativas y laborales significativas, se socializan con las normas dominantes".

La disuasión se encuentra entre los controles externos. Después de no haber sido tomada en cuenta durante décadas, la teoría de la disuasión es nuevamente popular entre los criminólogos. Supone que la gente actúa racionalmente la mayor parte del tiempo, lo que hace que el castigo sistemático sea un control útil. En los últimos años ha aparecido gran cantidad de estudios relativos a la disuasión. Aunque no están completamente de acuerdo, por lo general concluyen que muchos actos desviados pueden ser desalentados si conllevan una elevada posibilidad de castigo (Silverman, 1976; Tittle, 1980).

La teoría del control se apoya en estudios llevados a cabo durante varios años que muestran la existencia de una relación entre la desviación y la carencia de vínculos eficaces con las instituciones principales (Short y Strodtbeck, 1965; Akers, 1973; Conger, 1976). Pero ¿cuál es la causa y cuál el efecto? ¿Son los fuertes vínculos de los conformistas con las instituciones convencionales la *causa* de la conformidad, o son ellos precisamente un síntoma de conformidad? ¿Sus lazos con el hogar, la iglesia, la escuela y el trabajo hacen que sean conformistas, o han sido atraídos a estas instituciones porque ya son conformistas? No estamos seguros. Quizá ambas cosas sean ciertas.

IMPORTANCIA DE LA TEORÍA DE LA DESVIACIÓN. Nuestras teorías acerca de la desviación no son muy satisfactorias. Hay varias teorías, cada una bastante plausible y cada una apoyada por buena cantidad de investigaciones. Pero con respecto a cada teoría las pruebas son débiles y mezcladas o se aplican sólo a algunas clases de desviación o a algunos grupos de circunstancias. Así, ninguna teoría ofrece una buena explicación para las desviaciones de todo tipo. Semejante teoría es quizás imposible. En medicina no tenemos una sola teoría que explique la "enfermedad", porque la enfermedad es de muchas clases y tiene muchas causas.

Quizá nunca se pueda desarrollar una teoría general de la desviación, pero la construcción de teorías no es un deporte de salón para los estudiosos. La teoría es importante porque nuestros esfuerzos de control social surgen de nuestra teoría de control social. Si aceptamos la teoría biológica, buscaremos las respuestas en la genética y en la medicina; si defendemos la teoría del conflicto de clases, trataremos de reducir la desigualdad entre las clases; si creemos en la teoría de la disuasión, incrementaremos nuestros esfuerzos por detectar y castigar a los delincuentes, y si consideramos adecuada la teoría del control, haremos esfuerzos por vincular a las personas más íntimamente con las instituciones básicas de la sociedad. La búsqueda de una teoría válida es difícil y frustrante, pero absolutamente necesaria.

LIBERTAD Y ORDEN

Definir ciertos actos como desviantes es una forma de reforzar las normas convencionales. Hace casi una centuria, Durkheim (1893) afirmó que el comportamiento escandaloso une a la comunidad en apoyo de las normas convencionales. Erikson (1966) dice que la desviación clarifica las normas; cuando algunos actos se definen como desviaciones, esto muestra a la gente "lo lejos que se puede ir". Ninguna sociedad conocida ha permitido una completa libertad para "hacer lo que se quiera". Todas las comunidades que han intentado conceder tal licencia han fracasado. Las únicas comunidades que han perdurado han operado bajo las reglas de un líder carismático o bajo un sistema propio de reglamentos y procedimientos (Roberts, 1971; Cap. 11). Todas las sociedades y todos los grupos castigan a los que se desvían con penas que van desde la no aceptación y el ridículo hasta todas las formas imaginables de tortura, mu-

El castigo de los desviantes es muy real en toda sociedad.

tilación, encarcelamiento y muerte. Con frecuencia, el castigo tiene más sabor de venganza vindicativa que de control pretendido.

Los que se desvían, algunas veces aceptan el castigo con calma estoica, como lo hicieron los primeros cristianos, y algunas veces protestan amargamente contra su persecución y opresión, como lo hicieron los hippies y los izquierdistas radicales de la década 1960-1970. El tema de la "persecución" es una táctica de promoción muy útil que los organizadores han utilizado durante siglos. Pero aunque con frecuencia se ha exagerado y algunas veces provocado, la persecución de los desviados es muy real en toda sociedad.

¿Pueden reconciliarse la libertad y el orden? Sin orden social, las personas no pueden hacer nada con una razonable seguridad y comodidad. Sin embargo, el proceso de mantener el orden social puede destruir la libertad. También se pueden tener amplias discusiones sobre el significado de libertad (Libertad de *quiénes* para hacer *qué,* por ejemplo).

Nos encontramos aprisionados dentro de un dilema ineludible. La libertad completa para hacer todo como algunos desearían produce el caos y destruye la libertad en que todos vivan seguros. Sin embargo, la mayor parte de las medidas de control social reducen la libertad de acción y de elección del individuo. Igualmente, las medidas demasiado rígidas de control pueden provocar desorden, destruyendo el orden que pretenden preservar. La forma de mantener el equilibrio más adecuado entre la libertad y el orden es un problema que nunca podrá ser resuelto a satisfacción de todos.

SUMARIO

El *orden social* prevalece cuando las actividades usuales de las personas se llevan a cabo con comodidad y como se ha previsto. En las sociedades simples, la *socialización* mantiene el orden social preparando a las personas a querer actuar como se espera que actúen, y la *presión social* recompensa a las personas con la aceptación y la aprobación cuando actúan en la forma esperada. En las sociedades más complejas la *fuerza* es también necesaria para mantener el orden. En muchas situaciones el comportamiento es controlado en gran parte por las necesidades y presiones de la situación: las *determinantes situacionales del comportamiento.*

Desviación es cualquier violación de las reglas del comportamiento. Un acto no es desviante hasta que es definido así. Aunque hay varias formas de desviación aprobadas y desaprobadas en cada sociedad, la que atrae el interés de los sociólogos es la desviación desaprobada.

La desviación es relativa en cuanto que la mayor parte de las personas son desviantes algunas veces y nadie es desviante totalmente. Las *normas de evasión* son formas reconocidas de quebrantar las normas. La desviación es algunas veces *adaptativa* y sirve como una forma de cambiar las normas de la sociedad.

Hay muchas teorías sobre la desviación. La *teoría biológica,* que sostiene que los factores biológicos son los responsables de la mayor parte de las desviaciones, es defendida ya por muy pocos. La *teoría psicológica* atribuye a desajustes psicológicos las causas de la desviación, y actualmente se acepta con menos amplitud que antes. La *teoría de la socialización* atribuye la desviación a alguna falla en la interiorización de las normas y valores dominantes. Mediante la *asociación diferencial,* uno se inclina a hacer evaluaciones de las desviaciones frecuentemente más favorables que críticas. La *teoría de la anomia* afirma que las sociedades más complejas tienden a carecer de normas, con lo que no le proporcionan a las personas una guía clara de lo que deben aprender y cumplir.

La *teoría de la reacción social*, teoría de la estigmatización, centra su atención tanto en los legisladores como en los infractores. Estigmatizar a alguien como desviante, inicia con frecuencia cambios en el trato social y en las asociaciones de esa persona y la lanza de una *desviación primaria* u ocasional a una *desviación secundaria* en la que el estilo de vida personal se organiza en torno de la desviación.

La *teoría del conflicto* acerca de la desviación adquiere dos formas; la *teoría del conflicto cultural* considera que la desviación surge del choque entre las normas de las diferentes subculturas: la *teoría del conflicto de clases* considera que la desviación surge de los intereses opuestos de las diferentes clases sociales. La *teoría del control* atribuye la desviación a la carencia de vínculos íntimos que liguen al individuo con las instituciones básicas de la sociedad: familia, iglesia, escuela, trabajo. La teoría del control considera como controles útiles tanto las normas interiorizadas como los castigos sistemáticos.

Cada teoría tiene algunas pruebas en su favor, pero ninguna teoría explica todas los tipos de desviación. La teoría es importante, puesto que la política de control se basa en la teoría.

GLOSARIO

alienación: separación emocional de una sociedad o grupo, que combina sentimientos de ausencia de normas, de carencia de sentido, de impotencia, de aislamiento social y autoalejamiento.

anomia: condición de una sociedad que no tiene un sistema de normas y valores único y coherente que las personas interioricen y sigan.

argot: términos especiales del lenguaje de una subcultura.

control social: todos los medios y procesos mediante los cuales un grupo o una sociedad asegura la conformidad de sus miembros con lo que se espera de ellos.

desviación primaria: conducta desviante de una persona que es conformista el resto de su vida.

desviación secundaria: conducta desviante posterior a la identificación pública como desviante.

desviante cultural: aquél cuyo comportamiento se desvía de las normas de la cultura.

estigmatización: identificación de una persona como desviante, a lo que con frecuencia se sigue un cambio en el tratamiento que ella recibe de parte de los demás.

orden social: sistema de personas, relaciones y costumbres que operan suavemente para llevar a cabo el trabajo de una sociedad.

pauta de inobservancia: pautas reconocidas y sancionadas mediante las cuales la gente cede a sus deseos, sin desafiar abiertamente las tradiciones de la sociedad.

profecía autocumplida: predicción que desencadena una serie de hechos que hacen que se vuelva cierta.

PREGUNTAS Y PROYECTOS

1 ¿En qué forma el orden social depende de la posibilidad de predecir el comportamiento?

2 Algunas sociedades antiguas exigían muchos sacrificios humanos. ¿Por qué las víctimas consentían morir tranquilamente, en vez de rebelarse?

3 Evalúe esta afirmación: "Sólo las personas que no tienen carácter siguen al rebaño. Una persona con verdadera fuerza de voluntad hará lo que es correcto, sin ser dominada por el grupo."

4 En la fábrica, un "revendedor de marcas" es un obrero a destajo que produce y gana tanto, que la administración puede reducir el pago por pieza ¿En qué forma ven a esta persona los demás trabajadores? ¿Es algo así como un "acelerador del curso" en el colegio, que trabaja tanto en la clase que el profesor comienza a esperar más de los demás estudiantes?

5 ¿Qué piensa usted de la práctica de los indígenas Tlingit por la cual todo el grupo se hace moralmente responsable de los actos de cada uno de sus miembros? ¿Favorece esta práctica el control social eficaz? ¿En qué medida podríamos seguirla? ¿Es coherente con nuestro carácter? ¿Hay en nuestra sociedad alguna estructura de grupo en la cual tal práctica pudiera funcionar?

6 En la obra de George Orwell *1984* (Harcourt Brace Jovanovich, Inc., New York, 1949), el autor se imagina una

sociedad en la que todos estarían totalmente controlados. ¿Ha ocurrido esto?

7 ¿En qué circunstancias prácticamente todos los alumnos cometerán pequeños fraudes? ¿Cuándo cometerán estos pequeños fraudes unos cuantos estudiantes? ¿En qué forma esta actitud contrastante ilustra las determinantes situaciones del comportamiento?

8 En una comunidad *hippie* donde cada miembro es "libre", ¿qué controles de grupo pueden operar?

9 ¿Por qué las sociedades primitivas o "atrazadas" tienen menos delitos y aún menos violaciones de las tradiciones que las sociedades "progresistas" como la nuestra?

10 ¿En qué circunstancias la publicación de los nombres de las personas desviantes *a)* desalentaría la repetición de la desviación, o *b)* alentaría el cambio hacia una desviación secundaria?

11 ¿En qué forma el concepto de desviación secundaria ayuda a interpretar la desorganización de la vida de los drogadictos?

12 Los teóricos de la estigmatización parecen sugerir que el problema de la desviación pudiera ser resuelto mediante el hecho simple de no clasificar a los desviados. ¿Sería esto práctico para todos los tipos de desviación? ¿Impráctico para algunos tipos?

13 ¿Cómo interpretaría usted la alta tasa delictiva en el ghetto en términos de la teoría de Merton acerca de las metas culturales y los medios institucionalizados? ¿En términos de la teoría marxista de la alienación?

14 Analice estas proposiciones:

a) Las normas de evasión son una amenaza a la estabilidad social. *b)* Las normas de evasión son una protección para la estabilidad de una sociedad.

15 ¿Qué importancia tiene el tipo de teoría de la desviación que aceptemos?

16 Lea uno de los estudios sobre desastres, como el de William Form et al., *Community in Disaster,* Herper & Row Publishers, Inc., New York, 1958; el de Harry E. Moore, *Tornados over Texas,* University of Texas Press, Austin, 1958; o el de Allen H. Barton, *Communities in Disaster,* Doubleday & Company, Inc., Garden City, N.Y., 1969. Haga ver cómo se rompe el orden social y cómo se restaura luego.

LECTURAS QUE SE SUGIEREN

* Becker, Howard S.: *Outsiders: Studies in the Sociology of Deviance,* The Free Press, New York, 1963, 1966. Una concisa descripción de cómo las personas llegan a desviarse, aplicada especialmente a los que fuman mariguana y a los músicos de los salones de baile.

Brown, Paula: "Changes in Ojibwa Social Control", *American Anthropologist,* 54: 57-70, January 1954. Narra cómo la falta de controles sociales y la falta de controles sustitutos eficaces dejaron a los miembros de la tribu ojibwa con un problema no resuelto de control social.

Bryan, James: "Apprenticeships in Prostitution", *Social Problems,* 12: 287-297, Winter, 1965. Muestra cómo las prostitutas llegan a ser socializadas para desempeñar su rol.

Clinard, Marshall B. y Robert F. Meier: *Sociology of Deviant Behavior,* Holt, Rinehart and Winston, Inc., New York, 1979. Un libro de texto completo sobre la desviación.

* Davis, Nanette J.: *Sociological Constructions of Deviance: Perspectives and Issues in the Field,* Wm. C. Brown Company Publishers, Dubuque, Iowa, 1975, 1980. Un bosquejo sistemático de la desviación y de la teoría del control.

* Farrell, Ronald A. and Victoria L. Swigert: *Deviance and Social Control,* Scott, Foresman and Company, Glenview, Ill, 1982. Un resumen conciso, con interesantes lecturas sobre la desviación y el control.

Goode, Erich: *Deviant Behavior: An Interactionist Approach,* Prentice Hall, Inc., Englewood Cliffs, N.J., 1978. Un libro de texto reciente sobre la desviación.

Henslin, James M. (ed.): *Deviant Life-Styles,* Transaction Books, New Brunswick, N.J., 1977. Una entretenida colección de relatos que describen gran variedad de estilos de vida desviados.

* Kephart, William M.: *Extraordinary Groups: The Sociology of Unconventional Life-Styles,* St. Martin's Press, Inc., New York, 1976. Describe muchas comunidades desviadas, que van desde el Ámish hasta las modernas comunas.

Miller, Gale: *Odd Jobs: The World of Deviant Work,* Prentice-Hall, Inc., Englewood Cliffs, N.J., 1978. Interesantes descripciones de las carreras desviadas: estafadores, ladrones de cajas de caudales, adivinos, desnudistas y otros.

* McGaghy, Charles H. James K. Skipper, Jr., and Mark Lifton:

*In Their Own Behalf: Voices
from the Margin,* Appleton
Century Crofts, New York,
1974. Una amplia variedad de
desviados narran sus propias
historias.

* Matza, David, Becoming De-
viant, Prentice-Hall, Inc., Englewood Cliffs, N.J., 1969. Arguye que el desviado no está
desamparado, sino que tiene
una opción en varios momentos
en el proceso de convertirse en
desviado.

* Suran, Bernard, G.: *Oddballs:
The Social Maverick and the
Dynamics of Individuality,* Nel-
son-Hall Publishers, Chicago,
1978. Ilustra la tesis del autor
de que las personas excéntricas
son los verdaderos innovadores,
ejemplificando esto con las vidas de varios no conformistas,
desde Moisés hasta Lenny
Bruce.

* Un asterisco antes de la cita indica
que el título está disponible en edición
en rústica.

TERCERA PARTE

Organización social

En la popular novela de William Golding *Lord of the Flies,* un accidente de aviación deja desamparado a un grupo de muchachos en una isla remota y deshabitada. Pronto empiezan a formarse grupos, a surgir líderes, a desarrollarse reglas y procedimientos. Empiezan a formar una sociedad brutal y aterradora.

Esto es lo que se quiere decir con las palabras *organización social.* Una sociedad es algo más que un número de personas que ocupan un espacio, así como un automóvil es algo más que un montón de autopartes. Utilizada como un sustantivo, la organización social es la forma en que los miembros de una sociedad se dividen en grupos y los acuerdos durables que desarrollan. Utilizada en sentido activo, la organización social es el *proceso* de formar grupos y desarrollar esas pautas durables de asociación y comportamiento que llamamos instituciones sociales.

El capítulo 8 "Grupos y asociaciones", describe las clases de grupos que las personas forman y cómo estos grupos afectan el comportamiento de sus miembros. El capítulo 9, "Instituciones sociales", nos dice cómo se organizan las normas más importantes de una cultura y las relaciones importantes de una sociedad en sistemas que funcionan durablemente. El capítulo 10, "La familia", examina lo que con frecuencia se considera como la más básica de todas las instituciones. El capítulo 11, "Instituciones religiosas", estudia los esfuerzos de la humanidad por entenderse con las fuerzas sobrenaturales y los valores esenciales. El capítulo 12, "Educación, ciencia y tecnología" describe cómo se organiza y se trasmite el conocimiento, especialmente en las sociedades modernas. El capítulo 13, "Instituciones político-económicas", estudia cómo se organizan y controlan la producción y distribución de bienes y servicios.

193

8 Grupos y asociaciones

En casos extremos, la pérdida de los vínculos sociales de alguien puede matar... Cuando la tribu decide castigar a uno de sus miembros por haber roto un tabú, el médico brujo lo señala con un hueso mágico y recita algunos encantamientos que lo colocan bajo un sortilegio de muerte. "El hombre que descubre que está siendo" señalado por el hueso "presenta un aspecto deplorable", escribió un explorador en Australia, citado por el psicólogo de Harvard Walter Cannon. "Retrocede y cae al suelo... Se retuerce como si estuviera en una agonía mortal, y se cubre el rostro con las manos y comienza a gemir. Poco después, recobra su compostura y se dirige lentamente a su choza. De ahí en adelante se enferma y se preocupa... Su muerte es sólo cuestión de un tiempo relativamente corto".

Según Cannon, el hecho primario en la desintegración de la víctima es el retiro del apoyo de la tribu. Una vez que ha sido señalado con el hueso, sus compañeros de tribu lo dan por muerto, y en su aislamiento no tiene otra alternativa que morir. Su corazón se cansa por el sobrestímulo, su presión sanguínea baja notablemente y sus funciones vitales cesan. Algo muy semejante parece ocurrirle a algunas personas ancianas en este país cuando son llevadas a casas para enfermos o a los pabellones traseros de los hospitales y son abandonados por el resto de su "tribu".

(Maya Pines, *Psychology Today,* 14:43—44, December 1980).

Para la mayor parte de los miembros de todas las sociedades conocidas el retiro total de las relaciones de todos los grupos sería una sentencia de muerte. ¿Qué es el "grupo" y qué lo hace tan importante?

A pesar de que el "grupo" es uno de los conceptos más importantes en sociología, no hay un acuerdo sobre su definición. Tal confusión no se debe a que los sociólogos no se decidan. La confusión persiste porque la mayor parte de los conceptos en sociología no se inventan y luego se ponen en circulación; por el contrario, la mayor parte de los términos sociológicos son palabras familiares que los sociólogos utilizan con significados especiales. Algunos términos siguen siendo utilizados con más de un significado, porque inventar un conjunto de palabras enteramente nuevas para cubrir los varios significados sería todavía más confuso.

En consecuencia, hay varios significados de "grupos" en la literatura sociológica. En una de las formas en que se emplea el término denota *cualquier conjunto físico de personas* (p. ej., "un grupo de personas estaba esperando..."). En este sentido, lo único que el grupo comparte es en la cercanía física. Muchos sociólogos llamarían a este conjunto de personas un *agregado* o una *colectividad.*

Un segundo significado es *un número de personas que tienen en común alguna característica.* Así, los hombres, los graduados en un colegio, los médicos, los ancianos, los millonarios, los viajeros y los fumadores de cigarrillos formarían cada uno un grupo. *Categoría* sería un término más satisfactorio, pero los sociólogos utilizan con frecuencia la palabra "grupo" en vez del término "categoría", que sería más preciso.

Otro uso define a un grupo como *un número de personas que comparten algunas pautas organizadas de interacción recurrente.* Este sentido excluiría toda reunión de personas momentánea o casual, como la fila que se forma frente a una ventanilla donde se expenden boletos. Esta definición incluiría a la familia, al grupo de amigos, a organizaciones como un club o una asociación religiosa; se trata de cualquier tipo de contacto colectivo entre personas que interactúan repetidamente de acuerdo con alguna pauta de acciones y relaciones.

Otro empleo (que los autores de este libro prefieren) es el de *cualquier número de personas que comparten juntas la conciencia de membresía y de interacción.* Según esta definición, dos personas que esperan un autobús no serían un grupo, pero se convertirían en grupo si entablaran una conversación. Cierto número de personas que esperaran frente a la luz roja de un semáforo sería un *agregado* o una *colectividad,* no un grupo, a menos que algo —un orador callejero, un accidente o un suicidio— captará su atención y su interés y los convirtiera en un *auditorio,* que es un tipo de grupo (véase el Cap. 19). Un autobús atestado de pasajeros no formaría generalmente un grupo, porque ellos no tienen conciencia de estar interactuando unos con otros. Es posible que la interacción pueda desarrollarse y se puedan formar grupos en el curso del viaje. Cuando los niños comienzan a jugar juntos, los muchachos buscan a las muchachas, los hombres de negocios descubren un interés común en la bolsa de valores o en un juego de beisbol, comienzan a desarrollarse los grupos, por transitorios y efímeros que sean.

La esencia del grupo social no es la cercanía física, sino la conciencia de interacción. Un accidente que actúe como estímulo puede cambiar un agregado en un grupo. Por ejemplo, supongamos que el conductor del autobús anuncia que va a detenerse para tomar una cerveza, y el agregado de pasajeros pronto se convertirá en un grupo al compartir su disgusto y al protestar por la demora. Esta conciencia de interacción es necesaria para que formen un grupo, en tanto que la mera presencia física no es de ningún modo necesaria. Muchos grupos se reúnen rara vez, si es que lo hacen, pero interactúan mediante el teléfono, cartas, boletines y revistas. El término *grupo* cubre varias clases de interacción humana.

EL GRUPO Y EL INDIVIDUO

Como se mostró en el capítulo 4, mediante la experiencia de grupo es como los seres humanos llegan a ser distintivamente *humanos.* Entramos en el mundo como animales dotados con capacidades extraordinarias para aprender (y,

La tendencia a formar grupos se encuentra en muchas especies. (*Elliot Erwitt/Magnum.*)

de acuerdo con la mayor parte de las religiones, con un alma). Mediante la experiencia de grupo es como interiorizamos las normas de nuestra cultura y llegamos a compartir valores, metas, sentimientos y la mayor parte de lo que nos separa de otros animales.

¿Es cierto, como a veces se dice, que el grupo no es más que la suma total de sus miembros? ¿Responde a esta pregunta la siguiente cita?

> Tómennos a cada uno de nosotros solo, a un hombre separado del pueblo cheyenne que recuerda las mismas cosas y desea las mismas cosas. Tómennos a cada uno de nosotros en esta forma y no tendrán más que a un hombre que no puede respetarse a sí mismo, porque es un fracaso en el ambiente del hombre blanco. Un hombre que no se respeta a sí mismo no puede tener un buen futuro. Su espíritu no tiene fuerza. Ahora tómennos a todos nosotros juntos como pueblo cheyenne. Entonces nuestros nombres no son los nombres de hombres fracasados. Son los nombres de grandes y generosos cazadores que alimentan a su pueblo, luchadores que mueren por la libertad en la misma forma que mueren los héroes de los hombres blancos, hombres santos que nos llenaron con la fuerza de Dios. Tomennos juntos en esta forma y hay un trago por cada hombre en la copa del respeto por sí mismos, y tendremos la fortaleza de espíritu para decidir qué hacer y hacerlo. Haremos cosas buenas, como tribu que está creciendo y cambiando, que no podemos hacer como individuos separados de sus antepasados. (De una introducción a un programa de consolidación del territorio norte de los cheyenne, citada en *Indian Affairs,* Newsletter of the Association on American Indian Affairs, Inc., no. 37, New York, June, 1960.)

Esta declaración muestra cómo el comportamiento y los sentimientos de una persona se ven afectados por la pertenencia a un grupo. El hecho de que alguien sea un cobarde o un héroe puede ser determinado en gran parte más por los vínculos de grupo que por cualquier característica individual, como indican los estudios sociológicos hechos sobre los grupos militares.

Durante la guerra coreana unos cuantos soldados estadounidenses que fueron hechos prisioneros de guerra estuvieron de acuerdo en cooperar con el enemigo e hicieron propaganda

contra la causa de los estadounidenses. Las dificultades físicas, la poca alimentación, la limitada atención médica y el alojamiento inadecuado tuvieron que ver en el debilitamiento de su resistencia, pero estas condiciones no se consideraron suficientemente severas para justificar su comportamiento. Hubo algunas torturas y con frecuencia amenazas de tortura, pero esto afectó sólo a unos cuantos de los prisioneros. Los chinos utilizaron algo más poderoso que la fuerza física, *el ataque sistemático a los vínculos del grupo,* descritos por Biderman (1960) y Schein (1960). Así como "morir es fácil para cualquiera que sea dejado solo en un campo de concentración",[1] la muerte sobreviene fácilmente a los prisioneros de guerra que se encuentran aislados de sus compañeros.

Los chinos utilizaron técnicas como el confinamiento, el aislamiento de pequeños grupos de prisioneros y el frecuente cambio de personal para impedir la formación de grupos cohesivos. Lo que es más importante, también buscaron dividir a los prisioneros en su actitud de unos para con los otros, separándolos de cualquier sentimiento de lazos afectivos con su patria. Información casual reunida en entrevistas se utilizó para convencer a los prisioneros de que todos los demás eran informadores y de que ellos podían también rendirse. Si un prisionero resistía a lo que pensaba eran demandas inapropiadas de los chinos, a toda la unidad no se le daba alimento o la oportunidad de dormir hasta que quien se negaba hubiera sido obligado a ceder por sus compañeros.

En contraste con la guerra coreana, la guerra de Vietnam produjo proporcionalmente pocos ejemplos de comportamiento "incorrecto" entre los prisioneros de guerra estadounidenses.

Este cambio se atribuye casi siempre a un nuevo sistema de adiestramiento instituido después de la guerra coreana que subrayaba que, sobre cualquier cosa, un prisionero de guerra debía mantener comunicación con cualquier otro prisionero y obedecer en todas las ocasiones al oficial estadounidense de mayor anti-

---

[1] Un sobreviviente anónimo de un campo de concentración, citado en *Life,* Aug. 18, 1958, p. 90.

güedad. Ya no era un individuo solitario y abandonado, sino parte de un grupo en funcionamiento. No fue fácil conseguir esto, puesto que los vietnamitas del Norte cambiaban con frecuencia a los prisioneros, rara vez los mantenían en grupos numeroros y trataban de restringir la comunicación.

El papel de la comunicación y los vínculos de grupo en el mantenimiento de la moral entre los prisioneros de guerra estadounidenses era especialmente importante, puesto que la opinión pública de Estados Unidos estaba profundamente dividida con respecto a la guerra de Vietnam. Los norvietnamitas recordaban constantemente a los prisioneros de guerra estos sentimientos antibélicos, más al parecer sin que esto afectara mucho el comportamiento o la actitud de ellos.

En este aspecto el comportamiento de los prisioneros de guerra en Vietnam es semejante a la forma en que el ejército alemán sobrevivió a años de continuas derrotas en la II Guerra Mundial. Durante la guerra los aliados alimentaron la esperanza de que esta "guerra psicológica" minara la fe de los soldados alemanes en su causa y su lealtad a su gobierno y así se deterioraría su moral combativa. Estudios hechos después de la guerra (Shils y Janowitz, 1948) han mostrado que este enfoque no fue muy adecuado. Estaba fundado en la sólida teoría de que el soldado se sostiene principalmente por la lealtad a su país y por su fe en la justicia de su causa, mientras que las investigaciones efectuadas después de la guerra encontraron que *se sostiene principalmente por su unidad con las pequeñas unidades militares a las que está vinculado y por su lealtad a ellas.* Mientras el grupo inmediato del soldado —el grupo primario que analizaremos dentro de unas cuantas páginas— se mantenía integrado, seguía resistiendo. Incluso aquellos que criticaban su "causa", seguían siendo soldados eficaces debido a su lealtad con el grupo. Entre los comparativamente pocos desertores alemanes, el hecho de no haber podido ser plenamente absorbidos por la vida militar de su grupo primario fue más importante que cualquier duda política o ideológica. Mucho tiempo después de

que su causa estuviera perdida claramente, la mayor parte de las unidades alemanas de cualquier tamaño continuaba resistiendo hasta que se agotaban sus recursos o ellos se encontraban físicamente aplastados.

Los líderes militares estadounidenses reconocieron plenamente la diferencia entre un agregado y un grupo. Después de cada una de nuestas recientes guerras (la II Guerra Mundial, Corea, Vietnam) comisionaron a científicos sociales para que descubrieran por qué algunas unidades se desempeñaban mucho mejor que otras. En cada ocasión recibieron la misma respuesta: dados el adecuado adiestramiento, el equipo y los pertrechos, las diferencias en el rendimiento se debían principalmente al sentido de unidad y cohesión dentro de las diferentes unidades. Una unidad con una corriente continua de reemplazos no puede ser un grupo superior. No importa lo calificados que estén individualmente como soldados, los reemplazantes no son valiosos hasta que se convierten en verdaderos miembros del grupo. Nuestros líderes militares están tratando ahora de reducir las transferencias y les gustaría mantener juntas a las mismas personas en la compañía durante tres o cuatro años (Webbe, 1980). En esta forma, los conocimientos científicos acerca de la forma de operar de los grupos están sirviendo para fines prácticos.

¿Sólo en la guerra desarrollan los individuos una lealtad sacrificada y valentía heroica? De ninguna manera. Citamos investigaciones hechas sobre grupos militares (aunque algunos puedan encontrar esto un poco desagradable) porque han sido estudiados con mayor intensidad que la mayor parte de los demás grupos, y de este estudio hemos aprendido algo acerca de los demás grupos. Vemos cómo el grupo es una realidad social vital, con un profundo afecto en el comportamiento de los individuos en todas las situaciones sociales.

El conocimiento acerca del comportamiento de grupo puede aplicarse a cualquier tipo de grupo. Por ejemplo, el éxito de la industria japonesa se atribuye, en parte, a su éxito en cultivar las lealtades hacia el grupo. Donde los trabajadores y los patrones estadounidenses se miran típica y mutuamente en medio de sospechas y desconfianzas, los trabajadores y patrones japoneses participan en un esfuerzo común por mejorar la calidad y reducir los costos (Ouchi, 1981; Pascale y Athos, 1981). Los administradores estadounidenses han intentado con frecuencia promover la lealtad del trabajador hacia ''la compañía'', pero han tenido poco éxito. Los trabajadores suelen percibir esto como un truco de manipulación y no como un deseo de que participen realmente.

Para ponerlo en términos de la teoría sociológica, la industria japonesa está organizada de acuerdo con la suposición funcionalista de que los obreros, los patrones y los clientes comparten un interés común en el éxito de una empresa. La administración (por lo menos en las corporaciones más grandes) proporcionan la seguridad de un trabajo vitalicio, junto con varios otros servicios sociales y recreativos. Los trabajadores son intensamente leales a la compañía; en muchas de ellas cantan todos los días el himno de la compañía y se reúnen con frecuencia para buscar la forma de incrementar la productividad y mejorar la calidad. Las rela-

ciones industriales estadounidenses están estructuradas según la suposición de la teoría del conflicto de que los intereses de los trabajadores y los patrones son conflictivos. Se supone que la administración tratará de obtener de los obreros el mayor trabajo posible con la menor paga necesaria, y que los obreros buscarán la mayor paga que puedan obtener con el mínimo trabajo necesario. Los sueldos y las condiciones laborales se negocian mediante una lucha de poder llamada ''contrato colectivo'', con ''beneficios complementarios'' establecidos contractualmente y no como consecuencia del ''paternalismo'' de la empresa. La teoría funcionalista supone que los trabajadores tienden en el largo plazo a obtener más o menos lo que merecen; la teoría del conflicto supone que los sueldos se determinan por el uso eficaz del poder de negociación de los trabajadores. De modo que en las relaciones de grupo es de gran importancia que se siga la teoría funcionalista o la del conflicto.

ALGUNOS TIPOS DE GRUPOS

Grupos de pertenencia y de no pertenencia

Hay algunos grupos a los que yo pertenezco —mi familia, mi Iglesia, mi camarilla, mi profesión, mi raza, mi sexo, mi nación—, es decir, cualquier grupo al que yo puedo anteponer el pronombre ''mi''. Estos son *grupos de pertenencia,* porque yo siento que pertenezco a ellos. Hay otros grupos a los que no pertenezco —otras familias, camarillas, ocupaciones, razas, nacionalidades, religiones, el otro sexo—; éstos son *grupos de no pertenencia,* porque yo estoy fuera de ellos.

Las sociedades primitivas menos avanzadas viven en bandas pequeñas y aisladas que por lo común son clanes de familias. La afinidad era la que ubicaba al grupo de pertenencia y al grupo de no pertenencia de una persona, y cuando dos extraños se encontraban, lo primero que tenían que hacer era establecer la relación. Si el parentesco podía establecerse, entonces eran amigos y ambos eran miembros del grupo de pertenencia. Si no se podía establecer la relación, entonces en muchas sociedades eran enemigos y actuaban en consecuencia.

LA EXCLUSIÓN DE UN GRUPO PUEDE SER CRUEL

En un trabajo tan peligroso (explotación forestal) es vital separar a los inadecuados y a los imcompatibles. Una señal de rechazo es con frecuencia el primer indicador de que se va a expulsar a alguien... La víctima puede encontrar que alguien destruyó su almuerzo o quemó su ropa; luego otro hombre puede citarlo detrás de un árbol para darse de golpes. Finalmente el jefe del sindicato de madereros puede simplemente decirle: ''Vete. No queremos verte más por aquí''.

(William E. Brundell, ''Natural Enemies: To Loggers, the Woods Are Dark and Deep —But Far from Lovely'', *Wall Street Journal,* Dec. 8, 1981, p. 16).

¿Puede uno ser un trabajador eficaz y con éxito si no puede ganarse la aceptación dentro del grupo de trabajo?

En la sociedad moderna las personas pertenecen a tantos grupos que algunas de sus relaciones de pertenencia y de no pertenencia pueden sobreponerse. Los miembros del último curso tratan a los estudiantes de primer año como un grupo de no pertenencia la mayor parte del tiempo, pero en el estadio ambos se unen en aplausos como grupo de pertenencia por el mismo equipo. En forma similar, aquellos que tienen una relación de pertenencia por ser miembros de la misma Iglesia, pueden estar en diferentes partidos políticos; miembros que trabajan juntos en la Asociación de Padres y Maestros pueden descubrir que ya no están en el mismo grupo de pertenencia cuando alguno planea una fiesta.

La exclusión de un grupo de pertenencia puede ser un proceso brutal. Las sociedades más primitivas trataban a los extraños como parte del reino animal; muchos no tenían palabras distintas para significar "enemigos" y "extranjero", con lo que mostraban que no hacían ninguna distinción entre ellos. No muy distinta era la actitud de los nazis, que excluían a los judíos de la raza humana. Rudolf Hoess, quien estaba al mando del campo de concentración en Aushwitz, en el que fueron llevados a la muerte 700 000 judíos, caracterizó esta matanza como "la eliminación de cuerpos biológico-raciales extraños."[2]

Los grupos de pertenencia y los grupos de no pertenencia son importantes porque afectan el comportamiento. De los compañeros de un grupo de pertenencia esperamos reconocimiento, lealtad y ayuda. De los grupos de no pertenencia nuestra expectativa cambia según el tipo de grupo de no pertenencia que sea. De algunos grupos de no pertenencia esperamos hostilidad; de otros, una competencia más o menos amistosa; de otros más, indiferencia.

Del grupo de no pertenencia sexual no podemos esperar ni hostilidad ni indiferencia; sin embargo, en nuestro comportamiento permanece una diferencia innegable. El chico de doce años de edad que deslumbra a las chicas, crece y se convierte en un amante romántico y emplea la mayor parte de su vida en el matrimonio. Sin embargo, cuando hombres y mujeres se encuentran en reuniones sociales tienden a separarse en grupos de un solo sexo, debido quizá a que cada sexo está aburrido de muchos de los intereses conversacionales del otro. La camarilla es un tipo de grupo de pertenencia. Así, nuestro comportamiento se ve afectado por el tipo particular de grupos de pertenencia o no pertenencia que está implicado.

DISTANCIA SOCIAL. No estamos igualmente comprometidos en todos nuestros grupos de pertenencia. Por ejemplo se puede ser un demócrata apasionado y un rotario bastante indiferente. Tampoco nos sentimos igualmente distantes de todos los grupos de no pertenencia. Un demócrata leal se sentirá mucho más cerca de los republicanos que de los comunistas. Bogardus (1958, 1959) y otros (Westie, 1959) han desarrollado el concepto de *distancia social* para medir el *grado de cercanía o aceptación que sentimos* hacia otros grupos. Aunque con mayor frecuencia se utiliza con referencia a los grupos raciales, la distancia social se refiere a la cercanía entre grupos de todo tipo (véase el cuadro 8-1).

La distancia social se mide por observación directa de las personas que interactúan o, más frecuentemente, mediante cuestionarios en los que se pregunta a las personas con qué clase de personas les gustaría establecer relaciones particulares. En estos cuestionarios pueden enumerarse varios grupos y pedirse a los informantes que señalen si aceptarían a un miembro de cada grupo como vecino, como compañero de trabajo, como pareja en el matrimonio, y así a lo largo de una serie de relaciones.

Una prueba de distancia social que se hizo a estudiantes blancos en Estados Unidos en 1972, puso de manifiesto una baja (de favorable a mediana o neutral) puntuación relativa a la distancia social en todos los grupos. Una prueba similar hecha a blancos sudafricanos aproximadamente en las mismas fechas indicó un alto índice de distancia social. La distancia social sudafricana fue grande no sólo entre blancos y negros, sino también entre blancos sudafrica-

---

[2] Véase Rudolf, Hoess *Commandant of Auschwitz.* tr. por Constantine Fitzgibbon, The World Publishing Company, Cleveland, 1960, en la que Hoess narra con orgullo nostálgico cómo organizó esta operación científica. Recensión hecha en *Time,* Mar. 28, 1960, p. 110.

La distancia social a veces es visible... y algunas veces reforzada por la ley. (*Bob Adelman/Magnum; Georg Gerster/Photo Researchers, Inc.*)

CUADRO 8-1
DISTANCIA SOCIAL PROMEDIO SENTIDA HACIA VARIOS GRUPOS DE PERSONAS DESVIADAS*

Grupos (en orden de intolerancia creciente)	Distancia social media (Escala 1 a 7)
Intelectuales	2.0
Ex-enfermos mentales	2.9
Ateos	3.4
Ex-convictos	3.5
Jugadores	3.6
"Beatnicks"	3.9
Alcohólicos	4.0
Adúlteros	4.1
Radicales políticos	4.3
Fumadores de mariguana	4.9
Prostitutas	5.0
Lesbianas	5.2
Homosexuales	5.3

* Respuestas de una muestra pública representativa. (La distancia social es una medida de aceptación o rechazo. Una puntuación de 1.0 muestra poca o ninguna distancia social, en tanto que una calificación de 7.0 denotaría una gran distancia social.)
Fuente: J. L. Simmons, *Deviants,* Glendessary Press, Berkeley, Calif., 1969, p. 33.

¿Algunos de estos grupos se encontraría actualmente en otro lugar de la escala?

nos y los últimos emigrantes europeos a ese país (Lever, 1972; Brown, 1973). Así, aunque los grupos de pertenencia y grupos de no pertenencia se encuentran en todas las sociedades, los sentimientos de distancia social son más grandes en algunas sociedades que en otras.

Es posible que los cuestionarios sobre distancia social no midan con precisión lo que las personas realmente harían si un miembro de otro grupo buscara convertirse en amigo o vecino suyo. La escala de distancia social es sólo un intento de medir los sentimientos de mala voluntad de uno para asociarse a un grupo. Lo que una persona hará realmente en determinada situación también depende de la circunstancia de la situación (determinantes situacionales del comportamiento), que se ilustrará extensamente en el capítulo relativo a las relaciones étnicas y raciales.

GRUPOS DE REFERENCIA. Exiten grupos que son importantes para nosotros como modelo, aunque no fomemos parte de ellos. Las opiniones de "alta sociedad" pueden ser importantes para el arribista social que todavía no ha ascendido. A veces el grupo de pertenencia y el grupo de referencia pueden ser los mismos, cuando los adolescentes conceden mayor peso a las opiniones de la pandilla que a la de sus maestros. Algunas veces un grupo de no pertenencia es un grupo de referencia: los indios estadounidenses utilizaban pintura de guerra para impresionar a sus enemigos, y cada sexo se viste para impresionar al otro sexo. Un grupo de referencia es cualquier grupo al que nos *referimos* cuando hacemos juicios, cualquier grupo cuyos juicios de valor se convierten en nuestros propios juicios. Se recordarán los conceptos de grupo de referencia y de la identidad por adscripcion, y cómo el jóven está interesado en las reacciones de todos aquellos con los que está en contacto, aunque la persona más madura elija grupos particulares cuya aprobación o desaprobación desea especialmente.

ESTEREOTIPOS. Un *estereotipo es una imagen de otro grupo o categoría de personas compartida por el grupo.* Los estereotipos pueden ser positivos (el bondadoso y dedicado doctor de la familia), negativos (el político oportunista y sin principios) o mixtos (la vieja maestra dedicada, exigente, sin atractivo). Los estereotipos se aplican indiscriminadamente a todos los miembros del grupo estereotipado, sin hacer diferencias individuales. Los estereotipos nunca son totalmente falsos, porque deben tener *algún* parecido con las características de las personas estereotipadas o no podrían ser reconocidos, pero los estereotipos están siempre distorsionados en cuanto que exageran y universalizan *algunas* de las características de *algunos* de los miembros del grupo estereotipado.

No se sabe cómo empiezan los estereotipos. Una vez que el estereotipo se ha convertido en parte de la cultura, se mantiene por *percepción selectiva* (tomando nota sólo de los incidentes o casos que lo confirman y dejando de advertir

Un estereotipo negativo, la creencia de que las feministas no son ·atractivas, ha sido puesto a prueba por una investigación. En la Universidad de Conecacticut a 30 mujeres se les preguntó cuál era su actitud acerca del movimiento feminista. Aproximadamente el 50% de las opiniones fueron favorables y el 50% desfavorables al movimiento. Se tomaron fotografías de las mujeres y luego se mostraron a un grupo de estudiantes que estuvieron muy de acuerdo cuando las calificaron por su atractivo. Las más atractivas y las menos atractivas estaban igualmente distribuídas entre las feministas y las antifeministas. Cuando a otro grupo de estudiantes se les mostraron las fotografías y se les pidió que separaran a las que estaban en favor del movimiento y a las que estaban en contra de él, el estereotipo prevaleció. Invariablemente las menos atractivas fueron identificadas como feministas. Lo interesante es que las actitudes propias de los estudiantes no influyeron en su aceptación o en su rechazo del estereotipo. Como concluye el informe: "Evidentemente, aun las feministas se rindieron a la idea de que las bellezas no eran feministas y las feministas no eran bellezas".

(Phillip A. Goldberg and Marc Gottesdiener, "Another Put-Down of Women? Perceived Atracctiveness as a Function of Support for the Feminist Movement", *Journal of Personality and Social Psychology,* 32:113-115, July, 1975).

¿Cómo supone usted que surgió el poco halagador estereotipo de las feministas?

o recordar las excepciones), por *interpretación selectiva* (interpretando las observaciones en términos del estereotipo: p. ej., los judíos son "molestos" mientras que los no judíos son "ambiciosos"), por *identificación selectiva* ("parecen maestros de escuela..."), y por *excepción selectiva* ("en realidad él no actúa como todos los judíos"). Todos estos procesos implican un recuerdo del estereotipo, de modo que aun las excepciones y las identificaciones incorrectas sirven para alimentar y mantener el estereotipo.

Los estereotipos están, sin embargo, cambiando constantemente. La maestra de edad avanzada y desaliñada es tan rara en la actualidad, que este estereotipo particular está virtualmente muerto. Un estereotipo generalmente muere cuando ya no pueden encontrarse ejemplos que lo confirmen.

Los estereotipos y el humor Los grupos de no pertenencia se muestran con frecuencia en formas estereotipadas que acentúan sus imperfecciones. Esto nos impide verlos como seres humanos individuales, con su variedad normal de virtudes y vicios. Los estereotipos nos permiten, así, aplicar una doble norma bajo la cual tomamos lo mejor de nuestro propio grupo y lo peor de los otros.

Los estereotipos son la base del humor étnico. Hace algunos años, los comediantes utilizaban muchos estereotipos étnicos (los ahorrativos escoceses, los avaros judíos, los irlandeses bravucones, los tontos suecos). Algunas veces los estadounidenses blancos se disfrazarían como negros en los espectáculos de parodia a fin de mostrar el comportamiento perezoso, indigno de confianza y alguna conducta astuta atribuida a los negros. En otras épocas, en los espectáculos se hacía hincapié en la dificultad de los inmigrantes para hablar inglés correctamente.

En la actualidad, el humor étnico ha cambiado, pero no ha desaparecido. Ahora es aceptable presentar estereotipos del grupo mayoritario, mientras que los comediantes de la minoría pueden utilizar estereotipos negativos para ilustrar actitudes que ahora son obsoletas. En la televisión, Archie Bunker exageraba el estereotipo del obrero blanco conservador, mientras que Maude, en otro programa de la televisión, presentó una imagen estereotipada del liberal blanco decidido a tratar a la criada como a una compañera, lo quisiera ella o no. Varios programas predominantemente negros utilizaban estereotipos como elemento negativo en confrontaciones entre sus personajes. En un tiempo, los estereotipos en el teatro y en el relato se aceptaron como verdaderos retratos. Hoy son chistosos, porque se consideran más como parodia que como verdad.

Los estereotipos son importantes porque las personas tratan a los miembros de otros grupos en términos de las imágenes estereotipadas que tienen de ese grupo. Interactúan, al menos inicialmente, con el estereotipo más que con la verdadera persona. Esto da como resultado muchas injusticias individuales, puesto que sólo algunas personas en el grupo se ajustan por completo al estereotipo.

Significado de los estereotipos. Los estereotipos son armas usuales en el debate político. Las victorias políticas dependen con frecuencia de colgar un poco halagüeño estereotipo al oponente. El estereotipo de la feminista como una mujer que odia al hombre, carente de atractivo, sin humor y agria, seguramente ayudó a derrotar la Enmienda de la Igualdad de Derechos. Gran parte de la estrategia política se centra en promover estereotipos positivos (de nuestro lado) o negativos (del lado contrario).

Los estereotipos también afectan el comportamiento de los que son estereotipados. Un estereotipo halagüeño se copia, mientras que un estereotipo poco grato algunas veces se evita, pero no siempre. Cuando el trato social se plantea en términos del estereotipo puede alentar a las personas a parecerse más al estereotipo, aun cuando no sea halagüeño. Recordamos por el estudio de la socialización y del concepto identidad por adscripción en el capítulo 4 cómo las personas tienden a convertirse en lo que otros piensan que son. Cuando se suponía generalmente que las mujeres no tenían intereses o talento para otra cosa que para el rol de ama de casa, y el sistema de oportunidad-recompensa las premiaba por ser buenas amas de casa pero las castigaba si buscaban alguna otra cosa, no es de extrañar que la mayoría de las mujeres no *quisieran* seriamente ninguna otra cosa. Así, el estereotipo opera como una profecía autocumplida, moldeando los sentimientos y el comportamiento en la dirección del estereotipo.

Grupos primarios y secundarios

Los *grupos primarios* son aquellos en los que llegamos a conocer a otras personas íntimamente como personalidades individuales. Hacemos esto mediante contactos sociales *informales, íntimos, personales* y *totales,* en cuanto comprometen muchas partes de la experiencia vital de la persona. En el grupo primario, como la familia, la pandilla, o un grupo de amigos íntimos, las relaciones sociales tienden a ser tranquilas. Los miembros están interesados unos en otros como personas. Se confían sus esperanzas y temores, comparten sus experiencias, charlan agradablemente y llenan la necesidad de compañía humana íntima. Los grupos primarios deben ser pequeños si se quiere que todos los miembros se conozcan unos a otros íntimamente, en tanto que los grupos secundarios pueden ser de cualquier tamaño. En los *grupos secundarios* los contactos sociales son *formales, impersonales , fragmentarios, y utilitarios.* Uno no está interesado en la otra persona como persona, sino como un funcionario que está desempeñando un rol. Las cualidades personales no son importantes; el cumplimiento —sólo de esta parte o segmento de la personalidad total comprometida en la representación de un rol— es lo importante. El grupo secundario pudiera ser un sindicato laboral o una asociación comercial, un club campestre o una asociación de padres y maestros, o pudiera ser dos personas que negocian brevemente sobre el mostrador de una tienda. En cualquier caso, el grupo existe para servir a un propósito específico limitado que se refiere sólo a un segmento de la personalidad de los miembros.

Los términos "primario" y "secundario" describen, así, un tipo de relación y no implican que uno sea más importante que el otro. El grupo primario puede hacer algún trabajo, pero éste se juzga por la calidad de sus relaciones humanas, más que por su eficiencia en lograr hacer el trabajo. El grupo secundario puede ser agradable, pero su propósito principal es llevar a cabo un trabajo.

Uno no considera que un hogar es "bueno" sólo por que la casa está limpia. Los grupos primarios no se juzgan tanto por su "eficiencia"

Los grupos primarios son pequeños, íntimos, personales y están orientados a la relación. *(Nancy Hays/Monkmeyer.)*

en llevar a términos alguna tarea, sino por las satisfacciones emocionales que pueden proporcionar a sus miembros.

En esta forma, la cuarteta de señoras que se reúnen para la partida de bridge los martes por la tarde, puede jugar en forma descuidada, pero compartir un buen rato de conversación agradable y tranquila. Los torneos y los jugadores de bridge se parecen más a los grupos secundarios. Aquí, extraños virtuales o totales se reúnen y juegan para ganar. Un "buen compañero" es un jugador hábil que no pierde el tiempo charlando para distraerse. La meta principal es ganar puntos, no la sociabilidad. Una buena compañía para desayunar es aquella que es divertida; un buen sindicato laboral es el que protege los intereses de sus miembros. Los grupos primarios se juzgan por la respuesta humana satisfactoria que proporcionan; los grupos secundarios se juzgan por su capacidad para desempeñar una tarea u obtener una meta. En resumen, *los grupos primarios están orientados a la relación,* mientras que *los grupos secundarios están orientados a los objetivos.*

Los grupos primarios y secundarios son importantes porque los sentimientos y el comportamiento son diferentes. En el grupo primario es donde se forma la personalidad. En el grupo primario se encuentra intimidad, simpatía y una participación agradable en muchos intereses y actividades. En el grupo secundario se encuentra una herramienta eficaz para obtener algunos propósitos, pero con frecuencia al precio de suprimir los verdaderos sentimientos propios. Por ejemplo, el vendedor debe ser alegre y educado, aunque tenga un terrible dolor de cabeza y aun cuando el cliente sea un patán. Los conceptos son útiles, porque describen importantes diferencias en el comportamiento.

GRUPOS DE TRABAJO. Algunos grupos no son claramente ni primarios ni secundarios, sino intermedios, con algunos rasgos de cada uno de los anteriores. Los *grupos de trabajo* (o grupos orientados a la realización de una tarea) son *grupos pequeños que se forman para efectuar una tarea o un conjunto de tareas* (Nixon, 1979, p. 18). Incluyen equipos de trabajo, comités, o grupos de muchos tipos. Algunos estudiosos consideran que los grupos de trabajo son la forma de grupo más común en nuestra sociedad (Fisher, 1980, p. 3).

Los grupos de trabajo se parecen a los grupos primarios en que son pequeños, porque sólo los grupos pequeños son unidades de trabajo eficientes. Ésta es la razón por la que las grandes fuerzas de trabajo se dividen en pequeños equipos de trabajo. Los grupos de trabajo se parecen también a los grupos primarios en que la interacción es comúnmente cara a cara e informal. Pero los contactos del grupo de trabajo son impersonales, fragmentarios y utilitarios. Los miembros no están muy interesados unos en otros como personas y no les preocupa la persona entera, sino sólo el cumplimiento de la tarea por el grupo de trabajo.

LA GEMEINSCHAFT Y LA GESELLSCHAFT. Algo similar al concepto de grupos primarios

y secundarios son los conceptos de la *Gemeinschaft* y la *Gesellschaft,* desarrollados por el sociólogo aleman Ferdinand Tönnies (1887, trad., 1957). Estos dos términos se traducen aproximadamente como "comunidad" y "sociedad". La Gemeinschaft es un sistema social en el que la mayor parte de las relaciones son personales o tradicionales, y con frecuencia de ambos tipos. Un buen ejemplo es el señorío feudal, una pequeña comunidad que se mantiene unida por una combinación de relaciones personales y obligaciones de status. Aunque existía gran desigualdad, el señor era conocido personalmente por sus súbditos, aunque sus deberes hacia él estaban equilibrados por la obligación del señor por procurar su bienestar. Cuando se empezó a utilizar el dinero, las transacciones económicas estaban regidas por los conceptos de un precio justo; la mayor parte de las veces la gente afectada simplemente cumplía con una serie de obligaciones mutuas que se desprendían de una red de relaciones tradicionales. Los documentos escritos eran escasos, los contratos formales desconocidos, el regateo

207

Grupos y asociaciones

Un grupo de trabajo es un pequeño grupo no claramente primario o secundario en su naturaleza. *(Sybil Shelton/Monkmeyer.)*

escaso y el comportamiento de todo tipo operaba en las formas tradicionales que eran conocidas y aceptadas por toda la comunidad. Los niños tenían pocas esperanzas de elevar su posición en la vida e igualmente poco temor de caer por abajo del status paterno. Excepto en los días de fiesta ocasionales, la vida era monótona, pero la soledad era rara en una comunidad de vecinos que vivían juntos muchos años.

En la Gesellschaft, la sociedad tradicional es reemplazada por la sociedad de contrato. En esta sociedad, ni el afecto personal ni los derechos y obligaciones tradicionales son importantes. Las relaciones entre las personas se determinan mediante negociación y se definen en acuerdos escritos. Los parientes se separan con frecuencia debido a que las personas se trasladan a otros sitios y viven entre extraños. Los códigos de comportamiento comúnmente aceptados son en gran parte reemplazados por cálculos racionales —o "despiadados"— de ganancias y pérdidas. La Gesellschaft florece en la moderna ciudad metropolitana. Algunas de las características de las relaciones contrastantes de la Gemeinschaft y de la Gesellschaft se resumen en esta comparación:

Ralaciones en la GEMEINSCHAFT	Relaciones en la GESELLSCHAFT
Personales	Impersonales
Informales	Formales, contractuales
Tradicionales	Utilitarias
Sentimentales	Realistas, "duras"
Generales	Especializadas

Así, en la Gemeinschaft, las relaciones de grupo primario eran dominantes, mientras que en la Gesellschaft, las relaciones de grupo secundario ganaban en importancia.

TENDENCIA DE LOS GRUPOS SECUNDARIOS

Nuestros sentimientos y lazos emocionales se centran en los grupos primarios, pero la corriente moderna hacia una sociedad de tipo Gesellschaft, basada en los grupos secundarios, ha sido irresistible. Los pequeños principados de la Europa feudal han cedido el paso a los estados nacionales, y la asociación íntima entre el maestro y el aprendiz en el taller del gremio ha dado paso a la corporación gigante que emplea a miles de personas. La población se ha trasladado del campo a los pueblos y ciudades, y toda la vida pasada en un hogar se ha convertido en una rareza, en la medida que aproximadamente una de cada cinco familias estadounidenses se traslada de un lugar a otro cada año.

Una sociedad urbana industrializada ataca al grupo primario por lo menos de dos maneras. La primera, aumentando la proporción relativa de contactos con grupos secundarios, ya que una actividad tras otra se saca del grupo primario y se considera como una función del grupo secundario. Segunda, las asociaciones de grupos primarios que permanecen están a merced de las necesidades del grupo secundario. Los cambios en la industria pueden excluir al que ganaba un sueldo y desgarrar las asociaciones locales. Cualquier persona de quien dependa económicamente una familia, durante una prolongada depresión de los ingresos puede sustituir como símbolo de autoridad a los padres. Las necesidades militares pueden arrancar a uno de la familia y mandarlo al otro lado del mundo. La familia del trabajador debe adaptarse al horario de trabajo que la empresa considere más conveniente. Las negociaciones entre el sindicato y la empresa pueden dar como resultado cambios laborales que rompan los grupos primarios informales formados en el trabajo. El "pequeño edificio escolar rojo" donde un pequeño grupo de niños y el maestro formaban un grupo primario íntimo que perduraba durante años, ha sido sustituido por una escuela consolidada que saca a cientos de niños de una gran área y los cambia de clase en clase y de maestro en maestro. Docenas de ejemplos similares muestran cómo muchas agrupaciones primarias se han convertido en unidades transitorias que cambian, arrastradas por una transformación despreocupada de las necesidades de una sociedad de tipo Gesellschaft.

Contribuciones de la Gesellschaft

Aunque la corriente hacia las relaciones que caracterizan al grupo secundario en la Gesellschaft ha traído sacrificios, también ha proporcionado beneficios. El más obvio es la eficiencia de las organizaciones impersonales de gran tamaño, en las que el sentimiento se rinde al espíritu práctico. Las enormes ganancias en comodidad material y en esperanza de vida en el mundo moderno serían imposibles sin el surgimiento de organizaciones secundarias orientadas a la obtención de metas en las que el propietario paternalista ha sido sustituido por el experto en eficiencia y el gerente de producción.

El surgimiento de la Gesellschaft y la división del trabajo que la acompaña no sólo ha tenido ventajas materiales. Estos cambios han abierto canales de oportunidad y especializaciones de función que, aunque fragmentan la sociedad, también abren una mayor oportunidad para el desarrollo de los talentos individuales. Se ha escrito mucho acerca de que las sociedades modernas son "opresivas" y "enajenantes"; sin embargo, las sociedades antiguas ofrecían mucho menos opciones y oportunidades para realización personal. El contraste entre los miles de ocupaciones en las metrópolis y el puñado de actividades en las poblaciones rurales muestran cómo una sociedad dominada por los grupos secundarios abre camino a las carreras especializadas.

El grupo secundario también presenta una tendencia a imponer pautas de conformidad a sus miembros. En esta forma ofrece un contrapeso a los prejuicios o a los intereses creados de la localidad inmediata. Puesto que sus límites se extienden más allá del grupo primario, obliga a las personas a asumir una perspectiva más amplia. Esta diferencia en las actitudes puede verse en la tendencia de las organizaciones religiosas, que operan en escalas nacional e internacional, a promover puntos de vista que pueden ser impopulares en las congregaciones locales. Un caso que ilustra esto es la decisión de la Iglesia Episcopal Nacional protestante de ordenar mujeres, un paso al que se opusieron vigorosamente varias parroquias (Seabury, 1978, p. 40).

Para poner esto en lenguaje académico: Las grandes organizaciones nacionales tienden a ser *universalistas,* esto es, guiadas por puntos de vista, intereses y valores nacionales; los grupos y organizaciones locales tienden a ser *particularistas,* es decir, guiadas por puntos de vista, intereses y valores locales. Algunas veces los principios universalistas incluyen una política social más humana, como en el caso de los derechos de voto, que los negros en algunas partes del país obtuvieron gracias a la presión ejercida en otras partes de la nación. Y algunas veces los principios universalistas traen consigo opresión e inhumanidad, como en la matanza de los judíos en Alemania o la "liquidacion de los kulaks" (pequeños granjeros propietarios que se opusieron a la colectivización en la Unión Soviética). La lucha actual de los Ámish en Estados Unidos por mantener sus propias escuelas con maestros propios no reconocidos, es un ejemplo del choque entre los valores universalistas y particularistas.

Persistencia de los grupos primarios

El grupo secundario no ha reemplazado al grupo primario. De hecho, los dos grupos primarios principales, la pandilla y la familia, parecen ser más esenciales que nunca. La pandilla o camarilla es un pequeño grupo de amigos íntimos con fuertes sentimientos de grupo de pertenencia basados en sentimientos e intereses comunes. Puede desarrollarse en casi toda situación de grupo. Prácticamente todo grupo secundario abriga un gran número de camarillas que proporcionan intimidad personal dentro de las grandes organizaciones impersonales.

Pese a la elevada tasa de divorcios y a algunos experimentos de vida comunal, la mayor parte de la población del mundo todavía vive en familia y probablemente seguirá haciéndolo siempre. Además, la familia de hoy se está volviendo menos dirigida hacia las metas relacionadas con el trabajo y más interesada en las relaciones humanas. La familia de ayer era sobre todo una cuadrilla de trabajo, algunas veces terriblemente represiva; la familia de hoy es

Felicitaciones: Por $25 una firma de Chicago lo recordará a usted con una tarjeta de felicitación para su cumpleaños, para navidad, y para otras ocho fiestas a su elección. El personalized Services Group dice que sus "felicitaciones personalizadas le harán saber que alguien se preocupa por usted y está pensando en usted"... aunque sólo sea usted.

(*Moneysworth,* december 1981, p. 2).

¿Por qué habría un mercado para un servicio semejante? ¿A quién le agradaría utilizarlo?

primariamente un grupo de compañía y un ejemplo perfecto de la persistencia del grupo primario. Los grupos primarios persisten en un mundo dominado por los grupos secundarios debido a la necesidad humana de asociación íntima y comprensiva.

La abundante literatura de investigación muestra la necesidad humana de afecto y de respuesta íntima. La soledad, el aislamiento y la ruptura de las relaciones humanas atesoradas se encuentran entre las causas principales de enfermedad y de muerte (Lynch, 1977). Un estudio longitudinal de nueve años sobre 7 000 adultos, encuentra que las personas con una fuerte "red social" de amigos y parientes tienen menos de la mitad de las probabilidades de morir en determinada edad que las personas que no tienen tal red (Berkman, 1980). Aun la posesión de una mascota se asocia con la longevidad, aunque no se sabe si esta relación es causal o selectiva (Curtis, 1982), es decir, las personas que tienen mascotas pueden vivir más tiempo porque las mascotas mejoren su vida emocional (relación causal), o puede ser que las personas sanas sean más propensas a querer y conservar mascotas (relación selectiva).

La mayor parte de las personas no puede funcionar bien a menos que pertenezcan a un pequeño grupo de personas que realmente se preocupen por ellas. Cuando una fábrica se traslada de un lugar a otro, los trabajadores prefieren con frecuencia el desempleo a ser reubicados, aun cuando los costos de la reubicación les sean pagados. Ferman (1977) afirma que "... las familias de los obreros dependen en gran medida de una red de vecinos y parientes para el intercambio de servicios y de amistad". "Al trasladarse", dice Ferman, "Pueden tener la misma inestabilidad en el trabajo en la nueva localidad, pero no van a tener la misma red en que apoyarse". Siempre que las personas se separan de la familia y de los amigos y confían en grupos grandes, impersonales y anónimos como sucede en un dormitorio de estudiantes o en un campo militar, sienten una necesidad tan grande de grupos primarios, que rápidamente los forman.

Grupos primarios dentro de grupos secundarios

Si clasificamos a los grupos de acuerdo al grado en que muestran características de grupo primario o secundario, el resultado sería una lista de grupos secundarios como el ejército, la empresa y el estado nacional, y una lista de grupos primarios como la familia, la camarilla y la pandilla. Procediendo de esta forma, deberíamos luego contrastar la naturaleza impersonal, orientada a la obtención de una meta en la gran organización, con el centro de los grupos íntimos más pequeños personales orientados a la relación. Tal separación se hace con frecuencia cuando intentamos analizar la eficiencia de las grandes organizaciones. Si estamos interesados en la productividad del trabajo industrial, estudiaríamos los objetivos, las técnicas y recompensas de la fábrica y luego nos fijaríamos en el carácter y adiestramiento de los individuos que forman la fuerza de trabajo.

La falacia de este enfoque consiste en que no toma en cuenta el grado en que toda gran organización está formada por una red de pequeños grupos primarios. Una persona no es simplemente una unidad en un organigrama diseñado por la administración superior; él o ella es también un miembro de un grupo informal más pequeño que tiene su propia estructura y su

Dentro de los grupos secundarios hay grupos primarios.
(Sybil Shelton(Monkmeyer.)

propio sistema de status y roles que definen el comportamiento de sus miembros. En la fábrica, el trabajador encuentra un lugar en un grupo de personas semejantes a él, con su propio liderazgo, del cual el supervisor está casi siempre excluído. El supervisor es parte de la "administración" y, por lo tanto, no puede formar parte de un grupo de pertenencia laboral. Puesto que los trabajadores necesitan la aprobación y el apoyo de sus compañeros más que la aprobación de sus supervisores, responden a las exigencias de la administración sólo cuando éstas armonizan con las necesidades y actitudes de su grupo de pertenencia.

La influencia del grupo primario es una de las razones por las que los planes de incentivos salariales que dan al trabajador un bono por una producción mayor, han sido frecuentemente ineficaces. La lógica de tales planes es que

muchos empleados trabajarán más si se les paga en proporción al trabajo que desarrollan. El principal defecto de tales planes consiste en que destruirán la unidad de los grupos primarios. En vez de ser un número de personas iguales que cooperan juntas, la cuadrilla de trabajo se convertiría en un número de individuos que compiten entre sí, en el que cada uno lucharía por superar a los demás. Aparte de la tensión de la competencia continua, esta situación amenaza las relaciones sociales de los trabajadores. Como una defensa, los grupos de compañeros que se forman en la fábrica desarrollan la norma de un "trabajo diario razonable". El trabajador que intenta pasar por alto esta norma es objeto del ridículo, del ostracismo y de una posible violencia. La administración puede emplear expertos en estudios de tiempos y movimientos para decidir cuál es una producción

Los grupos primarios persisten
en un mundo dominado por los
grupos secundarios.

"razonable", pero las nuevas normas no pueden ser eficaces a menos que sean aceptadas también por los grupos primarios de trabajadores (Davis, 1972, pp. 488-490).

Si bien el grupo primario en el ambiente del grupo secundario puede ser un obstáculo, también puede ser una ayuda positiva en la obtención de las metas de la organización (Dunpy, 1972, pp. 23-25). A veces, los grupos primarios pueden hasta violar las reglas de la organización secundaria mayor a fin de que las cosas se hagan. Si las reglas formales no son siempre prácticas en todas las situaciones, los grupos primarios de trabajadores simplemente se las arreglan, esto es, violan unas cuantas reglas a fin de hacer el trabajo. Por ejemplo, los controladores de tránsito aereo, que dirigen los aterrizajes y despegues reducen por rutina la distancia mínima especificada entre los aviones cuando hay buen tiempo. Un cumplimiento exacto de las reglas provocaría largas demoras y amontonamientos, con lo que se incrementarían, por consiguiente, los inconvenientes y el peligro.

Así como no podemos considerar en forma realista al individuo separado de la sociedad, tampoco podemos entender completamente a los grupos secundarios y primarios si no es relacionados unos con otros. En la sociedad moderna, muchas de las antiguas funciones de los grupos primarios ha sido asumidas por los grandes grupos secundarios, impersonales y dirigidos a la obtención de metas. No obstante cada uno de estos grupos secundarios crea una nueva red de grupos primarios que proporcionan intimidad y respuesta personal en una situación que de otro modo sería impersonal. Aunque éstos y

otros grupos primarios son destruidos o modificados con frecuencia por el impacto de los grupos secundarios, los grupos primarios, a su vez, ejercen una mayor influencia en el grupo secundario. Los grupos primarios pueden oponerse a los esfuerzos dirigidos a la obtención de metas de las organizaciones secundarias, o pueden unir a la organización ayudando a los miembros a cooperar en sus tareas laborales.

DINÁMICA DE GRUPO

Durante mucho tiempo los sociólogos se ocuparon en tratar de convencer al mundo escéptico de que el grupo era real y no simplemente una colección de personas. No fue sino hasta después de la II Guerra Mundial cuando los sociólogos (y estudiosos de la psicología, las comunicaciones y la administración) iniciaron el estudio serio de los grupos pequeños (Bales, 1950; Homans, 1950; Bavelas, 1962). *La dinámica de grupo* es el *estudio científico de la interacción dentro de los grupos pequeños*. Por ejemplo, Bales desarrolló un método para estudiar la interacción dentro de un grupo pequeño que trataba de resolver un problema. El grupo fue observado a través de un espejo transparente, y cada una de las afirmaciones de las personas se registró para el "análisis del proceso de interacción" bajo una de doce categorías, como: muestra solidaridad, levanta el status de otros, ayuda recompensa; está de acuerdo, muestra aceptación pasiva, comprende, coincide, complica; pide opinión, evaluación, análisis, expresión de sentimientos; muestra antagonismo, rebaja el status de otros, defiende o se impone. Cuando las afirmaciones o respuestas se ponían en una gráfica, se podía trazar un perfil de la interacción de cada persona, se podían documentar las pautas del liderazgo o resistencia y se podía mostrar un perfil compuesto del comportamiento de todo el grupo. En el proceso para resolver un problema se podían reconocer las etapas de una secuencia compuesta de tres: 1) etapa de orientación: los miembros piden y dan información; 2) etapa de evaluación: los miembros juzgan la informa-

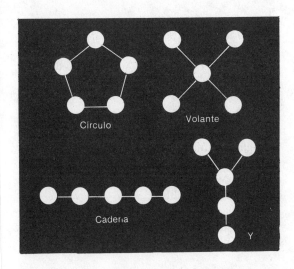

FIGURA 8-1 La posición afecta las redes de comunicación. Cada círculo representa a una persona. Los eslabones representan los canales de comunicación. (*Fuente: basado en Alex Bavelas, "Communication Patterns in Task-Oriented Groups" en Dorwin Cartwright and Alvin F. Zander (eds.),* Group Dynamics, *Harper & Row, Publisher, Inc., New York, 1962, p. 670.)*

¿Qué persona se ubica de tal manera que sea la mejor informada y la más influyente?

ción, comparten opiniones; 3) etapa de control: los miembros sugieren soluciones, llegan a una conclusión. Éste fue uno de los primeros esfuerzos por observar sistemáticamente a un grupo en acción y por trazar o diagramar su comportamiento (Bales, 1950; Bales y Strodtbeck, 1951).

En otra serie de experimentos, Bavelas (1962) ordenó grupos de cinco personas en diferentes formas, como el círculo, la cadena, la Y y el volante, como se muestra en la figura 8-1. En el círculo todos tenían igual oportunidad de comunicarse con cualquier otro; en las otras formas la persona que se encontraba en el centro tenía un máximo de comunicación, y los otros la tenían restringida. Resultó que la moral y el liderazgo estaban íntimamente relacionados con la centralidad de la posición. La satisfacción de los miembros con la situación era mayor en el círculo, donde ninguna persona destacaba como líder. En el volante, donde el que se

encontraba en el centro se convertía en el líder, la producción era mayor, pero la satisfacción del grupo era menor. Como una compensación a su menor producción, se encontró que el círculo se adaptaba más rápidamente a nuevas tareas que las otras figuras.

Todos los grupos tienen una estructura. Ésta es la red de relaciones y pautas de comunicación entre los miembros del grupo. Por ejemplo, algunos miembros son bien aceptados; otros, a duras penas tolerados. El *sociograma* desarrollado por Moreno (1951) y otros, es un cuadro de la estructura de un grupo, como se muestra en la figura 8-2. La *sociometría* es la especialidad de la psicología social que estudia, mide y diagrama las relaciones sociales en los grupos pequeños.

Una corriente constante de libros de texto y estudios de investigación sobre la dinámica de

FIGURA 8-2 Sociograma que muestra la estructura de un grupo pequeño. Las letras que se encuentran en los círculos identifican a los miembros del grupo; las líneas llenas y las flechas muetran la direccion de la atracción positiva o simpatía; las líneas y las flechas punteadas muestran la dirección de la antipatía; la carencia de cualquier línea que enlace los círculos muestra un sentimiento neutral.

¿Qué miembro es probablemente el más influyente? ¿Quién parece estar probablemente expulsado del grupo?

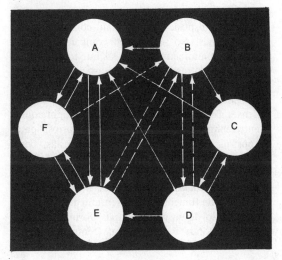

grupo aparece ahora bajo títulos como *Interaction in Small Groups* (Crosbie, 1975), *The Process of Group Communication* (Appelbaum et al., 1979), *Small Group Decision Making* (Fisher, 1980), y *The Small Group* (Nixon, 1980). Organizaciones de todo tipo, desde los servicios militares hasta la YMCA, están buscando formas de hacer más eficaces sus operaciones. Carecemos de espacio aquí para reseñar las ideas que se han encontrado mediante la investigación de los grupos pequeños, pero son muchas y muy útiles. Por ejemplo, hemos sabido durante años que los amplios fragmentos de lectura en las universidades son tan efectivos en el material de enseñanza como los pequeños, pero que los fragmentos pequeños generan más excitación intelectual y estimulan más la mente del estudiante (Bloom, 1954, pp. 37-38). La investigación de los grupos pequeños nos ayuda a saber cómo hacer el trabajo más eficaz y menos frustrante.

ASOCIACIONES VOLUNTARIAS

Se ha dicho que si en un avión cargado de estadounidenses éstos supieran que estaban a punto de estrellarse, designarían un comité de aterrizaje. Hace siglo y medio Tocqueville hizo notar el hábito estadounidense de formar asociaciones:

> Los estadounidenses de todas las edades, condiciones y disposiciones forman constantemente asociaciones. No sólo tienen compañías comerciales, y manufactureras, en las que todos toman parte, sino otras mil clases de asociaciones, religiosas, morales, serias, inútiles, generales y restringidas, enormes o diminutas. Los estadounidenses forman asociaciones para proporcionar entretenimiento, para fundar seminarios, para construir edificios, para levantar iglesias, para difundir libros, para enviar misioneros a las antípodas; en esta forma, fundan hospitales, prisiones y escuelas. Si se trata de inculcar alguna verdad o de fomentar algún sentimiento mediante el estímulo de un gran ejemplo, forman una sociedad. Donde quiera que al frente de alguna nueva empresa usted vea al gobierno en Francia o

a un hombre de categoría en Inglaterra, en Estados Unidos usted podrá estar seguro de encontrar una asociación. (Alexis de Tocqueville, *Democracy in America* II, 106, J. P. Mayer y Max Lerner [eds.] Harper & Row, Publishers, Inc., New York, 1966).

Las asociaciones voluntarias son una especie de organización formal en que la membresía es voluntaria. Para muchas personas, las asociaciones voluntarias ocupan una buena porción de su tiempo libre.

Características estructurales

La mayor parte de asociaciones voluntarias —organizaciones religiosas, asociaciones de padres y maestros, clubes de recreación, juntas de vecino, y otras— tienen funcionarios voluntarios, una constitución mínima (si alguien) puede encontrarla) y estatutos o procedimientos que son sumamente "flexibles" y algunas veces olvidados o no tomados en cuenta. En tales organizaciones los aspectos informales eclipsan en gran parte los aspectos de "organización formal", dado que la asociación opera vaga y suavemente de acuerdo con las *Robert's Rules of Order.*

Donde la membresía es muy pequeña y hay un consenso general acerca de metas simples, tal operación informal es sumamente eficaz. Ayuda a que las personas realicen cosas con un mínimo de molestias burocráticas. Donde la membresía es grande o está dispersa geográficamente, y cuando las metas o políticas son controvertidas, se desarrolla una organización más formal y rígida. Una gran asociación con una membresía dispersa, como la National Rifle Association o la Rotary International, debe tener una burocracia compuesta de personal profesional pagado, que conduce las cosas de rutina, y una mesa directiva elegida que determina las políticas. Sin embargo, en la práctica la función de la mesa directiva es generalmente la de aprobar las políticas que el personal profesional ha desarrollado y "vendido" a la mesa. Aunque la membresía controla teóricamente la organización, el control real se encuentra en manos de una pequeña camarilla de funcionarios y profesionales. Esta tendencia de todos los grupos y organizaciones grandes a caer bajo el control de una pequeña camarilla de miembros activos ha sido llamada por Robert Michels (1949) la "ley de hierro de la oligarquía". (El término "oligarquía" significa "regido por pocos".)

Funciones de las asociaciones voluntarias

Las asociaciones voluntarias se presentan en tres tipos principales: de interés personal, de servicio social y de acción política. Desempeñan las siguientes funciones:

CANALIZACIÓN DE LOS INTERESES PERSONALES. Cuando alguien trata de alcanzar un objetivo que la mayor parte de las personas no comparten, la respuesta usual es una asociación de voluntarios. Aquéllos a los que les gusta el golf pueden formar un club de golf, ya que los contribuyentes pueden negar el financiamiento de campos de juego para adultos. Cuando el control natal fue un problema demasiado controvertido como para que el gobierno lo apoyara, los individuos pudieron establecer asociaciones voluntarias de planificación familiar. Una gran variedad de asociaciones voluntarias proporcionaron en esta forma un tipo de "pluralismo cultural", en el cual podían apoyarse variados intereses dentro de la misma sociedad. La asociación voluntaria permite a la mayoría de las personas perseguir sus objetivos sin ser reprimidos por una mayoría indiferente u hostil.

CAMPO DE PRUEBAS PARA PROGRAMAS SOCIALES. La asociación voluntaria puede desarrollar un programa y demostrar así su valor, que luego es tomado por la iglesia, la escuela o el estado. La escuela dominical comenzó como un proyecto individual de Robert Raikes, luego fue promovida por la London Sunday School Society y ahora es una parte orgánica de la mayoría de las iglesias protestantes. Los programas de planificación familiar están ahora apoyados parcialmente por fondos federales. La mayor parte de las funciones de asistencia social del estado moderno nacieron en asociaciones voluntarias que vieron una necesidad social, iniciaron un programa y educaron al público hasta el punto de que el gobierno tuvo que tomar la responsabilidad.

ESTRUCTURA PARA LA CONTINUACIÓN DE PROGRAMAS DE SERVICIO. Cuando los servicios sociales iniciados por asociaciones voluntarias fueron subsidiados o asumidos por el gobierno, estos servicios, por lo general, fueron financiados con más generosidad y estuvieron más ampliamente disponibles para el pueblo. También tendieron a desalentar los servicios voluntarios, reemplazándolos con programas de servicio que son burocráticos, impersonales, inflexibles, muy reglamentados y enormemente más costosos. (Glazer, 1983). Sin embargo, las asociaciones voluntarias continúan proporcionando algunos servicios sociales: los refugios del Ejército de Salvación para los que no tienen casa, la ayuda en casos de desastre de la Cruz Roja, las cocinas manejadas por las iglesias y muchos otros servicios proporcionados por los clubes de servicio (Rotarios, Kiwanis, Leones) y las cooperativas. Ningún otro país se puede comparar en cuanto a la cantidad de programas de servicio social.

CANAL PARA LA ACCIÓN POLÍTICA. La asociación voluntaria permite que el ciudadano privado participe en la toma de las principales decisiones sociales. Los grupos de acción política, que van dsde los Naders Raiders a la Moral Majority, y de la League of Women's Voters al National Right to Life Committe, han sido canales para que los individuos participen en el proceso democrático.

Participación en las asociaciones voluntarias

Aunque las asociaciones voluntarias proporcionan los medios para que los individuos incrementen su poder social mediante la unión, esto es más cierto respecto a algunos tipos de personas que otros. Las clases media y superior están más dispuestas que las clases bajas a ingresar en asociaciones voluntarias. Smith y Freedman (1972, p. 154) resumen la situación como sigue: "Todos los trabajos sobre el tema apuntan en una sola dirección. El status socio-económico bajo… está muy relacionado con las bajas tasas de participación y con las tasas aun más bajas de liderazgo en las organizaciones".

Hay una excepción en el caso de la partipación de negros y blancos en Estados Unidos. A pesar de que entre la población negra la proporción de la clase baja es mucho más grande, los negros son más activos que los blancos en las asociaciones voluntarias (Williams et al., 1973). Los mexicano-estadounidenses, por el contrario, tienden a tener un índice de participación más bajo, aunque recientemente han dado pruebas de una creciente participación (Kutner, 1976).

En la década de 1960-1970, la "guerra contra la pobreza" trató de estimular la organización de las personas pobres en asociaciones voluntarias. El esfuerzo no tuvo mucho éxito, dado que la mayoría de los pobres nunca llegaron a tomar parte (Moynihan, 1969). Entre aquellos que sí participaron, los "menos pobres" estuvieron muy bien representados y la participación negra fue mayor que la blanca (Curtis y Surcher, 1961). Sin embargo, la gente pobre *puede* ser movilizada, en algunas circunstancias, por una acción social eficaz, como se describe en el libro de Piven & Clowar's *Poor Peoples' Movements: While They Succeed; How They File,* (1977).

La mayor parte de las asociaciones voluntarias están limitadas por la clase, lo que significa que la mayoría de los miembros de una asociación proviene casi del nivel de la misma clase. Hay pocos, si es que hay algunos, beneficiarios de la

Los departamentos de bomberos y voluntarios con frecuencia cruzan las líneas de clase. (© *Marjorie Pickens, 1983.*)

asistencia social en el club de golf, ricos propietarios de empresas en el Ku klux klan. Ricos y pobres pertenecen a las Iglesias, pero generalmente no a las mismas.

Una asociación voluntaria que cruza las líneas de clase es el departamento de bomberos voluntarios. Estos departamentos son la única defensa local contra incendios en muchas pequeñas comunidades y pueden proporcionar también servicios médicos de emergencia y de ambulancia. A los miembros no se les paga, y ellos participan con frecuencia en la organización de actos sociales para la recolección de fondos. Muy diversas habilidades, tanto mecánicas como de organización, se necesitan para operar un departamento de bomberos voluntarios. Éste atrae personas de los más variados ambientes de clase (Jacobs, 1976). Pero en la mayor parte de las asociaciones voluntarias, como en la mayor parte de los grupos de amistad, los miembros provienen casi siempre de clases con niveles similares (Fischer, 1977, p. 77).

Grupos terapéuticos de superación personal

Muchas personas confrontan problemas que parecen encontrarse más allá de su capacidad para manejarlos. ¿Ha intentado usted alguna vez bajar de peso, dejar de fumar, cambiar el hábito de beber o hacer algún otro cambio de comportamiento? ¿Ha necesitado usted hacer frente alguna vez a las consecuencias de una enfermedad mental, a la pérdida de un ser querido o la aceptación de una deformación física? Si es así, puede apreciar las circunstancias que conducen a las personas a reunirse con otras que tienen problemas similares y a obtener ayuda del grupo para hacer un ajuste.

Desde 1936 Dale Carnegie se dio cuenta de que muchas personas que deseaban hablar con eficacia no podían aprender a hacerlo por ellas mismas. Organizó "clases", que en realidad eran grupos que apoyaban y alentaban a las personas tímidas y vergonzosas a hablar con mayor fluidez en público. El grupo terapéutico no comercial más prominente, Alcohólicos Anónimos (AA) ha operado desde 1935. Nadie

sabe cuántos tipos diferentes de grupos de superación personal existen, pero una lista de 1963 mostraba 263 de tales organizaciones (Jackson, 1963). El número se ha incrementado probablemente desde entonces, puesto que muchos otros grupos de superación personal han seguido el modelo de AA. Personas que comparten un problema particular —un cónyuge alcohólico, un miembro de la familia mentalmente enfermo, un problema de sobrepeso, el hábito de maltratar a los niños, un impedimento físico, un niño lisiado o uno de otros muchos problemas similares— se reúnen para estudiar su problema y obtener el apoyo del grupo para aceptarlo y enfrentarse a él (Katz y Bender, 1976).

Una de las técnicas principales es el empleo de la presión del grupo para recompensar cada triunfo hacia la meta del comportamiento. Un ejemplo es el procedimiento de Take Off Pounds Sensibly (TOPS):

> Al principio de la agenda, cada miembro debe ser pesado por un funcionario del registro de peso. Los pesos se registran en gráficas de peso y se lleva una cuenta de los gramos que se pierden o se ganan durante la semana. Los miembros que pesan menos de lo que pesaban en la reunión anterior, son designados "Tops" y son condecorados con un corazón de cartón que especifica la cantidad de peso perdido. Los miembros cuyo peso ha permanecido constante son denominados "tortugas". Los miembros cuyo peso ha aumentado se convierten en "cerdos" y tienen que llevar una insignia en forma de cerdo (Hans Toch, *The Social Psychology of Social Movements*. The Bobbs-Merry) Company, Inc., Indianapolis, 1965, p. 73).

Los grupos terapéuticos de superación personal transforman a las personas de víctimas indefensas en personas más capaces de controlar sus vidas. Tales grupos acaban con el aislamiento de una persona y ofrecen el consuelo de saber que otros confrontan con buen éxito problemas similares. La persona ya no es una víctima solitaria de la debilidad del carácter o de una desgracia especial que termina en un desastre sin esperanza; en vez de eso, la persona es una entre muchas a las que el grupo puede ayudar.

¿Por qué las sociedades tribales continúan utilizando los rituales tradicionales para fines curativos, incluso cuando utilizan la medicina moderna y científica?

Considérese qué ocurre durante un *yebachai*, la danza curativa empleada contra enfermedades graves entre los navajos del norte de Arizona. Los parientes y amigos cercanos acuden desde varias millas a la redonda. Durante varios días se suceden ininterrumpidamente relevos de bailarines que se entremezclan en un círculo y etonan un canto repetitivo. El paciente se expone durante intervalos de lucidez a la cadencia hipnóptica de los cánticos seculares, que actúan como recordatorio constante del apoyo emocional de las personas que ama, quienes se han reunido para dedicar varios días a la labor de sanarlo. El cuarto de hospital, antiséptico y poblado de técnicos impersonales y fugaces visitas, sencillamente no puede competir con la ceremonia tradicional.

Indudablemente, los logros de la medicina científica actual son impresionantes. Carecen, empero, del fuerte apoyo de grupo proporcionado por las prácticas tradicionales de curación de muchas sociedades tradicionales. Sabemos que gran proporción de las enfermedades humanas tienen orígenes psicosomáticos, con fundamentos que el menos parcialmente se originan en tensiones emocionales. Muchas sociedades tradicionales disponen de remedios psicosomáticos mucho más efectivos que los modernos, debido a que conservan el apoyo del grupo como terapia curativa.

(Adaptado libremente de Lyle Saunders, *Cultural Differences and Medical Care,* Rusell Sage Fundation, New York, 1964)

SUMARIO

Tanto la fortaleza como la debilidad surgen de la manera en que una persona se integra en una red de grupos. Una distinción fundamental es la que existe entre grupos de no pertenencia y grupos de pertenencia, una distinción que ha sido medida por el empleo del concepto de *distancia social*. Los grupos de referencia son aquellos que aceptamos como modelos y como guías para nuestros juicios y acciones. Los *estereotipos* son impresiones distorsionadas de las características de los grupos de no pertenencia que se han llegado a aceptar ampliamente en una sociedad. El condicionamiento emocional es, en gran parte, el resultado de los contactos con el *grupo primario;* pero las sociedades modernas se ven cada vez más afectadas por el crecimiento de las relaciones de *grupo secundario*. Aunque muchos grupos pueden caracterizarse fácilmente como primario o secundario, los dos tipos de influencia interactúan, y cada uno afecta al otro. Los grupos de trabajo son intermediarios y muestran algunas características de grupos primarios y de grupos secundarios.

Desde la revolución industrial, la corriente ha sido de la *Gemeinschaft* tradicional hacia la *Gesellschaft*. Esto ha significado una pérdida de intimidad y seguridad, que ha sido contrarrestada en alguna medida por el crecimiento de nuevos grupos primarios dentro de un escenario de grupos secundarios.

La dinámica de grupo estudia la interacción dentro de los grupos y los procesos de resolución de problemas y de toma de decisiones para obtener comprensión y resolver los problemas de las organizaciones.

Las *asociaciones voluntarias,* que son especialmente numerosas en Estados Unidos, proporcionan a las personas un medio de expresión de sus intereses individuales, un campo de prueba para programas de acción social, una estructura para ofrecer servicios sociales y un canal para la acción política. La participación activa en asociaciones voluntarias es más probable en la clase media que en la clase baja, aunque en Estados Unidos los negros parecen estar más comprometidos organizacionalmente que los blancos. Los grupos *terapéuticos* de muchas clases pueden proporcionar apoyo y posiblemente comprensión a las personas con problemas. Los grupos terapéuticos no comerciales que unen a personas con un problema común (como AA) han sido sumamente eficaces en muchos casos.

GLOSARIO

asociación voluntaria: organización formal dirigida hacia alguna función definida en la que uno ingresa voluntariamente más que por adscripción.

camarilla: pequeño grupo de íntimos con fuertes sentimientos de grupo de pertenencia basados en intereses y opiniones compartidos.

categoría: cierto número de personas que comparten alguna característica común.

colectividad: grupo físico de personas.

contractual: referente a una lista formal de privilegios y deberes conjuntos, son distintos de las asignaciones informales tradicionales.

dinámica de grupo: el estudio científico de la interacción dentro de grupos pequeños.

distancia social: grado de cercanía a los miembros de otros grupos o aceptación de ellos.

estereotipo: imagen de otro grupo o categoría de personas compartida por un grupo.

Gemeinschaft: sociedad en la cual la mayor parte de las relaciones son personales o tradicionales.

Gesellschaft: sociedad basada en relaciones contractuales más que en relaciones tradicionales.

grupo: cualquier número de personas que comparten una conciencia de pertenencia y de interacción; con frecuencia se emplea indistintamente por agregado, colectividad o categoría.

grupo primario: grupo pequeño en el que las personas llegan a conocerse unas a otras íntimamente como personalidades individuales; es distinto del grupo secundario utilitario, formal e impersonal.

grupo de referencia: cualquier grupo aceptado como modelo guía para nuestros juicios y acciones.

grupo secundario: grupo en el que los contactos son impersonales, fragmentarios y utilitarios; distinto de los grupos primarios, pequeños, íntimos, sumamente personales.

sociograma: gráfica que muestra las relaciones dentro de un grupo.

sociometría: método para estudiar, medir y diagramar las relaciones sociales de los grupos pequeños.

PREGUNTAS Y PROYECTOS

1 ¿Por qué los sociólogos dan tantas definiciones diferentes para el término *grupo?*

2 Comente esta afirmación: "Un grupo está formado por individuos, y las características de un grupo son la suma de las características de sus miembros".

3 ¿Es el valor una característica del carácter individual o una respuesta a las influencias del grupo?

4 ¿Qué diferencias se encuentran en la distinción entre grupo de pertenencia y grupo de no pertenencia en las sociedades primitivas y en las sociedades modernas?

5 ¿Por qué son importantes los grupos primarios y secundarios? ¿Y los grupos de pertenencia y los grupos de no pertenencia?

6 ¿En qué medida se esperaría que la distancia social se relacionara con la distancia geográfica?

7 ¿Por qué la moral de la mayoría de los prisioneros de guerra estadounidenses en Vietnam pudo sobrevivir tanto a las penalidades del cautiverio como a la propaganda que subrayaba que la opinión pública estadounidense acerca del conflicto estaba dividida?

8 ¿Hay alguna explicación sociológica de cómo los jóvenes estadounidenses honestos y sanos pudieron haber sido culpables de atrocidades en Vietnam?

9 Cuando uno advierte que una persona no encaja dentro del estereotipo que se le aplica comúnmente ¿esta observación disminuye o refuerza el estereotipo? ¿Por qué?

10 Puesto que todos los grupos son diferentes, ¿cuál es la razón de estudiar intensamente un grupo pequeño?

11 ¿Por qué sólo los grupos pequeños son unidades de trabajo eficientes y las grandes fuerzas laborales deben dividirse en grupos pequeños para que sean eficientes?

12 ¿Qué significa la afirmación: "Esta relación entre A y B puede ser causativa o selectiva"?

13 ¿Puede pensarse que existan conflictos entre grupos que

son aproximadamente iguales en riqueza y poder?

14 Supongamos que se desea cambiar el comportamiento de un grupo de personas ¿qué es más probable que tenga éxtio: 1) trabajar directamente con los individuos para que cambien su comportamiento y, por lo tanto, cambien al grupo; 2) cambiar la situación u operación del grupo, en el supuesto de que ésta afectará el comportamiento de los individuos en el grupo?

15 ¿Las actividades extracurriculares en el *campus* se asemejan a las asociaciones voluntarias en la comunidad más grande? ¿Son una parte valiosa de la escuela o simplemente una pérdida de tiempo?

16 Si usted vive fuera de una ciudad grande es probable que exista un departamento de bomberos voluntarios en su vecindad. Visite al jefe y descubra lo que pueda acerca de las ocupaciones de los voluntarios. ¿Representan el tipo de muestra representativa de la comunidad descrita en el artículo de Jacobs?

LECTURAS QUE SE SUGIEREN

Becker, Tamar: "Black Africans and Black Americans on an American Campus: The African View., *Sociology and Social Research,* 57:168-181, January 1973. Un estudio de la tensión entre dos grupos con una apariencia física semejante, pero diferentes antecedentes culturales.

Fisher, B. Autrey: *Small Group Decision Making: Communi-cation and Group Process,* McGraw-Hill Book Company, New York, 1980. Un libro de texto sobre comunicación y toma de decisiones en grupo.

Gibbard, Graham S., John J. Hartman, and Richard, D. Mann (eds.): *Analysis of Groups,* Jossey-Bass, San Francisco, 1974. Una serie de artículos sobre varios aspectos de la experiencia intensiva de grupo: grupos T, grupos de terapia y grupos de encuentro.

*Gordon, Suzanne: *Loneliness in America,* Simon & Schuster, Inc. New York, 1976. Un perfil de la soledad desde el niño incomprendido hasta el anciano solitario; analiza los intentos de combatir la soledad.

Hunt, Chester L. and Luis Lacar: "Social Distance and American Policy", *Sociology and Social Research,* 57:495-509, July 1973. Describe la distancia social en Filipinas, donde los estadounidenses son todavía uno de los grupos más aceptados.

Jacobs, Alan H.: "Volunteer Fireman: Altruism in Action" en W. Arens and Susan P. Montague (eds.), *The American Dimension: Cultural Myths and Social Realities,* Alfred Publishing Company, New York, 1976, pp. 194-205. Un estudio del departamento de bomberos voluntarios como un tipo de organización voluntaria que reúne miembros de todas las clases sociales.

Jacobs, James B.: "Street Gangs Behind Bars", *Social Problems,* 21:395-409, 1974. Un análisis de los resultados del encarcelamiento de un gran número de miembros de una pandilla que les permite asu-mir la estructura informal de grupo de una prisión.

Katz, Alfred H. and Eugene I. Bender: *The Strength in Us: Self-Help Groups in Modern World,* New Viewpoints, a division of Franklin Watts, New York, 1976. Un libro erudito, pero escrito en estilo popular, que describe a los grupos de superación personal tanto en Estados Unidos como en otros países.

Nixon, Howard L, II: *The Small Group,* Prentice-Hall, Inc. Englewood Cliffs, N.J. 1979. Un libro de texto sobre la sociología de los grupos pequeños.

Ross, Jack: *An Assembly of Good Fellows: Voluntary Associations in History,* Greenwood Press, Westport, Conn, 1976. Una descripción del papel de las asociaciones voluntarias, desde las bandas primitivas a los clubes en la Inglaterra del siglo XIX.

*Smith, Constance and Anne Freedman: *Voluntary Associations: Perspectives on the Literature,* Harvard University Press, Cambridge, Mass., 1972. Un resumen completo y entretenido de las investigaciones sobre todos los aspectos de las asociaciones voluntarias.

Tolley, Howard: "Common Cause and Campaign Financing: Reform Liberals 'Open Up' System", *Intellect,* 106:122-125, October 1977. Cómo una asociación voluntaria cambió las prácticas de las campañas electorales en Estados Unidos.

* Un asterisco antes de la cita indica que el título está disponible en edición en rústica.

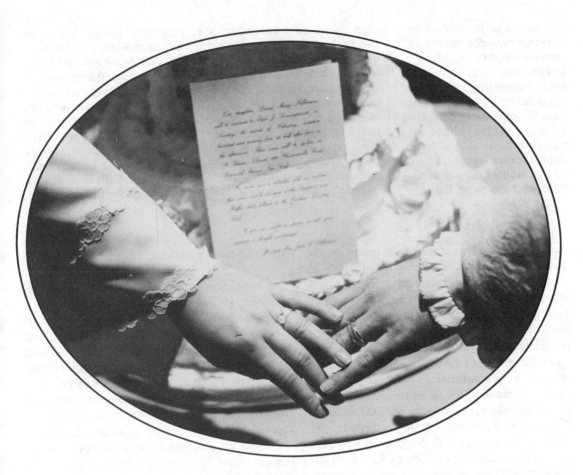

9 Instituciones sociales

Los duelos de honor eran encuentros privados acerca de ofensas insultos reales o imaginados. La práctica, considerablemente facilitada por la costumbre de llevar una espada como parte del traje cotidiano (de los caballeros), parece haberse extendido de Italia a todo el resto de Europa desde fines del siglo xv. Italia, en todo caso, fue el gran centro de los espadachines profesionales, y cuando el duelo de honor prevaleció, la nobleza de Europa acudió a Milán para aprender los golpes secretos que aquellos maestros de esgrima enseñaban. Los hombres lucharían por el más insignificante pretexto, y con frecuencia, al principio, sin testigos; pero cuando se abusó de esta discriminación (p. ej., mediante emboscadas) pronto se hizo usual que los duelistas fueran acompañados por amigos o ayudantes. Más tarde éstos también lucharían para demostrarse a sí mismos que eran dignos de sus amigos. (Reproducido con permiso de la Encyclopedia Britanica, 14th Edition, © By Encyclopedia Britanica, Inc.)

Retarse a duelo era una forma institucionalizada que tenían los caballeros del siglo xv al xvii para resolver sus diferencias. Se había desarrollado un grupo de procedimientos (normas) que transformaba las reyertas indignas en combates altamente ritualizados, con roles especializados (padrinos, ayudantes, auxiliares), una serie de reglas y castigos, y una ideología de apoyo que era generalmente aceptada por la sociedad. Alexander Hamilton tuvo sólo dos opciones cuando fue desafiado por Aaron Burr: aceptar el reto o retirarse en desgracia de la vida pública. Sin embargo, el duelo ya estaba perdiendo la aprobación pública en Estados Unidos y en todas partes. Sólo unos pocos decenios después Abraham Lincoln pudo burlarse de un reto a duelo anunciando cuáles eran las armas que elegiría: un montón de papas pequeñas y a veinte pasos de distancia.

CONCEPTO DE INSTITUCIÓN

¿Qué es una institución? El concepto sociológico es diferente al del uso común. Una institución no es un edificio; no es un grupo de personas; no es una organización. *Una institución es un sistema de normas para alcanzar alguna meta o actividad que las personas consideran importante, o, más formalmente, un grupo organizado de costumbres y tradiciones centradas en una actividad humana importante.* Las instituciones son procesos estructurados mediante los cuales las personas llevan a cabo sus actividades.

Instituciones y asociaciones

Las instituciones no tienen miembros; tienen seguidores. Ésta es una distinción sutil pero importe. Ilustrémosla: una *religión* no es un grupo de personas; una religión es un sistema de ideas, creencias, prácticas y relaciones. Una *Iglesia* es una asociación de personas que acepta las creencias y siguen las prácticas de una religión particular. A menos que haya creyentes que la sigan, una religión muere. La religión no son las personas; es un sistema de creencias y prácticas. La mayor parte de los estudiantes no tienen dificultades en distinguir el *juego* de futbol del *equipo* de futbol. El juego es una serie de reglas y prácticas junto con valores y sentimientos que lo apoyan. El juego no puede jugarse sin jugadores, pero los jugadores no son el juego; son la asociación de personas que juega el juego.

Ésta es, pues, la distinción entre institución y asociación. Nuestras instituciones bancarias son nuestras formas regularizadas de manejar ciertas transacciones financieras: los banqueros son las personas que conducen estas transacciones; un banco es un grupo de banqueros (junto con empleados, mecanógrafos, cajeros, etc). El estudiante sólo necesita recordar que *la institución es siempre el sistema organizado de ideas y comportamientos; la asociación es el grupo organizado implicado en el comportamiento.*

Cada institución tiene su grupo de asociaciones mediante las cuales las personas practican las normas de esa institución. La Iglesia tiene sus congregaciones locales organizadas, sus escuelas dominicales, sus clubes y sus diversos grupos, que llevan a cabo el trabajo de la iglesia; la escuela tiene sus asociaciones de padres y maestros, su asociación de alumnos y su asociación atlética; el estado tiene sus organizaciones políticas, sus ligas de votantes, sus asociaciones de contribuyentes y sus grupos de presión organizados. Las instituciones y asociaciones están muy interrelacionadas, aunque los conceptos son distintos y no deben confundirse. La religión es una institución social; la primera iglesia metodista en Main Street es una asociación. La corporación es una institución social; el First National Bank y la Ford Motor Company son asociaciones. La educación es una institución social; la Harvard University y la PTA (Asociación de Padres y Maestros) son asociaciones. En una conversación general, se puede hablar de una persona como una "institución" (p. ej., "el entrenador Brown realmente se convirtió en una institución en el antiguo Siwash"). Éste es un empleo popular del término y no sociológico. Una *institución es un sistema organizado de relaciones sociales que incluye algunos valores y procedimientos comunes y satisface algunas necesidades básicas de la sociedad.* en esta definición los "valores comunes" se refieren a ideas y metas compartidas, los "procedimientos comunes" son las pautas reglamentadas de comportamiento que se siguen, y el "sistema de relaciones" es la red de roles y status mediante los cuales las personas llevan a cabo su comportamiento. Así, la familia incluye una serie de valores comunes (acerca del amor, de los hijos, de la vida familiar), una serie de procedimientos comunes (cuidado del niño, rutinas familiares), y una red de roles y status (marido, mujer, abuelos, bebé, adolescente, novia) que forman el sistema de relaciones sociales mediante las cuales la vida familiar se desenvuelve.

Las cinco instituciones básicas importantes en las sociedades complejas son la familiar, la religiosa, la gubernamental, la económica y la educativa. En las modernas sociedades los valores y procedimientos de la ciencia son tan importantes y están reglamentados que añadimos "las instituciones científicas" a la lista. Las actividades incluidas en el trabajo social o en la atención médica se han establecido tan definitivamente que también podemos hablar de cualquiera de estos sistemas de comportamiento como instituciones. Al referirnos a la Edad Media, podríamos hablar de la caballerosidad y de la caballería como aspectos de la institución del feudalismo.

DESARROLLO DE LAS INSTITUCIONES

Proceso de institucionalización

Las instituciones surgen como productos, en gran parte no planeados, de la vida social. Las personas se agrupan para encontrar formas prácticas de hacer frente a sus necesidades; encuentran algunas pautas factibles que se cristalizan, mediante la repetición, en costumbres regulares. Conforme pasa el tiempo, estas pautas adquieren un cuerpo de tradiciones, creencias y costumbres de apoyo que las justifica y sanciona. La tradición de "salir con alguna persona" se desarrolla como un medio de elegir compañero. Los bancos se desarrollaron gradualmente por la necesidad de almacenar, transferir, prestar y pedir prestado dinero, que hizo surgir una serie de formas regulares de hacer estas cosas.

De tiempo en tiempo, las personas podían reunirse para codificar y dar respaldo legal a estas prácticas, conforme se iban desarrollando y modificando. En esta forma surgieron las instituciones.

La *institucionalización* consiste en el establecimiento de normas definidas que determinan posiciones de status y funciones de rol para el comportamiento. Una norma es una expectativa de comportamiento del grupo. La institucionalización implica el reemplazo del comportamiento espontáneo o experimental por un comportamiento esperado, llevado a cabo según pautas, regular y predecible.

Un pleito de cantina es un comportamiento no institucionalizado. Una pelea de box profesional es un comportamiento institucionalizado. Una serie de relaciones sociales se institucionalizan cuan-

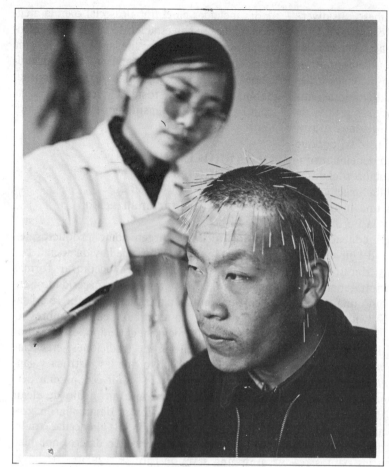

Las instituciones de salud de una sociedad constan de cualquier procedimiento que se acepte, se rutinice y en el cual se confíe. Aquí un paciente chino recibe acupuntura y un médico nativo de Tanzania le dice a una mujer el sexo de su hijo todavía no nacido, examinando las alas de una gallina *(Paolo Koch/ Rapho-Photo Researches, Inc.; Tom Pix/Peter Arnold, Inc.)*

do 1) se ha desarrollado un sistema regular de status y roles 2) se han aceptado generalmente en la sociedad las expectativas de ese sistema de status y roles. La tradición de salir con alguna persona en la sociedad estadounidense llena estas dos características. Surge una serie claramente definida de roles dentro del noviazgo, en la que se definen los derechos y obligaciones de cada parte (él pide, ella acepta, él paga, etc.) y se salvaguardan con algunas limitaciones o restricciones cuya intención es evitar complicaciones; así, salir juntos se convierte en parte de nuestras instituciones matrimoniales y familiares. Recientemente el noviazgo formal ha declinado en favor de una camaradería menos formal entre el muchacho y la muchacha; esto demuestra sólo que las instituciones cambian.

Cuando decimos que el noviazgo se institucionalizó, queremos decir que fue generalmente aceptado en la sociedad como una parte del crecimiento y de la necesidad de encontrar pareja para el matrimonio. Muchas sociedades también han institucionalizado las relaciones sexuales premaritales, convirtiéndolas en una parte esperada y normal de las actividades que llevan al matrimonio. Aunque las relaciones premaritales son comunes en la sociedad estadounidense, no han sido institucionalizadas. Las corrientes actuales, que incluyen proporcionar contraceptivos y abortos a los no casados y permitir la convivencia no marital en los dormitorios universitarios, pueden conducir a la institucionalización de las relaciones premaritales. Hoy, muchos padres aceptan, no de buena gana, el

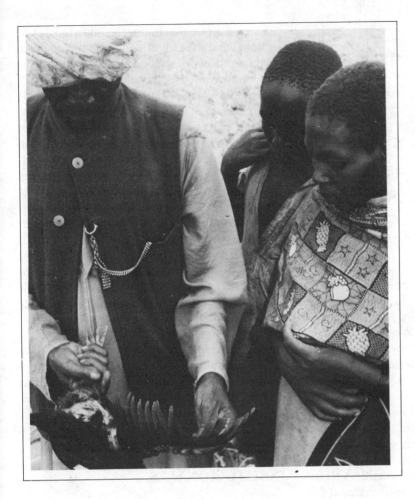

hecho de que sus hijos no casados vivan con sus novios o novias, pero la convivencia no marital no será institucionalizada a menos que (o hasta que) la madre envíe a su hija al colegio con la inocente esperanza de que encuentre un buen muchacho para dormir con él.

Éste ha sido un análisis funcionalista de la institucionalización. Hemos dicho que las personas se agrupan para encontrar una forma de hacer frente a sus necesidades, y que las formas que parecen funcionar bien se repiten, se regularizan y finalmente se institucionalizan. Los teóricos del conflicto dudan que el proceso de institucionalización sea no dirigido y automático. Afirman que los ricos y poderosos pueden guiar el proceso de institucionalización de acuerdo con lo que los beneficia a ellos. Así, la corporación se convirtió en una institución económica más rápidamente que los sindicatos, porque las corporaciones fueron benéficas para los inversionistas.

En qué medida el proceso de institucionalización es un proceso no dirigible o conscientemente controlado, es una de las preguntas que siguen sin respuesta en la sociología.

Roles individuales y comportamiento institucional

No todos los roles están institucionalizados. El rol de "niño malo" y el de "niño modelo" en la familia no son roles institucionalizados, en tanto que los de los de hijo e hija sí lo son. Un rol ins-

Muchos padres aceptan, con cierta tristeza,
que los hijos vivan con el novio o la novia.

titucionalizado es una serie de expectativas de comportamiento que limitan la libertad de opción de una persona. Todos los jueces actúan en forma muy semejante cuando están en el estrado; sin embargo, en otras ocasiones difieren mucho entre sí. Todos los suministros metodistas y todos los sacerdotes católicos encuentran que sus deberes y obligaciones están definidos con toda exactitud por el rol institucional; desviarse del rol esperado en cualquier forma es peligroso. Aun los presidentes y reyes, aparentemente tan poderosos, tienen una libertad de acción muy limitada. Cuando Eduardo VIII insistió en casarse con una mujer divorciada, fue obligado a abdicar del trono en Inglaterra. Cuando Richard Nixon intentó ocultar un escándalo, fue obligado a renunciar como presidente de Estados Unidos.

El comportamiento del rol institucionalizado se guía por las expectativas del rol y no por las preferencias personales. Sabiendo que un amigo banquero es el más generoso y amigable en el club rotario, un insolvente solicitante de un préstamo se sorprendió al descubrir que este mismo banquero era definitivamente poco generoso con el dinero de los depositantes. Muchas veces un empleado que es promovido a un papel de supervisor trata de seguir siendo camarada de los antiguos compañeros de trabajo, lo cual rara vez da buen resultado, porque el nuevo rol altera inevitablemente la relación con los viejos amigos a quienes se tiene ahora que dar órdenes.

Es cierto que las diferencias individuales de personalidad afectan el comportamiento institucional en algún grado. Un supervisor tiene mal humor y otro es muy alegre; un profesor es interesante y otro es aburrido. Pero el campo de variación individual es limitado y está eclipsado en gran parte por las exigencias del rol. Los conflictos que surgen dentro de una asociación a veces se deben a choques de personalidad, pero con mayor frecuencia al choque de los roles institucionales. El supervisor y el inspector chocan, porque el supervisor debe mantener funcionando la producción, en tanto que el inspector debe encontrar defectos que corregir. El vendedor se frustra cuando el gerente de crédito se niega a dar mayor crédito a un cliente moroso. Los decanos de la universidad *deben* decidir contra gran parte de las propuestas presentadas por los estudiantes o los miembros de la facultad. Una vez promovido al decanato, el miembro de la facultad extremadamente popular pronto llega a ser conocido como otro administrador autocrático. Los roles institucionalizados requieren con frecuencia que se tomen medidas que enfurecen a otras personas.

CARACTERÍSTICAS INSTITUCIONALES

Símbolos culturales

Las personas han desarrollado símbolos que sirven como un recuerdo abreviado de la insti-

Todas las instituciones deben adaptarse a una sociedad que cambia.

tución. Al ciudadano se le recuerda su lealtad al gobierno mediante la bandera; su lealtad a la religión mediante un crucifijo, una media luna o una estrella de David; su lealtad a la familia mediante un anillo matrimonial; su lealtad a la educación mediante los colores de la escuela o un totem animal (mascota); y su lealtad al siste-ma de controles económicos mediante nombres y marcas registradas. La música también tiene un significado simbólico. Los himnos nacionales, los cantos escolares, los cánticos religiosos y los anuncios comerciales cantados utilizan la música para fortalecer los lazos institucionales. Los edificios pueden convertirse en símbolos instituciona-

CUADRO 9-1
LISTA PARCIAL DE LAS CARACTERÍSTICAS DE LAS PRINCIPALES INSTITUCIONES SOCIALES ESTADOUNIDENSES

Familia	Religión	Gobierno	Negocios	Educación
Actitudes y pautas de comportamiento				
Afecto	Reverencia	Lealtad	Eficiencia	Amor al conocimiento
Lealtad	Lealtad	Obediencia	Ahorro	Asistencia a clases
Responsabilidad	Culto	Subordinación	Sagacidad	Estudio
Respeto	Generocidad	Cooperación	Ganancias	Laboriosidad
Signos culturales característicos				
Anillo de matrimonio	Cruz	Bandera	Marca registrada	Colores de la escuela
Velo de novia	Imágenes	Escudo	Patente	Mascota
Escudo de armas	Santuario	Símbolos patrios	Lema	Himno escolar
"Nuestra canción"	Cantos religiosos	Himno	Comerciales	Escudo
Objetos culturales característicos				
Casa	Templo	Edificios públicos	Tienda, fábrica	Salones de clase
Departamento	Ornamentos religiosos	Obras públicas	Almacén, oficina	Biblioteca
Muebles	Libros	Armamento	Equipo de oficina	Instalaciones deportivas
Automóvil	Objetos litúrgicos	Impresos y formularios	Impresos y formularios	Libros
Códigos orales o escritos				
Licencia matrimonial	Credo	Estatutos	Contratos	Acreditación
Testamento	Ley eclesiástica	Constitución	Licencias	Reglamentos
Árbol genealógico	Libros sagrados	Tratados	Concesiones	Currículum
Ley matrimonial	Prohibiciones	Leyes	Artículos de constitución en sociedad	Calificaciones
Ideologías				
Amor Romántico	Tomismo	Nacionalismo	Libre competencia	Libertad académica
Familia abierta	Liberalismo	Derechos de los estados	Responsabilidad administrativa	Educación progresiva
Vida familiar	Fundamentalismo	Democracia	Libre empresa	"Lecturas, escritas y aritmética
Individualismo	Mayoría moral	Republicanismo	Derechos del trabajo	Legado cultural

Nota: Este esquema, con casi medio siglo de antigüedad, se reproduce con ligeros cambios. ¿Sugiere esto algo acerca de las instituciones sociales?
Fuentes: Adaptado del cuadro "Nucleated Social Institutions" . en el libro de F. Stuart Chapin *Contemporary American Institutions,* Harper & Row, Publishers, Inc., New York 1935, p. 16.

les, de modo que es difícil pensar en un hogar sin una casa, en una religión sin un templo, en la educación sin una escuela o en el gobierno sin la mansión presidencial o el palacio del rey.

Códigos de comportamiento

Las personas comprometidas en un comportamiento institucional deben prepararse para desempeñar sus roles apropiados. Éstos se expresan con frecuencia en códigos formales, como el juramento de lealtad al país, los votos matrimoniales, el juramento de Hipócrates de la profesión médica y los códigos de ética de varios otros grupos.

Un código formal de comportamiento, por impresionante que sea, no es garantía del desempeño apropiado del rol. Los maridos y las mujeres pueden ser infieles a los votos matrimoniales, los ciudadanos que fervientemente repiten la promesa solemne de lealtad pueden evadir sus impuestos y los miembros de la Iglesia que han jurado fidelidad a su credo religioso pueden caer en la indiferencia. Si el código de comportamiento se aprendió perfectamente y se reforzó con frecuencia, puede ser observado; si no hay castigos rápidos y seguros por su violación, el código puede ser pasado por alto tranquilamente.

Un código formal es sólo una parte del comportamiento total que constituye un rol institucional. Gran parte del comportamiento en cualquier rol —padre, soldado, sacerdote, profesor, político— consiste en un cuerpo elaborado de tradiciones, expectativas y rutinas informales que uno absorbe sólo mediante una larga observación

Aun los negocios modernos utilizan la tradición, el ritual y el sentimiento.

del rol o una prolongada experiencia en él. Los niños que nunca han vivido en una familia feliz, es probable que tengan dificultades para representar con éxito los roles de padre y marido o de esposa. Al igual que los roles de todo tipo, los institucionales pueden desempeñarse con el mejor de los éxitos por aquellos que han interiorizado el comportamiento y las actitudes propias del rol.

Ideologías

Una ideología puede definirse aproximadamente como *un sistema de ideas que sanciona un conjunto de normas.* Estas normas definen la forma en que se espera que actúen las personas; la ideología explica *por qué* deberían actuar en esa forma y por qué algunas veces dejan de actuar como deberían. Una definición más impresionante reza así: "las ideologías pueden definirse como cualquier conjunto de ideas que explican o legitiman las órdenes sociales, las estructuras de poder o los estilos de vida en términos de metas, intereses, o posición social de los grupos o colectividades en que aparecen". (Newman, 1973, p. 52.)

La idelología de una institucion incluye tanto las creencias centrales de la institución como una justificación racional de la aplicación de las normas institucionales a los problemas de la vida.

Las culturas más simples pueden no haber desarrollado ideologías elaboradas que circunden el comportamiento institucional. A la pregunta "¿Por qué?" formulada por un extranjero, podría responderse con desconcierto más bien que con una explicación elaborada. Las culturas más complejas incluyen generalmente ideologías institucionales elaboradas. Por ejemplo, cada una de las religiones más altamente desarrolladas tiene una serie de creencias sumamente desarrolladas acerca de temas como la naturaleza y el origen del universo, sus fuerzas y seres sobrenaturales y acerca del propósito y destino de los seres humanos. Todo sistema político moderno se apoya en un elaborado sistema de ideologías que justifica las normas institucionales e interpreta los sucesos actuales. La delincuencia juvenil, por ejemplo, se explica en forma muy diferente en las sociedades capitalistas y en las comunistas, mientras que las religiones cristiana e hindú tienen muy diferentes imágenes del "progreso".

FUNCIONES INSTITUCIONALES

La sociedad es tan compleja y está tan interrelacionada, que es imposible prever todas las consecuencias de una acción. Las instituciones tienen funciones *manifiestas,* que son los objetivos declarados de la institución, y funciones *latentes* que no son esperadas y que pueden no ser reconocidas o, si se reconocen, consideradas como subproductos (Merton, 1957*b.*)

Funciones manifiestas

Hay funciones que las personas suponen y esperan que la institución desempeñe. Las familias deberían cuidar de los niños, las instituciones económicas deberían producir y distribuir bienes y dirigir el flujo de capital a donde se necesita, las escuelas deberían educar a los jóvenes. Las funciones manifiestas son obvias, admitidas y generalmente aplaudidas.

Funciones latentes

Hay consecuencias imprevistas y no esperadas de las instituciones. Nuestras instituciones económicas no sólo producen y distribuyen bienes, sino que algunas veces también promueven el cambio tecnológico y la filantropía y, en ocasiones, promueven el desempleo y la desigualdad.

Las instituciones educativas no sólo educan a la juventud, sino que también proporcionan diversiones masivas y mantienen al joven fuera del mercado de trabajo y, de acuerdo con algunos teóricos del conflicto, protegen a los hijos de los ricos de tener que competir con los hijos

Una función manifiesta de la educación es la de transmitir los valores culturales (Sybil *Shelton/Monkmeyer.*)

de los pobres. Los programas de bienestar social gubernamentales no sólo ayudan al pobre, también proporcionan trabajo para el personal de clase media. La investigación científica no sólo aumenta los conocimientos, también hace obsoletas muchas formas de hacer las cosas.

Las funciones latentes de una institución pueden 1) apoyar la función manifiesta, 2) ser irrelevantes o 3) socavar las funciones manifiestas. Las funciones latentes de las instituciones religiosas en Estados Unidos incluyen el ofrecimiento de actividades recreativas y oportunidades de noviazgo a los jóvenes. La mayor parte de los líderes de la Iglesia están de acuerdo en que estas actividades ayudan a las Iglesias a conseguir su función manifiesta de promover la fe y la práctica religiosa. (De hecho, algunos dirían que estas actividades se han convertido en funciones manifiestas.) Por contraste, es dudoso que los espectáculos deportivos escenificados por las escuelas y universidades tengan mucho efecto sobre la función manifiesta de promover la educación; en cambio, son en gran parte irrelevantes respecto a su función manifesta. También hay casos donde las funciones latentes socavan las funciones manifiestas. Por ejemplo, la función manifiesta de las reglas del servicio civil es asegurar un personal competente y dedicado de empleados públicos que hagan más eficiente el gobierno. La función latente del servicio civil es establecer una burocracia atrincherada que pueda proteger a los empleados incompetentes y frustrar los programas de los funcionarios elegidos. La función manifiesta de la regulación de drogas por el gobierno es proteger a los consumidores contra sustancias dañinas; una función latente es demorar la introducción de nuevas drogas que puedan salvar la vida. La función manifiesta de las instituciones occidentales de salud ha sido la de reducir las enfermedades, las muertes prematuras y la miseria humana; la función latente ha sido promover una explosión demográfica y un hambre masiva en los países subdesarrollados; existen, por lo tanto, muchos casos en que las funciones latentes podrían llamarse con más exactitud "disfunciones latentes", puesto que tienden a socavar la institución o a impedir el logro de sus funciones manifiestas.

INTERRELACIÓN DE LAS INSTITUCIONES

Ninguna institución existe en un vacío. Cada una es afectada por el resto de la cultura, Los actos dentro de cada institución afectan a las otras.

Consideremos el caso de la familia. En las sociedades más simples, la familia (o posiblemente el clan, que es una familia extensa) es la única institución social. El trabajo se organiza por unidades familiares, los niños son capacitados por miembros de la familia, el control se ejerce por medio de la familia, el culto se lleva a cabo generalmente por grupos familiares. Ninguna otra estructura social puede necesitarse en una sociedad simple.

Al incrementarse la complejidad cultural, se desarrollan situaciones que no pueden ser fácilmente manejadas por la familia. El comercio con otras tribus forma al fin comerciantes especializados, quienes manejan el comercio como individuos y no como representantes de la familia. Las habilidades laborales se hacen más especializadas con lo que los economistas llaman "división del trabajo". Esto significa que muchas personas están trabajando todo el día como trabajadores individuales especializados y no como parte de un equipo de trabajo familiar. Con el tiempo, la organización y supervisión de muchas actividades laborales traslada la familia a un taller o a una oficina, con un capataz en vez de un miembro de la familia que da las órdenes.

Durante el siglo pasado, el cambio del trabajo de granja a un trabajo no relacionado con ella, disminuyó la autoridad del padre, redujo el tamaño de la familia, dado que los hijos se convirtieron en un gasto más que en una ventaja, y alentaron el empleo de las mujeres fuera de casa. El turno nocturno obliga a millones de trabajadores a transformar las costumbres de su vida familiar. El sistema de observa-y-ayuda de la capacitación para el trabajo en la granja se reemplazo por instituciones educativas formales.

Así, los cambios en una institución obligan a cambios en otras. La familia urbana es un refugio menos satisfactorio para los ancianos de lo que

Las instituciones totales separan al individuo del resto de la sociedad. Tanto los monjes budistas como los reclutas militares llevan rapada la cabeza como parte del ritual de iniciación. *(Horace Bristol/Photo Researchers, Inc., Hiroji Kubota/Magnum Photos.*)

solía serlo la granja familiar; el estado responde con la Seguridad Social. Conforme los trabajadores van pasando de la granja a la fábrica y de las relaciones de la Gemeinschaft a las de la Guesellschaft la Iglesia revisa su lenguaje, sus procedimientos y, quizá, sus doctrinas en un esfuerzo por permanecer "relacionada" con las necesidades de una sociedad industrial urbanizada. Los nuevos descubrimientos científicos hacen crecer algunas industrias y declinar otras, en tanto que provocan nuevos reglamentos de parte del gobierno. En todas estas formas cada institución interactúa con otras instituciones y se ve afectada por ellas.

Las instituciones demandan con frecuencia incómodos sacrificios a sus seguidores. Muchas religiones requieren penosas privaciones y abnegaciones; los deberes militares, exigen una obediencia incuestionable y la separación de los seres queridos; la empresa privada corporativa exige que los trabajadores innecesarios sean despedidos y que los negocios que no producen utilidades vayan a la bancarrota. Coser (1974) ha aplicado el término "instituciones glotonas" a aquellas que imponen exigencias restrictivas a la participación en actividades de otra institución.

Goffman (1961) acuñó el término "instituciones totales" para aquellas que aíslan del resto de la sociedad. Ejemplos de estas instituciones incluirían la prisión, el hospital para enfermos mentales, las órdenes monásticas y algunas órdenes religiosas, la academia militar y, en algunas medida, los servicios militares (hacemos notar que Goffman está hablando de *la* prisión como un sistema de normas, relaciones y valores institucionalizados. No se refiere a *una* prisión, que es una asociación de personas incluidas en este sistema de normas, relaciones y valores).

Los estudiosos marxistas consideran la interrelación de las instituciones principalmente como una calle de un solo sentido, donde las instituciones económicas dominan a las otras. La forma en que la riqueza productiva es poseida y controlada dicta la forma de todas las demás instituciones, de acuerdo con el pensamiento marxista. Así, el sistema feudal de propiedad y control creó un tipo de sociedad, mientras que el sistema capitalista creó otro diferente.

En el pensamiento marxista este sistema de propiedad y control de "los medios de producción" modela en última instancia todas las normas y valores culturales. La familia adopta la forma que se ajusta al modo de producción. El estado, la policía, las leyes y los tribunales mantienen el sistema económico y protegen los derechos de propiedad de aquellos que los tienen. La escuela (donde hay escuelas) prepara a las personas para los lugares que se les han asignado en el sistema: el pobre y el débil al trabajo, y el rico y poderoso al control. La Iglesia eleva oraciones en alabanza de todo este asunto. Así, las instituciones económicas son las dominantes, y todas las demás adoptan la forma que armoniza con ellas.

Los estudiosos no marxistas consideran las instituciones económicas como menos que todopoderosas. Por ejemplo, el sociológo alemán Max Weber en *The Protestant Ethic and The Spirit of Capitalism* (1904) argumenta que el sistema capitalista floreció al máximo cuando se combinó con los valores del protestantismo calvinista. Donde Marx afirma que el cambio económico estimuló el cambio religioso, Weber arguye que el cambio religioso estimuló el económico.

La mayor parte de los estudiosos están de acuerdo en que en la sociedad moderna las instituciones económicas pueden ser más influyentes que cualquier otra. Pero también es cierto que las otras instituciones influyen en las económicas. La familia tiene influencia en las prácticas económicas. Por ejemplo, el creciente interés por los valores familiares en los últimos años ha llevado a los ejecutivos de nivel medio a oponerse a las frecuentes reubicaciones que desea la administración superior. Algunos estudiosos creen que la ciencia y la tecnología y no la "propiedad y control de los medios de producción" es la fuerza dominante en el moderno cambio social (como se estudiará en el Cap. 20).

Autonomía institucional

Quienes desempeñan los roles de liderazgo en cada institución vigilan celosamente su territorio (aunque con frecuencia invaden el de otras instituciones). Los intereses comerciales se oponen a los controles gubernamentales, aunque buscan sus factores y subsidios.

Los líderes religiosos defienden la "libertad de creencias", aunque tratan de llevar la educación religiosa a las escuelas. Los educadores buscan una expansión continua de los programas educativos, aunque no fácilmente defienden "la libertad académica". Un movimiento social basado en la religión está ahora pidiendo que el estado obligue a las escuelas, si éstas enseñan la teoría de la evolución, a que también enseñen "la ciencia de la creación". Científicos y educadores están debatiendo si deben pasar por alto este movimiento o entablar una batalla contra la "ciencia de la creación", sobre la base de que no es una verdadera ciencia, sino sólo un intento de llevar la religión a las escuelas. La batalla por la autonomía institucional es interminable.

INTELECTUALES Y BURÓCRATAS

Rol del intelectual

Las instituciones sociales son objeto de constantes comentarios por parte de los intelectuales en todas las sociedades complejas. Aun los gobiernos pueden florecer o caer según que los, apoyen o los socaven los intelectuales (Brym, 1980, p. 11). Un intelectual es aquel que, sin importar su educación u ocupación, se dedica al análisis de ideas. La fuerza del intelectual es indirecta. Los intelectuales rara vez tienen "el control" de algo (excepto posiblemente el de las universidades), pero son influyentes, puesto que sus escritos afectan el pensamiento de quienes están investidos de autoridad (Kadushin, 1974).

Los intelectuales se encuentran con frecuencia en ocupaciones "verbales", como la religión, la enseñanza, el periodismo y el derecho. Sin embargo, muchas personas en estas ocupaciones no son realmente "intelectuales", puesto que no están seriamente interesadas en examinar las ideas, sino que operan en forma rutinaria; y algunas personas que se encuentran en

campos menos verbales pueden desarrollar intereses intelectuales. Un ejemplo sería Eric Hoffer (1951; 1969; 1976), un estibador que llegó a ser comentarista social famoso. Lo que hace que uno sea un intelectual no es la ocupación o la educación, sino la actitud hacia las ideas: "... vive para las ideas; lo que significa que tiene un sentido de dedicación a la vida del pensamiento que es muy semejante a un compromiso religioso "(Hofstadter, 1964, p. 27). Por supuesto, nadie es un intelectual todo el tiempo, Aun Einstein comía, dormía, y tocaba el violín para descansar. *Un intelectual es una persona cuyo trabajo principal está relacionado con las ideas.*

Las ideas son parte importante de las instituciones. Quienes trabajan seriamente con ideas son útiles y peligrosos para las instituciones existentes. Los intelectuales pueden explicar los hechos actuales en forma que sirvan a las exigencias de las instituciones que existen. Por ejemplo, los intelectuales comunistas tienen la tarea de demostrar cómo toda la historia reciente cumple realmente las predicciones de Marx y Lenin, aun cuando esta tarea requiere una gran distorsión de los hechos. La campaña de China en 1966 para destruir las influencias de los intelectuales reflejó el temor de Mao-Zedong de que los intelectuales estuvieran vacilando en su apoyo al régimen revolucionario (Bloodworth, 1966).

En el intelectual no se puede confiar plenamente, porque la capacidad para defender la ideología incluye la capacidad para describir sus defectos. El intelectual puede desarrollar incluso una ideología opuesta. Son los intelectuales quienes promueven las revoluciones y encabezan el ataque contra las instituciones veneradas. Pero también, son los intelectuales quienes están llamados a defender las instituciones que son atacadas. Las dificultades del intelectual surgen cuando la lealtad institucional choca con la devoción de la verdad, tal como la percibe el intelectual.

Algunas veces el intelectual es alabado y condenado alternativamente como lo fueron Platón, Galileo, Lutero, Trotsky y muchos otros. En su juventud, Milovan Djilas interpretó el comunismo como la principal esperanza para la justicia social. Sus escritos fueron alabados y llegó a ser

Vicepresidente de Yugoslavia. Más tarde, escribió un libro en el que describió al comunismo como una nueva forma de explotación humana (1957); su publicación tuvo como resultado su encarcelamiento por las mismas autoridades a las que había alabado en sus obras anteriores. El tratamiento de los intelectuales disidentes varía de acuerdo con la naturaleza del gobierno. La forma en que se utiliza hoy, "totalitario" es casi sinónimo de "comunista", aunque entre 1930 y 1945 también se aplicó a la Alemania nazi y a la Italia fascista y después al gobierno franquista de España. Los gobiernos totalitarios buscan controlar todos los aspectos importantes de la cultura, incluso las artes plásticas, la música y los estilos de vestir. Los totalitarismos obligan a los intelectuales en todas las instituciones, con la parcial excepción de los líderes de la Iglesia, a seguir la línea del partido. Los disidentes son exilados, encarcelados o ejecutados.

Los regímenes autoritarios no toleran amenazas a su gobierno, pero no buscan controlar toda la cultura. Un intelectual que se convierte en líder de un grupo disidente será implacablemente silenciado, pero un crítico ocasional que no atrae a muchos seguidores puede ser tolerado como prueba de que el régimen no es realmente dictatorial, como dicen sus oponentes.

En los países democráticos los intelectuales suelen sufrir poco la presión gubernamental, pero pueden ser víctimas de la intolerancia de otros estudiosos, la timidez de los administradores o la censura de los editores de periódicos y programadores de T.V. que no comparten sus puntos de vista. En los últimos años, los intereses comerciales han tratado algunas veces de silenciar a los críticos del capitalismo. En las décadas recientes la presión viene también de los grupos izquierdistas que critican a los intelectuales que dejan de apoyar los ideales radicales. Pero sólo en las democracias los intelectuales disidentes pueden opinar sin temor a ser objeto de una persecución activa. Algunos, que van desde la derechista Ayn Rand (1961, 1979) hasta el izquierdista Herbert Marcuse (1964, 1972) se han hecho ricos y famosos.

Rol del burócrata

Con la única excepción de la familia, las burocracias elaboradoras circundan todas las instituciones principales. La mayor parte del comportamiento institucional se conduce ahora mediante asociaciones. El culto religioso (en la mayor parte de las religiones occidentales) se centra en Iglesias organizadas; la educación tiene escuelas con personal docente, consejos escolares y asociaciones educativas; el comportamiento económico corre a cargo de corporaciones, sindicatos y asociaciones comerciales; el gobierno tiene una serie desconcertante de agencias, oficinas y departamentos. Las instituciones *no* son burocracias; sin embargo, es imposible estudiar gran parte del comportamiento institucional sin estudiar las burocracias que administran gran parte de él.

Una *burocracia* es una *pirámide de personal que conduce racionalmente el trabajo de una gran organización.* Thompson (1977, pp. 13-17), inspirándose principalmente en la obra de Max Weber (1904), presenta las principales características de la burocracia como 1) la *especialización,* para asignar cada tarea a un experto; 2) *la designación y ocupación de puestos por méritos* para asegurar personal competente; 3) *la impersonalidad formal,* para ver que se llevan a cabo imparcialmente una serie de procedimientos formales y 4) *una cadena de mando* para definir la autoridad y responsabilidad de cada persona.

El individuo que puede percibir la verdadera pauta de poder encontrará acomodo fácilmente.

Cuando las personas abordaron por primera vez proyectos demasiado complicados para que una familia o un clan los organizaran, aparecieron por primera vez los burócratas. Algunos piensan que quizá los antiguos proyectos de irrigación y control del riesgo hicieron surgir por primera vez la necesidad de una división de trabajo disciplinada y organizada (Wittfogel, 1957). Los burócratas nunca han sido muy populares. Muchas personas los miran, con razón o sin ella, como trabajadores no productivos y miran con sospecha al burócrata que "no trabaja realmente", sino sólo organiza y registra el trabajo de otros.

La burocracia se desarrolla inevitablemente en todas las grandes organizaciones: todos los departamentos gubernamentales, iglesias, universidades, asociaciones voluntarias y empresas comerciales privadas. Supongamos, por ejemplo, que una empresa comercial tiene como personal de oficina a tres personas. Pueden dividir el trabajo casual e informalmente, y cada uno puede tomar del almacén los materiales de oficina que se necesitan. Supongamos que el número de oficinistas crece a 3 000. Ahora es necesaria una división de trabajo ordenada y una autoridad para lograr que el trabajo se haga; se necesita un conjunto de políticas formarles para conservar en orden el material, junto con un sistema de control de inventarios y requisiciones para tener existencias en almancén y evitar su robo. La burocracia tiene así por lo menos tres raíces: las necesidades de eficiencia, de uniformidad y de prevención de la corrupción.

BUROPATOLOGÍA. Aunque la organización burocrática lleva a cabo los servicios que se necesitan, también tiende a desarrollar algunos tipos de problemas. Algunas veces llamamos "buropatología" (Thompson, 1977, p. 153), estos problemas incluyen rutinización excesiva, indiferencia, (status odioso accesos por escalafón) (Samuelson, 1976) e indebida usurpación por parte de la autoridad que elabora las políticas (Cooper, 1981, p. 139).

La excesiva rutinización conduce a "echarle el muerto a otro", método mediante el cual los funcionarios manejan una petición remitiéndola simplemente a una autoridad superior, de

Las burocracias tienden a acumular reglamentos y procedimientos.

modo que es difícil saber quién, si es que alguien, está formando realmente una decisión. Esta práctica conduce a acusaciones de que la oficina está absorbida por "el papeleo" y preocupada más con formas oficiales que por resolver las necesidades humanas. El problema del status odioso surge cuando los burócratas exaltan su propia importancia en comparación con la de aquellos a los que es supone que sirven. Esto es especialmente mortificante cuando el burócrata da noticias desagradables al ciudadano, que nominalmente es el empleado del burócrata. Por ejemplo, cuando el tasador de impuestos dice que éstos deben ser aumentados o cuando el encargado de los reclamos niega una solicitud de compensación por desempleo, los ciudadanos se disgustan. Las decisiones negativas son difíciles de aceptar en cualquier circunstancia y son mucho más desagradables cuando las da alguien que se muestra presumido y farisaico.

El escalafón no se refiere a calificaciones académicas (aunque también pudiera aplicarse) sino a la clasificación de puestos y salarios en la cual la primera categoría tiene un sueldo bajo, la segunda categoría un sueldo un poco mayor, y así sucesivamente. Samuelson (1976) señala que hay una presión constante para subir a categorías cada vez más altas. Así, el mecanógrafo se convierte en estenógrafo; el estenógrafo, en secretario privado; el secretario en auxiliar administrativo; y el auxiliar administrativo, en jefe de oficina. Puesto que la presión de los empleados por obtener una clasificación más alta es constante y como no corresponden de hecho los ascensos en la proporción de las presiones, el control de los burócratas no es fácil.

Finalmente se acusa a las burocracias gubernamentales de no limitarse a administrar, sino de implicarse en la política, tarea que debería corresponder a la legislatura o al ejecutivo. La acusación es que los funcionarios burocráticos distorsionan los actos de la legislatura o establecen normas que exceden las autorizaciones legislativas. Tales acusaciones formaron una parte importante de la campaña presidencial de Ronald Reagan en 1980. Sus esfuerzos por reducir la autoridad burocrática tuvo evidentemente algún éxito, puesto que los nuevos reglamentos en 1981 fueron 25% menos que en el año anterior (Pauly, et al., 1982). Sin embargo, la lesgislatura no puede explicar las reglas que se van a aplicar en cada una de los miles de situaciones diferentes. Esto crea una discusión interminable acerca de si una decisión burocrática particular está socavando, cumpliendo o excediendo una política legislativa. Una nueva administración puede utilizar los reglamentos burocráticos para transtornar las políticas y nulificar la legislación de una administración anterior. Un ejemplo extremo es el esfuerzo del Secretario del Interior James Watt para cambiar las políticas de conservación del medio ambiente con el fin de permitir la perforación de pozos petroleros en las zonas desérticas federales. Esto encolerizó de tal manera al Congreso, que aprobó una resolución contra la decisión de Watt (*Congressional Quarterly Weekly Report,* August 14, 1982).

CORRECCIÓN A LA BUROCRACIA. Las burocracias tienden a acumular reglamentos y procedimientos. Muchas burocracias llegan a enredarse

---

En el verano de 1956 estábamos en uno de los primeros grupos de turistas que iban a visitar Yugoslavia, que estaba devastada por la guerra. Nos encontrábamos en la frontera a punto de abandonar Yugoslavia con rumbo a Italia.

En aquel tiempo había en Yugoslavia pocas cosas que pudieran comprar los turistas, y yo tenía en mi poder más dinero local del que se podía sacar del país. No había cambiado de moneda en la frontera y tampoco había lugar donde gastarlo. Yo no quería ser encarcelado por violar esta norma. Varias veces ofrecí el dinero al funcionario de la aduana; él me apartó con la mano fingiendo que no entendía. Me senté en el autobús, con los billetes en la mano listo para la rendición. Por fin, con todos los documentos sellados, el funcionario sonrió y nos hizo una señal para que pasáramos.

Entonces me di cuenta de lo que había sucedido. El reglamento que prohibía sacar dinero local del país tenía la intención de controlar los grandes movimientos de dinero, no la de sorprender a un visitante con unos cuantos *dinares* de más. El funcionario no podía cambiar mis *dinares,* y confiscarlos hubiera sido poco diplomático. Él estaba tratando de no verlos, y yo se lo estaba haciendo difícil.

Tanto en las burocracias como en cualquier otra parte, las desviaciones se manejan frecuentemente no viéndolas. El jefe de oficina que disimula el hecho de que el tiempo destinado para tomar café se alarga de quince a veinte minutos; el maestro que sospecha que un estudiante está cometiendo trampa pero se horroriza ante el difícil trabajo de probarlo; la madre que preferiría no saber nada de lo que su hija y el novio de ésta están haciendo, todos están manejando desviaciones posibles mediante el método de no verlas.

Esto tiene un corolario. Si alguien quiere realmente cometer alguna falta ligera, no sería, contra el reglamento, no pregunte, ¡simplemente hágalo! Si se le pregunta, el funcionario debe rehusarse o abiertamente condenar una violación. Si no se le pregunta, el funcionario lo pasará por alto propablemente.
(Una experiencia personal de este escritor).

tanto en papeleos, que su trabajo diario sólo puede cumplirse violando o evadiendo algunas de las reglas. Los empleados pueden efectuar una forma limitada de huelga —un "trabajo lento"— abandonando simplemente sus atajos y siguiendo el libro de reglas.

Las dificultades de la organización burocrática conduce a intentos de mejorarla o de rebelarse contra ella. El estudio formal de la administración es un intento por hacer de la burocracia un instrumento eficaz para hacer frente a las necesidades de la organización. Todos los programas de capacitación de hombres de negocios, educadores, funcionarios y sacerdotes hacen hincapié en cursos de "administración" (término más popular que procedimientos burocráticos). Puesto que la burocracia es una necesidad y una molestia, los esfuerzos por mejorarla son tan continuos, y quizá tan eficaces, como las cruzadas contra el pecado.

El descontento con el dominio burocrático aparece entre los miembros o clientes de todas las organizaciones formales. Las iglesias establecidas son amenazadas con frecuencia por el clero o por los cultos y sectas religiosas que hacen la competencia. Los negocios elaboradamente organizados pueden ser socavados por competidores más pequeños que pueden cambiar la dirección más aprisa.

Las escuelas enfrentan la rebeldía de los contribuyentes debido, en parte, a un sentimiento de importancia del ciudadano medio para tratar con la administración educativa. Los dirigentes sindicales ven obstaculizado con frecuencia su control por huelgas locas en las que la masa emprende acciones que los líderes oficiales del sindicato preferirían suprimir.

Varios tipos de "acción directa" tratan de modificar la acción burocrática y han constituído un grupo voluntario de acción ruidoso, corrosivo e intolerante respecto a la demora burocrática:

...los padres empujan carritos de niños en la calle para impedir que las motoconformadoras abran nuevas carreteras en sus vecindarios... las mujeres profesionales hacen paros y marchas en defensa de los derechos de las mujeres... los reclusos de las penitenciarías hacen huelgas de hambre... los pro-

fesionales que trabajan en oficinas y los administradores se unen al boicoteo contra los fabricantes de armas y los cultivadores de lechugas no sindicalizados... las amas de casa de las zonas suburbanas hacen marchas de protesta contra el alza en los precios de la carne; los obreros hacen manifestaciones contra el traslado de sus hijos en autobuses escolares de un lado al otro de la ciudad (Theodore Levitt, *The Third Sector: New Tactics for a Responsive Society,* Amacom, New York, 1973, pp. 73-74).

Funcionen o no, tales tácticas producen una "sociedad adversaria" (Levitt, 1973, p. 72) que tiene un elevado costo en pérdida de confianza y en desorden. Una táctica diferente es el intento de funcionar dentro de la burocracia mediante el mediador.

El mediador en asuntos de interés público

Este oficio se desarrolló en Suecia en 1913 (Gellhorn, 1967, p. 194) y ha sido adoptado por corporaciones, gobiernos y universidades en muchos países como una forma ordenada de protegerse contra la burocracia. El mediador suele tener el poder de investigar quejas y puede obligar con frecuencia a dar marcha atrás a una decisión oficial. Aunque el mediador puede ser un verdadero protector del humilde ciudadano, hay efectos latentes del oficio que son un poco diferentes en carácter. Por ejemplo, los supervisores pueden estar menos interesados en corregir ellos mismos las injusticias alegadas, en la creencia de que el mediador puede hacerse cargo de cualquier problema. También, el temor de ser llamado a responder por cualquier clase de irregularidad puede hacer que los funcionarios se vuelvan todavía más burocráticos en un esfuerzo por demostrar que han seguido todos los reglamentos al pie de la letra.

Cualquiera que sea el efecto último de la creciente aceptación de ese tipo de mediador, no hay duda de que este oficio es uno de los muchos esfuerzos por humanizar y hacer eficiente a la burocracia.

No hay una respuesta fácil para los problemas del abuso burocrático. El carácter uniforme e impersonal de las burocracias es la base de su utilidad; sin embargo, estas mismas cualidades hacen algunas veces que las burocracias no respondan a las necesidades humanas.

La alternativa del incentivo   Algunos problemas pueden manejarse mejor mediante incentivos que mediante reglamentos. Por ejemplo, consideremos el caso de los gerentes de sucursales de las corporaciones. Una corporación diseñará un reglamento para la administración de las sucursales y hara inspecciones frecuentes para ver si se sigen las normas. Otra contratará a los mejores gerentes que pueda encontrar y les permitirá tomar sus propias decisiones mientras las ganancias sean satisfactorias. La segunda corporación puede tener mayor éxito que la primera.

Procedimientos similares pueden seguirse en el esfuerzo por reducir los accidentes industriales. Un método es tratar de analizar toda posible fuente de peligro y redactar un manual de normas con el fin de evitar accidentes. Puesto que tales normas son una molestia, debe haber inspecciones frecuentes para ver que se sigan. Éste es un procedimiento burocrático típico. Un procedimiento alterno es ofrecer recompensas o castigos según los resultados, pero dejar los métodos en manos de los individuos afectados. Los incentivos se utilizan ahora en el caso de la indemnización de trabajadores, donde las cuotas pagadas por la compañía se basan, en parte, en la tasa de accidentes.

Los incentivos no pueden sustituir las normas y reglamentos en todas partes, pero son menos molestos y quizá más eficaces que los reglamentos.

Pese a sus imperfecciones, las burocracias proporcionan servicios necesarios con mucha eficacia. Por ejèmplo, las entrevistas hechas a una muestra de personas que utilizan las agencias gubernamentales mostraron un nivel bastante alto de satisfacción con la forma en que los trataron, que fue desde el 58% de personas satisfechas con los servicios médicos y hospitalarios al 88% de personas satisfechas con la forma en que la seguridad social manejó sus problemas de jubilación (Kahn et al., 1975, pp. 66-69).

Las actividades gubernamentales, educacionales, religiosas y de negocios no podrían llevarse a cabo sin una burocracia y, evidentemente, muchas personas están satisfechas con los resultados.

CONFIANZA EN LAS INSTITUCIONES

Los funcionalistas suponen que una sociedad saludable mostrará un fuerte apoyo a las instituciones sociales de la sociedad, un consenso sobre las instituciones existentes. Los teóricos del conflicto consideran que tal "consenso" puede ocultar injusticias graves y puede servir para prestar aprobación moral a prácticas explotadoras. Para bien o para mal, el consenso sobre las instituciones es un signo de estabilidad cultural, en tanto que un bajo nivel de "confianza en las instituciones existentes" es síntoma de un próximo cambio.

Como se muestra en el cuadro 9-2, la confianza del pueblo estadounidense en sus instituciones fluctúa. El nivel de confianza puede tomarse como una medida aproximada de la satisfacción general. No se sabe en qué medida puedan bajar los niveles de confianza sin que traigan consigo transformaciones importantes, quizá revolucionarios; y el que tales cambios sean "correctivos" o "perjudiciales" depende de la perspectiva personal.

CUADRO 9-2
CONFIANZA PÚBLICA EN 10 INSTITUCIONES CLAVE
(El tanto porciento indica el número de personas que respondieron "mucho" o "bastante".)

Institución	1980	1979	1977	1975	1973
La Iglesia o una religión organizada	66%	65%	64%	68%	66%
Los bancos y la banca	60	60	*	*	*
Los militares	52	54	57	58	*
Las escuelas públicas	51	53	54	*	58
La Suprema Corte de E.E.U.U.	47	45	46	49	44
Los periódicos	42	51	*	*	39
El trabajo organizado	35	36	39	38	30
El Congreso	34	34	40	40	42
La televisión	33	38	*	*	37
Los grandes negocios	29	32	33	34	26

* No se preguntó.
Fuente: Religion in American, 1981, the Gallup Organization, Inc., and the Princeton Religion Research, Inc., Princeton, N.J. p. 45.

Un juez del Tribunal de Distrito de Estados Unidos en Salt Lake City retiró la sentencia que había dado en un caso que ya había juzgado en 1956 y ordenó que el caso, *Buloch et al. vs. The United States* se reabriera. La razón, explicó el juez A. Sherman Christensen en su opinión del 4 de agosto, es que los demandantes revelaron pruebas en un juicio llevado a cabo en mayo que demostraban cómo el gobierno había "perpetrado" un fraude al tribunal" durante los procedimientos de 1956.

Lo que se discutía era si los ganadores de Utah tenían derecho a la compensación gubernamental por la muerte de cuatro mil trescientas noventa ovejas. El demandante hacia el cargo de que el rebaño había sido envenenado por precipitación radiactiva en la atmósfera, proveniente de las armas nucleares detonadas en el campo de pruebas de Nevada.

El abogado de los ganadores reunió pruebas acerca de cómo la AEC (Atomic Energy Commission) había engañado deliberadamente al tribunal en 1956.

(J. Raloff, *Science News*, 120:100, Aug, 14. 1982).

¿Qué sucede con la "confianza en las instituciones estadounidenses" cuando la gente sabe que su gobierno les ha mentido?

"El gobierno" incluye miles de departamentos, agencias, oficinas gubernamentales y comisiones. Si cada año, solamente uno en cada mil dice mentiras al público, una nueva revelación de la deshonestidad del gobierno aparecería cada mes o algo así. ¿Cuán profundamente debería afectar un sólo caso nuestra "fe en las instituciones estadounidences"?

SUMARIO

Una institución social es una organización de normas para hacer algo que la gente siente que es importante. Las instituciones se desarrollan gradualmente a partir de la vida social de un pueblo. Cuando algunas actividades importantes se han regularizado, rutinizado, esperado y aprobados, este comportamiento se ha *institucionalizado*. Un *rol institucionalizado* es aquel que ha sido regularizado, aprobado y esperado, y normalmente desempeñado en forma bastante predecible, sin importar la persona que lo desempeña. Cada institución incluye un grupo de *características institucionales* (códigos de comportamiento, actitudes, valores, símbolos, rituales, ideologías), *funciones manifiestas* (aquellas que se pretende realizar) y *funciones latentes* (aquellos resultados que no se pretenden ni planean).

Los líderes de asociaciones institucionalmente relacionadas (escuelas, iglesias, empresas, etc.) buscan generalmente algún grado de *autonomía institucional* o independencia de otras

instituciones. Las instituciones se encuentran también *interrelacionadas,* de modo que los cambios en una institución afectan a las otras en una relación continua de causa y efecto.

Los *intelectuales* son personas cuyo trabajo principal está relacionado con las ideas. Su poder es la influencia, puesto que su trabajo puede afectar el modo de pensar de quienes tienen autoridad. Los intelectuales pueden atacar o defender las instituciones de su sociedad.

La *burocracia* es el personal administrativo especializado, designado por méritos, impersonal y dirigido por una cadena de mando. Aunque es muy criticada y ridiculizada, la burocracia es necesaria e inevitable en todas las grandes organizaciones. Surge de las necesidades de eficiencia, uniformidad y prevención de la corrupción.

Las reacciones a la burocracia incluyen esfuerzos para mejorarla mediante análisis y capacitación y para restringir la autoridad burocrática. Algunas organizaciones han utilizado mediadores en asuntos de interés público para evitar a sus miembros el trato discriminatorio de que son objeto por parte de los funcionarios. Las alternativas a la burocracia consisten en dar premios para lograr metas para evitar el cumplimiento de reglamentos detallados.

La confianza en las intituciones estadounidenses fluctúa, y un nivel bajo de confianza pública puede traer un cambio institucional.

GLOSARIO

asociación: grupo organizado de personas que persiguen un interés común.

autonomía: autogobierno; que no se guía por las directrices ajenas.

burocracia: pirámide de funcionarios que encauzan racionalmente el trabajo de una gran organización.

funciones institucionales latentes: consecuencias imprecistas de una política, un programa, una institución o una asociación.

funciones institucionales manifiestas: funciones esperadas de una política, un programa, una institución o una asociación.

ideología: sistema de ideas que sanciona una serie de normas.

institución: grupo organizado de costumbres y tradiciones centradas en torno a una actividad humana importante; sistema organizado de relaciones sociales que incorpora algunos valores y procedimientos comunes y satisface algunas; necesidades básicas de la sociedad.

intelectual: persona cuyo trabajo consiste en tratar principalmente con ideas.

mediador en asuntos de interés público: funcionario con poderes para investigar, y algunas veces para resolver quejas contra el funcionamiento de la burocracia.

PREGUNTAS Y PROYECTOS

1 ¿Cuáles son las cinco instituciones sociales básicas que se encuentran en todas las sociedades complejas? ¿En qué difiere una institución de una asociación?.

2 ¿Qué quiere decir proceso de institucionalización? ¿Es el arte una institución? ¿Y la recreación? ¿Las Naciones Unidas? ¿El matrimonio? ¿El fútbol? ¿La Iglesia Católica Romana?

3 Emerson hizo esta afirmación: "Una institución es la sombra prolongada de un hombre". De acuerdo a la definición de los términos en este libro, ¿está Emerson hablando acerca de instituciones de asociaciones?

4 ¿Su escuela tiene un mediador entre usted y los empleados? Pida ver el informe anual de esa oficina. Si no está disponible, pida permiso para revisar algunos de los casos manejados. Decida qué principios se utilizaron al manejar esos casos. ¿Cuál es el efecto de este proceso en la moral de la facultad y del estudiante? ¿En las normas académicas?

5 ¿Por qué surge la insatisfacción con la burocracia? ¿Cuál es el principal obstáculo para

eliminar los rasgos burocráticos que causan resentimiento?

6 ¿Considera usted que las relaciones sexuales premaritales se han institucionalizado en su *campus* universitario? ¿Por qué si o por qué no?

7 ¿Deberían los estudiantes casarse mientras están en la universidad? ¿Deberían las mujeres que son miembros de las fuerzas armadas ser separadas de sus cargos si se embarazan? Justifique su respuesta en cada caso.

8 Woody Hayes, el popular y sumamente exitoso entrenador de fútbol de la Ohio State University, fue despedido después de perder los estribos y atacar a un miembro de un equipo contrario. ¿Qué ilusta este incidente acerca de la naturaleza de los roles institucionalizados?

9 Lea usted "Blacks vs. The White House" en *Newsweek,* 99:24-25, Jan. 25, 1982. Escriba un informe en el que explique el argumento para retirar el reglamento por parte del International Revenue Service y la razón por la cual las personas activas en las organizaciones en favor de los derechos civiles lo objetaron. ¿Qué indica este artículo acerca de los problemas involucrados en el uso del poder burocrático?

10 Lea "The Function of Sacerdotal Celibaty, pp. 150-162, en *Greedy Institution,* por Coser (señalado en Lecturas que se sugieren). ¿Piensa usted que la abolición del requisito del celibato sacerdotal fortalecería o debilitaría a la Iglesia Católica Romana? Defienda sus respuestas.

LECTURAS QUE SE SUGIEREN

Albrecht, Milton C.: "Art as a Social Institution," *American Sociological Review, 33:383-390,* June, 1968. Presenta el arte como una institución social, pero que no sigue exactamente el formato de otras instituciones.

* Brym, Robert J.: *Intellectuals and Politics,* George Allen & Unwin Ltd., London, 1980. Un breve y perspicaz estudio de la relación entre los intelectuales y el poder político.

* Coser, Lewis A.: *Greedy Institucions: Patterns of Undivided Commitment,* The Free Press, New York, 1974. Algunas instituciones y asociaciones exigen la dedicación completa de las personas comprometidas. Los ejemplos incluyen a los eunucos que llevaban a cabo tareas para los gobernantes, a los activistas en el partido comunista, al sacerdocio católico, a los sirvientes domésticos o a las amas de casa que subordinan todos los intereses al cuidado de la casa. Un libro entretenido que revela un compromiso institucional total.

Gordon, Laura Kramer: "Bureaucratic Competence and Success in Dealing with Public Bureuacracies", *Social Problems,* 23: 197-208, December 1975. Un estudio sobre las instituciones de beneficiencia social que muestra cómo las personas de clase media que acudieron a ellas obtuvieron lo que solicitaron.

Graham, George P.: "Catholics. Divorce and Annulment", *USA Today,* 107: 47-49, January 1979. Muestra cómo los intelectuales promueven el cambio social.

Pryce-Jones, David P. "The Bete Noire of France's Left". *The New York Magazine,* Dec. 11, 1977, pp. 55ff. Cómo Jean-Francois Revel y otros intelectuales están comenzando a negar cualquier acuerdo entre los intelectuales y el marxismo.

Snyder, Eldon E. and Elmer A. Spreitzer: *Social Aspects of Sport,* Prentice-Hall, Inc., Englewood Cliffs, N.J., 1983. Una sociología del deporte con mayor acento en las relaciones del deporte con las principales instituciones sociales.

* Thompson, Victor A.: *Modern Organization,* University of Alabama Press, 1977. Valioso, especialmente por la forma en que trata la buropatología.

Zucker, Lynne G.: "The Role of Institucionalization in Cultural Persistence", *American Sociological Review,* 42: 726-743, October 1977. Un informe de investigación que muestra cómo las características culturales tienden a persistir más tiempo cuando se institucionalizan.

* Un asterisco antes de la cita indica que el título está disponible en edición en rústica.

10 La familia

Ocurrió una mañana, cuando Johnny (un ex soldado estadounidense) llegó a trabajar y encontró a Maggi, a Kim Sing y a Povenaaa y a otros tres hombres jugando a los dados. Teuru (la joven nativa que era novia de Johnny) se hallaba junto a ellos observando el juego con interés y aconsejando a Maggi:

—Tendrás que esforzarte más. Necesita otros tres seis —dijo.

—¿Qué están jugando? —preguntó Johhny.

—Dados —respondió Teuru.

—Eso ya lo sé, pero ¿qué apuestan?

—Teuru se ruborizó y desvió la mirada, de modo que Johnny preguntó a Povenaaa.

—¡No me moleste ahora! —gritó, excitado, el hombre.

De pronto hubo gritos de triunfo y Maggi juró que el chino había hecho trampa, pero Kim Sing sonrió lleno de felicidad y recogió los dados.

—El condenado chino se ganó al bebé —dijo Povenaaa como escupiendo las palabras.

—Ganó ¿qué? —pregunto Johnny.

—El bebé.

—¿El bebé de quién?

—El de Teuru.

—Yo no sabía que Teuru tuviera un bebé.

—No lo tiene... todavía.

—¿Quieres decir... mi bebe?

Johnny retrocedió boquiabierto. Luego exclamó:

—¡Hey! ¿Qué hay acerca de mi bebé?

—El lo ganó —dijo Maggi desconsoladamente.

Tomando a Teuru por el brazo el estadounidense gritó:

—¿De qué diablos están hablando?

—Cuando nazca —dijo Teuru—, a toda la gente en Raiatea le gustaría tenerlo. De modo que hemos decidido que los dados decidan.

—¡Pero se trata de tu propio hijo! —dijo él impetuosamente.

—¡Claro! —respondió ella—. Pero yo no puedo quedarme con él. No estoy casada.

—¡Se trata de tu propia carne y de tu propia sangre!

—¿De qué está hablando? —preguntó Teuru a Maggi.

Johnny Roe miró suplicante a la gruesa mujer y preguntó: ¿Regalarías a tu propio hijo? ¿Regalarías a Major?

El grupo estalló en risas y Johnny exigió que le dijeran dónde estaba lo gracioso.

—Se trata de Major —vociferó Maggi, golpeando a Johnny en las costillas. —Major no es su hija. Ella es hija de Hedy.

—Quieres decir que Hedy...

—¡Por supuesto! —explicó Maggi—. Hedy tenía que ir a Tahiti por un buen tiempo antes de casarse. De modo que me dio a Major.

Johnny Roe había ya escuchado bastante. Salió echando pestes y compró dos botellas de ginebra, y cuando Teuru lo encontró, él había regresado a sus días en Montparnasse, excepto que ahora decía entre sollozos: "Nuestro bebé ¡Tú rifaste a nuestro bebé con un par de dados!"

Johnny siguió con este tema todo el día, y Teuru comenzó a temer que fuera el principio de otra borrachera épica, de modo que rompió las botellas de ginebra y dijo—: Todas las muchachas regalan a su primer hijo. De otra manera, ¿como podrían casarse?

Johnny se enderezó súbitamente sobrio—. ¿Qué quieres decir con eso de casarse?

—¿Qué hombre de Raiatea querría a una muchacha que no hubiera tenido hijos?

—¿Quieres decir que a los hombres no les importa que...?

—¡Mucho! Desde que la gente se dio cuenta de que voy a tener un niño, varios hombres que nunca se habían dado cuenta de que yo existía me han preguntado cuándo te vas a ir.

—¿Qué sucede luego? —preguntó Johnny sospechosamente.

—Entonces me caso.

Johnny se recostó sobre el respaldo y dijo lamentándose:

—¡Eso es indecente! ¡Por Dios que es indecente!

Las pautas familiares varían mucho de sociedad a sociedad; sin embargo, hay pocas pautas culturales acerca de las cuales los pueblos son tan etnocéntricos como sus pautas familiares. Si la familia es tan importante, ¿por qué no hemos podido encontrar alguna pauta ideal de la vida familiar que satisfaga mejor las necesidades humanas en todas partes y ponernos de acuerdo sobre ella?

Como se mencionó antes, en las sociedades más primitivas la familia es la única institución social (o posiblemente el clan, un grupo más extendido unido por el parentesco que es, en algunas sociedades, más importante que la familia inmediata). Entre los esquimales del ártico no había otras instituciones; ni jefes o leyes formales, ni sacerdotes o curanderos, ni ocupaciones especializadas. Dentro de la familia se llevaban a cabo todas las tareas relativas a la vida. Algunas sociedades primitivas institucionalizaron algunas cosas que nosotros no consideraríamos como parte de la vida familiar. Por ejemplo, algunos primitivos desarrollaron una pauta institucionalizada para comerciar con los pueblos vecinos con los cuales no llevaban muy buenas relaciones de amistad. Un pueblo dejaba algunas mercancías en cierto lugar donde pronto eran recogidas por el otro pueblo, quien dejaba a cambio sus propias mercancías. Pero esto no requería funcionarios ni una estructura institucional oficial. Así, las sociedades más primitivas no tenían necesidades físicas o sociales que exigieran alguna estructura institucional más allá de la familia.

Conforme se va naciendo más compleja una cultura, sus estructuras institucionales se hacen más elaboradas. La familia es una estructura adecuada para manejar la producción económica y el consumo de los cazadores y granjeros primitivos. Pero ¿qué sucede cuando desarrollan un comercio más extenso con los vecinos o las tribus distantes? Antes de que pase mucho tiempo, el grupo incluye comerciantes, transportistas y otros especialistas, cuyo trabajo ya no forma parte de la vida familiar de la sociedad. Más tarde, artesanos especializados empiezan a producir mercancías, lo que da origen a una mayor diferenciación ocupacional. Las instituciones económicas existen siempre que las funciones económicas son realizadas de una manera rutinaria por especialistas, que operan al margen de sus roles y funciones familiares.

En las sociedades más primitivas el orden se mantiene sin leyes formales, policía o tribunales. La única autoridad reconocida en muchas sociedades simples es la familiar; esto es, algunos miembros de la familia tienen cierta autoridad sobre otros. La guerra, tanto en la sociedades primitivas como en las modernas, es un poderoso estímulo para la organización política, porque sólo mediante ésta una turba levantada en armas se convierte en un ejército real. De manera semejante, las instituciones religiosas y educativas desarrollan una especie de funcionarios profesionales, que siguen procedimientos reglamentados y liberan a la familia de algunas actividades que son demasiado complicadas para que ésta las maneje bien.

La familia, pues, es la institución social básica a partir de la cual se han desarrollado otras instituciones, conforme la creciente complejidad cultural las ha hecho necesarias. Un estudio de la familia nos dirá algo acerca de ella y de las instituciones en general.

ESTRUCTURA DE LA FAMILIA

Como todas las instituciones, la familia es un sistema de normas y procedimientos aceptados para lograr que se lleven a cabo algunos trabajos importantes. Definir la familia no es fácil, puesto que el término se utiliza en muchas formas. Una familia puede ser: 1) un grupo con ancestros comunes; 2) un grupo de personas unidas por la sangre o el matrimonio; 3) una pareja casada, con hijos o sin ellos; 4) una pareja no casada, con hijos; 5) una persona con hijos. Los miembros de una comuna pueden llamarse a sí mismos una familia, pero generalmente no pueden ocupar una casa en un área dividida en zonas para "residencias de una sola familia". Si varios estudiantes tratan de alquilar y compartir una casa en tal área, descubren que la definición legal de una familia es importante.

La pareja no casada y sin hijos en "convivencia no marital", no es reconocida como una familia por la U.S. Bureau of the Census, pero esta oficina, estableció recientemente una nueva categoría para "personas de sexo opuesto que comparten alojamiento".

"If you like me and I like you,
Come and be muy posselq".

La U.S. Bureau of the Census define una familia como "dos o más personas relacionadas por la sangre, el matrimonio o la adopción y que viven juntas en una casa". Sin embargo, una práctica común es la de considerar como familia cualquiera de las cinco categorías enumeradas arriba. Los sociólogos encuentran poco satisfactoria la definición que da la oficina del censo, porque excluye a la *familia extensa,* que es la institución básica en muchas sociedades. Una definición más sociológica de la *familia* puede ser ésta: *una agrupación por parentesco que se encarga de la crianza de los niños y de satisfacer algunas otras necesidades humanas.* Para que una sociedad sobreviva, las personas deben encontrar algunas forma prácticas y viables de formar pareja, concebir y educar hijos, satisfacer necesidades económicas, cuidar de los enfermos y ancianos y llevar a cabo algunas otras funciones. Estas funciones familiares varían considerablemente de sociedad a sociedad, aunque las formas de familia varían todavía más. De hecho, si se enumeraban todas las formas posibles de organizar la vida familiar, una investigación en la literatura antropológica revelaría probablemente que cada forma de organización fue la pauta aceptada por lo menos en una sociedad. Con sólo unas cuantas excepciones, en lo que a pautas familiares se refiere, todo es bueno en algún lugar.

Composición del grupo familiar

Cuando hablamos de la familia pensamos casi siempre en un marido y una mujer, en sus hijos y, ocasionalmente, en un pariente extra. Puesto que esta familia se basa en la relación marital o

Donde están implicadas las pautas familiares, casi todo es bueno en algún lugar.

"conyugal", ha sido llamada familia conyugal. Sin embargo, en la actualidad es más frecuente referirse a ella como a la *familia nuclear.* La familia consanguínea no se basa en la relación conyugal de marido y mujer, sino en relación de sangre de cierto número de personas empärentadas. La familia consanguínea es un clan amplio de parientes por la sangre, junto con sus esposos e hijos. El término *familia extensa* se utiliza con frecuencia para referirse a la familia nuclear más cualquier otro pariente con el que se mantengan relaciones importantes. Aunque los estadounidenses emplean el término familia extensa para referirse a reuniones familiares y otros propósitos ceremoniales, la mayor parte de las funciones familiares rutinarias parten de la base de la familia nuclear.

Nuestras costumbres nos ponen en guardia contra la familia política y exhorta a la pareja a establecer su propia casa. Esto se conoce como *matrimonio neolocal,* distinto del *matrimonio patrilocal,* donde la pareja casada vive con la familia del marido, y del *matrimonio matrilocal,* donde la pareja vive con la familia de la esposa. Nuestras leyes exigen que el marido mantenga a su mujer en una casa separada de otros parientes si ella insiste. Nuestras leyes exigen que los padres mantengan a sus propios hijos menores, pero impone sólo una ligera obligación relativa al cuidado de sus padres y ninguna obligación para cuidar de sus hermanos y hermanas, primos, tíos y tías, sobrinos y sobrinas u otros parientes.

La familia consanguínea tiene una atmósfera muy diferente. Mientras que la familia conyugal

Familia conyugal
La familia básica consta de marido,
esposa y sus hijos con una orla de
parientes.

La familia consanguínea (matrilocal)
La unidad familiar básica consta de
un grupo de hermanas y hermanos, y
los hijos de las hermanas, con una
orla de esposos. (En la forma matrilocal menos común, los hijos de los
hermanos son los que completan la
familia.)

FIGURA 10-1 Tipos de familia conyugal y consanguínea.

tiene como núcleo una pareja casada rodeada por una orla de parientes por la sangre, la familia consanguínea tiene a un grupo de hermanos y hermanas como su núcleo, rodeado por una orla de esposos y esposas. En la mayor parte de los casos de la familia consanguínea, una persona casada permanece ligada primariamente a la familia de sus padres y sigue como semiforastera en la familia del cónyuge. Esto tiene importantes consecuencias. Sus principales responsabilidades son hacia la familia en la que ha nacido, no hacia la familia en la que uno se ha casado; así una mujer puede depender no de su marido, sino de sus hermanos para su protección y ayuda en la educación de sus hijos. Sin embargo, su esposo no se escapa porque él tiene una responsabilidad con los hijos de su hermana. (Para descripciones clásicas de la familia consanguínea, véase Linton, 1936, Cap. 10; Murdock, 1949, Cap. 3.)

En tal familia, el afecto y la responsabilidad se encuentran ampliamente repartidos entre un grupo de personas muy grande. Los hijos son una responsabilidad conjunta de toda la familia, y un niño desarrolla con sus tías una relación muy semejante a la que tiene con su madre. Está rodeado por muchos adultos, cualquiera de los cuales puede actuar momentáneamente con él como uno de sus padres. Este tipo de familia tiende a producir personalidades con menos individualidad que las nuestras, puesto que cada niño tiene prácticamente la misma experiencia de socialización. Tal familia protege al individuo contra la desgracia. Si la madre de un niño muere o es negligente, se encuentran a mano buenos sustitutos. La familia consanguínea ofrece poca oportunidad para la individualidad y poco peligro de soledad o negligencia.

Es obvio que la familia consanguínea no es práctica en todas partes. Cuando tanto la familia por nacimiento como la familia por matrimonio se encuentran en el mismo poblado, es fácil estar con el compañero mientras se desempeñan obligaciones con la familia de los padres. Si viven en poblados diferentes, surge la tensión. En una sociedad especializada, individualizada y sumamente móvil como la nuestra, la familia consanguínea sería impracticable. Mas para los tanala de Madagascar, cuyo trabajo de granja requería un equipo cooperativo de media docena o más de varones adultos, la familia consanguínea era ideal (Linton, 1936, Cap. 12).

Matrimonio

Hay pocas sociedades en las que sea usual que una pareja se una tranquilamente y empiece a "jugar a la casita". Aunque esto es muy común actualmente en Estados Unidos, no es el orden completamente aprobado y esperado (y, por lo tanto, no es el institucionalizado). El matrimonio es *la pauta social aprobada mediante la cual dos o más personas establecen una familia.* Implica no sólo el derecho a concebir y criar hijos (que a veces son concebidos como un preliminar institucionalizado del matrimonio), sino también un cúmulo de otras obligaciones y privilegios que afectan a muchas otras personas.

El significado real del matrimonio es la aceptación de un nuevo status, con un nuevo conjunto de privilegios y obligaciones, y el reconocimiento de este nuevo status por otros. La ceremonia y los rituales nupciales son únicamente formas de publicar y escenificar este cambio de status. A las parejas homosexuales en nuestra sociedad les gustaría casarse y ser reconocidas como una familia, pero esto es hoy legalmente imposible en cualquiera de los Estados de la Unión. Un matrimonio legal legitima un status social y crea una serie de derechos y deberes reconocidos por la ley. Un "matrimonio" homoxesual no crea un nuevo status que otros estén obligados a reconocer ni se crean derechos y obligaciones que puedan exigirse legalmente. Sólo nuevas leyes podrían hacer esto (y los primeros pasos temerosos para tales cambios legales apenas se están dando [*Time,* 118:74, Dec. 13, 1982]).

En materia de un matrimonio, nuestro etnocentrismo es conspicuo. Para nosotros es monstruoso que los padres deban arreglar y forzar el matrimonio de dos personas que pueden no haberse visto nunca. ¿Cómo saben si ellos se amarán mutuamente? ¿Por qué no se les pregunta cuáles son sus deseos? Nuestra reacción ilustra el error común del etnocentrismo: suponer que las personas que tienen otra cultura pensarán y sentirán como nosotros pensaríamos y sentiríamos si nos encontráramos en su situación. No toma en cuenta el hecho de que la mayor parte de las personas desean y sienten sólo lo que su sociedad los prepara a desear y sentir. Nosotros

consideramos el matrimonio como una aventura romántica con una persona de la que nos hemos enamorado. La muchacha en la China clásica, a punto de contraer un matrimonio arreglado con un extraño, esperaba ansiosamente su matrimonio como un status deseable y una asociación satisfactoria con un hombre que había sido sabiamente elegido por sus padres. Cada sociedad ha considerado a otra con una lástima etoncéntrica; nos compadecemos de sus jóvenes por su falta de libertad; ellos se compadecen de nuestros jóvenes por su falta de ayuda paterna. En ningún caso los jóvenes mismos sienten ninguna necesidad de conmiseración. Por supuesto actualmente, la familia china ha cambiado mucho en la República Popular (Yang, 1959; Huang, 1961; Kessen, 1975. Cap. 3; Leslie, 1982, pp. 111-113.)

ENDOGAMIA Y EXOGAMIA. Toda sociedad limita la elección en el matrimonio exigiendo que se escoga al compañero *fuera* de algún grupo especificado. A esto se le llama *exogamia.* En nuestra sociedad la prohibición se aplica a los parientes consanguíneos cercanos; nadie puede casarse con un hermano o una hermana, con un primo hermano o con algunos otros parientes cercanos. Muchas sociedades amplian el círculo del parentesco prohibido para evitar el matrimonio dentro del clan, el poblado o, a veces, aun dentro de la tribu.

La mayor parte de las sociedades requieren también que los compañeros se escojan *dentro* de algún grupo específico. A esto se le llama *endogamia.* La endogamia de clan, de poblado y de tribu es bastante común entre las sociedades primitivas. En nuestra sociedad, la endogamia racial fue exigida por ley en muchos estados hasta que la Suprema Corte de Estados Unidos declaró incostitucionales todas esas leyes en 1967, pero la tradición y la presión social siguieron desalentando los matrimonios interraciales en nuestra sociedad. Con distintos grados de presión, también alentamos la endogamia religiosa y la endogamia de clase en nuestro país.

Toda sociedad practica tanto la exogamia como la endogamia, por cuanto especifica los

La mayor parte de las sociedades del mundo permite la poligamia c *Tony Howarth/ Daily Telegraph Magazine, 1980; Woodfin Camp & Assoc.)*

límites de la cercanía de grupo (exogamia) y los límites de la distancia (endogamia) dentro de los cuales debe buscarse al compañero. Algunas veces, entre estos dos límites existe poco espacio para la caza. Los aranda de Australia central tienen una complicada pauta marital conocida por los antropólogos como un "sistema de ocho clases con exogamia y contrapunto patrilineal indirecto". Para omitir las explicaciones detalladas, digamos que esto significa que un hombre sólo puede casarse con una mujer de un grupo particular dentro de la subsección apropiada de la mitad opuesta de su tribu (Murdok, 1936, pp. 27-30). En muchas sociedades una fórmula como ésta hace innecesaria una elección real, porque sólo una persona puede encontrarse en la categoría permisible para que un muchacho o una muchacha se casen. Si no

hay ninguna, la pareja que se supone se convertirán en suegros adoptan comúnmente a un muchacho o a una muchacha casadera de otra familia que tiene un excedente. Después de todo, una institución es una estructura para satisfacer necesidades humanas, y casi siempre lo logra en una forma o en otra.

ELECCIÓN MARITAL. El proceso de arreglar un matrimonio muestra una fascinante gama de posibilidades. Como se demostró antes, algunas sociedades siguen una fórmula mediante la cual los hijos de algunos parientes socialmente designados se casan uno con otro, de modo que las decisiones individuales pueden ser innecesarias. Donde se necesiten las decisiones reales, pueden hacerse de muchas maneras. Las parejas pueden hacer su propia elección, a veces con consejo o veto de los padres. Éstos pueden arreglar el matrimonio considerando los deseos de la pareja o sin considerarlos. Una mujer puede ser comprada, o quizá se intercambien una complicada serie de regalos entre familias. La captura de la mujer no es desconocida. Cada una de estas pautas es la forma común de arreglar los matrimonios en alguna de las sociedades del mundo. Todas funcionan —dentro de la sociedad en la que existen— y son apoyadas por los valores y prácticas circundantes de la cultura. La captura de la mujer funcionó muy bien entre los tasmanianos que practicaban la exogamia del poblado y no les preocupaban mucho las diferencias entre una mujer y otra. Para nuestra sociedad sería menos práctico. Esto ilustra el concepto del relativismo cultural; una pauta que funciona bien en un ambiente cultural puede funcionar mal en otro. Como Peters muestra (1971) el compromiso hecho por los padres de niñas de 3 años de edad con muchachos adolescentes funciona muy bien entre los shirishana de Brasil, en tanto que cualquier intento de imponer los conceptos occidentales del matrimonio socavaría la estabilidad de los shirishana e invitaría al caos.

MONOGAMIA Y POLIGAMIA. Para todos los estadounidenses propiamente etnocéntricos, sólo existe una forma honesta y civilizada de matrimonio: la *monogamia,* un hombre con una mujer (a la vez). Sin embargo, la mayor parte de las sociedades del mundo han practicado la *poligamia,* que permite una pluralidad de cónyuges. Hay tres formas teóricas de poligamia. Una es el *matrimonio de grupo,* en la que varios hombres y varias mujeres se encuentran en una relación matrimonial unos con otros. Aunque ésta es una posibilidad teórica intrigante, no hay ningún caso auténtico de una sociedad en la que el matrimonio de grupo haya sido totalmente institucionalizado, con la posible excepción, en un tiempo, de los habitantes de las islas Marquesas (Murdock, 1949, p. 24). Una forma muy rara es la *poliandria,* donde varios esposos comparten una sola mujer. Los nativos todas del sur de la India proporcionan uno de nuestros pocos ejemplos. Aquí, como en la mayor

parte de los casos, la poliandria era fraternal, lo que quiere decir que cuando una mujer se casaba con un hombre, automáticamente se convertía en esposa de todos los hermanos del esposo, y todos vivían juntos con relativamente pocas discordias y celos. La poliandria de los toda se explica cuando uno se entera de que vivían en un medio ambiente muy duro, donde el alimento era escaso y el infanticidio de las niñas se utilizaba para limitar el tamaño de la población (Murdock, 1936, pp. 120-121; Queen et al., 1974, Cap. 2). Sólo cuando alguna situación ha provocado una escasez de mujeres es probable que se dé la poliandria (Unni, 1958). Pero el esparcido puñado de sociedades que practican la poliandria sirve para mostrar cómo una práctica que a nosotros nos parece contraria a la naturaleza humana puede todavía ser la pauta preferida y aceptada entre personas que han sido socializadas para contar con ella. La forma usual de poligamia es la *poliginia:* una pluralidad de esposas, comúnmente no hermanas y generalmente adquiridas en diferentes épocas durante la vida de una persona.

La mención de la poliginia provocará una respuesta prediciblemente etnocéntrica po parte de la mayoría de los estadounidenses. Evocan imágenes de degradación femenina y esclavización impotente y provocan alturas impresionantes de indignación moral ante esa bestialidad pagana. Los hechos son diferentes. Sería difícil demostrar que las mujeres han tenido generalmente un status más satisfactorio en las sociedades monógamas que en las polígamas. Aun en estas últimas, la mayor parte de los matrimonios eran monógamos. Por lo general, sólo los hombres más prósperos y poderosos podían adquirir o atraer más de una mujer. En muchas sociedades de este tipo, la segunda mujer desempeñaba la función de status que juega el segundo Cadillac en nuestra sociedad. Lejos de sentir resentimiento, la primera urgía con frecuencia a su marido para que tomara más esposas, sobre las que ella generalmente reinaba como una abeja reina. La poliginia en operación adoptó muchas formas en diferentes sociedades, todas ellas muy alejadas de la imaginación del estadounidense etnocéntrico normal. La poliginia está declinado actualmente en la mayor parte de los países subdesarrollados, pero todavía es común en las regiones tribales más remotas.

DIVORCIO. ¿Qué hay que hacer cuando una pareja casada no puede vivir junta confortablemente? Aunque la mayor parte de las sociedades prevén el divorcio, algunas lo hacen muy difícil o quizá conceden el privilegio del divorcio sólo a los hombres. Algunas hacen el divorcio muy sencillo. Entre los indígenas hopi, el divorcio es más bien raro, pero sumamente sencillo. El marido únicamente empaca sus cosas y se va, o en su ausencia su esposa le dice que se vaya al diablo arrojando sus pertenencias a la calle.

La estructura familiar y social de muchas sociedades hace del divorcio una operación casi sin dolor y sin peligro. En muchas sociedades donde no se le da mucha importancia al amor romántico y no hay intensos vínculos amororosos individuales el divorcio no implica mayor sufrimiento. Donde la familia consanguínea rodea al niño con un clan protector de parientes y designa al hermano de la madre como el varón responsable en la vida de un niño, la pérdida del padre biológico del niño apenas si se nota. El significado del divorcio depende de cómo se relaciona con otros aspectos de la institución de la familia. En nuestra sociedad, con su fuerte acento en los vínculos amorosos individuales dentro de una unidad familiar nuclear aislada, un divorcio puede completar el colapso del mundo emocional tanto para los niños como para los adultos.

Variaciones en la estructura familiar

Podríamos alargar indefinidamente la lista de las pautas familiares "raras". Algunas sociedades, como las nuestras, alientan una informal camaradería entre el hermano y la hermana; otras, como la de los hotentotes nama, se espera que el hermano y la hermana se traten mutuamente con gran formalidad y respeto, no pueden dirigirse la palabra el uno al otro directamente o aun estar juntos solos. Tales *prevenciones* se encuentran en muchas sociedades. Evitar a la suegra es muy común; el marido entre los crow no debe mirar

o hablar a su suegra y ni siquiera pronunciar una palabra cuando se presenta en la casa de ella. En muchas sociedades los tabúes de este tipo exigen un decoro máximo hacia algunos parientes, aunque *relaciones privilegiadas* permiten familiaridades especiales con algunos otros. Así, los crow, que deben actuar con gran decoro con respecto a su hermana, a su suegra, a su yerno y a la esposa del hermano de su esposa, se espera que en sociedad muestren una gran familiaridad con su cuñada, bromeen con ella y se tomen varias libertades menos honestas. Entre los hotentotes nama el incesto entre hermano y hermana es la peor de todas las ofensas, pero los primos cruzados[1] disfrutan de "relaciones humorísticas" que incluyen conversaciones de moral dudosa, bromas pesadas e intimidad sexual. Todo esto viene a relación sólo para decir que la familia incluye un número variable de personas cuyas relaciones muturas son muy diferentes en diferentes sociedades.

¿Tiene algún sentido todo esto o la familia es una mezcolanza irracional de nociones extrañas y accidentes históricos? Deberíamos recordar dos cosas. Primera, que muchas pautas diferentes "funcionarán" mientras todos los miembros de la sociedad las acepten. La compra de esposa, la caputra de una mujer o "esposas para el que las pida", son pautas que funcionan aceptablemente si las personas las consideran como la forma apropiada para obtener un cónyuge. Miles de sociedades han existido en algún tiempo o en otro. No es sorprendente, pues, que la mayor parte de las formas posibles de organizar las relaciones humanas hayan sido ensayadas alguna vez, en algún lugar. Muchas de esas formas han sobrevivido, mostrando con esto que las personas son animales sumamente adaptables, capaces de ser capacitados para satisfacer sus necesidades en una notable variedad de formas.

Segunda, que invocamos el concepto de relativismo cultural y repetimos que la forma en que una tradición funciona depende de la forma

---

[1] Los primos cruzados son los hijos de un hermano y hermana con sus respectivos cónyuges; donde los padres relacionados son del mismo sexo, como en el caso de dos hermanos o dos hermanas, los primos se llamana primos paralelos.

en que se relaciona con el resto de su ambiente cultural. Donde existe la compra de esposa, la transacción no es solamente una manera de arreglar matrimonios, sino que también es una característica central de todo el sistema económico y social. La familia consanguínea existe en algunas sociedades porque es una unidad *económica* eficiente en tales sociedades y no sólo porque es agradable tener junta a la familia. Las sociedades que actualmente se están transformando en industrializadas y comercializadas también están reemplazando a la familia consanguínea por la nuclear, que satisface mejor las necesidades de una sociedad móvil individualizada. Como dijimos en un capítulo anterior, las instituciones están interrelacionadas.

FUNCIONES DE LA FAMILIA

En cualquier sociedad la familia es una estructura institucional que se desarrolla mediante los esfuerzos de esa sociedad para lograr que se lleven a cabo ciertas tareas. ¿Cuáles son las tareas que se llevan a cabo comúnmente mediante la familia?

Función de regulación sexual

La familia es la principal institución mediante la cual las sociedades organizan y regulan la satisfacción de los deseos sexuales. La mayor parte de las sociedades proporcionan algunas otras salidas sexuales. Con diferentes grados de indulgencia, cada sociedad tolera también algún comportamiento sexual que viole sus normas. En otras palabras, en todas las sociedades existe alguna desviación de la cultura real con respecto a la cultura ideal, en el comportamiento sexual. La mayor parte de las sociedades tienen algunas normas de evasión que definen cómo realizar discretamente actividades sexuales desaprobadas (p. ej., el "viaje de negocios" estadounidense). Pero todas las sociedades esperan que la mayor parte de las relaciones sexuales ocurran entre personas a las que sus normas definen como legítimamente accesibles una con otra. Algunas

veces estas normas permiten una considerable variedad sexual; sin embargo, ninguna sociedad es completamente promiscua. En toda sociedad hay tradiciones que prohíben que algunas personas tengan acceso a otras. Lo que puede parecernos como promiscuidad, lo más probable es que sea un sistema complicado de permisos y tabúes sexuales que nosotros no comprendemos perfectamente.

La mayor parte de las sociedades del mundo ha permitido que los jóvenes experimenten relaciones sexuales antes del matrimonio (Murdock, 1949, 1950). Muchas sociedades piensan que la idea del matrimonio virginal es absurda. Sin embargo, en tales sociedades esta experiencia sexual premarital no se considera un entretenimiento sino una preparación para el matrimonio. Algunas veces su propósito principal es determinar la fertilidad; una muchacha que concibe está lista para casarse. La mayor parte de estas sociedades no sólo han *permitido* el comportamiento sexual premarital, sino que lo han *institucionalizado,* lo han definido como una actividad adecuada y útil y han desarrollado una serie de arreglos institucionales de apoyo que lo hacen seguro y sin peligro. Puesto que existe una total aprobación social, no hay temor, vergüenza o desgracia. La estructura familiar y los arreglos de vida en tales sociedades son generalmente de un tipo donde un niño más no representa una carga o incoveniencia especial. La experiencia sexual premarital puede ser un preliminar útil y sin peligro para el matrimonio en una sociedad que la ha institucionalizado. La nuestra no lo ha institucionalizado, pero posiblemente puede hacerlo.

Función reproductiva

Toda sociedad depende primariamente de la familia en lo que respecta a la concepción y nacimiento de nuevos seres. Otras combinaciones son teóricamente posibles, y la mayor parte de las sociedades aceptan a los niños nacidos al margen de la relación matrimonial. Pero ninguna sociedad ha establecido una serie de normas para proveer de niños, excepto como parte de una familia.

Función de socialización

Todas las sociedades dependen primariamente de la familia para que la socialización de los niños en adultos pueda funcionar con éxito en esa sociedad. Los pensadores, desde Platón a Huxley (1932, 1958) han especulado acerca de otras posibilidades, y docenas de experimentos en la educación comunal de los niños se han intentado y abandonado. Después de la Revolución rusa, la Unión Soviética hizo el experimento de sacar a los niños de las familias para educarlos en instalaciones especiales para el cuidado de los niños, con la esperanza de liberar a sus padres para el trabajo y criar a los niños más científicamente". Pero nunca se puso en práctica esta idea con mucha amplitud, pronto se desechó y luego se hizo todo lo posible por fortalecer la familia. (Alt y Alt, 1959; Chao, 1977). Actualmente, en la Unión Soviética y en China la escuela y la familia cooperan íntimamente para socializar a los niños para la conformidad, la obediencia y el altruismo (Bronfenbrenner, 1970; Kessen, 1975; Che, 1979; Stancey, 1979; Von Frank, 1979). En el Israel moderno los niños en el kibbutz (granja cooperativa) son educados en cabañas comunales y cuidados por enfermeras mientras las otras mujeres trabajan en un sitio diferente dentro del mismo kibbutz. Los padres están generalmente con sus hijos durante un par de horas al día y todo el sábado. Esta crianza comunal parece funcionar muy bien en el kibbutz (Bettelheim, 1964, 1969; Leon, 1970), aunque algunos críticos no están de acuerdo en esto (Spiro, 1958). Sin embargo, sólo unos cuantos de los niños israelíes vivieron alguna vez en el kibbutz, y la proporción va decayendo conforme los fundadores se van y los jóvenes encuentran aburrido el kibbutz. Para parafrasear una balada estadounidense, ¿"cómo los vas a mantener el kibbutz, después de que ellos han visto Tel Aviv?" Actualmente, en Israel la familia está reclamando funciones del kibbutz (Talmon, 1972, Mednick, 1975; Tiger y Shepher, 1975: Gerson, 1978) y sobrevive como la institución normal para la atención de los niños.

La familia es el primer grupo primario del niño, donde empieza el desarrollo de su personalidad. Cuando el niño tiene la suficiente edad para entrar en los grupos primarios fuera de la familia, los fundamentos básicos de su personalidad ya han sido firmemente definidos. La clase de persona que será ya está inscrita en él profundamente. Por ejemplo, Mantell (1974) comparó los primeros antecedentes de una familia de una muestra de Boinas Verdes (unidad de voluntarios selectos en la guerra de Vietnam, famosa por su rudeza) con una muestra semejante de miembros de la resistencia y encontró muchas diferencias significativas. Los Boinas Verdes provenían de padres que eran típicamente autoritarios, convencionalmente religiosos, insensibles, no demostrastivos de afecto, supervisores más que compañeros de sus hijos y que exigían una obediencia incuestionable; los padres de los miembros de la resistencia eran lo opuesto en casi cada una de las características.

Una de las muchas formas en que la familia socializa al niño es proporcionándole modelos para que el niño los copie. El muchacho aprende a ser un hombre, un marido y un padre principalmente mediante la experiencia de haber vivido en una familia encabezada por un hombre, un marido y un padre. Algunas dificultades de socialización se presentan cuando tal modelo está ausente y el muchacho debe depender de modelos de segunda mano que encuentra en otras familias o entre sus otros familiares. No hay ningún sustituto plenamente satisfactorio de una madre y de un padre, aunque no necesitan ser los padres biológicos.

La importancia de la familia en el proceso de socialización se pone de manifiesto cuando su impacto se compara con el de las otras influencias. Por ejemplo, Mayeske (1973) estudió los roles del grupo étnico-racial, de la clase social y de la calidad de la escuela a la que se asistía como causas de índices diferentes de aprendizaje en los niños. Encontró que en ninguna de éstas era tan importante como la presencia o ausencia de una atmósfera familiar que alentara las aspiraciones de aprendizaje y los hábitos de estudio. Un reciente estudio efectuado por Mercy y Steelman (1982) concluye que la principal razón de las diferencias de clase social en los logros intelectuales de los niños es la atmósfera familiar diferente en distintos niveles de clase social. Gran número de estudios han establecido que la familia es el determinante primario de la socialización del niño.

LA SOCIALIZACIÓN EN LA FAMILIA MULTIPROBLEMA.   Una familia "multiproblema" es aquella que tiene una deprimente variedad de problemas e insuficiencias. Casi siempre es pobre y conflictiva, con frecuencia carece de padre y está rodeada por otros problemas, como el desempleo y los hábitos irregulares de trabajo, el alcoholismo, la drogadicción, la ilegitimidad, la dependencia, la delincuencia y las enfermedades físicas y mentales. Estas familias no pueden desempeñar adecuadamente *ninguna* de las funciones familiares, y así socializan a sus hijos para que continúen la pauta de insuficiencia y dependencia. La malnutrición permanentemente frustra su crecimiento físico e intelectual y contribuye a su fracaso escolar (Birch y Gussow, 1970). Todo barrio bajo, rural o urbano, blanco o negro, es una fábrica de "vagabundos" —hijos de las familias desorganizadas de la clase más baja— que están privados de amor y de afecto, enajenados de la sociedad, sin objetivo y sin esperanza.

Función afectiva

Antes que cualquier otra cosa, las personas necesitan una respuesta humana íntima. La opinión psiquiátrica sostiene que probablemente la mayor causa simple de las dificultades emocionales, de los problemas de comportamiento y aun de las enfermedades físicas es la *falta de amor,* esto es, la falta de una relación afectiva y cálida con un pequeño círculo de asociados íntimos (Fromm, 1956; Schindler, 1954, Cap. 10; Hayanagi, 1968). Un cúmulo de datos muestra que el delincuente es típicamente un niño del que nadie se preocupa mucho. Los infantes que reciben buenos cuidados físicos básicos pero que no son abrazados, acariciados y amados, es probable que desarrollen una condición medicamente conocida como *marasmo* (de una palabra griega que significa "consumirse"). Pierden peso, se enfandan y lloriquean apáticamente, y algunas veces mueren (Ribble, 1943, Cap. 1; Evans, 1972: Mussen et al., 1974, pp. 216-223). Un estudio clásico elaborado hace muchos años mostró cómo los niños en la atmósfera esterilizada pero impersonal de los hospitales o de los orfelinatos sufrían en su desarrollo emocional y con frecuencia mostraban altas tasas de enfermedad y muerte (Spitz,

---

¿QUÉ DEBERÍAMOS DAR A NUESTROS HIJOS?

¿Estamos ofreciendo cosas como sustitutos del padre? ¿Estamos ofreciendo presentes en vez de presencia? ¿Estamos dando cosas porque no estamos dispuestos a dar tiempo o a nosotros mismos o afecto? ¿Estamos sobornando a nuestros hijos haciendo tratos, comprando su afecto? ("Todo lo que un chico necesita es amor y seguridades".) ¿Les estamos pidiendo que acepten los vales de nuestro amor en vez de la cosa real? Como el perro de Pavlov, el niño ha sido condicionado para responder al sonido de una campanilla con sueños de golosinas:

¿"Qué me trajiste?" "Hemos desarrollado el extraño fenómeno del "niño expectante" para quien cada hecho exige un regalo. El mundo le debe un don. Hemos llegado al punto en nuestras vidas en que el vendedor ya no pregunta: "¿Qué necesita él?", sino "¿Qué cosa no tiene?"

(Sam Levinson, *Everything But Money,* Simon & Shuster, New York, 1966, p. 192. Copyright©1951, 1952, 1953, 1955, 1956, 1958, 1959, 1961, 1966 por Sam Levinson. Reproducido con permiso de Simon & Shuster, a division of Gulf & Western.)

¿Piensa usted que cuando un niño se vuelve "consentido" (desconsiderado, egoísta, avaro) esto se debe a lo que se la *dado* al niño o a lo que se le ha *negado*?

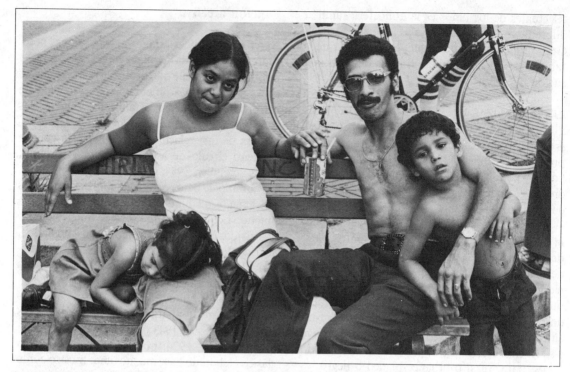

Socialización mediante la interacción familiar íntima. c *(Jim Anderson/
Woodfin Campo. & Assoc.)*

¿Las asociaciones son causativas o selectivas? ¿Las personas casadas son más felices *porque* están casadas (causativa) o las personas felices y bien adaptadas es más probable que permanezcan casadas (selectiva)? ¿Pueden ser ciertas ambas cosas?

1945). La falta de afecto daña verdaderamente la capacidad para sobrevivir de un niño.

Abundan pruebas de que nuestra necesidad de compañía e intimidad y de respuesta humana afectiva es vitalmente importante para nosotros. Ciertamente, es probable que sea la necesidad social más intensa, mucho más necesaria que, por ejemplo, el sexo. Muchas personas célibes están llevando una vida feliz, sana y útil, pero una persona que nunca ha sido amada rara vez es feliz, sana o útil.

La mayor parte de las sociedades dependen casi por completo de la familia para obtener una respuesta de afecto. La necesidad de compañía se satisface en parte mediante la familia y, en parte, mediante otras agrupaciones. Muchas sociedades primitivas tenían organizaciones y clubes semejantes en alguna forma a las modernas logias y fraternidades, que desempeñaban muchas de las mismas funciones. Sin embargo, aun éstas se organizaban

con frecuencia sobre la base del parentesco y eran, por lo tanto, una extensión de la familia.

Función de definición de status

Al entrar en una familia, se hereda una serie de status. Dentro de la familia se le adscriben a uno varios de ellos: edad, sexo, un lugar por orden de nacimiento y otros. La familia también sirve como una base para adscribir varios status sociales, como por ejemplo, ser católico, de clase media, blanco, urbano. En cualquier sociedad que tenga un sistema de clases, el status de clase de la familia de un niño determina en gran parte las oportunidades y recompensas abiertas para él y las expectaciones mediante las cuales otros pueden inspirarlos o desanimarlos. El status de clase puede cambiarse mediante alguna combinación de buena suerte y de esfuerzos personales, como se describe en el capítulo 15, "Movilidad social". Pero cada niño *comienza* con el status de clase de su familia, y esto tiene gran efecto sobre la realización y las recompensas de una persona. La asignación a una clase puede parecer injusta; sin embargo, es inevitable. La familia no puede evitar la preparación del niño para un status de clase similar al suyo propio, porque el simple proceso de vivir y crecer en tal familia es una preparación para su status de clase. El niño absorbe casi siempre de su familia una serie de intereses, valores y hábitos de vida que le faciliten continuar en el status de clase de su familia, le dificultan alcanzar un status de clase más alto y le hacen doloroso aceptar un status de clase más bajo.

Función de protección

En todas las sociedades la familia ofrece a sus miembros algún grado de protección física, económica y psicológica. En muchas sociedades todo ataque a una persona es un ataque a toda su familia y todos los miembros se unen para defender al miembro de la familia o para vengar la injuria. En muchas sociedades la culpa y la vergüenza son igualmente compartidas por todos los miembros de la familia. En las sociedades más primitivas la familia es una unidad amplia que comparte el alimento y que padece hambre o disfruta junta; mientras sus parientes tienen alimentos, nadie tiene miedo de pasar hambre, y en muchas sociedades primitivas, así como en la nuestra, pocas personas ajenas a la familia se preocupan mucho de lo que alguien le ocurra.

Función económica

Como se dijo antes, la familia es la unidad económica básica en la mayor parte de las sociedades primitivas. Sus miembros trabajan juntos en equipo y comparten conjuntamente su producción. En algunas sociedades el clan es la unidad básica de trabajo y de participación, pero con más frecuencia es la familia. Sin embargo, esta situación ahora está cambiando.

LA FAMILIA ESTADOUNIDENSE DE HOY

La familia es un primer ejemplo de la interrelación de las instituciones, porque los cambios en ella reflejan cambios en las otras instituciones con las que ella ensambla. Por ejemplo, en la mayor parte de las sociedades de cazadores los hombres dominan claramente sobre las mujeres, que son cazadoras inferiores debido a su fuerza limitada y a sus frecuentes embarazos. Pero cuando la base económica pasa de la caza al jardín, el papel de las mujeres en las familias se vuelve un poco más influyente, porque las mujeres pueden realizar, y de hecho realizan, la mayor parte de la agricultura de azadón.

Cuando el arado reemplaza al azadón, el predominio masculino tiende nuevamente a crecer, porque arar exige generalmente la mayor fuerza de los hombres. Así, existe una relación entre el poder de alguien dentro de la familia y la naturaleza de su contribución económica. Otros ejemplos de interralación se darán más adelante.

Cambios en la estructura familiar

EL TAMAÑO DE LA FAMILIA HA DECRECIDO. No es un secreto que las familias de doce niños del siglo pasado sean escasas en la actualidad. La tasa de natalidad en el mundo occidental comenzó a bajar hace aproximadamente un siglo. Alcanzó el punto más bajo durante la Gran Depresión de la década 1930-1940 cuando en Estados Unidos bajó a 16.6 nacimientos por millar en 1933, se elevó a 26.6 en 1947 y cayó a 14.7 en 1976 para luego elevarse a 16.2 en 1980. La "familia más pequeña" de hoy no significa, sin embargo, que todas las familias sean proporcionalmente más pequeñas. Como muestra la figura 10-2, las familias pequeñas son casi tan comunes como lo fueron hace medio siglo, pero se están volviendo raras las familias muy grandes.

El Movimiento de Liberación Femenina ha alentado a las mujeres a considerar el embarazo como una opción, no como un deber. La proporción de parejas que elige no tener niños ha

Número de mujeres blancas nativas entre
los 15 y los 44 años de edad que dieron a luz (por millar)

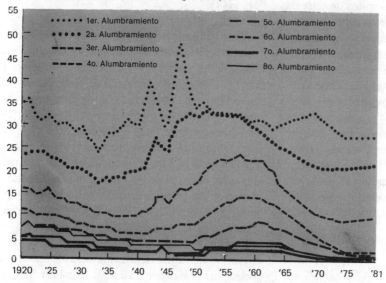

FIGURA 10-2   El tamaño de la familia en Estados Unidos desde 1920. (*Fuente:
U.S. Department of Health, Education and Welfare,* Vital Statistic of the United
States, *1964, vol. 1,* Natality, pp. 1-11 y Statistical Abstract of the United States,
1981, p. 59.)

aumentado (Veevers, 1980), y más mujeres están demorando la maternindad, de modo que
una tercera parte aproximadamente tiene a su
primer hijo a los veinticinco años o después
(Wilkie, 1981).

¿Por qué el tamaño global de la familia ha
declinado en el mundo occidental? Los dispositivos y productos anticonceptivos han proporcionado los medios pero no el motivo, pues no
son la causa de las familias más pequeñas, del
mismo modo que las cuerdas o las armas no son
la causa de los suicidios. Los motivos para desear
familias pequeñas nos llevan a muchos otros aspectos de la cultura. El paso de una sociedad
agrícola analfabeta a una sociedad industrializada, especializada y alfabetizada, ha transformado
a los niños de ser una ventaja económica en una
carga costosa. Los cambios en las pautas de
recreación, en las aspiraciones de educación y
movilidad social y los conceptos cambiantes de
derechos individuales se han unido para frenar
los alumbramientos indiscriminados. En la ac-

tualidad la idea tradicional de que formar una
familia grande es un noble servicio a la sociedad
está siendo rápidamente reemplazada por la
idea de que tener muchos hijos es un acto de de-
senfreno irresponsable. Así, los cambios en la
tecnología, la economía y los valores están implicados en el cambio que se ha producido en el
tamaño de la familia.

LAS FAMILIAS DE UN SOLO PADRE HAN AU-
MENTADO.   Durante la mayor parte de la historia occidental los hijos permanecieron bajo la
custodia del padre en aquellas familias rotas
por la separación más que por la muerte. Durante el siglo pasado la idea de que los hijos de
padres separados "pertenecían" a la madre obtuvo una aceptación que rara vez se puso en
duda. Actualmente esta suposición se cuestiona
por no menos de 650 000 padres que cuidan de
sus hijos ellos mismos (sólo son 12 de cada
1 000 familias). Varios estudios parecen mostrar que los padres pueden educar con éxito por

sí mismos a sus hijos, aunque ello represente algunos problemas especiales (Orthner et al., 1976; Dresden, 1976; G. Collins, 1979).

Aunque la proporción de todas las familias compuestas de una pareja casada con hijos disminuyó en una cuarta parte entre 1970 y 1981 (del 40.3 al 30.3%; véase el cuadro 10-1) las encabezadas por mujeres aumentaron en un 65%, es decir, una por cada nueve familias. Aquellas familias encabezadas por una mujer no casada nunca aumentaron en 356% entre 1970 y 1981, para formar un total de más de un millón. De todas las familias *con hijos,* las de un solo padre aumentaron del 11% en 1971 al 21% en 1981. En un momento dado, el 20% de los niños actuales está viviendo en la casa con un solo padre, mientras que el niño actual tiene un 50% de oportunidades de vivir en la familia de un solo padre en algún momento antes de llegar a los 18 años (las cifras citadas están tomadas de la U.S. Bureau of the Census, 1982*a*).

Si la familia de un solo padre es necesariamente dañina a los hijos, es un problema que puede discutirse. Blechman (1982), observa que si el status

CUADRO 10-1
COMPOSICIÓN DE LOS HOGARES EN ESTADOS UNIDOS, 1970 y 1981

Tipo de hogar	1970	1981
Hogares familiares:		
Pareja casada, ningún niño menor de 18 años	30.3%	29.6%
Pareja casada con niños menores de 18 años	40.3	30.3
Uno de los padres con niños menores de 18 años	5.0	7.6
Otro tipo (p. ej., extensa)	5.6	5.7
Total	81.2	73.2
Hogares no familiares*:		
Personas que viven solas	17.1	23.0
Otras	1.7	3.8
Total	18.8	26.8

* Sostenidas por una persona o personas que no comparten sus cuartos con ningún pariente.
Fuentes: U.S. Bureau of the Census, *Current Population Reports: House hold and Family Characteristics,* March. 1981, ser P-20, no. 371, March 1982, p. 2.

económico, la educación y otras variables se controlan de tal manera que el número de padres sea la única variable que se mide, entonces pueden mostrarse pocas diferencias en el desarrollo del niño. Pero ¿es posible aislar la paternidad de una sola persona de las circunstancias que tan frecuentemente la acompañan? La mayor parte de las familias de un solo padre son pobres, y tres cuartas partes de ellas se encuentran inscritas en la beneficencia social (Segalman y Basu, 1977). Una parte importante de sus bajos ingresos y deficiente educación es el resultado del hecho de ser padres sin pareja (o padres adolescentes). Un estudio longitudinal de mujeres que se divorciaron y no se volvieron a casar encontró que sufren una reducción de ingresos en promedio del 50% (Duncan y Morgan, 1982). Entre los cabeza de familia menores de 25 años de edad, la familia encabezada por la mujer gana sólo una tercera parte del ingreso de una familia en la que están los dos padres; y entre los de 25 a 44 años de edad, la familia encabezada por la mujer solamente recibe el 42% del ingreso de una familia en la que están los dos padres (U.S. Bureau of the Census, 1980*a*).

Si las mismas mujeres fueran miembros de familias de dos padres muchas de ellas no serían pobres. Pero en su mayoría *son* pobres y sus niveles de depresión son altos. Las madres que son el único padre en la familia son las mayores consumidoras de servicios de salud mental, en tanto que el índice de estos mismos servicios para sus hijos es cuatro veces mayor que el de los hijos de las familias de dos padres (Guttentag, 1980). Algunas de estas dificultades pueden atribuirse directa o indirectamente al status de un solo padre.

También es claro que una familia de un solo padre *puede* constituir un ambiente saludable para los hijos. Una red de apoyo formada por parientes o amigos serviciales puede ser muy importante (McLanahan et al., 1981). El carácter del padre es claramente más importante que la forma de la familia (Marotz-Baden et al., 1979). Un padre responsable y cariñoso puede ser mejor para los hijos que dos padres que riñen, que los maltratan y que viven en eterno conflicto. Pero es difícil argumentar que dos padres responsables y cariñosos no sean mejor que uno.

En la socialización, dos padres generalmente son mejor que uno. *(Erika Stone Peter Arnold, Inc.)*

LA PATERNIDAD SIN MATRIMONIO HA AUMENTADO. Desde 1950, el índice de ilegitimidad se ha multiplicado más de cuatro veces, del 4:0 al 17.1% de todos los nacimientos. Por cada mil mujeres blancas solteras de 15 a 16 años de edad, los nacimientos aumentaron del 13.8 en 1970 al 15.1 en 1971, mientras que decayeron del 95.5 en 1979 al 85.3 en 1981 entre las mujeres negras. Casi un tercio de los bebés nacidos de adolescentes blancos nacieron fuera del matrimonio, y más de tres cuartas partes de los nacidos de adolescentes negros lo hicieron fuera del matrimonio (Statistical Abstract., 1981, p. 95). Más de la mitad de todos los niños negros en la nación nacieron fuera del matrimonio (*Time,* 116: 67, Nov. 9, 1981). En algunas zonas la cifra es mucho más alta: 77% en la parte central de Harlem (*The New York Times,* Nov, 8, 1981, p. 20). Un estudio sobre todos los niños de la ciudad de Nueva York nacidos fuera de matrimonio en los años 1960-1980 encontró que tres cuartas partes de ellos vivían inscritos en la beneficencia social en 1975 (Auletta, 1982). ¿Cuáles son las posibilidades para los niños nacidos en un vecindario donde la mayor parte de ellos son ilegítimos y están viviendo de la beneficencia pública, en familias de un solo padre? ¿Cuáles son sus oportunidades de compartir alguna vez el "sueño estadounidense"?

Hace una generación, nueve de cada diez bebés ilegítimos se daban en adopción; actualmente, más de nueve de cada diez de ellos son conservados por sus madres. Esto condena con frecuencia a la madre a una vida de privaciones, y al bebé a una vida de carencias emocionales (Furstemberg, 1976; Fosberg, 1977). Uno se pregunta cuáles serán las últimas consecuencias sociales de tener una parte significativa de la próxima generación educada por adolescentes que no se han casado, a los que no consideramos suficientemente maduros para firmar un contrato, conducir un automóvil, depositar un voto o comprar una bebida.

Algunas personas se oponen a la educación sexual en las escuelas y a los servicios de anticoncepción y embarazo en los adolescentes, con el pretexto de que provocan curiosidad sexual y estimulan las relaciones sexuales pre-maritales. Las pruebas de investigación que tenemos sugieren lo contrario. Hay algunas pruebas de que la educación sexual reduce la actividad sexual de los adolescentes y de que el alumbramiento premarital se reduce mediante la disponibilidad de anticonceptivos y de servicios abortivos (Moore y Caldwell, 1981). Durante los tres años de funcionamiento de una clínica para el embarazo en dos escuelas secundarias de St. Paul, la tasa de embarazos de las estudiantes bajó en un 40% (Edwards, 1980). Durante el decenio pasado el porcentaje de los adolescentes sexualmente activos se ha incrementado mucho, el uso de anticonceptivos por parte de las adolescentes se ha duplicado y la tasa de embarazo premarital se ha reducido (Villadsen, 1982). Sin embargo,

al escribir esto, parece que los servicios de planificación familiar y los servicios de aborto van a reducirse. Si ocurre, puede predecirse un incremento en los embarazos premaritales, en el número de hijos ilegítimos y de niños no deseados.

LOS HOGARES DE UNA SOLA PERSONA HAN AUMENTADO. Fue históricamente difícil para una persona vivir confortablemente sola. Sólo uniéndose a una familia o estableciendo una familia completa con servicio doméstico se podía vivir con comodidad. Actualmente las comodidades físicas son más favorables: apartamientos amueblados y servicio doméstico, ropas que no necesitan planchado, lavadoras automáticas y servicios de abastecimiento de comida de muchos tipos hacen que los solteros puedan vivir más fácilmente.

Históricamente, las mujeres vivían con sus padres o con sus familiares hasta que se casaban. Toda mujer joven que deseaba vivir sola era sospechosa de malas intenciones. Hoy, un apartamiento propio y un automóvil se han convertido en símbolo del paso al status adulto. Los pisos de soltero se han incrementado del 4.7% de todas las casas en 1950 al 23% en 1981, con un 50% de mujeres y un 69% de varones entre 20 y 24 años que permaneces solteros (U.S. Bureau of the Census, 1982b). Se han escrito muchos libros en alabanza del estilo de vida del soltero (P. ej., Adams, *Single Blessedness,* 1976). Aunque las opiniones sobre la "bienaventuranza" del soltero pueden variar, el aumento de los pisos de soltero es un cambio sumamente significativo en las pautas familiares estadounidenses (Stein, 1981). Por ejemplo, la persona soltera es más vulnerable a muchos de los peligros de la vida (como enfermedades o desempleo) y más susceptible de desviación que las personas que viven en familia (Davis y Strong, 1977).

LA CONVIVENCIA NO MARITAL HA AUMENTADO. En las regiones fronterizas de Estados Unidos, donde las iglesias y las oficinas gubernamentales eran pocas y distantes, la unión libre era común y respetable. Aunque no había licencia o ceremonia matrimonial, estas parejas

La muchacha que ha tenido un hijo ilegítimo a la edad de 16 años, de pronto tiene ya escrito para ella el 90% de su guión de vida. Probablemente dejará la escuela, aun en el caso de que alguien de su familia la ayude a cuidar del bebé. Probablemente no podrá encontrar un trabajo estable que proporcione lo suficiente para ella y su hijo. Sus opciones en la vida son pocas, y la mejor parte de ellas malas. Si hubiera podido demorar la llegada de su primer hijo, sus posibilidades podrían haber sido muy diferentes.

(Arthur Campbell, "The Role of Family Planning in the Reduction or Poverty", *Journal of Marriage and the Family*, 30: 236, May 1968).

invitaban y aceptaban a un reconocimiento público de sí mismos como marido y mujer. Tales uniones libres eran totalmente legales y válidas, ya que se podía demostrar su aceptación y reconocimiento como marido y mujer. Esto, sin embargo, creó incertidumbres y provocó abusos. Cuando esta situación pasó, la mayor parte de los estados reconocieron las uniones libres como legales y legítimas.

Siempre ha habido algunas parejas no casadas que vivían juntas abiertamente como "amantes" más que como marido y mujer. Excepto en los círculos "artísticos", generalmente eran condenados como escandalosas e inmorales. Sin embargo, hoy la convivencia sin ningún compromiso de matrimonio se ha hecho bastante común. Entre 1970 y 1981 la convivencia se multiplicó 3.5 veces e incluyó a 3.6 millones de personas (U.S.

Bureau of the Census, 1982*b*, p. 5), aunque las casas de parejas casadas sobrepasan las casas de parejas no casadas en una proporción de 30 a 1.

Se informa que la convivencia en Suecia, que era muy común pero que se consideraba como desviada hasta 1965, ha sido institucionalizada totalmente en 1975 (Trost, 1979, p. 186). Un estudio longitudinal de 111 parejas suecas que convivian encontró que, después de tres años y medio, 22 se habían separado, 25 se habían casado y 51 todavía vivían juntas (Trost, 1979, p. 173). La convivencia se ha hecho bastante común en Estados Unidos con diversos grados de aceptación por parte de los padres y de otras personas. Si se llegará a institucionalizar, es una cuestión abierta al debate.

Para la mayoría de las parejas que cohabitan, la convivencia parece ser solo otra etapa del pro-

Las parejas acostumbraban casarse y poner su casa. Pero ahora... *(Mimi Forsyth/Monkneyer.)*

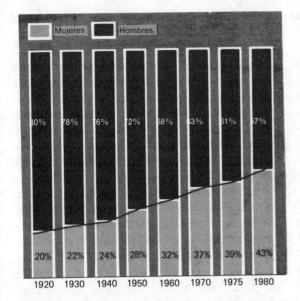

80% 78% 76% 72% 68% 63% 61% 57%

20% 22% 24% 28% 32% 37% 39% 43%

1920 1930 1940 1950 1960 1970 1975 1980

FIGURA 10-3 Composición de la fuerza de trabajo, Estados Unidos, 1920-1980. (*Fuente: U. S. Department of Labor, Bureau of Labor Statistics.*)

ceso del noviazgo, sin ningún compromiso firme de matrimonio (Macklin, 1978, p. 233). Macklin calculaba en 1976 que aproximadamente una cuarta parte de todos los estudiantes estadounidenses habían convivido, otras dos cuartas partes lo harían si apareciera un compañero aceptable y otra cuarta parte no lo haría (Macklin, 1978, p. 213). Aunque la mayor parte de las parejas que conviven no han hecho ningún compromiso firme de matrimonio, la mayor parte se casará o se separará dentro de pocos años. Muy pocos consideran la convivencia como un estilo de vida permanente o lo escogerán (Macklin, 1978, p. 234). En una encuesta realizada por la revista *Good Housekeeping* (March, 1978, p. 88) la mitad de los informantes que convivían se había casado con su compañero, y otra cuarta parte seguía çohabitando todavía. Así, la convivencia, se ha convertido en una etapa premilinar muy común del matrimonio, un punto que fácilmente puede confirmarse fijándose en las direcciones de los que solicitan licencia matrimonial, tal y como aparecen en los periódicos.

Un estudio de los resultados de las personas que conviven aparecido en el Minnesota Multiphasic Personality Inventory encontró que los estudiantes universitarios, comparados con otros estudiantes, tendían a ser un poco más irreligiosos, no conformistas, inmaduros, impulsivos, manipuladores, egoistas, paseadores, amistosos, amantes de las diversiones y creativos (Catlin et al., 1976). Pero mientras más común se hace la convivencia, tales parejas se acercarán más a una muestra representativa de su grupo de edad.

Se ha sugerido con frecuencia que alguna forma de matrimonio "a prueba" evitaría una serie de uniones desiguales y matrimonios infelices. No hay pruebas convincentes de que la convivencia obtenga este resultado. Los estudios de investigación muestran con bastante constancia que la convivencia es sumamente parecida al matrimonio convencional en sus problemas y ajustes y que tiene apenas algunos efectos que se puedan medir sobre los matrimonios de aquellos que se casan (Blaine et al., 1975; Stafford, 1977; Macklin, 1978, pp. 215-228; Jaques y Chason, 1979; Risman y Hill, 1981). Podemos concluir que la convivencia se ha convertido en una etapa preliminar del matrimonio ampliamente aceptada, pero que tiene muy poco efecto sobre el matrimonio y la familia.

LA REVOLUCIÓN SILENCIOSA POR EL EMPLEO DE LAS MUJERES. Quizá el mayor cambio de todos ha sido el aumento en las "esposas que trabajan". Las mujeres que trabajan forman actualmente más de dos quintas partes de nuestra fuerza laboral. Alrededor de 61% de todas las mujeres casadas (entre los 20 y los 45 años de edad) que viven con sus maridos se encuentran en la fuerza de trabajo, y nueve de cada diez mujeres casadas trabajan durante alguna parte de sus vida matrimonial. La fuerza de trabajo incluye ahora un 56% de todas las mujeres con hijos menores de 6 años, y un 70% de todas las mujeres con hijos entre 6 y 18 años de edad (*Statistical Abstract* 1981, pp. 386, 388). Las mujeres casadas con hijos tienen ahora mayor probabilidad de ser empleadas que las mujeres casadas sin hijos (lo que se explica, quizá, por el hecho de que muchas de las "mujeres casadas sin hijos", están en edad de jubilación). De estos datos, surge la pauta de vida "normal" de la mujer estadounidense. Por lo común, ella empieza a trabajar antes del matrimonio, lo sigue haciendo hasta que llegan los hijos, si ella *puede* retirarse unos cuantos años lo hace, pero, si lo hace así, regresa no mucho tiempo después. Es obvio que se ha convertido en algo común para la esposa estadounidense trabajar durante una parte importante de su vida.

Históricamente, una mujer que trabajaba era una prueba viviente de que no tenía un marido que pudiera y quisiera sostenerla. Una encuesta entre 140 trabajadoras casadas en 1908 encontró que sólo 6 maridos tenían trabajos por encima del grado del trabajador no calificado (Bureau of Labor Statistics, 1908, pp. 163-164). La esposa que trabaja, que alguna vez fue un fenómeno de la clase baja, ahora es común entre las clases medias prósperas. No hay razón para pensar que esta corriente invertirá su curso. El "nivel de la vida estadounidense" requiere ahora dos ingresos. Según dijo una pareja de la clase media: "puedes arreglártelas con un solo sueldo, pero te has acostumbrado a un estilo de vida donde se gasta más rápidamente y se hace necesario tener un doble salario". (*Time,* 110: 57, Aug. 21, 1978). En la medida en que lo que se considera un nivel de vida "normal" implique más gastos y cada vez se haga más insoportable vivir sobre la base de un solo ingreso, la presión sobre la esposa que no trabaja para que obtenga un empleo será más difícil de resistir. La mayor parte de los lectores de este libro serán o mujeres que trabajan o maridos de mujeres que trabajan durante una parte importante de su vida matrimonial.

Esta revolución silenciosa ha afectado la división del trabajo en la familia. El horario de trabajo de las amas de casa *no* se ha reducido por los aparatos que ahorran trabajo; las esposas actuales gastan *más* tiempo en las tareas domésticas que las de hace medio siglo (Hall y Schroeder, 1970; Vanek, 1974, p. 231). El tiempo empleado alguna vez en lavar a mano la ropa y en envasar conservas en casa se gasta ahora en poner en orden un alud diario de juguetes, libros, revistas y piezas de los pasatiempos, llevar en automóvil a los niños, asistir a las reuniones de la asociación de padres y maestros y llevar a cabo otras tareas que la abuela no tuvo que hacer.

Obviamente, cuando la esposa trabaja *tiene que renunciar a algo.* Algunas de las delicadezas de la atención de la casa pueden sacrificarse, y algunas tareas pueden comercializarse (enviar la ropa a la lavandería, comprar alimentos preparados), pero la mujer que trabaja todavía lo hace más que una ama de casa en un promedio de diez horas a la semana. Un estudio del empleo del tiempo en doce países europeos y americanos (Converse, 1972) puso de manifiesto que esta cifra de 10 horas se mantenía con muy pocas variaciones en los doce países estudiados. Los maridos y los hijos, en promedio, asumen sólo una parte modesta de las tareas domésticas cuando las mujeres trabajan. Sin importar si el mardio trabaja muchas o pocas horas, hace sin embargo muy poca parte del trabajo doméstico (Clark, Nye Gecas, 1978; Hoffreth y Moore, 1979). Un estudio concluye que, comparados con los maridos de mujeres que no trabajan, los maridos de las esposas trabajadoras pasan aproximadamente 4 horas más a la semana en quehaceres domésticos (Bohen y Viveros-Long, 1981, p. 134), aunque otros estudios les atribuyen menos de dos horas por semana de trabajos domésticos adicionales (Pleck, 1979). Los maridos de mujeres que trabajan ayudan considerablemente en el cuidado de los niños (Scanzoni, 1978, p. 77), y una reciente encuesta entre universitarios varones informó que tres cuartas partes dicen que esperan emplear tanto tiempo como sus esposas en educar a sus hijos (Katz, 1978). Será interesante ver si cumplen su promesa. La mayor parte de los lectores varones de este libro han descubierto, o descubrirán, cómo su masculinidad se disolverá en la máquina para lavar vajillas.

CARRERA PARA EL PADRE Y LA MADRE. Durante algunos años muchas esposas han trabajado, pero pocas han hecho carreras. La mayor parte de las esposas que trabajan consideraban sus trabajos como temporales, suplementarios o de apoyo, y subordinados a las carreras de sus maridos. No se sabe todavía si estas mujeres que trabajan son más felices que las amas de casa de tiempo completo. Varios estudios (p. ej., Nye, 1963: Ferree, 1976; Booth, 1979) concluyen que las mujeres que trabajan están más satisfechas con su vida que las amas de casa. Pero la National Commission on Working Women informa que "la trabajadora promedio es una persona solitaria en un trabajo sin oportunidad de progreso, desbordante de frustración por su suerte" (*Business Week,* Feb. 5, 1979, p. 28). Seis estudios nacionales hechos por la Universidad de Michigan y el National Opinion Research Center no encuentran una relación uniforme entre el trabajo de las esposas y su satisfacción con la vida (Wright, 1978; Campbell, 1980, p. 137). Hay algunas pruebas de que la categoría más feliz de mujeres está constituida por aquellas que tienen marido, hijos y un trabajo con el cual están comprometidas sólo moderadamente (Campbell, 1975; Shaver y Friedman, 1976). La mayor parte de estas mujeres fueron socializadas cuando las expectativas del rol sexual eran más tradicionales. El lugar donde las mujeres jóvenes de hoy encontrarán su mayor satisfacción en la vida puede estar cambiando. Como se muestra en el cuadro 10-2, más de la mitad de las mujeres estudiantes que dieron una respuesta definida a la pregunta planean tener su carrera.

Un número cada vez mayor de mujeres jóvenes está afirmando actualmente su derecho igual a una *carrera,* no sólo a un *trabajo.* A diferencia de un trabajo, una carrera implica un compromiso más serio a largo plazo con una secuencia de posiciones que conllevan una responsabilidad y una experiencia crecientes. Muchas mujeres esperan hoy que todos los sacrificios necesarios para una carrera deberían ser compartidos no impuestos desigualmente sobre la esposa. Una pareja que trata de aplicar seriamente esta fórmula encontrará que deben hacerse muchos ajustes (Homstrom, 1973; Rapoport y Rapoport, 1976; Hopkins y White, 1977; Heckman et al,. 1977; Pepitone-Rockwell, 1980). Estos ajustes van desde quién se queda en casa cuando el niño está enfermo a lo que ocurre cuando un traslado por razones de trabajo que es benéfico para la carrera de uno dañaría la carrera del otro. Cuanto mayor es el

**CUADRO 10-2
PLANES RELATIVOS A LA CARRERA Y A LA FAMILIA DE LAS ESTUDIANTES UNIVERSITARIAS MIENTRAS SUS HIJOS SE ENCUENTRAN EN EDAD PREESCOLAR***

Planes respecto a la carrera	Número	Porcentaje
Sí, carrera de tiempo completo	19	9.6
Sí, carrera de medio tiempo	68	34.3
Ninguna carrera	74	37.4
Condicional (depende de las finanzas, del marido, del trabajo)	9	4.5
No aplicable (no planea ninguna carrera o no planea ningún niño)	23	11.6
Ninguna respuesta; no sabe	5	2.5

División esperada del uso del tiempo entre la carrera y la familia	Número	Porcentaje
Más a la carrera, menos a la familia	0	0.0
Mucho a la carrera, algo a la familia	7	3.5
Igual a la carrera y a la familia	105	53.0
Algo a la carrera, mucho a la familia	60	30.3
Menos a la carrera, más a la familia	13	6.6
Otra: No planea ninguna carrera, no planea ningún niño, condicional, no responde	13	6.6

Fuente: Adaptada del libro de Esther R. Greenglass y Reva Devins, "Sex Roles, factors related to marriage and career plans of unmarried women", *Sex Roles,* 8: 57-71, 1982.
* Con base en las respuestas de 198 mujeres estudiantes no casadas en la York University, Toronto.

¿Sugieren estos datos que la mujer universitaria actual ya no está orientada hacia la familia?

éxito de la carrera de alguien, es mayor la posibilidad de que otro deba trasladarse para continuar avanzando (Duncan y Perucci, 1976). Es evidente que un hombre o una mujer que valora el éxito de su carrera sobre los demás valores debería casarse solamente con una persona deseosa de sacrificar las ambiciones de su carrera a los valores familiares (Fowlkes, 1981). Uno o ambos deben hacer algunos sacrirfiicios relativos a su carrera o son predecibles conflictos irreconciliables.

Un estudio encontró que la mayor parte de las parejas con doble carrera no tenían niños o habían pasado la edad de la crianza (Ramey, 1977). Donde hay niños, la responsabilidad principal del cuidado de los niños recae generalmente sobre la mujer (Johnson y Johnson, 1977). Las parejas de dos carreras con hijos, casi siempre emplean ayuda doméstica, lo que lleva a los críticos a hacer el cargo de que esto crea una clase de mujeres que deben hacer el trabajo doméstico y cuidar a los niños para que otras mujeres puedan tener un estilo de vida más privilegiado (Hunt & Hunt, 1977). Algunas parejas de dos carreras resuelven el dilema de la transferencia del trabajo haciendo viajes diarios, pero este matrimonio de tiempo parcial es con frecuencia un preludio del divorcio (Gallese, 1978). Son muy difícil manejar dos carreras dentro de la familia nuclear en una sociedad móvil especializada.

EL STATUS DEL DIVORCIO HA CAMBIADO. El divorcio causa gran consternación en los es-tadounidenses que no pueden aceptarlo como parte integral del sistema familiar moderno. El divorcio no es necesariamente un síntoma de decadencia moral o de inestabilidad social. El campesino anamatiano promedio se casaba tres veces y por lo común tenía algunas aventuras amorosas externas, sin producir ninguna consecuencia terrible (Freilich y Coser, 1972). Para invocar de nuevo el concepto de relativismo cultural, diremos el hecho de que el divorcio sea una crisis desgarradora o una adaptación útil depende de la cultura.

¿Por qué se ha incrementado tanto el divorcio? No sabemos si la infelicidad marital se ha incrementado, puesto que no tenemos medidas de infelicidad marital en los tiempos antiguos. Lo que *ciertamente* sabemos es que:

1 La declinación de una serie de expectativas uniformes sobre el rol sexual aumenta la probabilidad de que un marido y una mujer puedan estar en desacuerdo acerca de sus derechos y sus deberes.
2 La especialización, la individualización y la movilidad cada vez mayores de la vida moder-

---

POSIBILIDADES DE CARRERA DEL MARIDO HOGAREÑO

El señor Demers es uno de los muchos estadounidenses que han renunciado al mundo de los negocios de 9 A.M. a 5 P.M. para criar a sus bebés y a sus hijos que empiezan a andar (durante tres años, mientras su esposa termina sus estudios de medicina), sólo para tener que hacer frente a las duras consecuencias de esta elección cuando los hijos sean mayores: encontrar a alguien que desee contratar a un antiguo amo de caso masculino es casi imposible.

"Los obstáculos que enfrentan los hombres al regresar al mercado de trabajo son casi tres veces mayores" que los que tienen que enfrentar las mujeres, dice Charles Arons, Presidente y Ejecutivo en jefe de Casco Industries, una empresa de Los Angeles dedicada al reclutamiento y a la colocación de empleados. El señor Arons dice que él advierte que cada día es mayor el número de hombres con historias tan tristes como la del señor Demers. Esto es comprensible, dice, porque "no existe un solo hombre que yo conozca en un puesto ejecutivo que aceptaría criar chicos como excusa legítima de no haber trabajado durante tres años.

(Dean Rotbart, "Father Quit His Job for the Family's Sake; Now Hirers Shum Him. "*Wall Street Journal,* April 13, 1981, pp. 1 ff). Reimpreso con permiso de *The Wall Street Journal,* ©Dow Jones & Co., 1981. Derechos reservados).

¿Qué es lo que provoca esta situación? ¿Cambiará?

LA NUEVA FAMILIA EXTENSA

Aproximadamente en una de cada cinco familias estadounidenses con dos o más niños en la casa, por lo menos uno de éstos es de una relación anterior. Esta nueva familia extendida es el confuso embrollo de relaciones creadas por el divorcio y un nuevo matrimonio. Supongamos que Arthur y Adrienne se divorciaron y que Arthur se quedó con sus hijos, Billy y Bobby, mientras que Adrienne se quedó con Carole y Charlene. Arthur se casa con Darlene, quien lleva consigo a sus hijas Eileen y Elizabeth, en tanto que su ex marido Daniel, quien tiene la custodia de sus hijos Frank y Frederick, se casa con Gloria, quien a su vez tiene la custodia de sus dos hijos, Harold y Howard. Adrienne se casa con Ivan, quien se quedó con sus dos hijos, Joseph y Jacob, cuando se divorció de Kathryn, la que se quedó con sus hijas Lenore y Louise. Así, Billy y Bobby viven con sus padre y su madrastra, junto con Eileen y Elizabeth y son periódicamente visitados por Carole y Charlene y Frank y Frederick, en tanto que ellos visitan periódicamente a su madre y a sus hermanas, Carole y Charlene, donde también ven a Ivan y a sus hijos, Joseph y Jacob, y posiblemente a sus hijas, Lenore y Louise. Si todos los miembros de la familia viven todavía, cada niño tiene ahora ocho abuelos, cuatro padres y ocho hermanos y hermanas, más algunos nuevos medio hermanos y media hermanas que podrían llegar algún día.

(Inspirado en el artículo de Michael Norman, "The New Extended Family", *The New York Times Magazine*, Nov. 23, 1980, pp. 26 ff).

Un rol institucionalizado, como el de padre o el de abuelo, conlleva una guía reconocida para el comportamiento. Explique las confusiones en la nueva familia extendida debidas a la ausencia de roles institucionalizados.

na, junto con nuestro rápido índice de cambio social, hacen menos probable que una pareja comparta los mismos gustos y valores durante toda la vida.

3 La dependencia económica de las mujeres con respecto de sus maridos ha decrecido. Las esposas infelices de las generaciones antiguas estaban prácticamente indefensas, mientras que la esposa infeliz en la actualidad tiene otras alternativas: el trabajo, si está capacitada; la beneficencia pública, si no está (Urdy, 1981).

4 El divorcio se ha hecho socialmente aceptable, y los divorciados ya no se catalogan como leprosos morales o proscritos sociales.

5 El divorcio se alimenta de sí mismo por cuanto una porción cada vez mayor de personas tienen padres, parientes o amigos que están divorciados. La investigación muestra que la posibilidad de que una persona se divorcie está relacionada más con sus contactos sociales con personas divorciadas que con su propio nivel de infelicidad marital (Greenberg y Nay, 1982). Los contactos estrechos con pesonas divorciadas transforman el divorcio de una pesadilla remota a una alternativa racional.

6 Las leyes del divorcio sin culpa lo han hecho menos costoso y complicado.

Para resumir, la infelicidad marital puede o no haberse incrementado, pero la posibilidad de utilizar el divorcio como una respuesta se ha multiplicado enormemente. Las proyecciones más recientes afirman que cerca del 38% de los primeros matrimonios de mujeres que ahora se encuentran entre

Difieren cada vez más en personalidad y expectativas.

los 25 y 29 años de edad terminarán en divorcio, que el 75% de los divorciados se volverán a casar y que el 45% de los que se han vuelto a casar se divorciarán de nuevo (Glick y Norton, 1979).

Una sociedad puede obtener una tasa de divorcios muy baja por lo menos en cinco formas. Primera, puede restársele importancia al amor. En muchas sociedades el matrimonio es una asociación de trabajo y no una aventura romántica. Mientras menos se espera del matrimonio, más matrimonios tendrán éxito. Segunda, se puede separar el amor del matrimonio. Muchas sociedades tienen una serie de clubes donde los hombres pueden encontrar compañía y permiten a los hombres amplia libertad para andar por las calles en busca de aventuras sexuales. Aquí nuevamente se pide menos del matrimonio. Tercera, la sociedad puede socializar a sus miembros para que sean muy semejantes en personalidad y expectativas, de modo que prácticamente todos los matrimonios funcionen con éxito. La sociedad estable y bien integrada logra por lo general realizar esta nivelación; nuestra sociedad no. Cuarta, la devoción por la familia puede ser tan envolvente que el divorcio sea intolerable. En otras palabras, puede haber tantas necesidades, privilegios y satisfacciones personales conectadas con los vínculos maritales y familiares, que disolver el vínculo marital equivale a cancelar prácticamente todas las exigencias y privilegios que hacen tolerable la vida. Esto era más o menos cierto al principio en Estados Unidos, donde el divorcio era algo sencillo desde el punto de vista legal, pero no muy practicado. Finalmente, el divorcio puede prohibirse legalmente o dificultarse tanto, que la mayor parte de las parejas casadas infelices no puedan o no quieran buscarlo como una solución. Nuestra sociedad no ha hecho realmente ninguna de estas cosas. Socializa a las personas de modo que difieran cada vez más en personalidad y expectativas, les proporciona valores que los llevan a esperar mucho del matrimonio y a exigir un elevado nivel de satisfacción amorosa en él, y no ofrece una salida aprobada para sus necesidades maritales frustradas cuando fracasa. Todo esto produce una tasa sumamente elevada de fracaso marital y hace del divorcio una parte ineludible de nuestra estructura social.

Cambios en las funciones familiares

La estructura y la función son dos aspectos de la misma cosa. El cambio en una de ellas es tanto causa como efecto del cambio en la otra. ¿Qué cambios en la función van acompañados de cambios en la estructura familiar?

LAS FUNCIONES ECONÓMICAS HAN DECLINADO MUCHO.   Hace un siglo la familia estadounidense era una unidad de producción económica, unida por el trabajo compartido en la granja. Hoy, solamente una de cada treinta y cinco familias es granjera; y aun la familia granjera ya no constituye la misma unidad autosuficiente del pasado. Excepto en la granja, la familia ya no es una unidad básica de producción económica; ésta ha pasado al taller, a la fábrica, a la oficina. La familia ya no está unida por el trabajo compartido, puesto que sus miembros trabajan separadamente. En cambio, la familia es una unidad de *consumo* económico, unida por la compañía, el afecto y la recreación.

LAS FUNCIONES DE REGULACIÓN SEXUAL HAN DISMINUIDO.   Aunque la mayor parte de las relaciones sexuales todavía son maritales, la proporción ha caído probablemente por abajo de la cifra del 90% afirmado por Kinsey en 1948 (p. 588). Las investigaciones muestran que no ha habido un mayor cambio en el comportamiento sexual premarital entre 1948 y 1965, pero después de 1965 las mujeres han comenzado a alcanzar (si es que esto puede considerarse un triunfo) la cifra que existe para los varones de que cuatro de cada cinco han tenido experiencias sexuales antes del matrimonio. (Zelnik y Kantner, 1978). Una investigación encuentra que más del 90% de los estudiantes de preparatoria aprueban las relaciones sexuales entre personas que estén enamoradas o sientan entre sí un gran afecto, mientras que dos tercios aprueban aun las relaciones entre aquellas personas que no ''sientan entre sí un afecto muy particular'' (Perlman, 1974). Muchos otros estudios (Schmidt y Sigursch, 1972; Hunt, 1974; Yankelovich, 1977; Zelnik y Kantner, 1978), llegan a la misma conclusión: el matrimonio virginal se ha hecho relativamente poco común y puede virtualmente desaparecer en el futuro cercano. Si esto es una "revolución sexual" como afirman algunos estudiosos (Skolnik, 1973, pp. 410-413) o si es solamente otro de los muchos vaivenes entre la permisividad y la restrictividad (Hindus, 1971; Shorter, 1971) todavía no es evidente.

LA FUNCIÓN REPRODUCTIVA HA DECLINADO EN IMPORTANCIA. Ciertamente, las tasas de nacimiento son mucho más bajas que hace un siglo, pero si se considera sólo el tamaño de la familia *sobreviviente,* entonces la función reproductiva de la familia no ha cambiado tanto. Hace unos cuantos siglos, del 50 al 75% de los niños morían en la infancia o en la niñez; ac-

tualmente más del 96% llega a la edad adulta. La familia estadounidense promedio de poco menos de tres niños sobrevivientes no está lejos de lo que había sido durante la mayor parte de la historia universal. La tasa de natalidad en Estados Unidos (cuando se ajusta por edades) ha estado bajando, pero no pueden predecirse los cambios futuros. Para incrementar la armonía familiar, puede prepararse una declinación en el tamaño de la familia aparte de sus implicaciones ecológicas. Hay pruebas firmes de investigación de que las familias más pequeñas tienen menos tensiones, viven con mayor comodidad y son "más satisfactorias para los esposos, los padres y los hijos" (Nye et al., 1970), y son más felices y mejor adap-

FIGURA 10-4 Satisfacción con la vida de mujeres y hombres en las diversas etapas del ciclo vital (*Fuente: Published by The Institute of Social Research, 1976, University of Michigan; Reprinted by permission of the ISR Newletter.)*

¿Las asociaciones son causativas o selectivas? ¿Las personas casadas son más felices *porque* están casadas (causativa) o las personas felices y bien adaptadas es más probable que permanezcan casadas (selectiva)? ¿Pueden ser ciertas ambas cosas?

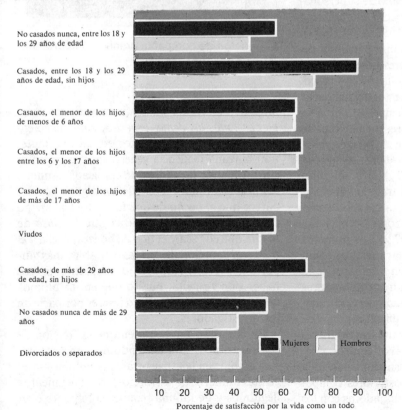

No casados nunca, entre los 18 y los 29 años de edad

Casados, entre los 18 y los 29 años de edad, sin hijos

Casados, el menor de los hijos de menos de 6 años

Casados, el menor de los hijos entre los 6 y los 17 años

Casados, el menor de los hijos de más de 17 años

Viudos

Casados, de más de 29 años de edad, sin hijos

No casados nunca de más de 29 años

Divorciados o separados

Mujeres Hombres

10 20 30 40 50 60 70 80 90 100

Porcentaje de satisfacción por la vida como un todo

tadas (Hurley y Palonen, 1967; Schooler, 1972; Glenn y McLanahan, 1982). Aun cuando otras variables (como los ingresos, la educación y la ocupación) se controlen, los hijos en las familias más pequeñas son más saludables, creativos e inteligentes (Lieberman, 1970). Pero si las familias pequeñas son buenas para los hijos, no tener hijos parece algo bueno para los adultos. Como se muestra en la figura 10-4, las categorías más felices de adultos eran aquellas que no tenían hijos. El matrimonio, y no la paternidad, está asociado a una mayor satisfacción (Campbell, 1975).

LA FUNCIÓN DE SOCIALIZACIÓN SE HACE MÁS IMPORTANTE. La familia sigue siendo la principal agencia de socialización, aunque la escuela y los grupos de pares desempeñan sin duda importantes funciones socializadoras. Otras agencias sociales se llaman ocasionalmente para que proporcionen una guía. El principal cambio ha estado en nuestra *atención* a la función de socialización. La generación pasada sabía poco acerca del "desarrollo de la personalidad", pero hoy casi todo padre alfabetizado conoce al Dr. Spock (1945, 1957, 1974, 1977). Actualmente sabemos algo sobre papel del desarrollo emocional en el progreso escolar, en el triunfo en la carrera, en el bienestar físico y prácticamente en todos los otros aspectos de una buena vida. Nuestros abuelos se preocupaban por la viruela y el cólera; nosotros nos preocupamos por los celos fraternales y la adaptación al grupo de pares.

¿Cómo ha afectado la revolución silenciosa la función de socialización? ¿Sufre el niño cuando la madre consigue un trabajo? Hay varias docenas de estudios de esta cuestion (reseñados por Stoltz, 1960, Herzog, 1960; Nye y Hoffman, 1963; Schooler, 1972). Los primeros estudios fallaron al no controlar variables como la clase social o la composición familiar. Como resultado, la muestra de madres trabajadoras tuvo una proporción más elevada de viudas pobres viviendo en barrios bajos, sin educación, y de divorciadas que la muestra de madres no trabajadoras. Estos estudios sin mayor control parecieron mostrar que los niños sufrían cuando la madre trabajaba. Estudios posteriores compararon a los hijos de madres trabajadoras con los

La función de compañía crece en importancia.
(Mimi Forsyth/Monkmeyer.)

hijos de madres no trabajadoras pero *comparables en todos los demas aspectos*. Aunque no enteramente concluyentes, estos estudios no muestran ninguna tendencia general de que los niños sufran cuando la madre está empleada. Aunque las pruebas están mezcladas en alguna forma, parece que *el hecho* de que la madre trabaje no es muy importante, mientras que *la clase* de madre que ella sea y el tipo de hogar que ella y el padre proporcionan son las variables más importantes (Hoffman, 1963). La cuestión parece haber sido resuelta, puesto que en los últimos años ha merecido muy poco interés por parte de los investigadores.

En el mismo momento en que la función de socialización se está haciendo más importante, los cambios en la estructura de la familia —creciente número de divorcios, de nacimientos ilegítimos y de familias con un solo padre o en

En una investigación sobre las esposas de maridos recientemente jubilados, la mayor parte de ellas señalaron aspectos positivos a consecuencia del retiro de sus "esposos". Se mencionó en particular el tiempo disponible para hacer lo que se quiere, mayor compañerismo, flexibilidad de proyectos y un esposo que lleva a cabo un número mayor de tareas domésticas. La mayor parte de las personas que respondieron señalaron también los aspectos negativos del retiro de sus maridos, incluyendo problemas financieros, insuficientes tareas para llenar el tiempo de sus esposos y demasiada unión. Las esposas sugirieron que los maridos deberían permanecer ocupados y que las esposas deberían continuar sus actividades anteriores a la jubilación de ellos. La correlación más constante de la satisfacción de las esposas en los primeros años de la época del retiro fue la participación de sus esposos en los quehaceres domésticos.

Adaptado del artículo de Elizabeth A. Hill y Lorraine T. Dorfman, "Reaction of Housewives to the Retirement of their Husbans", *Family Relations,* 31: 195-200, April 1982.

¿Supone usted que la ayuda de los maridos en los quehaceres domésticos es un factor causativo o selectivo en la mayor satisfacción de las esposas?

la que cada padre tiene una carrera— parecerían hacer más difícil para la familia llevar a cabo su función socializadora. El tiempo nos dirá si este temor está bien fundado.

LAS FUNCIONES DE PROPORCIONAR AFECTO Y COMPAÑÍA CRECEN EN IMPORTANCIA.

La comunidad primaria, el pequeño grupo de vecinos que se conocían uno al otro bien y tenían mucho en común ha desaparecido en la vida de la mayor parte de los estadounidenses. La urbanización y la especialización han destruido esto. En un mundo cada vez más descuidado, impersonal y despiadado la familia inmediata se convierte en el valuarte del apoyo emocional. Sólo dentro de la familia se puede esperar encontrar una simpatía durable cuando se está en

problemas o una alegría sin celos cuando se triunfa. Para ambos sexos y todas las razas y en todas las edades, el soltero, el viudo, el divorciado y el separado muestran niveles más bajos de felicidad y tasas de mortalidad más elevadas por lo que se refiere a todas las causas principales de muerte. Es literalmente cierto que el solitario muere más pronto.

La importancia de las funciones de afecto y de compañía se agrandan por la expansión del *periodo postpaternal.* En las generaciones pasadas relativamente pocos padres vivían mucho después de que sus hijos habían madurado. En 1870, como se muestra en el cuadro 10-3, algo menos de la mitad de los padres y madres estadounidenses vivían todavía cuando su hijo más jóven se casaba. En 1960 este valor medio del periodo postpaternal ha crecido de cero a 16 años para las mujeres y a 14 años para los hombres y todavía seguía prolongándose. Un periodo postpaternal muy largo, como una etapa *normal* más que excepcional de una vida es un desarrollo muy reciente. La literatura bucólica acerca de abuelos amorosos y bisabuelos no dice casi nada de cuan escasos eran en realidad. La aparición de la etapa postpaternal en el ciclo de vida moderno significa que la mayor parte de las parejas llegan ahora a ese punto cuando no hay una urgente necesidad para ellos de permanecer juntos, a menos que el afecto y la compañía compartidos les parezcan valiosos.

LA FUNCIÓN DE DEFINICIÓN DE STATUS CONTINÚA.

Muchas familias siguen preparando a sus hijos para conservar el status de clase de la familia; otras buscan preparar a sus hijos para la movilidad social. Hacen esto principalmente tratando de proporcionar a sus hijos el tipo de aspiraciones, actitudes y hábitos que los impulsen a luchar por un status de vida más alto y a desempeñarlo con éxito. A esto se le llama *socialización anticipatoria,* porque es un esfuerzo por socializar a los niños para el status de clase que se espera que ellos alcancen algún día. En el mejor de los casos este esfuerzo sólo tiene un éxito parcial. El niño puede adquirir las aspiraciones y los hábitos de trabajo que lo impulsen a luchar con éxito por ascender, pero ninguna familia puede triunfar completamente en socializar a un niño para una forma de vida no practicada por esa familia.

LAS FUNCIONES DE PROTECCIÓN HAN DECLINADO. La familia tradicional en la sociedad occidental llevó a cabo la mayor parte de las funciones que realiza actualmente el trabajo social organizado: cuidar al enfermo, proporcionar refugio al subnormal y dar casa al anciano. Hoy poseemos una tecnología médica que sólo los especialistas en los hospitales pueden manejar. La familia urbana de hoy es un lugar muy poco práctico para cuidar algunas clases de minusválidos. El cuidado familiar de los ancianos era un arreglo práctico cuando la pareja de personas de edad permanecían en la granja, junto a un hijo casado y a su cónyuge. Los padres podían retirarse gradualmente, pasando a tareas menos fatigosas, pero permaneciendo útiles y apreciados. Esta pauta ya no está disponible en la actualidad sino para una pequeñísima minoría, y muchas parejas de personas de edad se sienten —y son— inútiles y no apreciadas en los hogares de sus hijos. Nuestro rápido índice de cambio social y de movilidad social también significa que pueden desarrollarse muchas tensiones cuando tres generaciones viven bajo el mismo techo. Así, por múltiples razones —la mayor parte de las cuales no tienen nada que ver con el egoísmo o la responsabilidad personal— muchas de las funciones de protección de la familia tradicional han pasado a otras instituciones.

Violencia familiar

No hay nada nuevo acerca de la violencia dentro de la familia, pero sólo hasta hace poco tiempo se ha "descubierto" como un problema social (Pfohl, 1977). El primer estudio nacional sobre la violencia familiar fue hecho en 1975 por Straus, Gelles y Steinmetz (1980). Como ellos dicen, "La licencia matrimonial es una licencia para golpear". Como se muestra en el cuadro 10-4, en un solo año cerca de uno de cada nueve maridos o esposas estadounidenses cometen por lo menos un acto de violencia contra sus cónyuges, con una frecuencia media de dos o tres actos violentos durante un año. Lo que es sumamente interesante es que las esposas "le pegan" a sus maridos con una fre-

CUADRO 10-3
LA NUEVA ETAPA POSTPATERNAL EN LA FAMILIA ESTADOUNIDENSE

		EDAD MEDIA			
	Al casarse	Al nacer su último hijo	Al casarse su último hijo	A la muerte del cónyuge	Número de años postpaternales
Mujeres					
1890	22	32	55	53	−2*
1960	20	26	47	63	16
1980	22	27	48	66	18
Hombres					
1890	26	36	59	57	−2*
1960	23	28	49	63	14
1980	23	29	51	68	17

* La pareja de 1890 no tuvo etapa postpaternal, puesto que por lo menos uno de ellos había muerto generalmente antes del matrimonio de su último hijo. En la actualidad, la etapa postpaternal en promedio es de diecisiete o dieciocho años.
Fuente: Adaptado y puesto al día del libro de Gerald R. Leslie, *The Family in Social Contest, 3 d ed.,* Oxford University Press, New York, 1976, p. 272.

¿Qué otros cambios sociales produce esta nueva etapa postpaternal?

cuencia un poco mayor de la que los maridos "le pegan" a sus esposas, pero las lesiones serias son infligidas con mayor frecuencia por los maridos o amantes (Steinmetz, 1977; Gelles, 1979, p. 139). La violencia en defensa propia es también más común entre las esposas, y esto ayuda a explicar el sorpresivamente alto índice de violencia entre las mujeres (Gelles, 1979, p. 139).

La violencia entre esposo y esposa y entre padres e hijos se encuentra en todos los niveles de clase, pero es más común entre las clases más bajas (Pelton, 1978). El marido violento es con mayor frecuencia pobre, poco instruido, está desempleado o colocado en un trabajo de bajo status y salario escaso, y es hijo de un padre

CUADRO 10-4
TABLAS DE VIOLENCIA POR CADA 100 MATRIMONIOS, 1975

Acto violento	TASA DE INCIDENTES VIOLENTOS POR PARTE DE:	
	Esposo	Esposa
Violencia física entre cónyuges (de N a R)	3.8	4.6
Índice global de violencia (de K a R)	12.1	11.6
K. Arrojo de objetos al cónyuge	2.8	5.2
L. Sacudida, detención violenta	10.7	8.3
M. Bofetadas al cónyuge	5.1	4.6
N. Puntapies, mordidas o puñetazos	2.4	3.1
O. Golpes o intento de golpes con un objeto	2.2	3.0
P. Vapuleo al cónyuge	1.1	0.6
Q. Amenaza con un cuchillo o pistola	0.4	0.6
R. Empleo de una navaja o pistola	0.3	0.2

Fuente: Reproducido con permiso de Murray A. Straus y Gerald P. Hotaling (Eds). *The Social Causes of Husband - Wife Violence,* The University of Minnesota Press, Minneapolis, 1980, p. 28.

Este cuadro muestra la *frecuencia* pero no la *gravedad* de los ataques del cónyuge. ¿Cuáles son los problemas de investigación para definir y medir la gravedad de la violencia conyugal?

violento (Straus, Gelles y Steinmetz, 1980, pp. 145-150). El padre o la madre que maltrata al niño muestra con frecuencia las mismas características. La mayor parte de ellos fueron golpeados cuando eran niños, son jóvenes e inmaduros, han puesto esperanzas poco realistas en el comportamiento de sus hijos y reaccionan violentamente cuando los niños los decepcionan (Thorman, 1980, pp. 24-25). Las víctimas más probables son los niños no deseados (Freeman, 1979, p. 28; Straus, Gelles y Steinmetz, 1980, p. 234) o los niños que son enfermizos, quejumbrosos y difíciles de manejar (Thorman, 1980, p. 19).

La forma más recientemente "descubierta' de violencia familiar es la injuria y golpear a los padres o a los viejos. Este tema es tan nuevo que, aunque la edición 1981-1982 de *Books in Print* enumera más de 125 libros sobre la violencia familiar, ninguno está dedicado a la que se ejerce contra los padres. Los padres ancianos son particularmente vulnerables a la violencia por parte de sus hijos o nietos, y algunos estudios preliminares sugieren que es mucho más común de lo que generalmente se reconoce (Peek, 1982). Conforme avanza la investigación, será interesante ver si la violencia familiar es trigeneracional, y los niños que han sido golpeados se convierten, al crecer, en padres, que golpean y luego en abuelos que, a su vez, son golpeados e injuriados.

No es probable que la violencia familiar desaparezca. Mientras muchos niños sean socializados en una atmósfera de violencia familiar, y como adultos deban hacer frente a la pobreza, al desempleo, a niños no deseados y a una existencia sin esperanza, habrá gran cantidad de violencia familiar (Gelles, 1972, pp. 185-189).

INTERRELACIONES CON OTRAS INSTITUCIONES

Ninguna institución está más íntimamente entrelazada con otras instituciones que la familia. Por ejemplo, la forma de la familia está relacionada con la economía. La agricultura de roza-tumba y quema de los tanala exigía un equipo de trabajo de varios hombres fuertes, que

¿DONDE EMPIEZA EL MALTRATO AL NIÑO?

La violencia y la amenaza de violencia son los mensajes con los que las personas tienen que crecer. No es, pues, sorprendente que los niños que experimentan duros castigos en casa sean los más ardientes partidarios de la pena capital. En el fondo de la enredada red de la violencia está el axioma de que la violencia engendra violencia. Cada generación de niños educada en la violencia es otra generación en potencia de niños, esposas y, ciertamente, maridos golpeadores. Acepte usted la violencia como una parte inevitable de la educación de los niños y (usted) tendrá que aceptar las consecuencias de una sociedad violenta. Rechace la violencia como una parte normal de la vida familiar y empezará a ver que es posible producir una generación sana, feliz y formal, que no cree en los puños como una solución.

(Richard J. Gelles, *Family Violence,* Sage Publications, Beverly Hills, Cal., 1979, p. 144).

¿Deberíamos tratar de reducir la violencia familiar? ¿O deberíamos aceptarla como una parte de la vida?

milia debe ajustarse al horario de trabajo que la economía demanda. El tamaño de la familia se reduce conforme los cambios tecnológicos transforman a los hijos de ser una ventaja económica en una carga del mismo tipo. La influencia de la religión en la familia puede ser grande, como ha sido demostrado por los mormones y los amish, cuyas tasas de natalidad se encuentran entre las más altas y cuyas tasas de divorcio están entre las más bajas del país.

La dirección de las interrelaciones institucionales es principalmente en un sentido. Otras instituciones afectan a la familia mucho más de lo que la familia las afecta a ellas. Por ejemplo, el aumento de madres que trabajan exige lógicamente que las empresas o el gobierno proporcionen guarderías amplias, como lo han hecho en muchas naciones occidentales, pero no en Estados Unidos. Sin embargo, otras instituciones han respondido al cambio familiar. A las escuelas se les ha pedido que asuman tareas que la familia ya no puede llevar a cabo muy bien. Las instituciones de beneficiencia pública surgieron porque la familia moderna no podía desempeñar ya sus funciones de protección con eficiencia. Sin embargo, mirándolo bien las transformaciones que la familia ha provocado en otras instituciones son menos numerosas que los cambios que otras instituciones han impuesto a la familia.

EL FUTURO DE LA FAMILIA

Si uno estudia la tasa de divorcios y se fija en las críticas pesimistas de los que cuestionan el matrimonio, es fácil dudar que la familia tenga un futuro. Pero hay pruebas firmes de que el matrimonio y la familia no están muriendo. La proporción de un divorcio por cada dos matrimonios es engañosa, porque implica que la mitad de las personas se divorcian, lo que no es verdad. Según las tasas actuales de matrimonios y divorcios, los demógrafos calculan que un poco menos de dos personas de cada cinco que se casan se divorciarán (37 o 38%), algunas de ellas se divorciarán varias veces, en tanto que tres quintas partes de los primeros matrimonios

hacían de la familia consanguínea una unidad de trabajo eficiente (Linton, 1936, Cap. 20). Un historiador de la familia atribuye el surgimiento de la moderna familia nuclear al desarrollo del capitalismo de mercado (Shorter, 1975, Cap. 7). Notamos que conforme los países se van industrializando, la familia nuclear está reemplazando a la familia consanguínea o extendida, porque se adapta mejor a la especialización, a la movilidad y al individualismo que la familia ampliada (Goode, 1963; Zelditch, 1964, p. 496; Fernández, 1977, p. 158).

Como ha hecho notar Keniston (1977), se espera que la familia amortigüe las deficiencias que hay en nuestras otras instituciones. Si el ciclo comercial baja, la familia se aprieta el cinturón. En vez de que las horas de trabajo se ajusten a las conveniencias de la familia, la fa-

perdurarán hasta la murte (Glick y Norton, 1979: Leslie, 1982, p. 555). Y la mayor parte de los divorciados se volverán a casar, lo que demuestra que no es el matrimonio lo que. rechazan, sino a sus anteriores cónyuges.

El cuadro 10-5 muestra qué pocas personas de una muestra nacional de personas casadas estaban seriamente insatisfechas en el momento de la encuesta (aunque para muchos era un segundo o tercer matrimonio con el que estaban "satisfechos"). Aunque muchos llegan a estar insatisfechos con un cónyuge determinado, pocos consideran el matrimonio como una trampa. La idea de que la mayoría de los matrimonios son desgraciados es un mito, que posiblemente han mantenido vivo quienes han fracasado ma-

ritalmente y encuentran cierto descanso con la idea de que todos los demás son tan desdichados como ellos.

Aunque unos cuantos sociólogos dudan de que la familia tenga un futuro (Keller, 1971), la mayor parte de ellos no están de acuerdo en eso. Es digno indicar que en el kibbutz israelí, después de más de una generación de vida comunal llevada con buen éxito, que incluyó un esfuerzo deliberado de abolir la familia como una unidad funcional, la tendencia reciente ha sido aumentar el significado funcional de la familia (Shepher, 1969; Talmon, 1962; Mednick, 1975; Gerson, 1970). Todas las pruebas indican, pues, que la familia, sin importar la frecuencia con la que se pone en los obituarios su muerte,

CUADRO 10-5
EL MATRIMONIO, ¿UNA TRAMPA O UN REFUGIO? RESPUESTAS DE UNA MUESTRA DE PERSONAS CASADAS

"¿Ha deseado usted alguna vez haberse casado con otra persona?"

	Si, con frecuencia, porcentaje	Algunas veces	De vez en cuando	Rara vez	Nunca	Porcentaje total	N
Mujeres	1	5	6	18	70	100	763
Hombres	*	4	7	18	72	100	684

"¿Ha cruzado alguna vez por su mente la idea de divorciarse?"

Mujeres	1	4	8	23	64	100	763
Hombres	1	3	5	20	71	100	685

"Conisderadas todas las cosas, ¿cuán satisfecho (a) se encuentra usted con su matrimonio?"
¿Qué número indica mejor su satisfacción o insatisfacción?

	Completamente insatisfecho (a) porcentaje					Completamente satisfecho (a) porcentaje			
	1	2	3	4	5	6	7		
Mujeres	1	1	3	9	8	23	56	100	763
Hombres	0	*	1	6	6	27	60	100	685

Fuente: Angus Campbell, Philip E. Converse y Willard L. Rodgers, *The Quality of American Life: Perceptions, Evaluations and Satisfactions.* Russell Sage Foundation, New York, 1976, p. 324.
* Indica menos del 1%.

Aunque este cuadro muestra que la mayor parte de las personas casadas están muy satisfechas, sabemos que más de uno de cada tres matrimonios termina en divorcio. ¿Cómo pueden ser ciertas ambas cifras?

está aquí para permanecer (Bane, 1978). Algunos estudiosos han llegado incluso a sugerir que la familia está asumiendo una *mayor* importancia en la sociedad moderna. La insuficiencia del trabajo como fuente de las principales satisfacciones de la vida de la clase trabajadora y la pérdida de la comunidad primaria como fuente de raíces e identidad, dejan a la familia como la fuente principal de satisfacción emocional (Kornblum, 1974).

La pregunta realmente importante no es: "¿Pedurará la familia?" sino: "¿Cómo cambiará?" Algunos piensan que la revolución de las computadoras transformará la familia, gracias a que una fracción muy importante de todo trabajo, venta o juego y cualquier otra cosa se va a realizar en casa, frente a una terminal de computadora (Frederick, 1983, p. 21), "La productividad sube cuando las computadoras permiten a los empleados trabajar en casa", informa el *Wall Street Journal* (May 3, 1983, p. 1), pero los trabajadores echan de menos sus contactos con el grupo primario de sus colegas. Es demasiado pronto para predecir los efectos de la revolución de las computadoras en el hogar.

Un historiador de la familia cree que la familia nuclear se está desmoronando y que será reemplazada por la pareja "libremente flotante", menos vinculada con los hijos, con los amigos íntimos o con los vecinos que en el pasado (Shorter, 1975, p. 280). En contraste con esto, dos de los principales teóricos de la familia han predicho que los próximos decenios podrán ver un retorno a una familia más estructurada, tradicional y menos permisiva que la de hoy (Vincent, 1972; Zimmerman, 1972). De hecho, un movimiento que va creciendo rápidamente, llamado *Toughlove* (amor responsable) está alentando a los padres a ser firmes y estrictos en la aplicación de las normas dentro de la familia (Leo, 1981). Un sociólogo prominente (Etzioni, 1982) dice que la familia nuclear sobrevivirá porque "ninguna sociedad compleja ha podido sobrevivir nunca sin una familia nuclear". Hay pocas dudas de que la familia sobrevivirá, pero las direcciones del cambio familiar no pueden predecirse con certeza.

SUMARIO

La familia es una institución social básica. Varía mucho en su forma. La familia occidental generalmente es *conyugal,* compuesta de marido, esposa e hijos. Pero en muchas sociedades la unidad familiar es *consanguínea,* o sea, un grupo mucho mayor de parientes por la sangre con una orla de esposas. Todas las sociedades practican la *endogamia,* que exige la selección de cónyuges dentro de grupos específicos, lo mismo que la *exogamia,* que exige que alguien salga de ciertos grupos para hacer la selección del cónyuge. Aunque la mayor parte de los matrimonios son *monógamos,* muchas sociedades permiten la *poligamia,* generalmente la *poliginia,* en la que el marido es el que tiene más de una esposa al mismo tiempo. La mayor parte de las sociedades prevén el divorcio, pero varían mucho en los motivos y en los procedimientos. La fascinante variedad de formas familiares muestra cómo las necesidades humanas básicas pueden ser satisfechas adecuadamente con muy diversos arreglos institucionales. En todas las sociedades la familia lleva a cabo algunas funciones: regular las relaciones sexuales, mantener la reproducción, socializar a los niños, ofrecer afecto y compañía, definir el status, proteger a sus miembros y servir como un equipo que trabaja y comparte.

La actual familia estadounidense se encuentra en medio de cambios radicales. Es más pequeña que hace un siglo. Las familias en las que sólo hay uno de los padres, la paternidad de personas que no se han casado, los pisos de soltero, la cohabitación no marital y las familias en las que ambos cónyuges tienen una carrera, han aumentado. El divorcio parece haberse estabilizado en un nivel elevado. La violencia familiar ha sido "descubierta" como un problema social.

Las funciones de regulación del sexo, de reproducción y de definición de status de la familia han sido probablemente las menos afectadas por los recientes cambios sociales. En relación a la función económica, las actividades productivas de la familia han sido en gran parte absorbidas por instituciones económicas separadas, que han dejado a la familia principalmente como una unidad de consumo. La función protectora ha pasado en buena parte a otras instituciones. Las funciones de socialización y de proporcionar afecto que tiene la familia han ganado relativamente en importancia, tanto por los cambios en otras instituciones como por el mayor conocimiento de nuestras necesidades personales y sociales.

Ninguna institución está más estrechamente interrelacionada con otras instituciones que la familia, pero la dirección de las interrelaciones es principalmente de un solo sentido. Otras instituciones afectan a la familia más de lo que la familia las afecta a ellas.

La supervivencia de la familia no está en duda, pero las direcciones del cambio de la futura familia no pueden predecirse con certeza.

GLOSARIO

endogamia: práctica de elegir cónyuges dentro de algún grupo especificado.

exogamia: práctica de elegir cónyuges fuera de algún grupo especificado.

familia: agrupación de parientes que ve por la crianza de los niños y por algunas otras necesidades humanas.

familia consanguínea: familia que consta de un grupo de hermanas casadas y de sus hijos, o un grupo de hermanos casados y de sus hijos, como su núcleo, y una orla de esposas y otros parientes.

familia conyugal: familia que consta de una pareja casada y de sus hijos.

familia extensa: la familia nuclear más cualquier otro pariente con el que se mantengan relaciones importantes.

familia nuclear: llamada también "familia conyugal": una pareja casada y sus hijos.

matrimonio: norma social aprobada, mediante la cual dos o más personas establecen una familia.

matrimonio matrilocal: pareja casada que vive con la familia de la esposa.

matrimonio neolocal: pareja casada que establece una casa separada de la de sus familias.

matrimonio patrilocal: pareja casada que vive con la familia del esposo.

monogamia: forma de matrimonio que sólo permite tener un cónyuge (a la vez).

poliandria: forma de poligamia en la que la mujer es compartida por dos o más maridos.

poligamia: pluralidad de cónyuges.

poliginia: forma de poligamia en la que el marido tiene dos o más mujeres.

PREGUNTAS Y PROYECTOS

1 ¿Por qué la familia se encuentra en todas las sociedades? ¿Sería posible, prescindir de la familia gracias a la tecnología moderna?

2 ¿Por qué los padres de familia estadounidenses juegan sólo un rol limitado en la elección de novios de sus hijos? ¿Sería deseable que jugarán un rol más determinante en las elecciones matrimoniales?

3 En una sociedad como la de los trobandianos, donde un hombre no tiene obligaciones especiales o particular afecto hacia sus propios hijos, ¿cómo es posible que asuma una preocupación verdaderamente "paterna" por los hijos de su hermana?

4 Utilizamos el término "tío" para designar a los hermanos de nuestro padre o de nuestra madre. Entre los indígenas todas el término "padre" incluye no solamente al padre sino a todos los tíos de una persona. ¿Qué importancia tiene esta variación en la terminología? Algunas sociedades no tienen una palabra para decir "ilegítimo". ¿Qué significa esta omisión?

5 ¿Cómo ilustran la estructura familiar dentro de una sociedad los conceptos de integración cultural y relativismo cultural?

6 Nombre algunas características de la personalidad que provocan conflictos entre los cónyuges ¿Crearían también estas características problemas en una comuna, en un matrimonio de grupo o entre aquellos que conviven sin estar casados?

7 El texto afirma que hay casi un divorcio por cada dos matrimonios, pero que más de tres de cada cinco personas permanecen casadas con sus primeros cónyuges hasta la muerte ¿Cómo pueden ser ambas cosas ciertas?

8 ¿Por qué la violencia familiar es más común entre las clases sociales bajas?

9 ¿Cree usted que si una ley exigiera a los padres que notificaran antes a sus hijos menores sobre el uso de anticonceptivos se rudiciría la actividad sexual de los adolescentes o aumentarían los embarazos entre ellos? ¿Por qué?

10 ¿En qué forma los cambios actuales en la familia ilustran la interrelación de las instituciones?

11 Defienda cada una de estas posiciones: 1) "El divorcio es una institución necesaria y útil en una sociedad como la nuestra". 2) "El divorcio es causa y prueba del fracaso de la familia y debería hacerse más difícil".

12 Analice estas dos proposiciones 1) "La socialización adecuada del niño requiere la supervisión íntima, continua y afectuosa que sólo una madre de tiempo completo puede proporcionar". 2) Un contacto ininterrumpido entre el niño y la madre alienta una excesiva dependencia; el niño se desarrolla más saludablemente cuando es cuidado por varios adultos que responden con cariño".

13 Discuta estas dos proposiciones: 1) La familia estadounidense está sumamente desorganizada por los cambios sociales radicales que se difundieron a partir del siglo pasado". 2) "La familia estadounidense se está reorganizando para satisfacer las necesidades sociales cambiantes en una sociedad que también se modifica".

14 Lea el libro de John P. Marquand: *H. M. Pulham, Esq.,* Little Brown and Company, Boston, 1941. ¿En qué forma prepara la familia Pulham a Harry para su rol sexual y su status de clase y cómo lo socializa en general para que actúe en la forma que se espera?

15 Lea la novela de Hans Ruesch acerca de la vida de los esquimales, *Top of the World,* Harper & Row, Publishers, Inc., New York, 1950; Pocket Books, Inc., 1951. Evalúe a la familia esquimal como una estructura institucional para satisfacer las necesidades de las personas en un ambiente particular.

LECTURAS QUE SE SUGIEREN

Bane, Mary Jo: *Here to Stay: American Families in the Twentieth Century,* Basic Books, Inc., Publishers, New York, 1978. Un entretenido librito que contiene muchas recomendaciones analíticas para el mantenimiento de la familia.

Blaine, Grahan B. Jr., et al.: "Does Living Together Before Marriage Make for a Better Marriage?" *Medical Aspects of Human Sexualaity,* 9: 32-39, January 1975. Varios estudiosos ofrecen respuestas (o no respuestas) a la pregunta establecida en el título.

Clayton, Richard R., and Harwin L. Voss: "Shacking Up: Cohabitation in the 1970's", *Journal of Marriage and the Family,* 39: 273-283, May 1977. Un estudio descriptivo y un análisis de la convivencia.

Davis, Alan G., and Philip M. Strong: "Working Without a Net: The Bachelor as a Social Problem", *Sociological Review,* 25: 109-120, February 1977. Un análisis de las pérdidas y vulnerabilidades de la vida de soltero.

Doten, Dana: *The Art of Bundling,* Rinehart and Winston, Inc., New York, 1938. Un relato entretenido del surgimiento y caída de una pintoresca tradición estadounidense, que muestra cómo se relacionaba con otras instituciones de ese periodo.

Finkelhor, Davis, Richard J. Gelles, Gerald T. Hotaling, and Murray A. Straus (eds.): *The Dark Side of Families: Current Family Violence Research.* Sage Publications, Beverly Hills, Cal., 1983. Una colección de entretenidas investigaciones.

Folson, Joseph K.: *The Family,* John Wiley & Sons, Inc., New York, 1934, 1943, Cap. 1, "The Family Pattern". Una interesante comparación en columnas paralelas de las pautas familiares estadounidenses y trobriandanas.

Fosberg, Lacey: "The Make-Believe World of Teen-Aged Maternity, *"The New York Times Magazine.,* Aug. 7, 1977, pp. 29ff. Una presentación popular de los problemas y consecuencias de la maternidad de las adolescentes.

Freedman Jonathan L.: "Love + Marriage = Happiness (Still)", *Public Opinion,* 1: 49-53, November/December 1978. Un breve artículo que resume gran número de estudios recientes que muestran que los casados son más felices y sanos que los solteros.

Furstenberg, Frank F. Jr.: *Unplanned Rarenthood: The Social Consequences of Teen-Age Childbearing,* The Free Press, New York, 1976. Una investigación sobre lo que ocurre a los padres adolescentes y a sus hijos.

Hunt, Janet G. and Larry L. Hunt: "Dilemmas and Contradictios of Status: The Case of the Dual-Career Family", *Social Problems,* 24: 402-416, April 1977. Un breve artículo que sugiere que la doble carrera es incompatible con la familia nuclear.

Journal of Social Issues, 35, no. 4, 1979. Presenta una serie de artículos de investigación sobre el efecto del divorcio en los hijos.

*Kephart, William M.: *Extraordinay Groups: The Sociology of Unconventional Life-Styles.* St. Martin's Press, Inc., New York, 1982. Un sociólogo notable ofrece un entretenido análisis de varios grupos comunales, que van desde los hutteritas a las comunas modernas.

*Levitan, Sar A. and Richard S. Belous, *What's Happening to the American Family?* The Johns Hopkins Press, Baltimore, 1981. Una entretenida descripción del cambio familiar.

Macklin, Eleanor D.: "Review of Research on Nonmarital Cohabitatios in The United States", in Bernard I. Murstein (ed.) *Exploring Intimate Lifestyles,* Springer Publishing Co. Inc., New York, 1978, pp. 196-243. Un resumen de investigación.

Pepitone-Rockwell, Fran (ed.): *Dual-Career Couples,* Sage Publications, Beverly Hills, Cal., 1980. Una colección de estudios sobre matrimonios con dos carreras.

*Queen, Stuart A., Robert W. Habenstein, and John B. Adams: *The Family in Various Cultures,* 4th ed., J. B. Lippincott Company, Philadelphia, 1974. Entretenidas descripciones de la familia en una docena de diferentes sociedades.

Schlesinger, Benjamin: *The One-Parent Family: Perspectives and Annotated Bibliography,* University of Toronto Press, Toronto, 1978. Una concisa descripción de las familias que sólo tienen uno de los padres.

*Stein Peter J. (ed.): *Single Life: Unmarried Adults in Social Context St.* Martin's Press, Inc., New York, 1981. Una colección de solteros en la sociedad estadounidense.

Straus, Murray A., Richard J. Gelles, and Suzanne K. Steinmetz: *Behind Closed Doors: Violence in the American Family,* Anchors Books, Doubleday & Company, Inc., Garden City. N.Y., 1980. Entretenida descripción y análisis de la violencia familiar.

Wolock, Isabel and Bernard Horowitz: "Child Maltreatment and Maternal Deprivation among AFDC Recipients", *Social Service Review,* 53: 175-182, June 1979. Un informe de investigación que encuentra correlación entre los problemas familiares y el maltrato de los niños.

* Un asterisco antes de la cita indica que el título está disponible en edición en rústica.

11 Instituciones religiosas

SINGAPUR. El gobierno está ordenando que las escuelas sustituyan las lecciones de civismo y de problemas actuales por clases obligatorias de religión, con el fin de salvar a esta próspera república isleña de convertise en "una nación de ladrones".

La clase de "conocimientos religiosos" para muchachos de 12 y 13 años de edad versará sobre cristianismo, islamismo, budismo o hinduismo.

Aquellos que no tengan una religión propia o que no deseen centrarse en una fe específica, tendrán que hacer un estudio general de las religiones del mundo.

En este plan, la Biblia y los estudios budistas se enseñarán en inglés y en chino. Las clases de hindú se darán solamente en inglés, y los estudios islámicos sólo se ofrecerán en malayo.

Goh Keng Swee, primer ministro y ministro de Educación, dijo que la idea de utilizar lecciones de religión para mejorar la moralidad pública surgió cuando él tuvo a su cargo el ejército de Singapur.

Las carteras y los relojes desaparecían cuando se los dejaba en los campos militares por más de 10 segundos, dijo.

"Así, un día le dije al primer ministro que las escuelas estaban convirtiendo al país en una nación de ladrones y que algo debía hacerse acerca de esto en nuestro sistema educativo. Dijo que empiezan a aprender a robar cuando están en la escuela."

(*Associated Press,*
Feb. 18, 1982).

Las instituciones religiosas son sistemas importantes de creencias y prácticas religiosas de una sociedad, que están regularizadas y formuladas y que son ampliamente compartidas y consideradas como necesarias y verdaderas. Las asociaciones religiosas son los grupos organizados de personas que comparten las creencias y siguen las prácticas de una religión. En las sociedades occidentales la religión está muy organizada en Iglesias que tienen culto congregacional, pero muchas sociedades tienen religión sin asociaciones u organizaciones religiosas. Los índigenas zuñi son profundamente religiosos y pasa casi la mitad de sus horas de vigilia en ceremonias y actividades religiosas; sin embargo, no tienen iglesias que nosotros pudiéramos reconocer como tales (Farb, 1968, Cap. 6). La religión toma muchas formas y direcciones.

Hay muchas definiciones de religión. Un sociólogo la define como "un sistema de creencias y prácticas mediante las cuales un grupo de personas interpreta lo que piensan que es sobrenatural y sagrado y responden a ello" (Johnstone, 1975, p. 20). Esta definición es muy útil para el análisis sociológico, puesto que hace hincapié en la naturaleza social y corporativa de la religión y la distingue de movimientos seculares que también pueden estar interesados en valores importantes.

RELIGIÓN Y SOCIEDAD

La fe del gobierno de Singapur en el efecto de la instrucción religiosa en las escuelas, registrado en el epígrafe del capítulo, es compartida por muchas personas. Todas las principales religiones subrayan como virtudes básicas la honestidad y la consideración hacia los demás. Estas son necesarias para la conducta ordenada de sociedad humana, y la religión puede ayudar a que la gente tome esas ideas en serio.

El que los ideales religiosos puedan ser realmente inculcados en las escuelas, puede discutirse. También es difícil demostrar que la religión realmente produzca o no un comportamiento moral. Muchos esfuerzos de investigación han tratado de probar los efectos de las creencias religiosas que se profesan y de las actividades eclesiásticas en el comportamiento personal. Bouma revisó docenas de estudios semejantes y encontró pocas pruebas de que la religión tenga mucho efecto en el comportamiento dentro de la sociedad estadounidense (1970), y L. Jung tampoco encontró hace poco alguna prueba concluyente (1980). Es posible, sin embargo, que la presencia religiosa en la sociedad estadounidense tenga algún efecto en el ethos cultural y afecte en esta forma el comportamiento tanto de las personas religiosas como de las que no lo son. Ésta es al menos una suposición razonable (Eastlan, 1981).

La religión incluye formas de relacionarse con los seres y fuerzas sobrenaturales (*Bonnie Freer/Photo Researchers, Inc.*)

La religión se interesa en algo más que en el comportamiento moral. La religión ofrece a las personas una visión del mundo y proporciona respuestas a preguntas desconcertantes. Lo anima a uno a elevarse sobre intereses egoístas y lo hace compartir las necesidades de los demás. La buena conducta puede nacer de semejante visión del mundo, pero la respuesta religiosa va más allá del seguimiento de normas de comportamiento convencionales.

Los sociólogos se interesan en la interacción de la religión y la sociedad. Como en todos los casos de interacción, éste es un asunto que tiene dos sentidos, y algunas veces es difícil determinar los límites entre lo religioso y lo que no lo es. Así, nuestras nociones de justicia y nuestra forma de vida familiar han sido afectadas por las enseñanzas de la religión judeo-cristiana. Por otra parte, nuestra religión ha sido también influida por la vida política y económica de nuestra sociedad (como se dijo antes, las insti-

tuciones están interrelacionadas). El sociólogo no trata de juzgar la verdad de las creencias de ninguna religión; el sociólogo *trata* de descubrir los efectos sociales de diferentes creencias y de encontrar tendencias para que algunos tipos de creencias y prácticas religiosas se desarrollen en ciertas condiciones sociales.

Quienes tratan de comprender la naturaleza de la sociedad parecen obligados a explicar el rol de la religión, se llamen o no a sí mismos ''religiosos''. Algunos consideran la religión como una influencia principal, otros la ven como pasada de moda o hasta peligrosa; pero sin importar el juicio que se haga de ella, es demasiado importante para no tomarse en cuenta.

La religión como una etapa de la evolución

Auguste Comte, considerado con frecuencia como el ''padre'' de la sociología, defendía el aspecto secular de la religión como una etapa de la evolución. Esta es, brevemente, la idea de que la religión alguna vez fue importante, pero que se ha hecho absoleta por los desarrollos modernos. Lo *sagrado,* que es el dominio de la religión, ha sido reemplazado por lo *secular,* o aquello de que es eliminado lo sobrenatural. Los sistemas de creencias religiosas han sido desplazados por el conocimiento científico, en tanto que el trabajo de servicio social, de educación y de salud de la Iglesia han sido tomados por el gobierno o por grupos privados no religiosos. Comte (1855) escribió acerca de las tres etapas del pensamiento humano: la teológica (religiosa), la metafísica (filosófica) y la científica (positiva). La última etapa era la única válida para Comte, y si todavía sobrevivía la religión, sólo sería como una "religión de humanidad" basada en la ciencia. El "pecado" es egoismo, y la "salvación" se obtiene liberándose del egoismo, en tanto que la "inmortalidad" consiste en ser recordado por los servicios de amor a la humanidad. El *humanismo* religioso moderno está en gran deuda con Comte por sus ideas.

No hay duda de que el pensamiento científico ha afectado en gran manera los sistemas de creencias religiosas tradicionales y de que muchas de las funciones de las instituciones religiosas han pasado a otras. Si esto significa el fin de la religión o solamente ilustra un cambio institucional, es una cuestión que puede discutirse.

La religión como fuerza unificante de la sociedad

Emile Durkheim, un antiguo sociólogo francés, pasó muchos años estudiando las prácticas religiosas de los aborígenes australianos y de los isleños de los Mares del Sur. En *The Elementary Forms of Religious Life* (1912) concluyó que el propósito principal de la religión en las sociedades primitivas era ayudar a que las personas se pusieran en contacto no con Dios sino entre sí. Los rituales religiosos ayudaban a que las personas desarrollaran un sentido de comunidad cuando compartían las experiencias del

matrimonio, del nacimiento y de la muerte y celebraban las estaciones de la siembra y de la cosecha, el solsticio de invierno y el equinoccio de verano. Esto unía al grupo y no dejaba que nadie se enfrentara a la vida solo. En esta forma daban culto a la sociedad, no a Dios ni a dioses.

En un país donde hay diferentes clases de fe y distintas denominaciones la religión no puede unir fácilmente a toda la sociedad, pero puede unir a cada grupo religioso en un sistema de mutuo apoyo. Entre tanto, los efectos unificantes de la religión sobre la sociedad pueden ser desempeñados por lo que Bellah (1974, 1975, 1980) y otros han llamado "religión civil". El concepto de religión civil en Estados Unidos consiste en que, aunque Estados Unidos no tienen una Iglesia estatal, hay sin embargo una influencia religiosa definida en la vida nacional. A pesar de que hay muchas Iglesias distintas, separadas por muchas diferencias, la religión civil estadounidense tiene elementos comunes subrayados por todas las Iglesias principales.

La religión civil es un cuerpo de creencias religiosas que son ampliamente sostenidas por la sociedad. Tienen una base sobrenatural y son promovidas por la mayor parte de las Iglesias. La religión civil apoya las acciones gubernamentales cuando están en armonía con las creencias de la religión civil. Por el contrario, la religión civil condena las acciones gubernamentales que están en conflicto con los principios religiosos civiles.

La expresión de una religión civil data de antes de la fundación de la república. En las oraciones de los primeros pobladores puritanos puede verse cómo pedían la bendición de Dios a su aventura en una nueva tierra y esto se expresa en las declaraciones de muchos estadistas estadounidenses. En la *Declaración de Independencia* leemos que se basa en "las leyes de la naturaleza y del Dios de la naturaleza" y también que "los hombres han sido dotados por su *creador* con ciertos derechos inalienables". No sólo se considera la religión como el fundamento de las acciones gubernamentales adecuadas, sino que los valores religiosos se ven como sostén de la conducta moral exigida a los ciudadanos en un estado democrático. Algunos de los pri-

EL MARXISMO COMO RELIGIÓN MUNDIAL

El anticristo, esa encarnación humana del demonio responsable de todos los males en el mundo, es la burguesía. El estado de pecado es el capitalismo, que aumenta la enajenación del hombre y lo extravía de una relación adecuada con su omnipotente y omnisciente Dios, la tecnología. Los profetas mayores son Marx y Engels, y sus escritos, especialmente *El Capital,* constituyen la Biblia. Los santos son los marxistas posteriores, especialmente Lenin, Stalin y Mao (aunque las diversas sectas discuten la autenticidad de uno u otro de ellos). La figura de Cristo es el proletariado, y el Espíritu Santo es la conciencia revolucionaria. Con ayuda del trabajo progresivo de la tecnología, el Cristo-proletariado provocará con el tiempo el milenio del socialismo, y establecerá así la etapa para la transición triunfal y final al estado de la última gracia: el comunismo.

Tal es la teología dominante del mundo moderno, nacida en el siglo XIX, que lleva el sello de la cultura cristiana que prevalecía cuando fue concebida.

John Boli, "Marxism as World Religion," *Social Problems,* 28:510 511, June 1981. (Tomado de "Comments on Christopher K., Chase-Dunn, "Socialist States in the Capitalist World-Economy" *Social Problems,* 27: 509-531., June 1980.)

¿Cree usted que los marxistas disfrutan cuando se le llama religión al marxismo?

---

meros estadistas estadounidenses estaban indudable y profundamente afectados por convicciones religiosas, en tanto que otros eran ateos o agnósticos convencidos que deseaban liberar a la joven nación de todo control religioso.

Mientras que algunas autoridades encuentran huellas frecuentes de religión civil (Wimberly, 1976), otros ven pocas pruebas de que sea un factor potente en la vida política (Thomas y Flippen, 1972). Una encuesta reciente encontró que las ideas de la religión civil son compartidas por la mayoría de los miembros de todas las Iglesias cristianas importantes, aunque no por una mayoría de judíos y de otras personas no cristianas (Wimberly y Christenson, 1981). Parece que existen, ciertamente, trazos de pensamiento basado en un fundamento religioso que influyen en las ideas y prácticas gubernamentales estadounidenses, pero que tales apoyos religiosos no son muy específicos y con frecuencia son contrarrestados por puntos de vista estrictamente seculares.

La religión como el "opio del pueblo"

La visión de Karl Marx se basa en su premisa básica de que las fuerzas económicas son las que dominan en la sociedad y de que todo lo demás es secundario. La religión se considera como "falso conocimiento" (Wood, 1981, pp. 12-15), puesto que trata con lo que es trivial o no existente y en refleja realidad los intereses económicos de la clase social dominante. La religión es "el opio del pueblo" porque le ofrece un "pastel en el cielo" para distraerlo de la lucha de clases y prolongar su explotación. Así, todos los gobiernos comunistas han sido hostiles a la religión. Algunos estudiosos, sin embargo, argüirían que el marxismo es una religión competidora.

La religión como una fuerza dinámica

La visión de la religión como una especie de institución fantasma que meramente refleja el poder y los intereses de las clases dominantes fue puesta en duda por el sociólogo alemán Max Weber (1864-1930), que examinó el surgimiento del capitalismo y pensó que fue favorecido por las actitudes del protestantismo ascético. Así la religión, lejos de carecer de influencia, de hecho ayudó a formular la dirección del cambio económico. Las ideas de Weber se estudiarán después con mayor detalle cuando se hable de los efectos latentes de la religión.

ESTRUCTURAS DE LAS ASOCIACIONES RELIGIOSAS

Cada una de las principales religiones afecta a la sociedad através del ethos cultural —los valores dominantes— que promueve, pero también afecta a la sociedad mediante las asociaciones religiosas que estimula.

En muchas sociedades sencillas la religión está institucionalizada, pero desorganizada. Esto quiere decir que la sociedad tiene instituciones religiosas: sistemas de prácticas y creencias que están reglamentadas, formalizadas y consideradas como necesarias e importantes prácticamente por todos los miembros de la sociedad. Pero las sociedades sencillas no suelen tener organizaciones religiosas. Las prácticas y los rituales religiosos son dirigidos con frecuencia por los miembros de la familia, pero sin un sistema organizado de obispos, sacerdotes, etc. Muchas sociedades sencillas tienen un especialista religioso reconocido en el poblado, al que generalmente llamaban "hechicero" los europeos, pero no poseen una estructura organizacional. La religión cristiana está sumamente organizada y sus formas principales son la ecclesia, el culto, la secta y la denominación.

Ecclesia (Iglesia estatal)

La *ecclesia* (o tipo eclesial) es un Iglesia estatal de la que todos los miembros de la sociedad son miembros, al menos nominales. Acepta el apoyo del estado y sanciona las prácticas culturales básicas de la sociedad. La Iglesia de Inglaterra en la Gran Bretaña y las Iglesias luteranas en los países escandinavos son algunos vestigios de la Iglesia estatal o ecclesia. En una forma mucho más vigorosa esto puede verse en el catolicismo romano en España e Italia; en el islamismo en Arabia Saudita y en el budismo del Tibet, antes del régimen comunista.

Culto y secta

El *culto* y la *secta* son los polos opuestos de la ecclesia. Ambos son generalmente pequeños y suelen poner en duda los valores sociales y religiosos existentes. El *culto* puede afirmar que tiene lazos con la religión tradicional, pero su pretensión principal es la de poner un nuevo acento religioso (Stark y Bainbridge, 1979). La Iglesia de la Unificación del Rev. Sun Myung Moon (los "Moonies") combina algunas de las creencias cristianas comunes con algunos rasgos de la religión oriental en una forma novedosa (Kodera, 1981). El culto puede afirmar que tranformará la sociedad, como lo afirma la Iglesia de la Unificación, o puede mirar hacia adentro y subrayar la experiencia religiosa del éxtasis personal. También puede destacar un aspecto particular, como el de la curación por la fe y no intentar tratar sobre todos los aspectos de la vida.

Mientras que el culto asegura que ofrece nuevos puntos de vista que las iglesias tradicionales habían soslayado, la *secta* ofrece un retorno a las verdades originales, de cuyo abandono se acusa a otras Iglesias, Los amish, por ejemplo, tratan de vivir como creen que vivieron los primeros cristianos en los días del Nuevo Testamento. La secta se preocupa por todos los aspectos de la vida e insiste en que sus miembros sigan sus doctrinas sin ninguna desviación. Sus tradiciones pueden diferir mucho de las de la sociedad en general. Pueden ser pacifistas en un estado belicoso, colectivistas en una economía individualizada o austeros en una sociedad opulenta. Sin embargo, la secta no hace un intento serio de influir en la sociedad y solamente pide no ser ignorada. Algunas veces consigue ser tolerada porque se la considera demasiada pequeña para constituir una amenaza. Por ejemplo, un gobierno que no tolerara que se extendieran actitudes pacifistas, puede pasar por alto a unos cuantos cuáqueros o mennonitas. Si una secta crece en número de miembros y hace las paces con la sociedad general, se convierte entonces en una denominación.

Denominación

La cuarta categoría, *la denominación,* es un grupo numeroso pero que no constituye una mayoría de los ciudadanos de la nación. Al

CUADRO 11-1

RELIGIONES: PASADO, PRESENTE Y FUTURO (Miembros en millones y como un tanto por ciento de la población mundial)

Religión	1900	Porcentaje*	1980	Porcentaje	2000	Porcentaje
Cristiana	558	34.4	1 433	32.8	2 020	32.3
Católica romana	272	16.8	809	18.5	1 169	18.7
Protestante y anglicana	153	9.4	345	7.9	440	7.0
Ortodoxa oriental	121	7.5	124	2.8	153	2.4
Otras cristianas	12	.7	155	3.6	258	4.1
No religiosos y ateos	3	.2	911	20.8	1 334	21.3
Musulmana	200	12.4	723	16.5	1 201	19.2
Hindú	203	12.5	583	13.3	859	13.7
Budista	127	7.8	274	6.3	359	5.7
Tribal y shamanista	118	7.3	103	2.4	110	1.8
Religión popular china	380	23.5	198	4.5	158	2.5
"Religiones nuevas"	6	.4	96	2.2	138	2.2
Judía	12	.8	17	.4	20	.3
Otras†	13	.8	36	.8	61	1.0
Población mundial	1 620		4 374		6 260	

* No suma 100% debido a que se redondearon las cifras
† Incluye confucianismo, sikh, shito, Baha'i, jain, espiritismo y parsi.
Fuente: World Christian Encyclopedia, Oxford University Press, New York, 1982, p. 6.

¿Cuál de estas categorías ha mostrado mayor cambio entre 1900 y 1980?
¿Qué religión ha mostrado el mayor crecimiento proporcional?

igual que la secta, se preocupa por todos los aspectos de la vida y del comportamiento. Por lo general está sostenida por fondos privados más que por subsidio gubernamental. Puesto que todavía es una minoría, no se siente muy presionada para aceptar todas las normas sociales de la mayoría, como lo hace la ecclesia. Así, por lo menos hasta hace poco tiempo, los metodistas se apartaron de la mayoría en su crítica a la bebida y al juego, y los católicos disintieron en su oposición al divorcio y al control natal.

Por otra parte, la denominación es demasiado grande para evitar la desviación entre sus miembros, y su comportamiento tiende a seguir las prácticas sociales generales. Sin embargo, la denominación trata de influir en el comportamiento tanto de sus propios miembros como de la sociedad en general. La idea de la separación entre la Iglesia y el Estado se acepta en teoría, pero con frecuencia se viola en la práctica.

La clasificación de un grupo religioso como ecclesia, culto, secta o denominación no implica ningún juicio de valor referente a su validez o prestigio. Más bien la clasificación refleja una diferencia en el acento y en la pauta de relación con respecto a la sociedad general. No hay Iglesias, sin embargo, que sean tipos "puros", y la clasificación es un continuum con grados de diferencia, más que una dicotomía con contrastes absolutos (Stark y Bainbridge, 1979). Puesto que ninguna Iglesia pretende contar con una mayoría de estadounidenses, es probable que sea correcto decir que Estados Unidos no tienen una ecclesia y que todos los grupos más grandes son denominaciones.

FUNCIONES MANIFIESTAS Y FUNCIONES LATENTES DE LA RELIGIÓN

Todas las instituciones tienen funciones manifiestas y latentes, y las instituciones religiosas no constituyen una excepción.

Las necesidades religiosas permanecen constantes, aunque las formas
de expresión religiosa cambien *(Doug Wilsonn Black Star).*

Funciones manifiestas

Las funciones de la religión se agrupan alrededor de tres tipos de intereses: una pauta de creencias llamadas *doctrinas* que define la naturaleza de la relación de los seres humanos entre sí
y con Dios; *rituales* que simbolizan estas doctrinas y se las recuerdan a las personas; y una serie
de *normas de comportamiento* coherentes con

las doctrinas. El trabajo de explicar y defender
las doctrinas, celebrar los rituales y reforzar las
normas de comportamiento deseadas conduce a
una pauta compleja de culto, enseñanza, evangelización, exhortación, y áreas filantrópicas
que requieren considerable inversión de dinero
y personal.

En algunas sociedades las funciones manifiestas de la religión incluyen en realidad el
control del estado, como en Irán, donde el Sha
fue reemplazado por una teocracia controlada
por los ayatolas musulmanes.

Funciones latentes

Pocas personas objetarán las funciones manifiestas de la religión, pero algunas de las funciones latentes de las Iglesias acarrean consecuencias que con frecuencia sorprenden aun a
los fieles. Al mismo tiempo, pueden estimular
la aprobación o la oposición de aquellos que no
se consideran muy religiosos.

Las funciones de sociabilidad de la Iglesia.

Las Iglesias son un marco tanto para la sociabilidad como para el culto. Los grupos juveniles de la Iglesia proporcionan una oportunidad para practicar las técnicas del liderazgo y un ambiente para el noviazgo y la selección de cónyuge. Las Iglesias adornan a la comunidad con edificios que a veces son bellos e inspiradores; estimulan el arte y la música; ofrecen conciertos y festivales (algunos incluirían estas actividades entre las funciones manifiestas de algunas religiones). Las Iglesias ayudan a que los nuevos fieles se conozcan y a que las personas asciendan por la "escala social". Una de sus funciones manifiestas es la de unir a la comunidad en una fraternidad humana; una función latente es la de ayudar a dividir a la comunidad por razas y clases. Aunque predican que "todas las personas son iguales ante Dios", las Iglesias proporcionan un marco para un despliegue conspicuo de riqueza por parte de los miembros ataviados con sus mejores galas domingueras.

INTERRELACIÓN CON OTRAS INSTITUCIONES

Religión y familia

La interrelación entre la religión y la familia ha sido muy poco estudiada por los sociólogos. Una muestra de doce libros de texto recientes sobre "matrimonio y familia" (aquellos que estuvieron disponibles en la biblioteca del autor) dedican un promedio de página y media a la "religión" principalmente en lo tocante a los matrimonios mixtos. Sin embargo, las creencias, prácticas y valores religiosos son un factor importante en la vida familiar. La conversión del Imperio Romano a la cristiandad redujo mucho el divorcio, el adulterio, la fornicación y la homosexualidad; hizo volver a las mujeres de un status no muy subordinado a uno totalmente subordinado, y cultivó una penetrante y duradera identificación del sexo con la indignidad y el pecado (Leslie, 1982, Cap. 6). Los cambios recientes en las prácticas y valores familiares (familias más pequeñas, uso de anticonceptivos y del aborto, mayor igualdad sexual, mayor tole-

rancia hacia el divorcio, experiencia sexual extramarital, convivencia) han sido más frecuentemente combatidos o aceptados a regañadientes por las Iglesias que activamente apoyados por ellas. La aceptación personal de tales cambios ha sido más rápida entre los relativamente no religiosos que entre las personas devotas. La religión es claramente un factor en la vida familiar, pero de tal clase que es difícil aislarlo o medirlo.

Religión y economía

¿Tiene la religión algún efecto sobre los asuntos prácticos de los negocios? Las acciones relacionadas con los negocios pueden parecer a veces totalmente amorales y sin Dios; sin embargo, la religión *ciertamente* tiene un efecto en la economía. Las creencias religiosas afectan los hábitos de trabajo, las pautas de consumo y la aceptación o el rechazo de nuevos productos y prácticas.

LA ÉTICA PROTESTANTE. Una de las teorías más influyentes acerca de la interrelación entre religión y economía fue establecida en el libro de Weber: *The Protestant Ethic and the Spirit of Capitalism* (1904). Weber notó que los líderes protestantes de la Reforma no trataron de levantar los fundamentos espirituales de una sociedad capitalista y con frecuencia denunciaron las tendencias capitalistas en su época. Sin embargo, la Revolución Industrial y el crecimiento de los intereses comerciales en gran escala fue mucho más rápido en las regiones predominantemente protestantes que en las sumamente católicas, y en las zonas mixtas los protestantes fueron mucho más activos en el desarrollo comercial. Esta circunstancia ayuda a explicar la depresión económica en Francia que siguió a la expulsión de los hugonotes a finales del siglo XVII. La frase "rico como un hugonote" se convirtió en un estereotipo popular, y la expulsión de estos protestantes fue una rémora para la industria francesa, al tiempo que aceleró el desarrollo de los negocios en los países en donde los hugonotes se establecieron como refugiados (Bierstedt, 1974, p. 558).

El señor (Osumu) Tezuka está de acuerdo con una opinión que es común entre los psicólogos en Japón, en el sentido de que la religión budista desempeña un rol tan importante que los robots (en las fábricas) han entrado en la psique japonesa. "A diferencia de los cristianos occidentales", dice "los japoneses no distinguen entre el hombre, la creatura superior y el mundo que lo rodea. Todo se fusiona, y aceptamos fácilmente los robots junto con el amplio mundo que nos rodea, los insectos, las rocas: todo es una sola cosa. No tenemos ninguna de las actitudes de duda hacia los robots como seudohumanos que se encuentran en Occidente. De modo que aquí no se encuentra resistencia, simplemente una aceptación tranquila".

Henry Scott Stokes, "Japan's Love Affair with the Robot", *The New York Times Magazine,* Jan 10, 1982, p. 75.

¿En qué forma ilustra esto la interrelación de las instituciones?

La ética protestante convirtió en virtudes religiosas el individualismo, la vida frugal, el ahorro y la glorificación del trabajo, prácticas que obviamente favorecían la acumulación de riqueza. Estas prácticas se atribuyen ordinariamente al acento puesto por los protestantes en la responsabilidad individual más que en los sacramentos de la Iglesia, a la interpretación del éxito mundano como un signo del favor divino y a la reacción contra los símbolos de riqueza, que había sido acumulada por la Iglesia tradicional. Ninguna de estas prácticas protestantes tuvo su origen en un deseo deliberado de alentar el comercio, y quizá por esta razón su efecto fue más potente. Aunque la mayor parte de los científicos sociales aceptan la teoría de la ética protestante de Weber como una hipótesis plausible, algunos no están de acuerdo con ella (Fanfani, 1955, y Samuelson, 1971).

Cualquiera que pueda haber sido el caso en los primeros años, la ética protestante ya no es monopolio de ningún grupo religioso. Los protestantes se han dejado influir por una "ética del consumidor" que da importancia a las compras a plazos, al ocio, a la recreación y al consumo suntuario. Los católicos y otras denominaciones se han acercado quizá más a la ética protestante, al considerar que una vida de disciplina se traduce en recompensas materiales.

Las pruebas de que disponemos sugieren que ningún grupo religioso puede jactarse actualmente de poseer un sistema ético que conduzca al éxito económico (Bouma, 1973). Un estudio reciente sobre el efecto de los antecedentes étnico-religiosos en los principios de una carrera (Stryker, 1981) encuentra que tales antecedentes influyen en los niveles educativos y de iniciación de la carrera, aunque mucho menos que los factores relativos a la clase social. Esta influencia no sigue una separación estricta entre protestantes y católicos; los judíos están colocados por encima de ambos. Evidentemente, aunque las primitivas actitudes católicas y protestantes han cambiado, las actitudes cultivadas por los grupos religiosos todavía pueden tener algún efecto en los logros materiales.

Religión y gobierno

Religión y gobierno se relacionan entre sí en varias formas. Por ejemplo, el apoyo a los partidos políticos en Estados Unidos se asocia con la preferencia religiosa. En las elecciones para el Congreso de 1982, los candidatos demócratas fueron apoyados por el 47% de los votantes protestantes, por el 60% de los católicos y por el 75% de los judíos (*Public Opinion,* 5: 36, December/January, 1983). Ningún candidato a un puesto elevado de elección admite ser ateo o agnóstico, y los tres candidatos presidenciales en 1980 afirmaron ser cristianos "que habían nacido de nuevo como cristianos". El porcentaje de los estadounidenses que creen que "la religión está ganando influencia" en la vida estadounidense ha fluctuado mucho en los últimos años: del 36% en 1975, al 15% en 1970, el 45% en 1976 y al 30% en 1978 (*Public Opinion,* 3:35, December/January, 1980).

Los líderes religiosos parecen tener con frecuencia poca fuerza en comparación con los líderes gubernamentales. Esta actitud la expresó el útlimo dictador soviético, Josef Stalin, en forma categórica. Cuando se le advirtió que el papa había criticado algunas de sus políticas, replicó: "¿Cuántas divisiones militares tiene *él*?" (Sulzberger, 1958).

Sin embargo, ha habido épocas en que los líderes religiosos humillaron efectivamente a los monarcas. Puede citarse, por ejemplo, el incidente cuando Enrique II de Inglaterra caminó descalzo hasta la tumba de Thomas Becket para someterse al castigo impuesto por los sacerdotes de la catedral de Canterbury (Durant, 1950, p. 761). El Sha de Irán fue prácticamente un monarca absoluto con un ejército moderno generosamente equipado. El líder musulmán, el ayatola Jomeini, no tenía ni armas ni dinero y vivía exiliado en París. Sin embargo, sus llamamientos a los musulmanes para que se revelaran contra su gobernante que supuestamente había violado su religión fueron tan eficaces que el Sha tuvo que huir y su gobierno cayó. Evidentemente, las divisiones militares no son la única fuente de poder.

El conflicto Iglesia-Estado es parte persistente de la vida social. Existen temas perennes como el de la legitimidad de las operaciones quirúrgicas, las transfusiones de sangre o las inmunizaciones, respecto a los cuales grupos como los Testigos de Jehová o los miembros de la Christian Science están en desacuerdo con las autoridades sanitarias. Los padres de familia que pertenecen a la secta de los amish pueden oponerse a enviar a sus hijos a la escuela secundaria, y algunas veces una secta pacifista o los miembros pacifistas de algunas denominaciones pueden ser censurados por el estado debido a que se oponen al servicio militar. En otras ocasiones, existe la opinión de que el estado debería intervenir para proteger a los miembros de un culto que los vigila estrechamente de las acciones peligrosas de sus propios líderes.

Estos temas surgen con frecuencia, pero afectan casi siempre sólo a pequeños grupos de personas. Otros temas que afectan a un mayor número de personas incluyen los esfuerzos de los católicos romanos y de algunas otras Iglesias por obtener el subsidio para sus escuelas y por

impedir que el estado penalice o libere el aborto. Las Iglesias protestantes, en forma similar, tratan a veces de obstaculizar la legalización del juego.

Los críticos de este tipo de actividades acusan a las Iglesias de intentar imponer a la mayoría los valores morales de una minoría. Estos mismos críticos dicen que una Iglesia tiene pleno derecho a persuadir a sus propios miembros de que sigan su código de conducta, pero no a tratar de imponerlo a los que no forman parte de ella. El punto de vista de la Iglesia es que temas como el apoyo a la educación religiosa o la restricción del aborto no son ideas privativas de unas cuantas Iglesias, sino normas de derecho que deberían aplicarse a todos. Los miembros de la mayor parte de las otras Iglesias suelen rechazar estos planteamientos. Semejantes esfuerzos tienen algún resultado, porque muchas personas que sostienen estos puntos de vista son "votantes de un solo tema", en tanto que los oponentes están interesados, por lo general, en varios temas y no se basan en uno solo para apoyar a sus candidatos u oponerse a ellos. Puesto que las elecciones se deciden frecuentemente por márgenes pequeños, unos cuantos de los que votan por un solo tema pueden tener una influencia que no es proporcional a su número. Sin embargo, las peticiones formuladas oficialmente por los líderes de las Iglesias son socavadas con frecuencia por el desacuerdo que hay sobre ellas entre sus miembros. Por ejemplo, el hecho de que la mayoría de los católicos estadounidenses acepte la anticoncepción (Greeley, 1982, p. 129) ha nulificado en gran medida el efecto de la condenación papal de esa práctica.

En los últimos años de la década 1970-1980 un esfuerzo hecho por eclesiásticos conservadores para influir en el gobierno tomó el nombre de Mayoría Moral. Este movimiento se ha esforzado por influir en la acción gubernamental en temas como el aborto, la educación sexual, la pornografía y la enseñanza del "creacionismo" en las escuelas secundarias. Los líderes de la Mayoría Moral no consideran que están introduciendo algo nuevo, sino que están tratando de que la sociedad estadounidense vuelva a la moralidad de los primeros tiempos. En va-

Las funciones institucionales cambian. El gobierno ha asumido muchos servicios que alguna vez prestaron la familia o la Iglesia (*Hugh Rogers-/Monkmeyer Press Photo Service*).

rias formas es posible considerar a la Mayoría Moral como un movimiento de resistencia para impedir el cambio social o, al menos, para influir en su dirección. Encuentra oposición, pero también hace vibrar una cuerda sensible en muchos que están disgustados por el desgaste de la autoridad y el efecto de las normas morales permisivas en la personalidad de los jóvenes (Yankelovich, 1981). Similarmente, los líderes gubernamentales en los países musulmanes se encuentran bajo la presión de los fundamentalistas islámicos. Acusan a los gobernantes de haberse apartado de los códigos morales islámicos puros debido a las costumbres supuestamente degeneradas de los infieles occidentales (Bolling, 1980).

Religión y accción social

Los conservadores son personas que pueden estar deseosas de hacer pequeños ajustes, pero que están convencidos de que las estructuras básicas de la sociedad son sanas. Pueden aceptar y aun apoyar la "reforma", pero rechazan la revolución como algo que probablemente acarrea más males que bienes. Los radicales no están interesados en la reforma del sistema social. Más bien consideran que el sistema existente es tan malo que debe ser cambiado totalmente. Consideran la revolución como una cirugía cuyos beneficios son tan grandes que justifican los costos.

Tanto los conservadores como los radicales pueden encontrar apoyo en la Biblia y en las declaraciones históricas de los organismos religiosos. Dado que conservadores y radicales parecen encontrarse en polos opuestos, ¿cómo pueden demandar ambos apoyo religioso? Este es un tema muy complicado sobre el que se han escrito muchos y muy extensos libros; el de Troeltsch sobre el tema (1931) es probablemente un ejemplo clásico.

La perspectiva conservadora sostiene que la religión debería promover la salvación personal. La religión debería fomentar un espíritu de amor, de generosidad y de fe que pudiera sobrevivir a las dificultades sociales. La religión no debería tratar de cambiar el mundo, sino de transformar a los individuos en creyentes consagrados.

Aunque los conservadores profesan una falta de interés en la política, pueden involucrarse en ella (como en el caso de la Mayoría Moral) cuando los gobiernos aceptan cambios que se piensa son una amenaza contra los principios religiosos.

La perspectiva radical sostiene que Dios llama a las personas a construir el Reino de Dios aquí, en la Tierra, es decir, una sociedad en la que reinen el amor y la justicia. Las personas rara vez están de acuerdo sobre la naturaleza de esta sociedad ideal, y el intento de establecerla tiende a producir actitudes radicales y aun revolucionarias.

Los comunistas son críticos radicales de la sociedad capitalista y con frecuencia tachan a la religión de ser la criada de la opresión. Sin embargo, algunos clérigos han sido acusados de apoyar los puntos de vista comunistas y de promover sus causas. La Iglesia Católica Romana en América del Sur fue reconocida durante mucho tiempo como un sostén conservador de la sociedad existente, pero en los últimos años algunos sacerdotes en el sur del continente y en otros lugares influidos por la "Teología de la liberación" (Bucher, 1977; Riding, 1979; Hunt, 1982), se han vuelto críticos acerbos del *status quo.*

Los temas varían de tiempo en tiempo. En la década 1960-1970, el interés por la justicia racial cedió el paso a la agitación contra la guerra de Vietnam. Actualmente la preocupación por una posible guerra nuclear ha llevado a algunas personas de la Iglesia, incluyendo a varios que no se consideraban generalmente radicales, a manifestarse contra la política nuclear prevaleciente (Novak, 1982). Con independencia de los temas, algunos eclesiásticos seguirán un "evangelio social", en tanto que otros centrarán su interés en la salvación personal.

Aunque hay un clero conservador y un clero radical, existe con frecuencia una divergencia entre los líderes religiosos y los miembros laicos de las Iglesias. El "evangelio social" y la acción social radical suelen contar con más apoyo entre los clérigos que entre los miembros seglares (Hadden, 1969; Hoge y Carroll, 1973, p. 181). El clero que proclama que los intereses religiosos vitales están comprometidos en los temas sociales puede ser considerado por los laicos simplemente como un clero "que habla de política" y que se está desviando de los temas verdaderamente "religiosos".

RELIGIÓN Y ESTRATIFICACIÓN SOCIAL

Es posible que en Estados Unidos las Iglesias tengan un mayor apoyo que en Europa, porque aquí la religión está vinculada con una etnicidad precaria. Los países europeos tienen generalmente una o dos Iglesias, y éstas están sostenidas por fondos estatales. Las Iglesias europeas forman parte de la tradición nacional, pero se supone que los individuos sienten poca obligación de sostenerlas y se preocupan poco por el vínculo que existe entre la religión y el resto de la vida. En Estados Unidos hay muchas Iglesias, y cada una de ellas está vinculada con algún segmento de la sociedad. Así, una de las formas en que la gente reafirma su identidad es mediante la afiliación a una Iglesia compuesta primariamente de "personas como nosotros". Si la iglesia perece, un aspecto de su identidad desaparecerá, y puesto que no cuenta con subsidios estatales, la Iglesia moriría a menos que los miembros la sostengan con aportes voluntarios. En estas circunstancias la falta de apoyo se considera con frecuencia como una traición al grupo propio.

¿Quienes son "las personas como nosotros"? Por lo general son aquellas que comparten un ambiente de grupo común y un común status económico. Gordon llama a esta combinación de características *etnoclase* (1978, p. 134). término con el que quiere significar una *identidad de grupo basada tanto en la etnicidad como en la clase social.*

Etnicidad y estratificación religiosa

Una manera de mirar a Estados Unidos es comparar el núcleo central anglosajón con todos los demás grupos. La cultura estadounidense se ha basado tanto en el modelo inglés, que casi siempre los miembros de este grupo piensan que no tienen un status étnico distinto, sino que simplemente son "estadounidenses". Sin embargo, son una clase étnica distinta de estadounidenses, y generalmente están más dispuestos a celebrar el culto en las Iglesias con miembros de un ambiente similar al suyo.

Quienes se hallan fuera del grupo central anglosajón están conscientes de tener una identidad étnica distinta, y esto también se manifiesta en sus Iglesias. A quienes inmigraron a América se les dijo que la religión era la única actividad que podía legítimamente escapar de la americanización o angloconformidad, como se la llama con alguna frecuencia (Cole y Cole, 1954, pp. 135-140). Puesto que no había una Iglesia norteamericana oficial, las personas podían unirse a la Iglesia que quisieran, y también estaban en libertad de importar una Iglesia de su país ancestral.

Así, no sólo tenemos luteranos, sino luteranos suecos, luteranos daneses y luteranos noruegos; entre los católicos hay parroquias conocidas como católico-polacas, católico-mexicanas, católico-alemanas, católico-italianas y católico-irlandesas, para sólo nombrar algunas. Los negros descubrieron que la Iglesia era, desde hacía muchos años, la única institución que podían controlar y llamar propia. Los negros fueron primero metodistas y bautistas, pero celebraban sus actos de culto en denominaciones negras completamente separadas de las Iglesias blancas. El judaísmo es una religión en la que la mayor parte de los fieles son étnicamente judíos. Aun cuando existen muchos judíos que no son religiosos, es difícil pensar en el concepto de judaísmo sin pensar también en la religión judía. En forma semejante, no sólo hay Iglesias ortodoxas, sino Iglesias ortodoxas griega, rusa y serbia. Los templos budistas sirven como centros sociales y culturales para muchos japoneses estadounidenses, y la mezquita conserva vivos recuerdos ancestrales para los estadounidenses de origen árabe. Esta es sólo una lista parcial, porque hay pocos, si es que existen algunos estadounidenses para los que no haya ninguna Iglesia identificada con su ambiente étnico.

En 1976 el rechazo de la solicitud de un negro que quería incorporarse a la Iglesia a que pertenecía el presidente Carter (quien se opuso a la decisión) atrajo la atención hacia las Iglesias separadas racialmente. Aunque tal segregación racial fue alguna vez común en todas las Iglesias estadounidenses, la mayor parte de ellas están hoy formalmente abiertas para toda la gente, y la acusación de que se impone la segregación no suele tener fundamento. En cambio, la segregación étnica suele ser hoy una autosegregación. Las Iglesias predominantemente negras son las organizaciones más grandes que existen en Estados Unidos controladas por negros. Pocas personas de color verían con agrado que se desmantelara esta esfera de liderazgo negro en aras de la integración de la etnoclase en Iglesias predominantemente blancas.

En muchos casos la Iglesia y el individuo muestran tanto el efecto de la "americanización" como el de la persistencia de una tradición étnica distinta. Cuando los inmigrantes llegaron por primera vez al continente norteamericano, establecieron una Iglesia en la que tanto los servicios religiosos como los edificios eran semejante a los del país de procedencia. El sacerdote era un compañero de raza, y el lenguaje del culto era su lengua nativa. Algunas veces había también una escuela bilingüe, con maestros de su propia nacionalidad y un uso mixto del inglés y de la lengua nativa.

Sin embargo, la Iglesia no fue solamente una supervivencia extranjera; fue también un puente entre el nuevo país y el antiguo. La Iglesia ofreció algo de la cultura ancestral, pero también proporcionó el contacto entre el inmigrante recién llegado y aquellos que se habían asimilado culturalmente por lo menos parcialmente a las formas de ser estadounidenses. Este tipo de puente cultural puede haber ayudado mucho a americanizar a los inmigrantes, así como a conservar su cultura original. Un estudio sobre los mexicano-estadounidenses, por ejemplo, pone

La unión de la fe espiritual con el orgullo nacional se fortaleció cuando
un cardenal polaco se convirtió en el papa Juan Pablo II (*Wide World
Photos*).

de manifiesto que los que asisten a las escuelas parroquiales se familiarizan más con la cultura anglosajona que los que van a las escuelas públicas (Lampe, 1975). Los inmigrantes orientales que han llegado recientemente, incluyendo refugiados de Vietnan, trajeron consigo sus Iglesias étnicas. Como las primeras Iglesias inmigrantes, éstas sirven de puente entre la antigua sociedad y la nueva (Yoon, 1981; McIntosh y Alston, 1981).

Cambios en el status de etnoclase

¿Qué ocurre cuando cambia la idea que una persona tiene del status de etnoclase? ¿Qué sucede cuando alguna persona asciende o baja por la escala económica o cuando alguien muestra deseos de ser reconocido más como estadounidense "verdadero" que como una persona que ha sido transplantada de otra etnia?

Una de las adaptaciones consiste en que el individuo se cambie a una Iglesia integrada por personas que comparten el status que él o ella han adquirido (o espera adquirir). El judío puede convertirse en un miembro de la Iglesia Unitaria, el que pertenece a una Iglesia Oriental puede llegar a ser un bautista o un metodista, en tanto que el bautista o metodista puede convertirse en presbiteriano, congregacionalista o episcopaliano.

Otra alternativa es desertar de la Iglesia. Si la Iglesia familiar ya no se ajusta a nuestro sentido de identidad como etnoclase, la religión puede parecer irrelevante y sin ningún significado, un recuerdo de las asociaciones que preferiríamos olvidar. Estados Unidos tienen muchas personas sin ningún compromiso religioso. Los grupos y actividades no religiosas pueden desempeñar la función de etnoclase tan satisfactoriamente como lo hizo la Iglesia. Las Iglesias estadounidenses se han fortalecido porque han servido para fomentar una identidad de etnoclase, pero cuando esa identidad cambia, la Iglesia puede perder una importante fuente de su fortaleza. ¿Por qué habría que asistir a una iglesia luterana sueca cuando ya no le importa a uno la etnicidad sueca? La persona puede pasar a otra Iglesia o puede pasárselas sin ningún compromiso con alguna Iglesia.

La Iglesia étnica puede conservar a sus miembros destacando más el aspecto teológico que el étnico. Entonces las personas no permanecerían dentro de esa Iglesia debido a sus recuerdos étnicos, sino sólo porque ella predica la verdad. Si las otras Iglesias se han "vendido" a una visión del mundo liberal y modernizante, entonces su Iglesia es la única que posee la verdadera fe (Yinger, 1963, p. 97).

Es probable que la adaptación más frecuente consista en que la Iglesia va cambiando conforme se modifica el status de etnoclase de sus miembros. Un ejemplo clásico de esta tendencia son los metodistas, que alguna vez fueron un grupo de clase baja conocido como los "gritos metodistas", que asistían a servicios religiosos sumamente emotivos en edificios austeros semejantes a graneros. Conforme los miembros ascendieron a la clase media, la Iglesia metodis-

ta dio paso a servicios religiosos más sobrios y dignos, llevados a cabo en edificios neogóticos (Currie, 1968, p. 140). La Iglesia ligada a la nacionalidad que algunas veces tuvo servicios religiosos muy diferentes a los de la mayor parte de las Iglesias estadounidenses americanizará sus servicios, quizá, por ejemplo, adoptando el idioma inglés. Entonces se transforma en una asociación con lazos étnicos más compatible con la cultura estadounidense. Los templos budistas estadounidenses son ejemplos notables. Al igual que las Iglesias cristianas, algunos de estos templos tienen pastores y servicios religiosos dominicales regulares, aunque sean totalmente desconocidos en el budismo tal y como se práctica en Japón.

La diferenciación dentro de una denominación se acomoda también a las diferencias de etnoclase. Los católicos de la clase alta suelen asistir a una parroquia más rica en la que los lazos étnicos se han debilitado. Los judíos que se han asimilado mejor y que son más ricos abandonan las sinagogas ortodoxas en el centro de la ciudad por los templos judíos conservadores o reformados en los suburbios. Las congregaciones protestantes en las ciudades universitarias desarrollan un estilo de culto y de predicación más formal e intelectual que el de las iglesias que atienden principalmente a los trabajadores de las fábricas. Cada Iglesia se considera a sí misma como poseedora de verdades universales que se aplican a todas las personas, pero cada Iglesia debe responder a aquellas que constituyen su membresía de etnoclase particular.

Se pueden encontrar vínculos etnorreligiosos similares en otros países. El catolicismo en Polonia debe mucho de su fuerza a su asociación con el nacionalismo polaco. A traves de los siglos, cuando la nación fue dividida entre otros países y no existía el estado polaco, la "fe de nuestros padres", fundada en la Iglesia Católica Romana, entrañaba una implicación tanto religiosa como patriótica. Ahora que el ejército soviético acuartelado en el país limita la libertad de acción de los polacos, su catolicismo les sirve para recordar que son distintos a sus conquistadores rusos. El simple hecho de que los comunistas rusos son ateos que critican el catolicismo y tratan de entorpecer su operación, testifica su legitimidad como símbolo de un nacionalismo todavía intrépido, Cuando los polacos celebran el culto en una iglesia, están al mismo tiempo alabando a Dios y afirmando que las tropas rusas no han matado todavía el espíritu polaco. Esta combinación de fe espiritual y orgullo nacional se fortaleció en gran manera cuando un cardenal polaco fue elegido papa con el nombre de Juan Pablo II.

TENDENCIAS CONTEMPORÁNEAS EN RELIGIÓN

Conflicto y ecumenismo

La vida social humana tiene tendencias que levantan barreras entre los grupos y que, al mismo tiempo, las rompen para formar asociaciones más amplias. En religión, este proceso se manifiesta en la fragmentación de la religión mediante la construcción de barreras por medio del denominacionalismo y en la moderación de ellas por medio del ecumenismo.

RIVALIDAD RELIGIOSA.   Aunque la religión alaba generalmente las virtudes de la paz, con frecuencia ha dividido a las personas en campos que luchan entre sí. En ocasiones, los grupos identificados por la religión, como los católicos y los protestantes en Irlanda del Norte, por los cristianos y musulmanes en Líbano, llevan a cabo una guerra salvaje. Esta guerra no está relacionada general y directamente con las doctrinas religiosas, sino que simplemente es una lucha de poder entre grupos que ostentan membretes religiosos.

Por otra parte, ha habido, y todavía hay, muchos casos en los que las diferencias de creencia y de ritos son el pretexto para la competencia, la discusión, el conflicto político, el desacuerdo familiar y aun la violencia física. Como mínimo, las personas aprenden que su propia Iglesia tiene la verdad y que las otras Iglesias están contaminadas por falsedades, una creencia que establece grupos de pertenencia y grupos de no pertenencia dentro de los cuales el entendimiento mutuo es difícil.

Semejante rivalidad religiosa parece ser llevada al extremo en Estados Unidos, donde no existe una Iglesia oficial y donde más de 200 sectas y denominaciones buscan la lealtad de una membresía con frecuencia cambiante. Los cambios en las creencias y prácticas religiosas son todavía causa de que las personas produzcan nuevas denominaciones. Ejemplos recientes son la "Asociation of Evangelical Lutheran Churches, que consta de algunas Iglesias que previamente formaban parte del Missouri Synod (luterano), y de la Angelica Catholic Church establecida por los episcopalistas que se oponían a la ordenación de mujeres por parte de la Iglesia.

Tal rivalidad no debilita necesariamente a la religión organizada. La variedad de grupos religiosos significa que cualquier grupo social puede encontrar una asociación religiosa en la que se sienta como en casa. Además, la competencia entre Iglesias hace presumiblemente que sus miembros y pastores estén más alerta y activos, lo que produce un incremento en el esfuerzo religioso total.

Semejante rivalidad religiosa tiene algunos inconvenientes. Estos pueden clasificarse en prácticos e ideológicos. Por el lado práctico, semejante división significa que la influencia religiosa está fragmentada más que unificada. En una época en que los elementos antirreligiosos son tan vigorosos en su crítica, las Iglesias tienen tantos enfoques que muchos no pueden decidir cuál es el punto de vista religioso. También hay dificultades en el aspecto ideológico. Aunque cada Iglesia tiene una ideología que justifica su existencia, todas las Iglesias encuentran escandaloso el hecho de que tantos enfoques diferentes y opuestos proclamen que poseen la verdadera fe (Johnstone, 1975, p. 226). Además, el paso del tiempo ha suavizado algunos puntos de vista, al grado de que los miembros de la Iglesia puede ser que ni conozcan los puntos de diferencia ni se preocupen por ellos. Finalmente, las personas religiosas buscan reconciliación y comprensión y se perturban cuando un conflicto con bases religiosas produce discordia y prejuicios.

EL MOVIMIENTO ECUMÉNICO.   Una reacción a los problemas de la rivalidad religiosa ha sido el desarrollo de un movimiento ecuménico. "Ecuménico" significa universal, y esto implica poner el acento más en aquellos temas que unen, que en aquellos que dividen. Una forma de ecumenismo es compartir los puntos de vista divergentes y los comunes en conferencias que tratan de ampliar el mutuo entendimiento. Otra forma consiste en acuerdos de "cortesía" que resuelven qué denominación establecerá una congregación en un lugar determinado. También existen organizaciones que cruzan las líneas denominacionales. En los primeros años estas organizaciones incluían el Christian Endeavor (un grupo juvenil), la American Peace Society, la American Anti-Slavery Society, la American Sunday School Association y muchas otras. Muchos grupos interdenominacionales llevan a cabo actividades de servicio social en las zonas urbanas. Las preocupaciones ecuménicas han llevado también a la formación de consejos de Iglesias en los niveles local, estatal, nacional y mundial. La Conference on Church Union trata de ayudar a las denominaciones protestantes para que se unan (Lyles, 1981). En 1982 tres organismos luteranos acordaron unirse (Mann, 1982), y en 1983 las dos Iglesias presbiteranas principales (separadas en la del norte y la del sur por la Guerra civil) se reunieron por mutuo acuerdo (*Newsweek,* 101: 72, June 20, 1983).

El entusiasmo por el ecumenismo ha crecido, y menguado y tropezado con algunos difíciles problemas. Uno de éstos consiste en que aunque el movimiento ecoménico empezó en Europa y en Estados Unidos y allí ha tenido su principal apoyo número y financiero, el World Council of Churches (Consejo Mundial de Iglesias) está ahora dominado por Iglesias que tienen su base en las zonas subdesarrolladas de África, América del Sur y Asia. Estas Iglesias no occidentales apoyan con frecuencia la "teología de la liberación", una de cuyas características es un vigoroso nacionalismo antioccidental (Herzog, 1981) lo que, para las Iglesias europeas y estadounidense, es opuesto al mensaje de reconciliación. Una organización ecuménica como el World Council of Churces trata de abarcar al mayor número posible de Iglesias; sin embargo, el éxito que logra en este renglón

PÉRDIDAS SECULARES

¿Cuál es el ambiente religioso menos estable en Estados Unidos? ¡El hogar secular! Un análisis de muestras nacionales tomadas de los General Social Surveys anuales encuentra que de los estadounidenses que describen la religión de sus padres como "Ninguna", menos del 40% permaneció sin una afiliación religiosa. Así, aunque los muchos grupos religiosos que hay en la nación conservan característicamente el 70% o más de los miembros que han nacido en ese grupo religioso, la mayoría de aquellos que han sido educados sin ninguna religión se convierten... Como atestiguan los datos, la irreligiosidad parece muy difícil de transmitir de padres a hijos.

Rodney Stark, "Must All Religions Be Supernatural?" in Bryan Wilson (ed.) *The Social Impact of New Religious Movement,* The Rose of Sharon Press Inc., New York, p. 166.

¿Por qué es aparentemente más fácil que los padres transmitan la religión a sus hijos que la irreligiosidad?

agrava sus problemas. Mientras más inclusiva es la organización, más divergentes son las creencias que incluye y es más probable que uno o más grupos se sientan abrumados por intereses hostiles. Toda concesión para admitir grupos adicionales es probable que haga más tensa la tolerancia de los miembros actuales.

A pesar de los obstáculos, el interés ecuménico persiste y el movimiento está aun aventurándose en nuevos campos. Recibió un gran estímulo cuando el Concilio Vaticano II aprobó la participación católica en las actividades ecuménicas y también buscó aminorar las tensiones entre cristianos y judíos. Ha habido esfuerzos para extender el ecumenismo a los no cristianos y aun a los ateos. Las conferencias ecuménicas han descubierto una base común entre antiguos enemigos como eran los cristianos y los musulmanes (O'Shaughnessy, 1974). Ha habido diálogos entre comunistas y cristianos (Mayrl, 1978). En una importante conferencia realizada en 1982 en Lima, Perú, el clero de las Iglesias católica romana, ortodoxa oriental y protestante llegaron a una "convergencia" sobre muchos temas doctrinales (Cornell, 1982). Tales conferencias no crearon unanimidad, pero ampliaron las zonas de acuerdo entre diferentes Iglesias.

Persistencia de las instituciones religiosas

Para la mayoría de los intelectuales de principios del siglo XX el futuro de la religión organizada dependía de que hiciera o no las paces con la ciencia. Algunos pensaban que era inevitable que el escepticismo científico hiciera irrelevantes, si no completamente insostenibles, las creencias religiosas. Las Iglesias ponían su esperanza de supervivencia en dos estrategias muy diferentes. Algunos pensaban que el secularismo podría ser detenido mediante una inquebrantable adhesión a la religión tradicional. Otros esperaban que el reto científico a la religión podría ser burlado mediante un acomodo al enfoque modernista que aceptara los descubrimientos científicos y negara que hubiera algún conflicto entre la verdad religiosa y la visión racional del universo.

El esfuerzo por armonizar el pensamiento científico con el religioso incluye a la mayoría de las llamadas Iglesias teológicas. Esta categoría incluye a la Iglesia católica romana, a las denominaciones protestantes más grandes y liberales y al judaísmo reformado. Además de reconciliar sus creencias con los descubrimientos científicos, estas Iglesias también han buscado adaptarse a los estilos de vida cambiantes en los últimos años. Por ejemplo, ahora es menos probable que antes que los protestantes escuchen sermones contra el "demonio del alcohol", mientras que la liberación de las normas católicas sobre las anulaciones de matrimonio representa una concesión mayor a la tentación de poner fin a los matrimonios insatisfactorios, mediante el divorcio.

En vez de desaparecer, las Iglesias teológicas crecieron sustancialmente en la década 1950-1960 y en los primeros años de la década siguiente, pero desde entonces han perdido miembros, en tanto que las Iglesias fundamentalistas y evangélicas y las sectas y cultos religiosos exóticos han crecido (Kelley, 1978). Hay pruebas en favor y en contra con respecto a si la religión ha ganado o perdido influencia en las sociedades occidentales en el siglo XX. En la mayor parte de Europa, la asistencia a los servicios religiosos ha declinando constantemente desde 1900. En Suecia, por ejemplo, sólo el 4 o el 5% de las personas asisten regularmente a los servicios religiosos dominicales, y solo un 15%

LAS ANULACIONES CATÓLICAS BATEN UN RÉCORD

Los católicos divorciados en Estados Unidos están aumentando en cantidades nunca vistas, como resultado de la simplificación de procedimientos para disolver un matrimonio por parte de una Iglesia que trata de terminar con el alejamiento de miles de sus miembros.

Ya no es necesario probar acusaciones como homosexualidad, insania, engaño o bigamia para lograr que se declare nulo un matrimonio a los ojos de la Iglesia Católica Romana.

Para recibir hoy una anulación, un católico que desea divorciarse debe demostrar que al efectuarse la boda, él o ella carecían de juicio o madurez o sufrían de una inestabilidad emocional o psicológica.

El año pasado, según las cifras proporcionadas por la Iglesia, se calcula que hubo 77 anulaciones en Estados Unidos por cada una de las que se efectuaron en 1968. Los estadounidenses obtuvieron el 70% de todas las anulaciones concedidas por la Iglesia Católica Romana.

Hann Blackman, *Associated Press*, Jan. 12, 1982.

¿Puede considerarse éste como un ejemplo de adaptación institucional al cambio social?

aproximadamente asiste a ellos" en forma ocasional" (Tomasson, 1971, p. 112).

La religión en Estados Unidos ha corrido con mejor suerte que en Europa. Los miembros aumentaron sustancialmente hasta llegar a un máximo cercano al 64% en 1962 y se ha mantenido aproximadamente en un 61% desde 1975 (*Yearbook of American and Canadian Churches,* varias fechas). La cifras de asistencia semanal son más difíciles de calcular. El *Yearbook of American and Canadian Churches* de 1982 de cifras de asistencia que van del 40 al 42% desde 1971; una encuesta Gallup informa que tales cifras han variado entre el 30 y el 52% durante el periodo de 1959 a 1980 (véase la Fig. 11-1). Por lo que se refiere a la creencia religiosa, una encuenta Gallup efectuada en diciembre de 1980 informó que el 71% de los estadounidenses creían en "un cielo donde las personas que habían llevado una vida buena serían recompensadas eternamente", y que el 60% espera ir allá.

Uno de los hechos religiosos más importantes del siglo XX es la "Iglesia electrónica". La evangelización por medio de la radio y la televisión ha producido carismáticas "estrellas de los medios" que tienen auditorios gigantescos y presupuestos multimillonarios. Las Iglesias establecidas les temen como competidores pues les quitan fondos y miembros (Mariani, 1979; Hadden y Swann, 1981). Es difícil decir si esto es realmente lo que sucede o si la Iglesia electrónica atrae principalmente a aquellos que de otro modo no asistirían a ninguna iglesia.

EL ATRACTIVO DE LOS CULTOS. Los cultos se encuentran en todas las religiones y por lo general tiene corta vida. (Algunos grupos como el Synanon o la Scientology no tienen una base sobrenatural, pero operan como cultos.) Los cultos pueden convocar a un ataque total contra los valores existentes, y sus miembros son con frecuencia fanáticamente leales, aunque también con frecuencia, después de algunos años, dejan un culto por otro.

Se piensa que los cultos brotan en una sociedad sin raíces y en una época de rápido cambio social y, lo que es muy significativo, han flo-

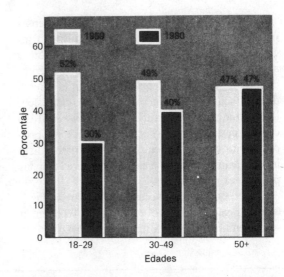

FIGURA 11-1 La asistencia a los templos en Estados Unidos. El porcentaje se refiere a un servicio religioso en la semana precedente, en 1959 y 1980 *(Fuente: Adaptación de* The Gallup Poll Public Opinion, 1959-1971, *Random House, Inc., New York, 1972, p. 1585, and* Religion in America, *The Gallup Organization, Inc., and The Princeton Religion Research Center, Inc., Princeton, N.J., 1982.)*

Parece que la asistencia juvenil ha bajado en tanto que la asistencia entre las personas de mediana edad se ha estabilizado. ¿Quiere decir esto que los jóvenes se han vuelto menos religiosos?

recido especialmente en California. Parecen desarrollarse mejor donde las Iglesias teológicas son las más débiles (Stark y Baingridge, 1981).

Los cultos acentúan la devoción hacia un líder magnético y carismático. La intensidad de la lealtad hacia el líder de un culto quedó demostrada de manera abrumadora cuando más de 900 miembros del Peoples Temple se suicidaron (o sucumbieron en un asesinato masivo) a instancias de su líder, el Rev. Jim Jones (Richardson, 1980). Ningún otro culto ha llegado al horroroso final del Peoples Temple, pero la intensidad del compromiso es con frecuencia tan grande, que las actividades del culto pueden ser equivalentes a la fuga de la autoconciencia que se encuentra en las drogas alucinógenas.

Los cultos tienen direfentes tradiciones y enseñanzas, pero todos desempeñan la misma función. Con frecuencia ofrecen introspección y autodescubrimiento, junto con la cálida aceptación de un grupo de apoyo. Acentúan la pureza de la emoción más que el razonamiento científico, lógico o aun tradicional. En un mundo confuso ofrecen certeza; en una sociedad impersonal proporcionan compañía; en un mundo materialista incitan a las personas a negar el interés por las posesiones personales.

Los cultos tratan a veces de cambiar las instituciones sociales. Pero con mayor frecuencia sólo alientan a la gente a separarse de la sociedad.

Los padres suelen afligirse cuando los hijos comienzan a perder toda ambición o la lealtad a la familia y siguen al líder de algún culto. Lo que sucede se asemeja al antiguo cuento del Flautista de Hamelin cuyos cantos de sirena hicieron salir de sus casas a los niños del pueblo. Los padres han secuestrado a sus hijos adolescentes para alejarlos de un culto, para evitar que una persona extraña pueda "desprogramarlos" y poder mostrarles el error de las formas del culto (Sage, 1976). Entonces surgen preguntas difíciles relativas a la libertad civil (Robbins y Anthony, 1978). ¿Se priva de la libertad al miembro de un culto cuando se le somete a reglas comunales estrictas

Ningún otro culto ha tenido el espantoso fin del Peoples Temple, pero la intensidad del compromiso es típica de los cultos (*United Press International*).

y ha recibido un "lavado de cerebro" al ser sometido a una corriente constante de propaganda parcial? ¿Se priva a los jóvenes de su libertad cuando sus padres los raptan o sacan del culto y los obligan a escuchar la crítica a su recién encontrado camino de salvación? El éxito de la desprogramación es con frecuencia sólo temporal (Shupe y Bromley, 1980, Cap. 6). Puede compararse con los programas para "secar completamente" a los alcohólicos o a los drogadictos. Tal vez sea posible llevar a cabo una "cura" temporal, pero a menos que haya un cambio mayor en la forma como la persona considera su situación, es probable que el hábito se reproduzca. La desprogramación es una forma de resocialización a presión. Como se señaló antes, la resocialización es eficaz sólo cuando se refuerza a intervalos frecuentes. A menos que la desprogramación de un cultista se refuerce con las experiencias vitales cotidianas que él o ella encuentran satisfactorias, lo más probable es que haya un retorno al culto. En forma similar, es posible ofrecer argumentos lógicos contra las creencias cultistas, pero es probable que tales argumentos se retengan sólo mientras satisfagan las necesidades personales más fuertes.

Los cultos van y vienen, y su membresía es difícil de calcular; quizá un millón y medio en Estados Unidos. Por lo común la experiencia cultista es transitoria, dado que los miembros perseveran unos cuantos meses o años y luego buscan otras experiencias diferentes. Pero la actividad y la membresía total de los cultos parece ir en aumento. Una autoridad en la materia dice: "El fenómeno del culto está vivo y en buen estado, aunque los cultos individuales... pueden florecer hoy y marchitarse mañana" (Johnstone, 1975, p. 129).

LAS IGLESIAS TEOLÓGICAS. *Una Iglesia teológica es una denominación religiosa que trata de armonizar los puntos de vista científicos y religiosos.* Estas Iglesias todavía tienen influencia y aún atraen a la masa de los fieles creyentes, pero tienen dificultad en captar el tipo de interés religioso más bien flotante que ahora aparece en todo el mundo. Estas Iglesias están atrapadas por demandas conflictivas que son difíciles de satisfacer. Tratan de conservar el misterio de la religión, aunque aceptan los puntos de vista científicos e insisten en la libertad individual, al mismo tiempo que piden un comportamiento responsable. Su aceptación de la ciencia perturba a quienes se sienten atraídos por lo oculto, en tanto que su insistencia en la naturaleza espiritual de la realidad última ofende a los escépticos. Similarmente, su creencia en la libertad individual frustra a los que buscan una guía autoritaria, mientras que su exigencia de conducta responsable aleja a los que desean "hacer su propia voluntad" sin preocupaciones por las normas sociales. En esta forma, las Iglesias teológicas buscan una síntesis entre el misticismo y el racionalismo, entre la libertad y la responsabilidad. Queda por verse si esto puede lograrse o si otros tipos de religión proporcionarán una experiencia religiosa generalmente más satisfactoria.

EL FUTURO DE LA RELIGIÓN Toda sociedad humana ha desarrollado sistemas de creencias religiosas. Aun en las sociedades que se confiesan ateas, como los estados comunistas, se desarrollan sistemas seculares de creencias y prácticas que se parecen mucho a las religiones.

La sobrevivencia de la religión como una experiencia humana es tan cierta como cualquier otra predicción que pueda hacer un sociólogo. La cuestión no es si la religión sobrevivirá, sino qué formas y direcciones tomará. Un teólogo espera que las Iglesias teológicas liberales continuarán perdiendo miembros, que los problemas financieros de las Iglesias aumentarán y que las Iglesias evangélicas conservadoras tendrán "dolores de cabeza crecientes" (McKinney, 1981). Otros se preguntan si la religión organizada será tan influyente en el futuro como lo fue en el pasado (Swatos, 1981; Johnson, 1982).

Ninguna organización en el mundo moderno tiene una marca de longevidad que iguale la de las Iglesias principales, y bien puede ser que como Greeley (1979) argumentaba hace algún tiempo, esas Iglesias desempeñen en el futuro el mismo rol que han desempeñado en el pasado.

Las cuestiones religiosas son una parte perenne de la vida, y algunos medios institucionalizados de satisfacer las necesidades religiosas probablemente permanecerán como una parte de la sociedad humana. Sin embargo, la persistencia de las necesidades religiosas no garantiza que las Iglesias que tratan de satisfacerlas se parezcan en el futuro a las que ahora conocemos.

SUMARIO

La sociología de la religión es el estudio de la mutua interacción de las instituciones religiosas y de otro tipo. La *religión* se define con frecuencia como la respuesta organizada de las personas a lo sobrenatural, aunque varios movimientos que niegan o no toman en cuenta las preocupaciones sobrenaturales tengan sistemas de creencias y rituales que se asemejan a los que tienen bases sobrenaturales.

El análisis del rol social de la religión incluye el punto de vista secular de Comte, el acento integrador de Durkheim y Bellah, el enfoque del conflicto de Marx y el tratamiento de la fuerza dinámica de la ética protestante de Weber.

La *religión civil* se refiere a un sistema de creencias religiosas ampliamente sostenidas, no expresadas por completo por ninguna denominación y que supuestamente ejercerá una influencia importante en la vida política estadounidense.

La clasificación de la Iglesias en *cultos, sectas, denominaciones y ecclesias* indica diferentes métodos de relacionarse con la sociedad. La secta busca imponer una pauta rígida de conducta ideal a sus miembros, y está interrelacionada más en ser tolerada que de cambiar a la sociedad más amplia. El culto puede tratar de transformar a la sociedad, pero con frecuencia se concentra en la creación de una experiencia de grupo satisfactoria. La denominación es un grupo religioso más importante que espera que una separación de la iglesia y del estado le permita ser influyente aunque no dominante. La ecclesia es una iglesia que afirma ser la expresión espiritual de toda la sociedad.

Las funciones manifiestas de la religión se encuentran en los objetivos que expresa y que consisten en llegar a todas la personas y persuadirlas de que observen los rituales religiosos, compartan las creencias religiosas, apoyen económicamente a los templos y lleven a cabo las actividades prescritas por la religión. Las funciones latentes no están reconocidas generalmente: pueden divergir de los objetivos manifiestos profesados por las Iglesias o aun oponerse a ellos. Las funciones latentes incluyen las de proporcionar sociabilidad, ayudar a la movilidad social ascendente, alentar varias clases de estratificación social y promover una serie de valores económicos (capitalistas o de otro tipo).

Con frecuencia hay conflicto entre la Iglesia y el Estado. Algunas veces tal conflicto versa sobre temas éticos como el aborto o el servicio militar. Otras veces, se refiere a la función, como cuando el Estado se hace cargo de los servicios sociales y obstaculiza los esfuerzos de las Iglesias por participar en estas actividades. La Mayoría Moral es un movimiento que busca restaurar los valores antiguos en la sociedad estadounidense.

Las Iglesias pueden favorecer las tendencias *conservadoras* o las *radicales* en la sociedad total. La teología *fundamentalista* y el acento en la salvación personal tienden hacia el conservadurismo, en tanto que un *evangelio social* favorece con frecuencia una acción política más radical.

La estratificación social se expresa en las Iglesias, y esto es especialmente obvio en el sistema multidenominacional en Estados Unidos. Aun cuando todas las Iglesias tratan de llegar a la población total, cada una tiende a atraer a un grupo particular de etnoclase. El hecho de que la actividad religiosa sea una manera de expresar la etnicidad puede haber contribuido al fortalecimiento de las Iglesias estadounidenses.

Las diferencias religiosas han conducido algunas veces a un conflicto, pero actualmente un movimiento *ecuménico* está buscando la cooperación (y algunas veces la unión orgánica), la reconciliación y el entendimiento. El ecumenismo es un movimiento persistente que se ha extendido más allá de las Iglesias cristianas para tomar en cuenta a otras religiones y aun a los marxistas.

La religión se ajusta a cambios de los estilos de vida. Esto puede verse en los cambios en las

Iglesias teológicas y en el florecimiento de los cultos.

La asistencia a los templos y el número de fieles llegaron a su máximo en la década 1960-1970. Desde entonces, las Iglesias *teológicas* han declinado ligeramente, en tanto que las Iglesias conservadoras y los grupos exóticos han aumentado.

El surgimiento del secularismo científico no ha destruido la región como algunos temían. En cambio, la necesidad de tranquilidad y de sentido de la vida ha perdurado, y el interés por la religión parece encontrarse ahora en su nivel más alto. Aunque las formas religiosas pueden cambiar, la religión sobrevive. Hay necesidades humanas que sólo la religión puede satisfacer, y hay muy pocas razones para pensar que la religión no perdurará.

GLOSARIO

conservador: quien puede aceptar reformas menores, pero cree que el sistema social existente es esencialmente válido.

culto: a diferencia del significado que tiene en castellano este vocablo, el autor define ese término en este capítulo como: pequeño grupo religioso que acentúa la experiencia religiosa extática y pasa por alto la mayor parte de los otros aspectos.

denominación: grupo religioso muy grande, generalmente sostenido por contribuciones privadas y, por tanto, no tan presionado como la ecclesia para aceptar todas las normas de la mayoría social.

ecclesia: iglesia de la que prácticamente todos los miembros de una sociedad son por lo menos miembros nominales; recibe subsidios estatales y da su apoyo a la mayor parte de las normas culturales.

ecuménico: universal.

etnoclase: grupo que comparte la misma posición de clase y ambiente étnico.

evangelio social: creencia de que la religión tiene un compromiso importante con la justicia social.

expresión carismática: expresión religiosa sumamente emotiva, que incluye hablar en diversas lenguas (glosolalia).

fundamentalistas: personas que destacan la importancia de las creencias religiosas que consideran ''fundamentales''. Éstas incluyen el nacimiento virginal de Cristo, la resurrección física y la exactitud de las Escrituras en cada uno de sus detalles.

iglesia teológica: denominación religiosa que trata de armonizar los puntos de vista científicos con los religiosos, que incluye (en E.E.U.U.) a católicos, presbiterianos, metodistas, discípulos de Cristo, bautistas estadounidenses, episcopalianos y miembros de la United Church of Christ, del Réform and Conservative Judaism.

instituciones religiosas: sistemas de creencias y prácticas regularizadas y formalizadas, que son consideradas necesarias y verdaderas prácticamente por todos los miembros de la sociedad.

liberal: quien acepta el sistema social como básicamente válido, pero considera que pueden requerirse modificaciones más amplias. En religión, persona religiosa que rechaza muchas creencias fundamentalistas.

religión civil: creencias religiosas que son ampliamente sostenidas en la sociedad.

secta: pequeño grupo religioso que busca volver a la estricta observancia de valores y doctrinas primitivas.

sociedad secular: sociedad regida por valores racionales o científicos más que por valores religiosos.

PREGUNTAS Y PROYECTOS

1 ¿Por qué en una sociedad altamente científica la religión todavía está viva y en buen estado? ¿Qué necesidades humanas persistentes explican la persistencia de las instituciones religiosas?

2 ¿Es posible que una Iglesia pudiera ser una ecclesia en un país y una denominación en otro? ¿Puede usted dar un ejemplo?

3 ¿Por qué, a diferencia de lo que ocurre en Europa, la denominación y no la ecclesia es la forma dominante de organización religiosa en Estados Unidos?

4 ¿Por qué la mayor parte de los cultos no tienen larga vida? ¿Por qué los miembros de un culto tienden a pasar de un culto a otro?

5 El Partido Socialista de los Trabajadores en Estados Unidos, un pequeño grupo sin esperanza alguna de ganar una

elección importante, es ácremente crítico de otros partidos que han perdido el verdadero camino del socialismo marxista y está muy orgulloso de su inquebrantable devoción a los principios básicos. ¿Qué clase de motivación mantiene vivo a este tipo de partidos?

6 ¿No es poco realista por parte de los líderes de la Iglesia la esperanza de que los ricos y los pobres, que prácticamente no hacen nada juntos, puedan dar juntos culto a Dios?

7 Ha habido muchas guerras religiosas en la historia ¿Fueron las diferencias religiosas la verdadera causa de ellas o la lucha por el poder político y económico?

8 ¿En qué forma la etnicidad estimuló el denominacionalismo en Estados Unidos?

9 Analice estas proposiciones: 1) Los valores y doctrinas religiosos tienen una poderosa influencia en los cambios que se realizan en la sociedad. 2) Las doctrinas y valores religiosos son en gran medida un reflejo de los cambios que se están desarrollando en la sociedad.

10 Acuda a los servicios religiosos de dos iglesias en zonas de la ciudad que contrasten entre sí. Anote sus impresiones acerca de la distribución por etnoclase de cada congregación ¿Qué rasgos, en caso de que los haya, del ritual, del sermón o del edificio parecen relacionarse con la composición de la etnoclase de la congregación?

11 Lea los artículos "The Hare Krishna in San Francisco", de Gregory Johnson y "The Cristian World Liberation

Front" de Donald Heinz y Robert Bellah (eds.), *The New Religious Consciousnes* (1976). Observe las diferencias y similitudes que encuentre en los dos grupos. ¿Qué ventajas y desventajas considera usted en cada uno que puedan atraer o repeler a los jóvenes?

12 Haga una comparación entre el partido comunista y las Iglesias cristianas enfocándolos como asociaciones religiosas. Consulte el libro *Soviet and American Society* de Paul Hollander, University of Chicago Press, 1978, pp. 190-197; o el de Waldemar Gurian, "Totalitarism as a Political Religion" en Carl J. Friedrich (ed.), "*Totalitarism,* Universal Library, New York, 1954, pp. 119-129. Identifique cuáles son los escritos sagrados, los santos y los mártires, las verdades absolutas, los símbolos, los códigos de comportamiento, las funciones manifiestas y latentes, las exigencias a sus fieles y los ejemplos recientes de desorganización de cada una de las dos asociaciones.

13 Las Iglesias conservadoras que tienen una rígida teología parecen estar creciendo más rápidamente que las Iglesias liberales que buscan un acomodo entre la religión y la ciencia. ¿Cómo explicaría usted eso?

LECTURAS QUE SE SUGIEREN

Berger, Peter: "Halting the Trend Toward Secularism", *Intellect,* 106: 274-275, January 1978. Un análisis de los esfuerzos por desalentar el activismo social de la Iglesia mediante la negativa de la exención de impuestos

Bolling, Laundrum R.: "Islamic Fundamentalism on the Move", *Saturday Evening Post,* 252:52-57; September 1980. Estudia la tensión entre los fundamentalistas islámicos y los líderes gubernamentales en los países musulmanes.

Eastland, Terry: "In defense of Religious America", *Commentary,* 71:39-45, June 1981. Estudios de la contribución de los valores religiosos como guía moral.

Foss, Daniel A. And Ralph W. Larkin: "The Roar of the Lemming: Youth Postmovement Groups and the Life Construction Crisis", *Sociological Inquiry,* 49: 264-285, nos. 2-3, 1979. El atractivo de los cultos para los jóvenes desilusionados por el fracaso de los movimientos juveniles de 1960-1980 contra el sistema.

Jung, L. Shannon: *Identity and Community: A Social Introduction to Religion,* John Knox Press, Atlanta, 1980. Una breve y sencilla exposición de los temas principales en la sociología de la religión.

Kelley, Dean M.: "Why Conservative Churches Are Still Growing", *Journal for the Scientific Study of Religion,* 17: 165-172, June, 1978. Kelley pone al día y defiende el punto de vista expresado en un libro con el mismo nombre al del artículo. Para un punto de vista diferente, véase Gary D. Bouma: "The Real Reason One Conservative Church Grew", *Review of Religious Reserch,* 20: 127-137, Spring 1979. Bouma atribuye el crecimiento de la Christian Reformed Church más a la fertilidad y a la inmigración que al atractivo de su doctrina.

Maryl, William W.: "The Christian-Marxian Encounter: From Dialogue To Detente", *Sociological Analysis,* 39: 84-89, Spring 1978. Un breve estudio del esfuerzo por extender el ecumenismo a las discusiones entre cristianos y comunistas.

Seabury, Paul: "Trendier Than Thou", *Harper's Magazine,* 257: 39-52, October 1978. Tendencias actuales hacia el expresivismo y la acción social en la Protestant Episcopal Church.

Stark, Rodney and William Sims Bainbridge: "Secularization and Cult Formation in the Jazz Age", *Journal for the Scientific Study of Religion,* 20: 360-373, December 1981. Un estudio sobre la declinación de las Iglesias teológicas y el crecimiento de los cultos.

"Varieties of Religious Experience", *Society,* 15: 16-83, May/June 1978. Una variedad de artículos que incluyen temas como los cultos, el lavado cerebral, las conversiones fundamentalistas, la religión civil, los "Moonies" y la ortodoxia judía.

Wilson, John: *Religion in American Society: The Effective Presence,* Prentice-Hall, N.J. 1978, Una sociología de la religión con un excelente capítulo: "Religion, Ethnicity and Race".

Wimberly, Ronald C. and James A. Christenson: "Civil Religion and Other Religious Identities", *Sociological Analysis,* 42: 91-100, Summer 1981. Un análisis de la religión civil y su apoyo en varios grupos religiosos.

Yankelovich, Daniel: "The Hidden Appeal of the Moral Majority", *Psychology Today,* 15: 23-25, November 1981. Argumenta que la Mayoría Moral obtiene apoyo de aquellos que están disgustados por la moralidad permisiva entre la juventud.

12 Educación, ciencia y tecnología

En la andanada de discursos acerca de los problemas educativos, a veces perdemos de vista el hecho de que nuestras escuelas están vibrantemente vivas y operando con éxito en las ciudades y poblados a lo largo de toda la nación... Muchos de los problemas de las escuelas —violencia, delitos, abuso de las drogas y del alcohol, adolescentes embarazadas— son realmente problemas de la sociedad en general. Existen otros problemas sin embargo, con respecto a los cuales los esfuerzos concertados de diferentes niveles gubernamentales están produciendo una mejora sustancial en la educación estadounidense.

Por ejemplo, estamos educando ahora a los niños minusválidos de este país con más eficiencia que en el pasado. Estamos dando pasos gigantescos en nuestra lucha por superar la dañina herencia de la discriminación sobre la base de la raza, el origen nacional y el sexo. Estamos pugnando por alcanzar la igualdad de oportunidades para quienes están en una posición desventajosa por la pobreza.

Shirley Mount Hufstedler. Secretaria de Educación de la administración Carter.

Los estudiantes no están definitivamente preparados como solían estarlo. Su incapacidad no tiene nada que ver con su inteligencia o sus aptitudes: tiene relación con las oportunidades y la preparación que han tenido y con sus motivaciones.

Y, así, con frecuencia me siento derrotada por la apatía tanto de los estudiantes como de sus padres. Usted ve que los estudiantes están ahí sentados día tras día y nunca hacen una tarea, nunca participan en clase o simplemente no se presentan a ella... He enviado recados para notificar a los padres, bastante antes que las calificaciones, que su hijo está fallando y que me gustaría hablar con ellos al respecto. En la última reunión envié más de setenta y cinco recados semejantes. Tres padres respondieron.

Los chicos tienen que luchar con muchas cosas. Lo sé. Pero algunos días me siento como un boxeador que está contra las cuerdas. Es muy duro hablarle a un chico en el corredor acerca de algo y no recibir como respuesta más que obscenidades. De modo que usted llega a la conclusión siguiente: Ya no voy a hacer ni a decir nada, no puedo correr el riesgo.

(Glenna Norton, maestra de escuela secundaria, Detroit, Michigan) Tomado de Mary Long, "The crisis in our schools", *Family Weekly,* October 19, 1980, pp 4-6, © 1980; 1515 Broadway, New York, N. Y. 10036.

Estas dos visiones de las escuelas estadounidenses son exactas. En los últimos decenios, los gastos escolares se incrementaron mucho, los programas experimentales se multiplicaron, las tasas de deserción se redujeron y los esfuerzos por hacer que las escuelas lograran un cierto nivel de eficiencia en todos los sectores de la población se incrementaron drásticamente. Los salarios de los maestros se duplicaron como la generalidad de los ingresos durante la década 1960-1970 (Moynihan, 1972).

Sin embargo, los problemas se multiplicaron. Abundaron las quejas por conducta violenta y perjudicial y por los fracasos en el aprendizaje. La reducción durante los primeros años de 1980-1990 en los gastos educativos se explica parcialmente por la desilusión ante los esfuerzos anteriores. Los gastos escolares se están recortando, en tanto que los salarios de los maestros están cayendo por abajo del costo de la vida. Esta situación no es exclusiva de Estados Unidos, sino que se da en todo el mundo (Simmons y Alexander, 1978, p. 353). ¿Por qué la educación tiene logros tan espectaculares y problemas tan enormes?

El sociólogo busca la explicación de los problemas y de los logros de la educación en el sistema de relaciones sociales dentro del que operan las escuelas, de modo que permítasenos empezar preguntando cómo se desarrollaron las escuelas.

DESARROLLO DE LAS INSTITUCIONES EDUCATIVAS

Las sociedades primitivas y muy antiguas no tenían instituciones educativas. Los niños aprendían lo que necesitaban saber observando todo lo que sucedía y ayudando donde podían hacerlo. No se necesitaba una escuela para enseñar a un niño indio a cazar. El padre del niño (o en algunas sociedades, su tío) le enseñaba a cazar, y estas lecciones eran lo más cercano a las "instituciones educativas" que podía encontrarse en una sociedad simple. Tal instrucción no era una institución educativa; era simplemente una parte de las obligaciones familiares del hombre.

Las escuelas aparecieron cuando las culturas se volvieron demasiado complejas como para manejar fácilmente dentro de la familia todo el aprendizaje necesario. Conforme crecieron los imperios, se necesitaron recolectores de impuestos y archivistas, y esto exigió la capacitación de amanuenses. Las religiones que se desarrollaban, con frecuencia requirieron que una cantidad de leyendas, cantos y rituales se aprendieran de memoria. No se sabe si los amanuenses

o los sacerdotes fueron los primeros escolares. Podemos imaginar que un hombre que tuviera que capacitar a un hijo o a un sobrino podría estar de acuerdo en aceptar a otro sobrino o quizá al hijo o al sobrino de un amigo para enseñarle al mismo tiempo. Podemos imaginarnos que esta "clase" fue creciendo de generación en generación hasta llegar a necesitar un "maestro" que se dedicara de tiempo completo a la enseñanza. En este punto, con especialistas de tiempo completo como maestros, y clases formales de estudiantes que funcionaban separados de la familia y que se consideraban como la forma adecuada y necesaria para capacitar a esos niños, podemos decir que aparecieron las instituciones educativas.

Este análisis funcional, que atribuye el crecimiento de las instituciones educativas al cambio de las necesidades laborales, no es aceptado por los teóricos del conflicto por considerarlo como una simplificación excesiva. Ellos afirman que algunos factores diferentes a las necesidades de trabajo pueden haber sido más importantes en la explicación e incremento de la educación. En todos los países avanzados, muchas personas obtienen una instrucción mucho más amplia que la que requiere su trabajo (Berg, 1969; Illich, 1971). La educación superior satisface las necesidades de status de quienes desean sentirse superiores y excluye de la competencia para los puestos de elección a todos aquellos que no pueden obtener los certificados educativos, impidiendo así la movilidad ascendente de las clases bajas (R. Collins, 1979). La educación ayuda a mantener las fronteras de las subculturas étnicas y de clase, manteniendo fuera a aquellos que no tienen modales adecuados (Collins, 1975, pp. 86-87). Aun la alfabetización universal, aceptada en cualquier parte como una meta digna, puede haber sido de hecho más un adorno que una necesidad (Graff, 1979).

Las razones que explican el crecimiento de las instituciones educativas incluyen probablemente todos los factores arriba mencionados. Determinar la importancia relativa de cada uno es imposible. Cualesquiera que fueren, parecen estar operando en todas partes.

ESTRUCTURA DE LAS INSTITUCIONES EDUCATIVAS ESTADOUNIDENSES

Escuelas formales

Nuestra institución educativa primaria es la escuela formal, desde el jardín de niños hasta la escuela para graduados. Nuestra creencia general ha sido que "mientras más, mejor". La proporción de personas que asiste a algún tipo de escuela ha crecido de manera constante, y la vida escolar se ha prolongado por ambos extremos. Los jardines de niños siguen creciendo, y en 1980 asistían el 96% de los niños que tenían cinco años de edad. Seis de cada siete estadounidenses entre los 25 y los 29 años de edad habían terminado la escuela secundaria en 1980, mientras que casi la mitad de los que tenían entre 30 y 34 años de edad habían asistido a la preparatoria, y más de una cuarta parte de ellos se habían graduado.

Aunque la escuela pública domina la educación estadounidense las escuelas privadas (más frecuentemente católicas) tenían inscritos al 12% de los alumnos de la escuela primaria y al 10% de los alumnos de secundaria, en tanto que las universidades privadas matricularon al 21% de todos los universitarios en 1980. Durante los últimos años la participación de la escuela privada declinó algo en los niveles de educación primaria y secundaria. El número de estudiantes que asisten a las universidades privadas se ha mantenido constante, pero la proporción de estudiantes en las universidades privadas ha descendido del 33% en 1965 al 21% en 1980.

La década 1970-1980 vio un aumento en las escuelas dirigidas por grupos fundamentalistas protestantes, llamadas por lo común escuelas cristianas. Sólo registran alrededor del 1% del total de estudiantes en la educación preuniversitaria, pero su matrícula creció de 140 000 en 1971 a 450 000 en 1979. Están abiertas a todas las razas, pero atraen pocos estudiantes negros, y uno de sus principales efectos ha sido proporcionar una escapatoria a la integración. Sin embargo, también atraen por su estricta disciplina, su enseñanza cristiana, y sus niveles académicos más altos (Pierce, 1981).

La cuestión de si las escuelas privadas son superiores a las escuelas públicas ha sido debatida por generaciones. Un cuidadoso estudio de las escuelas privadas católicas elaborado hace algunos años no pudo fundamentar ni las virtudes especiales ni las desventajas especiales que con frecuencia se le atribuían (Greeley y Rossi 1966). Una comparación más reciente que abarcó más de mil escuelas públicas y privadas concluyó que los alumnos aprendían más en las escuelas privadas, aun después de tomar en cuenta las diferencias en los ambientes familiares (Coleman, 1981; Coleman, Hoffer y Kilgore, 1982). Esto se atribuye a una mayor disciplina y a niveles académicos más exigentes en las escuelas privadas. Sin embargo, un factor que no se ha medido, es el derecho de las escuelas privadas a expulsar al estudiante perjudicial o cuyos padres no cooperan.

EL MOVIMIENTO DE UNIVERSIDADES DE LA COMUNIDAD. Una de las tendencias más significativas en la educación superior ha sido la proporción cada vez mayor de estudiantes que asisten a las universidades de la comunidad. El número de universidades de dos años, sobre todo universidades de la comunidad, aumentaron a un poco más del doble entre 1970 y 1980 (de 521 a 1 274). Ofrecen educación superior a bajo costo en las comunidades donde viven los estudiantes o cerca de ellas. Muchos toman cursos de dos años que preparan para carreras técnicas o semiprofesionales de varios tipos: técnico dental, enfermera práctica, programador de computadoras, secretaria legal y muchas más. Otros toman un curso gratuito de dos años en una universidad de la comunidad y pasan a una universidad de cuatro años para completar un grado. Las personas que ya tienen una ocupación se inscriben en uno o más cursos para mejorar sus habilidades.

Los funcionalistas consideran las universidades de la comunidad como una respuesta práctica a la necesidad que la sociedad tiene de trabajadores capacitados y a la necesidad de los estudiantes de una educación superior gratuita. Algunos estu-

Nuestra institución educativa primaria es la escuela formal, del jardín de niños a la
escuela para graduados. (©
*Michal Hernon/Woodfin
Camp & Assoc.*)

diosos del conflicto ven la universidad de la comunidad como un instrumento para preservar la
desigualdad desviando a los jóvenes menos ade-
lantados a un callejón sin salida; "congelarlos"
de modo que opten por carreras de bajo nivel y
nunca compitan para ser admitidos en las escuelas profesionales. (Alba y Lavin, 1981). Así,
puede discutirse si la universidad de la comunidad es un escalón de la movilidad o una barrera
para ella.

Otras formas de educación institucionalizada

Algunas escuelas atienden intereses educativos
especiales.

ESCUELAS POR CORRESPONDENCIA. Las
escuelas por correspondencia y los cursos por
correspondencia acreditados por algunos colegios y universidades ponen muchas carreras a la
disposición de estudiantes de medio tiempo y
geográficamente aislados.

ESCUELAS DE ARTES Y OFICIOS. Las escuelas de artes y oficios de muchos tipos ofrecen
instrucción especializada. Las escuelas de belleza y peluquería, las academias comerciales,

las escuelas electrónicas y muchas otras ofrecen
capacitación sin materias extras. Las hay excelentes pero también execrables. Muchas ofrecen buen adiestramiento técnico y servicios de
colocación a precios modestos. Algunas son
mediocres y proporcionan una preparación regular, con frecuencia sin considerar las oportunidades de trabajo. Algunas cuantas son verdaderos timos, pues suscitan muchas esperanzas
con brillantes promesas, cobran cuotas elevadas
y luego "congelan" al estudiante por su falta
de atención y su indiferencia. La mejor prueba
es la proporción de matriculados que terminan
su formación y no encuentra empleo. Debe des-
confiarse de las escuelas que no presenten una
lista de graduados que hayan obtenido empleo.

APRENDIZAJE. El aprendizaje puede ser la institución educativa más antigua, porque probablemente procedió a las escuelas formales. Algunos
oficios se aprenden más fácilmente en el taller que
en el salón de clases. El aprendizaje es el camino
normal para la mayor parte de los oficios calificados. Es usual sólo donde los elevados niveles de
calificación requieren una más amplia capacitación. En estados Unidos los sindicatos controlan generalmente el aprendizaje, y el reglamento que requiere que un solicitante sea apoyado por dos miembros del sindicato tiende a

excluir a todos aquellos que no son hijos, parientes o amigos íntimos de los sindicalistas. Los esfuerzos para abrir los oficios calificados a las minorías y a las mujeres se han visto en la necesidad de desviar o contravenir las reglas del aprendizaje, y esto ha sido difícil. El análisis del enfoque del conflicto se centra tranquilamente sobre la lucha en las reglas del aprendizaje y en el derecho de admisión del sindicato.

PROGRAMAS EDUCATIVOS INDUSTRIALES. Los programas educativos son manejados por muchas empresas grandes y tienen como propósito la capacitación de sus propios trabajadores. El enfoque es decididamente vocacional, pero algunos programas incluyen suficientes temas relativos a las artes, a las ciencias sociales y a las humanidades para proporcionar a sus futuros ejecutivos una educación universitaria "redondeada".

Educación no institucionalizada

Gran parte de la educación es informal y aun inconsciente. Los niños aprenden muchas cosas en el hogar, en el campo de juegos y en las calles. Con frecuencia esto anula mucho de lo que deberían estar aprendiendo en la escuela.

Es posible que la televisión sea el mayor educador no institucionalizado. A la edad de 18 años un joven estadounidense habrá dedicado más tiempo a ver la T.V. que a la escuela (Mayer, 1983). La televisión ofrece una diversión que si es comparada con las tareas escolares éstas parecen aburridas. Hay algunos programas serios, como *Sesame Street,* concebidos para enseñar a los niños. Pero la mayor parte de la programación para los niños consiste en caricaturas. De acuerdo con el programa de "desregularización" de la administración Reagan, la Federal Communications Commission dejó de presionar a las cadenas de televisión para que transmitieran programas infantiles que no consistieran en caricaturas, y en 1983 este tipo de programas había desaparecido prácticamente de la televisión comercial (Mayer, 1983).

Una dieta de alimentación televisiva sensacional y vacía no ayudó mucho a abrir el apetito por la escritura, la lectura y la aritmética. Como mínimo, se exige un verdadero esfuerzo para volver a los estudios, en un mundo que ofrece placer instantáneo con sólo apretar un botón.

Otros medios masivos —periódicos, libros, revistas, historietas cómicas, películas cinematográficas— contribuyen también, en forma positiva o negativa, al aprendizaje del niño. Para algunos

La televisión es posiblemente el mayor educador no institucionalizado ¿Qué es lo que aprenden los niños de la televisión? © *Vivienne/Photo Researchers, Inc.*)

VISIÓN DE LA TELEVISIÓN COMO EDUCADORA

El efecto más notable... es la creación de una nueva clase de telespectadores, porque no pueden llamarse oyentes. Educados en una vida de mensajes comerciales que bombardean en forma regular su concentración y cambian la dirección del hilo de sus pensamientos, los estudiantes han desarrollado lapsos de atención de ocho a doce minutos. Sin el "corte de los comerciales" se agitan nerviosamente, arrugan los periódicos, arañan las sillas. Muchos confiesan un sentimiento de molestia durante una película cinematográfica de larga duración. Los maestros siempre han tomado en consideración el corto lapso de atención de los estudiantes de lento aprendizaje y de los menos maduros; ahora deben planear actividades de ritmo rápido aun para los alumnos brillantes.

Otra característica es el fenómeno de "des-conexión". Las 10 000 horas de condicionamiento han creado espectadores que pueden eliminar el ruido de fondo. Esta capacidad es la que alienta a los estudiantes a intentar hacer las tareas escolares mientras miran la serie *Starsky and Hutch*. Esta misma capacidad es la que permite a un alumno desconectarse con cualquier actividad en el salón de clase que sea larga, difícil o aburrida.

Los maestros tienen que hacer frente a la frustración de dar una lección a un auditorio que guarda absoluto silencio y descubrir que nadie está escuchando. Nadie puede repetir lo que se acaba de decir: sólo unos cuantos tienen alguna conciencia del tema general. los estudiantes se desconectan de la enseñanza con la misma facilidad que se desconectan de los mensajes comerciales.

Susan Feinberg, "The Classroom Is No Longer Prime Time", *Today's Education,* 66:74-75, September 1977.

¿Está usted de acuerdo con esta crítica?

---

niños, la Iglesia tiene alguna influencia, pero cuando la Iglesia y la escuela están mezcladas, más de la mitad del tiempo de aprendizaje del niño se empleará con los "educadores" masivos, a quienes no les preocupa primariamente el resultado del aprendizaje.

Movilidad educacional por concurso y patrocinada

Un aspecto de las instituciones aducativas de toda sociedad es el conjunto de suposiciones acerca de quiénes son los que necesitan educación y en qué cantidad. La proporción de jóvenes que van a la universidad varía muchísimo entre las sociedades, como se muestra en el cuadro 12-1. Esta proporción abarca hoy alrededor de un 50% de todos lo jóvenes en edad universitaria en Estados Unidos y a aproximadamente un 1% en la República Popular China (*Science News;* 120:119, Feb. 21, 1981). Una serie de suposiciones que yacen bajo el término no necesidades educativas puede entenderse con los conceptos: *Movilidad por concurso* y *movilidad patrocinada* (R. Collins, 1979, pp. 91-92).

El conjunto de ideas que se encierran en el término movilidad patrocinada empieza con la suposición de que la mayor parte de las personas deben permanecer en la clase social donde nacieron, a menos que tenga aptitudes, excepcionales. Tal aptitud inusitada puede ser descubierta por alguien —un pariente rico, una persona filantrópica, un funcionario escolar, un dignatorio gubernamental— quien abrirá las puertas necesarias para que esta persona reciba una educación superior.

**CUADRO 12-1
PORCENTAJE DE PERSONAS DE
35 a 44 AÑOS DE EDAD QUE HAN
TERMINADO SU "HIGH SCHOOL"
(ESCUELA SECUNDARIA) O
UNIVERSIDAD EN CUATRO
PAÍSES EN 1979**

País	Porcentaje de graduados de secundaria	Porcentaje de graduados de universidad
Brasil	11.3	1.9
Francia	17.0	8.8
Canadá	61.2	16.8
Estados Unidos	77.1	19.6

Fuente: Basado en datos aparecidos en *The United Nations Demographic Yearbook,* 1980, pp. 751, 726, 738 y en *The World Almanac, A Book of Facts,* Newspaper Enterprise Association, New York, 1982, p. 92.

Francia está ahora empatada con Estados Unidos (en décimo lugar) en el producto nacional bruto *per capita.* Obviamente, la educación sólo es un factor de la productividad de una nación ¿Qué otros factores podría haber?

La clasificación en una de dos o más ramas educacionales empieza desde muy temprano, después de que se han completado los primeros grados. Los estudiantes se dividen en aquellos que irán a la escuela secundaria y aquellos que entrarán en el mercado de trabajo sin otro apoyo que alguna capacitación vocacional adicional. La escuela secundaria y la universidad están reservadas para aquellos que tienen derecho a ellas sobre la base de su posición social, más unos cuantos que han conseguido un patrocinador gracias a sus aptitudes especiales. El número de vacantes ocupacionales que hay que llenar determina el número de las personas que se admiten en los programas profesionales. Esto limita severamente las opciones abiertas a la mayoría de los jóvenes. También ocasiona algunos fracasos. La mayor parte de las personas que entran en un programa lo completarán y encontrarán un puesto para el cual han sido preparados. También es un sistema poco costoso, porque hay pocas deserciones o "desempleados" que estén bien preparados.

La movilidad por concurso supone que todos deberían tener una oportunidad para competir y que no es necesario ningún patrocinio especial. La escuela secundaria está abierta para todos, aunque algunos estudiantes puedan desertar. Todos los que terminan su educación secundaria pueden continuar sus estudios, puesto que algunas universidades admitirán aun a aquellos que no hayan hecho los cursos propedéuticos. En la movilidad por concurso. no hay divisiones agudas o puntos terminales. Para la mayor parte de los currícula, el estudiante no requiere un patrocinador (o clasificación) especial y por lo general es elegible para la admisión. Algunas universidades tienen normas de admisión que excluyen a los estudiantes con bajas calificaciones, pero otras suelen aceptarlos. Muchos estudiantes nunca se gradúan, y hay un alto índice de fracaso o deserción. La movilidad por concurso crea la obligación social de proporcionar instalaciones para la educación secundaria y universitaria para una gran parte de la población, muchos de los cuales nunca ocuparán un puesto para el que empezaron a prepararse.

Al igual que otras distinciones entre conceptos, la que hay entre movilidad patrocinada y movilidad por concurso no es absoluta. Las escuelas estadounidenses se acercan más al modelo de movilidad por concurso, las europeas se aproximan más al modelo de movilidad patrocinada. Los países comunistas declaran generalmente ignorar la "posición social" al seleccionar a los estudiantes, pero tienden a seguir el modelo de movilidad patrocinada. Los países del Tercer Mundo muestran todas las variaciones y combinaciones posibles. En toda sociedad deben tomarse algunas decisiones acerca de quién se matriculará en la educación superior.

LA ESCUELA COMO SISTEMA SOCIAL

"Ningún hombre es una isla" dijo John Donne, un clérigo y poeta del siglo XVII. Los sociólogos dicen lo mismo al afirmar que cada persona es parte de un sistema social. La escuela no sólo consta de administradores, maestros y estudiantes, cuyas características individuales simplemente se suman. Más bien, la escuela es un sistema social en el que un conjunto dado de relaciones determina lo que ocurre. Las características particulares de los individuos son menos importantes que las pautas de interacción. Si el director es jovial o adusto, bien parecido o feo, inteligente o mediocre, sigue siendo un director y debe actuar como se espera que actúen los directores. Lo mismo puede decirse de los maestros, de los estudiantes, de los porteros, de las secretarias y de cualquier otra persona involucrada, sin importar sus características personales. Las características personales de los individuos afectan su capacidad para desempeñar roles en el sistema, pero no determinan los roles mismos. Aprendemos poco acerca de la escuela estudiando las personalidades de los individuos, pero aprendemos mucho estudiando las expectativas que las personas que desempeñan roles diferentes tienen las unas con respecto de las otras.

Interacción en la escuela

La interacción sistemática en el sistema escolar puede considerarse por lo menos desde tres perspectivas diferentes: 1) la relación entre miembros y extraños, 2) la relación entre diferentes tipos de miembros, y 3) la relación entre miembros que ocupan posiciones similares.

La persona más obviamente involucrada en las relaciones con el exterior del sistema es el superintendente de las escuelas. Éste es una persona que se hace responsable de manejar el tipo de escuela que el público (o más exactamente, partes diferentes y con frecuencia conflictivas del público) demanda. Al mismo tiempo, el superintendente es considerado por aquellos que se encuentran dentro del sistema como su protector contra las demandas no racionales o no profesionales de los extraños y como la persona que logra la armonía entre varios grupos dentro de la escuela. Esta triple tarea no es de ninguna manera fácil, y esta es la razón por la que los superintendentes son despedidos con frecuencia

después de sólo unos cuantos años de atender un sistema escolar particular.

Los superintendentes no son, sin embargo, los únicos que interactúan con los extraños. Los estudiantes descubren que sus padres tienen expectativas muy diferentes acerca de cómo deben conducirse dentro de la escuela. De hecho, las expectativas de los padres y el ambiente hogareño tienen gran influencia en los logros del estudiante (Johnson y Bachman, 1973). Los maestros y directores también son ciudadanos de la comunidad total. Llevan a la escuela las actitudes que han formado en asociación con vecinos, amigos, Iglesias, partidos políticos y varios grupos de interés. Aun los porteros de la escuela son afectados por la interacción comunitaria, y algunas veces son considerados por el público como informantes más confiables de las noticias de la escuela que los maestros y los administradores, que pueden estar influidos por su rol y capacitación profesional (Rafky, 1972).

Los conflictos internos en las relaciones escolares son muchos. La responsabilidad del portero con respecto a la limpieza choca con el deseo del público de utilizar al máximo el edificio escolar, aun después de que las clases han terminado. La libertad profesional de los maestros entra en conflicto con la necesidad del superintendente de que haya una secuencia ordenada de la instrucción, de clase a clase y de curso a curso. El deseo del director de probar nuevos métodos se enfrenta a la resistencia y a la hostilidad al cambio de maestros y estudiantes y por la necesidad del sistema de presentar un frente firme ante la comunidad. Uno de los conflictos más difíciles actualmente se da entre el deseo del superintendente de que la instrucción sea excelente dentro del presupuesto y las demandas del sindicato de maestros referente a la seguridad en el trabajo y a salarios más altos.

El sistema social de la escuela puede ser considerado con un número de personas que desempeña varios roles, y que cooperan unos con otros en la persecución de metas comunes. También puede verse como un conjunto de grupos en conflicto los unos con los otros en la persecución de metas incompatibles. Ambos criterios son correctos. Los estudiantes quieren divertirse y obtener buenas calificaciones. Los maestros quieren sobrevivir y obtener más ganancias. Un buen número de maestros está seriamente preocupado por el aprendizaje del estudiante; algunos padres están preocupados, el resto no quiere ser molestado. El superintendente trata de mantener unido todo el sistema, y no es raro que el director tenga que hacer frente a las presiones de todos.

Sistemas de status en la población escolar

Dentro de la escuela hay un sistema de status que se parece al sistema de clases sociales de la sociedad adulta, (que se estudiará en el Cap. 14). Así como existen clases altas y bajas en la sociedad adulta, hay clases alta y baja en la escuela. La adscripción a ellas corresponde al origen de clase de la famila del estudiante. La mayor parte de las escuelas abarcan una gama considerable de orígenes de clase entre los estudiantes. Ya en la escuela secundaria los estudiantes se han dividido a sí mismos en pandillas, cuyos miembros tiene un origen de clase casi similar.

Uno de los estudios más profundos sobre los factores de clase en la educación fue elaborado hace varios decenios por Hollingshead (1949). Él encontró que los que se hallaban en las clases bajas (de cinco niveles) no participaban en actividades escolares —fiestas, bailes, deportes, clubes, juegos— y rara vez estudiaban con seriedad. Investigaciones más recientes (Oakes, 1982) elaboran este cuadro y muestran que las actitudes manifestadas en la escuela por los niños de clase baja son consistentes con una aceptación del status de clase baja en su vida adulta. Aunque los estudiantes de clase baja manifestaron tanto aprecio por la escuela y vinculación con ella que los estudiantes de familias más acaudaladas, con frecuencia expresaron un sentimiento de haber sido "dejados de lado" y revelaron una autoimagen negativa y dudas acerca de sus aptitudes. No había muchas pruebas de que hubieran sido discriminados por parte de los maestros, pero la experiencia escolar global parecía confirmar la aceptación de

aspiraciones limitadas por parte de estos estudiantes.

Este estudio se basó en la comparación de *clasificaciones* por capacidades (agrupaciones de estudiantes de capacidades supuestamente semejantes) en las escuelas preparatorias. Aunque era más probable que los estudiantes de clase baja se encontraran en las clasificaciones inferiores, esto no era cierto para todos ellos. Una considerable minoría de estudiantes de hogares de clase baja formaban parte de las clasificaciones superiores. Para estos estudiantes la experiencia escolar es muy diferente a la de otros estudiantes de clase baja. Así, aun cuando la escuela parece duplicar el sistema de clases de la sociedad más amplia, también puede ser el medio por el cual algunos estudiantes obtienen una movilidad ascendente.

También existe un sistema de status basado en el logro del éxito en la escuela que se entremezcla con el sistema de status de clase. En un estudio de este sistema la categoría superior entre los chicos fue obtenida por los atletas sobresalientes y el status femenino más elevado lo obtuvieron sus novias; otras actividades (teatro, música) ocuparon el segundo lugar y la distinción académica ocupó un triste tercer sitio (Horton, 1967). Este estudio no mide los cambios producidos por la atención cada vez mayor que se ha prestado en los últimos años al programa atlético de las chicas. Todavía no está claro si las atletas femeninas obtendrán un status igual que los atletas varones.

Pandillas estudiantiles

La pandilla es un pequeño grupo de amigos íntimos, que generalmente ocupan una categoría similar en el sistema de status de la escuela. Es un grupo primario unido por intereses compartidos y por amistad. En cada salón de clase suele haber dos o más pandillas, algunas parejas (diadas) y algunos solitarios. Un solo líder estudiantil une ocasionalmente a toda la clase en favor o en contra de alguna causa o de un maestro, pero esto no es lo común. Los estudiantes rigen su comportamiento en gran parte por el deseo de gozar del favor de una pandilla,

La pandilla estudiantil es un pequeño grupo de amigos íntimos, generalmente de la misma categoría en el sistema de status escolar. ¿En qué
forma afectan las pandillas lo que se aprende en la escuela? (*Sybil Shelton Peter Arnold, Inc.*)

puesto que nada peor puede acontecerle al estudiante (o a cualquiera en caso semejante) que
"sentir que no pertenece al grupo".

Una investigación sociométrica (véase la Fig.
12-1) puede identificar las relaciones entre estudiantes. Se les hacen preguntas relativas a
quiénes consideran buenos amigos o a quiénes
acudirán en busca de consejo. Unos cuantos estudiantes, conocidos sociométricamente como
"estrellas", serán elegidos por muchos y son
los líderes obvios. Aquellos que escogen a un
líder particular y que son escogidos sólo por
uno o dos, son los "seguidores" en tanto que
aquellos a los que nadie elige, son, los "solitarios". El trabajo del maestro puede ser obstaculizado en forma importante si él o ella trata
de trastornar las relaciones líder-seguidor o
presta mucha atención a algunas pandillas, en
tanto que no toma en cuenta a otras. Es importante, por consiguiente, que el maestro identifique a las pandillas en una clase. La investigación sociométrica sólo es uno de los métodos
utilizados por los sociólogos para estudiar las
escuelas, pero es uno de los que han contribuido
a la instrucción general o cultural como opuesta a
una instrucción estrictamente profesional.

FIGURA 12-1 La estructura social de un salón de
clase. Las líneas que unen muestran dos personas,
cada una de las cuales afirma que la otra es su "mejor amigo". En este salón de clase hay pandillas de
cinco, cuatro, tres y dos miembros; tres personas con
una relación de "mejor amigo" con respecto a un
miembro de la pandilla; tres personas cuyos "mejores amigos" incluyen a un miembro de otra pandilla,
y tres solitarios que no tienen "mejores amigos".

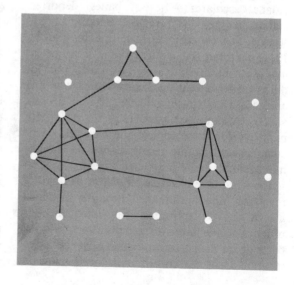

FUNCIONES MANIFIESTAS DE LA EDUCACION

Las dos funciones manifiestas más importantes de la educación son la de preparar a las personas para ganarse la vida y la de ayudarlas a que puedan realizarse personalmente y aporten su contribución a la sociedad. Las dos funciones se relacionan pero no se identifican. Es difícil ser una persona bien equilibrada, a menos que pueda ganar para vivir y, a la inversa, un empleado puede ser más valioso si posee una educación que incluya algo más que habilidades vocacionales. Sin embargo, una buena educación general no siempre produce habilidades vendibles, y una educación vocacional enfocada estrictamente puede dejarlo a alguien ignorante de la comprensión cultural necesaria para vivir con éxito. Así, uno de los temas perennes de la educación es el relativo al interés dedicado a la instrucción general o cultural como opuesta a una instrucción estrictamente profesional.

La mayor parte de las ocupaciones requiere una instrucción básica, mientras que muchas exigen también una preparación especializada. La revolución cibernética, que incluye máquinas controladas por computadoras y robots, está reduciendo la demanda de mano de obra no calificada y también está eliminando algunos de los oficios tradicionales. El mercado para profesionales, semiprofesional y técnicos se está ampliando.

Las otras funciones manifiestas de la educación son muchas: preservar la cultura transmitiéndola de una generación a la siguiente; alentar la participación democrática mediante la enseñanza de las habilidades verbales y desarrollar la capacidad de la persona para pensar racionalmente y con independencia; enriquecer la vida preparando a los estudiantes para ampliar sus horizontes intelectuales y estéticos; mejorar la adaptación personal mediante el asesoramiento personal y cursos como psicología aplicada, educación sexual, vida familiar y abuso de drogas; mejorar la salud de la juventud de la nación por medio del ejercicio físico y cursos de higiene: producir ciudadanos patriotas mediante lecciones que exalten las glorias del país;

promover la integración racial; proporcionar recreación pública (competencias atléticas, bandas escolares, teatro); y finalmente, "formar el carácter". Algunas de estas funciones manifiestas pueden no cumplirse, pero son, sin embargo, funciones *pretendidas* del sistema educativo. En realidad, las funciones manifiestas de la escuela se han multiplicado tanto, que con frecuencia suponemos que la educación puede resolver todos los problemas de la sociedad.

FUNCIONES LATENTES DE LA EDUCACIÓN

Creación de la adolescencia

Una de las funciones latentes de la educación ha sido la creación de la adolescencia y la prolongación de la inmadurez. La educación ampliada pospone el momento en que el niño asume los roles adultos. Demora la entrada en el mercado del trabajo (con la notable excepción del trabajo agrícola), lo que algunos padres aplauden y otros desaprueban. La educación superior prolonga la dependencia todavía más, ya que aun los estudiantes que tienen trabajos de medio tiempo suelen necesitar alguna ayuda de los padres. El ejemplo máximo de la dependencia prolongada es el eterno estudiante que acumula créditos (o cursos incompletos) y algunas veces grados, mientras vive de préstamos, subvenciones, becas, ayudantías y trabajillos, pero que nunca termina ni entra en competencia por un puesto permanente.

Debilitamiento del control de los padres

La escuela disminuye la autoridad de los padres sobre el niño. Los valores de los padres pueden ser puestos en duda o aun ridiculizados como extraños y pasados de moda. Las escuelas promueven con frecuencia el comportamiento del estudiante y utilizan materiales de enseñanza que desafían las normas morales de los padres. Las escuelas proporcionan a los niños el apoyo del grupo para rechazar las normas de los padres. En muchas formas la escuela reduce el control de los padres sobre los niños.

Reproducir el sistema de clases

El sistema educativo acepta la jerarquía de los roles y status ocupacionales, porque acepta que es necesario preparar a los estudiantes para que los desempeñen; al mismo tiempo los estudiantes están siendo socializados para aceptar y cumplir con este sistema de status y roles. No es un secreto que los departamentos universitarios más íntimamente ligados a la preparación profesional, como el comercio, la agricultura, y la ingeniería son casi siempre los más conservadores desde el punto de vista político; aquellos que están menos estrechamente ligados a la ocupación, como las humanidades y las ciencias sociales, son los menos conservadores (Ladd y Lipset, 1978). Algunos teóricos del conflicto creen que las instituciones educativas están concebidas con el *propósito* de reproducir inalterablemente el sistema de clases (Collins, 1975, p. 450). Otros lo llaman simplemente una consecuencia latente de la preparación ocupacional. Es incierto que las instituciones educativas alienten u obstaculicen en realidad la movilidad individual ascendente o descendente en la escala de las clases, pero esto se verá en el capítulo 15.

Un refugio para la disidencia

Puede discutirse si ésta es una función manifiesta o latente de las instituciones educativas. Las universidades tratan con ideas. Es seguro que cualquier discusión seria de ideas, tarde o temprano llevará a la disidencia. Puesto que las universidades eran en el pasado más bien pequeñas, enclaves aislados de estudiosos y jóvenes y no muy conectadas con las sedes del poder político y de las decisiones prácticas importantes, una buena cantidad de disidencia se toleraba generalmente como "inofensiva". La disidencia estudiantil se consideraba más bien con indulgencia, puesto que los estudiantes se hacían generalmente más "sensibles" (i.e., conformistas) conforme maduraban.

Los universitarios en Asia, África y América del Sur tienen un largo historial de activismo político. Las huelgas estudiantiles eran comunes, y las administraciones universitarias y aun los gobiernos eran a veces derrocados. Las facultades también eran políticamente activas y, en cuanto intelectuales, se esperaba que fueran críticos del sistema existente. Aun después de que la independencia nacional se había logrado en los antiguos países coloniales, las universidades continuaron siendo centros de actividad antigubernamental, con gran disgusto de los nuevos gobiernos nacionalistas (Silcock, 1964).

Los universitarios estadounidenses han sido tradicionalmente conformistas en lo social e inactivos en lo político. Esta situación cambió entre 1960-1970, cuando una ola de activismo estudiantil se desató en el mundo occidental. Las universidades ya no son pequeñas ni están aisladas de las principales corrientes de la sociedad. Los estudiantes tienen pocos intereses creados que perder o patrones contra los cuales luchar y pueden tratar de jugar con ideas radicales. Las ideologías marxistas, el anticolonialismo (colonialismo anticapitalista pero no colonialismo anticomunista), los derechos civiles y la impopular guerra de Vietnam fueron los temas principales (Johnson y Feinberg, 1980).

Durante 1970-1980 la ola del activismo universitario amainó. La guerra de Vietnam terminó, el movimiento en defensa de los derechos civiles obtuvo algunas victorias y luego perdió impulso, los administradores de la universidad hicieron muchas concesiones a los estudiantes, y las ansiedades por un empleo se extendieron entre los estudiantes. No es seguro que el alto grado de disidencia universitaria surja de nuevo, pero al escribir estas líneas, el *campus* está en calma.

INTERRELACIÓN CON OTRAS INSTITUCIONES

Educación y familia

La mayor parte de lo que hacen las escuelas le ha sido sustraído a la familia. ¿Por qué? Porque en la medida en que la sociedad cambió exigió incrementar la cantidad y los tipos de aprendizaje y las familias se volvieron lugares ineficientes para proporcionarlas. Dentro de la experiencia estadounidense, la educación básica —lectura, escritura y aritmética— fue la primera que emigró de la familia hacia la escuela. Luego vino la educación profesional, y finalmente una variedad de aprendizajes sociales que iban desde la apreciación musical hasta la educación sexual. La escuela se ha convertido en el lugar de desahogo para toda sociedad que siente que la familia ya no lo hace bien.

¿Han afectado a la familia las escuelas? Sí, en muchas formas. Las escuelas critican con frecuencia a los padres y desarrollan programas que interfieren con las rutinas y programas familiares. Ha sido una "calle de dos sentidos".

Educación y religión

A lo largo de la mayor parte de la historia occidental, la educación y la religión han estado entretejidas. La capacitación de sacerdotes fue una de las más antiguas razones para desarrollar las escuelas. La mayor parte de nuestra primitivas escuelas y universidades fueron manejadas por Iglesias. Las escuelas públicas y las universidades son en gran parte un producto del siglo pasado. Hay muchos países europeos en los que la educación está todavía en gran medida manejada por la Iglesia.

Puesto que tanto la Iglesia como la escuela enseñan valores, con frecuencia entran en conflicto. Una solución para la Iglesia consiste en controlar las escuelas, como ocurre en muchos países católicos. Una segunda solución son las escuelas públicas seculares, divorciadas en todo control eclesiástico, como en México. Aunque México es católico en un 96% la nueva Constitución mexicana de 1917 ordenó que las escuelas fueran laicas. Una tercera solución es el sistema escolar mixto, que permite escuelas religiosas privadas, lo mismo que públicas laicas. Esto es lo más común en países que tienen múltiples confesiones religiosas como Estados Unidos. Dondequiera que hay un sistema escolar mixto, existen continuos

esfuerzos, al menos por parte de algunos líderes eclesiásticos, para influir en la enseñanza escolar pública y obtener el apoyo público para las escuelas religiosas.

AYUDA FISCAL A LAS ESCUELAS DE LA IGLESIA.   Durante muchos años los líderes de algunas Iglesias (especialmente la católica) han buscado ayuda fiscal para ellas. La sugerencia común es que se permita alguna deducción de impuestos a los padres de los alumnos que asisten a las escuelas parroquiales o que se establezca un sistema de vales que dé a los padres de todos los estudiantes la posibilidad de "canjearlo" en cualquier escuela pública o privada. Los que proponen la deducción de impuestos arguyen que no puede esperarse que los padres paguen por dos sistemas escolares.

Los que se oponen a ambas sugerencias argumentan que fragmentar la educación en varios sistemas que compitan entre sí sería ineficaz y provocaría la división. Una ligera mayoría del público se opone a la ayuda fiscal para las escuelas privadas (Public opinion, 5:39, June-July 1982), y su promulgación es dudosa.

ORACIONES ESCOLARES.   Las decisiones de la Suprema Corte desde 1962 prohiben cualquier tipo de oraciones (excepto las que se hagan en silencio) en las escuelas públicas. Una enmienda constitucional que aprobara las oraciones en las escuelas públicas tiene el apoyo de muchos líderes conservadores de la Iglesia, mientras que otros tantos se oponen a ella (Time, 118:39, Aug. 9, 1982). Los que apoyan esa enmienda están escandalizados de que se trate de "excluir a Dios de las escuelas" y afirman que las oraciones escolares ayudarían a cultivar los sentimientos religiosos y la moralidad pública. Los objetores (especialmente los judíos y otros grupos no cristianos) alegan que sus hijos serían aislados y humillados por ser expuestos a oraciones escolares de una fe religiosa ajena. Muchos líderes eclesiásticos y la mayor parte de los científicos de la conducta dudan de que una inocua oración escolar, redactada de tal manera que no ofenda a nadie, tuviera algún efecto en una u otra dirección.

El significado práctico de las oraciones escolares puede ser trivial, pero su significado simbólico es importante. Para las personas angustiadas por el secularismo y la permisividad de la vida moderna, la oración escolar proporciona una oportunidad de "hacer algo" con respecto a las tendencias sociales que deploran. Las encuestas muestran que la opinión pública está a favor de la enmienda relativa a la oración escolar en una proporción de tres a uno (*Public Opinion,* 5:40, June-July 1982).

EVOLUCIÓN Y CENSURA DE LIBROS.   Un signo del actual resurgimiento del conservadurismo religioso es la tendencia a exigir que la "ciencia de la creación" se enseñe donde quiera que se estudie la teoría de la evolución en las escuelas públicas. También este tema tiene un significado simbólico en la lucha del conservadurismo religioso contra el secularismo y el liberalismo religioso. Los que apoyan la "ciencia de la creación", aunque no están enteramente de acuerdo acerca de una única versión de la creación, lo están en que los seres humanos y otras formas de vida fueron creadas instantáneamente por Dios, sin etapas evolutivas intermedias. Los oponentes tienen dos objeciones principales: 1) que el contenido de los cursos de estudio escolares debería ser elegido por los maestros y científicos y no por los legisladores y 2) que la "ciencia de la creación" no es una ciencia, sino simplemente una religión mal llamada ciencia. Los seguidores de la "ciencia de la creación" rechazan el compromiso de la "evolución teísta", que sostiene que Dios inició y dirigió el proceso evolutivo. Así, el estudiante debe elegir entre ciencia y religión. Uno se pregunta cuál será la elección de la mayoría de los estudiantes. Una ley estatal que exige la enseñanza de la "ciencia de la creación" ha sido declarada inconstitucional (Siegal, 1981), pero el problema está todavía lejos de ser resuelto.

Las escuelas confrontan también un intenso esfuerzo tendiente a suprimir algunos libros de las bibliotecas escolares y de las listas de lecturas que se recomiendan (Warner, 1981). La afirmación más frecuente es la de que los libros son "sucios", aunque algunas veces la acusación se refiere a que su contenido es sexista o racista. Los libros impugnados incluyen tanto a los que se consideran "basura", como a algunas de las obras más famosas y estimadas de la literatura. Aquí, de nuevo se presenta la pregunta: ¿El material de lectura de los estudiantes debería ser elegido por los científicos y los educadores o por los padres y censores elegidos?

Educación e instituciones político-económicas

En las sociedades primitivas, la educación no estaba íntimamente ligada a las instituciones político-económicas. En los grandes imperios se necesitaba algún tipo de educación para los amanuenses, los recolectores de impuestos y otros funcionarios, pero esto era todo. En la Europa Medieval sólo la Iglesia estaba íntimamente conectada con la escuela. Los libros eran tan caros, que sólo los ricos podían poseerlos. Además de algunos niños pobres que llegaban a ser sacerdotes, sólo los hijos de la flor y nata de la sociedad asistían a las universidades. Las ideas "peligrosas" (p.ej., las que tenían que ver con la religión) no eran una amenaza, porque aquellos que podían jugar con ellas estaban tan estrechamente encerrados en el sistema de privilegios que no era nada probable que lo desafiaran. La educación superior no era muy importante para el estado o el sistema económico, y generalmente se le permitía jugar sus juegos inocentes sin ser molestada.

Todo esto ha cambiado. Además de la censura religiosa, se desarrollaron esfuerzos sistemáticos para censurar o suprimir algunas ideas cuando las imprentas permitieron distribuirlas ampliamente entre el pueblo. Actualmente, en todas partes se cultiva, se utiliza, se teme a la educación y en buena medida se la controla mediante las constituciones político-económicas.

Autonomía educativa

La libertad académica y la posesión de grados académicos representan intentos de proteger la independencia de los educadores.

LIBERTAD ACADÉMICA. La ideología de la libertad académica significa 1) que las escuelas van a ser manejadas por educadores sin mayor interferencia de terceros y 2) que los estudiosos y los profesores pueden realizar investigaciones, publicar libros y enseñar sin temor a represalias, aun en el caso de que los resultados de su investigación o enseñanza fueran impopulares.

Para el educador, la libertad académica protege la búsqueda de la verdad sin importar a dónde pueda conducir. A la sociedad le proporciona cierta seguridad de que los estudiantes y el público recibirán lo que realmente es la verdad, como el profesor la entiende, y no algo que el profesor se vea obligado a decir a causa del temor o la presión.

Los académicos y profesores han sido atacados con frecuencia cuando sus enseñanzas o escritos molestan a alguien. En la Alemania de Hitler los estudiantes nazis expulsaron a los profesores de la universidad si no respaldaban las ideas nazis. La libertad académica puede ayudar a proteger a los maestros de semejantes presiones.

TITULARIDAD DE CÁTEDRA. La titularidad de cátedra protege al maestro de una destitución sumaria, ya sea por causa de las ideas que sustente o debido al favoritismo de directores y superintendentes. Los maestros y profesores pueden ser despedidos "con razón" después de los procedimientos de despido ordenados, aunque esto es raro, y con cierta justicia se puede alegar que la titularidad protege la mediocridad. Puesto que la titularidad dificulta los despidos, suele ser atacada por aquellos a quienes les gustaría silenciar a los que no comparten sus ideas. Durante 1950-1960 los ataques a la titularidad vinieron de los conservadores extremistas que deseaban desterrar "a los radicales" de la universidad. Actualmente los ataques provienen ocasionalmente de los izquierdistas que quieren eliminar a los "conservadores" que se oponen a que la universidad promueva la reconstrucción radical de la sociedad (Kagan, 1982).

La titularidad y la antigüedad se han visto puestas a prueba recientemente debido a la re-

La autonomía de las instituciones educativas se ha reducido por la intervención federal.

ducción de personal. Muchas universidades y escuelas públicas han tenido que reducir su personal debido a la disminución de inscripciones o a los recortes de presupuesto. En los últimos años, para corregir la discriminación pasada, se había contratado a demasiadas mujeres y a miembros de las minorías. Si las reducciones de personal siguen ahora las reglas de antigüedad (el último contratado, el primero despedido), esto dará por resultado un despido desproporcionado de miembros de las minorías y de mujeres, lo que anulará las acciones positivas de los últimos años. Los derechos de antigüedad y los de las minorías están en conflicto en esta situación, y no existe una solución fácil.

INTERVENCIÓN FEDERAL. La autonomía de las instituciones educativas se ha visto reducida en los últimos años por la intervención federal. Los dólares federales, que son tan bienvenidos, han dado poder para imponer normas y reglamentos federales. La legislación antidiscriminatoria trajo controles adicionales. El Department of Health, Education and Welfare publicó una "guía" sobre la contratación y promoción de minorías y sobre la discriminación sexual en el empleo, curriculum y actividades escolares (especialmente los deportes escolares). Los programas especiales de educación para los minusválidos, de instrucción bilingüe y otros han sido ordenados desde la federación. En algunas comunidades,

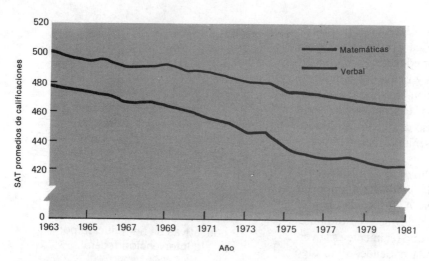

FIGURA 12-2 Declinación del puntaje en la SAT. (*Fuente:* Datos de The College Board Chart por Peter H. Stafford, *Chronicle of Higher Education,* Vol. 23, No. 6, October 7, 1981, p. 1 Reproducido con permiso de *The Chronicle of Higher Education.*)

los tribunales federales han asumido la dirección de las escuelas y han ordenado a los consejos escolares qué escuelas pueden cerrar, cómo pueden señalarse los límites distritales, qué servicio de autobuses deben tener y qué proporciones relativas a raza y sexo deben incluir. En un caso notable, la Brigham Young University, una institución docente relacionada con la Iglesia Mormona que no acepta subsidios federales, tuvo que negociar con funcionarios federales el permiso para continuar su práctica de alojar fuera del *campus* a estudiantes masculinos y femeninos en casas de huéspedes separadas *(The New York Times,* June 11, 1978, p. 51). Si la intervención federal ha sido adecuada o inadecuada no es el problema que queremos destacar ahora. Citamos esto como un ejemplo de la autonomía reducida de una institución bajo la creciente influencia de otra.

LA EDUCACIÓN EN ESTADOS UNIDOS: ¿ÉXITO O FRACASO?

Pocas naciones del mundo pueden compararse con Estados Unidos en los gastos destinados a la educación o en el promedio de años de escolaridad. Nuestro gran esfuerzo ¿ha sido un éxito?

Decadencia del aprendizaje

Las comparaciones entre países son difíciles pero no imposibles. The International Association for the Evaluation of Educational Achievement publicó doce volúmenes con los resultados de pruebas comparativas de logros entre 1967 y 1977. La prueba muestra claramente que los estudiantes estadounidenses no trabajaron tan intensamente y no aprendieron tanto como los estudiantes en otros países desarrollados (Lerner, 1982). Las medidas de los cambios en el aprendizaje de los estudiantes estadounidenses a lo largo del tiempo son igualmente inquietantes. En cualquier aspecto que podamos cuantificar, el aprendizaje estudiantil promedio en Estados Unidos ha declinado en los últimos años como se muestra en la figura 12-2. Aun siendo indulgentes con las imperfecciones de las pruebas, no podemos eludir la conclusión de que los estudiantes están aprendiendo menos que los de la generación precedente.

¿Qué explica esta declinación? En parte se debe a que ha decrecido la selección por cuenta de las escuelas. En 1950, la mitad del grupo formado por personas con edades entre los 25 y 29

El aprendizaje es posible con
un mínimo de instalaciones
(*Constance Stuart/Black
Star; Jacob Riis/The Bettmann Archive, Inc.*)

años había terminado su educación secundaria: en 1980, esta cifra se había elevado al 85%. Los estudiantes marginales, que solían desertar, ahora permanecen en la escuela y diluyen los niveles de rendimiento. La College Board sostiene que los cambios en la composición del cuerpo estudiantil son responsables en tres cuartas partes del descenso de las calificaciones en el *Scholastic Aptitude Test* (S.A.T.) entre 1963 y 1970, pero sólo de una cuarta parte del descenso habido desde 1970 (College Board, 1977). ¿A qué hay que atribuir el résto de la declinación?

INFLUENCIAS QUE DISTRAEN. Ya se ha mencionado la perniciosa influencia de la televisión en el aprendizaje escolar. La posesión de un automóvil ofrece la tentación de "andar paseando" y otras diversiones, y con frecuencia exige un trabajo de medio tiempo para sostenerlo, lo que roba tiempo a las tareas escolares. El hábito popular de tener televisión o radio proporciona un ruido de fondo durante la tarea escolar y esto distrae probablemente. Muchas otras diversiones se disputan la atención del estudiante.

Las actividades escolares no son una influencia desfavorable evidente. Las investigaciones que se han realizado ecuentran que los estudiantes que obtienen calificaciones más altas son también aquellos que participan en las actividades de la escuela secundaria, como debates, música, teatro, periodismo o deportes (College Board, 1977, p. 39). También es menos probable que quienes participan en actividades extracurriculares se conviertan en delincuentes (Landers y Landers, 1978).

DISPERSIÓN DE OBJETIVOS. Cuando las escuelas cuyos estudiantes aprenden bien se comparan con las escuelas que tienen estudiantes que aprovechan poço, sorprenden algunas diferencias, incluso después de controlar las que existen en los ambientes familiares y de clase. Los rasgos distintivos de las escuelas que tienen un alto nivel de aprendizaje son 1) orden y disciplina, de modo que los estudiantes y los maestros pueden concentrarse más en el aprendiza-

je que en la sobrevivencia; 2) una atmósfera escolar que subraye el aprendizaje y recompense los logros; y 3) el apoyo de los padres a los esfuerzos escolares por mantener la disciplina y exigir buenos resultados (Coleman, et al., 1966; Coleman, 1981). Más allá de un mínimo aceptable, variables como la excelencia de las instalaciones escolares, los grados avanzados del personal escolar y los gastos escolares por alumno no son muy importantes. Aunque algunas innovaciones recientes como el Head Start parecen haber tenido éxito (Rule, 1982), la mayor parte de los costosos experimentos educativos de las décadas de 1960-1980 tuvieron poco efecto (Armbruster, 1977; Horton y Leslie, 1981, pp. 258-259). Las tendencias escolares actuales se orientan hacia la disciplina, la tarea escolar, el acento en los logros académicos y hacia una mayor libertad de los administradores para llevar a cabo políticas escolares firmes sin interferencia externa (McPartland y McDell, 1982).

¿QUÉ HACE QUE UNA ESCUELA SEA BUENA?

Lo que el estudio contiene es más bien una pasmosa documentación de las prácticas que se encuentran en las buenas escuelas, ya sean públicas o privadas... las buenas escuelas tienen un ambiente de orden, políticas disciplinarias que los estudiantes y administradores piensan que son justas y eficaces, elevada matrícula en los cursos académicos, asignación regular de tareas para hacer en casa y bajo índice de ausentismo, de interrupción en las clases y otros tipos de mala conducta.

Diane Ravitch: "What Makes a Good School? "*Society*, 19:10, January/February 1982.

¿Cuántas de las características de una buena escuela pueden crear por sí mismos los maestros y administradores y cuántas requieren la cooperación activa de los padres de familia?

Diferecias en el aprendizaje por clase social

En los estudios citados antes, la variable de los antecedentes de clases del estudiante se controló de manera que la eficacia de la escuela se pudiera aislar y medir. Al predecir los resultados del aprendizaje individual o los resultados promedio por escuela, la calidad de la escuela es menos importante que los antecedentes familiares y de clase de los estudiantes. Año tras año, en todos los estudios y en todos los países, los niños de la clase baja aprenden mucho menos, se ausentan con mayor frecuencia y desertan antes que los niños de la clase media o de la clase alta (Jencks, 1972; Clifton, 1981).

Aun en los países que reivindican dar preferencia a los hijos de la clase trabajadora, persisten las tasas desiguales de aprendizaje (Banks y Finlayson, 1973, p. 178). En la Unión Soviética, el primer ministro Khrushchev aumentó la proporción de estudiantes universitarios provenientes de hogares campesinos y obreros. Este sistema se abandonó cuando se vio que habían bajado los niveles académicos, que habían aumentado las deserciones y que se graduaban muchos especialistas mal preparados (Dobson, 1977, p. 314, Sólo en algunos países subdesarrollados la calidad de la escuela es más importante que el origen de los estudiantes (Heyneman y Loxley, 1982). En estos países, las escuelas "pobres" carecen incluso del mínimo necesario de instalaciones y personal para lograr un aprendizaje aceptable. Pero en todas partes, el cuadro es el mismo: la mayor parte de los que tienen poco éxito provienen de familias de la clase trabajadora y la mayor parte de los que obtienen mucho éxito provienen de familias de las clases media y alta (Burnstein, Fischer y Miller, 1980).

¿Por qué los niños de la clase baja aprenden mucho menos? Es posible que las personas de clase baja tengan en promedio capacidades innatas más bajas. Esto se ha discutido durante generaciones sin llegar a ninguna conclusión clara. Aunque se llegara a un acuerdo para definir "capacidad innata", carecemos de una medición confiable de la capacidad innata que sea ampliamente aceptada.

La mayor parte de los educadores están de acuerdo en que los bajos rendimientos de los alumnos de clase baja se deben, por lo menos en una parte considerable, a influencias hogareñas que difícilmente pueden ser cambiadas por las políticas escolares (Jencks, 1972, p. 53). Las familias de clase baja son más grandes, y los padres deben dividir su atención entre más personas que la exigen. Los padres de familia de clase media tienen con más frecuencia mayor preparación y se interesan más activamente en el progreso académico de sus hijos. Los hogares de clase media tienen más libros y revistas y un espacio más tranquilo para el estudio. Quizá lo más importante de todo es que los niños de clase media viven en un mundo social con mayor número de personas que han tenido éxito y que han logrado triunfar en sus carreras después de haber salido bien en sus años escolares. Tener un buen expediente escolar en una parte vital del modelo típico de éxito para los niños de clase media.

Las diferencias en los antecedentes de clase social representan un impulso para los niños de clase media y un obstáculo para los de clase baja. Esto se estudiará detalladamente en el capítulo 14, "Clase social". Por el momento sólo hacemos notar que hay grandes diferencias en la facilidad con la que los niños de diferentes clases sociales responden a las oportunidades escolares.

¿Pueden reducirse las diferencias de clase en el aprendizaje? Hauser y Featherman afirman que las diferencias de clase en el aprendizaje *se han* reducido en los últimos años (1975, pp. 20-21). Hay muchas escuelas en el centro de la ciudad cuyos alumnos son negros y pobres en su mayoría que tienen altos niveles de rendimiento académico (Sowell, 1976*a*). Es evidente que una escuela ordenada, con salas y baños seguros, con un personal docente dedicado, con un compromiso de enseñar y con padres que exigen y recompensan los buenos hábitos de estudio, puede alcanzar niveles honrosos de aprendizaje, aun cuando los niños sean pobres y las instalaciones mediocres.

MOVILIDAD, ¿UN PELDAÑO AL ÉXITO O UN OBSTÁCULO?. Hay la amplia y acariciada creencia de que nuestras escuelas proporcionan a cualquiera una oportunidad para ascender en la escala social. Varios de los críticos revisionistas, siguiendo la teoría del conflicto, han puesto en duda esto. Argumentan que la función de la educación estadounidense no ha sido la de ayudar, sino la de *obstaculizar* el ascenso del inmigrante, del negro y del pobre. Las escuelas han reproducido la desigualdad al socializar a los niños para que permanezcan en la clase en que nacieron y al orientarlos hacia cursos y hacia escuelas que los prepararían para eso (Greer, 1972; Carnoy, 1975; Bowles y Gintis, 1976; Apple, 1979; Oakes, 1982). Si su intento fue obstaculizar el ascenso, entonces las escuelas han fracasado. Los estudios de movilidad social muestran que existe una buena proporción de ésta (véase el Cap. 15). Algunos estudios objetivos y detallados, muestran que las escuelas, al iniciarse el siglo funcionaban como una escalera ascendente para los jóvenes inmigrantes (Kessner, 1977). Otros antirrevisionistas afirman que el argumento del "bastión de privilegios" es objetivamente falso (Ravitch, 1978; Rehberg y

Rosenthal, 1978). La cuestión de si nuestras escuelas han sido un escalón o un obstáculo para la movilidad social sigue discutiéndose y no se ha llegado a una respuesta clara.

LOS LÍMITES DE LA FE EN EL DIPLOMA. Muchos programas de estudio exigen que los solicitantes pasen una prueba de admisión. Muchas carreras están cerradas definitivamente para aquellos que no aprueban los exámenes adecuados y obtener los diplomas necesarios, como se muestra en la figura 12-3.

Los teóricos del conflicto lanzan la acusación de que muchos requisitos para obtener un grado van más allá de lo que se necesita para garantizar la competencia. Las pruebas de admisión descartan con frecuencia a aquellos que carecen de las sutilezas del lenguaje, de las maneras y de los conocimientos gratuitos de la clase media. Protegen a los "propios" de la competencia de los "extraños", con lo que mantienen la desigualdad y los privilegios.

Un número considerable de investigaciones apoyan estas acusaciones. Se ha demostrado que

FIGURA 12-3 Índice creciente de exigencia de diplomas. Porcentaje de empleadores que exigen diploma de secundaria o de universidad para algunas categorías ocupacionales. (*Fuente: Based on estimates in Randall Collins,* The Credential Society, *Academic Press, Inc. New York, 1979, p. 5.*)

Los mejores trabajos cada vez surge un nivel educativo más alto; ¿esto es esencial, o sólo por algunos puestos?

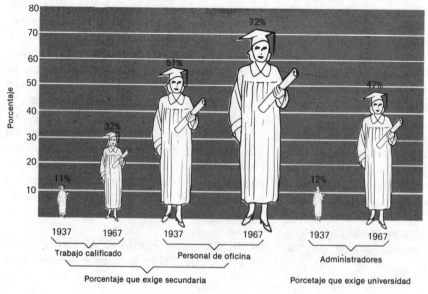

los diplomas y las calificaciones en las pruebas de admision no son buenos índices de rendimiento en el trabajo (Berg, 1969; Blank, 1972). Las cualidades educativas se han elevado con frecuencia, sin que haya pruebas de que mejorarán el rendimiento del trabajo. En muchos casos no lo han hecho, porque el rendimiento y la satisfacción en un trabajo suelen ser más bajos en las personas que están sobreeducadas para sus trabajos (Quinn y de Mandilovitch, 1975).

El Equal Employment Opportunity Act exige que las pruebas de admisión y los requisitos de títulos deben estar relacionados de una menera demostrable con el rendimiento del puesto. Se han revisado muchas pruebas para quitar de ellas las preguntas irrelevantes. La fe en los diplomas no se está terminando, pero quienes exigen títulos deben poder demostrar que ellos eliminan realmente al incompetente, no al de condición económica o social baja (White y Francis, 1976).

LA CIENCIA Y LA TECNOLOGÍA COMO INSTITUCIONES

Hace escasamente uno o dos siglos, la ciencia era el pasatiempo privado de los hombres ricos en su tiempo libre. La ciencia tenía tan poca importancia práctica que durante las guerras napoleónicas los científicos viajaban libremente entre Francia e Inglaterra para compartir sus conversaciones inofensivas.

Actualmente la ciencia está institucionalizada. Esto significa que se le reconoce gran importancia. Está regularizada; los científicos en todo el mundo civilizado siguen los mismos métodos y procedimientos básicos, porque no hay forma capitalista o comunista o cristiana o atea de llevar a cabo un experimento científico o de programar una computadora.

Ciencia es la búsqueda sistemática de conocimientos verificables y de resultados ordenados y confiables que siguen ciertas reglas y procedimientos, como se señaló en el capítulo 1. *Tecnología* es el uso de los descubrimientos científicos para resolver problemas prácticos. La investigación científca realiza continuamente nuevos ha-

llazgos mediante métodos que han sido completamente institucionalizados. Los científicos en los laboratorios gubernamentales, industriales o universitarios trabajan en forma predecible para obtener descubrimientos impredecibles. Siempre que ocurre un avance importante en el campo de la ciencia pura o aplicada, la investigación industrial y los ingenieros del desarrollo (R&D) aplican este conocimiento al desarrollo de aparatos mejorados o técnicas más eficaces de producción. La interacción de otras instituciones sociales con la ciencia y la tecnología es la más poderosa influencia de nuestro tiempo. Puesto que esta influencia funciona en ambos sentidos, veamos primero cómo las otras instituciones ejercen su influencia en la ciencia y en la tecnología.

La búsqueda de la ciencia y la aplicación de la tecnología están sujetas al estímulo, a las restricciones y a la dirección del gobierno, de los negocios, de la religión y de la educación. El gobierno puede apoyar prácticas anticuadas o puede estimular la ciencia y la investigación. El gobierno es hoy la fuente más importante de subvenciones para la investigación. El gobierno puede alentar nuevas tecnologías mediante leyes fiscales que favorezcan la compra de equipo nuevo. El comercio apoya la investigación e introduce nuevos productos. La religión puede oponerse a la ciencia como una amenaza a la fe o puede estimular la investigación como, en palabras del antiguo científico inglés Robert Boyle, ''intentos loables de descubrir la verdadera naturaleza de las obras de Dios'' (Merton, 1973, p. 234). La educación sólo puede transmitir los conocimientos existentes o capacitar a los estudiantes en las actitudes y métodos de la investigación científica.

La ciencia y la tecnología tienen efectos irresistibles sobre otras instituciones. Los intereses comerciales confrontan la bancarrota a menos que utilicen la última tecnología, los gobiernos descubren que el cambio técnico ha alterado los problemas a los que tienen que hacer frente. La religión debe adaptar sus enseñanzas para enfrentar las nuevas interpretaciones científicas, y la educación trata de preparar a los estudiantes para los desarrollos científicos y técnicos.

El deseo de autonomía entre los científicos es por lo menos tan fuerte como entre el clero, los educadores o los ejecutivos de negocios, y puede ser aún más eficaz. Un ejemplo de esto se encuentra en la presencia de prominentes científicos entre los disidentes en la Unión Soviética. Una sociedad moderna debe fomentar la investigación científica, y para esto, debe conceder alguna libertad a sus científicos. Aun en un estado totalitario como la Unión Soviética, es imposible someter por completo los científicos al dominio de los líderes gubernamentales (Sakharov, 1975).

La irresistibilidad de la ciencia y de la tecnología

En un sentido la ciencia y la tecnología no pueden detenerse una vez que han sido puestas en movimiento. Por supuesto, *podríamos* prohibir las nuevas investigaciones científicas y tecnológicas, pero esto nos colocaría en las aguas estancadas de la historia. Toda ciencia está interrelacionada y es interdependiente, y los descubrimientos en un campo abren nuevos horizontes en otros.

Marx puede haber estado equivocado en creer que las instituciones económicas dominan sobre todas las demás. Puede ser que la ciencia y la tecnología tienen sobre nuestras relaciones sociales un efecto mayor que cualquier otra institución. La línea de ensamblaje de Henry Ford probablemente tuvo más efecto en las rela-

ciones laborales que todos los programas de los United Automovile Workers. Al inventar la despepitadora del algodón y al hacer más aprovechables los plantíos algodoneros, los inventores hicieron más para extender la esclavitud que todos los políticos. Un siglo más tarde, la recogedora mecánica de algodón destruyó el sistema de plantación que la despepitadora de algodón había creado.

Oímos informes persistentes de que alguna corporación estadounidense ha comprado y suprimido algunos nuevos inventos maravillosos que amenazaban sus productos. Las personas que creen en esto no saben mucho ni de negocios ni de tecnología. En la ciencia y en la tecnología no hay verdaderos secretos. Todo lo que los científicos e ingenieros en una empresa o en un país pueden hacer, los científicos e ingenieros de cualquier país desarrollado pueden duplicarlo con un poco de tiempo y mucho dinero. Cualquier invento altamente aprovechable que una empresa comprara e intentara suprimir pronto sería puesto en el mercado por un competidor (que lo robaría si fuera necesario; los juicios por violación de patente son muy comunes). ¿Puede alguien imaginarse seriamente que a Exxon se le permitiría suprimir un nuevo motor maravillosamente eficiente que ahorraría a Estados Unidos unos 50 000 millones o algo así de petróleo importado cada año? ¿Puede alguien imaginarse que la Unión Soviética dejara de utilizar este nuevo motor en sus tanques y barcos sólo porque es mala educación usurpar

La ciencia y la tecnología pueden ser los servidores y no los amos de la sociedad sólo si nos ponemos de acuerdo acerca de su uso. ¿Cómo pueden utilizarse las computadoras como instrumento de opresión? (©*Nancy J. Pierce/Photo Researchers, Inc.*)

una patente? Si ellos no pudieran inventarlo, algún otro lo haría seguramente. Los descubrimientos de la ciencia nunca son secretos durante mucho tiempo.

Está de moda concluir una discusión sobre ciencia y tecnología con el motivo de Frankenstein, esto es, que los seres humanos han creado una fuerza que no pueden detener o controlar. ¿Es correcta esta idea de una humanidad a merced de la máquina?

Aunque la "computadora que se vuelve loca" es un tema popular entre los escritores de ciencia ficción, es una ficción. Las computadoras no tienen una mente independiente; sólo hacen lo que los programadores humanos les dicen que hagan. Es cierto que una vez que se acepta una nueva tecnología, sus consecuencias latentes pueden ser inevitables. Los automóviles contaminan, la producción en masa promueve la uniformidad, y la tentación de utilizar la tecnología disponible es irresistible con frecuencia. Repetidas veces, se creyó al principio que una nueva arma (la ballesta, la pistola, el cañón, el submarino, la ametralladora, el gas venenoso, la bomba atómica) era demasiado terrible para ser utilizada; sin embargo se utilizó. ¿Vamos a ser víctimas indefensas de la tecnología?

Esto depende de nuestros valores. Los automóviles son tan convenientes, que parece que no lo abandonaremos hasta que se agote la gasolina; sin embargo, los botes de atomizadores cargados de gas freón, que pueden dañar la capa de ozono, fueron abandonados fácilmente. Todavía utilizamos tales atomizadores, pero sin el freón. Es cierto que todo lo que es útil será utilizado, pero la gente puede decidir cómo utilizarlo.

La pregunta ¿puede la gente controlar la tecnología? tiene una clara respuesta. Sí pero sólo si hay otros valores que le parezcan más preciosos. Cuando las personas hacen uso imprudente de la tecnología, se le echa la culpa a la ciencia. Durante la década 1970-1980 hubo un surgimiento espectacular de preocupaciones por el ambiente. Al escribir esto, la administración nacional parece favorecer más el desarrollo que la conservación, pero esto es probablemente

una digresión temporal. Las encuestas manifiestan con claridad que la mayoría de las personas está dispuesta a sacrificar algunas comodidades y conveniencias a fin de preservar el medio ambiente (Ladd, 1982). El empleo imprudente de la tecnología ha sido impugnado, y algunas ventajas se han obtenido en aprovechar la tecnología para la protección del medio ambiente. Así, la ciencia y la tecnología pueden ser siervas y no amas, sólo si podemos ponernos de acuerdo sobre la forma de utilizarlas.

En el momento de redactar estas líneas, el "establecimiento" científico no es por completo saludable. La fracción de estudiantes que se inscriben en carreras científicas está disminuyendo; las subvenciones gubernamentales y universitarias para la investigación científica se están reduciendo; aproximadamente la mitad de nuestros científicos e ingenieros se encuentran en la investigación de nuevas armas, lo que proporciona pocos beneficios humanos, y está aumentando el control político de la investigación tecnológica y científica (Laubach, 1980). La autonomía de la ciencia disminuye conforme crece el dominio del gobierno. El escepticismo popular acerca de la ciencia se muestra en la aceptación popular de modas no científicas como el *laetrile* (Peterson y Markle, 1979). Los cultos y las modas no científicas de muchas clases estan prosperando (véase *The Skeptical Inquirer* cualquier ejemplar).

Aquellos que realmente comprenden la ciencia siempre han estado en minoría. La ciencia puede aún entrar en un eclipse temporal en alguna región, como en la Alemania de Hitler en los años de la década 1930-1940, o en la República Popular China en la década 1950-1960, pero exceptuando la destrucción mundial de la civilización en un holocausto nuclear —que no es del todo imposible— la ciencia y la tecnología continuarán promoviendo tanto la innovación como el cambio.

SUMARIO

Las instituciones educativas se desarrollaron como una forma sistemática de proporcionar lo que no podía aprenderse fácilmente dentro de la familia. Estados Unidos tiene un sistema mixto de escuelas públicas y privadas con una matrícula en la educación superior más elevada que la mayor parte de los otros países. La educación institucionalizada incluye escuelas de muchos tipos además del sistema de aprendizaje. Una buena cantidad de educación no institucionalizada se obtiene, para bien o para mal, en los hogares, en las calles y a través de los medios masivos, especialmente la televisión. La *educación por concurso* en Estados Unidos proporciona una admisión relativamente fácil lo que probablemente resultará en muchos fracasos o deserciones. La *educación patrocinada* en muchos países limita la admisión a los programas educativos superiores, con la probabilidad de que casi todos se graduarán.

La escuela es un sistema social con su propia red de roles, status y relaciones, algunos de los cuales pueden mostrarse en un *sociograma*. La educación tiene muchas funciones manifiestas, de las cuales las principales son ayudar a que las personas desarrollen su potencial y prepararlas para roles ocupaciones. Las funciones latentes incluyen las de prolongar la inmadurez, debilitar el control de los padres, reproducir o cambiar el sistema de clase y proporcionar algún refugio a la disidencia.

Las instituciones educativas afectan todas las demás instituciones y son afectadas por ellas, y están en una lucha constante por lograr ser autónomas de ellas. Los problemas actuales entre educación y religión incluyen el apoyo fiscal a las escuelas parroquiales, las oraciones escolares, la enseñanza de la evolución y la censura de libros.

Los mecanismos para proteger la autonomía educativa incluyen la *libertad académica* y la *titularidad de cátedra*.

El nivel de rendimiento de los estudiantes en Estados Unidos en comparación con el de los estudiantes en algunos otros países es menor y se ha reducido en los últimos decenios debido, aparentemente, a que se ha disminuído la selectividad de las escuelas, a las influencias distractivas y a la dispersión de objetivos. Las corrientes actuales se orientan hacia una disciplina más estricta y hacia demandas de niveles más elevados de esfuerzo académico.

Las grandes diferencias en el aprendizaje por clase social se encuentran en las escuelas de todos los países. Las diferencias en las metas y hábitos de estudio parecen ser la causa principal en los países desarrollados.

La *ciencia y la tecnología* se han convertido en las principales instituciones de los tiempos modernos. Los adelantos tecnológicos y científicos conllevan consecuencias latentes que algunas veces son difíciles, si no imposibles, de controlar. La ciencia y la tecnología pueden dirigirse más al bienestar humano que a la destrucción humana. No está determinado todavía si lo serán o no.

GLOSARIO

ciencia: cuerpo de conocimientos organizados y verificados que se ha obtenido mediante la investigación científica; un método de estudio mediante el cual se ha descubierto un cuerpo de conocimientos verificados.

clasificación por capacidades: agrupación de estudiantes de acuerdo con su capacidad.

educación patrocinada: admisión restringida a la educación superior con la probabilidad de que casi todos los aceptados se graduarán.

educación por concurso: admisión relativamente abierta a la educación superior con una alta probabilidad de fracasos o deserciones.

libertad de cátedra: libertad de los académicos y de los maestros para investigar y enseñar la verdad como ellos la perciben.

sociograma: diagrama que muestra las atracciones y recha-zos entre un pequeño grupo de personas.

sociometría: método para estudiar y diagramar las relaciones sociales y elaborar sociogramas.

tecnología: utilización de los descubrimientos científicos para resolver problemas prácticos.

titularidad: derecho a permanecer en un puesto a menos que sea removido de él por falta de fondos, incompetencia o mala conducta.

PREGUNTAS Y PROYECTOS

1 Las escuelas muestran en todo el mundo gran similitud. ¿Por qué?

2 ¿El sistema de aprendizaje se maneja en Estados Unidos como un peldaño o como un obstáculo para la movilidad?

3 Discuta estas dos proposiciones 1) La universidad de la comunidad ha incrementado la proporción de los jóvenes estadounidenses que han obtenido un grado universitario. 2) La universidad de la comunidad ha "congelado" y dejado a un lado a muchos jóvenes que de otra forma hubieran obtenido un grado universitario.

4 Recuerde su propia experiencia en la escuela primaria. ¿Era usted un líder, un seguidor o un solitario social? ¿Qué pandillas existían entre los estudiantes en el salón de clases? ¿En qué forma afectaron el proceso de aprendizaje?

5 ¿Un estudio sociométrico ayudaría al maestro de educación primaria a ser más eficiente? ¿Por qué o por qué no? ¿Se aplicaría este razonamiento también a un maestro de universidad?

6 Se ha sugerido que la revolución en las comunicaciones podría reemplazar a las escuelas por una terminal de videocomputadora en cada hogar, donde los estudiantes llevarían a cabo sus estudios. ¿Cree usted que esto ocurrirá alguna vez? ¿Se perdería algo?

7 ¿Hay algunas razones por las que una persona que está ansiosa por promover el cam-bio social radical debería defender la libertad de cátedra de un cuerpo docente que se opusiera al cambio social radical? ¿Y viceversa?

8 ¿Cómo explica usted el hecho de que los científicos han sido prominentes entre los disidentes soviéticos? ¿Por qué es difícil para un estado totalitario hacer que los científicos se conformen con los puntos de vista oficiales?

9 ¿Por qué un incremento en la matrícula escolar podría disminuir el rendimiento académico? ¿Qué otros factores pueden influir también?

10 ¿Qué pueden hacer los padres (o dejar de hacer) para ayudar a que sus hijos aprendan mejor en la escuela?

11 ¿Es inevitable que las escuelas en toda sociedad promuevan principalmente los valores e intereses de los poderosos? ¿Conoce usted alguna excepción?

12 ¿En qué sentido el avance de la ciencia constituye una amenaza para la seguridad humana? ¿Pueden las personas controlar el empleo de los descubrimientos científicos? ¿Por qué o por qué no?

13 Lea el artículo de Susan Feinberg en las lecturas que se sugieren. ¿La impresión que ella tiene del efecto de la televisión concuerda con la suya? ¿En qué forma las escuelas deberían tratar de manejar las actitudes hacia el estudio que han sido generadas por el impacto de la televisión?

14 Lea y compare el artículo de Edward C. Banfiel, *The Unheavenly City Revisited,* pp. 148-178, con el de Colin Greer, *The Great School Legen,* pp. 130-157. ¿Qué análisis sobre clases sociales y edu-cación considera usted más convincente?

15 Lea el artículo de Rafky en las lecturas que se sugieren y comente si es o no realista en su propia experiencia con los porteros escolares. ¿Cómo explica usted la tendencia de las personas de la comunidad a darle mayor peso a las respuestas de los porteros que a la de los administradores de la escuela?

LECTURAS QUE SE SUGIEREN

Alba, Richard D. and David E. Lavin: "Community Colleges and Tracking in Higher Education", *Sociology of Education,* 54:233-237, October 1981. Encuentra pocas diferencias en las tasas de deserción de estudiantes con dos y cuatro años de antigüedad en las universidades.

Boorstin, Daniel J.: "Political Revolutions and Revolutions in Science and Technology", in The Republic of Technology Harper & Row Publishers Inc., New York, 1978, pp. 22-30. Una elocuente declaración sobre la influencia de la ciencia y la tecnología institucionalizadas en el resto de la sociedad.

* Bowles, Samuel and Herbert Gintis: *Schooling in Capitalist America: Educational Reforms and the Contradictions of Economic Life,* Basic Books, Inc., Publishers, New York, 1976. Una crítica radical de la educación estadounidense, que se considera como un dispositivo para la reproducción de la desigualdad económica.

Colins, Randall: *The Credential Society: A Historical Sociology of Education and Stratifications,* Academic Press, Inc., New York, 1979. Atribuye el surgimiento de la fe en los diplomas a la lucha por el poder y el status entre los protestantes anglosajones y otros grupos en la sociedad estadounidense.

Feinberg, Susan: "The Classroom Is no Longer Prime Time". *Today Education,* 66:78-79, September 1977. Un maestro narra en qué forma la televisión afecta los hábitos de estudio y las actitudes en el salón de clases de sus alumnas.

* Jencks, Christopher, et al.: *Inequality: A Reassessment of the Effect of Family and Schooling in America,* Basic Books, Inc., Publishers, New York, 1972. Una crítica a la creencia de que la reforma educativa producirá mejores resultados entre los estudiantes de clase baja.

Johnson, Norris R. and William E. Feinberg: "Youth Protest in the 60s: An Introduction", *Sociological Focus,* 13:173-178, August 1980. Presenta un número especial con artículos sobre las protestas en el *campus.*

Koszuch, Joyce A. and Howard H. Garrison: "A sociology of Social Problems Approach to the Literature on the Decline in Academic Achievement", *Sociological Spectrum,* 1:115-136, December 1980. Un análisis de puntos de vista e investigaciones sociológicas relacionados con los logros académicos.

Laubach, Gerald D.: "Growing Criticism of Science Impedes Progress", *USA Today,* 109:51-53, July 1980. Una evalución de las críticas recientes a la ciencia.

Lerner, Barbara: "American Education: How Are We Doing?" *The Public Interest,* 69:59-82, Fall 1982; y Ralph W. Tyler: "The U.S. Versus the World: A Comparison of Educational Perfomance, "*Phi Delta Kappan,* 62:307-310, January 1981. Dos evaluaciones diferentes del aprendizaje estudiantil en Estados Unidos y en otros países.

* Merton, Robert K.: *The Sociology of Science,* The University of Chicago Press, Chicago, 1973. Colección de ensayos de Merton dedicados a la institucionalización de la ciencia.

Parelius, Ann Parker and Robert J. Parelius: *The Sociology of Education,* Prentice-Hall, Inc., Englewood Cliffs, N. J., 1978. Un libro de texto que expone una idea de "consenso" y una idea de "conflicto" sobre la educación.

Peterson, James C. and Gerald Markle: "Politics ans Science in the Leatrile Controversy", *Social Studies of Science,* 9:139-166, May, 1979. Estudio de un caso de conflicto político sobre un tema científico.

Rafky, David M.: "Blue Collar Power: The Social Impact of Urban School Custodians", *Urban Education,* 6:349-372, January, 1972. Una descripción de las formas en que los porteros de las escuelas en los pueblos pequeños ejercen un poder mucho mayor del que su puesto sugeriría.

Zeigler, Harmon, Harvey J. Tucker, and L. A. Wilson, II: "School Boards and Community Power: The Irony of Professionalism", *Intellect,* 105:90-93, September/October 1976. Estudio de cómo las escuelas pasaron del control de un consejo de legos al de los educadores profesionales y luego, en algunos aspectos, al de burócratas federales.

* Un asterisco antes de la cita indica que el tfulo está disponible en edición en rústica.

13 Instituciones

político-económicas

* Nota del editor de la edición en español. El espinoso terreno en que incursiona aquí el autor constituye, sin lugar a dudas, uno de los temas de más álgido debate en sociología. Huelga decir que en más de una oportunidad las afirmaciones hechas en este capítulo pertenecen al acervo de las opiniones personales y no a la exposición neutral y objetiva que se propone la sociología científica. De esta manera, afirmaciones como la de la página 337, en el sentido de que la población soviética sólo puede sobrevivir gracias a sus importaciones procedentes de naciones capitalistas, resultan indudablemente exageradas; a la par de sus fracasos en las cosechas trigueras, aquel país ha logrado importantes avances en campos como la pesca y los cultivos de papas y otros tubérculos, que permitirían en un caso extremo la autosuficiencia alimentaria.

No es exacto, tampoco, afirmar que ahora son los países socialistas los que soportan la crítica de los intelectuales, como se afirma en la página 346. De hecho, la producción de documentos a favor y en contra de los sistemas económico políticos imperantes ha experimentado una notable diversificación, pero no hay datos que apunten hacia la desaparición de las críticas dirigidas contra todos los sistemas actuales.

Éstos y varios casos más ilustran para el estudiante las dificultades que enfrenta en su quehacer el sociólogo profesional, quien debe mantenerse continuamente en guardia para evitar toda interferencia ideológica en su escrupulosa descripción de los hechos.

Un economista nunca puede arreglar una economía en la misma forma en que un mecánico puede reparar un automóvil. Aunque le asegure a usted que la economía funcionará sin tropiezos, mejor que antes y más suavemente después de que él le haga las reparaciones, siempre habrá costos y beneficios humanos.

Los cambios en la maquinaria económica nunca elevan a todos uniformemente, como sucede con los barcos cuando una ola llega. Por lo general, los remedios económicos esparcen sus efectos sin uniformidad, haciendo al rico más rico y al pobre más pobre o viceversa; ayudando a que una zona tropical crezca más rápido que la fría o al revés; promoviendo un interés y yendo contra otro.

Y así, el *verdadero* reto, el reto implícito en la economía de la inflación y el desempleo, de los gastos e impuestos gubernamentales, de la competencia internacional y de la crisis energética es político. Es encontrar una solución a las dificultades que sea aceptable para las personas *que son* la maquinaria económica.

Robert L. Heilbroner and
Lester C. Thurow: *Five
economic challenges*,
Prentice-Hall, Inc., Englewood
Cliffs, N.J. 1981, p.x.

Como destaca la cita anterior, no hay ni economía "pura" ni ciencia política "pura". Toda acción gubernamental tiene efectos económicos, y todo problema económico implicaciones políticas. Las instituciones económicas y gubernamentales están tan íntimamente entrelazadas que lo más práctico es considerarlas juntas.

DESARROLLO DE LAS INSTITUCIONES POLÍTICO-ECONÓMICAS

Cuando los seres humanos vivían recolectando nueces y yerbas había escasa necesidad de comercio o de gobierno. La familia extensa era suficiente para organizar sus actividades. Cada sociedad desarrolló formas institucionalizadas de satisfacer las necesidades de alimento, vestido, casa y de cualquier otra clase. Por ejemplo, compartir el alimento era una práctica institucionalizada en muchas sociedades simples, especialmente si se cazaban piezas grandes. Cada familia del poblado tenía un *derecho* reconocido a participar de los animales muertos en la caza realizada por cualquier persona de la población (Farb, 1968, p. 43). Éste era un derecho institucionalizado. Así, las instituciones económicas surgieron de la práctica del ensayo y error de las personas para satisfacer sus necesidades (análisis funcional), o algunas veces las instituciones económicas surgieron del éxito obtenido por un gru-

po al imponer deberes y obligaciones sobre otro grupo (análisis del conflicto).

El comercio se desarrolló cuando el individuo quería algo que sus vecinos producían; gradualmente, el proceso de intercambio se regularizó, ordenada y prediciblemente; por tanto, se institucionalizó. Las instituciones económicas surgieron cuando la gente desarrolló costumbres ordenadas para el intercambio de productos, la asignación de tareas y el reconocimiento del derecho a queja de unos contra otros. La domesticación de animales, el establecimiento de la agricultura sedentaria con exigencia de tierras y el desarrollo de las industrias condujeron al desarrollo de sistemas económicos y gubernamentales.

En qué forma se desarrollaron los gobiernos

DONDE LA PARTICIPACIÓN ESTÁ INSTITUCIONALIZADA

Cuando un esquimal da algo a alguien de su grupo, casi siempre lo hace a un pariente o a un compañero. Un intercambio entre aquellos que mantienen una relación muy estrecha no es un regalo, y ésta es la razón por la que el que lo recibe no da las gracias. Un esquimal alaba a un cazador por la forma en que lanzó el arpón, pero no por la forma en que compartió la carne de la foca que mató con el arpón. Compartir es la obligación de un pariente, y no entra dentro de la categoría de un regalo. Peter Freuchen, el explorador del Ártico, cometió alguna vez el error de dar las gracias a un cazador con quien había estado viviendo. Las malas maneras de Freuchen pronto fueron corregidas: "No debes dar las gracias por tu carne; tienes derecho a tomar parte de ella. En este país nadie desea depender de otros... Con los regalos haces esclavos de la misma manera que con latigazos manejas a los perros."

Algo importante a propósito del intercambio en la vida de los esquimales es que éstos viven alternadamente entre la abundancia y el hambre. Un cazador esquimal puede tener mucho éxito y matar foca tras foca, en tanto que otro puede estar pasando por un periodo de mala suerte. Todo aquél que ha sido mo-

delado por una cultura capitalista sabe que puede encontrarse en circunstancias muy parecidas, si él fuera el afortunado cazador y los demás los que se hallaran en necesidad. En este caso él elevaría los precios. Esto jamás ocurriría en la sociedad esquimal, no porque un esquimal sea innatamente más noble que usted y que yo, sino porque un esquimal sabe que a pesar de su abundancia de hoy, con toda seguridad mañana se hallará en necesidad. También sabe que el mejor lugar para almacenar sus excedentes es el estómago de otro, porque más pronto o más tarde querrá que su regalo le sea correspondido. El egoísmo puro le ha dado a los esquimales una reputación de generosidad y les ha ganado la buena opinión de los misioneros y de todos los demás que tienen hambre y sed, después de probar la bondad innata del hombre.

Tomado de *Man's Rise to Civilization as Shown by the Indians of North America from Primeval Times to the Coming of the Industrial State* by Peter Farb, Copyright © 1968 by Peter Farb. Reproducido con permiso del editor, E. P. Dutton Inc.

¿La participación institucionalizada funcionaría igual de bien en una población de mil habitantes que en un grupo quizá de cincuenta personas? Y ¿en una ciudad de un millón de habitantes?

es algo que no registra la historia. Sabemos por los antropólogos que las sociedades más simples no tenían gobierno. Algunas, como la de los esquimales polares, ni siquiera tenían "cabezas de familia" reconocidas, aunque algunas personas respetadas pudieran tener más influencia que otras (Murdock, 1936, p. 210). El surgimiento de la autoridad política fue evidentemente paralelo al de la complejidad cultural: del jefe de familia al consejo tribal, y de éste al jefe. Sin embargo, muchas sociedades simples no tenían jefes, excepto, quizá, líderes temporales de una partida de incursión.

La palabra "civilizado" implica un sistema de ley civil en lugar de (o además de) la autoridad tradicional, administrado por algunos funcionarios designados. El gobierno civil se hizo necesario cuando surgieron las antiguas civilizaciones que poblaban los valles a lo largo del Nilo, el Tigris y el Éufrates, del Ganges y en otros sitios. La agricultura de riego, con su sistema de acequias y compuertas de control, requería protección contra los merodeadores, lo mismo que proteger los derechos sobre la tierra y otras propiedades. El comercio y el desarrollo económico crearon la necesidad del gobierno. El feudalismo fue un conjunto de instituciones políticas y económicas que se desarrollaron en muchos lugares como una etapa intermedia entre las sociedades tribales y el estado nacional. Se basaba en un conjunto de derechos y deberes recíprocos. El señor feudal, en su castillo con su séquito de caballeros, proporcionaba seguridad protegiendo la persona del vasallo, sus propiedades y su derecho a utilizar un pedazo de tierra. El vasallo prestaba servicio y lealtad ("fidelidad") al señor. El feudalismo era así una forma de organizar la vida y el trabajo en un momento determinado de la historia. Desapareció cuando el comercio creciente, el desenvolvimiento de los poblados y el desarrollo del estado nacional centralizado hicieron del feudalismo un obstáculo más que una institución útil. Los conflictos de intereses surgieron entre los reyes y la nobleza provinciana, entre los poblados y los estados feudales y entre la Iglesia y los reyes y la nobleza provinciana. Lo que es sumamente interesante es que el surgimiento y la

El mercado es una institución económica en la mayor parte de las sociedades. ¿Está fotografía muestra un comportamiento institucionalizado o no institucionalizado? (*Peter Buckley/Photo Researchers Inc.*)

caída del feudalismo encajan perfectamente dentro de la perspectiva funcionalista (las instituciones surgen porque son funcionalmente útiles y desaparecen cuando dejan de serlo), pero también se ajusta a la perspectiva del conflicto (las instituciones surgen porque sirven a los intereses de los poderosos y desaparecen cuando aparecen nuevos grupos de interés para combatirlos).

Casi desde sus principios, los gobiernos se han visto implicados en asuntos económicos. La Biblia nos cuenta cómo el faraón de Egipto, en respuesta a la interpretación de sus sueños hecha por José, recogió y almacenó granos durante siete años de abundancia para sostener al país durante siete años de hambre (Gén. 41:14-57) (y también expropió la mayor parte de la tierra a los campesinos). Roma poseía minas manejadas por el estado en todo el imperio, que requerían un constante flujo de esclavos y prisioneros para su operación (dado que la vida de trabajo del minero era aproximadamente de cuatro años). Las reglas económicas del emperador Diocleciano en el siglo III todavía se citan como ejemplos de una detallada dirección gubernamental de la economía. Los gremios medievales regulaban la entrada en los oficios, mientras que las poblaciones trataban de evitar que sus artesanos abandonaran el pueblo. El sistema mercantilista de los siglos XVII y XVIII suponía que era responsabilidad del estado controlar y dirigir la actividad económica, y el capitalismo moderno es, en parte, una reacción contra el mercantilismo.

En el siglo pasado las actividades económicas de los gobiernos se expandieron enormemente. Con el desarrollo económico vino la división del trabajo. Existen ahora 12 000 ocupaciones enumeradas en el *Dictionary of Occupational Titles* (Cain y Treiman, 1981). La especialización crea grupos diferentes con intereses encontrados —los granjeros luchan contra los intermediarios, éstos contra los consumidores— y el gobierno media en los conflictos que surgen entre ellos. Así, el desarrollo económico estimula el crecimiento del gobierno. La guerra también fomenta el crecimiento del gobierno. Un ejército disciplinado puede derrotar a una horda desorganizada que lo supere varias veces en tamaño. Toda guerra exige organización. La guerra moderna exige la organización y coordinación de masas de personal y montañas de suministros de mil clases diferentes.

En las sociedades modernas las funciones de servicio social se han convertido en una fuente poderosa de crecimiento gubernamental. Hace cerca de un siglo, los gobiernos occidentales empezaron a proporcionar servicios directamente a sus ciudades, y hoy, una amplia gama de servicios de salud, de educación y de asistencia social son proporcionados por la mayor parte de los gobiernos. Por todas estas razones, el gobierno absorbe en todos sus niveles cerca de la tercera parte del producto nacional bruto de Estados Unidos y todavía más en algunos otros países (véase Fig. 13-1).

Las instituciones político-económicas son algo más que formas reglamentadas de hacer las cosas. Como sucede con todas las instituciones, también incluyen el apoyo a ideas, sentimientos, tradiciones y valores. La construcción de canoas entre los polinesios, la cacería de morsas entre los esquimales, las plantaciones de arroz en la húmeda cultura arrocera del sudeste de Asia, la ceremonia de la colocación de la primera

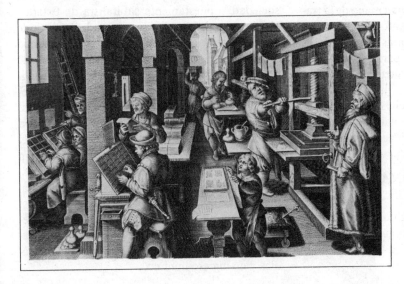

Los gremios medievales regulaban la entrada en los oficios. ¿En cuántos detalles difiere el lugar representado en este grabado de una planta de impresión moderna? (*The Metropolitan Museum of Art Harris Brisbane Dick Fund, 1953*).

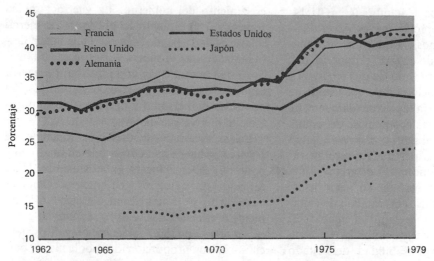

FIGURA 13-1 Gasto gubernamental total federal, estatal y local como porcentaje del PNB (*Fuente: From The Conference Board,* Economic Road Maps, *nos* 1022-1023, March 1982. *By permission of* The Conference Board, New York, N.Y. 10022.)

¿Cómo puede separarse el crecimiento del gasto gubernamental en Estados Unidos del de otros países desarrollados?

piedra para el nuevo edificio gubernamental y el bautizo de un portaviones, todo esto compromete roles adscritos, tradiciones y rituales elaborados. Estos rituales cristalizan la cooperación de los seres humanos y atraen la bendición de Dios o de los dioses sobre la tarea. Los gobiernos modernos están apoyados por un conjunto de banderas ondeantes, música marcial e impresionantes edificios. Aun las empresas modernas echan mano de la tradición, del ritual y del sentimiento. Los anuncios comerciales cantados, las historias de vendedores carismáticos, las donaciones para los servicios públicos y caritativos, el banquete de reconocimiento para los empleados que se jubilan, todo esto trata de dar al sistema comercial la apariencia de una cálida reunión de seres humanos más que la de una simple y fría maquinaria económica.

MODELOS INSTITUCIONALES POLÍTICO-ECONÓMICOS

En la época moderna han surgido tres diferentes tipos de sistemas económico-gubernamentales cada uno de los cuales organiza en forma diferente la actividad económica.

Economías mixtas

En la actualidad no existe ninguna sociedad completamente "capitalista". Las sociedades llamadas capitalistas son sociedades "mixtas" en las que la propiedad privada, la empresa privada, y el sistema de lucro se combinan con una considerable intervención y dirección gubernamentales. En la sociedad supuestamente capitalista de Estados Unidos y en la pretendida sociedad socialista de Suecia, la relación entre el gobierno y la economía es de tipo similar y su diferencia es sólo cuestión de grado. En ambos casos la mayor parte de la actividad económica de la sociedad se lleva a cabo mediante las empresas que buscan obtener ganancias. Sin embargo, en cada país, el gobierno maneja algunas empresas. El control gubernamental del suministro de dinero y crédito influye en gran manera en la actividad económica de cada país, en tanto que las variaciones en los gastos gubernamentales también afectan el nivel de las empresas. Finalmente, ambos países operan como estados benefactores que proporcionan gran número de servicios como alojamiento, educación, atención médica y un ingreso mínimo.

Sociedades comunistas

El término "democrático" se utiliza en las sociedades comunistas para describir un sistema en el que el pueblo no tiene medios efectivos de control, pero en el cual una dictadura de partido afirma gobernar en su representación. La coordinación total de la economía, incluyendo el nivel de precios y salarios y la clase de bienes producidos, es determinada por las agencias centrales de planeación. La agricultura se organiza con frecuencia en granjas colectivas, que suelen suscitar una amarga oposición de los granjeros (Hunt, 1977). En China, la desilusión producida por las granjas colectivas ha llevado al surgimiento de mercados privados, de mayor responsabilidad individual e incentivos por los cultivos (Domes, 1982). La Unión Soviética, uno de los principales exportadores mundiales de alimentos antes de su revolución, desde que ésta triunfo nunca ha podido ser autosuficiente en este renglón; sólo mediante importaciones de los países capitalistas la población puede sobrevivir (Barnett, 1982).

En los últimos años algunos países comunistas de Europa han regresado a un modelo parcialmente capitalista, donde cada vez más la industria toma decisiones comerciales autónomas y se espera que obtengan una "ganancia" en sus operaciones. Estas ganancias son retenidas por el gobierno para ser utilizadas en la forma que mejor le parezca (Brand, 1981; Wren, 1982). Yugoslavia es el país comunista que permite a la empresa individual el mayor grado de independencia en su operación. Mientras los países comunistas han regresado a un modelo de comercio capitalista, los países llamados capitalistas han cambiado hacia una forma de propiedad de capital compartida entre el gobierno y el trabajador. En algunos países europeos occidentales los gobiernos son los principales accionistas de muchas corporaciones, en tanto que las inversiones de los Rockefeller y los Kennedy en Estados Unidos son pequeñas en comparación con los fondos de pensión de los sindicatos (Drucker, 1976).

Aunque hay variantes según los países, algún tipo de sistema comunista funciona en la Unión Soviética, en los países satélites de Europa Oriental, en Camboya, Laos, Vietnam, China y Cuba.

El comunismo se ha convertido en la forma en que algunos países subdesarrollados tratan de modernizarse e industrializarse (Ebenstein y Fogelman, 1980, p. 113). El comunismo gana apoyo especialmente en los países pobres con un sistema social arcaico, caracterizados por una gran desigualdad y una minúscula clase alta que se aferra a privilegios, pero que con frecuencia hace poco en favor del crecimiento económico o para reducir la pobreza. Un gobierno autoritario suprime con dureza los movimientos dirigidos a una reforma democrática, cuyos líderes son sistemáticamente asesinados o exiliados. Para las masas que sufren, el comunismo puede parecer la única alternativa a su miseria (Kiernan, 1972; LaFeber, 1982; Pastor, 1982). Una propaganda ingeniosa es complementada por actividades terroristas financiadas y patrocinadas con frecuencia por naciones comunistas. Así, las campañas ideológicas ganan el apoyo de los intelectuales, en tanto que el terrorismo de la guerrilla obstaculiza la operación del gobierno y puede convencer a los vacilantes de que el comunismo es la irresistible "onda del futuro".

Sin embargo, es discutible que el comunismo ofrezca el camino más rápido de mejoramiento económico para los países subdesarrollados. La mayor parte de las naciones que han logrado recientemente su independencia han rechazado la pauta comunista en favor de una economía mixta. Unas cuantas de estas naciones, como Singapur, Corea del Sur y Taiwan, han tenido un rápido crecimiento económico y han logrado prosperar aceleradamente con un sistema de economía mixta, que es más capitalista que colectivista.

Sociedades fascistas

Una sociedad fascista está gobernada por la dictadura de un sólo partido, organizada por un líder carismático. El pueblo prácticamente no tiene voz en los asuntos gubernamentales y encuentra su satisfacción en la gloriosa fuerza de la nación. El poder y la conquista militares fueron las características principales de la Alemania de Hitler y la Italia de Mussolini, pero la España de Franco y la Argentina de Perón funcionaron sin expansionismo militar. En 1982 un gobierno argentino neofascista invadió las escasamente colonizadas islas Falkland habitadas por ingleses. La invasión sobrevino poco después de manifestaciones en gran escala contra el gobierno argentino, y evidentemente fue concebida para persuadir a los ciudadanos a "que se reunieran en torno a la bandera" y a olvidar las disensiones internas. Estos ilustra el principio sociológico de que un grupo puede unificarse, por lo menos temporalmente, cuando existe un conflicto con un enemigo externo.

En los países fascistas se tolera la propiedad privada de la empresa, pero con libertad limitada y minuciosa dirección estatal. Los beneficios de la asistencia social son proporcionados por el estado y son tan altos como lo permiten la etapa de desarrollo industrial y las necesidades militares. Todos los intereses privados se subordinan a los del estado. Los sindictatos laborales se convierten en organismos especializados para imponer sobre los trabajadores las políticas gubernamentales, en tanto que las Iglesias se ven obligadas a apoyar al régimen o a ver severamente restringidas sus actividades. El fascismo se desarrolla en los países que tienen una economía relativamente avanzada y alguna experiencia democrática. Estos países pueden "volverse fascistas" cuando son incapaces de reconciliar sus tensiones sociales o resolver democráticamente sus problemas sociales (Ebenstein y Fogelman, 1980, p. 113).

Los comunistas y los fascistas se describen los unos a los otros como los enemigos de la libertad humana. Cada partido ha declarado que la única forma de poner un alto a los actos perversos del otro era que él tomara el poder, pero cada vez se asemejan más, y algunos estudiosos empiezan a hablar de la convergencia fascista-comunista (Fischer-Galati, 1981).

Sistemas político-economíco de los países desarrollados

En el momento de estar redactando el presente texto, 1983, ningún país tenía un gobierno que pudiera encajar exactamente en el modelo fascista, pero hay muchas dictaduras que tienen rasgos muy similares, especialmente en los paí-

---

¿CUÁL ES LA IMPORTANCIA DEL GOBIERNO?

En un país poco desarrollado el estado domina mucho, y en especial en todos los caminos que conducen a la modernización. Las burocracias son incompetentes y con frecuencia corruptas, y la clase media —el sector que llevó a cabo en occidente la transformación que ahora todos desean fervientemente— es pequeña, débil y limitada por reglamentos...

A los gobiernos se les están planteando ahora nuevas y tremendas demandas que apenas pueden satisfacer. Al haber en la sociedad una gran competencia por cada recurso, las rivalidades étnicas y nacionales se están agudizando; el terrorismo, las insurrecciones y las guerras son más frecuentes. Y porque nos hemos concentrado tanto tiempo en la relación entre el tamaño de la población y los alimentos, apenas nos hemos dado cuenta de las importantes causas de esta crisis que se agudiza: la debilidad o ausencia de una clase media innovadora y el predominio correlativo de gobiernos sumamente ineficientes y corruptos.

William Peterson: "The Social Roots of Hunger and Overpopulation", *The Public Interest*, Summer 1982, pp. 37, 52.

¿Es posible desarrollar una sociedad industrial moderna sin un gobierno eficiente y una clase media fuerte?

ses subdesarrollados. Éstos son estados de un partido único, regidos por un general o un político con apoyo de las fuerzas armadas. Más que un estridente nacionalismo, la base de su apoyo es la necesidad de evitar el conflicto, la corrupción y la ineficiencia de los gobiernos democráticos y de que están mejor capacitados para conducir a sus naciones al desarrollo económico. Es común que proporcionen servicios de asistencia social a los empleados gubernamentales y a los trabajadores de las fábricas urbanas, a expensas de la población rural pobre, que permanece al margen del sistema de beneficios sociales. Pesados impuestos y reglamentos abrumadores obstaculizan la operación de los grandes empresarios, a menos que sean favoritos políticos. Muchas empresas están manejadas por el gobierno o quizá son propiedad personal del dictador y sus muchos familiares. Estas empresas suelen funcionar con poca eficiencia y sólo existen porque están subsidiadas por el resto de la economía. Los capitalistas locales que sobreviven a pesar de los obstáculos se encuentran bajo presión constante, especialmente si son miembros de grupos étnicos minoritarios. Sin embargo, los gobiernos están impresionados por los recursos de capital y las capacidades técnicas de las corporaciones extranjeras, y tratan de atraerlas mediante promesas de privilegios mucho más grandes que los que se otorgan a los hombres de negocios nativos.

La mayor parte de los países que han logrado su independencia desde la II Guerra Mundial tienen este tipo de régimen. Incluso la India, que ha sido la principal excepción a esta regla, tuvo un gobierno de esta clase durante un breve periodo, cuando la señora Gandhi, su primera ministra, proclamó la ley marcial. Algunas veces el dictador justifica su régimen como un recurso provisional que está creando las bases para un régimen democrático futuro. Nigeria pasó de una dictadura militar a un régimen parlamentario, y el presidente Marcos de Filipinas, puso término oficialmente a la ley marcial. También la señora Gandhi de la India fue derrotada en las elecciones después de un breve periodo de dictadura y sólo fue reelegida más tarde cuando prometió atenerse a los procedimientos democráticos. Queda por ver si estos pasos son una vuelta hacia un gobierno democrático o sólo constituyen fluctuaciones menos importantes.

Comparación entre el fascismo, el comunismo y las economías mixtas

Todos estos sistemas económico-gubernamentales tratan de incrementar la productividad. Las economías mixtas permiten mayor iniciativa individual, en tanto que el comunismo y el fascismo limitan severamente la libertad del individuo y dependen de organismos gubernamentales centralizados para la planeación de las metas y actividades económicas. En la medida en que se industrializan, tienden a reducir los extremos de la riqueza y la pobreza.

Sin embargo, en los tres tipos de sociedad persisten las desigualdades en el ingreso. En la sociedad comunista las desigualdades entre el ingreso surgen de escalas de sueldos y salarios desiguales que permiten que un profesional o un empleado administrativo gane varias veces más que un trabajador común y obtenga beneficios ''adicionales'' como casas de campo, automóviles y acceso a tiendas de lujo especiales, disponibles sólo para la elite comunista. En la sociedad fascista y en la economía mixta la posesión y la herencia de propiedades lleva a grandes diferencias en el ingreso. Las mayores desigualdades se encuentran probablemente en los países menos desarrollados, cuya clase rica vive aún más lujosamente que la clase rica estadounidense, pero cuyos pobres viven en una nivel tan bajo de pobreza que los beneficios de la asistencia pública estadounidense parecen ricos si se los compara con ellos.

El comercio internacional lima las diferencias entre los diversos sistemas político-económicos (Wallerstein, 1974, 1979; Chase-Dunn 1980). Todas las naciones modernas necesitan muchas importaciones, que deben compensarse con exportaciones. El capital se pide y se presta en un mercado internacional. Así, los cambios en la economía mundial sobre los que un gobierno individual tiene poco control pueden ser aún más importantes que el tipo de sistema político-económico que haya en un país.

FUNCIONES MANIFIESTAS Y LATENTES

Funciones manifiestas

Las funciones manifiestas de los tres sistemas —comunismo, fascismo y economía mixta— son las de mantener el orden, obtener el consenso y elevar al máximo la producción económica. Ninguna sociedad ha obtenido un éxito completo en todas estas funciones. Las sociedades totalitarias comunistas o fascistas parecen haber tenido más éxito en mantener el orden, por lo menos temporalmente, en tanto que las economías mixtas tienen el récord en la concesión de libertades políticas, y también han logrado niveles más altos de producción económica (Barnett, 1982). Varios estudios estadounidenses encuentran que la productividad por trabajador en la Unión Soviética es aproximadamente la mitad de la productividad por trabajador en Estados Unidos (Schmemann, 1982).

Funciones latentes

Un análisis de los tres tipos de sociedades indica mucha similitud en sus funciones latentes. Una función latente de todas las instituciones económico-gubernamentales modernas es la destrucción de la cultura tradicional. Las formas tradicionales de tenencia de la tierra, las creencias religiosas, la organización familiar, la ubicación residencial y muchas otras pautas establecidas de la vida social sufren cambios conforme se desarrolla la industrialización. Se alienta la movilidad social, una de cuyas consecuencias es la creciente anomia y enajenación.

Otra función latente es la aceleración del deterioro ecológico. A menos que se tomen precauciones costosas y complicadas, todo aumento en la producción conlleva un incremento en la destrucción ambiental. Algunas veces se culpa a los capitalistas por esto, sobre la base de que no quieren que nada interfiera con las ganancias. Sin embargo, las sociedades comunistas, sin otro capitalista que el estado, tienen el mismo problema. Básicamente, la dificultad consiste en que, bajo cualquier sistema, la protección del medio ambiente cuesta dinero (Orleans y Suttmeier, 1970; Goldman, 1972; Houck, 1980).

La contaminación ambiental también cuesta dinero. Un cálculo reciente fija el costo, de acuerdo con la Clean Air Act de 1977, en 17 000 millones, en contraste con los beneficios monetarios de 21 400 millones (Wolcott y Rose, 1982), aparte los beneficios relativos a la salud y al paisaje. Sin embargo, la relación entre costos y ganancias no siempre es favorable, y los costos pueden ser inmediatos mientras que los beneficios pueden demorarse. Asimismo, un grupo puede cargar con los costos, en tanto que otros obtienen los beneficios. Ni para los comunistas ni para los capitalistas es fácil poner en práctica políticas orientadas a reducir la contaminación ambiental.

CONFLICTO Y COOPERACIÓN POLÍTICO-ECONÓMICOS

Muchos de los argumentos acerca de si la sociedad humana es cooperativa o competitiva por naturaleza se centran en la actividad gubernamental y económica. Los funcionalistas ven un sistema donde la división del trabajo hace que cada uno coopere con los otros y, por tanto, aumente la riqueza de todos. Consideran al gobierno como instrumento para coordinar un esfuerzo conjunto y para conseguir las cosas que se juzgan importantes por consenso (acuerdo) de la comunidad. Los teóricos del conflicto ven este consenso como algo más bien artificial que real y a la actividad económica como el campo de batalla, donde los individuos y los grupos luchan unos con otros por obtener una posición privilegiada.

El consenso se obtiene (algunas veces) mediante un proceso de negociación, discusión y compromiso que llamamos política. Un notable científico político ha definido la política como el estudio de "quién obtiene qué, cuándo y cómo" (Lasswell, 1958). La justificación de esta afirmación es que el gobierno afecta los ingresos de las personas de modo desigual. Los gastos siempre implican tanto impuestos como beneficios. Los impuestos suelen gravar más duramente a unos que a otros. Las leyes suelen permitir que algunas personas ganen dinero y que otras lo obtengan difícilmente. Así, la política es una batalla constante de grupos e individuos por obtener ganancias y evitar pérdidas. Algunas veces la batalla se da mediante elecciones y procesos legislativos, y otras compromete a las fuerzas policiales y a los ejércitos. En cualquier caso, el conflicto es real y con frecuencia brutal.

No obstante, el conflicto no es toda la historia. El bien común es una realidad. El mantenimiento del orden, la construcción de caminos, las provisiones para la salud pública y el apoyo a las escuelas (por nombrar sólo algunas) benefician a toda la comunidad y no sólo a los pocos que venden bienes o servicios como resultado de todo esto. El elemento de beneficio mutuo también está presente en la actividad económica. El capital y el trabajo, es decir, los propietarios de la industria y los trabajadores, se encuentran con frecuencia en amargos conflictos a propósito de salarios y beneficios; sin embargo, el capital y el trabajo también trabajan juntos. Sin capital para proporcionar equipo, el trabajo no sería productivo, y sin una fuerza laboral, los dueños del capital no podrían operar. Algunas veces es difícil definir el capital y el trabajo. El trabajador retirado de una fundición de acero, cuya jubilación depende del dinero pagado en su fondo de pensión por dividendos colectivos, ¿es un trabajador o un capitalista?

Las elecciones democráticas y los compromisos legislativos ofrecen un campo para el conflicto y la cooperación. El conflicto puede expresarse mediante el esfuerzo por obtener una legislación favorable a un grupo particular. La cooperación se observa en la voluntad de acatar los resultados de las elecciones y de las acciones legislativas y por una voluntad de comprometerse que permite medidas esenciales que toda la sociedad debe llevar a cabo, aun cuando algunos grupos sientan que sus necesidades no han sido satisfechas plenamente.

Asistencia social y conflicto

Por extraño que parezca, las obligaciones de asistencia social contraídas por los gobiernos en los últimos años, que benefician a tantos, han acentuado el conflicto. La razón de esto es que las necesidades del pueblo son interminables, en tanto que los recursos gubernamentales son limitados. Las demandas tienden a aumentar con mayor rapidez que los ingresos nacionales, pero si un gobierno trata de limitar sus gastos, corre el riesgo de ser derrocado. Esto es especialmente cierto en los países en desarrollo, donde es probable que la "revolución de las expectativas crecientes" haga aparecer a cualquier gobierno como incapaz de satisfacer las demandas de sus ciudadanos.

La expansión del estado benefactor puede estar terminando. Varias sociedades occidentales han elegido gobiernos empeñados en reducir impuestos y en acabar con el estado benefactor. Aun Suecia ha vacilado, derrocando en 1976 al partido que había introducido el estado benefactor y restaurándolo en 1982 (*Associated Press,* Sep. 20, 1982). La predicción es arriesgada, pero aunque es probable que los servicios de beneficiencia no se reducirán significativamente, puede ser que no se amplíen.

Tendencias inflacionarias

¿Qué pueden hacer los gobiernos frente a demandas que desbordan sus recursos? Satisfacer las demandas es imposible; rechazarlas puede dar como resultado un fracaso en la próxima elección o aun desencadenar un violento derrocamiento revolucionario. La respuesta es la represión, la inflación o ambas. Una razón por la que la mayor parte de los países en desarrollo se vuelve hacia algún tipo de dictadura es simplemente para sofocar las demandas de los ciudadanos. Si el gobierno no tiene que hacer frente a elecciones y el ejército lo protege de la violencia revolucionaria, puede estar en posibilidad de resistir indefinidamente las demandas de proporcionar inmediatamente a su pueblo un nivel más alto de vida y no en algún futuro remoto. Si la propaganda nacionalista puede identificar a un adversario extranjero o a algún grupo minoritario dentro de la nación que pueda servir de "chivo expiatorio" y pueda ser culpado de las dificultades económicas, entonces la posición del gobierno es todavía más fuerte.

La inflación es mundial, aunque los países comunistas la ocultan con frecuencia quitando el precio impreso y dejando vacíos los anaqueles; entretanto, la compra de los bienes o servicios al menudeo sólo puede hacerse mediante pagos extras "bajo mano" (Simis, 1982). Aunque la inflación tiene varias causas, la principal es que constituye una forma de evitar decisiones económicas duras. Los gobiernos enfrentados a demandas que no pueden satisfacer mediante impuestos, imprimen más dinero (casi siempre mediante un proceso bastante complicado e indirecto). El resultado es que muchas personas tienen más dinero, mientras que la cantidad de bienes y servicios en venta permanece inalterable, de modo que los precios flotan hacia arriba.

La inflación reduce el deseo de ahorro, puesto que el dinero valdrá en el futuro menos que el dinero actual. Esto dificulta cualquier tipo de planeación económica, pública o privada, y amenaza la seguridad de todos. Las principales víctimas de la inflación son probablemente los pobres, que gastan la mayor parte de sus ingresos en artículos de primera necesidad, que por lo general tienen los mayores aumentos de precio (Heilbroner y Thurow, 1981, p. 25).

Nadie defiende la inflación; sin embargo, casi todos la promueven. La mayoría nos sentimos mal pagados y exigimos mayores sueldos. Casi todos los que tienen algo que vender quieren precios más elevados. La inevitabilidad de la inflación fue claramente ilustrada por un documental de televisión sobre el sistema de seguridad social. *Todas* las personas entrevistadas opinaron que los beneficios de la seguridad social eran demasiado bajos: *todas* las personas entrevistadas expresaron que sus aportes a la seguridad social eran demasiado altos. Todos querían pagar menos y obtener más. El resultado ineludible es un déficit gubernamental más elevado, mayor impresión de papel moneda y más inflación.

¿Alguien quiere controlar el gasto? ¡Sí! Todos quieren reducir el gasto gubernamental, siempre y cuando el buey de otro sea el sacrificado. Los consumidores urbanos quieren que se reduzcan los subsidios a los precios de los productos agrícolas; los campesinos quieren que se reduzcan las subvenciones urbanas; los pacifistas quieren que se reduzcan los costos de defensa, y así sucesivamente. Todo el mundo tiene un programa favorito que ampliar: los maestros quieren mayores concesiones educativas, los ecologistas desean más protección del ambiente. El noreste de Estados Unidos, escaso de energía, quiere subsidios energéticos, y el árido suroeste solicita mayor número de presas. El presidente Reagan, quizá el más ferviente partidario de la reducción de gastos en lo que va del siglo, patrocinó el mayor aumento en los gastos de defensa en tiempo de paz en la historia de Estados Unidos. Los legisladores, ansiosos de no molestar a nadie, tratan de dar algo a todos, de modo que el presupuesto asciende. Uno se pregunta si es posible que un gobierno democrático controle los gastos o si las presiones inherentes hacia el incremento son inmanejables.

La economía subterránea

Una reacción a la inflación y a los elevados impuestos es el crecimiento de la llamada economía subterránea, diversamente calculada por arriba de 500 000 millones al año en Estados Unidos (MacAvoy, 1982). En todo país industrializado, incluyendo la Unión Soviética (Horoszowski, 1980; Simis, 1981), no se informa sobre gran parte de la actividad económica y así escapa a la reglamentación e impuestos gubernamentales. En Italia, por ejemplo, se calcula que 70% de los empleados del gobierno tiene un segundo empleo, sobre cuyas remuneraciones no pagan impuestos.

Las formas típicas de la economía subterránea incluyen a personas que trabajan por cuenta propia, que van desde mujeres que efectúan las tareas de limpieza hasta profesionales, que cobran todo su sueldo o parte de él en efectivo, sin recibos, sin cheques, sin registro; comerciantes que manejan parte de sus negocios so-

Aprendices rápidos. (*Paul Sequeira/Photo Researchers, Inc.*)

bre la base de "recibir sólo dinero en efectivo y sin comprobantes"; trabajadores con "pluriempleo" del segundo de los cuales no informan ni ellos ni quienes los emplean, lo que ahorra dinero a ambos; arreglos con base en trueques en virtud de los cuales los trabajadores prestan servicios sin intercambiar dinero, como cuando el mecánico compone el automóvil del médico a cambio de que éste lo atienda a él. Clubes de intercambio que llegan a acuerdos para el trueque de servicios no pagados, incluyendo intercambios indirectos, como cuando un miembro presta servivios a A y obtiene puntos de crédito en el "banco" con los cuales paga servicios gratuitos de B. Tales clubes han sido declarados ilegales por el Internal Revenue Service, pero todavía funcionan. Cuanto más elevadas son las tasas de impuestos y más engorrosos los reglamentos gubernamentales, mayores son las tentaciones de evasión de impuestos y de actividad subterránea ("Tax Dodgin-It's a Worldwide Phenomenon ", *U.S. New & World Report,* 92:37-38, March 8, 1982).

IDEOLOGÍA Y RELACIÓN EMPRESA-GOBIERNO

Las ideologías se desarrollan con frecuencia para definir la relación que guardan entre sí las instituciones. Esta es una parte inevitable de la función de las ideologías, que se han descrito como "creencias que tienen implicaciones relativas a cómo debe comportarse la gente y a cómo debe organizarse la sociedad" (Smelser, 1976, p. 51).

Principales teóricos de la economía

Consideraremos a cuatro pensadores que han hecho contribuciones notables a las ideologías concernientes a la relación que hay entre la actividad económica y el gobierno. Ellos son Adam Smith, Karl Marx, John Maynard Keynes y Milton Friedman.[1]

[1] Las teorías de estos hombres han sido expuestas en varios libros y son mucho más complejas de lo que aparecen en esta presentación. Nuestro propósito ha sido indicar su principal impacto en la política pública, más que presentar un desarrollo complejo de su contenido intelectual. Aunque nuestro tratamiento difiere en varias formas, estamos en deuda con Neil Smelser, *The Sociology of Economic Life,* Prentice-Hall, Inc., Englewood Cliffs, N.J. 1976, pp. 6-13, por una interpretación de Smith, Marx, y con Keynes y Milton Friedman, *Free to Choose: A Personal Statement,* Avon Book Division, The Hearst Corporation, New York, 1981.

ADAM SMITH Y LA LIBRE EMPRESA. Adam Smith (1723-1790), el economista que escribió *The Wealth of Nations,* argumentaba que el gobierno más fuerte era el de un país en el que las empresas prosperaban. Pensaba también que las decisiones económicas mejores eran las que tomaban los individuos en respuesta a las demandas del mercado y no los organismos gubernamentales. Esta teoría mantenía al gobierno fuera de la mayor parte de las decisiones empresariales y permitía que se desarrollara la industrialización moderna. Smith pensaba que el gobierno no tenía necesidad de preocuparse por los precios y salarios, puesto que la competencia los fijaría en los niveles más convenientes para toda la sociedad. Si los salarios en una empresa eran demasiado bajos, esto desalentaría a los trabajadores, que buscarían otro empleo, y finalmente los salarios tendrían que aumentarse. Si eran demasiado altos, habría demasiadas solicitudes, los patrones podrían reducir los sueldos, y el exceso de solicitantes de trabajo acudiría a otros patrones. Lo mismo podría decirse de los precios; si fueran demasiado elevados el vendedor dejaría de vender su mercancía y tendría que reducir los precios. El movimiento de precios y salarios constituiría así una "mano invisible" que dirigiría tanto el capital como el trabajo hacia aquellas actividades económicas que fueran más provechosas para ellos y para toda la sociedad. La intervención gubernamental no sólo sería innecesaria sino positivamente peligrosa, puesto que interferiría con las decisiones económicas racionales. Estas ideas forman la base del sistema del *capitalismo* (o "de libre empresa", como frecuentemente se le llama).

KARL MARX Y EL COMUNISMO. Karl Marx (1818-1883) veía la actividad económica como un teórico del conflicto. Consideraba que los trabajadores querían salarios altos y que los capitalistas los querían bajos. Esto creaba un antagonismo inevitable en el que uno u otro estaba destinado a perder. Los capitalistas aparecían más poderosos debido a su riqueza y a su influencia; pero los trabajadores, mucho más numerosos, estaban destinados a triunfar al fi-

nal de cuentas. Entonces pondrían fin al conflicto eliminando la propiedad privada; de aquí el nombre de *comunismo,* que implica la propiedad común por parte de la sociedad. Muchas naciones pretenden ahora funcionar de acuerdo con las ideas de Marx, aunque sus políticas varían considerablemente y se desvían de las ideas de Marx en muchos puntos.

Aunque la Unión Soviética, el país marxista más antiguo, ha tenido algunos logros, el paso relativamente lento de su desarrollo económico y su gobierno brutalmente opresivo hacen este ejemplo de comunismo tan poco atractivo que muchos marxistas modernos niegan que sea marxista. Sin embargo, la concepción marxista de la relación economía-gobierno como el foco principal del conflicto continúa teniendo influencia. Muchos críticos ven cualquier cambio en las relaciones económico-gubernamentales desde el punto de vista de su supuesto efecto en los trabajadores o en los capitalistas. Por lo general se supone que si una propuesta les parece buena a los capitalistas es mala para los trabajadores. Los marxistas dirían que el capital debería provenir de los ingresos acumulados por las empresas gubernamentales y no de los ahorros privados.

La mayor parte de los países industrializados está más cerca de Adam Smith que de Karl Marx. Existen, sin embargo, dos desviaciones de las enseñanzas de Smith; el surgimiento de un estado benefactor y el intento de utilizar al gobierno para obtener prosperidad. El estado benefactor proporciona a las personas una alternativa cuando están varadas por la economía de mercado. De manera similar, los empresarios interrumpen frecuentemente sus objeciones rituales contra la interferencia del gobierno cuando juzgan necesario exigir subsidios y protección contra la competencia. Aunque estas tendencias han ocasionado la elevación de los gastos gubernamentales, es probable que sean menos importantes que las ideas de Keynes.

JOHN MAYNARD KEYNESS Y LA REGULACIÓN. John Maynard Keynes (1883-1946) se clasificaría más como funcionalista que como teórico del conflicto. Veía la sociedad como un todo en el que todos los grupos prosperaban o padecían juntos. Consideraba que la sociedad padecía porque los negocios parecían moverse en ciclos alternados de prosperidad y depresión. En la prosperidad, las empresas veían la oportunidad de obtener buenas ganancias y expandirse rápidamente. La expansión solía ser exagerada, y entonces caían las utilidades; como consecuencia las operaciones se reducían y surgía el desempleo. Keynes pensaba que esto podía corregirse incrementando los gastos gubernamentales en tiempos de depresión y reduciéndolos en tiempos de prosperidad. Los gastos gubernamentales se justificaban para mantener estables las actividades económicas. El déficit que se gasta en una depresión, cuando la inversión privada se viene abajo, sostendría la actividad económica y mantendría empleadas a las personas. A la inversa, una caída en los gastos gubernamentales durante la prosperidad permitiría que las empresas privadas desempeñaran mayor actividad. Los gobiernos podrían pedir prestado dinero durante una depresión y pagar los préstamos con el dinero recibido de impuestos más altos en un periodo de prosperidad.

El pensamiento keynesiano tuvo mucha influencia en el periodo de 1930 a 1975 y con frecuencia se utilizó para justificar las políticas gubernamentales. Durante algún tiempo las políticas keynesianas parecieron resolver el problema de la relación del gobierno y las empresas en las sociedades capitalistas, y las depresiones se hicieron menos severas. Todo era cuestión de la "regulación" de los impuestos gubernamentales, de las políticas financieras, de los préstamos y de los gastos en las formas apropiadas para cada etapa del ciclo de las empresas. Pero surgieron las dificultades. Los crecientes gastos gubernamentales no siempre contrarrestaron los efectos de una depresión empresarial con la facilidad que se esperaba, y parecieron conducir a la inflación (Roberts, 1978). El remedio keynesiano era atractivo, pero no siempre funcional (Feldstein, 1981).

Una de las principales críticas a la política keynesiana consiste en que *siempre* existe mayor demanda de gastos gubernamentales. Incrementar los gastos del gobierno durante una depresión es popular pero reducirlos durante la prosperidad y pagar la deuda gubernamental es difícil. Los legisladores no pueden resistir las presiones de gastar dinero cuando éste se halla disponible. Esta secuencia imperfecta de la política keynesiana conduce a una deuda gubernamental siempre creciente y a una inflación interminable.

MILTON FRIEDMAN Y "LA NORMA DEL MERCADO". Milton Friedman (1912—) es el principal exponente de lo que se ha conocido como la "escuela de Chicago", que afirma que nuestra desviación de las enseñanzas de Adam Smith es la causa principal de los problemas económicos. Friedman tiene más fe en la capacidad del mercado para proporcionar lo que el pueblo realmente quiere que lo que los funcionarios piensan que es bueno para él. El comunismo, la planeación gubernamental y el déficit en el gasto, de inspiración keynesiana, son anatema para él. En primer lugar, no funcionan y, en segundo, representan una disminución más que una expansión de la libertad humana. Es favorable a la limitación de impuestos, como la de la proposición 13 de California, y piensa que todo procedimiento tiene mérito si disminuye los impuestos y en esta forma limita la expansión del gobierno.

Keynes consideraba el control gubernamental del dinero y del sistema bancario como una forma de mantener el poder de compra, que se hubiera reducido por una depresión. Friedman es un "monetarista", y sostiene que la tendencia a aumentar el flujo de dinero y de crédito con mayor rapidez que el flujo de bienes, inevitablemente lleva a la inflación.

Friedman piensa que muchas de las medidas de asistencia social son instrumentos para dar a los burócratas el control de la parte más pobre del populacho. Si se necesita un mínimo de asistencia social, él recomienda un impuesto negativo sobre el ingreso mediante el cual las personas que ganan menos de una cantidad considerada necesaria para la salud y el bienestar recibirían dinero directamente del gobierno.

Las teorías de Friedman son tan contrarias a la mayor parte de las tendencias actuales que es difícil seguirlas para cualquier gobierno, incluso cuando aconseja el paso gradual de un estado benefactor a una economía de mercado. Su mejor crítica es probablemente la que hace de las políticas colectivistas que no han funcionado como se predijo. Ha tenido una influencia importante en el pensamiento contemporáneo y ha abierto el camino para los economistas actuales de la "economía de la oferta", que insisten en que la intervención gubernamental ha orientado con frecuencia las cosas en la dirección equivocada. Friedman considera que un mercado libre (capitalismo) es esencial para una sociedad democrática. El capitalismo no sólo libera las energías económicas, sino que también limita la probabilidad de un sistema gubernamental de mano dura.

Cambio ideológico

Las ideologías ganan y pierden popularidad. Durante muchos años el capitalismo y la democracia han sido atacados por intelectuales como Marcuse (1969), quienes con frecuencia sintieron repulsión por la motivación al lucro y, aunque no eran comunistas, se sintieron atraídos por la supuesta igualdad de vida bajo el régimen comunista. En los últimos años el péndulo ha regresado y ahora es la sociedad socialista-comunista planificada la que sufre los ataques. La que una vez se consideró como una sociedad perfecta, se considera ahora como una camisa de fuerza que reprime tanto la libertad intelectual como las iniciativas de tipo económico que promueven "la prosperidad".

Parece probable que la Unión Soviética, difícilmente se mantendrá como una historia de éxito socioeconómico. Sólo ha podido mantener controladas a sus naciones satélites euro-orientales mediante el empleo de la fuerza, y los refugiados de los países comunistas siguen "votando con los pies" (Wrong, 1976, p. 6). En Francia, Revel y otros intelectuales señalan al capitalista Estados Unidos como la esperanza del mundo y al comunismo como su perdición (Pryce-Jones, 1977). En Estados Unidos, estudiosos como Kristol, Moynhihan y otros, al igual que Friedman, arguyen que el "régimen de

mercado" puede ser más amable respecto a los derechos humanos que un estado benefactor masivo donde el gobierno decida sobre todos los problemas (Podhoretz, 1981). George Gilder (1981) niega que el capitalismo se caracterice por el egoísmo y lo describe como centrado en la confianza y la donación recíproca. Después de un prolongado eclipse, las filosofías conservadoras son nuevamente respetables.

Es probable que en los países subdesarrollados se encuentre la mayor incertidumbre acerca de las políticas económicas. Muchos gobiernos tercermundistas, aunque no servilmente marxistas, siguen muchas ideas socialistas y marxistas en el campo de la economía. Los resultados no son alentadores. La mayor parte de sus economías se balancean al borde de la bancarrota, y se mantienen vivas mediante transfusiones de dinero de los bancos occidentales (que probablemente nunca serán pagadas). Aunque las políticas socialistas no han podido producir abundancia, en la mayor parte de estos países las condiciones no son favorables para el surgimiento del capitalismo democrático.

Es posible que los países tercermundistas puedan, sin embargo, volverse hacia el comunismo; pero con frecuencia también se sienten oprimidos tanto por los países comunistas como por los capitalistas y tratan de evitar políticas que los conviertan en vasallos completos de uno u otro campo.

PODER Y GOBIERNO

Las definiciones de poder varían, pero casi siempre denotan una capacidad para controlar las acciones de los otros, aun contra su voluntad. Con respecto al gobierno, el poder se refiere a la capacidad de ciertos individuos o grupos para controlar el proceso de toma de decisiones.

Poder de las organizaciones

La lucha por el poder es con frecuencia un combate entre organizaciones. Una variedad de comités de acción política (PACs) recogen fondos para luchar contra la reelección de los legisladores que les disgustan. La AFLCIO (Fusión de la American Federation of Labor y el Concil for Industrial Organization) exige un salario mínimo más elevado, y la National Chamber of Commerce achaca a los salarios altos la causa de la inflación. La National Organization for Women lucha contra la Mayoría Moral a propósito del aborto voluntario. La lucha por el poder se da principalmente entre grupos muy organizados. Cuando el representante de un grupo de presión trata de influir en un legislador, la primera pregunta de éste es: "¿Cuántos votos representa?". Si los individuos son poderosos, esto suele deberse a los grupos organizados que representa.

La elite del poder

Hace algunos años un prominente sociólogo, C. Wright Mills (1956), desarrolló la idea de que el gobierno estadounidense y la actividad económica estaban controlados por grupos elitistas de ejecutivos que iban y venían entre puestos gubernamentales, académicos, financieros e industriales. Mills consideraba la corporación como la base en la que se originaba la elite ejecutiva o como la meta hacia la que se movilizaban. Pensaba que su poder significaba que la sociedad es dominada por hombres comprometidos primariamente con una visión de la vida expresada por un prominente ejecutivo en palabras inmortales, "lo que es bueno para General Motors en bueno para el país".[2] Mills sostiene la teoría de que los ejecutivos que han tenido capacitación, relaciones y perspectivas similares se encuentran con frecuencia en puestos de decisión. No hay duda de que se ha desarrollado una clase de ejecutivos profesionales en Estados Unidos, pero muchos científicos sociales arguyen que no se ha probado el caso de una elite gobernante que monopolice el poder

La lucha por el poder se da principalmente entre los grupos bien organizados. ¿Es ésta una protesta espontánea u organizada? (*United Press International.*)

social (Rossi, 1956; Reissman, 1956; Dahl, 1958; Bell, 1958; Lowry, 1965, pp. xviii - xix; Miller, 1970, pp. 202, 275-276).

¿EXISTE UNA ELITE DEL PODER QUE CONSPIRA? Hay por lo menos tres puntos de vista muy bien definidos sobre esta cuestión. Los pluralistas rechazan la idea de que haya algún grupo cohesionado que controle la vida estadounidense (Dahl, 1961, 1976, pp. 59-61; Rose, 1967; Von der Muhll, 1977; Polsby, 1980). Siguiendo a Merton (1949*b*), consideran el poder como *polimórfico* (literalmente, "que tiene muchas formas"), en el que "diferentes perso-

[2] C. Wright Mills, *The Power Elite*, Oxford University Press, Fair Lawn, N.J. 1956, p. 168. Para el contexto de la afirmación de Charles Wilson véase "Conflict of Interest" *Time,* Jan. 16, 1953, p. 70.

nas ejercen los poderes de toma de decisiones para cada problema particular'' (Ferrell, et al, 1973). Así, una variedad de grupos diferentes compite por el poder y participa de él. Ninguno de estos grupos gana siempre, y las principales decisiones sociales son el resultado de influencias comprometidas que compiten y de la fuerza de las circunstancias.

Las dos otras escuelas de pensamiento consideran que la toma de decisiones sociales estadounidenses está dominada por grupos cohesionados cuasi-conspiradores, pero difieren con respecto a cuáles sean tales grupos. Los derechistas (Smoot, 1962; Schlafly, 1964; McBirnie, 1968; Efron, 1975; Buchanan, 1975; Kirkpatrik, 1979) creen que la elite del poder consta de intelectuales radicales que se han infiltrado en el gobierno, en las escuelas y en los medios de comunicación. Mediante el control que ejercen en la prensa, radio y televisión, determinan la información que llega a la gente. De igual manera, mediante la ocupación de puestos clave en el gobierno toman las decisiones que traicionan el individualismo estadounidense en favor del internacionalismo izquierdista. *Ellos* son los responsables de los pagos siempre crecientes por concepto de asistencia social y de las decisiones de los tribunales que incrementan los derechos de supuestos criminales contra la policía.

En los últimos años el término ''nueva clase'', que el escritor yugoslavo Djilas dio a los burócratas comunistas, ha sido aplicado a los periodistas, comentaristas de la televisión y a algunos educadores por los críticos conservadores. El membrete de nueva clase se basa en la creencia de que quienes están en los medios de comunicación tienden a compartir un estilo de vida, intereses económicos comunes y un punto de vista semejante. Se dice que este punto de vista desdeña los valores tradicionales, como la creencia en la familia el nacionalismo y la libre empresa (Phillips, 1977; Bennett y Delattre, 1978; Berger, 1981).

Algunos críticos izquierdistas (Anderson, 1974; Domhoff, 1970, 1978, 1980) están igualmente seguros de que un núcleo de académicos de alto nivel, generales, funcionarios gubernamentales y ejecutivos de las corporaciones dominan la sociedad en nombre de las grandes empresas. Son *ellos* quienes mantienen una distribución desigual del ingreso e intencionalmente conservan la pobreza con el fin de proteger privilegios (Gans, 1972); son *ellos* quienes mantienen al país en guerra o al borde de ella para aprovechar el ''complejo militar-industrial''.

Un estudio reciente comparaba a la ''elite empresarial'' (una muestra de ejecutivos de las grandes corporaciones) con la ''elite de los medios'' (una muestra de los periodistas y comentaristas de noticias por televisión más importantes). Este estudio concluía que ''cada grupo clasifica al otro como el más influyente en Estados Unidos; más aún, cada uno trata de reducir sustancialmente el poder del otro y de tomar su lugar como el grupo de mayor influencia'' (Rothman y Lichter, 1982, p. 118).

Casi toda acción gubernamental será denunciada por alguien como un acto de conspiración elitista. Esta elite que conspira (izquierdista o derechista, según el que opine, es tan astuta y engañosa que algunas veces acepta una medida que parece ir contra sus propios intereses. Así, de acuerdo con los izquierdistas, el sistema de asistencia social es sostenido por el rico como un instrumento para ''reglamentar a los pobres'' y preservar el sistema capitalista (Piven y Cloward, 1971). Cualquier acto del gobierno puede ser interpretado por los críticos izquierdistas o derechistas para demostrar que Estados Unidos está bajo el dominio de una elite del poder.

¿Pueden reconciliarse la elite del poder y las ideas pluralistas del poder? Primero, aunque hay pocas ''conspiraciones,'' si es que hay alguna, y aunque la mayor parte de las maniobras importantes se llevan a cabo a la luz del día, hay acción de grupo. Los ciudadanos que tienen intereses comunes se reúnen, conversan y planean estrategias. Algunas veces logran los cambios que desean. Con mayor frecuencia encuentran oposición y deben llegar a ciertos compromisos. Segundo, algunas personas son expertas en la administración de organizaciones o en la creación de una imagen pública. Hayan nacido pobres o ricas, esas personas pronto son opulentas. Tienden a reunirse con personas como ellas en una asociación formal o informal y con frecuencia llegan a pensar en forma muy parecida. Finalmente, aunque muchas personas se pasan la vida en una misma ocupación, existe movimiento de personal entre las instituciones. Esto es más marcado en el gobierno civil, puesto que muchos funcionarios han hecho antes carreras en la industria, la educación o el ejército.

Un estudioso (Whitt, 1979) rechaza la discusión acerca del pluralismo o el elitismo como poco importante, puesto que ambos puntos de vista son parcialmente verdaderos, aunque inadecuados. Él propone un *modelo dialéctico de clases* donde el estado suele servir a los intereses de la clase dominante, pero ésta algunas veces se halla desunida interiormente y puede ser puesta a prueba por los intereses de una clase organizada rival. La cuestión de quién maneja realmente el gobierno no tiene una respuesta sencilla.

Poder de las masas desorganizadas

En los días del feudalismo, el gobierno era un monopolio de la nobleza, y la persona común y corriente no tenía ninguna voz directa. Sin embargo, el gobierno operaba casi siempre como se esperaba que lo hiciera. Esto se debía a que los nobles y el monarca compartían una serie de ideas institucionalizadas acerca de cómo debían hacerse las cosas. El noble podía tomar las decisiones formales del gobierno, pero lo hacía sobre la base de creencias tradicionales aceptadas por todos en la sociedad.

En la época moderna de rápido cambio, la tradición tiene poco peso y los gobiernos pueden llevar a cabo acciones que violan las tradiciones antiguas. El ciudadano común tiene derecho a votar, pero entiende poco de gobierno y posee escaso contacto con sus líderes. ¿Es el ciudadano un indefenso peón movido de un lado a otro por las fuerzas gubernamentales más allá del control individual?

Individualmente, las masas puede ser impotentes. Pero colectivamente ¡no! Las masas desorganizadas pueden ejercer un poder decisivo.

PODER DE LOS MERCADOS MASIVOS. En la sociedad democrática las masas ejercen influencia mediante la elección de los bienes que compran, de los periódicos que leen, de los programas de televisión que ven y de otras cosas similares. Este poder no es ilimitado, porque el consumidor puede ser manipulado, como lo ha demostrado la investigación sobre motivaciones (Packard, 1957; Dichter, 1971). Pero en una economía de mercado competitivo como la nuestra, las preferencias del consumidor rara vez son desatendidas por mucho tiempo. Cortejar el favor de los consumidores puede producir una llamativa vulgaridad en el diseño del producto y un escapismo de mala calidad en los programas de televisión, pero atestigua incuestionablemente el poder del mercado masivo.

EL PODER DE VETO DE LA MASA MEDIANTE LA NO COOPERACIÓN. Algunas decisiones sólo pueden llegar a ser efectivas a través de la cooperación de las masas. Los programas de salud pública, las campañas de inmunización masiva y los bancos de sangre voluntarios sólo tienen éxito cuando coopera con ellos gran cantidad de personas. El esfuerzo de defensa civil estadounidense se ha logrado a través de decenios de indiferencia pública monumental. El gobierno ha convertido la venta de mariguana en un delito criminal, pero ha logrado poco éxito en reducir el abastecimiento. Dondequiera que una decisión no puede ser eficaz sin la cooperación de las masas, debe considerarse el poder de veto de éstas.

Poder político directo de las masas

En una democracia el poder máximo de las masas descansa en su derecho a "echar fuera a los bribones". Ciertamente algunas veces este poder no tiene sentido porque ambos candidatos defienden los mismos valores y sirven a los mismos intereses. Pero siempre que hay un amplio descontento entre las masas por la forma en que se están haciendo las cosas en una democracia, algún partido o algún candidato apelará a este descontento, lo centrará en algunos temas y propondrá cambios. La reciente "revuelta de los impuestos" es un ejemplo, cuando los vo-

Los electores que se organizan alrededor de la reivindicaciones únicas consideran importante un problema.

tantes en diez estados adoptaron súbitamente las iniciativas de reducción de impuestos en 1978 y aprobaron nueve de once de tales iniciativas en 1982 (Ranney, 1983). La elite no siempre puede vetar los cambios postulados por las masas. La reforma de la época del Nuevo Trato (New Deal) de Roosevelt establecidas contra la oposición de la mayor parte de la elite, atestiguan el poder del descontento de las masas hábilmente enfocado.

Por importante que pueda ser el poder de veto, no disipa, sin embargo, el cuadro de los pobres como impotentes para modificar las decisiones que se les conciernen. Alinsky (1965) y Piven y Cloward (1978) arguyen que los pobres pueden utilizar el poder y deben ser capaces de hacerlo si quieren mejorar su posición. Defienden la idea de que la organización deliberada de los pobres, acentuando aquellos agravios que se sientan más profundamente, puede conducir a una acción positiva. Mediante manifestaciones, boicots y votaciones en bloque, los pobres pueden llegar a ser uno de los grupos de presión en la comunidad. Creen que, conforme los pobres obtengan poder, pueden evitar la explotación, formular programas positivos para su propio bienestar y

reemplazar una apatía indefensa por el sentimiento de ser capaces de controlar su medio ambiente.

Los esfuerzos por incluir a los pobres en la formulación de las políticas y en la administración de los programas sobre la pobreza de los últimos años del decenio 1960-1970 no tuvieron mucho éxito por diversas razones, incluyendo la falta de participación de los pobres y la oposición de las estructuras políticas locales (Kramer, 1969; Moynihan, 1969; Brill, 1971; Helfgot. 1974). Un crítico hace notar que pese a los esfuerzos sagaces y dedicados de Alinsky por organizar a los pobres, era principalmente el relativamente próspero y bien educado el que tenía éxito en la movilización, en tanto que se fracasaba en desarrollar genuinos líderes entre los verdaderamente pobres (Bailey, 1973). Aun uno de los proyectos favoritos de Alinsky, la Woodlawn Organization, admite que no podía mantener una posición contraria persistente ni resolver sin ayuda el problema de la desintegración progresiva del vecindario (Fish, 1973). Algunos sostienen que los esfuerzos organizados de este tipo sólo obstaculizan la cooperación entre los diferentes grupos, sin llevar a una participación efectiva por los pobres (Roach y Roach, 1978). Posiblemente puede servirse mejor a los pobres mediante organizaciones que incluyan miembros de todas las clases, que mediante organizaciones propias.

La movilización del descontento de las masas sólo es posible en las democracias. En cualquier otra parte acarrea un rápido viaje a los calabozos. Un estudio de 1982 concluye que sólo 154 de 165 naciones independientes pueden considerarse sociedades libres (Gastil, 1982, p. 4). Puede ser que el deseo de escapar a la influencia de las masas sea uno de los principales factores en el establecimiento de gobiernos no democráticos.

PODER DE LOS ELECTORES CON REIVINDICACIONES ÚNICAS. Algunas veces los legisladores se rehúsan a aprobar una medida que recibe un abrumador apoyo popular en las encuestas de opinión pública. Esto se explica con frecuencia por la oposición de una minoría relativamente pequeña de electores con reivindicaciones únicas. Se trata de personas para las que una sola reinvindicación de electores es tan absolutamente importante, que la posición de un candidato sobre este asunto aislado determinará su voto en favor o en contra de ese candidato. Esto otorga a esta clase de electores un poder desproporcionado. Un candidato o un legislador decepcionará frecuentemente a estos electores que presentan reivindicaciones únicas a menos que haya un número igual de electores similares que planteen la proposición contraria. Hace medio siglo, el tema de la prohibición atrajo a muchos electores con reivindicaciones únicas. Actualmente, el control de las armas proporciona un buen ejemplo de las reivindicaciones políticas únicas. Varias encuestas nacionales han mostrado que las leyes sobre el control de armas tienen en su favor porcentajes que van del 63 al 84% del público. Pero un cuidadoso estudio encuentra que los que se oponen a decir que este solo tema determinará su voto sobre un candidato son probablemente el doble de los que apoyan esta posición. (Schuman y Presser, 1978). Mientras los oponentes a las reivindicaciones únicas superen a los partidarios de éstas por una proporción de dos a uno, es improbable que se aprueben las leyes sobre el control de armas. Luego de haber perdido su campaña en favor de la ratificación de la Enmienda en favor de la Igualdad de Derechos, La National Organization of Women (Organización Nacional de Mujeres), hizo un esfuerzo por convertir a sus miembros en electores con reivindicaciones únicas (*MS* August 1982, p. 11).

REPRESENTACIÓN PROPORCIONAL. Otro dispositivo que incrementa el poder de los grupos pequeños es la representación proporcional. En la elección clásica donde "todo es para el ganador", los partidos pequeños no tienen oportunidad. Si hay diez distritos legislativos, el partido más fuerte suele ganar seis o siete distritos, el partido que ocupa el segundo lugar gana tres o cuatro, en tanto que los partidos minoritarios no ganan ninguno. Bajo la representación proporcional, los votos de los diez distritos se combinarían, y a cada uno de los diversos partidos se le daría un número de representantes proporcional a su participación en la votación total. Así, un partido apoyado sólo por el 10% de los votantes obtendría el 10% de los legisladores, aunque con un sistema de mayoría tal partido no elegiría ningún legislador.

Bajo la norma de mayoría (o de la pluralidad), cada uno de los partidos principales es una coalición que reúne gran número de grupos de interés que, a su vez, están comprometidos a negociar unos con otros. Tales partidos son criticados con frecuencia por no comprometerse acerca de algún tema y no ofrecer opciones claras a los votantes, pero hacen posible el logro de un consenso y pueden formar un gobierno estable. El sistema proporcional alienta a muchos partidos, que con frecuencia proporcionan electores con reivindicaciones únicas. Esto, a su vez, dificulta que un partido logre elegir a una mayoría de los legisladores. En cambio, hay varios partidos pequeños que se unen para formar un gobierno. Con frecuencia el margen de control es tan pequeño que puede ser trastornado por la defección de cualquiera de los partidos que lo integran. Puesto que cada partido está más interesado en su reivindicación aislada que en las políticas globales, se enfada fácilmente, y su lealtad a cualquier coalición es inestable. El resultado es un gobierno débil, incapaz de llevar a cabo cualquier acción que moleste a un grupo pequeño de votantes. Esto hace difícil poner en práctica cualquier política gubernamental definida y todavía más dificultoso sostener estas políticas durante largo tiempo.

El pueblo puede llegar a disgustarse tanto con la ineficiencia de esta forma de gobierno democrático, que puede incluso estar dispuesto a aceptar una dictadura para obtener estabilidad y una acción decisiva. (Hermens, 1978; Ebenstein y Fogelman, 1980, Cap. 2). Se cree que la representación proporcional allanó el camino para que los fascistas de Mussolini tomaran el poder en Italia y que obstaculizó la obtención de un tratado de paz entre Egipto e Israel, simplemente porque la amenaza de veto de los partidos menores hizo difícil llevar a cabo la acción decisiva (Hermens, 1978). Así, una reforma adoptada en nombre de la democracia ha sido, en opinión de algunos críticos, una amenaza real para el funcionamiento eficaz de un sistema político democrático.

Coerción y paros

No todas las decisiones se toman sobre la base del proceso político de debate y persuasión. Los grupos frustrados pueden acudir a la coerción cuando su sistema político no responde a la opinión mayoritaria o cuando un grupo particular carece del apoyo de la mayoría y se niega a aceptar la decisión mayoritaria.

La *coerción por la fuerza* suele ser monopolio del gobierno, pero puede ser utilizada también por otros grupos. Los gobiernos fascistas y comunistas se han establecido casi siempre después de que un determinado partido minoritario despiadado intimidó y se abrió camino hacia el poder. Los secuestros políticos son un instrumento reciente de los partidos revolucionarios para forzar la liberación de prisioneros o el pago de un rescate (Clutterbuck, 1978).

La *coerción no violenta* tiene una larga historia (Hare y Blumberg, 1968; Gregg, 1972; Cooney y Michalowski, 1977; Bruyn y Rayman, 1979). Consiste en formas no violentas para hacer que determinada política les sea tan costosa y difícil a los otros, que tengan que cambiarla. El empleo de la *coerción económica* mediante huelgas, cierres patronales y boicots no es nada nuevo y todavía es algo común. Otra técnica usual es la de que un grupo de protesta se ubique en una posición para que el grupo dominante se vea obligado a hacer una concesión o llevar a cabo alguna acción violenta contra los que protestan. Esta técnica se ha denominado de maneras diversas: *pasividad, resistencia pasiva* o *resistencia no violenta*. El objetivo es provocar la simpatía pública y poner en vergüenza al partido dominante para que haga concesiones. A finales de la década 1950-1960 y principios de la decada de 1960-1970, grupos de negros se introdujeron en restaurantes, parques y otros lugares donde había segregación racial, esperaron pacientemente a que les sirvieran y se sometieron pacíficamente a los ataques verbales y la detención (Maybee, 1961; Peck, 1962). Este espectáculo conmovedoramente emocionante ayudó a que se cambiaran las actitudes públicas y condujo a la supresión de la segregación en lugares públicos. Las imágenes transmitidas a toda la nación por los medios televisivos de los que desfilaron pacíficamente en Selma, Alabama, en apoyo de los derechos civiles y que fueron golpeados y tirados al suelo por agentes de la policía en 1965, pueden haber hecho más por el movimiento en favor de los derechos civiles que cualquier otro incidente en nuestra historia (Garrow, 1978).

La técnica de la pasividad, de la resistencia pasiva o de la resistencia no violenta es el arma histórica de los desvalidos, porque puede ser utilizada por los completamete impotentes. Su empleo por parte de los negros estadounidenses declinó conforme se fue desarrollando un sentido mayor del "poder negro".

La *desobediencia civil* es el desafío abierto y público a la ley, a causa de la conciencia o a una creencia moral (Smith, 1968; Cohen, 1969; Murphy, 1971; Bay, 1975). Es una técnica de coerción no violenta que descansa en el recurso poderoso del espectáculo de las personas que están deseosas de sufrir por una creencia moral. Por consiguiente, el castigo, más que evadirse, se acepta voluntariamente con el fin de hacer pública y escenificar su creencia de que la ley es injusta. Esta técnica puede ser sumamente eficaz en algunas situaciones, pero requiere gran autodisciplina para que sus seguidores no respondan a la violencia. La coerción no violenta y la desobediencia civil son más eficaces en los países democráticos, donde los que protestan pueden ser detenidos, pero rara vez serán asesinados. En los países autoritarios, tales acciones son más bien raras (Corcoran, 1977).

Los paros, y las manifestaciones son formas de coerción sumamente variables tanto en los medios como en las metas. Incluye muchas formas de interrumpir y paralizar las actividades diarias comunes de un sistema social. Algunas veces la meta es imponer la aceptación de las exigencias de los que protestan; en otros casos es la dramatización de un problema; también, el motivo puede ser una experiencia estimulante sin otros motivos importantes.

Durante los años de la década 1960-1970, los paros universitarios se volvieron frecuentes, y usualmente se centraban en las políticas administrativas o en la guerra de Vietnam. Los edificios fueron cercados, las oficinas fueron tomadas o clausuradas, las clases interrumpidas, los oradores molestados o abucheados y (en algunos pocos casos) los edificios fueron incendiados (President's Commission on Campus Unrest, 1970; Kelman, 1970; Sharp, 1974; Woodward, 1974). Los paros y manifestaciones más recientes se han dirigido por lo común contra la apertura de plantas nucleares.

Parece que hay algunos periodos o situaciones en los que la violencia triunfa con más frecuencia que la no violencia. Gamson (1975) estudió cincuenta y tres grupos y movimientos estadounidenses que promovieron cambios sociales entre 1800 y 1945. Afirma que aquellos que lograron sus propósitos fueron generalmente los que utilizaron la violencia (o, con más frecuencia, sufrieron la violencia por parte de la policía o el ataque de la multitud), mientras que todas las víctimas no violentas o pacíficas fracasaron en al consecución de sus fines. Pero la violencia es un arma peligrosa. Las victorias pueden dejar un legado de amargura que hace las victorias futuras más difíciles. Las mayorías pueden rechazar la violencia en una ola de represión por parte del orden público que dé como resultado grupos minoritorios cada vez más impotentes.

TERRORISMO. La mayor parte de las personas define el terrorismo subjetivamente: el que para uno es terrorista, para otra es un luchador por la libertad (Ferencz, 1981). Definido con mayor objetividad, el *terrorismo* es "el empleo de la violencia o de la amenaza de violencia para obligar a los gobiernos, a las autoridades y a las poblaciones mediante un temor inducido" (Clutterbuck, 1977, p. 21). Los terroristas aplican el antiguo proverbio chino: "Mata a uno; asusta a diez millones". La televisión ha sido un don del cielo para los terroristas, y probablemente carga con gran parte de la responsabilidad en la moderna escalada del terrorismo (Alexander y Finger, 1977, pp. 270-282; Clutterbuck, 1977, p. 13).

El terrorismo es utilizado con mayor frecuencia por grupos con apoyo popular limitado, pero con una admirable fe en la justicia de su causa. Creen que la oposición es tan mala, perversa e ilegítima, que todos lo medios se justifican.

Puesto que los grupos terroristas creen que poseen la verdad última y que trabajan por el bienestar completo de la sociedad, se sienten justificados para matar y tomar rehenes hasta que se satisfagan sus exigencias. Los terroristas son, principalmente, jóvenes instruidos de la clase media o alta que consideran el terrorismo como una forma de protesta contra la injusticia social (Margolin, 1977; Russell y Miller, 1978; Alexander y Gleason, 1981).

En los últimos años los grupos terroristas han tenido éxito con frecuencia, aunque no siempre, en obtener la liberación de quienes se hallaban presos por los cargos de asesinato, colocación de bombas o secuestros. También han logrado buenas sumas de dinero mediante robos o rescates y operan internacionalmente (Weeks, 1978; Buckley y Olson, 1980). Los terroristas han acabado con los gobiernos civiles en lugares como Irlanda del Norte (Bell, 1981; Moxon-Browne, 1981). También han obligado a reforzar las medidas de seguridad en el transporte aéreo, con el resultado de molestias para todos y un pesado recargo en las tarifas (Ashwood, 1979).

Los terroristas pueden tener varios objetivos: llamar la atención mundial, desestabilizar a un gobierno, promover la revolución y ejercer la venganza. El terrorismo de la Organización para la Liberación de Palestina fue un medio —posiblemente el único medio disponible— para mostrar ante los ojos del mundo la situación de los palestinos sin hogar (Alexander, 1976). Una ola reciente de asesinatos llevados a cabo por extremistas armenios parece ser una venganza postergada del genocidio turco perpetrado contra los armenios hace medio siglo (*Time*, 118: 38, Aug. 23, 1982). El terrorismo es raro en los países totalitarios, puesto que el control minucioso de la vida cotidiana hace difícil que los terroristas puedan desplazarse o recoger los materiales que necesitan para operar.

En los países democráticos el terrorismo es un arma de los débiles. Si un grupo no puede obtener el apoyo de la mayoría mediante la acción política, el terrorismo permite que una minoría minúscula atraiga la atención sobre los agravios de que es víctima. Con frecuencia, el terrorismo ha derrocado gobiernos o provocado cambios importantes en la política gubernamental, pero puede ser el causante de que un gobierno democrático utilice métodos de control propios de un estado policiaco, y en ello está su mayor peligro (Laqueur, 1976: Wilkinson, 1977; Bell, 1978). También existe la terrible posibilidad de que los terroristas puedan controlar con el tiempo las armas nucleares. Si esto llegara a ocurrir, entonces un pequeño grupo tendría como rehén a todo el mundo (Rosenbaum, 1978; Beres, 1979).

Activismo judicial y burocrático

Las anteriores secciones estudian las fuerzas que ejercen sobre el gobierno los grupos que se encuentran fuera de él. En esta sección se considera cómo ciertos grupos *dentro* del gobierno pueden ejercer un tipo de poder no imaginado por los autores de la Constitución.

Como se afirmó antes, los burócratas gubernamentales tienen un poder considerable para modificar, adicionar o vetar los intentos de la legislatura. Esto se debe a que todas las provisiones constitucionales y muchos de los objetivos estatales generales de las leyes dejan a la burocracia el desarrollo de los detalles. Por ejemplo, la Occupational Safety and Health Act de 1976, que exige "un lugar de trabajo seguro y saludable", es inútil a menos que se desglose en reglamentos detallados que cubran miles de situaciones laborales y definan qué debe entenderse por "inseguro". Estos reglamentos son elaborados por la burocracia y tienen fuerza de ley, sujeta a la revisión de los tribunales. Esto proporciona a los burócratas la oportunidad de redactar normas que vayan más allá de lo que pretendía la legislatura, o de escribir reglas que "suavicen" el propósito de la legislatura.

El cambio de administración que sigue a una elección lleva con frecuencia al poder a personas que desean hacer cambios de política más importantes. Cambiar las leyes es difícil y requiere tiempo. Es más rápido y fácil cambiar a los burócratas: designar nuevos jefes de oficina que dirijan la corrección de las normas y regla-

mentos. Mediante la redacción creativa de las normas, la congelación del presupuesto para algunos programas y la asignación de un presupuesto mayor para otros y haciendo saber al personal qué esfuezos serán premiados con promociones y cuáles no, el efecto de la reelaboración de las leyes puede lograrse sin cambiar una sola palabra de la legislación. De esta manera, toda nueva administración efectúa cambios de política.

Los desacuerdos con los reglamentos burocráticos se ventilan en la Corte. Esto otorga a los jueces la oportunidad de modificar, adicionar o reducir los propósitos de la legislatura. Los jueces "estructuralistas estrictos" piensan que deberían atenerse al propósito de la legislatura; los jueces "activistas" consideran que tienen el deber de interpretar la ley de acuerdo con las necesidades actuales, tal y como ellos las perciben (Glazer, 1978). Por ejemplo, ninguna legislatura decretó que el servicio de autobuses se utilizara para la integración escolar o que los abortos fueran legales. La tendencia de los tribunales a desarrollar en reglamentos específicos leyes redactadas vagamente y provisiones constitucionales ha ampliado considerablemente el rol gubernamental del poder judicial.

LA EMERGENCIA DEL CONSENSO ESTADOUNIDENSE, ¿UN HECHO O UNA ILUSIÓN?

Los funcionalistas suponen que una sociedad ordenada y eficiente mantiene un consenso sobre los valores básicos. Los teóricos del conflicto replican que un consenso aparente sólo envuelve los profundos conflictos de intereses y valores que se presentan en las sociedades modernas. Sin tratar de resolver esta controversia, preguntémonos si *existe* un consenso estadounidense.

Muchos de los valores que eran comunes han sido desechados en los últimos años. El pueblo estadounidense todavía no se pone de acuerdo acerca de la unión libre, la homosexualidad, la pornografía, el aborto, el uso de las drogas y muchos otros temas, pero hay muchas áreas en las que el acuerdo es casi total.

La creencia en el valor del estado benefactor —la idea de que el gobierno debería mantener una "red de seguridad" bajo el ciudadano— es compartida por casi todos. Aproximadamente siete de cada diez estadounidenses están de acuerdo con la proposición bastante generosa de que "el gobierno debería asegurar a todos un buen nivel de vida" (*Public Opinion*, 5: 32, October/November 1981). Los desacuerdos se centran en los límites y procedimientos del sistema de servicio social. Tres administraciones nacionales (Eisenhower, Nixon, Reagan) han comenzado su mandato pronunciando discursos contra el estado benefactor. Cada una aminoró modestamente el desarrollo de los servicios sociales y los costos de la "transferencia de ingresos", pero ninguno intentó seriamente desmantelar el sistema. Así, es convencional decir que tres presidentes republicanos "ratificaron" al estado benefactor.

Las ganancias de las empresas son aceptadas como deseables por la mayoría de los estadounidenses. Si los sindicatos obreros se hubieran entregado a la lucha de clases según el modelo marxista, hubieran sacado ventaja de la recesión empresarial de principios de la década de 1980, y hubieran obligado a las corporaciones a ir a la bancarrota y a pasar a manos del estado. En vez de esto, hicieron concesiones contractuales para ayudar a sobrevivir a sus patrones. Aunque las prácticas comerciales se critican con frecuencia, pocos estadounidenses desean ver que desaparezcan las empresas con utilidades.

La ética del trabajose mantiene viva y fuerte. Por más de tres a uno, los estadounidenses están de acuerdo en que "la gente debería hacer hincapié más en trabajar intensamente y en llevar a cabo un buen trabajo que en lo que les proporciona placer" (*Public Opinion*, 4: 25, Aungust/September 1981). Los beneficiarios de la asistencia social y los pobres se identifican con esta ética del trabajo tan estrechamente como los no pobres. (Goodwin, 1972, p. 112). Un intelectual ocasional argumenta que ya no es necesario un compromiso de trabajo firme en las sociedades modernas (Macarov, 1980), más pocas personas están de acuerdo con él. No todas las personas siguen esta ética laboral por muchas razones para cuyo estudio no tenemos espacio aquí (Yankelovich, 1982), pero la aceptación de la ideología es casi universal.

Esta lista podría alargarse considerablemente. El funcionalista puede encontrar suficiente unanimidad sobre algunos valores para convencerse de que la sociedad estadounidense no está al borde de la desintegración. El sociólogo del conflicto puede encontrar suficientes intereses en pugna para seguir convencido de que el conflicto es la realidad social básica.

INTERRELACIÓN CON OTRAS INSTITUCIONES

Ya hemos hecho notar cómo otras instituciones —familia, religión, educación— están interrela-

---

¿ESTÁ INTERRELACIONADA LA ECONOMÍA CON EL RESTO DE LA CULTURA?

La falta de fuentes de trabajo causa una depresión que puede agravar o aun originar problemas de salud. M. Harvey Brenner, un sociólogo de la Johns Hopkins University, encontró al estudiar las pasadas recesiones que cada vez que la tasa de desempleo se elevó un punto de porcentaje, las muertes en Estados Unidos se elevaron alrededor de 1.9%. Luis Ferman, profesor de trabajo social en el Institute of Labor and Industrial Relations de la University of Michigan, encontró un incremento de problemas gastrointestinales y de hipertensión arterial entre los desempleados. Otros problemas citados son los males cardiacos y la cirrosis hepática.

Reproducido con permiso de *The Wall Street Journal*, April 6, 1982, p. 1, © Dow Jones & Company, Inc. 1982.

cionadas con las instituciones políticas y económicas. En las sociedades más simples, la familia es la institución dominante. En las sociedades modernas las instituciones político-económicas tienden a ser más dominantes, aunque quizá no tanto como Marx se imaginaba. Es más fácil mostrar en qué aspectos las instituciones político-económicas han cambiado a la famila que mostrar en qué ha cambiado la familia a las instituciones político-económicas. Éstas, junto con la tecnología, son claramente la principal fuerza motriz del cambio cultural en las sociedades modernas. Siempre que las instituciones político-económicas cambian, también lo hace el resto de la cultura.

SUMARIO

Las instituciones político-económicas son formas regularizadas de mantener el orden en la producción y distribución de los bienes y servicios. El gobierno y la economía están íntimamente relacionados. Hay tres modelos de instituciones político-económicas: 1) la *economía mixta,* en la cual la propiedad privada y el lucro se combinan con algún grado de socialismo y estatismo benefactor; 2) el *comunismo,* donde se prohíbe la búsqueda de ganancias y todas las empresas importantes están manejadas por el estado; y 3) el *fascismo,* donde la empresa privada opera bajo el control del estado autoritario. Las economías mixtas, aunque son las más prósperas en el mundo, están actualmente luchando contra la recesión, la inflación y el conflicto acerca de la medida en que el estado debe funcionar como benefactor.

Las funciones manifiestas de las instituciones político-económicas son mantener el orden, obtener el consenso y llevar a su máximo la producción económica. Ninguna sociedad ha tenido éxito completo en el desempeño de estas tres funciones. Las funciones latentes de las instituciones político-económicas son muchas e incluyen la destrucción de la cultura tradicional y la aceleración del deterioro ecológico.

Se discute mucho acerca de si la sociedad humana es fundamentalmente cooperativa o competitiva, y la actividad gubernamental y económica se consideran con frecuencia en este contexto. Podemos hallar ejemplos tanto de conflicto como de cooperación en todos los sistemas político-económicos.

Las ideologías referentes a las relaciones entre el gobierno y la economía incluyen las de Adam Smith, Karl Marx, John Maynard Keynes y Milton Friedman. El capitalismo y la democracia han estado bajo el severo ataque de los intelectuales durante muchos años en las sociedades occidentales. Actualmente, en las sociedades occidentales existen muchas críticas intelectuales del modelo socialista-comunista como desfavorable a la libertad y a la productividad, mientras que en los países en vías de desarrollo las ideas marxistas ejercen un fuerte atractivo.

El poder sobre el gobierno significa la capacidad de controlar la toma de decisiones. Dos puntos de vista opuestos consideran a Estados Unidos como: 1) gobernado por una *elite del poder,* que puede percibirse como derechista o izquierdista; o 2) como una sociedad *pluralista* en la cual las decisiones se toman mediante el conflicto y la negociación. Una alternativa es el *modelo dialéctico de clase* en el que los grupos de la clase dominante prevalecen casi siempre, aunque pueden debilitarse por la desunión o ser impugnados por los intereses rivales de otra clase organizadas.

Las masas desorganizadas poseen un gran y poco utilizado poder, especialmente en las sociedades democráticas. El poder de las masas se expresa: 1) mediante el mercado masivo, que determina qué productos, diseños y formas de entretenimiento tendrán éxito, y 2) el veto de las masas a las decisiones de la elite por medio de la no cooperación. Las masas poseen también poder político directo y pueden, por ejemplo, determinar mediante la votación qué líderes gobernarán. Los esfuerzos por organizar a los pobres en organizaciones eficaces no han tenido mucho éxito.

Los grupos, relativamente pequeños, de electores con reivindicación única ejercen un poder político desproporcionado, a menos que sea contrarrestado directamente por otros electores similares igualmente comprometidos. La *representación proporcional* acrecienta la fuerza de este tipo de electores, puesto que fortalece la probabilidad de que los partidos políticos pequeños puedan ejercer el veto. Este poder puede evitar una acción gubernamental eficaz y alentar que se recurra a la dictadura.

La *coerción y el paro* se han vuelto técnicas de los grupos minoritarios que buscan el cambio político. La coerción puede ser *violenta o no violenta*. La *coerción no violenta* incluye la *desobediencia civil* y varias técnicas conocidas como *pasividad, resistencia pasiva* o *resistencia no violenta*. El paro es utilizado con frecuencia por muchos grupos pequeños que buscan concesiones de la mayoría. Son armas peligrosas que permiten obtener algunas victorias, pero con frecuencia socavan los procesos democráticos y pueden provocar una reacción represiva. El *terrorismo* permite a un grupo pequeño forzar a la mayoría mediante el temor a la violencia y constituye un medio para desestabilizar el gobierno.

El activismo judicial y burocrático tiende a ampliar (rara vez a reducir) el impacto de las leyes y provisiones constitucionales más allá de lo pretendido por sus autores.

Un consenso estadounidense emergente sostiene un acuerdo básico acerca del estado benefactor, de las empresas lucrativas y de la ética laboral como los valores fundamentales.

GLOSARIO

activismo judicial: tendencia a que los jueces extiendan o amplíen las leyes y provisiones constitucionales existentes mediante la interpretación judicial.

capitalismo: sistema basado en la búsqueda de lucro por parte de los particulares y en la propiedad privada de los medios de producción.

comunismo: sistema basado en las teorías de Karl Marx, en el cual el estado posee los medios productivos y (supuestamente) existe igualdad entre todos los ciudadanos.

desobediencia civil: desafío abierto y público a la ley, junto con la aceptación voluntaria del castigo legal.

economía mixta: la que combina el capitalismo con la empresa, el control y los servicios sociales del gobierno.

elite del poder: ejecutivos ubicados en altos niveles que se supone controlan las organizaciones y, por tanto, al gobierno.

feudalismo: sistema intermedio entre las sociedades tribal y nacional, basado en las mutuas obligaciones entre el pueblo y los nobles en cada localidad.

modelo dialéctico de clase: sistema de poder social en el que ordinariamente prevalecen los grupos de la clase dominante, pero que puede debilitarse por la desunión o ser puesto a prueba por los intereses opuestos de una clase competidora organizada.

pluralista: el que cree que no existe un centro de poder y que la toma de decisiones es el resultado del conflicto y de la negociación entre grupos de individuos diferentes.

representación proporcional: método de asignar curules legislativas según la proporción de votos emitidos por diferentes partidos.

socialismo: sistema en el que los medios de producción son poseídos y controlados socialmente mediante la propiedad directa del trabajador o a través del estado.

sociedad fascista: sociedad unipartidista gobernada por un dictador que acentúa el nacionalismo. Ejemplos de esta sociedad son la Alemania de Hitler, la Italia de Mussolini y la España de Franco.

terrorismo: empleo de la violencia o de la amenaza de violencia para presionar a los gobiernos, autoridades o poblaciones.

PREGUNTAS Y PROYECTOS

1 ¿Por qué, durante muchos siglos, la relativa importancia de las instituciones político-económicas ha crecido, en tanto que la relativa importancia de la familia ha declinado?

2 ¿Por qué los países en vías de desarolllo tienden a adoptar regímenes dictatoriales?

3 En el debate político estadounidense el tèrmino "derrochadores" se aplica con frecuencia a los que desean abundantes fondos gubernamentales para salud, educación o para los programas de asistencia social, pero no se aplica a aquellos que desean un presupuesto generoso para

la defensa o subsidios para los productos (subvenciones a los precios agrícolas, subsidios al mercado de lácteos, apoyos para la industria). Explíquese esto en términos de la perspectiva funcionalista y en términos de la perspectiva del conflicto.

4 ¿Participa usted en la economía subterránea? ¿Cuán extendida piensa usted que está esa economía en su comunidad?

5 ¿En qué forma consideraría un político conservador las teorías de Friedman? Y ¿un teórico del conflicto?

6 ¿Debe organizarse el poder? ¿Hay alguna forma en que las masas desorganizadas expresen un poder real?

7 Pese a las fuertes recomendaciones oficiales, sólo alrededor del 10% de los estadounidenses utilizan los cinturones de seguridad. ¿Qué punto de este capítulo ilustra este hecho?

8 ¿En qué condiciones un grupo relativamente pequeño de votantes puede tener gran fuerza política?

9 ¿La representación proporcional tiende a agrandar las diferencias o permite llegar a un término medio entre opiniones políticas opuestas?

10 ¿Por qué el terrorismo es más común en las sociedades democráticas que en las sociedades autoritarias o totalitarias?

11 ¿Considera usted que el terrorismo puede justificarse alguna vez? Si es así, ¿cuándo?

12 ¿Cree usted que la elección de un activista entre la acción no violenta, el paro o el terrorismo está determinada por las realidades estratégicas de la situación o por la personalidad del activista?

13 En *The Higher Circles: The Governing Class in America,* Random House, Inc., New York, 1970, de G. William Domhoff, lea usted las pp. 281-308, donde analiza las acusaciones de que Estados Unidos está gobernado por un grupo de intelectuales de izquierda ¿El autor responde satisfactoriamente estas acusaciones? ¿Es más verosímil creer que Estados Unidos está gobernado por un grupo de administradores que manipulan la política social en favor de los ricos?

14 Lea y compare los artículos elaborados por Gilder and Quinney señalados en las Lecturas que se sugieren. ¿Cuál encuentra usted más convincente? ¿Por qué?

15 En la frontera estadounidense la construcción de graneros era una institución establecida. Cuando llegaban nuevos pobladores o cuando un granero se quemaba o era derribado, toda la comunidad volvía a levantarlo o a construir uno nuevo, y se terminaba con una fiesta nocturna. ¿Por qué desapareció esta institución?

16 Lea "Layers at the Bar" de Joseph W. Bishop Jr., publicado en *Commentary,* 58:48-53, August 1974. ¿El activismo judicial es una ampliación o una restricción de los procesos políticos democráticos? Señale un ejemplo de cada punto de vista.

LECTURAS QUE SE SUGIEREN

Bernett, David L.: Comunism: "The Great Economic Failure", *U.S. News & World Report,* 92: 33-37, March 1, 1982. Un breve y entretenido artículo referente a las dificultades económicas del comunismo.

Bruyn, Severyn T. and Paula M. Rayman (eds.): *Nonviolent Action and Social Change,* Irvington Publishers Inc., New York, 1979. Teoría y práctica de la acción no violenta en varios países.

Collins, Randall: *Conflict Sociology,* Academic Press, Inc., New York, 1975, chap. 7; o Randall Collins and Thomas E. Ryther: *Sociology: Its Discipline and Direction,* McGraw Hill Book Company, New York, 1975, chaps. 10-11. Análisis desde la perspectiva del conflicto de las instituciones económicas y políticas, que critica severamente el capitalismo y la democracia capitalista.

Druker, Peter: "Pension Fund Socialism", *The Public Interest,* 42: 3-15, Winter 1976. Quejas de que la distinción entre trabajo y capital tiende a borrarse debido a los fondos para pensión de las corporaciones y de los *holdings.*

Getschow, George: "The Day Laborer's Toil Is Hard, Pay Is Minimal", *The Wall Street Journal,* June 22, 1983, p. 1ff. Una sobrecogedora exposición de la explotación de los trabajadores estadounidenses por las agencias de empleo que proporcionan trabajo manual temporal: trabajadores en el fondo de la "economía dual".

Gilder, George: "Moral Sources of Capitalism", *Society,* 18:24-27, September/October 1981. Una declaración de uno de los más elocuentes defensores del capitalismo.

Heilbroner, Robert L.: "Does Capitalism Have a Future?", *The*

New York Times Magazine, Aug. 15, 1982, pp. 22ff. Un economista importante ve nuestra economía en una seria crisis que exige por lo menos una intervención gubernamental mayor y diferente.

Kristol, Irving: "Ideology and Supply Side Economics", *Commentary* 71: 48-54, April 1981. Breve exposición de las implicaciones políticas de la economía de la oferta.

Phillips, Kevin: "Controlling Media Output", *Society,* 15: 10-16, November/December 1977. Un análisis del personal de los medios que lo considera como una "nueva clase", con recomendaciones para su reglamentación.

Quinney, Richard: "Religion and the Spirit of Capitalism", *Society,* 18:55-58, September/October 1981. Un sociólogo del conflicto rechaza la "base moral" del capitalismo señalada por Gilder.

Shellenberg, James A.: *The Science of Conflict,* Oxford University Press, New York, 1982. Breve y lúcido análisis del conflicto tanto en el proceso social general como en la forma de hostilidades específicas. Los capítulos sobre el rol de Adam Smith y Karl Marx como teóricos del conflicto son pertinentes aquí.

* Trounstine, Philip J. and Terry Christensen: *Movers and Shakers: The Study of Community Power,* St. Martin's Press, Inc., New York, 1982. El dominio de las elites corporativas con base regional en las cuidades del Cinturón del Sol es desafiado por la política local.

* Un asterisco antes de la cita indica que el título está disponible en edición en rústica.

CUARTA PARTE

Estratificación social

En las sociedades más simples no hay estratificación social. Todas las personas (de la misma edad y del mismo sexo) efectúan casi los mismos tipos de trabajo. Algunas personas pueden ser más respetadas e influyentes que otras, pero no hay grupo o categoría de personas que ocupe puestos de mayor prestigio o posea mayores privilegios que otros.

Cuando las culturas se hicieron más complejas, aparecieron las diferencias de status. Conforme el trabajo se fue dividiendo en ocupaciones especializadas, aquellos que efectuaban algunas clases de trabajos fueron más respetados y recompensados que otros. Cuando una sociedad empieza a producir más de lo que necesita para vivir, algunas personas encuentran la forma de exigir una porción mayor para ellas y para sus hijos. Las personas que gozan de mayor prestigio y disfrutan de más bienes que otras tienden a agruparse y a formar clases sociales. Cuando se utiliza como sustantivo, la estratificación es el sistema de diferencias de status que se ha desarrollado en una sociedad. Cuando se considera como acción, la estratificación es el proceso de desarrollo y cambio de este sistema de diferencias de status.

El capítulo 14, "Clases sociales", describe el sistema de clases de la sociedad estadounidense moderna y muestra sus efectos en la vida de las personas. El capítulo 15, "Movilidad social", muestra la forma en que las personas y los grupos cambian sus posiciones de clase en la sociedad estadounidense. El capítulo 16, "Raza y relaciones étnicas", examina la raza y el grupo étnico como factores en el proceso de estratificación.

14 Clase social

364

*Estratificación
social*

LA "NUEVA CLASE"
EL FUTURO DE LAS CLASES
SOCIALES: DEL
"PROLETARIADO A LOS

BUSCADORES DE
STATUS"
SUMARIO
GLOSARIO

PREGUNTAS Y PROYECTOS
LECTURAS QUE SE
SUGIEREN

Cómo clasifican los estadounidenses a los otros y a sí mismos

Personas que realmente han conseguido lo que querían. El hombre de la calle subdivide a esta elite en cuatro grupos: el antiguo rico (Rockefellers), las celebridades ricas (Paul Newman o Chris Evert), el rico anónimo (un urbanizador de terrenos millonario) y un rico común y corriente (un médico pudiente).

Personas que lo están haciendo muy bien. Si se quiere que una familia clasifique bien, el que gana el pan debe ser casi siempre un profesional: dentista, abogado o ejecutivo de una corporación. Estas personas poseen casas muy grandes con dos automóviles por lo menos y una cochera con calefacción. Ocasionalmente vuelan a Europa (algunas veces a expensas de la compañía) y son miembros de clubes campestres, destinados a personmas distinguidas. Cuando llega el momento, sus hijos van a escuelas privadas o a buenas universidades estatales.

Personas que han realizado el sueño de la clase media. Aunque estas familias pueden contar entre sus posesiones muchas más cosas de las necesarias, no tienen demasiados lujos. Viven en las colonias suburbanas, la esposa debe poseer su propio automóvil, casi siempre una camioneta. Su casa posee tres dormitorios con una sala familiar para ver la televisión. Cada verano hacen sus maletas y salen con rumbo a las montañas o a la playa.

Personas que llevan una vida cómoda. Estas personas pagan sus recibos a tiempo y logran incluso arreglárselas para ahorrar algo para los días difíciles. Poseen una casa sola con seis habitaciones en un suburbio no demasiado elegante.

Personas que apenas la van pasando. Con frecuencia, el marido es obrero de una fábrica, la esposa, camarera o empleada de almacén. Alquilan una pequeña casa o un apartamento grande. Estas personas poseen un automóvil cuyo modelo tiene seis años de antigüedad, dos aparatos de televisión en blanco y negro y una lavadora.

Personas que están atravesando por una situación difícil. Estos hombres y mujeres están orgullosos de desempeñar un trabajo y no están atenidos al subsidio por desempleo. Probablemente viven en un edificio de apartamentos que carece de ascensor. El marido podría ser portero y la mujer lavandera.

Personas pobres. La mayor parte de estas familias depende de la beneficiencia pública. Su casa es el ghetto o el barrio ubicado en el centro de la ciudad. Las cucarachas se pasean de noche por las cocinas de sus apartamentos de una sola pieza, con camas empotradas. Van en autobús a sus trabajos domésticos, cuando pueden hallar ocupación.

(Basado en entrevistas con 900 residentes de Kansas City y Boston, publicado en *Human Behavior,* 6:29, November 1977. Copyright © *Human Behavior Magazine.* Reproducido con permiso.)

Hace dos milenios, Aristóteles observó que las poblaciones tendían a dividirse en tres grupos: los muy ricos, los muy pobres y aquellos que se encontraban entre ambos. Para Karl Marx, las clases sociales principales eran los trabajadores asalariados (el proletariado) y los capitalistas (la burguesía), con un grupo intermedio (la pequeña burguesía), destinado a "proletarizarse". Adam Smith dividía la sociedad en aquellos que vivían de las rentas de sus tierras, de sus salarios y de las ganancias del comercio. Thorstein Veblen dividía la sociedad en trabajadores, que luchan por la subsistencia, y una clase ociosa tan rica que su principal preocupación es "el consumo ostentoso" para mostrar lo rica que es. Franklin D. Roosevelt hizo en 1937 una viva descripción de la vida de la clase baja cuando dijo en su discurso inaugural el 20 de enero de 1937: "Veo a una tercera parte de la nación mal alojada, mal vestida y mal alimentada". Todas estas descripciones de la clase social implican que el dinero separa a las personas en grupos diferentes. Sin embargo, como pronto se verá, la clase social significa algo más que dinero.

¿QUÉ ES UNA CLASE SOCIAL?

Una clase social puede definirse como *un estrato de personas de similar posición en el continuum del status social.* La posición social del portero no es la misma que la del director de la escuela; un estudiante no lo saludará en forma exactamente igual. La mayor parte de nosotros somos diferentes con aquellos cuya posición social pensamos que se encuentra por encima de la nuestra y somos condescendientes con aquellos que consideramos que están por abajo de nosotros, socialmente hablando. Estos procesos de desaire y reverencia, de intentar poner alfombras al paso de alguien o de menospreciar a una persona que no "es alguien" proporciona material inacabable para cientos de novelas, obras de teatro, filmes y guiones de televisión.

Los miembros de una clase social se consideran el uno al otro como socialmente iguales, mientras que consideran superiores a algunos e inferiores a otros. Al ubicar a las personas en su propia clase social, uno hace preguntas como éstas: "¿Al banquete de quién serían invitados como iguales sociales?" "¿Para la hija de quién considerarían a su hijo como acompañante adecuado?" Los miembros de una clase social particular tienen con frecuencia casi la misma cantidad de dinero, pero lo que es mucho más importante es que tienen casi las mismas actitudes, valores y formas de vida.

¿Cuántas clases sociales hay? Esta pregunta es difícil de responder. Las clases no son agrupaciones de *status* nítidamente definidos como los diferentes rangos en el ejército. El *status* social varía a lo largo de un continuum, en una pendiente gradual que va desde arriba hasta abajo, y no se presenta como una serie de escalones. Así como la "juventud", la "edad mediana" y la "vejez" son puntos a lo largo de una continuum, así las clases sociales pueden considerarse como puntos a lo largo de un continuum de *status*. En consecuencia, el número de clases sociales no es fijo ni éstas tienen límites definidos o claros intervalos que las separen. Las personas se encuentran en todos los niveles de *status* de arriba hasta abajo, de la misma manera en que hay personas de todos los pesos y medidas, sin saltos bruscos en la serie.

Una serie así puede dividirse en cualquier número de "clases" que se considere conveniente. Los antiguos estudiosos de la clase social dividían el continuum de *status* en tres clases: alta, media y baja. Los estudiosos más recientes consideran esta división poco satisfactoria para muchas comunidades, pues coloca a las personas en la misma clase, aun cuando ellas estén muy lejos de tratarse mutuamente como iguales. Muchos sociólogos han utilizado una clasificación sextuple para dividir cada una de estas tres clases en una sección superior y una inferior. La de arriba, la clase *alta-alta*, se compone de antiguas familias ricas, que durante largo tiempo han sido socialmente prominentes y que han tenido dinero desde hace tanto, que se ha olvidado cuándo y cómo lo obtuvieron. La clase *alta-baja*, puede tener mucho dinero, pero no lo han tenido durante mucho tiempo, y su familia no ha sido prominente desde el punto de vista social durante mucho tiempo. La clase *media-alta* incluye a la mayoría de los hombres de negocios y de los profesionales que han triunfado, generalmente con "buenos" antecedentes familiares e ingresos sustanciales. La clase *media-baja* está formada por oficinistas y otro tipo de empleados y semiprofesionales, y posiblemente por algunos de los supervisores y artesanos más calificados. La clase *baja-alta* consta principalmente de los trabajadores permanentes, y con frecuencia es descrita como la "clase trabajadora" por aquellos a quienes les

Las diferencias de status, poder e ingreso se encuentran en todas las sociedades excepto en las más simples. (*Peter Buckley-/Photo Researchers, Inc.*)

disgusta aplicar el término de "clase baja" a los trabajadores responsables. La clase *baja-baja* incluye a los trabajadores temporales, a los desempleados, a los trabajadores inmigrantes y a aquellos que viven más o menos permanentemente de la asistencia pública.

Esta clasificación sextuple, utilizada por Warner and Associates (1941-1942) al estudiar una antigua ciudad de Nueva Inglaterra es probablemente muy típica de las ciudades grandes y medianas en las partes más pobladas del país. En la regiones occidentales de rápido crecimiento "la antigua familia" puede ser menos importante. Coleman y Neugarten (1971) utili-

zan un sistema de siete capas muy parecido al de Warner, pero que divide a la clase media en tres niveles: media alta (profesionales y personal administrativo), estadounidense de clase media acomodada y estadounidenses de clase media marginal. En las poblaciones más pequeñas el sistema de clases es menos complejo. Al estudiar una pequeña ciudad de los estados centrales Hollingshead (1949) utilizó una clasificación quíntuple en la que las dos clases altas se redujeron a una. En una pequeña comunidad rural, West (1945) no encontró que entre los residentes hubiera un acuerdo sobre el número de clases, aunque la clasificación de *status* probablemente correspondería a la mitad inferior del sistema de seis clases de una sociedad urbana. Estudianto el sistema de clases de una comunidad agrícola empobrecida en las islas Filipinas, Lynch (1959) encontró sólo dos clases: la que se autosostenía y la menesterosa.

El número de clases sociales, por lo tanto, varía según los lugares y también puede variar según la apreciación del observador del número de estratos sociales cuyos miembros tengan el mismo *status* general. Por ejemplo, cuando hablamos de la clase media, no nos referimos a un grupo de personas que estén claramente separadas de otras por un intervalo definido de *status*; nos referimos a un conjunto de personas que se agrupan alrededor de un punto medio en una escala de *status* y que se ven y se tratan mutuamente como iguales socialmente hablando. El hecho de que los términos no tengan límites definidos no impide que sean útiles conceptos e instrumentos de investigación. La clase social es una realidad social importante, no sólo una estructura teórica, porque las personas *ciertamente* clasifican a los demás como iguales, superiores e inferiores. Siempre que una persona define a otra como igual, socialmente hablando, y la trata de manera diferente a como trata a los

que no estan así definidos, su comportamiento crea las clases sociales.

Determinantes de la clase social

¿Qué sitúa a una persona en una clase social particular? ¿El nacimiento, el dinero, la educación, la ocupación? La respuesta a cada preguntas es sí, porque todos estos atributos están comprometidos.

RIQUEZA E INGRESOS.   El dinero es necesario para una posición de clase alta; sin embargo, la posición de clase de una persona no es directamente proporcional a sus ingresos.

Para comprender el lugar del dinero en la determinación de clase, debemos recordar que *una clase social es básicamente una forma de vida.* Se necesita una buena cantidad de dinero para vivir como las personas de la clase alta. No obstante, ninguna cantidad de dinero proporcionará *inmediatamente* el *status* de clase alta. Los "nuevos ricos" tienen el dinero, pero carecen de la forma de vida de una persona de la clase alta. Pueden comprar la casa, los autos y la ropa, y con-

La riqueza instantánea del ganador de la lotería no le proporciona inmediatamente el status de clase alta. (*United Press International.*)

tratar a un decorador para que seleccione el mobiliario adecuado, los libros, las pinturas. Aprender las maneras formales de la clase alta requiere un poco más de tiempo, pero con una cuidadosa observación, además de un intenso estudio de los consejos de Emily Post o Amy Vanderbilt, probablemente será suficiente. Sin embargo, adquirir las actitudes, sentimientos y respuestas cotidianas de una persona de la clase alta, exige mucho más tiempo. A menos que se haya nacido y se haya sido socializado en una subcultura de clase alta, es casi seguro que se cometerán deslices ocasionales que revelarán el origen plebeyo. Abundan novelas y piezas teatrales con arribistas sociales que nunca llegan a tener éxito, porque ocasionalmente utilizan la palabra equivocada o reflejan la actitud errónea y, por lo tanto, revelan su origen humilde. La mayor parte de "los nuevos ricos" no son más que miembros marginales de la clase alta durante toda su vida.

Sin embargo, sus hijos tienen más oportunidades, y la obtención de un *status* de clase alta está prácticamente asegurado para sus nietos. El dinero, *a largo plazo,* suele proporcionar un *status* de clase alta. La gente que gana mucho dinero empieza a vivir como las personas de la clase alta. Cuando sus hijos maduran, se están convirtiendo en una "antigua familia", y los hijos de sus hijos habrán asimilado plenamente el comportamiento de clase alta. Así, los dos requisitos del *status* de clase alta se han cumplido.

El dinero tiene otros matices sutiles. Los ingresos provenientes de las inversiones poseen mayor prestigios que los que se derivan de la asistencia social. El ingreso por el desempeño de una profesión es mejor que el salario; el dinero ganado en la bolsa es mejor que el dinero ganado en el juego o en las carreras de caballos. La naturaleza y fuente de los ingresos de una persona hablan de los antecedentes familiares de una persona y de su probable forma de vida.

El dinero que una persona solía tener es casi tan bueno como el dinero que tiene ahora. La aristocracia "real" del Sur, por ejemplo, ya no es muy rica, debido en parte a que sus valores de clase le impidieran participar en los sucios pleitos que creó la llegada de los millonarios petroleros y los magnates de la industria. Sin embargo, los aristócratas empobrecidos todavía pueden conservar su *status* de clase alta mientras tengan dinero suficiente para mantener un tren de vida de clase alta, aunque esté algo desgastada en las orillas.

El dinero, pues, es un determinante de gran importancia de la clase social, debido en parte a lo que sugiere acerca de los antecedentes y la forma de vida de la familia.

OCUPACIÓN.   La ocupación es otro determinante del *status* de clase. Tan pronto como las personas desarrollaron trabajos especializados, se formaron la idea de que algunas clases de trabajos eran más honorables que otras. En una sociedad primitiva, el fabricante de lanzas, el constructor de canoas y el hechicero obtuvieron cada unos un *status* social definido debido a su ocupación. La China clásica honraba al estudioso y despreciaba al guerrero; la Alemania nazi invirtió la fórmula. El cuadro 14-1 nos ofrece una clasificación según el prestigio de que gozan algunas ocupaciones en Estados Unidos, de acuerdo con una encuesta de opinión nacional.

Una pregunta que ha fascinado a los teóricos sociales es la que se refiere a por qué razón una ocupación *debería* implicar más prestigio que otra. Las ocupaciones que gozan de mayor prestigio reciben generalmente los ingresos más altos; sin embargo, existen muchas excepciones. Un animador popular de televisión puede ganar en una semana lo que un juez de la Suprema Corte gana en un año. Los profesores universitarios, los diplomáticos y los clérigos modestamente pagados se encuentran, en lo que a prestigio se refiere, muy por encima de los atletas profesionales y de las máximas figuras de la televisión mejor pagadas, y casi en el mismo nivel que los médicos y abogados, que son mucho más ricos. Las ocupaciones que tienen mayor prestigio suelen requerir un grado avanzado de educación, pero de nuevo la correlación está muy lejos de ser perfecta. La importancia del trabajo es una prueba poco satisfacotoria, porque ¿cómo podemos decir que el trabajo del agricultor o del agente de policía es menos valioso para la

PRESTIGIO OCUPACIONAL EN ESTADOS UNIDOS

Título de la ocupación	Puntuación de prestigio	Título de la ocupación	Puntuación de prestigio
Miembro del Senado de E.U.	88.4	Ingeniero ferrocarrilero	47.7
Gobernador de un estado	84.9	Agente de seguros	46.8
Juez de la Suprema Corte de E.U.	84.5	Propietario de restaurante	46.4
Médico	81.5	Capataz de construcción	46.1
Embajador en un país extranjero	80.7	Técnico especializado en una fábrica	45.8
Profesor universitario	78.3	Operador de perforadora IBM	44.9
Abogado	75.7	Bombero	43.8
Dentista	73.5	Propietario y administrador agrícola	43.7
Coronel del ejército	70.8	Vendedor de automóviles	43.5
Piloto aviador	70.1	Estenógrafo	43.3
Clérigo	69.0	Carpintero	42.5
Químico	68.8	Soldado	40.3
Sociólogo	65.0	Reparador de aparatos de T.V.	35.0
Gerente general en una planta industrial	63.9	Chofer de camiones de carga	32.1
Profesor de escuela secundaria	63.1	Obrero semicalificado	31.4
Profesor de primaria	60.1	Obrero en una planta armadora de automóviles	30.8
Quiropráctico	60.0	Vendedor de autos usados	30.6
Veterinario	59.7	Pensionado del Seguro Social	30.5
Periodista	58.8	Obrero industrial	29.4
Técnico en computación	57.0	Cocinero en un restaurante	26.0
Dirigente de un sindicato internacional de trabajadores	55.4	Cantante en un club nocturno	25.9
Alguien que vive de las operaciones en la bolsa	55.2	Minero en una mina de carbón	25.2
Anunciador de televisión	54.2	Alguien que vive de la asistencia pública	25.1
Mecánico especializado	52.4	Arrendador de una granja	21.5
Programador de computadoras	51.3	Mesera en un restaurante	19.6
Trabajador social	50.3	Trabajador inmigrante	13.7
Electricista	49.2	Recolector de basura	12.6
Agente de policía	47.8		

Fuente: Donald J. Treiman, *Occupational Prestige in Comparative Perspective,* Academic Press, Inc., New York, 1977, pp. 318-329. Aunque no todos los títulos ocupacionales eran idénticos, una encuesta Gallup en octubre de 1981 dio como resultado puntuaciones muy similares. (*Gallup Reports,* October 1981, p. 193).

¿Por qué el vendedor de autos usados obtuvo una calificación inmediatamente inferior a la del trabajador que construye el auto? ¿Por qué hay cuatro ocupaciones que se encuentran por abajo de la persona que vive de la asistencia pública?

sociedad que el del abogado o el del sociólogo? De hecho, se ha sugerido que el recogedor de basura, que goza del menor prestigio según las encuestas, puede ser el más esencial de todos los trabajadores en una civilización urbana.

Es obvio que el nivel del prestigio de las ocupaciones no puede explicarse fácilmente sobre una base puramente racional; sin embargo, sería difícil catalogar como accidente el hecho de que la mayor parte de las sociedades modernas hayan desarrollado casi la misma jerarquía de los

status ocupacionales. Estudios efectuados sobre los datos de muchos países (Hodge et al., 1966; Marsh, 1971; Treiman, 1977), encuentran que una ocupación particular tiene casi la misma clasificación de *status* en las sociedades urbanizadas e industrializadas[1]. Aparentemente, el sistema industrial fomenta usualmente algunas

[1] Las sociedades comunistas proporcionan algunas excepciones interesantes al clasificar a los empleados y profesionales mucho más abajo que las sociedades capitalistas (Penn, 1975).

actitudes, percepciones y relaciones de *status* dondequiera que se desarrolla. En todas las sociedades, industriales o preindustriales, vemos que se tiende a asignar a las personas un *status* de clase acorde con su ocupación y que ellas pueden entrar con mayor facilidad en aquellas ocupaciones que son adecuadas a su *status* de clase actual.

La ocupación es un aspecto importante de la clase social, puesto que otras muchas facetas de la vida están relacionadas con las ocupaciones. Si sabemos cuál es la ocupación de una persona, podemos hacer algunas conjeturas acerca de la cantidad y calidad de sus estudios, de su nivel de vida, de sus amistades, de las horas de que dispone y de las rutinas diarias de su vida familiar. Podemos incluso hacer conjeturas acerca de las lecturas que le gustan y de sus intereses recreativos, del nivel de su conducta moral y de su afiliación religiosa. En otras palabras, cada ocupación es parte de una forma de vida que difiere considerablemente de la que se tiene en otros niveles ocupacionales.

La forma de vida total de una persona es la que en último término determina a qué clase pertenece. La ocupación es una de las mejores pistas acerca de la forma de vida de una persona y, por lo tanto, de su pertenencia a una clase social (Haug, 1972, p. 431).

Los países subdesarrollados tienen una estructura de clases que refleja una sociedad que utiliza en forma limitada a profesionales, empleados y trabajadores altamente calificados, y por consiguiente tiene una clase media pequeña y una clase baja muy grande. Este modelo cambia conforme estos países se van industrializando.

EDUCACIÓN. La clase social y la educación interactúan por lo menos en dos formas: Primera, la educación superior exige dinero y motivación. Segunda, la cantidad y calidad de la educación afectan el nivel de clase alcanzado. No sólo introduce habilidades ocupacionales, sino también cambios de gustos, intereses, metas, modales y forma de hablar; en una palabra, en toda la forma de vida de una persona. En cierta manera, la educación puede ser aún más importante que la ocupación. De Fronzo (1973) en-

contró que los obreros difieren ampliamente de los empleados tanto en sus actitudes personales como sociales, pero que estas diferencias casi desaparecen cuando la educación es comparable.

CRITERIOS PARA LA CLASIFICACIÓN EN CLASES. Aunque es necesario un ambiente de familia rica para alcanzar un *status* de clase alta, la educación puede sustituir el ambiente familiar en los niveles de clase intermedios. Las clases medias son tan grandes y se trasladan tanto de un lugar a otro que es imposible conocer los antecedentes familiares de cada individuo. Es probable que los recién llegados a una localidad sean aceptados en cualquiera de las clases media o baja donde encaje su comportamiento. La educación, los ingresos y los gastos son tres pistas muy claras, y la mayor parte de las otras características del comportamiento que definen "la pertenencia" de una persona están asociadas con estos indicadores.

Los científicos sociales utilizan mucho estos tres indicadores —educación, ocupación e ingreso— para dividir a las personas en niveles de clase social con fines de investigación. Como ya hemos explicado, éstas son pistas útiles para conocer la forma de vida total de las diferentes clases sociales. Además, son fáciles de objetivar. Por ejemplo, sería difícil utilizar el "modo de hablar vulgar o culto", como criterio para definir la pertenencia de clase en una investigación. Aunque las pautas del lenguaje revelan la clase social de una persona (Labov, 1972), sería difícil desarrollar una medida objetiva del empleo de lenguaje y de la dicción en una investigación. Finalmente, los datos sobre educación, ocupación e ingresos están disponibles en los informes del censo, desglosados por las "clasificaciones geográficas del censo" o áreas que incluyen unas cuantas manzanas. Supongamos que un sociólogo desea comparar las tasas de mortalidad o de incidencia de la polio, el tamaño familiar promedio, o prácticamente cualquier cosa que varíe dentro de las clases sociales. Utilizando los datos del censo sobre ocupación, educación e ingresos promedio de las diferentes clasificaciones geográficas del censo dentro de la comunidad, es fácil localizar por comparación un rastro de clase alta, de clase media y de clase baja. Aunque la clase social abarca algo más que estos tres criterios, son suficientes para identificar las clases sociales para la mayor parte de los propósitos de una investigación.

Autoidentificación y conciencia de clase

La mayoría de los sociólogos considera la clase social como una realidad, aun cuando las personas no estén completamente conscientes de ella. Las creencias demócraticas estadounidenses hacen hincapié en la igualdad y tienden a inhibir un franco reconocimiento de las divisiones de clases.

¿La pertenencia de una persona a una clase social está, pues, determinada por el sentimiento de que pertenece a una clase particular o por la ocupación, educación e ingresos? Principalmente por los últimos, porque ellos determinan la forma de vida de una persona. Sin embargo, el *sentimiento* de la identificación de clase tiene cierta importancia, porque uno tiende a imitar las normas de comportamiento de la clase con la que se identifica. Eulau (1956) encontró que aquellos informantes que se colocaban en una clase a la que objetivamente no pertenecían, compartían más las actitudes políticas de esa clase que las de la clase a la que en realidad pertenecían. La autoidentificación como una clase social tiene algún efecto sobre el comportamiento, ya sea que realmente se pertenezca o no a esa clase.

Cuando se les pregunta su identidad de clase, pocos estadounidenses eligen la "clase baja" o "la clase alta". Casi siempre se distribuyen entre la "clase trabajadora" y la "clase media" (Kriesburg, 1979, p. 307; Goertzel, 1979, p. 66).

Pautas familiares

Muchas sociedades tienen por lo menos dos tipos de familias: las que están formadas por cónyuges de cada sexo e hijos y las que están formadas sólo por uno de los padres y los hijos.

LAS PERSONAS QUE SON POBRES

Casi la mitad de las familias pobres están encabezadas por mujeres. Esta feminización de la pobreza... no muestra señales de disminuir, dado que las tasas de nacimientos ilegítimos y de divorcios siguen elevándose. Si esta tendencia continúa, advierte el President's National Advisory Council on Economic Opportunity", la población pobre se compondría únicamente de mujeres y sus hijos antes del año 2000."

"Life Below the Poverty Line" *Newsweek*, 98:21, April 5, 1982.

¿Están interrelacionadas las instituciones familiares y las económicas?

Cada uno de estos tipos de familia en la sociedad estadounidense se encuentra en todos los niveles sociales y, por sí misma, no indica una categoría de clase. Sin embargo, en los últimos años, la familia constituida por uno solo de los padres, por lo general la madre, se encuentra con mayor frecuencia en la clase baja. Esto es tanto una causa como un resultado del *status* de clase baja. Es el *resultado* en el sentido de que la ilegitimidad, el divorcio y el abandono son más comunes en la clase baja que en los círculos de clases media o alta. Es una *causa* en el sentido de que es muy difícil para una madre sola cuidar de sus hijos y, al mismo tiempo, obtener una ocupación y un ingreso de clase media. Las mujeres han obtenido muchas ventajas en los últimos años, pero la ilegitimidad, el abandono y el divorcio han atrapado a muchas de ellas y a sus hijos en un círculo de pobreza del que es difícil escapar. La familia constituida por sólo uno de los padres es la única categoría de pobreza familiar que se incrementó entre 1959 y 1980 (*Statistical Abstract,* 1981, cuadro 748, p. 497).

Símbolos de status

Una de las recompensas del *status* social alto es ser reconocido como superior. Puesto que el rico y el bien nacido se parecen a las demás personas, necesitan algunos medios para asegurarse de que su posición sea reconocida. En el pasado esto se había logrado mediante el *símbolo de status*, que puede consistir en cualquier característica u objeto deseable cuyo suministro estaba sumamente limitado (Blumberg, 1974, p.481), como un Cadillac, un abrigo de mink, una piscina privada o un diamante. Tales artículos eran valores tanto por su significado de *status* como por su utilidad o belleza.

Los símbolos tradicionales de *status* parecen haber perdido algo de su atractivo en los últimos años. Los ingresos se han elevado, lo que hace que estos símbolos estén al alcance de un sector más amplio de la población. La mayor parte de las familias estadounidenses posee automóviles, y más de una tercera parte tiene dos o más. Mediante el sacrificio de otros artículos o el uso de un automóvil de segunda mano, es muy fácil conseguir hasta el modelo más costoso. Las joyas auténticas y las pieles pueden estar fuera del alcance de muchas personas, pero las imitaciones, que sólo puden ser detectadas por expertos las ponen a disposición de la mayor parte de las personas.

La preocupación por la ecología también ha hecho que algunos símbolos de *status* sean menos aceptables. ¿Un automóvil grande indica éxito o simplemente una insensible indiferencia a la escasez de gasolina y a la contaminación del aire? Algunas veces la corriente por imitar a los ricos se invierte, y parece que el rico está copiando al pobre. Por ejemplo, durante la década de 1970-1980 la ropa de trabajo de las clases bajas fue copiada por los jóvenes acaudalados (y por algunos de sus mayores).

Aun los símbolos intangibles ya no son tan eficaces como antes. El golf es jugado lo mismo por un trabajador de la línea de ensamble que por un profesional. La televisión introduce en todos los hogares estadounidenses gran variedad de mensajes culturales. Un alto porcentaje de jóvenes se ha graduado en la escuela secundaria, y tantos han terminado su carrera universitaria, que los grados académicos tienen cada vez menos valor de *status*. Los efectos homogeneizantes de la movilidad social estadounidense están debilitando los símbolos de *status* materiales e inmateriales.

Sin embargo, los símbolos de *status* sobreviven todavía, como puede verse en la costumbre actual de llevar la marca de un diseñador famoso o algún símbolo bordado (al tiempo de escribir esto, un cocodrilo). Los pantalones vaqueros ya no son ropas de clase baja si llevan la marca de Jordache o Calvin Klein. Los zapatos son algo más que utilitarios si están hechos por Gucci o Bill Blass. Los símbolos de *status* todavía están presentes, pero las cosas particulares que son símbolos de *status* pueden cambiar con el tiempo.

TAMAÑO DE CADA CLASE SOCIAL

Los primeros estudios estaban de acuerdo en que, en una escala de clasificación de seis clases, las dos clases inferiores incluían a poco más de la mitad de la población de Estados Unidos. (Warner y Lunt, 1941; Centers, 1949). Los últimos estudios parecen indicar que las clases bajas estaban reduciéndose en tamaño y que las clases media y alta estaban aumentando. Los cálculos más recientes de ingresos parecen indicar una inversión de esta tendencia, pero las dos clases bajas todavía representan menos de la mitad de la población.

La mayor parte de la población ha terminado ahora su educación preparatoria, en contraste con sólo cerca de una tercera parte que la había concluido en 1947; la proporción de trabajos semiespecializados y no especializados ha descendido, y proporcionalmente son menos los que viven en la pobreza. Los empleos de clase media se están extendiendo conforme los cambios en la vida económica exigen más personal técnico y profesional. Y, en la medida en que la tecnología cambia el contenido de los trabajos, también cambia su *status*. La mayor parte de los empleos fabriles solían realizarse en condiciones ambientales sucias y eran desempeñados por personas comparativamente no especializadas y mal pagadas. En la actualidad, los trabajos fabriles son cada vez más limpios, y los trabajadores devengan mejores salarios.

La medición de clases es complicada debido a que existen varios criterios de pertenencias a una clase determinada, y muchas familias no presentan *todas* las características de un solo nivel de clase. Por ejemplo, el tipo ideal de familia de clase baja vivirá en un barrio bajo urbano o en una cabaña rural; uno o más miembros adultos beberían mucho, y con frecuencia estaría ausente el jefe de familia; la familia tendría poca educación o interés en la educación, y sus bajos ingresos provendrían en parte de un trabajo ocasional no especializado y principalmente de la asistencia social. Es probable que comparativamente pocas familias de clase baja llenen todas estas condiciones. Aunque las diferencias de clase son reales, los límites y membresía de cada clase no pueden fijarse con nitidez.

El cuadro 14-2 muestra una distribución de personas e ingresos en Estados Unidos. Esto sería muy similar en la mayor parte de los países industrializados. La distribución en Filipinas sería un ejemplo típico de los países en desarrollo. El cuadro muestra una pequeña clase media, una pequeña clase alta y una clase baja grande, con diferencias masivas en el ingreso entre las clases baja y alta. En Filipinas, como en cualquier otra parte, hay discusiones acerca de la política gubernamental, pero es muy difícil obtener mayor igualdad o elevar a la clase baja sin avances importantes en el desarrollo económico (Weede y Tiefenbach, 1981). Todos los países están luchando´ por estimular el desarrollo económico, pero es un proceso difícil, y es probable que este contraste entre las estructuras de clase en los países desarrollados y subdesarrollados, persista durante algún tiempo.

CUADRO 14-2
ESTIMACIÓN DE INGRESOS POR FAMILIA Y CLASE SOCIAL*

Clase.	ESTADOS UNIDOS		FILIPINAS	
	Porcentaje de población	Topes de ingreso por año	Porcentaje de población	Topes de ingreso por año
Rica (alta-alta)	2.1	Más de $75 000	.5	Más de $20 000
Acaudalada (alta-baja)	10.2	$45 000—$74 999	6.0	$7 000—$20 000
Próspera (media-alta)	21.0	$30 000—$44 999	15.0	$4 000—$7 000
Promedio (media-baja)	23.7	$20 000—$29 000	20.0	$2 500——$4 000
Abajo de lo normal (baja-alta)	27.0	$9 287—$19 999	15.0	$1 000—$2 500
Pobre (baja-baja)	16.0	Menos de $9 287 †	43.5	Menos de $1 000

* Sólo ingresos en dinero.

† No debe equipararse con el nivel de pobreza, puesto que $9 297 corresponden a una familia de cuatro miembros, y muchas de estas familias son más pequeñas y, por tanto, tendrían una cifra de pobreza menor. También, los ingresos no monetarios reducirían el número de familias ubicadas por abajo del límite de la pobreza.

Fuente: U.S. Data basado en U.S. Bureau of the Census, *Money Income and Poverty Status of Families and Persons in the United States, 1981,* ser. P-60, no. 134, 1982, table B, Philippine data from Edita A. Tan and Virginia V. Holazo, "Measuring Poverty Incidence in a Segmented Market: The Philippine Case", *The Philippine Economic Journal,* 18:450-492, No. 4, 1979. Todos son cálculos aproximados y deben utilizarse con precaución, porque la inflación hace que las cifras sean pronto obsoletas.

Las clasificaciones se adaptaron del libro de Sylvia Porter "Rich, Poor and Bedween", *Your Money's Worth,* Publishers Hourse Syndicate, Feb. 1. 1984, y de la obra de Socorro C. Espíritu et al., *Sociology in the New Philippine Setting,* Alerman Phoenix, Manila, 1976.

A juzgar por estos datos, ¿en qué país piensa usted que es mayor la desigualdad?

STATUS DEL OBRERO Y DEL EMPLEADO

Los términos "blue collar" y "white collar" (que en inglés significan "obrero" y "empleado", respectivamente), se empezaron a utilizar cuando los trabajadores manuales vestían camisas azules, en tanto que los trabajadores de oficina y los profesionales *solamente* llevaban camisas blancas. Las modas con respecto al color de la camisa han cambiado, pero los términos persisten (en inglés) como apodos de la clase trabajadora y de la clase media. Los ingresos por trabajos manuales y no manuales se sobreponen actualmente, como se muestra en el cuadro 14-3. Los ingresos más altos (entre los que se muestran) corresponden a los artesanos, y los más bajos a los oficinistas, y entre ambos se ecuentran los de los vendedores. Un estudio reciente encuentra que la mitad de los oficinistas y un poco más (58%) de los artesanos se clasifican a sí mismos como "clase trabajadora" o "pobres" (Jackman y Jackman, 1982). Es obvio que los límites entre la clase media y la clase baja se han desdibujado y que la distinción entre obrero y empleado (*blue-collar/white collar)* ha dejado de ser una guía confiable.

Algunos han sugerido que los empleados se han "proletarizado", esto es, que han absorbido actitudes supuestamente típicas de los obreros (Breverman, 1974; Wright et al., 1982). La reciente revisión del estudio de "Middletown" informa que entre 1937 y 1978 la clase media se ha vuelto claramente más "clase trabajadora" en sus actitudes y estilo de vida. (Caplow, Barh y Chadwick, 1981). La creciente aceptación de la sindicalización por parte de los empleados podría aducirse también como prueba de la "proletarización" de la clase media.

Se discute si esto está ocurriendo (Kelly, 1980). Un punto de vista opuesto es el de que la clase trabajadora se ha "aburguesado" conforme ha asumido actitudes y estilos de vida de la clase media (Goldthrope y Lockwood, 1983, p. 133). Estudios más recientes afirman también que los obreros han aumentado su autoidentificación con la clase media. (Cannon, 1980).

Los estudios pueden discutir si la clase trabajadora se está "aburguesando" o si la clase media se está "proletarizando". Pero es evidente que sus estilos de vida son cada vez menos distintos. La mayoría de los sociólogos está de acuerdo con esta "teoría de la convergencia", que afirma que las clases se están acercando en su estilo de vida (Blumberg, 1980), aunque todavía quedan diferencias reales. LeMasters, sociólogo que utiliza la técnica de la observación participante, ha tomado notas cuidadosas de las conversaciones en un bar obrero y tiene la impresión de que los obreros rechazan mucho de lo que los empleados aceptan, aunque esto es menos cierto respecto a sus esposas. He aquí una descripción sumaria de un típico obrero de raza blanca y sexo masculino.

Posee una hermosa casa en un suburbio agradable. Sus ingresos coinciden exactamente con la categoría de los de la clase media... No puede comprender o no le agrada mucho lo que ve en la televisión, de modo que apenas si sintoniza algo más que los deportes. Aborrece o teme a los negros, a los universitarios, a los partidarios de la liberación de la mujer y a los homosexuales. No confía en los empresarios, en los líderes de su propio sindicato, en los políticos o en los judíos, y está convencido de que los empleados no merecen sus salarios. No le agrada el matrimonio, pero está casado por razones que encuentra difíciles de explicar. Le gustaría mucho más estar cazando, pescando, o bebiendo con los amigos, que hablar o ver la televisión con su esposa... "Yo (LeMasters) estoy algo sorprendido por el grado de suspicacia y desconfianza que tienen los obreros respecto a los

CUADRO 14-3
INGRESOS SEMANALES MEDIOS EN LAS OCUPACIONES DE OBREROS Y EMPLEADOS—1980

Obreros		Empleados	
Calificado	$328	Oficinista	$215
No Calificado	$275	Vendedor	$279

Fuente: Statistical Abstract of the United States, 1981, p. 407.

¿Por qué tantas personas conservan un trabajo de empleados mal pagado cuando hay tantos trabajos de obrero mucho mejor pagados?

empleados de las clases media y alta''. Texto en la solapa del libro de E. E. LeMasters: *Blue Collar Aristocrats,* The University of Wisconsin Press, Madison, 1975. La última frase es una cita textual que se encuentra en la p. 199. Copyright©1975 by The Regents of the University of Wisconsin.

LA CLASE SOCIAL COMO SUBCULTURA

Como revela la cita anterior, cada clase social es una subcultura con un sistema de comportamiento, una serie de valores y una forma de vida. Esta subcultura sirve para adaptar a las personas a la vida que llevan y para preparar a los niños a asumir el *status* de clase de sus padres. Aunque ocurren algunas sobreposiciones y excepciones, sigue siendo cierto que el niño promedio de clase media tiene una socialización muy diferente a la del niño promedio de clase baja. Tomemos un aspecto de la socialización —aquellas experiencias que moldean las ambiciones, la educación y los hábitos de trabajo— y veamos cómo difieren entre dos mundos de clases sociales.

Los niños típicos de clase media-alta viven una subcultura de clase donde están rodeados de personas instruidas que hablan correctamente el idioma la mayor parte del tiempo, disfrutan de la música clásica, compran y leen libros, viajan y reciben con agrado a sus visitantes. Tienen a su alrededor personas con aspiraciones, que van a trabajar aunque no les guste y que luchan por lograr el éxito. Están familiarizados con los logros de sus ancestros, parientes y amigos, y para ellos lo más normal es suponer que también ellos van a lograr algo en el mundo.

Cuando van a la escuela, cepillados y expectantes, se encuentran con un maestro cuya ropa, modo de hablar, forma de comportarse y normas de conducta son muy semejantes a las que ya conoce. Son recibidos por una serie de objetos familiares —libros ilustrados, pizarrón, cubos con letras— y son iniciados en actividades que ya son familiares para ellos. Al maestro le parecen niños atractivos y responsables, en tanto que a ellos la escuela les parece un lugar cómodo y excitante. Cuando el maestro dice:

''Estudien duro para que salgan bien y sean alguien algún día'', esto tiene sentido para ellos. Sus padres se hacen eco de estas palabras. Al mismo tiempo ven a personas muy semejantes a ellos —hermanos y hermanas mayores, parientes, amistades, familiares— que están terminando sus estudios y preparándose para alguna carrera prometedora. Para la mayor parte de ellos crecer significa termina una educación avanzada y lanzarse a una carrera.

Los niños de la clase baja-alta viven una subcultura de clase en la que es raro que haya alguien que tenga un trabajo fijo durante mucho tiempo. Ser despedidos y acudir a la asistencia social es una experiencia normal, que no conlleva un sentimiento de vergüenza o fracaso. En su mundo los alimentos son fortuitos e irregulares; en cada cama duermen tres o cuatro personas y una voz bien modulada se perdería en medio del bullicio del vecindario.

Estos niños van con frecuencia a la escuela desaseados y mal alimentados, y se encuentran con una persona que no se parece a nadie de su mundo social. El modo de hablar y las maneras del maestro les son poco familiares, y cuando se comportan de una forma que es aceptable y útil en su mundo social, son castigados. Los materiales y las actividades del salón de clase tampoco les son familiares. Es probable que el maestro, que con frecuencia proviene del protegido mundo de la clase media, los califique de hoscos y de irresponsables, en tanto que ellos llegan pronto a la conclusión de que la escuela es una prisión donde no se puede ser feliz. Aprenden poco. La escuela pronto deja de lado todo esfuerzo serio por enseñarles algo, los cataloga como ''problemas de disciplina'' y se reduce a mantenerlos quietos, de modo que los otros niños puedan aprender. Cuando el maestro dice: ''Estudien duro para que salgan bien y sean alguien algún día'', estas palabras no tienen sentido para ellos. Reciben poco apoyo de sus padres que puede ser que respalden con palabras las metas educativas, pero rara vez convencen a los niños de que la escuela y el aprendizaje son cosas muy importantes.

Y lo que es más significativo es que los niños casi no ven a nadie *parecido a ellos*; a nadie de su propio mundo que esté utilizando la escuela como un escalón para una carrera. En su mundo, los que tienen autos deslumbrantes y ropas costosas son los que se han sacado la lotería, se han metido en negocios sucios o han encontrado una forma tortuosa de conseguir lo que quieren. Así, la escuela fracasa en motivarlos. Para los niños de la clase baja-baja, ''crecer'' significa con frecuencia abandonar la escuela, conseguir un auto y escapar de la supervisión de maestros y padres. El horizonte de sus aspiraciones rara vez se extiende más allá del próximo fin de semana. Los hábitos de trabajo son descuidados e irregulares. Se casan pronto (o viven en unión libre) y proporcionan a sus hijos una vida que reproduce las experiencias de su propia socialización. En esta forma, el sistema de clases opera para preparar a la mayor parte de los niños para un *status* de clase similar al de sus padres.

En la socialización del niño, la clase baja-alta o la clase trabajadora puede parecerse más a la clase media que a la clase baja-baja. La clase baja-alta intenta en muchos casos proporcionar a los niños un hogar estable y espera que asistan a la escuela con regularidad, estudien y se porten bien. Algunas veces hay amistades o parientes de la clase media que sirven como modelos los padres de familia de clase trabajadora pueden darse poca cuenta de todo lo que está implicado en el éxito escolar, y pueden no proporcionar el ambiente hogareño que haga de la lectura o de la conversación abstracta una parte natural del crecimiento. Así, sus hijos tienen una limitada preparación para la escuela y con frecuencia defraudan las esperanzas puestas en ellos por sus padres.

Las diferencias en la socialización de los niños de las clases baja y media se atenúan por dos factores: 1) las amistades entre clases, y 2) la penetrante influencia de la televisión. Los jóvenes de todas las clases emplean mucho de su tiempo libre mirando el aparato de la televisión, y así tienen una experiencia más homogénea que los niños de las generaciones anteriores. Observar la televisión es ahora un pasatiempo tan universal que ciertamente tiende a producir gran similitud entre todos los grupos sociales.

Sin embargo, algunas diferencias permanecen y éstas son probablemente las mayores entre los muy pobres (los más bajos de la clase baja) y la clase social más afortunada. En realidad, se considera con frecuencia que los más bajos de la clase baja viven en una ''cultura de la pobreza''.

La cultura de la pobreza

En los dos últimos decenios se ha puesto de moda referirse a una cultura de la pobreza (Lewis, 1959, 1966 a 1966*b*). Esto significa que los pobres forman una subcultura en la que, como resultado de sus experiencias comunes, han desarrollado algunas actitudes y pautas de comportamiento que se han transmitido de padres a hijos. Éstas incluyen la familia matrifocal, el recurso ocasional a la agresión física, la incapacidad para planear el futuro, la búsqueda de gratificación inmediata, débil control de los impulsos y una actitud fatalista respecto al futuro. Este concepto de cultura de la pobreza ha sido apoyado por muchos científicos sociales (Kerbo, 1981), quienes lo consideran una descripción realista de cómo los pobres encuentran difícil, si no imposible, romper el ciclo de pobreza de generación en generación (Galbraith, 1978; Segalman y Basu, 1979). El concepto también ha sido criticado (Roach y Gursslin, 1967; Glazer y Moynihian, 1971) porque no se aplica a grupos como ancianos pobres y los enfermos, y porque no se aplica igualmente a todos los grupos étnicos. Además, es probable que las pautas de conducta no sean tanto normas o ideales, sino simplemente una adaptación a lo que parecen ser circunstancias inalterables (Massey, 1975, p. 604).

Clase social y participación social

Cuanto más baja es la clase social, menos son las asociaciones y relaciones sociales de la mayor parte de las personas. Las personas de clase baja participan menos en organizaciones de cualquier tipo (clubes, grupos cívicos o aun iglesias) que las de clase media y clase alta (Stone, 1960; Hyman y Wright, 1971: Curtis y Jack-

La pobreza se define culturalmente. Lo que es pobreza en Estados Unidos puede ser comodidad relativa en una sociedad menos rica. (*Charles Gatewood*).

son, 1977, p. 215; Wilson, 1978, p. 227). Las razones de esto no son claras. Las respuestas posibles incluyen la fatiga, la carga de más niños a los que haya que cuidar, los gastos, la limitada gama de intereses, menor instrucción y facilidad de palabra, y posiblemente otras. Sólo estamos seguros de que su vida social es más restringida.

LA IMPORTANCIA DE LA CLASE SOCIAL

Determinación de las oportunidades en la vida

Desde antes que una persona nazca hasta que muere, las oportunidades y recompensas se ven afectadas por su posición de clase. La mala nutrición de la madre puede afectar la salud y el vigor del feto antes del nacimiento, en tanto que la pobreza sigue más tarde siendo un obstáculo para los pobres. No sólo es probable que la persona de clase baja muera prematuramente, sino que padecerá más días de enfermedad durante su vida. Los datos del censo sobre la "incapacidad laboral" (definida como ausencias laborales debidas a "daños serios que pueden durar un periodo de tiempo relativamente largo") dan una tasa anual de 141 periodos de incapacidad por cada mil hombres en el grupo de ingresos más bajos, en comparación con 56 periodos entre los hombres del grupo de ingresos más altos (*Statistical Bulletin of Metropolitan Life,* 57:8, March 1976).

Felicidad y clase social

En 1974 Cameron y sus colegas pidieron a una amplia muestra de personas que informaran acerca de sus sentimientos de felicidad o infelicidad. Encontraron que la felicidad no varía con la presencia o ausencia de impedimentos físicos o de retraso mental. Ni se veía afectada por la edad, puesto que los ancianos son frecuentemente tan felices como los jóvenes. De todos los demás factores estudiados, la clase social pareció tener la relación más fuerte. De un resumen de varios de esos estudios, Easterlin (1973) encontró que la proporción de las personas que respondieron que eran "muy felices" se elevó en forma continua del 25% en el grupo de ingresos más bajos al 50% entre aquellos con ingresos superiores a 15 000 dólares (comparables a alrededor de 35 000 en 1983).

Los datos no muestran ninguna relación entre la riqueza de un país y la felicidad de sus ciudadanos. El análisis de Easterlin pone de manifiesto que la población de Estados Unidos no era más feliz en 1970 que en 1940, aunque los ingresos reales eran 60% más altos en 1970. Comparaciones internacionales muestran que los ciudadanos de los países industrializados más ricos no son más felices que los de los países menos desarrollados y más pobres. No es el ingreso absoluto sino la relación entre el ingreso y las necesidades lo que es importante. Dentro de una sociedad determinada hay algún grado de consenso entre la mayor parte de la personas en lo concerniente a sus "necesidades reales." Cuanto más próspera es la gente en esa sociedad, pueden hacer frente mejor a sus necesidades, y así es más probable que sean más felices que los menos prósperos. Pero en las sociedades más prósperas el nivel de "necesidades" es más elevado. Así, la ventaja relativa más bien que la cantidad absoluta de dinero es la que contribuye a la felicidad.

Estudios posteriores (Campbell, 1980; Fernández y Kulik, 1981) muestran resultados similares, excepto en lo tocante a la influencia de los ingresos, que es ligeramente menos importante que en los años anteriores. El éxito material puede ser menos importante que antes, pero dentro de cada sociedad los ricos son más felices que los pobres. —

No *todos* los ricos son felices. Es más probable que los hijos de los ricos sufran "disgradia*", constelación de enfermedades que incluyen severa anomia y depresión. De acuerdo con Wixen, quien realizó un estudio titulado *Children of de Rich* (1973), la disgradia surge cuando los valores de la clase media relativos al trabajo y a la vida de familia, que fueron defendidos firmemente por la generación anterior, ya que no tienen sentido para sus hijos. La vida ha sido fácil para los hijos de los ricos, y su sentido de seguridad es tan grande, que algunas veces no creen necesario realizar un trabajo intesamente ni como un medio para ascender ni como forma de hacer el bien en sus relaciones con los demás. Al ser incapaces de lograr satisfacción en el avance gradual para obtener una meta, caen presas del aburrimiento. Un psiquiatra afirma que los hijos de los muy ricos tienen poco contacto con sus padres y carecen de modelos claros de roles, y que con frecuencia carecen de autoestima y desarrollan valores su-

CUADRO 14-4
FELICIDAD E INGRESOS

(*Pregunta: "¿Desde un punto de vista general, cuán feliz diría usted que es: muy feliz, bastante feliz, o no muy feliz?"*)

| Ingreso | PROCENTAJE QUE RESPONDIÓ | | | |
	Muy feliz	Bastante feliz	No muy feliz	No sabe
$25 000 y más	56	38	5	1
$20 000—$24 999	48	44	8	*
$15 000—$19 999	48	42	9	1
$10 000—$14 900	38	48	12	2
$ 5 000—$ 9 999	40	47	12	1
menos de $5 000	35	39	26	*

* Indica menos del 1%.
Fuente: Gallup Reports, 189:38-39, June 1981.

¿Tener más dinero hace que las personas sean en alguna forma más felices? ¿O las personas que son felices ganan más dinero?

* Nota del editor de la edición en español.
Nuestro texto traduce el neologismo "dysgradia" por "disgradia", ante la carencia de un vocablo castellano que exprese aproximadamente el sentido de la voz inglesa.

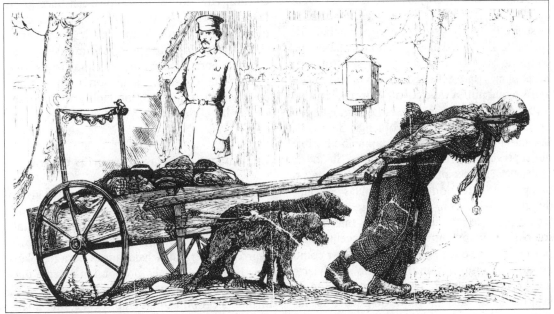

La clase social determina las oportunidades de la vida (*The Bettmann Archive, Inc.*)

perficiales y preocupaciones egoístas (Grinker, 1978). No todos los niños de hogares ricos sufren disgradia, puesto que algunos sienten satisfacción por sus propios logros y otros han interiorizado un sentido de obligación para con la sociedad como *noblesse oblige.*

Cultivo del etnocentrismo de clase

Hay una anécdota que se refiere a un tutor privado en una familia rica que trataba de enseñar a su pupila algo acerca de la vida de los pobres. Posteriormente, la niñita rica escribió una historia acerca de los pobres que empezaba así: "Había una vez una familia muy pobre. Todos eran pobres. El papá era pobre, la mamá era pobre, la criada era pobre, el mayordomo era pobre, el jardinero era pobre: todos eran pobres".

Los miembros de una clase no pueden ayudar a juzgar a los miembros de otras clases en términos de las expectativas y valores de su propia clase. La clase media desprecia el ansia de esnobismo de la clase alta, pero lucha desesperadamente por educar a sus propios hijos en "buena" compañía. En todos los niveles de clase las personas tienden a ver a aquellos que se encuentran por encima de ellos como decadentes y pretenciosos y a quienes se encuentran abajo como molestos o patéticos, como buenos para nada o "terriblemente arrivistas". En todos los niveles intermedios de *status,* las personas tienden a atribuir el propio *status* a sus esfuerzos personales, el de aquellos que están arriba a la suerte, y el de los que están por debajo de ellos a la incapacidad y a la holgazanería. La pauta de vivir para el momento sin tratar de hacer planes para el futuro es algo práctico para alguien que nunca sabe cuánto durará su trabajo. Similarmente, la agresividad que mantiene a un niño de clase baja en problemas dentro de la escuela puede ser la única adaptación posible de supervivencia en un vecindario lleno de violencia. Las personas de clase media que saben poco de la tensión en que viven las personas de clase baja, con frecuencia se pregunta: "¿por qué no pueden parecerse más a nosotros?" Esta pregunta delata etnocentrismo, porque supone que los otros *deberían* ser como nosotros. También muestra que no se advierte que las normas de una persona han surgido de la situación de cada uno y que no pueden ser fácilmente aprendidas por aquellos que se encuentran en otras circunstancias.

Definición de la moral convencional

Las clases sociales difieren en sus maneras lo mismo que en sus juicios morales. El término "trabajador leal" tiene un significado en el salón de juntas del sindicato y otro en la cámara de comercio.

Las tradiciones de la clase media sin embargo, tienden a transformarse en tradiciones convencionales. La iglesia, la escuela, la asistencia social y las oficinas de "mejoramiento" son instituciones de la clase media, con personal de la clase media, manejadas principalmente por personas de la clase media y dedicadas al cultivo de los valores de la clase media. Las leyes se redactan por legisladores de la clase media y promueven valores de la clase media. Así, las tradiciones de la clase media tienden a convertirse en la moral oficial o convencional de la sociedad.

Esta tendencia crea ciertas tensiones entre las personas de clase baja, que se encuentran con frecuencia con que el comportamiento que es normal y aceptable en su subcultura de clase se condena y se castiga cuando salen de esta subcultura, cuando por ejemplo deben hacerlo en la escuela y en casi todo su trato con personas que ocupan puestos de autoridad. Buena cantidad de resentimiento y antagonismo de clase se acumula enre las personas de clases bajas, que sienten que constantemente son aguijoneadas, despreciadas y hechas a un lado por las personas de las clases media y alta.

Explicación de otras diferencias de grupo

Muchas otras clases de diferencias de grupo —raciales, religiosas, regionales— son verdaderas diferencias de clase. Por ejemplo, casi cualquier comparación sociológica entre blancos y negros parecerá muy halagadora para los blancos. Los negros tienen proporcionalmente más delitos, más enfermedades venéreas, más nacimientos ilegítimos, más embriaguez, más abandonos, más familias deshechas y, proporcionalmente también, más personas que dependen de la asistencia social. Sin embargo, si los niveles de clase social se mantienen constantes, estas diferencias entre grupos raciales decrecen mucho (Banfield, 1974, pp. 79-87). Por ejemplo, la tasa total de los nacimientos negros es mayor que la de los blancos, pero si los niveles de ingresos más altos se comparan unos con otros, la tasa de nacimientos entre los negros es menor que entre los blancos (Reed, 1975; Johnson, 1979). Las diferencias de raza en lo tocante a deserciones escolares casi desaperecen si se restringe la comparación a los hijos de padres que tienen un empleo (Coleman, 1966, pp. 454-456).

Las variaciones en la composición de clases de los grupos religiosos afecta las comparaciones que se hagan entre ellos. Se esperaría que los bautistas y los católicos tuvieran un índice oficial de delincuencia juvenil más elevado que los episcopalianos y congregacionalistas, por el simple hecho de que la delincuencia juvenil registrada oficialmente es menos frecuente en los grupos de clase alta. Por las mismas razones, los suburbios residenciales selectos de Long Island tendrán menores tasas de mortalidad que los de los barrios bajos en la ciudad de Nueva York. Por lo tanto, siempre que se comparan los datos de dos grupos, el observador crítico siempre se preguntará: "¿Son estos grupos comparables en cuanto a su composición de clases?" Si no es así, pueden sacarse algunas conclusiones engañosas.

Formación de las actitudes políticas y los estilos de vida

La clase social afecta la forma en que las personas enfrentan prácticamente todos los aspectos de la realidad. Como la falta de espacio nos impide examinarlos todos, mencionemos sólo dos aspectos de la vida en que los antecedentes de clase parecen producir tendencias contradictorias: las actitudes políticas en las clases bajas parecen ser más liberales (alguno diría "radicales"), y las actitudes sociales en las que las clases bajas parecen ser más conservadoras. (Los términos "liberal" y "conservador" se utilizan aquí para describir diferentes grados de receptividad del cambio social.)

En las actitudes políticas, los electores de las clases bajas apoyan con mayor frecuencia a los candidatos radicales que propugnan un cambio drástico, especialmente cuando éste incluye la ayuda gubernamental para ellas. Pero como señalan los teóricos del conflicto, los electores estadounidenses no siempre reconocen sus interés

FIGURA 14-1 Los estilos de vida de las personas mayores por clase social, en Estados Unidos. (*Fuente: Diana K. Harris y William E. Cole,* Sociology of Aging, *Houghton Mifflin Company, Boston, 1980, pp. 186-187.*)

¿Se adapta esto a las personas mayores que usted conoce?

	Vacaciones	Lugar para hacer la vida social	Recreación	Métodos de rejuvenecimiento	Rito de jubilación	Residencia de jubilación	Regalos a los nietos menores de 18 años	Regalos a los nietos mayores de 18 años
Clase alta	Crucero por el Mediterráneo	Club campestre	Golf	Métodos de rejuvenecimiento en Suiza y Rumania	Huésped de honor en un banquete	Condominios o edificios de apartamientos para personas de edad	Dinero	Cuenta de cheques y autos
Clase media	Viajes de grupo en autobús	Centro de ciudadanos mayores	Mesa de juego	Vitaminas	Reloj de oro y comida de grupo	Comunidades de jubilados	Juguetes	Ropa
Clase baja	Visita a la hermana Dora en Detroit	Banca del parque	Juegos de dominó y ajedrez	Medicinas de patente	Apretón de manos y beben con los amigos	Asilo público o vivir con los hijos	Galletas y pasteles	Galletas y pasteles

de clase en una elección y con frecuencia dan su apoyo a un candidato atractivo que no defenderá sus intereses de clase. A este respecto, los estadounidenses parecen estar menos ligados a su clase que los ingleses. En un estudio sobre los electores ingleses, Lensky y Lensky (1982, p. 312) encontró que 34% de los que votaron por un partido particular en Gran Bretaña se encontraban en las clases baja media y alta, en comparación, con el 17% que se distribuye entre estas mismas clases en Estados Unidos. Esto significa que los electores británicos divididos por clases duplican en número a los votantes estadounidenses. En otras palabras, era probable que sólo la mitad de los votantes estadounidense 1) se identificaran con una clase social particular y a continuación 2) apoyaran a un partido particular, porque pensaban que éste promovería los intereses de su clase. Los científicos políticos llaman a esto ''carencia de conciencia de clase'' entre los electores estadounidenses.

Con frecuencia se afirma que la clase baja es ''radical'' en política, pero que tiende a ser conservadora en religión, moral, gusto en cuanto a la ropa, muebles, alimentos, adopción de nuevas prácticas para el cuidado de la salud, técnicas educativas y otros asuntos relativos al estilo de vida (Dickson, 1968).

Lo que se acostumbra realizar durante el tiempo libre varía según la clase social, como se muestra en la figura 14-1, en lo que se refiere a las personas jubiladas. En parte, esta variación es cuestión de costo y en parte de preferencia. Los conciertos sinfónicos, la ópera y el teatro morirían si dependieran del patrocinio de la clase baja. Las iglesias tienden a estratificarse por clases sociales, y sus servicios religiosos reflejan el ambiente de clase social de sus fieles. El material de lectura se orienta por clases y algunas revistas se jactan de su público de clase alta. Ha habido alguna democratización en las prácticas que se realizan durante el tiempo libre. Las bibliotecas ponen libros a disposición tanto de los pobres como de los ricos. Deportes como el golf y el tenis, que fueron algunas vez pasatiempos de ricos, son ahora compartidos por muchas personas de la clase media y algunas de la clase trabajadora. Entre tanto, las formas de arte proletaria,

como la música *Blue Grass* y *Country* han extendido su atractivo por todas las clases sociales.

También en otras materias relativas al estilo de vida y a la actitud social la clase baja parece ser más conservadora que las otras clases. La clase baja ha sido la última en seguir la tendencia hacia la toma de decisiones familares en forma democrática, la crianza permisiva de los niños o el control natal (Downs, 1970, p. 27; McNall, 1974, p. 147). La clase baja se muestra reacia a aceptar nuevas ideas y prácticas y desconfía de los innovadores. La poca instrucción, los hábitos de lectura y las asociaciones aíslan a las personas de clase baja del conocimiento de las razones para estos cambios, y esto, junto con su desconfianza hacia las personas de *status* alto, las hace desconfiar de los ''expertos'' y ''bienechores'' de la clase media y alta que promueven los cambios. Especialmente en el caso del cuidado de la salud, la utilización de nuevos métodos puede ser inconveniente y aun parece vagamente amenazadora. Tales actitudes de la clase baja constituyen claramente una de las barreras que les impiden aceptar nuevos servicios (Dutton, 1978 p. 359).

Gran parte del conservadurismo social de la clase baja es un aspecto del autoritarismo. El punto de vista autoritario consiste en preferir reglas definidas a situaciones indefinidas y, por lo tanto, amenazadoras. Apoya la idea de que cualquier cambio es peligroso. Tiende a dudar del derecho de los disidentes a expresar sus puntos de vista y desconfía de los grupos raciales minoritarios, nacionales o religiosos. Los estudios presentan algunas variaciones sobre puntos específicos, y cuando la educación es más semejante, las diferencias de clase, según el pensamiento autoritario, se reducen. Sin embargo, existe un acuerdo general acerca de la tendencia de la clase baja hacia el autoritarismo (Grabb, 1979, 1980).

¿Quién hace el trabajo desagradable?

Gran cantidad de trabajo desagradable debe hacerse en cualquier sociedad, y debe convencerse a alguien de que lo haga. Ocasionalmente pueden utilizarse recompensas especiales: por ejemplo, honor para el guerrero o riqueza y fama para e! boxeador profesional. Pero toda sociedad compleja se apoya principalmente en el sistema de clases para obligar a alguien a hacer el trabajo pesado. Una combinación de antecedentes culturales, limitaciones educacionales y discriminación laboral hace que la persona de clase baja no pueda compertir por mejores trabajos; como consecuencia de ello, sólo quedan los trabajos más mediocres. Sea esto intencional o no (y algunos teóricos del conflicto argumentarían que es intencional), el resultado es lograr que el trabajo sucio del mundo sea hecho por las personas excluidas de los trabajos más agradables. La clase baja también funciona como almacén de trabajo excedente no calificado. Aquellos a los que no se necesita, continuamente son "almacenados" en la clase baja donde la subcultura de clase les permite sobrevivir a periodos de desempleo y acudir a la asistencia social, sin sentimiento de culpa o de fracaso.

Adecuación a la posición de clase

Las clases sociales media y alta proporcionan también subculturas distintivas que preparan a los miembros de la clase para funciones especializadas en la sociedad. Los padres de familia de la clase media tratan de legar a sus hijos la esperanza de mejorar y el temor de caer en un status de clase baja. Así, de todas las clases sociales, la clase media es la que más se hace notar por su vigoroso esfuerzo en "seguir adelante". La clase alta no necesita "ganarse la vida" o luchar por un status, pero puede sentirse obligada a justificar su status y sus ingresos con alguna forma de servicio público. Los Roosevelt, los Rockefeller, los Kennedy y muchos otros son buenos ejemplos de esto. Tales patricios promueven con frecuencia políticas sociales que benefician a las clases bajas. Su éxito político muestra que las masas aceptarán líderes de la elite acaudalada si se muestran sensibles a las necesidades de las clases bajas.

En la mayor parte de los países las clases superiores incluyen al "jet-set"; los acaudalados ociosos que existen disipada e infructuosamente. Pueden ser pocos, pero resultan muy notables en una era de comunicaciones masivas; la envidia y el resentimiento que provocan alientan las dudas sobre la legitimidad de una clase superior.

TEORÍAS FUNCIONAL Y DEL CONFLICTO DE LAS CLASES SOCIALES

Los sociólogos no están de acuerdo acerca de la utilidad de la estratificación de clases sociales como medio eficiente de asignación de roles. Los funcionalistas afirman que la sociedad requiere variedad de roles ocupacionales y que se necesitan recompensas superiores para que las personas de las clases altas acepten la responsabilidad de someterse a la capacitación que se requiere para las posiciones importantes. Por consiguiente la clase social es funcional en términos de la sociedad total. Davis y Moore han dado la expresión clásica de este punto de vista:

> La desigualdad social es un mecanismo que ha evolucionado inconscientemente, por medio del cual las sociedades consiguen que las posiciones más importantes sean ocupadas por las personas más calificadas. De aquí que toda sociedad, sin importar si es simple o compleja, debe diferenciar a las personas tanto en términos de prestigio como de estima, y debe, por lo tanto, poseer cierta cantidad de desigualdad institucionalizada. (Kingsley Davis y Wilbert Moore, "Some Principles of Stratification", *American Sociological Review,* 10:242-249, April 1945. Reprinted by permission of the authors and the *American Sociological Review.*)

Davis y Moore sostienen que (si todos los demás factores permanecen iguales) un trabajo será más altamente recompensado según sea el grado en que es desagradable, importante y exige talento y capacidad superiores. Reconocen que esto no sería cierto en una sociedad no competitiva, donde la mayor parte de los roles ocupacionales fueran adscritos y no adquiridos. Las recompensas incluyen prestigio y reconocimiento social, pero la principal es el dinero. Así, se necesita una paga desigual para lograr que todos los puestos sean cubiertos por personas calificadas adecuadamente.

Ha habido algunas investigaciones empíricas que prestan apoyo parcial a la teoría de Davis y Moore. Los estudios encuentran que las recompensas varían de acuerdo con el talento y la capacidad, aunque también se toma en cuenta la "importancia del trabajo" (Lopreato y Lewis, 1973; Land, 1970; Grandjean, 1975; Grandjean y Bean, 1975; Kullen y Novick, 1979).

La teoría de Davis y Moore ha sido el blanco favorito de los estudiosos del conflicto. Afirman que las desigualdades de oportunidad y de condicionamiento de clase impiden que las personas de clase baja hagan el mejor uso de sus capacidades innatas. Por el contrario, las personas sin talento de la clase alta pueden mantenerse alejadas de los trabajos modestos pero útiles, porque sus actitudes y expectativas hacen que tales trabajos sean inaceptables para ellos. Así, los críticos acusan al sistema de clases de ser un sistema disfuncional por distribuir las ocupaciones desperdiciando los talentos de los no privilegiados que los tienen y desperdiciando el modesto potencial de los superprivilegiados que no los tienen. Sostienen que se debería elaborar un mejor sistema de asignación de los roles ocupacionales (Tumin, 1957; Squites, 1977). Los teóricos del conflicto sugieren que no es la utilidad funcional sino el poder desnudo el que crea la estratificación social. Los privilegios de clase cambiarán cuando las clases bajas los desafíen y los cambien.

Puede ser verdad, como Chambliss y Ryther afirman, que "la desigualdad es una consecuencia inevitable del capitalismo" (1975, p. 385). También puede ser cierto que la desigualdad es una consecuencia inevitable de la complejidad cultural, con independencia del sistema político-económico. Todas las sociedades complejas desarrollan algún sistema de recompensas diferenciales. Los primeros esfuerzos de las sociedades comunistas por operar sobre la base de una "igualdad de recompensas" pronto se derrumbaron al caer en cuenta que era necesario pagar

más a los que producían más (González, 1982). Como afirmó Mao Zodong, "la humanidad dejada a sus propias fuerzas no restablece necesariamente el capitalismo, pero restablece la desigualdad"[2]. Los padres de familia que triunfan encontrarán en toda sociedad formas de ayudar a sus hijos en la competencia por puestos de status alto, y las clases sociales se desarrollarán.

¿Qué teoría se ajusta mejor a los hechos relativos a las clases sociales, la funcional o la del conflicto? Es difícil decirlo. Pero ambas son verdaderas en parte, aunque ninguna se ajusta a todos los hechos.

LA "NUEVA CLASE"

Como se mencionó en el capítulo 13, los analistas sociales han debatido con frecuencia en los últimos años la existencia de una "nueva clase" (Briggs, 1979; Hacker, 1979). Sus miembros son empleados gubernamentales de mediano y alto nivel y personas relacionadas con las comunicaciones: personal de radio y televisión, actores y actrices, periodistas, profesores y clérigos. Se encuentran principalmente en los grupos de clase media, aunque algunas "estrellas" se clasifican entre los muy ricos. La categoría de nueva clase no se ajusta exactamente a la definición usual de clase social, pero se emplea para indicar a un grupo con un punto de vista distintivo.

Berger describe el papel de la nueva clase en términos de la lucha de clases:

La lucha de clases actual se da entre la nueva clase de intelectuales y tecnócratas y la antigua clase empresarial. Como en todas las luchas de clase, éste tiene como objetivo el poder y los privilegios... Gran parte de la nueva clase depende económicamente del empleo o del subsidio proporcionado por el sector público.

Una vez considerado esto, no es de sorprender que la nueva clase, si se compara con la clase empresarial,

---

[2] Citado en *American Journal of Sociology*, 83:78, July 1977.

mente de las ganancias de la empresa, y su capacitación puede llevarlos a adoptar un punto de vista crítico de la sociedad empresarial. Se los considera competidores de los empresarios por el poder y el prestigio. Por consiguiente, ven con buenos ojos un "gobierno fuerte" que puede proporcionarles trabajo e influencia, dado que aun los programas para combatir la pobreza utilizan administradores de clase media. La expansión gubernamental se justifica con frecuencia por las necesidades de asistencia social de las clases bajas, pero también tiene como resultado más empleos y poder para la nueva clase. Así, la nueva clase es un grupo opulento que parece identificarse con los intereses políticos de la clase baja.

EL FUTURO DE LAS CLASES SOCIALES: DEL "PROLETARIADO" A LOS "BUSCADORES DE STATUS"

En *El Capital* y en el *Manifiesto Comunista*, Karl Marx subrayó la importancia de la clase social más que cualquier otro pensador en la historia. Desde el punto de vista marxista, el conflicto entre las clases sociales ha sido continuo desde el amanecer de la historia, y el surgimiento y caída de varias clases sociales dan la clave para entender la historia. Antes de la revolución industrial, la clase social alta era la aristocracia terrateniente que poseía grandes propiedades por herencia y nivel de nobleza. La revolución industrial obligó a esta clase a compartir su *status* superior con los industriales, comerciantes y financieros ricos.

Marx profetizó que la última lucha tendría lugar entre el proletariado (trabajadores asalariados) y la burguesía (capitalistas) y que terminaría con el trinfo inevitable del proletariado, que establecería una sociedad sin clases bajo la bandera del comunismo. Esta interpretación de la historia dio a los comunistas una especie de "esperanza mesiánica" que les hizo creer que, pese a los obstáculos actuales, la historia estaba de su lado y que su triunfo final era seguro. Durante muchos años la discusión sobre las clases sociales se centró en la validez del análisis marxista.

Los analistas sociales discuten la existencia de una "nueva clase" formada por funcionarios gubernamentales, y personalidades de los medios de comunicación de niveles medio y alto. (©*Jim Anderson, 1980/Woodfin Camp & Assoc.*)

sea más "estatista" en su orientación política; o, en otras palabras, sea más de "izquierda". Muchos, si no es que la mayor parte de los grandes programas liberales desde el Nuevo Trato han servido para acrecentar el poder y los privilegios (para no mencionar el prestigio) de la nueva clase; tampoco debe sorprender que sus miembros estén consagrados a estos programas (Peter L. Berger, "The Class Struggle in American Religion", *The Christian Century*, Feb, 25, 1981, pp. 197-198).

La razón para designarlos como una "clase" separada (Briggs, 1979) es que sus actitudes pueden diferir de las actitudes de otras personas con ingresos similares. Esta elite de las comunicaciones es más liberal en sus actitudes sociales y políticas que la elite empresarial (Rothman y Lichter, 1982). No obtienen su dinero directa-

Entre los científicos sociales la opinión que prevalece en la actualidad es la de que Marx sólo tuvo razón en parte y que la lucha de clases no se está desenvolviendo como él predijo. Marx esperaba que las clases se separarían cada vez más, conforme avanzara la industrialización. De aquí que la clase baja se haría más consciente de sus distintos intereses y más hostil hacia la clase alta (más "consciente de su clase"), mientras que las clases medias serían gradualmente empujadas hacia el proletariado.

Los estudiosos marxistas no estarían de acuerdo con la mayor parte del contenido de este capítulo. Ellos rechazan la definición usual de clase social como un nivel de *status* basado en el estilo de vida, en la educación, en la ocupación y en el ingreso. Creen que la distinción importante es la que se da entre quienes poseen los medios de producción y controlan sus propias condiciones de trabajo y aquellos cuyos medios de producción y condiciones de trabajo son poseídas y controladas por otros. Esto haría que la clase trabajadora fuera la más grande en Estados Unidos, puesto que incluiría a la mayor parte de los que comúnmente se consideran como clase media (Wright et al., 1982).

Si se sigue la definición de clase social dada en este capítulo, entonces las predicciones marxistas y de clase no se están cumpliendo. Las clases se están aproximando unas a otras tanto en posesiones como en actitudes. La clase media es más fuerte que nunca en las sociedades occidentales, y los trabajadores están ganando un lugar en la sociedad que Marx quería que ellos derrumbaran.

Las sociedades marxistas parecen seguir una pauta común: después de la revolución los privilegios de clase tradicionales se abolieron en determinado intento de igualdad; posteriormente, las distinciones de clase han reaparecido gradualmente. En la década de 1950-1960, en la Unión Soviética, los funcionarios del partido comunista, los gerentes de industria, los funcionarios gubernamentales, los profesionales, los científicos y los artistas formaron una clase social que se autoperpetúa con privilegios especiales, actitudes y valores típicos de clase y un estilo de vida diferentes (Lipset y Dobson, 1973, pp. 141-145).

La variación en los ingresos monetarios puede ser menor en la Unión Soviética que en los países capitalistas, pero la variación en los privilegios proporcionados gubernamentalmente es mayor (Connor, 1980). Se han desarrollado muchas técnicas refinadas para hacer posible que los ciudadanos soviéticos privilegiados escapen de la igualdad económica.

Los apartamentos amplios, los buenos libros, las escuelas excelentes, las medicinas vitales, los vestidos elegantes, los automóviles, los centros de recreación agradables y aun la carne y las verduras están disponibles para aquellos que "lo lograron" (David K. Shinpley, "Marking it Russian Style", *The New York Times Magazine,* Feb. 11, 1979, p. 38).

En la Unión Soviética, "la promoción de la igualdad" (*Uravnilovka*) se describe como una forma de pensamiento antisoviético muy alejada del verdadero socialismo (Yanowitch, 1977, pp. 23-24). Las políticas oficiales cambian de tiempo en tiempo, y los recientes aumentos en el salario mínimo han reducido el tamaño de los diferenciales salariales. Sin embargo, la existencia de diferencias sustanciales en la paga es una parte persistente de la vida económica soviética. El 10% mejor pagado de la fuerza de trabajo recibe tres o cuatro veces más que el 10% con salario más bajo (Yanowitch, 1977, p. 38). Esta comparación se refiere a los trabajadores y no incluye a los funcionarios administrativos de más alto nivel ni los beneficios adicionales de que disfrutan.

Muchos marxistas descartan a la Unión Soviética como irrelevante puesto que no es "verdaderamente marxista", y ponen a China como modelo de igualdad. Pero China parece estar repitiendo la experiencia rusa, ya que está ampliando las diferencias salariales entre administradores y trabajadores, restableciendo los exámenes en las universidades y volviendo en parte a lo que los marxistas llaman "elitismo" (*Bussines Week,* May. 19, 1978, pp. 40-41; Butterfield, 1978; González, 1982).

Lejos de lograr una sociedad sin clase, los comunistas han desarrollado un nuevo sistema de clases. A juzgar por su credo, la sociedad comunista es enemiga de los privilegios de clase; a juzgar por sus resultados, es el nuevo baluarte de los privilegios de clase.

SUMARIO

Las clases sociales surgen a consecuencia de la división del trabajo. *Una clase social* está compuesta de personas de status social similar, que se consideran unas a otras como iguales sociales. Cada clase es una subcultura, con un conjunto de actitudes, creencias valores y normas de comportamiento que difieren de los de las otras clases. La clase social se basa en la posición social y económica total en la comunidad, incluyendo riqueza e ingresos, ocupación, educación, autoidentificación, prestigio hereditario, participación de grupo y reconocimiento por otros. Los límites de clase no están claramente señalados, sino que representan puntos a lo largo de un continuum de status social. Es difícil establecer el tamaño exacto y la membresía de una clase determinada. Las subculturas de clases preparan a los niños para conservar el status de sus padres.

La clase social es una realidad social importante. La clase social determina en buena parte las oportunidades de vida de una persona y matiza el desarrollo de su personalidad. La felicidad personal no depende de la riqueza de la sociedad, sino que está asociada con el estar entre los miembros más prósperos de la sociedad a la que se pertenece. Los funcionalistas creen que la clase social asigna privilegios y responsabilidades a los individuos y, por consiguiente, ayuda a lograr que se lleve a cabo el trabajo necesario. Los teóricos del conflicto niegan que los privilegios de clase sean "funcionales" y los consideran como explotadores.

Las subculturas de clase alimentan un etnocentrismo de clase, que impide que las clases lleguen a una mutua y completa comprensión. Las normas de la clase media son principalmente las que se han convertido en leyes y han sido sancionadas por la moralidad convencional. Muchas diferencias que se suelen atribuir a la raza, a la religión, al grupo étnico y a algún otro tipo de diferencias de grupo, son realmente diferencias de clase; la confusión surge del hecho de que los grupos raciales, religiosos y de otro tipo pueden estar desigualmente distribuidos a lo largo del continuum de clases.

La clase social modela las pautas de adaptación de vida de los individuos; la clase baja tiende a ser liberal en la acción política relacionada con beneficios económicos y conservadora en la aceptación de otros cambios sociales, en tanto que lo opuesto tiende a ser cierto entre la clase alta. Una supuesta "nueva clase" está compuesta de servidores gubernamentales y de aquellos que trabajan en algunos campos de la comunicación. Esta elite de las comunicaciones tiene ingresos de clase alta, pero es más liberal en sus actitudes sociales y políticas que la elite empresarial.

El interés científico actual en la clase ha pasado de la teoría marxista de la guerra de clases a la lucha por la movilidad social individual y hacia una disminución de la cantidad de desigualdad entre las clases. Los límites de la clase social no se han eliminado en las sociedades socialistas. Las sociedades comunistas no son sociedades sin clases, sino que, más bien, han desarrollado un sistema de clases de tipo diferente.

GLOSARIO

burguesía: palabra de origen francés para designar a la clase media.
clase social: estrato de personas de posición similar en el continuum de status sociales, que se consideran mutuamente como iguales sociales.
continuum: una ordenación de las variaciones con intervalos muy pequeños (p. ej., promedios estudiantiles por puntos de calificación) más que por categoría distintas (p. ej., estudiante de primer año, estudiante de segundo año).
estratificación: como sustantivo, el sistema de niveles de status en uns sociedad; como verbo, el proceso de desarrollo y cambio de este sistema de diferencias de status.

proletariado: la clase trabajadora consciente de su status de desvalidos y desposeídos.

teoría del aburguesamiento: teoría de que la clase trabajadora se está pareciendo cada vez más a la clase media.

teoría de la convergencia: teoría de que las clases en Estados Unidos se están acercando cada vez más entre sí en su estilo de vida.

teoría de la proletarización: teoría de que la clase media se está pareciendo cada vez más a la clase trabajadora.

PREGUNTAS Y PROYECTOS

1 El cuadro 14-1 muestra que los recolectores de basura se hallan en la parte inferior de la escala de prestigio, pero algunas de estas personas ganan más que los profesores auxiliares. ¿cómo explica usted esta discrepancia entre ingreso y status?

2 ¿Cómo pueden las clases sociales ser realmente subculturas cuando los niños de todos los niveles de clases asisten juntos a la escuela?

3 Lea el material de Randall Collins señalado en las lecturas que se sugieren. ¿Encuentra usted entre sus amigos una diferencia en el estilo y contenido de su conversación que varíe según el nivel de clase social? Si es así, ponga algunos ejemplos.

4 ¿Es Estados Unidos básicamente un país de clase media? Dé razones de su respuesta.

5 ¿El dinero lleva a la felicidad? ¿Quién es más feliz: el miembro promedio de una sociedad rica o el miembro acaudalado de una sociedad pobre? ¿Por qué?

6 ¿Existe alguna relación entre los problemas de salud y educación y la actitud generada por la vida de la clase baja? Explíquela.

7 ¿Cómo influye la clase en las actitudes políticas? Cuando un estudiante universitario cambia del partido político de sus padres a otro, ¿se debe esto a mayores conocimientos, rebelión juvenil o movilidad social? Esboce cada posibilidad.

8 Haga una lista de los representantes del consejo de alumnos en su clase de secundaria (o de alguna otra organización que usted conozca bien). ¿De qué nivel de clase social proviene cada uno? ¿Son representativos proporcionalmente de las clases sociales presentes en la organización? ¿Los miembros de diferentes clases sociales ven el grupo en la misma forma? ¿En qué y por qué difieren?

9 Lea el artículo de Peter L. Berger enumerado en las lecturas que se sugieren. ¿Encuentra usted en la descripción que este autor hace de la "nueva clase" la principal razón por la que muchos intelectuales apoyen la expansión de los programas gubernamentales de asistencia social?

10 ¿La eliminación del capital privado ha conducido a la igualdad de ingresos en la Unión Soviética? Si no, ¿cómo explicaría usted que continué la desigualdad en un estado socialista?

11 ¿Qué se quiere decir al hablar de "esperanza mesiánica" del marxismo? ¿Los acontecimientos recientes han apoyado la teoría marxista de clase social?

12 ¿Considera usted que la estratificación social es dañina o benéfica para la sociedad considerada como un todo? ¿Por qué?

13 Lea el análisis y el tratamiento de la clase social en alguna de las siguientes novelas: *Kitty Foyle,* de Christopher Morley; *Marjorie Morningstar,* de Herman Wouk: *Studs Lonigan,* de James T. Farrell; *The Forge,* de Thomas S. Stribling; *Manfield Park,* de Jane Austen; *The Age of Innocence,* de Edith S. Wharton; *Fraternity,* de John Galsworthy; *Tobacco Road,* de Erskine Caldwell; *Hunky,* de Thomas R. Williamson; *Babbitt,* de Sinclair Lewis; *So Little Time* o *B. F. 's Daugh ter,* de John P. Marquand.

LECTURAS QUE SE SUGIEREN

Berger, Peter L.: "The Class Struggle in American Religion", *The Christian Century,* 98:194-199, Feb. 25, 1981; Atribuye al debate entre conservadores y liberales a la rivalidad entre la "nueva clase" y la antigua clase empresarial.

Chalfan, H. Paul, Robert E. Beckley, y C. Eddie Palmer: *Religion In Contemporary Society,* Alfred Publishing Company, Sherman Oaks, Cal., 1981, chap. 12, pp. 371-412. Un ameno tratamiento de la relación entre clase social y afiliación y práctica religiosa.

Collins, Randall: *Conflict So-*

ciology, Academic Press, Inc., New York, 1975, pp. 114-152. Un análisis de los factores de clase en la conversación, tanto como indicadores de la posición de clase y como producto de las subculturas de clase.

* Dobson, Richard B.: "Socialism and Social Stratification", en la obra Jerry G, Pankhurst y Michael Paul Sachs (eds.) *Contemporary Soviet Society: Sociological Perspectives,* Preager Publishers, New York, 1980, pp. 88-114. Una agradable comparación de la estratificación entre los países soviéticos y los occidentales.

Eshleman, J. Ross: *The Family: An Introduction,* Allyn and Bacon, Inc., Boston, 1981, chap. 10, pp. 221-244. Describe cómo las familias de las clases baja, media y alta hacen frente a las situaciones de la vida.

Grabb, Edward C.: "Social Class, Authoritarism and Racial Contact: Recent Trends", *Sociological and Social Research,* 64:208-220, January 1980. Una mirada a los factores de clase social que llevan a puntos de vista autoritarios en las relaciones raciales.

Hollander, Paul: *Political Pilgrims,* Oxford University Press, New York, 1981. Afirma que los intelectuales que visitan los países comunistas tienden a pasar por alto los principales problemas en esos países, en tanto que exageran los problemas de los países occidentales.

Kerbo, Harold R.: "Characteristics of the Poor: A Continuing Focus in Social Research", *Sociology and Social Research,* 65:323-331, April 1981. Un análisis de la tendencia de la investigación social a estudiar las características personales de los pobres más que los factores sociales que producen la pobreza.

* LeMasters, E. E.: *Blue Collar Aristocrats,* The University of Wisconsin Press, Madison, 1975. Un informe de observación-participante sobre la cultura obrera vista en una taberna de la clase trabajadora.

* Un asterisco antes de la cita indica que el título se encuentra disponible en edición en rústica.

15 Movilidad social

Movilidad descendente

El señor Weaver trabajó en forma constante durante 20 años en Oklahoma como chofer de un camión de carga y como mecánico. En febrero del año pasado fue despedido de su trabajo, en el que ganaba 16 000 dólares al año. En abril se le acabó su seguro de desempleo. Perdió su casa cuando no pudo cubrir los pagos de la hipoteca. Durante cuatro meses él y su esposa, que estaba embarazada, vivieron en su automóvil. Poco antes que naciera su hijo se trasladaron a un vehículo de remolque para acampar, carente de electricidad y de instalaciones sanitarias.

Para algunos, como el señor Weaver, la pérdida de los subsidios de desempleo pueden significar la diferencia entre ir arreglándoselas y perderlo todo. Para muchos otros pueden acelerar una penosa caída en su estilo de vida. Thomas Harrington perdió su trabajo como empleado, con un sueldo de 30 000 dólares al año en la empresa minera U.S. Steel en Minnesota, en 1981. Sus subsidios de desempleo expiraron el pasado abril. El salario de su esposa, su trabajo temporal de casi salario mínimo y un presupuesto recortado fuertemente, les había permitido conservar su casa, pero el señor Harrington, de 37 años de edad, se pregunta si su antiguo nivel de vida de clase media se ha perdido para siempre.

(Robert S. Greenberger. Reproducido con permiso de *The Wall Street Jounal,* March 7. 1983, p. 1.©Dow Jones & Company, 1983. Todos los derechos reservados).

Movilidad ascendente

Una joven mujer negra en Boston, que trabaja en un programa de capacitación y está llena de entusiasmo respecto de sus futuras perspectivas, dijo: "Tenemos más oportunidades educativas y muchos programas buenos de trabajo que nuestros padres no tuvieron. Si uno trata de superarse, hay mejores puestos para uno". Un negro de treinta y tantos años de edad en Kansas City, que había llegado a ser un hombre de negocios con éxito luego de una niñez "cercana a la pobreza", declara casi exultante: "No puedo hablar por los blancos en lo tocante a si va a ser o no difícil para ellos cambiar de clase, pero nosotros tenemos más oportunidades ahora que cuando mis padres crecieron... Las barreras raciales se han derrumbado o se están derrumbando".

(Richard P. Coleman and Lee Rainwater, con Kent A. Mc-Clelland; *Social Standing in America, New Dimensions of Class,* Basic Books, Inc., Publishers, New York, 1978, p. 249).

El deseo de obtener un status e ingresos más altos que los que los padres tuvieron es el sueño estadounidense. El proceso mediante el cual la gente logra —o deja de lograr— esto se llama movilidad social.

NATURALEZA DE LA MOVILIDAD SOCIAL

La *movilidad social* se puede definir como el acto de pasar de una clase social a otra. Una sociedad de *clases abiertas* es aquella en la que la movilidad es alta; una sociedad de *clases cerradas* es aquella en la que hay poca movilidad.

El sistema *de castas* en el que las personas son confinadas a las ocupaciones y status de sus antepasados es el ejemplo más extremo de una sociedad de clases cerradas (Berreman, 1981). Con frecuencia se cita a la India como el país más agobiado por el sistema de castas de todo el mundo. Su gobierno está ahora abriendo las ocupaciones de status altos a los grupos de casta baja que, durante siglos, habían estado limitados a un trabajo de status bajo. Está tratando de cambiar a la India hacia una sociedad de clases abiertas (Gandhi, 1980).

En el mundo moderno muchos países están tratando de aumentar la movilidad social, en la creencia de que esto hace más felices a las personas y las capacita para realizar el tipo de trabajo para el que están mejor dotadas. Si la movilidad social es elevada, aun cuando los individuos tengan orígenes sociales desiguales, todos pueden creer que son iguales al tener la oportunidad de alcanzar una posición de clase social alta. Si la movilidad social es baja, es evidente que la mayor parte de las personas están bloqueadas en el status de sus antepasados.

Las novelas de Horacio Alger escritor de una generación anterior, ayudaban a mantener la creencia de que Estados Unidos son una tierra de oportunidades ilimitadas, donde todos las posiciones están abiertas para los que tienen aspiraciones. Con frecuencia los escépticos se burlan de esta creencia, pero hay muchos datos en la experiencia estadounidense que la respalda. Como Edmund Muskie, candidato alguna vez a la vicepresidencia e hijo de un inmigrante polaco llamado Marciszewski, dijo de su padre:

Él había llegado a esta tierra con sólo cinco años de educación formal, la capacidad para trabajar como sastre y no mucho más. Un año antes de que muriera, su hijo llegó a ser el primero de ascendencia polaca elegido como gobernador de un estado. Ahora bien, esto no puede justificar el sistema estadounidense a tus ojos, pero estoy seguro de que lo hizo a sus ojos. (Edmund Muskie, *Journeys,* Doubleday & Company, Inc., Garden City, N.Y. 1972, pp. 46-47.)

Si los status sociales deseables están realmente disponibles para todos los que hacen un esfuerzo para obtenerlos, probablemente habrá poca agitación por buscar una igualdad social absoluta. Si, no obstante, los canales de movi-

---

INMIGRANTES EN EL ROL DE HORATIO ALGER

Para muchos de los que llegan a sus costas, Estados Unidos es fiel a su reputación como una tierra donde el trabajo arduo, la suerte y la determinación pueden ser la clave para una vida mejor.

Uno de ellos es James Kong, un coreano de 39 años de edad, que llegó a Chicago con su mujer en 1976. Al principio, cada uno tuvo dos trabajos y escatimaron y ahorraron hasta que pudieron comprar el pequeño taller de costura donde la señora Kong era la costurera.

Kong posee ahora cinco tintorerías y un establecimiento de venta al mayoreo, empresas que bien podrían valer un millón de dólares este año. ¿Cómo sucedió eso? "Tenemos que trabajar más duro y más horas o no podríamos aprovechar las oportunidades", dice Kong.

Joe Nakash, un israelí que vino a Nueva York en 1962 a la edad de 19 años y con escasos 25 dólares en su bolsillo, tuvo un éxito en mayor escala. Sus primeras noches en Estados Unidos las pasó en la estacion subterránea del metro. Durante el día buscaba algún trabajo manual, que era todo lo que esperaba encontrar.

Nakash terminó creando las Empresas Jordache, fabricantes de pantalones ajustados y de ropa con sello de categoría. Su salario: alrededor de un millón de dólares al año. "En Israel uno de mis sueños era el de que, quizá, podría llegar a ser el conductor del automóvil de un hombre rico", dice Nakash, quien ahora tiene 38 años. "Pero cuando vine a Estados Unidos, vi que era posible que yo llegara a ser un hombre rico".

Cuando el abogado Luis Gómez Domínguez, de 59 años, llegó de Cuba en 1979, su primer trabajo consistió en cortar pasto en los jardines de Miami. Actualmente es gerente de ventas y miembro prominente de la extensa comunidad de exiliados cubanos de Miami. "Mi familia y mis amigos me ayudaron", informa. "Pero la verdad es que empecé a trabajar duro desde el principio".

U.S. News & World Report, April 12, 1982, P. 50.

Hace medio siglo aproximadamente, Horatio Alger escribió una serie de novelas sumamente populares, en cada una de las cuales narraba cómo un niño huérfano había llegado a ser rico gracias al trabajo duro y a una vida limpia. ¿Por qué supone usted que sus libros ya no son populares?

lidad social estuvieran tan congestionados que muchos estuvieran condenados al fracaso, entonces sería más probable una exigencia de igualdad completa para todos. El resto de este capítulo se dedicará a analizar cómo ocurre la movilidad social, su frecuencia y los factores que pueden acelerar o retardar el movimiento de un estrato social hacia otro.

Movilidad individual y de grupo

La movilidad se aplica tanto a los grupos como a los individuos. Por ejemplo, el éxito de la familia Kennedy es un ejemplo de la movilidad social individual, en tanto que el cambio de los católicos polacos e irlandeses desde los barrios bajos hasta los suburbios ilustra la movilidad de grupo (Greeley, 1976).

Las dos clases de movilidad van juntas con frecuencia. Un grupo desamparado puede producir una celebridad ocasional, pero cuanto más alto sea el status del grupo, más grande será el número de los que consiguen ascender.

Dirección de la movilidad social

Cuando hablamos de movilidad social, pensamos generalmente en un movimiento de lo más bajo a lo más alto, pero la movilidad social corre en ambas direcciones. Algunos suben, otros bajan, y cierto número permanece en el mismo nivel que tenían sus padres. En una muestra de bostonianos y oriundos de Kansas entrevistados en 1971 y 1972, el 60% consideró que tenía un status socioeconómico más elevado que el de sus padres. El 31% dijo que se encontraba en el mismo nivel (aunque pensaba que su vida era más fácil), y sólo el 9% declaró que había descendido en status (Coleman, y Rainwater, 1978, p. 226).

La figura 15-1 muestra que hay gran movilidad en ambas direcciones. La extensión de la movilidad individual hacia abajo es una de las pruebas de una sociedad de clases abiertas. Si prácticamente todas las personas permanecieran fijas en el nivel de clase social de sus

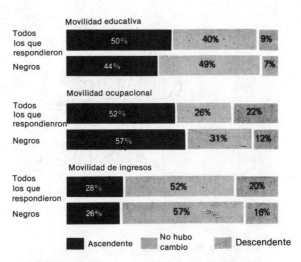

FIGURA 15-1 La movilidad ascendente y descendente en Estados Unidos. Porcentaje de una muestra nacional de personas que respondieron y que habían ascendido o descendido en relación al status de sus padres o habían permanecido en ese mismo status. (*Fuente: National Opinion Research Center,* General Social Surveys, 1980, *Adapted from presentation in* Public Opinion, *5: 30-31, June/July 1982.*)

¿Existen algunas razones para creer que estas tasas de movilidad se mantendrán o no durante la próxima generación?

padres, entonces tendríamos una sociedad de clases cerradas, en las que la adscripción (en este caso, la posición de los padres) cuenta más que el logro. Sin embargo, si muchas personas descienden, aunque muchas otras suban, podremos suponer que las ventajas y obstáculos heredados no son lo bastante grandes para impedir que el logro sea uno de los principales determinantes de la posición de clase social.

COSTOS Y GANANCIAS DE LA MOVILIDAD

La idea de que la movilidad social es buena es parte de nuestro ethos democrático. Argumentamos que una sociedad de clase cerrada frustra la realización de la personalidad individual y priva a la sociedad de las contribuciones de las personas con talento.

A veces un trabajador rechaza la promoción
que se le ofrece.

Aunque la movilidad social permite a una sociedad llenar sus huecos ocupacionales con las personas más capaces y ofrece al individuo una oportunidad para alcanzar las metas de su vida, también implica ciertos costos. Una sociedad móvil provoca expectativas que no siempre se cumplen, y por ello crea insatisfacción e infelicidad; una sociedad tradicional en la que alguien ha nacido dentro de un lugar designado alienta pocas esperanzas y pocas frustraciones (mientras esta estructura social tradicional permanezca intacta). Los beneficios de la movilidad social son inseparables de sus costos, puesto que aquellos que rompen los lazos que los atan, también cortan la red que los protege de hundirse todavía más. Una sociedad de clases abiertas puede ser deseable desde el punto de vista de la sociedad y del individuo, pero también tiene su precio.

Este precio incluye el temor de bajar de status, como ocurre con la movilidad descendente; la tensión del aprendizaje de un nuevo rol en las promociones ocupacionales, la ruptura de las relaciones con el grupo primario cuando uno se mueve hacia arriba y hacia adelante. Aquel que ha sido promovido puede envidiar la seguridad de una sociedad menos móvil. Los padres y los hijos pueden convertirse en extraños, debido a los cambios en las actitudes sociales. La movilidad social exige con frecuencia la movilidad geográfica, lo que significa una pérdida dolorosa de vínculos sociales atesorados (Lane, 1977; Harris, 1981). Una promoción ofrecida puede ser declinada debido al temor que inspira la car-

ga de nuevas responsabilidades. Aun los matrimonios pueden ser amenazados cuando ambos esposos no están interesados igualmente en la movilidad. Un cónyuge resiente el daño implícito de tener que ser presionado, "pulido" y mejorado; el otro resiente la falta de cooperación del compañero en el ascenso social. Algunos estudios han encontrado, incluso, que una tasa elevada de enfermedades mentales puede acompañar tanto a la movilidad ascendente como a la descendente (Ellis, 1952; Hollingshead et al., 1953; Turner y Wagenfeld, 1967). En todo caso, el "convertido de clase media" experimentará un cambio de actitudes y asociaciones que probablemente serán más drásticas que las que implica el proceso de conversión religiosa o de cambio de ciudadanía. Sin embargo, hay pruebas considerables de que aquellos que ocupan puestos ocupacionales en el nivel más alto son más sanos y felices que otros. Tropman (1971) ha encontrado que las probabildades de obtener una categoría ocupacional alta son mayores para los hombres que tienen una vida matrimonial exitosa; son medianas para los hombres viudos o divorciados que se vuelven a casar; y son bajas para los solteros, los divorciados y los que viven separados de su esposa. Un estudio de la Metropolitan Insurance Company encontró que la tasa de mortalidad entre los ejecutivos de empresa de alto nivel fue solamente el 64% de la del resto de la población blanca de edades similares (*Statistical Bulletin*, Feb. 1, 1974). Pero estos estudios son susceptibles de dos críticas. No estudian la movilidad, porque no separan a los que ascendieron dentro de su categoría alta de los que simplemente retuvieron la categoría en la que nacieron. Ni toman en cuenta tampoco el factor selectivo, que consiste en que es más probable que sean promovidos aquellos que están sana y felizmente casados. Casi *todo* grupo de empleados mostrará niveles de salud por encima de los promedios nacionales, puesto que las personas que tienen poca salud física o emocional tieden a quedarse sin empleo, y el desempleo puede conducir a problemas de salud físicos o emocionales.

Muchos estudios también han puesto de manifiesto que la movilidad descendente está aso-

TENSIONES PROVOCADAS POR LA MOVILIDAD

Más de una tercera parte de los estudiantes en la Universidad de Leicester y cerca de la mitad de los que estudian sociología provienen de hogares de clase trabajadora, y yo me he hecho amigo de muchos de ellos. Estos muchachos de clase trabajadora tuvieron que luchar con varios problemas que no confrontaron los de clase media. Se quejaban de que las muchachas de clase media no los consideraban seriamente como cónyuges potenciales, y casi invariablemente no lograban hacer ningún progreso con las madres de las muchachas de clase media en las escasas ocasiones en que eran presenta-das. Eran ambivalentes respecto de su transformación en miembros de la clase media: querían el dinero y el status más sentían que su obtención sería una deslealtad a su familia y a sus amigos no movibles. Tenían la sensación de que sus progenitores, especialmente los papás, no estaban completamente de acuerdo con su prolongada educación. Y a mí me parecía que sus temores estaban bien fundados.

Earl Hopper, *Social Movility: A Study of Social Control and Insatiability,* Basil Blackwell, Oxford, England, 1981, p. 2.

Este es un ejemplo británico. ¿Sería cierto también en otros países?

ciada con muchos aspectos desagradables, como la mala salud, desaveniencia matrimonial y sentimientos de enajenación y distancia social; pero, una vez más, causa y efecto no se identifican. Tales hechos desagradables podrían ser una causa o un efecto de la movilidad descendente. Tanto para el individuo como para la sociedad, los costos y beneficios de la movilidad y de la sociedad de clases abiertas están sujetos a debate.

DETERMINANTES DE LA MOVILIDAD

La tasa de movilidad en las sociedades modernas está determinada por 1) factores estructurales —aquellos que determinan la proporción relativa de posiciones de status alto que deben llenarse y los mecanismos para conseguirlas —,y 2) los factores individuales, es decir, aquellos, incluyendo la suerte, que determinan qué personas consiguen las posiciones.

Factores estructurales

ESTRUCTURA OCUPACIONAL. Las sociedades difieren en la proporción relativa de posi-ciones de alto y bajo status que hay que ocupar. Una sociedad con una economía esencialmente agrícola y extractiva (minera y forestal) tendrá muchos puestos de status bajo y pocos de status alto, y la movilidad será baja. La tasa de movilidad se eleva con el grado de industrialización, tanto en los países comunistas como en los capitalistas (Simkus, 1981, pp. 225-227). Los estadounidenses empleados principalmente en la agricultura bajaron de casi 5.4 millones en 1950 a 1.3 millones en 1978 (*Statistical Abstract,* 1959, p. 209; 1981, p. 662), aun cuando la población estuvo creciendo alrededor del 50%. La mayor parte de las personas en los países en desarrollo se encuentra todavía en una economía agrícola y extractiva que limita la oportunidad para la movilidad ascendente.

FERTILIDAD DIFERENCIAL. Aunque las diferencias en las tasas de natalidad se han reducido en los últimos años (véase Cap. 17) todavía hay buena cantidad de verdad en el dicho: "el rico se hace más rico, y el pobre consigue niños". La combinación de una expansión de los empleos de status alto y una tasa de natalidad relativamente baja en las clases altas, significa que las clases altas no se reemplazan a sí mismas y son constantemente repuestas por

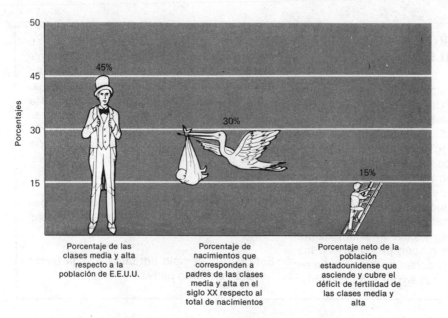

FIGURA 15-2 Déficit en la fertilidad y movilidad de las clases media y alta. La cifra del 15% de la movilidad ascendente *neta* (los que ascienden, menos los que descienden). Puesto que muchos de las clases media y alta son personas que se mueven hacia abajo, la *movilidad total* en las clases media y alta están muy por arriba del 15% y posiblemente supera el 20%. (*Fuente: Basada en los datos de Richard P. Coleman and Lee Rainwater, with Kent A. McClelland,* Social Standing in America, *Basic Books, Inc., New York, 1982, pp. 232-233.*)

personas que se mueven desde las clases bajas. La figura 15-2 (con su nota explicativa) muestra cómo un poco más del 15% de la población se mueve de las clases bajas a la clase media y a la alta en cada generación.

LA ECONOMÍA DUAL. Muchos países en desarrollo tienen dos economías separadas. Una es la economía tradicional de campesinos pobres que consumen la mayor parte de lo que producen y venden poco en el mercado. La otra es una economía moderna, con capital, donde la mayor parte de las personas produce para el mercado. La movilidad en el sector moderno puede ser rápida, en tanto que el sector tradicional se encuentra estancada o en declinación.

Algunos estudiosos creen que Estados Unidos y otras sociedades industrializadas tienen también una economía dual. El sector favorecido consta del servicio civil gubernamental y de las industrias semimonopólicas, altamente capitalizadas, con una fuerza laboral sindicalizada. Este sector paga impuestos elevados y deja más beneficios complementarios. El sector menos favorecido consta de industrias y empresas de trabajo intensivo, altamente competitivas, con frecuencia no sindicalizadas, con bajos salarios y menores beneficios complementarios. Así, los trabajadores de la industria automotriz y los aceros tienen salarios elevados, no por experiencia, aptitud o capacitación superiores, sino porque están en industrias que pagan altos salarios. Que esto siga siendo cierto es algo que dependerá de los cambios tecnológicos futuros, en el comercio mundial y en otros factores. También hay muchas industrias y empresas que pagan salarios bajos, como las textiles y de muebles, los restaurantes y hoteles, y otras muchas. Las oportunidades de movilidad ascendente que tiene una persona dependen en al-

CUADRO 15-1
INGRESOS PROMEDIO DE TRABAJADORES DE LA INDUSTRIA AUTOMOTRIZ (PORCENTAJE RESPECTO A LOS INGRESOS PROMEDIO DE UNA MUESTRA DE EMPLEADOS)

Ocupación	1967	1978
Empleado de banco (no de supervisión)	157%	213%
Empleado civil federal (oficinista)	137	178
Secretaria	132	158*
Bibliotecario	104	144*
Enfermera titulada	123	127*
Maestro de primaria	102	121
Comprador	93	115
Profesor universitario (promedio de todas las categorías)	68	88†
Jefe de personal	40	46
Ingeniero	34	44
Químico	31	40

* 1977
† 1976
Fuente: Adaptado de Paul Blumberg, *Inequality in an Age of Decline,* Oxford University Press, New York, 1980, p. 81.

En 1967 los ingresos promedio de los trabajadores de la industria automotriz contituyeron el 157% de los ingresos de los empleados bancarios que no desempeñaban funciones de supervisión y el 31% de los ingresos de los químicos. La teoría funcionalista atribuye los diferenciales de ingresos principalmente a factores como importancia del puesto, responsabilidad, experiencia y capacitación requeridas y a lo desagradable del trabajo. La teoría del conflicto atribuye las diferencias en los ingresos sobre todo al poder de negociación. En este caso, ¿qué teoría apoya este cuadro?

guna medida de su éxito en entrar en alguno de los sectores favorecidos de la economía (Sorensen y Tuma, 1981; Jacobs, 1982). La razón por la que los ensambladores de automóviles deben recibir sueldos que duplican los de los trabajadores textiles o de muebles es difícil de explicar sobre otra base lógica que no sea la del poder de negociación. La teoría del conflicto explica este caso mejor que la teoría funcionalista.

APOYOS Y BARRERAS DE LA MOVILIDAD. Aun en una sociedad de clases relativamente abiertas, la movilidad ascendente no está igualmente abierta para todos. Como se señaló antes, los niños de la clase media normalmente tienen experiencias de aprendizaje que son más útiles para obtener una movilidad ascendente que las experiencias de los niños de la clase baja. Los estudiosos del conflicto sostienen que los diplomas, las pruebas, las recomendaciones, la "red de viejos amigos"[1] y la evidente discriminación hacia las minorías raciales y étnicas y las personas de la clase baja limitan seriamente la movilidad ascendente, en tanto que protegen de la movilidad descendente a los niños de la clase alta. La cuestión de si las escuelas públicas y las escuelas de la comunidad son un apoyo o una barrera para la movilidad ascendente se ha estudiado en el capítulo 12. En la medida en que las oportunidades son desiguales, las oportunidades de movilidad también son desiguales.

Hay también apoyos estructurales para la movilidad. La legislación contra la discriminación es uno de los importantes, y los programas de capacitación para el trabajo financiados públicamente llevan a aumentos notables en el empleo y a incrementos modestos en los ingresos para muchos trabajadores de bajo nivel (Hougland, Christenson y Walls, 1982). Aunque el impacto de varios apoyos y barreras a la movilidad es difícil de medir, son indudablemente factores importantes.

Factores individuales

Si bien los factores estructurales pueden determinar la proporción de posición de status alto y bien pagados en una sociedad, los factores individuales afectan mucho respecto a qué personas los obtienen.

DIFERENCIAS DE CAPACIDAD. En igualdad de otras circunstancias, los que tienen más ta-

[1]Ésta es la red de amigos personales dentro de una profesión o empresa, que intercambia información y recomendaciones sobre las oportunidades de trabajo, lo que dificulta la entrada a los "advenizos".

Las oportunidades de movilidad ascendente se ven afectadas por el sector de la economía en que se trabaja. ¿Qué factores limitan las perspectivas de movilidad ascendente de sus hijos? (*Marcia Keegan/Peter Arnold, Inc.*).

lento suelen ganar más que los menos dotados. Todavía hay mucho que desconocemos acerca de la capacidad: qué es, cómo medirla, y qué grado de movilidad puede atribuirse a las diferencias de capacidad. Sin embargo, es evidente que no todas las personas están igualmente dotadas. Aunque es imposible medir satisfactoriamente las diferencias individuales de aptitud, suponemos que son factores importantes para el éxito en la vida y en la movilidad.

COMPORTAMIENTO ORIENTADO A LA MOVILIDAD. Hay mucho que las personas pueden hacer para aumentar sus perspectivas de movilidad ascendente.

Educación La educación es un importante peldaño para la movilidad. Hasta un puesto de clase trabajadora bien pagado es difícil de en-

contrar, si uno no puede leer las instrucciones y efectuar operaciones simples de aritmética. Cerca de uno de cada cinco estadounidenses es ''funcionalmente analfabeto'', y la mayoría de estas personas pasan su vida en el peldaño inferior de la escalera de la movilidad (Drinan, 1983). En muchas de las empresas e industrias no hay una escala de movilidad, sino dos. Una se detiene en el puesto de capataz; la otra empieza con un puesto en el ''programa de desarrollo ejecutivo'' y finaliza en la presidencia. Subir por esta segunda escala de la movilidad sin un grado universitario es más bien raro.

La educación no es tan importante para todas las carreras. Los grados profesionales y universitarios son esenciales para carreras como la de médico, abogado o maestro; son útiles, pero no esenciales para ser propietario y manejar una empresa; no tienen ninguna importancia en

Sólo unas cuantas personas con poca instrucción logran prosperar mucho.

demos concluir que, para la gran mayoría, la educación es una primera escala de movilidad, pero que posiblemente es menos necesaria, de lo que generalmente se ha supuesto, para todos los tipos de carreras.

Hábitos de trabajo Éstos se han considerado algunas veces como un factor de movilidad. Un estudio reciente concluye que los hábitos de trabajo aprendidos en la primera infancia son los más importantes de todos los pronósticos del éxito y del bienestar (Vaillant y Vaillant, 1981). El trabajo intenso no ofrece garantía de movilidad ascendente, pero no muchas personas la obtienen sin él.

La pauta de la gratificación diferida Ésta consiste en posponer la satisfacción inmediata con el fin de obtener alguna meta posterior. Por ejemplo, ahorrar dinero para ir a la universidad o para iniciar un negocio. Los estudiantes que están ahora estudiando este texto en vez de jugar póker o de "hacerse los remolones", están practicando la pauta de gratificación diferida (DGP, por sus iniciales en inglés).

carreras como la de atleta profesional o animadores profesionales (muchos atletas profesionales asisten a la universidad, pero el hecho de obtener un grado tiene poco o ningún efecto sobre sus carreras profesionales).

Con frecuencia se nos recuerda que a los que abandonan la escuela les suele ir mal en el mercado de trabajo, pero mucho de esto puede atribuirse a otros factores distintos a la falta de educación formal como, por ejemplo, antecedentes de clases, desintegración familiar, antecedentes delictivos y otras desventajas (Hansen, 1970; Bachman, 1972). Algunos desertores de la escuela han tenido mucho éxito. De hecho, por lo menos tres de las 400 personas más ricas en Estados Unidos se sabe que han sido desertoras en la escuela (Seneker et al., 1982). Esto plantea la cuestión de si la relación entre la educación y las ganancias (véase el cuadro 15-2) es causativa o selectiva. En otras palabras, ¿los que han recibido educación ganan más por su escolaridad, o esto se debe a que aquellos que ya tienen más ventajas (mayor aptitud, antecedentes de buena familia, estabilidad emocional, buenos hábitos de trabajo) es más probable que lleguen a tener mejor educación? Es probable que ambas posibilidades sean verdaderas, pero en proporciones desconocidas. Es posible que para muchas carreras el valor de la educación no radique en los conocimientos y habilidades particulares que proporciona, sino en desarrollar la capacidad para localizar y utilizar la información cuando se necesita (Kohn, 1981, p. 277). Po-

CUADRO 15-2
INGRESOS Y EDUCACIÓN, 1981

Educación	Ingresos promedio
Menos de 8 años	$7 125
8 años	9 270
Algunos años de secundaria	11 936
Secundaria completa	16 989
Algunos años de universidad	19 504
Carrera terminada	23 640
5 o más años de universidad	27 339

Fuente: U.S. Bureau of the Census, *Money Income and Poverty: Status of Families and Persons in the United States, 1981,* ser. P-60 no. 134, March 1982, table 7. Los estudiantes deberían recordar que la inflación deja sin vigencia estas cifras y que la relación, más que las cantidades absolutas es lo que importa.

¿Cómo puede saberse qué diferencias en estos ingresos deben atribuirse a la educación y cuáles a las diferencias que existen entre las personas que llegan o no a instruirse?

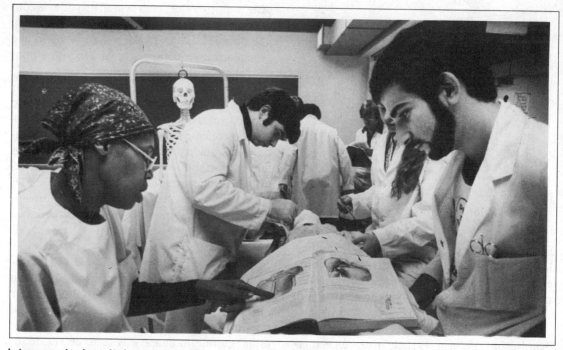

Internos de hospital: un ejemplo moderno del antiguo sistema de aprendizaje. ¿Qué tipos de movilidad se sugieren en esta fotografía? *(Mimi Forsyth/Monkmeyer Press Photo Service.)*

La clase media es la que tiene más por ganar mediante la PGD. La clase alta tiene poca necesidad de diferir la gratificación, por que lo único que necesita es retener las posiciones que ya consiguió. Hay pruebas de que las personas de clase baja suelen tener una perspectiva a corto plazo y pocas veces siguen la PGD (Miller, Riessman y Seagul, 1969). Esto no es sorprendente porque es probable que las personas cuyo dominio sobre puestos e ingresos sea a corto plazo también tengan planes y valores a corto plazo. Como Allison Davis hizo notar hace casi medio siglo:

La aspiración y la tendencia a obtener las más altas capacidades es una especie de lujo. Requieren un mínimo de *seguridad física;* sólo cuando se sabe de dónde provendrá el alimento y la casa de la semana siguiente o del siguiente mes, puede el trabajador y sus hijos darse el lujo de educarse y capacitarse a largo plazo, continuar la interminable búsqueda de oportunidades y la pesada tarea que requieren la

obtención de mayores destrezas y de un status ocupacional más alto. (Allison Davis, citado en el libro de William Foote Whyte, ed., *Industry and Society,* McGraw-Hill Book Company, New York, 1946, p. 89.)

Sin embargo, a juzgar por la movilidad ascendente mostrada en la figura 15-1, parece que son muchas las personas de clase baja que *difieren* la gratificación y hacen planes para el futuro.

Algunos académicos rechazan la PGD por considerarla una hábil defensa de la desigualdad. Chambliss, por ejemplo, ridiculiza la idea de que los universitarios estén difiriendo la gratificación al asistir a cómodas universidades, en vez de estar desempeñando trabajos pesados en las minas, en las fábricas o lavando automóviles (1973, pp. 10-11). Pero no toca el meollo del asunto. El diferimiento de la gratificación radica no en asistir a la universidad (lo que puede ser descansando), sino en las *largas horas de duro estudio* del universitario que tiene aspiraciones. No todo aquel que asiste a una universidad está practicando la PGD.

Movilidad "mediante la aceptación de las reglas del juego" Este fenómeno ha recibido poco estudio, pero es probable que en buena medida la "aceptación de las reglas del juego" y la adecuada "autopromoción" (véase p. 000) tenga relación con la movilidad ascendente. A los estudiantes de último año que se gradúan se les aconseja cómo conducirse ante el jefe de personal de cualquier empresa. Ser bien aceptado puede ser tan importante como ser competente. Aunque no es fácil de medir, la capacidad de ser trabajador refinado con las personas e impresionarlas favorablemente suele ser un factor importante del "éxito". Algunos libros populares, como *Power,* de Korda (1975), sugieren que el éxito es ante todo una cuestión de "fachada" y "del arte de aventajar a los demás". Este es un punto de vista superficial que subestima la capacidad de los ejecutivos y supervisores de la corporación para reconocer a un farsante. Una habilidosa "presentación del yo" rara vez podrá suplir a la competencia, aunque puede conseguir una oportunidad para demostrarla y ser así un factor de movilidad.

Hipótesis de los valores idealizados (The value stretch hypothesis) Esta hipótesis ofrece una explicación para quienes aceptan los valores de la movilidad, pero aun así fracasan. La hipótesis del valor idealizado, desarrollada por Rodman (1963, 1974), establece que muchas personas aceptan sinceramente algunas metas y valores, pero inconscientemente siguen un comportamiento que obstruye la consecución de sus metas. La hipótesis tiene dos principios: 1) que aquellas personas no están muy interesadas en sus metas declaradas, y 2) que no quieren reconocer que cierto comportamiento no es coherente con estas metas. Por ejemplo, algunos padres de familia quieren que sus hijos salgan bien en la escuela, pero no hacen caso a los mensajes de los maestros y no insisten en que sus hijos hagan las tareas. Algunos trabajadores quisieran tener un trabajo mejor, pero no llegan a tiempo al traba-

jo o dejan de asistir al curso de capacitación que los prepararía para uno de esos trabajos.

La pauta del valor-esfuerzo permite que uno crea en todos los valores aprobados sin hacer un esfuerzo por alcanzarlos o aceptar la culpa de fracasar en logralo (Haney et al., 1973). Notamos que estas personas no son tortuosas o hipócritas; simplemente fallan en reconocer que su comportamiento no es coherente con sus metas. Tampoco sugerimos que la pauta del valor-esfuerzo sólo se dé entre las clases bajas. Aparece en todas las clases e incluye a estudiantes que piensan que un rápido vistazo es "estudiar", lo mismo que a los padres de familia con aspiraciones que no exigen buenos hábitos de trabajo a sus hijos.

EL FACTOR SUERTE. Muchas personas que realmente trabajan mucho y siguen todas las reglas no pueden triunfar, en tanto que el éxito parece algunas veces caer del cielo a otros. Difícilmente podría uno planear o arreglárselas para que el superior inmediato cayera muerto precisamente cuando uno está calificado idealmente para ocupar el puesto que ha quedado vacante, aun cuando muchas promociones dependen de tales accidentes. Todo aquel que trata de demostrar que la vida es siempre justa, se ha echado a cuestas una difícil tarea. Como se dijo antes, algunos sectores de la economía están mucho mejor pagados que otros. Una buena parte de la "suerte" consiste probablemente en trabajar en un sector favorable de la economía (Jencks, 1979, p. 307). Algunos sectores de la economía se ampliarán durante las siguientes décadas y ofrecerán seguridad y promociones de trabajo; otros declinarán y ofrecerán más despidos que promociones. El joven trabajador que encuentra un puestro en una industria que está en expansión tiene excelentes oportunidades de por vida relativas a la seguridad en el trabajo, con una agradable jubilación o una buena pensión. Aquellos que eligen una industria en decadencia estarán en el montón de chatarra a la mitad de su vida, sin trabajo, sin pensión y con poca oportunidad de conseguir uno u otra. Para los jóvenes que entraron en el mercado de trabajo, las perspectivas de movilidad fueron escasas en la década 1930-1940 y excelentes en 1950-1970; tales perspectivas no parecen tan favorables en la década actual, pero es probable que sean mejores en 1990-2000 (debido a las bajas tasas de natalidad en el decenio de 1970-1980). Nacer en el momento adecuado es muy importante. El factor suerte es imposible de medir y una fácil excusa del fracaso; sin embargo, no puede negarse que sea un factor en la movilidad.

Interacción de todos los factores

Todos los factores mencionados arriba interactúan en formas imposibles de medir. Por ejemplo, ¿cómo deberíamos interpretar los resultados del estudio de Jencks referentes a los ingresos de hermanos? Jencks encontró que los hermanos educados en la misma familia, con puntuaciones similares en las pruebas y el mismo número de años de escolaridad y experiencia en el trabajo, obtuvieron ingresos que difieren mucho entre sí. La variación en las ganancias de dichos hermanos cuidadosamente equipados fue, por lo menos, el 80% de la variación entre una muestra el azar de personas no relacionadas entre sí (Jencks, 1979, p. 293). Es probable que todos los determinantes de la movilidad mencionados antes estén involucrados, y la suerte no el menor de ellos..

Este análisis de los determinantes de la movilidad se ha centrado en la movilidad ascendente. Pero ¿qué hay sobre la movilidad descendente? Los mismos determinantes producen también este tipo de movilidad. Los factores estructurales —como las industrias que van declinando, una economía que se estanca al bajar la productividad, una tasa declinante de crecimiento económico y el cambio tecnológico— tienden a aumentar el número total de personas que deben perder su status de clase. Los factores individuales —educación, hábitos de trabajo, suerte y los demás— determinan qué personas sufrirán una declinación de su status.

PERSPECTIVAS DE MOVILIDAD

El incremento en la proporción de trabajos de status elevado es el factor individual más importante en la cantidad de movilidad ascendente (Stolzenberg y D'Amico, 1977, p. 862). La automatización, los robots y las computadoras están reduciendo la demanda de trabajadores no especializados y semiespecializados y están exigiendo más técnicos que puedan manejar las computadoras y el equipo complicado. La multiplicación de las industrias de servicios —ventas y servicio, recreación y centros recreativos, y muchas otras— crean oportunidades para personas con talento y aspiraciones, incluso sin grados universitarios. Algunos trabajos muy bien pagados, como los de obreros especializados y conductores de locomotoras, han disminuido; pero mirándolo bien, la necesidad de personas en puestos de status elevado ha crecido. El efecto neto es una elevada tasa de movilidad en Estados Unidos, que parece haber aumentado en los últimos años (Hauser y Featherman, 1977). Estados Unidos puede estar más cerca que nunca de una sociedad de clases abiertas, y una sociedad de clases relativamente abiertas parece estarse dando en la mayor parte de las sociedades industriales modernas.

Movilidad de las mujeres

Las mujeres han logrado tradicionalmente la movilidad sobre todo mediante el matrimonio (Chase, 1975). Las mujeres casadas podían trabajar en ocupaciones ''adecuadas'' (subordinadas al status ocupacional de sus maridos, pero no *demasiado* abajo de tal status). Pero muy pocas de ellas obtenían su status social por medio de la ocupación. Sin embargo, las mujeres están exigiendo hoy iguales oportunidades ocupacionales, y la ocupación puede proporcionar a las mujeres una escala de movilidad independiente del matrimonio. Las mujeres están mostrando aumentos notables en las profesiones. Por ejemplo, las estudiantes en facultades de derecho, se quintuplicaron de 1970 a 1980 (Fossum, 1981). Una socióloga que había criticado a la sociedad dominada por los hombres declaró: ''Las mujeres son las que están logrando el mayor progreso entre todos los grupos de casta estadounidenses'' (Duberman, 1976, p. 303).

El número de mujeres en las facultades de Derecho aumentó más de cinco veces entre 1970 y 1980. ¿Dentro de qué plazo la proporción de mujeres jueces reflejará este cambio? (*Mimi Forsyth/Monkmeyer Press Photo Service.*)

Las pautas de carrera y movilidad para hombres y mujeres se están pareciendo cada vez más entre sí; sin embargo, algunas diferencias permanecen. La gran mayoría de las mujeres que trabajan todavía juzgan su posición de clase por las ocupaciones de sus maridos (Jackman, 1982), pero un número cada vez mayor de mujeres trabajadoras están *utilizando* tanto la ocupación de sus maridos como la propia para juzgar su clase (Van Velsor y Beeghley, 1979). La movilidad de las mujeres en virtud de su carrera todavía se ve muy obstaculizada por los deberes domésticos y el embarazo, con las consecuentes interrupciones en el desempeño de la carrera, como se señaló en los capítulos 6 y 10. La verdadera igualdad en la movilidad por carrera exigirá cambios fundamentales tanto en nuestras instituciones familiares como en nuestras instituciones sociopolíticas.

MOVILIDAD DE LA SOCIEDAD

Este capítulo ha enfocado la movilidad de los individuos, pero grupos enteros dentro de una sociedad pueden subir o bajar en su status relativo, y sociedades enteras pueden llegar a ser más o menos prosperas. Hay muchos grupos y sociedades que podríamos considerar, pero limitaremos nuestro estudio a la movilidad de los pobres y de los países en vías de desarrollo.

Movilidad en los países en vías de desarrollo

Los países en vías de desarrollo (o pertenecientes al Tercer Mundo, término utilizando para distinguir a estos países de los comunistas y de los capitalistas) están presentando gran movilidad de la sociedad tanto ascendente como descendente. La mayor parte de las naciones en África, Asia y América del Sur (Japón es una notable excepción) están clasificadas como "en vías de desarrollo". Esto significa que su tecnología industrial y sus organizaciones económicas todavía no han alcanzado el nivel de países industrializados como Japón y los que se encuentran en América del Norte y en Europa Occidental. Sus ingresos per cápita pueden ser inferiores a una décima parte de los países industrializados (véase el cuadro 15-3). Esta diferencia no es tan grande como parece, puesto que muchas personas en estos países aseguran la producción de su propio alojamiento, vestido y alimento, y es difícil dar un valor en dinero a estos productos. El mantenimiento de estadísticas está lejos de ser perfecto, puede ser que no se declaren algunos ingresos.

Después de tomar en consideración estos problemas estadísticos, la diferencia es todavía impresionante. En dos terceras partes del mundo muchas personas viven en condiciones de extrema pobreza. El hambre es común, y aun una bicicleta es un lujo inalcanzable. Nuestro

CUADRO 15-3
INGRESOS PER-CAPITA PROMEDIO EN LOS PAÍSES DESARROLLADOS Y EN VÍAS DE DESARROLLO, 1978

Países industrializados		Países en vías de desarrollo	
Reino Unido	$4 955	Kenya	$337
Japón	8 460	Tailandia	444
Estados Unidos	8 612	Honduras	528

Fuente: World Almanac, 1982.

mundo tiene una zona moderadamente próspera y otra en la que la mala nutrición es una rutina y la inanición real una constante amenaza. Esto incita el descontento dentro de cada país en vías de desarrollo, donde los ricos son envidiados por los pobres; y los países pobres envidian a los países prósperos, a los que culpan de su pobreza. La exigencia de los países pobres de una parte mayor de la riqueza del mundo es el tema dominante en el debate de las Naciones Unidas.

Los gobiernos están conscientes de este problema y, en medio de muchas discusiones relativas a los métodos adecuados, se han puesto en marcha muchos programas para aumentar el comercio mejorar la base comercial y promover una agricultura y una industria más eficiente. Estos programas han tenido un éxito modesto y los países en vías de desarrollo han logrado algunas ventajas, pero la mayor parte del mundo en vías de desarrollo vive aún al borde de la pobreza.

Aun con ayuda y el mejor tipo posible de sistema económico ¿podrán los países en vías de desarrollo alcanzar alguna vez el nivel de vida de las naciones industrializadas? Una de las dificultades es que gran parte del mejoramiento económico ha sido absorbido por el crecimiento de la población (véase Cap. 17). Las tasas de natalidad están bajando ahora, pero deben descender rápidamente si se quiere alcanzar alguna vez la prosperidad.

Un problema todavía mas grave lo constituye el suministro de los recursos necesarios. El profesor Keyfitz expresó esto de manera muy clara:

La tasa y dirección del desarrollo del periodo 1950-1970, por insatisfactorias que éstas pueden parecer, indican que éste es aún el más rápido que puede sostenerse con las actuales estrategias... Puede imaginarse que en el próximo siglo se duplicarán las fuentes de energía, la capacidad para disponer de desperdicios y sustituir todos los metales, pero no es fácil concebir tal duplicación en los quince años que se necesitarían para mantener el crecimiento de la clase media a una tasa de 4.7% al año. (Nathan Keyfitz, "World Resources and The World Middle Class", *Scientific American*, 235:35, July 1976.)

Hay alguna esperanza de que, cuando escaseen las actuales materias primas, la ciencia pueda proporcionar nuevos sustitutos. A menos que lo haga, no hay posibilidad de que las naciones industrializadas puedan mantener su crecimiento económico durante mucho tiempo. Sin progresos científicos espectaculares, que pueden no ocurrir nunca, no hay esperanzas para que los países pobres alcancen a los países ricos.

¿Qué hay acerca de la pobreza?

La pobreza —situación en que las personas carecen de suficiente dinero para mantener un nivel mínimo de salud y decencia— suele ser la condición normal de la mayor parte de las personas. Actualmente se ha extendido la idea de que, por lo menos en los países industrializados, existe lo suficiente para cuidar de todos y que nadie debería ser desesperadamente pobre. Sin embargo, aun en los países más prósperos del mundo la pobreza todavía sobrevive.

Antes de que podamos estudiar un tema con provecho, es necesario definir los términos para que entendamos de qué estamos hablando. El Department of Labor calculó las necesidades mínimas de una familia urbana de cuatro miembros. Esta cifra se fijó en 3 000 dólares por año en 1960 y, debido a la inflación, se elevó a 9 287 en 1982. Esta cifra puede discutirse por lo que toca a si es demasiado generosa o demasiado restrictiva, pero al menos proporciona una base objetiva para medir el cambio.

La extrema pobreza dificulta mucho la movilidad ascendente (*Max Tharpe/ Monkmeyer Press Photo Service; Don Gestug: Photo Researchers, Inc.*)

¿Quienes son los pobres? Muchos de ellos viven al margen de la sociedad, y muchos padecen desventajas mentales, sociales o físicas. Muchos de ellos son niños, y un desproporcionado número son mujeres. Tenemos leyes sobre el salario mínimo, pero un trabajo seguro con un salario mínimo no sostendrá a una familia. El gobierno y la caridad privada ayudan a los impedidos mental y físicamente, pero no con bastante generosidad. A las personas que tienen otros problemas —los alcohólicos, por ejemplo— es difícil ayudarlas, aun cuando la sociedad tenga la mejor de las instituciones. Es probable que el problema social más frecuente en la actualidad sea la familia desintegrada, casi siempre encabezada por una madre con poco o ningún apoyo del padre. Es difícil para una mujer cuidar a los niños y ser la única fuente de apoyo financiero, y la mayoría de las familias en las que sólo hay uno de los padres, y en las que la mujer hace de cabeza, vive en el límite de la pobreza o por abajo de él.

Probablemente, la prueba decisiva del grado de movilidad social ascendente sea la proporción de la población que se ha movido sobre la línea de la pobreza (véase Fig. 15-3). La movilidad sobre la línea de la pobreza se lleva a cabo mediante la superación de las desventajas individuales y asegurando un apoyo especial para aquellos que tienen bajos ingresos.

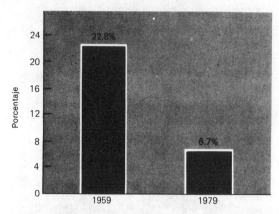

FIGURA 15-3 Porcentaje de estadounidenses que viven en la pobreza. (Existen diferentes maneras de calcular la tasa de pobreza. La tasa de 1979 varía de 6.7 a 8.9% de acuerdo con el método empleado.) (*Fuente: Timothy M. Smeeding,* Alternative Methods for Valuing Selected In-Kind Transfer Benefits and Measuring Their Effect on Poverty, *Technical Paper 50, U. S. Bureau of the Census, 1982, p. 96*).
El gran incremento de subsidios ¿explica en buena medida la declinación de la pobreza de 1959 a 1979?

SUPERACIÓN DE LOS OBSTÁCULOS. Los problemas de rehabilitación, a través de atención médica, asesoría y capacitación vocacional, pueden a ayudar a superar los obstáculos. A las personas puede devolvérseles la salud, capacitárselas para superar la desesperación emocional o prepararlas para un trabajo remunerativo. Muchas personas que son pobres pueden aprovechar esos servicios de rehabilitación, y muchos pueden evitar transformarse en pobres con tal ayuda. Junto con estos esfuerzos están las disposiciones para hacer de la sociedad un lugar mejor donde funcionen los físicamente impedidos. Éstas incluyen leyes contra la discriminación y exigencias de que los edificios se modifiquen de manera que permitan facilidad de movimientos a los que no pueden caminar.

Muchos países están prestando una atención mayor a los esfuerzos de rehabilitación y han tenido algún éxito. Sin embargo, es una lucha constante, y hay muchos pobres cuyos problemas no corresponden al tipo de ayuda que proporcionan los programas de rehabilitación.

SUBSIDIOS. Los países industrializados han progresado mucho en términos de distribuir la riqueza. En Estados Unidos, por ejemplo, en fecha tan reciente como 1959, casi una cuarta parte de la población (22.8%) se clasificaba como pobres, en comparación con 6.7% en 1979 (Smeeding, 1982, p. 96); sin embargo, varios millones de personas todavía son pobres, y el número crece en épocas de depresión económica como sucede en los años de principios de la década 1980-1990.

La proporción del ingreso nacional que recibe el 20% más pobre de la población se ha mantenido alrededor del 5% durante varios decenios, pero esta cifra no toma en cuenta los subsidios, que consisten la tranferencia de recursos de los más ricos a los necesitados (financiados principalmente por medio de impuestos progresivos sobre los ingresos de los más ricos; véase el cuadro 15-4). Tales subsidios incluyen dinero en efectivo y apoyos directos como cupones para alimentos, viviendas subsidiadas y servicios médicos. Los subsidios no monetarios han aumentado mucho en los últimos años, y han crecido (en dólares constantes de 1965) de 2 000 millones en 1965 a más de 27 000 millones en 1980 (Smeeding, 1982, p. 3). Debería observarse que tanto los ricos como los pobres reciben subsidios gubernamentales. Éstos se dan en diferentes formas como educación superior (utilizada principalmente por las clases media y alta), exenciones de impuestos sobre el ingreso, subsidio para los intereses que se pagan sobre préstamos de vivienda, préstamos de la FHA (Federal Housing Administration) y aun a través de operaciones de rescate de los guardacostas y el mantenimiento de bahías para yates y botes privados. La cantidad total de subsidios que se otorga a los no pobres es un poco mayor que la que se concede a los pobres (Smeeding, 1982, p. 9). Sin embargo, los pobres reciben una mayor proporción de sus ingresos en diversos subsidios y pagan menos impuestos. Se calcula que en 1977 el efecto neto de los subsidios y la reducción de impuestos aumentó el ingreso del 10% más bajo de la población en 55%. En el mismo año, el ingreso del 20% más alto de la población se redujo en un 15%, por

CUADRO 15-4
**¿QUIÉN OBTIENE ALGO, Y QUIÉN LO PAGA EN
ESTADOS UNIDOS?***

Contribuyentes con ingresos entre	Constituyen el _____% de todos los contribuyentes	Obtienen el _____% de todo el ingreso bruto ajustado	Pagan el _____% de todos los impuestos federales sobre el ingreso	Pagan el _____% de sus ingresos brutos ajustados
$0–$9,999	36.9	9.0	2.2	2.9
$10,000–$29,999	44.2	43.6	34.7	11.3
$30,000–$49,999	14.5	28.5	30.3	15.1
$50,000 y más	4.4	19.0	32.9	24.6

* Con base en los ingresos de 1981 gravados con las tasas impositivas sobre los ingresos federales de 1982.
† Las columnas suman más de 100% debido a que se redondearon las cifras.
Fuente: Office of Tax Analysis, Department of the Treasure (press release of Joint Economic Committee, Congress of the United States, Nov. 21, 1982.)

El impuesto federal sobre el ingreso es "progresivo", lo que significa que grava los ingresos altos con tasas mayores que los ingresos bajos. Eso, junto con los subsidios, reduce la desigualdad económica. Algunos otros ingresos, como los impuestos sobre ventas (especialmente si se gravan los alimentos) son "regresivos", de modo que gravan a los pobres relativamente más que a los ricos.

estos mismos conceptos, (Meerman, 1980, p. 1 247).

Los efectos combinados de los impuestos y los subsidios han reducido significativamente la brecha entre pobres y ricos. Sin los subsidios (incluyendo tanto los que se hacen en efectivo como en especie), quienes vivían en la pobreza en 1980, en vez de ser el 6 o 7% de nuestro pueblo, habría sido el 22%, cifra casi cuatro veces mayor (Murray, 1982, p. 10). La administración Reagan redujo la cantidad de la redistribución de ingresos, bajando el nivel de subsidios a los pobres y recortando los impuestos que gravaban más fuertemente los ingresos mayores. Un cálculo de la Congressional Budget Office fijó el efecto neto de los cambios en los impuestos y el presupuesto de la administración Reagan en 1981 (si se pusieran en práctica completamente) en una pérdida promedio de $240 para los jefes de hogar con ingresos inferiores a 10 000 dólares y en una ganancia de

15 130 para los jefes de hogar con ingresos superiores a 80 000 dólares (Bresler, 1982). Estos cambios propuestos se basaron en la creencia de que una parte mayor del ingreso nacional debería ir a los ricos a fin de incrementar los ahorros e inversiones y restaurar así la prosperidad. Antes de que las propuestas pudieran ponerse en práctica íntegramente se hicieron cambios que redujeron el efecto de la política de Reagan. Todo este episodio muestra cómo la distribución del ingreso no es sólo el resultado de fuerzas económicas impersonales, sino también de una decisión política consciente.

¿MOVILIDAD O IGUALDAD?

Durante años Estados Unidos fue considerado como la tierra de la igualdad, debido a la posibilidad de un tipo de movilidad que permitía pasar de la pobreza a la riqueza. Este concepto ha sido puesto en duda por varios escritores (Rawls, 1971; Jencks, 1972, 1979; Shostak et al., 1973), quienes insisten en que lo que importa no es la igualdad de oportunidades, sino la igualdad de resultados.

El problema moral relativo a la igualdad de ingresos ha sido bien planteada por Tumin (1963, p. 26). La mayor parte de los autores ya están de acuerdo en que la sola herencia de la riqueza no debería garantizar una vida de lujo para algunos, mientras que condena a otros a toda una vida de penalidades. Hemos aceptado, por lo tanto, la idea de igualdad de oportunidades. Una meritocracia significaría que la igualdad de oportunidades reemplazaría una aristocracia de riqueza heredada por una aristocracia de talento heredado. ¿Es realmente un poco más justo otorgar riqueza y status a quienes les tocaron padres inteligentes que a los que tuvieron padres ricos?

Aunque el problema moral relativo a la igualdad de ingresos tiene una solución fácil, la obtención de la igualdad presenta muchas dificultades. Por ejemplo, los muchos tipos de ayuda proporcionados por los padres a sus hijos son una de las principales fuentes de desigualdad. El solo hecho de tener padres que sean trabajadores, triunfadores, confiados en sí mismos y con facilidad de palabra proporciona a los hijos una ventaja en la competencia. ¿Hay alguna forma posible de cambiar esto?

Aunque la igualdad absoluta es poco práctica en una sociedad moderna, las desigualdades existentes podrían reducirse mediante un programa más amplio de redistribución del ingreso. Aquí hay dos dificultades: la política y la económica. La dificultad política consiste en persuadir a las personas de clase media de que acepten el sacrificio que esto significa. Puesto que el 5% más alto del país recibe solamente el 15% del ingreso nacional (*Statistical Abstract*, 1982-1983, p. 435), una ulterior redistribución del ingreso no podría financiarse elevando sólo los impuestos a los ricos. Se necesitaría extenderlo y en profundidad a la clase media, que ya está en rebelión contra los elevados impuestos. Existe también el hecho políticamente importante de que la redistribución del ingreso beneficiaría a los pobres (quienes mayoria-

riamente no votan con regularidad) a expensas de los más ricos, cuya mayoría *vota* regularmente. Así, parece ser más probable que los subsidios a los pobres se reduzcan y no se amplíen.

La dificultad económica consiste en que la mayor parte del capital de inversión que financia el crecimiento económico proviene de los ahorros de los ricos. Muchos economistas argumentan que los impuestos fuertes sobre los ingresos mayores crean escasez de capital, inhiben el crecimiento económico y promueven el desempleo. (Okun, 1975, p. 105; Feldstein, 1977). No se sabe con certeza qué cantidad de redistribución del ingreso pueda soportar una economía capitalista sin agotar la formación de capital al grado de que se estanque la economía. Para los marxistas esto revela simplemente las fallas del sistema capitalista.

La formación de capital es necesaria para cualquier economía moderna. Los estados comunistas fijan sus salarios y precios para proporcionar ganancias que puedan utilizarse como capital. Con independencia del sistema, el capital es dinero sustraído al consumo. Cuál de estos modos de formación de capital sea más eficiente y justo, es un asunto de continuo debate.

SUMARIO

La *movilidad social* es un movimiento ascendente o descendente en el status social y (por lo general) en el ingreso, y puede ser experimentada por individuos o por grupos enteros. La movilidad ascendente proporciona mayores satisfacciones en la vida, lo mismo que más ansiedades y sacrificios. Una sociedad de *clases abiertas* alienta mucho el movimiento hacia arriba y hacia abajo en la escala de la movilidad, mientras que en una sociedad *de castas* o de *clases cerradas,* el status de clase se hereda y es muy difícil de cambiar.

El monto de movilidad ascendente se ve afectado por factores estructurales, incluyendo la proporción de posiciones disponibles de status alto, la fertilidad diferencial y los apoyos y barreras a la movilidad de la sociedad. Los factores individuales en la movilidad incluyen las diferencias en capacidades, las diferencias en comportamiento que apoyan u obstaculizan la movilidad (educación, hábitos de trabajo, la PGD, la movilidad mediante la aceptación de las reglas del juego y los valores idealizados) y el factor suerte.

Las perspectivas de movilidad dependen del incremento continuo de las posiciones de status alto, y éstas dependen del cambio tecnológico y del crecimiento económico. La movilidad para las mujeres casadas se ha determinado principalmente por el status de sus maridos, pero el status ocupacional propio de las mujeres se está haciendo cada vez más importante.

Los países pobres del Tercer Mundo recienten la prosperidad de los países ricos y exigen ayuda para reducir la brecha. el crecimiento de la población y la creciente escasez de recursos y de capital dificultan esto.

En los países capitalistas (economía mixta) los subsidios, junto con el aumento progresivo en los impuestos reducen las desigualdades entre ricos y pobres. Las objeciones de la clase media a los altos impuestos pone en duda la posibilidad de una reducción adicional en la desigualdad económica en los países capitalistas.

GLOSARIO

capital: dinero, o los bienes que proporciona, utilizados para fabricar otros bienes, más que para consumirlos directamente. Equipo de transportación, fábricas y depósitos de mercancías, son unos cuantos ejemplos.

movilidad social: movimiento de un nivel de clase a otro.

pauta de gratificación diferida: decisión de posponer la satisfacción inmediata por una ventaja futura.

sistema de castas: sistema social estratificado en el que la posición social está determinada totalmente por el parentesco, sin ninguna posibilidad de cambiar de posición.

sistema de clases abiertas: sistema de status con considerable movimiento ascendente y descendente en la escala de movilidad.

sistema de clases cerradas: sistema de status en el que las posiciones son hereditarias sin posibilidades de cambiar de status.

subsidios: ajuste desigual de los impuestos y los beneficios sostenidos por impuestos a fin de reducir las desigualdades en el ingreso.

valores idealizados: expresión verbal de ciertos valores, sin el comportamiento adecuado para alcanzarlos.

PREGUNTAS Y PROYECTOS

1 ¿Cuál es la diferencia entre casta y clase? ¿Son las mujeres una casta? ¿Por qué o por qué no?

2 ¿Qué ventajas y desventajas tiene para una sociedad un sistema de clases cerradas? ¿Para el individuo? ¿Conoce usted algunos intentos deliberados para reducir la competencia por status en Estados Unidos?

3 ¿Qué ventajas y desventajas tiene un sistema de clases abiertas para una sociedad? ¿Para el individuo? ¿Qué es lo que hace imposible una absoluta igualdad de oportunidades?

4 ¿Considera usted estar orientado hacia la movilidad? ¿Qué factores piensa usted que explican su propia orientación hacia la movilidad?

5 Suponga que la educación superior llegara a ser completamente gratuita y que los empleos fueran ocupados estrictamente por méritos, sin tomar en cuenta las relaciones familiares. ¿Podría esperarse que la misma proporción de jóvenes de clase baja y de clase media llegarán a puestos de status elevado? ¿Por qué si o por qué no?

6 ¿En qué forma la pauta de valores idealizados entre las personas de clase baja dificulta evaluar su actitud hacia la gratificación diferida?

7 El matrimonio durante los estudios universitarios ¿es una ayuda o una amenaza para las perspectivas del estudiante con respecto de la movilidad social? ¿La movilidad social se convertirá en una amenaza para el matrimonio?

8 Describa los grupos que muestren en su comunidad las tasas de movilidad ascendente más rápidas y menos rápidas. Sobre la base de las tendencias actuales en ambos grupos, intente predecir su posición relativa de aquí a cincuenta años.

9 Analice una lista de compromisos en una fraternidad o un club femenino de estudiantes en términos de aquellos que usted clasificaría como socialmente móviles, en contraste con

aquellos que simplemente están manteniendo el status familiar. Describa todos los contrastes que hay entre las características de personalidad de los socialmente móviles y de los estacionarios.

10 ¿Qué significan los subsidios? ¿Ayudan o desalientan la movilidad social?

11 Lea *A Tree Grows in Brooklyn* de Betty Smith. ¿Qué factores influyeron en el rechazo de Francie a la subcultura de los barrios bajos y en su deseo de escapar de ella? ¿El escape se llevó a cabo por suerte o por sus propios esfuerzos?

LECTURAS QUE SE SUGIEREN

*Ashe, Arthur y Neil Amdur: *Off the Court:* New American Library, Inc., New York, 1981. La autobiografía de una estrella negra de tenis que destacó en lo que había sido un deporte de personas blancas. También hace algunas observaciones sobre los procedimientos que los negros deberían seguir para incrementar la movilidad social.

Auletta, Ken: *The Underclass,* Random House, Inc., New York, 1982. Descripción viva de la clase baja-baja de las dificultades para escapar de ella.

Danziger, Sheldon y Robert Plotnick: "Income Maintenance Programs and The Pursuit of Income Security", *Annals of the American Academy of Political and social Science,* 453 130-152, January 1981. Análisis del rol de los subsidios en el mantenimiento de un nivel de ingresos.

*Duberman, Lucile: *Social Inequality: Classes and Caste in America,* J. B. Lippincott Company Philadelphia, 1976. Análisis de la desigualdad en Estados Unidos, que estudia a las mujeres como una "casta".

Friedan, Betty: *The Second Stage",* Summit Books, New York, 1981. Estudio de la dirigente feminista sobre los problemas y ventajas para el sexo femenino, que muestra las actitudes actuales de las mujeres hacia las familias donde la pareja tiene una carrera. Ver. pp. 260-281.

Gandhi, Raj S.: "From caste to Class in Indian Society", *Humbolt Journal of Social Relations,* 7:1-14, Spring/Summer 1980. El efecto de un sistema de casta que cambia en la movilidad social.

*Hollander, Paul: *Soviet and American Society: A Comparison,* Oxford University Press, New York, 1978. Un sociólogo húngaro prescinde de la ideología para describir los procesos de las clases sociales en cada sociedad.

Lane, Angela Victoria: "'Migration and the Processes of Occupational Mobility and Status Attainment, "*Sociological Focus,"* 10: 43-52, January 1977. Comparación de la movilidad geográfica y de la movilidad ocupacional que encuentra que los migrantes internos (dentro de Estados Unidos) provienen de un *status* más alto que los no migrantes.

Philliber, William W. y Dana V. Hiller: "A Research Note: Occupational Attainments and Perceptions of Status Among Working Wives", *Journal of Marriage and the Family,* 41: 59-72, February 1979. Establece un contraste entre la forma en que perciben su status de clase las esposas que trabajan, cuyos maridos pertenecen a la clase trabajadora con aquellas cuyos maridos son de clase media.

Piven, Frances Fox y Richard A. Cloward: *The New Class War: Reagan's Attack on the Welfare State and Its Consequences,* Pantheon Books, a división de Ramdon House, Inc., New York, 1982. Defiende la ampliación de los programas de subsidios para reducir la desigualdad.

Rodman, Hyman, Patricia Voydanoff, y Albert E. Lovejoy: "The Range of Aspiration. A New Approach", *Social Problems,* 22: 184-198, December 1974. Las aspiraciones de las diferentes clases sociales en términos de concepto de los valores idealizados.

Schumer, Fran R.: "Downward Mobility" *New York,* 15:20-26, 32, Aug. 16, 1982. Animado análisis de los problemas a que se enfrentan los jóvenes de clase media que se encuentran con que son menos ricos de lo que esperaban.

* Un asterisco antes de la cita indica que el título se encuentra en edición en rústica.

16 Relaciones

raciales y étnicas

Similitud en la movilidad de
  las minorías
Movilidad de los negros
La clase baja
PENSAMIENTO

REVISIONISTA ACERCA
DE LAS POLÍTICAS
RELATIVAS
A LAS MINORÍAS

SUMARIO
GLOSARIO
PREGUNTAS Y PROYECTOS
LECTURAS QUE
  SE SUGIEREN

A algunos sorprendería el hecho de que al negro medio no se le pueda asociar con la probreza, con las asistencias públicas ni con el desempleo. Ciertamente, de acuerdo con el último informe de la Urban League sobre la situación de los negros en Estados Unidos, el 83% trabaja para ganarse la vida, el 77% no está incrito en la Asistencia Pública y el 62% no vive en la pobreza. Esto no quiere decir que no debería importarnos el serio asunto de reducir el 16% que no tiene trabajo, el 23% que depende de la Asistencia Pública o el 38% que vive en la pobreza. Lo único que quiere decir es que debemos ser cuidadosos de no dejar en la mente de los negros y de los blancos, sobre todo de los jóvenes, la impresión de que la mayor parte de los negros no desempeñan un rol productivo en la vida económica de esta nación. Esto no es cierto.

(Dan J. Smith, "Black Objectives for the 1980's", en Thomas Sowell et al., (eds.): *The Fairmont Papers: Black Alternatives Conference,* Institute for Contemporary Studies, San Francisco, 1981, p. 14 © by Institute for Contemporary Studies. Reproducido con autorización.

CLASIFICACIÓN RACIAL Y ÉTNICA

"Raza" es un concepto problemático, porque no hay un acuerdo general acerca de su significado. En el sentido popular, "raza" puede significar toda la humanidad (la "raza humana"), una nacionalidad (la "raza alemana"), o aun un grupo mixto en casi todos los aspectos, pero socialmente designado como diferente (la "raza judía"). Casi cualquier tipo de categoría de personas puede llamarse una "raza".

Aun los científicos sociales no están completamente de acuerdo en definir el término. Algunos han definido a una raza como un grupo de personas separadas de otros grupos por una combinación distintiva de características físicas. Como veremos más adelante, esto plantea algunas dificultades debido a la mezcla, a la sobreposición y al gradual desvanecimiento de las características físicas (p. ej., el color de la piel) a lo largo de un continuum sin separaciones definidas. Por lo tanto, una "raza" no es una agrupación biológicamente distinta de personas; sin embargo, muchas personas piensan y actúan como si lo fuera. La raza es una realidad importante socialmente, porque la gente concede mucha importancia a la supuesta "raza" de algunos. La afición de los científicos por la nitidez en la exactitud científica debe ser moderada por la necesidad de tratar con una realidad social importante. Quizá una definición aceptable pudiera ser la siguiente: *Una raza es un grupo de personas algo diferentes de otros grupos por su combinación de características físicas heredadas, pero la raza está sustancialmente determinada también por la definición social popular.*

Es conveniente dividir a la especie humana en tres troncos raciales principales: el mongoloide (amarilla y oscura), el negroide (negra) y el caucasoide (blanca). La mayor parte de los grupos pueden ubicarse en alguna de estas tres categorías, como se muestra en la figura 16-1. Esta figura pone también de manifiesto que la ubicación racial de algunos grupos es incierta, en virtud de que sus características físicas se sobreponen. Por ejemplo, los indios asiáticos tienen un color de piel mongoloide, pero sus facciones son caucásicas; los ainu del norte del Japón tienen un color de piel y un tipo de cabello caucasoides, pero sus rasgos faciales son mongoloides. Una complicación ulterior surge del hecho de que las razas se han estado cruzan-

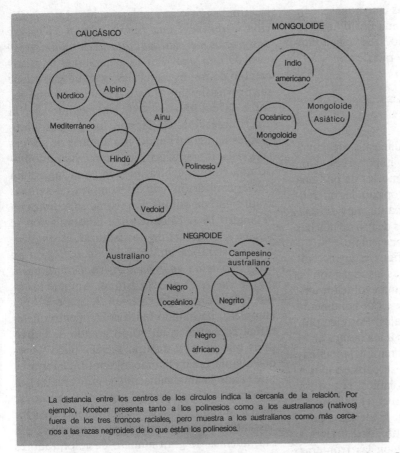

CAUCÁSICO

Nórdico
Alpino
Mediterráneo
Ainu
Hindú

Polinesio

Vedoid

Australiano

MONGOLOIDE

Indio
americano

Oceánico
Mongoloide

Mongoloide
Asiático

NEGROIDE

Campesino
australiano

Negro
oceánico
Negrito

Negro
africano

La distancia entre los centros de los círculos indica la cercanía de la relación. Por ejemplo, Kroeber presenta tanto a los polinesios como a los australianos (nativos) fuera de los tres troncos raciales, pero muestra a los australianos como más cercanos a las razas negroides de lo que están los polinesios.

FIGURA 16-1 Las razas humanas (*Fuente: A. L. Kroeber,* Anthropology, *Harcourt Brace Jovanovich, Inc., New York, 1948, p. 10*).

¿Es una *raza* una categoría de personas biológicamente distintas? o ¿es la *raza* un membrete que aplicamos a los que pensamos que tienen alguna similitudes?

do durante miles de años, de modo que casi todos los grupos raciales están considerablemente mezclados. En los últimos años ha sido común referirse a los estadounidenses con ancestros negroides como a *blacks,* más bien que como *negroes.*

Los sociólogos emplean el término *grupo étnico* para referirse a *cualquier tipo de grupo, racial o de otra clase, que socialmente se identifica como diferente y ha desarrollado su propia subcultura.* En otras palabras, un grupo étnico es aquél que es reconocido por la sociedad y por sí mismo como un grupo distinto. Aunque la distinción se asocia con una serie particular de ancestros, sus marcas distintivas pueden ser la lengua, la religión, la ubicación geográfica, la

nacionalidad, la apariencia física o cualquier combinación de estos factores. El término se aplica adecuadamente siempre que las diferencias de grupo se consideran lo bastante importantes como para hacer resaltar a un grupo en relación a los otros, *The Harvard Encyclopedia of American Ethnic Groups* (Therns trom, 1980) describe un total de 106 grupos étnicos en Estados Unidos.

PUNTO DE VISTA CIENTÍFICO SOBRE LAS DIFERENCIAS RACIALES

Es evidente que las razas difieren en algunas características físicas heredadas. ¿Pueden variar también en sus características emocionales e intelectuales innatas? Ésta es una posibilidad lógica razonable. ¿Es un hecho? ¿Se aplica también a los grupos étnicos no raciales?

Las diferencias raciales físicas son poco importantes

Todas las razas son aproximadamente semejantes en las características físicas importantes. Con unas cuantas excepciones (como las de que una piel oscura es útil bajo el sol tropical), las diferencias dentro de la especie humana son muy escasas, comparadas con las diferencias dentro de muchas especies, perros o caballos, por ejemplo.

La mayoría de los científicos están actualmente de acuerdo en que todas las razas son de una especie, el producto de una evolución única, y en que todas las razas están igualmente "cercanas" a los otros animales. Por ejemplo, los negros son muy parecidos a los monos en el color del pelo, la forma de la nariz y la inclinación facial; pero los blancos se parecen más a los monos en la forma de los labios, la textura del pelo y la cantidad de vello en el cuerpo.

Hay algunas pruebas de que la alergia a diferentes alimentos y la susceptibilidad a ciertas enfermedades pueden variar con las fronteras étnicas. Esto incluiría la susceptibilidad de los judíos a la enfermedad de Tay-Sachs, la gran similitud de intolerancia a la lactosa y la anemia de célula falciforme entre los negros, y la mayor probabilidad de la Talasemia, una forma de anemia, entre las personas cuyos ancestros vinieron de la región mediterránea (Zochert, 1977). Los trabajadores de sanidad pública deberían caer en cuenta de las susceptibilidades de los grupos étnicos a estas enfermedades específicas, pero la mayor parte de las enfermedades varían poco cuando los otros factores se mantienen constantes. La cultura, más que la herencia, es la que principalmente producen las diferencias entre los grupos étnicos.

AMALGAMACIÓN Y ASIMILACIÓN

Los grupos étnicos no son necesariamente permanentes y algunas veces desaparecen mediante la asimilación o la amalgamación. La *asimilación* se refiere a *una fusión cultural en la que dos grupos mezclan sus culturas de modo que se vuelven una sola.* Por lo general hay un intercambio de rasgos culturales, aunque éste puede ser principalmente el caso de un grupo que absorbe la cultura de otro. Un ejemplo es "la americanización" en la que los grupos inmigrantes han contribuido con algunas de sus características, pero principalmente han adoptado una cultura central basada en el inglés. La "americanización" de los nombres no sajones es un signo de asimilación, como se muestra en el cuadro 16-1. Mientras que la asimilación se refiere a la mezcla de dos culturas, la *amalgamación* significa un *cruzamiento biológico de dos pueblos de apariencia física distinta hasta que se vuelven una sola estirpe.* Aunque los tipos físicos distintivos casi han desaparecido por completo, ha habido tanto cruzamiento que es difícil encontrar a un grupo grande de individuos que formen un tipo racial "puro" si es que alguna vez ha habido alguno. Inglaterra ha practicado la amalgamación en gran escala. Los invasores normandos del siglo XII pronto se mezclaron con los ingleses. Hawaii incluye a los descendientes de los moradores originales de la isla, además de gran número de colonizadores caucásicos, chinos, japoneses, filipinos y coreanos. Todos éstos se han casado entre sí con bastante libertad, y las tasas más altas corresponden a los grupos que tienen más hombres que mujeres.

En Estados Unidos ha habido una considerable amalgamación entre blancos y negros. Durante el siglo pasado ésta declinó por varias razones: el fin de la esclavitud, la decadencia de las plantaciones, el número cada vez menor de familias blancas con servidores negros, el status ascendente de los negros, una creciente desaprobación mutua de los contactos sexuales interraciales y posiblemente la difusión de la anticoncepción. Pero aunque la amalgamación extramarital ha descendido ¿ha aumentado el número de matrimonios entre diversos grupos étnicos?

Datos recientes indican que ha habido un aumento en este tipo de matrimonios. La tasa

**CUADRO 16-1
CAMBIO DE NOMBRE: UNA TÉCNICA
DE ASIMILACIÓN**

Nombre artístico	Nombre original
Doris Day	Doris Kepplehoff
Tony Curtis	Bernie Schwartz
Karl Malden	Mladen Sekulovich
Judy Garland	Frances Gumm
Claudette Colbert	Claudette Chauchoin
Vic Damone	Vito Farinola
Cyd Charisse	Tulo Finklea
Robert Taylor	Spengler Arlington Brough
Judy Holliday	Judy Tuvim
Rita Hayworth	Margarita Carmen Cansino
Vince Edwards	Vicent Zoino
Jane Wyman	Sarah Fulks
Kirk Douglas	Issur Danielovitch
Danny Kaye	Daniel Kaminsky
Dean Martin	Dino Crocetti
Jerry Lewis	Joseph Levitch

Fuente: Fragmento de una lista en Stanley Lieberson, *A Piece of the Pie:
Black and White Immigrants Since 1880,* University of California Press,
Berkeley, 1980, p. 33.

¿Por qué cree usted que las personas se cambian de
nombre? Es más probable que las celebridades del espectáculo cambien su nombre que los políticos. ¿Por
qué?

de uniones matrimoniales entre judíos y no
judíos ha mostrado un espectacular incremento
en las dos últimas décadas, lo que pone de manifiesto que la tradición de la endogamia judía,
en algún tiempo muy fuerte, se ha debilitado
mucho. En el periodo de 1900 a 1919, sólo el
2.7% de los judíos efectuaron matrimonios
mixtos, pero en 1971 este porcentaje había subido al 41%. Entre 1900 y 1960, poco más del
10% de los judíos estadounidenses se habían
casado con personas de otros grupos, y en 1972
casi una tercera parte (31.7%) se estaban casan-
do con no judíos (Rosenman, 1979, p. 12).

El matrimonio mixto entre estadounidenses
de origen asiático y personas de otros grupos es
bastante alto. El censo de 1980 puso de manifiesto que casi una cuarta parte de estadounidenses asiáticos estaba casada con blancos, y la
tasa más elevada de estos matrimonios correspondía a personas que en el año del censo

tenían entre 16 y 24 años de edad. Entre la tercera generación de estadounidenses de origen
japonés el matrimonio con personas ajenas al
grupo ha llegado al 40% (Montero, 1981, p.
836). Entre los hombres estadounidenses casados de origen hispánico una cuarta parte tenía
mujeres no hispánicas en 1980 (U.S. Bureau of
the Census, 1981*d*, p. 162).

El matrimonio entre negros y blancos ha aumentado también (véase el cuadro 16-2), pero
sólo alcanza menos del 2% de todos los matrimonios de los negros. Es difícil saber si el incremento es una fluctuación menor o constituye
una tendencia definida de aumento de matrimonios entre blancos y negros (*Ebony,* 37: 81-
82, August, 1982). La mayor frecuencia del
matrimonio interracial entre los hombres
negros que entre las mujeres negras es una consecuencia de la forma diferente en que los dos
sexos interpretan la liberación negra. En los

CUADRO 16-2
MATRIMONIO MIXTO ENTRE BLANCOS Y NEGROS

	1970	1980
Marido negro; esposa blanca	41 000	120 000
Marido blanco; esposa negra	24 00	46 00
Total	65 000	166 000

Fuente: Statistical Abstract of the United States, 1981, cuadro 56, p. 41. Las cifras indican el número total de personas que vivían en matrimonios mixtos de blancos y negros en 1970 y 1980.

¿Por qué piensa usted que hayan aumentado los matrimonios mixtos? ¿Piensa usted que seguirán aumentando?

días de la esclavitud y aun en el periodo discriminatorio que la siguió, las mujeres negras eran una salida sexual ilícita común para los hombres blancos, mientras que a los hombres negros se les amenazaba con la muerte si se asociaban con mujeres blancas (Myrdal, 1944, p. 57). Así, para las mujeres negras la asociación con hombres blancos tenía el estigma de la opresión. Hoy, los hombres negros consideran la asociación con mujeres blancas como una prueba de su liberación. Similarmente, los hombres blancos temen ser acusados de explotación si salen con mujeres negras, en tanto que las mujeres blancas ven el noviazgo interracial como una prueba de liberalismo. El resultado no es sólo una menor tasa de matrimonios interraciales para las mujeres negras, sino un antagonismo entre las mujeres negras y las mujeres blancas (Napper, 1973; Porterfield, 1978, p. 148).

A pesar de una creciente aceptación social, el matrimonio interracial todavía es poco común. Las tasas de divorcio entre parejas interraciales en 1960, que fueron superiores a las de los matrimonios de parejas negras y parejas blancas indican que hay alguna dificultad en este tipo de matrimonios. (Heer, 1974, p. 250).

De ninguna manera es seguro que finalmente habrá una mezcla completa mediante los matrimonios interraciales. Hace algunos años, se calculaba que el 21% de los estadounidenses clasificados como blancos tenía algún ancestro negro, en tanto que casi el 75% de negros tenía algún ancestro blanco (Burma, 1946; Stuckert, 1958). La igualdad legal y un mayor contacto entre miembros de diferentes razas, puede elevar la tasa de matrimonios mixtos. Sin embargo, la tasa de matrimonios entre blancos y negros todavía es baja, y es probable que quienes participen en tales uniones tengan que hacer frente al rechazo de ambas razas.

El matrimonio de los judíos con personas de otro grupo étnico es tan frecuente, que hace surgir dudas sobre la sobrevivencia del grupo, aunque ésta es una tendencia reciente y puede invertirse. Lo mismo puede decirse de los indios estadounidenses, aunque las tasas de matrimonios mixtos son más bajas entre aquellos que viven en una reservación. Las tasas de matrimonios entre personas de diferentes grupos son altas tanto para los hispanoamericanos como para los estadounidenses de origen asiático, pero su efecto se atenúa por la inmigración en gran escala que continuamente amplía el grupo étnico original. La predicción es difícil; sin embargo, parece probable que los grupos étnicos estadounidenses sobrevivirán, salvo que los matrimonios mixtos puedan continuar incrementándose.

PREJUICIO Y DISCRIMINACIÓN

Siempre que es posible asignar personas a grupos diferentes, hay una tendencia a desarrollar estereotipos acerca de ellas (prejuicio) y a tratarlas sobre la base de estas categorías (discriminación). *Prejuicio* proviene de dos palabras latinas, *prae* (antes) y *judicium* (un juicio). Implica *un juicio expresado* antes de conocer todos los hechos. Parece que hay cinco raíces principales del prejuicio. Una es nuestro etnocentrismo, que nos inclina a pensar bien de aquellos que pertenecen a nuestro grupo y mal de los otros. Otras es el simple hecho de que todos los días hacemos juicios acerca de personas a las que conocemos poco; los estereotipos, aunque nunca son completamente exactos, son guías fáciles (Snyder, 1982). Tercera, generalizamos a partir de nuestra propia experiencia con individuos de otros grupos. Cuarta, tendemos a escoger estereotipos que apoyan nuestras creencias acerca de cuáles deben ser las relaciones y privilegios de los diferentes grupos. Finalmente, tendemos a desarrollar prejuicios contra las personas que compiten con nosotros.

En las relaciones étnicas la *discriminación* consiste en *tratar a las personas con base en la clasificación del grupo, más que sobre la base de sus características individuales.* La discriminación ocurre cuando, al contratar a un empleado, al admitir estudiantes en la escuela, al alquilar una casa, al elegir a un cónyuge o en cualquier situación, aceptamos o rechazamos a una persona debido a su identidad étnica, sin considerar seriamente sus características personales. La discriminación ha sido practicada casi siempre por un grupo dominante para proteger sus privilegios. Una nueva política de "discriminación a la inversa" favorece a los miembros de un grupo subordinado que pueden haber sido perjudicados por la discriminación pasada o presente.

El prejuicio puede distorsionar nuestro juicio e incapacitarnos para llegar a decisiones raciales. Durante cierto tiempo el prejuicio fue la principal preocupación de los estudiosos de las relaciones étnicas. Creíamos que la discriminación era provocada por las actitudes parciales y que, para cambiar nuestros actos, primero debíamos cambiar nuestras actitudes. Después, se reconoció que esto era una simplificación y que quizá las acciones discriminatorias eran más una *causa* que un efecto de actitudes parciales (Blumer, 1955). Gunnar Myrdal, un antropólogo sueco, en su monumental estudio, *An American Dilemma* (1944, p. 101), se refiere a los prejuicios como a "creencias con un propósito"; el propósito es justificar las prácticas raciales prevalencientes.

En una serie clásica de estudios de investigación, Adorno (1950) encontró que una persona insegura puede ser más propensa a aceptar sin sentido crítico el prejuicio y tiende a sostenerlo más tenazmente que alguien con mayor seguridad en sí mismo. Sin embargo, el prejuicio no se limita a los inseguros emocionales, y se extiende si es apoyado fuertemente por la sociedad. Los prejuicios de una persona surgen no tanto de su inmadurez psicológica sino de la socialización en las actitudes prejuiciadas prevalecientes en su propia sociedad (Bloom, 1972, p. 67). Un ataque directo al prejuicio es inútil con frecuencia puesto que las personas tienden a desarollar actitudes que apoyan su forma de vida. De aquí que quienes desean cambiar las pautas étnicas, están ahora más interesados en la transformación de las formas de vida enclavadas en las relaciones étnicas. Las conferencias, los libros y aun las películas cinematográficas y la televisión sólo pueden tener un efecto limitado sobre el prejuicio, pero una demostración de que los miembros de diferentes grupos pueden vivir armoniosamente y viven así disminuiría el tipo de prejuicio que surge del conflicto étnico (Davis, 1978, p. 287). Muchas investigaciones en los decenios de 1950 y 1960 mostraron que un ataque directo a las prácticas discriminatorias era más eficaz que los intentos de persuadir a las personas de que cambiaran sus actitudes y prejuicios. (Horton y Leslie, 1981, pp. 326-328). Se ha investigado poco sobre el prejuicio en los últimos años, y de los veinte artículos bajo el rubro de "prejuicio" citados en el *Sociological Abstract* durante 1980 y 1981, sólo cuatro se refieren a la naturaleza, orígenes y causas de los prejuicios. La mayor parte de los restantes fueron estudios acerca de la extensión del prejuicio, que muestra una continua tendencia hacia abajo en los últimos años (Tuch, 1981).

Como se ilustra en el cuadro 16-3, los negros y los blancos tienden a asumir puntos de vista diferentes acerca de la condición de los negros, ya que la mayoría de los blancos consideran que es muy buena y muchos negros la encuentran insatisfactoria. Banton (1967, p. 388), un sociólogo británico, señala que éstos son puntos de vista típicos de la mayoría y de la minoría. La mayoría subraya el progreso comparándolo con el pasado, en tanto que la minoría hace hincapié en lo que todavía falta por conseguir.

La discriminación sigue siendo un tema de investigación actual, y en el *Sociological Abstract* de 1980 y 1981 se enumeran setenta y ocho artículos sobre el tema. La discriminación ha

CUADRO 16-3
TRATO A LOS NEGROS EN LA COMUNIDAD
(Pregunta: "En su opinión, ¿cómo piensa que se trata a los negros en esta comunidad: igual que a los blancos, no muy bien, o mal?"*)

	PORCENTAJE DE LOS QUE RESPONDIERON			
	Igual que a los blancos	No muy bien	Mal	No opinaron
Blancos	67	17	3	13
No blancos	35	41	16	8

* La pregunta se hizo entre los días 5-8 de diciembre de 1980.
Fuente: Gallup Reports, 35: 185, Febraury 1981.

¿La teoría del profesor Banton acerca de las ideas de mayoría y minoría explica las cifras de este cuadro?

descendido mucho, pero todavía está vigente. Por ejemplo, un estudio reciente analiza varias prácticas y situaciones que dificultan más a los negros la acumulación de capital en edificios de vivienda. (Parcel, 1982). En el mejor de los casos, pasará mucho tiempo antes de que desaparezcan todos los vestigios de discriminación.

Genocidio: forma extrema de discriminación

Hitler pensaba llevar a cabo la "solución final" de lo que él llamaba la "cuestión judía" mediante la completa exterminación de todos los judíos que había en Europa (Charney, 1982; Kuper, 1982). Los judíos eran hacinados dentro de vagones para ganado, transportados a campos de concentración y exterminados sistemáticamente con gas. Al terminar la II Guerra Mundial en 1945 la mayor parte de los judíos que había en Europa habían sido asesinados con un método que hiela la sangre (Reitlinger, 1968, p. 546). Esto se conoce como el "Holocausto" (literalmente, una ofrenda sacrificial consumida por el fuego), puesto que mucha gente fue sacrificada sobre el altar del odio de grupo. El término *genocidio* (*genos* es la palabra griega que significa raza) significa el *intento deliberado de exterminar a un grupo,* mientras que el homicidio se refiere al asesinato de un individuo. En

1951 las Naciones Unidas adoptaron un acuerdo para proscribir el genocidio que, al escribir estas líneas, todavía no había sido ratificado por Estados Unidos. Los Estados Unidos participan en la condenación moral del genocidio, pero pueden temer que la ratificación del acuerdo autorice a las Naciones Unidas a intervenir en las controversias étnicas estadounidenses.

El genocidio se ha intentado muchas veces en la historia del mundo (Horowitz, 1980). Los antiguos hebreos trataron de exterminar a los canaítas, los colonizadores estadounidenses masacraron a los indios, y quizás la mitad de los armenios murieron a manos de los turcos en 1915 (Dadrian, 1971, 1975). Los hindúes y los musulmanes se mataron brutalmente unos a otros en la India después de la II Guerra Mundial (Cousins, 1954), y los grupos tribales en Paraguay y Borundi se han exterminado unos a otros en las últimas dos décadas (Melady, 1974; Arens, 1976). Uganda eliminó a su población india expulsándola del país (Kuepper et al., 1975).

Algunas veces el equivalente aproximado del genocidio es el resultado de llevar a cabo en forma implacable políticas que tienen el efecto de destruir a un pueblo. Los ejércitos invasores se han apoderado con frecuencia de los suministros alimentarios de un país, dejando que se muera de hambre la población civil; las deportaciones masivas suelen ser acompañadas de

¿ESTÁ MUERTO EL RACISMO?

El Institutte for Historical Review publica un periódico cuatrimestral escrito en un lenguaje erudito, y cita en su Consejo de Redacción los nombres de varios profesores universitarios, de los cuales sólo uno tiene algún diploma como historiador. Sus artículos afirman que el holocausto es un mito, que ningún judío fue llevado a la cámara de gases por los nazis, que éstos no hicieron ninguna campaña para exterminar al pueblo judío y que el puñado que pereció en los campos de concentración murió de enfermedad, desnutrición y por los bombardeos aliados.

Más de 50 000 cartas fueron enviadas por el Instituto a estudiantes universitarios, en las que se declaraba que el holocausto fue una mentira urdida por el pueblo judío para justificar la creación de Israel y que pronto serían llamados al ejército para luchar por la protección del estado judío.

Adaptado de una carta de promoción del Simon Weisenthal Center (Los Angeles Cal.), sin fecha, recibida en febrero de 1982.

¿En qué circunstancia podría un grupo como este Instituto ganar algún seguidor entre los estudiantes universitarios estadounidenses?

---

numerosas muertes debidas al hambre, al abandono, a la enfermedad y a la desesperación; una sexta parte de la población de Camboya murió en 1975 cuando los comunistas camboyanos condujeron a toda la población urbana a las zonas rurales sin proporcionarles ningún cuidado (Cherme, 1975); el "desarrollo" de las tierras boscosas en Brasil condena a la extinción a la mayor parte de las tribus que habitan la selva Hawrylyshyn, 1976). Quienes creen en el progreso automático, deberían recordar que las muertes por genocidio en el siglo XX exceden probablemente a las de todos los siglos anteriores en la historia del mundo.

ENFOQUES DE LAS POLÍTICAS ÉTNICAS

Durante el periodo que siguió inmediatamente a la II Guerra Mundial, los estadounidenses entablaron agrias controversias acerca de si la "supremacía blanca" y la segregación negra deberían mantenerse. Aunque ésta ha sido la pauta prevaleciente durante la historia pasada, un número cada vez mayor de blancos y negros patrocinó una política "ciega al color", tendiente a tratar a los individuos por sus propios méritos, sin tomar en consideración su identidad étnica. Manifestaciones, veredictos de los

tribunales y victorias electorales dieron como resultado las leyes sobre los Derechos Civiles de 1960 y 1964, que proscribían la discriminación en el trato de todos los grupos étnicos. Aunque todos los solicitantes de empleo hubieran sido tratados exactamente igual, los negros tendrían aún una desventaja debido a las diferencias en educación, capacitación, ambiente familiar, acceso a la información sobre empleo y otros factores. Por lo tanto, el enfoque de cerrar los ojos al color fue reemplazado por la política de dar preferencia activa (acción afirmativa) a los grupos que habían sufrido discriminación en el pasado.

El enfoque de los derechos individuales

Los críticos soviéticos de Estados Unidos hacen notar correctamente que, a diferencia de la Unión Soviética, Estados Unidos no garantiza la protección a las culturas de las minorías étnicas. Si el arte étnico, la lengua, la religión o la literatura perduran, se debe al esfuerzo voluntario y no al apoyo gubernamental. Este enfoque, denominado algunas veces "integracionista" sostiene que Estados Unidos debe proteger las libertades fundamentales de todos los individuos, pero no tiene la responsabilidad de mantener la identidad de los grupos étnicos. Si los individuos quieren, pueden reunirse para proteger su identidad étnica, su lengua, sus costumbres y su religión. Esta actividad incluye la radiodifusión y el periodismo en lenguas extranjeras, Iglesias y confraternidades dirigidas a una clientela étnica, vecindarios tan étnicamente concentrados que han llegado a conocerse como la "pequeña Italia" o la "pequeña Polonia", y aun escuelas dirigidas con el único propósito de socializar a los jóvenes en una lengua y una cultura étnicas.

En el enfoque de los derechos individuales hay un reconocimiento oficial de la raza o etnicidad, pero a los grupos se les permite y aun se les alienta a preservar la cultura étnica sobre una base privada (Glazer, 1972, p. 165). Si los individuos dejan que las intituciones étnicas decaigan o cambien de carácter, como ha sucedido con frecuencia con grupos inmigrantes, esto no es responsabilidad del gobierno. Éste debería tratar de proporcionar a los individuos una oportunidad igual de avance económico, pero no es responsabilidad gubernamental el que todos los grupos étnicos tengan un éxito igual. Estados Unidos ha modificado recientemente su enfoque de los derechos individuales para incluir algunas medidas de protección basadas en la etnicidad.

En resumen, el enfoque de los derechos individuales incluye 1) remoción de las discriminaciones y barreras formales, 2) evaluación y trato sobre la base de los méritos individuales, y 3) ausencia de esfuerzo oficial para preservar las culturas étnicas. El fin último es una sociedad integrada, en la que los miembros de todos los grupos étnicos participen en la vida social de acuerdo con sus talentos e intereses.

El enfoque de los derechos de grupo

En Estados Unidos se ha supuesto que todos los inmigrantes se "americanizarían" y se asimilarían a una cultura "estadounidense" que tiene un fuerte sabor inglés. En la mayor parte del resto del mundo los gobiernos nacionales han dado por supuesto que las diferencias étnicas persistirían y deberían ser protegidas. Un acento en los derecho de grupo significa que el gobierno apoya la sobrevivencia de comunidades étnicas distintas. En Yugoslavia, por ejemplo, el gobierno proporciona instrucción en la lengua materna de cualquier nacionalidad cuando hay un número suficiente de estudiantes que justifique una escuela o una clase. En Suiza no hay lengua oficial, y las tres lenguas principales tienen igual reconocimiento. En Canadá, a las escuelas públicas se les exige que impartan instrucción tanto en francés como en inglés; ejemplos semejantes podrían multiplicarse indefinidamente. La clave es que el gobierno no necesita promover la asimilación a una cultura común, pero puede apoyar las diferencias étnicas. Algunos gobiernos protegen realmente más los derechos de los grupos étnicos que los individuales. Consideraremos dos métodos de protección de los derechos de grupo: el separatismo y el pluralismo cultural.

SEPARATISMO.   Los grupos étnicos subordinados han apoyado con frecuencia los movimientos de independencia, en un esfuerzo por sustraerse completamente del compromiso político con otro grupo étnico. Muchos representantes del Tercer Mundo dicen que las minorías raciales estadounidenses son esencialmente colonias y que deberían separarse del dominio de la mayoría. Los puertorriqueños, los chicanos y los negros estadounidenses tienen movimientos separatistas, pero ninguno ha atraído a las masas. En las elecciones puertorriqueñas, el partido Independencia obtiene siempre una votación mínima. El separatismo negro de Estados Unidos no es nuevo (Hall, 1978); atrajo mucho interés en los últimos años de la década de 1960-1970 (Hamilton, 1972), pero hoy se oye hablar poco de él. El capitalismo negro no ha tenido mucho éxito, y ahora más negros están obteniendo promociones ejecutivas dentro de las corporaciones blancas (Irons, 1976; Osborne, 1976; Davis y Watson, 1982). El separatismo para los negros estadounidenses ha sido impugnado por aquellos que consideran que éste se reduciría al control de una vasta

A los grupos étnicos se les permite conservar su cultura étnica y aun se
les anima a ello. ¿En qué forma contribuyen a esto desfiles como éste?
(© *Katrina Thomas/Photo Researchers, Inc.*)

zona de pobreza, con recursos propios inadecuados y un apoyo mínimo de los blancos indiferen-
tes (Pettigrew, 1971).

PLURALISMO CULTURAL.   El pluralismo cultural es una forma de acuerdo en la que los grupos
étnicos mantienen sus diferencias y tradiciones
culturales distintas, en tanto que cooperan pacifi-
camente y con relativa igualdad en la vida social,
económica y política. El ejemplo clásico del
pluralismo cultural es Suiza, donde protestantes y católicos han podido vivir armónicamente
bajo el mismo gobierno hablando alemán, francés o italiano. Puesto que los ciudadanos suizos
no sienten que su lealtad religiosa o su identificación étnica esté amenazada por otros suizos,
son libres de prestar una lealtad completa tanto
a la nación suiza, como a un gobierno común
que permite la tolerancia de grupos culturales
claramente distintos. Otros ejemplos de pluralismo cultural incluirían a Canadá (inglés y

francés), a Bélgica (de habla francesa y flamen-
ca), al Líbano (musulmán y cristiano) y a Malta
(griega y turca). La guerra civil en dos de estos
dos últimos países y los movimientos separatistas en los otros dos, muestran que el pluralismo
cultural no es una respuesta perfecta.

Los pueblos que aceptan la integración como
una meta tienden a disentir de los pluralistas
culturales en muchos puntos. Algunos de éstos
se muestran en el cuadro 16-4.

Las divisiones religiosas estadounidenses son
una zona de relaciones intergrupales donde algunos observadores (Herberg, 1960; Greeley,
1976) creen que el pluralismo cultural es un rasgo esencial y valioso de la vida estadounidense.
Mas puede ser que el pluralismo cultural sea
sólo una etapa de transición. Gordon (1974,
p. 245) arguye que uno tiene que aceptar el grupo
de origen y estar orgulloso de él, antes de que
esté uno preparado para aceptar la asimilación
de una sociedad más amplia. Así, los inmigran-

Cuadro 16-4
PAUTAS DE LAS RELACIONES ÉTNICAS

	Pluralismo cultural	Integración
Principio básico	Igualdad de grupo	Igualdad individual legal
Políticas de empleo	Cuotas de grupo	Ninguna preferencia étnica
Políticas educativas	Bilingüismo para mantener la práctica de la lengua extranjera	Instrucción en inglés solamente o bilingüismo como una transición al inglés
Ventajas	Conserva la etnicidad	Unifica a las personas divergentes
	Promueve la cohesión de grupo	Promueve la libertad individual
Desventajas	Fortalece las divisiones étnicas	Destruye la identidad étnica

¿Es posible que una política de relaciones étnicas busque al mismo tiempo el pluralismo cultural y la integración, o debe elegirse entre ambos?

tes y sus hijos pueden obtener un sentido de seguridad e identidad cuando se les anima a hablar de las contribuciones que sus culturas étnicas han hecho a la sociedad estadounidense. En forma similar, los estudiantes negros pueden deducir de sus conocimientos que África ha sido una encrucijada histórica de la civilización.

Aplicación de los derechos étnicos de grupo

Poco después de la aprobación de la legislación sobre los derechos civiles de las décadas 1950 y 1970, quedó en claro que muchos negros seguirían siendo pobres. Así, se presentó la demanda de que las minorías étnicas desamparadas tuvieran derecho no sólo a iguales oportunidades, sino a recompensas iguales: el concepto de derechos de grupo.

Hay cuatro políticas principales que la sociedad estadounidense ha seguido en los últimos años al tratar con los grupos étnicos más bien que con los individuos. Estas son 1) instrucción bilingüe, 2) acción afirmativa, 3) transporte escolar para el equilibrio racial, y 4) asistencia social y legislación social. Los sociólogos han desempeñado un rol ambivalente en el desarrollo de estos

programas. Muchos de ellos fueron aplicados por órdenes judiciales. El testimonio de los sociólogos, influyó en el proceso jurídico, aunque los resultados sociológicos se malinterpretaron con frecuencia, en especial cuando ellos no apoyaron las decisiones judiciales (Wolf, 1981).

EDUCACIÓN BILINGÜE. En los años anteriores, los hijos de inmigrantes eran introducidos en un sistema escolar en lengua inglesa, con poca ayuda especial. Algunos tenían dificultades y abandonaban la escuela; otros llegaban a dominar la lengua y les iba bien. En todo caso, las escuelas públicas se consideraban como una gran agencia de asimilación. En los últimos años esta política ha sido atacada como irrespetuosa de los grupos de lengua no inglesa y como una carga para los niños inmigrantes. En consecuencia, la educación bilingüe (sólo para los niños que no hablan inglés) se ha hecho obligatoria en todo distrito escolar donde haya veinte o más estudiantes que hablen un idioma extranjero como su lengua natal.[1]

[1] En 1982 el Department of Education estuvo de acuerdo en considerar la instrucción especial en inglés como una segunda lengua y una alternativa a la educación bilingüe. Al redactar estas líneas, no se sabe con qué amplitud se adoptará este programa alterno.

El programa tiene una confusión de objetivos, pues quienes lo defienden están divididos entre los que consideran que la meta de la educación bilingüe es simplemente suavizar la transición al inglés y aquellos que piensan que debe mantener el conocimiento de una lengua extranjera y ayudar a preservar la identidad étnica del grupo. Las pruebas no son concluyentes en lo relativo a si la educación bilingüe ayuda o atrasa a los estudiantes en el aprendizaje del idioma inglés (Danoff, 1978, p. 14).

ACCIÓN AFIRMATIVA. Las leyes sobre Derechos Civiles de 1960, 1964 y 1968 proscribían la discriminación. La acción gubernamental contra la discriminación fue seguida por una política de acción afirmativa, que exigía no sólo que no hubiera discriminación activa, sino que se diera preferencia positiva a los grupos que eran víctimas de discriminaciones pasadas. Los empleados deben reclutar, capacitar y promover activamente a los miembros de las minorías; las universidades deben reclutar activamente a los estudiantes y miembros de las facultades. Las cuotas de empleo están prohibidas, pero los empleadores deben mostrar progreso en la consecución de "las metas" lo cual tiene una sospechosa similitud con las proscritas cuotas. La acción afirmativa se inició para satisfacer las necesidades de los negros y de otros grupos no blancos, pero está comprometida ahora con la superación del status de las mujeres.

TRANSPORTE ESCOLAR PARA EL EQUILIBRIO RACIAL. Cuando éste se introdujo, se alegó que mejorarían las relaciones entre los estudiantes blancos y negros, incrementaría el rendimiento académico, la autoestima de los estudiantes negros, y constituiría un avance de la integración escolar. Su éxito en cualquiera de estos propósitos está en discusión (Armor, 1972; Schellenberg y Halteman, 1974; St. John, 1975; Cohen, 1977; Epps, 1981; Daniels, 1983), y el gobierno federal ha dejado de promover el transporte como un medio de integración escolar. Es cuestionable si el transporte escolar promueve realmente la integración, puesto que más bien parece promover la "fuga de blancos" (que se trasladan a los suburbios o matriculan a sus hijos en escuelas privadas). Hay discusión acerca de la cantidad de "fuga de blancos" y de las posibles formas de evitarla (Russell y Hawley, 1981, p. 165), pero es innegable que muchos de los sistemas de escuelas públicas en las grandes ciudades son ahora demasiado "negros" como para lograr la integración con éxito. El sistema escolar de Boston, por ejemplo, ha pasado del 64% de niños blancos en 1970, a sólo un 30% de niños blancos en 1983 (Harbison, 1983).

ASISTENCIA SOCIAL Y LEGISLACIÓN SOCIAL. Aunque el número de blancos pobres en Estados Unidos supera el número de pobres de las minorías, *la proporción* de personas pobres es mucho más alta entre la mayor parte de las minorías no blancas. Los programas de asistencia social y la legislación social que afectan a los pobres afectarán desproporcionadamente a las minorías. Los principales ejemplos incluyen al AFDC (Aid to Families with Dependent Children), los cupones para alimentos, la ayuda médica, los programas de vivienda pública y las leyes sobre el salario mínimo. Aunque estos programas afectan a más blancos que a no blancos, un *porcentaje* mucho mayor de todos los no blancos se ve afectado por ellos. Hay alguna discusión acerca de si los efectos son siempre benéficos, como se verá después en este capítulo.

SEPARATISMO Y MINORÍAS CON BASES TERRITORIALES

La mayor parte de los ejemplos de pluralismo cultural se encuentran en los países donde cada grupo étnico está concentrado en un territorio particular. En Canadá los franceses están concentrados en Quebec; en cada una de las quince repúblicas de la Unión Soviética por lo general un sólo grupo étnico es el dominante; la mayor parte de los cantones de la Confederación Suiza se compone principalmente de una de estas tres nacionalidades: alemana, francesa, o italiana. Pero en Estados Unidos cada grupo inmigrante estaba generalmente disperso más bien que concentrado en una sola región, y esto favoreció más la asimilación e integración que el pluralismo cultural. Los dos grupos étnicos principales en Estados Unidos que tienen alguna base territorial —los estadounidenses nativos y los hispanoamericanos— se han mostrado considerablemente renuentes a la asimilación.

Los estadounidenses nativos

Los estadounidenses nativos son llamados comúnmente ''indios'', como los llamó Cristóbal Colón, y éste fue su mayor error. En la agricultura, por lo menos, los europeos asimilaron la cultura india, y no al revés. Gran parte del éxito de la colonización europea se debió a que los colonizadores adoptaron el cultivo del maíz, de las papas, del tabaco, de los cacahuates, del cacao y de varios otros productos. Pero el conflicto se desarrolla pronto y los colonizadores adoptaron una política de genocidio que exterminó a la mayor parte de las tribus de las tierras costeras y orientales. Cuando el genocidio pasó de moda, los indios sobrevivientes fueron hacinados en reservas previstas por tratados, la mayor parte de los cuales fueron violados finalmente por los blancos.

En 1934 el antropólogo John Collier llegó a ser Comisionado de Asuntos Indígenas, y dio marcha atrás a la política tradicional que alentaba la desbandada de las tribus y su asimilación. Propuso que se ayudara a los indios a sobrevivir como unidades tribales y a preservar su cultura propia (Wax, 1971, p. 57). Desde entonces, la política gubernamental ha oscilado entre 1) promover la reubicación en ciudades, 2) subsidiar las reservas con gran variedad de programas de asistencia pública y 3) devolver el poder a los consejos tribales para que desarrollen los recursos de las reservas (Taylor, 1982).

Los indios han conocido tanto la movilidad social como la penetrante desorganización social. Muchos indios han hecho carreras distinguidas en el terreno de las artes, el gobierno y la empresa, y son semejantes a los demás estadounidenses en su estilo de vida y su cultura. Otros (como los apaches) viven en reservas donde un liderazgo tribal eficiente y el acceso a ricos recursos minerales los

han conducido a lograr por lo menos cierto grado de prosperidad (McDougall, 1982). Otros viven todavía en una acerba pobreza con tasas de alcoholismo y de suicidios más altas que otros grupos étnicos. Puesto que las reservas indias dependen principalmente de los programas gubernamentales, los recortes presupuestales a estos programas en la década que se inició en 1980 provocaron problemas importantes. El desempleo se calculó en un 37% en 1982 (Taylor, 1982).

En números, los indios parecen estar aumentando. Pero las cifras no pueden tomarse en su valor nominal, puesto que las definiciones del censo y las prácticas de enumeración han cambiado con frecuencia; sin embargo, la población india registrada aumentó de un cuarto de millón en 1890 a casi un millón y medio en 1980 (U.S. Bureau of the Census, 1981c, p. 3).

Mientras que sólo el 10% de los indios era urbano en 1930, ahora el 50% vive en ciudades (Deloria, 1981, p. 148). Algunos tienen trabajos bien pagados, en tanto que otros sobreviven gracias a empleos temporales y a la asistencia pública en los barrios bajos urbanos. Algunos indios se aferran a su cultura tribal y, en 1970, una tercera parte de ellos (que varía desde el 76% en Arizona al 13% en Washington) señaló

Los indios estadounidenses están divididos entre el tema de la asimilación y el pluralismo cultural.

una lengua india como idioma materno (Feagin, 1978, p. 221). Otros indios consideran sus antecedentes tribales como un borroso recuerdo y más de una tercera parte de los hombres tienen una esposa blanca (Gundlach et al., 1977, p. 465).

En la década 1960-1970 surgió un espíritu de activismo militante, similar al movimiento del Poder Negro entre los negros estadounidenses, que exigía que los indios rechazaran la "euroconformidad", preservaran la lengua, las artesanías y la religión indias y que demandaba el control de sus propias escuelas y de su vida económica (Steiner, 1968, pp. 268-289; Wax, 1971, p. 176). La imagen de los indios como un pueblo destrozado, desmoralizado por el desamparo y la impotencia ya no corresponde a la realidad (Trimble, 1974). La nueva militancia india incluye una creciente tendencia hacia una actitud de lucha, que ha incrementado el poder indio y lo ha llevado a un agudo conflicto con sus vecinos blancos. Los tratados que estipulan derechos perpetuos de pesca han sido esgrimidos para exentar a los indios de las leyes relativas a la caza que se aplican al resto de la población. Los indios han ganado muchos millones de dólares en acciones judiciales. Muchas tribus están exigiendo que se les devuelvan millones de millas cuadradas de tierras.

De todos los grupos étnicos que hay en Estados Unidos, los indios son los más divididos entre el tema del pluralismo cultural y la asimilación. Las perspectivas de una sociedad más amplia y sus oportunidades están cada vez más disponibles. Sin embargo, los indios que viven en ciudades y trabajan como cualquier otro estadounidense se identifican todavía con sus tribus y regresan a las reservas para celebrar periódicamente sus festividades. Muchos jóvenes indios se encuentran desgarrados entre la atracción de una carrera en la sociedad más amplia y un sentimiento de que el deber les exige regresar a "casa" y trabajar para levantar a su pueblo.

Dondequiera que los europeos han conquistado a una población nativa y han colonizado su territorio, la cultura nativa ha sido desbaratada casi siempre, pero la población nativa no ha sido admitida en la cultura europea. Esto los

Los nativos estadounidenses se han vuelto militantes para hacer valer sus derechos. (*Paolo Koch/Photo Researches, Inc.*)

deja en un vacío cultural, incapaces de practicar su propia cultura tradicional o la nueva cultura europea. El concepto de *marginalidad* se aplica a muchos indios estadounidenses. Este concepto, propuesto por primera vez por Park (1928, p. 892) y desarrollado por Stonequist (1937), describe a la persona que se halla al margen de dos culturas y dos sociedades, en parte asimilada en ambas pero tampoco asimilada completamente a ninguna. El resultado más frecuente es la desmoralización, el alcoholismo, la enfermedad y el suicidio, junto con una continua hostilidad entre los nativos y los invasores. Ocasionalmente, los europeos hicieron esfuerzos paternalistas para "cuidar" de la población nativa, y con frecuencia estos esfuerzos tuvieron el mismo efecto desmoralizador. Los científicos sociales

Es probable que en el año 2000 los hispanoamericanos sean la minoría étnica más grande en Estados Unidos (©*Jim Anderson, 1980/Woodfin Camp & Assoc.*)

están tratando actualmente de utilizar su comprensión de la cultura para promover relaciones más constructivas, pero no es tarea fácil.

Los hispanoamericanos

La segunda minoría más numerosa de Estados Unidos es la hispanoamericana, que (oficialmente) ascendió a casi 14.6 millones, o sea el 6.4% de la población, en 1981. Puesto que muchos inmigrantes ilegales quedan fuera del recuento censal, el número verdadero es considerablemente más elevado. Los hispanoamericanos están aumentando rápidamente mediante su reproducción natural y por la inmigración, y pueden llegar a ser nuestra minoría más numerosa en el año 2000, según calculan algunos (*Time* 110:48, Oct. 1982) o en el año 2020, según otros (Davis, 1982. Una predicción exacta es imposible, puesto que se desconoce en qué cantidad se permitirá la inmigración.

MEXICANO-ESTADOUNIDENSES. Cuatro quintas partes de los 8 millones o más de mexicano-estadounidenses viven en los estados sureños que le fueron arrebatados a México en 1848. Los mexicanos ya estaban establecidos en comunidades pueblerinas antes de que llegaran los "anglos", presuntuosamente despectivos de todo lo mexicano en su propio etnocentrismo racial, religioso y cultural. A los anglos no les preocupaba en lo más mínimo si los mexicanos deseaban la asimilación o la preservación de su cultura ancestral. El resultado fue un pluralismo cultural con muy pocos contactos interculturales.

Aunque gran parte de la tradicional cultura mexicana sobrevivió, los mexicanos perdieron la mayor parte de su tierra ante los "anglos" (Feagin, 1978, p. 299). Las antiguas concesiones españolas de tierras, algunas veces se perdieron con sus registros, que eran incompletos, y fueron rápidamente hechas a un lado por los tribunales "anglos", presididos por jueces "anglos" que interpretaban las leyes sobre tierras recientemente aprobadas ante los jurados "anglos". Una vez más, surgieron las pautas de discriminación, con las tristes y conocidas consecuencias. Actualmente, los mexicano-estadounidenses tiene pocas tierras agrícolas y dependen en gran parte de trabajos con bajos salarios.

Mientras que unos mexicano-estadounidenses ha logrado educación y prosperidad, otros se encuentran sin poder y enajenados. Algunos rechazan hoy la asimilación y la integración y apoyan el separatismo y la protesta militante. El término *chicano* se aplica algunas veces a todos los mexicano-estadounidenses y algunas veces sólo a los activistas, mientras que el *chicanismo* es una protesta contra el "genocidio cultural" que consideran que ha destruido su comprensión de la herencia mexicana (Moore y Pachon, 1976, pp.151-154). El chicanismo acentúa los valores sociales del grupo por sobre el logro individual y recomienda la confrontación y el paro cuando falla la acción política regular. Aunque "raza" es, quizá, un término inapropiado para aplicarlo a los mexicanos, hay mucho de orgullo retórico de raza y de *la raza,* un término que se refiere más a la herencia cultural mexicana que a la raza.

El movimiento chicano desalienta la asimilación y alienta el pluralismo cultural. El futuro es incierto. Los mexicano-estadounidenses están cerrando la brecha educativa. El promedio de años de estudio terminados por los mexicano-estadounidenses mayores de 25 años es de sólo 8.5; sin embargo, los que se encuentran entre los 20 y los 24, poseen un promedio de 12.2 (Brown et al., 1980, p. 102). En relación con toda la población estadounidense, hay menos de un año de diferencia entre los grupos de edad similar en años de escolaridad (*Statistical Abstract,* 1981, p. 142); así, la gran diferencia en años de escolaridad terminados entre los mexicano-estadounidenses jóvenes y entre los de mayor edad muestra los rápidos avances educativos. Los partidarios de la asimilación argumentan que los mexicano-estadounidenses están siguiendo las pautas asimilacionistas de otras minorías. Los niños están aprendiendo inglés, los matrimonios mixtos están aumentando, los mexicano-estadounidenses se están dispersando lentamente y la movilidad social va en aumento. Sin embargo, los partidarios del pluralismo cultural arguyen que la migración desde México preservará su fuerte concentración en el suroeste, y que la mayoría de los inmigrantes (junto con muchos residentes) son pobres, poco instruidos e hispanoparlantes, y tienen muchos parientes, contactos sociales y razones para visitar el otro lado de la frontera, todo lo cual desalienta la asimilación y promueve el separatismo. El resultado del debate entre asimilación y pluralismo cultural dependerá de que la migración permanezca alta o baja.

CUBANO-ESTADOUNIDENSES. Hay más de un millón de personas de ascendencia cubana que viven en Estados Unidos, que está concentrado en la zona de Miami, Florida. Una de las principales oleadas de inmigración fue la que siguió a la caída de la dictadura de Fulgencio Batista en 1959, promovida por los revolucionarios dirigidos por Fidel Castro. La dictadura marxista de Castro ayudó a los pobres, pero fue un desastre para las clases media y alta, a las que Castro puede haber estado deseoso de perder. La mayor parte de los terratenientes, de los hombres de empresa, de los profesionales y de los empleados gubernamentales huyeron en la que ha sido llamada ''la mayor fuga de cerebros en el hemisferio occidental'' (Cue y Bach, 1976, p. 22). La mayoría de los inmigrantes llegaron sin dinero y sin diplomas

reconocidos en Estados Unidos, pero trajeron una historia personal de trabajo, educación y confianza en sí mismos, y triunfaron. Muchos ya hablan inglés y algunos tienen contactos con las empresas estadounidenses. Sus hijos tuvieron éxito en la escuela, rara vez fueron truhanes o delincuentes y mostraron una moral alta y autoestima. Cualquier grupo semejante mostrará elevada movilidad en una sociedad de clases abiertas. Poco más de un decenio después, las revistas estaban hablando del notable ''éxito'' de los cubanos en Estados Unidos (p. ej., *Nation's Business,* 60:78-80, March, 1972).

Una segunda oleada de cerca de 123 000 cubanos llegó en el lapso de pocos meses, en 1979. Poco menos del 10% de esta oleada tenía antecedentes de clases media y alta. La mayoría eran de la clase trabajadora, poco instruida y no hablaba inglés. Hubo informes de prensa en el sentido de que Castro había ''vaciado las cárceles'' y se vertieron ''las heces de la sociedad'' sobre nosotros. Puesto que sólo 800 (de los 123 000) tenían antecedentes criminales, tales acusaciones eran sumamente exageradas.[2] La mayor parte se estableció en Miami donde las instalaciones para su reubicación fueron enlodadas por el súbito influjo y por algunos desagradables incidentes que ocurrieron. Al poseer menos recursos personales que la primera oleada, su entrada en la corriente principal de la economía estadounidense será menos rápida y completa (Bach, 1980).

PUERTORRIQUEÑO-ESTADOUNIDENSES. Los puertorriqueños no son técnicamente ''inmigrantes'', puesto que Puerto Rico es un ''estado asociado'' de la Unión Americana y los puertorriqueños pueden entrar y salir de Estados Unidos a voluntad. Cerca de 1.7 millones de puertorriqueños vivían en Estados Unidos en 1980 (U.S. Bureau of the Census, 1981*a*, p. 1), la mayor parte de los cuales llegó desde la II Guerra Mundial. La mayoría tiene familiares

[2] El número que se encontró en el escrutinio inicial fue de 800. La investigación subsiguiente tuvo como resultado la detención de un total de 2 400, pero es incierto aún el número exacto con registros criminales.

en Puerto Rico, y existe mucho movimiento en ambas direcciones. Dado que los residentes de Puerto Rico no pagan el impuesto estadounidense sobre la renta y reciben todos los beneficios de sanidad y asistencia pública de este país, su pobreza es menos extrema que la de muchos otros pueblos.

Muchos de los puertorriqueños son pobres. A pesar de que en Puerto Rico predominan las familias extendidas muy unidas, la familia puertorriqueña en Estados Unidos muestra los efectos desestabilizadores de la pobreza y de la dependencia de la asistencia pública (Cordasco, 1973, p. 69). Aunque el ingreso promedio anual de todas las familias de origen hispanoamericano es superior aproximadamente en 3 000 dólares al de las familias negras en Estados Unidos,

el de las familias puertorriqueñas se encuentran por debajo del de las familias negras (Cordasco, 1973, p. 91). Oscar Lewis basó en parte su concepto de ''cultura de la pobreza'' sobre estas observaciones relativas a las familias puertorriqueñas. (Lewis, 1966*a*).

Estos breves esbozos de cuatro grupos étnicos estadounidenses dejan 102 grupos más que no podemos comentar por falta de espacio. No todos son pobres; algunos tienen ingresos superiores al promedio nacional. Muchos otros comparten problemas similares de pobreza, discriminación y dificultades de asimilación. Muchas subculturas étnicas están siendo debilitadas por la asimilación y los matrimonios mixtos, pero el sentido de los orígenes étnicos no está desapareciendo. En realidad, el éxito y la aceptación parecen sólo

Durante la II Guerra Mundial los japoneses-estadounidenses fueron sacados a la fuerza de sus casas y llevados a campos de detención. (*Library of Congress*)

intensificar el deseo del grupo étnico de preservar su identidad étnica (Nagel y Olzak, 1982).

MOVILIDAD DE LAS MINORÍAS EN ESTADOS UNIDOS

Casi todas las minorías entraron en Estados Unidos como inmigrantes pobres. Algunas minorías han tenido más éxito que otras en la movilidad ascendente. Con frecuencia se menciona a los judíos como un ejemplo de esto. Los polacos y los italianos también han subido más rápidamente de lo que generalmente se reconoce y se encuentran ahora entre los grupos étnicos que tienen en promedio mayores ingresos (Greeley, 1976).

Algunas veces se alega que ese tipo de movilidad es posible para los caucásicos y que no es posible para los no blancos debido a sus características físicas. Los japoneses estadounidenses desmienten esta afirmación. Los japoneses vinieron a Estados Unidos como trabajadores agrícolas, sin dinero, sin contactos, sin protección legal o algún conocimiento del inglés. Durante muchos años fueron objeto de prejuicios e intensa discriminación. En los años de la II Guerra Mundial fueron considerados como un peligro para el país, y los que se hallaban en la parte continental de Estados Unidos fueron sacados a la fuerza de sus casas y colocados en centros de detención. Virtualmente indigentes al término de la guerra, hicieron progresos espectaculares en el lapso de una generación. No sólo establecieron una marca impresionante en la agricultura californiana, sino que tuvieron éxito en los negocios y en las profesiones. Tienen tasas menores de criminalidad y de enfermedades mentales (Kitano, 1976, p. 2). Ya desde 1960 la esperanza de vida de los japoneses en California era seis años mayor que para los blancos, y diez años mayor que para los negros (Hechter y Borhani, 1965). La proporción de jóvenes que estudian en la univesidad es mayor que el promedio nacional, y su ingreso medio es más alto que el de los caucásicos. En realidad, los japoneses han tenido tanto éxito, que se sienten algo molestos por ser descritos como una "minoría modelo" y

algunas veces tratan de identificarse con elementos que han tenido menos éxito en la sociedad estadounidense (Kitano, 1976, p. 133). Hay una tendencia a minimizar la medida de su éxito, aunque algún sociólogo sostiene que si no hubiera discriminación, los japoneses habrían alcanzado un éxito todavía mayor debido a sus elevados logros educativos (Woodrum, 1981).

Otras minorías asiáticas, como las de ancestros coreanos, hindúes y filipinos, también han prosperado, y el censo de 1980 indica que sus ingresos familiares promedio fueron de 22 075 dólares al año, en comparación con los 20 840 de los blancos (*United Press International,* abril 26, 1982). Los recientes inmigrantes asiáticos incluían profesionales con estudios superiores, que ascendían rápidamente a puestos muy bien pagados. El éxito económico "promedio" de estos grupos oculta muchos casos de pobreza y frustración individual. Algunas veces, las actividades económicas los han puesto en problemas. Por ejemplo, los pescadores vietnamitas en Texas encontraron que sus competidores de habla inglesa quemaron sus barcos e intentaron mantenerlos fuera de la industria (Hunter, 1981). Los vietnamitas fueron finalmente protegidos por los tribunales, pero el incidente evidencia que los grupos étnicos minoritarios pueden ser considerados como competidores indeseables.

Tampoco el éxito económico significa necesariamente una adaptación indolora en la sociedad estadounidense. Los inmigrantes asiáticos pueden seguir siendo marginales y encontrar difícil asimilarse completamente o mantener su cultura tradicional. La reacción confusa del exsenador Hayakawa de California ilustra esto. Algunos asiático estadounidenses lo consideraron como uno de los suyos que lo había hecho bien, en tanto que otros lo juzgaron como un reaccionario incurable que se había vendido a la sociedad blanca (Wilson y Hosakawa, 1980, p. 292).

Similitud en la movilidad de las minorías

Durante algunos años ha estado en boga una discusión acerca de si los negros están repitiendo las pautas de movilidad de los primeros inmigrantes europeos o si la situación de los negros es única (Hunt y Walker, 1979, pp. 346-349). Algunos arguyen que los negros siguen siendo pobres después de muchas generaciones en Estados Unidos, y afirman que la discriminación racial ha hecho del inmigrante europeo un modelo inaplicable a los estadounidenses negros. Consideran a los negros como víctimas de un ''colonialismo interno'' que ha impedido todos los beneficios importantes para los negros (Blauner, 1971, p. 236). Las diferencias entre los inmigrantes europeos y los negros antes de la ley sobre Derechos Civiles de 1964 han sido documentadas adecuadamente (Lieberson, 1980). Muchos grupos inmigrantes europeos y asiáticos han padecido discriminación, aunque en la mayor parte de los casos no fue tan intensa, tan firmemente fundada en la ley o tan duradera como la discriminación contra los negros. La cuestión es ahora que la discriminación contra los negros ha disminuido. ¿Están ascendiendo como los primeros grupos de inmigrantes?

Los que sostienen la analogía con los inmigrantes afirman que esto se está llevando a cabo y que la reciente experiencia de los negros se asemeja a la de otros grupos inmigrantes (Glazer, 1971). En la actualidad, la mayor parte de las características de los negros del centro de las ciudades son las que tuvieron muchos grupos inmigrantes a principios del siglo. Aun las diferencias en el coeficiente intelectual entre los negros y blancos (que en promedio es de 15 puntos aproximadamente) es similar a la que se daba entre los niños de los inmigrantes y los de padres nativos a principios de la centuria.

Se dispone de amplios datos sobre el coeficiente intelectual de las minorías étnicas blancas para los años de la I Guerra Mundial y en la década de 1920-1930... Las diversas fuentes de datos conducen a la misma conclusión: los cocientes intelectuales de los inmigrantes europeos eran prácticamente idénticos a los de los negros ahora. Lo que es alentador es que los grupos inmigrantes de bajo cociente intelectual del pasado tienen ahora cocientes intelectuales iguales o superiores al promedio en Estados Unidos... La ascendencia europea no significa elevados cocientes intelectuales ni la ascendencia no europea significa lo contrario. El cociente intelectual promedio ha variado ampliamente con el tiempo, lugar y circunstancia de los grupos que han sido sometidos a las pruebas correspondientes. Para los grupos con movilidad ascendente ha habido, con el tiempo, una marcada elevación en el cociente intelectual. El cociente intelectual promedio de los italiano-estadounidenses y polaco-estadounidenses se ha elevado en 20 a 25 puntos desde el tiempo de los estudios que se llevaron a cabo cuando la I Guerra Mundial a los que se realizaron en la década 1970-1980. Este incremento es mayor que la diferencia actual de cociente intelectual —alrededor de 15— entre negros y blancos. (Thomas Sowell, ''New Light on Black I. Q.'', *The New York Times Magazine,* March, 27, 1977. ©1976/1977 by The New York Times Company. Reproducido con autorización.)

También existe el hecho —que aflige a quienes creen en la innata superioridad blanca— de que los niños asiáticos tienen con frecuencia un cociente intelectual medio *más elevado* que los niños estadounidenses blancos nativos. Por ejemplo, los hijos de japoneses tienen una puntuación más elevada que los hijos de estadounidenses blancos, en un promedio de once puntos de cociente intelectual, de acuerdo con un estudio (Lynn, 1982), y en seis puntos, de acuerdo con otro (Flynn, 1983). La mayor parte de los científicos sociales están de acuerdo en que el cociente intelectual no es una medida confiable de las aptitudes nativas de los grupos que tienen antecedentes culturales distintos. La mayor parte de los científicos sociales está de acuerdo en suponer que todos los grupos étnicos y raciales son iguales en la herencia de todo lo que es importante para el comportamiento y el aprendizaje. Es razonable suponer que la diferencia en cociente intelectual entre los blancos y los negros desaparecerá con el advenimiento de trabajos, escuelas y viviendas mejores como ocurrió con los grupos inmigrantes europeos a comienzos del siglo.

Movilidad de los negros

En Estados Unidos los negros han tenido ganancias y pérdidas desde que terminó la esclavitud.

Muchos negros estadounidenses están ahora en la clase media, y sus actitudes y estilos de vida son muy semejantes a los de las otras personas de la clase media. (*Ron Engh/Photo Researchers, Inc.*)

Han obtenido beneficios modestos en lo tocante a educación y propiedad de la tierra, pero han tenido pérdidas en lo que se refiere al status ocupacional. Antes de la Guerra Civil, muchos de los trabajadores calificados del Sur eran esclavos negros, pero los negros fueron retirados de todos los trabajos, menos del manual, durante la generación que siguió al término de la Guerra Civil (Horton y Leslie, 1981, p. 323). La migración negra desde el Sur se aceleró después de la I Guerra Mundial, pero exceptuando a una diminuta clase media y alta negra, la mayor parte de los negros eran pobres, carecían de propiedades, tenían muy poca educación, no estaban especializados y no tenían una esperanza realista de movilidad ascendente. (Myrdal 1944, Cap. 9 y apéndice 6). Todavía en 1960 los negros que habían terminado su carrera universitaria rara vez podían encontrar trabajo, a no ser como maestros o predicadores, y los ingresos de los universitarios negros durante toda su

vida eran, en promedio, los mismos de los blancos que sólo habían terminado su educación primaria (Horton y Leslie, 1965, p. 404). Una relación completa de los hechos de discriminación y desigualdad llenaría el resto de este libro.

La historia ofrece pocos ejemplos de un grupo que haya obtenido ganancias tan rápidas como las de los negros estadounidenses en las últimas décadas, algunas de las cuales se muestran en las figuras 16-2 y 16-3. El ingreso promedio por trabajador se ha elevado cerca del 50% en relación con el ingreso promedio de los blancos en 1949 (Freeman, 1981, p. 251) y a cerca del 70% en 1976. Si bien las primeras generaciones de negros encontraron que la educación no les producía mayores ingresos, actualmente, cada año más de instrucción les produce mayores ingresos a los negros que a los blancos (Kilson, 1981, p. 67). En 1978 los ingresos de los jóvenes universitarios negros superaron a los de sus colegas blancos: 15 217 dólares por varón negro

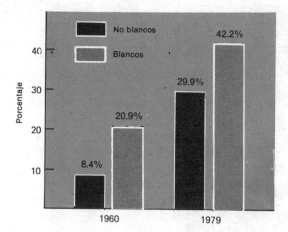

FIGURA 16-2 Porcentaje de familias blancas y no blancas con ingresos de clase media o alta. Todas las familias que tienen un ingreso superior a 20 000 dólares al año, en dólares en 1979, se consideran con ingresos de clase media o alta. (*Fuente:* Statistical Abstract of the United States, *1981, cuadro 775, p. 435.*

Mientras que el porcentaje de blancos con ingresos de clases media y alta excede todavía el de los no blancos, la proporción de los no blancos en 179 superó la proporción de blancos en 1960 y fue más del triple en el periodo de veinte años. ¿Considera usted que esto pudiera haber ocurrido sin la aprobación de la legislación sobre Derechos Civiles en la década de 1960-1970?

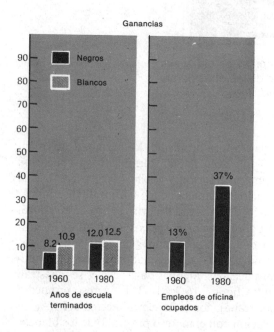

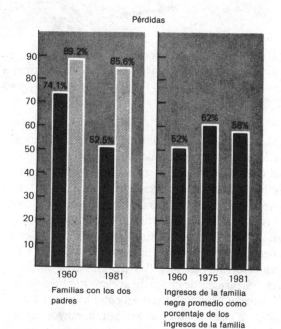

FIGURA 16-3 Pérdidas y ganancias de los negros desde 1960 (*Fuente:* U.S. News & World Report, *117: 63, March 1, 1982, and U.S. Bureau of the Censusm "Household and Family Characteristics, March, 1981,"* Population Characteristics, *ser. P.-201, no. 327, 1982*).

¿Hay algunas cifras en esta gráfica que pudieran explicar la reducción de los ingresos de la familia negra como un porcentaje de los ingresos de la familia blanca?

NEGROS ELEGIDOS PARA PUESTOS PÚBLICOS EN ESTADOS UNIDOS, 1970 Y 1980

Puestos de elección	PUESTOS OBTENIDOS POR NEGROS		Incremento de porcentajes 1970 - 1980	Número de esos puestos en Estados Unidos	Porcentaje obtenido por negros 1980
	1970	1980			
Legislaturas federal y estatales	182	326	79	7 949	4.1
Cuidad y condado	715	2 832 ·	296	196 939	1.4
Aplicación de la ley (jueces , "alguaciles")	213	526	147	*	*
Educación (consejos universitarios, consejos escolares)	362	1 206	233	87 062	1.4
Total	1 472	4 890	232	*	*

* Datos no disponibles.
Fuente: Statistical Abstract of the United States, 1981, pp. 493-495.

Los negros constituyen ahora cerca del 11.7% de la población estadounidense. En lo que se refiere a las tres categorías de puestos que se muestran en la columna de la derecha, ¿cuántos funcionarios negros se necesitarían para que estuvieran representados proporcionalmente?

graduado de 25 a 29 años de edad y 14 013 para los blancos con el mismo nivel, en tanto que las cifras correspondientes a las mujeres son de 9 038 para las negras y 9 012 para las blancas (U.S. Bureau of the Census, 1980*b*, pp. 224-225). Los negros obtienen ahora más del 15% de todos los puestos gubernamentales federales (*Statistical Abastract,* 1981, p. 394.) El cuadro 16-5 muestra impresionantes ganancias políticas para los negros, pero también que los negros obtienen todavía mucho menos de la parte proporcional que les corresponde de los puestos de elección. Casi en todas partes el cuadro es el mismo: los negros han obtenido impresionantes ganancias, pero todavía están muy lejos de llegar a una completa igualdad.

La clase baja

La clase baja no es totalmente negra. Incluye a muchos miembros de otras minorías y a muchas personas blancas (Auletta, 1982). La clase baja negra es, sin embargo, la más visible. Muchos negros estadounidenses consideran que el progreso ha pasado de largo junto a ellos, y algunos manifestaron esto elocuentemente en los disturbios de Miami en 1980. Miami es una ciudad agradable donde dos terceras partes de la población negra trabaja como empleados y obreros bien pagados (Kilson, 1981, p. 59). Para los otros, Miami fue un lugar de frustración. Cuando los incidentes policiacos desencadenaron los disturbios, el resentimiento latente se convirtió en violencia, saqueos, incendios, daños y muerte. Tanto los comercios de negros como de blancos fueron incendiados y saqueados, y el resentimiento se dirigió tanto contra los latinoaméricanos y negros que habían triunfado como contra los blancos (Whitman, 1980).

Quienes quedaron al margen de los recientes beneficios constituyen "la clase baja negra". La cantidad de dinero que reciben de la asistencia social ha crecido en las últimas décadas, pero también el desempleo de los jóvenes negros ha crecido al doble de las tasas correspondientes a los blancos, como se muestra en la figura 16-4. La tasa de pobreza de los negros, del 15%

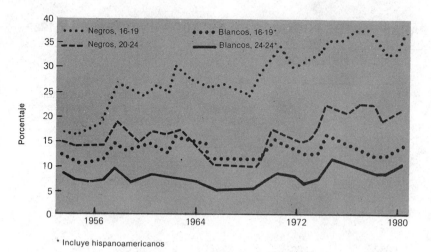

* Incluye hispanoamericanos

FIGURA 16-4 Desempleo entre los jóvenes blancos y negros, 1954-1989. (*Fuente: U.S. Department of Labor, Bureau of Labor Statistical.*)

¿Por qué, a pesar de la legislación de los derechos civiles y de los programas de acción afirmativa, se ha ampliado la brecha de desempleo de los negros?

en 1980 se hubiera duplicado si no hubiesen incluido los subsidios (Smeeding, 1982, p. 101).

El creciente desempleo negro es una de las razones del crecimiento de la clase baja negra. Los trabajos calificados y semicalificados se han ido moviendo del centro de las ciudades hacia los suburbios y las pequeñas poblaciones. Por ejemplo, 138 000 plazas de trabajo obrero salieron de Chicago durante la década 1970-1980 (Herberts, 1983). Los negros no calificados no pueden ir tras esas plazas debido a los costos de la vivienda y a la falta de transporte público adaptado al trabajo diario en los suburbios (tema que se tratará con más detalle en las páginas 499 y 500). El desempleo se alimenta de sí mismo. Cuanto más tiempo permanezca un joven sin empleo, menores son sus oportunidades de obtener *alguna vez* un trabajo y conservarlo. Cada año adicional de desempleo y la falta de un curriculum lo hacen cada vez menos empleable. Entre tanto, mientras más se viva de la asistencia pública y del "robo" (delitos menores, venta de droga y varias clases de estafas señaladas en el libro de Liebow *Talley's Corner,* 1967), es menos probable que se desarrollen hábitos de trabajo que ayuden a encontrar y a conservar un trabajo, Así sobrevive y aumenta la clase baja negra.

La otra causa principal del crecimiento de la clase baja negra es la familia que sólo tiene a uno de los padres, cuyas muchas desventajas se estudiaron en el capítulo 10 y no es necesario repetir aquí. En 1950 sólo una de cada seis familias negras (17%), estaba encabezada por la mujer (Moynihan, 1965*b*). En 1981 habían subido a casi la mitad (47.5%), en comparación con una de cada siete familias blancas (14.7%) (U.S. Bureau of the Census, 1982*a*). En 1980 el 82% de todos los niños blancos y sólo el 42% de fodos los niños negros vivían con los dos padres (*Statistical Abstract,* 1981, p. 49). Este crecimiento de las familias encabezadas por la madre es, fundamentalmente, el que explica que el ingreso promedio de las familias negras represente cerca del 60% del ingreso promedio de las familias blancas (*Statistical Abstract,* 1975, p. 398; 1981, p. 432), aun cuando los ingresos individuales de los negros se estaban acercando cada vez más a los de los blancos. La proporción de los ingresos medios de los negros

FIGURA 16-5 Porcentaje de familias con uno solo de los padres, encabezadas por la mujer. (*Fuente: Statistical Abstract of the United States, 1981 p. 48, and U. S. Bureau of the Census, "Household and Family Characteristic, March. 1981", Population Characteristics, ser. P-20 no. 327, 1982*)

¿En qué forma la proporción de familias encabezadas por la mujer en una población afecta sus ingresos familiares promedio?

y los blancos, en lo referente a las familias encabezadas por el hombre, se incrementó del 72% al 80% en el mismo periodo (Gerschman, 1980, p. 98), mientras que las familias de una pareja negra obtuvieron un promedio de ingresos de 19 368 dólares en 1981, las familias negras encabezadas por la madre obtuvieron un promedio de sólo 7 921 (U.S. Bureau of the Census, 1983, p. 23). Así el incremento en las familias negras encabezadas por la madre nulificaba el mejoramiento en los ingresos de los negros, dividiéndolos en un número mayor de paquetes más pequeños.

La discriminación en el mercado de trabajo contra los negros y otras minorías no ha terminado, y algunos estudiosos la hacen responsable de la mayor parte de las diferencias en los ingresos (Masters, 1975). Sin embargo, la discriminación ha disminuido en las últimas décadas y no se le puede responsabilizar del *crecimiento* de la clase baja negra. El continuo crecimiento de la clase baja negra significa que no

hay una sociedad negra, sino dos: una vigorosa y próspera y la otra estancada y empobrecida.

PENSAMIENTO REVISIONISTA ACERCA DE LAS POLÍTICAS RELATIVAS A LAS MINORÍAS

Por lo menos desde mediados de la década 1960-1970, la mayor parte de los escritores sobre temas étnicos ha compartido lo que podría llamarse "ortodoxia" prevaleciente. Esta ortodoxia, que significa el punto de vista aceptado, tiene cuatro puntos principales. Primero, el problema principal de los grupos étnicos minoritarios es la discriminación. Segundo, la subcultura de "ghetto" es un hecho étnico constructivo. Tercero, el problema interno principal del grupo étnico es la carencia de un orgullo del grupo. Finalmente, la forma de resolver estos problemas son programas gubernamentales que detengan la discriminación, fortalezcan el orgullo de grupo y mejoren el status económico inmediato mediante la asistencia pública.

En los últimos años han surgido muchos estudiosos de los grupos étnicos, a los que llamaremos "revisionistas", puesto que ponen en duda la ortodoxia común. Los revisionistas son en su mayor parte jóvenes o de mediana edad; son cultos y algunos tienen puestos académicos. No están de acuerdo entre sí en todos los puntos, y algunos pueden rechazar el marbete, pero están incluidos en él porque cuestionan una o más de las políticas étnicas que han llegado a darse por válidas en las últimas dos décadas. En general, consideran que la cultura de ghetto es un obstáculo, que las medidas relativas a los derechos civiles y a la asistencia social son con frecuencia contraproducentes, y que los factores que afectan la movilidad de las minorías son los mismos que afectan la de las mayorías.

Por ejemplo, Gordon Morgan (1981) opina que el pluralismo étnico es una trampa que significa separación y desigualdad. Considera que el acento puesto en la identidad étnica de grupo es factor de división y que el "inglés negro" es una barrera al progreso de la minoría. Similarmente, Richard Rodríguez (1981) ataca la educación bilingüe como rémora de la asimilación. Aun cuando la asimilación puede ser penosa, él la ve como algo necesario para triunfar en la sociedad estadounidense. Willian Wilson (1981) afirma que el hincapié hecho en el separatismo étnico y en el orgullo de grupo ayuda a encerrar a los negros en la clase baja. Cree que los problemas de los negros son los de clase social, más que los de raza (1978). Esta posición está apoyada al menos por una investigación que afirma que sólo el 3% de la varianza de la estructura ocupacional negra con respecto al promedio nacional puede achacarse a la discriminación racial (Lyon et al., 1982, p. 533). Contrarios a los portavoces étnicos, hombres y mujeres, que atacaron a Moynihan (1965*b*) cuando sostuvo que la inestabilidad familiar era responsable de muchas de las dificultades de los negros, la mayoría de los revisionistas consideran que el principal obstáculo es la familia en la que sólo queda uno de los padres. Wilson (1981) ve el crecimiento de las familias encabe-

zadas por la madre como la principal razón de la reciente caída en la proporción del ingreso entre blancos y negros (esto es, en la relación del ingreso familiar de los negros con respecto al ingreso familiar de los blancos).

Entre aquellos que critican más la ortodoxia étnica usual se encuentran los economistas Thomas Sowell, Andrew Brimmer y Walter Williams. Ellos consideran la acción afirmativa como una amenaza a la autoestima negra, los programas de asistencia social como una inducción a evitar el trabajo y el salario mínimo como la negación de oportunidades a la juventud. Su oposición a las leyes del salario mínimo se basa en la premisa de que la juventud negra, una vez que es rechazada para trabajar por los salarios más bajos, se mantiene fuera de todo empleo y, por lo tanto, nunca aprende habilidades laborales ni obtiene un punto de apoyo para insertarse en el mundo ocupacional (Williams, 1981). La mayor parte de los revisionistas están de acuerdo con Sowell en que "varios programas gubernamentales —especialmente las leyes del salario mínimo— han hecho más difícil que los negros encuentren trabajo, y otros programas gubernamentales —sobre todo el de asistencia social— lo han hecho menos necesario" (1981*a*. p. 23).

El transporte escolar para la supresión de la segregación racial en las escuelas se consideró, en el mejor de los casos, como un desperdicio de dinero y, en el peor como una amenaza para la educación. Sowell (1976*a*) arguye que este programa ha destruido algunas escuelas que estaban llevando a cabo un excelente trabajo con los estudiantes negros. El columnista William Raspberry lo critica en su "Busing —Is it worth the Ride?" (Raspberry, 1974).

La discusión entre revisionistas y ortodoxos vuelve a plantear la pregunta de si la situación actual de los negros es similar a la de los inmigrantes europeos de hace dos generaciones. El punto de vista ortodoxo sostiene que la situación negra es diferente, porque la discriminación continua y los cambios económicos dificultaron el avance de los trabajadores no especializados. La mayor parte de los inmigrantes europeos llegó cuando la demanda de mano de obra no especializada estaba creciendo rápidamente, en tanto que los negros compiten hoy en un reducido mercado de trabajo no especializado. Los revisionistas afirman que la situación de los negros y de los inmigrantes sería similar si la adaptación negra no hubiera sido obstaculizada por las medidas de asistencia pública y los derechos civiles, bien intencionados pero contraproducentes.

Los revisionistas, a su vez, han sido duramente atacados por los defensores de la posición ortodoxa (Williw, 1978; Clark, 1980; Oliver y Glik, 1982). Aunque no están en completo acuerdo, destacan dos puntos principales: 1) las minorías han obtenido beneficios reales, que se deben a las políticas ortodoxas, y 2) la pobreza negra persistente se debe a la discriminación remanente; por consiguiente, las políticas de las dos últimas décadas son todavía necesarias y deberían ser apoyadas, no socavadas.

El punto de vista ortodoxo se basa en la teoría del conflicto, que ve los problemas de las minorías como debidos principalmente a la discriminación y a la explotación. Los que sostienen este punto de vista consideran la protesta de la minoría que se moviliza como el camino hacia la movilidad. Arguyen que los beneficios obtenidos recientemente por los negros en el sector público, en la vivienda, en el registro de electores, en al matrí-

cula universitaria y en la entrada al mercado de trabajo profesional y especializado no se hubieran conseguido sin la firme aplicación de la legislación sobre derechos civiles. Conceden que los primeros informes sobre los efectos de la supresión de la segregación escolar y del transporte para el equilibrio racial no permiten obtener conclusiones, pero afirman que estudios más recientes muestran claramente beneficios innegables en el largo plazo (Daniels, 1983, p. 97). Por lo que se refiere al conflicto entre la acción voluntaria y la compulsión gubernamental, afirman que sólo dos sistemas escolares en todo el país tuvieron éxito en la supresión de la segregación sin la amenaza de una acción judicial (Daniels, 1983, p. 97). Consideran necesarios los energéticos programas gubernamentales para evitar un resurgimiento de la discriminación y para aliviar la pobreza continua y el desamparo de las minorías. La posición revisionista es vista como una excusa elaborada para eliminar las políticas necesarias para continuar el avance de las minorías.

Los revisionistas están más cerca del enfoque funcionalista. Consideran que las dificultades que aún se mantienen entre las minorías están más enraizadas en sus estilos de vida que en la continua discriminación. Piensan que los es-

---

LA NECESIDAD DE MÁS EJECUTIVOS NEGROS EN SUDÁFRICA

Simplemente no hay suficientes blancos para sostener una economía que creció en 8% el año pasado y todavía está desarrollándose a una tasa mínima anual del 5%.

Las compañías estadounidenses, que sufren la presión sostenida de los grupos "liberales" en casa, han estado a la vanguardia de los esfuerzos para capacitar a los negros (en puestos ejecutivos). Pero ni los empresarios ni los líderes negros afirman que el movimiento surja de razones morales o humanitarias... Windsor H. Shuenyane, cuya posición como

ejecutivo de los asuntos comunitarios en las cervecerías sudafricanas lo coloca entre 0.2% de trabajadores negros que se encuentran actualmente en puestos de dirección dice fríamente: "el contexto de la presión económica significa que se ha abierto una gran cantidad de trabajos para los negros. Es un cambio de circunstancias; el cambio de corazón no tiene nada que ver con ellas.

Fuente: Business Week, June 8, 1981, p. 78.

¿Apoya esto la teoría funcional o la teoría del conflicto del cambio? ¿O a ambas? ¿Apoya el punto de vista ortodoxo o el punto de vista revisionista de cómo avanzan las minorías?

fuerzos por proporcionar igualdad de oportunidades serán más benéficos que el trato preferencial para las minorías, y que la asimilación será más productiva que la separación y el conflicto.

Desde la aprobación de las leyes sobre Derechos Civiles en la década 1960-1970, el gobierno federal ha seguido generalmente la política de la aplicación estricta, de acuerdo con el punto de vista ortodoxo. Con la administración Reagan, la política federal adoptó el punto de vista revisionista. La administración Reagan que trataba de limitar el transporte escolar para el equilibrio racial permitió que se extendiera entre los empleadores la idea de que el gobierno federal no exigiría el cumplimiento estricto de los reglamentos relativos a la igualdad de oportunidades (Greenberger, 1982), y emitió nuevos reglamentos que ordenaban a los patrones reducir las metas de la acción afirmativa (Greenberger, 1983). El presidente de la U.S. Civil Rights Commission ha acusado a la administración Reagan de "socavar nuestra capacidad" de vigilar el cumplimiento de las leyes Federales de los Derechos Civiles (Pear, 1983). Pocas veces en la historia una nueva administración nacional ha hecho cambios tan drásticos en la estrategia para tratar un problema social.

Este breve esbozo simplifica muchos aspectos sutiles de los problemas étnicos y oscurece muchos acuerdos entre los estudiosos acerca de las políticas étnicas. Aunque no tenemos datos recientes, los autores de este libro son de la opinión de que muchos sociólogos apoyarían la mayor parte de los puntos de vista ortodoxos y rechazarían la mayor parte de las ideas revisionistas, y de que la mayor parte de los estudiosos "revisionistas" citados en este capítulo no son sociólogos. Pero no hay una forma segura de predecir el resultado de una política social, y los estudiosos honrados pueden disentir. Tampoco hay ninguna forma segura de aislar y medir los efectos de una política, separándolos de los efectos de otras políticas y fuerzas que actúan al mismo tiempo. En las relaciones raciales y étnicas, como en todos los problemas sociales, la política social y los programas sociales contienen grandes elementos de esperanza y conjetura.

SUMARIO

Una *raza* se define como un grupo de personas que participa de características físicas comunes o como un grupo cuyos límites son determinados por una definición social, sin que haya un acuerdo sobre esto. Las diferencias de raza son biológicamente triviales, pero culturalmente importantes. El término *étnico* incluye no sólo grupos raciales, sino también otros grupos de ascendencia común cuyo vínculo es la religión, la lengua, la nacionalidad, el origen territorial o una combinación de uno o más de estos elementos. Diferentes grupos étnicos existen con frecuencia dentro de los mismo límites nacionales.

Amalgamación es el cruzamiento biológico de linajes raciales. *Asimilación* es la difusión cultural mutua mediante la cual las personas o grupos llegan a compartir una cultura común. *Prejuicio* es un "juicio previo" mediante el cual se trata a las personas de acuerdo con la imagen de su grupo, en vez de hacerlo en función de sus características personales, *Discriminación* es el trato desigual de las personas de acuerdo con las ideas estereotipadas que se tienen de ellas. Solíamos creer que el prejuicio provoca la discriminación; ahora creemos lo contrario, que la discriminación crea los prejuicios. El *genocidio* es un intento de exterminar a un pueblo; con frecuencia se ha intentado en la historia, pero rara vez ha tenido un éxito completo.

En Estados Unidos la política étnica ha seguido varios derroteros; 1) buscar la *integración* mediante la protección de la igualdad de los derechos individuales; 2) proteger los derechos de grupo mediante *a)* el *separatismo* o *b)* el *pluralismo cultural,* ninguno de los cuales ha tenido mucho éxito. Las aventuras políticas recientes incluyen 1) *la instrucción bilingüe,* que es de dudosa ayuda en el aprendizaje del inglés, pero sirve para conservar la lengua no inglesa y la identidad étnica; 2) *la acción afirmativa,* que busca, con éxito limitado, garantizar la participación proporcional de un grupo en los puestos deseados, 3) el *transporte* para el equilibrio racial, cuyos efectos sobre los antagonismos raciales y sobre el aprendizaje de los negros son sumamente discutidos, y 4) la *legislación social* que pretende reducir las desigualdades sociales.

Las minorías estadounidenses incluyen también a los indios e hispanoamericanos-estadounidenses, grupos que tienen cierta base territorial y aceptan en mayor grado el pluralismo cultural. Algunas minorías, que incluyen a la mayor parte de los europeos y asiáticos, han tenido gran movilidad en Estados Unidos; otras no han tenido tanta. Estados Unidos pueden estar desarrollando una creciente y permanente *clase baja negra* que no comparte la reciente movilidad de los negros estadounidenses.

La escuela "ortodoxa" de relaciones étnicas considera la discriminación como el problema principal, defiende la cultura del ghetto, alaba el orgullo de grupo y defiende la acción gubernamental para detener la discriminación, fortalecer el pluralismo cultural y extender los beneficios de la asistencia social. Una escuela "revisionista" opuesta considera la cultura del ghetto como un obstáculo, piensa que la discriminación ya no es el problema más importante y encuentra que algunos programas gubernamentales son contraproducentes.

GLOSARIO

acción afirmativa: programas que requieren el reclutamiento, la contratación y la promoción, de un modo activo, de los miembros de la minoría.

amalgamación: cruzamiento biológico de grupos raciales hasta que se convierten en una sola estirpe.

asimilación: fusión de dos o más culturas, de modo que se tranformen en una sola.

clase baja negra: negros pobres que no han participado en la movilidad ascendente de los otros estadounidenses negros.

chicano: estadounidense de ascendencia mexicana que tiene un fuerte sentido de la identidad mexicana y se opone a la asimilación.

discriminación: práctica que trata desigualmente a personas iguales; que limita la oportunidad o la recompensa de acuerdo con la raza, la religión o el grupo étnico.

genocidio: esfuerzo deliberado por eliminar a un grupo étnico mediante la matanza, la expulsión o la destrucción de su herencia cultural.

grupo étnico: cierto número de personas con una herencia racial y cultural común que los separa de otros.

integración: condición donde todos los grupos étnicos y raciales pueden participar igualmente en la vida económica y cultural de una sociedad.

marginalidad: condición de ser parcialmente asimilado por cada una de dos culturas y dos sociedades y de no serlo completamente por ninguna.

ortodoxia: adhesión a docrinas establecidas. En este capítulo, las políticas del movimiento de Derechos Civiles.

pluralismo cultural: tolerancia de las diferencias culturales dentro de una sociedad común, que permite a los distintos grupos conservar sus culturas particulares.

prejuicio: prevención en favor o en contra de una persona o grupo. Significa prejuzgar o decidir sin disponer de los datos suficientes.

raza: grupo de personas un poco diferentes de otras en una combinación de características físicas heredadas, pero el significado del término está determinado principalmente por una definición social popular.

revisionista: el que favorece una nueva interpretación de las ideas establecidas. En este capítulo, rechazo de la políticas del movimiento de Derechos Civiles.

separatismo: retiro del contacto con la mayoría dominante, efectuado por grupos que han sufrido discriminaciones en el pasado y desean construir una vida social y económica separada.

PREGUNTAS Y PROYECTOS

1 ¿Por qué se utiliza el término "étnico" con preferencia al de "raza" en la mayor parte de este capítulo?

2 ¿Cuáles son las razones en favor y en contra de la educación bilingüe?

3 El gobierno de Estados Unidos ha apoyado un programa para transladar a los indios estadounidenses de sus reservaciones a las ciudades. ¿Qué razones hay en favor y en contra de este programa?

4 ¿El aumento en el número de matrimonios mixtos fusionará a todos los grupos étnicos estadounidenses? Si es así, ¿es ello deseable?

5 Si se termina con la discriminación étnica, ¿todos los gru-

pos producirían igual proporción de personas de éxito en todos los puestos?

6 Lea el artículo escrito por Irving Louis Horowitz que se menciona en las lecturas que se sugieren. ¿Conoce usted algunos casos de genocidio, además de los mencionados? ¿Piensa usted que el holocausto nazi fue único de muchos casos?

7. ¿Tiene su *campus* un programa de acción afirmativa? Si es así, entreviste a la persona encargada de él. ¿En qué medida se aplica a los grupos étnicos en comparación con las mujeres y otros? ¿Qué costos y beneficios parecen estar incluidos en el programa?

8 ¿Debería Estados Unidos cambiar hacia una política de pluralismo cultural similar a la que existe en Canadá, Bélgica y Suiza? ¿Por qué sí o por qué no?

9 Lea los artículos de Carl A. Gershman y Kenneth B. Clark que se mencionan en las lecturas que se sugieren. ¿Cuál de ellas cree que presenta el mejor caso de la raza contra la clase como el factor básico en la movilidad negra?

10 Lea cualquiera de los capítulos del libro Rhoda Godstein Blumberg y Wendell James Roye (Eds.) citados en las lecturas que se sugieren. Indique si está usted familiarizado o no con casos de cooperación interracial y describa cómo funcionaron.

LECTURAS QUE SE SUGIEREN

"Black Women-White Men: The Other Marriages Are Small but Growing", *Ebony,* 38:81-82, August 1982. Un breve artículo descriptivo que estudia la adaptación de las mujeres negras en un matrimonio mixto.

*Blumberg, Rhoda Goldstein y Wendell James Roye (Eds.): *Interracial Bonds,* General Hall, Inc., Bayside, N.Y., 1979. Varios estudios de situaciones en las que los miembros de diferentes grupos étnicos cooperan en actividades conjuntas, y que van desde los indios "blancos" hasta la adopción interracial.

Gershman, Carl A.: "A Matter of Class", y Kenneth B. Clark, "Kenneth B. Clark Responds: The Role of Race", *The New York Times Magazine,* Oct. 5, 1980, pp. 22ff, reprinted in *Current,* 227:20-32, y 43-44, November 1980. Ambos discuten si la clase ha desplazado a la raza como el factor más importante que afecta a los negros. Gershman apoya los puntos de vista revisionistas, y Clark defiende las políticas raciales ortodoxas.

Gordon, Milton (ed.): "America as a Multicultural Society", *Annals of the American Academy of Political Science,* no. 454, March 1981. Un número sobre etnicidad, con artículos a propósito de muchos grupos y problemas étnicos.

Horowitz, Irving Louis, "Many Genocidies, One Holocaust?, The Limits of the Right of States and the Obligation of Individual", *Modern Judaism,* 1: 74-89. Narra como han ocurrido tales crueldades y cómo todavía pueden ocurrirles a otros pueblos.

Oliver, Melvin L. y Mark A. Glick: "An Analisys of the New Ortodoxy on Blanck Mobility", *Social Problems,* 29:511-523, June, 1982. Sostiene que la discriminación todavía es la causa principal de las difrencias ocupacionales entre blancos y negros. (Emplea el término "ortodoxia" es un sentido opuesto al que se le da en este libro.

Rockett, Rocky L.: *Ethnic Nationalities in the Soviet Union,* Praeger Publishers, New York, 1981. Describe el pluralismo cultural en la Unión Soviética, donde la mitad de la personas no son rusas.

Rodríguez, Richard: *Hunger of Memory,* Godine Publishers, Boston, 1982. Un relato, en gran parte autobiográfico, de los costos y beneficios del cambio de la cultura mexicana-estadounidense a la corriente principal de la sociedad estadounidense.

Snyder, Mark: "Self-Fulfilling Stereotypes", *Psychology Today,* 16:60-68, July 1982. Un ameno artículo que narra cómo surgen y se mantienen los estereotipos étnicos.

Sowell, Thomas: *Ethnic America: A History,* Basic Books, Inc., Publishers, New York, 1981. Un libro entretenido que trata de explicar por qué algunos grupos étnicos en Estados Unidos progresaron más rápidamente y llegaron más lejos que otros.

Sowell Thomas et al. (Eds.): *The Fairmont Papers: Black Alternatives Conference,* Institute for Contemporary Studies, San Francisco, 1981. Artículos escritos por autores revisionistas negros que ponen en tela de juicio las políticas anteriores al establecimiento de los derechos civiles, que incluyen a Thomas Sowell, Clarence Pendleton, Jr., Walter Williams, Maria L. Johnson, Charles V. Hamilton, Percy Sutton y a otros.

* Un asterisco antes de la cita indica que el título se encuentra en edición en rústica.

Cambio social y política social

Hay una leyenda acerca de un rey que una vez reunió a los sabios y les pidió que presentaran algunas palabras de sabiduría que fueran ciertas para todo tiempo y lugar. Se dice que los sabios meditaron durante un largo tiempo y que luego dijeron: "Y esto, también pasará."

El cambio es continuo en los asuntos humanos. El deseo con tanta frecuencia expresado de "conservar las cosas exactamente como están" es una empresa desesperada. Nunca es posible hacerlo durante mucho tiempo. Sólo comprendiendo el cambio y —posiblemente— dirigiéndolo, podemos esperar que nuestra sociedad cambiará de una manera que nos guste.

La quinta parte de este libro explora algunos tipos de cambio. El capítulo 17, "Dinámica demográfica", examina cómo y por qué cambia la población y cómo afecta a la vida social y a las instituciones sociales. El capítulo 18, "Los cambios de la comunidad", estudia las comunidades rurales y urbanas en Estados Unidos y la forma en que están cambiando. El capítulo 19, "Comportamiento colectivo y movimientos sociales" examina algunas formas interesantes de comportamiento social y destaca

algunos esfuerzos colectivos para promover o para
evitar el cambio. El capítulo 20, "Cambio social y cultural" describe las causas
generales y los procesos
de cambio, la resistencia al
cambio y las consecuen-
cias sociales y personales
del cambio.

17 Dinámica demográfica

444

*Cambio social
y política social*

de la población
PERSPECTIVAS PARA
EL FUTURO
Comparación entre los países

occidentales y no
occidentales
SUMARIO
GLOSARIO

PREGUNTAS Y PROYECTOS
LECTURAS QUE SE
SUGIEREN

Hace unas cuantas semanas nació el ser humano que completa el número 4 000 000 000 de habitantes del mundo, Leamos el horóscopo del bebé, sustituyendo nuestra sociología por la astrología y las estadísticas por las estrellas. Este bebé fue probablemente una mujer nacida en una familia asiática, africana o latinoamericana. Su padre es un aparcero, su madre, acarrea agua, alimenta el fogón, remienda y lava la ropa, va al mercado en la estación de empalme del pueblo, cocina, ve por los niños y ayuda en el campo cuando la siembra, la cosecha, la trilla, la criba, el pesado o el encostalado es la orden del día...

A la edad de 10 años, la niña se dará cuenta de que sus padres no parecen estar demasiado preocupados por ella ni por sus dos hermanas que están en la escuela, pero que constantemente se quejan de sus dos hijos, uno de 17 y otro de 15 años. El mayor ha terminado sus estudios y el menor ha abandonado la escuela, pero no pueden encontrar trabajo. Podrían ayudar en el arrozal, pero ellos no consideran que esto sea propio de un joven educado. Tampoco sus padres...

Ocasionalmente, las damas y los caballeros de la ciudad y aun de lugares lejanos como Inglaterra y Estados Unidos vienen a ese barrio pobre para hacer preguntas y dejar tras sí folletos ilegibles. Una de esas personas, una señora que parece ofensivamente antiséptica en aquel ambiente, da una plática en la que advierte a la gente del barrio pobre que la población mundial ha estado creciendo rápidamente durante muchos años y que en un lapso de 10 o 25 años llegará el "punto de explosión". El hijo político de la familia, con los ojos inyectados por una especie de rabia, pregunta a qué se debe eso, puesto que la gente parece tener ahora menos hijos. La dama antiséptica dice que se debe a que se está muriendo menos gente. El hermano político responde sarcásticamente: "Esto está muy mal, ¿no es cierto?" y la gente ríe disimuladamente. Otro hombre de la multitud pregunta qué pasará cuando se llegue al punto de explosión. "La civilización se derrumbará" replica la dama. La multitud se ríe a carcajadas, mirando las chozas en estado ruinoso en las que sus miembros han pasado tantos años de sus vidas.

(Varindra Tarzie Vittachi,
*Newsweek, International
Edition,*
March, 8, 1976, p. 15).

La población ha sido relativamente estable durante la mayor parte de la historia. En los primeros 1650 años después del nacimiento de Cristo la población mundial aumentó a un poco más del doble. En los siguientes 125 años se duplicó nuevamente. La población del mundo se estima ahora en algo más de 4 mil millones y se espera que llegue a 6 mil millones aproximadamente en el año 2 000 (Haub y Heiser, 1980).

La población mundial crece ahora cada seis años aproximadamente tanto como creció en los primeros 1650 años posteriores al nacimiento de Cristo. Si las tasas de crecimiento de 1960 continuaran durante 800 años, tendríamos una persona por cada pie cuadrado de la superficie de la Tierra. (Hauser, 1960).

Los demógrafos están interesados en el tamaño, distribución y composición de una población. Hay una densidad crítica de población por abajo de la cual hay una cantidad insuficiente de personas para apoyar la tecnología moderna. Sobrepoblación significa demasiadas personas como para ser sostenidas confortablemente. Para cada área geográfica hay un tamaño ideal de población que permite una producción per cápita mayor que la que permitiría un mayor o un menor nivel de población. A esto se le llama *población óptima.* El concepto se es-

En menos de 800 años habría una persona por cada pie cuadrado de superficie de la Tierra.

tablece con facilidad, pero es difícil determinar cuál es la población óptima para una zona.

Algunas veces una población variará de la distribución usual por sexo y por edad, con algunas consecuencias sociales predecibles. Una población con gran número de niños y de ancianos deja una pequeña proporción de personas en el trabajo productivo para sostenerlos. Si la proporción de hombres y de mujeres (*la proporción por sexos*) es notablemente desigual, muchas personas no podrán casarse (si el matrimonio es monógamo) y pueden buscar compañía fuera del matrimonio. Las predicciones de las formas en que los cambios en el crecimiento y en la composición de la población pueden afectar la vida estadounidense son un pasatiempo favorito de los demógrafos (véase el recuadro de a lado).

CAMBIOS EN LA COMPOSICIÓN DE LA POBLACIÓN

La composición de una población se refiere a la forma en que está dividida por edades, sexos, razas, grupos étnicos, ocupaciones, clases y otras variables. La composición de una población según la edad y el sexo se percibe claramente en una *pirámide de población*, la cual muestra el porcentaje de la población que hay en cada grupo de edad y sexo (véase la Fig. 17-1). En la mayor parte de las situaciones, una

POSIBLES EFECTOS DE LAS TENDENCIAS DE POBLACIÓN EN LA PRÓXIMA DÉCADA

Menos crímenes
Más comunidades de jubilados
Menos cambio en la moda
Promoción más lenta del personal administrativo
Menos estudiantes y maestros
Mayor edad para la jubilación
Menos desempleo de adolescentes
Aumento de las tasas brutas de natalidad
Descenso de las tasas de divorcios
Aumento de los ingresos relativos de los jóvenes del sexo masculino
Fuerte demanda de nuevas casas y apartamientos
Mayor empleo del español
Necesidad de mayores inversiones

Fuente: Basado en parte en "Americans Change: Special Report on How Drastic Shifts in Demographics Affect the Economy" *Business Week*, Feb. 20, 1978, pp 64-70 and Richard A. Easterlin, "What Will Be 1984 Be Like? Socioeconomic Implications of Recent Twists in Age Structure", *Demography*, 15: 416-417, November 1978.

Estos pronósticos fueron hechos en 1978. ¿Se han cumplido?

pirámide de población tendrá la forma de un árbol de navidad perfecto, la parte más ancha estará en la base y se irá estrechando paulatinamente hasta llegar a un punto. Los cambios importantes en la tasa de natalidad (o grandes pérdidas debidas a una epidemia o una guerra) pueden distorsionar esta forma de árbol perfecta, como se muestra en la figura 17-1.

La composición de una población afecta su vida social. Washington, D. C. con sus muchas oficinistas, St. Petersburg, Florida, con sus personas jubiladas y Columbus, Georgia, con su cercano Fort Benning, son ciudades diferentes, en parte, debido a las diferencias en la composición según la edad, el sexo y la ocupación de la población cuyas necesidades satisface.

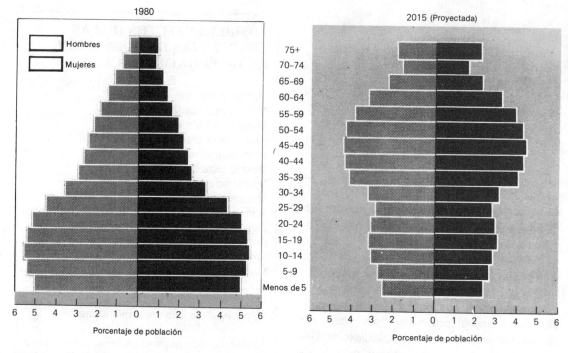

FIGURA 17-1 Una pirámide de población muestra la distribución por edades y sexos de una población. Esta pirámide muestra cómo la disminución de la tasa de natalidad ya ha afectado la distribución de la población de China y cómo, si continuara, afectaría la futura distribución por edades (*Fuente: 1980 Pyramid: World Bank estimates. 2015 pyramid; PRB proyection premised on the TFR dropping to 1.5 by 1985; increases in life expectancy at birth —famales from 67.5 years and males from 63.6 (1980) to 73.9 (2015); and declines in infant mortality— (famales from 40.3 infant deaths per 1 000 live births (1980) to 8.9 (2015) and males from 51.9 (1980) to 13.3 62015). reproducido de* Intercom, 9:13, August 1981).

¿Cuándo empezó a bajar la tasa de natalidad? ¿Cómo se vería la pirámide de 1980 si la tasa de natalidad no se hubiera reducido?

¿Por qué supone usted que Florida tiene una tasa de mortalidad anual de 11.0 por cada mil personas, mientras que Wyoming tiene una tasa de mortalidad de sólo 7.2? ¿Puede usted explicar por qué la tasa de natalidad de Florida es del 13.1 (nacimientos por cada mil personas) y la de Wyoming es de 21.7? ¿Le ayudaría a usted saber que el 17.3% de las personas en Wyoming tiene más de sesenta y cinco años de edad, o que el 22.9% de los habitantes de Florida y el 40.1% de los de Wyoming se encuentran entre los 20 y los 25 años de edad? (*Statistical Abstract,* 1981, pp. 28, 61, 72).

Las tasas mencionadas arriba son *tasas brutas de natalidad y mortalidad* pues establecen el número de nacimientos y muertes por cada 1 000 personas durante un año, sin tomar en cuenta su composición por edades, proporciones entre sexos o cualesquiera otras características. Estas no son medidas muy buenas para comparar la salud o la fertilidad de grupos de población con una composición diferente. Para realizar tales comparaciones los demógrafos utilizan las tasas *específicas o ajustadas*. Así, la tasa de mortalidad bruta de la población estadounidense bajó a 6.5% entre 1970 y 1978, en tanto que la *tasa de mortalidad ajustada por edades* bajó a 15.1% (*Statistical Abstract,* 1981, p. 74). Esta es una tasa que hace una corrección al tomar en cuenta los cambios en la distribución por edades de la población durante ese periodo. Las tasas brutas son aquellas de las que se dispone con mayor facilidad, pero por muchas razones las tasas ajustadas o específicas son más útiles.

La composición de la población de Estados Unidos ha estdo cambiando constantemente. Una elevada tasa de natalidad junto con una alta tasa de mortalidad significa que los niños constituirán gran parte de la población total y que las personas ancianas serán una parte pequeña.

Una de las posibles razones del activismo en las universidades durante la década de 1960 fue que las altas tasas de natalidad de las décadas de 1940 y 1950 habían dado una proporción de jóvenes tan grande, que constituía una parte de la sociedad inusitadamente poderosa (Moynihan, 1973). Esta condición está cambiando rápidamente conforme las bajas tasas actuales de natalidad hacen que se reduzca la proporción de jóvenes, en tanto aumenta la proporción de las personas mayores y de las de edad mediana. Las personas menores de 30 años constituían el 66% de la población en 1960, pero sólo el 50% en 1980 (*Statistical Abstract,* 1981, p. 26). Entre 1960 y 1980, cuando la población total creció hasta cuarenta y cinco millones, el número de niños menores de cinco años se redujo a cuatro millones, Así, la caída de la tasa de natalidad proporcionó menos personas jóvenes que se equilibró con el número de las personas de mayor edad e incrementó la proporción de personas mayores. Para ilustrar las proporciones del cambio, si en la universidad se redujera a la mitad la clase de alumnos de primer año, se incrementaría la proporción de los alumnos del último año en el cuerpo estudiantil. De modo que, fundamentalmente, los cambios en las tasas de natalidad y no en la tasa de mortalidad son los que han incrementado la proporción de ancianos en nuestra población.

Este punto ha sido muy mal comprendido por las personas que confunden el *ciclo vital* con la esperanza de vida. Toda especie tiene un *ciclo vital,* que es el número de años que un miembro de una especie vivirá hasta que muera por la edad (a menos que esto suceda antes por accidente o enfermedad, que es la que mata a la mayoría de las personas mucho antes de que se complete su ciclo vital). Para algunos insectos el ciclo vital es sólo de unas cuantas horas; para los perros, alrededor de 16 o 18 años; para los seres humanos, de 100 a 110 años, el ciclo vital humano no se ha incrementado dentro de la historia registrada, pero las mejoras en la dieta, higiene y cuidado de la salud, permiten a las personas vivir actualmente una parte mayor de su ciclo vital. Esto ha incrementado la *esperanza de vida,* que es el promedio de años que una persona puede razonablemente esperar vivir, dados los niveles actuales de salud y enfermedad. En la antigüedad, se pensaba que la esperanza de vida al nacer habría de ser de 20 a 25 años; hoy, la esperanza de vida en todo el mundo al nacer es en promedio cercano a los 60 años, pero en Estados Unidos es de 74.

En Estados Unidos la esperanza de vida al nacer se ha incrementado en 26.5 años desde 1900, en tanto que la esperanza de vida a los 65 años sólo se ha incrementado en 4.5. En otras palabras, es mucho más probable que los niños actuales lleguen a la edad de 65 años que los niños que nacieron a principios de siglo; pero a los que ahora tienen 65 años sólo les quedan en promedio 4.5 años más de vida que en 1900. Dicho todavía en otra forma, más personas llegan hoy a viejos, pero los ancianos actuales no viven mucho más de lo que los ancianos suelen vivir.

La mayor parte del incremento en la esperanza de vida sobrevino en las últimas décadas de este siglo. Entre 1939 y 1979, la esperanza de vida después de los 65 años de edad aumentó en 2.2 años para los varones blancos, en 2.4 para los varones negros, en 5.1 años para las mujeres blancas y en 4.5 años para las mujeres negras (*Statistical Abstract,* 1981, p. 69). Esto quiere decir que los beneficiarios de la seguridad social obtendrán pensiones durante cuatro años más de lo que se esperaba cuando se diseñó el sistema.

La composición por edades tiene un efecto importante en el aumento de la población. La tasa de natalidad bruta de 15.8 en 1982 representa 1.9 niños por familia; mientras que generalmente lo que se considera como necesario para reemplazar y llegar al crecimiento cero de la población, son 2.11 niños por familia. Esto sugeriría que el crecimiento de población en Estados Unidos se ha detenido, pero los hechos son muy diferentes. A causa de la explosión demográfica de las décadas de 1950 y 1960, tenemos ahora tantas mujeres en edad fecunda que aun una tasa de natalidad por abajo del nivel del "reemplazo" incrementa todavía la población. Hasta que la distribución por edades regrese a la "normalidad", después quizá de tres generaciones, no será una realidad que una familia con dos niños no produzca ningún crecimiento de población. Y puesto que la tasa de crecimiento de la población refleja tanto la tasa de natalidad como la de inmigración, que no puede conocerse por adelantado, como se muestra en la figura 17-2, cualquier proyección futura de la población es sólo una conjetura culta.

Aun cuando el crecimiento de la población continúe, la tasa de natalidad descendente en Estados Unidos está teniendo algún efecto. El número de niños en edad de escuela elemental decreció a cerca de cuatro millones durante la década de 1970. El impacto se ha demorado más en el tamaño de la población en edad escolar, pero ésta decrecerá a mediados de la década de 1980. Por extraño que parezca, un descenso en la proporción de jóvenes tendrá algunas consecuencias agradables (véase el cuadro 17-1). Por ejemplo, se espera que la tasa de delincuencia decrezca, puesto que los delitos son más numerosos entre el grupo de edad que corresponde a los más jóvenes. De igual manera se espera que se reduzca el desempleo de los adolescentes, puesto que éstos escasearán más. También aumentará la proporción de trabajadores más jóvenes en relación con los de mayor edad. Esto significará que más parejas podrán casarse y pueden incrementar tanto la tasa de matrimonios como

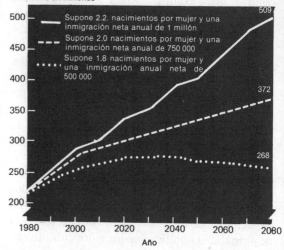

Individuos en millones

Fuente: *Population Bulletin,* 27:46, June 1982.

FIGURA 17-2 Tamaño de la población de Estados Unidos, 1980-2080, según tres diferentes series de suposiciones. (*Fuente: Population Bulletin,* 27:46, *June 1982.*)

¿Cuál de estas proyecciones preferiría usted ver cumplida?

la de natalidad entre los que tengan de 20 a 30 años de edad.

MIGRACIÓN

Se piensa que los antepasados de los indios estadounidenses llegaron al continente norteamericano por un puente terrestre desde Asia en algún momento de un remoto pasado. Todos los demás estadounidenses remontan su ascendencia a emigrantes relativamente recientes. Desde la época de los Peregrinos, unos 32 millones de inmigrantes, en su mayor parte provenientes de Europa, se han establecido en Estados Unidos.

Atracción, repulsión y medios

Las fuerzas que afectan la migración pueden agruparse bajo tres rubros: 1) rechazo, 2) atracción y 3) medios. El *rechazo* se refiere a las condiciones desfavorables en la tierra natal que llevaron a las personas a abandonarla. Los cambios de fronteras nacionales después de la II Guerra Mundial y el surgimiento de regímenes políticos intolerantes, la mayor parte de ellos, aunque no exclusivamente comunistas, han hecho que la vida de muchas personas fuera difícil en sus países natales. Millones de refugiados huyeron de la persecución y de una posible muerte durante la II Guerra Mundial e inmediatamente después de ella, y desde entonces la opresión ha enviado a millones fuera de Cuba, Uganda, Palestina, Hungria, Checoslavaquia, Vietnam, Camboya, Nicaragua, El Salvador y Laos. Muchos de ellos han encontrado nuevos hogares en Estados Unidos y en otras partes, pero en 1982 todavía había 10 millones de personas que vivían en el exilio, más de 8 millones de ellos en países en vías de desarrollo (U.S. Committee for Refugees, *World Refugee Survey,* 1982, p. 40).

El factor *atracción* se refiere a los atractivos que hay en los países receptores, como son las oportunidades económicas, el clima y el tipo de gobierno. Esto significa con frecuencia que muchos inmigrantes van a estados ya densamente poblados como California, en tanto que pocos se dirigen a lugares remotos y poco poblados pero menos atractivos, como Alaska. Los *medios* se refieren a la forma de traslado de un lugar a otro y a la presencia o ausencia de barreras. A este respecto, el transporte nunca ha sido fácil, pero las barreras legales como las prohibiciones de emigración y las restricciones de inmigración nunca han sido más formidables.

Migración internacional

Tanto el aumento de la población como un nacionalismo en desarrollo impulsan a los gobiernos a restringir la inmigración al tipo de inmigrantes que consideran que pueden asimilarse más fácilmente y en una cantidad que la nación puede absorber sin problemas para su economía. Los inmigrantes legales en Estados Unidos, incluyendo a los refugiados, durante el periodo de 1970 a 1981, fueron en promedio

600 000 al año, y el número de inmigrantes ilegales se calculó entre 100 000 y 500 000 anualmente (*CKPG Reporter* 1982*a*).

Las pautas de inmigración en Estados Unidos cambiaron con la Ley de Inmigración de 1965. El rígido sistema nacional de cuotas (que sólo permitía 100 inmigrantes al año provenientes de la mayor parte de los países asiáticos y africanos) fue sustituido por un nuevo sistema que abolió las cuotas y dio prioridad a los familiares de residentes estadounidenses y a aquellos que tenían aptitudes ocupacionales útiles para Estados Unidos. Entretanto, la prosperidad en la Europa Noroccidental hizo que la emigración a Estados Unidos fuera para los europeos menos atractiva que en el pasado. El resultado es que la inmigración proveniente del Reino Unido y de los países europeos del norte ha decrecido en forma notable y que la de los países europeos del sur y la de Asia se ha incrementado. Por ejemplo, la inmigración de Filipinas se ha incrementado 10 veces y la de Portugal un poco más de 6 veces, en tanto que la proporción de Alemania y del Reino Unido se redujo a menos de la mitad entre 1965 y 1970.

En los últimos años, Europa ha confrontado también problemas de inmigración. Unos siete millones de trabajadores extranjeros, acompañados por sus esposas e hijos, viven en los países europeos occidentales. La mayor parte de ellos proviene de naciones europeas, pero Francia, Alemania y Gran Bretaña tienen considerables cantidades de Asia y de África. Los emigrantes fueron bienvenidos durante periodos de prosperidad, pero surgieron las tensiones en la recesión de los primeros años de la década iniciada en 1980. Ahora son considerados con frecuencia como minorías étnicas que constituyen una "sociedad de segunda clase que vive en una privación económico-social y que actúa como catalizador de la confrontación" (*U. S. News & World Report,* 1982*a*).

La mayor parte del resto del mundo, como Estados Unidos, ha seguido políticas de inmigración selectivas o restrictivas. Los países que estimulan la inmigración son aquellos, como Brasil, Canadá y Australia, que se consideran subpoblados. Ellos dan la bienvenida a los emigrantes como un medio para desarrollar sus recursos, aunque estos países tienen aún algunas restricciones.

Las cuestiones acerca de la política de Estados Unidos se centran en la amplitud de la inmigración ilegal y en su efecto sobre el aumento de población. La inmigración ilegal es difícil de medir, pero 953 000 inmigrantes ilegales fueron detenidos en 1981 (Haupt, 1982). Algunos de estos deportados regresaron pocos días después, y se calcula que hay de 6 a 10 millones de extranjeros ilegales que viven en Estados Unidos. La mayoría de los inmigrantes ilegales son mexicanos que cruzan la frontera clandestinamente, pero hay de otras muchas nacionalidades, la mayor parte de los cuales entran al país como visitantes legales y luego se quedan más tiempo de lo permitido por sus visas. El "rechazo" proviene de la sociedad mexicana, en la que existe mucha pobreza, desempleo y sobrepoblación. La "atracción" proviene de la perspectiva de salarios que, aunque muy bajos para el nivel estadounidense, son muchas veces más altos que los que estos trabajadores pueden obtener en México.

Las dos mil millas de frontera con México son una obvia dificultad para la política, y los servicios de Inmigración y Naturalización consideran que sus fondos son inadecuados. Además, hay mucha presión económica para que sean "benévolos" con los inmigrantes ilegales. Los cultivadores de fruta, los hortelanos y otros empresarios encuentran difícil conseguir estadounidenses locales que lleven a cabo los trabajos de bajo nivel. Es muy difícil identificar a los inmigrantes ilegales sin hostilizar a los inmigrantes legales de la misma nacionalidad. La inmigración ilegal es sumamente difícil de controlar.

No todos los inmigrantes son ignorantes y no capacitados (Joyce y Hunt, 1982). Muchos tienen gran éxito en los negocios y en las profesiones. El 30% de los estadounidenses ganadores del premio Nóbel han sido inmigrantes (Select Commission on Immigration and Refugee Policy, 1981).

Estados Unidos ha dado tradicionalmente la bienvenida a los que buscan refugio al huir de

Los inmigrantes ilegales forman una parte creciente del aumento de población estadounidense. (*Wide World Photos.*)

la opresión. En el reciente caso de los inmigrantes haitianos ilegales, algunos han tratado de ampliar la definición de refugiado. Puede discutirse si la mayor parte de los haitianos están oprimidos, pero no puede negarse que la mayor parte de ellos son desesperadamente pobres (McGrath, 1982). Algunos proponen que Estados Unidos debe aceptar también a los "refugiados económicos". Sin embargo, debido a que una considerable proporción de la población mundial pudiera recibir tal calificativo, abrir las puertas a su entrada presionaría más los recursos estadounidenses.

A pesar de las actuales restricciones, Estados Unidos es todavía uno de los pocos países que aceptan grandes cantidades de inmigrantes. Dados los actuales niveles de inmigración legal e ilegal, sería necesario que los ciudadanos estadounidenses redujeran el tamaño de su familia por abajo del promedio de 2 niños para alcanzar el crecimiento cero de población (The Commission on Population Growth and America's Future, 1972, p. 201). Cuando las tasas de natalidad se reducen, la inmigración se convierte en el factor más importante del crecimiento de la población; sin embargo, es difícil de controlar, y pueden invocarse razones tanto humanitarias como económicas para permitir que continúe la inmigración.

Migración interna

Cada año, casi una familia estadounidense de cada cinco se trasladará de un lugar a otro dentro del país. En los últimos quince años millones de personas se han mudado a las ciudades del norte y del este desde las zonas agrícolas del sur y del medio oriente, y ha habido un considerable movimiento de puertorriqueños hacia el continente. En la actualidad las pautas de inmigración interna están cambiando, y son más las personas que dejan las zonas metropolitanas y se trasladan al sur, al oriente (Sun Belt) y a ciudades pequeñas y distritos rurales.

Aunque la migración interna difiere en la forma de la migración internacional, las consecuencias de ambas son muy semejantes. El traslado a una nueva región cambia la composición de la población, proporciona mano de obra nueva e introduce un grupo de personas ignorantes de las tradiciones locales, que deben adaptarse a un ambiente cultural extraño. Los trabajadores migratorios internos hacen muchas de las mismas contribuciones y sufren muchos de los mismos problemas que los inmigrantes europeos de los primeros tiempos.

ASPECTOS SOCIALES Y CULTURALES DE LA DINÁMICA DEMOGRÁFICA

¿Qué es lo que causa un cambio en la tasa de crecimiento de la población? La investigación

sobre las tasas de natalidad se interesa tanto en la *fecundidad, es decir, en la capacidad biológica para reproducirse, como en la fertilidad, es decir, la tasa real de reproducción.* La fecundidad varía mucho entre los individuos, pero no tenemos pruebas de que haya diferencias de fecundidad entre grandes grupos de población. Puesto que nuestra capacidad biológica para reproducirnos parece ser constante, los factores sociales y culturales deben explicar la mayor parte de las variaciones en las tasas de natalidad y mortalidad.

Cambios en las tasas de mortalidad

A lo largo de la mayor parte de la historia tanto las tasas de natalidad como las de mortalidad han sido altas, y sólo se ha presentado una pequeña tasa de crecimiento natural. En la Edad de Bronce de la antigua Grecia, la esperanza de vida al nacer se calculaba en 18 años. Al iniciarse el siglo XIX se había duplicado a cerca de 36 años. Menos de dos siglos después ésta se ha duplicado nuevamente y se ha mantenido en 74.1 años, en 1981, en Estados Unidos; específicamente, en 1980, en 78.1 para las mujeres blancas, en 74 para las otras mujeres, en 70.5 para los hombres blancos y en 63.5 para otros hombres, de acuerdo con los datos del censo dados a conocer por la *Associated Press* (Oct. 1981). Entre 1900 y 1981 la tasa de mortalidad estadounidense bajó de 17.2 a 8.7 muertes por cada 1 000 personas *Metropolitan Life Statistical Bulletin,* April/June 1982). En todo el mundo la tasa de mortalidad varió entre 11 y 12 por cada 1 000 en 1978 (*ZPG Reporter,* 1982b).

Muchos otros factores, que se remontan a cientos de años, han contribuido al descenso de la tasa de mortalidad. El mejoramiento en el transporte, hizo posible el traslado del excedente de alimentos con el fin de aliviar el hambre en alguna localidad. Las mejoras en la preservación de alimentos han permitido conservar los excedentes alimentarios. El crecimiento del nacionalismo dio origen a instituciones políticas que estaban mejor capacitadas para hacer frente a los fracasos agrícolas locales que amenazaban con hambrunas. Pero la medicina preventiva, la ingeniería sanitaria y las medidas de salud públicas fueron las principales responsables del dramático descenso de la mortalidad en el siglo pasado. Después de Pasteur y de la teoría de que los gérmenes eran los causantes de las enfermedades, muchas enfermedades epidémicas cedieron rápidamente a las medidas preventivas. El suministro de alimentos y agua purificados erradicaron otras. Los grandes asesinos del pasado —la viruela, el cólera, la difteria, la tifoidea y la escarlatina se han vuelto tan raras, que es difícil encontrar casos que puedan observar los estudiantes de medicina.

La reducción en la tasa de mortalidad en Europa empezó alrededor de 1750. En Inglaterra y en Francia, fue generalmente anterior a cualquier reducción en la tasa de natalidad. Un país con una tasa de mortalidad decreciente y una tasa de natalidad estacionaria mostrará una tasa explosiva de aumento de población. Esto explica el rápido crecimiento de la población en los últimos siglos.

Proporción por sexos y edad al casarse

Uno de los factores que influye en la tasa de natalidad es la proporción de personas que se casan y la edad en que lo hacen. Un estudio de los matrimonios en Corea encontró que las mujeres casadas antes de la edad de 19 años tenían un promedio de 4.02 hijos durante sus años de fecundidad en comparación con 2.5 hijos de las que se casaron después de los 25 años de edad (Kim et al., 1974, p. 647). El matrimonio temprano no sólo incrementa el número de años de fecundidad; también está asociado con un ambiente de clase media baja, junto con actitudes y prácticas que favorecen las grandes familias.

La tasa de nupcialidad está relacionada también con la composición por sexos de la población. Uno podría suponer que la proporción de ambos sexos es casi siempre igual y que la distribución por edades es "normal"; pero en realidad, esto rara vez es cierto. En Estados Unidos la proporción entre los sexos en 1980 fue de 94.5 hombres por cada 100 mujeres, basada en 110 032 000 hombres por 116 473 000 mujeres. A los hombres jóvenes que desean una selección más amplia de pareja se les debía avisar que fueran a Washington D. C., donde una multitud de mujeres oficinistas ha reducido la proporción entre los sexos a 86 (esto es, a 86 hombres por cada 100 mujeres).

Aquellas mujeres que desean mayores oportunidades maritales pueden pensar en Alaska, donde hay una proporción entre sexos cercana a 115. Los hombres negros son todavía relativamente más escasos que los hombres blancos, puesto que la relación de los sexos en Estados Unidos entre negros era de 89.6 (todas las proporciones entre los sexos se basan en los datos aparecidos en el *Statistical Abstract,* 1981, pp. 25-35). El desequilibrio de la proporción entre los sexos significa que algunas personas no podrán tener un matrimonio monógamo. Una localidad puede atraer a más personas de un sexo que del otro. Así, con frecuencia hay más mujeres que hombres en las ciudades, y más hombres en las zonas fronterizas. No obstante, por lo que se refiere a toda la nación, el desequilibrio se debe a una tasa de mortalidad más baja entre las mujeres, lo que se acumula a lo largo de la vida. Para las personas que tienen entre 70 y 74 años de edad, la proporción entre los sexos en 1980 se había reducido a 72, lo que significa que había menos de tres hombres por cada cuatro mujeres (cifras basadas en los datos de U. S. Bureau of the Census, *Social Indicators III,* 1981d, p. 42).

Los estadounidenses se casaron a edad más temprana entre 1900 y 1955, año en que la edad promedio al casarse se elevó ligeramente. La edad promedio al casarse entre los hombres se elevó de 22.3 años en 1955 a 23.4 en 1970; y entre las mujeres, de 20.2 a 21.6 (*Statistical Abstract,* 1981, p. 80). No está claro si esto es temporal o si el matrimonio temprano se está volviendo menos atractivo. Si el matrimonio temprano está perdiendo su atractivo, esto constituirá otro factor que reduzca la tasa de natalidad.

Status social y tasa de natalidad

El proverbio popular de que "el rico se hace más rico y el pobre hace bebés" describe la relación entre el status social y la tasa de nacimientos. En general, los grupos urbanizados, cultos y de altos ingresos tienen tasas de natalidad bajas, en tanto que los grupos rurales, poco instruidos y, de bajos ingresos, tienen tasas de natalidad más elevadas (véase la Fig. 17-3).

LA ACTITUD HACIA LA PLANEACIÓN Y EL TAMAÑO DE LA FAMILIA. En el estudio sobre la pauta de gratificación diferida, en el capítulo sobre movilidad social, encontramos que la planeación no era una pauta típica de la clase baja. En vez de tratar de controlar su medio ambiente, las personas de clase baja se consideran con más frecuencia como criaturas del destino, sujetas a fuerzas que están más allá de su control. La mayor parte de ellas *no desean* familias más grandes que las personas de clase media, pero *tienen* familias más grandes, porque carecen de una fuerte motivación para limitar el tamaño de la familia y de un fácil acceso a los servicios de control natal y de aborto. Sin embargo, la investigación muestra que muchas personas de clase baja prefieren familias más pequeñas y

FIGURA 17-3 Diferenciales de fertilidad: Número de nacimientos por 1 000 mujeres entre 18 y 44 años de edad en Estados Unidos, 1980. Las tasas de natalidad de negros, blancos e hispanoamericanos se ven afectadas por los ingresos más bajos de los negros y de los hispanoamericanos. Las tasas de empleo se ven afectadas por la tendencia de las mujeres con niños pequeños a desertar de la fuerza de trabajo. Las tasas rural y urbana parecen ser casi iguales. (*Fuente: Adapted from* Family Planning Perspectives, *14:285, September/October 1982.*)

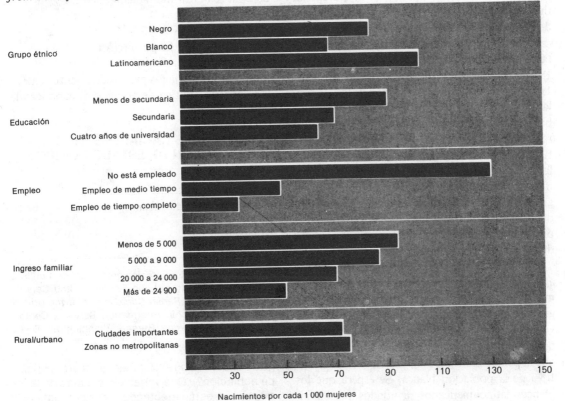

Nacimientos por cada 1 000 mujeres

que utilizarán técnicas anticonceptivas cuando la Planned Parenthood y otras organizaciones las hagan fácilmente disponibles (Jaffee, 1974).

La tasa de natalidad total de los negros es más alta que la de los blancos, pero muestra la misma relación con el status social. Entre los universitarios negros la tasa de natalidad es realmente más baja que la de los blancos. Las mujeres que trabajan tienen familias más pequeñas que las que no tienen un empleo. Esto apoya una teoría actual de que la liberación de la mujer es un aspecto vital para el control de la población.

En Estados Unidos y en otros muchos países también, el diferencial de las tasas de nacimiento entre categorías sociales se ha reducido. Las tasas de natalidad rural y urbana son casi las mismas. Las mujeres casadas blancas entre 35 y 44 años de edad, con 1 a 3 años de estudios de secundaria, tienen una tasa de natalidad que representa el 141% de las tasas de natalidad de las mujeres universitarias en 1975, pero ésta ha descendido a 128% en 1980 (U. S. Bureau of the Census, 1976, p. 36; 1982*d,* p. 60). Las tasas de natalidad entre blancos y asiáticos eran prácticamente idénticas en 1980 (Davis, 1982, p. 8). Las tasas de natalidad de los negros descendieron de 18.4 en 1970 a 15.9 en 1979 (*Statistical Abstract,* 1981, p. 59). Las tasas de natalidad de las mujeres latinoamericanas de entre 35 y 44 años de edad bajaron al 19% en el mismo periodo (U. S. Bureau of the Census, 1976, p. 37; 1982*d* p. 53). Esto parecería mostrar que el acceso más fácil a las clínicas de planeación familiar en los últimos años ha reducido la tasa de natalidad de los grupos de fertilidad más elevada. Si esta tendencia continúa, podremos ver desaparecer las diferencias raciales, regionales, y económicas de las tasas de natalidad.

Esto no ocurrirá inmediatamente. Durante algunos años podemos esperar una fertilidad más alta entre los grupos de bajos ingresos y las grandes minorías étnicas. Cálculos actuales prevén un crecimiento de población del 23% en Estados Unidos entre 1980 y el año 2000. Se espera que la población negra aumente en 36% contra el 10% de la población blanca. Se espera que los blancos latinoamericanos, ayudados por la in-

migración, aumenten en 62% (cálculos basados sobre los datos proporcionados por Davis, 1982, p. 9). Los resultados se indican en el cuadro 17-1.

Existen muchos países con diferenciales étnicos en sus tasas de natalidad. El grupo étnico dominante suele ser más próspero y presentar una tasa de natalidad menor que los grupos étnicos subordinados.

Esto significa que los grupos étnicos subordinados pueden convertirse al fin en la mayoría y buscar un poder político mayor. En la Unión Soviética las madres rusas tienen en promedio 1.9 alumbramientos, en comparación con los 5.8 alumbramientos entre las madres de las cuatro repúblicas no rusas de Asia Central. En 1970 las fuerzas armadas de la Unión Soviética eran rusas en un 56%, mas para el año 2000 únicamente lo serán en un 44% (Feshbash, 1982). La guerra civil en el Líbano empezó debido en parte a que los musulmanes estaban superando a los cristianos y exigiendo mayor poder político. Así, los diferenciales étnicos en las tasas de natalidad pueden crear inestabilidad política y aun una guerra civil.

Los católicos y la población

La mayor parte de los pronunciamientos católicos sobre la política de población reconocen la

CUADRO 17-1
PORCENTAJES RACIALES-ÉTNICOS DE LA POBLACIÓN DE ESTADOS UNIDOS

	1980	2000*	2040*
Blancos (no latinoamericanos)	79.9	71.9	59.1
Negros	11.7	13.0	14.6
Latinoamericanos	6.4	10.8	18.0
Asiáticos y otros	2.1	4.3	8.3

*Suponiendo una inmigración neta anual de 1 millón.
Fuente: Adapted from Leon F. Bouvier and Cary B. Davis, *The Future Racial Composition of the United States,* Demographic Information Services Center, Population Reference Bureau, Washington, D. C. August 1982.

¿Qué exactitud pueden tener estos pronósticos de población? ¿Qué variables, además de la inmigración, están afectando estos pronósticos?

existencia de un problema demográfico, pero censuran los métodos más eficaces de control natal. Se supone con frecuencia que las enseñanzas de la Iglesia Católica Romana son uno de los principales obstáculos para lograr reducir la tasa de natalidad. Esta suposición es válida si uno considera el efecto de la influencia católica en las políticas gubernamentales. Sin embargo, si uno observa las tasas de natalidad, la situación es más ambigua. En Europa, la mayor tasa de natalidad se encuentra en Islandia, que sólo tiene un 2% de católicos, y la más baja en Australia o en Bélgica, donde hay un 99% de católicos. En Estados Unidos los estudios hechos hace varios años encontraron que cinco de cada seis católicos estadounidenses aprobaba la "anticoncepción artificial" (*Time*, 105: 55, Jan. 13, 1975). Ya no existe ninguna diferencia importante en las prácticas de control natal de los católicos y de los no católicos estadounidenses (Westoff, 1978).

La cuestión de la política gubernamental es otro asunto. Hasta hace muy poco, los gobiernos de muchos países católicos se negaron a participar en los programas de control natal, y la influencia católica está buscando constantemente limitar la amplitud y efectividad de los programas que se han adoptado. La disidencia de muchos sacerdotes y obispos, lo mismo que laicos, con respecto a la política vaticana, no ha logrado cambiar la posición oficial de rechazo de cualquier medio artificial de control natal. Actualmente se oye hablar poco de la oposición a la anticoncepción, el principal ataque católico está dirigido contra el aborto (Berelson, 1978), y sólo el 35% de los católicos estadounidenses creía, en 1981, que el aborto legal debía ponerse a disposición de las mujeres que lo quisieran (*Public Opinion*, 4:26, April-May 1981).

LA CONTROVERSIA SOBRE LA POBLACIÓN

Malthus y la población

La controversia acerca de la presión de la población gira todavía alrededor de las ideas del Rev. Thomas R. Mathus, un clérigo inglés cuyo *Essay on Population* en 1798 atrajo la atención mundial. Malthus hizo notar que las personas aumentan mediante la multiplicación, en tanto que la oferta de alimentos aumenta sólo por suma, y por tanto constantemente está siendo superado por el crecimiento de la población. Todo incremento en la producción de alimentos permite sobrevivir a un mayor número de personas hasta que han consumido el incremento. Malthus urgía matrimonios tardíos para mantener baja la tasa de natalidad, pero dudaba que se siguiera esta política. No veía otra posibilidad práctica para alejar el hambre, la desnutrición y la pestilencia. La caridad y la ayuda organizadas sólo permitirían a unos cuantos más sobrevivir hoy, ya que podrían padecer hambre mañana.

En la década 1920-1930 era creencia popular que los hechos del siglo anterior habían demostrado la falsedad de las hipótesis maltusianas. El mundo había visto el mayor crecimiento de población de su historia y, al mismo tiempo, el nivel de vida había mejorado en vez de empeorar. ¿Por qué no se cumplieron las deprimentes predicciones de Malthus?

Una de las razones es que Malthus no pudo prever el amplio desarrollo técnico ni la generalización del uso de métodos de anticoncepción. Los dispositivos anticonceptivos de su tiempo eran tan rudimentarios e ineficientes que él y los otros autores no les prestaron la menor atención. Otra razón fue que Malthus no previó la magnitud de las revoluciones industrial y agrícola de los siglos XIX y XX. En América del Norte, en Sudamérica y en Australia se abrieron al cultivo nuevas y grandes zonas territoriales. El progreso en la agricultura multiplicá rápidamente la productividad por acre. Durante algún tiempo, las tasas de natalidad en el mundo occidental estaban descendiendo tan bruscamente y la producción se estaba elevando tan rápidamente que Malthus empezó a sonar como un predicador pesimista en vez de como un pensador talentoso.

No obstante, en la década 1960-1970 Malthus volvió a ponerse de moda entre los académicos conocidos como la escuela neomaltusiana (Morris, 1966). Estos neomaltusianos hacen notar que la población del mundo en tiempos de

Malthus no llegaba a los mil millones de personas pero que hoy sobrepasa los cuatro mil millones. Además, el crecimiento de la población de cerca del 0.5% al año, que alarmó a Malthus, se ha elevado a una tasa de aproximadamente 1.6% al año, o sea más de tres veces superior. Similarmente, América del Norte y América del Sur estaban escasamente pobladas en la época de Malthus, y prácticamente toda su tierra productiva se encuentra ahora en plena producción.[1] En otras palabras, la situación ha llegado a tal grado que, aunque la alarma de Malthus puede haber sido prematura en su tiempo, está bastante justificable en la situación actual. Aun el continente norteamericano enfrenta serios problemas, aunque está poco poblado en comparación con Europa o Asia. En muchas regiones de Estados Unidos está escaseando el agua, y esta situación tiende a empeorar conforme aumenta la población. Además, los estadounidenses pagan ahora altos precios por el petróleo y otros minerales que, hasta hace poco, eran abundantes y baratos. A pesar de estos problemas es posible que Estados Unidos puedan sostener a su actual población en un elevado nivel. Pero "¿podrán hacerlo con una población 50% mayor o dos o cuatro veces más grande?"

Otras partes del mundo están en mejor posición que Estados Unidos en términos de densidad de población, pero la mayor parte se halla en peores circunstancias. Desde el punto de vista de los neomaltusianos, la aparición de una crisis es sólo cuestión de tiempo. Muchos países enfrentan ya una verdadera crisis. China, por ejemplo, tiene 2 000 millones de habitantes, cifra igual a la que tenía todo el mundo en 1840.

[1] Algunos optimistas ven con grandes esperanzas las " selvas tropicales inexploradas", pero la mayor parte de las selvas son deficientes en minerales. Cuando son desnudadas de su cubierta forestal, pronto forman una costra dura, semejante al concreto, que absorbe poca agua. No son apropiadas para cultivos intensivos, al menos con la tecnología que se conoce hasta ahora. Véase David W. Ehrenfeld *Conserving Life on Earth,* Oxford University Press, New York, 1972, pp. 44-46; véase también F. R. Fosberg, *Tropical Africa and South America: A Comparative Study,* Smithsonian Press, Washington, D.C., 1973.

El debate sobre el día del Juicio Final

¿Cuántos habitantes puede mantener la Tierra? La "capacidad para sostener" de la Tierra depende de tres factores: 1) los recursos disponibles, 2) el nivel de tecnología y 3) el nivel de vida al que las personas están acostumbradas. Por ejemplo, un cálculo afirma que en nuestro nivel actual de tecnología, todo el mundo sólo podría mantener a mil millones de personas con el nivel de vida estadounidense (Murdoch, 1975, pp. 461-462). Así, si todo el mundo fuera a disfrutar del nivel de vida estadounidense (con la actual tecnología) tres de cada cuatro personas tendrían que "desaparecer".

Los neomaltusianos creen que Malthus no se equivocó, sino que sólo se anticipó. Los recursos del mundo son limitados. No tenemos forma de crear más tierra, más agua, más carbón o petróleo. No se nos agotará súbitamente el petróleo, como cuando escurre la última gota de un tanque. En cambio, cuando los enormes campos petroleros, que son fáciles de encontrar y de perforar, estén casi secos, los costos de exploración y desarrollo se elevarán hasta que, en alguna fecha futura, los costos de la energía para extraer el petróleo excederán la energía que el petróleo proporciona.

Este escenario exige más recursos: aumentan los costos cuando las materias primas estén agotadas y las fuentes de materias inferiores deban utilizarse. La superficie de tierra dedicada a la agricultura es mayor que nunca, pero *la calidad* de las tierras agrícolas está decayendo constantemente debido a la erosión del suelo (Eckholm, 1979). La desforestación y el sobrepastoreo de los pastizales ha estado aumentando los desiertos del mundo en cuatrocientos millones de acres por año aproximadamente, una tasa que destruiría una tercera parte de nuestra tierra cultivable dentro de los próximos 25 años (Rensberger, 1977). La "escasez de petróleo" se ha transformado temporalmente en un "exceso de petróleo" debido a que el ahorro y la recesión mundial redujo la demanda de petróleo; sin embargo, los altos precios alentaron la exploración petrolera e incrementaron la oferta. Pero la perspectiva a largo plazo es que volverán la escasez de petróleo y los altos precios.

Ésta es una muy breve enumeración de los factores que conducen a la Escuela del Día del Juicio a predecir una pesadilla de escasez, hambre, guerra, revolución, pestilencia y caos. Ellos hacen notar que *la tasa* de crecimiento de la población mundial está bajando, pero que ese crecimiento medido en *números* de personas adicionales es más alto que nunca (véase el cuadro 17-2). A menos que el crecimiento de la población se reduzca muy rápidamente, se puede predecir una mortandad masiva dentro de unas cuantas décadas. (Mesarovic y Pestel, 1974; Laszlo et al., 1977; Catton, 1980; Webb y Jacobsen, 1982).

La escuela "optimista" afirma que tales predicciones relativas al Día del Juicio han estado y siempre estarán equivocadas (Vajk, 1979; Paarlberg, 1980). Los optimistas confían en que la ciencia y la tecnología pueden proporcionar sustitutos para los materiales escasos, fertilizar las tierras erosionadas y ofrecer una creciente abundancia para una creciente población (Kahn, 1976, 1979, 1982; Simon, 1981, 1982*a*; 1981*b*). El crecimiento de la población, de acuerdo con Simon (1981*a*), no es una amenaza, porque aumenta el suministro de mentes brillántes que inventen la nueva tecnología.

CUADRO 17-2
SITUACIÓN DEMOGRÁFICA MUNDIAL

	1965	1982
Población total del mundo	3 200 millones	4 600 millones
Tasa promedio de natalidad mundial	34 por 1 000	29 por 1 000
Tasa anual de crecimiento de la población	14 por 1 000	11 por 1 000
Tasa promedio mundial de mortalidad	2.0%	1.7%
Aumento anual de la población	66 millones	79 millones

Fuente: Population Reference Bureau, *1982 World Population Data Sheet.*

¿Por qué la disminución en la tasa de natalidad no ha traído consigo una disminución en el crecimiento?

TEORIA DE LA TRANSICIÓN DEMOGRÁFICA

Etapa	Tasa de mortalidad	Tasa de natalidad	Población
Preindustrial Industrial inicial	Alta	Alta	Estable
	Alta	descendente	Crecimiento rápido
Industrial desarrollada	Baja	Baja	Estable

La discusión es intensa, pero dos hechos están fuera de toda duda. El primero, que las actuales tasas de crecimiento de la población no pueden mantenerse indefinidamente. El crecimiento de la población se reducirá mucho en algún momento en el futuro, ya sea mediante la planeación o a causa de la miseria. Segundo, que sin una reducción importante en el crecimiento de la población deben sobrevenir rápidamente espectaculares descubrimientos en la ciencia y en la tecnología para alejar el desastre. Entre los optimistas que predicen tales descubrimientos es notable la ausencia de nombres de prominentes científicos.

Teoría de la transición demográfica

A lo largo de la mayor parte de la historia, las tasas de natalidad y mortalidad han sido altas y ha habido un crecimiento muy lento de población. En la mayor parte de las naciones occidentales los avances en agricultura, ciencia, medicina e industria hicieron que bajaran las tasas de mortalidad en los siglos XVII o XVII III; entre tanto, las tasas de natalidad permanecieron elevadas y las tasas de crecimiento de la población se multiplicaron enormemente. Sin embargo, no mucho tiempo después el deseo de un nivel de vida más alto condujo a reducciones en la tasa de natalidad, de modo que la mayor parte de las naciones occidentales se están acercando a un nuevo punto de equilibrio, en el que tanto las tasas de natalidad y mortalidad permanecen

¿ESTÁN ESTADOS UNIDOS EXPORTANDO ALGO MÁS QUE ALIMENTOS?

Así como el mundo se ha vuelto sumamente dependiente del Medio Oriente en lo tocante al petróleo, ahora depende también en gran medida de Estados Unidos en relación con los granos. En el estado actual del cultivo intensivo, cada tonelada de granos exportada significa una pérdida de varias toneladas de tierra vegetal.

Lester R. Brown, "A Sustainable Society", *Environment* 24:3, January/February 1982.

Algunos estudiosos suponen que el desarrollo de la investigación de la reproducción de plantas y de la tecnología agrícola pueden suplir indefinidamente la continua erosión del suelo. Si se demostrara que esta suposición es incorrecta, ¿qué ocurriría?

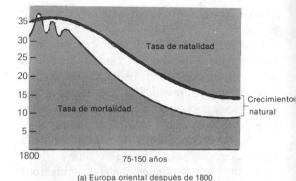

(a) Europa oriental después de 1800

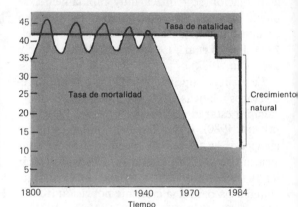

(b) Países menos desarrollados, a mediados del siglo XX
La caída brusca en la tasa de mortalidad empezó entre 1940 y 1960, dependiendo del país).

FIGURA 17-4 Transición demográfica en Europa; explosión demográfica en los países menos desarrollados. Aproximación de las tasas de natalidad y de mortalidad en dos grupos diferentes de naciones en el mismo lapso. *(Fuente: Shirley Foster Hartley, "Our Growing Problem: Population" Social Problems, 21:194, Fall 1973.)*

¿Los países en vías de desarrollo repetirán la experiencia de los países europeos occidentales?

bajas y existe poco crecimiento de la población (Atkinson, 1977, p. 12). Esto se explica por la teoría de la transición demográfica: la teoría que sostiene que el desarrollo industrial y comercial reduce primero la tasa de mortalidad, crea un deseo de tener familias más pequeñas y, finalmente, disminuye la tasa de natalidad como se muestra en la figura 17-4.

¿Sobrevendrá esta misma transición en los países no occidentales? No se sabe. Brasil y México son dos de los países con uno de los desarrollos más rápidos del mundo, pero sus tasas de natalidad han permanecido altas (40 y 36, respectivamente); a este ritmo, la población de Brasil se duplicaría en veinte años y la de México en veinticinco (Coale, 1978; Peterson, 1982).

Una dificultad consiste en que, mientras que en las naciones occidentales "el control de la muerte" *acompañó* a la industrialización, el "control de la muerte", *precedió* a la modernización e industrialización de la mayor parte de las naciones en desarrollo durante varios decenios. Esto les dio un crecimiento demográfico explosivo antes de que las condiciones para el

control natal se hubieran desarrollado. Lo que se necesita ahora es un enfoque que reduzca el crecimiento de la población para que el desarrollo económico tenga un destino mejor. Shirley Hartley expresa esta idea así: "la brecha entre las naciones ricas y pobres continúa ensanchándose, no porque no haya mejoras en las naciones menos desarrolladas, sino porque éstas se diluyen por el crecimiento de la población" (Hartley, 1973, p. 202). Así, la teoría de la transición demográfica todavía tiene que ser demostrada en las naciones no occidentales (Weinstein, 1980).

La crítica marxista

Los marxistas creen que la tesis maltusiana de que la población debe exceder la oferta de alimentos puede ser cierta, pero *solamente* en los sistemas sociales explotadores. Arguyen que el colonialismo capitalista ha obligado a las naciones pobres a producir y exportar alimentos especiales a los países ricos, en vez de concentrarse en la producción de alimentos necesarios para alimentar a sus propios pueblos (George, 1977; Lappé et al., 1977). Los marxistas alegan que cuando una revolución social pone término a la explotación y trae un sistema justo de distribución, el mejoramiento de las condiciones económicas significará una reducción del crecimiento de la población. Así, la sobrepoblación no es la causa de la pobreza, sino que la pobreza es la causa de la sobrepoblación (Cereseto, 1977).

Los marxistas pueden estar en lo cierto en lo tocante a que los países en vías de desarrollo sufren debido a los crecientes cultivos de exportación (Nations y Kramer, 1983); En la mayor parte de los países comunistas la producción de alimentos se ha rezagado, y muchos tienen que importarlos. La República Popular China, el país comunista más grande del mundo, ofrece un ejemplo interesante del contraste entre la teoría y la práctica. En la Conferencia Mundial sobre Población en 1974, los chinos siguieron la ideología marxista atacando encarnizadamente los esfuerzos en favor del control de la población, en tanto que exigían que las referencias a sus propias medidas sobre control natal se mantuvieran fuera de la agencia oficial (Hemmer, 1975). Más recientemente, China ha alentado oficialmente el control natal, y ahora lleva a cabo las medidas de control de la población más drásticas que se encuentran en cualquier parte del mundo. Es evidente que la realidad de la presión demográfica superó el atractivo de la ideología marxista.

POLÍTICAS DE POBLACIÓN

Aunque las decisiones personales de hombres y mujeres son las que determinan la tasa de natalidad, los gobiernos han tratado con frecuencia de influir en estas decisiones. Las políticas gubernamentales han sido casi siempre pronatales, tratando de incrementar la tasa de natalidad. En los últimos años algunos gobiernos, como el de Chi-

Cada vez un mayor número de personas utiliza el control natal, pero todavía constituyen la minoría en los países en vías de desarrollo. (*WHO Photo, by J. Abcede.*).

na, han adoptado políticas antinatales y tratan de desalentar la formación de grandes familias.

Políticas pronatales

Los gobiernos pueden tratar de elevar la tasa de natalidad 1) proporcionando incentivos económicos para tener niños y 2) restringiendo o prohibiendo la anticoncepción y el aborto. También hay varias medidas que tienen un efecto pronatalista, que se han adoptado en la creencia de que promueven el bienestar social general, como las deducciones en los impuestos sobre la renta, o las asignaciones a los niños y a la familia que proporciona una cantidad en efectivo por cada hijo. Las leyes relativas a los permisos por maternidad y a los programas de guarderías reducen el conflicto entre el trabajo y la crianza del niño. Los programas de asistencia pública, como la AFDC (Aid to Families with Dependent Children) también pueden considerarse pronatalistas, puesto que hacen posible que las mujeres sin esposo tengan y cuiden a sus hijos y todavía vivan en un nivel no alejado del de una familia de clase baja formada por marido y mujer (Janowitz, 1976).

Las medidas pronatales más extremas han sido adoptadas en los países comunistas de Europa Oriental, que consideran que sus tasas de natalidad son demasiado bajas (van der Tak, 1982*a*), y en esto la Unión Soviética no va muy atrás (van der Tak, 1982*b*), pues en ella se ofrecen incentivos en dinero para alentar la maternidad. En la República Democrática Alemana los beneficios se elevan a 1 000 marcos (casi 450 dólares), equivalentes al salario mensual. Checoslovaquia emplea casi el 10% de su presupuesto nacional en subsidios directos e indirectos para alentar la maternidad. El aborto, que había sido legalizado en todos los países del bloque comunista excepto en Albania, también se ha restringido ahora. Después de que Rumania redujo las importaciones de anticonceptivos y restringió el aborto, la tasa de natalidad se triplicó rápidamente y llegó a 39.9; aunque desde entonces ha bajado a 18.6, ésta es todavía más alta que el 14.3 promedio para 1966 (Berel-

son, 1979). Esto confirma la anterior observación de Berelson en el sentido de que "legalizar los abortos o declararlos ilegales puede ser una de las formas más eficaces que el estado moderno tiene para elevar o reducir las tasas de natalidad" (1975, p. 6).

Aunque los esfuerzos para prohibir o restringir el aborto y la esterilización en los países no comunistas surgen generalmente de motivos morales más que de metas de la política de población, los efectos son pronatalistas. Así, la prohibición reciente del Congreso de utilizar los fondos federales para más abortos y las recientes restricciones sobre la esterilización de los beneficiarios de la asistencia pública tendrán el efecto de incrementar las tasas de nacimiento entre los pobres. Los efectos de las políticas pronatales en las tasas de nacimiento son difíciles de medir. Algunos demógrafos sospechan que el efecto principal es el de acelerar el primero y segundo nacimientos, sin mucho efecto en el tamaño final de la familia.

Políticas antinatalistas

Los gobiernos pueden tratar de limitar el crecimiento de la población 1) proporcionando medios para la anticoncepción, el aborto, la esterilización y alentando su uso, 2) penalizando a las familias grandes y con menos frecuencia, recompensando a las familias pequeñas. Algunos considerarían que el desarrollo económico, la emancipación de la mujer y la reducida desigualdad económica son antinatalistas. Es probable que estos cambios alienten una preferencia por las familias más pequeñas.

MEDIOS DE CONTROL NATAL. Durante muchos años la propaganda sobre el control natal y la creación de clínicas fueron promovidas principalmente por organizaciones privadas como la Planned Parenthood Federation, que todavía es sumamente activa. En los últimos años el control de población ha sido aceptado por las Naciones Unidas y por la mayor parte de los países del mundo como un asunto de gobierno. (Salas, 1976).

FACTORES CULTURALES EN LA TASA DE NATALIDAD

En Zimbabwe, una sociedad tribal tradicional, todos necesitan hijos. Una mujer necesita hijos para que la sostengan si su marido muere o la abandona; ella no tiene ningún derecho de propiedad, ni siquiera sobre su ropa. Un hombre necesita hijos para poder solicitar una parcela; los jefes sólo reparten tierras tribales a los hombres con familia. Y todos necesitan hijos para que cuiden de su espíritu cuando esté muerto; un espíritu no atendido adecuadamente anda vagando sin casa en Zimbabwe, un triste destino ciertamente.

June Kronholz: "African Healing Arts Treat Saddest of Ills, an Ache in the Heart".

¿La promoción del control natal en los países en vías de desarrollo es fundamentalmente un problema médico o un problema cultural?

Las clínicas de control natal se iniciaron casi siempre como experiencias pilotos tímidas, con gran hincapié en el aspecto médico y con pocos esfuerzos realistas por llegar a los sectores menos educados de la población. Con frecuencia no proporcionaban esterilización o aborto, y algunas veces sus servicios anticonceptivos también eran limitados. Por lo común llegaban rápidamente a las personas con más educación, pero tenían dificultad para comunicarse de manera eficaz con las personas no instruidas. El desarrollo de la "píldora" proporcionó auge a estas organizaciones, puesto que su empleo era más sencillo y eficaz que la mayor parte de los otros métodos anticonceptivos. Con experiencia, las organizaciones se volvieron más eficientes en la comunicación y en la comprensión de los métodos anticonceptivos.

POLÍTICAS DE CONTROL NATAL. Pronto se hizo evidente que no basta proporcionar a la gente los medios para limitar el tamaño de su familia. Lo importante es la motivación. Si las personas desean familias grandes, ningún método de control natal tendrá mucho atractivo. Además, aun la propaganda más hábil puede ser ineficaz contra la creencia tradicional de que muchos hijos son una prueba de masculinidad o feminidad, constituyen una mano de obra familiar barata y un seguro contra la pobreza y la soledad en la vejez. Se puede suponer que estas actitudes cambiarán con la mayor industrialización de los países (la transición demográfica), pero para entonces la población puede haber crecido hasta llegar a proporciones catastróficas. En consecuencia, algunos gobiernos han empezado a establecer penas y recompensas para motivar la aceptación de familias más pequeñas. La India pagó durante varios años a los hombres para que aceptaran la vasectomía (Bird, 1976). Algunos distritos en Taiwán han ofrecido cuentas de ahorro como recompensa por limitar el tamaño de la familia (Yen et al., 1973). En Filipinas, donde las mujeres tienen siete hijos en promedio, se otorgan deducciones sobre los impuestos cuando se tienen cuatro hijos. Singapur, que ha logrado gran éxito en reducir la tasa de natalidad, tiene una combinación de incentivos que incluyen pagos por nacimiento que se elevan con los hijos siguientes, deducciones de impuestos sólo por los tres primeros hijos, permisos de maternidad pagados para sólo dos partos, y la más elevada prioridad en el subsidio de casas para aquellas familias que tienen dos o menos hijos (Kee y Lee, 1973).

Hay críticos que consideran tales incentivos como una forma de coerción. En 1973 el Congreso de Estados Unidos prohibió la ayuda monetaria al extranjero para incentivos de control natal. La India es el único país hasta donde la supuesta coerción ha sido un problema doméstico. Cuando la señora Gandhi era primera ministra amplió mucho los programas de control natal existentes e introdujo un enérgico programa de esterilización masculina que mucha gente consideró como coactivo (Bird, 1976). Ésta se consideró como una de las razones por las que su partido perdió la siguiente elección, y su sucesor modificó el programa de población eliminando todos los elementos que pudieran ser considerados como coactivos (Borders, 1977).

Como se dijo, la República Popular China ha establecido el programa de control de población más vigoroso del mundo. El programa chino ha adoptado prácticamente todas las medidas que se han intentado en otras partes, lo mismo que algunas exclusivas de China. Se han puesto en práctica todos los métodos anticonceptivos, así como la esterilización y el aborto. La familia de un solo hijo es el ideal oficial, y la edad mínima recomendada para el matrimonio es de 28 años para los hombres y de 25 para las mujeres (Kessen, 1975, p. 21). Los chinos son serios en su deseo de evitar que su población pase al segundo millar de millones y, a veces, han utilizado tanto la presión comunitaria como la coerción directa. En la mayor parte de las regiones, las parejas deben obtener permiso para tener un niño, y se les puede ordenar que pongan fin con el aborto a un embarazo no autorizado (Butterfield, 1982). Ya han reducido su tasa de natalidad de 37 al millar a mediados de la década 1960-1970 a 20 a finales de la década 1970-1980. Sin embargo, la meta es reducir los nacimientos por abajo del nivel de sustitución y obtener una reducción anual en el tamaño de la población (*Intercom,* 1981).

Efectos de la estabilización de la población

Muchos demógrafos y otros estudiosos consideran que sería deseable una población estable y una economía relativamente estable (o aun inevitable, ya sea por designio o por catástrofe.) [Meadows, 1972, Daly, 1973; Behrens, 1978]. Pero hay voces que disienten. Los japoneses han tenido mucho éxito en controlar el crecimiento de la población, pero algunos escritores japoneses advierten sobre el costo de una gran población de personas mayores ("Concern for Welfare of Elderly Groups", *Japan Report,* June 16, 1975; Soda, 1980). Algunos escritores sobre los problemas de los países en vías de desarrollo destacan los problemas que sobrevienen cuando la generación más joven es más pequeña que la de mayor edad, en tanto que minimizan el problema de la presión de la población (Bondestam y Bergeström, 1980).

En 1950 había 16 trabajadores por cada beneficiario de la seguridad social.

En 1970 había 4 trabajadores por cada beneficiario en la seguridad social.

Actualmente hay 3 trabajadores por cada beneficiario de la seguridad social.

En 2025 habrá sólo 2 trabajadores por cada beneficiario de la seguridad social.

Resultado: Una carga cada día mayor sobre los trabajadores cuyas cuotas de seguridad social mantienen los fondos de jubilación.

FIGURA 17-5 Seguridad social y composición por edades (*Fuente: U. S. News & World Report, 91:95, Dec. 27, 1981 and Jan. 3, 1982.*)

Los universitarios de hoy se estarán jubilando alrededor del año 2025. ¿Qué piensa usted que ocurrirá con su pensión de jubilación?

Para estabilizar la población debe haber una drástica reducción en la tasa de natalidad, y esto trastorna la distribución por edades durante casi tres generaciones (véase Fig. 17-1). En Estados Unidos esto está creando problemas con los sistemas de jubilación de las personas mayores de edad. El sistema de Seguridad Social establece impuestos a cada generación de trabajadores para el sostén de sus mayores. Cuando se inició, había 16 trabajadores que contribuían para la pensión de cada jubilado. Hoy, sólo hay tres trabajadores por cada beneficiario, y para el año 2025 sólo habrá dos, como se muestra en la figura 17-5. Es improbable que los trabajadores del año 2025 vayan a querer dar casi la mitad de sus ingresos para sostener a las personas jubiladas. Los cambios en la política para retrasar la edad de la jubilación y para reducir las pensiones ya han comenzado y puede esperarse que prosigan. Algunos estudiosos esperan que la batalla entre los más jóvenes y los de más edad se convertirá en el problema político dominante del siglo XX (Brock, 1983).

Hay otras dificultades. La movilidad social ascendente se reduciría, y las minorías tendrían una desventaja mayor que la que tienen actualmente (Spengler, 1978). Las promociones ocurrirán más lentamente y ascender a posiciones administrativas medias requeriría cuatro años y medio más, de acuerdo con una estimación (Keyfiz, 1973, p. 335). Así, el paso a una población estable acarrearía muchos problemas de transición. Todos estamos tan acostumbrados al rápido crecimiento en la población y en la economía, que los ajustes requeridos por una reducción de crecimiento son alarmantes. Un demógrafo estadounidense, Charles Westoff, director de la U. S. Commission on Population and America's Future, lanzó un llamado en 1970 para estabilizar la población. Más tarde señaló que una población estable de quizá 250 millones en el año 2030, seguida de alguna declinación, sería políticamente inaceptable y propuso una bonificación por niño para alentar la maternidad (Westoff, 1978).

No muchos demógrafos están de acuerdo con Westoff, porque hay ventajas y desventajas en el paso a una población estable. Por supuesto, la mayor ventaja sería evitar la amenaza del Día del Juicio Final y posponer el día en que tengamos que encontrar sustitutos del petróleo y de otros recursos escasos o volver al nivel de vida preindustrial. Entretanto, una población estable puede tener un nivel de vida más elevado que una población en crecimiento. Con un ingreso determinado, una familia de dos niños puede vivir mucho más confortablemente que una familia de seis niños. Una población estable necesita emplear mucho menos de su ingreso en criar y educar a los niños y en incrementar constantemente la provisión total de viviendas, calles, fábricas, edificios públicos y todo lo que necesita una población en crecimiento en cantidades siempre crecientes. Así, una parte mayor de su ingreso puede emplearse en el consumo inmediato. Hay ventajas reales que equilibran los dolores de la transición (Daly, 1973).

Parece, pues, que el continuo crecimiento de la población conduciría al desastre final, en tanto que el paso a una población estable exigiría adaptaciones dolorosas que durarían dos o tres generaciones. Quizá esto sólo pone de manifiesto cómo *cualquier tipo de cambio* tiene sus incomodidades, como se explicará en el capítulo 20, "Cambio social y cultural".

PERSPECTIVAS PARA EL FUTURO

Varios de los países industrializados ya han llegado o se están acercando a una población estable. Éstos incluyen las dos Alemanias, Austria, Bélgica y el Reino Unido. En 1985 es probable que más de mil millones de personas, la cuarta parte de la población actual del mundo, viva en países que han dejado de tener crecimiento de población. En Estados Unidos el panorama es incierto. Las predicciones relativas a nuestra población para el año 2030 van de 277 millones a 367 millones (Bouvier, 1981). El crecimiento se está deteniendo, pero existen factores que pueden invertir la actual tendencia

Hay un cauteloso optimismo entre los agricultores en el sentido de que puede ser posible alimentar a los 6 000 o 7 000 millones de seres humanos que se espera tenga la Tierra al final de este siglo. *(UN/ WHO Photo.)*

En el corto periodo de 40, 60 u 80 años —según la rapidez con la que crezca la población de la Tierra— la producción mundial de alimentos deberá incrementarse, por lo menos, tanto como lo que se logró durante todo el periodo de 12 000 años, desde que comenzó la agricultura hasta 1975.

Norman R. Borlaug (Nobel Prize-winning Agricultural Scientist), quoted en *USA Today*, vol. 110, no. 2439. December 1981, p. 4.

¿Cree usted que se logrará? si no, ¿qué pasará?

descendente. En 1982, la tasa de natalidad de Estados Unidos fue 9% superior a la de 1976. Las ideas a propósito del tamaño ideal de la familia están cambiando, y un retroceso a una familia más grande es completamente posible. De hecho, más de la tercera parte de los estadounidenses adultos indican que les gustaría una familia con más de dos niños, lo cual debería ser la norma si Estados Unidos tienen alguna oportunidad de llegar a una población estable (Galup Poll, February 1981). Easterlin (1980) ofreció una interesante sugerencia relativa a que el tamaño de la familia puede ser cíclico en los países desarrollados, esto es, una generación de grandes familias puede ir seguida por una generación de familias pequeñas, seguida nuevamente por una generación de familias grandes, de modo que cada generación invierte el tamaño familiar ideal de sus padres.

El hambre mundial tantas veces predicha no ha llegado. En la última década, la producción mundial de alimentos se elevó entre 3 y 4% al año, en tanto que la población mundial creció aproximadamente 2.5% al año. Un informe de las Naciones Unidas estableció que "escasamente una de cada diez personas tienen hambre actualmente, mientras que una de cada seis había estado hambrienta hace dos decenios" (United Nations Department of International Economics and Social Affairs, 1982, p. 67). Los críticos señalan que la tierra que suministra estos alimentos se está erosionando constante-

mente y temen que los incrementos en la producción de alimentos deba convertirse algún día en una reducción de la producción alimentaria. ¿El Día del Juicio Final se ha evitado o simplemente se ha pospuesto?

Comparación entre los países occidentales y no occidentales

La Conferencia sobre Población de Bucarest, en 1974, recibió amargas quejas de los países menos desarrollados en el sentido de que el verdadero problema no era el aumento de su población, sino el "exagerado consumismo" de las naciones industrializadas. Como una explicación de la complacencia acerca de la presión de la población en los países menos desarrollados, esto no es muy convincente, puesto que no existe sistema en el que la población puede duplicarse cada veintiocho años sin provocar la miseria humana. Sin embargo, como un recordatorio para los países industrializados que también tienen un problema, la queja tiene alguna validez. Lo esencial lo resume Paul R. Ehrlich:

Cada estadounidense tiene más o menos 50 veces el impacto negativo sobre su ecosistema que el ciudadano de la India. Por lo tanto, en términos de destrucción del ecosistema, añadir 75 millones más de estadounidenses equivaldría a añadir 3 700 millones de indios a la población mundial (Paul R. Ehrlich, *The New York Times,* Nov. 4, 1970, p. 47. Copyright © 1970 by The New York Times Company. Reproducido con autorización).

El Consejo de Población, en el cálculo más conservador, afirmó que los recursos per cápita utilizados en los países en desarrollo son una treceava parte de los de las naciones industrializadas (Berelson, 1975, p. 9). La figura 17-6 muestra el enorme incremento en la población de los países en vías de desarrollo, pero también pone de manifiesto que, en términos de consumo total, el aumento de población en los países industrializados provocará una demanda aún mayor de los recursos mundiales.

Los altos niveles de vida en las naciones industrializadas tienen fuertes demandas de recursos naturales. (*Karl Maslowski/Photo Researchers, Inc., Joseph P. Czarnekci: Nancy Palmer Photo Agency.*)

Cambio social y políticas sociales.

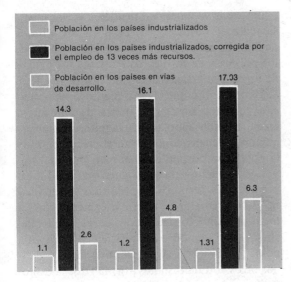

FIGURA 17-6 Población y empleo de recursos. La explosión demográfica medida en términos del empleo comparativo de los recursos (miles de millones. (*Fuente: The assumption the resource utilization is thirteen times higher in the industrialized countries is based on Bernard Berelson et al., "World Population: Status Report 1974".* Reports on Population Planning, *January 1974, p. 9 and 1982* World Population Data Sheet, *Population Reference Bureau*).

Es posible que el mundo no occidental se encuentre en las primeras etapas de la transición demográfica, aunque no pareció así en los años pasados. Las tasas de mortalidad se abatieron precipitadamente, conforme las tierras no occidentales lograron el control de las epidemias en los años posteriores a la II Guerra Mundial. Hasta hace poco, los esfuerzos por reducir la tasa de natalidad en las regiones menos desarrolladas tuvieron pocos progresos. En los últimos años de las décadas 1960-1980, los programas de control de población empezaron a mostrarse más prometedores. China, que tiene cerca de una quinta parte de la población mundial, redujo su tasa de natalidad en un 34% en la última década (*ZPG Reporter*, 14:2, July 1982). La tasa de natalidad de la India, aunque todavía alta, descendió a 18% en una década. Corea, Singapur, Hong Kong y Taiwán han reducido a la mitad su tasa de natalidad de hace

unos cuantos años. Otros países han obtenido menos resultados aunque sean significativos, y más países que antes han iniciado programas de control de población (Lightborne et al., 1982).

El descenso en la tasa de crecimiento anual del 2% al 1.7% ha significado una reducción real en el incremento anual de la población mundial, que había estado creciendo durante décadas. Considerando que la tasa más alta de crecimiento hubiera duplicado la población mundial en treinta y seis años, la tasa más baja requerirá cuarenta y un años para duplicarla; o, para verlo en otra forma, en el año 2000 puede haber mil millones menos de personas que las que habíamos previamente esperado.

Aunque la tasa de crecimiento anual se ha reducido desde los años anteriores, una mayor población en el mundo significa que, aun con una tasa menor, el incremento numérico es mayor que antes (véase cuadro 17-2, p. 457). Si las tasas de crecimiento han de reducirse a los niveles de sustitución en el año 2000, los países en vías de desarrollo necesitarían seguir el ejemplo chino de convertir a la fami-

FIGURA 17-7 Miles de millones añadidos a miles de millones. Cálculo de cada millar de millones adicional de población del mundo. *(Fuente: U. S. News & World Report, 93:48, Aug. 2, 1981.)*

¿Esta situación causa alguna preocupación? ¿Qué suposiciones debe uno hacer para responder "no" a esta pregunta?

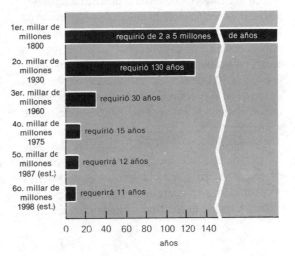

lia de un solo niño en la familia ideal, en vez de la familia de entre dos a seis niños que se desea actualmente (*Intercom,* 9:1 April, 1982).

Si las tasas de natalidad mundiales pudieran reducirse a los niveles de sustitución en el año 2000, lo que es una suposición muy optimista, la población del mundo podría estabilizarse en aproximadamente 8 500 millones a finales del siglo XXI (Notman, 1972). Pero la población mundial pudiera no estabilizarse; una mortandad masiva es una posibilidad distinta. Como dijimos antes, si las tasas de crecimiento actuales continuaran, la población del mundo llegarían a 20 000 millones en el año 2050. Esto no ocurrirá, porque mucho antes de que se llegue a esta cifra es probable que el hambre, la pestilencia, la guerra o posiblemente el desastre ambiental hayan "controlado" la población mundial (Meadows et al., 1972; Laqueur, 1974). La elección es claramente entre la planeación familiar y el hambre, y puede que ya sea demasiado tarde.

SUMARIO

La *demografía* está interesada en la composición por edades y sexos de la población, en su movimiento, tanto dentro como fuera de las fronteras nacionales, y en su tasa de crecimiento.

La *Composición* por *edades* y *sexos* de una población afecta su vida social en muchas formas. Los cambios en la composición por edad se deben principalmente a cambios en la tasa de natalidad, y actualmente están incrementando la proporción de los ancianos y reduciendo la de los niños en muchas poblaciones. La decreciente proporción de jóvenes en los países industrializados puede reducir la delincuencia y el desempleo de los adolescentes. Un aumento en la proporción de ancianos reduce también el número de trabajadores proporcionalmente y conduce a pesados costos de jubilación.

La *migración* se ve afectada por el *rechazo* de las personas a las condiciones insatisfactorias en el propio país, por la *atracción* de buenas oportunidades en cualquier otra parte y por los medios a través de los cuales pueden trasladarse.

Las tasas de natalidad tienden a variar inversamente al status social, pero en los últimos años en Estados Unidos las tasas de natalidad de los pobres y de los negros en todos los niveles de ingreso se están reduciendo drásticamente.

Malthus notó que el crecimiento de la población tendía a superar la oferta de alimentos, creando la sobrepoblación y la miseria, a menos que las personas controlaran el crecimiento de la población posponiendo el matrimonio.

Los neomaltusianos sostienen que aunque las predicciones pesimistas de Malthus pueden haber sido prematuras, eran básicamente correctas. Los antimaltusianos consideran que los recursos del mundo son suficientes para una población mucho mayor. Los marxistas y algunos otros antimaltusianos afirman que la explotación y no la sobrepoblación es la causa fundamental del hambre del mundo.

La transición demográfica que ocurrió en los países occidentales describe el cambio de un periodo con tasas de natalidad y de mortalidad elevadas a un equilibrio basado en tasas de natalidad y de mortalidad bajas. No es seguro que las naciones en desarrollo repitan esta transición demográfica.

Las políticas de población pueden ser pronatalistas, antinatalistas o una mezcla de ambas. Las pronatalistas recompensan a las familias grandes y prohiben o limitan el uso de la anticoncepción, la esterilización y el aborto. Las antinatalistas recompensan a las personas por tener familias más pequeñas y facilitan el acceso a la anticoncepción y quizá al aborto.

Las perspectivas para el futuro son inciertas. En los países industrializados, incluyendo Estados Unidos, la tendencia parece ser ir hacia la estabilización de la población, la que conlleva algunos ajustes poco agradables.

Los países en desarrollo todavía tienen tasas elevadas de crecimiento, pero éstas están declinando. Si los esfuerzos de control de la población tuvieran éxito, la población mundial podría estabilizarse después de algún tiempo en aproximadamente el doble de su nivel actual. Sigue siendo incierto si lo que nos espera es la estabilización de la población o el desastre.

GLOSARIO

ciclo vital: número de años que es posible que sobreviva un miembro de una especie.

demografía: estudio estadístico de la composición de la distribución y de las tendencias de la población.

esperanza de vida: promedio de años que se espera viva una determinada persona.

fecundidad: capacidad biológica de reproducirse.

fertilidad: tasa real de reproducción.

población óptima: población que permite el mayor nivel de vida en una región con un determinado nivel de tecnología.

proporción por sexos: número de hombres por cada 100 mujeres.

tasa de natalidad bruta: nacimientos por cada 1 000 personas.

transición demográfica: idea de que la industrialización equilibra las tasas de nacimiento y de mortalidad.

PREGUNTAS Y PROYECTOS

1 ¿Cuál ha sido la tasa de crecimiento de la población a lo largo de la mayor parte de la historia? ¿Por qué han cambiado recientemente las tasas mundiales de crecimiento de la población?

2 ¿Qué otros factores, además del control natal, afectan la tasa de reproducción?

3 ¿Debería Estados Unidos eliminar o reducir mucho la inmigración? ¿Por qué es difícil controlar la inmigración ilegal?

4 ¿Cuáles fueron las ideas de Malthus? ¿Considera usted que el paso del tiempo ha vuelto obsoletas estas ideas o las ha confirmado? ¿Por qué o por qué no?

5 ¿Es verdad que los países de Asia, África y Latinoamerica están sufriendo ahora una transición demográfica similar a la experimentada por Estados Unidos y los países de Europa Occidental en fecha anterior?

6 ¿Cómo explicaría usted la tendencia de los habitantes de las regiones subdesarrolladas de reaccionar más favorablemente al uso de la esterilización y del aborto que a la anticoncepción?

7 ¿Será necesario utilizar métodos obligatorios de control natal para regular el crecimiento de la población? ¿Qué razón hay para pensar que los métodos voluntarios tendrán o no tendrán éxito? Consulte el libro de Stephen L. Isaacs citado en las lecturas que se sugieren.

8 ¿Cómo explicaría usted la tendencia hacia un exceso de mujeres en las ciudades estadounidenses y un exceso de hombres en los distritos rurales?

9 Estados Unidos parecen estarse moviendo hacia tasas de natalidad menores, lo que tendrá como resultado una proporción menor de niños y una mayor proporción de ancianos. ¿Qué efecto tendrá esto en las tendencias económicas y políticas?

10 ¿Qué escuela piensa usted que tenga mayor probabilidad de acertar en sus predicciones, la escuela del Día del Juicio Final o la optimista? Compare las Lecturas que se sugieren de Julian Simon y Lester R. Brown y Pamela Shaw al dar su respuesta.

11 ¿Cree usted que una pareja tiene derecho a engendrar tantos niños como quiera y puedan alimentar y educar?

12 Utilizando el más reciente *Statistical Abstract of United States,* compare el crecimiento de la población de su estado con el de otros. ¿Qué factores parecerían afectar la posición relativa de su estado natal? ¿Qué adaptaciones considera usted que se exigirán a su estado para satisfacer las necesidades indicadas por los cambios de población?

13 Utilizando el *United Nations Demographic Yearbook,* compare las tasas de natalidad y mortalidad en Filipinas, India y México con las de Gran Bretaña, Francia y Estados Unidos. ¿Qué conclusiones sacaría usted acerca del probable futuro crecimiento de población en estos países?

LECTURAS QUE SE SUGIEREN

Appleman, Phillip: "Malthus: The Continuing Controversy", *Sierra Club Bulletin,* February 1976, pp. 9-14. Una convincente interpretación del pensamiento neomaltusiano y antimaltusiano. Son fragmentos tomados del libro del autor: *Malthus: An Essay on the Principle of Population,* W. W. Norton & Company, Inc., New York, 1976.

Brown, Lester R. and Pamela Shaw: "Putting Society on A New Path", *Environment,* 24:29-35, September 1982. Un breve resumen de las interrelaciones entre crecimiento de población y degradación ambiental.

Gwatkin, Davidson R. and Sarah K. Brandel: "Life Expectancy and Population Growth in the Third World", *Scientific American,* 246:57-65, May 1982. Un erudito artículo que explica las tasas de crecimiento del Tercer Mundo.

Isaacs, Stephen L.: *Population Law and Public Policy,* Human Sciences Press, New York, 1981, pp. 308-347. Los incentivos y penalizaciones utilizadas por los gobiernos tanto en favor como en contra de la natalidad.

McGrath, Peter et al.,: "Refugees or Prisoners", *Newsweek,* 99:24-29, Feb. 1, 1982. Describe a los refugiados haitianos detenidos por el Servicio de Inmigración; estudia la distinción entre "refugiados económicos" y "refugiados políticos"; se pregunta si la actitud hacia los haitianos tiene motivos raciales.

*Mohr, James C.: *Abortion in America,* Oxford University Press, New York, 1978. Una interpretación histórica que muestra que el aborto se convirtió en un tema moral sólo a finales del siglo XIX.

Murdoch, William M,: "World Food Hunger", *Current,* no. 327:6-10. December 1981. Argumenta que la redistribución de la tierra es necesaria para evitar el hambre en el Tercer Mundo.

Portes, Alejandro: "Labor Functions of Illegal Alliens", *Society,* 14:31-37, September/October 1977. Habla del rol de los trabajadores migratorios mexicanos en Estados Unidos y en la economía mexicana: también contiene artículos sobre los inmigrantes de China (vía Hong Kong y Taiwán), Colombia, India y Filipinas.

Simon, Julian: "Global Confusión 1980: A Hard Look at the Global 2000 Report", *The Public Interest* 62:3-20, Winter 1980. Ataque al supuesto vínculo entre crecimiento de la población y las escaseces, por un destacado antimaltusiano.

ZPG Reporter (cualquier edición) publicado bimestralmente por Zero Population Growth, 1346 Connecticut Avenue, N. W., Washington D. C. Publica artículos y noticias que apoyan la idea de que ninguna pareja debería tener más de dos hijos.

---

* Un asterisco antes de la cita indica que el título se encuentra en edición en rústica

18 Cambios de la comunidad

472

*Cambio social
y política social*

Planeación urbana
SUMARIO

| GLOSARIO
PREGUNTAS Y PROYECTOS

LECTURAS QUE SE
SUGIEREN

Si el anonimato que la ciudad de Nueva York nos proporciona es un problema, también es una bendición. En los pueblos pequeños es natural y fácil ser amistoso con cualquiera que se halla cerca y, además esto funciona. Pero en Nueva York hay demasiada gente cerca de uno. Solamente trate usted de imaginar que va caminando por la avenida Madison y que trata de ser amistoso con todos los que usted se encuentra en ella. No sólo nunca llegaría a donde se dirige, sino que constituiría una molestia para los miles de personas que tienen que llevar a cabo sus propias actividades. La enorme multitud nos obliga simplemente a vernos y a seguir adelante.

...si estuviera viviendo en un edificio de apartamentos, no me preocuparía de quién vive arriba de mí, abajo de mí o en el apartamento contiguo. Yo quiero elegir a mis amigos; no me preocupa tenerlos encima de mí por causa del casero. Y no quiero que la gente me caiga enci-ma para pedirme prestado todo lo que la gente pide prestado, ni para conversar como suelen hacerlo los vecinos...

Puede existir soledad en ocasiones, en ese anonimato; sin embargo, la cercanía y la familiaridad de un pueblo pequeño sólo provocaría aquí el caos, el desorden y la anarquía más absolutas.

(John Ciardi, "Manner of Speaking," Saturday Review, Feb. 12, 1966, pp. 16-17).

La vida social que lleva la gente se ve afectada por el tipo de comunidad en que vive. La comunidad es tan antigua como la humanidad —o aun más antigua— porque nuestros antepasados subhumanos compartieron probablemente una vida comunitaria. Una comunidad puede definirse como un grupo humano (pueblo, ciudad, ranchería) o como un conjunto de sentimientos (sentido de compromiso, de lealtad.) (Gottschalk, 1975, p. 18), pero no hay uniformidad en el empleo del término. Una definición que se suele citar mucho dice así: *Una comunidad es una agrupación local dentro de la cual las personas llevan a cabo un círculo completo de actividades vitales.* Definida con más detalle (Hillery, 1955; Jonassen, 1959, p. 20; Willis, 1977), una comunidad incluye 1) una agrupación de personas, 2) dentro de un área geográfica, 3) con una división de trabajo en funciones especializadas e interdependientes, 4) con una cultura común y un sistema social que organiza sus actividades, 5) cuyos miembros están conscientes de su unidad y pertenencia a la comunidad y 6) pueden actuar colectivamente en forma organizada. Por ello, para calificarse como una verdadera comunidad, sus miembros necesitarían experimentar toda o casi toda la cultura dentro de los límites de la comunidad.

Sin embargo, esta definición no se sigue uniformemente. El término también se aplica a aldeas y rancherías que sólo tienen un pequeño grupo de casas y se puede utilizar para describir casi cualquier subcultura o categoría de personas, ya sea geográfica (Hickory Corners, la ciudad de Nueva York) o social (La "comunidad negra", la "comunidad académica" o la "comunidad artística"). Aunque los sociólogos prefieren definiciones claras, nosotros admitiremos que una "comunidad" es cualquier lugar o categoría de personas que se llame una comunidad.

Ha sido tradicional clasificar las comunidades como rurales o urbanas, según que sus poblaciones fueran pequeñas y agrícolas o más grandes e industriales o comerciales. La clasificación nunca fue completamente satisfactoria porque no tomó en cuenta el poblado de pescadores, el campo minero, el puesto comercial o muchos otros tipos especiales de comunidades. El transporte moderno ha borrado tanto los límites entre la ciudad y el campo, que en realidad tenemos una superposición gradual de una comunidad en otra y no dos tipos distintos de comunidad.

LA COMUNIDAD RURAL

Las condiciones físicas y sociales de la vida urbana y rural son diferentes. En consecuencia, hay diferencias entre la personalidad y el comportamiento de las personas que viven en la ciudad y los de las personas que viven en el campo. Estas diferencias han proporcionado una fuente inagotable de material para los novelistas y los autores teatrales y siguen interesando al sociólogo.

Características tradicionales de la vida rural

No todas las comunidades rurales son iguales. Edwards (1959) distingue por lo menos cinco tipos de comunidades rurales: la comunidad pueblo-campo, con granjas esparcidas alrededor de una población; la comunidad de campo-abierto, sin ningún poblado que sea el centro; la comunidad pueblerina, cuyos subtipos incluyen el pueblo de pescadores, el pueblo minero, y los aserraderos; el pueblo lineal, cuyas casas se extienden a lo largo de los caminos, y se ubican en los extremos de parcelas largas y estrechas; y la plantación. Sin embargo, algunas características son comunes a casi todos los tipos de comunidades rurales.

AISLAMIENTO.   Quizá el rasgo más conspicuo de la vida rural estadounidense en los tiempos pasados fue su aislamiento. En muchas partes del mundo la población rural se agrupa en pequeñas rancherías, dentro de una distancia que se puede recorrer a pie en relación con las tierras de cultivo circundantes. En Estados Unidos la finca rural se convirtió en el modelo usual de asentamiento en el campo, un modelo que fue productivamente más eficiente, pero más aislado socialmente. No sólo el grupo local estaba aislado de otros grupos, sino que cada familia estaba aislada de otras familias. Con una población escasa y dispersa, los contactos personales eran pocos. Cada contacto significaba la percepción de un individuo como una persona completa, no simplemente como un fun-

cionario. Había pocos contactos impersonales en las sociedades rurales: no había conductores de autobuses, vendedores de boletos, empleados de tiendas de abarrotes o agentes de policía que fueran anónimos. Casi todo contacto era con un conocido que había sido tratado no sólo en términos de su rol funcional, sino también en términos de su personalidad total y de todas las facetas de su status en la comunidad.

La pauta de hospitalidad de la frontera estadounidense, donde el viajero era invitado a pasar la noche en casi cualquier casa, era una respuesta práctica tanto a las necesidades fronterizas —¿en qué otro lugar podría permanecer el viajero?— como a la soledad de la frontera. El viajero llevaba noticias, contactos con el mundo exterior y significaba un rompimiento de la monotonía. Por consiguiente, no es accidental que la pauta de hospitalidad se desarrollara en todos los lugares del mundo donde los europeos establecían asentamientos fronterizos. (Leyburn, 1935). Aun ahora estas pautas de hospitalidad sobreviven en condiciones de extremo aislamiento. En la carretera a Alaska las costumbres de la región exigen que se ofrezca asistencia a cualquier conductor cuyo vehículo se hubiera detenido por algún desperfecto. La puata de hospitalidad es un ejemplo perfecto de cómo las costumbres y tradiciones surgen como respuesta a las necesidades sociales y de cómo cambian cuando cambian estas necesidades.

HOMOGENEIDAD.   Considerados en conjunto, los colonizadores estadounidenses eran un grupo bastante heterogéneo. Pero dentro de una localidad determinada los colonizadores eran probablemente bastante homogéneos en sus antecedentes étnicos y culturales. Por lo general, ellos seguían a los primeros que habían emigrado desde sus comunidades natales, de modo que los colonizadores de un país o de un distrito particular se encontraban juntos. Esta homogeneidad, junto con el aislamiento comparativo de los asentamientos entre sí, ayudaba a impulsar el conservadurismo, el tradicionalismo y el etnocentrismo de las comunidades rurales estadounidenses.

LA AGRICULTURA. Casi todos eran agricultores o trabajadores contratados, e incluso el religioso, el doctor, el maestro, el tendero y el herrero estaban profundamente involucrados en un estilo de vida agrícola. Todos enfrentaban problemas comunes, llevaban a cabo tareas comunes y compartían un desamparo común ante las fuerzas naturales impresionantes que quedaban fuera del control humano.

ECONOMÍA DE SUBSISTENCIA. La granja estadounidense tradicional trataba de producir casi todo lo que consumía. El enorme galpón donde se ahumaba la carne o el pescado, la bodega bien abastecida de frutas y los estantes que se combaban con las conservas caseras eran fuentes de orgullo de la familia. En una economía que se expandía rápidamente y en la que había una escasez crónica de dinero y de crédito, una economía de subsistencia y trueque era una adaptación socialmente útil. El ahorro era un valor que se honraba, y el consumo conspicuo se veía como un vicio urbano. El status de la pareja campesina se medía por sus tierras, ganados, establos, cosechas y la herencia que podían transmitir a sus hijos, todo lo cual era sumamente visible, de modo que hacía innecesario el consumo ostentoso como símbolo de éxito.

Vivir dentro de una economía de subsistencia más bien que dentro de una economía de mercado hacía que la gente del campo fuera inclinada a sospechar de la intelectualidad y del "aprendizaje en los libros". Los campesinos eran muy propensos a ver un pedazo de papel cuando algún "citadino" estaba tratando de sacarles algo. La desconfianza hacia las personas de la ciudad y la desaprobación de la vida urbana eran actitudes rurales predecibles.

Éstas son algunas de las influencias que modelaron la personalidad rural estadounidense. Aunque tenemos pocas pruebas empíricas por lo que se refiere a los primeros tiempos, es probable que la imagen popular de los estadounidenses rurales como hospitalarios y cooperativos, conservadores, trabajadores y ahorradores, etnocéntricos e intolerantes fuera correcta. Tales características fueron el producto de las condiciones físicas y sociales de la vida rural estadounidense hasta el siglo XX. Actualmente estas condiciones han cambiado mucho, y lo mismo puede decirse del comportamiento social de la gente del campo.

La revolución rural

AISLAMIENTO REDUCIDO. Hace dos generaciones el aislamiento de la vida rural podía medirse por el contraste entre los estilos que se observan en el catálogo de Sears Roebuck y los que se advierten en las páginas de un diario metropolitano. Los estilos son hoy similares. El automóvil y los buenos caminos han provocado una transformación de la vida rural y pueblerina que es difícil que puedan apreciar los estudiantes de la actual generación. Miles de pequeños pueblos ya no son comunidades autosuficientes, en la medida en que los buenos caminos trasladaron su comercio, sus tenderos, sus profesionales y su recreación a la ciudad más cercana. Si se encontraban bastante cerca de la ciudad, se han convertido en sus suburbios; si se hallaban demasiado distantes, algunos se han convertido en cascos semivacíos de casas en ruinas habitados por ancianos. El transporte, junto con la prensa, las películas cinematográficas, la radio y la televisión han terminado con el aislamiento social de los sectores rurales del país. El verdadero provinciano de hoy puede ser el habitante de un barrio bajo urbano, que puede pasarse años sin aventurarse más allá de una serie de callejones, o posiblemente el habitante suburbano que vive en un vecindario constituido por una sola raza, una sola clase, un solo grupo de edad.

COMERCIALIZACIÓN Y RACIONALIZACIÓN DE LA PRODUCCIÓN AGRÍCOLA. Sin una revolución en la productividad agrícola no podría haber habido un gran crecimiento urbano. En 1790 se requería un excedente de nueve familias campesinas para sostener a una familia urbana; hoy, cuarenta y seis familias no campesinas son sostenidas por cada familia campesina. La agricultura solía ser una forma de vida que no exigía un conocimiento especial más allá del que

La agricultura actual es una operación sumamente compleja.

el joven campesino aprendía inevitablemente, conforme iba creciendo. Actualmente, la agricultura es una operación sumamente compleja que exige capital importante y conocimientos especializados. Los agricultores que han tenido mayor éxito no sólo utilizan la más moderna tecnología agrícola, sino que también estudian las tendencias del mercado y de la bolsa de valores más activamente que la mayor parte de los lectores del *Wall Street Journal*.

La granja estadounidense "promedio" (en 1980) representaba un valor en tierra y edificios de más de 250 000 dólares, a los que había que añadir otros 60 000, aproximadamente, en maquinaria, ganado y otros bienes. El que la manejaba tenía un ingreso "promedio" de 23 800 dólares al año, de los cuales sólo 9 000 provenían de las operaciones agrícolas. Estas cifras no se suman. Muestran las ganancias "promedio" de la granja menos el 3% sobre la inversión, sin considerar el valor del trabajo del granjero. La confusión surge de la definición de "granja" que da el censo. Éste la define como cualquier tierra bajo una sola administración que produce productos agrícolas por más de 1 000 dólares. Así, la granja "promedio" incluye muchas operaciones pequeñas de medio tiempo. Poco más de dos de cada cinco "granjas" en 1980 producían más de 20 000 dólares en productos agrícolas (en ventas, no en ingresos netos). Los operadores de las granjas que producen menos de 20 000 dólares en ventas recibían el 85% de su ingreso de otras fuentes. Si sólo se consideran las operaciones agrícolas

de tiempo completo, el "promedio" sería una inversión agrícola del orden de 600 000 dólares. Actualmente una granja que tiene éxito es una fábrica sin techo, que utiliza muy diversas especialidades administrativas comparables a las que se necesitan en cualquier negocio. A esta combinación de agricultura comercializada en gran escala con un mercado también en gran escala, se la llama *agronegocio*.

Como la producción agrícola ha crecido más que la demanda, el número de granjas ha disminuido notablemente, de 5.4 millones en 1950 a 2.5 millones en 1978. Entretanto, el tamaño promedio de las granjas ha crecido constantemente, de 215 acres en 1950 a 415 acres en 1978 (*Statistical Abstract,* 1981, pp. 662, 664).

Las granjas se están haciendo más grandes debido a los cambios en la tecnología agrícola. La mecanización permite que una familia de agricultores maneje una mayor superficie, y esto permite un empleo más eficiente de la maquinaria agrícola. En consecuencia, las granjas más grandes son más eficientes. Los costos de producción por unidad de producción en las granjas pequeñas son más del doble que en las granjas grandes (Tweeten y Schreiner, 1970, p. 43). Sin embargo, hay razones para creer que la mayor parte de las operaciones agrícolas de tiempo completo son bastante grandes para obtener las "eficiencias de escala", y que el continuo crecimiento en el tamaño medio de las granjas no traería ganancias adicionales (Kline, 1981).

La granja familiar sigue siendo la operación agrícola típica. Algunos libros como *The Myth of the Family Farm* (Vogeler, 1981) afirman que los agronegocios corporativos están dominando a la agricultura estadounidense y desplazando a la agricultura familiar. Esto es discutible. De las 51 000 granjas corporativas que había en 1978, el 89% estaba en poder de familias, concentraban el 83% del valor total y el 70% de las ventas totales (*Statistical Abstract,* 1981, p. 661). Las granjas organizadas bajo diferentes formas de sociedad anónima constituían solamente el 15% de toda la producción agrícola de 1978, y este tipo de granjas que no estaban en manos de ninguna familia producían sólo el 6.5% de toda la producción agrícola. Si la gran-

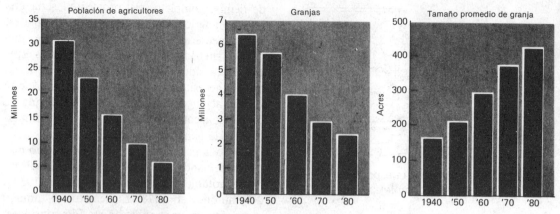

FIGURA 18-1 Población de agricultores, granjas y tamaño de granjas, 1949-1980. (*Fuente:* Statistical Abstract, *1981, p. 654.*)

¿En qué forma afectan estos cambios la influencia política de los agricultores en Estados Unidos?

ja familiar es un "mito", es un mito que está completamente vivo.

Debido a los cambios en la tecnología agrícola, la población campesina se está reduciendo rápidamente. En 1790 los residentes rurales (agricultores y no agricultores) comprendían el 94.8% de la población. En 1920, cuando se separó por primera vez en el censo a las personas "campesinas" de las personas que vivían en el campo pero no eran "campesinas", los campesinos constituyeron el 30.1% de la población; en 1980 solamente eran el 2.7%, y todavía seguían disminuyendo en proporción. Alguna vez fuimos una nación de agricultores, pero los agricultores se están convirtiendo hoy en uno de los grupos más pequeños de nuestras ocupaciones principales. Al presente, más de un millón de nuestras familias agricultoras son innecesarias para la producción agrícola y podrían abandonar la granja mañana, sin que se las echara de menos. Algunos de éstos son trabajadores de medio tiempo. Alrededor de dos de cada cinco trabajadores agrícolas en 1978 trabajaba doscientos días o más en tareas no agrícolas. Otros son agricultores "marginales" que tienen demasiada poca tierra, equipo y capital, o demasiada poca energía y habilidad administrativa para cultivar la tierra con beneficios. Estas granjas marginales contribuyen

poco a nuestra producción agrícola nacional y no proporcionan un modo de vivir adecuado a sus trabajadores. Hace algunos años se calculaba que tres quintas partes de los agricultores pobres eran demasiado ancianos, demasiado impedidos o demasiado ignorantes como para pasar a otras ocupaciones aunque se les ofreciera capacitación para el trabajo (Burchinal y Siff, 1964). Los agricultores marginales van desapareciendo del trabajo agrícola mediante la jubilación y rara vez mediante el cambio a otro empleo. Cuando se retiran, sus tierras se añaden a otras granjas. Así, el número de agricultores y la población agrícola se reduce, al tiempo que aumenta el tamaño promedio de las granjas.

En 1980 los agricultores estadounidenses sufrieron la crisis más seria desde la depresión de la década 1930-1940. Los precios de los productos agrícolas se desplomaron después de 1979, y los granjeros se vieron oprimidos por las grandes deudas, el elevado pago de intereses y los cada vez más reducidos ingresos. Las bancarrotas agrícolas y las ejecuciones de hipotecas están acercándose a los niveles de la depresión, y el Departamento de Agricultura predice que otro millón de agricultores (no todos de medio tiempo o marginales) desaparecerán al finalizar

Las granjas se están haciendo cada vez más grandes debido a los cambios de la tecnología agrícola. (*USDA*).

el siglo (Kline, 1981). Aunque es difícil ver algún beneficio social en esto, la tendencia a reducir el número de granjas y a aumentar su tamaño continuará probablemente.

Cuando la granja se convirtió en parte de la economía de mercado, las actitudes propias de una economía de subsistencia murieron. El ahorro, como un valor absoluto, considerado como bueno en sí y por sí, es funcionalmente útil en una economía de subsistencia. En una economía de mercado se vuelve obsoleto. Parece que los campesinos están actualmente tan ávidos de automóviles nuevos y de televisiones a color como los citadinos. Después de todo, los valores se derivan de la experiencia del grupo. En una economía de subsistencia de limitada productividad, donde rara vez hay bastante de algo, especialmente de dinero, elevar el ahorro al nivel de un valor absoluto es práctico y sensato. Con el desarrollo de una economía de mercado altamente productiva, el ahorro se convierte en algo sin sentido como un fin en sí mismo. En cambio, el ahorro razonado se convierte en un medio para un fin, como cuando se deja de adquirir cosas no esenciales para comprar una casa o un nuevo automóvil. Este y otros cambios en los valores han acompañado la revolución tecnológica en la agricultura estadounidense.

Estas tendencias se encuentran en todo el mundo occidental. Alemania, Holanda y Bélgica tienen menos del 10% de su fuerza de trabajo empleada en la agricultura; Francia, alrededor del 15%, e Italia alrededor del 22%. Sus zonas rurales enfrentan los mismos problemas de desempleo agrícola y carencia de capacitación para otro tipo de empleos, en tanto que sus ciudades tienen los mismos problemas de congestión, alojamiento, contaminación e impuestos.

URBANIZACIÓN DE LA VIDA RURAL. Ya no es posible identificar a los campesinos por su ropa pasada de moda o por sus maneras bucólicas. Aunque todavía hay algunas diferencias entre las personalidades modales, los estilos de vida y los sistemas de valores de los habitantes

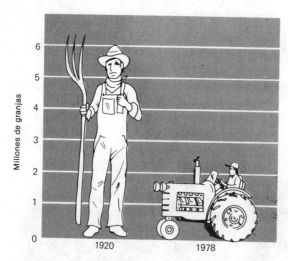

FIGURA 18-2   Granjas en Estados Unidos, 1920 y 1978. El número de granjas en Estados Unidos se redujo de 6 518 000 en 1920 a 2 479 000 en 1978. (*Fuente:* Statistical Abstract of the United States, *1959, p. 613; 1981 p. 622.*)

¿Qué sugieren estos datos acerca de la agricultura en Estados Unidos?

urbanos y rurales, todas las diferencias históricas rurales y urbanas se están haciendo cada vez menos perceptibles. Las personas que viven en el campo y en las ciudades están expuestas a los mismos medios de comunicación y responden a las mismas características de esos medios. Toda actividad rural, desde la agricultura (Winfield, 1973) a la selección de cónyuge (Wakil, 1973) ha sido urbanizada en el sentido de que los valores y normas que rigen la actividad no difieren significativamente entre los campesinos y los habitantes de las ciudades. Tanto las personas que viven en el campo como las que viven en la ciudad participan de los mismos problemas, dado que el crimen y el abuso de las drogas han dejado de ser especialidades citadinas. Un sociólogo europeo está de acuerdo en que "ya no tenemos ningún criterio para reconocer qué es urbano y qué no lo es" (Mellor, 1977, p. 49). En un grado mayor, la vida rural se está volviendo urbanizada en la medida en que las pautas urbanas se han difundido en las zonas rurales.

FIGURA 18-3   La revolución agrícola en Estados Unidos. (*Fuente:* Statistical Abstract of the United States, *varias fechas.*)

¿Qué es lo que hace posible que tan pocos alimenten a tántos?

INTERRELACIONES DE LAS INSTITUCIONES

Larry Swanson... es un asesor económico en Lincoln, Neb., que no hace mucho terminó su tesis doctoral sobre los cambios producidos en un periodo de 30 años en 27 condados rurales de Nebraska. "Encontré una correlación directa entre el tamaño de las granjas y las condiciones de las comunidades rurales", explica. "En otras palabras, aquí en el Medio Oeste, cuando la producción agrícola se concentra cada vez en menos manos, la calidad de la vida comunitaria se deteriora sensiblemente"

Tomado de Donald Kline, "The Embattled Independent Farmer", *New York Times Magazine,* November 29, 1981, p. 145.

¿En qué formas pueden los agronegocios deteriorar la vida comunitaria?

* Trabajadores agrícolas de tiempo completo, más trabajadores de medio tiempo igualados sobre la base de tiempo completo.

Taylor y Jones (1964) hablan de la "organización social urbanizada" de Estados Unidos, y todos los libros de texto sobre sociología rural reflejan esta urbanización de la vida rural (Copp, 1964; Rogers y Burdge, 1972; Hassinger, 1978). Este proceso se ha difundido mucho, pero en forma irregular. Las zonas rurales cercanas a las grandes ciudades y aquellas donde la agricultura está más altamente racionalizada y comercializada muestran el mayor grado de urbanización; las zonas más aisladas y aquellas donde las prácticas de cultivo son más tradicionales, muestran influencias urbanas menores, pero en todas partes es evidente la ininterrumpida urbanización de la sociedad rural.

Existen muchos ejemplos de urbanización. La bomba eléctrica y la fosa séptica han llevado las instalaciones sanitarias a la casa rural. La tasa de natalidad rural se está acercando a la urbana. La tasa de natalidad rural fue 77% más alta en 1940, 40% en 1950, 34% en 1960 y 18% en 1972, cuando el *Statistical Abstract* dejó de hacer comparaciones. En realidad se está haciendo cada vez más difícil encontrar cualquier dato estadístico separado en categorías "rural" y "urbano". Los términos todavía existen, y la U.S. Bureau of the Census define las zonas "urbanas" como lugares con 2 500 o más personas y como "rurales" todas las demás. Pero la mayor parte de los datos se clasifican actualmente bajo las categorías de "metropolitano" y "no metropolitano".

LA COMUNIDAD URBANA

Desarrollo de las ciudades

Para que la aldea primitiva en la Edad de Piedra se extendiera hasta llegar a albergar a varios cientos de miles de habitantes, se necesitaba que hubiera excedente de alimento, abastecimiento de agua y un sistema de transporte. Puesto que los valles de los ríos proporcionaban todas estas cosas, las primeras grandes ciudades se edificaron hace seis mil o siete mil años en los valles del Nilo, del Tigris y del Éufrates. El excedente de alimento para sostener una población urbana era abundante en los valles fértiles y los ríos que discurrían mansamente proporcionaban una forma fácil de transporte. Aunque la mayor parte de las ciudades antiguas permanecieron minúsculas de acuerdo con los cánones modernos, unas cuantas llegaron a un tamaño capaz de alojar a varios cientos de miles de habitantes, y sufrieron problemas de suministro de agua, de drenaje y de congestión de tránsito.

El crecimiento de las ciudades provocó cambios revolucionarios. La aldea primitiva estaba organizada sobre la base del parentesco y guiadas por las costumbres. En contraste, una ciudad tiene: 1) una división de trabajo en muchas ocupaciones especializadas, 2) una organización social basada en la clase social y en la ocupación, más que en el parentesco, 3) instituciones gubernamentales formales, basadas más en el territorio que en la familia, 4) un sistema de intercambio y comercio, 5) medios de comunicación y de conservación de archivos y 6) tecnología racional. Estos cambios se llevaron a cabo de manera constante, conforme los pueblos pequeños se convirtieron en grandes ciudades. Obviamente, la gran ciudad no podía surgir hasta que la sociedad contara con gran número de inventos necesarios; al mismo tiempo, la evolución de la ciudad demostró ser un gran estímulo para la obtención y desarrollo de inventos como las carretas y barcazas, acequias y acueductos, escritura, sistemas de numeración, burocracias gubernamentales, sistemas de especialización ocupacional y estratificación social, y muchos otros.

Los pueblos y ciudades son de muchos tipos: pueblos —santuario, pueblos— fortaleza, pueblos mineros, puertos marítimos, capitales políticas, centros turísticos, ciudades industriales, centros comerciales y otros. El "enclave industrial" es la única clase de comunidad que casi ha desaparecido (Allen, 1966). La mayor parte de las grandes ciudades se ha diversificado, al desarrollar muy diversos tipos de actividad. Uno de los primeros sociólogos, Cooley, (1894), hacía notar que las ciudades tienden a crecer dondequiera que existe un "lugar adecuado" en el cual las mercancías puedan ser descargadas y vueltas a cargar para su traslado. Ciudades por-

El barrio suburbano marginal. ¿Por qué aparece en las zonas aledañas de casi cualquier ciudad importante del mundo subdesarrollado? (© *Jason Laure/Woodfin Camp* & Assoc.)

tuarias como Londres, Montreal y Nueva Orleans se encuentran localizadas a la orilla de un río navegable, en el punto hasta donde pueden llegar los grandes transportes marítimos. Denver se encuentra al pie de una cordillera, Pittsburgh en la confluencia de dos ríos. La teoría de un lugar adecuado para el tranporte no se aplica necesariamente a centros turísticos como Las Vegas, Aspen o Montecarlo, a capitales políticas como Washington o Brasilia o a otras ciudades especializadas para las que el transporte era relativamente poco importante, pero la teoría todavía explica la ubicación de la mayor parte de las ciudades.

En el mundo occidental la urbanización ha acompañado a la industrialización. El desarrollo comercial e industrial proporciona una "superioridad urbana", en tanto que los cambios de la tecnología agrícola y las altas tasas de natalidad rural se combinan para proporcionar un exceso de campesinos. Actualmente, sin embargo, en muchos países subdesarrollados la ur-

banización se está extendiendo sin un desarrollo industrial proporcional. Las tasas de mortalidad en los países en vías de desarrollo han estado bajando rápidamente en los últimos decenios. La agricultura no puede absorber el incremento de la población, de modo que la gente se traslada a las ciudades, aun cuando tienen pocas perspectivas de encontrar trabajo o alojamiento (Ham, 1973). Por ejemplo, en Indonesia, la población de las ciudades se ha duplicado cada diez o quince años, sin un incremento proporcional en la producción industrial urbana y en la productividad agrícola.

Uno de los resultados de semejante crecimiento urbano es un tipo de barrio bajo prácticamente desconocido en Estados Unidos, el *barrio suburbano de marginales.* Casi todas las ciudades importantes en Asia, África y Sudamérica tienen en sus suburbios una gran zona ocupada por personas que viven sobre terrenos que no son propios ni alquilados, en chozas endebles que han construido con material de desecho, cajones de empaque, pedazos de madera, carteles viejos, envases de aluminio aplastados, ladrillos usados o cualquier cosa que pueda conseguirse. Generalmente carecen de servicios urbanos —luz eléctrica, agua o alcantarillado— y las personas viven en una miseria junto a la cual los barrios bajos estadounidenses parecen prósperos. De una cuarta parte a la mitad de los residentes "urbanos" de gran parte del mundo —el 80% en Buenaventura, Colombia; el 50% en Ankara, Turquía; el 46% en la ciudad de México; el 40% en Caracas, Venezuela, viven en ese estado lamentable (Juppenlatz, 1970, p. 15; Clinard, 1973; Stretton, 1978, Caps. 9-10).

Aquí las brutales consecuencias de la explosión demográfica son evidentes. Una tasa de mortalidad en descenso y una tasa de natalidad que permanece elevada, dan una tasa de crecimiento de población que excede el ritmo de expansión de las economías de los países subdesarrollados. Añádase a esto, en la mayor parte de los casos, un sistema político ineficiente y con mucha frecuencia corrupto e ineficiente, lo cual con frecuencia resulta en que inevitablemente sea un sistema económico explotador y haya una gran miseria. Sin embargo, el barrio bajo marginal no es totalmente disfuncional, porque proporciona —aunque dolorosamente— un puente de transición entre la vida prueblerina campesina y la economía urbana (Berry, 1973, pp. 83-91).

Prejuicio antiurbano

Aun desde su primera aparición, las ciudades han sido vistas con cierta suspicacia por la gente campesina. Los profetas del Antiguo Testamento eran hombres de campo que denunciaban los pecados y vicios de las ciudades malvadas. Jefferson menospreciaba las ciudades y consideraba que sólo una nación de propietarios agrícolas posibilitaba la estabilidad de una democracia. Aun los habitantes de muchas ciudades comparten el prejuicio antiurbano, que considera la ciudad como un centro de pecado y de crimen, de fraudes e hipocresía, de corrupción política, de frivolidad y superficialidad y de fastidiosos problemas de todo tipo.

Sin embargo, se supone que el campo es un refugio de honestidad sencilla e integridad rigurosa, donde las buenas cosas crecen y habita el pueblo de Dios. El prejuicio antiurbano se revela en la suposición generalizada de que el campo o los pueblos pequeños son el mejor lugar para educar a los hijos, de que cultivar y cosechar alimentos es más noble que cualquier otro trabajo, de que la "democracia rural" es más genuina, los electores del campo más dignos de confianza y que los hombres y la vida campestre son simplemente "mejores" en todo sentido. Aun la investigación social participa del prejuicio antiurbano. La mayor parte de la investigación urbana muestra la confusión que existe en la ciudad, en tanto que la investigación sobre la vida rural se tamiza generalmente para evitar cualquier rasgo que pudiera poner en tela de juicio la suposición de que "la comunidad rural es un buen lugar para vivir" (Olson, 1965).

Todas estas suposiciones son dudosas, y muchas de ellas se ha demostrado que son falsas. La vida rural y urbana es diferente en algunos aspectos, pero que una sea mejor que otra es cuestión de valores. La "bondad de vida" en una comunidad no puede medirse hasta que nos pongamos de acuerdo sobre qué medidas hay que utilizar para ello. Si los altos niveles de salud, los altos ingresos promedio, los niveles más elevados de educación y muchas comodidades sociales son los valores elegidos, entonces la vida urbana o suburbana es mejor. Si lo que se prefiere es una vida tranquila y con poca gente, entonces el campo lleva la ventaja. Obviamente, ésta es una cuestión filosófica y no una cuestión científica, y debería recordarse que la suposición de la superioridad rural (o urbana) representa un prejuicio, no un hecho.

Las revoluciones comunistas fuera de Europa han sido revoluciones campesinas cuyos líderes consideraban a la ciudad como pervertida y corrupta. Ciudades como la Habana y Shangai no eran mucho más diferentes, explotadoras, corruptas e improductivas que cualquier gran ciudad en los países capitalistas desarrollados (Stretton, 1978, p. 116). El impresionante ejemplo es Phnom Penh Camboya (ahora Kampuchea), una ciudad atestada de refugiados, de 2.5 millones de habitantes, cuyos ricos eran corruptos y explotadores y cuyos pobres parecían a los revolucionarios los más holgazanes, perezosos, improductivos e inútiles. Los líderes del Khmer Rojo consideraban a la gran ciudad como inútil y parasitaria. Ellos sacaron despiadadamente a toda la población hacia el campo, y la mitad de ella murió a causa del abandono o las matanzas. Los cabecillas decidieron exterminar a la clase educada, abolir la gran ciudad y convertir al país en una sociedad agraria. Phnom Penh se convirtió en un cascarón semivacío que sólo alojaba a unos pocos miles de militares y funcionarios gubernamentales con sus familias y ayudantes (Stretton, 1978, pp. 118-120). El tratamiento de las ciudades en Cuba y en China fue muy distinto, puesto que los gobernantes deseaban un estado industrial moderno y no una sociedad agraria.

Pauta ecológica de las ciudades

La mayor parte de las ciudades se conciben como si simplemente hubieran aparecido y crecido sin ningún plan o diseño, y en efecto así fue. Aunque unas pocas ciudades importantes como Washington, D.C., alguna vez tuvieron un plan, desde hace mucho tiempo lo han rebasado. Pero aunque la mayor parte del crecimiento citadino no está planeado, tampoco ha sido completamente al azar. Las ciudades tienen estructuras, y hay alguna razón para la disposición de sus partes. Varios sociólogos han tratado de descubrir la pauta que han seguido las ciudades modernas. Estas pautas no se ajustan a las ciudades antiguas o medievales, ni a las ciudades en los países subdesarrollados, que muestran una pauta muy distinta de desarrollo (Santos, 1979).

MODELOS DE DISEÑO URBANO. El modelo de diseño urbano más antiguo fue el *modelo estrella* de R. M. Hurd (1903). Éste describe a la ciudad como extendiéndose hacia afuera, a partir del centro y a lo largo de las principales rutas de transporte, formando así una figura de estrella. Cuando el automóvil se convirtió en la principal forma de transporte urbano, los espacios entre los puntos de la estrella se llenaron, haciendo que este modelo fuera inaplicable a las ciudades modernas.

El *modelo de zona concéntrica* de Burgess, que se muestra en la figura 18-4, es el modelo más famoso de diseño urbano. Basado en sus estudios de Chicago a principios de la década de 1920, muestra un distrito comercial principal en el centro, rodeado por barrios de viejos edificios que van siendo reemplazados gradualmente por la expansión del distrito comercial. Éste, a su vez, está rodeado por zonas de residencias de clase sucesivamente mejor.

¿Las ciudades verdaderas se parecen al modelo de Burgess? La mayor parte de las ciudades estadounidenses tienen un distrito comercial central, parcial o totalmente rodeado por un barrio bajo. Esta zona circundante contiene los edificios antiguos de la ciudad, indeseables debido a su estado deteriorado, suciedad, y congestión. La calidad de la vivienda tiende a mejorar conforme uno se aleja de este barrio bajo, y gran parte de la zona residencial se localiza en los suburbios. Pero este modelo no se ajusta a las ciudades preindustriales, cuya secuencia de zonas se invirtió, de modo que los ricos vivían cerca del centro y los pobres en las orillas (Sjoberg, 1960; Abbott, 1974). El modelo de zona concéntrica tampoco describe el crecimiento citadino desde que el transporte automotriz se hizo dominante. Así, se ajusta a algunas ciudades en una época y lugar particulares. Y aun entonces, estas zonas no eran bandas contínuas que rodeaban la ciudad, ni tenían forma circular. En cambio, las diversas categorías de residencias están más bien irregularmente distribuidas y, con frecuencia, concentradas en un lado de la ciudad.

Esta observación llevó a Hoyt (1933) a elaborar su *teoría sectorial del crecimiento citadino*, que sostiene que un tipo particular de uso de la tierra tiende a ubicarse y permanecer en un sector particular (como una rebanada de pastel) de la ciudad. Así, la industria tiende a ubicarse en un sector, las residencias de la clase alta en el sector opuesto y las viviendas de la clase trabajadora en los sectores intermedios; luego, conforme

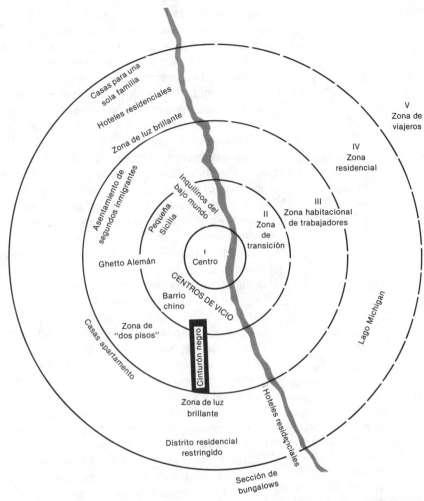

FIGURA 18-4 El modelo de zonas concéntricas: zonas de Chicago, alrededor de 1925. (*Fuente: R. E. Park and E.W. Burgess,* The City. *The University of Chicago Press, Chicago, 1925 p. 55.*)

¿La ciudad que usted conoce mejor tiene algún parecido con este modelo?

pasa el tiempo, cada uno de estos sectores simplemente se extiende hacia afuera hasta que algún cambio en la topografía rompe el modelo.

La *teoría multinuclear* (Harris y Ullman, 1945) sostiene que cierto número de centros —de negocios, de ventas, de fábricas— y zonas residenciales se ubicaron en la etapa temprana de la historia de la ciudad. La topografía, el costo y los accidentes históricos intervinieron en estas primeras elecciones. Dichas concentra-

ciones tienden a sobrevivir y a fijar la pauta del crecimiento posterior de las ciudades. Las ciudades más grandes, que por lo común representan el crecimiento conjunto de pueblos o comunidades alguna vez `separados, proporcionan múltiples núcleos. Estos tres modelos se comparan en la figura 18-5.

Todavía puede reconocerse otro modelo, tan simple que no ha merecido llamarse una teoría. Relaciona el uso de la tierra con la topografía.

Teoría de zonas concéntricas

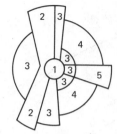

Teoría sectorial

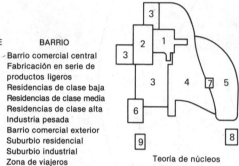

CLAVE   BARRIO

1   Barrio comercial central
2   Fabricación en serie de productos ligeros
3   Residencias de clase baja
4   Residencias de clase media
5   Residencias de clase alta
6   Industria pesada
7   Barrio comercial exterior
8   Suburbio residencial
9   Suburbio industrial
10   Zona de viajeros

Teoría de núcleos múltiples

FIGURA 18-5 Tres modelos de estructura de una ciudad. Generalizaciones de la estructura interna de las ciudades. El modelo de zonas concéntricas es una generalización que Burgess propuso como un tipo ideal que había que aplicar más o menos perfectamente a todas las ciudades. La distribución de los sectores en la teoría sectorial varía de ciudad a ciudad. El diagrama de núcleos múltiples representa un modelo posible dentro de innumerables variaciones. (*Fuente: C. D. Harris and E. L. Ullman, "The Nature of Cities", The Annals, 242: 13, November 1945.*)

¿Cuál de estos modelos se ajusta más a la ciudad que usted conoce mejor?

Las vías férreas tienden a seguir el valle fluvial; la industria pesada se localiza a lo largo de la vía férrea; las residencias de la clase alta buscan las tierras elevadas; y los niveles intermedios de habitación están esparcidos entre ambas zonas.

La existencia de teorías alternadas muestra que ninguno de estos modelos es enteramente satisfactorio. Ninguno de ellos está perfectamente ilustrado por alguna ciudad estadounidense, y muchas ciudades fuera de Estados Unidos tendrán muy

poca semejanza con cualquiera de estos modelos; por ejemplo, Calcuta se alarga unas 35 millas a ambos lados del río Ganges. Cada modelo es una idea a la que las ciudades reales se parecen más o menos. Puesto que la mayor parte de las ciudades estadounidenses muestran algún parecido por lo menos con alguno de estos modelos, las teorías son útiles para revelar su estructura prevaleciente.

La estructura citadina actual ha sido revolucionada por el transporte. En la mayor parte de las ciudades el distrito comercial central ha dejado de extenderse, y el crecimiento de los comercios ha saltado a los centros de almacenes suburbanos. Un anillo cada vez más grande de edificios deteriorados va rodeando el distrito comercial, en la medida en que ya no arrasa su orilla conforme se expande. La mayor parte de la gente más próspera huye del deterioro, de la suciedad y del crimen de la ciudad, hacia los suburbios, dejando el centro de la ciudad como el principal depósito de los pobres que dependen de la asistencia pública. Los suburbios con mayor afluencia utilizan las normas de planificación y construcción con el propósito deliberado de evitar la construcción de viviendas de bajo ingreso, que pudieran atraer a los pobres (Gist y Fava, 1974, p. 614). Una zona central citadina que envejece y se deteriora, pronto se ve atrapadas por fuentes de impuestos que declinan y gastos municipales que se elevan. Ésta es la razón básica por la que casi todas las ciudades en el país han sufrido una crisis financiera (Robertson, 1975; Peterson, 1976; Breckenfeld, 1977; Abrahamson, 1980, Cap. 14).

LOS BARRIOS BAJOS. Un barrio bajo es una zona deteriorada de la ciudad habitada por gente pobre. La mayor parte de las ciudades asiáticas, africanas y sudamericanas tienen grandes barrios bajos y miserables en sus suburbios, lo mismo que dentro de esas ciudades. Los barrios bajos en Estados Unidos se encuentran generalmente en las zonas centrales de la ciudad, lo que corresponde a la "zona de transición" en el modelo de zonas concéntricas de Burgess.

El barrio bajo se describe algunas veces como una zona que carece por completo de organización social. Esto no es exacto, porque en el barrio bajo *hay* organización social (Whyte, 1955; Suttles, 1968; Hunter, 1975; Walter, 1977). El barrio bajo es sumamente provinciano y sus habitantes rara vez se aventuran más allá de "las fronteras" de su grupo étnico. El modelo global es el que Suttles llama "segmentación ordenada" (pp. 225-227). Cada grupo étnico tiene sus fronteras, dentro de las cuales la mayor parte de las relaciones sociales están limitadas y socialmente controladas. Los programas que rompen estas fronteras establecidas debilitan, por lo tanto, los controles sociales de la zona.

La zona de vivienda más antigua de la ciudad se encuentra generalmente en esta área que separa el distrito comercial central de los distritos residenciales más nuevos. Sin embargo, los viejos edificios no producen necesariamente los barrios bajos. Los antiguos edificios, cuando son estructuralmente sanos, algunas veces se remodelan y se convierten en distritos residenciales de última moda. El *bajo ingreso de los residentes es lo que crea un barrio bajo* (Muth, 1969).

Hay varios pasos en la conversión de una zona de casas antiguas en un barrio bajo: 1) Las viviendas más antiguas se subdividen, con frecuencia mediante arreglos provisionales e ilegales, de modo que algunas unidades carecen hasta de las instalaciones para la limpieza (donde tres familias comparten un cuarto de baño, ¿quién lo limpia?); 2) con la subdivisión hay un enorme aumento en la densidad de habitantes y por consiguiente congestión, lo que trae consigo el deterioro de los edificios por el uso intensivo, y los jardines se destruyen o se convierten en espacios de estacionamiento; 3) los propietarios de los edificios descuidan el mantenimiento o el mejoramiento de ellos, que además es desalentado por el control de las rentas y por las políticas fiscales que penalizan las mejoras; 4) las personas que siempre han sido pobres (quizá durante generaciones) y siempre han vivido en casas viejas, prestan generalmente poco cuidado a las propiedades. Así se mantiene un círculo vicioso de causa y efecto: los propietarios en los barrios bajos justifican su

negligencia en el matenimiento de sus propiedades porque los inquilinos de los barrios bajos no "cuidan" la propiedad, ya que los inquilinos de los barrios bajos no han desarrollado hábitos de cuidado de la propiedad porque nunca han tenido ninguna propiedad que merezca tales cuidados.

A los propietarios de las construcciones de los barrios bajos se les culpa con frecuencia por la miseria que reina en ellos. El estereotipo de estas personas es el de un propietario ausente que vive elegantemente en un suburbio muy bien cuidado o en un condominio de lujo en Florida, aislado de inquilinos quejosos y protegidos por abogados de empresas inmobiliarias cuyos cobradores tiene formas ingeniosas de cobrar los alquileres. Tales dueños, aunque son indudablemente reales, no son numerosos. En la mayor parte de las ciudades, la mayoría de ellos poseen una o dos pequeñas propiedades, viven en una de ellas o en una zona inmediata y obtienen la parte menor de sus ingresos de tales rentas (Sternlieb y Burchell, 1973, Caps. 2-3). Con frecuencia se convirtieron en propietarios porque no pudieron darse el lujo de tener una casa sola y dependen de las rentas para hacer frente a los pagos de la hipoteca. Con frecuencia no logran pagarla y el "abandono residencial" se ha convertido en uno de los principales problemas urbanos. Manzanas enteras y aun distritos enteros están siendo abandonados a las ratas, a los vándalos y a los ocupantes ilegales (Rogin, 1971; Sternlieb y Burchell, 1973). La razón para el abandono es simple: el ingreso por concepto de rentas es insuficiente para cubrir los gastos.

Las políticas fiscales son un factor primordial en el deterioro de la propiedad, porque las mejoras que se hacen a ésta causan mayores impuestos. La aplicación del reglamento rara vez es muy eficaz para prevenir el deterioro. Los propietarios-inquilinos no son el problema. Sus propiedades en los barrios bajos son las mejor conservadas. Sin embargo, los propietarios ausentes y las empresas inmobiliarias pueden ser difíciles de localizar, y son expertos en evitar complicaciones. Finalmente, si se imponen multas, por lo general son tan pequeñas que es más barato pagarlas que efectuar las reparaciones.

La supresión de los barrios bajos y los proyectos de vivienda de bajo costo tuvieron algún éxito durante las décadas 1930-1950, cuando el programa era nuevo. Los primeros estudios mostraron tasas de criminalidad y de conducta antisocial mucho más bajas en los proyectos de habitación que en las zonas de barrios bajos circundantes (Barer, 1946; Dee, 1956). Pero conforme pasaron los años, y tanto los niveles de prosperidad como los de oferta de habitación mejoraron, los proyectos tendieron a llenarse con pobres de raza negra dependientes de la asistencia pública. Los inquilinos que dependían de la asistencia pública y los que no dependen de ella no se mezclan bien. Cuando muchos de los primeros

En algunos vecindarios del centro de la ciudad, los habitantes de los barrios bajos están siendo desalojados conforme los edificios deteriorados se renuevan y se convierten en casas elegantes para profesionales jóvenes y ricos en un proceso llamado "aristocratización". (*Bruce Hoertel/Camera 5.*)

llegan, los segundos empiezan a irse (Salins, 1980, p. 50). Ninguna otra zona residencial aceptaría casas para bajos ingresos, porque nadie quiere a los pobres, especialmente cuando no son blancos. La construcción de pequeños edificios públicos esparcidos también se rechazó, y los proyectos se convirtieron en monstruos de gran altura ubicados en el ghetto negro (donde los políticos negros recibieron el apoyo de un firme electorado negro).

Esto aísla a los pobres del proyecto del resto de la sociedad. En muchos proyectos los niños viven en un mundo donde las familias estables con padres trabajadores eran tan pocas y los nacimientos ilegítimos y las familias irregulares eran tan comunes, que había poca oportunidad de aprender las normas convencionales de estudio, trabajo, matrimonio y vida social. Muchos proyectos se vieron tan afectados por los crímenes, el vandalismo, la suciedad y el desorden, que las familias "normales" huyeron de ellos, las rentas dejaron de cubrir los gastos y empezó un ciclo de abandono y de demolición (Griffin, 1974, pp. 159-160; Cooper, 1975; Wilson y Schulz, 1978, pp. 221-223).

La esperanza inicial de que una vivienda mejor traería un cambio hacia normas de vida familiares y trabajo estable (de clase media) no se ha cumplido. La sola habitación no "eleva" las pautas de comportamiento de la gente (Morris y Mogey, 1965, pp. 162-163; Weller y Luchterhand, 1973). La vivienda pública no puede proporcionar un medio ambiente decente, a menos que familias y personas de ingresos medios se incluyan en el proyecto para integrar una población más normal (Fuerst, 1974), y esto es políticamente imposible. En Estados Unidos existen pocas perspectivas realistas para el futuro próximo, por lo que a vivienda pública se refiere.

Mientras, un proceso de *aristocratización* se está desarrollando en los vecindarios decadentes del centro de la ciudad. Las deterioradas casas están siendo renovadas y se están convirtiendo en edificios elegantes ocupados por profesionales jóvenes y ricos. Esto ayuda a detener la decadencia urbana y a revertir la "fuga de cerebros" hacia los suburbios, pero también desahucia a los pobres del centro de la ciudad (Fleetwood, 1979).

Ha habido una serie de enfoques federales tendientes a la eliminación de los barrios bajos y al mejoramiento de la vivienda, ninguno de los cuales ha tenido algo más que un éxito parcial. En realidad, un estudioso de la política de la vivienda afirma que virtualmente toda intervención de los gobiernos federales o locales ha tenido el efecto de promover la destrucción de la vivienda en vez de su mejoramiento (Salins, 1980). La política de la administración Reagan es terminar prácticamente con todos los programas urbanos financiados por el gobierno federal.

Parece que hemos recorrido todo el círculo a propósito del centro de la ciudad, desde el "no

---

LAS COSAS SON DIFÍCILES EN TODAS PARTES

La reducción de la actividad económica, la pérdida de población, el aumento de los ghettos en el centro de la ciudad, toda esta letanía de infortunios tan familiar en ciudades estadounidenses como Detroit, Nueva York, y St. Louis se está reproduciendo en las principales ciudades de los países industrializados de todo el mundo. De Londres a París y hasta Osaka, las ciudades están confrontando un dramático deterioro en su base económica conforme los comercios huyen hacia los suburbios o a los países en vías de desarrollo donde los costos de operación son mucho más bajos. La decadencia ha producido un aumento del desempleo, vecindarios que se deterioran, tensiones raciales y violencia urbana, cosas todas prácticamente desconocidas fuera de Estados Unidos hace apenas una década.

Tomado de "The World's Cities Battle a U.S. Style Decline", *Business Week,* May 25, 1981 p. 174.

programa" de la década 1920-1930 hasta el "no programa" de la década iniciada en 1980. Al igual que las administraciones de Nixon y de Ford hace una década (Norton, 1979, p. 169), la administración Reagan aceptó implícitamente el centro de la ciudad como un lugar de descarga de la minoría pobre.

Existen zonas rurales que son verdaderos barrios bajos en todo menos en su ubicación. como se describe en el libro de Fetterman *Stinking Creek* (1970), la vivienda de los barrios bajos rurales está más derruida, tiene aún menos servicios públicos y un hacinamiento mayor de personas por cuarto. La pobreza y el desamparo están igualmente extendidos, los servivios sociales son todavía menos adecuados que en los barrios bajos urbanos, y la "asistencia pública" es la principal fuente de ingresos. El barrio bajo rural es igualmente sombrío, pero recibe todavía menos atención que el barrio bajo urbano.

ÁREAS METROPOLITANAS Y SUBURBIOS. El transporte moderno es el responsable de los suburbios y de las áreas metropolitanas. La U.S. Bureau of the Census define un "área metropolitana estadísticamente normal" como una zona con una ciudad de por lo menos 50 mil habitantes (o una "zona urbanizăda" según la definición del Censo, de por lo menos 50 mil personas) y una población total no menor de 100 mil habitantes. En el censo de 1980 tres cuartas partes de los estadounidenses vivían en esas áreas metropolitanas estadísticamente normales, sin que la proporción de nuestra población mostrara algún cambio desde 1970. Entre 1970 y 1980 las ciudades centrales perdieron 13.4 millones de habitantes, ya que 10.4 millones emigraron a los suburbios y el resto a zonas rurales y pueblos pequeños (U.S. Bureau of the Census, 1981*b*, p. 2).

Esta explosión de los suburbios es una parte de lo que recientemente ha llegado a conocerse como "urbanización irregular". Enormes ciudades alargadas se están desarrollando desde Boston a Baltimore, desde Buffalo a Detroit, de un lado a otro de Michigan y a través de Chicago hasta Milwaukee, y en muchos otros lugares. Estas ciudades alargadas no se ajustan a los modelos tradicionales de estructura citadina. El término "megalópolis" les da nombre y, con el tiempo, se desarrollarán nuevos esquemas teóricos para describirlas.

La urbanización irregular y las ciudades alargadas traen consigo una serie de problemas (Gottdiener, 1977; Wallace, 1980, p. 78). Los recursos de la tierra se han utilizado en exceso, y la región está encerrada en una pauta permanente de dependencia del automóvil (McKee y Smith, 1972; Kaplan, 1976). Las estructuras existentes del gobierno del municipio, de la ciudad y del condado son bastantes inadecuadas para organizar esta monstruosidad urbana en desarrollo. Con más de 1 400 unidades políticas separadas en la zona metropolitana de Nueva York, cada una con intereses creados que defender, cualquier planeación global coherente se vuelve casi imposible. Algunos observadores piensan que los problemas de estas zonas metropolitanas son tan difíciles que nunca serán resueltos, y que las zonas metropolitanas más grandes irán en relativa declinación; otros piensan que una planeación audaz puede resolver los problemas de la urbanización irregular y de la plaga urbana (Jacobs, 1961; Gruen, 1964; Abrams, 1965; Erber, 1970; Griffin, 1974; Gottdiener, 1977; Birdsall, 1980). La urbanización irregular no es sólo un problema de Estados Unidos; ocurre en todas partes del mundo, aun en la Unión Soviética, pese a los esfuerzos oficiales por contener el crecimiento de las ciudades más grandes (Anderson, 1966; Stretton, 1978, p. 194). El crecimiento urbano avanza por muchas de las mismas razones y con muchas de las mismas consecuencias en todas partes del mundo.

Vuelco en las tendencias de población

Nunca es seguro predecir el cambio social proyectando simplemente las tendencias recientes hacia el futuro. No hace mucho tiempo, en 1970, la mayoría de los científicos sociales supusieron que el crecimiento urbano y la despoblación rural continuarían indefinidamente. Estaban completamente equivocados.

En 1969 Harris Poll informó que dos terceras partes de los residentes de una gran ciudad desearían vivir en cualquier otra parte en los diez años siguientes (Harris, 1970). Muchos han realizado su deseo. Las zonas rurales y los pueblos pequeños son ahora las áreas de Estados Unidos que crecen más rápidamente: más del 15.5%, o sea, 8.4 millones de personas, durante la década 1970-1980. Los condados no metropolitanos crecieron mucho más rápidamente que los metropolitanos entre 1970 y 1977 (Brown y Wardell, 1980), en tanto que las zonas metropolitanas más pequeñas mostraron el mayor crecimiento, como se muestra en el cuadro 18-1. Ésta es la primera década desde 1970 en que las zonas urbanas no crecieron a "expensas" de las zonas rurales. Durante la década 1970-1980 la población blanca de las ciudades centrales bajó en 6.1 millones, en tanto que la población negra creció en 3.6 millones y la población de origen latinoamericano en 2.5 millones (Bureau of the Census, 1982c, p. 23). La pauta de desarrollo de la mayor parte de las áreas metropolitanas es una ciudad central dominada por una minoría y circundada por una franja blanca.

La emigración interestatal es muy fuerte hacia los estados del "cinturón del sol" en el sur y suroeste (Brown y Wardell, 1980, pp. 10-11). Durante la década 1970-1980 hubo una emigración *neta* de 5.2 millones de personas de los estados del noreste y del centro del norte hacia los estados del sur y del suroeste (Bureau of the Census, 1981a p. 1). Irónicamente, esta dispersión de nuestra población incrementa nuestra dependencia del transporte en automóvil, aun cuando la perspectiva a largo plazo del suministro de gasolina sea incierta.

Brown y Wardell (1980, p. 14) dieron tres razones para explicar este vuelco en las tendencias de población: 1) la descentralización económica, con empleo no agrícola en los condados no metropolitanos que creció en un 22% entre 1970 y 1977; 2) La preferencia por vivir en el campo y en los pueblos pequeños, como reveló una encuesta nacional de opiniones (Harris, 1970; Fuguitt y Zuiches, 1975; Zuiches y Carpenter, 1978); y 3) la modernización de la vida rural; este vuelco en las tendencias de población *no* es un retorno definitivo a la vida rural bucólica y relajada que imaginamos que llevaron nuestros antepasados. La mayor parte de estos emigrantes rurales se localizan dentro de una distancia de un día de viaje de las zonas metropolitanas (Luloff, 1980). Exigen todas la ventajas urbanas y pronto se incorporan a la vida organizacional de sus nuevas comunidades como los antiguos residentes (Rank y Voss, 1982). Esta migración es una de las razones para que vaya desapareciendo la distinción rural-urbana, como se estudiará después en este capítulo.

CAMBIOS EN LA ESTRUCTURA RACIAL. Desde 1940 la población negra del centro de nuestras ciudades ha estado creciendo rápidamente, en tanto que la población blanca ha estado huyendo hacia los suburbios. Entre 1950 y 1980 los negros aumentaron del 12.2 al 22.5% de la población en el centro de las ciudades, en tanto que bajaron del 6.6 al 6.1% de la población de los suburbios. El número de personas negras que viven en las afueras aumentó, pero su porcentaje con respecto a la población total suburbana se redujo ligeramente, debido a que los habitantes blancos de los suburbios aumentaron aún con más rapidez. La mayor parte de los

CUADRO 18-1
**CRECIMIENTO DE LA POBLACIÓN
SEGÚN EL TAMAÑO DE LA ZONA
METROPOLITANA, 1970-1980**

Tamaño de la zona metropolitana	Porcentaje de crecimiento de población, 1970-1980
3 000 000 y más	2.1
1 000 000-2 000 000	12.0
500 000-1 000 000	12.2
250 000-500 000	17.9
menos de 250 000	19.0

Fuente: U.S. Bureau of the Census, *Current Population Reports:, Population Profile of the United States,* 1981, ser. P.-20 no. 374, 1982.

¿Por qué las zonas más pequeñas están creciendo menos rápidamente que las más grandes, trastocando las pautas tradicionales del crecimiento urbano?

**CUADRO 18-2
CAMBIO DE POBLACIÓN ENTRE 25 DE
LAS CIUDADES MÁS GRANDES
ESTADOUNIDENSES, 1970-1980**

1970 categoría	Ciudad	Cambio de población	Porcentaje de cambio
1	New York	− 824 000	− 10.4
2	Chicago	− 364 000	− 10.8
3	Los Angeles	+ 155 000	+ 05.5
4	Philadelphia	− 261 000	− 13.3
5	Detroit	− 311 000	− 20.5
6	Houston	+ 361 000	+ 29.3
7	Baltimore	− 118 000	− 13.0
9	Washington	− 119 000	− 15.7
10	Cleveland	− 177 000	− 23.6
11	Indianapolis	− 36 000	− 04.9
12	Milwaukee	− 81 000	− 11.3
13	San Francisco	− 37 000	− 05.2
14	San Diego	+ 179 000	+ 25.8
15	San Antonio	+ 132 000	+ 20.2
16	Boston	− 78 000	− 12.2
17	Memphis	+ 22 000	+ 03.5
18	St. Louis	− 196 000	− 27.2
19	New Orleans	− 35 000	− 05.9
20	Phoenix	+ 206 000	+ 35.3
21	Columbus	+ 25 000	+ 04.6
22	Seattle	− 37 000	− 07.0
23	Pittsburgh	− 96 000	− 18.5
24	Denver	− 23 000	− 04.5
25	Kansas City, Mo	− 59 000	− 11.6

*Fuente: Statistical Abstract of the United States, 1982-1983,
pp. 22-24.*

¿Qué pautas surgen de este cuadro? ¿Qué hay
de común en la mayor parte de las ciudades
que muestran grandes pérdidas? ¿Qué hay de
común en la mayor parte de las ciudades que
muestran grandes ganancias?

habitantes negros de los suburbios son negros
de clase media, ricos, y con aspiraciones, que
están abandonando el centro de la ciudad a los pobres que viven de la asistencia pública, a los
desempleados o subempleados, a las familias
desintegradas y a los vagos. La mayor parte de
los negros que viven en los suburbios se trasladan a los suburbios más antiguos, donde siguen
tan segregados como lo fueron antes de su cambio (Farley, 1970; Clark, 1979).

El crecimiento de la población negra de los
barrios del centro de la ciudad está disminuyen-

do, debido en parte a que la reserva rural de los
posibles emigrantes negros se está reduciendo.
Considerando a la nación como un todo, la
segregación racial ha ido en disminución, pero
la mayor parte de ésta se presenta en las zonas
metropolitanas más pequeñas y en las zonas de
población negra relativamente baja. En las zonas con numerosa población negra, la segregación residencial ha ido en aumento (Van Valey
et al., 1977). Más de las cuatro quintas partes
de los negros estadounidenses son ahora urbanos,
lo que los transforma en el sector más urbano de
nuestra población. Cuatro ciudades centrales
tenían mayoría negra en 1970 —Atlanta, Gary,
Newark y Washington, D.C.— y el censo de
1980 añadió a Baltimore, Birmingham, Detroit,
Nueva Orleans y Richmond a las principales ciudades con mayorías negras.

Procesos ecológicos urbanos

El cambio es continuo en la ciudad estadounidense. Los medios a través de los cuales la
distribución de las personas y actividades cambian son conocidos como *procesos ecológicos.*
Para atenderlos, debemos empezar con la *zona
natural,* que es un conjunto de personas y actividades que se unen en mutua interdependencia
dentro de una zona limitada. El distrito de pensiones de mala muerte, hoteles y restaurantes baratos, casas de empeño, tiendas de pornografía,
tabernas y casas de asistencia, cosas todas para
atender las necesidades de los hombres y mujeres
sin hogar y con bajos ingresos, son un ejemplo de
un zona natural. Otras zonas naturales incluyen la
sección de tiendas de departamentos (anti-
guamente; ahora la mayor parte de ellas se ha
trasladado a los centros comerciales), la zona
de diversiones, las comunidades de inmigrantes
recientes, el distrito de casas de huéspedes, la
zona residencial de estudiantes universitarios, el
distrito de depósitos de mercancías y muchos
otros. Las zonas naturales no han sido planeadas; surgen de la libre elección de los individuos. Las personas que tienen necesidades y
preferencias similares se reúnen en una zona

donde éstas son más fácilmente satisfechas, y esto crea una zona natural.

El *vecindario,* a diferencia de la zona natural. puede o no ser planeado. Un vecindario es una zona donde las personas colindan unas con otras, y no todas las zonas son vecindario. En algunas zonas hay muy poca vecindad, como en el distrito de casas de huéspedes, en otras hay más vecindad como el caso de las comunidades étnicas y de las zonas de residencias familiares. Algunos vecindarios urbanos están conspicuamente planeados con edificios de apartamentos, comunicaciones, tiendas e instalaciones de recreación deliberadamente dispuestas para alentar la vecindad. Con mayor frecuencia el vecindario es un producto no planeado de la necesidad de relaciones sociales que tiene la gente. La vecindad es mayor en las zonas de residencias familiares donde las personas confrontan problemas comunes de educación de los niños y de lucha contra las malas hierbas. Los vecindarios y las zonas naturales se están formando, disolviendo y relocalizando constantemente mediante los procesos ecológicos urbanos de *concentración, centralización, descentralización, segregación, invasión y sucesión.*

Concentración es la tendencia de las personas y actividades a reunirse donde las condiciones son favorables. Producen el crecimiento de las ciudades. *Concentración* es el agrupamiento de las funciones económicas y de servicio dentro de la ciudad. La gente se reúne para trabajar, jugar, comprar; luego regresan a otras zonas para vivir. El distrito de tiendas, el distrito industrial y el distrito de diversiones se encuentran sin gente durante una parte de cada día o de cada noche. La zona comercial central es un buen ejemplo de centralización. *Descentralización* es la tendencia de las personas y las organizaciones a cambiar el centro de la ciudad por las zonas alejadas del centro donde la congestión es menor y los precios del terreno son más bajos. El automóvil, los autobuses y la energía eléctrica han alentado mucho la descentralización residencial, comercial e industrial, una tendencia que complica mucho la tarea de todo aquel que trata de hacer un diagrama del modelo de la ciudad.

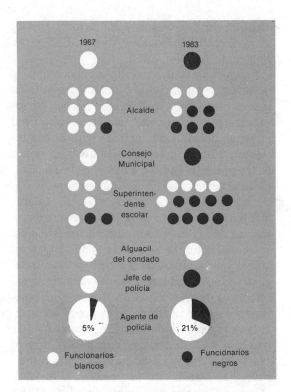

FIGURA 18-6 Cambios en el aspecto de Detroit. (*Fuente* Personal Letter from Office of the Mayor, City of Detroit, March 1983.)

¿Ha sido esta pauta verdadera para la mayor parte de las ciudades importantes de Estados Unidos?

La *segregación* se refiere a la concentración de algunos tipos de personas o actividades dentro de una zona particular. Las zonas de la "Gold Coast", del ghetto y del mercado de productos agrícolas son algunos ejemplos, junto con las zonas hoteleras y bancarias, la zona de teatros y las "hileras de automóviles usados". La segregación puede ser voluntaria o involuntaria. La mayor parte de los grupos inmigrantes se segregaron voluntariamente porque la vida era más cómoda en esta forma. El vecindario étnico en las grandes ciudades estadounidenses fue en parte voluntario y en parte involuntario (Wirth, 1928). El ghetto es un ejemplo de segregación involuntaria, en la medida en que el bajo ingreso, la escasez de viviendas de renta moderada y una variedad de amenazas e intimidaciones se combinan para confinar a la mayoría de los negros en ciertas zonas habitacionales (Abrams, 1955; Grier y Grier, 1960; Foley, 1973).

La *invasión* ocurre cuando un nuevo tipo de personas, organizaciones o actividades entra en la zona. Las zonas residenciales pueden ser invadidas por comercios, una zona comercial puede ser invadida por un nuevo tipo de comerciantes, o un clase social diferente o un grupo étnico puede trasladarse a una zona residencial. Generalmente la invasión es de una zona de status más alto por un grupo o actividad de status más bajo. Esta dirección de la invasión es un resultado normal del proceso de crecimiento o del envejecimiento citadino. Una zona residencial alguna vez exclusiva, de casas que ya no son elegantes es invadida por personas de nivel social inferior al de los actuales ocupantes. Una generación después la misma zona puede ser invadida por personas de una clase social todavía más baja o por negros u otros grupos étnicos, o por tiendas de ropa usada y otras casas comerciales. Ocasionalmente la dirección se invierte. Como se dijo antes, hay zonas donde los edificios derruidos se están renovando o reconstruyendo para formar una zona residencial de clase alta (aristocratización). Muchas personas de ingresos altos han huido a los suburbios debido a que encuentran ahí casas nuevas y atractivas. A muchos les gustaría permanecer cerca del centro de la ciudad si pudieran disponer de alojamiento satisfactorio. Algunas zonas han recorrido, por lo tanto, el ciclo completo: de residencias de clase alta al barrio bajo y luego otra vez a residencias de clase alta. Con toda probabilidad, el ciclo se repetirá ahoı a.

La *sucesión* es la etapa final, en la que el cambio de nuevos habitantes o actividades se completa. La zona puede permanecer en un estado desorganizado y caótico o puede organizarse alrededor de sus nuevos residentes o del uso del suelo.

Este proceso de invasión está operando continuamente en todas las ciudades estadounidenses. Los procesos de crecimiento y envejecimiento lo hacen inevitable. Es un proceso costoso —tanto en términos de frustración humana como de desperdicio económico—, pero nadie ha sugerido

una alternativa práctica. La zonificación no es una alternativa; es simplemente una técnica para hacer que la invasión y la sucesión sean más deliberadas y ordenadas y para proteger los intereses creados en el proceso (Babcok, 1966; Taylor, 1980, pp. 76-77).

Mediante estos procesos ecológicos la ciudad sigue cambiando. Los planificadores de la ciudad están tratando actualmente de controlar y dirigir los procesos a fin de hacerlos menos ruinosos y dolorosos.

Vida urbana y personalidad

La ciudad es un lugar de contrastes. Las ciudades son centros de aprendizaje, de arte, de ciencia y medicina, de estímulos, de atractivo y "progreso", en tanto que a las zonas rurales se les ha achacado el provincialismo, la superstición, la ignorancia y la intolerancia. Las ciudades también son centros de vicio y de crímenes, de extravagancia frívola, de desenfrenada satisfacción de los deseos y de pretensión insincera. En pocas palabras, la ciudad revela en contraste vivo la mayor parte de las características dominantes de la cultura.

ANONIMATO. La presión total de los números produce el anonimato. Por supuesto, hay grupos dentro de los cuales el que vive en la ciudad es conocido como persona, pero gran parte de la vida rutinaria transcurre en la multitud anónima —*The Lonely Crowd* de David Riesman (1950). La heterogeneidad de la vida citadina, con su mezcolanza de personas de todas las razas, credos, clases, ocupaciones y orígenes étnicos intensifica este sentimiento de anonimato. Diferentes intereses separan a las personas de cualquier amistad íntima con otras que encuentran a su paso.

En los barrios bajos se encuentran los extremos del anonimato urbano: el hombre olvidado y la mujer de oscuro pasado y futuro incierto. Existen fuera de los límites de la vida organizada convencional, sus vidas se centran en la casa de huéspedes o en la pensión de mala muerte, en la taberna barata y quizás en las casas de

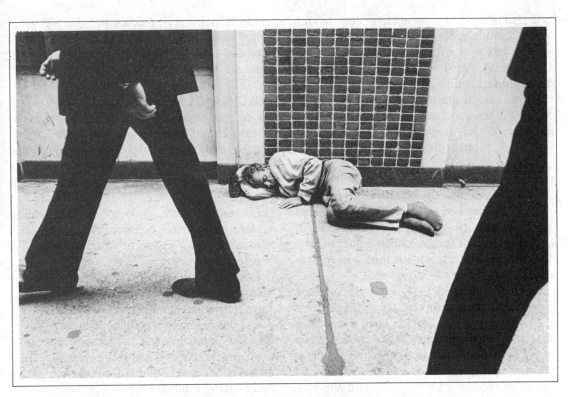

En los "barrios bajos" se encuentran los extremos del anonimato urbano: los hombres olvidados y las mujeres de pasado oscuro y futuro incierto. Cuando se demuele un barrio bajo, ¿qué les sucede a sus habitantes? (©*Paul Sequeira/Photo Researchers, Inc.*)

asistencia. Aquí los desviados pueden reunirse y seguir su desviación con un mínimo de interferencia. Son los desperdicios rechazados por nuestro sistema social, resignados y con frecuencia satisfechos con un rol social que exige y ofrece poco (Bogue, 1963. Wallace, 1965, 1968; Vander Kooi, 1973; Blumberg et al., 1978; Mc Sheehy, 1979).

DISTANCIA SOCIAL. Los citadinos se encuentran físicamente aglomerados pero socialmente distantes. La distancia social es un producto del anonimato, la impersonalidad y la heterogeneidad. Las diferencias étnicas son una forma de heterogeneidad que divide a las personas en grupos que con frecuencia sienten antipatía mutua o se menosprecian unos a otros. Pero las diferencias ocupacionales pueden ser una fuen-

te todavía más importantes de distancia social. A diferencia de la comunidad agrícola, la ciudad carece de un centro ocupacional común que sirva de interés común a los citadinos. Así, la mayor parte de las personas con las que "uno se topa" en el curso del día —vecinos, transeúntes, vendedores, vigilantes de estacionamientos, gente en el ascensor— son personas en las que uno no tiene un interés permanente sino sólo un contacto efímero.

La ciudad es un lugar de conformidad exterior y de reservas interiores, de consumo conspicuo, de "eludir a los vecinos". Cuando la gente no puede conocernos por lo que somos, debe juzgarnos por lo que ve: la ropa, el automóvil, las joyas, la dirección domiciliaria, el título, el transporte.

Puede discutirse si la soledad es un producto necesario de la vida citadina. Los habitantes de la ciudad tienen tantos compañeros de grupo primario como la gente que habita en el campo y pueden verlos con mayor frecuencia (Fischer, 1976, p. 150). Pero mientras que la *mayor parte* de los contactos diarios de las personas que viven en el campo son primarios, la *mayor parte* de los contactos sociales rutinarios en la ciudad son impersonales, fragmentarios y "correctos". La cortesía formal ocupa el lugar de la amistad genuina. Por medio del teléfono, uno puede entrar en contacto con las personas en forma impersonal cuando es necesario mantenerlas a cierta distancia. Los citadinos se convierten en inquilinos nocturnos, no en vecinos verdaderos. Los moradores de un apartamento pueden vivir durante años sin entablar ninguna o muy poca amistad con los demás inquilinos.

La geografía ha sido y sigue siendo una base importante para la agrupación entre las personas que viven en el campo, debido tanto a la escasez de vecinos como a la comunidad de intereses que surgen de sus estilos de vida y problemas comunes. Los moradores de la ciudad no tienen tal escasez de vecinos, y los vecinos inmediatos rara vez tienen intereses comunes con uno. En cambio, aquellas personas con las que uno comparte una comunidad de intereses, probablemente se encuentran dispersas en toda el área. Así, el interés común reemplaza la cercanía geográfica como una base de agrupación en la ciudad. Sin embargo, los citadinos conservan un fuerte sentido de identidad de vecindario y no se encuentran flotando simplemente en una "sociedad de masas" (Guest, Lee, y Staeheli, 1982).

REGLAMENTACIÓN.   Durante largo tiempo la reglamentación de la vida urbana ha sido contrastada, con la tranquila informalidad de la vida rural. La presión de los números exige que se reglamente la vida urbana. Las luces de los semáforos controlan el flujo de tránsito; los pasos subterráneos, las escaleras eléctricas y los elevadores están programados. Pero es discutible si actualmente la vida urbana es mucho más reglamentada que la vida rural. Las exigencias de las condiciones climatológicas y los "relojes" biológicos del ganado pueden someter al granjero a un programa de trabajo más rígidamente

controlado que el de muchos trabajadores urbanos. Puede ser que la sociedad moderna y no la sociedad urbana sea la que nos impone reglamentos.

AGLOMERACIÓN.   En los últimos años los efectos de la aglomeración en la conducta se han convertido en un tema favorito de investigación. Muchos estudios sobre el comportamiento animal han mostrado que la aglomeración exagerada produce desorganización patológica y social (Calhoun, 1962; Stokols, 1976), y muchos se han preguntado si esto puede ser también válido aplicado a los seres humanos. La teoría de la aglomeración ofrece una explicación fácil de las patologías urbanas.

Pero los resultados de los estudios hechos en animales sobre la aglomeración no pueden aplicarse indiscriminadamente a los seres humanos por varias razones: 1) En ningún lugar los seres humanos viven en una aglomeración tan extrema como en esos estudios sobre animales. 2) Es dudoso que los seres humanos posean el instinto de "territorialidad" que algunos animales parecen tener (Fischer, 1976, p. 156). 3) Los seres humanos son criaturas de una cultura constructora que aparentemente tiene alguna capacidad para adaptarse en condiciones de alta densidad. Aunque algunos de los estudios acerca de la densidad muestran efectos ligeramente adversos sobre algunos seres humanos (p. ej., Booth y Johnson, 1975; Baldassare, 1981), la mayor parte de los estudios no muestran que la alta densidad tenga siempre efectos adversos sobre las personas (Freedman, 1975, p. 103; Edwards y Booth, 1977). Muchos vecindarios con un alto grado de densidad presentan una menor patología que muchos vecindarios con bajo grado de densidad, y hay menos crímenes en las calles atestadas de gente que en las que se encuentran vacías. Hong Kong es la zona más densamente poblada sobre la Tierra; sin embargo, sus tasas de mortalidad, morbilidad y enfermedades mentales son bajas en comparación con la mayor parte de las ciudades occidentales (Insel y Markowitz, 1979).

La *densidad* es una condición objetiva que puede medirse. La *aglomeración* es una evaluación subjetiva. Uno se encuentra en situación de aglomeración si siente una falta de espacio o privacía deseados (¡uno de mis amigos se queja de que su estado Wyoming, está demasiado poblado para ser habitable!). Hay sin duda extremos de densidad que frustrarían a las personas más allá de lo soportable. Los veteranos de la II Guerra Mundial suelen recordar sus travesías marítimas en barcos atestados de tropas como si fueran una pesadilla. Pero haciendo a un lado tales ejemplos excepcionales, es evidente que la densidad de población necesita no destruir la calidad de vida de los habitantes (Booth, 1976). La calidad del medio ambiente habitado y no la densidad de población es lo que tiene más efecto sobre la calidad de vida.

PERSONALIDAD URBANA. ¿Qué efectos tienen las condiciones de la vida urbana en la personalidad? Los primeros sociólogos urbanos como Park (1925), Sorokin y Zimmerman (1929), y especialmente Louis Wirth en su ensayo clásico *Urbanism as a Way of Life* (1929) concluyeron que la vida urbana creaba una personalidad distinta, que era anómica, materialista, autosuficiente, impersonal, apresurada, superficial, manipulativa y propensa a la inseguridad y la desorganización personal.

Relativamente poco material empírico apoyaba estas impresiones. Algunos estudios modernos han encontrado que la alineación y la anomia no están más extendidas en las zonas altamente urbanizadas que en las menos urbanizadas (Greer y Kube, 1959; Fischer, 1973). Conforme aumenta la urbanización, la amistad y la participación en las organizaciones formales disminuye, pero aumentan las relaciones en los grupos primarios dentro de la familia y de los grupos de amigos (Schulman, 1976). Cuando la gente de campo emigra a la ciudad, no entran en un vacío social, sino que se relacionan estrechamente con los parientes en su interacción social (Blumberg y Bell, 1959). La investigación encuentra que la familia extendida en vez de perder importancia con la urbanización, es una unidad todavía más importante en las grandes ciudades que en las zonas rurales (Key, 1961). En realidad, la "familia extendida"

podría definirse actualmente incluyendo a los amigos íntimos, porque ellos desempeñan la misma función que los parientes. El aumento de la proporción de contactos secundarios debido a la urbanización no implica un debilitamiento de la vida de grupo primario.

Las investigaciones han encontrado pocas diferencias entre la personalidad urbana y la rural. Por ejemplo, varios estudios han encontrado que es más probable que la gente del campo ofrezca ayuda, digamos a un niño perdido, (Takoosian, 1977) o a un automovilista varado en el cambio (McKenna, 1976) que la gente de la ciudad. Pero investigaciones más recientes apoyan la conclusión de que el anonimato y la impersonalidad de la ciudad fueron exagerados por los primeros sociólogos, y que las diferencias entre las personalidades urbana y rural no son muy grandes (Karp, Stone y Yoels, 1977; Fischer, 1981). Posiblemente los primeros sociólogos urbanos se impresionaron mucho con las diferencias entre su vida urbana adulta y la niñez rural que muchos de ellos habían conocido. O quizá, algunas genuinas diferencias entre las personalidades urbana y rural se han desvanecido conforme toda la sociedad se ha ido urbanizando.

CONVERGENCIA RURAL Y URBANA

Aunque los conceptos "rural" y "urbano" son útiles, nunca ha habido una línea claramente divisoria entre ellos. Aun antes del movimiento suburbano y de la urbanización de la vida rural, los dos estilos de vida convergían en el *pueblo*.

El pueblo

El pueblo es el asentamiento intermedio entre la comunidad urbana y la rural. Es demasiado grande para que todos los habitantes se conozcan y, sin embargo, lo bastante pequeño para que predominen las relaciones informales. El comportamiento social se parece mucho más a la pauta rural que al de la ciudad metropolita-

La congestión fue —y es— un rasgo común de la vida urbana: Chicago, 1905; Suburbios; Hong Kong; tránsito en El Cairo, Egipto. *(The Bettman Archive, Inc., Joe Munroe/ Photo Researchers Inc.; Al Lowry/Photo Researchers, Inc.; UN photo, by B. P. Wolfe.*

na. No existe una definición *censal* de pueblo; éste clasifica todo asentamiento de más de 2 500 personas como "urbano" y a todos los demás como "rurales". Los estudios sociológicos del pueblo rara vez se han atrevido a definirlo, pero los pueblos estudiados nunca han tenido más de unos cuantos miles de habitantes.

La mayor parte de los pueblos son sedes municipales o centros comerciales rurales. Los pueblos que son cabeceras municipales se encuentran casi siempre estancados, y los pueblos que son centros comerciales rurales suelen estar en decadencia conforme se reduce la población de las granjas agrícolas. Gran cantidad de jóvenes debe emigrar a otras partes en busca de empleo, lo que da al pueblo una distribución anormal de la población y una atmósfera "sin vida". Los pueblos que muestran mayor crecimiento son aquellos situados bastante cerca de las ciudades como para convertirse en suburbios a los que puede llegarse el mismo día, o los que están de tal modo ubicados que atraen la industria (dado que tienen suministro de agua, mano de obra, transporte y cercanía a los mercados), o aquellos donde está creciendo el turismo, los lugares de diversión o las colonias de jubilados. La autonomía local del pueblo pequeño se ha desgastado bajo el impacto de la sociedad de masas. Martindale y Hanson (1969, p. 6) encontraron que las personas pueblerinas se dividían en "locales", a las que les gustaría preservar la autosuficiencia local, y "cosmopolitas", a las que les gustaría orientar la vida local hacia la economía nacional y la sociedad de masas.

Los habitantes del campo que no se dedican a la agricultura

La categoría de "personas que viven en el campo pero no se dedican a la agricultura" ha constituido nuestro segmento de población con crecimiento más rápido, al aumentar en 32% entre 1950 y 1960, en 48% entre 1960 y 1970 y en 20% entre 1970 y 1980, fecha en que casi una cuarta parte de la población entraba dentro de esta categoría. Aunque con frecuencia se les llama "suburbanas", sus rancherías son dema-

La diferenciación rural-urbana
ya no es muy importante.

siado pequeñas (menos de 2 500 habitantes) o sus asentamientos están demasiado esparcidos para definirlos como "zonas urbanizadas". Estas personas no están relacionadas con la agricultura, y muchos viajan a las zonas urbanas para trabajar, comprar o divertirse. Son "rurales" sólo por la definición del censo; su estilo de vida es más urbano que rural.

Desvanecimiento de la diferenciación rural-urbana

Las diferencias urbano-rurales de todo tipo se están reduciendo rápidamente en el mundo occidental, y pronto ocurrirá esto en todas partes. Hace dos décadas por lo menos la diferenciación rural-urbana pasó a segundo término en lo que respecta a la diferenciación ocupacional (Stewart, 1958; Dewey, 1960). La pauta de vida rural típica está más estrechamente ligada a una ocupación agrícola que a la mera residencia en una zona rural. Hace algunos años, un estudio de las diferencias rurales-urbanas en las relaciones interpersonales encontró que los agricultores difieren mucho de los residentes urbanos, aunque comparativamente había poca diferencia entre las personas rurales no dedicadas a la agricultura y las personas urbanas (Reiss, 1959). Es evidente que la ocupación se ha vuelto más importante que la residencia rural o urbana como clave de la personalidad de una persona y de su forma de vida. Un sociólogo rural concluye que: "no existe una sociedad *rural* y no existe una economía *rural*. Se trata únicamente de *nuestra* distinción analítica, de nuestro instrumento retórico" (Copp, 1972). Ahora tenemos una cultura *urbana,* en la que el lugar de residencia es uno de los indicadores sociales menos importantes de todos en Estados Unidos. Sin embargo, en las sociedades menos desarrolladas y urbanizadas la diferenciación rural-urbana sigue siendo importante (Rosen, 1973).

EL FUTURO DE LAS CIUDADES

Alguna literatura sobre la "crisis de las ciudades" censura el presente al compararlo con una mítica Edad de Oro cuando la vida comunitaria era misteriosa, sociable y tranquila. Pero ningún historiador ha podido localizar tal Edad de Oro (Fisher et al., 1977, p. 197) y las predicciones sobre el colapso urbano son igualmente irreales. Es difícil concebir cómo podría operar una sociedad moderna sin grandes ciudades. Éstas pueden alojar a una reacción que cada vez se reduce más de nuestra población en el futuro, pero es improbable que nuestras "zonas metropolitanas estadísticamente normales" se reduzcan y mucho menos probable que desaparezcan (Chudacoff, 1975, p. 267).

La clase baja del centro de la ciudad

Medio siglo de esfuerzo ha fracasado en el intento de detener el deterioro del centro de la ciudad. Es posible que, sin semejante esfuerzo, el centro de la ciudad fuese todavía peor, pero esto no puede probarse o refutarse.

Las personas, los comercios y las industrias están desertando del centro de la ciudad hacia los suburbios y los pueblos pequeños. El centro de la ciudad pierde muchos de sus empleos y de sus habitantes mejor educados y con más éxito. Su base fiscal se deteriora al mismo tiempo que su infraestructura (calles, puentes, aceras, cañerías principales, alcantarillas) se está desmoronando, elevando todo tipo de costos urbanos.

El centro de la ciudad se convierte en un enclave para los pobres que dependen de la asistencia pública y para los fracasados. Ellos no pueden ir tras los empleos a los suburbios y pequeños pueblos, porque la mayor parte de las zonas residenciales destierran deliberadamente cualquier tipo de vivienda de renta baja que pudiera atraer a personas "indeseables". El transporte público urbano funciona al revés con respecto al centro de la ciudad, porque está programado para llevar gente *al* centro de la ciudad por la mañana y devolverla a los suburbios por la noche. Todos los empleos nuevos en el centro de la ciudad exigen buena educación y facilidad en el "inglés normal", características de las que carece la mayor parte de los habitantes del centro de la ciudad. Así, el pobre del centro de la ciudad, principalmente los pobres de las minorías, no pueden encontrar trabajo donde viven y no pueden ir adonde hay trabajos (Brunn y Wheeler, 1980, pp. 203-204). Podemos estar desarrollando una clase urbana baja permanente, sobre todo de minorías, para la que no hay trabajos ni posibilidades de obtenerlos alguna vez (Auletta, 1982). El costo de la asistencia pública de nuestra clase baja del centro de la ciudad es el precio que paga nuestra sociedad por mantener al pobre alejado de la vista y de la mente.

La actual política federal es esperar que, con el retorno de la prosperidad, las fuerzas del mercado se hagan cargo de los problemas del centro de la ciudad, y no se harán cargo de ellos. La mayor parte de los pobres del centro de la ciudad carece de experiencia laboral y de la posibilidad física necesaria para desempeñar los trabajos que la creciente riqueza pudiera crear. Un programa realista tomaría una de estas dos direcciones: 1) El *redesarrollo urbano,* creando nuevos trabajos dentro de la ciudad que pudieran desempeñar los habitantes del centro de ella, o 2) la *reubicación,* trasladando a los habitantes del centro de la ciudad adonde se encuentran los trabajos. Algunos especialistas urbanos favorecen el redesarrollo (Cassidy, 1980), y otros favorecen la reubicación (Brunn y Wheeler, 1980). Ambos programas costarían mucho dinero y pondrían en entredicho muchos intereses creados, sin ninguna garantía de éxito. Nuestra actual política nacional pudiera denominarse una política de indiferencia. En la situación política actual del pueblo estadounidense no es probable que se emprenda ninguno de los dos programas señalados.

El movimiento en las ciudades nuevas

Ha pasado ya más de un siglo desde que las primeras "ciudades nuevas" se fundaran en Inglaterra y en Estados Unidos. La idea era evitar la triste miseria del crecimiento interminable de la gran ciudad mediante la fundación de muchas ciudades nuevas autosuficientes e independientes, planeadas agradablemente para la eficiencia y la belleza. Unos cuantos éxitos espectaculares, como el de Topiola, en Finlandia, Reston, en Virginia, o Columbia, en Maryland, muestran cómo una ciudad puede ser al mismo tiempo eficiente y agradable (Clapp, 1971; Evans, 1972; Thomas y Cresswell, 1973, Campbell, 1976; Corden, 1977; Burkhart, 1981).

La mayor parte de las ciudades nuevas en Estados Unidos han tenido una especie de atmósfera de club campestre. Unas cuantas, como Columbia, Maryland, incluían minorías raciales y una mezcla de diversos niveles de ingresos (Burkhart, 1981), pero la mayor parte de ellas excluye a quienes no son moderadamente ricos. Por su diseño, las ciudades nuevas se mantienen

dentro de un tamaño modesto, y no pueden ser imán para artistas, intelectuales, buscadores de poder y acontecimientos artísticos, que hacen de la gran ciudad un lugar menos seguro pero más excitante para vivir. Algunos residentes de las ciudades nuevas se quejan de que la vida allí es segura, eficiente y confortable, pero algo aburrida. Así, las ciudades nuevas evitan algunos problemas urbanos, aunque crean otros; sin embargo, mirándolo bien, ofrecen a algunas personas un modelo más civilizado de vida urbana que la experimentada ahora por la mayoría (Schaffer, 1970; Knittel, 1973; Brooks, 1974; Campbell, 1976; Klein, 1978).

Las ciudades nuevas no son un remedio para los problemas de las ciudades existentes. Requieren una enorme inversión inicial, y la mayor parte de ellas en Estados Unidos se encuentran en dificultades financieras (Farrell, 1976; Pauley, 1976; Loomis, 1977). Algunas, como Newfield, Ohio, han fracasado completamente (Steiner, 1981), y en 1978 se suspendió todo apoyo federal para las ciudades nuevas.

Una ciudad nueva necesitaría terminarse cada semana si hubiera que dar acomodo siquiera a la mitad de nuestro crecimiento urbano esperado. En consecuencia, la mayor parte de nuestro crecimiento urbano puede esperarse que siga las pautas convencionales.

UNA CUESTIÓN DE PRIORIDAD

Hay cosas que toda ciudad debe hacer y que Nueva York, habiendo ahora superado su crisis financiera, hace mal o simplemente no hace. No es esperar lo inalcanzable pedir que las cosas deseables se hagan: que se arreglen las calles y los puentes, que se recoja la basura, que el tránsito fluya convenientemente. Hay otras cosas que no parece posible hacer: educar a los que no quieren ser educados, enseñar a trabajar a los que no saben cómo y no quieren aprender, redu-

cir el crimen, evitar que aquellos que se destruyen a sí mismos con la droga o la bebida, lo hagan.

Pienso que sería mejor si invirtiéramos algunas de las enormes sumas que gastamos en las cosas no factibles, en las factibles.

Nathan Glazer, review of Charles Brecher and Raymond D. Horton, *Setting Municipal Priorities*, 1982, in *New York Times Book Review*, January 31, 1982, p. 23.

¿Está usted de acuerdo con el punto de vista de Glazer acerca de las prioridades urbanas?

Planeación de las ciudades

Un antídoto comúnmente recomendado en la actualidad para los problemas urbanos es la planeación de las ciudades. Prácticamente toda ciudad tiene un consejo de planeación de la ciudad, aunque con frecuencia no hace otra cosa que decidir la ubicación de las carreteras, de los edificios públicos y los cambios de zonas. Toda planeación global tiene la seguridad de encontrar oposición por parte de muchos intereses creados. Sin embargo, sin la planeación total y la ejecución de estos planes la ciudad estadounidense tiene que hacer frente a un deterioro acelerado. Los barrios bajos se están extendiendo más rápidamente de lo que son eliminados. El desarrollo sin coordinación, hecho poco a poco, de la franja urbana y de las ciudades alargadas representa enorme desperdicio y agudos problemas futuros.

El alcantarillado, las cañerías de agua y las autopistas, construidas *después* de que se han construido muchas casas habitación y edificios, requerirán costosas demoliciones. Un suburbio tendrá muchísimos niños que educar, mientras que otro tendrá propiedades industriales que proporcionan la base fiscal necesaria para financiar buenas escuelas. Algunas zonas comenzarán a tener costosas inundaciones cuando el desarrollo de las zonas adyacentes altere la vertiente. Las tranquilas zonas residenciales se convertirán en ruidosas vías públicas, debido al desarrollo de las zonas circundantes. Problemas como éstos son el fruto de un desarrollo regional no coordinado ni planeado. Existen, hasta ahora, pocas autoridades en planeación con poder para ejecutar, o solamente alentar, la ejecución de planes para toda una zona metropolitana. Es probable que cuando los problemas se hayan vuelto intolerables y la mayor parte de los errores se hayan conocido, se crearán los planes. Necesitarán proveer de instalaciones públicas adecuadas, como centros de recreación, unidades sanitarias públicas y escuelas, suministrar el aire puro, luz y agua necesarios, junto con sistemas de alcantarillado, guiar y controlar la incansable juventud de nuestras ciudades y, finalmente inventar formas de manejar el abrumador problema del tránsito urbano. En algunos casos la unidad de planeación es un vecindario urbano, mientras que otros problemas pueden exigir atención estatal, regional o aun nacional.

Las cuestiones enormemente difíciles de cómo detener el deterioro urbano y reconstruir la vida social de nuestras ciudades son demasiado complicadas para tratarlas aquí. Estos problemas llenan otros libros de texto para otros cursos (Perloff et al., 1975; Cassidy, 1980; White, 1980). Entretanto, prosigue el debate sobre los medios y objetivos de la planeación y reconstrucción urbanas (Klein, 1978; Stretton, 1978; Norton, 1979; Catonese y Snyder, 1979). Las ciudades son tan antiguas como la historia escrita pero sólo dentro del lapso de vida de la gente actual hemos empezado a vivir en una sociedad urbana. Y sólo dentro de la memoria de los universitarios actuales hemos comenzado a considerar seriamente cómo podemos organizar una sociedad urbana para nuestro bienestar y felicidad.

SUMARIO

Una *comunidad* se define por lo general como los residentes de una zona dentro de la cual pueden desarrollarse todas las actividades vitales del grupo. Las personas del campo y de la ciudad han sido diferentes debido a que las condiciones de vida físicas y sociales eran distintas en las comunidades urbanas y en las rurales. El aislamiento de la comunidad rural tradicional, la homogeneidad, la ocupación agrícola y la economía de subsistencia tendían a desarrollar personas que eran ahorradoras, trabajadoras, conservadoras y etnocéntricas. Los cambios tecnológicos han traído consigo una revolución rural que ha reducido el aislamiento, comercializado la agricultura en gran escala y ha proporcionado una forma de vida similar en muchos aspectos a las pautas urbanas.

La ciudades se vuelven posibles cuando se desarrolla un excedente agrícola, y los medios de transporte se mejoran y tienden a ubicarse en los "paraderos". Los intentos para explicar el modelo ecológico de las ciudades estadounidenses han producido las teorías de la zona concéntrica, sectorial y de núcleos múltiples, ninguna de las cuales se ajusta perfectamente a alguna ciudad, pero a las que se parecen muchas ciudades. Los desarrollos en la estructura de la ciudad actual más importantes son la *zona metropolitana,* incluyendo el *suburbio,* que explica gran parte de nuestro actual crecimiento de población. La tendencia actual es la de la migración hacia zonas rurales y pueblos pequeños, un vuelco que reduce mucho las proyecciones de crecimiento de la gran ciudad. El rápido crecimiento de la población negra en el centro de las ciudades se está reduciendo ahora, puesto que la mayoría de los negros son actualmente urbanos. Hasta hoy ha habido poca migración negra hacia los suburbios.

Los *barrios bajos* son un producto del bajo ingreso de sus habitantes lo que pone en movimiento un círculo de causas y efectos de descuido de las propiedades por sus dueños y de abuso de ellas por los inquilinos. La vivienda social sólo ha tenido un éxito limitado en detener el deterioro urbano, debido en parte a que intensifica el aislamiento de los pobres con respecto al resto de la sociedad.

La ciudad en un conglomerado de *zonas naturales* que se están formando y cambiando constantemente mediante los *procesos ecológicos de concentración, centralización, descentralización, segregación, invasión y sucesión.*

La vida y la personalidad urbanas se ven afectadas por las condiciones físicas y sociales de la vida urbana: anonimato, densidad, distancia social y reglamentación. Los primeros sociólogos creyeron que estas condiciones cultivaban una personalidad urbana distinta: enajenada, materialista, insegura y autosuficiente, pero las investigaciones más recientes ponen en duda esta conclusión porque encuentran pocas diferencias entre las personalidades urbana y rural. La suposición generalizada de que la vida y la gente del campo son ''mejores'' se conoce como el *prejuicio antiurbano.* En la actualidad las diferencias urbanas y rurales están desapareciendo rápidamente. La diferenciación rural-urbana es ya menos importante que la clasificación ocupacional como una clave para la personalidad y la forma de vida de una persona. El *pueblo* es un ejemplo de la convergencia rural-urbana, en la que los habitantes del pueblo se dividen según traten de conservar la autosuficiencia del pueblo pequeño o su integración en la economía nacional. El rápido crecimiento de la población rural que no se dedica a la agricultura es más urbano que rural en su vida social.

La minoría pobre que habita el centro de las ciudades forma una clase baja creciente para la que no hay suficientes empleos dentro de la ciudad ni acceso práctico a los lugares donde pueden encontrarse los empleos. El *movimiento de las ciudades nuevas* es un intento de trasladar personas e industrias a nuevas comunidades planeadas. La *planeación de las ciudades* es un intento —todavía sin mucho éxito— de tratar de resolver los problemas cada vez más graves de la ciudad.

GLOSARIO

agronegocios: agricultura comercializada en gran escala y mercadeo.

aristocratización: renovación de las zonas urbanas en decadencia mediante la ocupación por residentes de clase media alta.

comunidad: se define con frecuencia como una agrupación local dentro de la cual las personas llevan a cabo un ciclo completo de actividades vitales, pero se emplea para designar cualquier localidad y categoría de personas.

prejuicio antiurbano: suposición de que la vida citadina es inferior a la vida rural.

procesos ecológicos urbanos: medios por los cuales cambian la distribución de personas y actividades. Incluye:

centralización: agrupacion de funciones económicas y de servicio

concentración: tendencia de las personas y actividades a agruparse.

descentralización: fuga de las personas y actividades del centro de la ciudad.

invasión: introducción de un nuevo tipo de personas o actividades en una zona.

segregación: concentración de cierto tipo de personas o actividades dentro de una zona particular.

sucesión: reemplazo completo

de un tipo de personas o actividades por otra.

zona natural: una zona con una serie de personas de tipo particular y actividades mutuamente interdependientes.

PREGUNTAS Y PROYECTOS

1 ¿Por qué los pueblos prehistóricos no construyeron ciudades?

2 ¿Qué análisis describe mejor el surgimiento y caída de la pauta de hospitalidad en la frontera, el funcional o el del conflicto?

3 ¿Qué ha producido la revolución rural? ¿Qué efecto ha tenido en las diferencias rural-urbanas?

4 ¿Por qué el "consumo conspicuo" ha sido más propio de una pauta urbana que de una pauta rural? ¿Está cambiando actualmente esta relación? ¿Cómo o por qué?

5 ¿La gente rural "no dedicada a la agricultura" está más cerca, en su tipo de personalidad y estilo de vida, del modelo urbano o del modelo rural?

6 ¿Cuál es la causa de que existen los barrios bajos de la ciudad? ¿En qué se parecen y en qué difieren los barrios bajos rurales de los de la ciudad?

7 ¿A quién hay que culpar del deterioro y abandono de las propiedades en el centro de la ciudad?

8 Si la asistencia pública se suspendiera, ¿encontraría trabajo la mayor parte de sus beneficiarios que viven en el centro de la ciudad?

9 ¿Cuáles son las razones del cambio en las tendencias de población? ¿Es un cambio caprichoso o duradero?

10 ¿Por qué la aglomeración ha producido pocos efectos negativos mensurables en los seres humanos?

11 ¿Por qué la planeación urbana es tan difícil? ¿Por qué los planificadores no pueden trazar un plan que funcione y llevarlo a cabo?

12 Elija la ciudad que usted conozca mejor y aplique cada una de las tres teorías acerca de la estructura de la ciudad. ¿A cuál de ellas se ajusta mejor? ¿Cuán bien describe esa teoría la actual disposición de esa ciudad?

13 En algunos pueblos universitarios donde las personas de 18 años de edad pueden votar, los estudiantes podrían controlar la política local. ¿Utilizan ellos su fuerza? ¿El pueblo se beneficiaría o se perjudicaría?

LECTURAS QUE SE SUGIEREN

Booth, Alan: *Urban Crowding and Its Consequences,* Praeger Plublishers, New York, 1976. Un breve sumario de investigación.

Brunn, Stanley D. and James O. Wheeler (eds.): *The American Metropolitan System: Present and Future,* John Wiley & Sons, Inc., New York, 1980. Una colección de problemas y perspectivas urbanas.

Campbell, Carlos C.: *New Towns: Another Way to Live,* Reston Publishing Company, Reston, Va., 1976. Una descripción entusiasta de una de las ciudades nuevas que han tenido más éxito.

Catanese, Anthony J. and James C. Snyder: *Introduction to Urban Planning,* McGraw-Hill Book Company, New York, 1979. Un libro de texto sobre planeación urbana.

Dillman, Don A. and Daryl J. Hobbs (eds.): *Rural Society in the United States: Issues for the 1980s,* Westview Press, Boulder, Col., 1980. Una colección sobre problemas rurales.

* Fischer, Claude S.: *The Urban Experience,* Harcourt Brace Jovanovich, Inc., New York, 1976. Resume muchos de nuestros conocimientos acerca de la vida urbana.

Fuerst, J. S.: "Class, Family, and Housing", *Society,* 12:48-53, November/December, 1974. Dice por qué la vivienda social, ocupada por los pobres que dependen de la asistencia pública, sin integrar familias estables de clase media, está condenada a fracasar.

McCord, Arline and William McCord: *Urban Social Conflict,* The C. V. Mosby Company, St. Louis, 1977. Un análisis del conflicto, sobre la vida, luchas y reformas urbanas.

*McSheehy, William: *Skin Row,* Schenkman Publishing Co., Inc., Cambridge, Mass., 1979. Una breve y agradable descripción de la vida en un barrio bajo.

*Salins, Peter D.: *The Ecology of Housing Destruction: Economic Effects of Public Intervention in the Housing Market,* New York University Press for the International Center for Economic Policy Studies, New York, 1980. Arguye que la intervención de los gobiernos federal y local en la vivienda promueve su destrucción.

*Swanson, Bert E., Richard A. Cohen, and Edith P. Swanson:

Small Towns and Small Towners: A Framework for Survival and Growth, Sage Publications, Beverly Hills, Cal., 1979. Descripción y análisis de la vida en una pequeña ciudad.

Van Valey, Thomas L., Wade C. Roof, and Jerome E. Wilcox: "Trends in Residential Segregation: 1960-1970", *American Journal of Sociology,* 82:826-844, January 1977. Un análisis de los datos sobre segregación residencial, de interés especial por cuanto muestra cómo datos aparentemente contradictorios no siempre son inexactos, sino que pueden reconciliarse cuando se evalúa cuidadosamente la metodología de las investigaciones.

Walton, John: "Toward a Synthesis of Studies of the Urban Condition", in John Walton and Donald E. Carns (eds.): *Cities in Change: Studies on the Urban Condition,* Allyn and Bacon, Inc., Boston, 1977, pp. 582-586. Un sumario muy breve de los mitos y verdades acerca de las ciudades estadounidenses.

Algunos libros de texto recientes sobre sociología urbana son: Abrahamson, Mark: *Urban Sociology,* Prentice-Hall, Inc., Englewood Cliffs, N.J., 1980; Taylor, Lee, *Urbanized Society,* Goodyear Publishing Company, Santa Monica, Cal., 1980; Wallace, Samuel E.: *The Urban Environment,* The Dorsey Press, Homewood, Ill., 1980; Para libros de texto sobre sociología rural, véase Wilson, Robert A. and David A. Schultz: *Rural Sociology,* Prentice-Hall, Inc., Englewood Cliffs, N.J., 1977; Hassinger, Edward W.: *The Rural Component in American Society,* The Interstate Printers & Publishers, Inc., Danville, Ill., 1978; Bradshaw, Ted. K. and Edward Blakeley: *Rural Community in Advanced Industrial Society,* Preager Publishers, New York, 1979.

* Un asterisco antes de la cita indica que la edición está disponible en rústica.

19 Comportamiento colectivo y movimientos sociales

506

*Cambio social
y política social*

Tipos de movimientos
sociales
Ciclos vitales de los

movimientos sociales
SUMARIO
GLOSARIO

PREGUNTAS Y PROYECTOS
LECTURAS QUE SE
SUGIEREN

Procter & Gamble Co., cansada de tener a sus empleados acosados, ha contratado al Rev. Jerry Falwell y a otros líderes religiosos para demostrar que la compañía no está ligada al satanismo o al Rev. Sun Myung Moon.

En los últimos meses, los vendedores de P&G han sufrido agresiones pues se les ha arrojado pintura a sus automóviles o les han cortado a cuchilladas los neumáticos. Otros empleados se han visto desafiados a peleas, y sus hijos han sido hostigados en la escuela debido al rumor, dijeron los funcionarios de la compañía. Hasta los predica-dores han estado acusando a P&G.

El rumor empezó con una historia que ligaba el símbolo P&G de la corporación, que tiené un siglo de antigüedad —un hombre en la Luna mirando 13 estrellas—, con el culto satánico. Otra versión del rumor es que el símbolo de la Luna significa que P&G ha sido tomada por los "moonies", seguidores del Rev. Sum Myung Moon.

Los rumores son "absurdos", dicen los funcionarios de P&G, quienes señalan que el símbolo tuvo sus principios en 1851 cuando los transportadores de los barcos flu-viales marcaron los cajones con las siglas P&G para facilitar su identificación. El diseño fue registrado en la oficina de patenes de Estados Unidos en 1882.

P&G recibe ahora 12 mil llamadas al mes a propósito de estos rumores. Cuando los empleados fueron objeto de violencia, P&G decidió que ya no podía guardar silencio. La firma inició una ofensiva contra los rumores el jueves distribuyendo declaraciones de cinco líderes religiosos estadounidenses censurando los rumores.

(*United Press Internacional,*
June 25, 1982).

El rumor es uno de los tipos de comportamiento colectivo fascinantes, que no es un campo fácil para estudiarlo científicamente. Los disturbios y los pánicos no ocurren bajo la mirada tranquila de un sociólogo visitante. Provocar deliberadamente esos comportamientos nos llevaría a la cárcel. Además, ¿cómo podría realizar un sociólogo una entrevista en medio de una muchedumbre o del pánico? Estamos limitados a los relatos de testigos oculares de observadores y participantes, a los archivos policiacos, a los reportajes periodísticos y a otros datos diseminados. Rara vez podemos localizar una muestra representativa de participantes para hacer un estudio sistemático. Ha habido intentos ingeniosos de reproducir las condiciones multitudinarias del comportamiento en un laboratorio con fines de investigación, pero pocos tipos de comportamiento de la multitud pueden reproducirse en un laboratorio. Aun con estas limitaciones tenemos una buena cantidad de información descriptiva, junto con alguna investigación empírica, de la que hemos de-sarrollado ciertas ideas acerca del comportamiento colectivo.

NATURALEZA DEL COMPORTAMIENTO COLECTIVO

Todos los sociólogos hablan acerca del "comportamiento colectivo", pero pocos tratan de definirlo. Cuando lo hacen, las definiciones no son muy útiles. La definición de Smelser: "Movilización sobre la base de una creencia que redefine la acción social" (Smelser, 1963, p. 8) probablemente no será muy clara para muchos estudiantes. La definición de Perry y Pugh: "Pautas relativamente poco organizadas de interacción social en grupos humanos" (1978, p. 3), es sencilla pero demasiado amplia. Cubre tantas clases de comportamiento que en realidad no define. Milgram y Toch definen el comportamiento colectivo como "un comportamiento que se origina espontáneamente, es relativamente poco organizado, bastante impredecible, sin plan en su curso de desarrollo, y depende de la estimulación mutua entre los participantes" (1969, p. 507). El comportamiento colectivo incluye el comportamiento de la multitud, el comportamiento de masas y los movimientos sociales, y el estudio del comportamiento colectivo incluye temas como el comportamiento en caso de desastre, multitudes, pandillas, pánicos, rumores, modas extravagantes, histeria de masas, aficiones pasajeras, modas, propaganda, opinión pública, movimientos sociales y revoluciones.

Existen muchas formulaciones teóricas del comportamiento colectivo, ninguna de ellas totalmente apropiada. Turner y Killian (1972, Cap. 2) notan que hay por lo menos tres enfoques teóricos diferentes. Los más antiguos fueron las teorías del *contagio* (LeBon, 1896), que describían el comportamiento de la multitud como una respuesta irracional y carente de sentido crítico a las tentaciones psicológicas de la situación de la multitud. Esta teoría refleja el punto de vista elitista que define a la gente común como infantil, impulsiva e irresponsable. Más tarde vinieron las teorías de la *convergencia,* que se centran sobre las características culturales y de personalidad compartidas de los miembros de una colectividad y señalan cómo estas similitudes alientan una respuesta colectiva a una situación (Freud, 1922; Allport, 1924; Miller y Dollard, 1941). Las teorías de la convergencia consideran el comportamiento colectivo como algo más que un impulso insensato y admiten que el comportamiento colectivo puede ser racional y dirigido hacia una meta. Finalmente, las teorías de la *norma emergente* afirman que en una situación que invita al comportamiento colectivo surge una norma que gobierna el comportamiento (Turner y Killian, 1957, 1972). Una síntesis integrada de estas teorías trató de hacerla Smelser (1963, Cap. 1); sin embargo, ésta aparece principalmente como una teoría de la norma emergente. Sus determinantes del comportamiento colectivo son:

1 *Conductividad estructural.* La estructura de la sociedad puede alentar o desalentar el comportamiento colectivo. Las sociedades simples y tradicionales son menos propensas al comportamiento colectivo que las sociedades modernas.

2 *Tensión estructural.* La privación y el temor a la privación se encuentran en la base de gran parte del comportamiento colectivo. Los sentimientos de injusticia impulsan a muchos a la acción extrema. Las clases empobrecidas, las minorías oprimidas, los grupos cuyas ganancias difícilmente obtenidas están amenazadas, y aun los grupos privilegiados que temen la pérdida de sus privilegios, son candidatos para el comportamiento colectivo.

3 *Crecimiento y difusión de una creencia generalizada.* Antes de toda acción colectiva debe haber una creencia entre los actores que identifica la fuente de la amenaza, la ruta de escape o los caminos para la realización.

4 *Factores precipitantes.* Algún hecho dramático o rumor prepara el escenario para la acción. Un grito de "brutalidad policiaca" en un vecindario racialmente tenso puede desatar un disturbio. Una persona que empieza a correr puede precipitar un pánico.

5 *Movilización para la acción.* El liderazgo surge y comienza o propone una acción y dirige la actividad.

6 *Operación y control social.* Cualquiera de los puntos anteriores, el ciclo puede ser interrumpido por el liderazgo, la fuerza policiaca, la propaganda, los cambios de política gubernamental o legislativa y otros controles sociales.

La formulación de Smelser ha provocado buena cantidad de crítica y experimentación (Oberschall, 1968; Wilkinson, 1970; Lewis, 1972; Berk, 1974*a,* pp. 40-46); sin embargo, sigue siendo quizá el enfoque teórico más ampliamente utilizado actualmente en el estudio del comportamiento colectivo.

COMPORTAMIENTO DE LA MULTITUD

Una *multitud* es una *reunión temporal de personas que reaccionan juntas a un estímulo.* Un autobús atestado de pasajeros, cada uno sepul-

Un incidente menor puede convertir a una multitud ordenada en una multitud violenta. (*Wide World Photos.*)

tado en sus pensamientos privados, no es una multitud; dejemos que el conductor se detenga para tomar unos cuantos tragos, e inmediatamente forman una multitud.

A diferencia de la mayor parte de otros grupos, una multitud es temporal. Sus miembros rara vez se conocen. La mayor parte de las formas del comportamiento de la multitud no están estructuradas, no tienen reglas, tradiciones, controles formales, líderes designados, ni pautas establecidas que sigan sus miembros. El comportamiento de la multitud se vuelve algunas veces violento, con mucha frecuencia en respuesta a una torpeza o a un ataque violento por parte de la policía o del ejército (Couch, 1968; Perry y Pugh, 1978, p. 19). El comportamiento de la multitud es calificado con frecuencia como "irracional", casi siempre por personas que desaprueban las metas que se están buscando. Pero el comportamiento de la multitud suele estar dirigido a una

meta, algunas veces con mucha inteligencia, y en esa medida puede ser completamente "racional", aun cuando las metas puedan ser desaprobadas por otras personas (Berk, 1974*b*).

El comportamiento de la multitud puede parecer espontáneo y completamente impredecible, pero como veremos, el comportamiento de la multitud no es sólo un asunto de oportunidad o de impulso. El comportamiento de la multitud es una parte de la cultura. Los tipos de multitudes que se forman y las cosas que una multitud hará y no hará difieren de una cultura a otra. El comportamiento de la multitud puede analizarse y entenderse y en alguna medida predecirse y controlarse.

Teoría del contagio

Blumer define el contagio social como "la diseminación relativamente rápida, involuntaria y no racional de un estado de ánimo, impulso o forma de conducta..." (1975, p. 27). La teoría del contagio hace hincapié, con frecuencia en forma exagerada, en los aspectos no racionales del comportamiento colectivo. Algunos factores que alientan el contagio social incluyen el anonimato, la impersonalidad, la sugestibilidad, la fatiga nerviosa y la amplificación interaccional.

EL ANONIMATO.   En la feria del condado muchos se encontrarán con sus amigos y vecinos; en el festival de música rock la mayoría serán extraños. Cuando más anónima es la multitud, mayor el potencial para llevar a cabo una acción extrema. El anonimato de la multitud remueve el sentido de individualidad de los miembros. No prestan atención a los otros miembros como individuos y no se dan cuenta que ellos mismos no están siendo singularizados como individuos, por lo que el autocontrol de un miembro de una multitud se reduce y es libre para dar rienda suelta a un comportamiento que comúnmente sería controlado, debido esto a que la responsabilidad moral se ha transferido del individuo al grupo. Por lo menos un estudio (Festinger et al., 1952) afirma haber confirmado estos mecanismos mediante experimentos en el laboratorio. Los miembros de la multitud rara vez confiesan algún sentimiento de culpa después de participar aun en las más ultrajantes atrocidades, y esta transferencia de la responsabilidad moral al grupo es parte de la explicación.

LA IMPERSONALIDAD.   El comportamiento de grupo es típicamente impersonal. Con esto queremos decir que cuando los grupos interactúan con otros grupos, esta interacción toma muy poco en cuenta los sentimientos o las relaciones personales entre los miembros de diferentes grupos. El soldado no tiene ningún resentimiento personal contra el soldado enemigo al que le dispara, ni tampoco importa que el jugador de fútbol del equipo contrario sea un amigo personal. En una "carrera" de motocicletas, todos los motociclistas pueden ser percibidos y temidos como rufianes por lo locales, en tanto que todos los locales pueden convertirse en "el enemigo" para los motociclistas. La impersonalidad del comportamiento de la multitud se revela en los disturbios raciales donde un miembro de la raza enemiga es tan bueno o tan malo como otro, como sugiere este incidente:

Estuvimos dando vueltas en automóvil durante largo tiempo. Vimos gran cantidad de gente de color, pero estaban en grupos. No queríamos nada de éstos, queríamos a algún muchacho completamente solo. Vimos uno en la avenida Mack.

Aldo pasó junto a él y me dijo "dame esa pistola". Yo se la pasé y él dio la vuelta y regresó. Estábamos aproximadamente a cinco metros del hombre cuando Aldo se acercó, casi se detuvo y disparó. El hombre cayó y nosotros huímos.

No lo conocíamos. No nos estaba molestando. Pero otras personas estaban luchando y matando y nosotros nos sentimos también igual. (Alfred M. Lee y Norman D. Humphrey, *Race Riot,* Holt, Rine Hart and Winston, Inc., New York, 1943, p. 38).

No debería sorprender que los transeuntes pacíficos sean atacados en los disturbios raciales. Si el otro *grupo* es el enemigo, *cualquier* miembro del grupo es automáticamente una víctima. Pero si el escenario para el comportamiento del grupo se destruye, el comportamiento cambia. Por ejemplo, en el disturbio racial de Chicago en 1919, un hombre negro se alejó de todos sus perseguidores menos de uno, de tal manera que los dos quedaron separados de sus grupos y se enfrentaron uno a otro como individuos, después de lo cual dejaron de luchar (Chicago Commission, 1922, p. 22). Separados de sus grupos se dieron cuenta de que no tenía sentido luchar. El comportamiento de grupo es impersonal; cuando la interacción se vuelve personal, deja de ser comportamiento de grupo y cambia de naturaleza.

SUGESTIBILIDAD.   Puesto que las situaciones de la multitud no suelen estar estructuradas, no hay líderes establecidos o pautas de conducta que los miembros tengan que cumplir. Más aún, su responsabilidad individual se ha transferido al grupo. Con frecuencia la misma situación es confusa y caótica. En tal estado de cosas, las personas actúan algunas veces enseguida y sin sentido crítico bajo la sugestión, especialmente si ésta se hace en forma autoritaria y decidida. La "impredecibilidad" de las multitudes es sólo otra forma de decir que las multitudes son sugestionables (Lang y Lang, 1961, pp. 221-225). Sin embargo, este factor de sugestibilidad está lejos de ser ilimitado, y algunos sociólogos consideran que los que estudian el comportamiento de la multitud han hecho demasiado hincapié en su importancia (Couch, 1968).

FATIGA NERVIOSA. Hay pruebas considerables de que la fatiga nerviosa a causa de la situación ayuda al contagio social (Perry y Pugh, 1978, pp. 62-65). En otras palabras, las personas que se encuentran bajo tensión nerviosa (fatiga, temor, ansiedad, inseguridad, inconsistencia de status, disgusto) son más propensas a creer en los rumores, a llenarse de pánico, a unirse en los disturbios, a la histeria colectiva o a movimientos sociales que las personas que están tranquilas y sin problemas.

AMPLIFICACIÒN INTERACCIONAL. En la feria del condado no hay una sola "multitud" la mayor parte del tiempo; en cambio hay muchos grupos pequeños, con frecuencia grupos familiares, moviéndose de un lado a otro sin un foco central. En el festival de música rock, una enorme y compacta multitud rodea un solo escenario desde el cual sale un ritmo hipnótico y con frecuencia un mensaje contracultural. La mayor parte de los miembros se pierden en un sentimiento de comunidad y entran en un éxtasis parecido al de un gran renacimiento religioso de una época muy remota.[1] Esta elaboración emocional que los miembros de la multitud se dan unos a otros es uno de los rasgos más dramáticos del comportamiento de la multitud. Esta comunicación de los sentimientos es más impresionante en las turbas y en los disturbios, pero también se encuentra en las multitudes ordenadas. La primera o las dos primeras porras en un juego de fútbol generalmente se apagan; hasta que no

[1] Véase "Woodstock: Like it was", *The New York Times*, Aug. 25, 1969, pp. 1 ff.

oímos el oleaje de las voces alrededor de nosotros no lanzaremos porras muy fuertes. Todo locutor o maestro de ceremonias profesional sabe que un auditorio muy esparcido en una gran sala responderá poco. Una sala pequeña bien llena es mucho mejor. Sobre todo, el auditorio debe estar sentado muy junto, sin muchos asientos vacíos que los separen. Todo animador trata de mover al auditorio de atrás hacia el frente de modo que formen un grupo firme y cercano. Al fenómeno que se busca se le ha llamado algunas veces con el pesado título de *amplificación interaccional*. Éste es el *proceso mediante el cual los miembros de una multitud se estimulan y responden mutuamente y por lo tanto, aumentan su intensidad y su capacidad de responder emocionalmente.*

El contagio se aumenta mediante "el golpeteo" y el "ritmo". La multitud, si no está sentada, puede empujar y moverse de atrás hacia adelante, arrastrando consigo a los individuos. La multitud puede romper en aplausos o gritos rítmicos, con olas sucesivas de sonido que llevan a los miembros a las cumbres más altas de la excitación. Todos estos procesos ayudan a explicar por qué el comportamiento de la multitud va más allá a veces de lo que la mayoría de los miembros pretendían. Las personas que llegaron con la intención de ser solamente observadores son atrapados en el proceso y se encuentran uniéndose a él. Muchas confrontaciones se iniciaron en parte en forma seria y en parte en forma festiva pero ascendieron a través de las etapas del abuso verbal, del lanzamiento de piedras o de gases lacrimógenos, de los golpes y macanazos y algunas veces de los disparos.

El contagio social ayuda a explicar la gran sugestibilidad de una multitud una vez que se pone en acción. Una persona que lee en la soledad una escena divertida de una comedia popular no la encontrará tan chistosa como cuando la ve como miembro de un auditorio. Como las lágrimas, la risa es contagiosa. La claque, un pequeño grupo organizado que inicia y encabeza los aplausos para un estrella en el momento adecuado es un dispositivo familiar en el teatro, puesto que nuestras propias acciones se refuerzan con las de otros; lo único que se necesita es

Uno puede estar solo en una multitud. *(Erika
Stone/Peter Arnold, Inc.)*

que unos cuantos inicien un momento de risas o
de aplausos.

Cuando una multitud se excita emocionalmente, necesita un desahogo y puede actuar de
acuerdo con la primera acción que se sugiera y
que concuerde con sus impulsos. La turba no
siempre estaba preocupada acerca de qué persona negra iban a linchar; si la víctima señalada
escapaba, podrían linchar a cualquier negro
que se encontrara a mano. En Omaha, en 1919,
cuando el alcalde se negó a entregar a una persona para que la lincharan, la turba trató de
linchar al alcalde y por poco tiene éxito (*Lite-
rary Digest,* Oct. 11, 1919). En un pueblo de
Texas, en 1930, la víctima potencial fue escon-
dida en el sótano del tribunal; la turba incendió
el edificio y luego se dedicó a destruir la parte
negra del pueblo (Cantril, 1941, pp. 97-110).
Los disturbios provocados por el reclutamiento
para la Guerra Civil en la ciudad de Nueva
York comenzaron como protestas contra el

reclutamiento, pero pronto se convirtieron en
disturbios completamente antinegros. Cualquier acción sugerida, si se encuentra en la línea
de lo que gusta o disgusta a los miembros de la
multitud es probable que sea llevada a cabo por
una multitud excitada emocionalmente (Lang
y Lang, Cap. 8).

Estas características del comportamiento de la
multitud explican por qué ésta es algo más que un
conjunto de individuos. Cada miembro individual es una persona en algún grado diferente en
la multitud que cuando se encuentra solo. Como
Allport (en Lindzey, 1954, vol. 1, p. 28) hace
notar, ''se solía decir en Alemania que no existe
un ''nazi solo''. ''Con el apoyo de un grupo, la
peculiar sumisión al líder y a su ideología toma
posesión del individuo''. Nunca podemos entender completamente el comportamiento de la
multitud a menos que entendamos que la multitud, como todos los grupos, es algo más que
una mera colección de individuos.

El **incremento** emocional que los miembros de la multitud se proporcionan unos a otros es una característica dramática del comportamiento de la multitud. (*Leif Skoogfors, 1982/Woodfin Camp & Assoc.*)

Teoría de la convergencia

De acuerdo con la teoría de la convergencia, el comportamiento de la multitud surge de la reunión de un número de personas que comparten las mismas necesidades, impulsos, antipatías y propósitos. Las personas que asisten a una asamblea bautista comparten una serie de características que difieren de aquellas de la multitud que acude a una carrera de caballos. ¿Por qué las *carreras* de motocicletas y los festivales de música rock son mucho más propicios para los desórdenes estrepitosos que las ferias del condado? Las personas que asisten a la feria de un condado rural están ampliamente distribuidas por edades, ocupaciones y clases sociales. La mayor parte son personas locales, con fuertes vínculos con los grupos y valores locales, con una actitud de gran apoyo a las autoridades de la localidad. Por el contrario, las *carreras* de motocicletas o los festivales de rock atraen a una multitud completamente distinta. La mayoría de sus miembros son jóvenes y solteros. La mayor parte de ellos son forasteros y no tienen vínculos locales o un interés especial por los sentimientos o las propiedades locales. Muchos de los asistentes están enajenados por la cultura dominante, y esta enajenación se intensifica con la acostumbrada oposición local a la realización de la *carrera* o

del festival en su localidad. No debe extrañar mucho que el "desorden" sea más común que en las ferias del condado.

Podrían citarse otros muchos ejemplos de la teoría de la convergencia, que muestran cómo la reunión de personas que piensan en forma semejante es un factor que influye en el comportamiento de la multitud.

Teoría de la norma emergente

Las multitudes nunca piensan totalmente igual, y la teoría del contagio no explica por qué razón la multitud lleva a cabo una acción en vez de otra. Los teóricos de la norma emergente critican a la teoría del contagio de exagerar los componentes irracionales y sin objetivo del comportamiento de la multitud. Algunos de los primeros estudios sobre disturbios muestran que los alborotadores eran predominantemente jóvenes, solteros, inquietos y probablemente inestables. Pero los estudios sobre los disturbios efectuados en la década 1960-1970 encontraron que los participantes constituían una muestra relativamente representativa de las categorías de personas comprometidas en el movimiento, y en apariencia estaban motivados por genuinos agravios de grupo más que por inestabilidades personales (Oberschall, 1968; Moinet et al., 1972; Orum, 1972, p. 76). El incendio y el saqueo que acompañaron los disturbios en los ghettos durante la década 1960-1970 no fueron indiscriminados. Las casas privadas, los edificios públicos y los organismos de servicio a los habitantes de la zona fueron casi siempre respetados, en tanto que las tiendas y oficinas cuyos dueños se consideraban explotadores fueron saqueadas e incendiadas (Oberschall, 1968; Berk y Aldrich, 1972). Estos disturbios no fueron exabruptos sin sentido de furia infantil o irracional sino violentas protestas contra los errores y las injusticias que se detectaban. Esto ha llevado a algunos observadores a ser románticos y a idealizar a los revoltosos, describiéndolos como nobles promotores de una moralidad más elevada (Fogelson, 1969; J. Skolnik, 1969; Rubenstein, 1970; Piven y Cloward, 1971) ya que, por supuesto, los revoltosos no fueron kukluxklanes, segregacionistas, ni otros con los que los observadores no están de acuerdo. En oposición a esta imagen del "noble cruzado" está el hecho de que hay algunos "disturbios sin razón" que no surgen de una ideología, de un agravio o de una protesta social, sino del "deseo de divertirse y aprovecharse" (Marx, 1970).

El "saqueo durante el apagón" en la ciudad de Nueva York, en 1977, que implicó pérdidas calculadas en 60 millones de dólares, no fue ideológico. El saqueo no siguió a una demostración de protesta o a un incidente de "brutalidad policiaca". No hubo cólera, existió poca violencia física, no hubo lucha contra la policía ni exhortación a "quemar, quemar, quemar." El saqueo empezó pocos minutos después de una suspensión de energía eléctrica que se extendió a un amplio sector, cuando los pobres del centro de la ciudad vieron la oportunidad de conseguir gratuitamente las cosas que querían. Aunque espontáneo y sin planeación previa, el saqueo se organizó pronto, con un grupo que se introducía en una tienda y con frecuencia mantenía fuera de ella a los demás hasta que habían escogido las mercancías (Curvin y Porter, 1979, Cap. 3; Wilson y Cooper, 1979). No todos los disturbios son iguales. Las dimensiones de una protesta grave de un disturbio para "divertirse y aprovecharse" aparecen en diferentes proporcio-

Una multitud sólo hace aquellas cosas que a la mayoría de sus miembros les gustaría hacer.

nes, en ocasiones distintas. Parece que, comenzando con los sentimientos y agravios de los miembros y alimentada por el proceso de contagio, finalmente surge una norma que justifica y señala límites al comportamiento de la multitud.

Una multitud en acción puede ser algo terrible. Un relato objetivo de todo lo dicho y hecho por una turba agresiva sería impublicable. Para citar sólo un ejemplo, las víctimas de linchamientos fueron quemadas con frecuencia vivas, estranguladas lentamente y algunas veces mutiladas o sujetas a otras torturas inconcebibles (Raper, 1933, pp. 6-7, 144). Algunos dicen que las personas harán cualquier cosa cuando se encuentren atrapadas en la multitud, ¿Será cierto?

Limitaciones del comportamiento de la multitud

Por irracional e irrestricto que pueda parecer, el comportamiento de la multitud está limitado al menos por cuatro consideraciones: 1) las necesidades emocionales de los miembros; 2) las tradiciones de los miembros; 3) el liderazgo de la multitud; 4) los controles externos sobre la multitud.

NECESIDADES EMOCIONALES DE LOS MIEMBROS. El comportamiento de la multitud expresa las necesidades emocionales, los resentimientos y los prejuicios de sus miembros. En una situación multitudinaria las personas pueden hacer cosas que no harían por lo general, pero una multitud sólo hace cosas que a la mayoría de sus miembros *les gustaría hacer.* El estímulo emocional y la protección de la multitud permite a sus miembros expresar los impulsos, hostilidades, agresiones y furias que han reprimido y no han expresado en momentos de calma. Por ejemplo, a muchos de nosotros nos gusta romper cosas, pero debemos reprimir los impulsos. Las personas que se encuentran en un disturbio pueden despojarse de inhibiciones y pueden despedazar cosas sin ningún sentimiento de culpa. Si se ve impedida de llevar a cabo su primer objetivo, una turba cambia generalmente a otro objetivo. Sin embargo, el sustituto todavía representa a la víctima odiada o satisface el deseo frustrado.

Los auditorios homogéneos son los que tienen mayor capacidad de respuesta. Esta observación apoya la teoría de la convergencia. Un auditorio cuyos miembros tienen los mismos intereses y puntos de vista responderá con entusiasmo a un buen orador. El mitin político atrae principalmente a los miembros del partido. Su función es similar a la de una reunión de animación antes de un juego de fútbol que busca suscitar el entusiasmo y la entrega al equipo. Es más probable que una multitud emprenda una acción agresiva cuando sus miembros comparten una serie común de prejuicios y hostilidades. Las personas que no comparten estos sentimientos es más probable que se alejen a la orilla en tanto que el núcleo de la multitud se integra con los miembros que piensan igual.

COSTUMBRE DE LOS MIEMBROS. El comportamiento de la multitud está limitado por las costumbres de sus miembros. La multitud rara vez o nunca hace algo que no exija una medida de aprobación moral. Los linchamientos nunca ocurrieron en zonas donde las costumbres de la mayoría de la gente los condenaban tajantemente. Sólo tuvieron lugar donde una gran proporción de la gente consideraba que un linchamiento estaba moralmente justificado y aun era necesario en ciertas circunstancias. Los miembros del grupo de linchamiento se consideraban normalmente protectores públicos, y no culpables de violar la ley. Así, los participan-

tes en el linchamiento estaban expresando, más que violando, las costumbres de los miembros y probablemente las costumbres dominantes de la región. Notamos, además, que aunque la víctima podía haber sido asesinada, quemada y mutilada, nunca fue crucificada ni su cuerpo fue alguna vez comido. Las costumbres de la multitud no soportan estos actos.

Es cierto que un miembro de la multitud puede confesar más tarde haber participado en actos que consideraba moralmente reprobables. Toda persona sostiene ciertas ideas incoherentes mutuamente, y en un momento dado una u otra de estas ideas es la que opera. Puede parecer muy "correcto" callar a un orador en la tribuna cuyas ideas consideramos perversas e inmorales; pero cuando el orador que está de *nuestro* lado es silenciado, pensamos que la libertad y la justicia han sido pisoteadas. Nuestras tradiciones nos enseñan que debemos ser leales a la familia, a los amigos y a los compañeros de trabajo, y que no debemos hacer nada que ofenda a otras personas. Cuando se convoca a una huelga de bomberos o de agentes de la policía, ¿debe el trabajador apoyar lealmente a los otros huelguistas y causar daño al público o permanecer en el trabajo y causar daño a sus compañeros trabajadores? En escasas ocasiones la situación relativa al comportamiento tiene *un* solo juicio moral aplicable. Cuál de los varios conjuntos de costumbres de una persona funcionará en una situación particular, dependerá de las presiones del grupo que lo rodean a uno en ese momento.

La función de la multitud no es paralizar los juicios morales de sus miembros; la función de la multitud es aislar y neutralizar algunos juicios morales, de modo que los otros puedan expresarse en forma ilimitada. Así, una multitud hará sólo aquellas cosas para las que cuenta con una aprobación considerable de las costumbres de los participantes.

LIDERAZGO DE LA MULTITUD. El liderazgo afecta profundamente la intensidad y la dirección del comportamiento de la multitud. Dado un conjunto de personas frustradas y resentidas, un líder hábil puede convertirlas en una chusma vengadora y dirigir su agresión a cualquier "enemigo" al que ya odia. De igual manera, un líder puede calmar o desviar algunas veces a una multitud mediante una sugerencia o una orden estratégica.

Puesto que la mayor parte del comportamiento de la multitud no está estructurado y no tiene líderes designados, la función de liderazgo está "libre". Cualquiera puede estar en posibilidad de asumirla dando simplemente sugerencias y órdenes. A veces las personas en las que menos se piensa asumen el liderazgo. En el pánico que se suscitó en el desastre del barco *Lusitania,* fue un muchacho de dieciocho años de edad el que lo asumió y bajo cuya dirección pudieron llenarse y lanzarse al mar con todo éxito unos cuantos botes salvavidas (Lapiere, 1938, p. 459). En muchas situaciones multitudinarias, los miembros, frustrados por la confusión y la incertidumbre, *quieren* ser dirigidos, la primera persona que comience a dar órdenes claras en forma autoritaria probablemente será seguida. Una apariencia impresionante es muy útil, pero la seguridad de alguien que conoce lo que hay que hacer es esencial. Veamos específicamente lo que hace el líder de la multitud.

1 *El líder debe establecer una relación de simpatía.* Por "relación de simpatía" queremos significar una relación responsable, confiable, atenta, como la que cualquier orador realmente eficaz establece con su auditorio. La relación de simpatía se establece más fácilmente cuando el orador comparte la experiencia de los miembros de la multitud, vibra con sus sentimientos y puede hablar en su lenguaje. Los universitarios ricos han tratado algunas veces de trabajar con la gente pobre o de promover alianzas entre los estudiantes y los trabajadores, la mayor parte de las veces con poco éxito. Un estudiante que creció en una familia de clase trabajadora y ha trabajado en una fábrica podría hacerlo mejor al establecer una relación de simpatía.
2 *El líder levanta tensiones emocionales.* Para algunos tipos de multitudes (chusmas, disturbios, algunos auditorios) el líder levanta sus tensiones emocionales mediante un apasionado recuerdo de sus problemas y agravios. El evan-

gelista convence a los pecadores de sus pecados, el líder de una chusma linchadora excita a los hombres a defender la pureza de sus esposas y de sus hijas; el jefe de una porra centra toda la historia sobre el resultado del juego de mañana. En algunos tipos de multitudes (el pánico, algunos auditorios) el líder no necesita crear la tensión emocional, porque ésta ya existe.
3 *El líder sugiere una línea de acción para aliviar la tensión.* El jefe de la porra enciende la hoguera; el evangelista llama al penitente para que se acerque al altar; el revolucionario convoca a la multitud para tomar por asalto las barricadas.
4 *El líder justifica la acción sugerida.* Rara vez una multitud responde instantáneamente a la sugerencia (excepto quizá en un comportamiento de pánico). Por lo general el líder hace algún esfuerzo por justificar la sugerencia. El evangelista describe la nueva vida liberada del pecado; el saqueador grita "estoy tomando lo que es mío". La repetición de la sugerencia y de sus justificaciones permite que el contagio social siga operando, de modo que la tensión continúe elevándose y la necesidad de desahogarla siga creciendo.

El liderazgo puede funcionar ya sea para estimular o para reprimir a una multitud, o para dirigir su actividad de un objetivo a otro. El liderazgo es, por lo tanto, uno de los factores limitantes en el comportamiento de la multitud.

CONTROLES EXTERNOS. La mayor parte del comportamiento de las chusmas ocurre en el verano, cuando las personas suelen encontrarse en los alrededores y se reunen en grandes asambleas al aire libre. El clima frío desalienta a las chusmas, lo mismo que los fuertes aguaceros. El comportamiento de la chusma es raro en los puestos del ejército, donde la disciplina militar puede invocarse para mantener el orden. El personal de servicio debe desahogar sus tensiones fuera del cargo.

No obstante, los principales controles externos sobre el comportamiento de la multitud son los ejercidos por la policía. Prácticamente no hay ningún caso en el que las personas fueran linchadas a pesar de un verdadero y determinado esfuerzo de los encargados de hacer cumplir la ley por evitar el linchamiento. La mayor parte de los linchamientos fueron precedidos por una abierta convivencia de los agentes encargados de aplicar la ley o por su resistencia meramente simbólica. La virtual desaparición del linchamiento en los últimos decenios surge en buena parte no de la carencia de personas que disfrutarían con un linchamiento, sino de la determinación de los encargados de hacer cumplir la ley para evitarlos. En los últimos años los asesinatos y las "desapariciones" han reemplazado a los linchamientos clásicos.

A los agentes de la policía se les imparte algún conocimiento práctico acerca del control de la multitud. Hace algunos años, un sociólogo que también era agente de la ley (Lohman, 1947) preparó un manual ampliamente citado sobre el manejo de las situaciones potenciales de disturbios, que resume en un lenguaje simple lo que la ciencia social ha aprendido acerca de las formas de dirigir el comportamiento de la multitud. Entre los procedimientos utilizados para prevenir pequeños incidentes que pueden convertirse en disturbios están los siguientes: 1) evitar la formación de multitudes deteniendo inmediatamente y sacando fuera a los perturbadores ruidosos y ordenando a los observadores que se dispersen; 2) frente a la amenaza de desorden hacer una impresionante *manifestación de fuerza,* llevando tal cantidad de agentes de policía y equipo a la zona que *el empleo* de la fuerza sea innecesario; 3) aislar la zona de disturbios acordonándola por la policía y dejando que la gente salga de esa zona, pero que no entre a ella; 4) reducir una multitud haciendo que las personas de las orillas se dispersen y se vayan a casa, alejando así a la multitud de su núcleo y privando al núcleo del apoyo de las masas; 5) hacer hincapié en la capacitación de la policía en el deber de los agentes de mantener la paz, de modo que los propios prejuicios de los agentes no los conduzcan al error fatal de pasar por alto los ataques a las personas que a ellos no les gustan.

Con muy pocas excepciones, los disturbios serios son prueba de fallas policiacas. Los desórdenes causados por la integración escolar en la década 1960-1970 son un ejemplo de ello. Donde la policía local y los agentes públicos hicieron saber que no se tolerarían desórdenes, estos fueron raros. Smelser (1963, pp. 261-268) cita muchos casos en que la duda y la indecisión de la policía y de otros funcionarios, o aun su abierta simpatía hacia los alborotadores alentó el desarrollo del disturbio.

Se deben hacer algunas excepciones a la proposición de que la policía puede controlar a las multitudes si lo desea. Las ciudades pequeñas no tienen reservas policiacas que puedan trasladarse de un lugar a otro en un caso de emergencia. Un festival local o una celebración pueden atraer a la localidad gente en mayores cantidades de las que puede manejar la policía local. Los disturbios universitarios de la década 1960-1970 fueron difíciles de controlar. Los estudiantes sentían que los *campus* universitarios eran "suyos" y la presencia de la policía o de las tropas locales tendia más a provocar que a evitar un disturbio (Knott, 1971).

El control policiaco de los disturbios civiles presenta un problema difícil. No utilizar la fiermeza al inicio de una manifestación puede alentar el crecimiento de la multitud y hacer que el desorden se vuelva inmanejable; sin embargo, la presencia prematura de la policía o el empleo de la fuerza puede "radicalizar" a una multitud (o a un grupo estudiantil) y provocar una escalada de desorden. Es probable que cualquier cosa que haga la policía sea juzgada como un error. Obviamente la capacidad de las fuerzas policiacas para controlar el comportamiento de la multitud no es ilimitada (Wenger, 1973).

Algunas formas de comportamiento de la multitud

EL AUDITORIO. Un *auditorio es una multitud con un interés centrado en estímulos exteriores a ella.* Los estímulos son principalmente en un solo sentido. En los auditorios de las películas cinematográficas, el radio o la televisión, los estímulos son totalmente en un solo sentido. Sin embargo, cualquier instructor se da cuenta de que un actor ante un auditorio "vivo" se ve afectado por la reacción de este auditorio. Un auditorio sin capacidad de respuesta quitará el brillo a cualquier sermón, conferencia o espectáculo de club nocturno.

Con un auditorio puede ser importante el camino de dos sentidos, el estímulo y la respuesta, aun cuando la situación del auditorio desaliente la comunicación. Los actores de más éxito cultivan una comunicación de dos sentidos, que parece hacer que el actor forme parte del grupo (Berger, 1971). También hay cierta cantidad de comunicación entre los miembros cuando ellos ovacionan, aplauden, abuchean, murmuran, refunfuñan, dormitan o roncan. El contagio social todavía opera, generalmente a un nivel más tenue que en otras multitudes, sumamente tenue en un servicio religioso sentado, más libremente expresivo en un mitin político o en un acontecimiento deportivo. Los auditorios pueden volverse ingobernables y pueden incluso realizar disturbios.

EL DISTURBIO. *Un disturbio es la acción de una multitud destructiva, violentamente agresiva.* Puede tratarse de un disturbio religioso, como el ocurrido entre los hindúes y los musulmanes en la India en 1947 (Duncan, 1947; McGinty, 1947) o entre católicos y protestantes como en Irlanda del Norte. Puede ser un disturbio de nacionalidades, como el ocurrido entre los militares estadounidenses y los mexicanos en Los Angeles en 1943, o el llamado disturbio del "Zoot-Suit" ["traje de pachuco"] (Turner y Surace, 1956), o las muchas acciones del populacho contra los inmigrantes europeos en Estados Unidos durante los siglos XIX y principios del XX (Higham, 1955). Sin importar la causa —racial, religiosa o de nacionalidad—, el comportamiento de la multitud es muy semejante. Un grupo es antipático porque es diferente, porque sirve como chivo expiatorio conveniente, o es odiado porque es una competencia de mucho éxito. Con incidentes estimulantes adecuados y sin un desaliento policiaco eficaz, las personas que como individuos se sienten frustradas o inseguras inician la acción. Se organiza y crece; el grupo atacado responde y el disturbio está en curso.

Los funcionarios civiles echan algunas veces la culpa de un disturbio a "agitadores extranjeros"

o a " conspiradores comunistas". En consecuencia, esto niega la importancia de los agravios subyacentes o del fracaso de la comunidad para manejarlos. Pero muchas investigaciones sobre disturbios han encontrado muy pocas pruebas de que los disturbios hayan sido planeados o dirigidos. La mayor parte de ellos son explosiones espontáneas por parte de grupos irritados que reaccionan ante un incidente estimulante o un rumor (Knopf, 1975, p. 104).

Los disturbios son de muchos tipos. En el clásico disturbio racial, los miembros de dos razas se persiguen indiscriminadamente y se golpean o matan unos a otros, como en Chicago en 1919 (Chicago Commission, 1922) o en Detroit en 1943 (Lee y Humphrey, 1943). Un estudio sobre muchos disturbios raciales (Lieberson y Silverman, 1965), encuentra que casi siempre fueron precipitados por una información sobre alguna violencia dramática de una raza contra la otra —rapto, asesinato, asalto, brutalidad policiaca— en una sociedad donde los problemas raciales no han sido resueltos —y quizá no pueden serlo— por las instituciones sociales existentes y había mayor probabilidad de que ocurrieran en comunidades que no habían dado respuesta a las necesidades y quejas de los negros (Downes, 1968).

Hay otras clases de disturbios. La protesta, común en los países coloniales, tenía como objetivo dramatizar las injusticias y obtener concesiones de las fuerzas gubernamentales. Los disturbios negros en muchas ciudades estadounidenses que empezaron en 1965 no eran disturbios raciales convencionales —es decir, no fueron un choque entre razas— sino disturbios de protestas. Una década de "victorias" de los derechos civiles había proporcionado pocos beneficios a los negros de clase baja, que permanecían al margen de la "sociedad opulenta". Aunque los negros capacitados y educados estaban ganando, los negros de clase baja se iban hundiendo cada vez más y sintiéndose más frustrados que nunca. Precipitados con frecuencia por informes sobre la brutalidad policiaca (con frecuencia falsos), la violencia en gran escala, los incendios y los saqueos estallaron en todo el país (Moynihan, 1965a; Blauner, 1966; Cohen y

Murphy, 1966; Rustin, 1967; *Ebony,* No. especial, agosto 1967; National advisory Commission on Civil Disorder, 1968; Boskin, 1969; Urban America, Inc., 1969: Oberschall, 1975, pp. 329-332). Todo disturbio proporciona el apoyo de la multitud y una liberación de la responsabilidad moral, de modo que uno puede expresar cualquier impulso. Muchos disturbios incluyen todos estos elementos: burla de la autoridad, ataque a los grupos antipáticos y saqueo y daños a la propiedad, especialmente a la que pertenece al grupo odiado.

Algunos disturbios universitarios, especialmente en Berkeley, California, en 1964 y 1965, y en Kent State en 1970 perturbaron a muchos estadounidenses. Cuando los disturbios desaparecen se ve que se trataba de asuntos sumamente particulares, que atañían sólo a una pequeña fracción de los estudiantes, además de algunos no estudiantes que "haraganeaban" en las ciudades universitarias más grandes. Hubo mucho ruido y alguna toma de edificios universitarios y paro en las actividades, aunque poca destrucción de la propiedad. Prácticamente todos los daños físicos o las muertes se debieron a la policía o al ejército. Con el término del reclutamiento para la guerra de Vietnam se eliminó la principal fuente de las protestas estudiantiles, y las demostraciones universitarias pronto se acabaron.

Los desórdenes estudiantiles son, por supuesto, tan antiguos como la universidad. Una ola de ellos en la década 1880-1890 golpeó a muchas universidades, con la rebelión de Amherst dirigida por Calvin Coolidge (más tarde presidente de la Suprema Corte de Justicia) y Harland Fiske Stone (después Stone fue expulsado de otra universidad por encabezar una manifestación) [Feuer, 1966]. Estas rebeliones del siglo XIX fueron protagonizadas por estudiantes que estaban excluidos de las administraciones universitarias pero no lo estaban de su sociedad. Los desórdenes universitarios más recientes han sido encabezados sobre todo por estudiantes y no estudiantes que estaban profundamente excluidos de los grupos dirigentes de la sociedad y que no quedarían satisfechos sino con importantes cambios en las instituciones sociales contemporáneas (Knott, 1971).

LA ORGÍA. *La juerga de una multitud que transgrede las costumbres normales* es una *orgía.* Como otras acciones de la multitud, la orgía relaja tensiones; pero así como el disturbio enloquece de ira, la orgía enloquece de alegría. No se puede lograr una orgía con una sola persona; la juerga debe ser compartida o se apaga. Pero una orgía muy digna de crédito puede ser promovida por cualquiera con un puñado de personas o con una muchedumbre de miles. Señalar dónde termina exactamente una "recreación decente" y dónde empieza la orgía es quizá un juicio de valor. Para ser eficaz en el relajamiento de las tensiones, la orgía debe implicar un comportamiento que traspase las restricciones e inhibiciones diarias comunes. Sin embargo, no todas las restricciones se liberan, porque algunos de los tabúes siguen ejerciendo su fuerza. La orgía es *un comportamiento libre dentro de límites reconocidos.* Listiak se refiere a estas relajaciones parciales pero limitadas de las restricciones normales como a "descansos" (1974, p. 13).

En la orgía vemos los factores que operan en todo comportamiento de la multitud: liderazgo, contagio social, sugestibilidad y transferencia de la responsabilidad moral al grupo. Puesto que se necesita tiempo para que estas fuerzas empiecen a operar, la fiesta tarda en desarrollarse. No mucho tiempo después, las inhibiciones se han diluido y la interacción se vuelve menos restringida. Así, muchas de las fiestas organizadas en los moteles después de la celebración del juego o de la reunión para la convención se transforman en una orgía.

Todas las sociedades crean frustraciones en sus miembros, y todas las sociedades prevén en algunas forma el alivio de las tensiones. En algunas sociedades la orgía es una forma institucionalizada para que sus miembros descarguen las tensiones acumuladas. Un sociólogo describe la orgía como una "desviación legítima" (Listiak, 1974, p. 13). Muchas sociedades primitivas tenían festivales periódicos en los que el comportamiento ceremonial y orgiástico se combinaban (MacAndrew y Edgerton, 1969). Los juegos, las comilonas, las borracheras, las danzas orgiásticas y la suspensión de algunos tabúes sexuales eran características comunes de los festivales primitivos. Entre los incas, por ejemplo:

Los días de fiesta podían durar un día o una semana; podía haber danzas públicas, como cuando cientos de "mujeres escogidas", radiantemente ataviadas danzaban con la cadena de Huascar; podía haber juegos y deportes; siempre había bebida, de un tipo que algún escritor llama "licencia aprobada". Porque se esperaba que el indio (inca) se embriagara, lo que efectivamente hacía, bebiendo inmensas cantidades de chicha fermentada; porque la embriaguez ritual era tan esencial para un buen festival como la disciplina agrícola para una buena cosecha.

Los juegos en los festivales diferían de los que jugaban los niños indígenas... El día fijado para la fiesta (en diciembre), los hombres y las mujeres iban a un lugar predeterminado entre los jardines llenos de frutos maduros, cuya maduración iban a celebrar. Los hombres y las mujeres estaban completamente desnudos. A una señal determinada iniciaban una carrera, sobre la que se hacían apuestas, hacia una colina que se encontraba a cierta distancia. Cada hombre que alcanzaba a cualquier mujer en la carrera "disfrutaba de ella en ese sitio". (Victor W. von Hagen, *Realm of the Incas,* Mentor Books, New American Library of Wolrd Literature Inc., New York, 1957, pp. 96-97. From The Series, *The Ancient Sun Kingdoms of The Americas,* The World Publishing Company, Cleveland).

Los estudiosos de la juerga han supuesto que mientras mayores son las tensiones acumuladas, más grande es la tentación de encontrar alivio mediante la orgía. La observación casual parecería apoyar esta idea. Siempre que los hombres están aislados de la compañía femenina o de la vida familiar y sujetos a una dura disciplina, a un trabajo monótono y a condiciones insatisfactorias de vida por largos periodos de tiempo, la mayor parte de ellos pronto se van de parranda en la primera oportunidad. Los campos militares, las estaciones navales, los campamentos de construcción, los aserraderos y los campos mineros son ejemplos clásicos. Supuestamente mientras mayores son las tensiones y frustraciones, más desenfrenado es el alivio. Ernie Pyle

(1943, p. 3). el perspicaz corresponsal de guerra, observó que los soldados de infantería soportaban con frecuencia el lodo, la lluvia, la suciedad y el continuo caos y la incertidumbre en lo relativo a donde comerían y dormirían, mientras que los marineros tenían casi siempre ropa limpia, buen alimento y un barco para regresar a casa. Luego hacía notar que "... los marineros no maldicen tanto o tan suciamente como los soldados, no organizan juergas tan estrepitosas cuando se van de parranda".

Actualmente el automóvil y la casa móvil han acabado en gran parte con el aislamiento del campamento de construcción, del aserradero o del campo minero, y la orgía ha desaparecido de sus orillas. Lo que ninguna cantidad de moralización pudo hacer lo ha logrado el cambio tecnológico. Las fuerzas armadas han tratado de hacer la vida militar más confortable y menos frustrante, y la hilera de tabernas, garitos y prostíbulos en el pueblo más cercano se han reducido, si no desaparecido.

La sociedad estadounidense tiene muchas formas aprobadas de recreación —el baile, la ida al cine, los deportes de participación, los deportes-espectáculo y muchas otras—, lo que sin duda ayuda a relajar las tensiones. Unos cuantos acontecimientos, como la celebración de una victoria en futbol o la fiesta de navidad en la oficina muestran en una forma muy suave algunas de las características de la orgía institucionalizada. Algunos festivales de la comunidad, como el Mardi Gras de New Orleans, el Cheyenne's Frontier Day, la Calgary Stampede o La Canada's Grey Cup Week[2] se acercan más a las orgías institucionalizadas. Pero con relativamente pocas excepciones, nuestra sociedad no tiene orgías institucionalizadas permitidas, y aun la fiesta navideña en la oficina ha desaparecido en gran parte durante los últimos años.

Las orgías eran desahogos muy seguros en las sociedades primitivas. En una sociedad no mecanizada, la embriaguez que se limita a unas cuantas

[2] La copa Grey se otorga anualmente al ganador del campeonato canadiense de la liga de fútbol nacional. La semana de la copa Grey se celebra en la ciudad en la que se jugó el juego de campeonato (Listiak, 1974).

ocasiones programadas puede ser inocua. En una sociedad con un sistema de familia consanguínea, de posesión colectiva de la propiedad y una tranquila despreocupación por la paternidad biológica exacta, un periodo ocasional de licencia sexual no crea problemas. Pero en nuestra sociedad, el precio de una orgía puede ser un accidente doloroso, un costoso incendio o un embarazo no deseado. No obstante, la incapacidad de nuestra sociedad para proporcionar orgías seguras y sin peligro, tiene un precio. En una sociedad que produce gran cantidad de tensiones en los individuos, éstas deben encontrar alivio en una forma o en otra. Cerrar una salida peligrosa no garantiza que la salida alterna sea menos ofensiva. Lapiere comenta:

> La causa de la juerga radica en las circunstancias sociales que exigen un escape ocasional más que, como suponen los moralistas, de la disposición de oportunidades para tal exceso. Este hecho se ilustra con un intento de comprobar qué pasaba con las juergas de fin de semana de los trabajadores industriales ingleses. Motivado, sin duda, por la mejor de las intenciones, el estricto cierre de las "tabernas" en el deprimente East End de Londres hace algunos años tuvo, sin embargo, tan imprevistas consecuencias que pronto se vio que era conveniente eliminar las duras restricciones. Negar el alcohol a trabajadores acostumbrados a irse de juerga los fines de semana redujo la embriaguez y la conducta desordena, pero provocó un impresionante aumento en los casos de esposas golpeadas, de crímenes y de suicidios (Richard Lapiere, *Collective Behavior,* McGraw-Hill Book Company, 1938, p. 484. ©1938. Reproducido con autorización de McGraw-Hill Book Company).

La persistente pregunta de cómo reconciliar nuestro apetito de juerga con nuestra necesidad de seguridad individual y de orden social no es probable que obtenga una respuesta en un futuro próximo.

EL PÁNICO.   El pánico se ha definido algunas veces como un estado emocional de temor desesperado e incontrolable (Cantril, 1943, Janis,

---

¿DE QUIÉN ES LA FALTA?

No había enemigo, ni cólera, ni pánico. Simplemente miles de personas ansiosas de escuchar al grupo The Who en el Cincinnati's Riverfront Coliseum. Sólo unos cuantos tenían asientos reservados. Más de 15 000 sólo habían conseguido boletos de "admisión general", que invitaban a cada uno a empujar a los otros para conseguir un buen lugar.

La multitud empezó a formarse poco después del mediodia. A media tarde se llamó a la policía. A las 7:00 P.M. la multitud estaba empujando hacia adelante con impaciencia. Cuando por fin se abrieron las puertas, la multitud irrumpió. Inevitablemente algunos cayeron y no pudieron levantarse, pisoteados por otros que eran empujados irresistiblemente por aquellos que venían atrás. Momentos más tarde once personas estaban muertas y siete gravemente heridas. ¿A quién había que culpar? Sólo aquellos que se encontraban en las orillas de la multitud tenían alguna opción, pero estaban demasiado atrás para apreciar algún problema, de modo que presionaban hacia adelante. ¿Fue su culpa?

Un editor de Cincinnati llamó al juvenil auditorio "animales". ¿Tuvo razón?

Cuando a 15 000 personas se les venden boletos de "admisión general" para escuchar a las celebridades populares pueden esperarse problemas de control de la multitud. Había sucedido antes en el Coliseum en los conciertos ofrecidos por Elton John en 1976 y Led Zepplin en 1977.

Los problemas de control de la multitud son siempre una posibilidad. Puede afirmarse con cierta seguridad que la falta de previsión de los funcionarios correspondientes los hace a ellos responsables.

Adaptado de "Stampede to Tragedy", *Time,* Dec. 17, 1979, pp. 88-89.

¿Qué sugerencias podría dar un sociólogo para evitar una tragedia semejante?

1951). Definiciones más recientes incluyen la huída colectiva como una característica necesaria del pánico (Quarentelly, 1954). Más frecuentemente citada, sin embargo, es la definición de pánico de Smelser como "una huída colectiva basada en una creencia histérica" (1963, p. 31).

El pánico implica los elementos familiares del comportamiento de la multitud, los cuales se expresan repentinamente bajo la presión de una crisis. Hay poca investigación empírica sobre el pánico, puesto que no nos atrevemos a producir pánicos con el fin de estudiarlos. Existen, sin embargo, muchos relatos descriptivos y formulaciones teóricas (Strauss, 1944; Foreman, 1953; Smelser, 1963; Schultz, 1964; Perry y Pugh, 1974, pp. 108-116). Parece que lo más probable es que el pánico se apodera de un grupo que está fatigado por una tensión prolongada, aunque muchos pánicos se han extendido en medio de grupos perfectamente relajados. Smelser (1963, Cap. 6) considera que la probabilidad de pánico es mayor cuando las personas se sienten en un gran peligro y tienen una salida de escape muy limitada. Cuando existen amplias vías de escape hay poco peligro percibido, poco temor y poca probabilidad de pánico. Cuando *no* existe escape, la respuesta común es una aceptación tranquila del destino.

Una crisis percibida produce temor, incertidumbre, confusión y la falta de un liderazgo decidido. El rol del liderazgo es crucial para prevenir el pánico, porque éste se extiende cuando los miembros pierden la fe en el esfuerzo cooperativo y organizado y cada uno emprende una acción defensiva individual (Mintz, 1951). En un edificio en llamas, una persona que grita "¡fuego!" o "¡déjenme salir!" puede ser suficiente para iniciar un pánico. Cuando una multitud está saliendo en forma ordenada, si hay alguna interrupción —si alguien se cae e interrumpe momentáneamente el pasillo— alguno puede salirse de la fila precipitadamente y desencadenar un pánico. Con frecuencia un pánico es causado por una "falla de comunicación de adelante hacia atrás". Los que se encuentran al frente ven que el camino de escape está bloqueado y tratan de regresar para encontrar otro; los que se encuentran atrás no pueden ver

esto y empujan hacia adelante cada vez más fuerte cuando se alarga el retraso. Esta es la explicación usual de las asfixias por amontonamiento.

Para prevenir el pánico un líder hace por lo menos dos cosas: 1) organiza a la multitud de modo que pueda tener lugar una actividad cooperativa y 2) elimina la incertidumbre dando órdenes específicas y noticias tranquilizadoras. Marshall (1947, p. 130) ha señalado que cuando una unidad del ejército está bajo fuego intenso, si el líder de la unidad dice: "salgamos de aquí" el pánico es probable; pero si dice: "síganme hasta aquella cerca" es improbable que ocurra el pánico. Una vez que éste se ha extendido, generalmente prosigue hasta que la crisis ha pasado o los miembros están agotados (o muertos). La prevención del pánico depende de un líder decisivo que asuma la dirección con la suficiente rapidez para organizar la acción antes de que el pánico empiece.

COMPORTAMIENTO DE LAS MASAS

Una *masa* no es lo mismo que una multitud. Los espectadores en un juego de fútbol son una multitud; los que observan el juego en casa por televisión son una masa. Hoult (1969, p. 194) define una masa como un "número relativamente grande de personas, espacialmente dispersas y anónimas, que reaccionan a uno o más de los mismos estímulos, pero actúan individualmente sin considerarse unos a otros".

El comportamiento de la masa es el comportamiento no organizado, no estructurado, no coordinado, individualmente elegido de las masas. Se diferencia del comportamiento de la multitud en que éste es breve y espisódico y es realizado por la gente en grupo, en tanto que el comportamiento de la masa es más duradero y surge de la suma total de muchas acciones individuales. También, las multitudes son agregados de personas en una interacción social inmediata de uno con otro; las masas están dispersas y no están en contacto directo continuo uno con otro. Las masas no pueden juntarse e interactuar como lo hacen las multitudes. Cuando muchas personas actúan individualmente y no como grupo y se mueven en la misma dirección, se trata de un comportamiento de masa. Una huída de refugiados o la popularidad de los juegos de video son ejemplo de lo dicho.

El rumor

En el último recuento, la Federal Communications Commission ha recibido más de 11 millones de cartas airadas en un periodo de siete años en protesta contra la petición de eliminar las transmisiones religiosas del aire hecha por Madalyn Murray O'Hair. La batalla de la señora O'Hair contra las oraciones escolares es bien conocida, pero su campaña contra los pogramas religiosos es completamente imaginaria. Ni ella ni ninguna otra persona hicieron esa petición, pero a pesar de las repetidas aclaraciones de la FCC, miles de cartas siguen llegando diariamente (Castelli, 1976; Koza, 1982). Tal es la fuerza del rumor.

Un rumor es una información que se difunde rápidamente y que no está apoyada por los hechos. Los rumores pueden difundirse a través de los medios masivos de comunicación o de boca en boca. Gran parte de nuestra conversación casual consiste en difundir chismes. Cualquier tema, desde la moralidad del vecino hasta el destino de la nación atrae interesantes y perturbadores rumores. Siempre que hay una tensión social florecen los rumores. Donde quiera que no se dispone de hechos completos y exactos en asuntos de interés público o tales hechos no son creídos abundan los rumores. Puesto que los rumores pueden arruinar reputaciones, desacreditar causas y socavar la moral, la manipulación del rumor es un mecanismo común de propaganda.

En un trabajo clásico sobre el rumor, Allport y Postman (1947, p. 46), señalan que gran cantidad de chismes brotan de una cosa tan sencilla como el deseo de hacer interesante una conversación o de disfrutar de una anécdota picante. Las celebridades públicas atraen rumores como la miel atrae moscas. Así, el rumor de la muerte

misteriosa de uno de los Beatles se difundió entre los jóvenes en 1971 y persistió pese a desmentidos sucesivos (Suczek, 1972). Sin embargo, las personas son muy propensas a creer y a difundir un rumor *si éste justifica sus antipatías o alivia sus tensiones emocionales.* Las personas a quienes les disgustan los republicanos, odian a los negros o desprecian a los beneficiados de la asistencia pública recordarán y repetirán rumores perjudiciales acerca de estos grupos. El rumor cambia continuamente conforme se difunde, porque las personas lo distorsionan inconscientemente para darle la forma que apoya mejor sus antagonismos. Las personas aceptan sin ninguna crítica y creeen en un rumor si se ajusta a su pauta de creencias y antipatías o si proporciona una explicación emocionalmente satisfactoria de algo.

Cada asesinato presidencial ha producido una ola de rumores acerca de conspiraciones de asesinato (Belin, 1973). El rumor sobre una conspiración es especialmente satisfactorio. Proporciona el halagador sentimiento de tener un conocimiento "profundo", junto con un delicioso sentido de denunciar valientemente a los malhechores.

Los rumores no se disipan eficazmente con la corrección verdadera. Los "centros de control de rumores" establecidos en muchas ciudades durante los disturbios urbanos de la década 1960-1970 fueron de dudosa eficacia (Knoph, 1975, pp. 301-315). Esos centros difundían con frecuencia el rumor en vez de rectificarlo (Ponting, 1973). Algunos estudiosos afirman que ahora se dispone de técnicas más adecuadas para controlar los rumores (Rosnow y Fine, 1976), pero otros dudan de que esto sea cierto (Weinberg y Eich, 1978). Los rumores se creen y se difunden porque a la gente le gustan y necesita de ellos. Como lo afirma Shibutani (1966, p. 139): "el proceso de la construcción del rumor termina cuando la situación en la que surge ya no es problemática". Esto significa, por ejemplo, que los rumores florecen cuando la gente siente que no puede confiar en que los funcionarios gubernamentales le digan la verdad, pero los rumores amainarán si se restaura la confianza en sus autoridades.

Un rumor inusualmente persistente se suele convertir en una leyenda, aceptada como verdadera por muchos de los que la escuchan. De acuerdo con Brunvand (1981, p. 10), un rumor puede pasar a ser leyenda si: 1) tiene un fuerte atractivo histórico, 2) se funda en una creencia pública acerca de lo que podría ocurrir, 3) enseña una "lección" moral. Brunvand sigue las huellas de muchas de tales leyendas hasta llegar a la historia del folklore, como aquella de la "viajera de gratis que desaparece" (que entra en un automóvil o carruaje o carroza y luego desaparece misteriosamente). Muchas de estas leyendas se han repetido durante generaciones, adaptadas de vez en cuando de acuerdo con los cambios de tecnología.

La afición pasajera o la moda

Una afición pasajera es una variación trivial, de corta vida, en el habla, la decoración o el comportamiento. La afición pasajera se origina al parecer en el deseo de ganar y mantener status, siendo diferente e innovador, y muere cuando pierde su novedad. Bogardus, (1950, pp. 305-309) estudió 2 702 aficiones pasajeras durante varios años y encontró que la mayor parte de ellas trataban de trivialidades. Característicamente brotaban con rapidez, tenían una duración de dos a tres meses y luego declinaban aunque unas cuantas se convertían en partes permanentes de la cultura. La afición pasajera de las mascotas en 1977 que incluía la comercialización de diplomas, sillones y lotes funerarios para las mascotas, puede haber debido su breve popularidad a su audaz absurdidad. Es indudable que muchos de los propietarios de mascotas las consideraban simplemente como una broma simpática.

Las modas son similares a las aficiones pasajeras, *pero cambian con menos rapidez, son menos triviales y tienden a ser cíclicas.* Los vestidos de las mujeres suben, bajan, suben, bajan. Las barbas de los hombres son abundantes, luego se marchitan y después vuelven a florecer con exuberancia durante un ciclo de aproximadamente 100 años, como calcula Robinson (1976). La popularidad de las barbas se difunde hasta que casi todos los jóvenes las llevan como símbolo de juventud y masculinidad. Siguen siendo populares hasta que estos jóvenes crecen y son reemplazados por jóvenes bien afeitados que ahora asocian las barbas con una senilidad chocheante.

De acuerdo con Konig (1974), la moda se origina en el deseo de adornar el propio cuerpo para ejercer un mayor atractivo sexual. La moda sólo es importante en las sociedades que tienen un sistema de clases. En una sociedad homogénea, indiferenciada, no surge la distinción mediante la moda, puesto que todos se adornan y actúan en forma muy semejante. En una sociedad rígidamente estratificada, la moda consciente es innecesaria, porque la distinción ya está asignada firmemente (Blumer, 1969a, p. 117). En la sociedad de clases abiertas con una considerable movilidad es donde esa moda es importante. La clase media que asciende es la más consciente de la moda. Quienes pertenecen con seguridad a la clase alta pueden darse el lujo de mostrar poco interés en la moda y vestirse algunas veces como si la ropa sólo fuera para defenderse de la lluvia.

Las modas no siempre se originan entre la clase privilegiada y se difunden hacia abajo, sino que pueden originarse en cualquier clase. En los primeros años de la década 1970-1980 la ropa de la clase trabajadora se puso de moda y los pantalones vaqueros azules casi desaparecieron entre los trabajadores debido a que eran demasiado caros para los pobres. Las modas se extienden cuando las personas que desean modernizarse hacen sus elecciones colectivas entre muchos modelos que compiten. (Blumer, 1969b).

La moda puede incluir casi cualquier aspecto de la vida de grupo —los modales, las artes, la literatura, la filosofía y aun las metodologías de la ciencia—, pero es más frecuente que aparezca en la ropa y en los adornos. Cuando se escribió esto eran populares los pequeños lagartos bordados, mas probablemente ya estén pasando de moda y pronto vayan a desaparecer (Ingrassia, 1981). Sin embargo, las modas no son completamente triviales o caprichosas, porque reflejan los intereses y valores dominantes de una sociedad en una época determinada (Harris, 1973). A lo largo de la mayor parte de la historia, ser gordo era estar a la moda, porque la gordura era signo de salud y riqueza en un mundo donde el hambriento acechaba en todas partes (Hollander, 1977). En el siglo XVIII, los vestidos complicados reflejaban la cultura de una clase alta adornada y decorativa, y los estilos austeros de la era victoriana reflejaban la mojigatería de la época (Flugel, 1930). Los cambios en la moda se reflejan con frecuencia en las necesidades, actitudes y valores. Cuando los esclavos de piel oscura hacían la mayor parte de los trabajos domésticos, una palidez enfermiza era elegante; ahora que la mayor parte del trabajo se hace bajo techo, se desea un bronceado uniformemente distribuido (aun cuando ahora se sabe que no es del todo saludable). Durante el conservadurismo político y la relativa indiferencia hacia los problemas sociales de los plácidos años de la década 1950-1960, las letras de las canciones populares eran personales y románticas; conforme se despertó el interés por los problemas sociales y los estilos de vida competitivos en los últimos años de la década 1960-1970, las letras de las canciones populares asumieron un áspero tono de crítica social (Rosenstone, 1969); a fines de la década 1970-1980 las canciones de protesta perdieron popularidad cuando los *campus* se tranquilizaron y la atmósfera política se hizo más conservadora. Así, la moda refleja las corrientes de cambio en una sociedad.

Hay mucha especulación y poca investigación científica sobre la posibilidad de que los cambios y las opciones de la moda surjan de necesidades e impulsos emocionales inconscientes. En una de las escasas investigaciones Becker (1971) concluye que aquellas mujeres que fueron las primeras en usar minifaldas tenían una autoimagen negativa, en tanto que las que aceptaron la midifalda tenían tanta necesidad de llamar la atención como para usar algo horrible y sin atractivo para atraerla. Reed (1974) afirmaba que de los perfiles de personalidad de las universitarias podía predecir sus modas preferidas con un 72% de exactitud. La elección de las modas es una forma de "presentación del ego", porque "toda la elección de ropa, sobre todo la de las rápidas y simples, significan alianzas con otras mujeres que han hecho el mismo tipo de elección" (Hollander, 1982).

Aunque puede haber alguna motivación inconsciente, la elección de modas satisface necesidades sociales genuinas definidas por la clase social, la edad, los grupos por sexo y otras afiliaciones de grupo. La moda ayuda conscientemente al arribista de clase media, y un tipo diferente de vestido o de peinado satisface la necesidad de los adolescentes de "pertenecer" a un mundo privado no regido por los adultos (Barber y Tobel, 1952). El cabello largo y la barba descuidada de los hombres a principios de la década 1960-1970 eran un símbolo de protesta social, porque un descuido deliberado en la forma de vestir y de arreglarse era una forma de expresar desprecio por el sistema. Pero un decenio después las barbas y el cabello largo ya no expresaron una protesta social, sino que llegaron a ser tan elegantes que algunas investigaciones experimentales encontraron que los hombres con barba eran considerados como más guapos, masculinos y viriles que sus compatriotas afeitados (Pellegrini, 1973). Todo lo que se pone de moda se percibe como hermoso.

Los cambios de moda pueden ser deliberadamente manipulados por la industria del vestido, pero sólo hasta un determinado grado, porque hay pruebas de que los consumidores no aceptarán pasivamente todo lo que se considere como elegante (Jack y Schiffer, 1948; Lang y Lang, 1961, Cap. 15). Determinados esfuerzos de la industria de la ropa femenina para promover la midifalda en 1970 fracasaron, debido principalmente a que las mujeres sintieron que las midifaldas las hacían aparecer más viejas (Reynolds y Darden, 1971). Aquí, nuevamente, la moda refleja los valores culturales dominantes.

La moda extravagante

Donde el pánico es un impulso precipitado para alejarse de una amenaza percibida, la moda extravagante es un impulso precipitado hacia la obtención de alguna satisfacción. Como Smelser observa (1963, Cap. 7), la moda extravagante pueden ser superficial (golf en miniatura, monopolio, aros, hula-hula, frisbees, clubes de fanáticos de las estrellas, pistas de patinaje, videojuegos) o

Las modas locas o caprichos difieren de las novedades ordinarias
en que se convierten en una obsesión para sus seguidores. (© *Jim
Anderson, 1983/Woodfin Camp & Assoc.)*

seria (modas extravagantes de guerra, nominación de un presidente); pueden ser económica (auge especulativo), política (vehículos de la banda de música), expresiva (pasos de danza) o religiosa (celebraciones), para mencionar sólo unas cuantas clases. *Flagpole Sitting,* maratones de baile, juegos de rompecabeza, el juego de la canasta y las cartas en cadena todos tienen su momento.

La moda extravagante difiere de la moda ordinaria en que *se vuelve una obsesión para sus seguidores.* Al escribir esto, el videojuego es una moda extravagante, pero puede no serlo ya cuando los estudiantes lean esto.

Muchas modas extravagantes implican un cierto esquema del tipo "hazte rico rápidamente". La moda extravagante de los tulipanes de Holanda en 1634 elevó el precio de los bulbos de tulipán hasta que su valor excedió al de su peso en oro. El auge de los terrenos en Florida durante la década 1920-1930 elevó los precios de la tierra a niveles que excedieron cualquier estimación económica sensata. En las modas extravagantes el individuo queda atrapado en la histeria de masas y pierde su precaución ordinaria. Los especuladores efectuan ventas entre ellos a precios cada vez más altos hasta que alguna mala noticia desinfla el globo o hasta que tantas personas susceptibles se han reunido que ya no entra dinero en el mercado; luego se quiebra la confianza y el mercado se viene abajo en una locura para deshacerse de acciones (Mackay, 1932).

Puesto que la moda extravagante se apodera sólo de una fracción de la población y es una preocupación que consume tiempo, generalmente se desgasta pronto. Algunas modas extravagantes desaparecen por completo; otras se ocultan y perduran como una actividad menos alocada entre algunas personas.

La histeria de masas

La histeria de masas es una forma de creencia o comportamiento compulsivo e irracional que se difunde entre la gente. Puede ser un breve incidente multitudinario, como la onda de crispamiento espasmódico que se extendió en toda una escuela secundaria de Louisiana (Schuler y Parenton, 1943). *The New York Time* (Sep. 14, 1952) cuando se informó que en un juego de fútbol en Mississippi, 165 muchachas adolescentes en una sección de la porra se excitaron y "se desmayaron como moscas". O la histeria de masas puede difundirse más allá de un solo grupo de personas, en un momento particular del tiempo. En un pueblo, docenas de personas informaron durante varias semanas que habían sido atacadas por un "anestesista fantasma", quien las roció con una droga desconocida que provocaba parálisis y otros síntomas (Johnson, 1945). Los juicios a las brujas de Salem son un interesante ejemplo histórico de la histeria de masas (Starkey, 1949).

Olas recurrentes de noticias sobre platillos voladores, junto con una elaborada literatura pseudocientífica sobre tales objetos son un ejemplo moderno de la histeria de masas (Hackett, 1948); Gardner, 1957, Cap. 5; Menzel y Taves, 1977). A través de un análisis de las noticias puede sospecharse que las declaraciones sobre los platillos voladores eran con frecuencia la causa principal de las noticias sobre los platillos voladores, esto es, la publicidad acerca de los objetos voladores provocaba una serie de nuevas "visiones". Por supuesto, es una posibilidad científica que algunos de los "objetos voladores no identificados" vengan del espacio exterior. Como se dijo antes, una proposición negativa (p. ej., "no hay platillos voladores") es imposible de probar; pero las pruebas actuales sobre ellos son muy poco convincentes (Condon, 1969; Klass, 1975; Menzel y Taves, 1977; Shaeffer, 1981).

Durante el final del verano de 1974, se difundieron aproximadamente un centenar de noticias sobre "misteriosas mutilaciones al ganado" por Nebraska y Dakota del Sur. Algunos funcionarios atribuyeron estas mutilaciones (orejas, labios y órganos sexuales eran las más frecuentes) a causas tan extrañas como cultistas sedientos de sangre o a visitantes del espacio exterior y se aconsejó a los residentes que se reunieran para establecer patrullas nocturnas. Sin embargo, poco tiempo después la prosaica conclusión del veterinario de que el ganado había muerto de causas naturales y había sido mordisqueado por pequeños depredadores (Stewart, 1977) debería haber terminado el asunto, pero no fue así. Las historias sobre mutilación al ganado continuaron circulando (Frazier, 1979). Muchas personas prefieren una explicación misteriosa y extraña a una explicación científica.

La histeria de masas suele adoptar la forma de enfermedades físicas "epidémicas". En el más famoso estudio de casos de histeria de masas, las mujeres que trabajaban en una fábrica textil afirmaban que habían sido mordidas por melolontas, los investigadores no encontraron melolontas, pero encontraron un agudo resentimiento laboral porque se había exigido sobretiempo (Kerckhoff y Back, 1968). Se han informado de muchas "epidemias" similares, casi siempre en escuelas secundarias o fábricas durante periodos de tensión inusitadas (Herbert, 1982*b*).

¿Por qué algunas personas sucumben a la histeria de masas en tanto que otras parecen ser inmunes? Nuestra investigación muy limitada sugiere que la depresión física y psicológica aumenta la susceptibilidad. En una escuela secundaria hubo una súbita ola de enfermedades y rachas de desmayos debido a un "gas" que se demostró que no existía. Un estudio comparativo encontró que, en contraste con los "inmunes", los "histéricos" tenían más ausencias, más visitas a la enfermería escolar por razones triviales y más desviaciones de varios tipos (Goldberg, 1973). En otro caso de histeria debida al "gas" ocurrido en un centro de procesamiento de datos donde el trabajo (clasificación y perforación) era agotador y monótono y las condiciones de trabajo insatisfactorias, se constató que las mujeres que estaban más insatisfechas con la situación laboral fueron las más susceptibles a los humos imaginarios (Stahl y Lebedun, 1974). Parece que hay algunas diferencias de personalidad entre aquellos que "mantienen la calma" y los que son propensos al pánico o a la histeria, pero todavía no se ha establecido un perfil de personalidad de las personas susceptibles.

¿Tenemos, entonces, explicaciones satisfactorias acerca del comportamiento de las masas? No completamente. Todas las formas de comportamiento de masas estudiadas aquí parecen surgir de alguna forma de frustración o descontento. Los periodos de crisis social parecen propiciar muchas aficiones y modas extravagantes. (Turner y Killian, 1972, p. 130). Posiblemente las aficiones y modas extravagantes relativas a la recreación ofrecen con frecuencia un escape a varios problemas que parecen irresolubles. Todas las formas de comportamiento colectivo pueden servir para aliviar tensiones y proporcionar alguna forma de complacencia. Podemos aventurar algunos pronósticos acerca de cuándo y dónde es probable que aparezcan las formas más extremas de comportamiento colectivo y tener algún conocimiento acerca de cómo pueden controlarse. Con ulteriores estudios sabremos más.

Comportamiento ante el desastre

Un campo de estudio sociológico relativamente reciente es el *comportamiento en caso de desastre.* Es difícil clasificarlo, porque incluye el comportamiento de masas y multitudes y puede incluir también el rumor, el pánico, la orgía, la histeria de masas y posiblemente otras formas. Un nuevo diario, *Mass Emergencies,* se fundó en 1975 en el Disaster Research Center of Ohio State University. Se está recolectando una cantidad considerable de conocimientos de investigación con la que se destruyen muchos mitos populares acerca del comportamiento en caso de desastre (Barton, 1969; Dynes, 1970; Wenger et al., 1975; Perry y Pugh, 1978, Cap. 4). Por ejemplo, se creía que el saqueo era un resultado común de un desastre, pero en realidad es muy raro. Los estudios sobre el desastre son muy útiles para mostrar a las autoridades qué hay que esperar cuando ocurre el desastre y cuál es la mejor forma de movilizar sus recursos.

PÚBLICOS Y OPINIÓN PÚBLICA

El término "público" se utiliza en varios sentidos. Popularmente, "el público" es sinónimo de "la gente" o prácticamente de todos, y no es un concepto muy útil. Los sociólogos utilizan el término en dos sentidos: 1) un *público* puede definirse como *cierto número de personas dispersas que comparten su interés sobre un tema particular.* Hay un público del beisbol, un público de la ópera, un público de la bolsa, un público de temas políticos, y muchos otros. 2) Un público puede difinirse como *cierto número de personas que están interesadas, divididas y en discusión acerca de un tema.* Así pues, todo tema importante tiene su público y no hay nada como el público en estas dos definiciones.

Los miembros de un público no se reunen como los miembros de una multitud. Cada miembro de un público sólo puede comunicarse directamente con un puñado de otros miembros. A un público se le llega principalmente por los medios de comunicación masiva. Los títulos de muchas revistas revelan el público al que cada una está dirigida: *"House & Garden", "Field & Stream", "Guns & Ammo Magazine" "Western Horseman," "Cats Magazine", "U.S. Camera", "Stamps Magazine", "Motor Trend Magazine", "The Theater", "Workbench", "Audio", "National Geographic Magazine", "Holiday", "Pacific Affairs",* y cientos más. Puesto que los miembros de un público sólo se pueden comunicar eficazmente a través de los medios masivos de comunicación, se deduce que quienes controlan esos medios poseen un poder considerable para influir en las opiniones de ese público.

Los públicos se crean por la complejidad cultural. En una cultura simple habría pocos públicos, o tal vez ninguno. Una cultura compleja produce muchos grupos de interés con ejes opuestos y desarrolla muchos problemas sobre los que la gente tiene diferente opinión. Por ejemplo, un grupo desea conservar nuestros parques nacionales y zonas en estado vírgenes en su condición natural con un mínimo de acondicionamiento; otro grupo quiere convertirlos en centros de recreación con refugios, pistas de aterrizaje y cam-

Las elites ya no están separadas de las no elites.

pos de esquiar; otros desean cazar, aprovechar la madera, explotar los minerales, utilizar los pastizales o construir presas en los ríos, en los parques y zonas naturales. Tales intereses opuestos se multiplican en la medida en que la cultura se hace más compleja.

En una cultura simple y estable surgen pocos problemas, es decir, se desarrollan pocas situaciones que no puedan manejarse siguiendo las costumbres y tradiciones de la sociedad. Pero en una cultura compleja que cambia, surgen problemas constantemente. En otras palabras, se desarrollan continuamente situaciones que nuestras tradiciones y costumbres no pueden manejar por completo o sólo manejarán en una forma que dejará insatisfechos a algunos grupos. Por ejemplo, ¿deberían prohibirse los pesticidas "fuertes" que siguen siendo venenosos durante largo tiempo (como el DDT), a fin de proteger el medio ambiente o es necesario mantenerlos, para asegurar la producción de alimentos y el control de plagas? La tradición no da una respuesta clara.

De esta manera una cultura compleja que cambia crea muchos públicos, cada uno interesado en una actividad, un tema o un problema. Cuando los miembros de un público consideran el problema y se forman opiniones sobre él, se desarrolla la *opinión pública*.

La *opinión pública* también tiene dos definiciones: 1) *Una opinión sostenida por un importante número de personas;* 2) *la opinión dominante entre una población.* De acuerdo con el primer significado puede haber muchas opiniones públicas; de acuerdo con el segundo, la opinión pública se refiere al *consenso* sobre un tema. Ambos significados son comunes en la literatura, y el significado particular debe inferirse de la forma en que se utilice el término.

La opinión pública es una creación de la sociedad compleja y de los medios masivos de comunicación. En las sociedades tradicionales predominan las relaciones Gemeinschaft, y la elite gobierna de acuerdo con las tradiciones establecidas sin preocuparse mucho por algo como la opinión pública. Si a las personas comunes y corrientes se les hubiera preguntado acerca de los "temas" actuales, su reacción general habría sido de desconcierto. Ciertamente, había diferencias de interés y de puntos de vista en las sociedades primitivas, pero éstas se discutían principalmente *dentro* de la elite sin tomar en cuenta a las personas comunes (excepto cuando sufrían las consecuencias). La elite ya no está separada de la no elite y debe considerar los puntos de vista de ésta. La opinión pública consiste en tener una masa cuyas opiniones son importantes para la elite, después de lo cual las diferentes secciones de la elite tratan de hacer propaganda entre esta masa y de manipularla en apoyo de los intereses elitistas. Las democracias difieren de las dictaduras en que, en las primeras, diferentes grupos de la elite compiten vigorosamente por el apoyo de las masas, en tanto que en una dictadura sólo una fracción de la elite obtiene el dominio, apartando o neutralizando a sus competidores y disfrutando del monopolio de la propaganda.

Medición de la opinión pública

Los líderes de un grupo o de una nación no pueden dirigirla sabiamente a menos que conozcan en qué forma el pueblo quiere ser dirigido. La encuesta de opinión pública es una invención reciente para descubrir qué están pensando las personas. Una encuesta es sencilla en su concepto pero difícil de realizar porque, como se mostró antes, una opinión es un fenómeno más bien complejo. Los investigadores preparan una serie de preguntas sobre un tema y redactan las preguntas de tal manera que la redacción no predisponga la respuesta del informante. Luego, estas preguntas se plantean a un pequeño número de personas (de unos cuantos cientos a unos cuantos miles) de modo que en la muestra aparezca representada en su debida proporción cada grupo o clase de la población total. Si todos estos arreglos preliminares se hacen sin cometer un error grave, la opinión se mide con bastante exactitud. Por ejemplo, la encuesta Gallup ha predicho la votación en las recientes elecciones con un error promedio de menos del 2% de los votos totales. Pero hay muchos escollos en las encuestas de opinión pública que un investigador debe tener en cuenta para lograr este nivel de exactitud. Uno de los mayores problemas es la tendencia de la gente a opinar con firmeza sobre temas de los que no concoen nada, en los que no han pensado y sobre los que en realidad no se han formado ninguna opinión. En una muestra del condado Hamilton, Ohio, a los ciudadanos se les hizo la pregunta: "Algunas personas dicen que se debería rechazar la Ley de Asuntos Públicos de 1975. ¿Está usted de acuerdo o en desacuerdo con esta idea?" Una tercera parte de las personas dio una opinión firme, lo que es notable, puesto que no existe ninguna "Ley de Asuntos Públicos de 1975" (Cory, 1979).

La exactitud de las encuestas de opinión pública se diluye por esas "seudo-opiniones". Este error puede reducirse utilizando preguntas "filtro" como: "¿Ha oído usted hablar mucho acerca de...?" (Bishop et al., 1980). Otros escollos se refieren a la redacción de las preguntas, la selección de la muestra y la valoración o interpretación de las respuestas (Parten, 1950; Phillips, 1976; Hennessy, 1970; Sonquist y Dunkelberg, 1977). Pese a sus limitaciones, las encuestas son tan importantes hoy que un nuevo periódico, *Public Opinion,* dedicado totalmente a presentar y comentar las encuestas de opinión, hizo su aparición en 1978.

Manipulación de la opinión pública

El acento principal de la investigación de la opinión pública se ha puesto en las formas de manipularla. *La propaganda* incluye todos los esfuerzos por persuadir a las personas respecto a un punto de vista sobre un tema: todo, desde las lecciones de la escuela dominical hasta las carteleras son propaganda; la publicidad, la promoción de ventas y las campañas de recolección de fondos son los mejores ejemplos.

La distinción usual entre educación y propaganda consiste en que la educación trata de cultivar la capacidad de una persona para que pueda efectuar juicios discriminatorios, en tanto que la propaganda busca persuadir a las personas para que acepten indiscriminadamente un juicio ya hecho. En la práctica, la educación incluye con frecuencia gran cantidad de propaganda. Los maestros hacen algunas veces propaganda de sus propias opiniones; los grupos de interés tratan de difundir en la escuela su propia propaganda, disfrazada como "material educativo"; la sociedad obliga prácticamente a la escuela a hacer propaganda a los valores patrióticos y morales aprobados. Los conservadores desean que las escuelas hagan propaganda en favor del *status quo,* en tanto que los marxistas y otros radicales insisten en que los maestros deben hacer propaganda en favor de la revolución. Obtener una clara distinción entre educación y propaganda no siempre es posible. Y habría que repetir que la propaganda no es necesariamente "mala"; es simplemente un término aplicado a *todos* los intentos por influir en las opiniones y acciones de la gente. Las técnicas comunes de la propaganda (el empleo de sobrenombres, la generalidad deslumbrante, el testimonio, los paisajes costumbristas, las pancartas, los vehículos con banda de música), diseñados por primera vez por Lee y Lee (1939), se han reimpreso en innumerables libros de texto, donde la mayoría de los estudiantes probablemente ya los han visto.

LÍMITES DE LA PROPAGANDA. Si las fuerzas de la propaganda fueran ilimitadas, aquellos que tienen más dinero y la mejor oficina de relaciones públicas simpre ganarían. Puesto que esto no siempre ocurre, el poder de la propaganda debe limitarse de varias maneras.

1 *Las propagandas competidoras* son probablemente la limitación más grande. Con el

Brad Tufts no pronunció discursos, no hizo presentaciones personales, pero aun así acumuló suficientes votos para ganar una reciente elección primaria para presidente del estudiantado en la San Diego State University. Su candidatura fue un experimento llevado a cabo por los miembros de una clase llamada Advertising Campaings. La clase inundó el campus con cartelones de Brad Tufts, playeras y calcomonías. "Nos propusimos ver si los estudiantes educados formalmente votarían por un candidato sólo sobre la base de una imagen publicitaria", dijo el profesor auxiliar Jack Haberstroh. Brad Tufts tiene dos años de edad.

Behavior Today, May 1, 1972, p. 3. Copyright©Ziff-Davis Publishing Company. All rights Reserved.

La "imagen" parece ser todo lo que importó en esta elección. ¿Se aplica esto a todas las elecciones?

---

monopolio de la propaganda, un propagandista puede suprimir y fabricar hechos, y no es posible ninguna refutación eficaz. La mera *existencia* de propagandas competidoras en un estado democrático ejerce una influencia restrictiva tanto sobre el propagandista como sobre el receptor.

2 *La credibilidad del propagandista* a los ojos de los receptores limita lo que éstos aceptarán. La credibilidad se reduce cuando el propagandista tiene un interés personal, de modo que la propaganda se realiza con frecuencia bajo el nombre de una organización aparentemente noble (Fundación para las Libertades Fundamentales, Asociación para la Igualdad Fiscal, Asociación de Propietarios de Casas) que esconde los intereses de los propagandistas.

3 *La preparación del receptor* limita los efectos de la propaganda. En general, quienes están bien educados o bien informados sobre el tema se ven menos afectados por la propaganda que los que tienen poca instrucción y están escasamente informados.

4 *Las creencias y valores del receptor* limitan la propaganda a que dará crédito. La mayor parte de las personas aceptan sin mayor crítica la propaganda que encaja en sus actitudes y valores, y casi siempre rechaza con la misma falta de crítica cualquier propaganda que entra en conflicto con su valores y actitudes. Como la persona que dijo: "He leído tanto acerca de los peligros de fumar que he decidido no volver a leer", uno puede simplemente "retirarle sus simpatías" a todo aquello que choca con fuerza con sus propias creencias y deseos. Por esta razón, un propagandista trata rara vez de cambiar las actitudes básicas de los receptores; en cambio, trata de hacer que acepte una nueva definición del tema que invoca aquellas actitudes e imágenes que apoyan la causa del propagandista.

5 *Los cauces y las tendencias culturales* limitan la eficacia de la propaganda. Un sentido cultural no es detenido por la propaganda. La propaganda puede acelerar o retardar una tendencia cultural, reforzar o debilitar un valor, pero es dudoso que la propaganda en una sociedad democrática pueda iniciar o detener una tendencia cultural, destruir un valor bien establecido o inspirar un nuevo valor que la sociedad ya no esté desarrollando.

MOVIMIENTOS SOCIALES

El movimiento social es una de las principales formas de comportamiento colectivo. Un movimiento social se define formalmente como "la acción de una colectividad que presenta la continuidad suficiente como para promover u oponerse a un cambio en la sociedad o en el grupo de la que forma parte" (Turner y Killiand, 1972, p. 246). Dicho menos formalmente, *un movimiento social es un esfuerzo colectivo para promover un cambio u oponerse a él.*

Los movimientos sociales se originan como agrupaciones no planeadas, no organizadas y no dirigidas de personas que están insatisfechas con ciertas cosas. Las personas hablan, comparten ideas y refunfuñan; los intelectuales publican artículos eruditos; los ciudadanos escriben cartas al editor; las personas experimentan nuevas formas de expresión. En la mayor parte de los movimientos el liderazgo y la organización emergen en poco tiempo. Después de una vida activa que rara vez excede uno o dos decenios el movimiento sale de su fase activa. Algunas veces el movimiento deja organizaciones permanentes (YMCA) o cambios (el sufragio femenino), y algunas veces desaparece dejando tras de sí pocas huellas (el movimiento esperantista en pro de un lenguaje universal).

Teorías de los movimientos sociales

TEORÍAS PSICOLÓGICAS. Las teorías psicológicas encuentran el origen de los movimientos sociales en la pesonalidad de los seguidores.

Teoría del descontento Esta teoría sostiene que los movimientos tienen su raíz en el descontento. Las personas que están cómodas y contentas tienen poco interés en los movimientos sociales. El descontento puede ser de varios tipos, e incluye desde la cólera ardiente de quienes se sienten víctimas de injusticias ultrajantes hasta el suave disgusto de quienes no aprueban algunos cambios sociales.

Probablemente es cierto que, sin el descontento, no habría movimientos sociales. Pero el descontento es una explicación inadecuada. No hay pruebas convincentes de alguna relación estrecha entre el nivel de disgusto y descontento en una sociedad y su nivel de actividad en los movimientos sociales (Muller, 1972; Snyder y Tilly, 1972). Las personas pueden soportar un gran descontento sin unirse a un movimiento social. Muchas sociedades han soportado gran pobreza, desigualdad, brutalidad y corrupción durante siglos sin una protesta social grave, y todas las sociedades modernas han tenido suficiente descontento como para alimentar muchos movimientos sociales (Turner y Killian, 1972, pp. 271). El descontento puede ser una condición necesaria, pero no suficiente para los movimientos sociales.

Teoría del desajuste personal Esta teoría considera el movimiento social como un refugio del fracaso personal. Muchos estudiosos creen que los movimientos encuentran a sus partidarios entre las personas frustradas e infelices cuyas vidas carecen de significado y realización. Un libro muy leído, escrito por un trabajador manual autodidacta, *The True Believer* (Hoffer, 1951), describe los tipos de personas que se adhieren a los movimientos sociales: el aburrido, el inadaptado, el creativo que no puede crear, las minorías, los pecadores con remordimientos, los venidos a menos y otros que por cualquier razón están muy insatisfechos de su vida. Ellos añaden significado y propósito a sus vidas vacías mediante la actividad del movimiento.

Es lógico que las personas que se sienten frustradas y no realizadas se sientan más atraídas por los movimientos sociales que los que están complacidos y contentos. Quienes encuentran su vida actual absorbente y satisfactoria tienen menos necesidad de algo que les proporcione sentimientos de valor y realización personal, porque ya tienen estas dos cosas. Así, los partidarios de un movimiento —especialmente los más antiguos— son considerados como los desadaptados frustrados de la sociedad.

Aunque lógica, la teoría de la inadaptación no está bien fundada. Es difícil medir el sentimiento de no realización de una persona, aunque pueden extraerse algunas conclusiones de las historias de una carrera, como por ejemplo, el resentimiento expresado por Hitler al sentirse rechazado como artista de valía. Ésta es otra teoría que parece razonable pero que no puede probarse o desaprobarse fácilmente.

TEORÍAS SOCIOLÓGICAS. Las teorías sociológicas estudian la sociedad más que la personalidad de los individuos.

Teoría de la privación relativa La privación relativa es un concepto desarrollado por Stouffer (1949). Sostiene que uno *se siente* deprivado de acuerdo con la brecha que existe entre sus expectativas y sus realizaciones. La persona que quiere poco y tiene poco se siente menos deprivada que la que tiene mucho aunque espera todavía más.

La privación relativa está creciendo en todo el mundo subdesarrollado. Los pobres del mundo están decidiendo que la pobreza, el hambre y la enfermedad no son irremediables. Anhelan bicicletas, radios, refrigeradores y todas las demás cosas que brillan a lo largo de una serie creciente de deseos. Tienen hambre de todos estos tesoros, pero no comprenden bien qué se necesita para producirlos. Aun cuando la gente está empezando a conseguir algunas de estas cosas que codician, estas satisfacciones llegan con una insoportable lentitud.

Un debilitamiento de los controles tradicionales y tribales acompaña generalmente esta enorme inflación de deseos. Los gobiernos de los países del Tercer Mundo independientes desde hace poco tienen pocas esperanzas de satisfacer las expectativas de sus pueblos. Parece que es más probable que las revoluciones ocurran no cuando los pueblos son más miserables sino cuando las cosas han comenzado a mejorar provocando una serie de crecientes expectativas (Brinton, 1938; Street y Street. 1961). La insurrección ocurre con mayor frecuencia cuando una crisis interrumpe un periodo de auge y crea una brecha intolerable entre las expectativas crecientes y las realizaciones que se hunden (Davies, 1962; Geschwender, 1968).

La teoría de la privación relativa es lógica pero no está demostrada. Los sentimientos de privación son fáciles de inferir pero difíciles de medir, y todavía más difíciles de situar en un periodo de tiempo. Y la privación relativa, aunque evidentemente severa, es sólo uno de los muchos factores en los movimientos sociales (Gurney y Tierney, 1982).

Teoría de la movilización de recursos Esta teoría hace hincapié en las técnicas más que en las causas de los movimientos. Atribuye una gran importancia al empleo eficaz de los recursos en la promoción de los movimientos sociales, puesto que el éxito de un movimiento exige organización y tácticas eficaces. Los teóricos de la movilización de recursos consideran el liderazgo, la organización y las tácticas como las principales determinantes del éxito o el fra-

caso de los movimientos sociales (Oberschall, 1973; Wilson, 1973; Gamson, 1975; McCarthy y Zald, 1977; Zald y McCarthy, 1979; Walsh, 1981). Los teóricos de la movilización de recursos conceden que sin agravios y descontento habría pocos movimientos, pero añaden que se necesita de la movilización para dirigir este descontento hacia un movimiento de masas efectivo.

Los recursos que hay que movilizar incluyen: creencias y tradiciones que apoyen al movimiento entre la población, leyes que puedan proporcionar influencia, organizaciones y funcionarios que puedan ser útiles, beneficios potenciales que puedan ser promovidos, grupos a los que estos objetivos puedan atraer y otras muchas ayudas posibles. Todos esto se considera a la luz de los costos personales de la actividad del movimiento, de la oposición que se va a encontrar, de otras dificultades que hay que superar y de las tácticas que van a desarrollarse.

Como un ejemplo, los disturbios del ghetto de la década 1960-1970 ocurrieron cuando el movimiento en favor de los derechos civiles estaba logrando importancia, los líderes negros habían logrado el reconocimiento nacional y se hallaba en el poder una administración nacional que simpatizaba con el movimiento. Durante el verano de 1982 el descontento negro era probablemente mucho más grande que en la década 1960-1970. Decenios de conquistas negras parecían estar derrumbándose conforme crecía el desempleo entre los negros, se ensanchaba la brecha de los ingresos entre blancos y negros, se reducían radicalmente los servicios sociales y se socavaban los programas de acción afirmativa. Se esperaban disturbios en el ghetto, pero no llegaron a materializarse (Blum, 1982). ¿Por qué? En 1982 no se contaba con ningún líder negro de la estatura de Martin Luther King, el movimiento de los derechos civiles había perdido intensidad y había tomado el poder una administración nacional que no simpatizaba con él. El descontento era probablemente mayor, pero los recursos eran menores. Como se lamentaba un líder negro: "La última vez, el Presidente (Lyndon Johnson) estaba de nuestro lado, buscando la igualdad social. Esta vez el Presidente (Ronald Reagan) está contra nosotros" (Banks, 1982).

La teoría de la movilización de los recursos no se ajusta a los movimientos expresivos o migratorios, que pueden triunfar sin organización o tácticas. Las pruebas que existen en favor de la teoría de la movilización de los recursos son muy descriptivas y han sido puestas en tela se juicio por algunos estudiosos (p. ej., Goldston, 1980). Es probable que la confusión de la sociedad, el desajuste personal, la privación relativa, el descontento y la movilización de los recursos estén involucrados en los movimientos sociales, pero en una proporción no determinada todavía.

Como siempre, tenemos varias teorías, cada una de ellas plausible, cada una apoyada por algunas pruebas, pero ninguna probada claramente. Los movimientos sociales son de tantos tipos, dependen de tantas variables que posiblemente no se establecerá nunca una teoría concluyente.

Tipos de movimientos sociales

MOVIMIENTOS MIGRATORIOS. Las personas descontentas pueden desear asentarse en otro lugar. Cuando muchas personas se dirigen al mismo sitio al mismo tiempo crean un movimiento social migratorio. La migración de los irlandeses a Estados unidos después de la gran carestía de papas, el movimiento de regreso a Israel de los judíos conocido como sionismo, la huída de los alemanes del este hacia Alemania Occidental antes de que el muro de Berlín los encerrara, la escapatoria de los refugiados cubanos hacia Estados Unidos y el cambio del patrón migratorio estadounidense (de las grandes ciudades a los pueblos pequeños y al campo) son unos cuantos ejemplos.

MOVIMIENTOS EXPRESIVOS. Cuando las personas no pueden trasladarse fácilmente de un lugar a otro y no pueden transformar las cosas con facilidad, pueden cambiarse a sí mismas. En los movimientos expresivos *las personas cambian sus reacciones ante la realidad* en vez de tratar de cambiar la realidad misma. Los movimientos expresivos incluyen desde los relativamente triviales (formas de baile, arte, música, vestidos) hasta los serios (movimientos religiosos, ocultismo). Los movimientos expresivos pueden ayudar a la gente a aceptar una realidad que no tienen esperanzas de cambiar. El "humor negro" es común entre los pueblos oprimidos. Sin embargo puede dar como resultado algún cambio. Las canciones de protesta de la década 1960-1970 y de principios de la 1970-1980 pueden haber ayudado a promover algunas reformas sociales. En Jamaica, donde la pobreza y la desigualdad son extremas y la miseria económica ha ido en aumento, una música de protesta social llamada "reggae" se ha apoderado de la imaginación popular. Ha creado superestrellas millonarias que viven la buena vida mientras cantan apasionadas letras de cólera e injusticia (Bradshaw, 1977; DeVoss, 1977; Roberts y Kloss, 1979, pp. 111-113). No está claro todavía si el "reggae" sirve para provocar y movilizar el descontento popular o para desahogar el descontento con una salida emocional políticamente "inocua".

MOVIMIENTOS UTÓPICOS. Éstos son intentos de crear una sociedad perfecta en miniatura. Después este modelo podrá copiarse y quizá transformar a toda la sociedad. Ha habido decenas de comunidades utópicas en Estados Unidos, pocas de las cuales duraron más de unos cuantos años (Gardner, 1978). Quizá el movimiento utópico que ha tenido mayor éxito en la historia reciente es el del kibutz israelí (Spiro 1958: Tiger y Shepher, 1975).

MOVIMIENTOS DE REFORMA. Son intentos por mejorar la sociedad sin plantear grandes cambios en su estructura social básica. Son comunes en las sociedades democráticas y raros en las sociedades donde no se tolera la disensión. La historia de Estados Unidos muestra docenas de movimientos de reforma: abolicionistas, prohibicionistas, feministas, ambientalistas, liberacionistas homosexuales y muchos otros. Cientos de proyectos de movimientos de reforma nunca pasaron de la etapa de una persona con una lista de direcciones.

MOVIMIENTOS REVOLUCIONARIOS. Una revolución social es un cambio súbito, arrollador y por lo general violento en un sistema so-

El "humor negro" aparece cuando la crítica política abierta contra el gobierno puede hacerlo a uno merecedor de un rápido viaje a las minas de sal. Permite que un pueblo oprimido exprese su hostilidad y dé salida a su tensión con relativa seguridad. Estos chistes se han dicho en Polonia y por polacos.

¿Ya oíste que los científicos soviéticos han logrado producir un nuevo animal cruzando a una vaca con una jirafa? Puede pastar en Polonia y ser ordeñada en la Unión Soviética.

¿Por qué los ZOMOS (policía antimotines) viajan en grupos de tres? Uno puede leer, el otro puede escribir y el tercero vigila a estos dos intelectuales.

¿Qué es un cuarteto de cuerdas polaco? Una orquesta sinfónica polaca después de regresar de una gira artística a Occidente.

Deng, el líder de China y el líder soviético Brezhnev acordaron resolver sus diferencias, pero Deng hizo tres peticiones chinas:

"Debemos tener 100 millones de toneladas de carbón". "Concedido", replicó Brezhnev. "Y 20 nuevos barcos cargueros", pidió Deng. "Concedido", respondió Brezhnev. "Y un millón de bicicletas", añadió Deng. "Imposible", contestó Brezhnev. "¿Por qué?", preguntó Deng. Brezhnev respondió: "Porque los polacos no fabrican bicicletas".

El presidente Reagan le pregunta a Dios: "¿Cuánto tiempo falta para que mi pueblo sea feliz?". Dios responde: "Cien años". Reagan llora y se va. El presidente Mitterand le pregunta a Dios: "¿Cuánto tiempo falta para que mi pueblo sea feliz?". "Doscientos años", replica Dios. Mitterand llora y se va; El general Jaruzelsky le pregunta a Dios: "¿Cuánto tiempo falta para que el pueblo polaco sea feliz". Dios se pone a llorar y se va.

Adaptado de Frederick Kempe, "Warsaw Wit Shows the Poles aren't totally Disarmed", *Wall Street Journal*, sept. 24, 1982 p. 1.

¿Por qué el humor negro no es muy común en Estados Unidos?

---

cial. La "revuelta de palacio" en la que cambian los rostros pero no hay ningún cambio en el sistema de clases o en la distribución del poder y de los ingresos entre los grupos de la sociedad, no se considera una revolución social. Los revolucionarios se oponen generalmente a los reformadores porque consideran que una reforma importante es imposible en el sistema social existente. Piensan que los cambios fundamentales son posibles sólo después del derrocamiento del sistema existente y de la destitución de las clases elitistas, con frecuencia por medio de la ejecución o del exilio. En la mayor parte de las revoluciones varias facciones se unen para derrocar el régimen existente, después de lo cual puede haber una lucha sangrienta por el poder entre esas facciones.

El curso de una revolución se ilustra en la reciente revolución iraní: 1) creciente descontento y erosión del apoyo al antiguo régimen (los iraníes que realizaban manifestaciones contra el Sha en casa y en el extranjero); 2) creciente desorden, disturbios y bombardeos, con una incapacidad cada vez mayor por parte del gobierno para mantener el orden pese a la dura represión; 3) derrocamiento del gobierno (huída del Sha) cuando las fuerzas armadas se unen a la revolución; 4) gobierno temporal de moderados (Bani-Sadr, Ghotbzadeh), derrocados pronto cuando los revolucionarios lucharon por el poder entre sí; 5) gobierno de extremistas (gobierno de Jomeine formado por fundamentalistas musulmanes); 6) reinado del terror, con dura represión a los revolucionarios que perdieron en la lucha por el poder (gran número de ejecuciones, incluyendo la de Ghotbzadeh); 7) invasión desde el exterior (para terminar con la revolución, como en las revoluciones estadounidenses, francesa y rusa, o sólo para restablecer las antiguas situaciones, como el ataque de Irak sobre Irán); 8) los ejércitos revolucionarios luchan bien y repelen a los invasores; 9) retorno final a la estabilidad, quizá con una restauración *parcial* del orden prerrevolucionario (lo que no siempre ocurre). La mayor parte de las revoluciones que han triunfado siguen más o menos fielmente esta pauta (Edwards, 1927; Brinton, 1938; Salert, 1976: Welch, 1980).

MOVIMIENTOS DE RESISTENCIA. El Ku Klux Klan apareció en el Sur para mantener a los negros "en su lugar" después de la Guerra Civil (Mecklin, 1924). Ha reaparecido con intervalos en varias partes del país como un movimiento nacionalista para proteger a los "verdaderos estadounidenses" contra los negros, los católicos, los extranjeros, los ateos y los liberales (Vander Zanden, 1960; Alexander, 1965).

Los muchos cambios sociales y culturales de las últimas décadas han sido profundamente perturbadores para muchos estadounidenses que consideran que nuestras virtudes nacionales están siendo erosionadas por la permisividad sexual, el secularismo, el feminismo, el pacifismo y el estatismo de la seguridad social. Gran cantidad de movimientos contemporáneos de resistencia expresan su consternación por las direacciones en que se ha estado moviendo nuestra nación. Ellos incluyen el movimiento pro-vida para restringir el aborto legal, el movimiento antipornográfico, el esfuerzo para legalizar las oraciones escolares, el movimiento "creacionista" para exigir la enseñanza del relato bíblico de la creación en las escuelas donde se enseña la teoría evolucionista, y el movimiento antifeminista, entre otros.

La mayoría moral es un grupo que trata de movilizar a los cristianos fundamentalistas en una opción organizada contra muchos planes de desarrollo nacionales y en apoyo a presupuestos

Un movimiento de resistencia expresa oposición a un cambio reciente. ¿Piensa usted que el movimiento antinuclear logrará impedir el desarrollo de las armas nucleares? (© *Rick Smolan/ Contact.*)

equilibrados y una defensa nacional más poderosa y agresiva. Su éxito, cuando se redactan estas líneas, está por verse.

Ciclos vitales de los movimientos sociales

Algunos estudios han planteado un ciclo vital que siguen muchos movimientos (Dawson y Gettys, 1934, pp. 708-709; Zald y Ash, 1969; Blumer, 1969*a*, pp. 65-122). Las etapas incluyen: 1) la *etapa de intranquilidad,* caracterizada por una confusión y descontento crecientes; 2) la etapa de *excitación,* cuando el descontento se centra, se identifican sus causas y se discuten las proposiciones para la acción; 3) la etapa de *formalización,* cuando surgen los líderes, se desarrollan los programas, se forjan las alianzas y se desarrollan las organizaciones y las tácticas; 4) una etapa de *institucionalización,* cuando las organizaciones eliminan a los líderes iniciales, se fortalece la burocracia y se cristaliza la ideología y el programa, lo que con frecuencia da fin a la vida activa del movimiento; 5) la etapa de *disolución,* cuando el movimiento se convierte en una organización permanente (como la YMCA) o desaparece, posiblemente para revivir en una fecha posterior. Este ciclo vital se ajusta poco a los movimientos expresivos y migratorios y es más aplicable a los movimientos utópicos, de reforma, revolucionarios y de resistencia.

SUMARIO

El *comportamiento colectivo* es una característica de las culturas complejas y por lo general está ausente en las sociedades simples. Incluye el comportamiento de la multitud, el comportamiento de masas y los movimientos sociales.

Una *multitud* es una reunión temporal de personas que están actuando juntas. Tres teorías principales tratan de explicar el comportamiento de la multitud. Las *teorías del contagio* hacen hincapié en los procesos psicológicos de sugestión y manipulación; las *teorías de convergencia* destacan la mentalidad semejante de los miembros de la multitud; las *teorías de la norma*

emergente muestran cómo, en situaciones multitudinarias, se desarrolla una norma que sanciona y limita el comportamiento; el comportamiento de la multitud se caracteriza por: 1) el anonimato: el individuo pierde las inhibiciones habituales y el sentido de responsabilidad personal; 2) la impersonalidad: sólo la afiliación de la persona al grupo es importante; 3) la sugestibilidad: los miembros de la multitud actúan sin sentido crítico bajo las sugestiones; 4) la tensión nerviosa, y 5) la amplificación de la interacción: los miembros de la multitud crean unos con otros un compromiso emocional. El comportamiento de la multitud se ve limitado, sin embargo, por: 1) las necesidades y actitudes emocionales de los miembros; 2) las tradiciones de los miembros, que rara vez hacen algo que no esté permitido por algunas de sus tradiciones; 3) los líderes de la multitud, quienes deben establecer una relación de simpatía, suscitar tensiones emocionales, sugerir acciones para aliviar estas tensiones y justificar su acción, y 4) los controles externos, principalmente por parte de la policía, cuya capacidad para controlar el comportamiento de la multitud depende en parte de su habilidad y en parte de la naturaleza particular de la multitud.

El comportamiento de la multitud adquiere varias formas. El *auditorio* es en gran parte, pero no completamente, una multitud que responde a un solo estímulo. En el *disturbio,* los miembros de una multitud violentamente agresiva desahogan sus hostilidades acumuladas, algunas veces con irracionalidad y algunas veces con un propósito muy definido. En una *orgía,* una multitud amable se alegra mediante satisfacciones desinhibidas. En el *pánico,* las personas se convierten en una multitud que huye súbita y desorganizadamente del peligro.

Una *masa* es un número separado de personas que responden individualmente al mismo estímulo. El *comportamiento de masas* es un comportamiento masivo no organizado y no estructurado. Las formas del comportamiento de las masas incluyen el *rumor,* una información que se difunde rápidamente y sin ninguna base objetiva; la afición pasajera o *moda,* que es una variante popular temporal en el habla, los modales, la forma de vestir o de comportarse; *las modas extravagantes,* una preocupación masiva de corta vida por una satisfacción particular, la *histeria de masa,* una forma de compulsión irracional que se difunde entre la gente; y posiblemente otras. El *comportamiento en caso de desastre* es un campo de estudio relativamente reciente que incluye una variedad de formas de comportamiento colectivo.

El término *público* ha sido definido por los sociólogos tanto en términos de las personas que participan de un interés común como de aquellos que comparten una preocupación común acerca de algún problema. La *opinión pública* incluye las diferentes opiniones sostenidas por gran número de personas y la opinión de consenso sostenida por la mayoría de la gente.

Prácticamente todo grupo de interés está hoy tratando de manipular la opinión pública. La propaganda, con frecuencia llamada "relaciones públicas", es uno de nuestros negocios más grandes. La propaganda puede ser menos poderosa de lo que algunas veces parece serlo, porque sus efectos están limitados por las propagandas competidoras, por la credibilidad de los propagandistas, por la preparación de sus receptores, por las creencias y valores de aquellos a quienes va dirigida y por las tendencias existentes dentro de la cultura.

Los *movimientos sociales* son formas colectivas de promover los cambios o de oponerse a ellos. Las teorías psicológicas atribuyen la actividad de los movimientos sociales al *descontento personal* o a los *desajustes personales* que hacen que la gente sea receptiva; las teorías sociológicas hacen hincapié en la *privación relativa* cuando las expectativas de la gente sobrepasan sus realizaciones, o la *movilización de recursos,* con una organización eficaz, tácticas y líderes de movimiento. Hay varios tipos de movimientos sociales: los *movimientos migratorios,* en los que las personas se cambian a un nuevo lugar; los *movimientos expresivos,* en los que las personas se cambian a sí mismas en vez de cambiar la sociedad; los *movimientos utópicos,* que son esfuerzos por crear una sociedad perfecta en pequeña escala; los *movimientos revolucionarios,* que buscan reemplazar el sistema existente por uno nuevo; los *movimientos de resistencia,* que tratan de invertir algunos cambios sociales recientes. Muchos movimientos pasan por la etapa de *intranquilidad, excitación, formalización, institucionalización y disolución* en su ciclo de vida.

GLOSARIO

afición pasajera: variante popular trivial y de corta vida, en el habla, la decoración o el comportamiento.

auditorio: una multitud con el interés de sus miembros centrado en estímulos exteriores a ellos.

comportamiento colectivo: comportamiento que se origina espontáneamente, es relativamente poco organizado, muy impredecible y dependiente de la interestimulación entre cierto número de participantes.

comportamiento de masas: el comportamiento no organizado, no estructurado, no coordinado, elegido individualmente de las masas en una sociedad de masas.

comportamiento de multitudes: el de un conjunto temporal de personas que reaccionaron juntas a un estímulo; éste comportamiento es corto y episódico.

disturbio: acción destructiva de una multitud violentamente agresiva.

histeria de masas: creencia o comportamiento irracional y compulsivo que se extiende entre cierto número de personas.

moda: cambio en la manera de hablar, la decoración, o el comportamiento, de duración temporal, pero menos trivial y breve que la novedad.

moda extravagante: interés temporal obsesivo compartido por muchas personas.

movimiento social: esfuerzo colectivo para promover un cambio u oponerse a él.

novedad: variante popular, trivial y de corta vida en el habla, la decoración, o el comportamiento.

opinión pública: opinión sostenida por un considerable número de personas; la opinión dominante entre la población.

orgía: alegre juerga de una multitud que transgrede las costumbres normales.

pánico: huída colectiva basada en una creencia histérica.

propaganda: todos los esfuerzos para persuadir a otros de que acepten un punto de vista.

público: cierto número de personas que comparten un interés por un tema de actividad particular, o quienes están preocupados por un problema y divididos acerca de el.

rumor: información que se extiende rápidamente y que no está apoyada por hechos.

PREGUNTAS Y PROYECTOS

1 Cuando decimos que el comportamiento de la multitud no está "estructurado", ¿qué queremos decir? ¿Qué importancia tiene su carácter de no estructurado?

2 ¿Cuál reunión tiene mayor posibilidad de un comportamiento de multitud extremo, la de una clase o la de familias? ¿Por qué?

3 ¿Por qué los miembros de una multitud rara vez se sienten culpables de su comportamiento como turba?

4 ¿Existen algunas situaciones en nuestra cultura que contengan elementos de la orgía institucionalizada?

5 ¿Deberíamos institucionalizar plenamente la orgía en la sociedad estadounidense? ¿Qué beneficios podría proporcionar? ¿Qué dificultades podría presentar?

6 ¿Por qué en las universidades ya no se producen manifestaciones estudiantiles como en la década 1960-1970?

7 ¿Se considera usted inmune al pánico, a las metas extravagantes, a la histeria de masas? ¿Por qué piensa usted esto?

8 ¿Puede usted recordar algunos esfuerzos de propaganda o causas que hayan fracasado en Estados Unidos porque entraban en conflicto con nuestros valores culturales o con las tendencias culturales prevalecientes?

9 Supongamos que un gran desastre (incendio, inundación, explosión) fuera a ocurrir, ¿Qué piensa usted que haría? ¿Asumiría un rol de liderazgo? ¿Se agazaparía paralizado? ¿Esperaría para seguir a otros? ¿Se llenaría de pánico? ¿Qué razón tiene usted para esperar de su parte tal comportamiento?

10 Escriba una descripción sobre una reunión agitada en el *campus* como ejemplo de comportamiento de la multitud.

11 Estudios de investigación (como el de Neil Vidmar y Milton Rokeach: "Archie Bunker's Bigotry: A Study in Selective Perception and Exposure", *Journal of Communications,* 24:36-47, Winter 1974) muestran que la serie televisiva "All in the Family" fue considerada por los liberales como una devastadora exposición de fanatismo, en tanto que los conservadores y los fanáticos escucharon a Archie "decir las cosas como son". ¿Qué implicaciones tiene esto para las manipulaciones de la opinión?

12 Haga un experimento acerca del rumor. Elija un rumor inocuo (como el de que se construirá una nueva rampa de estacionamiento) y déjelo ir mediante un número específico de relatos. Luego registre el tiempo, la frecuencia y la forma en que "regresa" a usted conforme se extiende por el *campus.*

13 Recuerde y describa una situación de la multitud en la que el comportamiento se retrasó desalentadoramente por algún tiempo. Muestre cómo cada una de las características del comportamiento de la multitud entra en operación y enciende un adecuado entusiasmo en los miembros o, si tiene usted la oportunidad, asista a una reunión multitudinaria y obsérvela para hacer un análisis.

14 Prepare una lista de acciones agresivas que usted piensa que podría llevar a cabo si se encontrara en una circunstancia multitudinaria adecuadamente alentadora. Prepare una lista de acciones en las que usted piensa que posiblemente no podría participar, sin importar cuál fuera la situación de la multitud. Dé sus razones para cada una de las listas.

15 Haga una encuesta pública en el *campus* sobre una proposición ficticia como "¿Está usted en favor o en contra de la proposición de uno de los miembros de la junta relativa a que las colegiaturas de los estudiantes dependan de sus promedios de calificaciones?". Anote cuántos admiten que no conocen la proposición y cuántos expresan opiniones firmes sobre ella.

LECTURAS QUE SE SUGIEREN

Blumer, Herbert: "Collective Behavior", in Alfred McClung Lee (ed.): *Principles of Sociology,* Barnes & Noble, Inc., New York, 1959. Los capítulos del 7 al 12 son un estudio clásico sobre este tema en uno de los manuales de la College Outline Series.

Brenton, Myron: "Studies in the Aftermath", *Human Behavior,* 4: 56-61, May 1975. Un breve resumen popularizado de las investigaciones sobre el comportamiento en caso de desastre.

Brown, Michael y Amy Golden: *Collective Behavior.* Goodyear Publishing Company, Pacific Palisades, Cal., 1973. Un libro de texto que contiene perspicaces capítulos (3-6) sobre el comportamiento colectivo en los desastres y (11-13) sobre las protestas estudiantiles.

Brunvand, Jan Harold: *The Vanishing Hitchhiker: American Urban Legends and Their Meanings,* W. W. Norton & Company, Inc., New York, 1981. Un entretenido relato acerca del origen y significado de muchas leyendas actuales. (Condensed in *Psychology Today,* 14: 50-62, June 1980.)

Colligan, Michael L. et al., (eds.): *Mass Psychogenic Illness: A Social Psychological Analysys,* Lawrence Erlbaum Associates, Publishers, Hillsdale, N.J., 1982. Una colección sobre la histeria de las masas.

*Curvin, Robert y Bruce Porter: *Blackout Looting,* Gardner Press, Inc., New York, 1979. Un análisis del saqueo durante el apagón en la ciudad de Nueva York que corrige muchos malentendidos populares.

Herbert Wray: "An Epidemic in the Works", Science News, 122: 188-190, Sep. 18, 1982. Breve estudio de la histeria de masas.

Isaacson, Walter: "The Battle over Abortion", *Time,* 116:20 ff, April 6, 1981. Relato popular sobre un movimiento de resistencia actual.

Knopf, Terry Ann: *Rumors, Races and Riots,* Transaction Books, New Brunswick, N. J., 1975. Estudio sobre el rumor como un factor en los disturbios racionales.

*Lee, Alfred McClung y Norman D. Humphrey: *Race Riot,* Octagon Prees, New York, 1967. Descripción clásica y análisis de los disturbios raciales de Detroit en 1941.

Listiak, Alan: "'Legitimate Deviance' and Social Class: Bar Behavior During Gray Cup Week", *Sociological Focus,* 7: 13-44, Summer 1974. Descripción de una orgía organizada en una ciudad canadiense.

Morin, Edgar, "Rumor in a City in Central France", *Psychology Today,* 6:77ff., October 1972. Relato de un sociólogo acerca de un rumor cosquilleante y malintencionado.

Perry, Joseph B. Jr. y Meredith David Pugh: *Collective Behavior: Response to Social Stress,* West Publishing Company, St. Paul, Minn., 1978. Un libro de texto sobre el comportamiento colectivo y los movimientos sociales.

*Roberts, Ron E. y Robert Marsh Kloss: *Social Movements: Between the Balcony and the Barricada,* 2nd ed., The C. V. Mosby Company, St. Louis, 1979. Libro de texto breve sobre los movimientos sociales.

Salert, Barbara: *Revolutions and Revolutionaries,* Elsevier Scientific Publishing Company, New York, 1976. Cuatro teorías acerca de la revolución.

Stewart, James R.: "Cattle Mutilations: An Episode of Collective Delusion", *The Zetetic* (later *The Skeptical Inquirer*), 1:55-66, Spring/Summer 1977. Relato sobre un caso reciente de histeria de masas.

Turner, Ralph H. y Lewis M. Killan: *Collective Behavior,* Prentice-Hall, Inc., Englewood Cliffs, N.J., 1972, Caps. 3-12. Libro de texto interesantemente escrito, que dedica casi la mitad de él a los temas vistos en este capítulo.

White, Theo: "Building the Big Dam", *Harper's Magazine,* June 1935, pp. 112-121. Entretenida explicación de cómo y por qué los trabajadores de la construcción solían ir de juerga los días de pago.

* Un asterisco antes de la cita indica que el título se encuentra en edición en rústica.

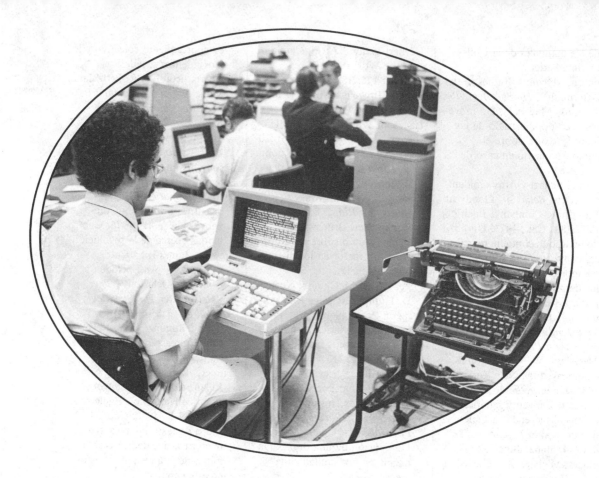

20 Cambios
social y cultural

Beka, Sudán—Este diminuto poblado situado entre el Nilo Azul y el Blanco se encuentra en una extensión de tierras labrantías que, hace seis años, producía un promedio anual de aproximadamente cinco "kentars", o pacas de algodón, por acre.

Pero esto era antes de que se adoptaran los métodos modernos de la agricultura. Ahora, la producción es sólo de dos kentars por acre. Las razones de esta reducción se discute, pero una cosa es evidente: aunque trataban de obtener más de la tierra, los sudaneses terminaron obteniendo menos.

El hecho de que a un paso adelante en la tecnología hubiera seguido un paso atrás en la producción es una anomalía de la vida económica en países pobres como Sudán, donde los métodos simples del pasado algunas veces funcionan mejor que los nuevos y costosos métodos...

Los problemas comenzaron en la década 1970-1980, cuan-do el gobierno decidió adoptar nuevos métodos agrícolas para incrementar la producción en Gezira. La idea era utilizar fertilizantes, pesticidas, rotación de cultivos y riego más frecuente para mejorar la producción. En principio todo esto tenía sentido.

Pero las nuevas técnicas agrícolas socavaron el equilibrio tradicional en Gezira. Por ejemplo, la dosis inicial de pesticidas mató a los depredadores de la mosca blanca y dejó los cultivos de algodón más vulnerables que antes, y lo que fue peor, los sudaneses se encontraron atrapados por costos cada vez más altos. Donde inicialmente habían planeado sólo una aplicación de pesticidas al año, los agrónomos de Gezira descubrieron pronto que era necesario fumigar hasta siete veces al año. No tenían suficiente dinero para los aviones fumigadores que se necesitaban.

El uso más frecuente de la irrigación también fue contraproducente. Cada vez que el agua fluía por los canales y acequias, acarreba arena y otros desechos. Pronto algunas de las acequias estaban tan llenas de lodo y plantas acuáticas que el sencillo sistema de flujo por gravedad ya no funcionaba. Pero los sudaneses no podían disponer del equipo de excavación para reabrir los cauces azolvados...

Los sudaneses agradecen la ayuda occidental en la rehabilitación de su economía después de la desastrosa borrachera desarrollista de la década 1970-1980. Pero varios funcionarios se quejaban en privado de que fueron los expertos occidentales los que ayudaron a persuadirlos de hacer a un lado la economía campesina tradicional y a precipitarlos de cabeza en un futuro al que no podían hacer frente.

(Reproducido con autorización de *The Wall Street Journal,* Nov. 27, 1981, pp. 1 ff. © Dow Jones & Company, Inc., 1981. Todos los derechos reservados).

Aunque conocemos mucho acerca de las condiciones y procesos del cambio, no tenemos una explicación satisfactoria de *por qué* ocurre el cambio. Posiblemente la explicación está en la capacidad humana de aburrirse. La mayor parte de las especies superiores, siempre que no están cazando, comiendo o apareándose, sólo se van a dormir, a veces hasta veinte horas al día. Los humanos no pueden dormir tanto, y el aburrimiento humano puede ser la verdadera causa del cambio social (Hirschman, 1982).

Otra respuesta es suponer simplemente que el cambio es una *constante* en el universo que no necesita explicación. Una constante es algo que siempre está presente. Las poblaciones crecen y declinan; las modas vienen y se van; las montañas nacieron al ser impulsadas hacia arriba y se van desmoronando; aun el Sol se está consumiendo gradualmente.

Ninguna sociedad copia y transmite exactamente la cultura a cada nueva generación. Esto se manifiesta en los cambios de lenguaje. El inglés ha cambiado tanto que muchos estudiantes tienen problemas con Shakespeare y están desesperadamente perdidos con Chaucer. En 1755 Samuel Johnson publicó su diccionario con la esperanza de que estabilizara el significado de las palabras y detuviera los cambios de lenguaje, pero pronto tuvo que confesar que había fracasado. Ninguno de los esfuerzos históricos para proteger del cambio o de las "influencias extranjeras" a la cultura ha tenido éxito durante mucho tiempo. El cambio social y cultural es continuo e irresistible. Sólo varían su velocidad y dirección.

Existe una distinción entre *cambio social* —cambios en la estructura social y en las relaciones sociales de una sociedad— y *cambio cultural* —cambio en la cultura de una sociedad—. Algunos cambios sociales pueden incluir cambios en la distribución por edades, nivel educativo medio o tasa de natalidad de una población; o la reducción de la informalidad y buena vecindad cuando las personas se trasladan del pueblo a la ciudad; o el cambio en la relación entre trabajadores y patrones cuando se organizan los sindicatos; o el cambio del marido del papel de jefe al de compañero en la familia democrática actual. Los cambios culturales pueden incluir cosas como la invención y popularización del automóvil; la adición de nuevas palabras a nuestro lenguaje; los conceptos cambiantes de propiedad y moralidad; nuevas formas de la música, del arte o de la danza; o la tendencia general hacia la igualdad sexual. Sin embargo, los conceptos se sobreponen. La tendencia hacia la igualdad sexual significa transformar tanto un conjunto de normas culturales relativas a los roles masculino y femenino como también algunas relaciones sociales. Casi todos los cambios importantes implican aspectos sociales y culturales. Por lo tanto, en la práctica, la

distinción rara vez es muy importante y los dos términos se utilizan con frecuencia indistintamente. Algunas veces el término *cambio sociocultural* se utiliza para incluir cambios de ambos tipos.

Existe una importante distinción entre cambio social y *progreso*. El término "progreso" implica un juicio de valor. El progreso significa un cambio en una dirección deseable. Pero ¿con qué valores se mide lo deseable? ¿Son deseables los edificios más altos, los ingresos más elevados o el divorcio y el aborto fáciles? No todos los estadounidenses están de acuerdo al respecto. Puesto que progreso es un término evaluativo, algunos científicos sociales prefieren el término neutralmente descriptivo de "cambio".

TEORÍAS DEL CAMBIO SOCIAL

Docenas de escritores —científicos sociales, teólogos y hasta novelistas— han propuesto grandes teorías acerca del cambio social. Una "gran teoría" es una teoría amplia y profunda que cubre algunos fenómenos importantes en todos los tiempos y lugares. Señalaremos unas cuantas de las más importantes. (Cada uno de los estudiosos enumerados fue un escritor prolífico de cuyos extensos escritos solamente se resume una pequeñísima parte.)

Teorías evolucionistas

Todas las teorías evolucionistas suponen que existe una constante dirección del cambio social que conduce a todas las sociedades a través de una secuencia similar de etapas desde la original hasta la última etapa del desarrollo. También, las teorías evolucionistas implican que cuando se llegue a la etapa final el cambio evolucionista terminará.

Auguste Comte (1798-1857), un estudioso francés llamado algunas veces el fundador de la sociología, consideraba que las sociedades pasaban por tres etapas de crecimiento: 1) la *etapa teológica,* guiada por una sabiduría sobrenatural; 2) la *etapa metafísica,* una etapa transitoria en que las creencias sobrenaturales eran reemplazadas por principios abstractos como directivas culturales, y 3) la *positiva o etapa científica,* en la que la sociedad se guía por leyes científicas basadas en pruebas.

Herbert Spencer (1820-1903) fue un erudito inglés que escribió el primer libro intitulado *Principles of Sociology* (1896). Como la mayor parte de los eruditos de su tiempo estaba entusiasmado con las teorías de Darwin acerca de la evolución orgánica. Veía una evolución social paralela en que las sociedades se movían a través de una serie de etapas desde los grupos tribales homogéneos o simples hasta las sociedades modernas complejas. Aplicaba el principio de Darwin "la supervivencia de los más aptos" a las sociedades humanas, donde consideraba que la lucha por la supervivencia recompensaba a los enérgicos y talentosos y eliminaba a los perezosos y desadaptados. Este puntos de vista se llamó "darwinismo social", y fue ansiosamente aceptado por los ricos.

Lewis Henry Morgan (1818-1881), un antropólogo estadounidense, consideraba una serie de siete etapas tecnológicas fijas a través de las cuales las sociedades pasaban del salvajismo a la civilización.

Karl Marx (1813-1883) fue un filósofo social alemán que pasó gran parte de su vida en Inglaterra. Aunque está clasificado como un teórico del conflicto, su teoría del cambio es claramente evolucionista. Como otros evolucionistas, consideraba una serie de cambios sucesivos de creciente complejidad tecnológica, desde la cacería primitiva hasta el industrialismo moderno. Cada etapa tenía su propio "modo de producción", al tiempo que todos los demás elementos de la cultura se armonizaban con él. Cada etapa contenía dentro de sí "las semillas de su propia destrucción", porque cada etapa creaba inevitablemente las condiciones que la destruirían y conducirían a la siguiente etapa. Así Marx consideraba al capitalismo como brutal y explotador, pero como una preparación necesaria para la transición al comunismo. Veía la caída final del capitalismo y el surgimiento del comunismo como absolutamente inevitable, pese a todo lo que los capitalistas pudieran hacer para evitarlo.

Todas las teorías evolucionistas tienen algún punto debil: 1) los datos que apoyan la ubicación de las sociedades a lo largo de una serie de etapas eran con frecuencia inexactos, y se colocaba a una sociedad en la etapa que mejor se ajustaba a la teoría; 2) la secuencia de etapas no estaba verdaderamente establecida, dado que algunas sociedades saltaban sobre las etapas intermedias directamente a la etapa industrial o comunista y algunas "retrocedían" incluso a una etapa anterior, 3) la suposición de que los cambios sociales principales terminan cuando una sociedad llega a la etapa "final" parece ingenuo. Si el cambio es una constante, ¿cualquier serie de cambios será alguna vez "final"?.

Sin embargo, la teoría evolucionista contiene muchas descripciones exactas. La mayor parte de las sociedades *han* pasado de formas simples a complejas. En alguna medida, *hay* etapas de desarrollo. En cada una de ellas los diversos elementos de una cultura se ajustan en un sistema integrado. Con la modernización, otros cambios sociales se han hecho necesarios, como los sistemas del transporte y de la banca, la especialización laboral y la organización basada en los roles más que en el parentesco. Todas las sociedades que se modernizan deben aceptar en gran parte las mismas series de otros cambios. Así, la teoría de las etapas sucesivas, aunque no totalmente correcta, no está equivocada por completo.

Teorías cíclicas

Los teóricos cíclicos consideran también una serie de etapas por las cuales deben pasar las sociedades. Pero en vez de terminar en una etapa "final" de perfección consideran un regreso al punto de partida para iniciar otro ciclo.

Oswald Spengler (1880-1936), un filósofo alemán, consideraba que cada gran civilización pasaba a través de las etapas sucesivas de nacimiento, crecimiento y declinación, y que este ciclo completo cubría aproximadamente mil años. Llamó la atención principalmente por sus pintorescas predicciones del día del juicio final en su libro *La decadencia de Occidente* (1926).

Pitirim Sorokin (1889-1968) fue un sociólogo ruso que huyó a Estados Unidos después de la revolución. Consideraba a todas las civilizaciones como un ciclo interminable de tres sistemas culturales: 1) la *cultura ideacional,* guiada por creencias y valores sobrenaturales; 2) la *cultura idealista,* en la que una mezcla de creencias sobrenaturales y racionalidad basada en pruebas crea la sociedad ideal; y 3) la *cultura sensitiva* en la que las sensaciones son la prueba de la realidad y de la meta de la vida. En su libro *Social and Cultural Dynamics* (1941), concebía la moderna civilización occidental como podrida y próxima al colapso seguida por una nueva cultura ideacional.

Arnold Toynbee (1889-1975), historiador inglés, también consideraba el destino de las grandes civilizaciones como nacimiento, crecimiento, decadencia y muerte. Las veintiuna grandes civilizaciones surgieron todas en respuesta al mismo reto, y todas han muerto excepto la civilización occidental, que se está dirigiendo a las últimas etapas de la decadencia (1935-1961).

Todas estas teorías cíclicas son interesantes y todas están apoyadas por muchísimos detalles que las convalidan. Pero identificar, fechar exactamente y comparar miles de datos que muestran cambios en el arte, la literatura, la música, el derecho, la moral, el comercio, la religión y otros elementos de una cultura durante miles de años implica tantos registros dudosos y tal selección y conjeturas que los datos que sirven de base para las teorías son muy poco dignos de confianza.

Y estas teorías no explican *por qué* las civilizaciones cambian en la forma que lo hacen, o por qué sociedades diferentes responden de manera tan distinta a un reto. Las teorías son entretenidas pero no totalmente convincentes.

El cambio en las teorías funcional y del conflicto

Ni la teoría funcional ni la del conflicto incluyen grandes ideas acerca del cambio como las anteriores. Los funcionalistas aceptan el cambio como una constante que no necesita ser "explicada". Los cambios rompen el equilibrio de una sociedad, hasta que los cambios se integran en la cultura. Los cambios que demuestran ser útiles (funcionales) se aceptan y los que son inútiles o disfuncionales se rechazan.

Muchos teóricos del conflicto siguen el modelo marxista del cambio evolucionista, pero la teoría del conflicto tiene una idea especial acerca del cambio. En vez de considerar el cambio como una constante, la teoría del conflicto concibe el conflicto social como la constante, y el cambio como el resultado de este conflicto. Puesto que el conflicto es continuo, el cambio es continuo, el cambio produce nuevos grupos y clases de interés, y el conflicto entre ellos produce un cambio ulterior. Cualquier cambio particular representa el éxito de grupos o clases victoriosas en imponer sus preferencias sobre otros. Como se muestra en el cuadro 20-1 las teorías funcional y del conflicto acerca del cambio se diferencian en el acento y no presentan una oposición fundamental.

A estas alturas, la mayor parte de los estudiantes pueden haber decidido qué teorías del cambio no son muy satisfactorias. Quizá el estudio de las condiciones y procesos del cambio será más gratificante.

PROCESOS DEL CAMBIO SOCIAL

A diferencia de los primeros estudiosos que elaboraron grandes teorías del cambio social, William F. Ogburn, un sociólogo estadounidense fue el primero en dedicar un estudio detallado a los actuales procesos de cambio. Su trabajo todavía constituye la base de gran parte de las teorías e investigaciones recientes sobre el cambio social, incluyendo éxitos de librería tan populares como *El shock del futuro* (1970) y *La tercera ola* (1981) de Alvin Toffler.

El descubrimiento

Un descubrimiento es una percepción humana compartida de un aspecto de la realidad que ya

	Perspectiva funcionalista	Perspectiva del conflicto
Toda sociedad es	relativamente estable	constantemente cambiante
Cada parte de una sociedad contribuye generalmente a	su sobrevivencia	su cambio
Cada sociedad es por lo general	relativamente integrada	en tensión y conflicto
La estabilidad social depende de	consenso entre los miembros	la represión de unos por otros

Fuente: Adapted from Bryce F. Ryan, *Social and Cultural Change.* The Ronald Press Company, New York 1969, p. 48.

¿Son correctas todas las proposiciones anteriores? ¿Es posible que todas sean correctas?

existe. El principio de la palanca, la circulación de la sangre y el reflejo condicionado existían desde mucho antes de que fueran descubiertos por los seres humanos. Un descubrimiento es una añadidura al almacén mundial de conocimientos verificados. Un descubrimiento añade algo nuevo a la cultura porque, aunque esta realidad puede haber existido siempre, sólo forma parte de la cultura después de su descubrimiento.

Un descubrimiento sólo se vuelve factor del cambio social cuando se utiliza. A lo largo de los doscientos años posteriores al descubrimiento de la causa del escorbuto los marineros siguieron muriendo debido a que las personas eran más baratas que el jugo de limón.

Cuando un nuevo conocimiento se utiliza para desarrollar una nueva tecnología, sobrevienen generalmente grandes cambios. Los antiguos griegos conocían el poder del vapor, y antes del año 100 a.C. Herón de Alejandría había construido una pequeña máquina de vapor como un juguete, pero la fuerza del vapor no produjo cambios sociales hasta que se puso en uso seriamente aproximadamente dos mil años más tarde. Los descubrimientos se convirtieron en un factor de cambio social cuando el nuevo conocimiento se aplicó a usos nuevos.

El invento

Un *invento* se define con frecuencia como *una nueva combinación o un nuevo uso de los conocimientos existentes.* Así, George Selden combinó en 1895 una máquina de gas líquido, un tanque de gas líquido, un mecanismo de tren de rodaje, un embrague intermedio, un eje para la dirección, una carrocería, y patentó su artefacto como un automóvil. Ninguna de estas ideas era nueva; la única novedad era el empleo combinado de ellas. La patente de Selden fue atacada y finalmente revocada por los tribunales sobre la base de que no había inventado la idea de combinar estos elementos.

Aunque los elementos existentes se utilicen en un nuevo invento, la idea de combinarlos en una forma útil es la que produce algo que nunca había existido antes. Así, el hierro, con la adición de pequeñas cantidades de otros metales, se convirtió en acero, y así se obtuvieron propiedades que ningún metal conocido en aquel tiempo podía igualar. En forma similar, la rebanada circular de un tronco de árbol o de piedra y un trozo de rama no eran nuevos, pero la rueda y un eje de dirección si lo eran. La rueda no existía hasta que alguien tuvo la idea de utilizar una rama y una rodaja de tronco de árbol o de piedra en ésta forma.

Los inventos pueden clasificarse en *inventos materiales* como el arco y la flecha, el teléfono o el aeroplano, e *inventos sociales* como el alfabeto, el gobierno constitucional o la corporación. En cada caso se utilizan elementos antiguos combinados y mejorados para una nueva aplicación. El invento es así un proceso continuo, en el que cada nueva invención es la última en una larga serie de inventos y descubrimientos precedentes. En un libro escrito en estilo popular, Burlingame (1947) analizaba gran número de inventos familiares, mostrando cómo cada uno empezó hace cientos o miles de años y pasó a través de docenas de inventos preliminares y etapas intermedias. El invento no es estrictamente un asunto individual, sino un proceso social que incluye una serie interminable de modificaciones, mejoras y recombinaciones. Como Gillin (1948, pp. 158-163) señalaba, cada invento puede ser nuevo en su *forma, función, y significado.* La "forma" se refiere a la apariencia del nuevo objeto o a las acciones que implica el nuevo rasgo conductual; la "función" se refiere a lo que el invento hace; el "significado" se refiere a las consecuencias de su empleo a largo plazo. A estas tres podemos añadir también que un invento puede ser nuevo *en principio,* esto es, en la ley científica básica sobre la que se basa.

El motor de reacción y el motor de explosión utilizan el mismo principio (la expansión de los gases quemados) pero difieren en la forma (uno utiliza los gases que se expanden directamente para impeler con fuerza, el otro para empujar un pistón en un cilindro). El motor de vapor y el motor de pistones movidos por gasolina son similares en la forma pero difieren en el principio (uno crea gases con agua que se expande al hervir, el otro quemando gasolina). El arco y la flecha difieren tanto en el principio como en la forma de la lanza primitiva, pero tienen la misma función y el mismo significado. La carreta de ruedas era nueva en todos los aspectos (en el principio, puesto que la carga era llevada por la rueda y el eje en vez de ser arrastrada o cargada; en la forma, puesto que era nueva en su diseño; en la función, puesto que llevaba tanto a personas como a sus propiedades; en el significado, puesto que hizo posible el transporte sobre la tierra en gran escala y a largas distancias). Muy pocos inventos son nuevos en estos cuatro aspectos.

La mayor parte de los inventos importantes han sido hechos por personas solas o en pequeños grupos (Jewkes et al., 1969). Los inventos pasaron casi siempre por largos periodos de desarrollo, que cubrieron muchos decenios, antes de convertirse en productos comerciales. La mayoría de los inventores no eran científicos pero, contrariamente a la imagen del "remendón de patio trasero" trabajaban en estrecho contacto con los científicos y estaban bien informados del conocimiento científico de su tiempo. El entusiasmo de hacer algo nuevo era lo que los inspiraba principalmente, no tanto el deseo de hacer fortuna, y la mayor parte de los inventores no la hicieron o la hicieron muy pequeña con sus inventos. Edison, por ejemplo, afirmaba que *perdió* dinero con sus inventos y que sólo ganó dinero con sus operaciones de fabricación (Jewkes et al., 1969, p. 94).

El invento se logra hoy cada vez más mediante un equipo de investigación en los grandes laboratorios de las empresas, del gobierno o de las universidades. La mayor parte de la investigación corporativa y de la actividad del desarrollo tiende a "mejorar el producto" más que a realizar nuevos inventos, aunque los fondos gubernamentales están concentrados en muy buena parte en el desarrollo de armas nucleares. Así, pese a la "institucionalización de la investigación" el inventor solitario o el pequeño equipo independiente proporciona aún muchos de los nuevos y útiles inventos.

La difusión

Aun la sociedad más inventiva inventa sólo una modesta proporción de sus innovaciones. La mayor parte de los cambios sociales en todas las sociedades conocidas se ha desarrollado mediante la *difusión, la propagación de los rasgos culturales de un grupo a otro.* La difusión opera tanto dentro de las sociedades como entre ellas. El jazz se originó entre los músicos negros de Nueva Orleans y se difundió a otros grupos dentro de la sociedad. Más tarde se propagó a otras sociedades y ahora se escucha en todo el mundo civilizado.

La difusión ocurre cuando las sociedades se ponen en contacto. Las sociedades pueden tratar de evitar la difusión prohibiendo el contacto, como los hebreos del Antiguo Testamento:

Cuando Yahvé, tu Dios, te haya introducido en la tierra a dónde vas para poseerla, y haya echado de delante de ti a muchos pueblos... tú los derrotarás y los destruirás por completo; no pactarás con ellos ni les tendrás compasión; no contraerás matrimonio con ellos... porque apartarán de mí a sus hijos para que sirvan a otros dioses... por el contrario... derribaréis sus altares, quebraréis sus piedras de culto, cortaréis sus bosques y quemaréis sus imágenes talladas (Deut. 7:1-5).

Como la mayor parte de los esfuerzos para evitar los contactos interculturales, esta prohibición fracasó. El Antiguo Testamento narra cómo los hebreos persistieron en mezclarse y en contraer matrimonio con las tribus circunvecinas, y adoptaron partes de su cultura en el proceso. Siempre que las culturas se ponen en contacto ocurre un intercambio de rasgos culturales.

La mayor parte del contenido de toda cultura compleja se ha difundido a partir de otras sociedades. Ralph Linton escribió un famoso pasaje que narra cómo estadounidenses cien por cien tomaron realmente la mayor parte de su cultura de otras sociedades:

Nuestro firme ciudadano estadounidense se despierta en una cama construida según un modelo originado en el Medio Oriente, pero que fue modificado en el norte de Europa antes de que pasara a América. Aparta las sábanas de algodón, aclimatado en la India, o de lino aclimatado en el Cercano Oriente, o de seda, cuyo empleo se descubrió en China. Todos estos materiales han sido hilados y tejidos mediante procesos inventados en el Cercano Oriente. Se introduce en sus mocasines, inventados por los indios de las tierras boscosas orientales, y va al baño, cuyas instalaciones son una mezcla de inventos europeos y estadounidenses, ambas cosas de fecha reciente. Se quita su pijama,

La mayor parte del contenido de cualquier cultura compleja se ha difundido a partir de otras sociedades.

una vestimenta inventada en la India, y se lava con jabón inventado por los antiguos galos. Luego se afeita, un rito masoquista que parece haber venido de Sumeria o del antiguo Egipto.

Al regresar al dormitorio toma su ropa de una silla de tipo europeo del sur y empieza a vestirse. Se pone ropas cuya forma proviene originariamente de la ropa de pieles de los nómadas de las estepas asiáticas, se calza los zapatos hechos de pieles curtidas mediante un proceso inventado en el antiguo Egipto y cortadas de acuerdo con un modelo derivado de las civilizaciones clásicas del Mediterráneo, y ata alrededor de su cuello un pedazo de tela de brillantes colores que es un vestigio de los chales que llevaban los croatas del siglo XVII. Antes de desayunar mira por la ventana, con vidrios inventados en Egipto, y si está lloviendo, se pone chanclos hechos de hule descubierto por los indios centroamericanos, y toma un paraguas inventado en la parte suroriental de Asia. Sobre la cabeza se pone un sombrero de fieltro, material inventado en las estepas asiáticas.

Al ir a desayunar, se detiene para comprar un periódico, pagando por él algunas monedas, una antigua invención de Lidia. En el restaurante encuentra frente a sí toda una nueva serie de elementos prestados. Su plató está hecho de un tipo de cerámica inventado en China. Su cuchillo es de acero, una aleación que por primera vez se fabricó en el sur de la India, su tenedor es un invento italiano medieval y su cuchara una derivación del original romano. Empieza su desayuno con una naranja, del Mediterráneo oriental, una sandía de Persia o quizá un trozo de melón africano. Junto a esto tiene una taza de café, una planta abisinia, con crema y azúcar. Tanto la domesticación de las vacas como la idea de ordeñarlas se originó en el Cercano Oriente, en tanto que el azúcar se fabricó por primera vez en la India. Después de su fruta y de la primera taza de café, pasa a los "waffles", bizcocho hecho según una técnica escandinava con trigo aclimatado en Asia Menor. Sobre éstos, derrama jarabe de miel de arce, descubierto por los indios de las tierras boscosas orientales. Como un platillo colateral puede tomar los huevos de una especie de pájaro domesticado en Indochina, o delgadas rebanadas de la carne de un animal domesticado en Asia Oriental, que han sido saladas y ahumadas mediante procesos desarrollados en el norte de Europa.

Cuando nuestro amigo ha terminado de comer se arrellana para fumar, un hábito indígena americano, y consume en pipa una planta aclimatada en Brasil, obtenida de los indios de Virginia, o un cigarrillo proveniente de México. Si es lo suficientemente atrevido puede intentar fumar un cigarro puro, llegado hasta nosotros desde las Antillas por medio de España. Mientras fuma, lee las noticias del día impresas en caracteres inventados por los antiguos semitas sobre un material inventado en China, mediante un proceso inventado en Alemania. Mientras absorbe los relatos de los problemas extranjeros, agradecerá, si es un buen ciudadano conservador, a una deidad hebrea en un lenguaje indoeuropeo, aunque es un estadounidense cien por cien. (Ralph Linton, *The Study of Man*, Prentice-Hall, Inc., Englewood Cliffs, N. J. pp. 326-327. © 1936, renewed, 1964. Reproducido con autorización.)

La difusión siempre es un proceso de dos sentidos. Los rasgos culturales no pueden difundirse a menos que haya algún contacto entre los pueblos, y estos contactos implican siempre alguna difusión en ambas direcciones. Los europeos dieron caballos, armas de fuego, cristianismo, whiskey y viruela a los indios a cambio de maíz, papas, tabaco, enfermedades venéreas y la canoa. Sin embargo, este intercambio suele ser desproporcionado. Cuando dos culturas entran en contacto, la sociedad con la tecnología más simple se apropia generalmente de más cosas. Dentro de las sociedades, los grupos de status bajo toman casi siempre más cosas de los grupos de status alto. Los grupos de esclavos absorben generalmente la cultura de sus amos en tanto que la suya propia se olvida o deliberadamente se extingue.

La difusión es un proceso selectivo. Un grupo acepta algunas características de la cultura de un vecino y al mismo tiempo rechaza otras. Aceptamos muchos alimentos de los indios pero rechazamos su religión. Los indios aceptaron rápidamente los caballos del hombre blanco, pero pocos aceptaron la vaca del hombre blanco.

La función cambia con frecuencia cuando un artefacto se difunde en otra sociedad. (*American Museum of Natural History*.)

La difusión implica por lo general alguna modificación del elemento que se toma prestado. Como hicimos notar, cada rasgo cultural tiene *principio, forma, función y significado*. Todos estos elementos o algunos de ellos pueden cambiar cuando se difunde un rasgo cultural. Cuando los europeos adoptaron el tabaco indio, lo fumaron en una pipa algo parecida a la pipa india, preservando así la forma, aunque añadieron otras formas: cigarros puros, cigarrillos, tabaco para mascado y rapé. Pero cambiaron totalmente su función y significado. Los indios fumaban tabaco como un ritual ceremonial; los europeos lo utilizaron al principio como una medicina y más tarde para satisfacción personal y para promover la sociabilidad. Las formas exteriores del cristianismo se han difundido más fácilmente que las funciones y significados. En las tierras de misión muchos conversos han aceptado las formas del culto cristiano, pero han conservado muchas de sus creencias y prácticas sobrenaturales tradicionales. Los pueblos no occidentales han dado a los botes de hojalata y a otros artefactos occidentales una gran variedad de usos, tantos utilitarios como estéticos. Los colonizadores estadounidenses aceptaron el maíz de los indios sin modificarlo; viajó a Europa, donde fue utilizado como alimento para los animales, más no para las personas; luego se difundió en la parte occidental de África, donde se convirtió en uno de los alimentos favoritos y aun en una ofrenda para los dioses. Podrían citarse ejemplos interminables para mostrar cómo los rasgos culturales, casi siempre son modificados cuando se difunden.

Los sociólogos y los antropólogos han hecho muchas investigaciones sobre el proceso de difusión (Allen, 1971, Cap. 12). La mayor parte de nuestros programas de ayuda a los países subdesarrollados, lo mismo que los destinados a grupos ''menos privilegiados'' en nuestro propio país, son ante todo esfuerzos por promover la difusión, por lo que es uno de los temas más importantes en sociología.

FACTORES EN LA TASA DE CAMBIO

El descubrimiento, la invención y la difusión son procesos de cambio. Pero ¿qué es lo que los

causa? No podemos responder a esta pregunta sin examinar primero el significado del término *causa*. Una causa se define a veces como un fenómeno que es *necesario y suficiente* para producir un efecto predecible. Es *necesario* en cuanto que nunca tenemos este efecto sin esta causa, y *suficiente* en cuanto que esta causa, sola, produce siempre este efecto. Definida así, muy pocas causas se han establecido en la ciencia social. ¿La embriaguez produce el divorcio?. Muchos cónyuges soportan a un compañero borracho, mientras que otros se divorcian de compañeros completamente sobrios. Es obvio que la embriaguez no es una condición necesaria ni suficiente para producir el divorcio. La mayor parte de la causalidad en ciencias sociales es múltiple, es decir que muchos factores interactúan para producir un resultado. ¿Qué factores interactúan para producir un cambio social?

Ante todo, notemos que los factores que intervienen en el cambio social son principalmente sociales y culturales, no biológicos o geográficos. No todos aceptan este punto de vista. Algunas personas atribuirán el surgimiento y caída de las grandes civilizaciones a cambios en las características biológicas de las naciones. Con frecuencia estas teorías tienen un sesgo racial; se dice que una gran civilización surge de una raza creativa y vigorosa y que cae cuando la raza se mezcla con variedades de menos categoría y diluye sus genes. De acuerdo con una versión opuesta, una gran explosión de creatividad es el resultado de una mezcla afortunada de razas y se apaga cuando la corriente híbrida termina. La mayor parte de los científicos rechaza todas estas teorías. Durante el periodo de la historia escrita, nuestros atributos biológicos parecen haber sido una constante, no una variable, en el comportamiento humano.

Ambiente físico

Los cambios importantes en el ambiente físico son bastante raros, pero muy apremiantes cuando ocurren. Los desolados desiertos de África del norte alguna vez fueron fértiles y estuvieron sumamente poblados. El clima cambia, el suelo se erosiona, y los lagos se convierten gradualmente en pantanos y finalmente en llanuras áridas. Estos cambios afectan mucho a una cultura, aunque algunas veces pueden sobrevenir tan lentamente que pasan inadvertidos en gran parte. El mal empleo puede acarrear cambios muy rápidos en el ambiente físico que, a su vez cambia la vida social y cultural de un pueblo. La desforestación acarrea la erosión de tierras y reduce las lluvias; el sobrepastoreo destruye la cubierta vegetal y promueve la erosión. Gran parte de la tierra desierta y desolada del mundo es un testimonio de la ignorancia y del mal uso de ella que hicieron los humanos (Mikesell, 1969; Horton y Leslie, 1981, Cap. 19). Brasil parece estar repitiendo hoy el proceso de desforestación que convirtió gran parte del límite del mar Mediterráneo en un desierto hace dos mil años (diezmando a sus indígenas como nosotros lo hicimos hace dos siglos) (Davis, 1977). La destrucción ambiental ha sido por lo menos uno de los factores que han contribuido en la caída de las civilizaciones más importantes.

Muchos grupos humanos han cambiado a través de la historia sus ambientes físicos mediante la emigración. Sobre todo en las sociedades primitivas, cuyos miembros dependen muy directamente de su medio ambiente físico, la emigración a un medio ambiente distinto acarrea cambios importantes en la cultura. La civilización facilita la difusión de una cultura y su práctica en un medio ambiente distinto. Los colonos británicos, en los puestos de avanzada de la selva, tomaban por lo común té por la tarde y se arreglaban para la cena. Sin embargo, nadie sugeriría que a estas personas no les afectaba el ambiente selvático; todas las culturas se ven afectadas por un cambio de medio ambiente físico (Hoffman, 1973).

Cambios de población

Un cambio de población es por sí mismo un cambio social, pero también se convierte en un factor causal en los cambios sociales y culturales ulteriores. Cuando un asentamiento fronterizo escasamente poblado se llena de gente, la pauta de hospitalidad desaparece, las relaciones de grupo secundario se multiplican, las estructuras institucionales se vuelven más elaboradas y se producen otros muchos cambios. Una población estable puede ser capaz de resistir muchos cambios, pero una población en rápido crecimiento *debe* emigrar, mejorar su productividad o padecer hambre. Las grandes migraciones y conquistas históricas —de los hunos, los vikingos y muchas otras— han surgido de la presión de una población creciente sobre los recursos limitados. La migración impulsa otros cambios, porque lleva un grupo a otro medio ambiente, lo somete a nuevos contactos sociales y lo enfrenta a nuevos problemas. Ningún cambio de población importante deja inalterada la cultura. Cuando escribimos esto, muchos estudiosos se preguntan seriamente qué es más probable que destruya la civilización moderna, la guerra nuclear o la sobrepoblación.

Aislamiento y contacto

Las sociedades ubicadas en las encrucijadas del mundo han sido siempre centros de cambio. Puesto que la mayor parte de los nuevos rasgos se obtienen mediante la difusión, es más probable que cambien más rápidamente aquellas sociedades que están en estrecho contacto con otras. En los tiempos antiguos del transporte terrestre, el puente de tierra que conectaba Asia, África y Europa era el centro del cambio civilizador. Más tarde los buques veleros cambiaron el centro a las orillas el mar Mediterráneo, y aún más tarde a la costa noreste de Europa. Las zonas de mayor contacto intercultural son los centros de cambio. La guerra y el comercio siempre han producido un contacto intercultural, y el turismo está aumentanto hoy los contactos entre las culturas (Greenwood, 1972).

Por el contrario, las zonas aisladas son centros de estabilidad, conservadurismo y resistencia al cambio. Casi sin ninguna excepción, las tribus más primitivas han sido las que se encuentran más aisladas, como los esquimales polares o la tribu de los aranda en Australia central. Aun entre las personas "civilizadas" el aislamiento trae consigo estabilidad cultural. Los grupos estadounidenses más "retrasados" se han encontrado en las colinas y valles de los Montes Apalaches (Sherman y Henry, 1933; Surface, 1970).

Leyburn (1935) ha mostrado cómo los grupos europeos que emigraron a fronteras remotas y aisladas conservaron muchas características de su cultura nativa mucho tiempo después de haber sido abandonadas por su sociedad original. Así, en el siglo XIX, la vida social de los boers en el Transvaal sudafricano se parecía a la vida de los holandeses del siglo XVII en los Países Bajos.

Los enclaves étnicos, cuyo aislamiento es social y voluntario más que geográfico, muestran un conservadurismo similar, ya sean estadounidenses en España (Nash, 1977), amish en Estados Unidos (Hostettler, 1964) o los habitantes de las islas Tristán en Inglaterra (Munch, 1964, 1970). El aislamiento retarda invariablemente el cambio social.

Estructura social

La estructura de una sociedad afecta su tasa de cambio en forma sutil y no inmediatamente evidente. Inkeles y Smith (1974) llevaron a cabo entrevistas profundas en seis países en vías de desarrollo, tratando de encontrar qué hacía que algunas personas fueran receptivas al cambio. Encontraron que algunas personas tenían "un síndrome general de modernidad" (p. 225) y que tales personas probablemente habían trabajado en una fábrica, habían tenido varios años de educación y leyeron periódicos.

Una sociedad que deposita gran autoridad en las personas muy ancianas, como la China clásica lo hizo durante siglos, es probable que sea conservadora y estable. Una sociedad que hace hincapié en la conformidad y capacita al individuo para que sea sumamente responsable ante el grupo, como los zuñi, es menos receptiva para el cambio que una sociedad como los ileo, que son sumamente individualistas y toleran considerable variabilidad cultural (Ottemberg, 1959).

Una burocracia sumamente centralizada es muy favorable a la promoción y difusión del cambio (Dowdy, 1970), aunque las burocracias han sido utilizadas algunas veces en un intento para suprimir el cambio, no ha tenido casi siempre más que un éxito temporal.

Cuando una cultura es muy integrada, de manera que cada elemento está correctamente entretejido con todos los demás en un sistema mutuamente interdependiente, el cambio es difícil y costoso. Entre no pocos pueblos africanos de la región del Nilo, como los pakot, los masai y los kipsizis, la cultura se integra alrededor del complejo ganadero. El ganado no sólo es un medio de subsistencia; también es una necesidad para la compra de una esposa, una medida de status y un objeto de intenso afecto (Schneider, 1959). Un sistema semejante es muy resistente al cambio social. Pero cuando la cultura es menos integrada, de modo que el trabajo, el juego, la familia, la religión y otras actividades son menos dependientes una de otra, el cambio es más fácil y más frecuente. Una sociedad estrechamente estructurada, donde todos los roles, deberes, privilegios y obligaciones de la persona estan rígida y exactamente definidos, es menos dada a los cambios que una sociedad más libremente estructurada, donde los roles, las líneas de autoridad, los privelgios y las obligaciones están más abiertas al reajuste individual.

La estructura de la sociedad estadounidense es más favorable al cambio social. Nuestro individualismo, nuestra falta de estratificación social rígida, nuestra relativamente elevada proporción de status adquiridos y nuestra institucionalización de la investigación impulsan el rápido cambio social. Decenas de miles de trabajadores están comprometidos hoy en encontrar nuevos descubrimientos e inventos. Esta exploración es algo nuevo en la historia del mundo. Nuestra asombrosa y algunas veces perturbadora tasa de cambio es una de sus consecuencias.

Actitudes y valores

Para nosotros el cambio es normal, y la mayor parte de los occidentales se enorgullecen de ser

Los niños en nuestra sociedad están socializados para esperar y apreciar el cambio.

progresistas y de estar al día. Los niños en las sociedades occidentales están socializados para acelerar y apreciar el cambio. En contraste, los habitantes de las islas Trobriand, frente a las costas de Nueva Guinea, no tienen el concepto de cambio y ni siquiera tienen palabras en su lenguaje para expresarlo o describirlo (Lee, 1959, pp. 89-104). Cuando los occidentales trataron de explicar el concepto de cambio, los isleños no pudieron comprender de qué estaban hablando. Es obvio que las sociedades difieren mucho en su actitud general con respecto al cambio. Un pueblo que venera el pasado, rinde culto a sus ancestros, honra y obedece a sus mayores y está preocupado por las tradiciones y rituales cambiará lenta e involuntariamente. Cuando una cultura ha sido relativamente estática durante largo tiempo, es probable que las personas supongan que deberá permanecer así para siempre. Son intensa e inconscientemente etnocéntricos; suponen que sus costumbres y técnicas son correctas y eternas. Un posible cambio es improbable que sea siquiera seriamente considerado. Todo cambio en una sociedad semejante es probable que sea demasiado gradual para que sea advertido.

Una sociedad que cambia con rapidez tiene una actitud diferente con respecto al cambio, y esta actitud es causa y efecto de los cambios que ya están ocurriendo. Son algo escépticas y

críticas de algunas partes de su cultura tradicional y considerarán y experimentarán las innovaciones. Tales actitudes estimulan con gran fuerza la proposición y la aceptación de los cambios por parte de los individuos dentro de la sociedad.

Distintos grupos dentro de una localidad o de una sociedad pueden mostrar diferente receptividad al cambio. Toda sociedad que cambia tiene sus liberales y sus conservadores. Las personas cultas y educadas tienden a aceptar los cambios con más facilidad que las ignorantes y poco instruidas (Nwosu, 1971; Waisanen y Kumata, 1972). Los amish en Estados Unidos han resistido casi todo tipo de cambio, excepto algunas veces los relativos a la técnica agrícola. Aunque los amish puede ser que nunca hayan oido hablar de la "integración de la cultura", se dan cuenta de que si sus jóvenes tuvieran fácil acceso a las películas cinematográficas, a la televisión, a las motocicletas y a los alimentos enlatados, pronto desaparecerían sus valores tradicionales.

Un grupo puede ser sumamente receptivo de los cambios de un tipo y resistente a los de otros tipos. Los amish aceptaron rápidamente los nuevos procedimientos agrícolas (semillas, fertilizantes, rotación de cultivos, administración del campo), aceptaron lentamente la nueva maquinaria agrícola y rechazaron prácticamente todos los nuevos productos de consumo. Muchos grupos religiosos aceptan con facilidad la nueva arquitectura en los templos, pero no las nuevas doctrinas religiosas. Algunos cambios son más amenazantes que otros para los valores principales del grupo.

Las actitudes y valores afectan tanto la cantidad como la dirección del cambio social. Los antiguos griegos hicieron grandes contribuciones al arte y al saber, pero contribuyeron poco a la tecnología. El trabajo era desempeñado por esclavos; interesarse en el trabajo del esclavo no eran una tarea adecuada para un erudito griego. Ninguna sociedad ha sido igualmente dinámica en todos los aspectos, pero sus valores determinan en qué campo —arte, música, bienestar, tecnología, filosofía o religión— será innovadora.

Los amish han aceptado las nuevas técnicas agrícolas, pero son lentos en aceptar la nueva maquinaria. (*Jane Latta/Photo Researchers, Inc.*)

Necesidades percibidas

La tasa y dirección de cambio de una sociedad se ven muy afectadas por las necesidades que perciben sus miembros. Las "necesidades" son subjetivas; son reales si las personas sienten que lo son. En muchas partes subdesarrolladas y mal alimentadas del mundo, las personas no sólo tienen necesidad objetiva de *más* alimentos; también necesitan *distintos* alimentos, especialmente verduras y legumbres. Los cambios agrícolas que traen *más* alimento son aceptados más fácilmente que los que proporcionan alimentos *diferentes*, de los que no sienten necesidad (Arensberg y Niehoff, 1971, p. 155). Hasta que las personas no sienten una necesidad, se oponen al cambio; sólo las necesidades percibidas de una sociedad son las que cuentan. Algunos inventos prácticos languidecen hasta que la sociedad descubre que los necesita. El cierre relámpago fue inventado en 1891 pero no fue tomado en cuenta durante un cuarto de siglo. El neumático fue inventado y patentado por Thom-

pson en 1845, pero no se tomó en cuenta hasta que la popularidad de la bicicleta creó una conciencia de su necesidad; entonces fue reinventado por Dunlop en 1888.

Con frecuencia se afirma que las condiciones cambiantes crean nuevas necesidades, necesidades genuinas y objetivas y no sólo necesidades subjetivamente "sentidas". Así, la urbanización creó la necesidad de la ingeniería sanitaria; el sistema fabril moderno creó la necesidad de sindicatos laborales; y los automóviles de alta velocidad crearon la necesidad de supercarreteras. Una cultura se integra y, por lo tanto, los cambios en una parte de ella crean una necesidad de cambios adaptativos en las partes correlativas de la cultura.

Es indudablemente cierto que la falla en reconocer una necesidad objetiva puede tener consecuencias desagradables. Durante siglos, la enfermedad y la muerte fueron el precio que nuestros antecesores pagaron por no reconocer que el crecimiento urbano hacía necesario el drenaje. Una falla más reciente en reconocer que el control de la muerte crea la necesidad del control de los nacimientos ha puesto a la mitad del mundo al borde del hambre. Todo esto no altera el hecho de que sólo aquellas "necesidades" que son percibidas como tales son las que estimulan la innovación y el cambio social.

El concepto de necesidad percibida como se ha señalado aquí es en gran parte un concepto funcionalista. Los funcionalistas consideran muchas "necesidades" como realidades objetivas que surgen de las necesidades de sobrevivencia y del constante desarrollo de nueva tecnología. Los teóricos del conflicto replicarían que la mayor parte de nuestras "necesidades" son percibidas como resultado de una habilidosa promoción por parte de aquellos a quienes aprovecha su creación y luego su satisfacción. Así, "necesitamos" nuevos artefactos porque se les hace una muy hábil publicidad, y "necesitamos" trillones de dólares para la defensa porque el complejo industrial militar encuentra que es provechoso en términos de dinero y de poder promover alarmas de guerra y tensiones internacionales. El desacuerdo es cuestión de acento. Tanto los teóricos funcionalistas como los del conflicto están de acuerdo en que "algunas necesidades" son creadas y otras son necesidades objetivas.

Sin embargo, la necesidad no es garantía de que el invento o el descubrimiento necesitado se fabricará. Al presente, percibimos que necesitamos remedios para el cáncer y para el resfriado común, una fuente de energía que no contamine y una eliminación eficaz de los desechos nucleares. Esto no nos proporciona la certeza de que desarrollaremos cualquiera de éstas. La necesidad puede ser la "madre de los inventos", pero el invento también necesita un padre: una base cultural que proporcione el conocimiento y la técnica necesarios.

La base cultural

Los moradores de las cavernas prehistóricas pudieron fabricar poquísimos inventos materiales, porque tenían muy pocos con los cuales trabajar. Aun el arco y la flecha incluyen muchas invenciones y técnicas: hacer muescas en los extremos del arco, atar la cuerda del arco, poner mango a la flecha y aguzarla, además de la idea y la técnica para dispararla. Hasta que estos elementos fueron inventados no fue posible inventar el arco y la flecha. Por *base cultural* queremos significar *la acumulación de conocimientos y técnicas* disponibles para el inventor. Conforme crece la base cultural, se vuelve posible un número cada vez mayor de inventos y descubrimientos. El descubrimiento del electromagnetismo y la invención del tubo al vacío, del transistor, y del *microchip* proporcionan los componentes necesarios de cientos de inventos más recientes.

A menos que la base cultural proporcione suficientes inventos y descubrimientos anteriores, no se puede completar un invento. Leonardo da Vinci esbozó a fines del siglo XV muchas máquinas que eran completamente viables en los principios y detalles, pero la tecnología de su tiempo fue incapaz de construirlos. Sus planos para la bomba aérea, la bomba hidráulica, la unidad de aire acondicionado, el helicóptero, la ametralladora, el tanque militar y muchos otros eran claros y viables, pero el siglo XV carecía de los metales, los combustibles y los lubricantes avanzados y de las habilidades técnicas necesarias para llevar sus brillantes ideas a una realidad práctica. Muchas ideas ingeniosas han debido esperar hasta que se llenen las brechas entre el conocimiento y la técnica que lo apoya. La reciente "explosión de conocimientos" se cita con frecuencia como la fuente de la innovación moderna. Esta es otra forma de decir que la base cultural está creciendo rápidamente y que es accesible a una porción cada vez más grande de nuestro pueblo.

Cuando se ha desarrollado todo el conocimiento de apoyo, la aparición de un invento o de un descubrimiento se convierte casi en una certeza. De hecho, es muy común que un invento o un descubrimiento se lleve a cabo independientemente por varias personas y más o menos al mismo tiempo. Ogburn (1950, pp. 90-102), un sociólogo especializado en el estudio del cambio social, enumeró 148 de esos inventos y descubrimientos, que incluyen desde el descubrimiento de las manchas del Sol, descubiertas con independencia por Galileo, Fabricius, Scheiner y Harriott, todos en 1611, hasta la invención del aeroplano por Langley (1893-1897), Wright (1895-1901) y quizá otros. En realidad, las discusiones sobre quién fue primero respecto a un invento o a un descubrimiento científico son comunes y algunas veces ásperas (Merton, 1957c). Cuando la base cultural proporciona todos los elementos de conocimiento de apoyo, es muy probable que una o más personas imaginativas reúnan estos elementos para una nueva invención o descubrimiento.

Ésta es una razón por la que los sistemas de armas nucleares se desarrollan interminablemente. Es parte de la naturaleza de la ciencia y la tecnología que cualquier cosa que podamos construir, *cualquier* pueblo avanzado lo puede construir. Y así sigue la argumentación; nuestros enemigos *construirán* tales armas lo hagamos nosotros o no, de modo que sigamos adelante con ellas. Por supuesto, esto lleva a una carrera armamentista infructuosa e interminable que sólo puede limitarse mediante acuerdos internacionales que nos parece que no es posible alcanzar.

FERTILIZACIÓN CRUZADA. La gran importancia de la base cultural se revela mediante el principio de la *fertilización cruzada,* que establece que los descubrimientos e invenciones en un campo se vuelven útiles en un campo totalmente distinto. La teoría de Pasteur acerca de los gérmenes de la enfermedad surgió de sus esfuerzos para explicar a los viñateros de Francia por qué se agriaba su vino. El tubo al vacío, desarrollado para el radio, hizo posible la computadora electrónica, que ahora ayuda a la investigación en casi todo, desde la astronomía hasta la zoología. Algunos materiales radiactivos, subproductos de la investigación de armas mortíferas, son ahora de un valor incalculable en el diagnóstico, terapia e investigación médicos. Los intensificadores de imagen desarrollados para el combate nocturno en Vietnam son ahora utlizados ampliamente por los naturalistas para la investigación de campo. La mayor parte de los empleos actuales de las computadoras y de los rayos láser ni siquiera se imaginaron

cuando fueron inventados. Los estudios de Stouffer (1949), diseñados para mostrar a las fuerzas armadas cómo obtener combatientes más eficaces, también proporcionaron conocimientos que fueron útiles para los estudiosos de la dinámica de grupo, de las relaciones raciales y de otros campos de la sociología.

EL PRINCIPIO EXPONENCIAL. Este principio establece que, conforme crece la base cultural, sus posibles usos tienden a crecer en proporción geométrica. Para ilustrarlo, si sólo tenemos dos sustancias químicas en un laboratorio, sólo es posible una combinación (A-B); con tres sustancias químicas son posibles cuatro cambinaciones (A-B-C, A-B, A-C, y B-C); con cuatro sustancias químicas son posibles diez combinaciones; con cinco sustancias químicas, veinticinco, y así sucesivamente. Conforme el tamaño de la base cultural crece mediante la suma, las combinaciones de estos elementos crecen por multiplicación. Esto ayuda a explicar la elevada tasa actual de descubrimientos e invenciones (Hamblin et al., 1973). Una vasta acumulación de conocimientos científicos técnicos es compartida por todas las sociedades civilizadas, y a partir de esta base nuevos inventos y descubrimientos surgen en una ola creciente.

RESISTENCIA Y ACEPTACIÓN DEL CAMBIO SOCIAL

No todas las innovaciones propuestas son aceptadas por la sociedad. Hace algunos años Spicer sugirió que los cambios propuestos encuentran resistencia cuando 1) el cambio es impuesto por otros, 2) el cambio no se comprende, o 3) el cambio se considera como una amenaza para los valores del pueblo, (Spicer, 1952, p. 18). Un proceso de *aceptación selectiva* opera cuando algunas innovaciones se aceptan de inmediato y otras sólo después de una larga espera; algunas se rechazan totalmente y otras se aceptan en parte. Así, aceptamos por completo el maíz de los indios; aceptamos y modificamos su tabaco; aceptamos en mínima parte y en forma sumamente modificada sus clanes totémicos (las patrullas "castores" y "lobatos" de los Boy Scout), y rechazamos totalmente su religión. La aceptación de innovaciones nunca es total y siempre es selectiva de acuerdo con varias consideraciones.

Actitudes y valores específicos

Aparte su actitud general con respecto al cambio, cada sociedad tiene muchas actitudes y valores específicos que dependen de sus objetivos y actitues. Cuando los funcionarios gubernamentales presentaron el maíz híbrido a los agricultores hispanoamericanos del Valle del Río Grande hace algunos años, los agricultores lo adoptaron fácilmente debido a su productividad mayor, pero a los tres años habían regresado al antiguo maíz. No les gustó el maíz híbrido porque no servía para hacer buenas tortillas (Apodaca, 1952). Los gustos y las aversiones establecidos de los pueblos son factores importantes en el cambio social.

Si un objeto tiene un valor puramente utilitario —esto es, si se valora por lo que hace— el cambio puede aceptarse con bastante facilidad. Si alguna característica de la cultura tradicional se valora intrínsecamente —por lo que vale en sí, aparte de lo que hará—, el cambio se acepta con menos facilidad. Para el agricultor estadounidense el ganado es una fuente de ingreso que hay que criar, seleccionar y sacrificar cuando es más aprovechable. Pero para muchos de los pueblos nilóticos de África el ganado representa valores intrínsecos. El propietario reconoce y ama a cada vaca. Sacrificar a una sería como asesinar a un miembro de la familia. Un pakot con un ciento de cabezas de ganado es rico y respetado; uno que sólo tiene una docena es pobre; uno que no tiene ganado no es tomado en cuenta, es como si estuviera muerto. Los esfuerzos de los funcionarios occidentales para lograr que tales pueblos administren sus manadas "racionalmente", seleccionen sus manadas, crien sólo a los mejores ejemplares y detengan el sobrepastoreo de sus tierras han fracasado por lo general. El estadouidense promedio, que por lo general tiene una visión fríamente ra-

> El manual del propietario de un automóvil de 1913 afirma: "El automóvil se ha desarrollado ahora hasta el punto en que no es anticipado decir que habrá ulteriores desarrollos o cambios y este manual debería ser una guía útil para el automovilista del futuro."
>
> Samuel M. Inman, citado por Leo Aikman en *Atlanta Constitution.*
>
> ¿Puede usted recordar otros ejemplos de fracaso en anticipar los cambios futuros?

cional y relativamente no sentimental de las actividades económicas, encuentra difícil comprender los sentimientos y valores de los pueblos no occidentales. Se irrita con los biaga de la parte central de la India, que se niegan a renunciar a sus primitivas estacas para cavar y a utilizar los arados de vertedera muy superiores. ¿Por qué? Los biaga aman la tierra como a una madre amable y generosa. Gentilmente la ayudarían con la estaca para dar a luz su producción, pero no podrían cortarla "con cuchillos" (Elwin, 1939, pp. 106-107). El estadounidense se disgusta porque los indios ettwah no quieren adoptar el abono vegetal (enterrando un montón de "Green sanhemp" como fertilizante). Pero para estos indígenas "el abono vegetal significa un acto muy cruel de enterrar las hojas y los tallos del 'sanhemp' antes que estén maduros. Este acto significa violencia" (Mayer, 1959, p. 209). Sin embargo, ¿hay alguna diferencia básica entre estos ejemplos y la negativa estadounidense a comer carne de caballo porque ello no va de acuerdo con nuestros valores? ¿Y qué hay de aquellos grupos estadounidenses que condenan la homosexualidad, la permisividad sexual, el aborto, el divorcio, las bebidas alcohólicas o comer carne de caballo porque todas estas cosas chocan con sus valores? Para cada uno de nosotros parece correcto rechazar cualquier innovación que va contra nuestras tradiciones o valores; cuando otros actúan de igual manera, su rechazo nos impresiona con frecuencia como si fuera una superstición ignorante o una terquedad. ¡Esto es etnocentrismo!

Demostrabilidad de los inventos

No todos los inventos son muy útiles. La patente de Estados Unidos No. 3 423 150 fue otorgada para una "cerradura para la taza del excusado", con el fin de "evitar el acceso no autorizado a ella", en tanto que la Patente de Estados unidos No. 3 580 592 protege al inventor de la "combinación de trineo hecho con esqueleto de venado y sofá de cabecera". Solo una mínima fracción de todas las patentes se ha concedido para inventos que son útiles.

Una innovación es aceptada más rápidamente cuando su utilidad se demuestra con facilidad. Los indios del norte del continente americano aceptaron ansiosamente las armas europeas, pero no han aceptado la religión europea. Muchos inventos funcionan tan deficientemente en sus primeras etapas que la mayoría de las personas espera hasta que se perfeccionen. Al propietario de los primeros automóviles se le exhortó publicamente a "¡obtenga un caballo!" Las imperfecciones iniciales demoran la aceptación de inventos explotables.

Algunas innovaciones son demostradas fácilmente en pequeña escala; otras no pueden ser demostradas sin ensayos costosos y en gran escala. La mayor parte de los inventos mecánicos pueden ser probados sin costos muy elevados y en unas cuantas horas o días. La mayor parte de los inventos sociales, como la corporación, la organización social basada en el rol más que en el parentesco o el control de armas nucleares no pueden experimentarse fácilmente en el laboratorio o en la oficina de pruebas. Muchas invenciones sociales sólo pueden verificarse mediante un experimento a largo plazo que implique por lo menos a toda una sociedad. Dudamos en adoptar una innovación hasta que se nos ha demostrado que funciona; sin embargo, sólo podemos determinar el valor práctico de la mayor parte de las invenciones sociales adoptándolas. Este dilema demora su aceptación.

Compatibilidad con la cultura existente

Las innovaciones se aceptan con más facilidad cuando encajan perfectamente en la cultura

El temor al cambio surge de la incertidumbre acerca de sus efectos. Este volante apareció en Filadelfia hace más de un siglo. (*The Bettman Archive, Inc.*)

existente. El caballo encajó sin problemas en la cultura cazadora de los apaches, dado que los capacitaba para hacer mejor lo que ya estaban haciendo. No todas las innovaciones armonizan tan bien. Pueden ser incompatibles con la cultura existente por lo menos en tres formas.

Primera, *la innovación puede entrar en conflicto con las pautas existentes.* En muchos países en vías de desarrollo la idea de asignar y promover la base de los méritos choca con la obligación tradicional familiar de ayudar a los parientes. Muchas proposiciones ambientales de hoy en Estados Unidos chocan con nuestros conceptos tradicionales acerca del uso de la tierra, de los derechos de propiedad y de las libertades personales.

Cuando una innovación entra en conflicto con las pautas culturales existentes, hay por lo menos tres soluciones posibles: 1) puede ser rechazada, como la mayoría de los estadounidenses han rechazado los palillos chinos, las playas nudistas y el comunismo; 2) puede aceptarse, y los rasgos culturales conflictivos pueden modificarse para ajustarlos a la innovación, como hemos alterado nuestras prácticas relativas al trabajo de los niños para permitir la educación pública obligatoria; 3) puede aceptarse y su choque con la cultura existente puede encubrirse y evadirse mediante la racionalización, como en aquellas zonas (incluyendo a Francia y, hasta hace poco a cinco de los estados de la Unión Americana) donde los anticonceptivos se vendían libremente "para la prevención de enfermedades", aunque la venta de anticonceptivos estaba prohibida por la ley. Aunque no siempre es decisivo, el conflicto con la cultura existente desalienta la aceptación de una innovación.

Algunas veces un conflicto evidente puede evitarse mediante la compartimentalización de los roles. Como un ejemplo, los kwaio de las islas Salomón tenían jefes cada martes. Su organización social no incluía jefes, pero se hizo necesario inventar algunos para manejar los asuntos con los funcionarios blancos después de la II Guerra Mundial. Para evitar conflictos entre estos nuevos "jefes" y los depositarios tradicionales de la autoridad y de la influencia, acordaron simplemente que los jefes "reinarían" sólo los martes, cuando los funcionarios blancos hacían la visita (Keesing, 1968). De esta manera, una inovación potencialmente destructiva se apartaba del resto de la cultura.

Segunda, *la innovación puede exigir nuevas pautas no presentes en la cultura.* Los indígenas del norte del continente americano no tenían pautas para la cría de animales domésticos en las que pudieran encajar las vacas. Cuando los funcionarios gubernamentales les dieron las primeras vacas, las mataron como si fueran animales de caza. Una sociedad trata generalmente de utilizar una innovación en las formas antiguas que les son familiares. Cuando esto falla,

---

En los primeros días de la última guerra, cuando había escasez de armamento todo tipo, los británicos, se me dijo, utilizaron un venerable cañón de campo que habían heredado de generaciones anteriores. El honorable pasado de esta artillería ligera se remontaba, en realidad, hasta la Guerra de los Boers. En los días de incertidumbre después de la caída de Francia, estos cañones, enganchados a camiones, sirvieron como unidades móviles útiles en la defensa costera. Pero se pensó que la rapidez del fuego podía incrementarse. Por lo tanto, se llamó a un experto en tiempos y movimientos para que sugiriera alguna forma de simplificar los procedimientos del disparo. Observó a uno de los equipos de cinco hombres que atendían el cañón, que practicaban en el campo desde hacía tiempo. Intrigado por algunos aspectos del procedimiento tomó en cámara lenta algunas películas a los soldados que llevaban a cabo las rutinas de cargar, apuntar y disparar.

Luego revisó estas películas una y otra vez, y notó algo que le pareció raro. Un momento antes del disparo, dos de los miembros de la cuadrilla cesaron en toda actividad y se cuadraron durante un intervalo de tres segundos durante la descarga del cañón. Se reunió con un antiguo coronel de artillería, le mostró las películas, señaló este extraño comportamiento y le preguntó al coronel qué significaba. El coronel también estaba desconcertado. Pidió que le volvieran a pasar la película. "¡Ah!", dijo cuando la película acabó, "Ya sé. Están sujetando a los caballos."

Esta anécdota, verdadera o no, y me dijeron que es verdadera, sugiere con claridad la dificultad con la que el ser humano se acomoda a las condiciones que cambian. La tendencia es sin duda involuntaria e inmediata y tiene la función de protegerse contra la conmoción del cambio manteniendo los hábitos familiares en situaciones alteradas, aunque incongruentes del pasado.

Elting E. Morrison, *Men, Machines, and Modern Times,* The M. I. T. Press, Cambridge, Mass., 1966, p. 17. Reproducido con autorización de The M. I. T. Press.

¿Recuerda usted otros ejemplos similares en que un procedimiento haya sido mantenido después de que ya no es útil?

la sociedad puede desarrollar nuevas formas para utilizar con eficiencia el nuevo elemento. Así, hemos disfrazado todo nuevo material de construcción para hacer que aparezca como un material antiguo y familiar. A los primeros bloques de concreto se les dio una apariencia de piedra rústicamente labrada; a las tejas de asfalto y de asbesto se les dio un terminado para que parecieran ladrillo o madera; las tablas de forro de aluminio todavía están hechas de manera que parezcan madera. Luego, después de algunos años, estos materiales empiezan a utilizarse en las formas y diseños que permiten aprovechar completamente sus propias propiedades y posibilidades. La mayor parte de las innovaciones exigen nuevas pautas en la cultura, y requiere tiempo desarrollarlas.

Tercera, *algunas innovaciones son sustitutivas, no aditivas,* y éstas son menos fáciles de aceptar. Es más fácil aceptar innovaciones que pueden añadirse a la cultura sin exigir el descarte inmediato de algún conjunto de características familiares. El beisbol estadounidense, la música popular y las películas ''del Oeste'' se han difundido casi por todo el mundo. Cada una de estas innovaciones podía añadirse a casi cualquier tipo de cultura sin exigir la renuncia de alguna característica nativa. Pero la igualdad sexual, la democracia o el reclutamiento y promoción sobre la base de los méritos se han difundido más lentamente; cada una exige la renuncia de valores y prácticas tradicionales. Muchos pueblos no occidentales han aceptado sin dificultades los procedimientos y materiales de la medicina científica —vacunas, antibióticos, analgésicos y aun la cirugía— porque estas cosas podían coexistir con su medicina popular tradicional.

El indígena navajo enfermo podía tragar la píldora del doctor gubernamental, ya que después seguía la danza curativa de su tribu. Pero muchos de estos pueblos ni entienden ni aceptan los fundamentos científicos de la medicina como los gérmenes, los virus y las teorías de la enfermedad basada en la fatiga nerviosa, o el resto de la subcultura médica, porque esto entra en conflicto con su sistema de creencias tradicionales. Siempre que la naturaleza de la elec-

ción es tal que uno puede tener al mismo tiempo lo nuevo y lo antiguo, la aceptación de lo nuevo se suele demorar.

Costos del cambio

Los muy pobres se oponen generalmente a todo cambio, porque no pueden afrontar *ningún* riesgo (Arensberg y Niehoff, 1971, pp. 149-150). El cambio casi siempre es costoso. No sólo perturba la cultura existente y destruye sentimientos y valores muy estimados, sino que también implica algunos costos específicos.

DIFICULTADES TÉCNICAS DEL CAMBIO. Muy pocas innovaciones pueden añadirse sin más a la cultura existente; la mayor parte de ellas exige la modificación de esa cultura. Sólo hasta hace poco Inglaterra reemplazó un sistema monetario difícil de manejar y desatinado por una moneda decimal, en tanto que Estados Unidos se ha resistido a cambiar al sistema métrico de medidas durante más de dos siglos. ¿Por qué sistemas tan incómodos se han conservado durante tanto tiempo? Porque la alteración de un sistema es muy difícil (Guillén, 1977). El cambio de Inglaterra a una moneda decimal en 1967 demostró que era algo mucho más complicado que aprender un sistema nuevo. Este implicaba los cambios en las cajas registradoras, en las máquinas que funcionan con monedas, en los registros contables, en los tamaños regularizados de las mercancías y discusiones sobre las fracciones de la libra. Aprender el sistema métrico sería muy sencillo, pero la tarea de fabricar y almacenar todo, desde marcos para ventana hasta tuercas y tornillos en ambos tamaños para medio siglo o algo así es abrumador. Las vías férreas serían más eficientes si los rieles estuvieran uno o dos pies más separados entre sí para permitir vagones más anchos, pero el costo de reconstruir las vías y reemplazar el material rodante es prohibitivo. La máquina de escribir con teclas es muy ineficiente, al obligar a la mano izquierda a que haga dos terceras partes del trabajo, pero un nuevo teclado exigiría que los mecanógrafos volvieran a aprender a escribir a máquina. Nuevas invenciones hacen con frecuencia que la maquinaria actual sea obsoleta y destruyen el mercado de habilidades que los trabajadores han gastado muchos años en desarrollar.

INTERESES CREADOS Y CAMBIO. Los costos del cambio social nunca están equitativamente distribuidos. La industria que se vuelve obsoleta y los trabajadores cuya experiencia ya no tiene mercado se ven obligados a soportar los costos del progreso técnico, en tanto que otros disfrutan de los productos mejorados. Aquellos para quienes el status quo es provechoso se dice que tienen *intereses creados*. Las comunidades que tienen un puesto militar o una base naval cercana consideran que todo este dinero gubernamental es bueno para los negocios, de modo que estas comunidades tienen intereses creados en la retención de esos establecimientos militares. Los estudiantes que asisten a las universidades estatales tienen un interés creado en la educación superior subsidiada. Los esfuerzos del presidente Reagan para reducir los fondos destinados a préstamos estudiantiles topó con una fuerte oposición tanto por parte de las universidades como de los estudiantes. Casi todo el mundo tiene algún interés creado,

desde el rico con sus bonos libres de impuestos hasta el pobre con sus cheques provenientes de la asistencia pública y sus cupones para alimentos.

La mayor parte de los cambios sociales representan una amenaza real o imaginaria para algunas personas con intereses creados, quienes se oponen por consiguiente a esos cambios. Los ejemplos son casi interminables. En 1579 el Consejo de Danzig, actuando en respuesta a la presión de los tejedores, ordenó el estrangulamiento del inventor de una máquina de tejer mejorada; y las hilanderas de Blackburn, Inglaterra, invadieron la casa de Hangreave para destruir sus máquinas para hilar (Stern, 1937). Los japoneses aprendieron a producir y a utilizar cañones en el siglo XVI pero renunciaron a ellos alrededor de 1637 porque su elite guerrera prefirió retener su supremacía en el manejo de la espada (Perrin, 1979). Las primeras vías férreas tuvieron la oposición de los terratenientes que no querían que sus tierras fueran divididas, y de los propietarios de canales y de las compañías de peaje; luego, a su vez, los ferrocarriles se opusieron vigorosamente al automóvil y ayudaron a obstaculizar la construcción de la vía fluvial de St. Lawrence. La oposición de los patrones a la organización de los sindicatos laborales fue prolongada y amarga y toda-

---

INTERESES CREADOS Y CAMBIO SOCIAL

Aunque los envases retornables de bebidas (en vez de los desechables) serían de enorme beneficio para la sociedad, las políticas prácticas siempre están orientadas hacia el status quo. Por ejemplo: las 40 000 personas que perderían sus trabajos si todas las botellas tuvieran que ser retornables tienen una idea clara de quiénes son; las 165 000 personas que obtendrían trabajos no son fácilmente identificadas, y no tienen un sindicato que vele por sus intereses futuros. Más aún, una ley sobre los envases retornables reduciría las ganancias y el potencial de crecimiento de los fabricantes de botellas y en-

vases de aluminio, y ambos han establecido una potente alianza política para impedir tal legislación. En este caso, el problema está no tanto en determinar qué políticas promoverían el interés público como en reunir la fuerza política para vencer la oposición de aquellos para los que el cambio no representaría necesariamente una mejora.

Denis Hayes, "The Unfinished Agenda: Goals for Earth Day '80," *Environment*, 22:7, April 1980. A Publication of The Helen Dwight Reid Educational Foundation.

¿Benefician la mayor parte de los cambios a unos, al mismo tiempo que dañan a otros? ¿En qué forma decidimos qué intereses deben prevalecer?

vía continúa en algunos lugares, en tanto que los sindicatos echaron mano del "tortuguismo" en un esfuerzo por retener puestos o trabajos que el cambio técnico había hecho innecesario. Todo grupo es un ardiente defensor del progreso en general, pero no a expensas de sus propios intereses creados.

Sin embargo, quienes tienen intereses creados, aparecen como promotores del cambio siempre que piensan que el cambio propuesto será provechoso para ellos. Las corporaciones estadounidenses gastan billones de dólares cada año en desarrollar nuevos productos que pueden vender con ganancias. Muchos grupos comerciales en la región de los Grandes Lagos apoyaron enérgicamente la propuesta de la vía fluvial del San Lorenzo. Tales empresas gubernamentales suelen ser denunciadas como ejemplos de socialismo por quienes no se enriquecen de ellas, en tanto que aquellos a quienes beneficia la propuesta encontrarán otros términos para describirlas (evidentemente, el *socialismo* funciona cuando el gobierno gasta dinero para beneficiarte *a ti*, no *a mí*).

Los intereses comerciales han buscado y obtenido muchos tipos de reglamentación e interferencia gubernamental cuando les conviene. Los sindicatos laborales han sido los partidarios más decididos de las leyes para limitar el trabajo de los niños. El gran incendio de Chicago en 1871 mostró la debilidad de las compañías de bomberos privadas competidoras, y lo que es más importante, cayeron tan fuertes pérdidas sobre las compañías de seguros contra incendios que éstas dieron su apoyo a la propuesta de crear departamentos de bomberos municipales pagados con impuestos. La mayor parte de las reformas sociales no se consiguen hasta que personas poderosas con intereses creados redefinen sus intereses y deciden que la reforma los beneficiará.

Por desgracia, hay casos en los que el cambio es tan provechoso para algunos que se pasan por alto las consecuencias peligrosas. En muchos países del Tercer Mundo se han promovido con gran éxito las fórmulas de alimentos infantiles como "modernas" en contraste con el amamantamiento "pasado de moda", con lo que se enriquece a las corporaciones estadounidenses y europeas a expensas de la salud infantil en esos países (*Science News.* 113:557, June 3, 1978).

Rol del agente del cambio

¿Quién es el que propone un cambio y cómo se comporta esta persona acerca de él? La identi-

---

El éxito de un proyecto para dotar de agua a un pueblo depende directamente de cómo evalúen sus habitantes la tecnología utilizada: ¿Se impone sobre su estilo de vida, o se integra a las tradiciones del pueblo?

Cuando un sistema de agua es colocado en un pueblo por forasteros —sin ningún compromiso local— es probable que no se emplee a toda su capacidad, que se utilice mal y que pronto se olvide. Comparemos esto con el proyecto de desarrollo de Milange en Malawi, en el que los habitantes del pueblo ayudaron a planear, ubicar y construir un sistema perenne de flujo de agua por gravedad, completado con bombas hechas sencillamente y bien ubicadas que han permanecido en buenas condiciones de operación.

Muchos sistemas de agua no funcionan adecuadamente porque prácticamente ningún residente local sabe cómo opera. La solución lógica es instituir un programa de capacitación para operar el sistema *al mismo tiempo* que se está instalando. Un equipo de "ingenieros descalzos" podría mantener los sistemas de suministro de agua funcionando bien en una gran zona rural.

Jane Stein, "Fumbled Help at the Well", *Environment,* 19:17, June/July 1977. A Publication of the Helen Dwigth Reid Educational Foundation.

¿En qué forma ilustra esto el concepto de integración de la cultura?

dad del iniciador afecta mucho la aceptación o el rechazo del cambio. Un esfuerzo gubernamental nigeriano para introducir un nuevo fertilizante fracasó debido a las malas experiencias que habían tenido los campesinos con los funcionarios gubernamentales (Lauer, 1977, p. 10). Toda propuesta identificada como "comunista" está condenada a algún fracaso en Estados Unidos. Los oponentes a todo tipo de propuestas las etiquetan con frecuencia como comunistas a fin de derrotarlas. Las innovaciones que se aceptan primero por personas que se encuentran en la cumbre de la escala de prestigio y del sistema de poder es probable que se filtren hacia abajo con mucha rapidez; las que son adoptadas primero por personas de bajo status es probable que se infiltren hacia arriba más lentamente, si es que llegan a infiltrarse.

Los agentes del cambio que tienen éxito, con frecuencia tratan de hacer que el cambio aparezca inocuo identificándolo con elementos culturales familiares. El rey Ibn Saud introdujo la radio y el teléfono en Arabia Saudita citando el Corán a propósito de ellos. Los misioneros cristianos en Venezuela tuvieron poco éxito con la tribu warao hasta que volvieron a redactar las doctrinas cristianas en forma de cantos, que los warao cantan ahora con gran entusiasmo (Wilbert, 1977). El liderazgo de Franklin D. Roosevelt se basó en parte en su capacidad para describir las reformas más importantes en términos de los sentimientos y valores caseros estadounidenses.

Los agentes del cambio deben conocer la cultura en la que trabajan. Este punto se destaca en las muchas guías que se han escrito para ayudar a los funcionarios que trabajan en los programas de desarrollo en los países subdesarrollados (Arensberg y Niechoff, 1971); Leagins y Loomis, 1972; Loomis y Beagle, 1975), para los ejecutivos de negocios que se preparan para operar en una cultura que no les es familiar (Whiting, 1977), o aun para los agentes del cambio que trabajan para promoverlo en nuestra propia sociedad (Rothman, Erlich y Teresa, 1976).

El negligente etnocentrismo de los científicos sociales y de los técnicos occidentales ha condenado con frecuencia sus esfuerzos al fracaso (Alatas, 1972; Selwyng, 1973). Los intentos gubernamentales para establecer a los indios navajos como familias individuales en tierras de riego no tuvieron éxito, porque los navajos estaban acostumbrados a trabajar la tierra cooperativamente de acuerdo con las líneas de parentesco extenso. Una divertida ilustración de cómo la ignorancia y el etnocentrismo obstaculizaron un agente del cambio se encuentra en Micronesia, donde un experto estadounidense en relaciones laborales trataba de reclutar trabajadores palauanos para una operación minera. Primero pidió ver al "jefe", una petición que planteó un problema puesto que en su estructura social no había jefe. Finalmente le presentaron a una persona con la que el experto estadounidense trató de establecer relación poniéndole un brazo sobre el hombro y alborotándole ridículamente el pelo. En la cultura palaua esto era una indignidad casi equivalente, en nuestra cultura, a abrirle a un hombre la bragueta en público (Useem, 1952). No es necesario añadir que este experto no tuvo mucho éxito.

Muchos de nuestros programas "de ayuda al exterior" han empeorado en vez de mejorar las condiciones en las tierras que tratamos de ayudar. Debido en parte al etnocentrismo estadounidense y en parte a la egomanía de algunos de los líderes del Tercer Mundo, gran parte del dinero para el desarrollo se desperdició en industria pesada impráctica o en ostentosos edificios, en tanto que con frecuencia se descuidó la agricultura (Warren, 1979; Kronholz, 1982). Los programas de desarrollo agrícola fueron por lo común esfuerzos etnocéntricos para exportar la agricultura estadounidense sumamente tecnificada a los países subdesarrollados que tenían una escasez de tierra y capital y un excedente de mano de obra. Ésta fue una política de completa demencia. La agricultura mecanizada aumenta la producción por trabajador y no por acre. Esta agricultura de alta tecnología fracasó en relación con el recurso que estos países tenían en abundancia —la mano de obra—, pero crearon necesidades de costosa maquinaria importada, piezas de repuesto, combustible, fertilizantes y pesticidas que no podían obtener

LAS CONSECUENCIAS INESPERADAS DEL CAMBIO

Tradicionalmente, en Kenya, un hombre no tenía relaciones sexuales con su esposa durante cuatro o cinco años mientras ella alimentaba a su bebé. Vivía con otra mujer o regresaba a su familia. Y para una mujer, tener otro hijo después de que el primero se hubiera casado era escandaloso. Así, la mayor parte de las mujeres casadas tenían cuatro o cinco hijos, con cinco años de intervalo aproximadamente.

Los misioneros cristianos, tratando de terminar con la poligamia, animaron a los hombres a seguir viviendo con sus mujeres que estaban criando. Esto no sirvió para acabar con la poligamia, porque cerca de una tercera parte de todos los matrimonios aún son polígamos. Pero las esposas dan a luz ahora hijos con un intervalo menor de tres años, y tienen un promedio de más de ocho hijos cada una. Junto con otros cambios, éste le da a Kenya la tasa de crecimiento de población más alta del mundo, de manera que la población se duplica cada 18 años.

Adaptado de *The Wall Street Journal,* April 11, 1983, pp. 1, 18.

¿Otros agentes de cambio han tenido más éxito que los misioneros en prever las consecuencias del cambio?

(Crittendent, 1982). Así, nuestros programas de "ayuda" suelen enriquecer a los ricos y empobrecer a los pobres, que son arrojados de su tierra y son reemplazados por grandes granjas mecanizadas (McInerney y Donaldson, 1975. Bauer y Yamey, 1982; Tucker, 1962). El resultado fue una reducción en la población local de alimentos y un aumento en la desigualdad económica y en el hambre. Un programa de ayuda mas racional hubiera tratado de mejorar la agricultura tradicional de mano de obra intensiva y de mejorar las razas nativas de plantas y animales que ya estaban adaptadas al clima local y que no exigían costosas importaciones de fertilizantes y pesticidas.

No todos los programas de ayuda exterior han tenido tan funestos fracasos; muchos han logrado gran éxito. Bastantes han fallado de la manera descrita antes pero han constituido una advertencia contra los perniciosos efectos del etnocentrismo.

Los esfuerzos del agente del cambio no siempre se aprecian. El inventor suele ser ridiculizado; el misionero puede ser comido, y el agitador o el reformador es perseguido casi siempre. Es probable que los radicales sean populares sólo después de su muerte, y que organizaciones como la Daughters or the American Revolution, dedicada a la memoria de los patriotas muertos no sientan afecto por lo vivos. Quienes trataron de cambiar las pautas raciales segregacionistas de la sociedad estadounidense pueden convertirse en héroes en los libros de historia, pero durante su vida tuvieron que afrontar la cárcel y la violencia física. Los agentes del cambio no siempre observan todas las leyes, pero aun la cuidadosa observancia de la ley no es protección. Era imposible ser un organizador laboral en la década 1930-1940 o un trabajador de los derechos civiles en 1950-1960 sin ser golpeado, encarcelado o aún algo peor.

La persecución de los agentes del cambio y de los reformadores sociales tiene una larga historia. Huss y Servet fueron quemados en la hoguera; en tanto que Lutero y Wycliffe escaparon por un pelo. Florence Nigthingale luchó contra la oposición familar, el rídiculo y la burla públicos y la intigra, los celos y las difamaciones oficiales en su esfuerzo por transformar las enfermeras de mujeres desaliñadas en profesionales. Las acciones por las que Jane Adams fue perseguida y vilipendiada en su juventud le proporcionaron lluvias de honores en su ancianidad. Es probable que los agentes del cambio sean homenajeados sólo cuando son muy ancianos o ya están muertos.

EL DESVIADO COMO AGENTE DEL CAMBIO.
Muchos agentes del cambio son desviados en alguna forma. El inconformista puede lanzar inconscientemente una nueva moda, una forma de hablar o un paso de baile. Los inventores son personas amantes de entretenerse; se entusiasman más con el reto de una nueva idea que con la posibilidad de hacerse ricos (Bernett, 1953, pp. 151-156). Los reformadores sociales son necesariamente personas que están desencantadas con algunos aspectos del status quo. Sin personas desviadas habría muy pocos cambios sociales.

LAS CONSECUENCIAS DEL CAMBIO

Efectos sociales del descubrimiento y el invento

Ningún cambio social deja sin afectar en alguna forma al resto de la cultura. Aun una innovación "aditiva" quita tiempo e interés a otros elementos de la cultura. Algunas innovaciones son destructoras por su impacto. Cuando los europeos distribuyeron hachas de acero a los yir yoront de Australia, el regalo pareció ser un gesto inocuo, pero el hacha de piedra estaba tan íntimamente integrada en la cultura que una reacción en cadena de desorganización se extendió por toda la estructura social (Sharp, 1952). El hacha de piedra era un símbolo de la masculinidad adulta. Podía ser prestada a las mujeres y a los jóvenes y las líneas del préstamo del hacha eran características muy importantes de la organización social. Cuando se les distribuyeron indiscriminadamente hachas de acero que eran muy superiores y éstas fueron poseídas por las mujeres y los jóvenes, el símbolo de autoridad quedó tan socavado que la misma autoridad se oscureció, las relaciones fueron confusas y las obligaciones recíprocas se volvieron inciertas. La piedra para las hachas era sacada de canteras muy al sur y se llevaba hacia el norte a lo largo de rutas comerciales mediante un sistema establecido de socios comerciales, quienes también participaban en ceremoniales importantes. Con la sustitución por el hacha de acero, las relaciones comerciales languidecieron y este rito ceremonial se perdió. Un profundo y serio disturbio en la cultura yir yoront se produce con la sola innovación del hacha de acero. El ejemplo es dramático; pero ¿los efectos del automóvil o de la radio en la cultura estadounidense han sido de menor alcance? Ogburn (1933, pp. 153-156) elaboró una lista de 150 cambios sociales que él atribuye a la radio, en tanto que Pool ha coleccionado una serie de ensayos que atribuyen al teléfono consecuencias que van desde el fortalecimiento de las fuerzas policiacas al reordenamiento del modelo espacial de las ciudades (Pool, 1977).

Ogburn distinguía tres formas de los efectos sociales del invento: 1) *La dispersión o los múltiples efectos de un solo invento mecánico* se ilustran mediante los varios efectos de la radio del automóvil, que acorta el tiempo de viaje, impulsa una gran industria manufacturera y de servicios, proporciona un mercado para enormes cantidades de gasolina y aceite, acero, vidrio, piel y otros materiales, requiere un programa masivo de construcción de caminos, altera el comportamiento del noviazgo y de la recreación, promueve suburbios y centros comerciales, y tiene muchas otras consecuencias; 2) *la sucesión, o los efectos sociales que se derivan de una sola invención* significa que un invento produce cambios, los que a su vez producen otros cambios, y así sucesivamente. El inventor de la despepitadora de algodón *a)* simplificó el procesamiento de la fibra e hizo más aprovechable este producto; este resultado *b)* alentó la plantación de más algodón; y la plantación *c)* requirió más esclavos; el incremento en la esclavitud y en la creciente dependencia sureña de la exportación del algodón *d)* ayudó a provocar la Guerra Civil, que *e)* estimuló mucho el crecimiento de la industria en gran escala y el monopolio comercial; éstos, a su vez, *f)* impulsaron las leyes antimonopólicas y los sindicatos laborales; y la cadena todavía prosigue. Aunque estos acontecimientos no se debieron totalmente a la despepitadora de algodón, ésta ayudó a que se produjeran. 3) *La convergencia, o la reunión de varias influencias de diferentes inventos,* puede ilustrarse con varios ejemplos. El revólver, las cercas con alambre de púas y el molino de viento ayudaron a la colonización de las grandes llanuras estadounidenses. El automóvil, la bomba eléctrica y la fosa séptica hicieron posible el suburbio moderno. Las cabezas de ojivas nucleares, los proyectiles intercontinentales y los sistemas de detección por radar han hecho obsoleta la guerra total, según muchos teóricos militares.

Se ha escrito mucho acerca de los efectos sociales del invento. No importa si el nuevo rasgo cultural ha sido inventado dentro de la sociedad o difundido en ella; los efectos sociales son igualmente grandes en uno u otro caso. Los cañones "hicieron a todos los hombres del mismo tamaño" y terminaron con la ventaja de los caballeros con armadura; también acabaron con la fortaleza defensiva del castillo medieval y fortalecieron al rey a expensas de la nobleza provinciana. Un rasgo cultural que se difunde se encuentra con frecuencia con una sociedad bastante incapaz de hacerle frente con éxito. Por ejemplo, las sociedades primitivas que fermentaban sus propias bebidas alcohólicas solían tener controles culturales sobre su uso, pero las sociedades primitivas que recibieron el alcohol de los blancos no tenían tales controles, y los efectos fueron por lo general devastadores (Horton, 1943). Para citar un caso cuando por primera vez se les presentó el alcohol a los esquimales de la isla St. Lawrence, inmediatamente se embriagaron durante un mes y perdieron la migración anual de las morsas; al invierno siguiente la mayor parte de ellos murieron de hambre (Nelson. 1899). Las innovaciones, ya sean descubiertas, inventadas o difundidas pueden ser igualmente perturbadoras.

Tasas desiguales del cambio

Puesto que la cultura está interrelacionada, los cambios en un aspecto de la cultura invariablemente afectan otros aspectos de ella. Los rasgos afectados se adaptarán casi siempre a este cambio, pero sólo después de algún tiempo. Este intervalo entre la llegada de un cambio y la consumación de las adaptaciones que requiere se llama

rezago cultural, un concepto desarrollado por Ogburn (1922, pp. 200-203). Como un ejemplo, hemos señalado que alrededor de 1870 gran número de trabajadores empezó a entrar en las fábricas, donde con frecuencia recibían daños por accidentes inevitables. Pero fue necesario que pasara otro medio siglo para que la mayor parte de los estados encontrara tiempo para decretar leyes que indemnizaran a los trabajadores. En este caso el rezago cultural fue de aproximadamente cincuenta años.

Un rezago cultural existe donde quiera que algún aspecto de la cultura se demore con respecto a otro con el que está relacionado. Es probable que la forma más penetrante de rezago cultural en las sociedades occidentales actuales sea el retraso de las instituciones con respecto a los cambios tecnológicos. Por ejemplo, en la mayor parte de los estados el tamaño de un condado se basaba en la distancia que uno podía recorrer de ida y vuelta hasta la sede del condado en un solo día; a pesar de la mejoría en el transporte, la unidad del condado sigue teniendo el mismo tamaño que antes, ineficiente para muchas funciones.

Muchos rezagos culturales implican la demora de una parte de la cultura material con respecto a la parte correlativa de esa misma cultura. Durante un cuarto de siglo después de que reemplazamos el caballo por el automóvil seguíamos construyendo el garaje detrás de la casa, donde solían estar las malolientes cuadras. Hoy, en algunas regiones en vías de desarrollo donde la agricultura comercial mecanizada ha reemplazado a la agricultura de subsistencia, la construcción de buenos edificios para los transportes, almacenes e instalaciones comerciales se ha demorado, y gran cantidad de alimentos se pudre en los campos porque no puede ser trasladada al mercado. Algunas veces la cultura material se retrasa con respecto a los cambios en la cultura no material. Por ejemplo, la investigación sobre la educación ha descubierto desde hace mucho tiempo que los enseres movibles del salón de clases ayudan a organizar las actividades de aprendizaje; sin embargo, miles de salones de clase todavía tienen inflexibles hileras de pupitres atornillados al suelo. Finalmente, un aspecto de la cultura no material puede ir a la zaga de otros aspectos correlativos de la cultura no material. Como se muestra en la figura 20-1, el rezago mundial respecto al control natal que siguió a nuestro brillante éxito en el control de la mortalidad ha producido la explosión demográfica, probablemente la demora cultural más catastrófica del mundo.

El concepto de rezago cultural se aplica a diferentes tasas de cambio *dentro* de una sociedad, no a las tasas de cambio entre sociedades. Describe la falta de armonía entre las partes correlativas de una sola cultura, producida a través de tasas de cambio desiguales. Los rezagos culturales son más frecuentes en una cultura que cambia rápidamente. Son síntomas no de una sociedad que retrocede, sino de una sociedad sumamente dinámica y cada vez más compleja. Pero aun en el caso de que todas las personas fueran prudentes, objetivas y adaptables, todavía necesitarían algún tiempo para descubrir qué adaptaciones requerirían un nuevo

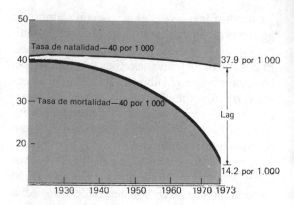

FIGURA 20-1 Rezago cultural: control de la mortalidad y de la natalidad en los países en vías de desarrollo, (*Fuete: Based on Data in Dorothy Nortman and Elizabeth Hofstatter, "Population and Family Planning Programd: A Factbook"*, Reports on Population Planning, *6, 2, December, 1974*).

¿Qué cambio requiere el mayor grado de cooperación activa por parte de las masas del pueblo: la reducción en la tasa de mortalidad o en la tasa de natalidad?

El cambio sociocultural es desigual. (© *Georg Gerster/Photo researchers, Inc.*)

cambio, y más tiempo para hacer y completar estas adaptaciones. Sin embargo, la mayor parte de nosotros somos muy ignorantes a propósito de asuntos que se encuentran al margen de nuestra especialidad, estamos prejuiciados e influidos por intereses creados y no somos tan adaptables como nos gustaría imaginar. Los rezagos culturales son muchos y persistentes.

Cambio social y problemas sociales

Un problema social se define con frecuencia como una situación que muchas personas consideran indeseable y desean corregir (Horton y Leslie, 1981, pp. 4-6). Según esta definición, una sociedad perfectamente integrada no tendría problemas sociales, porque todas las instituciones y comportamientos estarían claramente armonizados y definidos como aceptables por los valores de la sociedad. Una sociedad que cambia inevitablemente desarrolla problemas, o las condiciones mismas cambian y se vuelven inaceptables (el crecimiento de población, la erosión del suelo y la desforestación crean el problema de la conservación) y quizá los valores cambiantes de la sociedad definen una antigua situación como intolerable (trabajo infantil, pobreza, racismo o desigualdad sexual). Los problemas sociales son parte del precio del cambio social. Sin embargo, el análisis detallado de los problemas sociales corresponde a otro libro y a otro curso.

Desorganización y desmoralización

La tecnología moderna se está extendiendo por todo el mundo. Como se sugirió antes en este capítulo, todos los nuevos elementos perturban la cultura existente en alguna medida. Si una cultura está estrechamente integrada, con todas sus características e instituciones ajustadas entre sí, un cambio en alguna de ellas desorganizará todo este orden. En el mundo de hoy el cambio es más rápido en los países en vías de desarrollo; en la medida en que un país se acerca a su completa ''modernización'', la tasa de cambio se hace más lenta (Fierabend y Fierabend, 1972). Así, los países en vías de desarrollo son los que están padeciendo la mayor desorganización, a causa de su elevada tasa de cambio o por su relativamente poca familiaridad con los procesos de cambio. La modernización y el ''progreso'' acarrean nuevas penalidades para muchos de los pobres que soportan la inflación de precios resultante sin participar en los beneficios (Scott y Kerkvliet, 1973). La modernización promueve nuevos sistemas de estratificación social e impulsa una competencia étnica creciente dentro de los países en vías de desarrollo (Bates, 1974). El ''progreso'' es una bendición contradictoria.

Cuando una cultura se vuelve muy desorganizada se dañan el sentido de seguridad, la moral y el propósito en la vida de las personas. Cuando las personas están confundidas e inseguras, de manera que su comportamiento también es incoherente, vacilante y contradictorio, se las describe como *desorganizadas personalmente*. Si su desorganización avanza hasta que pierden su sentido del propósito en la vida y se vuelven

resignadas y apáticas, las describimos como *desmoralizadas*. Han perdido su moral, y con frecuencia se pierde también el control del comportamiento. Un pueblo desmoralizado es probable que sufra una reducción de población mediante una tasa de natalidad decreciente, una elevada tasa de mortalidad o ambas cosas. La posibilidad de que un pueblo completamente desmoralizado llegue a extinguirse ha atraído la atención de muchos antropólogos (Rivers, 1922; Maher, 1961).

El exterminio de los bisontes desmoralizó a los indios estadounidenses de las Grandes Llanuras (Lesser, 1933; Wissler, 1938; Sandoz, 1954; Deloria, 1970). Los bisontes proporcionaban alimento, ropa y vivienda; en total, más de cincuenta partes separadas del esqueleto del bisonte eran utilizadas por los indios. La caza del bisonte proporcionaba el objetivo principal de las ceremonias religiosas de los indios, la meta para llegar a la madurez y un camino para obtener status y reconocimiento. El otro camino para el status —el bienestar— dependía también de un amplio suministro de carne de bisonte seca. Cuando el gobierno exterminó a los bisontes para pacificar a los indios, también los desmoralizó. Las funciones de integrar y de proporcionar un status al grupo guerrero y de la cacería del bisonte se perdieron. Los ceremoniales religiosos quedaron vacíos y sin significado. La economía de caza estaba totalmente destruida, y los indios vivían y a veces morían de hambre gracias a las limosnas del gobierno. Las metas y valores tradicionales que daban sabor y significado a la vida ya no existían, y sustituirlas por metas y valores blancos era una tarea imposible de lograr. En los pocos casos en que los indios adoptaron con éxito la economía del hombre blanco, ésta también pronto fue destruida por el hombre blanco, hambriento de la tierra de los indios (Foreman, 1932; Collier, 1947, pp. 199-219; Deloria, 1970). Sufriendo por la destrucción de su propia cultura, negado el acceso a la cultura blanca, devastadas por enfermedades blancas y corrompidas por el alcohol, muchas tribus indias se desmoralizaron profundamente. La despoblación fue casi general y sólo en este siglo se ha empezado a recons-

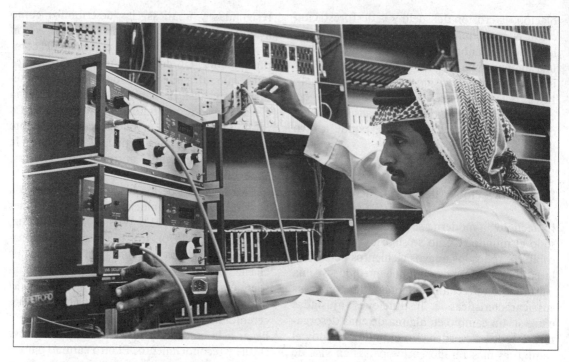

La tecnología moderna se está difundiendo por todo el mundo. (*Will
Mcintyre/Photo Researchers, Inc.*)

truir la población india. Esta historia del cambio social devastadoramente perturbador, de la desorganización de la cultura y de la desorganización personal y desmoralización del pueblo se ha repetido cientos de veces en la historia mundial.

Sin embargo, no todos los pueblos se han desmoralizado por sus contactos con las sociedades occidentales. Los palauanos de Micronesia desarrollaron una mezcla interdependiente de cultura tradicional y comercialismo occidental. Sin ninguna dificultad, conducían camiones y utilizaban máquinas de escribir para ganar dinero con el fin de comprar los regalos tradicionales del clan, y utilizaban lanchas de motor para llevar sus camotes a los festivales tradicionales (Mead, 1955, p. 128). Si los cambios perturban una sociedad hasta el punto de su desmoralización, esto depende de la naturaleza de los cambios, de la forma en que se introduzcan y de la estructura de la sociedad sobre la cual inciden.

Ventajas y desventajas del cambio

Mucho se ha escrito acerca de las desventajas del cambio, pero menos de sus ventajas. Quienes contrastan con añoranza el presente problemático con los "buenos tiempos antiguos" no conocen su historia muy bien. Aquellos que vivían en la frontera estadounidense gloriosa y libre soportaron incomodidades que nosotros los modernos consideraríamos insoportables. Estaban fastidiados por las moscas y sufrían terriblemente por los mosquitos (raros en la mayor parte de Europa), perdían cosechas enteras debido a los saltamontes, al granizo o a la sequía; se helaban en invierno y se asaban en verano; su único alivio para el dolor de muelas era una cruel extracción; un hueso roto casi siempre traía como consecuencia la deformación o una extremidad inútil, en tanto que una fractura compuesta producía infección y exigía una amputación sin anestesia; la mayor parte de las personas sufría deficiencias alimenticias; aproximadamente una de cada cuatro mujeres moría en el parto, y la mayor parte de los padres de familia veía morir a uno de sus hijos en la infancia o en la niñez. Aunque adaptarse al cambio es algunas veces doloroso, el fracaso para aceptarlo y adaptarse a él es todavía más doloroso.

¿Es menos doloroso el cambio cuando sobreviene lentamente? No por fuerza. Puesto que la cultura implica interrelaciones, por lo común es más fácil aceptar un conjunto de cambios relacionados entre sí que aceptarlos uno por uno. Por ejemplo, cuando una persona primitiva adquiere ropa sin jabón, la suciedad y la enfermedad son predecibles; si consigue ropas sin máquinas de coser, andará vestidos con andrajos; con pisos de lodo sobre los cuales sentarse y sin ningún lugar para guardar la ropa y otras cosas, la mugre y el desorden son seguros. Pero si todos estos elementos —ropa, jabón, máquinas de coser y casas con buenos pisos, estantes y armarios— se adoptan juntos dentro del lapso de una sola generación, estos cambios pueden hacerse mucho más fácilmente que si se espacian a lo largo de varias generaciones. Los peligrosos efectos de la alimentación con biberón en la salud de los niños en los países del Tercer Mundo se debe principalmente a su carencia de agua potable para preparar la fórmula y de vasijas para esterilizar las botellas. Éste es otro ejemplo en el que introducir un cambio sin los cambios relacionados con él ha sido desastroso. (También es un ejemplo respecto al cual la imagen marxista de la corporación voraz que busca ganancias a cualquier costo parece plenamente justificada.)

La difusión cultural occidental convierte por lo general al pueblo nativo en un deprimente barrio pobre, no porque el pueblo adopte demasiados rasgos culturales nuevos, sino porque adopta demasiado pocos. Incluso puede ser psicológicamente más fácil hacer una serie de cambios que unos pocos. Como Margaret Mead (1956, pp. 445-446) ha observado: "un pueblo que elige poner en práctica una nueva tecnología o entrar drásticamente en nuevos tipos de relaciones económicas hará esto más fácilmente si vive en casas diferentes viste ropas diferentes y come alimentos diferentes o los cocinan en forma diferente". Mucha de la desorganización social que acompaña el cambio social surge del hecho de que un pueblo que está deseoso de adoptar nuevos conjuntos de rasgos culturales está impedido para hacerlo. Algunas veces están impedidos por sus recursos limitados y otras por la falta de volutad de los blancos que dominan que les niegan la participación plena en la civilización occidental [Bascom y Herskovitz (eds.), 1959, p. 4].

Necesitamos por lo tanto revisar la noción de que el cambio lento es necesariamente más cómodo que el cambio rápido. En algunas situaciones, el cambio rápido y total de una forma de vida puede ser muchísimo menos perturbador que los cambios fragmentarios, como Mead (1956, Cap. 18) ha mostrado en su estudio acerca de los miembros de la tribu manus, quienes pasaron de la Edad de Piedra a la civilización occidental en una sola generación. La razón puede ser que el cambio lento permite que se acumulen rezagos culturales que no se corregirán hasta que se vuelvan dolorosos. El cambio rápido puede realmente producir menos rezagos, porque muchos de los elementos relacionados de la cultura pueden cambiarse al mismo tiempo.

El cambio ha llegado con sorprendente velocidad a las sociedades occidentales contemporáneas. En pocas generaciones, los pueblos occidentales han pasado de la vida en sociedades rurales y agrícolas a la vida en una sociedad de masas inmensamente compleja, urbana, industrial e impersonal. ¿Están desorganizadas las sociedades occidentales contemporáneas? ¡Ciertamente! Los rezagos culturales son muchos en todo punto. La escuela tiende constantemente a preparar niños para una sociedad que cambió antes de que lleguen a la edad adulta. Hace un siglo el esposo y la esposa podían asumir cada uno un rol definido con bastante claridad; hoy ninguno puede estar del todo seguro de qué es lo que se esperará que sea y haga en su matrimonio.

Cada nivel del gobierno está luchando con tareas que pocos de nuestros abuelos hubieran imaginado jamás que iban a asumir. Aunque los controles informales tradicionales de la sociedad comunitaria están fracasando en la regulación del comportamiento de los individuos en este mundo urbano impersonal nuestro, todavía estamos buscando sustitutos efectivos.

Un conocido escritor (Toffler, 1970) ha acuñado el término "choque del futuro" para designar las depresiones y ansiedades provocadas por el cambio rápido. Investigaciones recientes proporcionan algún apoyo a la tesis de que la depresión y la ansiedad están vinculadas con la tasa de cambio percibida (Lauer, 1974). Algunos científicos sociales dudan respecto a si haremos los cambios necesarios para abordar problemas como la explosión demográfica, la contaminación y el agotamiento de los recursos. Temen que la civilización pueda desplomarse en la depresión, el hambre, la pestilencia, la guerra y el caos (Heilbroner, 1974; Laqueur, 1974; Catton, 1980). Semejante pesimismo está muy lejos de ser nuevo. Por ejemplo, el siglo XV, fue una época de profundo pesimismo (Huizinga, 1924, p. 22). El tiempo dirá si los "hombres que tienen justo temor" hoy tienen más razón.

PLANEACIÓN SOCIAL: ¿PUEDE DIRIGIRSE EL CAMBIO?

¿Es posible predecir y controlar la dirección del cambio social? Hacer esto exige que sepamos qué cambios van a ocurrir. Todos los cambios importantes de la década 1960-1970 —la Nueva Izquierda, la contracultura juvenil, el movimiento nacionalista negro, el nuevo movimiento feminista— tomaron a la mayor parte de nuestros científicos sociales por sorpresa. La mayor parte de los intentos por predecir el cambio futuro no son sino proyecciones de tendencias recientes hacia el futuro. Mediante esta técnica, uno podrá haber predicho hace dos siglos que las calles actuales estarían cubiertas de estiércol hasta una altura que nos llegaría a la cadera y que la población estadounidense sería de más de mil millones de personas. Es obvio que proyectando tendencias recientes no podemos predecir con exactitud el futuro. Un estudioso

(Rosen, 1976) ha publicado un libro que lleva el confiado título de *Future Facts: A Fore Cast of the World as we will know it before the end of the century,* y una revista llamada *The Futurist* hace muchos pronósticos. Pero la mayoría de los científicos sociales son más modestos. Algunos consideran que el cambio social está provocado por fuerzas sociales que están más allá de nuestro control eficaz (Sorokin, 1941, 1948; Lapiere, 1965). Por ejemplo, cuando el conocimiento de apoyo necesario se desarrolla, alguien realizará un invento, aun cuando este invento sea el más problemático para la existencia humana. La bomba de hidrógeno es un ejemplo. Aunque tememos que pueda destruirnos, seguimos perfeccionándola porque otros lo harán así de todos modos. ¿Podrían haberse evitado las guerras contra los indios? Los indios tenían la tierra que los colonizadores querían para una población que crecía, y su avance significó destruir el estilo de vida de los indios. Los muchos episodios brutales fueron solamente los síntomas, no la causa, de un conflicto que era inevitable, dados estos grupos con sus respectivas necesidades y antecedentes culturales. Prácticamente todo gran cambio social puede ser descrito en términos de fuerzas sociales ciegas, por lo que diremos que lo que *ocurrió* fue aproximadamente lo único que *podía* ocurrir en esa situación.

Sin embargo, algunos científicos sociales, creen que *podemos* ejercer *alguna* influencia en el curso del cambio social (Mannheim, 1949; Bottomore, 1962, pp. 283-284; Horowitz, 1966). La planeación social es un intento dirigido a la dirección inteligente del cambio social (Riemer, 1947; Adams, 1950; Gross, 1967; Bennis, et al., 1969 Cap. 1; Kahn, 1969; Havelock, 1973; Friedmann, 1973; Gil; Kramer y Specht, 1975). Pero en qué forma los deseos conflictivos de diferentes públicos vayan a reconciliarse sigue siendo un problema que deja perplejo.

La dirección etilista de la planeación social es característica de las sociedades comunistas. La toma de decisiones ha sido centralizada en sumo grado, y los planes han sido excesivamente intrincados y detallados. La planeación que intenta programar prácticamente todas las actividades de una sociedad tiene menos éxito que la que se limita a sólo una o a un número pequeño de actividades o metas. Este tipo de planeación social es una antigua tradición estadounidense. Cuando los autores de nuestra Constitución rechazaron la primogenitura (la tradición europea de que las tierras pasaran intactas al hijo mayor) y la propiedad sujeta a vínculo (la norma que evita que él las venda), estos diseñadores estadounidenses estaban tratando de construir una sociedad de pequeños propietarios agrícolas en vez de una sociedad de latifundistas. Este propósito se reforzó mediante la Homestead Act de 1862, que entregó las tierras públicas en pequeñas parcelas a los agricultores individuales en vez de venderlas en grandes extensiones a los mejores postores. Las ordenanzas para distribuir por zonas, los códigos de construcción, la educación pública y las leyes de la asistencia obligatoria a la escuela son ejemplos de planeación social. Algunos problemas que exigen planeación en los niveles nacional o internacional incluyen el empleo de los recursos acuíferos del mundo y los derechos de pesca, la utilización de los recursos minerales bajo aguas internacionales, el problema de la lluvia ácida y muchos otros.

Un crítico de la planeación argüiría que tales esfuerzos de la planeación no cambian realmente nada sino que son formas meramente superficiales y más ordenadas de llevar a cabo los cambios que de todos modos son inevitables. El comentario quizá resume el problema. Ciertamente, ninguna planeación social evitará o revertirá un cambio que el conocimiento actual y las tendencias a largo plazo están creando. No hay, por ejemplo, forma de regresar a la "vida simple", ni es posible dirigir el cambio social mediante la planeación en una dirección contraria a los deseos y valores de la mayor parte de los pueblos. Los cambios sociales principales son problemas incontrolables, pero la planeación social puede reducir los rezagos y los costos de integrarlos en la cultura.

Siempre nos gustaría conocer —y nunca podemos estar seguros de conocer— lo que contiene el futuro. Un torrente de libros y artículos nos están diciendo cómo las computadoras y los robots transformarán la sociedad tanto como lo hizo la revolución industrial (p. ej., Chamberlin, 1982; Kidder, 1982; Osborne, 1982; Papert, 1982). Queda por ver si son más acertados que los pronosticadores de ayer.

SUMARIO

Todas las sociedades cambian continuamente. Las teorías evolucionistas consideran que todas las sociedades pasan por etapas bastante similares de desarrollo hasta que se alcanza alguna etapa final supuestamente ideal, cuando termina la evolución social. Las teorías cíclicas consideran que las sociedades pasan por un ciclo de cambios, que regresan al punto de partida y repiten el ciclo. Las teorías funcional y del conflicto se concentran en explicar, con algunas diferencias, las condiciones y procesos del cambio.

Los nuevos rasgos culturales aparecen gracias al *descubrimiento* y al *invento* o a la *difusión* a partir de otras sociedades. La tasa del cambio social varía enormemente de sociedad a sociedad y de tiempo a tiempo. Los *cambios geográficos* pueden producir un gran cambio social. Con más frecuencia, la *migración* a un nuevo medio ambiente trae consigo cambios en la vida social. Los *cambios en el tamaño de la población* o en su *composición* producen siempre cambios sociales. Puesto que el *aislamiento* retarda el cambio y los *contactos entre las culturas* lo promueven, los grupos aislados física o socialmente muestran pocos cambios. La *estructura de la sociedad* afecta al cambio: una sociedad sumamente conformista y tradicional o una cultura sumamente integrada es menos propensa a cambiar que la sociedad permisiva individualmente que tiene una cultura vigorosamente integrada. Las *actitudes y valores* de una sociedad impulsan o retardan en gran manera el cambio. Las *necesidades percibidas* de un pueblo afectan la velocidad y dirección del cambio. Quizá lo más importante de todo, la *base cultural,* proporciona los fundamentos del conocimiento y la habilidad necesaria para desarrollar nuevos elementos; conforme se amplía la base cultural, las posibilidades de nuevas combinaciones se multiplican en forma *exponencial,* en tanto que los conocimientos en un área con frecuencia *fecundan por fertilización cruzada* otras áreas del desarrollo.

No todas las innovaciones se aceptan. Las actitudes y valores de un grupo determinan qué tipos de innovaciones está dispuesto a aceptar ese grupo. Si se puede demostrar la utilidad de una innovación fácilmente y a bajo precio, la prueba es útil; pero muchos inventos sociales no pueden ser probados excepto mediante una completa aceptación. Las innovaciones compatibles son aceptadas más fácilmente que las que chocan con características importantes de la cultura existente. Las dificultades técnicas para hacer que un cambio encaje en la cultura existente causan con frecuencia un gran costo económico e inconveniencia personal. Las personas con intereses creados se suelen oponer al cambio, pero ocasionalmente descubren que un cambio propuesto les es beneficioso. La ingenuidad y la posición social del agente del cambio afectan su éxito en la introducción de cambios. A menos que los agentes del cambio conozcan la cultura muy bien, pueden fracasar en sus esfuerzos debido a que las consecuencias de los cambios y las técnicas para promoverlos se calculan casi siempre mal.

Las consecuencias del cambio son interminables. Los descubrimientos e inventos, lo mismo que los nuevos complejos y rasgos culturales difundidos, desatan con frecuencia una reacción en cadena de cambios que perturban muchos aspectos de la cultura. Las diferentes partes de la cultura, interrelacionadas e interdependientes como están, no cambian a la misma velocidad. El intervalo de tiempo entre la gestación de una nueva característica y la consumación de las adaptaciones a las que obliga se llama *rezago cultural.* Todas las sociedades que cambian rápidamente tienen muchos rezagos culturales y son en alguna forma *desorganizados*. En una sociedad desorganizada las personas que tienen dificultades para encontrar un sistema de comportamiento confortable se desorganizan a sí mismas. Cuando pierden la esperanza de encontrar una forma gratificante de conducir sus vidas y dejan de intentarlo, se han *desmoralizado;* y pueden extinguirse como grupo. Aunque el cambio es a veces doloroso, rehusarse a cambiar puede ser más doloroso, porque el cambio trae ventajas a pesar de las desventajas. La *planeación social* intenta reducir las desventajas del cambio, pero su éxito es discutible.

GLOSARIO

base cultural para el invento: acumulación de conocimientos y técnicas de que dispone el inventor.

cambio cultural: cambios en la cultura de un pueblo; con frecuencia se utiliza en forma intercambiable con cambio social.

cambio social: cambio en la estructura social y en las relaciones de una sociedad, empleado con frecuencia en forma intercambiable con cambio cultural.

causa: un fenómeno que es necesario y suficiente para producir un efecto predecible.

descubrimiento: percepción humana compartida de un aspecto de la realidad que ya existe.

desmoralización: pérdida de la moral y del sentido de utilidad; resignación y apatía.

desorganización personal: pérdida del sentido de seguridad y dirección, con comportamiento confuso e incoherente.

difusión: propagación de las características de la cultura de grupo a grupo.

fertilización cruzada en el cambio social: utilización en un campo, de descubrimientos e inventos de un campo totalmente distinto.

invento: una nueva combinación o un nuevo empleo del conocimiento existente.

planeación social: intento de dar una dirección inteligente al cambio social.

principio exponencial: idea de que conforme crece una base cultural sus usos posibles tienden a crecer en proporción geométrica.

progreso: cambio social o cultural de un tipo definido como deseable, de acuerdo con una serie de valores.

rezago cultural: intervalo entre un cambio o innovación y la consumación de los ajustes culturales y sociales que la innovación hace necesarios.

PREGUNTAS Y PROYECTOS

1 ¿Por qué los científicos sociales dudan en utilizar el término "progreso?

2 ¿Llegará alguna vez la evolución social a alcanzar una etapa "final" donde terminará el cambio evolucionista futuro?

3 ¿Qué tipo de dificultades encontraría una corporación que trata de suprimir un invento sumamente útil?

4 ¿Es posible que el conocimiento del proceso de difusión reduzca el etnocentrismo?

5 ¿Cuáles son algunas de las características de la sociedad estadounidense que promueven el cambio? ¿Cuáles son algunas de sus características que se oponen al cambio?

6 ¿Es probable que la tasa de invención continúe elevándose o que se desplome? ¿Por qué?

7 ¿Por qué una persona que prefiere los automóviles, modas y artefactos más modernos estará con frecuencia completamente satisfecha con las filosofías sociales antiguas?

8 ¿Cuántas de aquellas personas a las que nosotros consideramos "grandes" no fueron controvertidas durante sus vidas? ¿Cuántas obtuvieron su grandeza promoviendo los cambios y cuántas evitándolos?

9 ¿Es posible que un agente del cambio promueva un cambio importante sin suscitar hostilidades violentas?

10 ¿En qué forma las dificultades de la modernización en los países en desarrollo ilustran el concepto de integración cultural?

11 ¿En qué forma el etnocentrismo estadounidense ha perjudicado la eficacia de nuestros programas de ayuda al exterior en los países en desarrollo?

12 ¿Cuáles son algunos cambios sociales recientes en nuestra sociedad que usted considere indeseables? ¿Qué valores está utilizando usted para hacer estos juicios?

13 ¿Por qué el cambio social debe ser tan difícil? ¿Por qué no puede el pueblo simplemente reunirse, decidir qué cambios son deseables y luego promoverlos?

14 Evalue esta afirmación: "Cuanto más éxito tenemos en el progreso, menos rezagos culturales y problemas sociales tendremos".

15 Lea una de las siguientes novelas, que describen a los estadounidenses actuando como agentes del cambio en otras sociedades, y explique su éxito o fracaso en esa función: Ronald Hardy, *The Place of the Jackals;* Graham Green, *The Quiet American;* James Ullman, *Windom's Way*; Kathryn Grondahl, *The Mango Season;* Margaret Landon, *Never Dies the Dream; Thomas Streissguth, Tigers in the House.*

LECTURAS QUE SE SUGIEREN

* Bascon, William R. y Melville J. Herskovits (eds.): *Continuity and Change in African Cultures,* The University of Chicago Press, Chicago, 1959. Dos ensayos—Simon Ottenberg, "Ibo Receptivity to Change", y Harold K. Schneider, "Pakot Resistance to Change" describen las reacciones opuestas de dos sociedades a los cambios propuestos.

Bettman, Otto: *The Good Old Days—The Were Terrible,* Random House, Inc., New York, 1974. Fotografías y texto que muestran cómo eran los tiempos antiguos.

Conger, D. Stuart, "Social Inventions", *The Futurist,* August 1973, pp. 149ff. Interesante historia de docenas de invenciones sociales.

Crittenden, Ann: "Foreign Aid", *The New York Times Magazine,* June 6, 1982, pp. 66ff. Artículo crítico sobre los efectos de las ayudas al exterior en los países en vías de desarrollo.

Davis, Shelton H.: *Victims of the Miracle: Development and the Indians of Brazil,* Cambridge University Press, New York, 1977. Un deprimente relato de cómo el "desarrollo" de Brasil, según la opinión del autor, está dañando la tierra y destruyendo a los indígenas.

Friedman, J. y M. J. Rowlands (eds.): *The Evolution of Social Systems,* The University of Pittsburgh Press, Pittsburgh, 1978. Presentación de las teorías evolucionistas sobre el cambio social.

Guillen, Michael A.: "U.S. Metric Convertion: Rough Road Ahead", *Science News,* 112:42-43, July 16, 1977. Ejemplo muy breve de las dificultades técnicas del cambio.

Hanson, Mark: "The Improbable Change Agent and the PhB", *Rural Sociology,* 38:237-242, Summer 1973. Entretenido relato de cómo un paciente agente del cambio trabaja para promoverlo en un condado rural pobre en Estados Unidos.

Hayes, Denis: "The Unfinished Agenda: Goals for Earth Day '80", *Environment,* 22:6-14, April 1980. Artículo breve que propone algunos cambios en la política ambiental como necesarios para la sobrevivencia.

* Jewkes, John et al.,: The Sources of Invention", W. W. Norton & Company, Inc., New York, 1969. Interesante estudio del proceso de la invención, con la historia de muchos inventos.

* Lassey, William R. y Richard P. Fernadez (eds.): *Leadership and Social Change,* University Associates, La Jolla, Cal., 1976. Colección sobre el liderazgo en el cambio social.

Lauer, Robert. H.: *Perspectives on Social Change,* Allyn and Bacon, Inc., Boston, 1977.

Libro de texto sobre el cambio social.

Lee, Dorothy: "The cultural Curtain", *Annals of the American Academy of Political and Social Science,* 323:120-128, May 1959. Interesante artículo que muestra, con muchos ejemplos, la necesidad de que los agentes del cambio conozcan la cultura en la que promueven el cambio.

Mechlin, George F.: "Seven Technologies for the 1980's", *USA Today,* 111:62-65, January 1983. Breve mirada a las prometedoras tecnologías que pueden ayudar a resolver muchos de los problemas de nuestra nación.

Mihanovich, Clement S.: "Forecasting the Future", *USA Today,* 110:23-25, March 1982: Artículo que entresaca veintiún predicciones

"científicas" del cambio social, de diarios como *Daedelus y The Futurist.*

Morgan, Chris y David Langford: *Facts and Fallacies: A Book of Definitive Mistakes and Misguided Predictions,* Webb and Bower, Exeter, England, 1982. Divertida lista de errores graves de personas famosas, relativas a predicciones.

Rosen, Stephen: *Future Facts: A Forecast of the World as Will Know It Before the End of the Century,* Simon & Schuster, Inc. New York, 1976. Interesante esfuerzo por predecir nuestra futura tecnología, nuestra organización social y nuestra vida diaria.

* Un asterisco antes de la cita indica que el título está disponible en edición en rústica.

Glosario

Abandono de rol Renuncia a un rol para aceptar otro.

Acción afirmativa Programas que requieren el reclutamiento, la contratación y la promoción, de un modo activo, de los miembros de la minoría.

Activismo judicial Tendencia a que los jueces extiendan o amplíen las leyes y provisiones constitucionales existentes mediante la interpretación judicial.

Agronegocios Agricultura comercializada en gran escala y mercadeo.

Aislados sociales Organismos que carecen de contactos sociales normales con otros miembros de sus propias especies.

Alienación Separación emocional de una sociedad o grupo, que combina sentimientos de ausencia de normas, de carencia de sentido, de impotencia, de aislamiento social y autoalejamiento.

Amalgamación Cruzamiento biológico de grupos raciales hasta que se convierten en una sola estirpe.

Androginia Inclusión de las características de las personalidades masculina y femenina en la misma persona, sin que ninguna de ellas sea dominante.

Anomia Condición de una sociedad que no tiene un sistema de normas y valores único y coherente que las personas interioricen y sigan.

Argot Términos especiales del lenguaje de una subcultura.

Aristocratización Renovación de las zonas urbanas en decadencia mediante la ocupación por residentes de clase media alta.

Asimilación Fusión de dos o más culturas, de modo que se transformen en una sola.

Asociación Grupo organizado de personas que persiguen un interés común.

Asociación voluntaria Organización formal dirigida hacia alguna función definida en la que uno ingresa voluntariamente más que por adscripción.

Auditorio Una multitud con el interés de sus miembros centrado en estímulos exteriores a ellos.

Autonomía Autogobierno; que no se guía por las directivas ajenas.

Base cultural para el invento Acumulación de conocimientos y técnicas de que dispone el inventor.

Burguesía Palabra de origen francés para designar a la clase media.

Burocracia Pirámide de funcionarios que encauzan racionalmente el trabajo de una gran organización.

Camarilla Pequeño grupo de íntimos, con fuertes sentimientos de grupo de pertenencia basados en intereses y opiniones compartidos.

Cambio cultural Cambios en la cultura de un pueblo; con frecuencia se utiliza en forma intercambiable con cambio social.

Cambio social Cambio en la estructura social y en las relaciones de una sociedad, empleado con frecuencia en forma intercambiable con cambio cultural.

Capital Dinero, o los bienes que proporciona, utilizados para fabricar otros bienes, más que para consumirlos directamente. Equipo de transportación, fábricas y depósitos de mercancías, son unos cuantos ejemplos.

Capitalismo Sistema basado en la búsqueda de lucro por parte de los particulares y en la propiedad privada de los medios de producción.

Categoría Cierto número de personas que comparten alguna característica común.

Causa Fenómeno que es necesario y suficiente para producir un efecto predecible.

Centralización Agrupación de funciones económicas y de servicio.

Ciclo vital Número de años que es posible que sobreviva un miembro de una especie.

Ciencia Cuerpo de conocimientos organizados y

verificados que se ha obtenido mediante la investigación científica; método de estudio mediante el cual se ha descubierto un cuerpo de conocimientos verificados.

Clase baja negra   Negros pobres que no han participado en la movilidad ascendente de los otros estadounidenses negros.

Clase social   Estrato de personas de posición similar en el continuum de status sociales, que se consideran mutuamente como iguales sociales.

Clasificación por rendimiento   Agrupación de estudiantes de acuerdo con su capacidad.

Colectividad   Grupo físico de personas.

Compartimentalización   Aislamiento de un rol de otro, de modo que no se tome conciencia del conflicto que haya entre ellos.

Comportamiento colectivo   Comportamiento que se origina espontáneamente; es relativamente poco organizado, muy impredecible y dependiente de la interestimulación entre cierto número de participantes.

Comportamiento de masas   El comportamiento no organizado, no estructurado, no coordinado, elegido individualmente por una sociedad de masas.

Comportamiento según el rol   Comportamiento real de alguien que desempeña un rol.

Comunidad   Se define con frecuencia como una agrupación local dentro de la cual las personas llevan a cabo un ciclo completo de actividades vitales, pero se emplea para designar cualquier localidad y categoría de personas.

Comunismo   Sistema basado en las teorías de Karl Marx, en el cual el estado posee los medios productivos y (supuestamente) existe igualdad entre todos los ciudadanos.

Concentración   Tendencia de las personas y actividades a agruparse.

Conflicto de roles   Las exigencias contradictorias dentro de un rol. Demandas opuestas de dos roles diferentes.

Conjunto de roles   Grupo de roles relacionados que juntos forman un status social.

Conservador   Quien puede aceptar reformas menores, pero cree que el sistema social existente es esencialmente válido.

Continuum   Una ordenación de las variaciones con intervalos muy pequeños (p. ej., promedios estudiantiles por puntos de calificación) más que por categorías distintas (p. ej., estudiante de primer año, estudiante de segundo año).

Contractual   Referente a una lista formal de privilegios y deberes conjuntos; son distintos a las asignaciones informales tradicionales.

Contracultura   Subcultura no sólo diferente, sino opuesta a la cultura aprobada y convencional de la sociedad: p. ej., la subcultura de las drogas.

Control social   Todos los medios y procesos mediante los cuales un grupo o una sociedad asegura la conformidad de sus miembros con lo que se espera de ellos.

Costumbres   Comportamiento usual, normal y habitual de los miembros de un grupo.

Crisis de identidad   Para Erikson, uno de los ocho puntos cruciales principales en la vida, cuando se toman decisiones importantes para el desarrollo de la personalidad. Popularmente se utiliza este concepto para designar cualquier periodo de incertidumbre.

Culto   A diferencia del significado que tiene en castellano este vocablo, el autor define este término en este capítulo como: pequeño grupo religioso que acentúa la experiencia religiosa extática y pasa por alto la mayor parte de los otros aspectos.

Cultura   Todo lo que es socialmente aprendido y compartido por los miembros de una sociedad.

Chicano   Estadounidense de ascendencia mexicana que tiene un fuerte sentido de la identidad mexicana y se opone a la asimilación.

Darwinismo social   Creencia de que los órdenes sociales se desarrollan gradualmente sobre la base de una lucha competitiva en la que los humanos y las formas sociales mejor adaptadas sobreviven.

Demografía   Estudio estadístico de la composición, de la distribución y de las tendencias de la población.

Denominación   Grupo religioso muy grande, generalmente sostenido por contribuciones privadas y, por tanto, no tan presionado como la ecclesia para aceptar todas las normas de la mayoría social.

Descentralización   Fuga de las personas y actividades del centro de la ciudad.

Descubrimiento   Percepción humana compartida de un aspecto de la realidad que ya existe.

Desmoralización   Pérdida de la moral y del sentido de utilidad; resignación y apatía.

Desobediencia civil   Desafío abierto y público a la ley, junto con la aceptación voluntaria del castigo legal.

Desorganización personal   Pérdida del sentido de seguridad y dirección, con comportamiento confuso e incoherente.

Desviante cultural   Aquél cuyo comportamiento se desvía de las normas de la cultura.

Desviación primaria   Conducta desviada de una persona que es conformista durante el resto de su vida.

Desviación secundaria Conducta desviada posterior a la identificación pública como desviado.

Difusión Propagación de las características de la cultura de grupo a grupo.

Dinámica de grupo El estudio científico de la interacción dentro de grupos pequeños.

Discontinuidad en la socialización Experiencias en una etapa de la vida que no ayudan o aun pueden dificultar el paso a la etapa siguiente.

Discriminación Práctica que trata desigualmente a personas iguales; que limita la oportunidad o la recompensa de acuerdo con la raza, la religión o el grupo étnico.

Distancia social Grado de cercanía a los miembros de otros grupos o aceptación de ellos.

Disturbio Acción destructiva de una multitud violentamente agresiva.

Ecclesia Iglesia de la que prácticamente todos los miembros de una sociedad son por lo menos miembros nominales; recibe subsidios estatales y da su apoyo a la mayor parte de las normas culturales.

Economía mixta La que combina el capitalismo con la empresa gubernamental, el control y los servicios sociales del gobierno.

Ecuménico Universal.

Educación por concurso Admisión relativamente abierta a la educación superior con una alta probabilidad de fracasos o deserciones.

Educación patrocinada Admisión restringida a la educación superior con la probabilidad de que casi todos los aceptados se graduarán.

Ego, superego e id Conceptos freudianos. El *id* son los deseos e impulsos instintivos, antisociales y egoístas del individuo. El *superego* son los ideales y valores sociales que uno interioriza y que forman la conciencia. El *ego* es la parte consciente y racional de la personalidad que vigila la represión del id mediante el superego.

Elite del poder Ejecutivos ubicados en altos niveles que se supone controlan las organizaciones y, por tanto, al gobierno.

Endogamia Práctica de elegir cónyuges dentro de algún grupo especificado.

Esperanza de vida Promedio de años que se espera viva alguien.

Estereotipo Imagen de otro grupo o categoría de personas compartida por un grupo.

Estigmatización Identificación de una persona como desviante, a lo que con frecuencia se sigue un cambio en el tratamiento que ella recibe de parte de los demás.

Estratificación Como sustantivo, el sistema de niveles de status en una sociedad; como verbo, el proceso de desarrollo y cambio de este sistema de diferencias de status.

Estudio de caso Relato detallado y completo de un hecho, situación o desarrollo.

Estudio impresionista Las impresiones de un observador sistemáticamente recogidas.

Estudio longitudinal El que examina el mismo conjunto de fenómenos durante un periodo.

Estudio de observación participante En el cual el investigador se convierte en participante activo en lo que está estudiando.

Estudio prospectivo El que sigue el mismo conjunto de fenómenos durante un periodo, empezando con el presente.

Estudio retrospectivo El que estudia un conjunto de fenómenos, retrocediendo desde el presente, durante algún periodo.

Estudio transversal de muestra representativa El que cubre una amplia gama de fenómenos en un solo punto del tiempo.

Etnocentrismo Tendencia de cada grupo a suponer la superioridad de su propia cultura.

Etnoclase Grupo que comparte la misma posición de clase y ambiente étnico.

Evangelio social Creencia de que la religión tiene un compromiso importante con la justicia social.

Evidencia verificable Observación basada en hechos que otros observadores adiestrados pueden ver, pesar, contar y comprobar en su exactitud.

Evolución Teoría de que las actuales formas de vida se han desarrollado a partir de formas primitivas más simples.

Exogamia Práctica de elegir cónyuges fuera de algún grupo especificado.

Experiencia única Experiencia total de una persona que ninguna otra puede repetir.

Expresión carismática Expresión religiosa sumamente emotiva, que incluye hablar en diversas lenguas (glosolalia).

Familia Agrupación de parientes que ve por la crianza de los niños y por algunas otras necesidades humanas.

Familia consanguínea Familia que consta de un grupo de hermanas casadas y de sus hijos, o un grupo de hermanos casados y de sus hijos, como su núcleo, y una orla de esposas y otros parientes.

Familia conyugal Familia que consta de una pareja casada y de sus hijos.

Familia extensa La familia nuclear, más cualquier otro pariente con el que se mantengan relaciones importantes.

Familia nuclear   Llamada también "familia conyugal": una pareja casada y sus hijos.

Fecundidad   Capacidad biológica de reproducirse.

Fertilidad   Tasa real de reproducción.

Fertilización cruzada en el cambio social   Utilización en un campo de descubrimientos e inventos de un campo totalmente diferente.

Feudalismo   Sistema intermedio entre las sociedades tribal y nacional, basado en las mutuas obligaciones entre el pueblo y los nobles en cada localidad.

Funciones institucionales latentes   Consecuencias imprevistas de una política, un programa, una institución o una asociación.

Funciones institucionales manifiestas   Funciones esperadas de una política, un programa, una institución o una asociación.

Fundamentalistas   Personas que destacan la importancia de las creencias religiosas que consideran "fundamentales". Éstas incluyen el nacimiento virginal de Cristo, la resurrección física y la exactitud de las Escrituras en cada uno de sus detalles.

Gemeinschaft   Sociedad en la cual la mayor parte de las relaciones son personales o tradicionales.

Género   Se utiliza con frecuencia en vez de sexo, aunque algunos estudiosos distinguen entre sexo y género y consideran el sexo como la parte biológica y el género como la parte aprendida socialmente de la sexualidad y de los roles sexuales.

Genocidio   Esfuerzo deliberado por eliminar a un grupo étnico mediante la matanza, la expulsión o la destrucción de su herencia cultural.

Gesellschaft   Sociedad basada en relaciones contractuales más que en relaciones tradicionales.

Grupo   Cualquier número de personas que comparten una conciencia de pertenencia y de interacción; con frecuencia se emplea indistintamente por agregado, colectividad o categoría.

Grupo de control   Grupo de sujetos que se asemejan a los del grupo experimental en todo, menos en la (s) variable (s) que va (n) a estudiarse.

Grupo étnico   Cierto número de personas con una herencia racial y cultural común que los separa de otros.

Grupo experimental   Sujetos cuyas respuestas a variados estímulos experimentales son observadas.

Grupo de pares   Grupo de "iguales" a uno, generalmente personas similares con las que uno habitualmente se asocia.

Grupo primario   Grupo pequeño en el que las personas llegan a conocerse unas a otras íntimamente como personalidades individuales; es distinto del grupo secundario utilitario, formal e impersonal.

Grupo de referencia   Cualquier grupo aceptado como modelo o guía para nuestros juicios y acciones.

Grupo secundario   Grupo en el que los contactos son impersonales, fragmentarios y utilitarios; distinto de los grupos primarios, pequeños, íntimos, sumamente personales.

Hipótesis   Afirmación provisional no verificada de la posible relación entre hechos conocidos; una proporción razonable digna de una comprobación científica.

Histeria de masas   Creencia o comportamiento irracional y compulsivo que se extiende entre cierto número de personas.

Hominoides   Cualquiera de las especies de los primeros humanos y/o sus ancestros.

Homosexual   Término aplicado tanto a las personas que tienen una marcada preferencia por compañeros sexuales del mismo sexo, como a las personas que, independientemente de la preferencia, entablan relaciones sexuales con personas del mismo sexo.

Identidad por adscripción   Percepción del yo que uno se forma interpretando las reacciones de otras personas hacia uno mismo.

Identidad sexual/identidad según el género   Conciencia y aceptación de ser hombre o mujer.

Ideología   Sistema de ideas que sanciona una serie de normas.

Iglesia teológica   Denominación religiosa que trata de armonizar los puntos de vista científicos con los religiosos, que incluye (en E.E. U.U.) a católicos, presbiterianos, metodistas, discípulos de Cristo, bautistas estadounidenses, episcopalianos y miembros de la United Church of Christ, del Judaísmo reformado conservador.

Impulso sexual   Predisposición, probablemente biológica, que hace que los humanos busquen respuestas sexuales, relacionadas con el sexo de otra o de otras personas, casi siempre del sexo opuesto; dirigida y extendida en gran parte por el aprendizaje social hasta incluir muchos sentimientos y comportamientos no genitales.

Inconsistencia de status   Alguna disparidad entre varios status de una persona.

Instinto   Pauta innata de comportamiento característico de todos los miembros de una especie.

Institución   Conjunto organizado de costumbres y tradiciones centrado en una actividad humana importante; sistema organizado de relaciones sociales que incorpora algunos valores y procedimientos comunes y satisface algunas necesidades humanas básicas.

Instituciones religiosas Sistemas de creencias y prácticas regularizadas y formalizadas, que son consideradas necesarias y verdaderas.

Integración Condición donde todos los grupos étnicos y raciales pueden participar igualmente en la vida económica y cultural de una sociedad.

Intelectual Persona cuyo trabajo consiste en tratar principalmente con ideas.

Interiorizar Aprender algo en forma tan completa, que se convierte en parte automática e impensada de nuestras respuestas.

Invasión Introducción de un nuevo tipo de personas o actividades en una zona.

Invento Una nueva combinación o un nuevo empleo del conocimiento existente.

Investigación evaluativa Estudio que mide la eficacia de un programa de acción.

Investigación normativa Estudio que busca confirmar una conclusión ya obtenida.

Liberal Quien acepta el sistema social como básicamente válido, pero considera que pueden requerirse modificaciones más amplias. En religión, persona religiosa que rechaza muchas creencias fundamentalistas.

Libertad de cátedra Libertad de los académicos y de los maestros para investigar y enseñar la verdad como ellos la perciben.

Marginalidad Condición de ser parcialmente asimilado por cada una de dos culturas y dos sociedades y de no serlo completamente por ninguna.

Masculinidad/feminidad Sentir y actuar en la forma que se espera que actúen hombres y mujeres en un lugar y tiempo determinados.

Matrimonio Norma social aprobada, mediante la cual dos o más personas establecen una familia.

Matrimonio matrilocal Pareja casada que vive con la familia de la esposa.

Matrimonio neolocal Pareja casada que establece una casa separada de las de sus familias.

Matrimonio patrilocal Pareja casada que vive con la familia del esposo.

Mediador en asuntos de interés público Funcionario con poderes para investigar, y algunas veces para resolver quejas contra el funcionamiento de las burocracias.

Meritocracia Sistema social en el que el status se asigna de acuerdo con el mérito individual.

Moda Cambio en la manera de hablar, la decoración, o el comportamiento, de duración temporal, pero menos trivial y breve que la novedad.

Moda extravagante Interés temporal obsesivo compartido por muchas personas.

Modelo dialéctico de clase Sistema de poder social en el que por lo general prevalecen los grupos de la clase dominante, pero que puede debilitarse por la desunión o ser puesto a prueba por los intereses opuestos de una clase competidora organizada.

Monogamia Forma de matrimonio que sólo permite tener un cónyuge (a la vez).

Movilidad social Movimiento de un nivel de clase a otro.

Movimiento social Esfuerzo colectivo para promover un cambio u oponerse a él

Muestra autoelegida Aquella en la que los miembros de la muestra son incluidos por una acción voluntaria, como responder a un cuestionario o a una carta.

Muestra al azar En la que cada persona tiene la misma oportunidad de aparecer, como cuando se elige cada nombre que aparece en quinto, décimo o centésimo lugar.

Muestra al azar estratificada Aquella en que se toma una muestra al azar de cada una de las varias categorías de personas que hay en el universo estudiado.

Muestra representativa En la que las personas aparecen en las mismas proporciones en que se encuentran en la población total estudiada.

Neanderthal Raza de hombres prehistóricos que vivió hace 60 000 y 300 000 años.

Niños salvajes Niños supuestamente criados aislados de la sociedad humana y, por tanto, no socializados.

Norma Regla de comportamiento. Norma estadística es una medida de conducta real; una norma cultural establece el comportamiento esperado de la cultura.

Novedad Variante popular, trivial y de corta vida en el habla, la decoración o el comportamiento.

Objetividad Cualidad de observar y aceptar los hechos como son y no como se quisiera que fueran.

Opinión pública Opinión sostenida por un número considerable de personas; la opinión dominante entre la población.

Orden social Sistema de personas, relaciones y costumbres que operan suavemente para llevar a cabo el trabajo de una sociedad.

Orgía Alegre juerga de una multitud que transgrede las costumbres normales.

Ortodoxia Adhesión a doctrinas establecidas. En este capítulo, las políticas del movimiento de Derechos Civiles.

Otro-generalizado Totalidad de valores y normas de la propia comunidad o del propio grupo, cuyos juicios uno aplica a su propio comportamiento al formar su propio concepto de personalidad.

Pánico Huída colectiva basada en una creencia histérica.

Pauta de gratificación diferida Decisión de posponer la satisfacción inmediata por una ventaja futura.

Pauta de inobservancia Pautas reconocidas y sancionadas mediante las cuales la gente cede a sus deseos, sin desafiar abiertamente las tradiciones de la sociedad.

Personalidad Totalidad del comportamiento de un individuo, con un sistema determinado de tendencias que interactúa como una secuencia de situaciones.

Personalidad modal Configuración de la personalidad típica de la mayoría de los miembros de un grupo o sociedad.

Personalidad según el rol Pauta de características de personalidad que exige un rol particular.

Perspectiva del conflicto Visión de que la sociedad se halla en continuo estado de conflicto entre grupos y clases, y tiende a la disidencia, la tensión y al cambio.

Perspectiva evolucionista Visión de que las diferentes sociedades muestran muchas similitudes en su desarrollo.

Perspectiva funcionalista Visión de que la sociedad es una red organizada de grupos que cooperan y tienden al consenso y la estabilidad.

Perspectiva interaccionista Visión de la sociedad que se concentra en la interacción entre personas y grupos.

Planeación social Intento de dar una dirección inteligente al cambio social.

Pluralismo cultural Tolerancia de las diferencias culturales dentro de una sociedad común, que permite a los distintos grupos conservar sus culturas particulares.

Pluralista El que cree que no existe un centro de poder y que la toma de decisiones es el resultado del conflicto y de la negociación entre grupos de individuos diferentes.

Población óptima Tamaño de población que permite el mayor nivel de vida en una región con un determinado nivel de tecnología.

Poliandria Forma de poligamia en la que la mujer es compartida por dos o más maridos.

Poligamia Pluralidad de cónyuges.

Poliginia Forma de poligamia en la que el marido tiene dos o más mujeres.

Prejuicio Prevención en favor o en contra de una persona o grupo. Significa prejuzgar o decidir sin disponer de los datos suficientes.

Prejuicio antiurbano Suposición de que la vida citadina es inferior a la vida rural.

Principio exponencial Idea de que conforme crece una base cultural, sus usos posibles tienden a crecer en proporción geométrica.

Procesos ecológicos urbanos Medios por los cuales cambian la distribución de personas y actividades.

Profecía autocumplida Predicción que desencadena una serie de hechos que hacen que se vuelva cierta

Progreso Cambio social o cultural de un tipo definido como deseable, de acuerdo con una serie de valores.

Proletariado Clase trabajadora consciente de su status de desvalidos y desposeídos.

Propaganda Todos los esfuerzos para persuadir a otros de que acepten un punto de vista.

Proporción por sexos Número de hombres por cada 100 mujeres.

Público Cierto número de personas que comparten un interés por un tema o actividad particular, o quienes están preocupados por un problema y divididos acerca de él.

Racionalización Redefinición de una situación penosa para que sea social y personalmente aceptable.

Raza Grupo de personas un poco diferentes de otras en una combinación de características físicas heredadas, pero el significado del término está determinado principalmente por una definición social popular.

Redistribución del ingreso Ajuste desigual de los impuestos y los beneficios sostenidos por impuestos a fin de reducir las desigualdades en el ingreso.

Relativismo cultural Concepto de que la función, el significado y la "deseabilidad" de una característica depende de su ambiente cultural.

Religión civil Creencias religiosas que son ampliamente sostenidas en la sociedad.

Repetición Reiteración de estudios por otros investigadores para confirmar resultados.

Representación dramática del rol Esfuerzo consciente por desempeñar un rol de tal manera que cree en los demás la impresión que se desea.

Representación proporcional Método de asignar curules legislativas según la proporción de votos emitidos por diferentes partidos.

Resocialización Olvido de un aprendizaje y el reaprendizaje necesario para un cambio importante de roles.

Revisionista El que favorece una nueva interpretación de las ideas establecidas. En este capítulo, rechazo de las políticas del movimiento de Derechos Civiles.

Rezago cultural Intervalo entre un cambio o innovación y la consumación de los ajustes culturales y sociales que la innovación hace necesarios.

Rito de transición Todo ritual que marque un movimiento de un status a otro, como las ceremonias que se refieren al nacimiento, la pubertad, el matrimonio o la muerte.

Rol Comportamiento esperado de alguien que ocupa un status.

Rol sexual/rol según el género Comportamiento esperado de hombres y mujeres en un tiempo y lugar determinados.

Rol o status adquirido Un rol o un status logrado por la elección, el esfuerzo, la acción o la realización individual.

Rol adscrito Un rol o un status asignado de acuerdo con las características hereditarias, sin tomar en cuenta la preferencia, la capacidad o el rendimiento individual.

Rumor Información que se extiende rápidamente y que no está apoyada por hechos.

Secta Pequeño grupo religioso que busca volver a la estricta observancia de valores y doctrinas primitivas.

Segregación urbana Concentración de cierto tipo de personas o actividades dentro de una zona particular.

Separatismo Retiro del contacto con la mayoría dominante, efectuado por grupos que han sufrido discriminaciones en el pasado y desean construir una vida social y económica separada.

Sexismo/sexista Creencias o políticas basadas en la superioridad masculina o en la desigualdad sexual; aceptación no crítica de los estereotipos de los roles sexuales.

Sexo Cualidad biológica que distingue al hombre de la mujer (o, rara vez, alguna mezcla de ambos).

Sexualidad Todos los sentimientos y comportamientos vinculados con el sexo mediante la biología o el aprendizaje social.

Símbolo Todo lo que representa algo más allá de sí mismo; como una palabra, un gesto o una bandera.

Sistema de castas Sistema social estratificado en el que la posición social está determinada totalmente por el parentesco, sin ninguna posibilidad de cambiar de posición.

Sistema de clases abiertas Sistema de status con considerable movimiento ascendente y descendente en la escala de movilidad.

Sistema de clases cerradas Sistema de status en el que las posiciones son hereditarias sin posibilidades de cambiar de status.

Socialismo Sistema en el que los medios de producción son poseídos y controlados socialmente mediante la propiedad directa del trabajador o a través del estado.

Socialización Proceso mediante el cual una persona interioriza las normas de sus grupos, de modo que surja una personalidad única.

Sociedad Grupo humano relativamente independiente que se perpetúa a sí mismo, que ocupa un territorio particular, que comparte una cultura y que efectúa la mayor parte de sus actividades dentro de ese grupo.

Sociedad fascista Sociedad unipartidista gobernada por un dictador que acentúa el nacionalismo. Ejemplos de esta sociedad son la Alemania de Hitler, la Italia de Mussolini y la España de Franco.

Sociedad secular Sociedad regida por valores racionales o científicos más que por valores religiosos.

Sociobiología Estudio sistemático de la base biológica del comportamiento humano.

Sociograma Gráfica que muestra las relaciones dentro de un grupo; diagrama que muestra las atracciones y rechazos entre un pequeño grupo de personas.

Sociología Estudios científicos de la vida social humana.

Sociología popular Popularización de los descubrimientos sociológicos hecha por no sociólogos en los medios populares de comunicación.

Sociometría Método para estudiar y diagramar las relaciones sociales y elaborar sociogramas.

Subcultura Conjunto de pautas de comportamiento relacionadas con la cultura general de una sociedad y que, sin embargo, se distingue de ella; pautas de comportamiento de un grupo distinto dentro de la sociedad general.

Subcultura desviada Subcultura cuyas normas están en oposición con las de la cultura dominante.

Sucesión urbana Reemplazo completo de un tipo de personas o actividades por otra.

Tasa de natalidad bruta Nacimientos por cada 1 000 personas.

Técnica de los pares igualados La que equipara a cada miembro del grupo experimental con una persona del grupo de control, la cual es similar en todos los aspectos, menos en el de la (s) variable (s) que va (n) a estudiarse.

Técnica de selección al azar La que constituye los grupos experimental y de control eligiendo al azar las personas que forman cada grupo.

Tecnología Utilización de los descubrimientos científicos para resolver problemas prácticos.

Tendencia Impulso hereditario que desaparece temporalmente cuando ha sido satisfecho.

Tensión de rol Dificultad para cumplir las obligaciones del rol.

Teoría del aburguesamiento Teoría de que la clase trabajadora se está pareciendo cada vez más a la clase media.

Teoría de la convergencia Teoría de que las clases en Estados Unidos se están acercando cada vez más entre sí en su estilo de vida.

Teoría de la proletarización Teoría de que la clase media se está pareciendo cada vez más a la clase trabajadora.

Terrorismo Empleo de la violencia o de la amenaza de violencia para presionar a los gobiernos, autoridades o poblaciones.

Titularidad Derecho a permanecer en un puesto a menos que sea removido de él por falta de fondos, incompetencia o mala conducta.

Tradiciones Ideas firmes acerca de lo bueno y lo malo que exigen ciertas acciones y prohiben otras.

Transición demográfica Idea de que la industrialización equilibra las tasas de nacimientos y de mortalidad.

Transición de rol Cambio de un rol a otro.

Valores Ideas acerca de si las experiencias son importantes o no lo son.

Valores idealizados Expresión verbal de ciertos valores, sin el comportamiento adecuado para alcanzarlos.

Variable Algo que varía de caso en caso, como edad, sexo y educación entre los seres humanos.

Xenocentrismo Preferencia por las ideas o productos extranjeros.

Yo La conciencia que una persona tiene de sí misma y las actitudes que observa hacia sí misma.

Zona natural Una zona con una serie de personas de tipo particular y actividades mutuamente interdependientes.

Índice de nombres

Índice analítico

**Sidney Silverman Library
and Learning Resource Center
Bergen Community College
400 Paramus Road
Paramus, NJ 07652-1595**

www.bergen.edu

Return Postage Guaranteed